2013

5013

CHINA TV RATING YEARBOOK

中国电视收视年鉴 2013

陈若愚 主编

中国传媒大学出版社

《中国电视收视年鉴（2013）》
编写委员会

出版说明

为更好地服务于业界，作为中国最专业、最权威的视听率调查公司，CSM 媒介研究从 2003 年起每年编写出版一部《中国电视收视年鉴》。《中国电视收视年鉴（2013）》是 CSM 媒介研究编写出版的第十一部电视收视年鉴。

《中国电视收视年鉴（2013）》主要包括以下四部分内容：第一部分：综述。主要从收视环境、观众特征、观众收视行为、频道竞争、节目竞争、电视广告投放与竞争等方面对 2012 年中国电视收视市场进行了全景式的描述与分析。第二部分：专题研究。本部分内容除了对 2012 年全国新闻、电视剧、综艺、体育几个主要节目类型以及晚间新节目、伦敦奥运会的收视状况进行分析之外，还对"盲听盲选"类音乐选秀节目的收视表现及发展新动向、电视—互联网两屏家庭户双媒体使用行为进行了剖析。同时，本部分还对业界关注的热点问题，如"两限令"实施后电视节目播出与收视变化、新形势下省级卫视市场竞争策略选择、城市台的发展困境与出路、网络视频发展对电视媒体的影响以及电视产业的现状与未来等进行了深入研究。第三部分：收视数据。这部分是关于全国电视收视市场以及重点市场的收视统计数据，主要指标涉及收视设备的拥有情况、人均收视时间、全年和全天收视率走势、各类频道的市场份额、各类节目的播出份额与收视份额以及主要节目类型的收视排行等。第四部分：附录。这部分主要包括 CSM 媒介研究各种收视调查网的基本情况。

《中国电视收视年鉴（2013）》为广大媒介从业人员既可提供有关 2012 年中国电视收视市场的全面分析，又可提供 2012 年全国以及各重点市场翔实的收视数据，它是媒介从业人员必备的一本工具书。

编者

2013 年 4 月

目录
CONTENTS

第一部分 综述

一、收视环境 …… 3
二、电视观众特征 …… 14
三、观众收视行为 …… 18
四、频道竞争格局 …… 27
五、节目竞争格局 …… 45
六、电视广告投放与竞争格局 …… 81

第二部分 专题

变革与创新
——2012年中国电视收视市场大事件扫描 …… 91
2012年全国新闻节目收视分析 …… 103
格局变幻，好剧唯新
——2012年全国电视剧市场盘点 …… 118
2012年全国综艺节目收视分析 …… 132
2012年全国体育节目收视分析 …… 145
2012年晚间新节目观察 …… 157
2012年伦敦奥运会收视分析 …… 170
“盲听盲选”类音乐选秀节目收视表现及发展新动向 …… 185
“两限令”实施后电视节目播出与收视变化分析 …… 196
新形势下省级卫视市场竞争策略选择 …… 209
忧于固守，乐于融合
——数据解读城市台的发展困境与出路 …… 213
网络视频发展深化对电视媒体的影响 …… 221

电视—互联网两屏家庭户双媒体使用行为分析 …… 230
从内容为王到终端制胜 …… 246
新电视，谁为王？
——电视产业的现状与未来 …… 253

第三部分 收视数据

一、基本收视条件 …… 263
二、全国收视数据 …… 278
三、安徽收视数据 …… 303
四、福建收视数据 …… 309
五、甘肃收视数据 …… 315
六、广东收视数据 …… 321
七、广西收视数据 …… 327
八、贵州收视数据 …… 333
九、海南收视数据 …… 339
十、河北收视数据 …… 345
十一、河南收视数据 …… 351
十二、黑龙江收视数据 …… 358
十三、湖北收视数据 …… 364
十四、湖南收视数据 …… 370
十五、吉林收视数据 …… 376
十六、江苏收视数据 …… 383
十七、江西收视数据 …… 389
十八、辽宁收视数据 …… 395
十九、内蒙古收视数据 …… 401
二十、宁夏收视数据 …… 407
二十一、山东收视数据 …… 413

二十二、陕西收视数据 …… 419
二十三、山西收视数据 …… 425
二十四、四川收视数据 …… 431
二十五、新疆收视数据 …… 437
二十六、云南收视数据 …… 443
二十七、浙江收视数据 …… 449
二十八、北京收视数据 …… 455
二十九、上海收视数据 …… 461
三十、天津收视数据 …… 467
三十一、重庆收视数据 …… 473
三十二、长春收视数据 …… 479
三十三、长沙收视数据 …… 485
三十四、成都收视数据 …… 491
三十五、大连收视数据 …… 497
三十六、福州收视数据 …… 503
三十七、广州收视数据 …… 509
三十八、贵阳收视数据 …… 515
三十九、哈尔滨收视数据 …… 521
四十、海口收视数据 …… 527
四十一、杭州收视数据 …… 533
四十二、合肥收视数据 …… 539
四十三、呼和浩特收视数据 …… 545
四十四、济南收视数据 …… 551
四十五、昆明收视数据 …… 557
四十六、兰州收视数据 …… 563
四十七、南昌收视数据 …… 569
四十八、南京收视数据 …… 575
四十九、南宁收视数据 …… 581

五十、宁波收视数据 …… 587
五十一、青岛收视数据 …… 593
五十二、沈阳收视数据 …… 599
五十三、深圳收视数据 …… 605
五十四、石家庄收视数据 …… 611
五十五、太原收视数据 …… 617
五十六、乌鲁木齐收视数据 …… 623
五十七、武汉收视数据 …… 629
五十八、西安收视数据 …… 635
五十九、西宁收视数据 …… 641
六十、厦门收视数据 …… 647
六十一、银川收视数据 …… 653
六十二、郑州收视数据 …… 659
六十三、其他城市收视概览 …… 665

第四部分 附 录

CSM 各收视调查网概况 …… 707

第一部分

Part One

综 述 Overview

综 述

一、收视环境

2012年是我国推进“十二五”规划顺利实施的关键之年，也是我国广播影视业务实奋进、繁荣发展的一年。广播影视系统在党中央、国务院和中宣部的正确领导下，按照“高举旗帜、围绕大局、服务人民、改革创新”的总要求，紧紧围绕迎接、宣传、贯彻十八大，顺利完成了各项任务，保持了广播影视持续、健康、快速发展的良好态势，在各方面都取得显著成绩。

2012年，我国电视业紧扣主线，坚持导向为魂，做大做强正面宣传，为党的十八大营造良好氛围，为服务党和国家工作大局做出了新贡献。我国电视业安全播出得到了切实加强，安全播出保障能力显著提高；内容生产繁荣，同时配合重大活动，加强创作引导，坚持品质至上，电视内容产业持续、健康、快速发展；坚持科技引领，更加注重科技进步，推进数字化、网络化发展，电视数字化、网络化和新媒体有了进一步的发展，推动了传统媒体与新媒体的融合发展；坚持为民惠民，加快重点工程建设，电视公共服务水平显著提升；电视事业改革也取得了新成效，管理科学化水平进一步提高；“走出去”步伐进一步加快，加强电视节目海外落地，调整布局、突出重点，电视国际传播能力有了进一步的提升。

1. 全国共有电视台183座，广播电视台2185座，教育电视台42座

根据《中国广播电视年鉴（2013）》的最新统计，截至2012年底，全国共批准设立电视台183座，广播电视台2185座，教育电视台42座。全国有电视转播发射台14843座，微波线路8.23万公里，有线广播电视网络传输干线总长376.12万公里，全国电视人口综合覆盖率达98.20%。全国有线广播电视用户数为2.15亿户，数字电视用户数为1.43亿户，付费数字电视用户数为2501.12万户。2012年全年制作的电视节目时间为343.63万小时，全年公共电视节目播出时间为1698.53万小时。

2. 家庭电视机拥有率达98.3%，拥有二台及以上电视机家庭的比例为30.6%

目前我国居民家庭电视机的普及率已经基本上处于一个稳定的水平。2012年CSM媒介研究全国收视调查网基础研究数据显示，我国居民家庭电视机拥有率达98.3%，拥

有二台及以上电视机家庭的比例达30.6%，平均每百户居民家庭的电视机拥有量已高达136.9台，与2011年数据基本一样。城市家庭的电视机拥有率为98.1%，而农村家庭的电视机拥有率为98.4%，与上一年相比，几乎没变化。拥有二台及以上电视机的家庭比例在城市为29.7%，在农村为31.3%（表1.1.1）。

从各大行政区来看，电视机拥有情况在全国存在显著的地域差异。拥有二台及以上电视机的居民家庭比例，华东地区高达42.8%，东北和西北较低，分别为18.5%和18.7%。百户电视机拥有量华东地区达到155.8台，而东北和西北则分别为119.3台和119.2台，华南地区为126.0台，西南地区为129.1台（表1.1.2）。

表1.1.1　2012年全国城乡居民家庭电视机拥有情况

	全国	城市	农村
一台户比例（%）	67.7	68.4	67.1
二台及以上户比例（%）	30.6	29.7	31.3
没有电视机户比例（%）	1.7	1.9	1.6
百户电视机拥有量（台）	136.9	136.1	137.7

数据来源：CSM媒介研究2012年全国收视调查网基础研究

表1.1.2　2012年全国各大行政区居民家庭电视机拥有情况

	东北	华北	华东	华南	华中	西北	西南
一台户比例（%）	80.5	72.1	55.3	76.9	67.3	79.2	72.1
二台及以上户比例（%）	18.5	26.8	42.8	21.9	30.8	18.7	25.7
没有电视机户比例（%）	1.0	1.1	1.9	1.2	1.9	2.1	2.2
百户电视机拥有量（台）	119.3	130.4	155.8	126.0	135.7	119.2	129.1

数据来源：CSM媒介研究2012年全国收视调查网基础研究

2012年彩色电视机在我国居民家庭中已处于绝对主导地位，全国彩色电视机的家庭拥有率达到了99.7%（表1.1.3）。分城乡来看，城市居民家庭彩色电视机拥有率为99.9%，在农村，拥有彩色电视机的家庭比例也已达到99.7%。黑白电视机已基本被淘汰，全国拥有黑白电视机的家庭比例仅为0.5%，其中只拥有黑白电视机家庭的比例已经只有0.3%。农村居民家庭大规模更换彩电的过程也已经完成，拥有黑白电视机的农村家庭比例仅为0.6%，而只拥有黑白电视机农村家庭的比例也仅为0.3%。从不同区域来看，2012年各大行政区居民家庭的彩色电视机拥有率差别不大，均在99%以上（表1.1.4）。

表 1.1.3 2012 年全国及城乡居民家庭拥有不同电视机类型的比例（%）

电视机类型	全国	城市	农村
彩色电视机	99.7	99.9	99.7
黑白电视机	0.5	0.3	0.6
普通电视机	83.8	77.2	88.4
背投电视机	0.5	0.6	0.4
液晶电视机	26.2	32.6	21.8
等离子电视机	0.3	0.5	0.2

数据来源：CSM 媒介研究 2012 年全国收视调查网基础研究

表 1.1.4 2012 年全国各大行政区拥有不同电视机类型的家庭比例（%）

电视机类型	东北	华北	华东	华南	华中	西北	西南
彩色电视机	100.0	99.9	99.8	99.9	99.7	99.1	99.5
黑白电视机	0.0	0.2	0.4	0.2	0.5	1.3	0.8
普通电视机	77.9	80.0	84.4	83.0	88.0	85.0	84.9
背投电视机	0.4	0.5	0.4	0.5	0.3	0.7	0.7
液晶电视机	27.0	27.7	30.4	22.5	23.6	19.6	23.5
等离子电视机	0.6	0.7	0.3	0.4	0.2	0.2	0.3

数据来源：CSM 媒介研究 2012 年全国收视调查网基础研究

2012 年城乡居民家庭电视机更新换代的速度进一步加快。随着城乡居民收入水平的提高和技术革新带来的高品质电视机价格的下降，城乡居民家庭电视机拥有情况从数量上的增加逐步过渡到质量上的改善，城市居民家庭乃至部分农村居民家庭开始追求电视机的更新换代，由原来的 CRT 电视机、传统的背投电视机，向液晶电视机、等离子电视机等平板电视机升级。尽管传统意义的普通彩电仍然是居民家庭的主流机型，但平板电视的普及率在全国家庭户中 2012 年已经达到 26.5%，比 2011 年的 16.7% 大幅跃升 9.8 个百分点。分城乡来看，2012 年城市居民家庭拥有平板电视机的比例已达 33.0%，比 2011 年的 23.5% 有大幅增长；农村居民家庭拥有平板电视机的比例达到 22.0%，比 2011 年的 12.2% 提高了 9.8 个百分点（图 1.1.1）。分地区来看，华东、华北、东北地区平板电视机的普及率较高，都在 27% 以上；普及率较低的地区是华中、西南、华南和西北地区，平板电视机的普及率在 19%—24% 之间。随着数字电视的发展、高清信号源的增多，以及高品质电视机价格的不断下降，平板电视机普及率提高的发展趋势仍将继续。

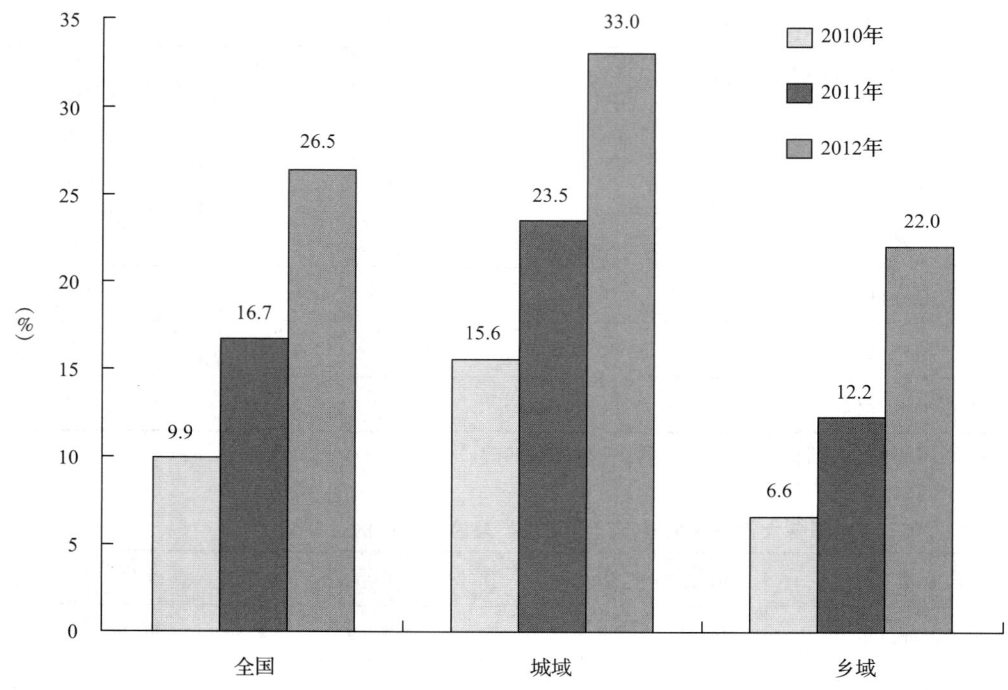

数据来源：CSM 媒介研究 2010、2011 和 2012 年全国收视调查网基础研究

图 1.1.1　2010—2012 年全国及城乡居民家庭拥有平板电视机的比例（%）

3. 城乡居民家庭平均每户可以收看到 54.3 个频道

随着有线电视数字化建设的全面展开，越来越多的有线电视网整体平移，使城乡居民家庭能够收看到的电视频道数量增加。根据 CSM 媒介研究历年全国收视调查网基础研究数据，全国城乡居民家庭可以接收到的电视频道数量逐年增加，2012 年全国平均每户可以接收 54.3 个电视频道，超过 2011 年的 47.6 个、2010 年的 41.4 个、2009 年的 39.1 个、2008 年的 30.4 个和 2007 年的 25.6 个，且增幅显著。2012 年城市居民家庭平均每户可以接收到 63.8 个频道，比上年增加 5.3 个，农村居民家庭平均可以接收 47.7 个频道，比上年增加了 7.3 个（表 1.1.5）。而从分地区的情况来看，2012 年平均每户可接收到的电视频道数量最多的是华北地区，为 65.1 个频道，而接收频道较少的有西北、西南、华中和华南地区，平均每户可接收到的电视频道数分别为 50.3、50.2、47.2 和 47.2 个（图 1.1.2）。

表 1.1.5　2007—2012 年全国及城乡居民家庭可以接收到的电视频道数量（个）

年份	全国	城市	农村
2007 年	25.6	35.1	21.4
2008 年	30.4	40.5	26.0
2009 年	39.1	50.1	33.2
2010 年	41.4	53.0	34.7
2011 年	47.6	58.5	40.4
2012 年	54.3	63.8	47.7

数据来源：CSM 媒介研究历年全国收视调查网基础研究

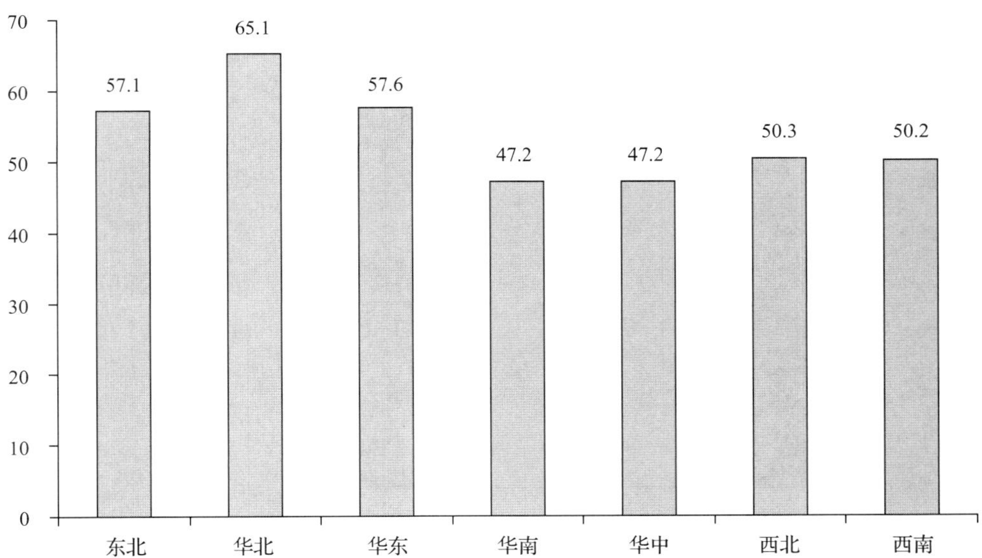

数据来源：CSM 媒介研究 2012 年全国收视调查网基础研究

图 1.1.2 2012 年全国各大行政区居民家庭可以接收到的电视频道数量（个）

4. 有线接收逐渐成为农村居民家庭接收电视信号的主要方式，数字电视、IPTV 大幅增长

随着电视信号数字化、网络化进程的不断推进，有线电视网络频道增多，信号清晰度增加，有线接收已是或逐渐成为全国城乡居民家庭接收电视信号的主要方式。根据 2012 年 CSM 媒介研究全国收视调查网基础研究数据，全国电视家庭户中，有线电视用户普及率为 68.0%，比 2011 年轻微增长 1.2 个百分点；其中城市为 82.0%，与上年基本持平，有线接收方式已经是绝大多数城市居民家庭接收电视节目的方式；农村为 58.4%，比 2011 年增加 2.2 个百分点，有线接收方式也逐渐成为农村居民家庭接收电视信号的主要方式。在有线接收方式中，通过省、市（县）有线网接收电视信号的家庭户比例全国为 57.2%，其中在城市，有 74.3% 的家庭接入了省、市（县）有线网；在农村，通过省、市（县）有线网收看电视节目家庭的比例为 45.5%（图 1.1.3）。

从各大行政区的情况来看，有线电视普及率最高的是华东、华南和东北地区，有线电视普及率超过 72%，其中东北地区最高，为 82.5%。西北地区的有线户比例最低，为 50.0%，华中地区也仅为 54.1%，有线电视普及率较低的地区还有西南和华北地区，分别为 60.1% 和 61.4%（图 1.1.4）。华北及中西部地区特别是西南地区通过非有线方式收看卫视频道的比例较大，都在 30% 以上，其中华北为 32.8%，华中为 32.6%，西北为 38.9%，西南为 34.9%，说明这些地区特别是西部地区在有线网络难以到达的地方更多地采用了碟形卫星天线等方式解决接收问题。相对来说，西南和华北地区由于碟形卫星天线比例较高，以无线方式接收卫视频道的比例很小，均在 6% 以下。

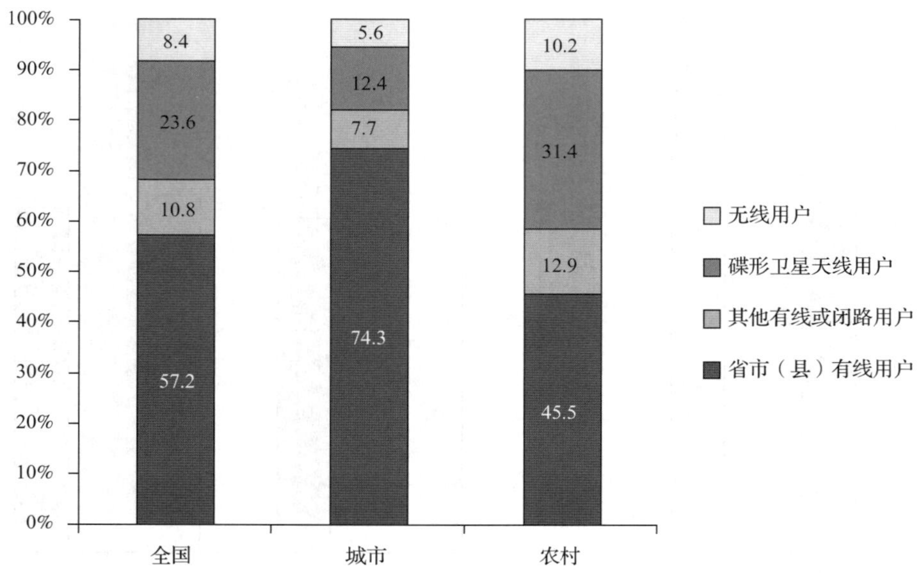

数据来源:CSM 媒介研究 2012 年全国收视调查网基础研究

图 1.1.3　2012 年全国城乡居民家庭电视信号接收方式

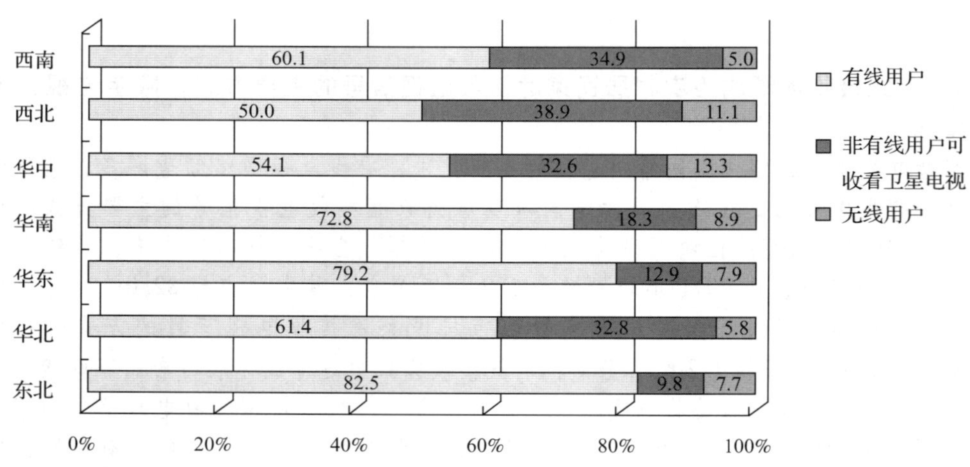

数据来源:CSM 媒介研究 2012 年全国收视调查网基础研究

图 1.1.4　2012 年全国各大行政区居民家庭电视信号接收方式

2012 年全国收视调查网基础研究数据表明,全国电视家庭中可接收数字电视或 IPTV 的家庭比例已达 38.4%,比 2011 年增长 10.5 个百分点;其中在城市为 54.4%,比 2011 年增长 6.6 个百分点,在农村为 27.4%,比 2011 年大幅增长 17.4 个百分点。从不同地区来看,全国七大行政区中可接收数字电视或 IPTV 的电视家庭比例有一定差异,在华北、华东和东北地区,其比例都在 40% 以上,东北地区更是高达 49.6%;而在比例较低的西南和华中地区则分别只有 26.9% 和 25.4% 的电视家庭可接收数字电视或 IPTV(图 1.1.5)。

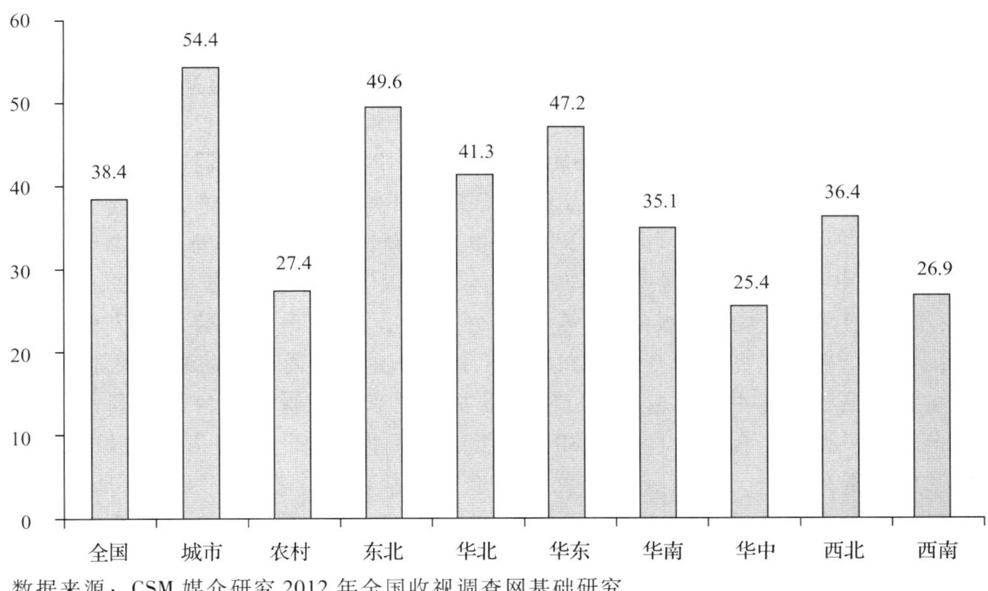

数据来源：CSM 媒介研究 2012 年全国收视调查网基础研究

图 1.1.5　2012 年全国及分城乡、分地区居民家庭可接收数字电视或 IPTV 的比例（%）

5. 87.3%的城市家庭和 77.9%的农村家庭可收看到卫视节目

2012 年全国收视调查网基础研究数据表明，2012 年全国可接收卫视频道的家庭比例达 81.7%，比 2011 年的 81.2%增长了 0.5 个百分点；其中在城市，87.3%的电视家庭可以收看到卫星电视节目，比 2011 年增长了 2.1 个百分点；在农村，电视家庭中能够收看到卫视节目的比例也达到了 77.9%，比 2011 年的 78.6%略有下降。从不同地区来看，全国七大行政区之间能收看到卫星电视节目的电视家庭比例有一定的差异，最高的西南地区达 94.9%，最低的华南地区为 70.5%，其他地区该比例在 72%—86%之间（图 1.1.6）。

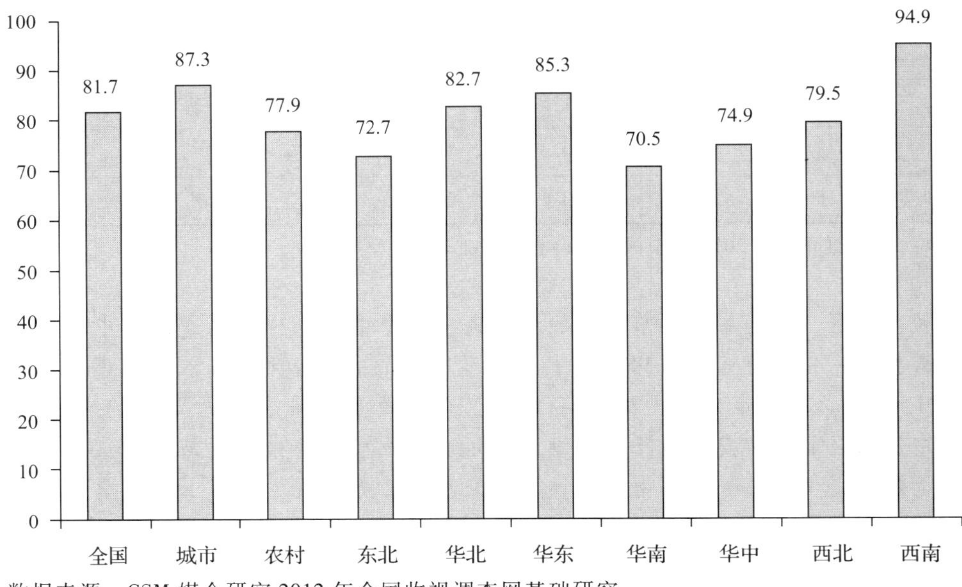

数据来源：CSM 媒介研究 2012 年全国收视调查网基础研究

图 1.1.6　2012 年全国及分城乡、分地区居民家庭可收到卫视频道的比例（%）

6. 中央台继续保持其全国覆盖优势，省级卫视在本地区的覆盖优势较大

中央台频道依靠其强大的资源优势和作为国家级频道的特殊地位，在全国的覆盖率仍然保持了绝对优势（表1.1.6）。CSM媒介研究2012年全国收视调查网基础研究数据显示，在全国覆盖率排名前六位的频道仍然全部是中央台频道；而进入覆盖率排名前二十的频道中，中央台频道有9个，与2011年中央台频道入围覆盖率排名前二十位的数量一样。2012年中央电视台综合频道与2011年和2010年一样排在第一位，覆盖率达96.8%；中央台七套也维持其排名第二位的优势，覆盖率由上年的87.9%增长到89.8%；中央二套、中央台少儿频道、中央十套和中央台新闻频道的覆盖率也都在83%以上。在省级卫视频道中，湖南卫视、浙江卫视和北京卫视覆盖率的排名最靠前，分别居于第七、八、九位，覆盖率也都在80%以上。除了排名前十位的7个中央台频道和3个省级卫视频道外，进入覆盖前二十位的频道还包括山东、安徽、上海、贵州、天津、江苏和四川这七个省级卫视频道和中国教育台一套。2012年覆盖排名前二十名频道的覆盖率都在72%以上，比2011年覆盖率整体有较大提升。

表1.1.6　2012年全国卫视频道覆盖率排名前二十位

排名	频道	覆盖率（%）	排名	频道	覆盖率（%）
1	中央电视台综合频道	96.8	10	山东卫视	78.2
2	中央台七套	89.8	12	安徽卫视	77.8
3	中央台二套	88.4	13	上海东方卫视	77.4
4	中央电视台少儿频道	85.8	14	中央台十一套	76.1
5	中央台十套	84.4	14	中央台四套	75.6
6	中央电视台新闻频道	83.3	16	贵州卫视	75.4
7	湖南电视台卫星频道	82.8	17	天津卫视	75.0
8	浙江卫视	81.5	18	中国教育台一套	74.9
9	北京卫视	80.4	18	江苏卫视	74.9
10	中央台十二套	80.1	20	四川卫视	72.6

数据来源：CSM媒介研究2012年全国收视调查网基础研究

在城市地区，覆盖率排名前六位的频道也全部是中央电视台频道，其中中央电视台综合频道排第一位，覆盖率达98.0%，另外还有8个中央台频道进入覆盖率排名前二十位（表1.1.7）。在城市地区，2012年省级卫视的覆盖率排名相比2011年整体基本持平，其中浙江、北京和安徽这三个省级卫视频道在城市地区排名最靠前，位居覆盖排名表的第七到第九位。另外，湖南卫视、山东卫视、江苏卫视、天津卫视、贵州卫视、四川卫视和上海东方卫视也进入了覆盖排名表中前二十位，分别排在第十、十一、十三、十三（并列）、十五、十七和十八位。

表 1.1.7 2012 年城市地区卫视频道覆盖率排名前二十位

排名	频道	覆盖率（%）	排名	频道	覆盖率（%）
1	中央电视台综合频道	98.0	11	山东卫视	82.7
2	中央台七套	90.7	11	中央台四套	82.7
3	中央台二套	89.7	13	江苏卫视	82.4
4	中央电视台少儿频道	88.3	13	天津卫视	82.4
5	中央台十套	87.2	15	中央台十一套	81.5
6	中央电视台新闻频道	86.4	15	贵州卫视	81.5
7	浙江卫视	85.3	17	四川卫视	81.4
8	北京卫视	85.0	18	上海东方卫视	81.3
9	安徽卫视	84.9	19	中央台十二套	80.3
10	湖南电视台卫星频道	83.5	20	中国教育台一套	79.9

数据来源：CSM 媒介研究 2012 年全国收视调查网基础研究

与往年一样，2012 年卫视频道在农村地区的覆盖率整体上要比在城市地区低（表 1.1.8）。从排名前二十位的频道来看，在农村地区，2012 年排名第二十位频道的覆盖率是 69.7%，远高于 2011 年的 61.5%，尽管其低于城市地区的 79.9%，但与 2011 年相比城乡差距进一步缩小。与在城市地区的覆盖情况相比，中央台频道在农村地区的覆盖强势地位更加明显，在覆盖率排名前八位的频道中，中央台频道有 7 个，另外还有中央台十一套和中央台四套也进入了覆盖率排名前二十位。我们也可以看到，农村地区进入覆盖率排名前二十位的省级卫视频道与城市地区差不多，达到 10 个，从频道排名来看，湖南卫视、浙江卫视和北京卫视在农村地区的覆盖率进入前十位，而山东卫视、上海东方卫视、安徽卫视、中国教育台一套、贵州卫视、福建东南电视台、天津卫视和江苏卫视也进入了排名的前二十位。

表 1.1.8 2012 年农村地区卫视频道覆盖率排名前二十位

排名	频道	覆盖率（%）	排名	频道	覆盖率（%）
1	中央电视台综合频道	96.1	11	山东卫视	75.1
2	中央台七套	89.2	12	上海东方卫视	74.8
3	中央台二套	87.4	13	安徽卫视	73.0
4	中央电视台少儿频道	84.1	14	中央台十一套	72.4
5	中央台十套	82.4	15	中国教育台一套	71.5
5	湖南电视台卫星频道	82.4	16	贵州卫视	71.3
7	中央电视台新闻频道	81.2	17	中央台四套	70.8
8	中央台十二套	79.9	18	福建省广播影视集团东南电视台	70.1
9	浙江卫视	78.9	19	天津卫视	69.9
10	北京卫视	77.3	19	江苏卫视	69.7

数据来源：CSM 媒介研究 2012 年全国收视调查网基础研究

表 1.1.9　2012 年东北地区卫视频道覆盖率排名前二十位

排名	频道	覆盖率(%)	排名	频道	覆盖率(%)
1	中央电视台综合频道	98.6	11	吉林卫视	84.9
2	中央台二套	93.2	12	山东卫视	84.8
3	中央台七套	92.9	13	中央台四套	84.6
4	辽宁卫视	90.8	13	北京卫视	84.6
5	中央台十套	89.8	15	中央台三套	84.2
6	中央电视台少儿频道	89.1	16	中央台十一套	84.1
7	黑龙江卫视	89.0	16	中央台五套	84.1
8	中央电视台新闻频道	88.7	16	中央台十二套	84.1
9	浙江卫视	87.9	19	中央台八套	84.0
10	上海东方卫视	85.0	20	中央台六套	83.7

数据来源：CSM 媒介研究 2012 年全国收视调查网基础研究

表 1.1.10　2012 年华北地区卫视频道覆盖率排名前二十位

排名	频道	覆盖率(%)	排名	频道	覆盖率(%)
1	中央电视台综合频道	97.3	11	中央台十一套	85.1
2	中央台二套	92.4	12	浙江卫视	84.2
3	中央台七套	92.2	13	山东卫视	84.1
4	中央电视台少儿频道	90.4	14	重庆卫视	84.0
5	北京卫视	90.0	15	湖南电视台卫星频道	83.8
6	中央台十二套	88.9	16	贵州卫视	83.3
7	天津卫视	88.4	17	山西卫视	82.3
8	河北卫视	88.0	18	安徽卫视	82.2
9	中央电视台新闻频道	87.4	19	中国教育台一套	82.1
10	中央台十套	86.9	20	河南电视台卫星频道(一套)	81.6

数据来源：CSM 媒介研究 2012 年全国收视调查网基础研究

表 1.1.11　2012 年华东地区卫视频道覆盖率排名前二十位

排名	频道	覆盖率(%)	排名	频道	覆盖率(%)
1	中央电视台综合频道	97.5	11	上海东方卫视	82.4
2	中央台七套	90.7	12	中央台四套	82.0
3	中央台二套	88.1	13	江苏卫视	81.4
4	中央电视台少儿频道	86.6	14	安徽卫视	79.8
5	中央台十套	85.8	15	中央台十二套	78.1
6	中央电视台新闻频道	85.5	15	北京卫视	78.1
7	湖南电视台卫星频道	83.9	17	中央台三套	75.8
8	山东卫视	83.3	18	中国教育台一套	75.5
9	浙江卫视	83.2	19	中央台六套	75.3
9	中央台十一套	83.2	20	中央台五套	75.1

数据来源：CSM 媒介研究 2012 年全国收视调查网基础研究

表 1.1.12　2012 年华南地区卫视频道覆盖率排名前二十位

排名	频道	覆盖率（%）	排名	频道	覆盖率（%）
1	中央电视台综合频道	94.9	11	中央台四套	69.7
2	中央台七套	85.7	12	北京卫视	69.1
3	中央台二套	82.9	13	安徽卫视	68.3
4	广东卫视	82.1	14	中央台五套	66.6
5	中央电视台少儿频道	80.0	15	中央台三套	66.4
6	湖南电视台卫星频道	75.8	16	中央台十二套	66.1
7	中央台十套	73.3	17	上海东方卫视	65.5
8	中央电视台新闻频道	72.5	18	江苏卫视	65.3
9	浙江卫视	72.3	19	广西电视台卫星频道	64.9
10	中国教育台一套	70.6	20	贵州卫视	64.4

数据来源：CSM 媒介研究 2012 年全国收视调查网基础研究

表 1.1.13　2012 年华中地区卫视频道覆盖率排名前二十位

排名	频道	覆盖率（%）	排名	频道	覆盖率（%）
1	中央电视台综合频道	96.6	11	浙江卫视	77.2
2	中央台七套	87.1	12	中央台十一套	76.7
3	中央台二套	85.9	13	上海东方卫视	75.5
4	湖南电视台卫星频道	85.4	14	福建省广播影视集团东南电视台	75.4
5	中央电视台少儿频道	84.0	15	山东卫视	74.4
6	中央台十套	83.7	16	湖北卫视	74.1
7	河南电视台卫星频道（一套）	80.7	17	中央台四套	73.5
8	中央电视台新闻频道	80.6	18	安徽卫视	72.3
9	北京卫视	80.2	19	贵州卫视	71.8
10	中央台十二套	79.0	20	江西电视台卫星频道（一套）	70.7

数据来源：CSM 媒介研究 2012 年全国收视调查网基础研究

表 1.1.14　2012 年西北地区卫视频道覆盖率排名前二十位

排名	频道	覆盖率（%）	排名	频道	覆盖率（%）
1	中央电视台综合频道	96.2	11	浙江卫视	77.6
2	中央台七套	86.8	11	中央台十二套	77.6
3	中央台二套	84.1	13	湖北卫视	77.0
4	中央电视台少儿频道	82.7	14	重庆卫视	76.8
5	陕西卫视	81.0	14	湖南电视台卫星频道	76.8
6	贵州卫视	80.2	16	天津卫视	76.4
7	中央电视台新闻频道	79.3	17	四川卫视	76.0
8	中央台十套	79.2	18	河南电视台卫星频道（一套）	74.3
9	安徽卫视	78.6	19	山东卫视	73.2
10	北京卫视	77.9	20	山西卫视	72.4

数据来源：CSM 媒介研究 2012 年全国收视调查网基础研究

表 1.1.15　2012 年西南地区卫视频道覆盖率排名前二十位

排名	频道	覆盖率（%）	排名	频道	覆盖率（%）
1	中央电视台综合频道	95.9	11	重庆卫视	84.2
2	中央台七套	91.5	11	中央电视台新闻频道	84.2
3	中央台二套	91.3	13	贵州卫视	82.5
4	湖南电视台卫星频道	87.1	14	福建省广播影视集团东南电视台	80.5
5	中央台十二套	87.0	15	安徽卫视	78.7
6	中央台十套	86.8	16	中国教育台一套	78.0
7	四川卫视	86.7	17	山东卫视	77.5
8	中央电视台少儿频道	85.9	18	天津卫视	76.6
9	浙江卫视	84.5	19	上海东方卫视	75.5
9	北京卫视	84.5	20	江苏卫视	73.4

数据来源：CSM 媒介研究 2012 年全国收视调查网基础研究

随着有线网络的普及以及数字电视的不断推广，频道竞争日益加剧，各卫视频道在不同地区的覆盖率明显不同。尽管中央台频道在各个地区都呈现出明显的优势地位，但在不同地区，其优势还是呈现出不同程度的差异。CSM 媒介研究 2012 年全国收视调查网基础研究数据表明，在覆盖排名前二十位的频道中，中央台频道在东北地区有 13 个，在华东地区有 12 个，在华南地区有 10 个，在华中地区有 9 个，在华北地区有 8 个，而在西北和西南地区只有 7 个，中央台的覆盖优势在这两大地区相对其他地区而言没有那么强势（表 1.1.9—表 1.1.15）。中央电视台综合频道稳居各地区覆盖率排名表第一位，覆盖率都在 94% 以上。各省级卫视频道的覆盖率排名在不同地区差异很大，基本特点是在本地区的覆盖排名优势较大，如在东北地区，辽宁卫视排在第四位，黑龙江卫视排在第七位；北京卫视、天津卫视和河北卫视在华北地区分别排在第五、第七和第八位；山东卫视和浙江卫视在华东地区分别排第八和第九位；广东卫视在华南地区排第四位，湖南卫视和河南卫视在华中地区分别排第四和第七位；陕西卫视在西北地区排第五位；四川卫视在西南地区则排第七位。

二、电视观众特征

新兴媒体技术的发展、国家政策的推动、经济文化的发展以及受众的收视习惯，都对电视观众的收视特征具有影响。2008 年汶川地震和北京奥运会，2009 年继续推进的中国电视信号“村村通”工程以及数字电视转换，带来了电视收视量的连续两年提升。

2010 年、2011 年电视收视市场大环境相对稳定，但由于受新媒体的冲击，一部分电视观众被分流，电视收视量回落。2012 年，借助伦敦奥运会的东风，电视收视量较 2011 年有明显回升；但受大环境影响，青少年观众向新媒体分流的趋势仍然存在，中高收入观众比例呈现出逐渐递增的态势，而高文化程度观众群体受个人生活、工作作息习惯以及对其他媒体类型关注的影响，在电视观众中所占的比例较少。

1. 全国电视观众规模达 12.78 亿，比 2011 年略有增长

继 2008 年国家提前实现中央广播电视节目“十一五”农村无线覆盖目标以来，国家又相继推出“家电下乡、以旧换新”的政策，并大力推进数字电视的转换，在多项政策的共同推动下，全国电视观众规模连续多年呈现增长趋势。CSM 媒介研究全国测量仪调查网 2012 年基础研究数据显示，2012 年中国内地年龄在 4 岁及以上的电视观众规模达到 12.78 亿人，占全国 4 岁及以上人口的 98.8%。与 2011 年相比，2012 年中国电视观众规模增加了 658.4 万人，增长幅度为 0.5%。

2. 电视观众性别结构维持稳定，与人口性别构成差别不大

CSM 媒介研究 2012 年全国测量仪调查网电视观众数据显示，男性观众的北例为 50.5%，女性观众为 49.5%（图 1.2.1），与 2011 年 CSM 媒介研究的调查结果大致相同，说明目前我国电视观众的性别结构基本维持稳定。同时，我国电视观众性别结构与中国内地人口的性别构成差别不大，2011 年 4 月 28 日发布的《2010 年第六次全国人口普查主要数据公报（第 1 号）》显示，2010 年全国男性人口占总人口的 51.3%，女性人口占 48.7%。

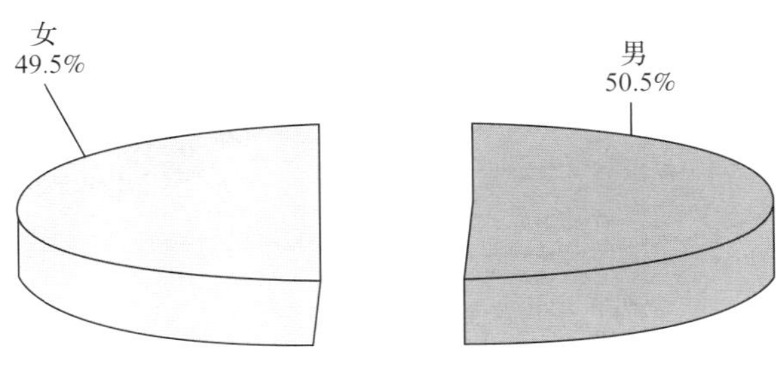

数据来源：CSM 媒介研究

图 1.2.1 2012 年全国测量仪调查网电视观众的性别构成（%）

3. 中青年观众比例较大，观众凸显年轻化特征

2012 年，35—44 岁和 25—34 岁这两个观众群体在所有电视观众中所占的比例较大，分别为 19.4% 和 16.1%，二者之和占据了超过了三分之一的份额；15—24 岁和 4—14 岁观众群的比例也分别占到了 15.4% 和 15.3%，二者占据了超过 30% 的份额；45—54 岁的观众群体占到了 14.8% 的比例，位居第五位；55—64 岁和 65 岁及以上的观众所占比例较小，都低于 10%。电视观众凸显出年轻化的特征（图 1.2.2）。

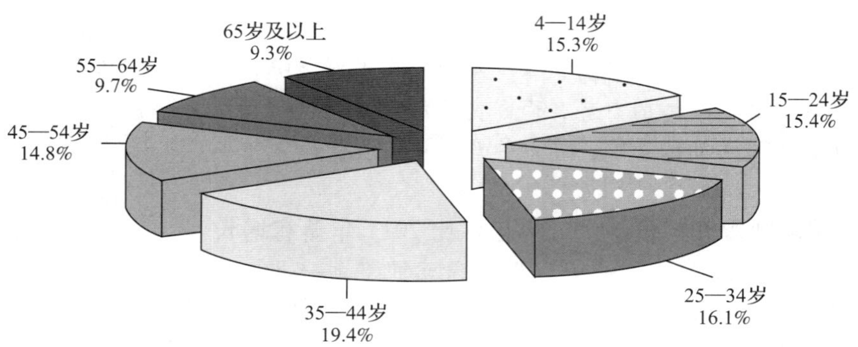

数据来源：CSM 媒介研究

图 1.2.2　2012 年全国测量仪调查网电视观众的年龄构成（%）

4. 中低学历观众是主体受众群体，高学历观众占比最少

从电视观众的文化程度构成来看，中低学历观众占据了绝对优势。其中初中文化程度观众比例高达 36.0%，小学文化程度观众比例为 28.0%，高中文化程度的观众占据了 16.4% 的比例；而大学及以上文化程度的观众只占据了 8.6% 的比例，是所有观众群体中占比最少的一类人群。总体而言，电视观众主体人群的学历不高（图 1.2.3）。

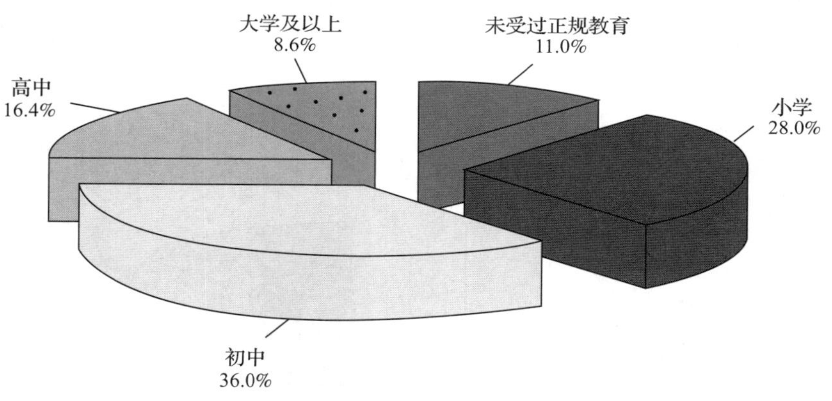

数据来源：CSM 媒介研究

图 1.2.3　2012 年全国测量仪调查网电视观众的文化程度构成（%）

5. 无业群体占据观众比例较大，高层人士所占比例较小

2012 年，无业群体（包括离退休人员）在电视观众中占据了最大比例，为 19.0%；学生占 16.3% 的比例，个体/私营企业人员和工人均占到了 11.8% 的比例，然后依次为初级公务员/雇员和干部/管理人员，分别占到了 8.7% 和 1.8% 的比例。全国测量仪收视调查网中包括了对乡域的调查，农民包含在其他类中，因此该类别占到了全国电视观众的 30.6%（图 1.2.4）。农民作为一个重要的收视群体是一股不可忽视的力量。

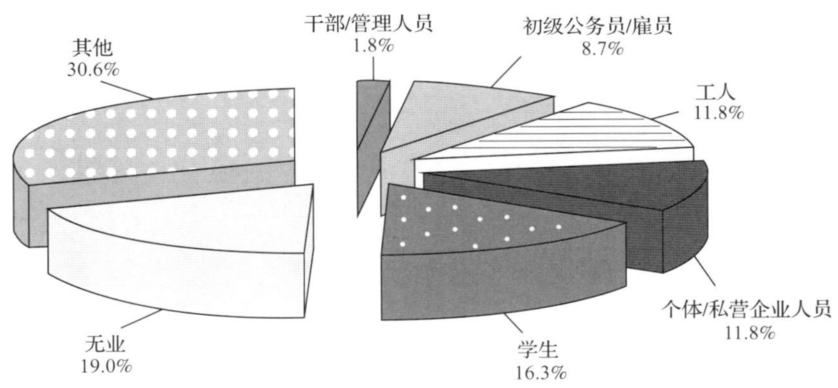

数据来源：CSM 媒介研究

图 1.2.4 2012 年全国测量仪调查网电视观众的职业构成（%）

6. 中高收入观众所占比例较大，电视观众收入水平的区域差异明显

2012 年，家庭月收入在 3801—5900 元的观众群体所占比例为 21.1%，然后依次为家庭月收入 901—2000 元、5901 元及以上、2001—2900 元和家庭月收入 2901—3800 元的观众群体，分别占电视观众总体的 18.5%、18.1%、16.3%和 15.5%，中高收入人群所占的比重较大（图 1.2.5）。

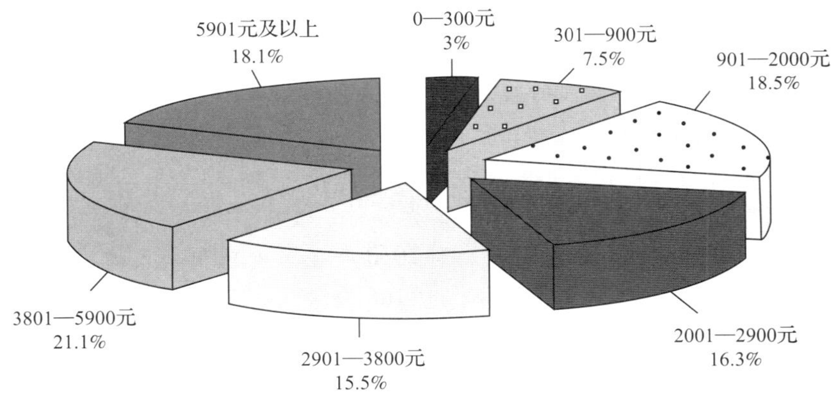

数据来源：CSM 媒介研究

图 1.2.5 2012 年全国测量仪调查网电视观众的家庭月收入构成（%）

我国电视观众收入水平的区域差异依旧比较明显。从观众家庭月收入水平在 2001 元及以上的群体所占比例来看，东北地区达到了 80.9%，华北地区也达到了 77.3%，排在第三位的是华东地区，该比例为 76.1%，其他四个地区该收入群体所占比例从高到低依次为西北、华南、华中和西南，所占比例在 55%—70%之间。如果从家庭月收入在 5901 元及以上的观众比例来看，华东地区最高，为 25.0%，华北地区也达到了 23.4%，西北地区为 15.5%，其他几个地区均未超过 15%（表 1.2.1）。

表 1.2.1　2012 年全国七大行政区电视观众的家庭月收入构成（%）

家庭月收入	东北	华北	华东	华南	华中	西北	西南
0—300 元	0.9	2.8	2.7	1.5	2.6	3.1	6.4
301—900 元	2.9	5.4	6.7	8.5	7.3	9.4	12.7
901—2000 元	15.3	14.5	14.5	22.6	24.5	17.9	24.3
2001—2900 元	22.1	13.1	14.2	18.1	19.3	16.5	16.1
2901—3800 元	20.3	17.0	13.3	15.7	17.1	17.0	12.9
3801—5900 元	23.8	23.8	23.6	18.7	18.5	20.6	16.7
5901 元及以上	14.7	23.4	25.0	14.9	10.7	15.5	10.9

数据来源：CSM 媒介研究

三、观众收视行为

经过多年的发展，中国的电视收视市场已经趋于成熟，观众收视行为及收视规律趋于基本稳定。2012 年观众人均收视时间略高于 2011 年，全年收视率走势在春节、伦敦奥运会和国庆期间出现收视高峰，以晚间黄金时段为代表的传统黄金收视资源出现了小幅萎缩，但中午和傍晚时段收视出现小幅上扬。

（一）人均收视时间

1. 2012 年全国电视观众人均每日收视时间为 169 分钟

自 2001 年以来，我国电视观众人均收视时间呈现出波动下行的发展态势（图 1.3.1）。在 2005 年和 2006 年，由于各级电视台在新闻和综艺等节目形态上的大力创新和突破，以及世界杯等特殊事件的推动，观众人均收视时间曾一度出现回升趋势。然而，到 2007 年，由于观众对选秀和民生新闻等新节目形态产生“审美疲劳”，以及缺乏特殊事件的支撑，观众人均收视时间又下降，到 2008 年和 2009 年，由于北京奥运会的举办、新中国成立六十周年大庆等一系列重大事件的发生，观众的注意力又重新回到电视上来，人均每日收视时间又略有回升。继 2010 年全国电视观众人均收视时间下降后，2011 年全国观众人均收视时间继续下降，为 166 分钟，是 2001 年来的最低值。2012 年由于伦敦奥运会的举办，全国电视观众人均每日收视时长为 169 分钟，较 2011 年略有上升，但仍低于 2011 年以前每年的人均收视时长。

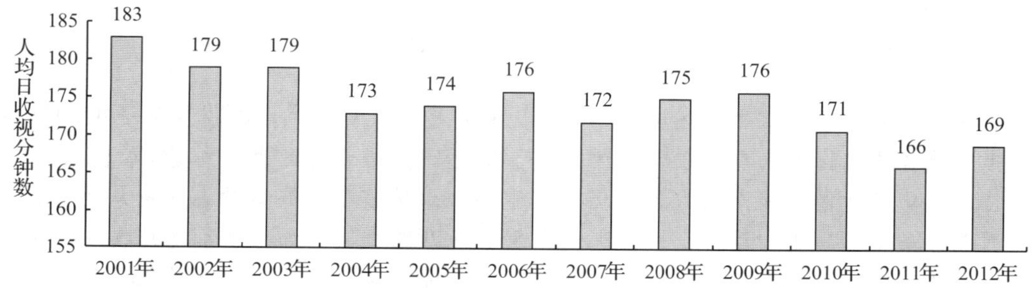

数据来源：CSM 媒介研究

图 1.3.1　2001—2012 年全国样本市县观众人均每日收视时间（分钟）

2. 全国七大行政区中，有六个地区2012年观众人均每日收视时间高于2011年

与2011年相比，2012年大部分地区的人均收视时间都有不同程度的上升。除华东地区人均收视时间保持162分钟不变外，其他六大行政区人均收视时间均出现了不同程度的上升。其中西南地区的人均每日收视分钟数从2011年的166分钟增加至2012年的174分钟，东北地区从185分钟增加至190分钟，属于增长幅度相对较大的两个地区。西北、华中、华北和华南地区人均收视时间也有不同程度的上升（表1.3.1）。

表1.3.1　2001—2012年全国七大行政区观众人均每日收视时间（分钟）

地区	2001年	2002年	2003年	2004年	2005年	2006年	2007年	2008年	2009年	2010年	2011年	2012年
东北	189	189	190	185	193	198	199	202	198	191	185	190
华北	200	202	204	195	195	198	193	196	197	196	196	198
西北	193	196	194	180	185	187	182	186	182	180	168	172
西南	181	179	177	175	179	183	173	163	166	169	166	174
华东	177	166	168	165	164	166	164	172	172	168	162	162
华南	184	172	173	168	169	171	163	169	167	152	148	149
华中	169	168	164	154	157	160	158	162	166	166	164	166

数据来源：CSM媒介研究

从各大行政区的人均收视时间的差异来看，目前华北、东北和西北地区仍然是电视收视水平较高的区域，这很大程度上与上述地区冬季时间较长、气温较低、人们的室内生活时间相对较长有关。相比较而言，在气温相对较高、经济相对发达、人们业余生活相对丰富的华南、华东和华中地区，观众的人均每日收视时间明显较短（图1.3.2）。

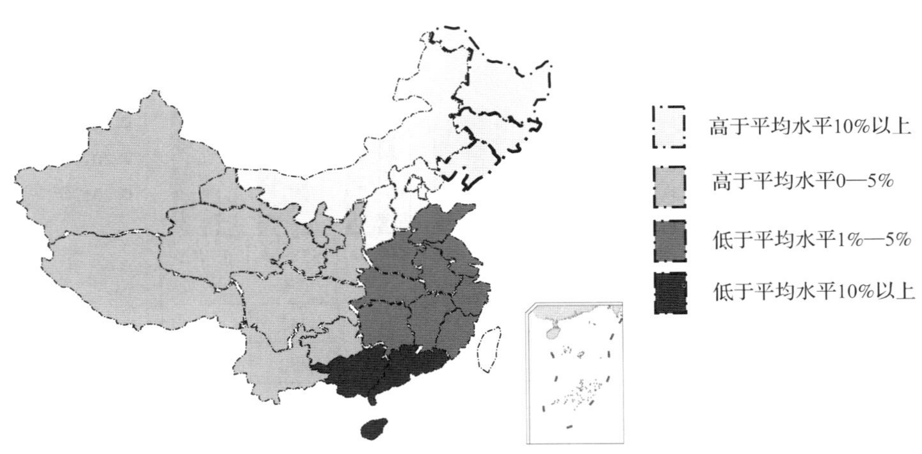

数据来源：CSM媒介研究

图1.3.2　2012年电视观众人均每日收视时间的区域差异

3. 女性观众人均收视时间多于男性观众

收视数据显示，2012 年中国女性观众人均每日收视时间为 173 分钟，男性观众为 164 分钟，女性观众平均每日收视时间比男性观众长 9 分钟。不论是男性观众还是女性观众，收视时长较 2011 年均有增长（表 1.3.2）。从近几年的数据来看，女性观众收视时间长于男性观众是一个规律性现象，而伴随着互联网等新媒体的发展，男性观众对电视的注意力出现了更明显的游离。

表 1.3.2 2001—2012 年全国样本市县男女观众平均每日收视时间（分钟）

性别	2001 年	2002 年	2003 年	2004 年	2005 年	2006 年	2007 年	2008 年	2009 年	2010 年	2011 年	2012 年
男	182	177	176	171	172	173	168	172	171	167	162	164
女	183	180	181	175	177	179	176	179	180	176	171	173

数据来源：CSM 媒介研究

4. 老年观众收视稳中有升，中青年观众收视衰减

老年观众除了在人数上是中国电视观众的一个重要群体之外，还因其较长的人均收视时长而成为电视收视的主要支撑。2012 年 65 岁及以上和 55—64 岁老年人群体的人均每日收视分钟数分别为 269 分钟和 255 分钟，55 岁及以上人群人均收视时间和前几年相比均有提升。2012 年 45—54 岁群体人均收视时间为 217 分钟，与 2009 年持平，较 2010 年和 2011 年均有增加。15—44 岁的观众群体 2012 年的人均每日收视分钟数仅为 100—156 分钟，较大幅度地低于老年群体的人均收视时间，15—34 岁的观众群体自 2009 年以来连续三年处于持续下降趋势，特别是 15—24 岁群体，人均收视时间由 2009 年的 122 分钟下降为 2012 年的 100 分钟，下降了 22 分钟。受新媒体和其他娱乐方式的影响，青少年群体对电视这种传统媒体的注意力越来越弱（图 1.3.3）。

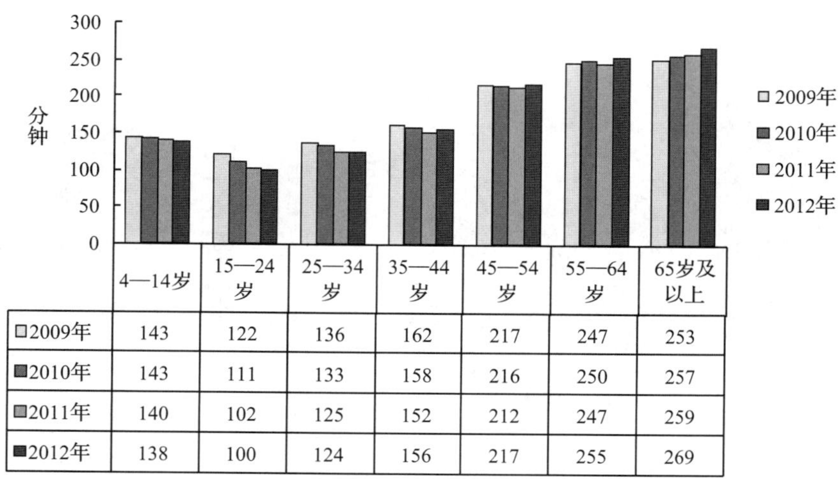

	4—14岁	15—24岁	25—34岁	35—44岁	45—54岁	55—64岁	65岁及以上
2009年	143	122	136	162	217	247	253
2010年	143	111	133	158	216	250	257
2011年	140	102	125	152	212	247	259
2012年	138	100	124	156	217	255	269

数据来源：CSM 媒介研究

图 1.3.3 2009—2012 年全国样本城市不同年龄段观众人均每日收视时间

5. **中等学历观众收视时间较长，所有教育程度观众人均收视时间均比 2011 年上升**

中等学历观众一直拥有较长的人均每日收视时间。2012 年，初中文化程度的观众人均每日收视时间达到 184 分钟，明显高于其他学历群体；小学和高中文化程度群体的人均每日收视时长分别为 178 分钟和 169 分钟；未受过正规教育和大学及以上教育程度群体每天分别用 159 分钟和 138 分钟的时间看电视。与 2011 年相比，2012 年所有教育程度群体的收视时间均出现了不同程度的上升（图 1.3.4）。

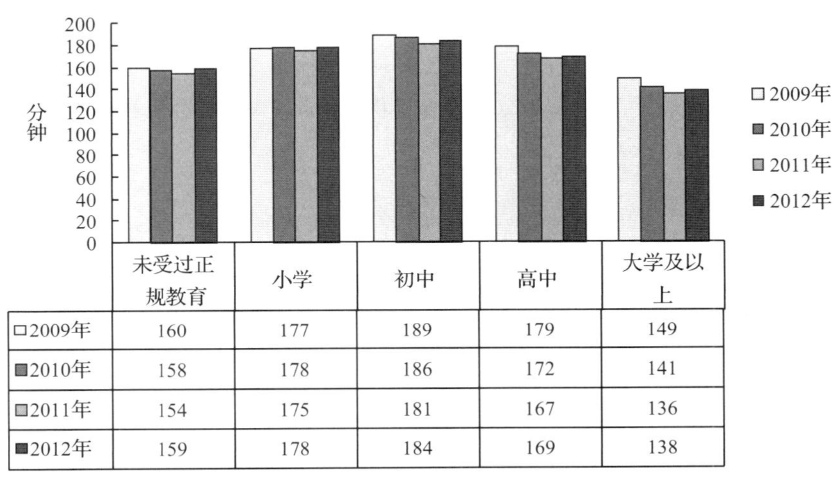

	未受过正规教育	小学	初中	高中	大学及以上
□2009年	160	177	189	179	149
■2010年	158	178	186	172	141
■2011年	154	175	181	167	136
■2012年	159	178	184	169	138

数据来源：CSM 媒介研究

图 1.3.4　2009—2012 年全国样本城市不同教育程度观众人均每日收视时间

（二）全年收视走势

1. **2012 年全年收视走势高峰迭起，收视水平回升**

2012 年可谓是近几年来的一个收视大年，一改前几年收视低迷的状态，收视出现了一个小的回升。春节期间出现了收视小高峰，收视率峰值达到 14.15%，略高于 2011 年春节期间收视率 13.67% 的水平。2012 年伦敦奥运会正处于学生的暑假期间，因此形成了“暑期 + 奥运会”这样一个收视高峰期，接下来的国庆长假期间收视水平也较 2011 年有明显提升，随后年底几周整体收视水平较 2011 年也有提升（图 1.3.5）。整体来看，2012 年的收视水平比 2011 年有明显回升。

2. **北方地区各时期收视普遍偏高，冬、春季优势最为明显**

东北、华北和西北地区在全年各个时期的收视水平普遍高于华东、华南、华中和西南地区。由于北方冬季较长，户外气温较低，人们比较偏向于在家收看电视，故而北方地区在“五一”之前和“十一”之后的收视要明显高于南方地区（图 1.3.6）。

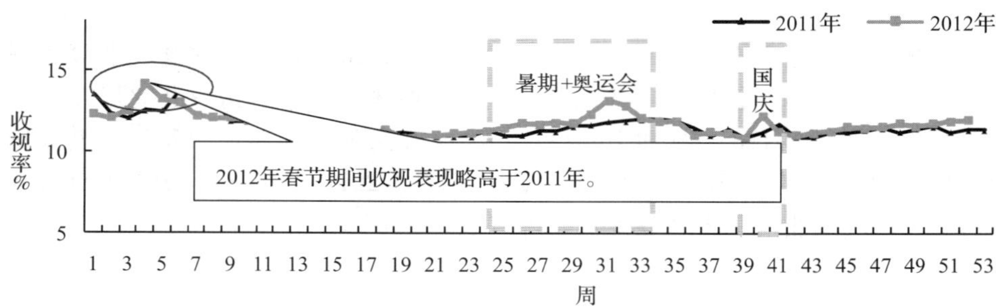

数据来源：CSM 媒介研究

图 1.3.5 2011 年和 2012 年全国样本城市观众全年收视走势

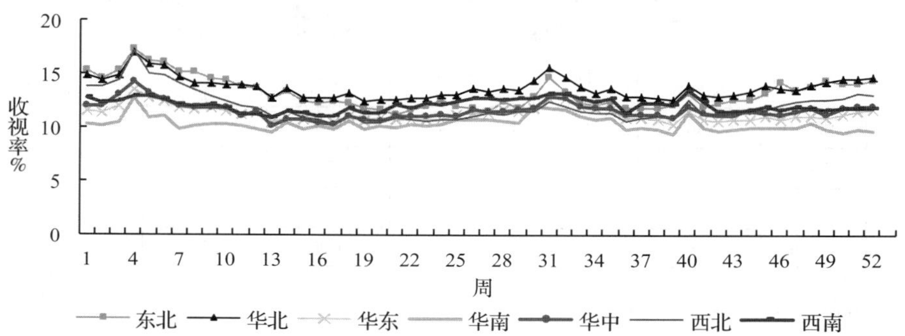

数据来源：CSM 媒介研究

图 1.3.6 2012 年全国七大行政区观众全年收视走势

3. 女性观众全年收视表现略优于男性观众

2012 年全年男女观众的时期收视走势基本相同，女性观众收视表现略优于男性观众（图 1.3.7）。

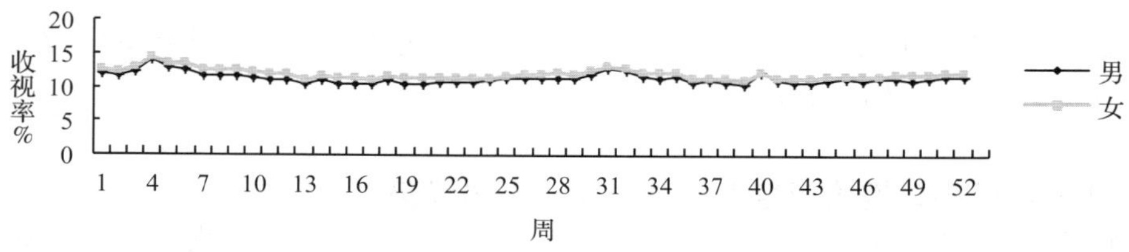

数据来源：CSM 媒介研究

图 1.3.7 2012 年全国样本城市男、女观众全年收视走势

4. 中老年观众时期收视规律相对稳定，青少年群体时期收视特征明显

45 岁及以上中老年群体在全年各个时期的收视均高于年轻观众群体，且收视的时期波动性较小；34 岁及以下的青少年群体在大多数时期的收视都相对偏低，不过在寒暑假以及黄金周等特殊时期，该类群体拥有比较明显的收视高潮，尤以 4—14 岁观众群体表现更为明显（图 1.3.8）。

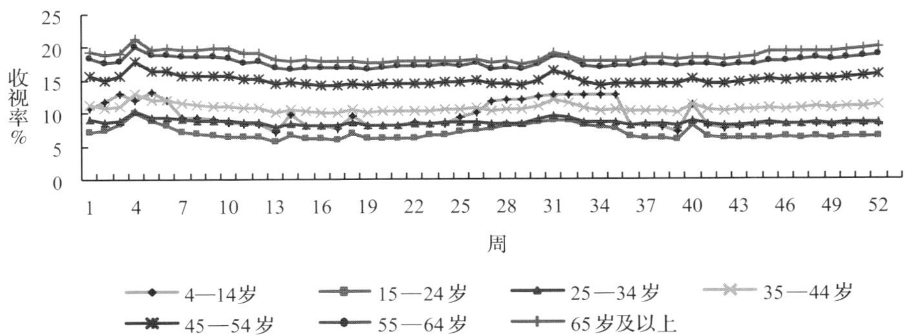

数据来源：CSM 媒介研究

图 1.3.8　2012 年全国样本城市不同年龄观众全年收视走势

5. 中等文化程度观众拥有全年收视优势，小学文化程度观众拥有时期收视高潮

中等文化程度观众在全年大多数时期的收视率都略高于其他群体。在小学文化程度的观众中，有大批学龄儿童，他们的电视收视明显受到寒暑假等时期因素的影响，故而拥有相对明显的时期收视高峰，七八月间小学教育程度观众的收视水平超越了其他文化程度观众（图 1.3.9）。

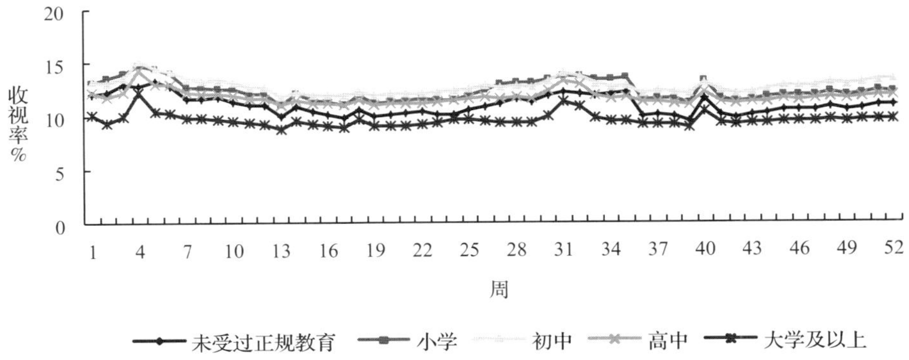

数据来源：CSM 媒介研究

图 1.3.9　2012 年全国样本城市不同教育程度观众全年收视走势

(三) 全天收视走势

1. 全天收视规律基本稳定，黄金资源略有萎缩

2012 年电视观众的全天收视走势规律与前几年相比，基本维持稳定。全天收视率走势曲线呈现双峰形，最突出的一个高峰出现在晚间19:00—22:00,最高收视率水平超过40%；第二个收视高峰出现在午间12:30前后，最高收视率为 15% 左右（图 1.3.10）。总体来说，观众全天收视率走势由于与观众日常工作和生活习惯相符，将长期保持基本稳定。

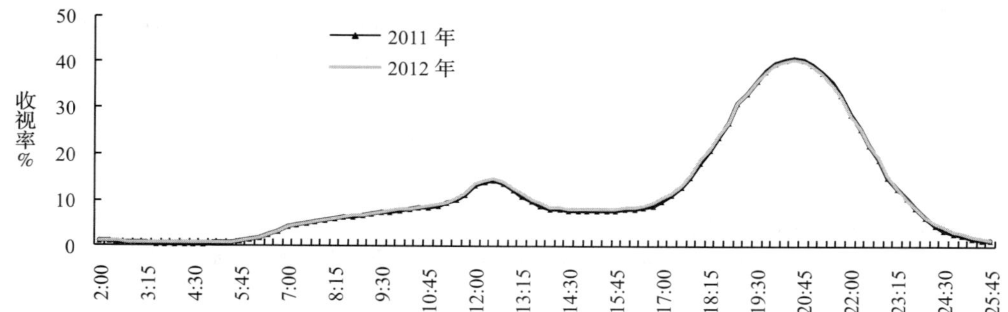

数据来源：CSM 媒介研究

图 1.3.10　2011 年、2012 年全国样本城市观众全天收视走势

在全天收视走势规律基本稳定的情况下，2012 年每日晚间的收视黄金资源出现了些轻微萎缩，主要体现在19:00—22:30黄金时段的收视率下降上，晚间20:00—22:00时段收视率的下降幅度达到 0.5 个百分点左右，其中以20:00—20:30时段下降最为明显。午间次高峰时段和傍晚时段 2012 年的收视率较 2011 年则有上升，上升幅度最高达到了 0.6 个百分点。

2. 观众全天收视走势呈现出区域性差异特征

中国幅员辽阔，不同区域的观众由于不同的工作和生活习惯而形成了不同的电视收视规律。收视数据显示，东北、华北和华东等地区由于地理位置偏东，日出时间较早，故而收视行为开始得比较早，其中东北地区在早间7:00就拥有了 10% 以上的收视率；同时上述地区由于天黑时间比较早，故晚间时段的收视高峰也开始得比较早，在18:00前后就出现了收视曲线的上升。相比较而言，地理位置相对偏西的西北和西南等地则在深夜时段拥有相对较高的收视；华南地区晚间黄金段的收视量明显低于其他地区（图 1.3.11）。

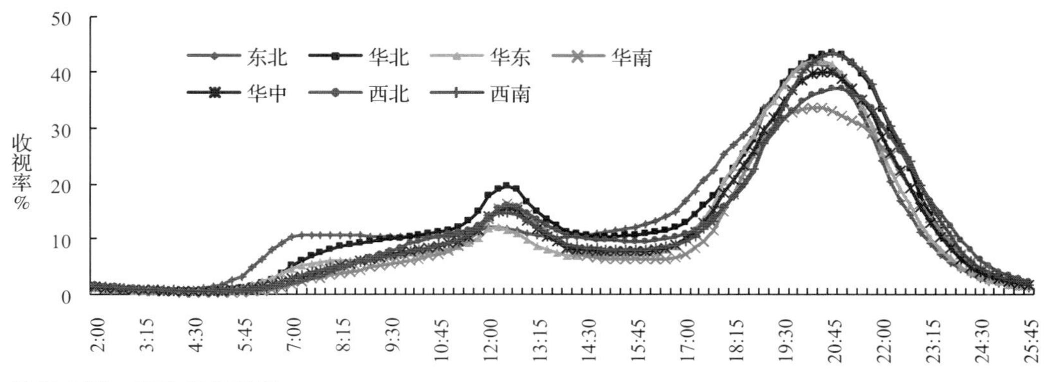

数据来源：CSM 媒介研究

图 1.3.11　2012 年全国七大行政区观众全天收视走势

3. 女性观众多数时段收视高于男性观众，男性观众清晨和深夜收视略高于女性观众

男女观众全天收视的整体规律基本相似。女性观众在全天大多数时段的收视率都高于男性观众，其中以下午12:00—17:00和晚间19:30—22:30等电视剧和综艺娱乐节目播出的集中时段最为明显（图 1.3.12）。

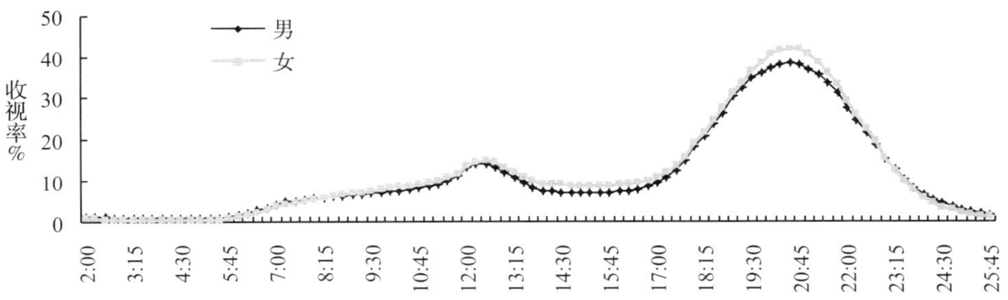

数据来源：CSM 媒介研究

图 1.3.12　2012 年全国样本城市不同性别观众全天收视走势

4. 生活习惯、工作安排影响不同年龄观众每日收视走势

受生活习惯和工作安排的影响，不同年龄群体的每日收视走势呈现较大差异。55 岁及以上老年群体拥有相对较长的闲暇时间和相对自主的时间安排，故而在全天大多数时段的收视都明显领先于其他群体，其中在晚间黄金时段老年群体的收视率高达 60% 以上。35—54 岁的中青年群体受工作安排的影响，在日间时段的收视率偏低，晚间黄金时段同样拥有比较突出的收视高峰。34 岁及以下的青少年群体和儿童群体受上学时间的限制，且更有兴趣接受看电视以外的娱乐休闲活动，整体收视水平比较低，晚间收视高峰开始得相对较晚，结束得也比较早，全天收视峰值偏低（图 1.3.13）。

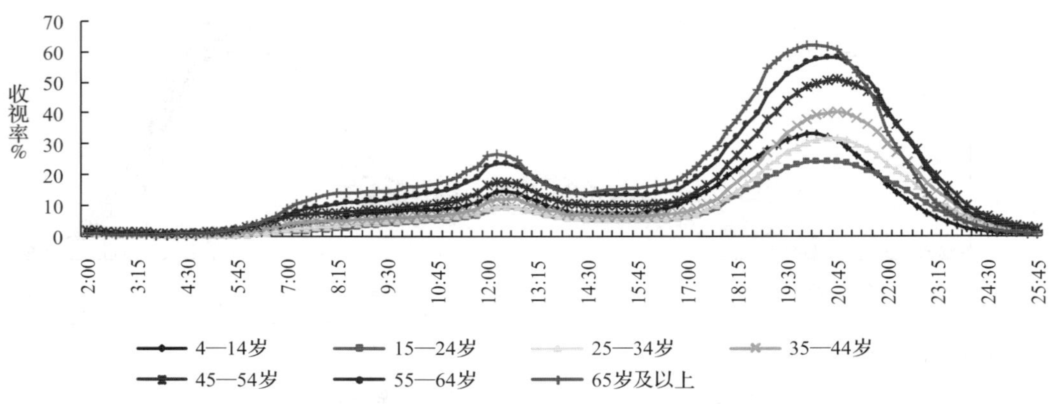

数据来源：CSM 媒介研究

图 1.3.13　2012 年全国样本城市不同年龄观众全天收视走势

5. 不同文化程度观众每日收视走势呈现差异

不同文化程度的观众往往从事不同的职业，拥有不同的工作和生活习惯，故而每日收视走势也会有一定差别。收视数据显示，小学及以下教育程度的观众群体在全天多个时段的收视率比较高，其晚间收视高峰开始得比较早，在20:00前后就达到了收视高峰，到21:30左右则出现收视曲线的下滑。相比较而言，初、高中和大学及以上教育程度观众群体则在晚间20:30前后出现收视高峰，且收视高峰跨度比较大，在22:00深夜时段拥有明显高于低教育程度群体的收视水平；初中教育程度的观众收视量相对较多，高峰开始的时间与小学及以下观众群体相近，而晚间结束的时间则与高教育程度观众相似（图1.3.14）。

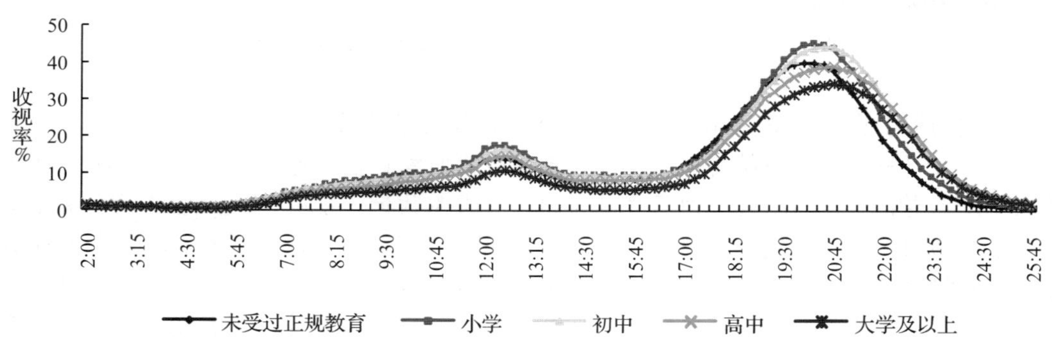

数据来源：CSM 媒介研究

图 1.3.14　2012 年全国样本城市不同教育程度观众全天收视走势

6. 周末白天收视率明显高于工作日

与其他任何常态年份的情况基本一致，同工作日相比，2012 年中国观众周末的收视优势主要体现在日间时段。从 2012 年观众在周末和工作日的收视走势来看，周末早间7:30至下午18:00期间的收视率要明显高于工作日（图 1.3.15）。相比较而言，观众在工作日和周末晚间黄金时段的收视基本相近，21:00—00:00时段周末收视率也要略高于工作日。

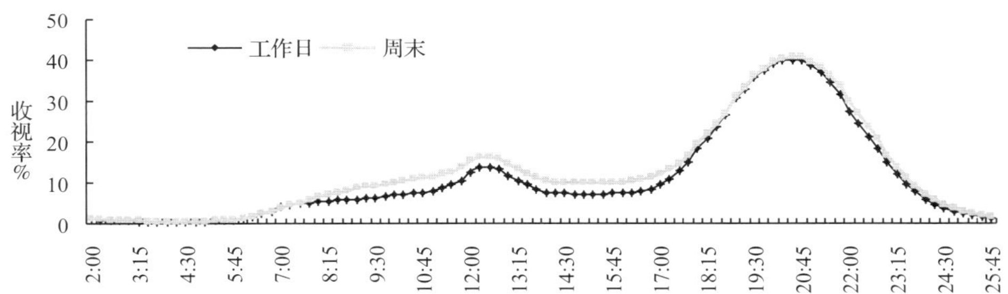

数据来源：CSM 媒介研究

图 1.3.15 2012 年全国样本城市周末和工作日全天收视走势

四、频道竞争格局

历经多年的波澜不惊，2012 年我国电视收视市场的竞争格局开始萌生出一些变化。“限娱令”之下，主要省级卫视将晚间黄金档的时段交给电视剧支撑，后晚间时段则由创新娱乐栏目轮番登场，消弭了以综艺节目彰显品牌和频道特色的区分后，各省级卫视渐现多台一面，在全国市场的竞争中市场份额虽仍有增长，但增速已经大幅放缓。中央台则开始从节目制作理念到节目资源运作全方位转变观念，放下身段；不仅如此，重大体育赛事和重大新闻事件也给央视提供了更多展示自身的机会。在多方效应之下，中央台在2012 年迎来了一个重要转变，一个由下降通道重回上升通道的转变。卫视频道竞争力的双双上扬给地面频道，哪怕是在市场竞争中本处强势的地面频道，带来了更大的压力和警示，虽然整体格局依旧，但在不变的市场蛋糕中如何保住自己的那块，对地面频道而言是一个巨大的挑战。

（一）全国电视收视市场的频道竞争格局

1. 地面频道发展空间受到卫视进一步挤压，中央台市场份额回升

2012 年，在全国 154 个城市的收视市场上，各级频道的收视竞争打破了以往一贯的发展态势。中央电视台凭借在节目创新理念、节目资源把控、重大事件时期的强大品牌

力等优势，逆转了多年在收视市场竞争中的下滑势头，市场份额由2011年的25.9%提升至2012年的27.4%，增长了1.5个百分点。省级卫视市场份额仍保持增长，但增速趋缓，2012年市场份额达到31.9%，较上年增长了1个百分点。原来卫视频道内部竞争力的此消彼长在2012年转变为卫视频道和地面频道之间的零和博弈，中央台和省卫视市场份额的双升导致地面频道市场空间进一步被挤压，多年以来的收视维稳难以为继，2012年省级地面频道市场份额为21.7%，较上年的23.2%下降了1.5个百分点。中国教育台的市场地位保持了稳定，2012年共获得0.5%的市场份额，与2011年一致（图1.4.1）。

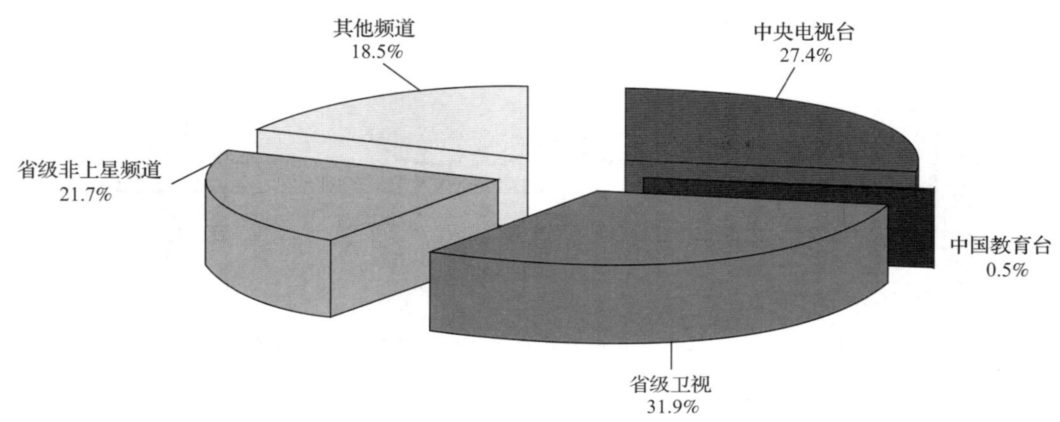

数据来源：CSM媒介研究

图1.4.1 2012年全国电视收视市场上各类频道的市场份额（%）

2. 中央台依托优势时段持续发力，省卫视重金打造晚间时段成效显著

从各级频道在全天不同时段竞争力的变化来看，中央台整体竞争力的提升依赖于以传统强势竞争时段早间、午间为核心的影响力扩展，以及在非传统优势时段22:00之后的进一步发力。省级卫视频道全天竞争力的分布则基本延续了往年的态势，主要依托在日间时段（尤其是下午时段）以及晚间黄金时段和后晚间时段对优质电视剧资源和创新娱乐节目资源的大力投入。2012年“限娱令”的出台，在一定程度上对重点省卫视频道的晚间节目编排产生了影响，普遍采用黄金时段3集电视剧连播+后晚间时段娱乐栏目的编排手法，保障了晚间时段的竞争力高涨。作为地面频道中的一支重要力量，省级非上星频道在傍晚的本地新闻时段继续保持强势，但在此外其他时段则缺乏亮点，这也是其在高度依赖民生新闻和电视剧之外缺少创新点的必然结果（图1.4.2）。

3. 中央台在高端群体中拥有更高影响力，省级卫视仍坚持差异化竞争策略

在各级频道对细分受众资源的竞争中，各级频道凭借着对自己传统优势资源和核心受众的把控基本上形成了较为稳定的竞争格局。中央台在男性、高学历、高收入群体中

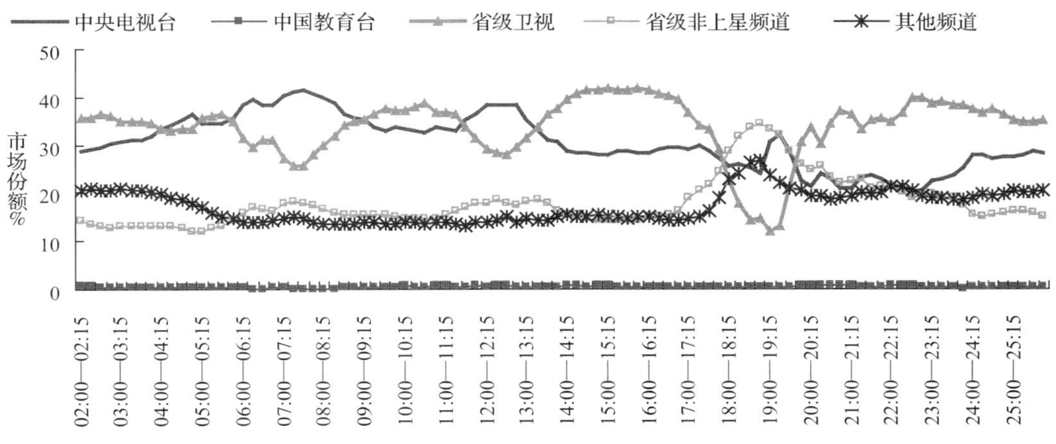

数据来源：CSM 媒介研究

图 1.4.2　2012 年全国电视收视市场各类频道市场份额（%）全天走势

拥有更强的影响力；省级卫视则坚持差异化的竞争策略，在女性、年轻、学生群体中感召力更强；省级地面频道的重度受众群体更趋老龄化、低学历化，与卫视频道形成差异（表 1.4.1）。

具体来看，在以性别为细分标准的收视市场上，男性观众对中央台的收视份额较所有观众平均水平高出 2.3 个百分点，而女性观众对省级卫视的收视份额则较所有观众的平均水平高出 2 个百分点，省级非上星频道和中国教育台频道在男、女观众中的竞争力分布较为均衡。在以年龄为细分标准的收视市场上，中央台频道对 55 岁及以上的中老年观众，尤其是 65 岁及以上的老年观众的吸引力更强，该类观众对中央台频道的收视份额远高于 4 岁及以上观众平均水平，其中 65 岁及以上观众的收视份额较平均水平高出 8.1 个百分点；4—24 岁的年轻观众对省级卫视的收视份额较所有观众平均水平更高，其中 4—14 岁观众对省级卫视的收视份额较 4 岁及以上所有观众对省级卫视收视份额高出 6 个百分点以上，但较 2011 年 8 个百分点的优势有所下滑；45—64 岁的中老年观众对省级非上星频道收视份额较高；中国教育台 25—34 岁的青年观众收视份额高于所有观众平均水平。在以学历为细分标准的收视市场上，大学及以上的高学历收视群体对中央台的收视份额明显高于 4 岁及以上观众的平均水平，中、小学学历的观众则对省级卫视和省级非上星频道的收视份额更高。在以职业为细分标准的收视市场上，干部/管理人员以及以离退休人员为主体的无业观众依然对中央台频道的收视份额更高，而学生群体对省级卫视则表现出更高的收视份额，较 4 岁及以上所有观众对省级卫视的收视份额高出近 8 个百分点，工人、初级公务员/雇员和其他职业类别的观众对对省级非上星频道收视份额更高，干部/管理人员和其他职业类别群体对中国教育台的收视份额高于 4 岁及以上所有观众平均水平。在以收入为细分标准的收视市场上，个人月收入在 1201 元及以上的中高收入观众对中央台收视份额明显高于所有观众平均水平，而个人月收入在 0—600 元之间的低收入观众则对省级卫视的收视份额明显高于所有观众的平均水平，个人月收入在 601—1200 元之间的观众对省级非上星频道表现出较高的收视份额。

表 1.4.1　2012 年全国市场各类频道在不同目标观众中的市场份额（%）

目标观众	中央电视台	中国教育台	省级卫视	省级非上星频道	其他频道
4 岁及以上所有人	27.4	0.5	31.9	21.7	18.5
男	29.7	0.5	29.8	21.5	18.5
女	25.2	0.5	33.9	21.8	18.6
4—14 岁	27.4	0.4	38.0	18.4	15.8
15—24 岁	20.8	0.5	36.7	21.3	20.7
25—34 岁	24.6	0.6	32.8	20.4	21.6
35—44 岁	26.3	0.5	33.8	20.6	18.8
45—54 岁	26.4	0.5	31.2	23.8	18.1
55—64 岁	29.8	0.4	28.6	23.7	17.5
65 岁及以上	35.5	0.4	26.2	21.1	16.8
未受过正规教育	29.0	0.4	31.9	19.3	19.4
小学	26.3	0.5	32.6	22.3	18.3
初中	26.4	0.5	32.8	22.4	17.9
高中	27.6	0.5	31.5	22.0	18.4
大学及以上	29.8	0.5	30.2	19.7	19.8
干部/管理人员	29.1	0.6	30.1	20.0	20.2
个体/私营企业人员	27.3	0.5	32.5	20.2	19.5
初级公务员/雇员	26.1	0.6	30.7	22.2	20.4
工人	24.8	0.4	31.7	22.5	20.6
学生	24.3	0.5	39.3	19.3	16.6
无业	30.4	0.4	30.0	21.8	17.4
其他	25.3	0.6	35.2	24.2	14.7
0—600 元	25.5	0.5	35.6	20.7	17.7
601—1200 元	27.0	0.5	32.1	23.5	16.9
1201—1700 元	28.7	0.4	30.7	22.4	17.8
1701—2600 元	28.4	0.5	30.0	22.4	18.7
2601 元及以上	28.4	0.5	29.3	20.1	21.7

数据来源：CSM 媒介研究

4. 强势频道竞争力略有下滑，第二阵营频道竞争力提升明显

在中央台以及省卫视单个频道的竞争中，2011 年位居第一阵营的中央台综合频道、湖南卫视、中央台三套在 2012 年均面临市场分额进一步下滑的窘境，可谓高处不胜寒，在获得强势竞争地位后如何依托品牌、资源、创新等将优势巩固，其难度愈加增大。而 2011 年排名在第三位之后的卫视，如江苏卫视、中央电视台新闻频道、中央台八套、中央台少儿频道、中央台四套、山东卫视等，2012 年的竞争力均获得了提升，其中江苏卫视市场份额增长 0.5 个百分点而跃居排名第三位，显示出较强的向上势头。2011 年并未进入排名前十五位的频道中，上海东方卫视和天津卫视 2012 年分别排名第十四、十五位，成为卫视频道中的新贵，显示出一定的收视活力（表 1.4.2）。

表 1.4.2　2012 年全国电视收视市场市场份额排名前十五位的频道

排名	频道	2012 年市场份额（%）	2011 年市场份额（%）
1	中央电视台综合频道	5.5	5.9
2	湖南电视台卫星频道	3.4	3.9
3	江苏卫视	3.0	2.5
4	中央台三套	2.9	3.1
5	中央电视台新闻频道	2.7	2.2
6	中央台六套	2.4	2.7
6	中央台八套	2.4	2.1
8	中央电视台少儿频道	2.3	1.8
8	中央台四套	2.3	1.9
10	浙江卫视	2.1	2.1
10	中央台五套	2.1	2.0
10	山东卫视	2.1	1.5
13	安徽卫视	2.0	2.2
14	上海东方卫视	1.6	1.3
15	天津卫视	1.4	1.2
15	北京卫视	1.4	1.5

数据来源：CSM 媒介研究

（二）江苏省电视收视市场的频道竞争格局

1. 江苏省级频道占据领先优势，外省卫视竞争力不敌中央台

2012 年，在江苏电视收视市场，江苏省级频道以接近四成的份额成为市场竞争中的一支独秀，其中江苏卫视、江苏综艺频道、江苏影视频道、江苏城市频道四个频道合计占据超过 30% 的市场份额，表现十分强势。中央电视台也是江苏电视收视市场竞争中的一支劲旅，共占据超过四分之一的市场份额，央视一套、八套和三套都有不错的表现。外省卫视相对而言竞争力略弱，仅占据 16.4% 的市场份额，其中表现较为突出的是湖南

卫视，占据了3%的市场份额。中国教育台在江苏市场仅占0.4%的市场份额，对整体市场影响有限（图1.4.3）。

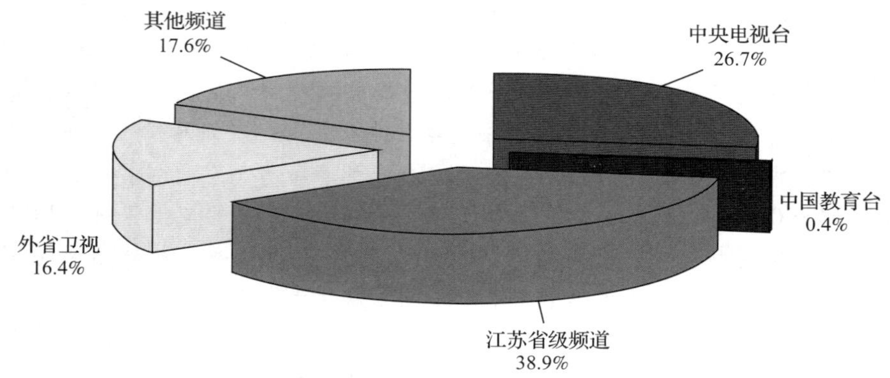

数据来源：CSM 媒介研究

图1.4.3 2012年江苏省电视收视市场上各类频道的市场份额（%）

2. 江苏省级频道竞争优势集中于整个晚间时段，中央台领衔其他时段

观察江苏市场各级频道在全天不同时段的竞争力状况，可以看出江苏省级频道和中央级频道在全天时段交替领先，外省卫视仅在下午时段市场份额接近中央台。具体来看，江苏省级频道从傍晚18:00开始市场份额直线上扬，竞争力峰值出现在18:30—20:30,成为市场竞争最强者，而其他频道形成竞争力低谷，这种绝对领先优势一直保持到23:30,此后中央台频道又开始领先。在18:00—23:30之外的其他时段，中央台频道市场份额则处于绝对领先之势，其中早间、午间和傍晚时段有三个小高峰。外省卫视份额较高的时段是上午、下午及后晚间时段，但均未能突破中央台和江苏台的份额（图1.4.4）。

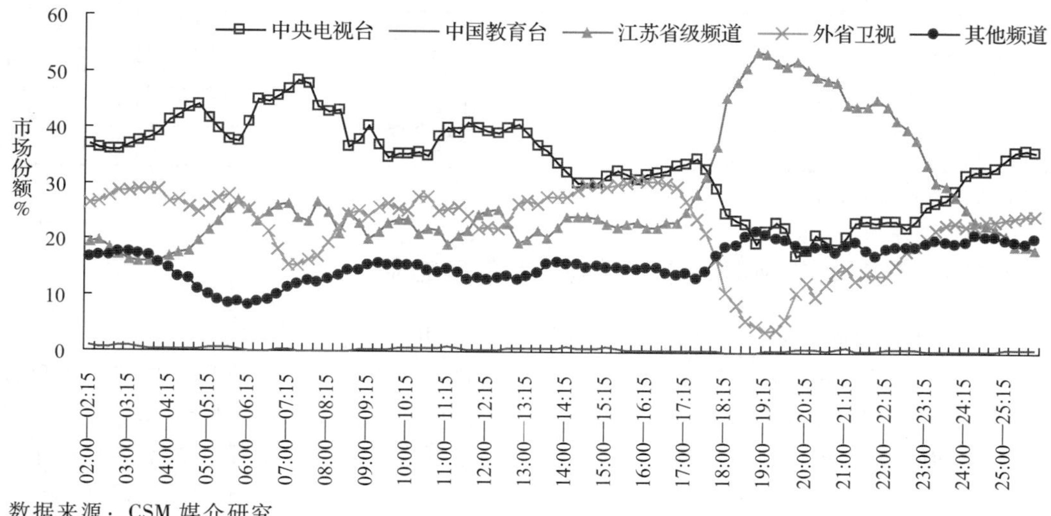

数据来源：CSM 媒介研究

图1.4.4 2012年江苏省电视收视市场各类频道市场份额（%）全天走势

3. 江苏台汇聚核心收视群体，中央台与外省卫视形成差异化受众竞争格局

2012 年，在江苏市场各级频道对细分目标受众的竞争中，江苏省级频道仍然在多数受众群体中保持绝对的领先优势，尤其在电视收视的核心群体——女性、中老年、中低学历、退休人员和中低收入群体中竞争优势更为明显。在此背景下，中央台和外省卫视则形成差异化的受众竞争格局，中央台更吸引男性、老年、高收入群体，外省卫视在女性、年轻、学生以及低收入群体中影响力更强（表 1.4.3）。

表 1.4.3 2012 年江苏省市场各类频道在不同目标观众群体中的市场份额（%）

目标观众	中央电视台	中国教育台	江苏省级频道	外省卫视	其他频道
4 岁及以上所有人	26.7	0.4	38.9	16.4	17.6
男	29.1	0.4	38.4	14.7	17.4
女	24.4	0.4	39.4	17.9	17.9
4—14 岁	26.0	0.3	40.9	20.8	12.0
15—24 岁	21.0	0.4	35.8	24.3	18.5
25—34 岁	22.8	0.3	38.5	19.4	19.0
35—44 岁	27.1	0.4	34.6	17.1	20.8
45—54 岁	25.8	0.4	41.4	14.5	17.9
55—64 岁	27.4	0.5	43.6	12.4	16.1
65 岁及以上	36.1	0.4	35.1	10.1	18.3
未受过正规教育	27.7	0.5	43.0	14.7	14.1
小学	27.3	0.3	39.6	17.6	15.2
初中	24.6	0.5	41.1	16.6	17.2
高中	29.4	0.4	34.2	16.0	20.0
大学及以上	26.2	0.3	32.7	14.5	26.3
干部/管理人员	28.1	0.5	32.2	15.5	23.7
个体/私营企业人员	26.6	0.6	38.7	15.6	18.5
初级公务员/雇员	26.1	0.4	36.3	16.2	21.0
工人	24.9	0.4	40.2	16.0	18.5
学生	23.4	0.3	35.9	24.5	15.9
无业	30.2	0.4	34.7	15.5	19.2
其他	26.6	0.4	45.6	14.7	12.7
0—600 元	25.8	0.4	41.0	18.2	14.6
601—1200 元	27.3	0.5	40.0	15.3	16.9
1201—1700 元	27.5	0.4	36.9	14.8	20.4
1701—2600 元	26.0	0.4	36.8	15.8	21.0
2601 元及以上	28.9	0.4	36.0	15.0	19.7

数据来源：CSM 媒介研究

在以性别为细分标准的收视市场上，中央台在男性观众中的收视份额明显更高，江苏省级频道和外省卫视则在女性观众收视中获得更多的关注。在以年龄为细分标准的收视市场上，江苏省级频道在 4—14 岁以及 45—64 岁年龄段观众中收视份额明显高于其在 4 岁及以上所有观众中的平均水平，中央台在 65 岁及以上的中老年观众中影响力相对较强，而外省卫视则在 34 岁及以下的年轻观众中拥有较强的影响力。在以学历为细分标

准的收视市场上，初中及以下学历的收视群体对江苏省级频道收视份额相对较高，高中学历收视群体对中央台的收视份额明显更高，外省卫视收视份额较高的群体是小学学历观众。在以职业为细分标准的收视市场上，江苏省级频道在工人和其他职业类别群体中的收视份额显著高于平均水平，中央电视台在干部/管理人员和以离退休人员为主体的两类职业群体中的收视份额更高，外省卫视则对学生的收视影响力更强，中国教育台更受个体/私营企业人员观众的喜爱。在以收入为细分标准的收视市场上，江苏省级频道在0—1200元中低收入群体中具有一定优势，中央台对个人月收入2601元以上的高收入观众吸引力较强，而外省卫视则在个人月收入600元及以下的低收入群体中更受青睐。

4. 江苏省台频道单频道竞争力强势集中，中央台7个频道入围前十五位

前文已有提及，在江苏整体市场竞争中领先的江苏省级频道，对其竞争力贡献较大的频道集中于市场份额排名的前四位，分别是江苏卫视、江苏电视台综艺频道、江苏电视台影视频道和江苏电视台城市频道，2012年这四个频道市场份额合计已超过江苏台整体市场份额的四分之三，竞争力向强势频道集中的趋势非常明显。此外，在整体市场竞争中居于次位的中央台频道，则在数量上占据一定的优势，共有7个频道入围单频道市场份额排名前十五位，其中中央台综合频道、中央台八套和中央台三套分列第五至六位，竞争力处于中上水平。外省卫视中，仅有湖南卫视和安徽卫视入围，其中湖南卫视以3.0%的市场份额排名第九位，安徽卫视以1.6%的市场份额排名并列第十五位。从年度变化来看，江苏卫视和中央台少儿频道2012年市场份额提升较多，比2011年均增长了1个百分点以上（表1.4.4）。

表1.4.4　2012年江苏省收视市场市场份额排名前15位的频道

排名	频道	2012年市场份额（%）	2011年市场份额（%）
1	江苏卫视	11.8	10.8
2	江苏电视台综艺频道	8.2	7.8
3	江苏电视台影视频道	5.6	5.9
4	江苏电视台城市频道	5.2	5.4
5	中央电视台综合频道	3.6	4.4
6	中央台八套	3.4	2.6
6	中央台三套	3.4	3.0
8	优漫卡通卫视	3.1	3.7
9	湖南电视台卫星频道	3.0	3.1
10	中央台六套	2.7	3.3
11	中央电视台少儿频道	2.6	1.1
12	中央电视台新闻频道	2.4	2.0
13	中央台四套	2.3	1.9
14	江苏电视台公共频道	1.7	1.7
15	江苏教育电视台	1.6	1.8
15	江苏电视台体育休闲频道	1.6	1.8
15	安徽卫视	1.6	1.6

数据来源：CSM媒介研究

（三）北京市电视收视市场的频道竞争格局

1. 北京台整体份额下滑，中央台及外省卫视竞争力提升

2012年，北京电视收视市场的频道竞争格局基本与往年保持一致，但各级频道的竞争力走势发生了微妙的变化。在经历了2011年市场份额增长幅度放缓后，2012年北京电视台频道的整体竞争力下滑，38.1%的市场份额较2011年减少了2.7个百分点。相反，中央台频道和外省卫视的市场份额均有所提升，其中外省卫视竞争力提升较多，由2011年的20.7%增长到2012年的22.3%，增长了1.6个百分点；中央电视台则较上年增长了0.6个百分点而达到26.4%。中国教育台三个频道共获得2.5%的市场份额，较2011年略有增长，在北京市场的整体竞争实力优于在其他城市（图1.4.5）。

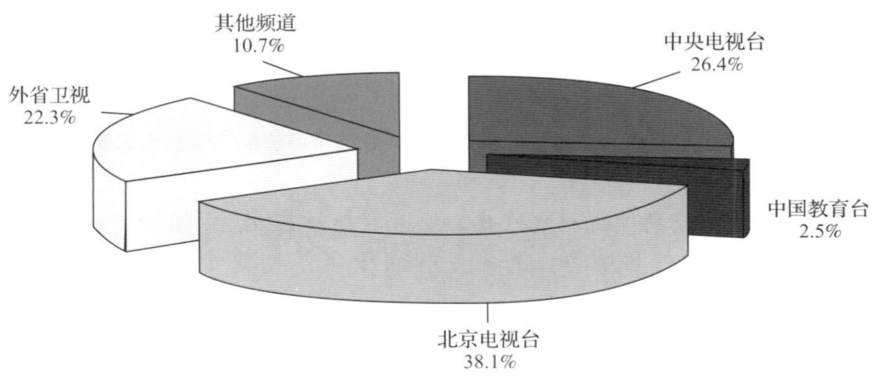

数据来源：CSM媒介研究

图1.4.5　2012年北京电视收视市场上各类频道的市场份额（%）

2. 北京台依托早、午、晚高峰领先，外省卫视下午及后晚间时段获得突破

与往年北京台频道从早间到深夜时段持续在市场保持领先优势有所不同，2012年在各级频道全天时段的收视竞争中，北京台频道的领先优势分别在上午和下午时段被中央台及外省卫视追平或赶超，而北京台频道则在早间6:30—8:30、午间11:30—14:00以及晚间17:00—22:00三大时段保持绝对的领先优势，其中晚间高峰时间跨度长且竞争力强。上午时段，中央级频道在北京市场的份额与北京台频道基本持平；下午时段，外省卫视市场份额明显超过北京台频道，成为市场竞争力最强的一极。22:00之后的后晚间时段，外省卫视也率先在竞争力上赶超北京台，此后中央级频道的市场份额也超过北京台，与外省卫视交相领先（图1.4.6）。

3. 中央台在男性、老年观众中拥有较强竞争力，北京台更吸引中等学历、中等收入观众

2012年北京市场各级频道在细分受众收视市场中的竞争格局延续以往的态势。中央

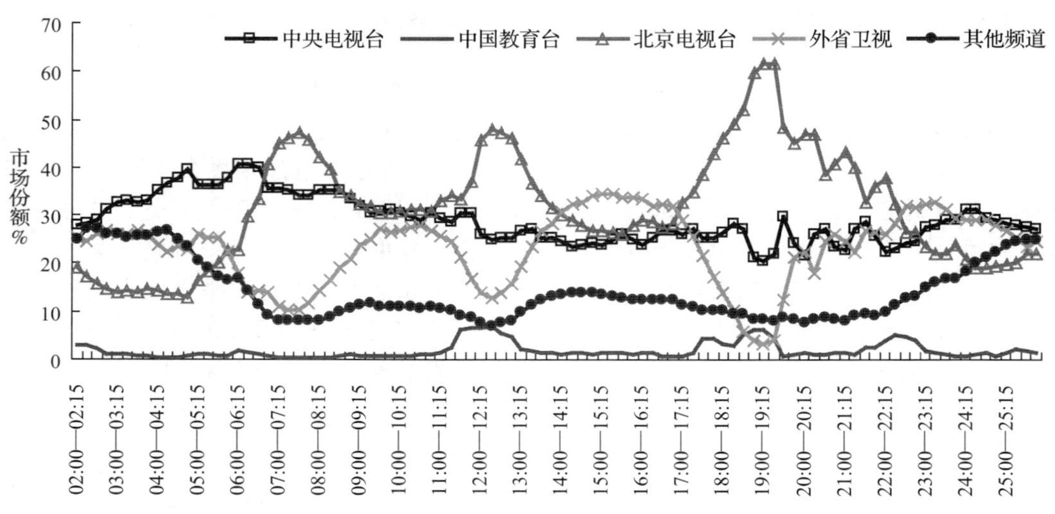

数据来源：CSM 媒介研究

图 1.4.6　2012 年北京电视收视市场各类频道市场份额（%）全天走势

台更吸引男性、老年、中高收入观众收视，北京台继续在女性、中老年、中等学历、中等收入观众中具有较强的影响力，外省卫视频道仍然更受女性、青年、学生群体的喜爱。

在以性别为细分标准的收视市场上，男性观众对中央台的收视份额高出所有观众平均水平近 2 个百分点，而女性观众则对北京台和外省卫视更加青睐，其收视份额较平均水平更高。在以年龄为细分标准的收视市场上，中央台对 65 岁及以上的老年观众继续发挥强大影响力，其对中央台的收视份额进一步提高至 36.1%，较 4 岁及以上所有观众平均的 26.4% 高出近 10 个百分点；北京台频道对 55 岁及以上观众保持了较强的吸引力，该类观众对该频道的收视份额远高于 4 岁及以上观众平均水平，其中 55—64 岁观众对北京电视台的收视份额更达到 44.3%，高出平均水平 6 个百分点以上；外省卫视对 15—24 岁的年轻观众的吸引力明显更高，其对外省卫视的收视份额接近 30%，远高于 4 岁及以上所有观众 22.3% 的平均水平。在以学历为细分标准的收视市场上，中央电视台对小学及以下学历观众吸引力较强；北京台更吸引中等学历观众收视，初、高中学历观众对北京台的收视份额超过所有观众平均水平近 2 个百分点；外省卫视更吸引的群体是小学及初中学历的观众。在以职业为细分标准的收视市场上，中央台对无业和其他职业群体的吸引力更强，北京台则对无业观众更具吸引力，外省卫视对个体/私营企业人员和学生观众有较强吸引力，中国教育台更吸引干部/管理人员和初级公务员/雇员收视。在以收入为细分标准的收视市场上，中央台对个人月收入在 1700—2600 元之间的中高收入群体更具号召力；北京台对个人月收入在 1201—2600 元范围内的中等收入群体吸引力更强；外省卫视频道对于 1200 元及以下的低收入收视群体凝聚力相对较强，中国教育台频道相对而言更吸引个人月收入在 601—1200 元之间的收视群体（表 1.4.5）。

表 1.4.5 2012 年北京市场各类频道在不同目标观众群体中的市场份额（%）

目标观众	中央电视台	中国教育台	北京电视台	外省卫视	其他频道
4 岁及以上所有人	26.4	2.5	38.1	22.3	10.7
男	28.2	2.9	36.6	20.6	11.7
女	24.6	2.1	39.5	24.0	9.8
4—14 岁	27.0	1.2	35.1	23.9	12.8
15—24 岁	21.9	4.3	30.4	29.9	13.5
25—34 岁	23.0	4.3	34.6	24.1	14.0
35—44 岁	25.9	2.6	32.9	25.3	13.3
45—54 岁	24.5	2.2	40.2	23.1	10.0
55—64 岁	27.9	1.5	44.3	18.3	8.0
65 岁及以上	36.1	1.8	39.7	15.9	6.5
未受过正规教育	32.2	1.1	40.1	19.0	7.6
小学	34.0	1.4	32.1	23.9	8.6
初中	26.3	2.1	39.9	23.9	7.8
高中	24.8	2.9	39.7	22.3	10.3
大学及以上	26.3	2.8	35.6	21.0	14.3
干部/管理人员	27.0	3.5	36.4	20.2	12.9
个体/私营企业人员	25.7	2.8	35.2	24.0	12.3
初级公务员/雇员	24.4	3.1	37.5	23.0	12.0
工人	25.4	2.9	36.8	23.3	11.6
学生	23.7	2.5	28.8	30.0	15.0
无业	28.4	1.8	41.3	20.1	8.4
其他	30.5	0.8	33.0	30.1	5.6
0—600 元	25.5	2.2	32.9	28.3	11.1
601—1200 元	24.7	3.2	39.0	24.5	8.6
1201—1700 元	25.7	2.4	40.7	21.3	9.9
1701—2600 元	27.6	2.2	40.5	20.8	8.9
2601 元及以上	26.4	2.9	37.2	20.3	13.2

数据来源：CSM 媒介研究

4. 北京台频道垄断市场竞争力前四位，江苏、浙江卫视取代湖南卫视入围排行榜

2012年北京电视收视市场单频道的市场份额竞争中，市场竞争力的前四位仍然被北京台四个频道所垄断，且这四个频道的位次也与上年保持一致。北京卫视以10.6%的份额保持在第一位，但市场份额较2011年下降了1.4个百分点，排在第二位的北京台影视频道市场份额较上年提升0.3个百分点而达到7.7%。中央级频道中，竞争实力获得明显提升的是中央台新闻频道和中央台四套，2012年重大事件（钓鱼岛争端）期间两个频道及时深入地对事件的跟踪和报道在一定程度上为频道树立了品牌力和影响力，提升了它们在市场中的竞争地位。外省卫视中，湖南卫视2012年无缘市场份额排名前十五位，其位置被江苏卫视和浙江卫视所取代，其中江苏卫视2012年市场份额提升0.9个百分点而达到2.5%，排名第十一位（表1.4.6）。

表1.4.6　2012年北京收视市场市场份额排名前十五位的频道

排名	频道	2012年市场份额（%）	2011年市场份额（%）
1	北京卫视	10.6	12.0
2	北京电视台影视频道	7.7	7.6
3	北京电视台科教频道	4.4	5.4
4	北京电视台生活频道	3.8	3.9
5	中央台三套	3.2	3.4
5	中央电视台新闻频道	3.2	2.6
7	中央台六套	3.0	3.4
8	中央台四套	2.8	2.4
9	中央电视台综合频道	2.7	2.9
10	北京电视台文艺频道	2.6	2.7
11	江苏卫视	2.5	1.6
12	中央台五套	2.4	2.2
13	中央台八套	2.3	2.2
14	北京电视台体育频道	2.2	2.0
14	浙江卫视	2.2	2.0
14	北京电视台青年频道	2.2	2.1

数据来源：CSM媒介研究

（四）上海市电视收视市场的频道竞争格局

1. 上海本地频道整体竞争力有所下滑，外省卫视和中央台市场份额一增一减

2012年，在上海电视收视市场的频道竞争中，居于霸主地位的上海本地频道市场份额有所下挫，共获得55.2%的市场份额，但较2011年的57.4%下降了2.2个百分点，这一份额较2010年的水平也略有下降。中央台在上海市场的竞争力连年下降，2012年继续下降至16.1%；而外省卫视则一改2011年的下跌态势，市场份额在2012年略有增

长，从2011年的18.1%增至2012年的19.2%，成为2012年在上海市场最有所斩获的一类频道。中国教育台在上海的市场份额较小，且由2011年的0.3%进一步下滑至0.2%。其他频道2012年市场份额为9.3%，较上年增长了1.9个百分点（图1.4.7）。

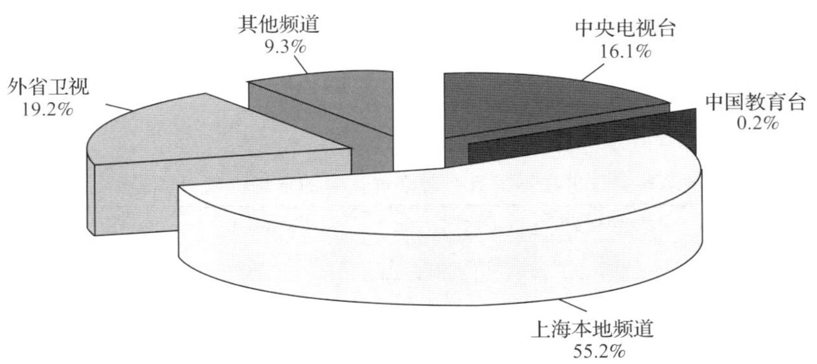

数据来源：CSM媒介研究

图1.4.7　2012年上海电视收视市场上各类频道的市场份额（%）

2. 上海本地频道全天时段竞争优势明显，外省卫视在多数时段份额高于中央台

尽管在整体市场竞争力有所下滑，但在全天时段的收视竞争中，上海本地频道仍以绝对的优势领先于全天多数时段，尤其在早间7:00—8:00时段以及晚间19:00—20:00时段市场份额领先的优势更加明显。外省卫视在上海市场呈现出较好的增长势头，其在清晨5:00—6:00时段的份额甚至超越了上海本地频道。在全天其他时段的竞争中，外省卫视也在多个时段完胜中央台，中央台仅在传统的早、午、晚新闻时段竞争力有所突破，其他时段竞争力不敌外省卫视（图1.4.8）。

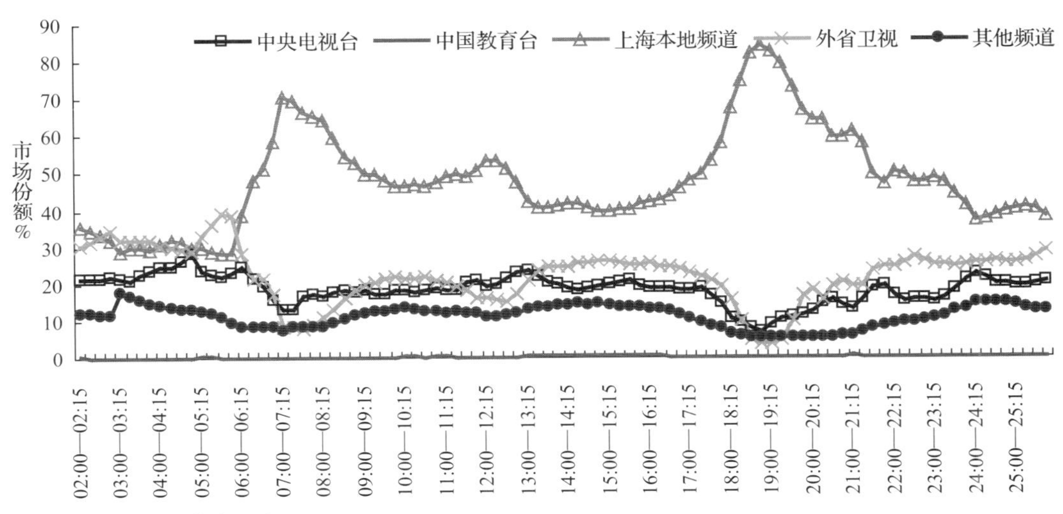

数据来源：CSM媒介研究

图1.4.8　2012年上海电视收视市场各类频道市场份额（%）全天走势

3. 上海本地频道在细分收视群体中优势进一步渗透，中央台和外省卫视形成差异化竞争

2012年，上海电视市场各级频道在细分目标观众的收视竞争中延续了以往的态势。上海本地频道在各类细分收视群体中保持着较强的竞争力，且在女性、中老年、中等收入群体中的竞争力更强；中央台和外省卫视则形成差异化竞争，中央台在男性、老年、高学历、高收入的高端群体中更具影响力，外省卫视在女性、年轻、学生和低收入群体中更具影响力（表1.4.7）。

表1.4.7　2012年上海市场各类频道在不同目标观众群体中的市场份额（%）

目标观众	中央电视台	中国教育台	上海本地频道	外省卫视	其他频道
4岁及以上所有人	16.1	0.2	55.2	19.2	9.3
男	19.2	0.2	53.0	18.9	8.7
女	12.8	0.1	57.7	19.6	9.8
4—14岁	12.9	0.2	51.0	26.5	9.4
15—24岁	12.2	0.1	52.4	21.3	14.0
25—34岁	14.1	0.1	51.9	22.7	11.2
35—44岁	17.3	0.2	49.9	23.8	8.8
45—54岁	15.4	0.1	56.0	18.6	9.9
55—64岁	17.2	0.2	58.1	17.0	7.5
65岁及以上	19.9	0.2	59.8	13.6	6.5
未受过正规教育	13.9	0.1	56.9	20.3	8.8
小学	13.4	0.3	60.7	21.7	3.9
初中	17.7	0.2	55.1	19.6	7.4
高中	14.8	0.1	55.0	19.3	10.8
大学及以上	17.8	0.1	54.0	17.7	10.4
干部/管理人员	14.0	0.1	55.6	17.7	12.6
个体/私营企业人员	20.5	0.1	49.3	22.3	7.8
初级公务员/雇员	15.5	0.2	53.9	20.3	10.1
工人	17.3	0.2	52.5	22.2	7.8
学生	12.0	0.1	53.7	27.0	7.2
无业	16.3	0.2	58.2	16.1	9.2
其他	29.0	0.4	41.8	27.9	0.9
0—600元	13.0	0.2	51.8	22.9	12.1
601—1200元	14.1	0.2	56.3	19.8	9.6
1201—1700元	15.8	0.2	58.1	19.1	6.8
1701—2600元	15.7	0.2	57.2	17.9	9.0
2601元及以上	19.3	0.1	52.4	19.0	9.2

数据来源：CSM媒介研究

在以性别为细分标准的收视市场上，上海本地频道更吸引女性观众收视，在女性观众中的收视份额较4岁及以上所有观众平均水平高出2.5百分点，中央台更吸引男性观

众的收视，外省卫视则对女性观众更具吸引力。在以年龄为细分标准的收视市场上，上海本地频道对55岁及以上的中老年观众的吸引力较强，市场份额超过58%；中央台对65岁及以上的老年观众吸引力更强，外省卫视频道对4—14岁和35—44岁年龄段观众更具吸引力。在以学历为细分标准的收视市场上，上海本地频道更吸引小学学历观众收视，收视份额在60%以上；中央电视台对初中学历和大学及以上学历观众吸引力更强，外省卫视明显更吸引小学及以下学历观众，其中小学学历观众对其收视份额达到21.7%，较平均水平高出2.5个百分点。在以职业为细分标准的收视市场上，上海本地频道对以离退休人员为主体的无业观众吸引力较强；中央台对个体/私营企业人员和其他职业观众吸引力明显超过平均水平；外省卫视对个体/私营企业人员、工人、学生和其他职业类别的观众有较强吸引力。在以收入为细分标准的收视市场上，上海本地频道对个人月收入在1201—2600元之间的中等收入水平观众吸引力较强，中央台对个人月收入在2601元及以上高收入的群体号召力更强，外省卫视在个人月收入0—600元的低收入观众中收视份额更高。

4. 上海本地频道单频道竞争优势明显，上海市场竞争第三梯队实力较为接近

2012年，上海本地频道依然保持着在本土市场竞争中的强势地位，市场竞争力前六位均为其垄断，单频道实力较强。其中上海电视台新闻频道仍以13.4%的份额高居榜首，且竞争力较上年还有提升，主打娱乐、影视剧和电影的几个上海本地频道2012年份额则有所下滑，上海东方卫视、上海五星体育频道市场份额均较上年有所提升。中央台频道中，中央台四套和中央台新闻频道入围前十位，其中中央台四套2012年份额有所提升。外省卫视中，浙江卫视、江苏卫视、湖南卫视和安徽卫视入围市场份额排名前十五位，其中浙江卫视和江苏卫视的市场份额较上年有所增长。上海电视收视市场竞争的另外一个特点是市场份额排名第十二至十五位的频道实力较为接近，份额差异非常小（表1.4.8）。

表1.4.8 2012年上海收视市场市场份额排名前十五位的频道

排名	频道	2012年市场份额（%）	2011年市场份额（%）
1	上海电视台新闻综合频道	13.4	13.0
2	上海电视台娱乐频道	8.6	9.0
3	上海东方卫视	7.7	7.0
4	上海电视台电视剧频道	7.2	8.5
5	上海东方电影频道	3.6	4.2
6	上海电视台五星体育频道	2.9	2.3
7	中央台四套	2.8	2.5
8	上海电视台星尚频道	2.6	2.2
8	浙江卫视	2.6	2.2
10	中央电视台新闻频道	2.2	2.5
11	中央台六套	1.9	2.2
12	江苏卫视	1.7	1.4

续表

排名	频道	2012年市场份额（%）	2011年市场份额（%）
13	中央台三套	1.6	1.8
13	上海电视台纪实频道	1.6	1.7
15	中央台五套	1.5	1.5
15	中央电视台综合频道	1.5	1.6
15	湖南电视台卫星频道	1.5	2.1
15	上海电视台艺术人文频道	1.5	1.5
15	安徽卫视	1.5	1.6

数据来源：CSM媒介研究

（五）广州市电视收视市场的频道竞争格局

1. 多主体竞争、各级频道实力相对均衡，中央台和外省卫视份额均有提升

广州电视收视市场由于参与竞争的主体较多，所以整体上市场中没有出现一级频道垄断收视的局面，相对而言各级频道势均力敌，各占据市场一隅。其中广东台频道竞争力稍强，2012年共获得22.9%的市场份额。广东台之外就是广州台、境外频道和南方台之间的势力角逐，广州台以16.6%的份额略领先，境外频道共占15.7%，南方台略逊，市场份额为13.3%。在本省市频道和境外频道之外，中央台和外省卫视市场空间有限，2012年均获得了12.5%的市场份额，且较2011年均有不同程度的提升，表现出增长的势头。中国教育台在广州的市场空间更小，仅占0.1%的份额，与上年持平（图1.4.9）。

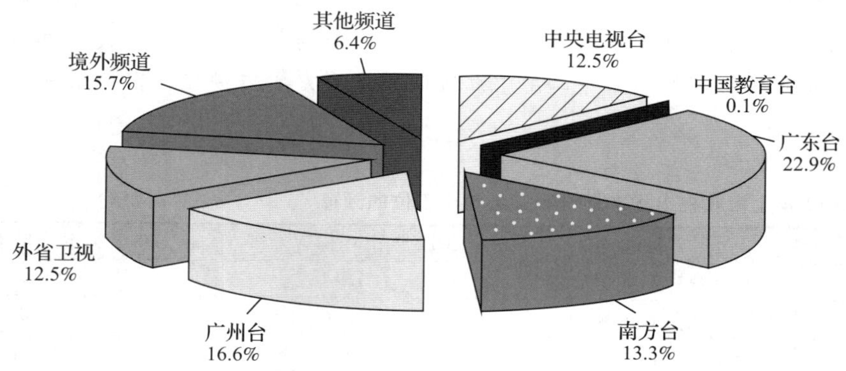

数据来源：CSM媒介研究

图1.4.9　2012年广州电视收视市场上各类频道的市场份额（%）

2. 广东台全天竞争力领先时段较多，广州台和境外频道早晚时段分别领先

2012年，在广州市场各级频道全天时段的收视竞争中，广东台频道在多个时段保持领先的优势，尤其是清晨时段、午间时段、晚间时段以及深夜时段的领先优势更加明显。广州台则在早6:00—8:00时段拥有较强的竞争力，在傍晚时段以及22:00—23:00时段，广州台竞争力也较强。境外频道市场份额较为突出的时段集中于晚间黄金时段，在

22:00左右达到顶峰。此外，南方台在午间时段的市场份额也较高，显露出一定的优势。中央台频道在8:30—10:30这一时段也表现出较强的竞争实力，市场份额超越其他各级频道（图1.4.10）。

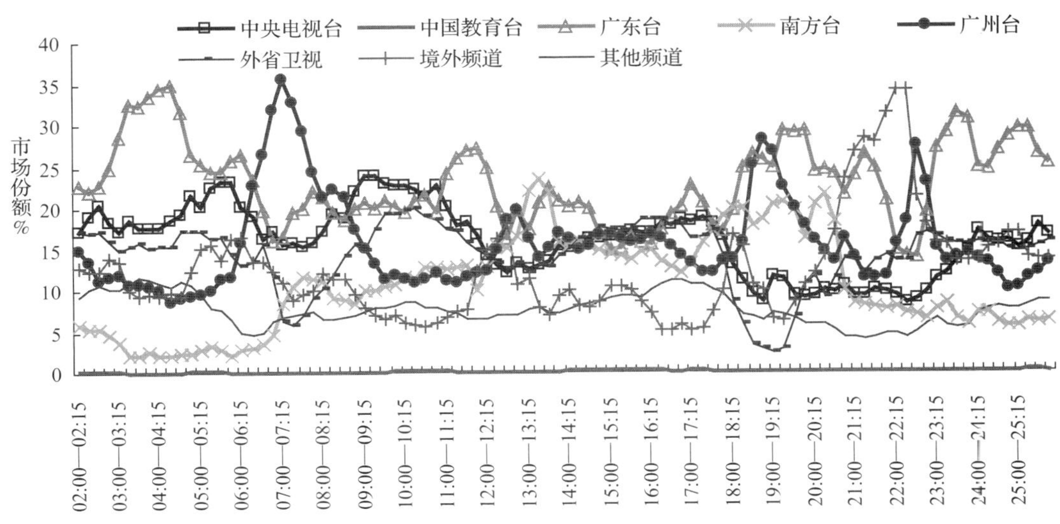

数据来源：CSM媒介研究

图1.4.10 2012年广州电视收视市场各类频道市场份额（%）全天走势

3. 各级频道借助自身特色吸引观众，中央台仍在高端群体中保持竞争力

在复杂多元的广州收视市场，各级频道依托自身的文化渊源和特色节目，在核心受众中不断加深影响，在打造丰富多样电视节目的同时，也造就了千姿百态的受众偏好，形成了具有广州特色的电视节目和观众收视市场。

在以性别为细分标准的收视市场上，广东台和中央台对男性观众保持了较强的吸引力，南方台、广州台、境外频道和外省卫视都更受女性观众的青睐。在以年龄为细分标准的收视市场上，中央台对55岁及以上中老年观众吸引力更强，该类观众对中央台的收视份额远高于所有观众平均水平；广东台则对15—34岁的年轻观众较具影响力；南方台对4—14岁的青少年观众吸引力更强；外省卫视在4—14岁和35—44岁观众中影响力更强，广州本地台更吸引55岁及以上年龄层的观众。在以学历为细分标准的收视市场上，中央电视台和外省卫视明显更受大学及以上高学历观众的喜爱，广东台、南方台和广州台则对中低学历观众更具吸引力，境外频道更吸引高中及以上的中高学历收视群体。在以职业为细分标准的收视市场上，中央台对干部/管理人员、个体/私营企业人员最具吸引力，广东台对个体/私营企业人员、工人和其他职业类别观众影响力更强，南方台更吸引学生及其他职业群体收视，广州本地台较受无业观众青睐，外省卫视对干部/管理人员和学生群体具有较强吸引力，境外频道更吸引的是初级公务员/雇员。在以收入为细分标准的收视市场上，中央台和境外频道在高收入群体中影响力更强，广东台和南方台在低收入群体中份额更高，广州本地台较受中高收入水平观众的喜爱，外省卫视同时在低收入和高收入群体中保持着较强的收视影响力（表1.4.9）。

表 1.4.9　2012 年广州市场各类频道在不同目标观众群体中的市场份额（%）

目标观众	中央电视台	中国教育台	广东台	南方台	广州台	外省卫视	境外频道	其他频道
4 岁及以上所有人	12.5	0.1	22.9	13.3	16.6	12.5	15.7	6.4
男	13.9	0.1	23.5	12.9	15.9	12.0	15.1	6.7
女	11.1	0.1	22.4	13.8	17.3	12.9	16.2	6.2
4—14 岁	11.4	0.1	22.8	18.5	11.7	17.3	9.5	8.8
15—24 岁	8.0	0.1	24.6	14.6	12.9	11.3	20.9	7.6
25—34 岁	13.2	0.1	24.6	14.3	13.1	12.9	16.1	5.8
35—44 岁	14.2	0.1	21.9	11.7	13.6	15.0	15.4	8.1
45—54 岁	10.7	0.1	24.0	11.9	18.0	12.2	16.6	6.5
55—64 岁	13.8	0.1	20.0	11.7	25.3	10.3	14.2	4.5
65 岁及以上	16.4	0.0	22.2	13.0	23.0	6.4	15.6	3.3
未受过正规教育	13.9	0.1	22.6	18.3	14.4	12.5	10.9	7.2
小学	10.2	0.0	27.1	15.2	20.4	11.2	10.6	5.2
初中	10.2	0.1	23.2	14.3	17.4	11.7	15.8	7.5
高中	12.7	0.1	22.6	12.9	15.3	12.6	17.3	6.7
大学及以上	17.9	0.1	19.2	9.7	14.3	14.8	18.9	5.2
干部/管理人员	17.5	0.1	18.6	10.3	14.8	16.3	15.8	6.6
个体/私营企业人员	16.0	0.1	24.8	9.8	13.9	14.7	13.6	7.1
初级公务员/雇员	12.1	0.1	22.9	11.6	15.5	13.2	19.8	5.0
工人	10.8	0.1	24.8	14.9	16.2	11.1	15.5	6.6
学生	9.6	0.1	20.8	16.6	11.6	17.6	15.3	8.4
无业	13.4	0.1	21.5	13.0	20.2	10.5	14.8	6.5
其他	7.8	0.0	35.7	19.0	17.1	5.7	12.3	2.5
0—600 元	10.4	0.1	23.9	16.2	14.0	13.6	13.7	8.2
601—1200 元	10.4	0.1	26.5	15.6	18.1	11.1	13.1	5.2
1201—1700 元	10.5	0.0	23.2	14.0	17.8	12.2	16.1	6.2
1701—2600 元	11.9	0.1	22.0	13.5	18.3	11.1	17.7	5.4
2601 元及以上	17.1	0.1	21.2	8.8	16.4	13.3	16.9	6.3

数据来源：CSM 媒介研究

4. 单频道竞争中本土及境外频道显优势，中央台和外省卫视排位靠后

2012 年广州电视收视市场单频道的收视竞争中，广东省台、广州市台以及毗邻的境外频道表现较好，市场份额排名前十二位均为其垄断，其中前四位分别被广东电视台珠江频道、广州电视台综合频道、南方卫视 TVS－2 和广州其他有线网转播的翡翠台所占据，反映了这四个频道的不同竞争特色。其中，珠江频道已连续四年蝉联首位，但市场

份额较2011年略有下降。相对而言，中央台和外省卫视在单频道竞争中也不占据优势，仅有中央台综合频道、安徽卫视和湖南卫视排名第十三至十五位，但其中安徽卫视在广州的市场份额在2012年有明显增长（表1.4.10）。

表1.4.10　2012年广州收视市场市场份额排名前十五位的频道

排名	频道	2012年市场份额（%）	2011年市场份额（%）
1	广东电视台珠江频道	11.8	12.5
2	广州电视台综合频道	6.3	7.5
3	南方卫视 TVS-2	4.7	4.6
4	翡翠台（中文）（广州其他有线网转播）	4.2	4.2
5	广州电视台新闻频道	3.9	3.1
6	广州电视台影视频道	3.8	3.3
7	市网翡翠台（中文）	3.7	4.8
8	南方电视台影视频道	3.5	4.1
9	省网翡翠台（中文）	3.3	3.8
10	广东电视新闻频道	2.9	3.3
11	广东电视台公共频道	2.8	1.2
12	广东电视体育频道	2.6	3.1
13	安徽卫视	2.1	1.3
13	中央电视台综合频道	2.1	1.8
15	湖南电视台卫星频道	2.0	2.6
15	南方电视台经济频道	2.0	1.7

数据来源：CSM媒介研究

五、节目竞争格局

2012年全国电视节目收视市场竞争格局稳中有变，电视剧、新闻/时事和综艺节目仍是中国电视节目收视市场的三大主力，且领先优势再度增强。同比2011年，电视剧和新闻/时事收视份额有所上升，新闻/时事节目对各类频道的收视贡献普遍增强。受“限娱令”影响，全国综艺节目收视份额有所下降，但降幅不大。受收视时差限制，2012年伦敦奥运会对国内体育节目收视拉动力有限。与往年类似，中央电视台和省级卫视频道在细分节目市场互为主要竞争对手，省级非上星频道在双重压力下表现乏力。各类频道在地方市场你进我退，江苏省、北京、上海和广州节目收视市场竞争格局以稳定为主。

（一）全国电视收视市场的节目竞争格局

1. 电视剧、新闻/时事和综艺节目整体竞争优势继续扩大，综艺节目收视份额下降，前两者上升

2012年中国电视节目收视市场各类型节目收视份额稳中有变。电视剧、新闻/时事

和综艺节目保持类型节目领导地位，且领先优势再度扩大，合计收视份额较上年增长了0.9个百分点。其中，电视剧和新闻/时事节目收视份额较上年分别增加0.6个和0.9个百分点，综艺节目受“限娱令”影响较上年减少0.6个百分点。处于第二梯队的生活服务和专题节目共获得14.3%的收视份额，收视份额较上一年共增加0.4个百分点。青少、电影和体育节目是各类型节目收视的第三梯队，其中青少和电影节目较上年均增长0.1个百分点，体育节目增长了0.4个百分点。法制、财经、音乐、戏剧、教学和外语节目收视份额仍较低，均不超过2%（图1.5.1）。

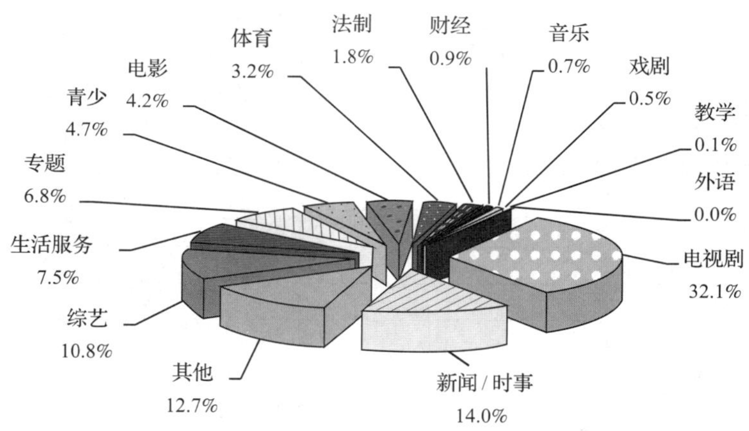

数据来源：CSM媒介研究

图1.5.1　2012年全国市场各类节目的收视份额（%）

2012年电视剧制作和收视市场呈现产销两旺的态势。在制作方面，2012年全国生产完成并获得《国产电视剧发行许可证》的剧目共计506部17703集①，总部数和总集数再创新高；就获得发行许可的国产电视剧题材而言，2012年比2011年更加关注现实题材，无论是部数还是集数比例都有明显增长；而历史题材和重大题材的电视剧比例均有所下降。在收视方面，热播电视剧题材丰富，但收视率较2011年出现整体下滑，收视排名前20位的电视剧当中收视率超过2%的有10部，比2011年减少5部。另外，2012年全国样本城市电视剧收视率最高为3%，而在2011年，全国样本城市电视剧收视率最高达4.3%，另有2部剧的收视率也在3%以上。

2. 中央电视台和省级卫视主控各类型节目收视市场，省级非上星频道表现乏力

从2012年各类频道在全国各类型节目收视市场上的竞争来看，中央电视台在教学、体育和音乐节目市场占据优势地位，收视份额均在70%以上；在财经、电影和戏剧节目市场也较强势，收视份额均超过50%。中央电视台在法制、专题、青少、新闻/时事和综艺节目的收视份额在30%—50%之间。相比之下，中央电视台在外语、生活服务和电

① 《广电总局关于2012年第四季度暨年度全国国产电视剧发行许可情况的通告》，http://dsj.sarft.gov.cn/tims/site/views/applications/announce/view.shanty? appName = announce&id = 013d7b3ab3b72187402881a13c8fd7d4

视剧节目市场的竞争力相对偏弱，收视份额均不超过20%（图1.5.2）。虽然中央电视台在电视剧收视市场竞争中不占优势，但中央电视台综合频道在电视剧收视上表现抢眼，2012年全国样本城市电视剧收视率排名前二十位中，有10部电视剧来自中央电视台综合频道，其中《国门英雄》更以3%的平均收视率领衔排行榜。

2012年的电视剧、综艺和生活服务类节目市场由省级上星频道领导，收视份额高于其他各级频道。其中，省级上星频道在电视剧和综艺节目市场的收视份额均超45%，在生活服务和青少类节目市场的收视份额在30%以上。省级上星频道在专题节目上的收视份额超过20%，居市场第二，在财经、电影、音乐、新闻/时事、戏剧和外语类节目市场收视份额在10%—20%之间，相比之下，在法制、教学和体育类节目市场的竞争力微弱。电视剧和综艺节目向来是省级卫视观众收视的亮点，2012年全国样本城市电视剧和综艺节目收视率排名前二十位中，分别有省级卫视的10部电视剧和7个综艺节目上榜。其中，湖南电视台卫星频道的电视剧表现突出，有8部上榜，《幸福妈妈》和《宫锁珠帘》分列电视剧收视率排行榜二、三位；在综艺节目收视率排名前二十位中，浙江卫视的《中国好声音巅峰时刻》排名第三，表现突出，江苏卫视的《非诚勿扰》排名第七，另有4个出自湖南电视台卫星频道，1个出自上海东方卫视。

2012年中国教育电视台在全国细分节目市场的弱势竞争地位改观不大，仅在教学和专题节目市场分别获得3.2%、1.3%的收视份额，在其余各类节目市场的收视份额均未超过1%。

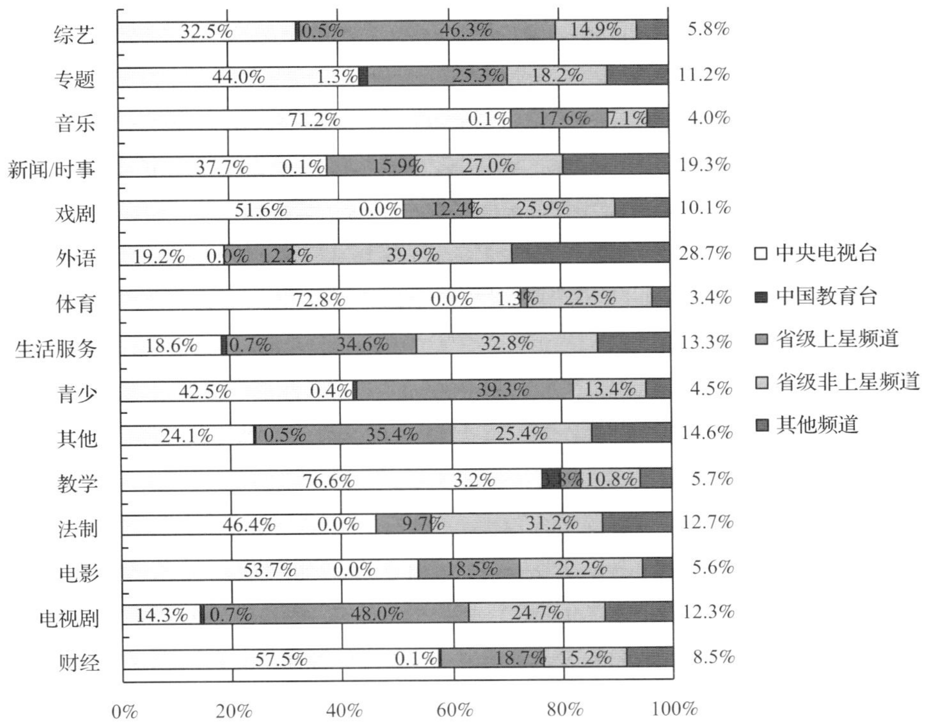

数据来源：CSM媒介研究

图1.5.2 2012年各类频道在全国不同节目市场中的收视份额（%）

2012年省级非上星频道在外语和生活服务节目市场占优势地位，收视份额分别达39.9%和32.8%；在法制节目市场较具竞争力，市场竞争位居第二，收视份额超过30%；在新闻/时事、戏剧、电视剧、体育和电影市场也具备一定的收视竞争力，但在其余类型节目市场竞争力一般。

除在外语类节目市场具备一定竞争力外，其他频道在各类节目市场的竞争力不强。其中，在外语类节目市场的收视份额接近30%，仅次于省级非上星频道；在新闻/时事、生活服务、法制、电视剧、专题和戏剧节目市场，其他频道的收视份额在10%—20%之间，在余下的类型节目市场竞争实力较弱。

3. 不同频道各类型节目收视架构稳定，新闻/时事类节目收视贡献普遍上升

2012年全国市场中央电视台各类型节目收视格局与2011年基本一致，各类节目收视比重变化不大。新闻/时事、电视剧和综艺节目电视仍是中央电视台在全国市场收视前三甲，且排序不变。相比2011年，新闻/时事节目对中央台的收视贡献上升了1.1个百分点，在各类节目中增幅最大，电视剧上升了0.4个百分点，综艺节目下降了1.4个百分点，在各类节目中降幅最大。专题节目为中央电视台在全国市场收视贡献达10%，较上一年增加了近1个百分点。体育节目和电影的收视贡献都超过了7%，青少和生活服务类节目的收视比重在4%—7%之间，法制、财经、音乐、戏剧、教学和外语类节目对中央电视台在全国市场的收视贡献仍不大，收视比重均未超过3%（图1.5.3）。

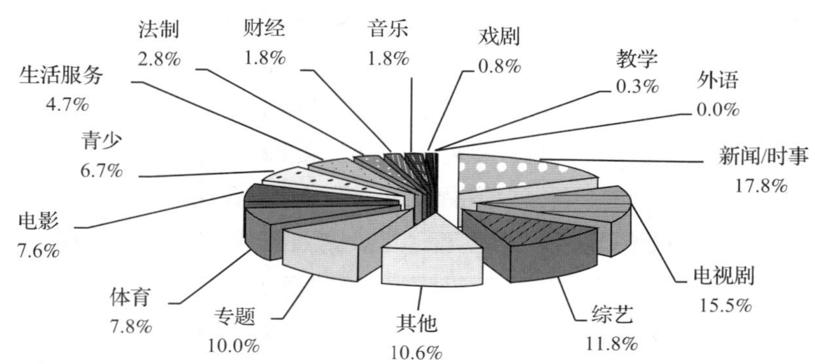

数据来源：CSM媒介研究

图1.5.3　2012年全国市场中央电视台各类节目的收视比重（%）

2012年电视剧和专题节目对中国教育电视台的收视贡献依旧突出，而且收视比重较上年都有所上升，前者对中国教育电视台在全国市场的收视贡献增加了0.2个百分点，后者增加了2.1个百分点。生活服务和综艺节目的收视比重均超过9%，前者较上年下降了1.7个百分点，后者上升了1.3个百分点。青少和新闻/时事类节目对中国教育电视台的收视贡献在2%—4%之间，前者比2011年收视比重下降了2.7个百分点，后者上升了0.2个百分点。教学、财经、音乐、法制、体育和外语类节目的收视比重均未超过1%，收视贡献相对较小，变化幅度也较小（图1.5.4）。

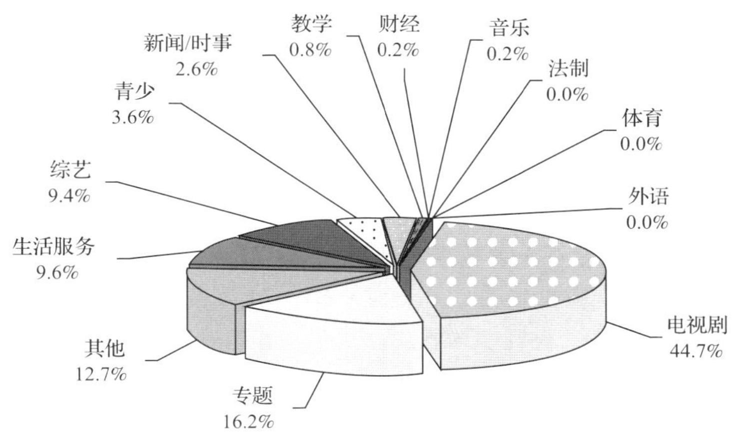

数据来源：CSM 媒介研究

图 1.5.4　2012 年全国市场中国教育电视台各类节目的收视比重（%）

2012 年省级卫视各类型节目在全国市场的收视格局变化不大。电视剧和综艺节目对省级卫视的收视贡献仍高于 58%，其中电视剧仍是支撑省级卫视收视表现的最大支柱，且收视份额较去年上升了 2.3 个百分点，综艺节目则下降了 1.6 个百分点。生活服务、新闻/时事和青少节目的收视比重都在 5% 以上，前二者较上年分别增长了 0.5 和 0.4 个百分点，后者下降了 0.5 个百分点。专题节目为省级卫视做出 4.9% 的收视贡献，收视比重与 2011 年比下降了 0.3 个百分点。电影节目的收视比重为 2.3%，较上年上扬 0.9 个百分点。财经、法制、音乐、戏剧、体育、教学和外语节目对省级卫视的收视贡献较小，均在 0.6% 以下，其中财经和教学节目收视比重较上年有所下降，法制有所上升，体育、外语、戏剧和音乐收视比重基本保持不变（图 1.5.5）。

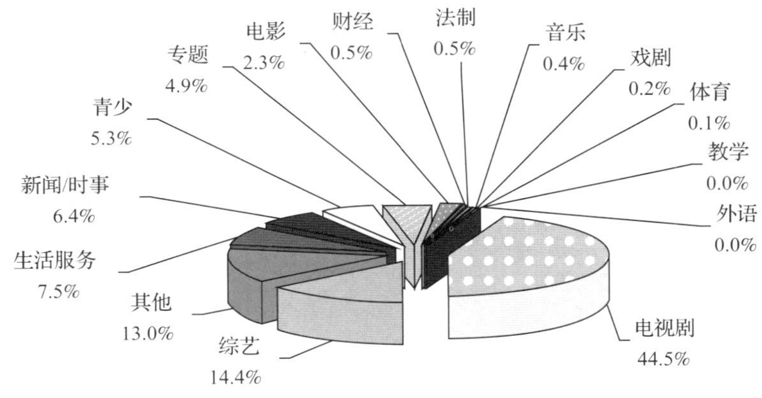

数据来源：CSM 媒介研究

图 1.5.5　2012 年全国市场省级卫视各类节目的收视比重（%）

4. 不同类型节目吸引不同观众，特征观众收视结构存在差异

2012年全国电视收视市场，男性观众和女性观众在电视剧、电影、生活服务、体育、新闻/时事、专题和综艺节目的收视比重存在较大差异，而在财经、法制、教学、青少、外语、戏剧和音乐节目上的收视比重较为接近。对男性观众而言，他们更愿意收看体育、电影、新闻/时事和专题类节目，女性观众则更偏向收看电视剧、综艺和生活服务等消遣性、实用性的节目类型（表1.5.1）。

从不同年龄段观众对各类型节目的收视情况来看，4—14岁观众对青少节目的收视倾向依旧最明显，收视比重高于其他各年龄段观众；15—24岁观众在电视剧、电影、体育和综艺节目上投入了较高比重的收视时间；25—34岁观众对电影和综艺节目较为关注；对35—44岁观众而言，财经、电视剧、电影和综艺是其分配较多收视时间的类型节目；45—54岁的观众花费在财经、电视剧、法制、体育、新闻/时事、专题和综艺节目的收视时间较多；55—64岁观众在财经、法制、教学、生活服务、戏剧、新闻/时事和专题节目的收视比重高于观众总体；65岁及以上观众在生活服务、戏剧和新闻/时事节目上的收视时间比例高于其他年龄段观众。整体来看，年轻观众对电影、青少和综艺节目的收视倾向明显，中老年观众在法制、生活服务、戏剧和新闻/时事节目上投入的时间比重较大，而各年龄段观众对教学、外语和音乐节目的收视比重差异不明显。此外，新闻/时事节目呈现出随年龄增长收视比重增加的趋势（表1.5.1）

表1.5.1　2012年全国市场不同性别和年龄观众对各类节目的收视比重（%）

节目类型	性别		年龄						
	男	女	4—14岁	15—24岁	25—34岁	35—44岁	45—54岁	55—64岁	65岁及以上
财经	1.0	0.9	0.4	0.7	0.9	1.0	1.2	1.1	0.9
电视剧	29.8	34.3	28.8	34.4	31.7	33.2	32.7	31.8	31.2
电影	4.8	3.6	4.4	5.2	5.5	5.6	3.9	2.8	2.1
法制	1.8	1.9	1.0	1.5	1.6	1.8	2.0	2.2	2.1
教学	0.2	0.1	0.1	0.1	0.1	0.1	0.1	0.2	0.2
青少	4.8	4.5	24.1	3.0	5.4	3.2	1.3	2.7	1.7
生活服务	7.2	7.9	6.2	7.3	7.3	7.2	7.8	8.1	8.2
体育	4.1	2.3	1.5	3.6	3.6	3.1	3.5	2.9	3.5
外语	0.0	0.0	0.0	0.0	0.0	0.0	0.0	0.0	0.0
戏剧	0.5	0.5	0.3	0.3	0.2	0.3	0.3	0.6	1.5
新闻/时事	15.2	12.8	7.6	11.4	12.0	13.2	14.9	16.4	19.0
音乐	0.7	0.8	0.5	0.8	0.7	0.8	0.8	0.8	0.7
专题	7.2	6.4	4.2	6.1	6.5	7.0	7.5	7.4	6.8
综艺	10.4	11.2	8.2	12.7	11.3	11.1	11.6	10.5	9.4
其他	12.4	12.9	12.9	13.0	13.2	12.5	12.3	12.5	12.7

数据来源：CSM媒介研究

从受教育程度来看，2012 年不同受教育程度观众在各类型节目的收视比重上表现不同，在个别类型节目上存在一定的规律性。随着学历的增长，观众对财经、体育、新闻/时事、专题和综艺节目的收视比重呈递增趋势，而对青少和戏剧节目的收视比重则递减。具体到不同受教育程度的观众，未受过正规教育的观众收看青少和戏剧类节目的时间比重远高于其他受教育程度的观众；小学教育程度观众收看电视剧的时间比重为各教育程度最高；初中教育程度观众在电影、电视剧和法制节目上的收视比重高于观众总体；高中教育程度观众在财经、电影、法制、生活服务、体育、新闻/时事、专题和综艺节目上投入的收视时间比重较大；大学及以上教育程度观众在财经、生活服务、体育、新闻/时事、专题和综艺节目上的收视比重均高于其他受教育程度群体（表 1.5.2）。

2012 年全国节目市场上，中、高个人月收入群体在更多类节目上投入较高比例的收视时间。600 元及以下个人月收入观众在电视剧、电影和青少类节目上分配了较高比例的收视时间。601—1200 元个人月收入观众在电视剧、法制、生活服务和新闻/时事类节目上投入的收视时间比例较全国平均水平要高。个人月收入在 1201—1700 元的观众在法制和新闻/时事节目上的收视时间比重较其他人群最高。个人月收入在 1701 元及以上的电视观众分配在财经、生活服务、体育、新闻/时事、专题和综艺节目的时间比重较高，此外个人月收入为 1701—2600 元的观众投入在生活服务类节目上的收视时间比重相对较高，个人月收入在 2601 元及以上的观众在电影和综艺节目的收视比重高于其他观众。不同收入水平的观众在教学、外语、戏剧和音乐节目上投入的时间比重差异并不明显。整体来看，随着观众个人收入的增加，其在财经、体育、专题和综艺节目上的收看时间比重相应提升，电视剧的收看比重则随之降低（表 1.5.2）。

表 1.5.2　2012 年全国市场不同受教育程度和个人月收入观众对各类节目的收视比重（%）

节目类型	受教育程度					个人月收入（元）				
	未受过正规教育	小学	初中	高中	大学及以上	600 元及以下	601—1200 元	1201—1700 元	1701—2600 元	2601 元及以上
财经	0.4	0.5	0.8	1.2	1.5	0.6	0.8	1.0	1.1	1.4
电视剧	29.3	34.3	34.2	30.9	28.4	33.3	34.4	32.3	31.0	29.4
电影	3.4	3.9	4.4	4.3	4.2	4.3	4.0	3.8	4.1	4.6
法制	1.3	1.7	2.0	1.9	1.6	1.6	2.0	2.0	1.9	1.7
教学	0.1	0.1	0.1	0.1	0.2	0.1	0.1	0.1	0.2	0.2
青少	18.9	9.0	3.2	2.6	2.6	10.1	2.7	2.5	2.4	2.5
生活服务	7.1	7.1	7.5	7.7	7.9	7.1	7.6	7.7	7.9	7.6
体育	1.4	2.0	2.7	3.8	4.9	2.2	2.6	3.2	3.7	4.6
外语	0.0	0.0	0.0	0.0	0.0	0.0	0.0	0.0	0.0	0.0
戏剧	0.9	0.8	0.5	0.4	0.3	0.5	0.5	0.5	0.5	0.3
新闻/时事	10.6	12.5	13.9	14.8	15.3	11.0	14.2	15.5	15.3	15.5
音乐	0.6	0.6	0.7	0.8	0.8	0.7	0.7	0.8	0.8	0.8
专题	4.4	5.5	6.6	7.5	7.8	5.6	6.7	7.0	7.3	7.8
综艺	7.6	8.9	10.8	11.6	12.2	9.8	10.8	11.0	11.3	11.5
其他	14.0	13.2	12.7	12.3	12.2	13.2	12.8	12.7	12.4	12.1

数据来源：CSM 媒介研究

从2012年全国电视收视市场不同职业观众对各类节目的收视比重来看，干部/管理人员更倾向于收看财经、电影、生活服务、体育、新闻/时事、专题和综艺类节目，这几类节目的收视比重较高；个体/私营企业人员收看财经、电视剧、电影、法制、新闻/时事、专题和综艺节目的时间比例较大；初级公务员/雇员在财经、电影、生活服务、体育、新闻/时事、专题和综艺节目上投入的时间比重较大；工人则对电视剧、电影和综艺节目表现出明显的收视倾向；学生是青少节目的主力收视人群，此外，其收看电影节目的时间比重也较大；无业群体对财经、法制、青少、生活服务、戏剧和新闻/时事节目较为关注。此外，不同职业观众在教学、外语和音乐的收看时间比重上差异不明显（表1.5.3）。

表1.5.3　2012年全国市场不同职业观众对各类节目的收视比重（%）

节目类型	职业						
	干部/管理人员	个体/私营企业人员	初级公务员/雇员	工人	学生	无业	其他
财经	1.5	1.0	1.2	0.8	0.5	1.0	0.5
电视剧	28.5	32.5	30.2	33.3	31.8	31.4	39.1
电影	4.7	5.1	4.8	5.1	5.1	3.1	3.8
法制	1.6	1.9	1.7	1.8	1.2	2.0	2.1
教学	0.2	0.1	0.1	0.1	0.1	0.2	0.1
青少	2.2	2.9	2.7	2.9	14.2	5.0	2.9
生活服务	7.7	7.2	7.8	7.3	6.5	7.9	7.6
体育	5.1	3.1	4.3	3.2	2.6	2.9	1.5
外语	0.0	0.0	0.0	0.0	0.0	0.0	0.0
戏剧	0.3	0.3	0.3	0.3	0.3	0.8	0.7
新闻/时事	15.1	14.2	14.3	13.7	8.9	15.4	12.6
音乐	0.8	0.7	0.8	0.8	0.7	0.8	0.6
专题	8.0	7.2	7.5	6.8	5.2	6.8	5.6
综艺	12.2	10.9	12.1	11.4	10.7	10.1	8.9
其他	12.1	12.8	12.3	12.6	12.3	12.7	13.9

数据来源：CSM媒介研究

（二）江苏省电视收视市场的节目竞争格局

1. 江苏省各类型节目竞争格局稳定，电视剧和新闻/时事领先优势进一步扩大

2012年的江苏省电视收视市场各类型节目竞争格局稳定。电视剧、综艺和新闻/时事节目稳居收视第一阵营，其中电视剧以38.6%的收视份额位居节目收视市场第一，综艺节目和新闻/时事节目排名二、三位（图1.5.6）。生活服务、青少和专题节目是江苏类型节目收视市场的第二阵营，电影、体育和法制类节目收视份额在1%—5%之间。其余各类型节目的收视份额相对较少。相比2011年，2012年江苏省各类型节目收视份额

变化不大，其中电视剧收视份额涨幅最大，增长了3.4个百分点；综艺、专题、电影、生活服务、教学和财经类节目的的收视份额则有不同程度下降，其中综艺节目的降幅最大，为1.2个百分点；其余类型节目的收视份额基本未变。

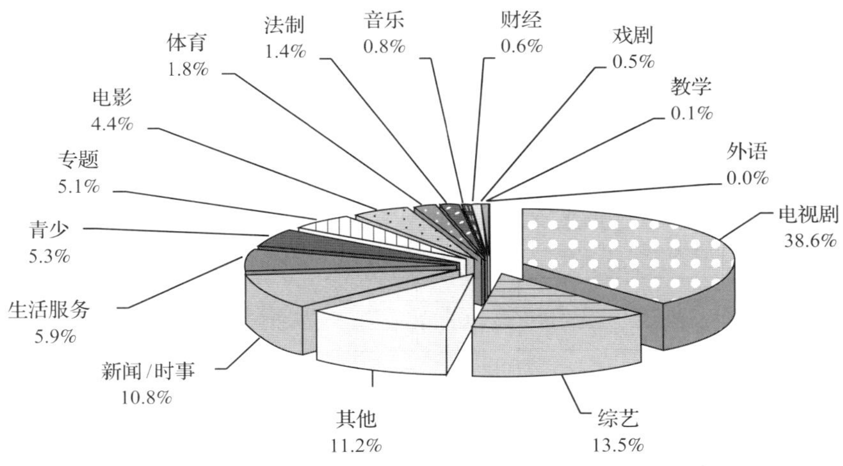

数据来源：CSM媒介研究

图1.5.6 2012年江苏省市场各类节目的收视份额（%）

2012年江苏市场电视剧收视率排名前十位中，江苏卫视占据5席，江苏电视台综艺频道占4位，江苏电视台影视频道占1位。其中，江苏卫视的《女人的抉择》和《红娘子》收视表现突出，平均收视率均超过9%，其余电视剧平均收视率都在9%以下。在综艺节目方面，2012年江苏市场综艺节目收视率前十排行榜中，中央台播出的大型晚会在江苏市场拥有较高人气，中央电视台综合频道和中央台三套播出的《2012春节联欢晚会》、《2012元宵晚会》都榜上有名。除此之外，江苏本地频道播出的《非诚勿扰》和大型晚会也受到江苏观众的喜爱。

2. 中央电视台在江苏细分节目市场表现抢眼，本省台和外省卫视竞争力较弱

2012年江苏省节目收视市场，中央电视台在戏剧、教学、体育、财经、音乐、电影、外语、法制、专题、青少和新闻/时事节目细分市场占领导地位，在各类型节目的收视份额均超过40%。其中，在戏剧节目市场的领先优势最为明显，收视份额高达97.9%；在教学和体育节目市场的收视份额均超过80%；在财经和音乐类节目时长的收视份额均超过75%；在电影、外语、法制和专题节目市场，中央电视台均获得了超过60%的收视份额；在综艺、生活服务和电视剧市场的收视份额均不高于40%，收视份额低于其他类型频道（图1.5.7）。

在江苏省收视市场，江苏省台在生活服务和电视剧节目市场的优势最为明显，收视份额均超过50%，并占据市场领导地位。在综艺、新闻/时事、青少、法制和电影节目市场，江苏省台获得了20%—50%的收视份额，其中在综艺节目市场占据龙头位置，在

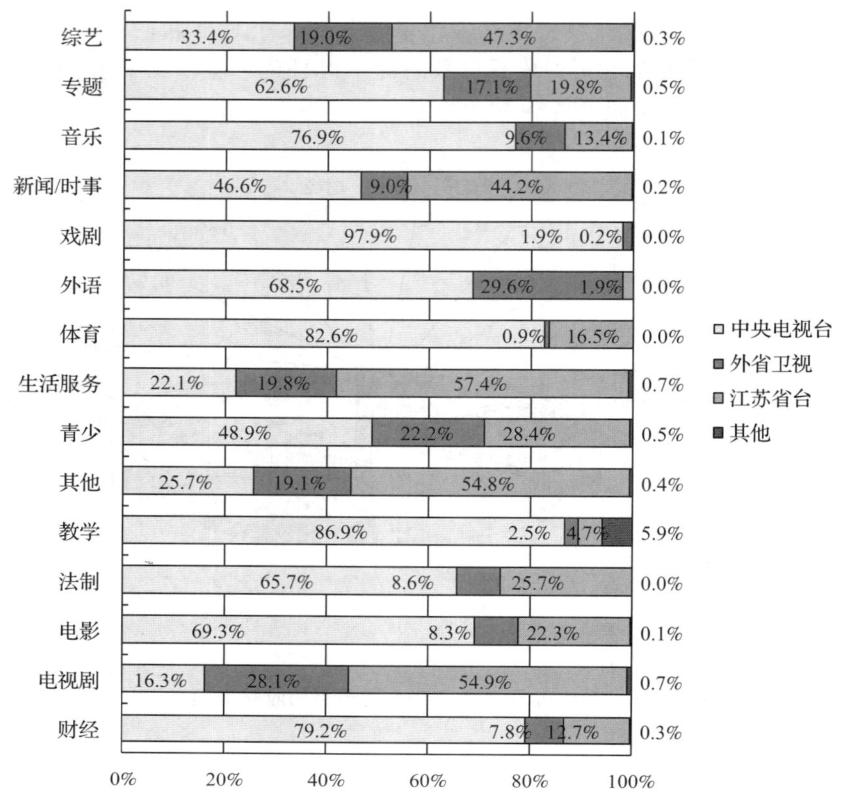

数据来源：CSM 媒介研究

图 1.5.7　2012 年江苏省市场各类频道在不同类别节目中的收视份额（%）

新闻/时事、青少、法制和电影节目市场居亚军位置。在专题、体育、音乐和财经节目市场，江苏省台的收视份额虽然未超过20%，但仍具备一定的市场竞争力，市场收视份额仅弱于中央电视台。相比之下，江苏省台在本省的教学、外语和戏剧节目市场的收视竞争力相对较弱，收视份额均未超过5%。

相比中央电视台和江苏省台，2012 年外省卫视在江苏省细分节目市场竞争中处于弱势地位。外省卫视在外语、电视剧和青少节目市场分别获得了 29.6%、28.1% 和 22.2% 的收视份额，具备一定的收视竞争力，但在外语市场落后于中央电视台，在电视剧市场的收视份额落后于江苏省台，在青少节目市场落后于江苏省台和中央电视台。除外语、电视剧和青少节目市场外，外省卫视在江苏省其余类型节目市场的收视份额均低于20%，在生活服务、综艺和专题类节目市场的收视份额在 10%—20% 之间。

在江苏省各类节目市场中，其他频道的收视竞争力整体偏弱，除在教学节目市场获得 5.9% 的收视份额外，在其余各类节目市场中获得的收视份额都低于 1%。

3. 中央电视台各类型节目收视分布相对均匀，电视剧为各级频道收视头号支柱

2012 年中央电视台在江苏省市场各类型节目的收视格局较为均匀。电视剧、新闻/

时事和综艺节目共为中央台贡献了48.1%的收视时间，其中电视剧的贡献最大，新闻/时事和综艺节目的收视比重也都超过了10%。专题、电影和青少类节目构成中央电视台在江苏市场收视的第二阵营，收视比重均超过7%。体育、生活服务、法制、音乐、财经和戏剧节目在江苏省为中央电视台贡献的收视比重在1%—5%之间，教学和外语节目的收视贡献相对较少，收视比重均未超过0.5%（图1.5.8）。

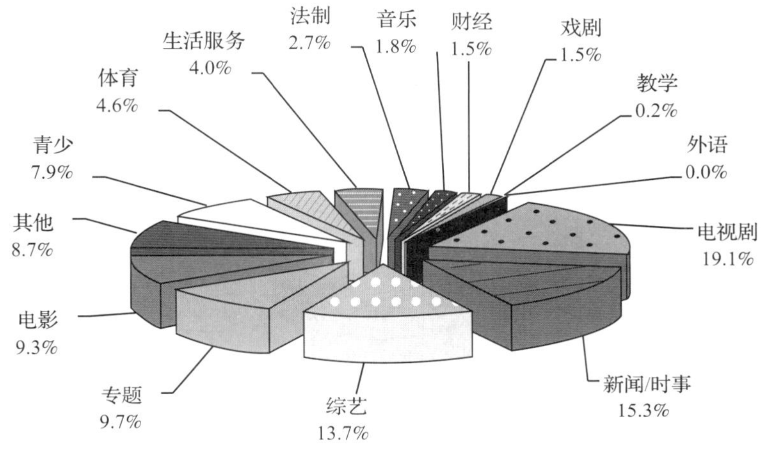

数据来源：CSM 媒介研究

图1.5.8　2012年江苏省市场中央台各类节目的收视比重（%）

2012年外省卫视在江苏省市场的过半收视时长来自电视剧，收视比重高达53.2%。综艺节目对外省卫视的收视贡献仅次于电视剧，收视比重为12.6%；青少、生活服务、新闻/时事和专题类节目分别为外省卫视贡献了5.8%、5.8%、4.8%和4.3%的收视时间；电影的收视比重达1.8%；法制、音乐、财经、体育、戏剧、教学和外语类节目对外省卫视在江苏省的收视贡献较小，收视比重均未超过1%（图1.5.9）。

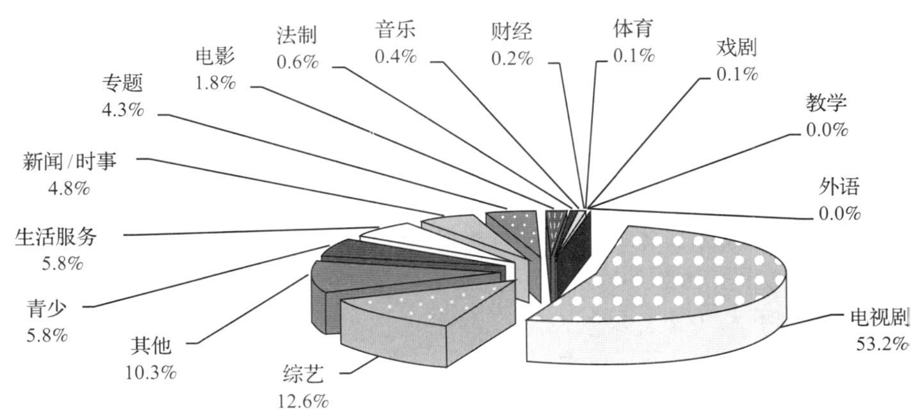

数据来源：CSM 媒介研究

图1.5.9　2012年江苏省市场外省卫视各类节目的收视比重（%）

2012年江苏省收视市场上，电视剧是江苏省台获得观众收视的第一主力，为江苏省台贡献了45.9%的收视时间；综艺和新闻/时事节目的收视比重分别为13.8%和10.4%，是江苏省台节目收视的第二阵营；生活服务类节目对江苏省台的收视贡献达7.4%，青少、专题和电影的收视贡献在2%—4%之间，法制、体育、音乐、财经、教学、戏剧和外语类节目的收视贡献不大，收视比重均低于1%（图1.5.10）。

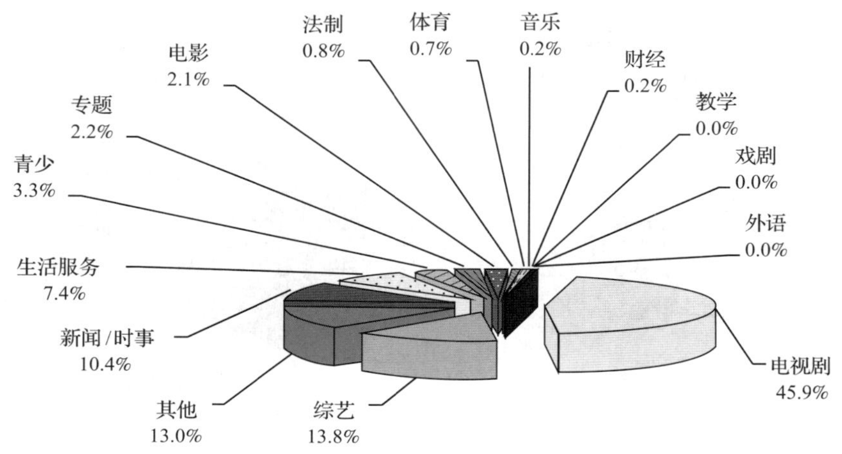

数据来源：CSM媒介研究

图1.5.10 2012年江苏省市场江苏省台各类节目的收视比重（%）

4. 特征观众类型节目收视有所偏好，时间分配存在差异

2012年江苏省电视节目收视市场，男性观众的收视兴趣较为广泛，在电影、青少、体育、新闻/时事和专题节目上共投入了31.3%的收视时间；女性观众比男性观众分配更多比例的时间收看电视剧和生活服务类节目。男性和女性观众在财经、法制、教学、外语、戏剧、音乐和综艺节目上的收视时间比重接近（表1.5.4）。

从观众年龄看，江苏省4—14岁观众分配在电影和青少节目上的时间比重高于江苏省观众整体水平，其中在青少节目上的收视比重为各年龄段最高；15—24岁观众对电视剧、体育和音乐节目兴趣突出；25—34岁观众在财经、电视剧、电影、生活服务、体育和综艺节目上投入的收视时间比例相对较大；35—44岁观众对电影、体育和专题节目的关注程度高于其他年龄段观众；45—54岁观众在法制和生活服务类节目上投入的时间比重最高；55—64岁江苏观众对生活服务、专题和综艺类节目表现出了明显的偏爱；65岁及以上观众对生活服务、体育、戏剧和新闻/时事节目的收视比重较高，其中收看新闻/时事的比重远高于其他各年龄段观众。相比之下，各年龄段观众对教学和外语类节目的收视比重差异不大（表1.5.4）。

在江苏省收视市场上，不同受教育程度观众对各类型节目收视行为差异明显。较高受教育程度的观众在财经、生活服务、体育、新闻/时事、专题和综艺节目上花费的时间比重较大，而较低受教育程度观众则更为关注电视剧和青少类节目。具体来看，未受

表 1.5.4　2012 年江苏省市场不同性别和年龄观众对各类节目的收视比重（%）

节目类型	性别		年龄						
	男	女	4—14岁	15—24岁	25—34岁	35—44岁	45—54岁	55—64岁	65岁及以上
财经	0.7	0.5	0.4	0.8	0.7	0.9	0.7	0.6	0.4
电视剧	35.8	41.4	36.9	40.0	39.9	38.5	39.8	39.6	34.8
电影	5.3	3.6	5.8	5.4	5.4	5.9	3.3	3.3	2.6
法制	1.3	1.4	0.8	1.5	1.2	1.3	1.8	1.3	1.6
教学	0.1	0.1	0.0	0.1	0.1	0.1	0.1	0.1	0.1
青少	5.9	4.8	22.3	3.6	7.2	2.0	2.3	2.3	1.2
生活服务	5.7	6.2	4.9	5.7	6.1	5.7	6.3	6.3	6.3
体育	2.3	1.4	0.7	2.2	1.9	2.2	2.0	1.5	2.2
外语	0.0	0.0	0.0	0.0	0.0	0.0	0.0	0.0	0.0
戏剧	0.5	0.5	0.1	0.2	0.1	0.1	0.3	0.5	2.6
新闻/时事	12.2	9.5	4.1	7.9	7.5	11.5	11.7	11.3	20.6
音乐	0.8	0.8	0.5	1.2	0.7	0.8	0.8	0.9	0.7
专题	5.6	4.6	3.2	5.3	4.6	5.7	5.5	5.7	5.0
综艺	13.1	13.9	10.1	15.0	13.6	14.8	14.2	15.1	10.4
其他	10.9	11.3	10.4	11.3	11.2	10.5	11.4	11.7	11.3

数据来源：CSM 媒介研究

过正规教育的观众对电视剧和青少节目较感兴趣，其中在青少节目上的收视比在各受教育程度观众中最高；小学教育程度观众在电视剧、电影、法制、青少、戏剧和音乐类节目上投入的收视时间比重高于江苏观众总体水平；初中教育程度观众对电视剧、电影、法制、生活服务和综艺节目较为关注；高中和大学及以上教育程度观众兴趣广泛，对财经、生活服务、体育、新闻/时事、专题和综艺节目的收视比重相对较高，高中学历的观众在电影和法制节目上的收视比重也较高，大学及以上学历观众对戏剧类节目的收视偏好较明显。此外，不同受教育程度观众在教学和外语类节目上的收视比重差异不明显（表 1.5.5）。

从个人月收入角度来看，个人月收入水平在600 元及以下的观众收看青少节目的时间比重远高于其他收入群体；个人月收入在601—1200 元的江苏观众在电视剧和法制节目上投入的时间比例较其他收入水平观众更高；个人月收入在1201—1700 元的观众兴趣广泛，对财经、体育、戏剧、新闻/时事、专题和综艺节目都表现出较高的关注；个人月收入在1701—2600 元的观众分配在综艺节目上的收视时间比重明显高于其他观众；个人月收入水平在2601 元及以上的观众对财经、新闻/时事和专题节目的收视比重均最高。总的来看，随着个人月收入的提高，观众投入在财经、新闻/时事和专题节目上的收视时间比重越高（表 1.5.5）。

表 1.5.5　2012 年江苏省市场不同受教育程度和个人月收入观众对各类节目的收视比重（%）

节目类型	受教育程度					个人月收入（元）				
	未受过正规教育	小学	初中	高中	大学及以上	600 元以下	601—1200 元	1201—1700 元	1701—2600 元	2601 元及以上
财经	0.3	0.3	0.6	1.1	1.2	0.4	0.5	0.7	0.9	1.1
电视剧	38.8	40.7	40.7	33.4	34.9	39.6	41.2	37.7	36.6	35.9
电影	3.2	4.8	4.5	4.6	4.1	4.4	4.4	3.9	4.5	5.0
法制	0.8	1.4	1.4	1.5	1.3	1.2	1.8	1.4	1.3	1.2
教学	0.1	0.1	0.1	0.1	0.1	0.1	0.1	0.1	0.1	0.1
青少	15.8	5.9	3.6	3.3	2.4	9.6	1.6	3.2	3.1	2.3
生活服务	5.9	5.8	6.0	6.0	6.2	5.9	6.1	5.9	6.2	5.7
体育	0.8	1.1	1.7	2.8	3.8	1.1	1.6	2.0	2.5	3.2
外语	0.0	0.0	0.0	0.0	0.0	0.0	0.0	0.0	0.0	0.0
戏剧	0.5	0.7	0.3	0.5	0.6	0.5	0.6	1.0	0.2	0.3
新闻/时事	7.5	9.8	10.1	14.4	13.1	8.4	11.8	12.6	12.0	13.5
音乐	0.4	0.9	0.8	0.8	1.0	0.8	0.7	0.9	0.9	0.8
专题	4.0	4.5	5.1	6.0	5.6	4.2	5.5	5.2	6.0	6.1
综艺	9.5	13.0	14.2	14.6	14.4	12.6	13.2	14.4	14.6	14.3
其他	12.3	10.9	11.0	10.8	11.4	11.3	11.1	11.0	11.2	10.7

数据来源：CSM 媒介研究

由江苏省不同职业观众对各类型节目的收视比重看出，干部/管理人员较感兴趣的类型节目是财经、体育、戏剧、新闻/时事、音乐、专题和综艺节目；个体/私营企业人员收看电视剧的时间比例最高；初级公务员/雇员在生活服务和体育节目上投入收视时间比例高于其他职业观众；工人群体收看财经、电视剧、电影、生活服务、体育、专题和综艺节目的时间比例较高；学生群体仅对电视剧、电影和青少节目兴趣较为浓厚；无业群体在法制节目上的收视时间比例最大。不同职业观众对教学和外语节目的收视比重并没有明显的差异（表 1.5.6）。

表 1.5.6　2012 年江苏省市场不同职业观众对各类节目的收视比重（%）

节目类型	职业						
	干部/管理人员	个体/私营企业人员	初级公务员/雇员	工人	学生	无业	其他
财经	1.6	0.8	1.0	0.7	0.5	0.6	0.3
电视剧	33.2	40.1	35.2	39.9	40.1	33.6	42.9
电影	3.8	4.9	4.7	4.7	7.3	3.2	3.7
法制	1.4	1.6	1.4	1.2	0.8	1.7	1.4
教学	0.2	0.1	0.1	0.1	0.0	0.1	0.1
青少	1.2	2.3	3.3	3.0	13.6	10.4	2.4
生活服务	5.3	5.7	6.3	6.0	4.7	5.7	6.6
体育	2.7	1.7	2.8	2.2	1.4	1.7	1.2

续表

节目类型	职业						
	干部/管理人员	个体/私营企业人员	初级公务员/雇员	工人	学生	无业	其他
外语	0.0	0.0	0.0	0.0	0.0	0.0	0.0
戏剧	0.6	0.3	0.2	0.2	0.1	1.2	0.6
新闻/时事	14.8	11.6	11.7	10.1	5.1	12.6	11.2
音乐	1.2	0.7	1.0	0.8	0.6	0.8	0.8
专题	6.1	6.1	5.7	5.5	3.8	4.8	4.6
综艺	17.4	13.6	15.5	14.6	12.4	12.3	12.5
其他	10.5	10.6	11.3	11.1	9.4	11.5	11.7

数据来源：CSM 媒介研究

(三) 北京市电视收视市场的节目竞争格局

1. 电视剧收视份额增幅最大，新闻/时事和专题排名前提

2012 年北京电视节目收视市场，电视剧领先优势地位难撼，收视份额较 2011 年增加了 1.3 个百分点，增幅最大。新闻/时事、专题、综艺和生活服务类节目实力相仿，相比上一年，新闻/时事和专题节目收视份额分别上升了 0.9 和 0.2 个百分点，综艺和生活服务类节目分别下降了 0.5 和 0.6 个百分点。本年度国际、国内重大新闻事件不断，新闻/时事节目收视份额排名前提至第二，专题、综艺和生活服务类节目收视份额排名也有所变动，其中专题节目上升至第三位，综艺和生活服务类节目则降至第四、第五位。2012 年北京市场的体育、青少、法制、财经、音乐、戏剧、教学和外语节目的收视比重仍低于 5%（图 1.5.11）。

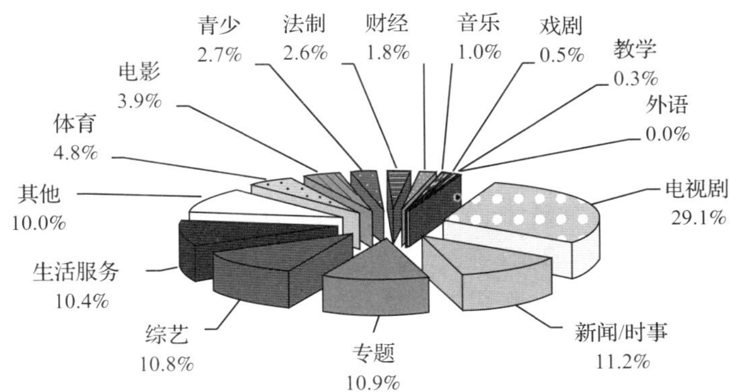

数据来源：CSM 媒介研究

图 1.5.11 2012 年北京市场各类节目的收视份额（%）

2012 年北京市场电视剧收视率排名前十位仍由北京卫视和北京电视台影视频道包揽，其中，北京卫视播出的《正者无敌》和北京电视台影视频道播出的《黑狐》，均以

超过8%的平均收视率分别占据冠、亚军位置。新闻/时事节目收视排名方面，中央电视台和北京台竞争激烈，其中北京卫视占据排行榜六席，中央电视台新闻频道、中央台四套和中央电视台综合频道占据四席，可见北京观众对本地新闻的关注。

2. 中央电视台和北京台在细分节目市场势均力敌，外省卫视多方涨势齐现

2012年北京细分节目市场上，中央电视台在戏剧、电影和音乐类节目市场领先优势明显，尤其在戏剧节目市场收视份额更是高达95.4%。在体育、外语、新闻/时事、财经、教学和青少节目市场，中央电视台的收视份额都超过40%，并在体育、外语、新闻/时事和财经节目市场占据优势竞争地位。虽然中央电视台在青少和教学节目市场居亚军地位，但收视份额与冠军北京台差距不大，市场竞争力强劲。相比而言，中央电视台在北京生活服务、电视剧市场的竞争力较弱，收视份额均不足15%，与竞争频道相比差距较大。同比2011年，中央电视台在教学、外语、电影、音乐、法制、电视剧和生活服务类节目市场出现不同程度的收视竞争力下滑，其中在教学和外语节目降幅较大，分别达到30.4和28.2个百分点；在专题、青少、新闻/时事、戏剧、体育和财经节目市场，中央电视台则有所进益，收视份额则较上年度有1—5.6个百分点的增长，其中专题节目增幅最大，达5.6个百分点。

相比2011年，2012年北京台在本地细分节目市场竞争中有涨有落。其中，在教学、音乐、财经、电影、法制节目的收视份额增加，教学节目增幅最大，达35.8个百分点，超过中央电视台占据本类节目的市场主导地位；财经节目市场也增加了5.3个百分点，收视份额直逼中央电视台。2012年北京台在电视剧、青少、生活服务、体育、戏剧、新闻/时事、专题、综艺节目市场的收视份额有不同程度的下降，其中专题节目降幅最大，较2011年减少了9.5个百分点；由于在新闻/时事节目市场减少了5.1个百分点的收视份额，北京台在本地新闻/时事节目市场的主导地位由中央电视台取而代之。尽管北京台在本地部分细分节目市场的收视竞争力有所下滑，但在专题、生活服务、青少、教学、法制和电视剧市场仍占主导地位，特别是在法制和生活服务节目市场的收视份额均超过70%，具有绝对优势。此外，北京台在财经、体育和新闻/时事节目市场的竞争实力也不容忽视，收视份额都超过40%，逼近中央电视台。在综艺、电影、戏剧节目市场，北京台则表现不佳，处于弱势竞争地位。

在北京节目市场的各类频道中，外省卫视竞争力较弱，但借助综艺和电视剧两大优势仍坚守北京市场。整体上，2012年外省卫视以“润物细无声”之势进一步扩大北京的节目收视空间，虽然涨幅不大，但仍在半数以上细分节目市场实现收视份额的增长。对比2011年，2012年外省卫视在北京地区的外语、电视剧、电影、法制、青少、生活服务、新闻/时事、音乐、专题和综艺节目市场的收视份额有不同程度的增长。其中，在外语节目市场获得了30.4个百分点的涨幅，在各类节目市场中涨幅最大；在电视剧、电影、法制、青少、生活服务、新闻/时事、音乐、专题和综艺节目市场的涨幅在0.5—5个百分点不等。外省卫视在财经、教学、体育和戏剧四类节目市场的收视份额在2012年出现下滑，其中财经节目较上年度下降6.2个百分点，其余三类节目分别减少3.4、0.7和1.4个百分点（图1.5.12）。

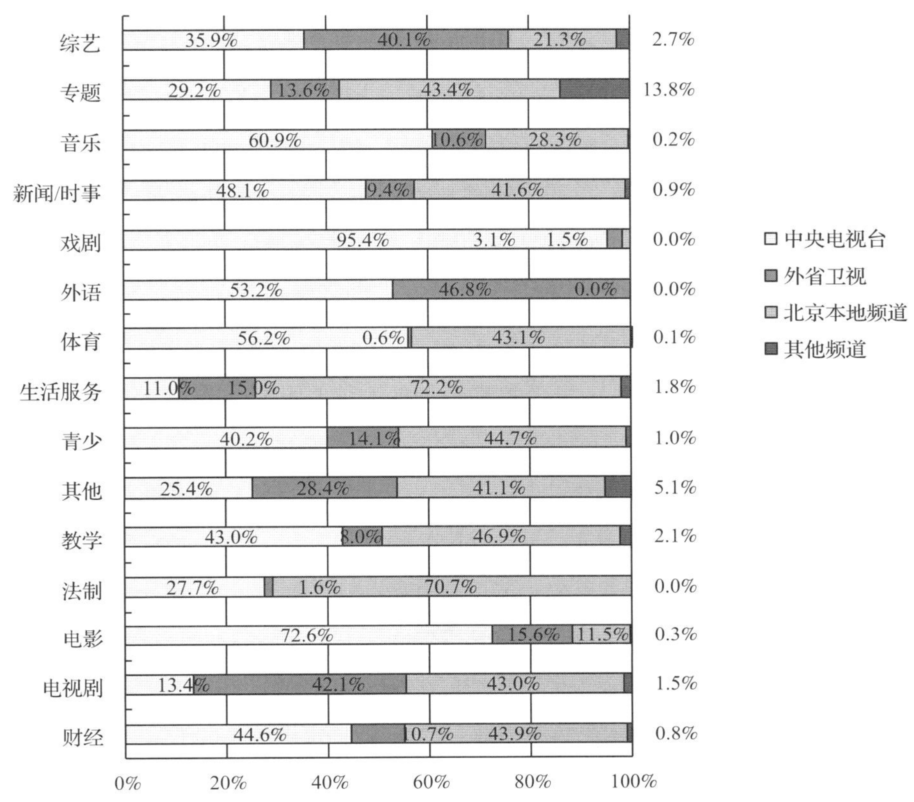

数据来源：CSM 媒介研究

图 1.5.12 2012 年北京市场各类频道在不同节目类别中的收视份额（%）

3. 中央电视台各类节目收视格局较为均衡，新闻节目对各级频道收视贡献上升

延续往年收视格局，2012 年中央电视台在北京市场各类节目的收视格局仍保持较为均衡分布的特点。新闻/时事节目以 18.4% 的收视贡献继续领跑中央电视台在北京的收视，收视比重比 2011 年增加了 2.6 个百分点，领先优势持续扩大。电视剧、综艺和专题节目以 13.3%、13.2%、10.8% 的收视比重紧随新闻/时事节目之后，均保持 10% 以上的收视贡献。电影和体育节目的收视贡献相对接近，分别为中央电视台贡献了 9.7% 和 9.3% 的收视时间。生活服务、青少、财经、法制和音乐节目的收视比重在 2%—4% 之间，戏剧、教学和外语节目收视比重则在 1.5% 及以下。与上年相比，2012 年中央电视台财经、电影、法制、生活服务、戏剧、音乐和综艺节目的收视贡献分别出现 0.2—0.9 个百分点的下降，除新闻/时事节目外，2012 年体育和专题节目对中央电视台的收视贡献也有所增长，分别增加了 2.6 和 0.6 个百分点（图 1.5.13）。

2012 年电视剧对外省卫视在北京收视市场的支撑再度增强，收视比重达到 49.2%，较上年增加了 2.7 个百分点。综艺节目对外省卫视的收视贡献虽仅次于电视剧，但显现出萎缩态势，较 2011 年下降了 1.5 个百分点。生活服务、专题和新闻/时事节目共计为外省卫视贡献了16.4%的收视时间，其中专题和新闻/时事较上年度增加了0.6和0.5个百分点。电影和青少节目收视比重共计4%，与上年相比，青少节目下降0.2个百分点，电影节目增加了0.8个百分点。财经、音乐、法制、教学、体育、戏剧和外语节目收视比重仍都不足1%，收视贡献几乎没有变化（图1.5.14）。

2012年北京台在本地市场各类节目的收视格局继续保持稳定。电视剧依然是北京台的收视第一主力，为北京台贡献了29.4%的收视时间，较上年度增长了1.5个百分点。生活服务类节目仍是北京台在北京收视的第二大类节目，但收视比重较上年下降了0.2个百分点。专题和新闻/时事节目对于北京台的收视贡献也较大，收视比重均超过10%，其中后者较2011年增加了0.3个百分点，前者下降了0.7个百分点。综艺、体育和法制节目的收视比重在4%—6%之间，青少、财经、电影三类节目收视比重位于1%—3%之间，音乐、教学和戏剧节目收视比重仍未超过1%（图1.5.15）。

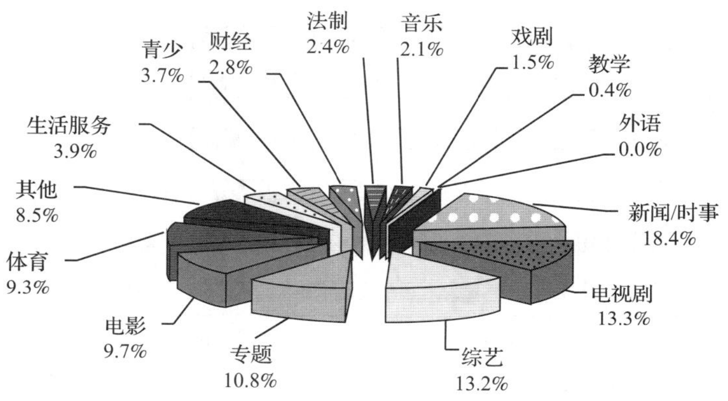

数据来源：CSM媒介研究

图1.5.13　2012年北京市场中央电视台各类节目的收视比重（%）

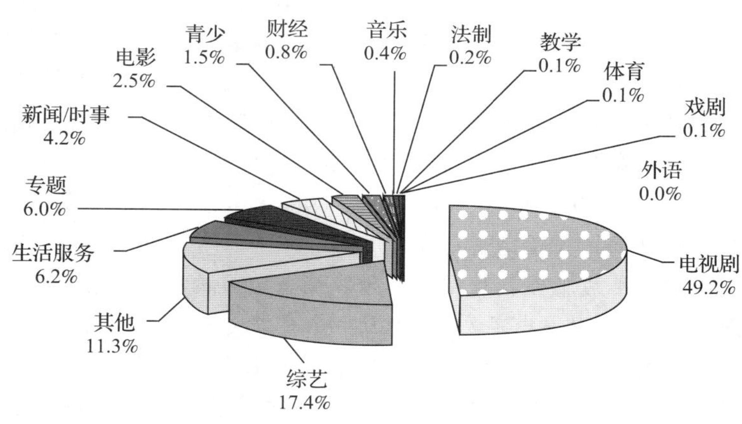

数据来源：CSM媒介研究

图1.5.14　2012年北京市场外省卫视各类节目的收视比重（%）

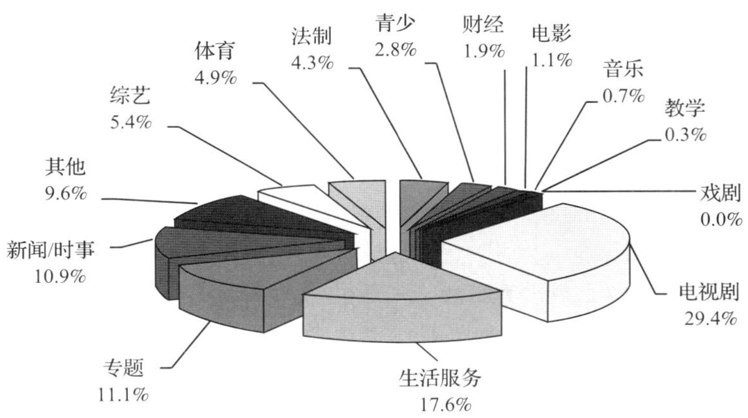

数据来源：CSM 媒介研究

图 1.5.15　2012 年北京市场北京台各类节目的收视比重（%）

4. 观众特征影响节目收视，特征观众节目选择倾向不同

从 2012 年北京市场不同性别观众的收视情况看，男性观众更偏爱收看电影、体育、专题和新闻/时事节目，节目收视比重明显高于女性；女性观众在电视剧、综艺和生活服务类节目投入较高比例的收视时间；两性观众在其余类型节目上的收视比重差异不突出（表 1.5.7）。

表 1.5.7　2012 年北京市场不同性别和年龄观众对各类节目的收视比重（%）

节目类型	性别		年龄						
	男	女	4—14 岁	15—24 岁	25—34 岁	35—44 岁	45—54 岁	55—64 岁	65 岁及以上
财经	1.9	1.8	1.0	1.5	1.8	2.0	2.1	2.1	1.2
电视剧	27.2	31.0	25.1	30.4	26.2	30.1	31.3	28.8	28.5
电影	4.5	3.4	5.9	4.8	5.0	6.1	3.6	2.3	1.8
法制	2.5	2.6	1.8	1.5	2.2	2.6	2.7	3.3	2.4
教学	0.2	0.3	0.1	0.3	0.2	0.3	0.3	0.3	0.3
青少	2.4	2.9	22.0	1.8	2.7	3.5	0.7	2.0	1.1
生活服务	9.5	11.2	8.3	8.7	9.9	9.2	11.0	11.1	11.2
体育	6.3	3.5	1.9	6.4	6.4	4.3	4.9	4.4	4.3
外语	0.0	0.0	0.0	0.0	0.0	0.0	0.0	0.0	0.0
戏剧	0.4	0.5	0.2	0.5	0.2	0.2	0.2	0.5	1.8
新闻/时事	12.4	10.1	5.4	8.6	9.0	8.8	11.1	13.7	16.8
音乐	1.0	1.0	0.9	1.3	1.0	1.0	1.0	1.0	0.9
专题	11.4	10.5	6.1	11.5	12.7	10.7	11.2	11.1	9.4
综艺	10.5	11.2	10.5	12.4	12.2	11.4	10.5	10.0	9.8
其他	9.8	10.1	10.8	10.4	10.6	9.8	9.5	9.4	10.6

数据来源：CSM 媒介研究

2012年北京节目收视市场，4—14岁观众投入在青少和电影节目的收视比重超过观众平均水平，其中尤以青少节目显著，收视比重在各年龄段中最高。15—24岁观众对电视剧、电影、体育、音乐、专题和综艺节目的兴趣程度更高，其中音乐和综艺节目的收视比重高于其他各年龄段观众。25—34岁观众投入在体育和专题节目上的时间比例在各年龄段观众中最高。35—44岁观众收看财经、电视剧、电影、青少和综艺节目的时间比例超过观众平均水平。45—54岁观众尤为关注电视剧，收视比重超过其他年龄段观众。55岁及以上观众对生活服务、戏剧和新闻/时事较为感兴趣（表1.5.7）。

北京观众中，未受过正规教育的观众更喜爱收看青少和戏剧节目。小学学历的观众在电影和新闻/时事节目上的收视比重超过其他教育水平观众。初中学历的观众对于电视剧、电影和法制节目较为偏爱，其中电视剧的收视比重在各教育程度观众中最高。高中教育程度的观众在生活服务节目上的收视比重高于其他学历观众。大学及以上教育程度的北京观众对节目的选择相对多元，他们对财经、电影、体育、音乐、专题和综艺节目都表现出较大的收视兴趣。整体而言，随受教育程度的增高，北京观众收看财经、体育和专题类节目上的时间比重呈整体上升的趋势（表1.5.8）。

从观众的个人月收入水平来看，低收入观众收看电视剧、电影和青少节目的时间比例高于中高收入观众，中高收入观众对财经、体育、新闻/时事和专题节目的偏爱更明显。其中，财经和新闻/时事节目呈现出观众月收入水平越高，收视比重越大的态势。

表1.5.8　2012年北京市场不同教育程度和收入观众对各类节目的收视比重（%）

节目类型	受教育程度					个人月收入（元）				
	未受过正规教育	小学	初中	高中	大学及以上	600元以下	601—1200元	1201—1700元	1701—2600元	2601元及以上
财经	0.8	1.3	1.3	2.1	2.3	1.5	1.5	1.8	1.9	2.1
电视剧	28.8	29.7	32.3	28.9	26.5	31.1	33.8	30.9	28.5	27.0
电影	3.0	4.5	4.0	3.6	4.3	5.3	4.2	3.4	3.3	3.9
法制	2.4	2.5	3.1	2.7	2.0	2.2	3.6	2.9	2.9	2.1
教学	0.2	0.2	0.3	0.3	0.3	0.2	0.2	0.3	0.3	0.3
青少	15.0	7.3	2.3	1.6	1.9	7.7	1.4	1.5	1.7	1.6
生活服务	9.2	8.2	9.9	11.2	10.3	9.2	10.4	11.2	11.0	10.0
体育	2.2	2.7	4.2	4.9	6.1	3.2	3.4	5.0	4.6	6.4
外语	0.0	0.0	0.0	0.0	0.0	0.0	0.0	0.0	0.0	0.0
戏剧	2.0	1.8	0.3	0.2	0.4	0.4	0.3	0.3	0.8	0.3
新闻/时事	9.3	11.9	11.0	11.6	11.0	8.3	10.1	11.7	12.0	12.1
音乐	0.9	0.9	1.0	0.9	1.1	1.0	1.0	1.0	1.0	1.0
专题	6.0	7.7	9.9	11.7	12.1	9.0	10.5	10.9	10.9	12.0
综艺	8.9	11.2	10.5	10.4	11.8	10.5	9.7	9.7	11.1	11.3
其他	11.4	10.1	9.8	9.9	10.0	10.3	10.0	9.6	10.0	9.9

数据来源：CSM媒介研究

在职业方面，干部/管理人员在电影、体育、专题和综艺节目的收视时间比例超过北京观众平均水平。个体/私营企业人员对财经、电视剧、电影、法制、体育、音乐、专题和综艺的关注度都较高。初级公务员/雇员在电影、体育、专题和综艺节目上投入的时间相对较多。工人观众群对财经、电影、法制、生活服务、体育、音乐、专题和综艺节目相对更感兴趣。学生在电视剧、电影、青少和音乐类节目上花费的收视时间比例高于观众平均水平。无业群体更青睐电视剧、法制、青少、生活服务、戏剧和新闻/时事节目（表 1.5.9）。

表 1.5.9　2012 年北京市场不同职业群体对各类节目的收视比重（%）

节目类型	职业						
	干部/管理人员	个体/私营企业人员	初级公务员/雇员	工人	学生	无业	其他
财经	1.9	2.2	1.9	2.3	1.1	1.8	0.9
电视剧	26.9	29.9	28.6	29.0	29.5	29.5	34.0
电影	5.1	4.3	4.4	4.8	6.3	2.7	5.6
法制	2.0	3.1	2.3	2.8	1.6	2.9	1.5
教学	0.2	0.2	0.2	0.3	0.3	0.3	0.2
青少	1.8	1.1	1.8	1.6	8.8	3.2	1.2
生活服务	9.6	9.6	10.2	10.9	8.3	11.1	7.3
体育	6.4	5.3	5.6	5.8	4.0	3.8	6.5
外语	0.0	0.0	0.0	0.0	0.0	0.0	0.0
戏剧	0.5	0.2	0.2	0.2	0.5	0.8	0.5
新闻/时事	10.8	10.1	11.0	9.6	6.9	12.5	14.9
音乐	1.0	1.2	0.9	1.1	1.2	1.0	0.5
专题	12.5	11.3	11.7	11.1	9.5	10.3	6.9
综艺	11.8	11.7	11.2	11.2	11.8	10.0	10.1
其他	9.6	9.8	10.1	9.5	10.1	10.0	9.9

数据来源：CSM 媒介研究

（四）上海市电视收视市场的节目竞争格局

1. 各类节目收视竞争格局继续保持稳定，电视剧、新闻/时事和综艺节目领先优势有所扩大

与 2011 年节目市场竞争格局相似，2012 年电视剧、综艺和新闻/时事节目仍是上海电视节目收视市场的前三甲，占据过半收视份额。其中，电视剧以 29.1% 的收视份额处于领先位置，综艺和新闻/时事节目分别以超过 13% 的收视份额排名二、三位。相比 2011 年，电视剧、综艺和新闻/时事节目的收视份额均有所增加，分别上升了 0.7、0.6 和 0.2 个百分点。此外，生活服务、专题和电影在上海节目收视市场也占有一席之地，收视份额在 5%—10% 之间；其中，生活服务的收视份额较上一年有所增加，专题和电影节目有所下降。体育、法制、青少和财经节目的收视份额在 1%—5% 间不等，音乐、戏剧、教学和外语节目的收视份额相对较低，均不足1%（图 1.5.16）。

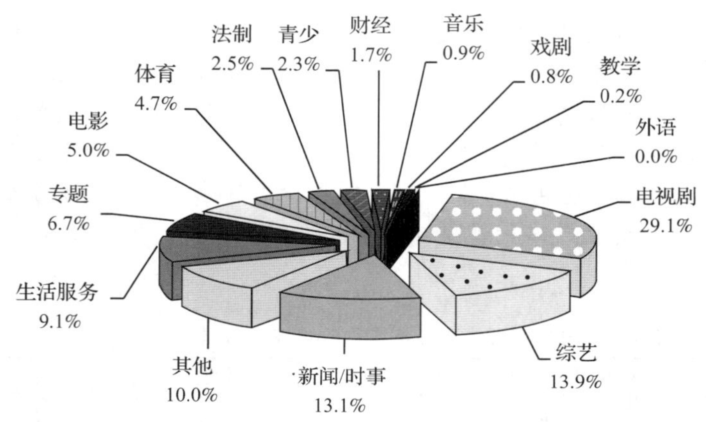

数据来源：CSM 媒介研究

图 1.5.16　2012 年上海市场各类节目的收视份额（%）

2012 年上海市电视剧收视率排名前十位由上海东方卫视、上海电视台新闻综合频道和上海电视台电视剧频道囊括。上海电视台电视剧频道播出的《小麦进城》以 7% 的平均收视率位列榜首，上海东方卫视播出的《甄嬛传》和上海电视台新闻综合频道的《杀狼花》、《致命名单》则凭借超过 6% 的平均收视率跻身前四。2012 年上海市平均收视率排名前十位的综艺节目，仍呈现上海本地频道为主外地频道为辅的局面，除中央电视台综合频道《2012 春节联欢晚会》和浙江卫视《中国好声音巅峰时刻》外，其余节目均来自上海本地频道。其中，冠军是上海东方卫视的《中国达人秀达人盛典》，平均收视率超过 20%。

2. 本地频道仍居细分节目市场主导地位，外地频道竞争地位改观不大

2012 年本地频道仍是上海节目收视市场的最大赢家，其在 12 个细分节目市场居主导地位，并在 7 个细分节目市场实现收视份额上涨。其中，上海本地频道在外语和法制节目市场的收视份额超过 80%；在生活服务和戏剧节目市场的收视份额均高于 70%；在财经、青少、体育、新闻/时事和综艺节目市场获得了 60%—70% 的收视份额；在电视剧和电影节目市场获得了 50%—60% 的收视份额；在上海专题节目市场获得了 44.5% 的收视空间，并在市场中处于领先地位；相比之下，上海本地频道在教学和音乐节目上的收视份额弱于外来频道，收视份额分别为 21.1% 及 33.7%，表现不敌中央电视台（图 1.5.17）。对比 2011 年的收视份额，2012 年上海本地频道在财经、法制、生活服务、体育、外语、戏剧和综艺节目市场的收视份额有不同程度的增加，其中外语节目市场增幅最大，达到 21.9 个百分点，生活服务类节目市场增幅最小，为 0.9 个百分点。与此同时，上海本地频道在电视剧、电影、教学、青少、新闻/时事、音乐和专题节目市场的收视份额出现下滑，其中音乐和专题节目降幅较大，超过 10 个百分点。

2012 年中央电视台在上海占主导地位的节目市场仍限于教学和音乐节目市场，收视份额分别达到 72.4% 和 54.5%。此外，中央电视台在上海电影、体育、戏剧、新闻/时

事和专题节目市场拥有一定的竞争力，收视份额在20%—40%之间。在财经、法制、青少和综艺节目市场，中央电视台的收视份额在14%—20%之间，竞争力一般。在电视剧、生活服务和外语节目市场，中央电视台收视竞争力较弱，收视份额均不超过10%。相比上一年，2012年中央电视台在上海地区的教学、音乐、财经、青少和专题节目市场的收视份额有所上升，在电视剧、电影、法制、生活服务、体育、外语、戏剧、新闻/时事和综艺节目市场有所下降，其中教学和音乐节目市场呈强劲扩张势头，收视份额增长15.9和8个百分点，外语节目市场降幅最大，达19.3个百分点。

2012年外省卫视在上海的电视剧、电影、法制、青少、生活服务、新闻/时事、音乐、专题和综艺节目市场实现收视份额的增长，但由于增长幅度相对较小，外省卫视在上海细分节目市场的竞争地位改观不大。外省卫视在电视剧和综艺节目市场具备一定竞争优势，2012年收视份额分别达到34.4%和23.2%，竞争力仅弱于本地频道；此外，外省卫视在青少和生活服务节目市场也具备一定竞争优势，收视份额仅次于本地频道。相比2011年，外省卫视在上海的财经、教学、外语和戏剧节目市场收视份额出现不同程度下滑，其中在教学和财经节目市场降幅较大，分别达15和6.3个百分点（图1.5.17）。

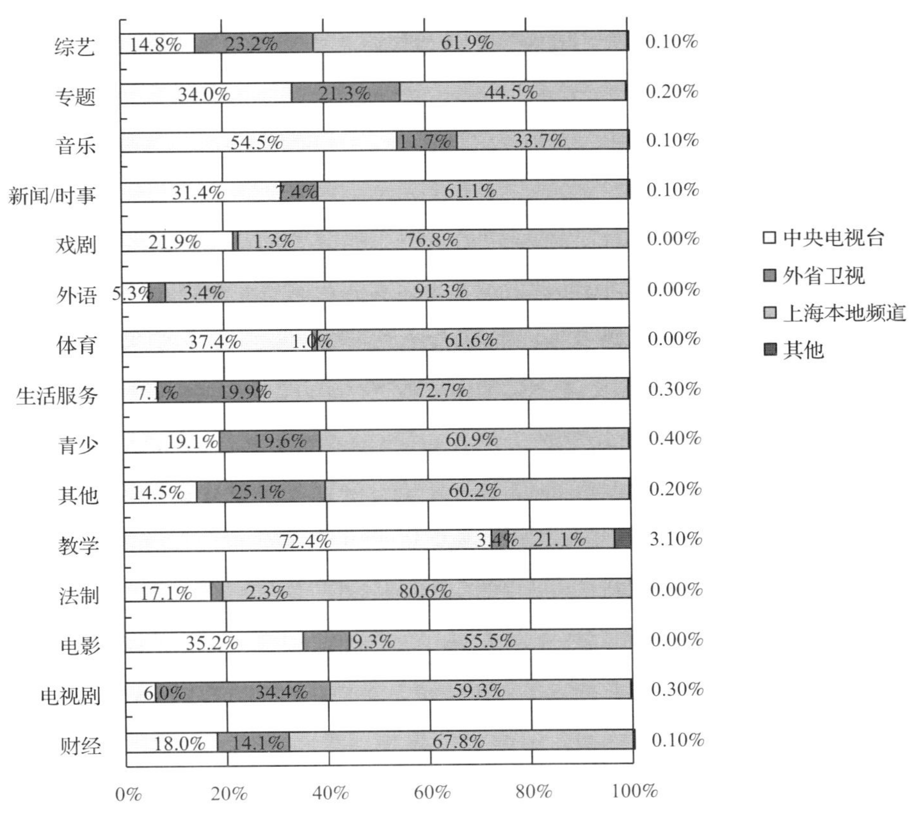

数据来源：CSM媒介研究

图1.5.17　2012年上海市场各类频道在不同类型节目中的收视份额（%）

3. 中央电视台新闻/时事节目收视贡献最大，外省卫视和本地频道电视剧当家

2012年新闻/时事节目仍是中央电视台在上海地区的最大收视支柱，收视贡献较上年增长0.4个百分点，达到23.2%。专题、综艺和电影节目对中央电视台的收视贡献相近，是中央电视台在上海的收视第二梯队，电视剧和体育节目则是其第三梯队，收视份额均为9.8%。生活服务、音乐、青少和法制节目收视比重在2%—4%之间，辅助支撑中央电视台上海收视。财经、戏剧、教学和外语节目的收视时间贡献力量较弱，收视比重均不超过2%（图1.5.18）。相比2011年，新闻/时事、专题和体育节目在上海的收视比重有所上升，其余电视节目的收视比重则有所下降。

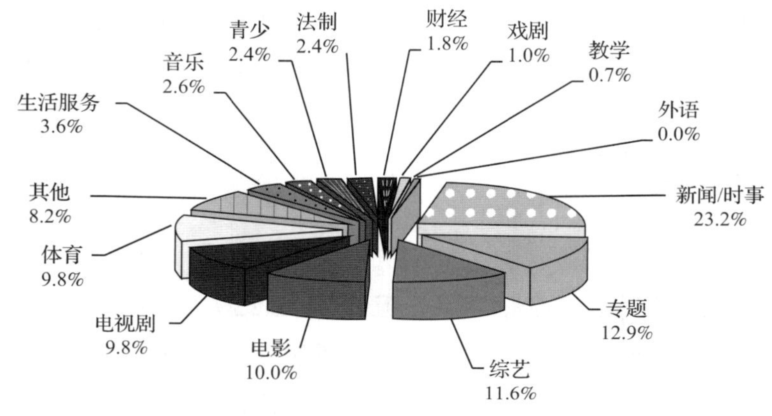

数据来源：CSM媒介研究

图1.5.18 2012年上海市场中央电视台各类节目的收视比重（%）

电视剧和综艺节目历来是外省卫视在上海市场的收视利器，2012年二者为外省卫视在上海市场贡献了超过60%的收视时间。其中，47%的收视时间来自电视剧，收视比重较2011年增加了0.7个百分点，15%的收视时间来自综艺节目，收视比重较上一年略有下降。生活服务、专题和新闻/时事节目的收视贡献在4%—9%之间，电影、青少节目的收视比重在2%左右，财经、音乐、法制、体育、戏剧、教学和外语节目的收视贡献较小均不足1.5%（图1.5.19）。与上年度比较，电视剧、电影、法制、生活服务、新闻/时事、音乐、专题和综艺节目的收视比重都小有增加，幅度在0.1—1.1个百分点之间；财经、教学、青少和综艺节目则有不同程度的下降，降幅在0.2—1.4个百分点不等。

延续往年态势，2012年电视剧、综艺、新闻/时事和生活服务类节目仍是上海本地频道的收视贡献主体，四类节目收视比重均保持在10%以上，收视比重合计超过65%。专题、体育和电影三类节目合计为上海本地频道贡献了14.2%的收视时间，法制、青少和财经节目的收视比重在2%—3.3%之间，而戏剧、音乐、教学、外语节目的收视贡献作用较弱，收视比重基本在1%及以下（图1.5.20）。相比2011年，电视剧、法制、生活服务、体育、新闻/时事和综艺节目的收视比重均有上升，体育和综艺节目增幅相对较大超过1%，其余节目增长幅度则在0.1—0.9个百分点之间；财经、电影、青少、音乐、专题节目的竞争力减弱，收视比重分别下降了0.2—1.1个百分点不等。

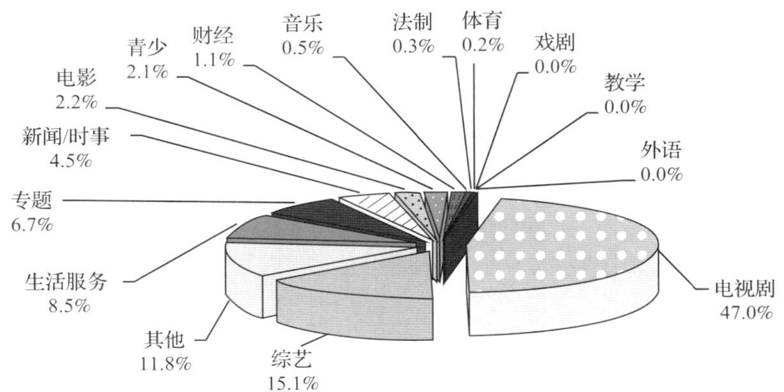

数据来源：CSM 媒介研究

图 1.5.19 2012 年上海市场外省卫视各类节目的收视比重（%）

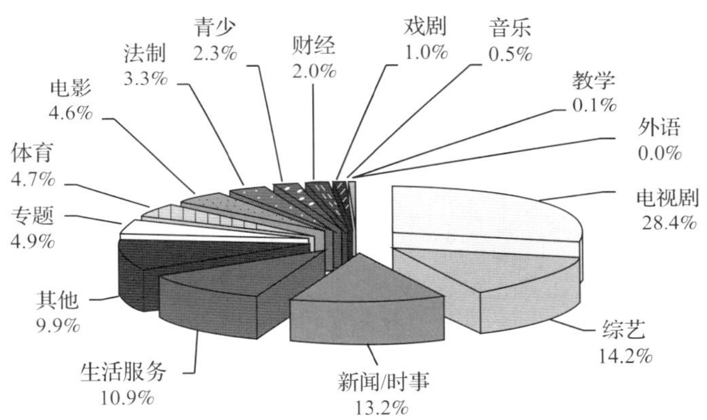

数据来源：CSM 媒介研究

图 1.5.20 2012 年上海市场本地频道各类节目的收视比重（%）

4. 不同特征观众收视喜好不同，细分类型节目满足观众不同需求

从2012年上海市场不同性别观众对不同类型电视节目的收视倾向来看，男性观众比女性观众更喜欢收看财经、电影、体育、新闻/时事和专题节目，女性观众投入在电视剧、生活服务和综艺节目上的时间比例明显高于男性观众。男性观众和女性观众在教学、音乐、青少、法制节目性别差异较小，基本趋同（表1.5.10）。

从年龄方面来看，上海市4—14岁的少年儿童在青少节目上的投入时间比重远高于其他年龄段观众，电影和戏剧节目的收视比重也超过上海观众平均水平。15—24岁的观众对于电影、体育、综艺和生活服务类节目较感兴趣，综艺节目收视比重居各年龄段观众之首。25—34岁的观众更倾向收看电影、青少、生活服务、体育和综艺节目，收视时间比重超出上海观众平均水平。35—44岁的观众群体更愿意收看电视剧、电影、体育和专题节目。45—54岁观众分配在财经节目上的时间比重高于其他年龄观众。55—64岁观众在法制和音乐节目上投入的时间比例高于其他各年龄段观众。65岁及以上的观众花费在电视剧、教学、戏剧和新闻/时事节目的收视时间比重明显高于其他年龄段观众(表1.5.10)。

表1.5.10 2012年上海市场不同性别和年龄观众对各类节目的收视比重(%)

节目类型	性别		年龄						
	男	女	4—14岁	15—24岁	25—34岁	35—44岁	45—54岁	55—64岁	65岁及以上
财经	2.1	1.4	0.4	1.5	1.2	1.7	2.5	2.0	1.0
电视剧	26.9	31.5	26.4	28.4	27.1	29.7	28.7	29.5	31.8
电影	5.9	4.1	5.7	6.7	7.6	7.9	4.7	3.5	2.2
法制	2.3	2.6	1.2	1.5	2.1	2.1	2.7	3.1	2.5
教学	0.2	0.1	0.1	0.1	0.1	0.1	0.1	0.1	0.5
青少	2.2	2.4	23.0	2.3	2.9	2.1	0.8	1.3	0.6
生活服务	8.5	9.9	7.7	9.5	9.6	8.3	9.0	9.6	9.3
体育	6.1	3.1	2.3	5.7	5.5	5.1	5.3	3.9	3.4
外语	0.0	0.0	0.0	0.0	0.0	0.0	0.0	0.0	0.0
戏剧	0.8	0.8	1.1	0.6	0.4	0.3	0.4	0.7	2.3
新闻/时事	14.6	11.5	6.8	9.6	10.1	12.1	13.7	14.3	17.2
音乐	0.8	0.9	0.7	0.8	0.9	0.8	0.9	1.0	0.8
专题	7.2	6.2	3.8	5.7	6.4	6.8	7.2	7.0	6.8
综艺	12.7	15.3	11.0	17.3	15.5	13.1	14.3	14.2	11.4
其他	9.7	10.4	10.1	10.3	10.6	9.8	9.9	9.8	10.2

数据来源：CSM媒介研究

从2012年上海不同受教育程度观众对各类节目的收视比重来看，未受过正规教育的观众对青少节目的喜爱程度远高于其他学历观众群体。小学学历观众对电视剧、戏剧和生活服务节目的兴趣超过其他学历观众。初中学历的观众更为偏爱电视剧、法制、戏剧和新闻/时事类节目，花费的时间比例高于上海观众整体水平。高中学历观众相比其他学历观众收看电影和综艺节目的时间比例更高。大学及以上观众在财经、教学、体育、新闻/时事和专题节目的收视时间高于其他学历观众(表1.5.11)。

不同个人月收入的观众收看类型节目也存在不同。个人月收入在600元及以下的观众在电影、青少、生活服务、戏剧和综艺节目的收视比重明显高于类型节目平均收视比重；个人月收入在601—1200元的观众在电视剧上投入的收视时间明显多于其他收入人群；个人月收入在1201—1700元的观众对财经和电视剧、戏剧和新闻/时事的兴趣明显高于观众总体；个人月收入在1701—2600元的观众用于财经、法制、生活服务、体育、新闻/时事、专题和综艺的收视时间比例较高；个人月收入在2601元及以上的观众对财经、体育、新闻/时事和专题节目的收视比重明显高于其他个人月收入水平的观众群体(表1.5.11)。

表 1.5.11 2012 年上海市场不同受教育程度和个人月收入观众对各类节目的收视比重（%）

节目类型	受教育程度					个人月收入（元）				
	未受过正规教育	小学	初中	高中	大学及以上	600 元及以下	601—1200 元	1201—1700 元	1701—2600 元	2601 元及以上
财经	0.3	0.5	1.4	1.7	2.9	1.0	1.1	1.6	1.9	2.2
电视剧	27.4	33.3	31.3	28.9	25.3	28.0	35.0	31.9	29.0	26.2
电影	4.1	5.0	5.0	5.2	4.9	7.1	4.5	4.3	4.1	5.8
法制	1.5	2.3	2.8	2.5	2.1	1.5	2.3	2.5	2.8	2.4
教学	0.1	0.3	0.2	0.1	0.3	0.1	0.1	0.2	0.2	0.2
青少	20.2	6.2	1.5	1.4	1.6	8.7	1.5	1.2	1.0	1.5
生活服务	8.9	9.6	8.8	9.2	9.3	9.3	8.7	9.0	9.6	8.7
体育	1.5	2.2	4.2	5.0	5.8	3.5	4.1	3.9	4.8	5.7
外语	0.0	0.0	0.0	0.0	0.0	0.0	0.0	0.0	0.0	0.0
戏剧	0.8	1.9	0.9	0.6	0.6	0.9	0.8	1.1	0.8	0.5
新闻/时事	9.8	10.7	13.6	12.9	14.1	8.4	12.9	13.7	13.6	14.8
音乐	0.7	0.6	0.9	0.9	0.9	0.8	0.8	0.8	0.9	0.9
专题	3.2	4.7	6.4	7.1	7.5	5.3	5.5	6.2	7.2	7.6
综艺	10.7	12.1	13.4	14.6	14.5	15.1	12.8	13.8	14.0	13.7
其他	11.0	10.6	9.7	10.0	10.2	10.3	9.9	10.0	10.0	10.0

数据来源：CSM 媒介研究

2012 年上海市场，干部/管理人员在体育、财经、电影、体育和专题节目上投入的时间比例高于上海电视观众平均水平。个体/私营企业人员对财经、电影、法制、体育、新闻/时事和专题节目的收视兴趣高于上海观众平均水平。初级公务员/雇员对于电影、体育、专题和综艺节目的关注程度超出上海观众总体。相比上海整体观众，工人群体在电视剧、电影、体育、新闻/时事、专题和综艺节目上花费的收视比重更高。学生群体对电影、青少、戏剧和综艺节目的喜爱程度相对较高。无业观众用于收看电视剧、生活服务、戏剧和新闻/时事的时间比例高于其他各职业观众群体（表 1.5.12）。

表 1.5.12 2012 年上海市场不同职业观众对各类节目的收视比重（%）

节目类型	职业						
	干部/管理人员	个体/私营企业人员	初级公务员/雇员	工人	学生	无业	其他
财经	5.0	2.3	1.6	1.1	1.3	1.5	5.3
电视剧	26.0	26.7	28.6	29.6	28.6	30.3	27.1
电影	5.3	6.2	6.2	5.4	7.4	3.3	11.6
法制	2.5	2.8	2.3	2.5	1.3	2.7	1.7
教学	0.2	0.1	0.1	0.1	0.1	0.3	0.1
青少	0.9	2.0	1.4	1.1	7.3	2.5	0.8

续表

节目类型	职业						
	干部/管理人员	个体/私营企业人员	初级公务员/雇员	工人	学生	无业	其他
生活服务	8.6	8.1	9.0	8.9	8.8	9.6	8.1
体育	8.2	5.9	5.3	5.3	4.3	3.6	5.5
外语	0.0	0.0	0.0	0.0	0.0	0.0	0.1
戏剧	0.3	0.4	0.4	0.3	0.9	1.2	0.1
新闻/时事	13.1	14.0	12.7	13.5	7.4	14.2	14.6
音乐	0.8	0.8	0.9	0.8	0.8	0.9	0.9
专题	8.0	7.7	6.9	6.8	5.2	6.5	8.6
综艺	11.6	13.3	14.6	14.9	16.6	13.3	7.4
其他	9.6	9.7	10.1	9.8	10.1	10.2	8.0

数据来源：CSM 媒介研究

（五）广州市电视收视市场的节目竞争格局

1. 节目收视竞争格局保持基本稳定，各类节目收视份额变化不大

2012 年广州节目收视市场竞争格局保持基本稳定，收视市场仍由电视剧和新闻/时事节目主导，各类型节目收视份额变化不大。其中，电视剧收视份额较上一年减少了 0.9 个百分点，新闻/时事增加了 1.5 个百分点。除青少节目为新晋成员外，收视份额在 5%—10% 的节目类型与上年一致，其中综艺、专题和青少节目的收视份额较上年分别上升了 0.2、0.8 和 0.8 个百分点，生活服务、电影和体育节目则均呈下降趋势，降幅分别达 0.1—0.4 个百分点不等。法制、财经、音乐、戏剧、教学和外语这些小众收视节目的现状没有改变，收视份额均低于 1%，变化也不大（图 1.5.21）。

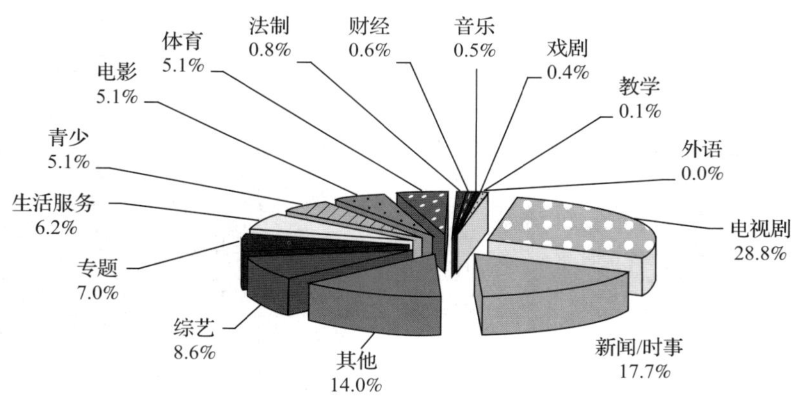

数据来源：CSM 媒介研究

图 1.5.21　2012 年广州市场各类节目的收视份额（%）

2012年广东电视台珠江频道播出的《外来媳妇本地郎》雄踞广州电视剧收视率排名前十榜首，平均收视率超过6%，同一频道播出的《天涯赤子心》和《薛平贵与王宝钏》分居排行榜二、三位。2012年广州电视剧收视率前十排行榜上，广东电视台珠江频道表现强势，占据其中8席，其余2席由翡翠台获得。2012年广州综艺节目收视率前十排行榜由晚会占主导，来自广东电视台、广州电视台和中央电视台的6个节庆晚会都获得了超过5%的平均收视率；除晚会外，广东电视台珠江频道的《麦王争霸2012粤语歌唱大汇全球总决赛》（12月1日）、《麦王争霸粤语歌唱大汇有你撑场粤唱越响》（1月14日，总决赛）、《叮王争霸我要上春晚》和浙江卫视的《中国好声音巅峰时刻》也榜上有名。

2. 各级频道在细分节目市场你退我进，中央电视台发展态势可喜

2012年中央电视台在广州细分节目收视市场竞争中表现出色，收视份额在除法制和外语节目之外的各类节目市场中均获提升。相比2011年，2012年中央电视台在教学节目市场收视份额涨幅最大，增加了28个百分点，以86.3%的收视份额居各类频道首位。在财经、青少和音乐节目市场，中央电视台收视份额增幅在7—10个百分点之间，并在财经和音乐节目市场处领先地位。在体育、电影和专题节目市场，中央电视台的收视份额也分别获得了5.2、3.3和3.3个百分点的增长，以29.8%、30.1%和26.4%的收视份额位列本类节目市场第二名。在戏剧和综艺节目市场，中央电视台分列本类节目竞争市场的二、三位，收视份额较2011年分别增长2.2、2.3个百分点。在竞争实力不具优势的电视剧、新闻/时事和生活服务类节目市场，中央电视台收视份额取得了0.8—1.6个百分点的增长。

在广州各细分节目市场中，外省卫视占竞争主导地位的市场数由2011年的3个下降到2012年的1个，竞争发展趋势不容乐观。其中，综艺节目市场依然由外省卫视主导，仍以超过30%的收视份额领先其他各级频道。在电视剧、青少、生活服务和音乐节目市场，外省卫视分别获得了10%—20%的收视份额；在电视剧和青少类节目市场，外省卫视的市场地位较上一年均有所退步，其中在电视剧市场由2011年的冠军退居到亚军，在青少节目市场则由亚军退居到季军；音乐和生活服务类节目市场，外省卫视分列第三位和第四位，竞争力一般。外省卫视在教学节目市场虽居第二位，但5.2%的收视份额与中央电视台86.3%的收视份额相比相差悬殊。外省卫视在其余类型节目市场表现并不突出（图1.5.22）。同比2011年，外省卫视的电视剧、电影、法制、生活服务、体育、戏剧、新闻/时事、音乐、综艺多类型节目的收视份额获得0.1—5个百分点不等的提升，但在财经、教学、青少、外语和专题节目市场的降幅较大，尤其在教学节目市场降幅达到11.4个百分点，在青少、财经、专题和外语节目市场的降幅分别达9.3、2.9、0.9和0.2个百分点。

2012年南方传媒集团依然是广州细分节目市场的主角，其在电视剧、电影、法制、青少、生活服务、体育、戏剧、新闻/时事和专题类节目市场都获最高收视份额并占据市场主导地位，在外语节目市场的收视份额居市场第二，南方传媒集团在上述类型节目市场的收视份额在30%—90%之间。其中，南方传媒集团在戏剧节目市场的竞争优势最为突出，收视份额高达89.2%；其次是青少节目市场，收视份额接近50%；在体育、新闻/时事、法制、电视剧和电影节目市场，南方传媒集团也吸引了市场内40%以上的收

视时间；在生活服务和专题节目市场的收视份额分别为37.8%、30.2%（图1.5.22）。相比2011年，南方传媒集团在财经、电视剧、电影、法制、体育、戏剧、新闻/时事和综艺类节目市场的收视份额都有一定程度的下降，降幅在0.7—6.7个百分点之间，其中下降幅度最大的是电影节目市场，减少了6.7个百分点。在教学、青少、生活服务、外语、音乐和专题节目市场，南方传媒集团的收视竞争力获得了0.4—8.6个百分点不等的增加，其中在青少节目市场增幅最大，达到8.6个百分点。

虽然在本地拥有地利优势，但在中央级和省级频道的竞争压力下，广州市台在广州市细分节目市场表现起色不大。2012年广州市台在新闻/时事、综艺和生活服务类节目市场位居亚军，在法制、财经、体育、专题、电视剧、戏剧、教学和外语节目市场的收视份额位居季军，在其余类型节目市场的收视竞争力较低（图1.5.22）。相比2011年，2012年广州台在各类型节目市场表现有喜有忧，其在法制、教学、外语、戏剧、新闻/时事和综艺节目市场的收视份额有所增长，涨幅在0.7—6.9个百分点之间，其中法制节目增幅最大为6.9个百分点；其在财经、电视剧、电影、青少、生活服务、体育、音乐和专题类7个节目市场的收视份额下降，相比2011年下降幅度在0.1—8.1个百分点之间，其中财经节目下滑程度最大，降幅达8.1个百分点。

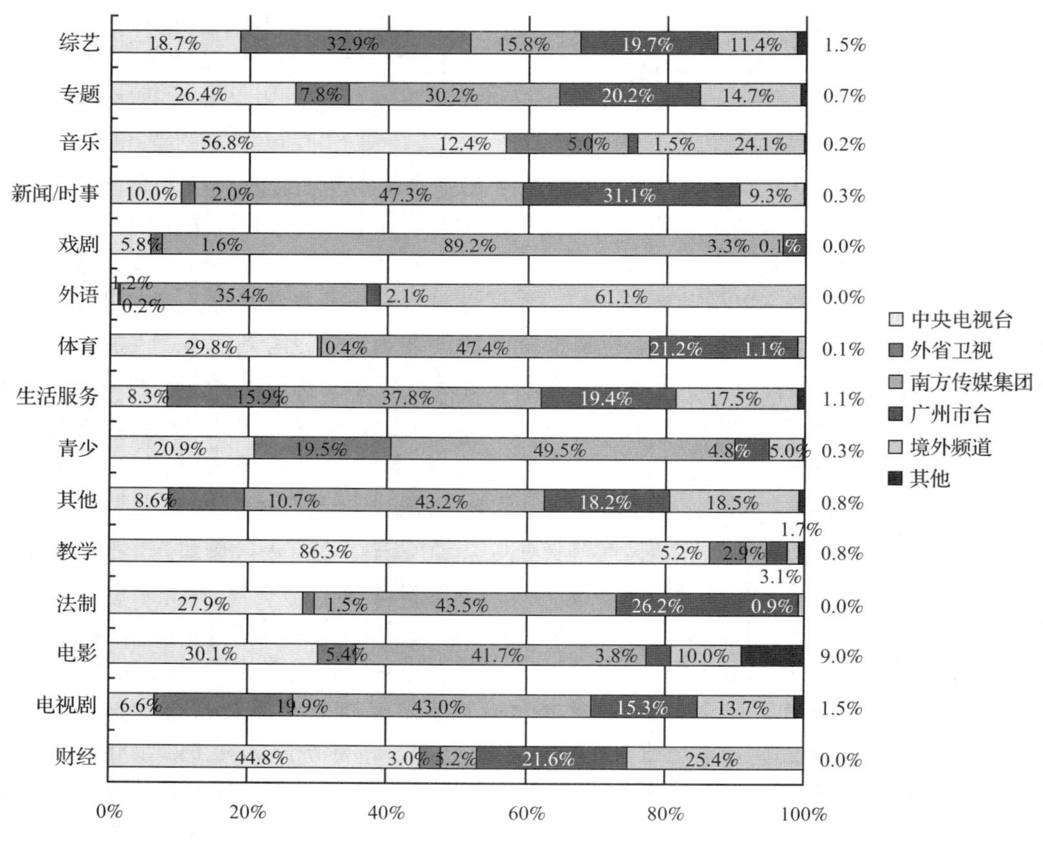

数据来源：CSM媒介研究

图1.5.22 2012年广州市场各类频道在不同节目类别中的收视份额（%）

境外频道凭借更新鲜的节目资讯和更国际化的节目形态，在广州节目市场占据一席之地。2012 年，外语节目市场仍是境外频道的主场，收视份额远超其他竞争频道，且领先优势进一步扩大。境外频道在财经和音乐节目市场的收视份额分别为 25.4% 和 24.1%，居本类节目市场的第二位。境外频道在电影节目市场也拥有一定的竞争优势，以 10% 的收视份额跻身市场第三位（图 1.5.22）。相比上一年，境外频道在外语、财经和体育节目市场的收视份额上涨，增幅分别为 14.7、5.1 和 0.5 个百分点，而在其余类型节目市场均呈下滑趋势，其中教学节目市场降幅最明显，减少了 21.7 个百分点，在音乐节目市场也下降了 14 个百分点，余下的类型节目降幅在 0.3—8.1 个百分点之间。从境外频道2012 年广州细分节目市场的整体竞争表现看，其在广州节目收视市场呈现萎缩态势。

3. 中央电视台各类节目收视保持均衡，其他各级频道节目收视仍有倚重

2012 年中央电视台在广州市场各类节目的收视格局仍以均衡为主。电视剧、专题、新闻/时事、综艺、电影和体育节目收视比重差异不大，都在 10%—14% 之间。青少节目收视比重超过 5%，生活服务、音乐、财经和法制节目的收视比重在 1%—4% 之间，其余类型节目对中央电视台的收视贡献均不足 1%（图 1.5.23）。2012 年中央电视台各类型节目在广州的收视比重升少降多，其中电视剧、青少和专题节目的收视比重较 2011 年有所上升，分别上升了 0.3、3.4 和 2.9 个百分点，其余类型节目对中央电视台的收视贡献均有所下降。

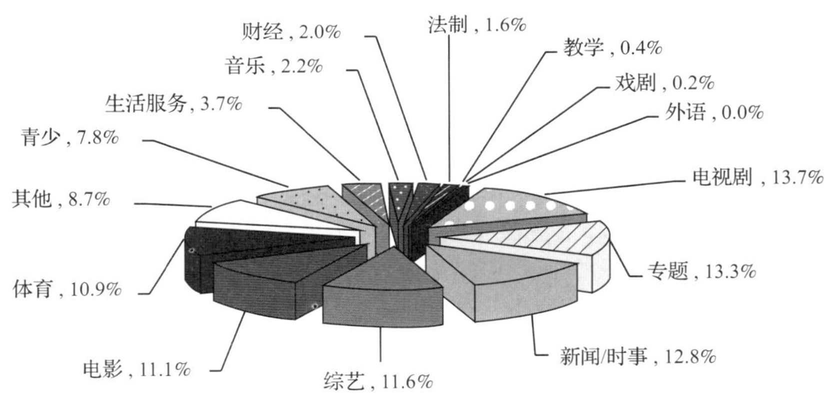

数据来源：CSM 媒介研究

图 1.5.23 2012 年广州市场中央电视台各类节目的收视比重（%）

2012 年外省卫视在广州市场的收视依然以电视剧和综艺节目为主，两类节目共为外省卫视贡献了 64.1% 的收视时间，其中电视剧贡献了 43.0%，综艺节目贡献了 21.1%。青少和生活服务类节目分别为外省卫视贡献了 7.5% 及 7.4% 的收视时间，其余类型节目的收视贡献相对较小，专题、新闻/时事、电影节目的收视贡献在 2%—4.1% 之间，音

乐、体育、财经、法制、戏剧、教学和外语的收视比重均在0.5%及以下，收视时间贡献微弱（图1.5.24）。与上年相比，电视剧、电影、生活服务、体育、新闻/时事、音乐和综艺节目对外省卫视的收视贡献有所上升，其中电视剧和生活服务类节目的增幅相对较大，分别为1.9和1.1个百分点，其余节目的增幅均在0.5个百分点以下；财经、青少和教学节目的收视贡献有所下降，降幅分别为0.2、1.8和0.1个百分点；而法制、外语、戏剧和专题类节目的收视比重则没有发生变化。

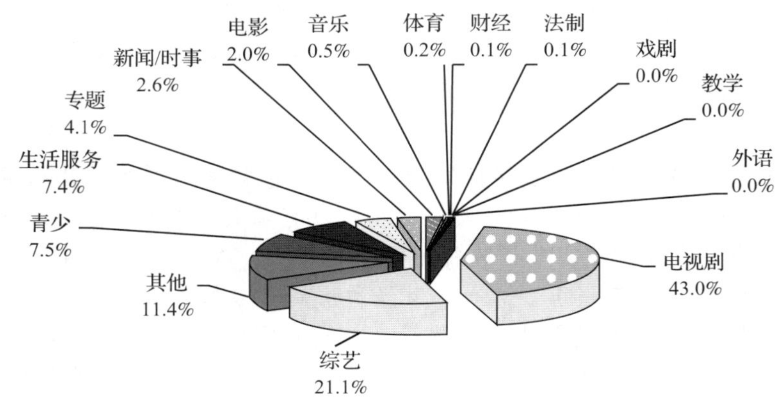

数据来源：CSM媒介研究

图1.5.24　2012年广州市场外省卫视各类节目的收视比重（%）

2012年南方传媒集团在广州市场的收视时间中，半数以上来自于电视剧和新闻/时事节目，二者分别贡献了30.6%和20.7%的收视时间。青少、体育、生活服务、电影和专题节目的收视贡献比重在5%—6.5%之间，收视比重相互接近。综艺节目在南方传媒集团类型节目中的收视贡献一般，收视比重为3.3%。法制、戏剧、财经、音乐、教学和外语节目对南方传媒集团的收视贡献非常有限，收视比重均未超过1%（图1.5.25）。从2011—2012年南方传媒集团各类型节目收视比重变化看，新闻/时事和青少节目的收视比重分别增加了4.6和3.7个百分点，是各类型节目中增幅最大的两类节目，专题和生活服务类节目分别上升了0.8和0.1个百分点；电视剧、电影、财经、体育、戏剧和综艺节目则出现了不同程度的下降，其中电影和电视剧降幅最大，分别减少了3.3及2.3个百分点，其余节目降幅在0.1—0.8个百分点之间不等；法制、教学、外语和音乐节目的收视比重则与上年无差别。

以新闻/时事和电视剧支撑广州台本地过半收视市场的格局，在2012年仍然延续，前者收视比重达29.5%，后者达23.6%；相比上一年的收视比重，2012年电视剧减少了2.5个百分点，新闻/时事节目增加了3.2个百分点。综艺、专题、生活服务、体育节目分别为广州台本地市场贡献了5%—10%之间不等的收视时间，四类节目收视贡献合计为29%。相比之下，青少、法制、电影、财经、戏剧、教学、外语和音乐类节目的收视贡献较小，收视比重均未超过1.1%（图1.5.26）。除电视剧和新闻/时事节目的收视

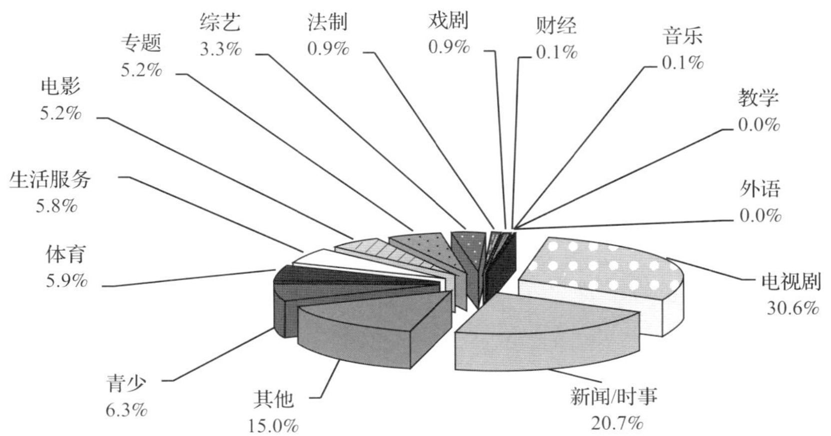

数据来源：CSM 媒介研究

图 1.5.25 2012 年广州市场南方传媒集团各类节目的收视比重（%）

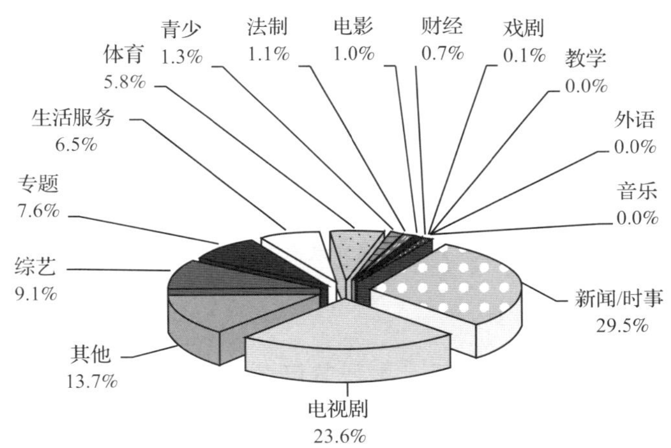

数据来源：CSM 媒介研究

图 1.5.26 2012 年广州市场广州台各类节目的收视比重（%）

比重在 2012 年出现 2 个百分点以上的变化外，其余节目的收视比重变化都低于 2 个百分点，其中综艺和法制类节目的收视比重分别增长了 1.7 和 0.4 个百分点，电影、生活服务、体育、音乐和专题节目分别减少了 0.1—0.9 个百分点之间不等，教学、外语和戏剧节目的收视比重相较上年基本无差别。

境外频道 2012 年在广州市场的节目收视格局稳定，电视剧仍是境外频道在广州节目收视市场的第一主力，收视比重达 31.8%，较 2011 年有 0.2 个百分点的小幅上涨。新闻/时事节目是境外频道广州收视的又一主力节目，收视比重相比上年增加了

2.3个百分点，为境外频道贡献了13.3%的收视时间。生活服类、专题和综艺类节目的收视贡献相近，收视比重分别为8.8%、8.3%和7.9%，三类节目共占据境外频道四分之一的收视时间。电影和青少节目分别为境外频道贡献了4.1%和2.1%的收视份额，财经、音乐、体育、法制、外语、教学和戏剧节目的收视贡献均较小，收视比重都在1.5%以下（图1.5.27）。整体上看，2012年境外频道广州类型节目收视比重变化都不大，除新闻/时事类节目增加2.3个百分点外，财经、体育和专题节目的收视比重分别增加了0.3、0.3和1.5个百分点，外语、戏剧和综艺节目的收视比重无异于上年度，电影、法制、教学、青少、生活服务和音乐节目的收视比重则出现0.1—1.5个百分点不等的下降。

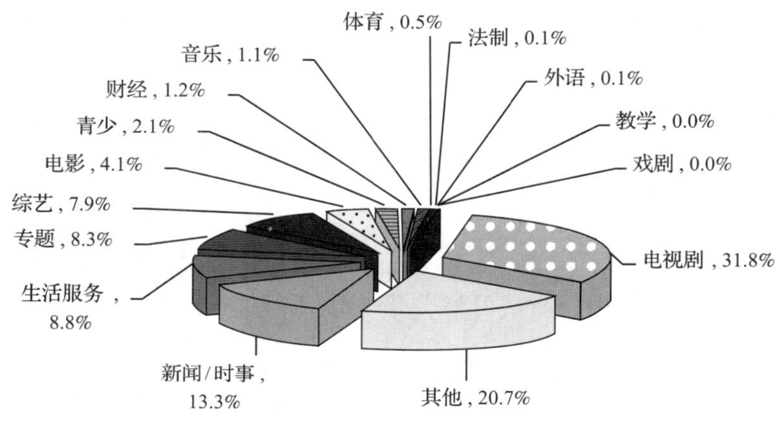

数据来源：CSM媒介研究

图1.5.27　2012年广州市场境外频道各类节目的收视比重（%）

4. 细分观众群体节目选择各异，类型节目各有忠实观众

从2012年广州市场不同细分观众群体对各类节目的收视比重可以看出，不同性别观众在收视喜好上存在差异。男性在电影、青少、体育和专题节目上的收视时间比重明显高于女性观众；女性观众则在电视剧和综艺节目上的收视比重高于男性观众。在其余类型节目上，两性观众差异不明显（表1.5.13）。

年龄是影响观众收视偏好的因素之一。2012年广州市场，4—14岁的广州观众收看青少节目的时间比例远高于其他年龄观众，而在其余类型节目的收视比重上基本低于广州观众平均水平。15—24岁观众对电视剧和音乐节目的兴趣程度要超出其他年龄段观众。25—34岁的观众对电影的喜爱程度为各年龄段观众之首。35—44岁观众用于电视剧、电影、体育、外语和专题节目上的收视时间比例相对广州观众总体更高。45—54岁的观众在专题和综艺节目上表现出浓厚的收视兴趣，投入的时间比重最高。55—64岁观众更偏爱收看法制、生活服务和新闻/时事类节目。65岁及以上的观众在财经、教学、体育、戏剧和音乐上花费较高比例的收视时间（表1.5.13）。

表 1.5.13 2012 年广州市场不同性别和年龄观众对各类节目的收视比重（%）

节目类型	性别		年龄						
	男	女	4—14岁	15—24岁	25—34岁	35—44岁	45—54岁	55—64岁	65岁及以上
财经	0.7	0.5	0.2	0.3	0.6	0.6	0.9	0.5	1.1
电视剧	26.4	31.2	26.7	32.3	28.2	30.6	28.5	27.2	27.9
电影	5.9	4.3	4.3	6.6	7.2	6.2	4.7	2.9	2.3
法制	0.8	0.8	0.4	0.6	0.7	0.8	0.9	1.1	0.8
教学	0.1	0.1	0.0	0.0	0.1	0.1	0.1	0.1	0.2
青少	5.7	4.6	24.2	3.1	5.3	3.1	1.8	2.8	1.6
生活服务	5.9	6.5	5.7	6.1	6.3	5.5	6.3	7.0	6.7
体育	6.6	3.5	2.9	4.9	5.4	6.0	4.7	5.0	6.2
外语	0.0	0.0	0.0	0.0	0.0	0.1	0.0	0.0	0.0
戏剧	0.4	0.4	0.2	0.3	0.3	0.2	0.3	0.5	1.5
新闻/时事	18.0	17.4	9.9	15.6	16.3	16.5	20.5	21.5	21.4
音乐	0.6	0.6	0.3	0.8	0.5	0.5	0.5	0.6	0.8
专题	7.4	6.6	4.1	6.5	6.4	7.7	8.0	7.9	7.1
综艺	8.1	9.0	7.6	8.7	8.8	8.6	9.0	8.6	7.8
其他	13.6	14.6	13.5	14.1	14.0	13.6	14.0	14.5	14.8

数据来源：CSM 媒介研究

从受教育程度来看，2012 年未受过正规教育的广州观众用于青少和生活服务类节目的收视时间比例高于其他受教育程度观众；小学教育程度的观众在戏剧节目上投入的时间比重在所有观众中最高；初中学历的观众较其他学历观众更喜欢收看电视剧和电影节目；高中学历的观众对法制、新闻/时事和专题节目的收视兴趣高于其他学历人群；大学及以上学历的观众对节目的选择更为多样，他们在财经、教学、体育、外语、音乐和综艺节目上表现出的兴趣度较其他学历观众都要高（表 1.5.14）。

2012 年广州不同个人月收入的观众中，600 元及以下收入的观众群体分配在青少节目上的收视比重明显高于其他观众；个人月收入在 601—1200 元的观众较其他收入观众更喜欢收看电视剧、电影、法制和戏剧节目；个人月收入为 1201—1700 元的观众更关注电视剧、电影、法制、新闻/时事、专题和综艺节目；个人月收入为 1701—2600 元的观众在生活服务和新闻/时事类节目上投入的时间比例居各收入水平观众之首；个人月收入在 2601 元及以上的观众对财经、体育、专题和综艺节目的关注程度超过其他收入观众群体（表 1.5.14）。

表 1.5.14　2012 年广州市场不同受教育程度和个人月收入观众对各类节目的收视比重（%）

节目类型	受教育程度					个人月收入（元）				
	未受过正规教育	小学	初中	高中	大学及以上	600 元及以下	601—1200 元	1201—1700 元	1701—2600 元	2601 元及以上
财经	0.2	0.3	0.5	0.6	1.3	0.3	0.3	0.3	0.8	1.0
电视剧	23.4	30.5	32.1	27.3	25.5	30.5	33.1	30.2	28.5	24.8
电影	2.6	4.2	6.2	5.2	4.5	5.4	5.9	5.3	4.5	4.8
法制	0.4	0.8	0.8	0.9	0.7	0.6	1.0	0.9	0.8	0.9
教学	0.0	0.0	0.0	0.1	0.1	0.0	0.0	0.1	0.1	0.1
青少	23.9	9.0	3.3	3.7	2.6	11.6	3.5	3.2	2.9	2.4
生活服务	6.6	5.9	5.9	6.5	6.5	6.1	6.1	6.0	6.5	6.2
体育	2.3	4.3	4.0	5.3	7.6	3.7	2.8	4.6	5.1	7.7
外语	0.0	0.0	0.0	0.0	0.1	0.0	0.0	0.0	0.0	0.0
戏剧	0.2	0.9	0.3	0.3	0.3	0.3	0.8	0.3	0.5	0.3
新闻/时事	13.0	16.3	17.3	19.0	18.4	13.5	16.9	18.4	20.4	19.4
音乐	0.6	0.4	0.5	0.6	0.7	0.5	0.4	0.6	0.6	0.6
专题	4.9	6.2	6.9	7.6	7.3	5.8	7.0	7.1	7.1	8.1
综艺	6.1	7.7	7.8	8.9	10.7	7.9	7.9	9.0	8.0	9.9
其他	15.8	13.7	14.2	14.1	13.8	13.9	14.3	14.0	14.4	13.8

数据来源：CSM 媒介研究

不同职业的广州观众所倾向收看的节目类型也有所不同。2012 年广州干部/管理人员比其他职业观众更倾向收看体育、外语和综艺类节目；财经和专题节目对个体/私营企业人员更具吸引力；初级公务员/雇员在体育、新闻/时事和综艺节目上投入的时间比重超出广州观众整体水平；工人观众对电影的兴趣程度高于其他职业观众；学生对青少节目所投入的收视时间比重显著高于其他职业观众；无业观众群体较其他职业观众更为青睐生活服务、戏剧和新闻/时事节目（表 1.5.15）。

表 1.5.15　2012 年广州市场不同职业观众对各类节目的收视比重（%）

节目类型	职业						
	干部/管理人员	个体/私营企业人员	初级公务员/雇员	工人	学生	无业	其他
财经	0.7	1.7	0.5	0.3	0.2	0.7	0.2
电视剧	24.1	24.4	27.6	31.5	30.5	28.1	38.6
电影	5.1	5.8	4.8	6.6	5.9	3.6	6.0
法制	0.7	0.7	0.7	0.9	0.4	0.9	1.0
教学	0.1	0.1	0.0	0.0	0.0	0.1	0.0

续表

节目类型	职业						
	干部/管理人员	个体/私营企业人员	初级公务员/雇员	工人	学生	无业	其他
青少	2.5	3.1	2.8	3.1	14.7	5.8	2.3
生活服务	6.2	6.0	6.1	5.8	5.7	6.8	5.9
体育	9.5	6.6	7.3	3.6	3.8	4.5	2.7
外语	0.1	0.1	0.0	0.0	0.0	0.0	0.0
戏剧	0.1	0.2	0.3	0.3	0.2	0.7	0.6
新闻/时事	18.0	18.7	18.3	18.5	11.1	18.9	15.5
音乐	0.5	0.6	0.6	0.5	0.6	0.6	0.2
专题	8.3	9.6	6.9	7.0	5.1	6.8	5.8
综艺	10.6	9.3	10.1	7.8	8.8	8.0	5.2
其他	13.5	13.3	14.0	14.1	12.9	14.6	16.0

数据来源：CSM媒介研究

六、电视广告投放与竞争格局

根据央视市场研究（CTR）发布的广告监测数据①，2012年中国传统媒体广告投放总额为7045亿元人民币，比2011年增长4.5%，增长幅度创近五年来新低。其中，电视媒体广告投放额仍然占据绝对优势，达到5449亿元人民币，同比增长6.4%，增长幅度低于2011年的13%；广播广告投放额虽然以同比增幅8.9%继续领涨传统媒体，但较上年27.8%的迅猛增速呈现大幅回落；平面媒体中报纸呈现负增长，跌幅达到7.5%，而2011年增幅为11%；杂志的增幅为6.8%，较上年14%的增幅也有较大回落；户外媒体增长幅度较小，为2%。

（一）中国电视广告投放基本情况

1. 2012年中国电视广告投放额同比增长6.4%

2012年中国电视广告投放额达到5449亿元人民币，比2011年增长6.4%。从各月电视广告投放额来看，均比2011年略有增长，月度平均投放额同比2011年增加28亿元（图1.6.1）。

① 广告投放额以媒体公开报价为统计标准，不含折扣；广告监测时间为17:00—24:00。

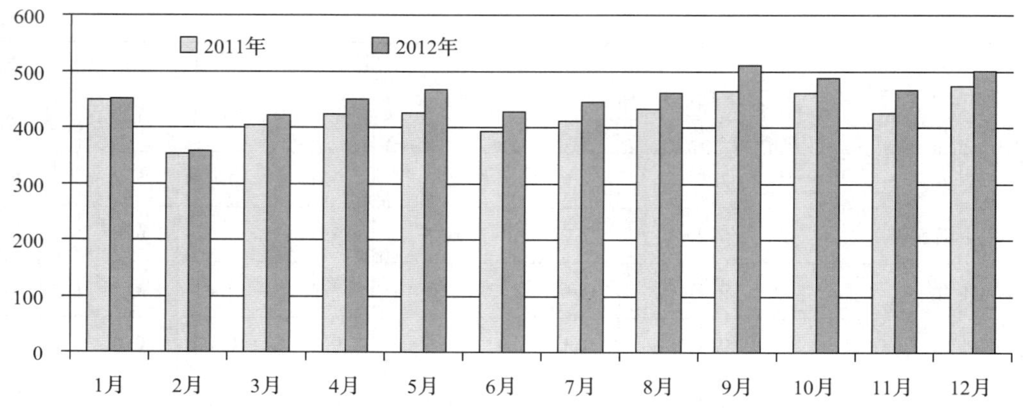

数据来源：央视市场研究媒介智讯（CTR MI）

图 1.6.1　2011 年、2012 年各月电视广告投放额（人民币：亿元）

2. 酒精类饮品行业广告投放增幅高居榜首

2012 年各行业广告投放多出现增速放缓甚至负增长的情况，仅有饮料和酒精类饮品行业增幅高于 2011 年，分别为 12.8% 和 32.6%，酒精类饮品行业广告投放增幅最高。2012 年电视广告投放额排名第一位的行业仍然是化妆品/浴室用品行业，该行业电视广告投放额达到 986.9 亿，同比增长 6.1%，投放额远高于其他行业；饮料行业保持高增长，广告投放额排在第二位，达到 744.8 亿元，同比增长 12.8%。电视广告投放额排名前十位的行业中，2012 年出现负增长的行业有两个，一是邮电通讯，二是清洁用品（表 1.6.1）。

表 1.6.1　2012 年中国电视广告投放额排名前十位的品类（人民币：亿元）

品类	2012 年	2011 年	投放额变化	增长率
化妆品/浴室用品	986.9	930.4	56.5	6.1%
饮料	744.8	660.3	84.5	12.8%
食品	644.9	587.5	57.4	9.8%
商业及服务性行业	536.9	514.1	22.8	4.4%
药品	530.5	525.5	5.0	1.0%
酒精类饮品	366.5	276.3	90.2	32.6%
娱乐及休闲	325.3	297.9	27.4	9.2%
交通	210.6	202.8	7.8	3.8%
邮电通讯	163.3	171.5	-8.2	-4.8%
清洁用品	139.8	158.6	-18.8	-11.9%

数据来源：央视市场研究媒介智讯（CTR MI）

3. 欧莱雅连续两年成为电视广告投放第一品牌

欧莱雅 2011 年电视广告投放额突破百亿，成为电视广告投放第一品牌，2012 年继续保持高增长，同比 2011 年增长 27%，仍保持电视广告第一品牌地位。蝉联第二位的肯德基广告增长减缓，仅有 7.6%，而麦当劳广告投放保持高增长，增幅达到 26.4%，两品牌竞争加剧。电视广告投放额排名前十位的品牌中，加多宝2012年表现突出，以135.9%的高增长引人注目，进入广告投放前十位品牌榜单，位列第六；2012年出现负增长的品牌有1个，即康师傅，广告投放额同比减少了14.8%（表1.6.2）。

表1.6.2 2012年中国电视广告投放额排名前十位的品牌（人民币：亿元）

品牌	所属品类	2012年	2011年	投放额变化	增长率
欧莱雅	化妆品/浴室用品	128.9	101.5	27.4	27.0%
肯德基	娱乐及休闲	81.9	76.1	5.8	7.6%
玉兰油	个人用品、化妆品/浴室用品	76.2	71.9	4.3	6.0%
娃哈哈	活动类、食品、衣着、饮料	72.0	63.4	8.6	13.6%
伊利	食品、饮料	65.6	55.8	9.8	17.6%
加多宝	活动类、饮料	60.4	25.6	34.8	135.9%
达利园	食品、饮料	53.5	41.6	11.9	28.6%
麦当劳	娱乐及休闲	44.5	35.2	9.3	26.4%
美宝莲	化妆品/浴室用品	40.8	26.5	14.3	54.0%
康师傅	食品、饮料	40.2	47.2	-7.0	-14.8%

数据来源：央视市场研究媒介智讯（CTR MI）

4. 各级电视台广告时长大幅下降，广告投放额有涨有跌

近年来，由于国家不断出台相应的法律法规，对电视广告特别是电视剧广告进行监管，2012年与2011年相比，各级电视台广告时长大幅下降，广告投放额按刊例价计算有涨有跌。2012年中央电视台广告时长同比缩减8.9%，广告投放额受到影响，同比下降近1%；省级卫视广告时长同比缩减2.1%，广告投放额却有16%的增长；省级地面频道广告时长同比缩减达11%，广告投放额同比增长6%；省会城市台广告时长同比缩减5.9%，但广告投放额有5%的增长（图1.6.2）。

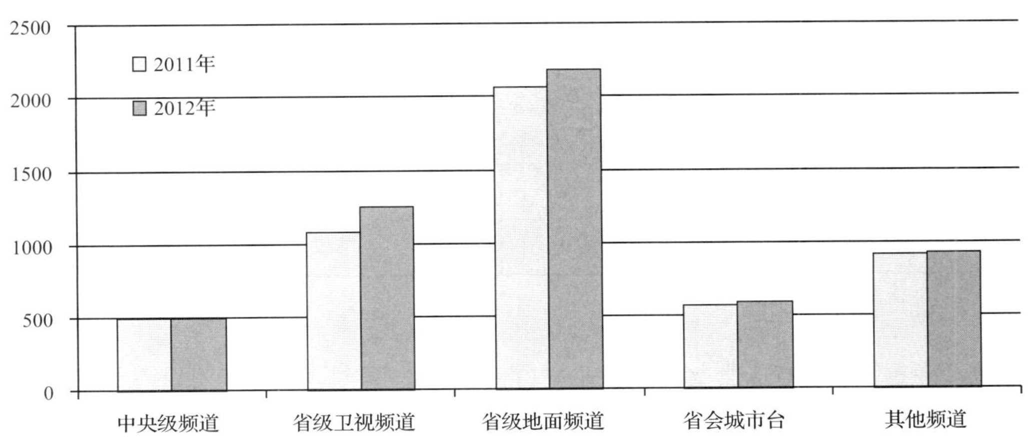

数据来源：央视市场研究媒介智讯（CTR MI）

图1.6.2 2011年、2012年全国各类频道的广告投放额（人民币：亿元）

2012 年中央电视台广告投放额排名前五位的行业中，酒精类饮品行业仍保持首位，同时也是这五类行业中增幅最大的行业，广告投放额达到 89.7 亿元，同比增长 24.6%。其他四个行业，饮料和食品表现出同比正增长，交通和娱乐及休闲行业出现负增长。2011 年排名第五位的化妆品/浴室用品行业在 2012 年跌出投放额前五名排行（表 1.6.3）。

表 1.6.3　2012 年中央电视台广告投放额排名前五位的品类（人民币：亿元）

品　　类	2012 年	2011 年	投放额变化	增长率
酒精类饮品	89.7	72.0	17.7	24.6%
饮料	51.2	49.4	1.8	3.6%
交通	50.8	52.5	-1.7	-3.2%
食品	50.3	47.5	2.8	5.9%
娱乐及休闲	39.3	40.8	-1.5	-3.4%

数据来源：央视市场研究媒介智讯（CTR MI）

2012 年中央电视台广告投放额排名前五位的品牌中，有四个品牌来自于酒精类饮品行业，分别是茅台、剑南春、郎酒和泸州，其中茅台和剑南春与 2011 年同比增长超过了 1 倍。这五大品牌中除了四大名酒品牌外，家用电器行业中的格力品牌表现不俗，广告投放额同比增长 15.9%，排名第二位（表 1.6.4）。

表 1.6.4　2012 年中央电视台广告投放额排名前五位的品牌（人民币：亿元）

品　牌	所属品类	2012 年	2011 年	投放额变化	增长率
茅台	酒精类饮品	7.4	2.6	4.8	184.6%
格力	家用电器	7.3	6.3	1.0	15.9%
剑南春	酒精类饮品	7.0	3.3	3.7	112.1%
郎酒	酒精类饮品	6.6	6.4	0.2	3.1%
泸州	酒精类饮品	6.1	7.4	-1.3	-17.6%

数据来源：央视市场研究媒介智讯（CTR MI）

2012 年省级卫视广告投放中，药品、饮料、食品、化妆品/浴室用品四大行业仍然是最重要的支柱行业，此态势多年来保持不变。其中药品广告投放额以 251.0 亿元高居榜首，排名第二位的是饮料行业，两者在广告投放总量上相差不大。从同比涨幅来看，2012 年来酒精类饮品增长迅猛，有近 1 倍的增长（表 1.6.5）。

表 1.6.5　2012 年省级卫视广告投放额排名前五位的品类（人民币：亿元）

品类	2012 年	2011 年	投放额变化	增长率
药品	251.0	251.6	-0.6	-0.2%
饮料	243.3	184.5	58.8	31.9%
食品	178.4	148.8	29.6	19.9%
化妆品/浴室用品	153.7	128.6	25.1	19.5%
酒精类饮品	78.7	39.8	38.9	97.7%

数据来源：央视市场研究媒介智讯（CTR MI）

2012 年省级卫视广告投放额排名前五位的品牌中，达利园仍然高居榜首，超过 50 亿，同比增长 32.8%。从增长率上看，加多宝表现出色，远远高于其他品牌，增长率达到 177.4%（表 1.6.6）。

表 1.6.6　2012 年省级卫视广告投放额排名前五位的品牌（人民币：亿元）

品牌	所属品类	2012 年	2011 年	投放额变化	增长率
达利园	饮料	53.4	40.2	13.2	32.8%
加多宝	饮料	34.4	12.4	22.0	177.4%
999	药品	25.2	16.2	9.0	55.6%
修正	药品	23.5	21.6	1.9	8.8%
葵花	药品	22.7	18.8	3.9	20.7%

数据来源：央视市场研究媒介智讯（CTR MI）

（二）中国电视广告市场竞争格局

1. 频道间竞争：省级卫视广告投放额所占份额上升明显

在 2012 年各类频道广告投放的竞争中，省级卫视频道份额上升明显，比 2011 年提升了 1.8 个百分点。中央级频道、省会城市台和其他频道的份额有所下降，比 2011 年分别减少了 0.7、0.2 和 0.9 个百分点（表 1.6.7）。

表 1.6.7　2011 年、2012 年各类电视频道广告投放额所占份额及其变化

频道类别	2011 年	2012 年	份额变化（百分点）
中央级频道	9.7%	9.0%	-0.7
省级卫视	21.1%	22.9%	1.8
省级地面频道	40.2%	40.1%	-0.1
省会城市台	11.1%	10.9%	-0.2
其他频道	17.9%	17.0%	-0.9

数据来源：央视市场研究媒介智讯（CTR MI）

2012年省级卫视广告投放额前十位的频道中，江苏卫视和浙江卫视继续保持前两位，而收视表现突出的湖南卫视则跌出前十位排名（表1.6.8）。近年来，湖南等几个强势省级卫视向中央电视台看齐，拿出黄金资源进行广告招标，本文数据由于是基于刊例价计算，不能体现招标结果，这成为湖南卫视排名跌出前十位的主要原因。

表1.6.8　2011年、2012年广告投放额排名前十位的省级卫视频道（人民币：亿元）

排名	2011年		2012年	
	频道	投放额	频道	投放额
1	江苏卫视	92.5	江苏卫视	89.8
2	浙江卫视	65.0	浙江卫视	77.2
3	安徽卫视	64.3	东方卫视	67.5
4	东方卫视	54.0	河南1套（卫视）	64.6
5	云南1套（卫视频道）	49.9	黑龙江电视台卫星频道	59.4
6	湖南电视台卫星频道	45.7	广东卫视	59.4
7	天津卫视	45.1	辽宁电视台卫星频道	58.4
8	四川卫视	43.9	天津卫视	58.1
9	贵州卫视	43.1	贵州卫视	56.1
10	福建东南电视台（卫视）	42.1	安徽卫视	55.8

数据来源：央视市场研究媒介智讯（CTR MI）

在省会城市台广告投放额前十位中，2012年排名前三甲的是武汉电视台、广州电视台和西安电视台。在前十位中，按刊例价计算，2012年广告投放额上涨明显的是武汉、广州、郑州、南京和昆明等电视台；哈尔滨电视台的广告投放额比2011年有较大幅度下跌，减少了近三成（表1.6.9）。

表1.6.9　2011年、2012年广告投放额排名前十位的省会城市电视台（人民币：亿元）

排名	2011年		2012年	
	电视台	投放额	电视台	投放额
1	广州电视台	60.7	武汉电视台	77.3
2	武汉电视台	59.4	广州电视台	72.9
3	哈尔滨电视台	56.6	西安电视台	45.8
4	西安电视台	41.6	哈尔滨电视台	40.4
5	沈阳电视台	30.4	郑州电视台	39.5
6	南京电视台	29.8	南京电视台	36.4
7	长沙电视台	27.8	昆明电视台	34.7
8	郑州电视台	27.8	长沙电视台	28.7
9	昆明电视台	26.4	成都电视台	24.3
10	成都电视台	25.7	太原电视台	19.7

数据来源：央视市场研究媒介智讯（CTR MI）

2. 行业投放竞争：酒精类饮品行业广告对电视广告增长贡献最大

2012 年中国电视广告投放额比 2011 年同比增长 6.4%，对电视广告增长贡献率最大的五个行业与往年相比有一定变化，多年来排在贡献率第一位的化妆品/浴室用品降到第三位，而酒精类饮品和饮料行业跃居到前两位（图 1.6.3）。2012 年有几个行业出现负增长，对增长贡献率呈现负贡献，例如清洁用品、家居用品、家用电器、邮电通讯等行业。

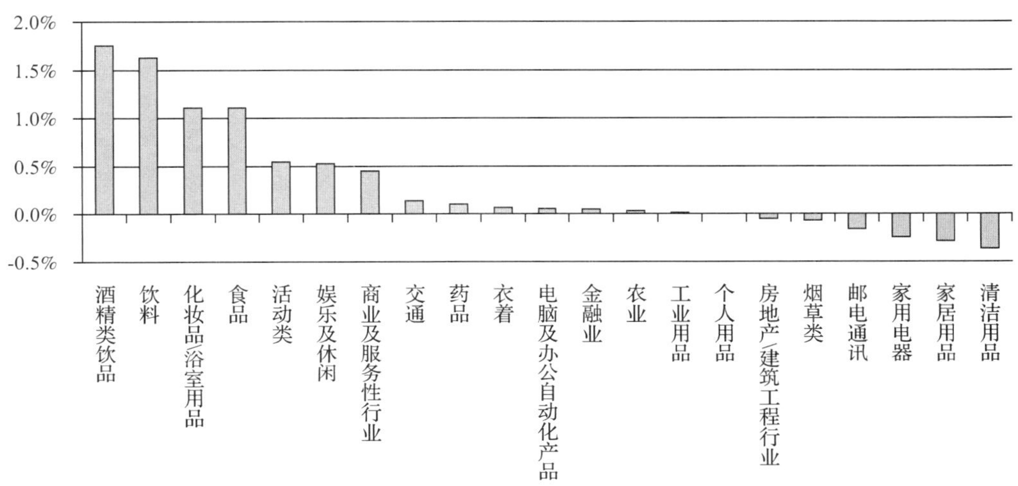

数据来源：央视市场研究媒介智讯（CTR MI）

图 1.6.3 2012 年不同行业对中国电视广告投放额增长的贡献率（%）

第二部分
Part Two

专题 Analysis Report

变革与创新
——2012年中国电视收视市场大事件扫描

2012年的中国电视收视市场充满挑战，“限娱令”的实施促使上星频道重新调整节目布局，电视收视市场特别是省级上星频道收视市场重新洗牌，电视人创新思路积极面对，涌现出一批深受观众喜欢的优质节目。电视剧方面，《樱桃》、《甄嬛传》、《金太狼的幸福生活》等剧目题材风格不同，但同样都是观众关注的焦点；新闻节目方面，钓鱼岛事件牵动国人的心，央视《新闻联播》的亲民化改变让人眼前一亮；综艺节目方面，除了省级卫视积极引进、创新节目，央视也陆续在综合频道推出多档新节目参与竞争；在体育赛事上，奥运会、足球、篮球、乒乓球等一系列比赛贯穿全年；而《舌尖上的中国》让人重新领略了纪录片的魅力。本文以“月历”的形式对2012年中国电视收视市场的大事件进行扫描与梳理，回顾精彩纷呈、变革创新的2012年。

1月

1月1日：“限娱令”正式实施

2012年1月1日，国家广电总局下发的《关于进一步加强电视上星综合频道节目管理的意见》（以下简称《意见》）正式实施。全国34个电视上星综合频道，提高了新闻类节目的播出量，同时对部分类型节目播出实施调控，防止过度娱乐化和低俗倾向，满足广大观众多样化、多层次、高品位的收视需求。

《意见》重申，电视上星综合频道是以新闻宣传为主的综合频道，要扩大新闻、经济、文化、科教、少儿、纪录片等多种类型节目的播出比例。对节目形态雷同、过多过滥的婚恋交友类、才艺竞秀类、情感故事类、游戏竞技类、综艺娱乐类、访谈脱口秀、真人秀等类型节目实行播出总量控制。国家广电总局还将对类型相近的节目进行结构调控，防止节目类型过度同质化。

随着“限娱令”正式生效，全国34个电视上星综合频道元旦起推出了改版后新的节目编排。2012年1月初同2011年底相比，七类被调控娱乐性较强节目减少了三分之二，过度娱乐化倾向得到明显遏制；同时，新闻类节目增加了三分之一，新创办栏目达50多个，其中法制、服务、人文历史等非娱乐节目明显增加。各地卫视在“限娱”触底后，迎来了新一年的创新反弹，形态层出不穷，题材百花齐放。[①]

1月21日：《中国达人秀》第三季收官

《中国达人秀》是国内购买海外模式制作的众多电视节目中非常成功的案例之一。2010年第一季播出后即在观众中引起了巨大的反响，在上海本地创出收视率超过30%的惊人表现。第三季从2011年11月20日开播，2012年1月21日收官，总决赛当天在CSM所有调查城市的收视率为2.4%。虽然该收视水平相比前两季全国总决赛超过3%的收视率表现有一定程度的下滑，但对于省级卫视真人秀类节目来说，这仍然是全年非常突出的收视表现。上海东方卫视也和节目版权方续约三年，继续为观众发掘展现那些平凡而富有才华、拥有梦想并渴望创造奇迹的普通人，将该节目作为与其他省级卫视抗衡的利器。

1月22日：2012央视春节联欢晚会上演

2012年是央视春晚创办的第30个年头。2012年央视春晚的市场份额依旧很高，根据CSM媒介研究全国测量仪收视调查数据，央视频道加上其他转播的省级卫视频道的春晚收视率仍超过30%，同时段市场份额仍超过70%，市场份额数值相比往年差异并不大。这也证明了央视春晚对于绝大多数中国家庭依旧具有重要的象征意义。

对于春晚的大蛋糕，省级卫视在多年前就打起了主意，多家卫视在春节期间甚至除夕当晚直接挑战央视春晚，但从收视表现与观众反馈上看，大多数省级卫视的春节联欢晚会都还不能与央视抗衡。举办多年并有较高收视水平的主要是湖南卫视的春晚，其播出日期选择了离除夕还有一段时间的小年夜。随着近几年多家省级卫视的快速崛起，看春晚等于看央视的概念逐渐受到挑战，多家卫视锐意创新，纷纷邀请到重量级的国内外嘉宾加盟，形成了各具特色的春晚，以“车轮战”的方式与央视春晚进行PK，呈现出百花齐放之势。比如江苏卫视的《扬帆2012——江苏卫视龙年春晚》就放在了大年初一，在CSM媒介研究所有调查城市中该春晚的收视率也达到2.3%，同时段市场份额为6.7%，如此的收视表现也显示出其在春节期间的竞争中绝不甘于成为配角。对于在“跨年演唱会”中突围出来的省级卫视来说，春晚必将成为他们与包括央视在内的其他上星频道厮杀的新的“主战场”。

2月

2月14日：《谢天谢地你来啦》开播

2011年央视频道进行了改版并取得了不错的效果，2012年更是加大了节目研发上的投入，投入到新栏目的引进及研发资金超过亿元，一批新节目也逐渐呈现在观众面前。2012年央视综合频道新推节目中，《谢天谢地你来啦》首先与观众见面。《谢天谢地你来啦》是由中央电视台综合频道全新打造、崔永元主持的明星戏剧表演真人秀节

① 朱雯：《2012卫视新生态：“限娱”触底后迎来创新大反弹》，《收视中国》2012年第2期。

目。在这个舞台上，没有剧本，没有台词，没有人知道自己的角色，面对所有问题只能说“是”。一扇门，一台戏，一切皆是未知。有欢笑，有悲伤，看尽人生百态。节目在原有国外节目模式基础上融入了具有独特的中华文化元素，突出了节目幽默、智慧和惊喜的特点。首播时段在央视综合频道周六22:30，周日中午1:00左右重播，首播时段在CSM媒介研究所有调查城市的收视率水平在0.5%左右，重播时段超过0.7%，重播时的市场份额接近6%，显示出较强的竞争力。观众特征也显示出该节目在高学历、中年人群中具有较好的收视表现（图1）。在2012年广电总局创新创优电视栏目评比中，该节目也进入榜单。

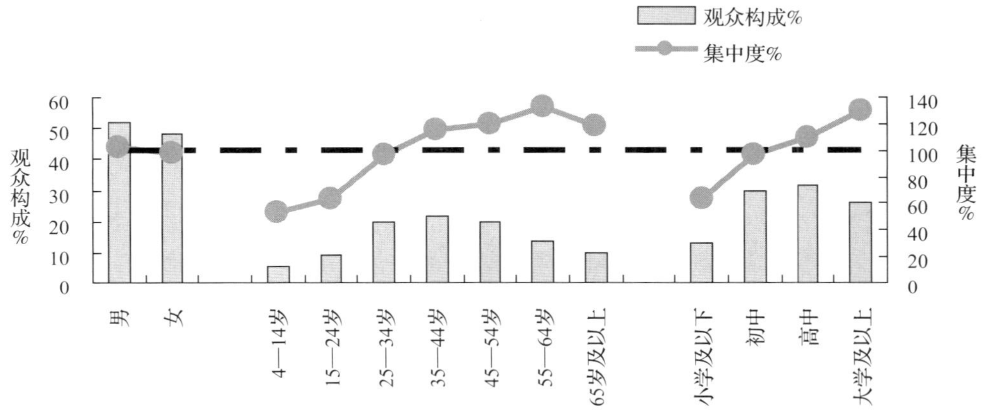

数据来源：CSM媒介研究

图1 中央台综合频道《谢天谢地你来啦》首播时段观众特征

2月19日:《樱桃》四家上星

电视剧《樱桃》是本山传媒接档《乡村爱情小夜曲》着力打造的首部悲情大戏，被誉为“赵家班”的转型之作。这部接地气的农村题材电视剧于2月19日在黑龙江、吉林、辽宁、山东四家卫视上星首播，在CSM媒介研究所有调查城市中，四家首播时合计收视率达到5.2%，远超过年内其他四家联播及独播剧的收视表现，成为2012年电视剧首播合计收视最高的剧目。

3月

3月3日:“两会”开幕

每年3月的全国“两会”是中国人政治生活最重要的一部分。从2012年3月3日全国政协会议开幕到3月15日的全国人大会议闭幕，这期间从央视到地方各家电视台都投入了大量人力进行相关新闻的报道，观众也非常关注两会期间发布的重要新闻，比如每年的总理会见中外记者招待会都是大家关注的焦点。2012年的温总理记者招待会近200分钟首播时段，在CSM媒介研究所有调查城市中，所有频道播出的合计收视率达到了

3.3%，同时段市场份额超过33%，晚间央视重播时段仍有2.5%的收视率。

3月26日：重庆卫视晚间黄金档电视剧回归

3月26日晚，重庆卫视重新在晚间19:30的黄金时段播出电视剧，在9月份更是将电视剧场扩充为3集，与多数省级卫视的编排方式更具相似性。其他自办节目也逐渐进行了改版与调整，频道的节目播出类型与普通大众的收视需求日益贴近，也带动频道的市场份额逐步回升，四季度的收视水平相比调整前的一季度翻番。

除节目内容改版之外，频道经营运作模式也悄然发生变化。3月15日《重庆新闻联播》后的一条广告也引起了许多业内人士的关注，虽然该条广告仍为公益性质，但市场化运作的媒体经营思路重新回到了人们的视线，重庆卫视商业广告的经营也逐渐重启。

3月26日：《甄嬛传》上星

《甄嬛传》无疑是2012年最火热的电视剧之一，这部以网络小说为基础却有正剧色彩的古装剧于2011年底在部分地面频道播出时就曾创出极高的收视率，在2012年3月26日安徽卫视和东方卫视上星后依旧势不可挡，两频道都迅速获得了较好的收视表现，收视率在同期同时段位居CSM媒介研究所有调查城市所有频道前列，同时段市场份额相比各自频道全年平均水平分别高出68%和58%。该剧长达76集，直到5月2日才最终结束，这也带动了安徽和东方两卫视4月份在省级卫视排名的大幅提升。该剧在卫视二轮重播时也获得黑龙江、云南、福建东南几家卫视的追捧，其中黑龙江卫视更是在下半年全天各时段多次累计重播378小时以上，其中在12月播出就达200小时。

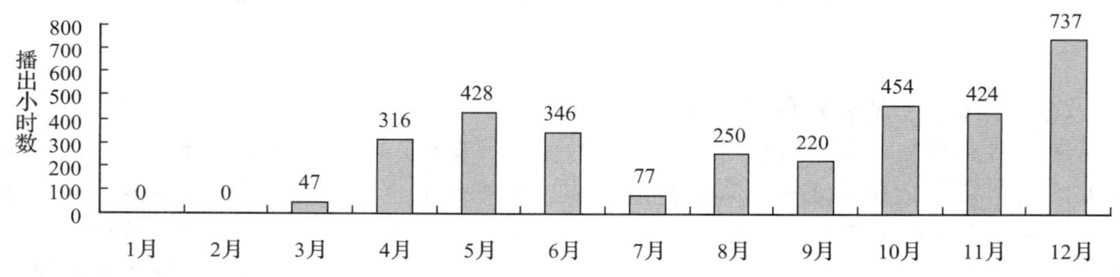

数据来源：CSM媒介研究

图2　2012年各月份省级上星频道播出《甄嬛传》小时数

3月30日：中国男篮职业联赛总决赛上演

由于姚明从美职篮（NBA）的退役和2011—2012年度美职篮停摆的影响，部分美职篮球星来到了中职篮（CBA）球队效力，高水平选手的加盟让中职篮比赛更为激烈精彩，受到更多球迷的关注。在3月30日举行的总决赛中，北京队以4:1的大比分战胜了广东队，最终夺得了俱乐部历史上的第一个总冠军。该场比赛在CSM媒介研究所有调查城市的收视率达到2.02%，远超2012年美职篮总决赛比赛1.1%的收视率水平。稳定出色的收视表现坚定了央视转播中职篮的信心，在下半年新赛季开始后，央视体育频道更是将直播和转播的中职篮比赛增加到了每周7场以上，中职篮成为体育频道收视的重要支柱之一。

4 月

4 月 1 日：2012 年世界乒乓球团体锦标赛决赛举行

乒乓球是中国的国球，4 月 1 日在德国举行的世乒赛仍然让国人牵挂，当天举行的男团决赛和女团决赛都有出色的收视表现。其中 19:30 开始的男团决赛的收视率在 CSM 媒介研究所有调查城市达到 1.93%，市场份额达 5.0%，稍迟 22:00 播出的女团决赛收视率也达到 1.38%，市场份额达到 7.7%。

4 月 16 日：《魅力纪录》播出

中央电视台综合频道从 4 月 16 日开始，每周一到周五的晚间 22:30 推出《魅力纪录》栏目，为观众呈现顶级水准的纪录片。纪录片在央视综合频道的栏目化播出，优化了央视主频道的节目结构，丰富了节目形态，满足了观众多样的文化需求，有力提升了国家电视台的文化品格、品位和品质。在 2012 年 CSM 媒介研究所有调查城市中，节目的收视率为 0.34%，市场份额为 2.2%，整体收视水平虽不高，但在 35 岁及以上，初中及以上学历观众中的集中度较高（图 3）。

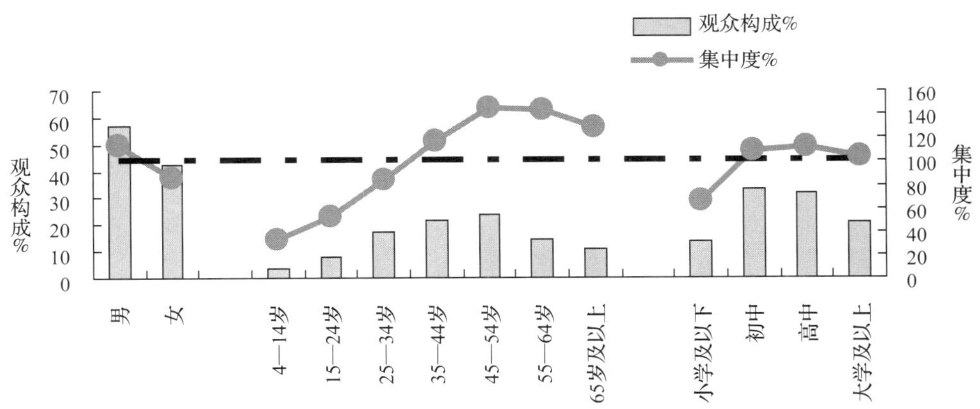

数据来源：CSM 媒介研究

图 3 中央台综合频道《魅力纪录》首播时段观众特征

5 月

5 月 14 日：《舌尖上的中国》收视与口碑双优

央视综合频道《魅力纪录》播出后推出的一系列纪录片中，最受关注的还是《舌尖上的中国》。该部纪录片不仅展现了中国传统美食，更关注食物背后人的情感，引起社会广泛共鸣，成为百姓茶余饭后热议的焦点，在不同年龄段的受众中都产生巨大影响，作为一部纪录片其收视率甚至超过了同时段的部分电视剧。在微博平台上，该片也获得了广泛好评，收视与口碑双优的表现也保证其第二季获得了广告商的极大关注，在《舌尖上的中国（第二季)》的广告招商中，两家全媒体合作伙伴企业的合计中标金额接近9000万。在版权销售方面，第一季的单集销售价格也创下了近25万元的纪录片价格纪录。

纪录片的火热，为观众打开了一扇窗，也让中国纪录片人看到了希望。应该说2011年初与观众见面的央视纪录频道为《舌尖上的中国》的出现提供了最优的平台，在纪录频道这个专业的平台上重新汇聚了中国最顶尖的纪录片拍摄团队，在《舌尖上的中国》的带动下，观众将有机会欣赏到更多更好的纪录片。

5月20日:《非你莫属》引发热议话题

就业是当下最热门的社会问题之一，以其作为卖点的节目也受到了许多观众的关注。求职类节目成为省级卫视突围的方向之一，多档求职类节目登陆省级卫视。天津卫视的《非你莫属》在其中最为观众所关注，包括刘俐俐事件、海归男晕倒门事件都引起了观众的热烈讨论，其中5月20日海归男晕倒门事件更是引发了李开复以“侮辱人格”为由发起的抵制《非你莫属》活动。这些话题性事件在一定程度上吸引了更多的观众关注该节目，从全年各期收视表现上看，晕倒门事件之后一段时间的节目也是年内收视最高的时期（图4)。

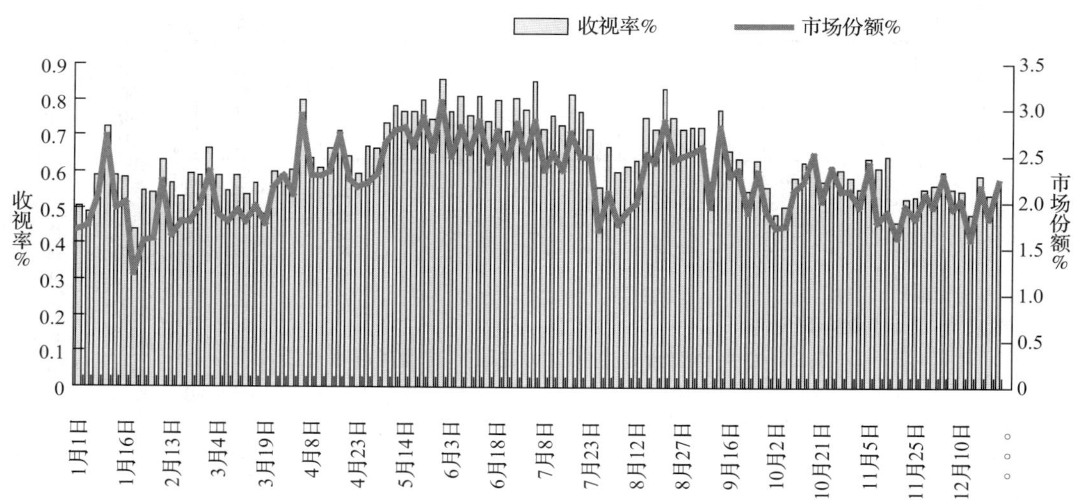

数据来源：CSM媒介研究

图4　2012年天津卫视《非你莫属》分期收视走势（所有调查城市）

5月22日：《金太狼的幸福生活》四家联播

在各类型题材的电视剧中，有关都市、家庭、婆媳关系的现代轻喜剧一直都是观众关注的热点。2012年该类电视剧中最火的当属《金太狼的幸福生活》，5月22日，河南、江苏、安徽、上海四家卫视联合播出了该剧，在CSM媒介研究所有调查城市中，四频道首播的合计收视率达到4.3%，在全年四家联播中位居第二位，也是除《樱桃》外另一部首播合计收视率“破4”的电视剧。

5月30日：2012年亚洲足球冠军联赛1/8决赛获球迷关注

在中国足球赌球风波后连续多年低迷的情况下，广州恒大崛起后出色的表现还是吸引了观众的注意力，作为唯一在亚洲冠军联赛小组出线的中国球队获得了全国足球迷的关注。2012年亚洲足球冠军联赛1/8决赛中，广州恒大最终以1:0战胜东京FC晋级下一轮。该场比赛在CSM媒介研究所有调查城市中斩获了1.49%的收视率，市场份额达到4.1%，也说明足球这项世界第一的体育项目仍然在中国具有良好的观众基础，国内球迷对于代表中国足球高水平的比赛依然报以极大的热情。

6月

6月16日：神舟九号发射升空

6月16日18时37分，我国神舟九号载人宇宙飞船发射升空与天宫一号完成对接。央视和许多地方电视台在全天时段对此进行了大篇幅的现场直播和专题报道，其中央视综合和新闻频道在下午五个小时连续播出的《太空新旅进驻天宫——天宫一号与神舟九号载人飞船交会对接任务特别报道》也取得两频道合计2.67%的收视率，市场份额达到20.0%，之后的《新闻联播》更是在开始的前8分钟播出相关内容，央视综合频道该期《新闻联播》在CSM媒介研究所有调查城市的收视率也达到6.07%，市场份额达20.1%，相比2012年度平均水平的提升幅度接近50%。

7月

7月1日：湖南卫视调整版面

2012年“限娱令”施行以来，许多卫视都调整了版面，湖南卫视也增加了多档新闻专题类节目。7月1日，湖南卫视再度调整了版面，将延续多年的后晚间22:00档金鹰独播剧场迁到19:30，3集电视剧连播，22:00档开辟创新节目带，陆续开播了《百变大咖秀》、《我们约会吧》、《完美释放》等综艺节目，另外在周五、周六首推“第一周播剧场”。至此，排名靠前的几家省级卫视版面结构显示出越来越多相似性，频道间优质内容的强强竞争更加白热化。湖南卫视改版后凭借陆续推出的多部高收视电视剧和创新综艺节目快速有力地提升了频道的竞争力，在省级卫视头名的竞争中重新稳住了阵脚（图5）。

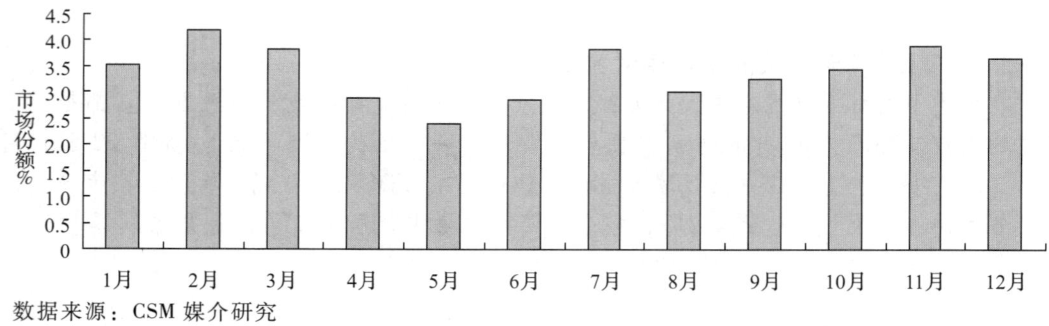

数据来源：CSM 媒介研究

图 5　2012 年各月湖南卫视市场份额（%，全天，所有调查城市）

7 月 14 日：《快乐大本营》举办 15 周年庆典

7 月 14 日晚，湖南卫视《快乐大本营》迎来了 15 周岁生日，筹备许久的 15 周年庆盛典和观众见面。7 月份的一系列宣传凝聚了节目的忠实观众，收视一路走高，7 月 14 日节目的收视率在 CSM 媒介研究所有调查城市达到 3.5%，7 月 21 日这一期更是达到 3.74%（图 6）。《快乐大本营》在竞争激烈的综艺节目市场中陪伴了观众 15 年，至今仍保持了很高的收视率，在吸金能力上也令人艳羡，独家冠名的年度费用就超亿元，硬广资源的价值据测算更是达到 7 亿。

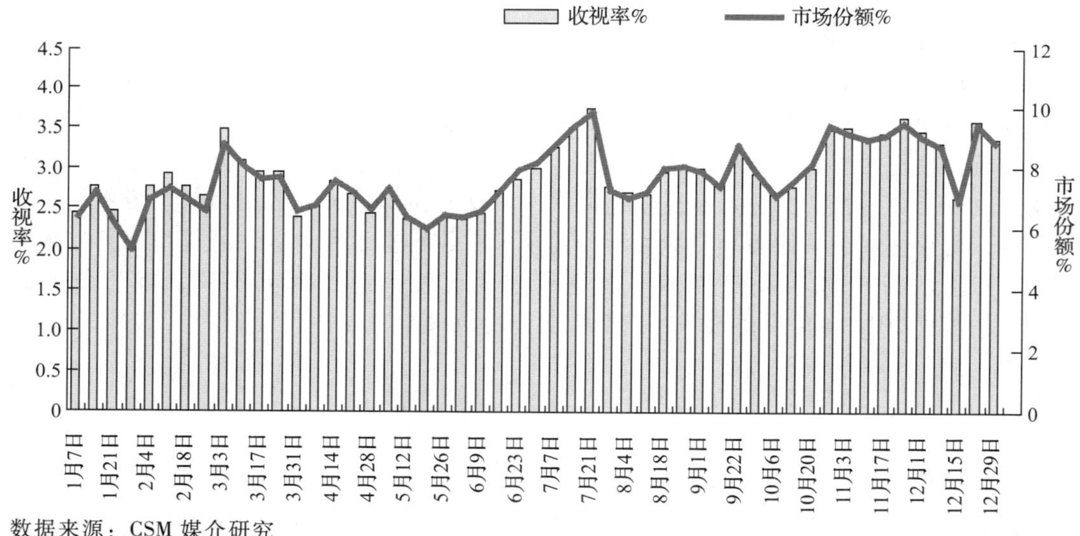

数据来源：CSM 媒介研究

图 6　2012 年湖南卫视《快乐大本营》分期收视走势（所有调查城市）

7 月 28 日：伦敦奥运会开幕

北京时间 2012 年 7 月 28 日至 8 月 13 日，第 30 届夏季奥运会在英国伦敦举行。奥运期间，71 城市观众的日收视量达到 197 分钟，虽然远低于 2008 年北京奥运会日均 238 分钟的收视量，但与年度观众平均水平相比仍提升了 20 分钟左右。央视仍是奥运会最大的赢家，奥运期间央视整体份额从平时的 25% 左右提升到 35% 左右，但远低于北京奥运期间央视超过55%的市场份额（CSM71城市组合）。

8 月

8 月 1 日：《我们结婚吧》——央视与省卫视联姻

都市情感剧《我们结婚吧》于8月1日在北京举行开机仪式，该剧将于2013年在央视综合频道和湖南卫视晚间黄金档同步播出。这也是央视综合频道首次与省级卫视在电视剧首播上联手，力图好剧共赢。此次两家“联姻”成功，被业内视为破冰之举。

8 月 13 日：《木府风云》央视综合频道重播

8月13日晚间中央台综合频道黄金剧场重新播出《木府风云》，该剧曾于6月20日登陆央视八套，并取得了1.28%的收视率，在2012年央视八套电视剧收视中排名前五。在7月22日云南卫视晚间黄金时段的剧场也播出了该剧，而之后再度登陆央视综合频道的晚间黄金档剧场确实也让大家感觉到“吃惊”，央视综合频道这次重播获得了2.06%的收视率，在频道内全年电视剧中稳居前五位（CSM所有调查城市），此次《木府风云》的重播让人感觉到了央视综合频道在电视剧选择上的新气象。

9 月

9 月 11 日：钓鱼岛事件彰显央视品牌影响力

2012年中日之间在东海领域摩擦不断，从7月日本宣布的钓鱼岛“拟国有化”到8月扣押我国保钓人士，最终在9月11日日本政府“非法购买”钓鱼岛后引起了中国政府和人民的强烈反对。在钓鱼岛事件中，央视专业化的新闻内容仍最受观众关注。中央台新闻频道的市场份额在进入9月份之后出现暴涨，在一周时间内CSM媒介研究所有调查城市全天市场份额从不足3%快速提升到接近6%，并在9月18日达到最高值6.8%。同期，中央台中文国际频道的市场份额也出现了大幅上涨（图7）。中央台仍然是观众了解大事件最重要的官方渠道。

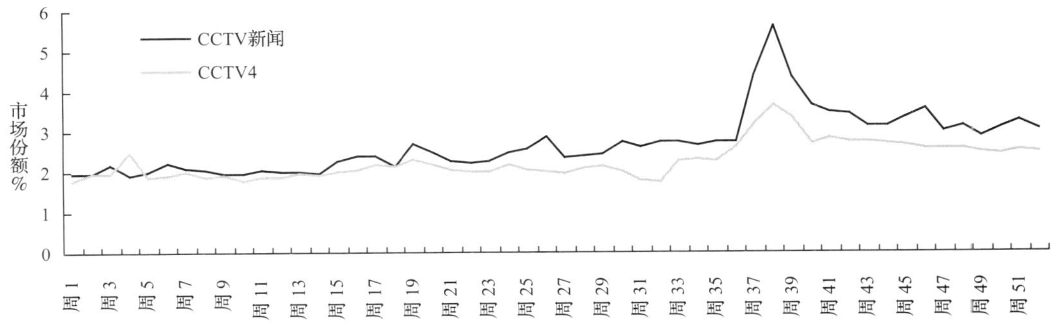

数据来源：CSM媒介研究

图7 2012年中央台新闻频道与中文国际频道全天市场份额分周走势（所有调查城市）

钓鱼岛事件期间，深圳卫视相关军事、新闻节目上也有突出表现，《直播港澳台》、《决胜制高点》、《军情直播间》等节目的收视率相比之前明显提升，《直播港澳台》栏目的收视甚至相比之前平均水平增长两倍。

9月29日:《新闻联播》向贴近民生转变

2012年中秋、国庆双节前夕，中央电视台推出了《走基层—百姓心声》特别调查节目“幸福是什么？以“你幸福吗“为主题在全国各地街头采访普通百姓，原生态地反映大家的看法，各类“神回复”层出不穷，其中9月29日一位被采访者“我姓曾”的回答让观众忍俊不禁。10月19日晚，《新闻联播》又以较长篇幅报道了桂林文氏四兄弟寻找走失母亲的消息。这些贴近民生接地气的改变引起了观众的广泛热议。社意民情的反映改变了《新闻联播》刻板僵硬的形象，让观众真正看到了其改变，这有力重塑了主流媒体的公信力。

9月30日:《中国好声音》巅峰决战

在2012年的音乐秀节目中，虽然湖南卫视的“快男快女”缺席，但盲听盲选模式带来了新的音乐选秀节目亮点，在暑期前后分别有浙江卫视的《中国好声音》、上海东方卫视的《声动亚洲》、青海卫视的《花儿朵朵》、辽宁卫视的《激情唱响》、山东卫视的《天籁之声》、广西卫视的《一声所爱大地飞歌》等一系列节目绽放荧屏，多档节目都受到了观众极大的关注，其中最火爆的当属《中国好声音》。《中国好声音》由浙江卫视联合星空传媒旗下灿星制作共同打造，源于荷兰节目*The Voice of Holland*，于2012年7月13日正式在浙江卫视播出，4位导师通过转椅选择优秀歌手的方式让观众耳目一新，歌手的优秀表现也让节目在CSM媒介研究所有调查城市迅速获得了超过2%的收视率，经过两个多月十多场比赛的选拔与PK，最终于9月30日晚在上海八万人体育场迎来了中国好声音年度盛典暨总决赛的巅峰之夜，该期节目在CSM所有调查城市收视创下了4.3%的水平，在2012年的综艺娱乐类节目中领先。

《中国好声音》不仅仅是一个优秀的选秀节目，更是中国电视历史上一次大获成功的制播分离，灿星制作与浙江卫视两家单位共同投资、共担风险、共同招商、均分收益，它的成功给中国的节目制作提供了新的思路。在2013年浙江卫视的招标会上，新一季的《中国好声音》中标价达到10.4亿，其中总冠名费用就达到2亿，这也向综艺娱乐市场中其他节目证明了优质节目所具有的含金价值。

10月

10月12日:《中国梦想秀》第四季开启

在“限娱令”的大背景下，越来越多的节目把圆梦作为一个内容制作趋向，彰显公益元素。浙江卫视的《中国梦想秀》也是一档提供给普通百姓梦想成真机会的节目。2012年更是陆续推出了第三季和第四季。这些平民百姓追逐梦想、实现梦想的过程激发了观众心底对真善美的认同，弘扬了社会大爱，凸现了社会主义主流价值观。节目也始终保持了稳定的收视水平。

10月20日：《非诚勿扰》改版

《非诚勿扰》在火爆3年后，10月20日首次进行了改版，舞美、音乐等方面多做出了大调整，更是新增了爆灯环节，在男嘉宾进入权利反转前的任意环节，女嘉宾只要特别中意该男嘉宾，随时就可按下爆灯键成为“动心女生”。

在竞争异常激烈的综艺娱乐节目市场中，同一种模式的长期存在容易让观众产生视觉疲劳，但改版也就意味着可能会引起原有观众的不适，对于一档高收视的节目来说，这样的改动必须小心验证，谨慎行事。从节目改版后的收视效果看，节目收视基本保持稳定。

11月

11月8日：中共十八大召开

11月8日，中国共产党第十八次全国代表大会召开，并于11月14日胜利闭幕。大会选举产生了未来十年中国共产党的新一代领导集体，全国人民对此都报以极大的关注，央视除了各类专题新闻外，更是将11月14日央视《新闻联播》延长为60分钟，11月15日延长到创纪录的124分钟，这两天的收视率在2012年度《新闻联播》收视率排名中也位居前列。

11月28日：江苏教育电视台停播整顿

11月28日，针对在11月24日录制的江苏教育电视台竞猜节目《棒棒棒》于露露母女三人录制中放泼撒野、大曝粗口一事，国家广电总局明确表示，江苏教育电视台违反《广播电视管理条例》，罔顾媒体社会责任，为丑恶言行提供展示舞台，败坏了媒体形象，造成恶劣社会影响，依据有关法规，给予江苏教育电视台自2012年11月30日零时起停播整顿的处理。

在停播整顿一个月后，江苏教育电视台被并入江苏广电总台，于2012年12月29日零时重新播出并正式更名为江苏教育频道，启用江苏广电旗下统一台标，主管单位也从江苏省教育厅变更为江苏广电总台。

11月30日：《梦想合唱团》第二季开播

11月30日，《梦想合唱团》第二季在中央台综合频道开播（周五晚间20:00—22:00），这是央视综合频道2012年重点打造的年度大型电视活动，8位明星与家乡居民组建成城市梦想合唱团，通过竞赛方式实现他们的家乡公益梦想。第11期节目于2013年2月8日除夕前夜结束。该节目在CSM所有调查城市平均收视率保持在1.0%以上，并入选国家广电总局“2012年创新创优电视栏目”。

12 月

12 月 30 日:《直通春晚》完美收官

2013 年春晚总导演哈文表示会从多家卫视中的选秀歌手中选出 3 位上春晚,包括了《中国好声音》、《声动亚洲》、《星光大道》等 12 个选秀节目,虽然选秀歌手上春晚不是第一次,但选秀歌手再选秀上春晚在国内尚属首次,这也是中央电视台"开门"办春晚的一次创新。从收视效果上看,观众对这样的创新形式有较大的认同,12 月 30 日最后一场在 CSM 所有调查城市的收视率达到了 2.7% (图 8)。

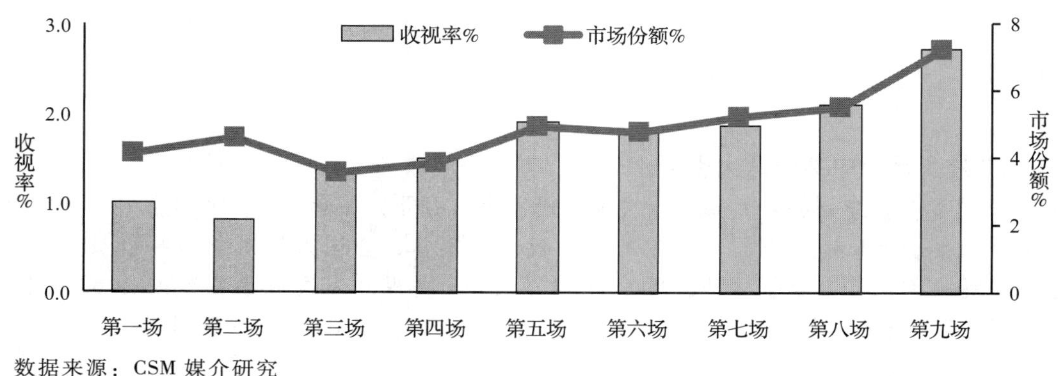

数据来源:CSM 媒介研究

图 8 《直通春晚》11 月 4 日—12 月 30 日每期收视走势(所有调查城市)

12 月 31 日:跨年晚会精彩上演

跨年晚会继续成为各家电视台展现实力的良好舞台,2012 年的竞争也格外激烈,中央台《启航 2013 中央台元旦晚会》、湖南卫视《快乐中国跨年狂欢夜》、江苏卫视《2013 跨年演唱会》、浙江卫视《梦想天空分外蓝中国好声音跨年演唱会》、深圳卫视《深圳香港台北 2013 声震新世界跨年狂欢夜》、上海东方卫视《2013 梦圆东方——东方卫视跨年盛典》、安徽卫视《2012 国剧盛典》等晚会都是明星闪耀、精彩纷呈。几家参与跨年晚会竞争的频道均获得了不错的收视表现,在当天的节目排名中位居前列,其中中央台《启航 2013 中央台元旦晚会》在央视综合、三套和四套并机播出的合计收视率达到 4.47%,排名第一,湖南卫视的《快乐中国跨年狂欢夜》以 3.95% 的收视率在单频道中排名第一,其他各晚会在 CSM 所有调查城市的收视率也多在 1.0% 以上。以上几个频道晚间时段的市场份额相比第四季度也多出现明显提升,其中湖南、安徽、深圳等卫视晚间的市场份额都实现翻番。这几档晚会合计占据了当天同时段超过 45% 的市场份额,相比第四季度市场份额提升幅度接近 70%。

2012 年的电视人不断创新,已经为电视观众贡献了《中国好声音》、《舌尖上的中国》等优质节目,2013 年则让人充满了更多的希望与期待。

(作者:吴凡)

2012年全国新闻节目收视分析

我们生活在一个社会传播的领域，新闻就好像是社会的窗口，满足了普通百姓渴求信息的需求，为受众提供了一抹亮丽的风景线。而随着新媒体的蓬勃发展，海量信息正不断冲击着受众的视野。虽然如此，作为传统媒体之一的电视却仍然因其新闻报道的深入、真实、大气，以其主流媒体的高姿态活跃在寻常百姓家。本文基于CSM媒介研究2012年所有调查城市的收视调查数据，对全国新闻节目的播出与收视状况做简要回顾与分析，以探究全媒体时空下观众对于新闻节目的收视习惯与偏好。

一、新闻节目整体收播状况

1. 观众电视收视时长略有反弹，新闻节目收视表现稳定

根据CSM媒介研究的收视调查数据，2011年平均每人每天收看电视的时长约为166分钟；2012年，其人均收视分钟数提升至169分钟，收视时长略有反弹。其中，观众每天收看新闻节目的时长约为22分钟，与2011年相比，收视表现基本稳定。

从新闻节目的收播情况来看，其播出比重与收视比重呈现逐年上升的态势，但资源使用效率并未随之提升，与2011年相比，2012年仍保持在一个较为稳定的范围（表1）。电视节目的三驾马车中，新闻节目的资源使用率高于电视剧，低于综艺类节目，仍属于供需基本平衡的节目类型。

表1　2010—2012年新闻节目的收播比重及资源使用效率（历年所有调查城市）

年　　份	播出比重（%）	收视比重（%）	资源使用效率（%）
2010年	9.8	13.3	35.7
2011年	10.0	13.1	31.5
2012年	10.7	14.0	30.8

数据来源：CSM媒介研究

2. 新闻节目收视全天呈现四个小高峰

新闻节目的全天收视走势与所有节目全天收视走势基本趋同。新闻节目全天呈现4个收视小高峰。最高峰值出现在晚间时段19:00—19:30，其次分别为早间时段7:00—7:30、午间时段12:00—12:30及夜间时段23:00—23:30（图1）。

从观众对于新闻需求的角度来看，“一日之计在于晨”，早间7:00—7:30通常是人们一天忙碌生活的开端，对于睡眼惺忪的观众而言，只需获取早餐似的快速信息传递即可，电视新闻常可作为伴随媒体存在。而相对于午间时段的懒散、轻松、平稳而言，晚间19:00—19:30时段就好比是家庭成员之间共享的信息大餐，新闻收视时长成倍增长。另外，新闻节目在工作日的收视时长略高于周末。

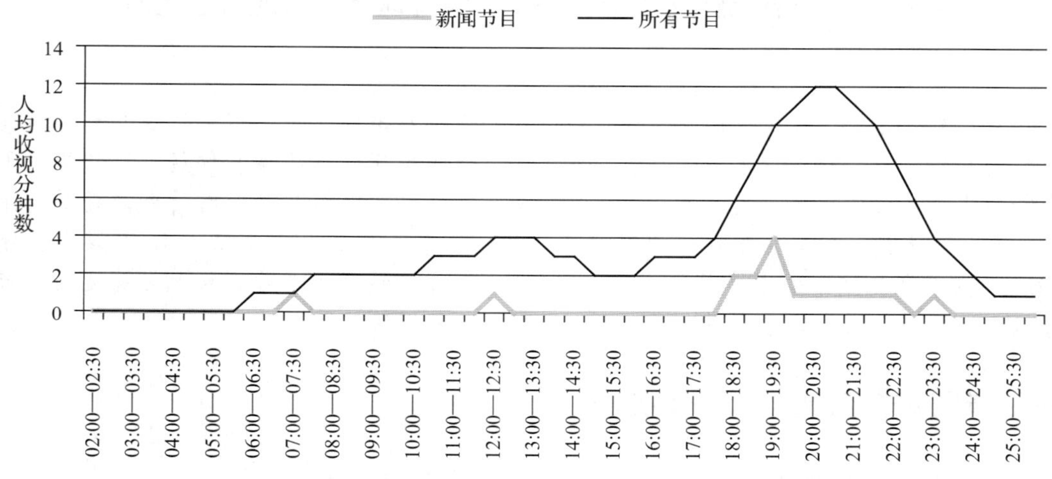

数据来源：CSM 媒介研究

图1　2012年所有节目与新闻节目全天收视走势（所有调查城市）

3. 新闻收视走势仍受重大事件影响

从2012年全年新闻节目收视分周走势来看（图2），人均收视时长峰值分别出现在第38周（9.16—9.22）和第46周（11.11—11.17），为28分钟；第二收视小高峰则出现在第37周（9.9—9.15）和第45周（11.4—11.10），为26分钟。这几个收视峰值的人均收视时长均高于全年新闻节目的平均收视时长（22分钟）。

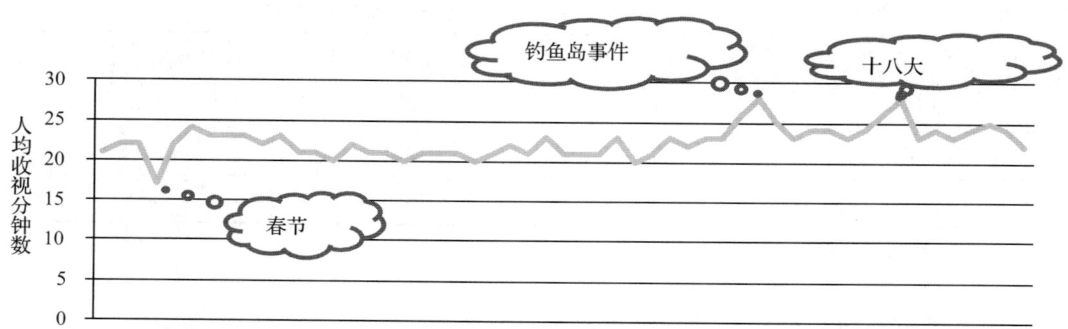

数据来源：CSM 媒介研究

图2　2012年新闻节目收视分周走势（所有调查城市）

具体来看，在9月9—22日期间，正值中日钓鱼岛争端严峻时期。9月7日中国渔船与日本巡逻船在钓鱼岛海域发生相撞；8日日本以涉嫌“妨害公务罪”对中国鱼船船长实施逮捕；10日日本政府不顾中国政府强烈反对，宣布“购买”钓鱼岛及其部分附属岛屿；11日日本正式签署“购岛买卖合同”；至此，中日关系一度陷入僵局，全国各地相继开展了一系列市民自发性的抗议活动；25日中国渔船船长被日方非法扣押17天后回国。从人均收视时长来看，观众的人均收视时长是随着事态的发展而逐天递增，自11日起明显提升，至16—18日间暴涨至顶峰，其中，18日的收视时长高达30分钟，随后逐渐回落（图3）。

另外，在11月4—17日两周期间，适逢“十八大”召开（11月8—14日），新闻节目的收视量也水涨船高。与以往一样，观众在新春佳节之际对于新闻节目的关注较少，期间其人均收视时长明显低于全年的平均水平。

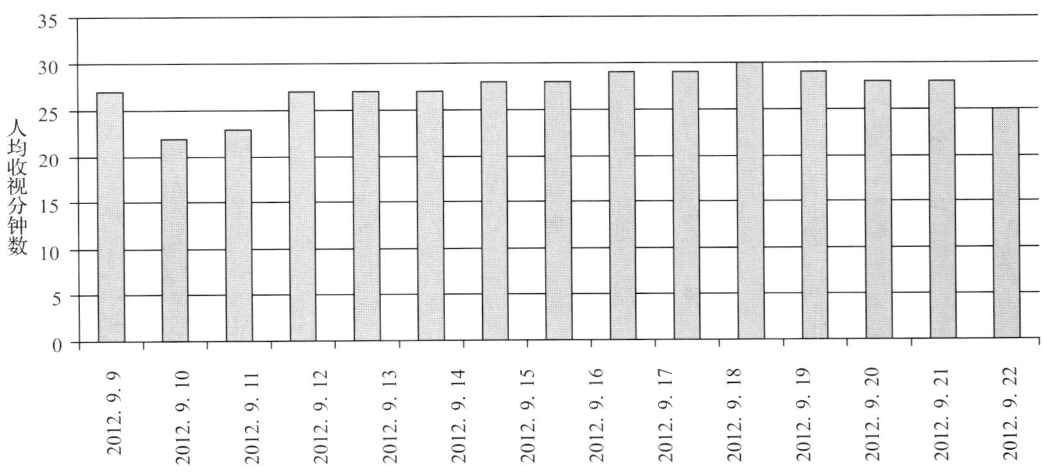

数据来源：CSM 媒介研究

图3　2012. 9. 9—2012. 9. 22 新闻节目收视分日走势（所有调查城市）

新闻节目的收视走势仍受重大事件的影响和推动。在突发事件、重大事件发生之际，相关频道纷纷加强了特别报道的力度，致使新闻节目的播出量有所增长，同时，观众对于此类事件的高度关注也反映在其收视比重的提升上（表2）。从传播学“议程设置功能”理论的角度解读，大众传媒作为“大事”加以报道的问题，同样也作为“大事”反映在公众的意识当中，传媒给予的强调越多，公众对该问题的重视程度也就越高。

表2　2012年重大事件期间新闻节目的收播比重及资源使用效率（所有调查城市）

时间	事件	播出比重（%）	收视比重（%）	资源使用效率（%）
9. 9—9. 22	钓鱼岛争端	10. 8	17. 7	63. 9
11. 4—11. 17	十八大	11. 4	17. 1	50. 0

数据来源：CSM 媒介研究

4. 综合新闻仍占据收播主体，新闻评述类节目收视比重逐年提升

2012年，综合新闻仍然是播出比重最高的新闻类节目，其全年播出比重为52.4%，占据了新闻类节目播出量的半壁江山，但较上一年有所下滑。其次为其他新闻时事类节目，播出比重为38.7%。新闻评述类节目的播出比重为8.9%（图4）。从观众的收视反馈来说，与上一年相比，2012年综合新闻的收视比重略有下滑，而其他新闻时事类和新闻评述类的收视比重均有所提升。其中值得一提的是，新闻评述类的收视比重从2011年的17%升至18.1%，资源使用率为103.4%。

网络媒体的发展促成了商业网站和网民新一级的力量传播，其速度之快和信息量之大为传统媒体所不能及，但其自身所存在的信息良莠不齐也是不容忽视的短板。于是，在这样的传播环境下，很多受众倾向于先通过网络媒体第一时间知晓突发事件，再通过电视媒体了解该事件的前因后果以及资深人士对于事态的深度解读和分析，以此来加深对这一新闻事件的理解。由此可见，新闻评述类节目在电视市场的发展前景值得继续观察。

数据来源：CSM媒介研究

图4　2012年各类型新闻节目收播比重（所有调查城市）

二、新闻节目收视市场竞争格局

1. 中央级频道收视份额居首，与省级非上星频道主导新闻收视

从2012年全国电视收视市场各级频道中主要节目类型的收视格局来看，各级频道之间还是存在一定的差异。作为中国最重要的新闻舆论机构，中央级频道因其得天独厚的特殊地位一直占据着新闻节目收视市场最重要的位置，其权威性仍然吸引了观众对于其新闻节目的驻足守候，毋庸置疑，新闻仍然是其最主要的收视节目类型。值得一提的是，尽管市级频道覆盖面不大，但其播出量最大、更接地气、更显民生的新闻内容也是当地观众的主要收视选择之一。与市级频道类似，电视剧和新闻是省级非上星频道的两个主要的收视节目类型，其中，新闻节目的收视比重达16.1%。与之不同的是，省级上星频道新闻节目的收视比重较低，仅有6.4%，远低于电视剧和综艺节目的收视比重（图5）。

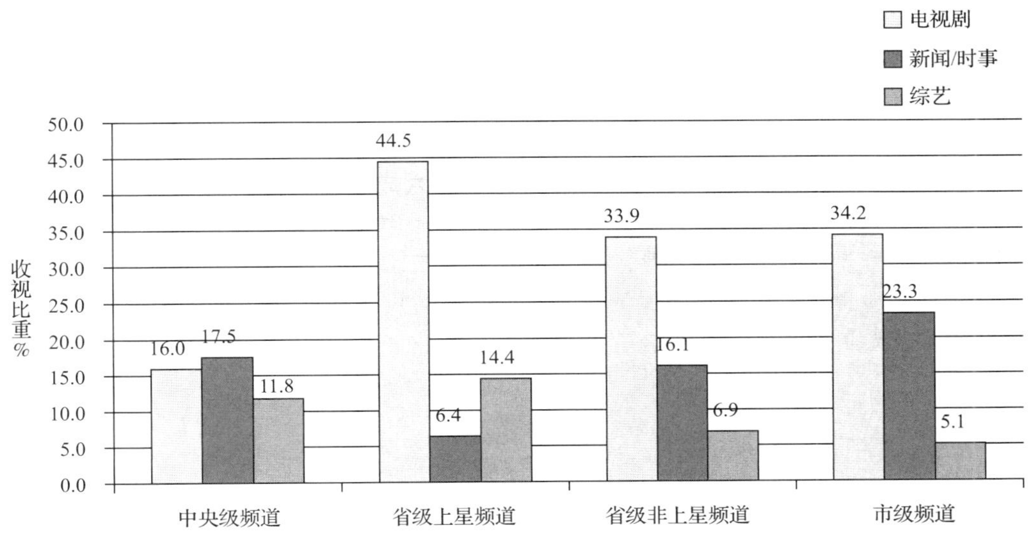

数据来源：CSM 媒介研究

图 5　2012 年各级频道中几个主要节目类型的收视比重（所有调查城市）

近年来各级频道组新闻节目的收视竞争格局基本稳定（图 6）。2012 年的新闻节目收视市场仍由中央级频道和省级非上星频道主导，其中，中央级频道占据了近 38% 的市场份额，其霸主地位显而易见。值得一提的是，中央级频道在 2012 年的新闻节目收视竞争中的表现较往年又有所提升，市场份额比 2011 年提升了约 2 个百分点。反之，2012 年市级频道在新闻节目收视市场的占有率则有所下滑。

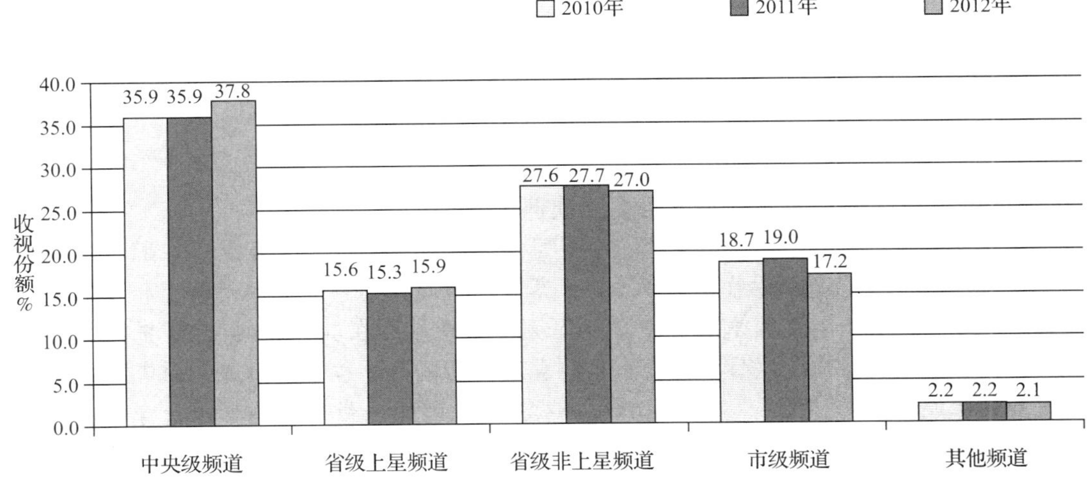

数据来源：CSM 媒介研究

图 6　2010—2012 年各级频道在新闻节目市场的收视份额（历年所有调查城市）

另外，由于国家广电总局《关于进一步加强电视上星频道综合频道节目管理的意见》，即“从2012年1月1日起，每日6:00—24:00新闻类节目不得少于2小时；18:00—23:30必须有两档以上自办新闻类节目，每档新闻节目时间不得少于30分钟”的规定颁发后，省级上星频道组新闻节目的收视份额也略有提升，升至15.9%。

2. 晚间时段市级频道新闻节目的播出比重近六成，中央级频道资源使用率最高

在晚间17:00—24:00时段内，仍以中央级频道和省级非上星频道主导新闻收视（图7）。从新闻节目播出比重来看，市级频道新闻节目的播出比重接近6成，是所有频道组中播出比重最高的；其次为省级非上星频道。但从资源使用效率的角度来看，以中央级频道将其发挥得最为淋漓尽致，虽然其新闻播出比重仅为2%，却获得了近三分之一的收视比重。

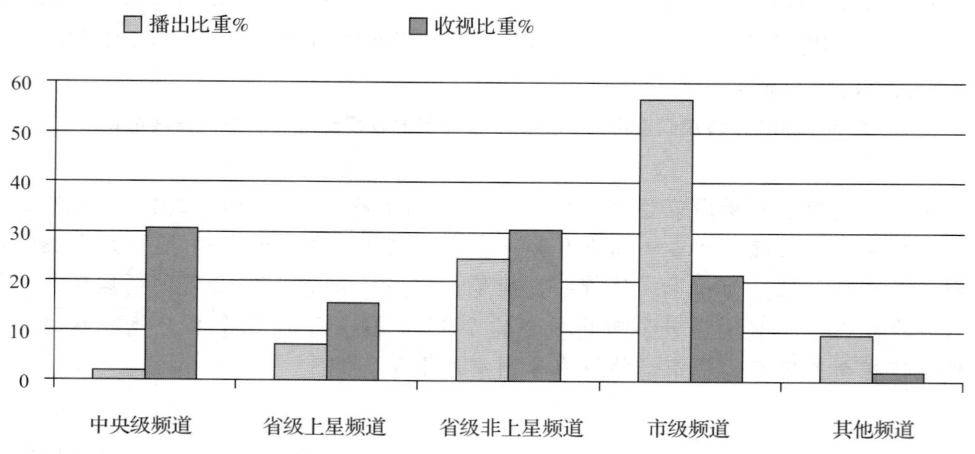

数据来源：CSM媒介研究

图7　2012年各级频道晚间时段新闻节目收播比重（17:00—24:00，所有调查城市）

3. 中央级频道新闻评述类节目更受欢迎

由于各级频道组的不同特性使然，在新闻节目各类型上的收视表现也有所不同（图8）。具体来看，综合新闻的收视份额近四成落在高屋建瓴的中央级频道组上，超四成的收视份额分散在省级上星频道和省级非上星频道组中。而在其他新闻/时事中则是另外一番景象，观众更倾向于收看较为本土化的省级非上星频道和市级频道，两者的收视份额之和近7成。另外，值得一提的是，中央级频道以其国家级频道的资源优势在新闻评述类节目中有更为上佳的表现，其收视份额超过5成。在重大新闻事件发生之际，观众更倾向于通过中央台来知晓官方表述和专家深度解读，当然这与其品牌之权威性及覆盖面之广有着密不可分的关系。

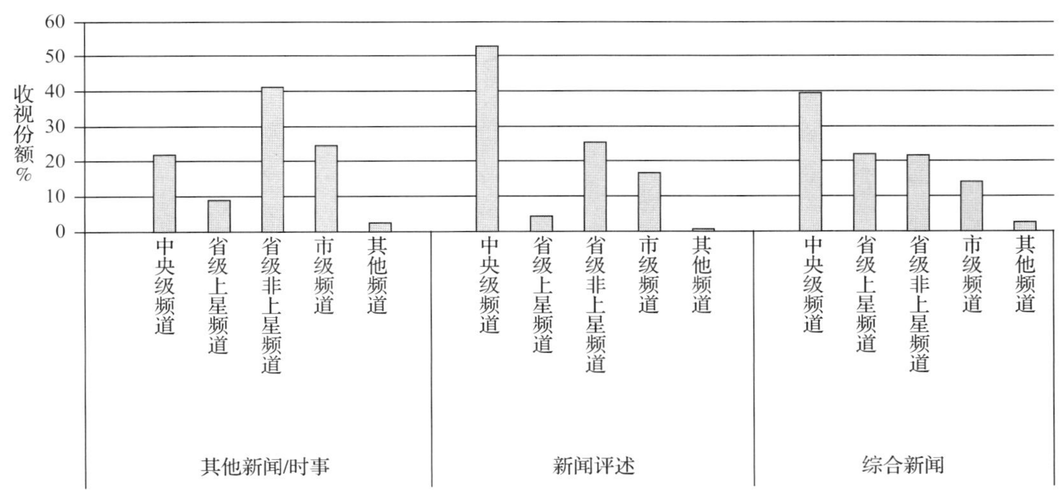

数据来源：CSM 媒介研究

图 8　2012 年各级频道在不同类别新闻节目市场的收视份额（所有调查城市）

三、新闻节目观众特征

2012 年，全国电视收视市场的观众中，男女比例较为平衡，其中以女性略多；年龄群体多分布在 45—54 岁，其次为 35—44 岁；学历以初高中为主。但在新闻节目领域，又有所不同。新闻节目中男性观众的比例要高于女性观众，这在新闻评述类节目中尤为明显；近 60% 的观众集中在 45 岁及以上，学历以初高中为主。

具体到各类新闻时事节目，其观众特征又有所不同（图 9）。具体来看，新闻评述节目、综合新闻节目男性观众比例显著高于女性观众，而在其他新闻/时事节目中，男女比例基本平衡。相对而言，在新闻评述类和其他新闻/时事类节目中，年轻群体（25—

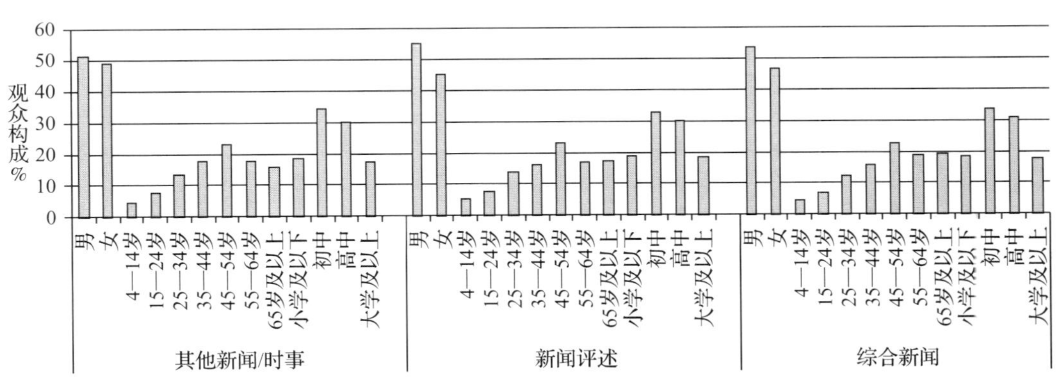

数据来源：CSM 媒介研究

图 9　2012 年各类型新闻节目的观众构成（所有调查城市）

34岁）所占的比例超过13%，而这类群体对于综合新闻所给予的关注程度较低。不可否认的是，新兴的网络媒体以其特有的快捷方便的优势，不断分流年轻人在传统媒体上的收视时间。与之相反的是，65岁及以上的老年群体对新闻节目都保持着较高的关注度，其中尤以在综合新闻节目中的比例最高。相比较而言，大学及以上高学历人群在新闻评述类节目中的比例更高。

四、各级频道新闻节目收播概况

（一）中央级频道新闻节目收播概况

1. 中央台综合频道的新闻节目资源使用率表现突出

在中央级频道中，主要由4个频道承载新闻节目的播出。其中尤以中央电视台新闻频道的播出比重最高，超过40%。中央台新闻频道作为专业级的新闻频道，旨在全天24小时滚动、递进、更新报道，力求以最快的速度向观众提供第一手的国内国际新闻资讯。其次为中央电视台英语新闻频道和中央台四套。其中，以“让世界了解中国，让中国走向世界”为立身之本的英语新闻频道主以新闻资讯报道，辅以文化专题节目。虽然其新闻播出量接近3成，但因其受众面及覆盖面的局限以及播出语言的限制，它对中央级频道在国内收视市场的贡献比较小。作为中央电视台唯一面向全球播出的中文频道——中央台四套，新闻节目的播出比重近20%；频道定位于及时、深入的报道评述国内和国际新闻，同时提供娱乐、教育等多方面资讯。多年来，中央台四套也以其文化品味高、针对性强等特点确立了其在观众中的声誉和地位。2012年其新闻收视比重超过25%，仅次于专业级的新闻频道和旗舰级的综合频道。

在中央级新闻报道的频道中，不得不提到中央台综合频道。作为中央台开办最早、影响力最大的频道，2012年其新闻播出比重虽不足10%，但却收获了近三分之一的收视量（表3），其新闻节目资源使用效率高达227%，表现突出，可见其频道本身强大的品牌影响力和观众号召力。

表3　2012年中央台部分频道新闻节目收播比重（所有调查城市）

频　道	播出比重（%）	收视比重（%）
中央电视台综合频道	9.1	29.8
中央电视台新闻频道	43.6	44.4
中央台四套	18.9	25.5
中央电视台英语新闻频道	28.3	0.2

数据来源：CSM媒介研究

2. “钓鱼岛”与“十八大”为观众关注之重

如中央级频道新闻节目收视分周走势所示（图10），2012年后半年的收视表现明显高于前半年。具体来看，其收视峰值分布在第38周（钓鱼岛事件），与所有频道新闻收视分周走势一致。钓鱼岛事件前后周（37 周和 39 周）的人均收视时长也高达 12 分钟。除此以外，观众对“十八大”的关注程度也较高，第 45 周及 46 周的人均收视时长均超过 11 分钟。从收视周走势的反馈来看，传说中的“世界末日”也颇受瞩目。

2012 年上半年，收视小高峰分布在第 24 周和第 26 周，适逢“胡锦涛主席抵港”、“天宫一号与神舟九号载人交会对接”和“神九返航”等多件重大事件的发生。与大环境趋同，在新春佳节之际，新闻节目在中央级频道的收视量有所下滑。

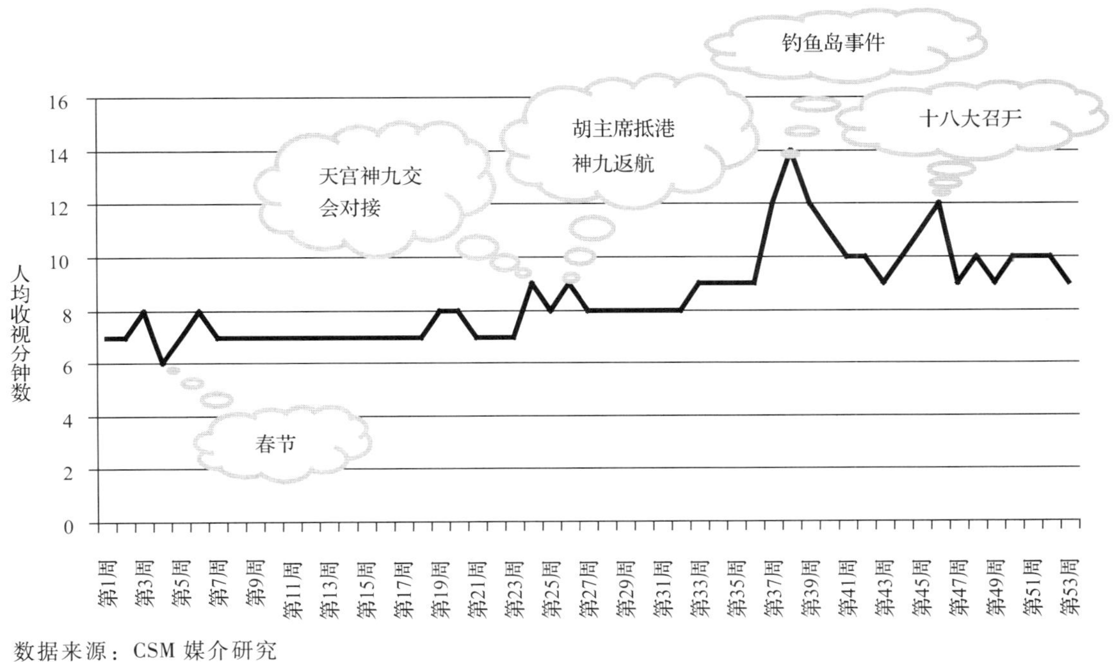

数据来源：CSM 媒介研究

图 10　2012 年中央级频道新闻节目收视分周走势（所有调查城市）

3. 钓鱼岛事件拉动新闻评述收视攀升，其他新闻/时事节目以“天宫神九对接”为主要收视亮点

从各类型的新闻节目来看，收视时长走势也不尽相同（图 11）。综合新闻与新闻评述类节目在 2012 年上半年的收视表现较为平稳，收视走势也较为一致。这两类节目自 36 周起（9.2 —9.8）收视均有明显提升，其中，综合新闻的收视表现在第 38 周（钓鱼岛事件）和第 46 周（十八大召开）之际到达顶峰；新闻评述的收视峰值则稳固在第 37 周和第 38 周两周，从中反映出观众在“钓鱼岛事件”期间对于专家解读分析的一个持续关注状态。

其他新闻/时事节目的收视分周走势则有所不同，其收视峰值出现在第 24 周和第 26 周，适逢“天宫一号与神舟九号载人交会对接”和“神九返航”等重大事件之时。其次在“温家宝总理会见中外记者”、“胡锦涛主席抵港并出席庆祝香港回归祖国十五周年文艺晚会”、“钱塘观潮”、“钓鱼岛事件”、“十八大开幕”之际也有较好的收视表现。

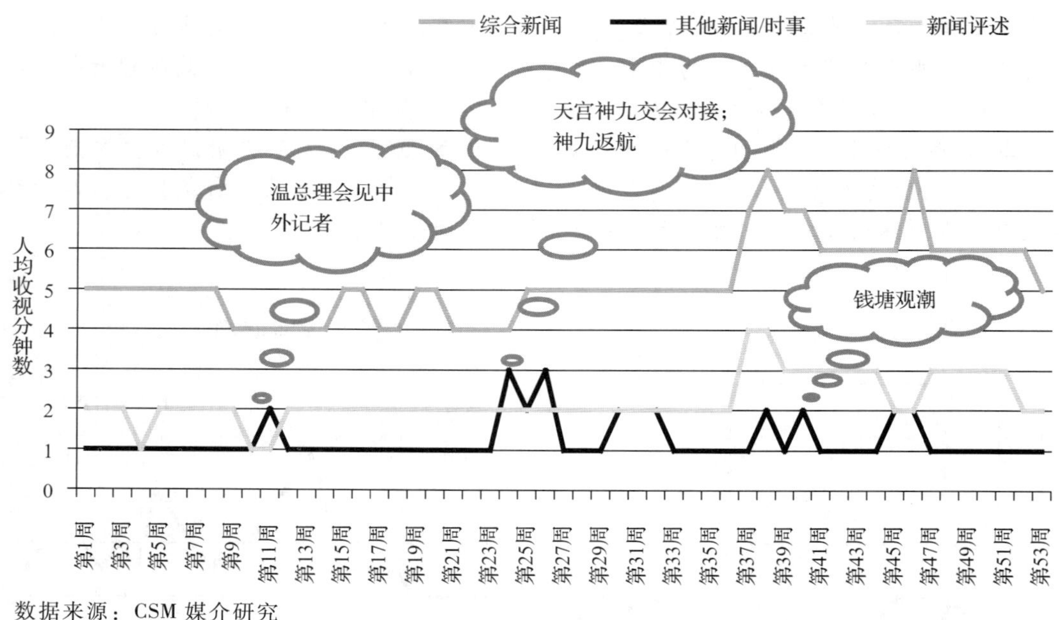

数据来源：CSM 媒介研究

图 11　2012 年中央级频道各类新闻节目收视分周走势（所有调查城市）

4. 老牌节目依旧常青，重大事件备受关注

从中央级频道新闻节目全天收视走势来看，收视最高峰集中在 18:30—19:00 以及 19:30—20:00（图 12）。第二收视小高峰分布在20:30—21:00以及21:30—22:00，以中央台四套的《今日关注》为代表的新闻节目带动了这一轮的收视小高峰。另外，午间时段

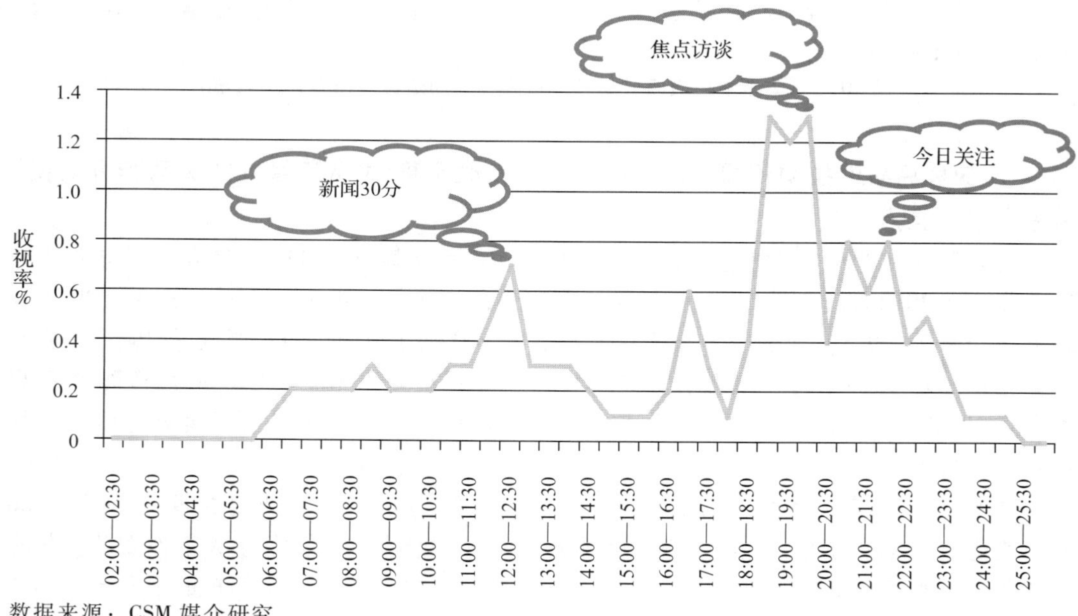

数据来源：CSM 媒介研究

图 12　2012 年中央级频道新闻节目全天收视走势（所有调查城市）

收视小高峰稳定在12:00—12:30,综合频道的《新闻30分》依然起到了至关重要的作用。在16:30—17:00以及22:30—23:00也有不错的收视表现。早间时段收视小高峰出现在8:30—9:00。

在中央级频道较受关注的新闻节目中，重大新闻直播报道仍占大多数。在其他新闻/时事节目中，又以“中国共产党第十八次全国代表大会专题新闻”为焦点之重，其次为“胡锦涛主席抵达香港”和“太空新旅神九返航”。而在常态新闻节目中，综合频道的王牌栏目《新闻联播》仍是观众收视首选，其次为同属新闻评述类的《焦点访谈》和《今日关注》(表4)。

另外，在中央台综合频道和新闻频道并机直播的其他新闻/时事节目中，还是以前者的关注度更高些。

表4　中央级频道较受关注的新闻节目一览（所有调查城市）

节目名称	播出频道	节目类型
新闻联播	中央电视台综合频道	综合新闻
中国共产党第十八次全国代表大会专题新闻	中央电视台综合频道	其他新闻/时事
焦点访谈	中央电视台综合频道	新闻评述
胡锦涛主席抵达香港	中央电视台综合频道	其他新闻/时事
太空新旅神九返航	中央电视台综合频道	其他新闻/时事
今日关注	中央台四套	新闻评述
新闻30分	中央电视台综合频道	综合新闻
温家宝总理会见中外记者	中央电视台综合频道	其他新闻/时事
太空新旅神九返航	中央电视台新闻频道	其他新闻/时事
胡锦涛主席出席庆祝香港回归祖国十五周年文艺晚会	中央电视台综合频道	其他新闻/时事
中国共产党第十八次全国代表大会开幕式	中央电视台综合频道	其他新闻/时事
胡锦涛主席抵达香港	中央电视台新闻频道	其他新闻/时事
太空新旅进驻天宫——天宫一号与神舟九号载人交会对接任务特别报道	中央电视台综合频道	其他新闻/时事
2012钱塘观潮	中央电视台综合频道	其他新闻/时事
新闻调查	中央电视台综合频道	新闻评述

数据来源：CSM媒介研究

（二）省级上星频道新闻节目收播概况

相比中央级频道，省级上星频道新闻节目在2012全年分周收视走势则显得较为平稳(图13)，基本上没有太大的波澜起伏。唯一值得关注的是，在“十八大召开”之际，省级上星频道新闻节目收视从第45周起开始上升，至46周达到全年最高峰值，47周后回落至常态。

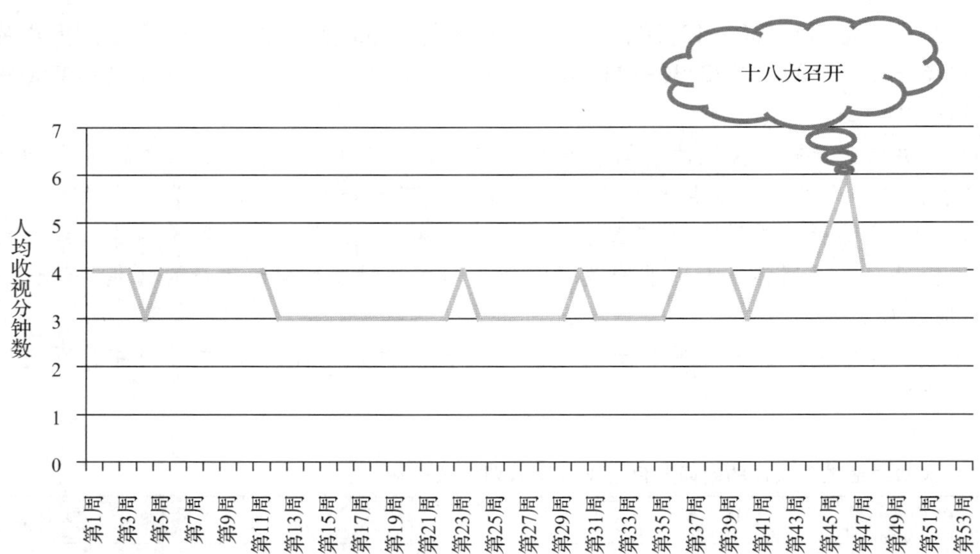

数据来源：CSM 媒介研究

图 13　2012 年省级上星频道新闻节目收视分周走势（所有调查城市）

另外，与中央级频道新闻节目的全天收视走势相比，省级上星频道新闻节目全天收视走势呈现出另一番景象，即全天出现多个收视高峰。其中，最高峰值出现在上午11:00—11:30，第二收视小高峰为深夜时段23:00—23:30，第三收视小高峰分别出现在19:00—19:30（转播中央台《新闻联播》）和22:00—22:30（图 14）。

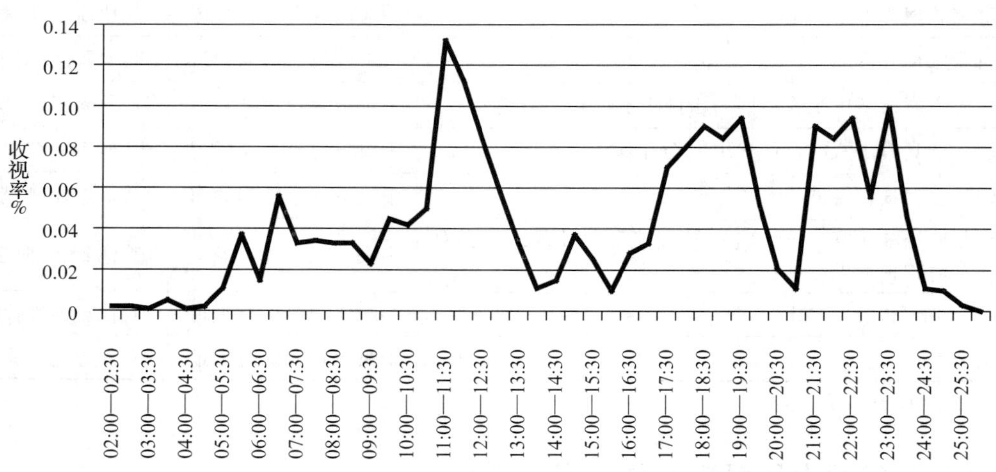

数据来源：CSM 媒介研究

图 14　2012 年省级上星频道新闻节目全天收视走势（所有调查城市）

如要盘点2012 年众多省级卫视频道的新闻节目，不得不提深圳卫视全新改版亮相的新闻/时事类节目《直播港澳台》。该节目因毗邻两岸三地的区位优势，深入港澳台新闻现场，连线多位重量级嘉宾，共同剖析两岸时事风云。丰富即时的时事资讯、全面独到的多元观点也为节目增色不少，好评如潮，实现了收视美誉的双丰收。

2012 年该节目分周收视走势呈现节节攀升的态势，自第 23 周迎来全年第一个收视小高峰后，在经历了第 31 周的拐点之后，又一路高歌猛进，至第 38 周钓鱼岛争端激化的形势下，该节目凭借对事件的深度报道和评论迎来收视高峰，其市场占有率超过 3.5%，随后趋于平稳（图 15）。从观众构成来看，该节目男性观众的比例接近六成，年轻观众的比例、高学历观众的比例与该节目开播前相比也有所提高。如果说凤凰卫视开启了“说新闻”的先河，那么深圳卫视则打破了新闻节目原先呆板生硬的传统形象，有效利用信息整合优势，加强栏目资源互补的做法也很是值得借鉴。

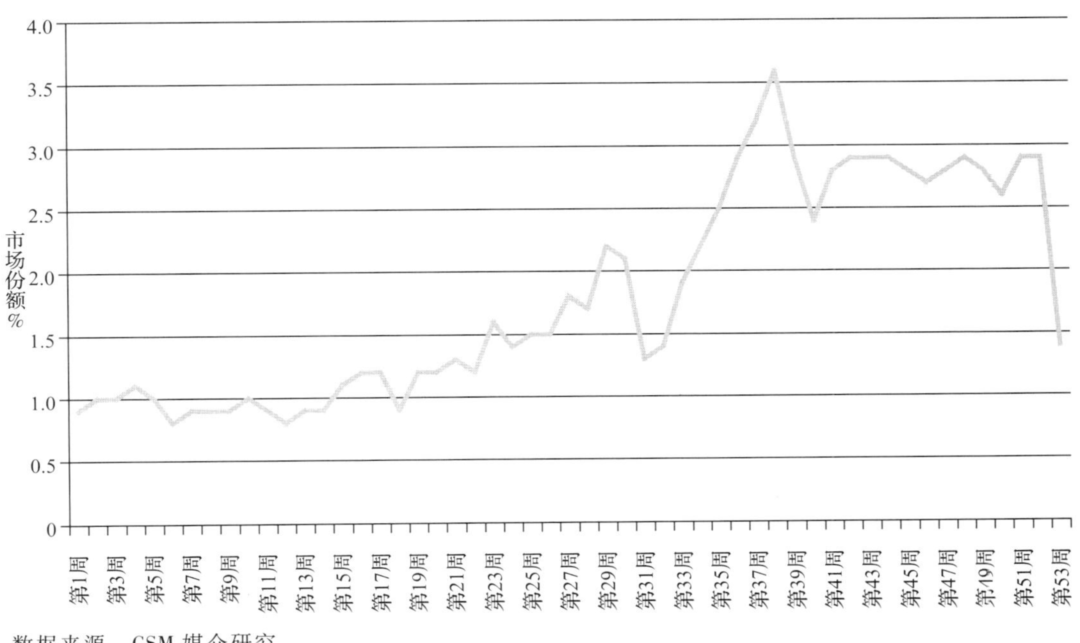

数据来源：CSM 媒介研究

图 15　2012 年深圳卫视《直播港澳台》收视分周走势（所有调查城市）

（三）地面频道新闻节目收播概况

现以上海、广州这两个一线城市为例对地面频道新闻节目收播概况做个简单分析。由上海地区省级非上星频道的全天收视走势来看（图 16），频道组的收视量自17:00开始上扬，随后主要集中在18:30—20:30,其中又以19:00—19:30为全天收视的最高峰值。在此，值得一提的是，作为上海观众晚间收视选择主要频道之一的上海电视台新闻综合频道自傍晚17:30开始的《媒体大搜索》以及随后一系列新闻节目《新闻坊》、《新闻报道》、《新闻透视》、《观众中来》，都为上海的本地收视市场做出了有力的支撑和较大的贡献，该频道也是上海观众获得新闻信息的首选频道。

每个地区都有属于自己的生活习惯和收视偏好。回看地处南方的广州，相较上海而言，其收视高峰较为后移。其中，省级非上星频道的收视量集中在晚间19:30—20:30;

市级频道的收视量集中在18:30—21:00和深夜22:00—23:00（图17）。在此期间，新闻节目的播出也为其贡献了一定的收视。在所播出的众多新闻节目中，较为突出的是南方卫视TVS—2的《今日最新闻》、广东电视台珠江频道的《今日关注》和广州电视台综合频道的《广视新闻》。而广东电视台珠江频道、广州电视台综合频道和南方卫视TVS—2也是广州地区观众收看新闻的主要选择频道，这三个频道在2012年全年广州地区的新闻收视份额占到了近30%。

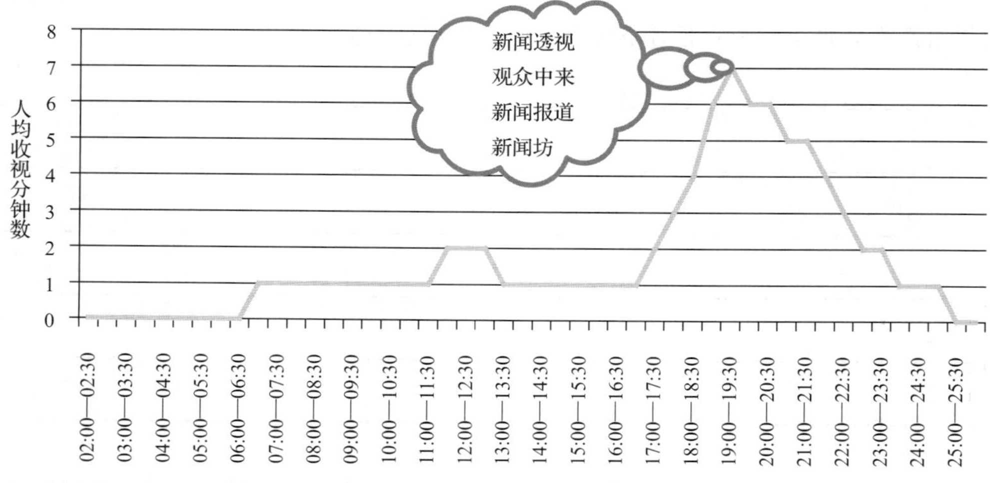

数据来源：CSM媒介研究

图16　2012年上海地区省级非上星频道全天收视走势

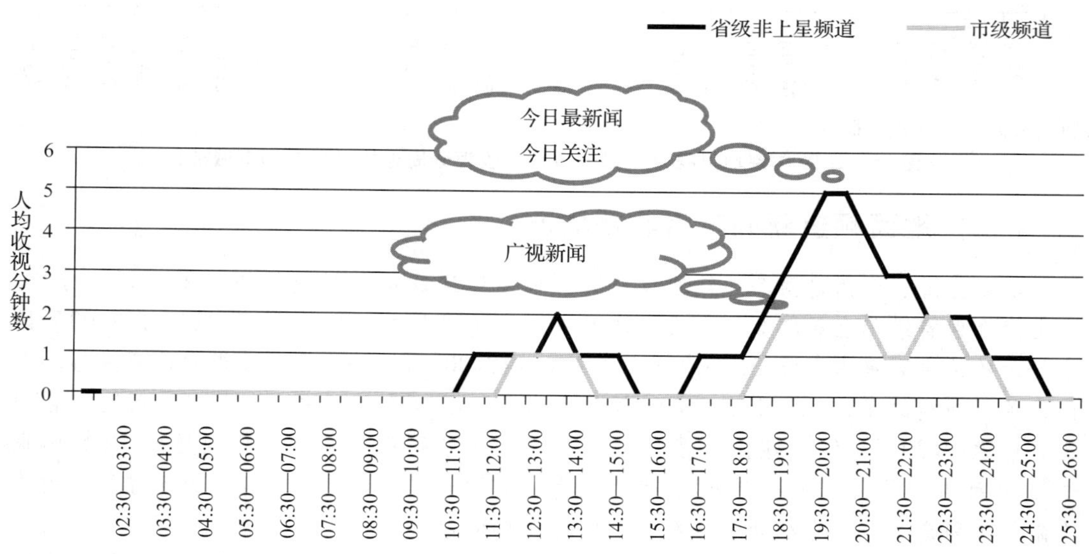

数据来源：CSM媒介研究

图17　2012年广州地区省级非上星频道与市级频道全天收视走势

结语

2012 年电视新闻节目的市场竞争格局基本稳定，仍以中央级频道和省级非上星频道主导新闻收视。总体来看，晚间19:00—19:30时段好比是家庭成员之间共享的信息大餐，该时段处于全天新闻收视的峰值。就节目表现而言，重大事件影响推动新闻节目的走势，“钓鱼岛事件”、“十八大召开”、“天宫神九载人交会对接”等重大事件为受众关注之重；另外，新闻评述类节目较受年轻群体和高学历群体的青睐，收视比重正逐年提升。总而言之，虽然电视新闻或多或少地受到多方面的压力，但它仍然是全媒体时空下受众不可或缺的主要信息来源。面对观众多元化的信息需求，新闻节目如何能够不断做优、做深、做新、做强，路漫漫其修远兮！期待 2013 年再创佳绩！

（作者：包凌君）

格局变幻，好剧唯新
——2012年全国电视剧市场盘点

2012年的全国电视剧市场在“限娱令”的紧锣密鼓中开启，目睹了视频网站价格和明星演员们身价的潮涨潮落，见证了各卫视频道或未雨绸缪或随机应变或逆风飞扬的努力与挣扎，最后伴随着“甄嬛”娘娘即将起驾美国的消息而徐徐落幕。那么，2012年的电视剧市场从生产、发行到播出与收视，具有哪些“数据化”特点呢？

一、创作与播出

1. 六成电视剧属原创，改编型作品居辅助地位

在电视剧生产市场的各类资源中，剧本无疑处于核心位置。CSM媒介研究将获取剧本的途径分为六种方式，从各类剧本来源的电视剧在80城市的播出比重看，原创型剧本是近两年市场的播出主力，约占市场播出总量的六成多；其次是根据流行小说、报告文学、真实事件改编的剧本，约占两成多；由经典电视剧、电影、戏曲、民间传说、寓言及其他艺术形式改编或重新演绎的剧本约占8%；由名著改编的剧本约占3%—4%；根据其他国家或地区知名电视剧改编的约占2%—3%；还有一小部分电视剧根据重大革命历史改编（表1）。

表1　80城市各剧本来源的电视剧播出时长所占比重（%，全天）

剧本来源	2011年	2012年
原创（包括先有电视剧后有小说）	62.3	64.0
流行小说、报告文学、真实事件改编	21.2	21.7
经典电视剧、电影、戏曲、民间传说、寓言及其他艺术形式改编或重新演绎	8.0	7.8
名著改编	4.1	3.2
其他国家或地区知名电视剧改编	3.2	2.4
重大革命历史改编	1.2	0.9

数据来源：CSM媒介研究

大量原创型作品为电视剧市场源源不断地注入新鲜血液和原动力，根据早获成功的文学作品、艺术形式进行二度创作的各类改编型剧本则成为重要的补充力量。“原创为主、改编为辅”的剧本获取模式，也是我国电视剧市场迈向成熟的一个重要表现。

2. 类型化创作趋势出现，小众题材更容易出名编

从单个编剧的题材倾向性看，编剧已经形成了一种类型化创作趋势，小众题材体现得尤其明显。笔者统计了2007—2012年在80城市播出的所有电视剧编剧每个人参与创作的部数，发现在重大革命、公案、神怪玄幻、当代传奇等相对小众的题材中，单个编剧的个人力量显得异常突出，均有某个编剧作品数量在题材内比例超过5%的记录。而在反特/谍战、农村、近代传奇、社会伦理、言情、都市生活等编剧相对众多的题材中，个人的力量稍显弱小，不过依旧涌现了一些在某一或若干领域创作力十分旺盛的编剧。例如近六年来播出的电视剧中，琼瑶担任了12部言情剧的编剧（占2%）；臧里不仅编写了6%的少儿剧，还参与了2%的都市生活剧（表2）。

表2 2007—2012年80城市所播电视剧（全天）编剧的题材创作情况

题材	单题材创作部数最多的编剧	单个编剧创作部数在题材内所占比重
重大革命	王朝柱	12%
公案	张晓亚	9%
神怪玄幻	晓茅	9%
当代传奇	刘枝华	6%
当代主旋律	周梅森	6%
历史故事	冉成森	6%
少儿	臧里	6%
罪案	陈育新	5%
军旅生活	徐君东	5%
戏说演绎	邹静之	5%
反特/谍战	余沥卿	4%
农村	张继	4%
武侠	王莉芝	3%
近代传奇	林和平	2%
社会伦理	王静茹	2%
警匪	黄育德	2%
言情	琼瑶	2%
都市生活	臧里	2%

数据来源：CSM媒介研究

3. 收视市场上逐步形成一线“金牌”编剧圈

电视剧市场逐步形成一线金牌编剧圈，他们的作品更多地得到了市场的认可，能够降低风险、稳定收视。根据笔者的研究经验，在单年度创作的电视剧进入80城市18:00—24:00时段收视率前20名部数达到或超过4部的编剧，能够在有限的时间内连创佳绩，属于一线编剧。

2012年播出的作品有4—5部入围的有石小克（《大间谍》、《红色尖刀》、《解放大湘中》、《密战冷江》、《强者风范》），于正（《宫锁珠帘》、《唐宫美人天下》、《王的女人》、《我爱河东狮》），温豪杰（《桥隆飙》、《水浒传》、《行者武松》、《血雨母子情》、《浴血战斗》），马军骧（《我叫王土地》、《大厨》、《夺宝》、《人是铁饭是钢》、《向东是大海》）等。值得一提的是简远信除了《回家的诱惑》、《回家的欲望》继续在荧屏赚取观众关注之外，其创作的《怪侠欧阳德》、《活佛济公第三部》、《薛平贵与王宝钏》表现也相当之好。2012年表现突出的编剧还有弋戈、王志军、赵舒亚等（表3）。

表3　2012年播出电视剧进入80城市收视率排名前二十名部数较多的编剧①（18:00—24:00）

姓名	代表剧目	姓名	代表剧目
弋戈	诛寇行动	石钟山	山里红
王志军	岳母的幸福生活	赵冬苓	母亲母亲
赵舒亚	毒刺	王倦	木府风云
刘彩云	怒火街头二	于峰	两个女匪王
钱雁秋	飞虎神鹰	王小枪	密使
金哥	杀狼花	赵锐勇	隋唐英雄
余沥卿	血色玫瑰	赵晨阳	AA制生活

数据来源：CSM媒介研究

市场上还形成了两三个人组成的金牌编剧小组，例如著名的“臧里、臧希姐妹组合”；还有的编导演构成“金三角”组合，例如编剧钱滨、易丹和导演毛卫宁的组合，编剧兼导演钱雁秋和演员张子建、梁冠华的合作等。

二、发行与播出

1. 电视剧行业投资热情高涨，获批发行量居高不下

我国电视剧实行审批发行制度。多年来，电视剧通过审批发行的数量差不多每年保持在400—500部、14000多集。近两年我国电视剧市场投资热情高涨，吸引了多方资本进入，电视剧制作“不差钱”，发行量节节攀升。2012年获准发行的电视剧集数突破历史最高纪录，达到506部、17703集，这是自2009年以来获批发行量首次又突破500

① 编剧群除外。

部，仅次于2007年的529部（图1）。如此海量的电视剧发行量，也是我国文化产业不同于世界上其他国家的地方。

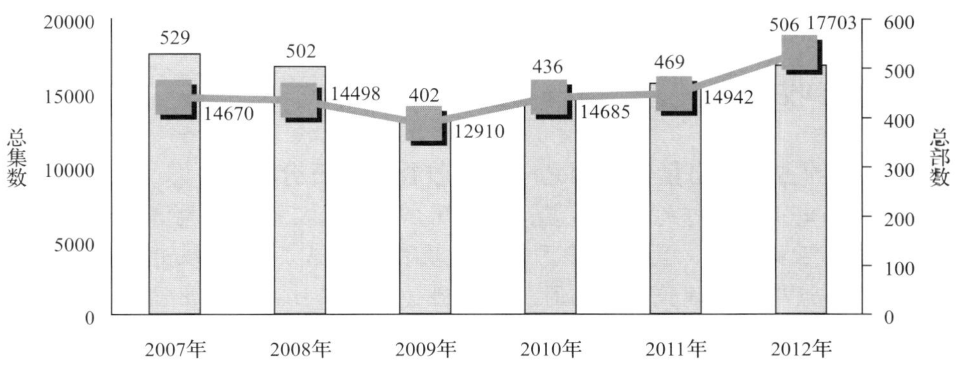

数据来源：国家广电总局网站

图1 每年通过国家广电总局审批发行的电视剧总量

2. 电视剧资源流通速度加快，近两年有近一半新剧当年首播

随着电视剧产量的不断提升，80城市全天时段每年播出的新剧数量也在连续走高，由2009年的269部增至2012年的391部，2010、2011、2012年的年增长率分别为23%、15%和3%。可见一方面每年进入播出市场的电视剧绝对数量在逐年递增，新剧盘子在不断扩展，电视剧市场的竞争强度在不断增加；另一方面新剧的年增长率在不断下降，说明播出市场的接纳容量有一定限度，传统电视频道数量不会有太大的变动，对于电视剧的总需求量会比较固定。

虽然总容量有限，但是电视剧播出周期缩短、“越播越快”的态势还是非常明显的。CSM媒介研究的数据显示，近两年有近一半取得发行证的电视剧在当年就能播出。当年通过审批发行当年就能播出的电视剧，2010年的比例为31%；2011—2012年已经上升到47%—48%（图2）。

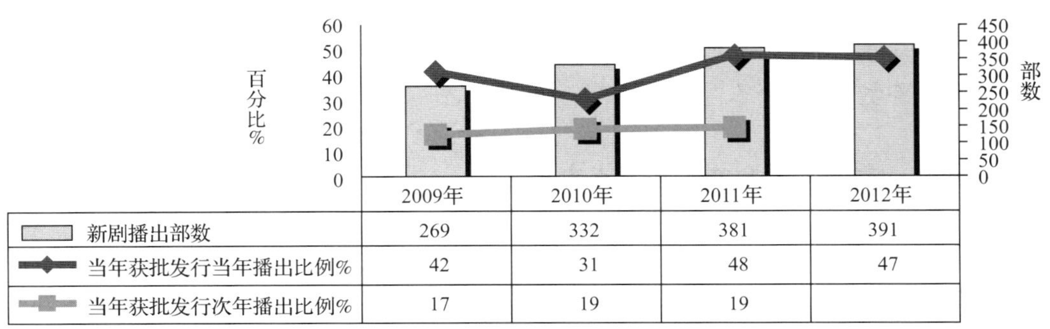

	2009年	2010年	2011年	2012年
新剧播出部数	269	332	381	391
当年获批发行当年播出比例%	42	31	48	47
当年获批发行次年播出比例%	17	19	19	

数据来源：CSM媒介研究

图2 每年播出新剧数量、取得审批发行证的电视剧当年和次年播出的大致比例%（全天，80城市）

笔者认为，电视剧资源上市速度增快除了供应充足之外，还有一个重要原因是独播剧的增加，许多发行方将目光更多投向卫视频道，摒弃了先走地面后发卫视的传统思路，客观上导致了电视剧发行周期缩短。还有一个外因是2012年更多的省卫视增加了首播档的播出集数，从每晚两集连播到三集连播，也致使电视剧资源整体播出速度加快。

三、播出与收视

1. 电视剧约占总播出量的四分之一，总收视量的三分之一

电视剧作为电视台主打的节目类型，深受观众欢迎，其播出比重和收视比重一直以来都高居各类节目的首位，且资源使用效率呈现良好状态。从80城市的数据看，2012年电视剧作为中流砥柱的地位依旧稳固。电视剧（不含栏目剧）播出比重高达24%，收视比重占31%，在与各类节目中的竞争中，电视剧优势突出。

从播出与收视结构看，2012年80城市各级频道的电视剧收视比重均高于播出比重，中央级频道和省级地面频道电视剧的资源使用效率较高。

2012年在80城市，电视剧占中央级频道节目总播出量的12%，占省卫视总节目总播出量的37%，占地面频道的24%。电视剧占中央级频道收视量的15%，占省卫视收视量的45%，占地面频道收视量的31%。可见省卫视对电视剧的依赖度最高，电视剧对省卫视的收视贡献几乎占半壁江山，远远大于其他频道组。

2. 现当代剧播出比重最高，年代剧其次，古装剧第三

我国历史源远流长，朝代更迭频繁，五千年的文明创造了各朝各代灿烂的文化，也成为电视剧所汲取的灵感和内容源泉。针对不同时代电视剧所采用的服化道、台词、人物、剧情等都有极大区别。根据电视剧剧情中所描述、坐落的主要时代背景，电视剧大体可粗分为古装剧、年代剧、现当代剧和跨越剧。

不同时代的电视剧播出量会受到制作难度、观众熟悉度、政策限制、市场需求等多方面因素的影响。通常古装剧制作难度较高，年代剧所受政策限制多，而现当代剧贴近性强、颇受观众欢迎，制作相对更为灵活，同时还具有政策照顾的优势，因而是制作大头和播出主力；跨越剧由于市场需求和制作难度而处于相对小众的状态。反映到播出比重上，2012年在全国80城市，现当代剧独占四成天下（41%），年代剧占36%，古装剧占18%，跨越剧仅占5%。

3. 制作、播出与观众共同选出主力题材

无论是制作市场、播出市场还是收视市场，对于电视剧主力题材（都市生活、近代传奇、社会伦理等）的选择都大体趋于一致，尽管某些题材存在一定的偏差，但不可否认三者整体上构成了一种难得的“默契”与平衡关系。

2012年全天时段，在80城市，都市生活、近代传奇和反特/谍战播出比重分别为13.6%、12.2%、12.2%，组成了最为核心的主力题材；军事斗争题材近两年来驶入快车道发展，2012年播出比重历史性地激增到9.9%，成为新贵题材之一；社会伦理剧占

9.6%。这五类加起来共占总播出时长的57%。

从收视效果看，播出方的选择大体上和观众的收视偏好吻合。2012年18:00—24:00时段每个城市收视率排入前20名的不重复电视剧中，近代传奇、反特/谍战、都市生活、军事斗争和社会伦理题材受到百姓欢迎，收视比重分别占到15.3%、14.7%、12.5%、11.4%、10.1%，这五类加起来共占总部数的64%。

此外，笔者还统计了从2007年到2012年在80城市播出过的所有电视剧，统计其参与创作的编剧在题材方面的分布，结果显示：倾向于写以上五类题材的编剧总人数占总量的56%左右。

对于这种均衡结构，笔者认为这是制片、频道和观众共同博弈、自然选择之结果。然而，不可忽视的是各题材电视剧在编剧量、播出量与收视效果之间仍存在一定的“落差”，从数据上尚不能做到“如影随形”。近代传奇、反特/谍战、军事斗争、戏说演绎这四类题材收视竞争力很强，在“好剧圈”里所占比例远远大于播出比重，整体收视效果大于播出市场预期。尤其是反特/谍战剧播出效果很好，在收视率前20名的圈子中占到近15%，而对应的编剧比重却不足6%。相反，言情剧编剧人数最多（占总编剧数量的18%），播出量也达到7%，收视效果却差强人意，在收视率前20名的剧中比重不足6%，整体竞争力相对较弱（图3）。

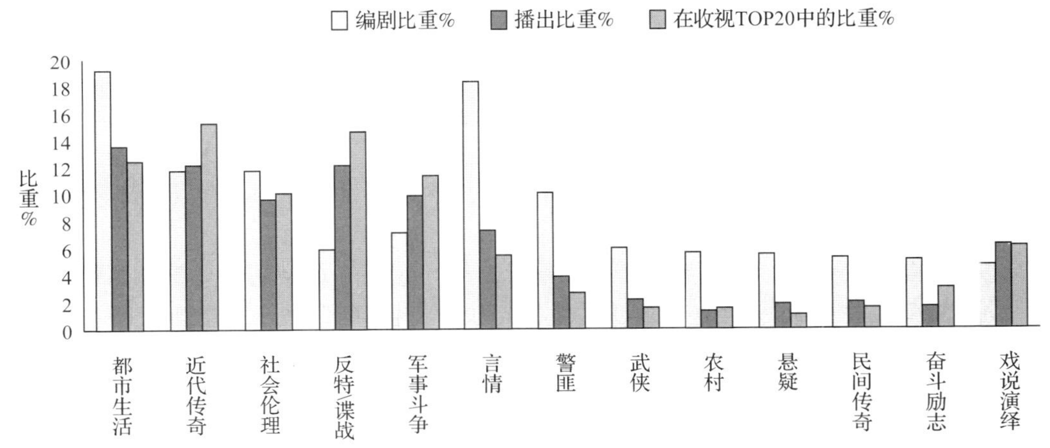

数据来源：CSM媒介研究

图3　2012年各类题材电视剧的编播比重及在收视TOP20中的比重%①（80城市）

4. 海外剧以中国香港、中国台湾、韩国的亚洲剧为主

除了国产剧，引自各个国家、地区的海外剧已经成为我国电视剧市场中不可缺少的有益补充，独有的异域影视文化丰富了我国观众的精神生活。中国香港、中国台湾、韩

① 编剧比重是指各类题材的编剧人数所占比例，多名编剧联合参与的电视剧编剧拆分计算，采用80城市全天数据；播出比重是指各类题材的电视剧播出时长所占比重，采用80城市全天数据；在收视TOP20中的比重是指进入80城市各地电视剧收视率前20名的剧目所属题材的所占比重，采用18:00—24:00时段数据。

国等地的电视剧是引进主力，被播出的数量较大，2011 年分别占引进剧播出总量的 41%、30%、16%，2012 年则分别占 49%、18%、14%。2012 年香港剧的播出比重增加了 8 个百分点，泰剧增加了 5 个百分点，而韩剧、台剧则有不同程度的下降。日剧、美剧、英剧所占播出比重不大，成为点缀（图 4）。

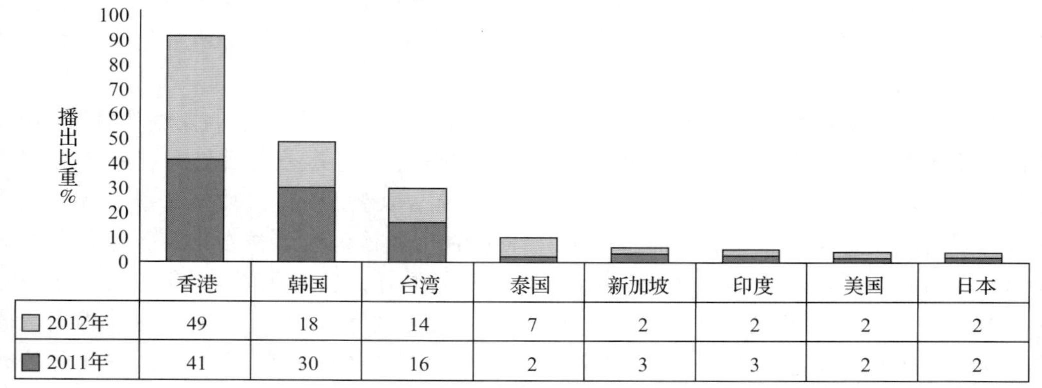

	香港	韩国	台湾	泰国	新加坡	印度	美国	日本
2012年	49	18	14	7	2	2	2	2
2011年	41	30	16	2	3	3	2	2

数据来源：CSM 媒介研究

图 4　2011—2012 年我国不同来源地引进剧播出时长占引进剧的比重（%，全天，80 城市）

5. 女人、老人、闲人、平民是电视剧的忠实拥趸

电视剧深具大众基础。2012 年在 80 城市，平均每人全年收看电视剧的时间是 310 小时，平均每天收看 51 分钟。相对于这个均值，不同性别、年龄、学历、职业、收入的观众，哪些人收看超标？哪些不达标？

电视剧代入感极强。相比更为理性的男性，相对感性的女性观众更爱看电视剧，女性平均每人每天收看 56 分钟电视剧，男性每人每天收看 46 分钟，二者相差 10 分钟。

电视剧作为电视连续节目篇幅很长，少则二三十集，多则上百集，有时间收看电视的人才有“闲”消受。电视剧市场的一个规律是，成年观众年龄越大，收看电视剧的时间越长。45 岁及以上的各年龄段观众平均每天收看时间超过一个小时，而 65 岁及以上的老年人收看时间更是突破了 84 分钟，超出年轻人一倍。

电视剧收看“门槛”极低，故事化的表达方式消弭了很多智商、情商、知识的差异，有没有读过书、有没有固定工作之人都可以尽情享受。相比之下，中低等学历的观众偏爱看电视剧，高学历者收看时间较短。职业相对高端、固定的观众收看电视剧的时间较短，反之收看时间较长。

电视剧是平常百姓最方便、最便宜、最放松的一种精神娱乐方式，低收入观众更爱看电视剧，高收入观众相对收看时间较短。人均月收入在 601—1200 元的观众收看电视剧的时间最高达每天 62 分钟，人均月收入在 2601 元及以上的观众每天仅看 42 分钟（图 5）。

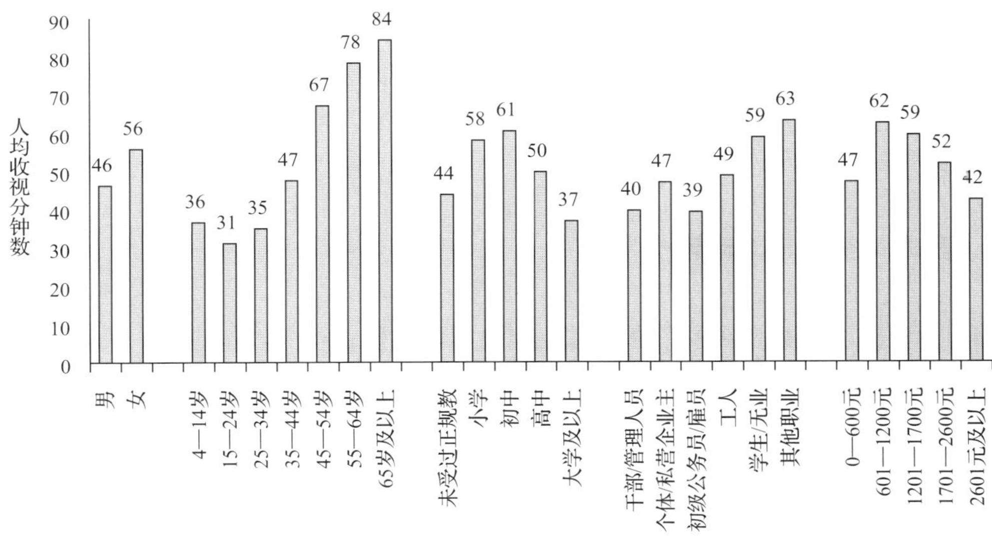

数据来源：CSM 媒介研究

图 5　2012 年不同观众群体人均每天收看电视剧的分钟数（全天，80 城市）

6. 电视剧全天编排，观众晚间集中收视

从全天时段来看，电视剧全天都是电视台的重要节目类型，高峰跨度长而低谷跨度短，不仅填充了白天的大部分非黄时段，而且也是晚间黄金时段的主力。但是在一些非常重要的整点时段（尤其是整点新闻播报的时段），例如在6:00、12:00和18:00,电视剧会让位，出现播出低谷，折射出电视台在资源配置中“以剧当家、新闻立台”的整体编排思路。

面对播出方的“全天撒网”，我国观众收看电视剧却属于“重点捕鱼”，基于对自身时间资源的分配，其收视行为具有一定的时段性，呈现出白天小量、晚间高峰、深夜低迷的特点。晚间19:00—21:00时段是人们全天收看的高峰，20:00达到顶点，收视行为最为集中（图6）。

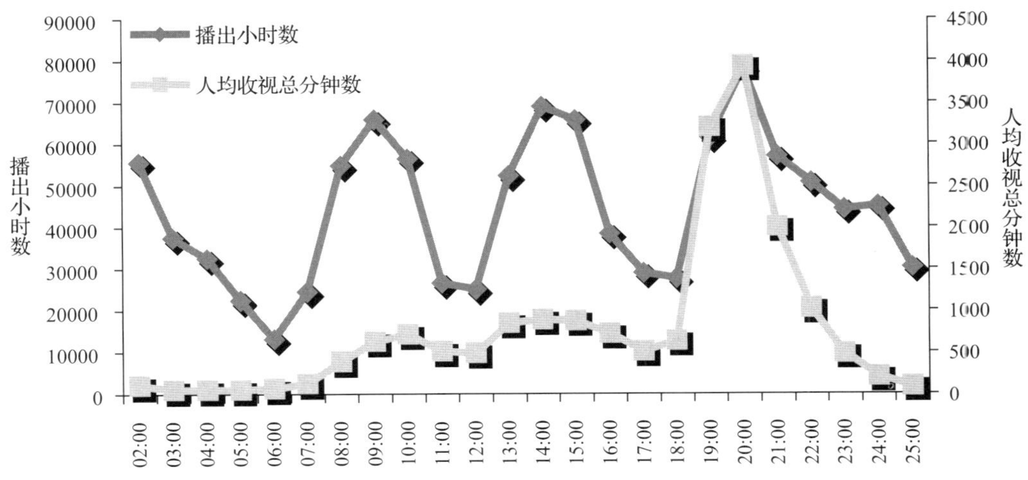

数据来源：CSM 媒介研究

图 6　2012 年不同时段电视剧播出量与收视量对比（全天，80 城市）

播出量与收视量在时段曲线上存在如此巨大的“落差”，很重要的原因是各电视台都把电视剧作为万金油全天播放，而由于观众在晚间黄金时段开机率最高，绝大部分频道会因此而将最好的剧放置在此时段播放，从收视角度讲这是对电视剧资源的一种非常好的配置思路。

四、竞争格局与特点

1. 对观众注意力资源的争夺，省卫视电视剧整体占优

我国电视剧市场经过三十多年的高速发展，根据行政级别自然形成了中央级频道、省级卫视频道、省级地面频道和地市级频道等若干个“势力集团”。各个集团在不同历史发展阶段各领风骚，各具优势。各频道组挟剧逐鹿荧屏，都试图在观众的注意力资源分配中多分得一杯羹。

2012 年，省级卫视无疑是电视剧收视市场的最大赢家，获取了约 50% 的收视份额；其次是地面频道，共瓜分 35.5% 的份额（省级地面频道占 24%，地市级频道占 11.5%）；中央级频道分得近 14% 的收视份额。就频道级别而言，省级频道显示出整体作战的超强实力，省卫视加上省级地面频道共获得了超过七成的份额。而中央级频道和地市级频道份额相对处于弱势地位（图 7）。

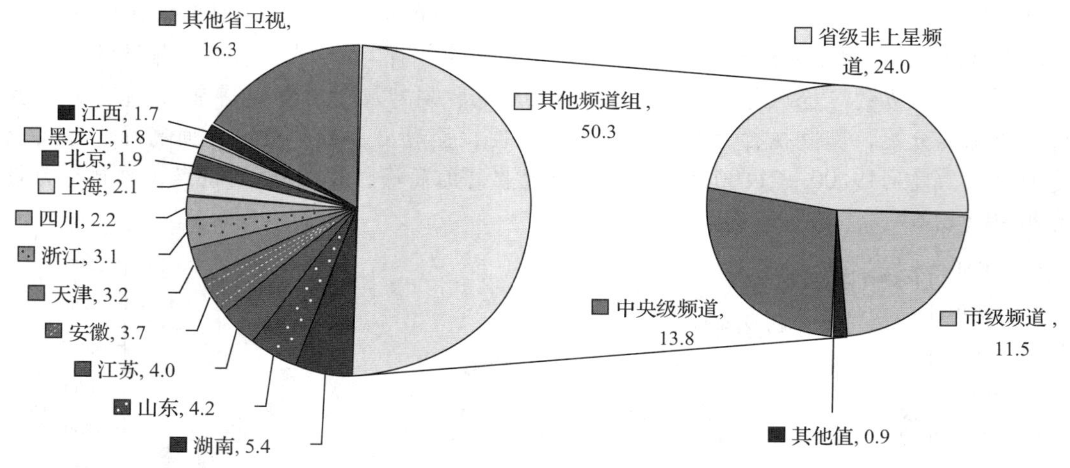

数据来源：CSM 媒介研究

图 7　2012 年各级频道在电视剧市场的收视份额（%，全天，80 城市）

观众注意力资源在省级卫视电视剧中的分配并不均衡。全天时段，湖南卫视竞争能力最强，在所有频道中获取 5.4% 的收视份额；其次是山东卫视获得 4.2%，江苏卫视获得 4%；安徽、天津、浙江这三家卫视各得 3% 以上。可见，在这场争夺注意力的战争中，湖南、山东、江苏等强势卫视在电视剧市场更具有竞争优势。

2. 对优秀剧目资源的争夺，强势平台占优

先看全国市场，优势电视剧资源牢牢掌握在强势卫视手中，随着不少二三线卫视重金猛砸心仪剧目，在激烈的市场竞争中也获得了一些宝贵的晋升机会。在 80 城市19:30—21:30时段卫视频道平均收视率超过（含）1%的电视剧部数，2012 年达到 94 部，其中江苏、山东、浙江三家卫视所占的数量比 2011 年均至少翻了一番。湖南卫视加入此时段播出电视剧之后，有 15 部平均收视率超过 1%。天津、上海、辽宁、黑龙江等卫视也都有不同数量的剧目入选（表 4）。

表 4　2011—2012 年卫视收视率超过（含）1% 的电视剧部数
（19:30—21:30，80 城市）

频道	央一	江苏	湖南	央八	浙江	山东
2011 年	22	8	—	9	4	3
2012 年	19	17	15	12	11	11
频道	安徽	上海	天津	辽宁	黑龙江	北京
2011 年	6	—	—	—	—	2
2012 年	3	2	2	1	1	—

数据来源：CSM 媒介研究

再看地方市场，电视剧的收视竞争集中度也是相当之高，大多数城市的电视剧收视市场被 2—4 个频道所垄断。2012 年 80 个城市中，各地晚间黄金时段近六成的城市其收视率前 20 名的剧目来自 2—3 个频道（表 5）。

表 5　2011—2012 年各地收视率前二十名的电视剧在不同数量播出频道中的分布
（18:00—24:00，80 城市）

播出频道数	2011 年城市数所占比例（%）	2012 年城市数所占比例（%）
1 个频道	3	10
2 个频道	35	28
3 个频道	31	28
4 个频道	16	12
5 个频道	9	9
6 个频道及以上	6	12

数据来源：CSM 媒介研究

3. 收视扁平化，顶尖剧目严重缺乏

近两年我国电视剧市场出现一个明显趋势，即几个强势卫视排名靠前的几部剧彼此之间的收视率差距在缩小，卫视之间的竞争更加胶着、激烈。然而，令人深思的是，市场上起到引航作用的、具有影响力的、一枝独秀式的高品质剧目极其罕见。

数据显示，2011—2012 年晚间 19:30—21:30 时段，所有卫视播出的电视剧中，每年约百分之一的电视剧平均收视率超过 2%，每年总数量不超过 10 部。约两成的电视剧收视率在 0.5%—1% 之间，约七成的电视剧收视率不足 0.5%。

相对于2011年，2012年中等和中上等收视水平的电视剧有所增加，收视率在0.5%—1%之间的剧目比例在提升，收视率在1%—2%的比例提升了一倍；收视率不足0.5%的电视剧比例下降，但是，平均收视率达到或超过2%的顶尖电视剧比例在下滑（表6）。

表6　2011—2012年中央台一套和八套、省卫视播出的电视剧收视阶梯分布（19:30—21:30，80城市）

平均收视率范围	百分比	
	2011年	2012年
2%及以上	1%	0.7%
1%—2%	5%	10.0%
0.5%—1%	17%	20.5%
0.5%以下	77%	68.8%

数据来源：CSM媒介研究

从制作水平上讲，商业化的生产模式打造出一系列水平趋同、品味尚可的作品，致使投放在实力类似的平台上的电视剧收视率较为接近。然而就电视剧的品质和影响力而言则大打折扣。不可否认的是我国当下的电视剧创作市场较为浮躁，沉不下心去创作具有生命活力的精品，荧屏上充斥着不少平庸之作。电视剧市场呼唤优秀剧目。

4. 市场重新洗牌，竞争格局逐渐明朗

自“限娱令”之后，电视剧市场面临洗牌，为某些卫视增加了翻牌几率，市场更加充满变数。笔者挑选了部分重点卫视来动态观察2012年晚间黄金时段电视剧的收视竞争特征（图8），研究发现：

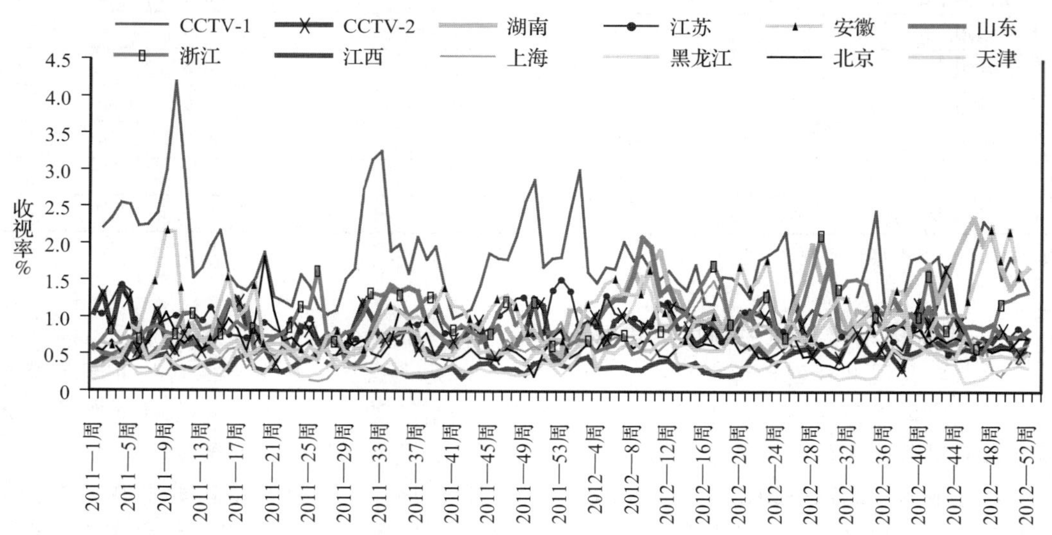

数据来源：CSM媒介研究

图8　2012年主要卫视频道首档剧（19:30—21:15时段）收视率分周走势（80城市）

首先，2012年上半年各频道竞争胶着，收视率曲线走势此起彼伏，很难泾渭分明地分出层次。但是，这种高下难分的局面进入10月份起被打破了，湖南、江苏、浙江这三家卫视凭借几部强剧异军突起：湖南卫视凭借《幸福妈妈》、《麻辣女兵》、《隋唐英雄》胜利突围，一展往日雄风；江苏卫视凭借《战旗》、《与狼共舞》、《山河恋》，与湖南卫视一较高下，而浙江卫视则凭借《民兵葛二蛋》顺利上位。

其次，好剧鲜、吃遍天。正因为市场缺乏顶尖剧目，明星电视剧对收视的拉动效应更加突出。例如，黑龙江卫视播出《樱桃》、安徽卫视和上海东方卫视播出《甄嬛传》时，均创下了频道内的年度最高峰。

5. 独家首播成为竞争利器，多家首播胜在联合

越来越多的省卫视注重资源的独占性，近两年竞争力强的电视剧更多采用独家首播模式。独家首播剧对于省级卫视，不仅仅是为了收视率的博弈，更是塑造品牌力、影响力的良好契机，当然，独家首播剧代价高昂，要想玩得起这个游戏，卫视频道需要付出更多的资金。

笔者统计了2012年省级卫视频道在19:30—21:30时段播出的电视剧，在全国80城市平均收视率超过1%的电视剧（剔除二轮剧）突破了60部，构成了强大竞争力的“好剧圈”，这些剧超过一半采用了独家首播模式（表7）。其中，湖南卫视、江苏卫视播出的独家首播剧整体表现突出。

表7　省级卫视平均收视率超过1%的首播剧采用各种播出模式的部数（19:30—21:30）

播出模式	2011年	2012年
独家首播	12部	33部↑
四家联合	6部	18部↑
两家联合	5部	5部
三家联合	—	4部↑

数据来源：CSM媒介研究

N家上星联合播出是省级卫视一种比较常见的购买模式，尤以四家上星首播最为流行。“对外收视垄断、对内收视共振”是这种联播模式的理想结局。虽然一线频道正在逐步退出或不再增加，实行“减法”操作，但是对于重点大剧，有时也会采用多家联合播出。多家首播剧胜在规模效应，收视率总和能够轻松超过其他任何单部剧。例如，2012年《樱桃》、《金太狼的幸福生活》在四家卫视的总收视率均突破了4%；《正者无敌》、《北京青年》等剧的总收视率也都超过了3%（表8）。

表8　2012年多家上星首播剧总收视率较高的剧目(80城市,19:00—22:00)

电视剧	联播卫视	总收视率%
樱桃	山东、辽宁、黑龙江、吉林	4.83
金太狼的幸福生活	河南、江苏、安徽、上海	4.29
正者无敌	浙江、天津、北京、上海	3.98
北京青年	浙江、天津、上海、北京	3.82
心术	浙江、安徽、天津、上海	3.68
乡村爱情小夜曲	山东、黑龙江、辽宁、北京	3.54
穆桂英挂帅	山东、安徽、天津、河南	3.28
飞虎神鹰	山东、云南、四川、黑龙江	3.25

数据来源:CSM媒介研究

五、海内外明星剧目

1. 内地剧:《国门英雄》、《甄嬛传》分别引航全国、地方市场

在80城市市场,2012年晚间黄金时段,所有卫视播出的电视剧中,中央台一套《国门英雄》是收视冠军,收视率达到2.85%,其次是湖南卫视的《幸福妈妈》,平均收视率为2.20%。《温州一家人》、《战旗》、《麻辣女兵》和《女人的抉择》平均收视率也都超过了2%(表9)。而2011年,共有9部剧单频道平均收视率超过2%,中央台一套播出的《幸福来敲门》、《中国地》平均收视率均超过了3%。相比之下,2012年单频道平均收视率超过2%的剧目仅有6席,无一部收视率超过3%,看起来颇有点星光黯淡、今非昔比之意。

表9　2012年卫视频道平均收视率超过2%的电视剧(19:30—21:30,80城市)

剧　　目	播出频道	收视率%
国门英雄	中央台一套	2.85
幸福妈妈	湖南卫视	2.20
温州一家人	中央台一套	2.14
麻辣女兵	湖南卫视	2.07
女人的抉择	江苏卫视	2.03
战旗	江苏卫视	2.02

数据来源:CSM媒介研究

在地方市场,80城市中进入当地电视剧收视率前五名频次较多的电视剧,表明其能在多个城市都有所战绩,收视价值具有普遍性。2012年表现突出的电视剧有《(后宫)甄嬛传》、《樱桃》、《国门英雄》、《穆桂英挂帅》、《神枪》、《遍地狼烟》等剧,均在不少于10个城市跻身前五名,其中《(后宫)甄嬛传》在14个城市表现突出,当属年度最受欢迎剧目(表10)。然而2012年进入前五名频次的电视剧整体表现不及2011年,从这个角度而言,2012年可谓电视剧的"小年"。

表 10　2012 年在多地收视表现突出的电视剧（19:00—22:00，80 城市）

电视剧	进入当地收视前 5 名的城市数	播出频道数
（后宫）甄嬛传	14	62
樱桃	13	22
国门英雄	12	17
穆桂英挂帅	12	50
神枪	12	37
遍地狼烟	10	21

数据来源：CSM 媒介研究

2. 海外剧：整体表现低迷，唯有《走出迷茫》收视率破 1%

2012 年高收视的海外剧减少了，平均收视率超过 1% 的仅有中央台八套播出的韩剧《走出迷茫》。湖南卫视播出的台湾剧《我可能不会爱你》平均收视率为 0.79%。安徽卫视播出的韩剧《别再犹豫》、《好老婆大联盟》系列和《面包大王》平均收视率均在 0.7% 左右（表 11）。

表 11　2012 年平均收视率靠前的海外剧（卫视，18:00—24:00 时段，80 城市）

电视剧名称	产地	播出频道	收视率（%）
走出迷茫	韩国	中央台八套	1.06
我可能不会爱你	台湾	湖南卫视	0.79
别再犹豫	韩国	中央台八套	0.79
好老婆大联盟二	韩国	安徽卫视	0.78
好老婆大联盟一	韩国	安徽卫视	0.73
面包大王	韩国	安徽卫视	0.73

数据来源：CSM 媒介研究

结语

2012 年电视剧市场呈现出一番风雷激荡之景象，旧的平衡被打破，新的秩序需要建立，颠覆、革新、变化、重塑、彷徨、慌乱、阵痛、观望、应对……这些都可以作为 2012 年电视剧市场的索引词。市场资源重新布局、流动、组合，虽出现了一些收视亮点，但同质化泛滥、创新乏力的问题同样突出。未来市场更加变化莫测，然而无论如何风云变幻，对于电视剧产业而言，创造好剧、发行好剧、深耕好剧，方是其获得可持续发展之关键。

（作者：李红玲）

2012 年全国综艺节目收视分析

2012 年，没有了“超女”和“快男”的综艺节目市场，依旧是歌唱类节目的天下。《中国好声音》等声音类选秀节目的异军突起，也让各家卫视看到，好节目还是有市场的。央视也首次放低姿态，将各家卫视的优秀选手集合起来办节目，让观众看到，节目没有最好只有更好。本文将为您盘点2012 年综艺节目收视状况，一起重温我们过去一年看过的综艺节目。

一、综艺节目整体收视状况

1. 综艺节目人均收视分钟数较 2011 年有小幅下降

2012 年 CSM 媒介研究所有调查城市观众全年人均综艺节目收视量为 6340 分钟，较 2011 年下降 4.4%（图 1）。从综艺节目分月人均收视分钟数走势来看（图 2），综艺节目的收视季节性突出地表现为春节期间的收视量大幅提升，不同年份间由于春节所在月份不同而形成明显的差异。从 3 月份开始到 8 月，2012 年综艺节目的人均收视分钟数都比 2011 年有不同程度的减少，其中 6 月份减少最明显，降幅达到 16%。过了暑期后，2012 年 9 月、11 月和 12 月的收视量平均比 2011 年同期提高了 9% 左右。

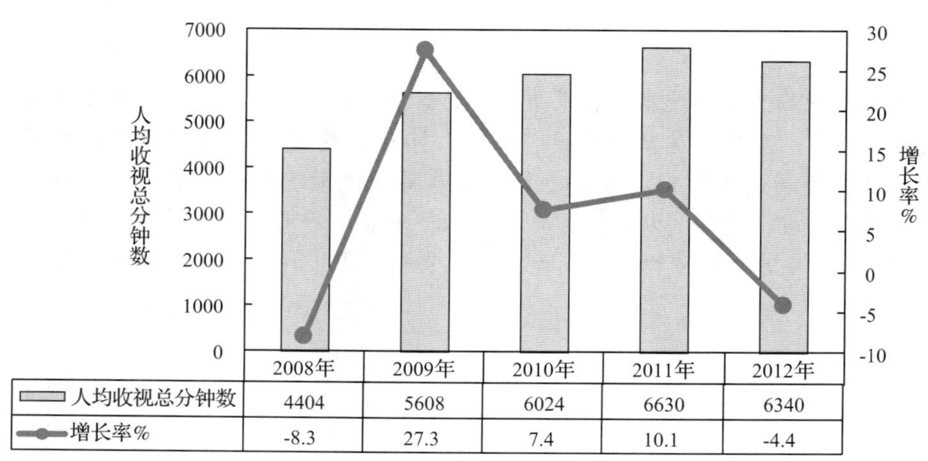

	2008年	2009年	2010年	2011年	2012年
人均收视总分钟数	4404	5608	6024	6630	6340
增长率%	-8.3	27.3	7.4	10.1	-4.4

数据来源：CSM 媒介研究

图 1　2008—2012 年综艺节目全年人均收视时长及增长率（历年所有调查城市）

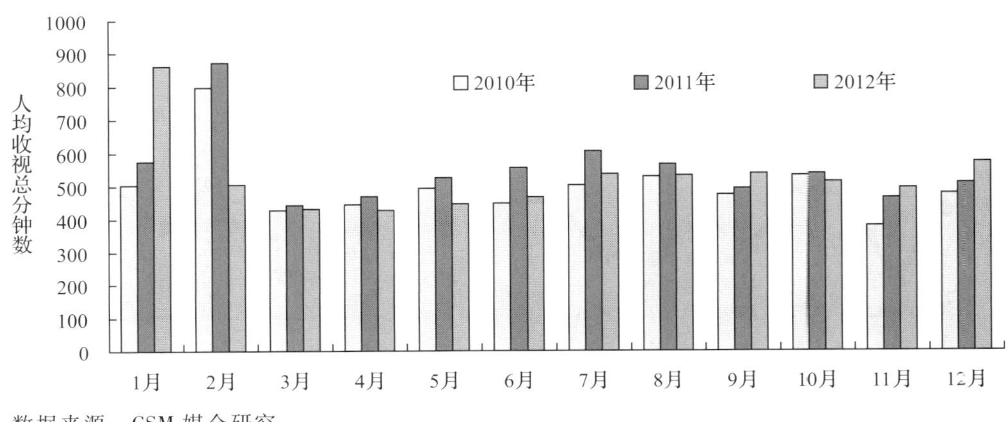

数据来源：CSM 媒介研究

图 2　2010—2012 年综艺节目分月收视时长比较（历年所有调查城市）

2. 综艺节目各周天收视量同比变化差异明显，周五和周日收视量增加

与 2011 年相比，2012 年大部分周天综艺节目收视量都有一定程度的下降，其中下降幅度最大值为周三，下降 25.3%。周二和周四的收视量分别下降了 14.6% 和 9.6%。周一和周六变化幅度不大，与 2011 年接近。收视量有所增加的周天是周五和周日，增加的幅度分别为 4.1% 和 4.2%（图 3）。可以看出，“限娱令”的确限制了卫视频道的综艺节目播出量并改变了频道的播出策略，各主要卫视更倾向于把强势的综艺节目集中于周末播出，在一定程度上造成周末的综艺节目市场的竞争更加激烈。

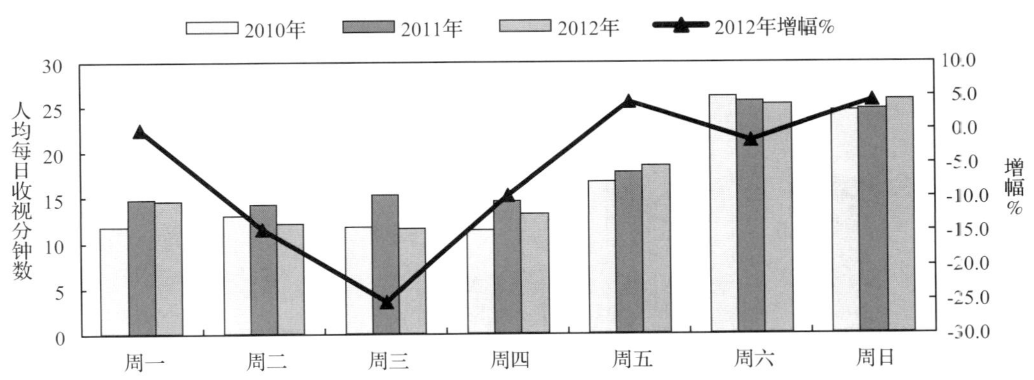

数据来源：CSM 媒介研究

图 3　2010—2012 年综艺节目分周天收视量比较（历年所有调查城市）

3. 观众收看综艺节目时段整体后移

2012 年，“限娱令”推出后，观众收看综艺娱乐节目的主要时段由原先的19:00—22:00后移到了21:00—23:00。与 2011 年相比，2012 年的22:00—23:00时段和24:00—25:00时段收视量都有比较明显的提升，同比增幅分别为 32% 和 29%（图 4）。

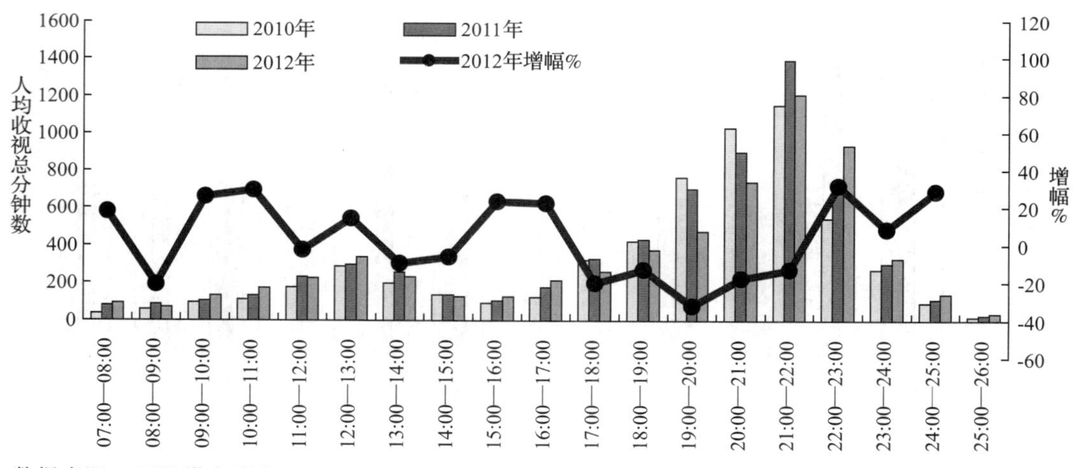

数据来源：CSM 媒介研究

图 4　2010—2012 年综艺节目全天分时段收视量对比（历年所有调查城市）

二、综艺节目收视竞争格局

1. 各级频道综艺节目收视竞争格局基本稳定，省级卫视份额略有下滑

2012 年综艺节目的市场竞争格局没有明显的变化。省级上星频道收视份额虽比 2011 年微降，但仍以 46.3% 的收视份额继续保持领先地位，中央级频道 33% 的收视份额位居第二。2012 年地面频道在综艺节目上的市场空间仍不足 20%，但省级非上星频道和市级频道收视份额比 2011 年都略有上升，其中省级非上星频道的收视份额为 14.9%，市级频道只占 4.9% 的份额（图 5）。

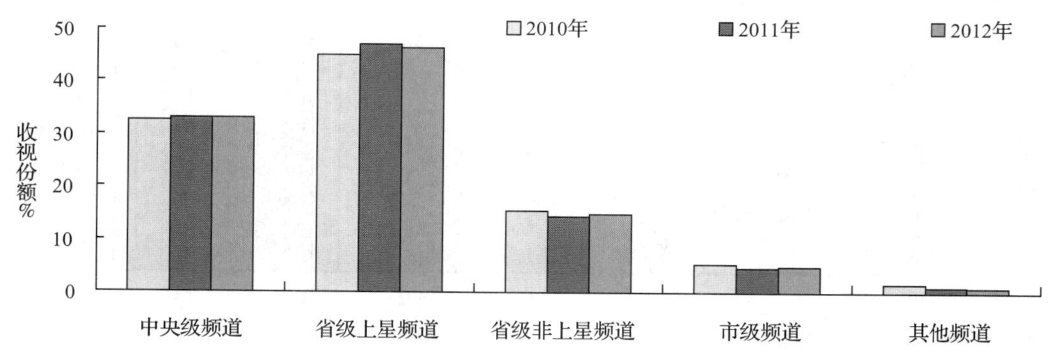

数据来源：CSM 媒介研究

图 5　2010—2012 年各级频道在综艺节目市场的收视份额（历年所有调查城市）

2012 年观众全年综艺节目人均收视量相比 2011 年有小幅度下降，从不同级别频道组来看，除其他频道外省级上星频道下降幅度最大，达到 5.6%，中央级频道组也出现 4.5% 的降幅，市级频道整体收视量较 2011 年有 1.3% 的增长（表 1）。

表 1 2010—2012 年各级频道综艺节目人均收视量对比（历年所有调查城市）

频道组	人均收视总分钟数			2012 年增幅%
	2010 年	2011 年	2012 年	
中央级频道	1960	2190	2091	-4.5
省级上星频道	2706	3111	2936	-5.6
省级非上星频道	933	957	946	-1.1
市级频道	326	308	312	1.3
其他频道	99	63	56	-11.1

数据来源：CSM 媒介研究

2. “限娱令”下省级卫视频道播出比重与收视比重下降明显

从综艺节目在各频道组内收播比重与资源使用效率来看，中央级频道和省级上星频道综艺节目2012 年的收视比重均有所下降，但其资源使用效率始终为较高的正值；地面频道的收视及播出比重与2011 年变化很小，资源使用效率仍然比较低（图6）。

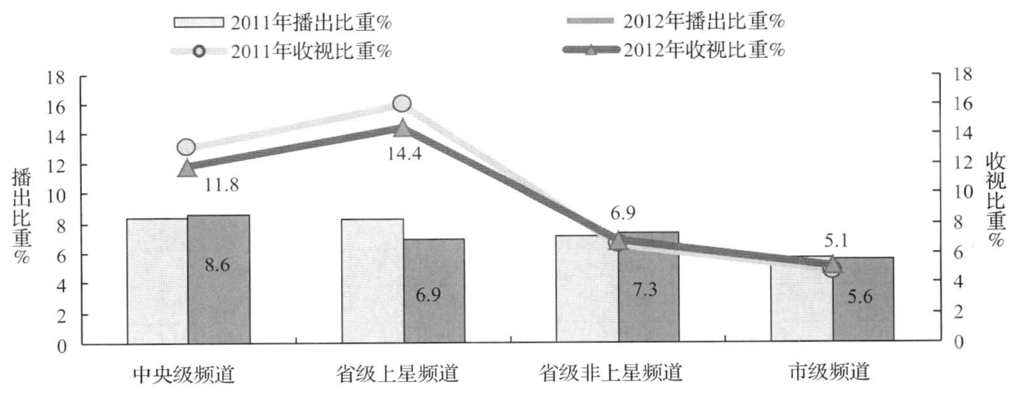

数据来源：CSM 媒介研究

图 6 2011—2012 年各级频道综艺节目收播比重（历年所有调查城市）

3. 综艺节目收视向强势频道集中，单频道份额各有进退

2012 年综艺节目收视份额排名前 10 位的频道收视份额合计 63.6%，较 2011 年的 62.5%增加了 1.1 个百分点，综艺节目的收视进一步向强势频道集中。中央台三套以 21.3%的市场份额继续占据头名位置，且较 2011 年有 2.4%的增幅。江苏卫视凭借 16.5%的增幅其收视份额达到 9.3%，排名第二。湖南卫视 8.8%的份额排在第三名的位置，比 2011 年出现了 25.4%的降幅。值得一提的是浙江卫视和天津卫视，2012 年收视份额均有超过 38%的增幅（表 2）。

表 2　2012 年综艺节目收视份额排名前十位的频道（所有调查城市）

频道	综艺节目收视份额%		
	2012 年	2011 年	增幅%
中央台三套	21.3	20.8	2.4
江苏卫视	9.3	8	16.3
湖南电视台卫星频道	8.8	11.8	-25.4
浙江卫视	7.1	5	42.0
中央电视台综合频道	4.3	5.2	-17.3
上海东方卫视	4.2	3.7	13.5
安徽卫视	2.8	2.5	12.0
中央台六套	2.3	2.7	-14.8
天津卫视	1.8	1.3	38.5
中央台四套	1.7	1.5	13.3

数据来源：CSM 媒介研究

4. 强势频道综艺节目形成差异化的受众定位，区隔竞争

从各年龄段观众综艺节目人均总收视量来观察，观众人均总收视时长基本随年龄段增长呈递增态势，且 45 岁及以上的观众人均收视时长较大幅度地高于 45 岁以下观众（表 3）。对比 2011 年，55 岁以下观众在各级频道综艺节目的人均收视量都有不同程度的下降，其中下降最多的是年龄在 4—14 岁的观众，下降幅度为 16%。各级频道组中下降最多的是省级上星频道。

表 3　2012 年各年龄段观众收看各级频道综艺节目人均总分钟数（所有调查城市）

其他频道	目标观众	所有频道	中央级频道	省级上星频道
4 岁及以上所有人	6340	2091	2936	1314
4—14 岁	3910	1023	2135	752
15—24 岁	4392	1018	2475	900
25—34 岁	4785	1265	2473	1047
35—44 岁	6005	1766	3080	1159
45—54 岁	8787	2907	4013	1866
55—64 岁	9417	3823	3584	2010
65 岁及以上	8967	4456	2667	1843

数据来源：CSM 媒介研究

由于频道观众定位及节目资源配置方面的差异，综艺节目收视量排名前五位的频道在观众特征上也呈现出一定的差异。主要可以分为三类，中央台综合频道和中央三套在 55 岁及以上的中老年观众中有较强的竞争力，江苏卫视和浙江卫视在 35—54 岁的中年观众中集中度较高，湖南卫视则更受 25 岁以下、年轻、女性观众的青睐。在受教育程度上各频道的差异并不太明显（图 7）。

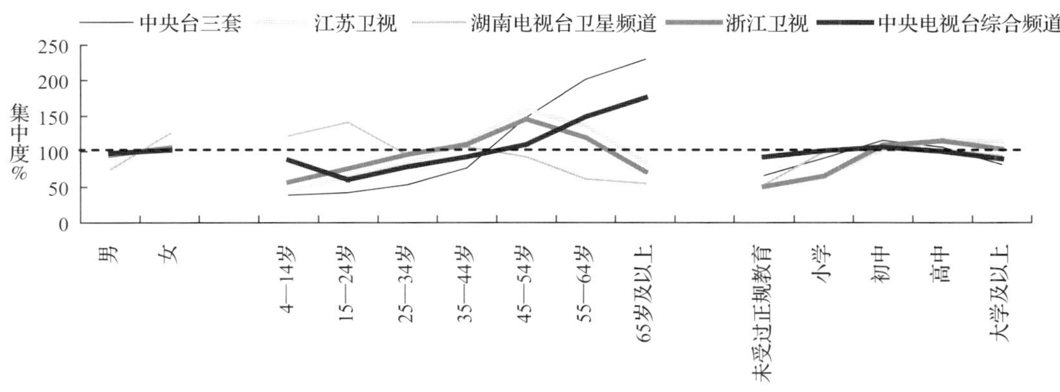

数据来源：CSM 媒介研究

图 7 2012 年主要频道综艺节目观众集中度（所有调查城市）

三、各级频道综艺节目 2012 年发展动向

（一）中央台综艺节目发展动向

央视 2012 年的关键词就是“创新”。2012 年，中央台放下姿态，与民同乐。央视一套推出了《谢天谢地你来啦》、《开讲啦》等一批口碑不错的节目。《谢天谢地你来啦》是央视一套全力打造的一档全新智慧型文化栏目，该节目由崔永元主持，这档节目最大的特点就是，对于参演嘉宾来说“一切都是未知”。嘉宾们分别打开一扇门进入不同的主题场景，在此之前，他们没有剧本，没有台词，对门后面的情景及自己将要扮演的角色更一无所知。因此，明星们面对未知挑战表现出的机智反应成为节目的最大看点，也成为他们的智商测试。

除此之外，中央台二套推出了一档由崔永元、周立波两位名嘴首度合作的全民脱口秀节目《小崔说立波秀》，每期节目时长为 60 分钟，从 9 月 28 日开始每晚21:20在 CCTV—2 十日连播，以财经的视角和大家一起聊聊生活中的你我都摆脱不了的十种关系。

2012 年各大卫视歌唱类选秀节目层出不穷，“打”得水深火热，央视在岁末将各地方卫视集合起来，办一档歌唱类节目，把大家喜欢的选手全都聚集在了央视的舞台上，《直通春晚》也就这样诞生了。由中央电视台主办、恒大音乐协办《我要上春晚特别节目——直通春晚》11 月 4 日开启，全国 12 大才艺竞秀节目的 36 名优秀选手正式通过该节目，争夺三个进军蛇年春晚的名额。[①]《直通春晚》第一场到第九场的收视不断攀升，获得大批观众的关注（图 8）。

---

① http://yule.sohu.com/20121214/n360412029.shtml

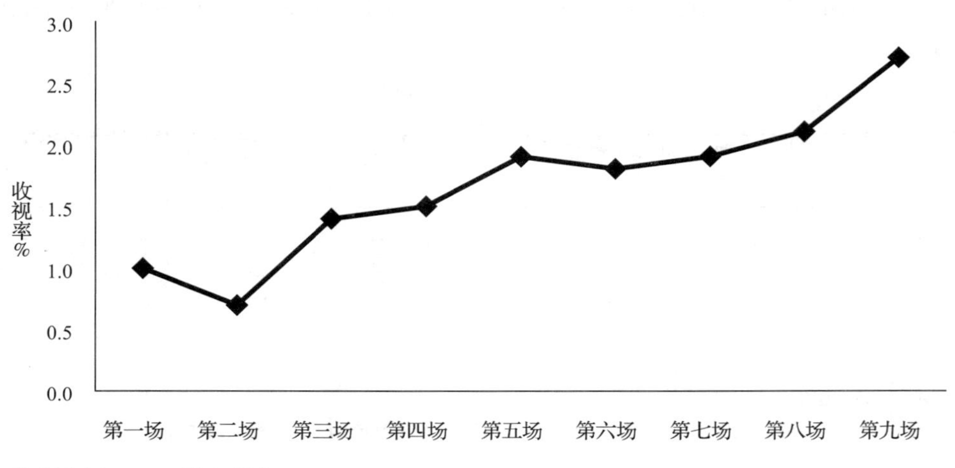

数据来源：CSM媒介研究

图8 《直通春晚》11月4日—12月30日每期收视走势（所有调查城市）

央视全面改版升级多个综艺节目，不断推出观赏性、话题性、创新性俱在的新综艺节目，深度发掘频道的“黄金价值”，打造全年持续不断的市场热点。央视从2012年11月30日开始于周五黄金时段推出《梦想合唱团》，这是央视近20年来首次在这个时段播放综艺节目，而《星光大道》也将移师央视一套。此外，央视一套将陆续对18:00档的节目进行调整，一批新的综艺栏目将进入央视一套。这也意味着央视将加强与省卫视综艺节目的竞争。①

（二）省卫视综艺节目发展动向

1. 声音类选秀节目大放异彩

2012年虽然没有“快男超女”的加入，但音乐选秀节目依然火热，除了浙江卫视的《中国好声音》，还有上海东方卫视的《声动亚洲》、青海卫视的《花儿朵朵》、辽宁卫视的《激情唱响》、山东卫视的《天籁之声》以及广西卫视的《一声所爱大地飞歌》等。都说春天是播种梦想的时候，虽然国家广电总局关于选秀节目的相关政策给节目制作和播出增加了诸多限制，但各省级卫视依旧各出绝招，高调推出强档选秀节目。相比起以往的“快男超女”，2012年的选秀节目有了很大的不同，没有局限性别或者唱法，以声音为主，民歌、清唱等音乐也登堂入室，给观众带来了不同的感观享受。

《中国好声音》节目开播伊始就有不错的收视起点，比赛进行中基本处于收视持续上升的状态，9月30日决赛在CSM所有调查城市的收视率突破了4%，收视份额高达15.4%（图9）。

① http://book.ifeng.com/gundong/detail_2012_09/22/17815189_0.shtml

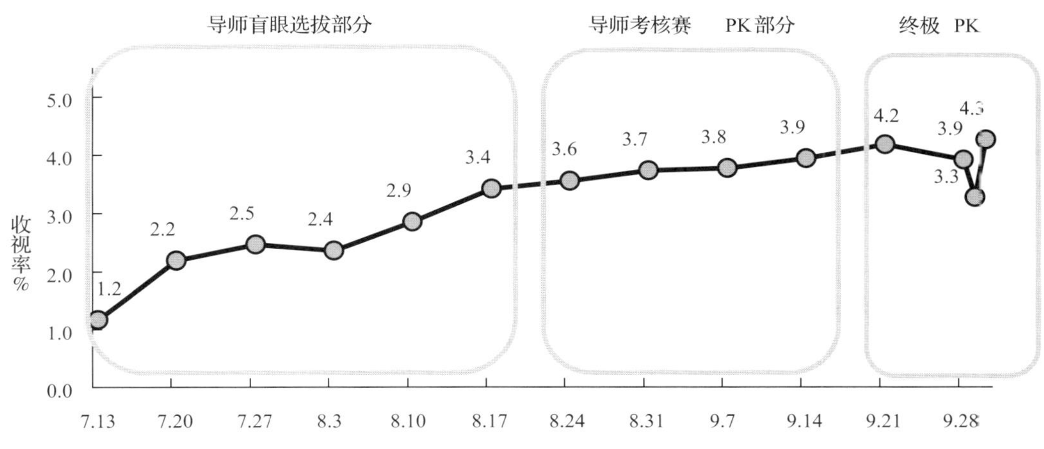

数据来源：CSM 媒介研究

图 9　2012 年暑期《中国好声音》每期收视走势（所有调查城市）

2. 婚恋交友类节目寻求新的突破点

尽管 2012 年《中国好声音》成为了新一代选秀节目的标杆，但是相亲、求职类节目还是拥有固定的收视人群，毕竟这些是和人们日常生活息息相关的内容，还是会受到观众的关注。虽然湖南卫视的《我们约会吧》、上海东方卫视的《谁能百里挑一》也同样力求在相亲类节目中突围，但是始终没有逃出《非诚勿扰》的“包围”。从《非诚勿扰》节目近两年来的月度收视走势上看，节目首播时段的收视率非常稳定，始终保持在较高的水平上（图 10）。

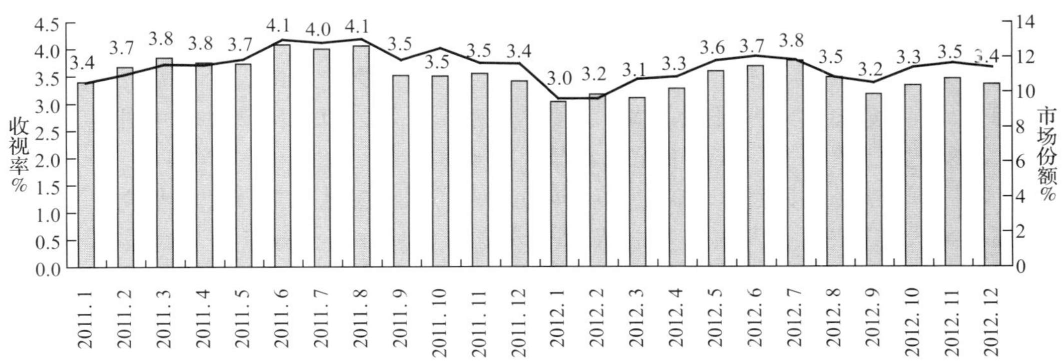

数据来源：CSM 媒介研究

图 10　2011—2012 年《非诚勿扰》月度收视走势（所有调查城市）

从 2010 年掀起荧屏相亲热，《非诚勿扰》继 2011 年的美国专场后，在龙年开年趁势推出英国专场。同 2011 年美国专场一样，英国专场男女嘉宾个个都是高学历，大多都活跃在金融、教育、医学等领域。据统计，20 位女嘉宾都是硕士及以上学历，分别来自于剑桥大学、牛津大学、伦敦皇家音乐学院等世界知名学府，既有和郎朗师承一家的青年钢琴家，还有长相酷似胡海泉的技术男。

浙江卫视透露2013年准备引进美国的著名交友速配类节目*The choice*。节目中，四个男嘉宾坐在转椅上，背对着舞台听单身女嘉宾说话，如果感觉合适，便“转椅”看“未来女友”长什么样。此外，福建东南卫视的《约会万人迷》、上海台的《相约星期六》等多档相亲节目均声称要采用“盲选”形式，不管机制如何，嘉宾都要先背对相亲者，等相亲者表演完毕，另一方再决定是否转过椅子，与相亲者牵手。①

3. 职场类节目抢尽话题

“限娱令”的出台催生了更多“去娱乐化”的新型节目，因此，竞相研发求职类节目成为卫视突围的重点。除了已有的天津卫视的《非你莫属》，江苏卫视一连推出了两档职场节目——《职来职往》和《脱颖而出》，福建东南卫视、重庆卫视分别推出了《步步为赢》和《我是谁》，一时间求职类节目成为新宠，以“井喷”的态势轰炸荧屏。

在众多的职场节目中，天津卫视的《非你莫属》凭借几个话题性事件冲入年度收视排行榜，而主持人张绍刚的“毒舌”也成了焦点话题。节目中，张绍刚犀利的点评和颇有进攻性的追问，经常令求职者招架不住，进而导致戏剧性场面的发生，从高校女教师吴铮真崩溃大哭，到他与海归女刘俐俐激烈“互掐”，再到留法学生郭杰当场晕倒……张绍刚的“强势主持”，引起不少网友反感，而节目以话题博眼球的行为，也一度激起外界的抵触情绪。除了《非你莫属》通过“海归门”、“学历门”引发争议外，不少节目被指是披着求职马甲大搞娱乐噱头，如《脱颖而出》里，应聘女保镖职位的美女们身穿比基尼秀身材的内容，就引发了不少争议。②

4. “真人秀”依托“真实”成为荧屏热点

进入2012年，“真人秀”节目如雨后春笋般出现，《梦想成真》、《一站到底》、《纵横四海》、《大爱东方》、《平民英雄》、《步步为赢》等，加上此前的《中国达人秀》、《中国梦想秀》，“真人秀”类节目呈现出繁荣的景象。

“真人秀”节目的回潮，反映出社会转型期人们对纪实性综艺节目的偏爱，对戴着面具招摇的厌恶和逆反，标志着电视人对观众需求的一种理性呼应。从《星光大道》、《中国达人秀》、《花儿朵朵》、《中国好声音》等“真人秀”节目中走出来的一批平民英雄、草根明星，如旭日阳刚、西单女孩、刘大成、菜花甜妈、大衣哥等，成为广大观众可资借鉴的人生模板，他们的梦想与追求，抑或辛酸与汗水，撩拨起寻常百姓心底那股向真、向善、向美、向上的情愫，而这种吻合了社会主流价值观的栏目，必然会得到收视市场的认可（图11），赢得主流观众的眼球和管理层的首肯。

① http://yule.sohu.com/20121228/n361915844.shtml

② http://et.21cn.com/tv/roll/2012/12/28/14203034.shtml

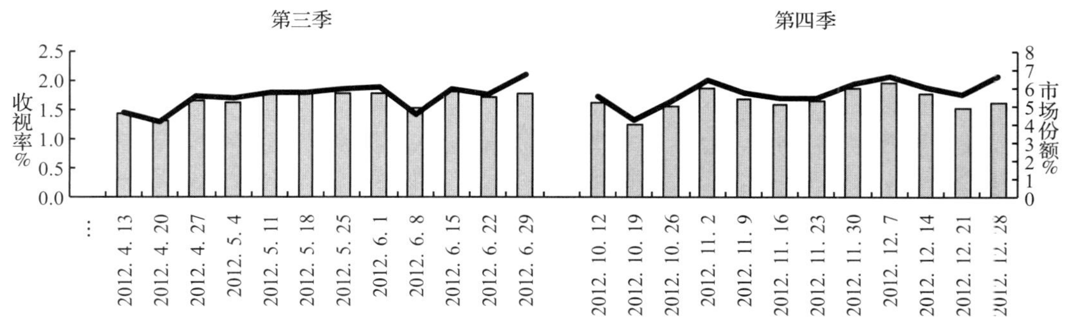

数据来源：CSM 媒介研究

图 11　浙江卫视《中国梦想秀》第 3—4 季节目每期收视率走势（所有调查城市）

（三）地面频道综艺节目创新亮点

2012 年，各地方台也不甘寂寞，纷纷开始效仿省卫视办起了“谈话类”、“歌唱类”和“相亲类”等节目来瓜分综艺节目市场蛋糕。那么地方台如何在激烈的竞争环境下迅速突围，锁定目标人群，扩大市场份额，以提高地方台的品牌影响力呢？下面我们来看看那些在当地比较有影响力的综艺节目究竟有何特别之处。

1. 相亲类节目—广州广播电视台《全城热恋》

《全城热恋》是广州广播电视台全新推出的一档婚恋交友节目，通过轻松的游戏，真诚的沟通，为单身男女搭建起一个婚恋交友平台。6 位男嘉宾与 6 位女嘉宾在舞台上通过热恋话题讨论、互动游戏、才艺展示、密室拷问等环节先互相了解，然后现场选择速配对象。

节目特点之一：本土化。结合婚恋交友的特点，该节目更注重本地男女嘉宾的交流和沟通。男女嘉宾均来自广东地区的各行各业，无论是海警、飞行员、大学教师，还是护士、摄影师、银行职员，都没有限制。嘉宾在节目结束后，仍然可以有建立起婚恋交友的可能性，真正为有婚恋需要的人搭建一座爱的桥梁。

节目特点之二：娱乐性。在节目中设置一些特别环节，“一箭钟情”、“才艺表演”、“密室拷问”、“一锤定姻”，各式各样充满娱乐性、趣味性的环节让男女嘉宾在节目过程中增进了解，打破尴尬的气氛，拉近彼此的距离。

除《全城热恋》之外，在当地比较有影响力的该类节目还有成都地区的《相亲进行时》、浙江地区的《相亲才会赢》以及上海地区的《相约星期六》等。[①]

2. 谈话类节目—BTV 文艺频道《星夜故事》

《星夜故事》是一档全新的综艺谈话节目，2012 年 1 月起，每周四晚 19:35 在 BTV

① http://jq.tvsou.com/introhtml/842/1_84277.htm

文艺频道播出，时长50分钟。节目主打“故事牌”——“昨天的我们，今天的故事”是栏目的定位理念。创作团队十分注重创新，不仅设置了“星夜博物馆”、“星夜故事会”两个独具特色的精致板块，还为主持人增设乐队+主唱，打造“即兴脱口唱”的特色互动形式，这在国内是首例。

节目主要针对15—44岁的年轻受众，风格时尚，内容新鲜，注重故事的挖掘和人物的选择，用独家视角展现明星的各种“社会关系”。比如：名师高徒（展现师徒、师生间的传承故事）、明星同学会（展现同学情谊及成长故事）、一起走过的日子（同事情、战友情、公益情、创业情）、我们的纪念日（艺术院校校庆日、艺术团体成立日等专场）等。①

3．歌唱类节目—上海电视台娱乐频道《妈妈咪呀》

《妈妈咪呀》是SMG与新娱乐联合推出的一档大型女性歌唱真人秀节目，源自曾在韩国创造收视奇迹的王牌节目 *Super Diva*。一群热爱唱歌的妈妈们在节目中一展歌喉，通过歌声诉说自己的心声。《妈妈咪呀》第一季在上海电视台娱乐频道以高收视率收官，也让不少因为成家而搁浅了自己的舞台梦想的主妇们在节目中一展歌喉、绽放惊人魅力。第二季《妈妈咪呀》从2013年1月起，由地面频道转为东方卫视上星播出，作为2013年的开年巨制，誓要点燃中国“绝望主妇”们的华丽逆袭。②

国内各大卫视争抢美国、英国、荷兰等国家节目版权，电视节目风格较为欧化。而作为地面频道，新娱乐则将目光瞄准了韩国市场。“首先，从性价比而言，韩国节目的模式费用相对性价比更高，同时在情感的共鸣上，相信同在亚洲的韩国节目更能与中国百姓产生共鸣。”该节目总导演巫建辉同时也透露，为了让节目更“接地气”，节目中也将加入更多符合国内观众口味的元素，让节目朴实真诚的本质更能打动中国观众的心。③

四、2012年综艺节目总体特点

1．草根当主角——电视媒体的独特风景

电视艺术作为最大众化的艺术形式，关注平民百姓，给平民百姓提供展示的舞台，既是电视受众的选择，又是电视人履行“三贴近”的结果。支撑传统电视的不是社会精英阶层，而是占社会绝大多数的平民百姓。旭日阳刚、西单女孩、菜花甜妈、大衣哥等的人生经历、情感故事，特别是对命运的不甘与抗争，最容易拨动平民百姓的心弦，得到主流受众的认同。

《星光大道》、《中国好声音》这些节目之所以比青歌赛更有看点，更受欢迎，其魅力主要来源于草根身上曲折的人生经历和丰富的情感故事，以及他们原生态的真实呈现，他们的喜怒哀乐，流露出人性的率真，为观众提供了镜鉴社会现实的窗口。

---

① http://baike.baidu.com/view/7746511.htm

② http://ent.163.com/12/1227/21/8JOS3KIS00032KMI.html

③ http://sh.people.com.cn/n/2012/0730/c137167-17298151.html

关注草根，重视草根，体现了媒体对主流受众群体的尊重，必然会得到平民百姓的收视呼应。

2. 去低俗化——观众与电视人的共同选择

国家广电总局颁布的《关于进一步加强上星综合频道节目管理的意见》于2012年1月1日起正式实施，这一被解读为“限娱令”的文件，限制的并不是娱乐，而是过度娱乐和娱乐的低俗化倾向。此“限娱令”的出台对电视艺术的发展无疑是一股清风，有益于整个行业实现社会效益与经济效益的有机统一，有益于建立客观公正的节目综合评价体系，以校正节目生产的导向。实际上，去低俗化不仅是政策约束的结果，也是观众与电视人的必然选择。因为，在过度娱乐的风潮中，始终伴随着批判的声音。同时，低俗的娱乐也非有良知的电视人的选择。

“限娱令”实施后，过度娱乐的趋势得到有效遏制，综艺娱乐节目覆盖晚间黄金档的状况不复存在，一些新闻、教育、法制、生活服务类节目开始登陆晚间黄金档，同时，涌现出一批内涵丰富、态度真诚的综艺类节目。

3. 彰显公益——媒体人社会责任感增强

在“第五届《综艺》年度节目暨电视人”评选中，央视的《开学第一课》和《感动中国》被评为年度特别节目，这两档节目的获奖得益于一个共同的元素——“公益”。不仅央视，其他卫视也把公益作为一个内容制作趋向。彰显公益，标志着电视人社会责任感的增强。凸显社会主流价值理应成为电视人的行为自觉。

公益包括物质和精神两个层面。一类是侧重物质帮扶的，主要栏目有：《天声一队》（湖南卫视）、《纵横四海》（山东卫视），以及此前的《梦想合唱团》（央视）、《欢乐合唱团》（东南卫视）；另一类是侧重精神感召的，主要栏目有：《开学第一课》（央视）、《中国梦想秀》（浙江卫视）。与直接的物质帮扶相比，泛公益色彩的精神感召类栏目更符合电视的传播特质。每年一届的《感动中国》，以及季播的《中国达人秀》、《中国梦想秀》堪称此类栏目的典型。

强化公益色彩，弘扬社会慈善，是电视艺术义不容辞的神圣使命。综艺类节目的公益走向，契合了社会转型期人们的精神诉求，应当引起电视人的重视。

4. 强调节目功能——电视服务意识再升级

2012年年初，福建东南卫视引入江苏卫视《职来职往》的制作团队，上了一档职场类节目《步步为赢》。偏居一隅的东南卫视不惜重金打造这档职场真人秀节目，意在功能性节目市场分得一杯羹。在他们看来，婚恋、求职等功能性节目依然有很大的市场需求，福建东南卫视总监叶雄彪为《步步为赢》做的注脚是：“现在已经不是以前做综艺节目的时代了，那时候，单纯做做游戏，逗人开心就可以达到较好的收视效果。现在，节目必须体现社会价值，同时，要引导受众的价值观。”

体现社会价值，引导受众的价值观，是当今电视人对电视服务理念的新诠释。换言之，将价值观融入服务类综艺节目之中，用综艺的形式传递社会主流价值观，最大限度地满足观众的需求。职场类节目的服务功能吻合了当下找工作的社会需求，有着广泛的收视市场，这是电视传媒选择功能性综艺节目的市场依据。

功能性综艺节目还包括婚恋交友类、生活服务类、情感疏导类、知识普及类等。生活服务类节目是娱乐节目受限后电视台最先开发的节目类型，生活有多少维度，节目就有多少服务的可能。辽宁卫视的《复合天使》、青海卫视的《牵手》都属于此类节目。

知识普及类节目，包括《冲出危机》、《安全密码》等，同样是综艺节目的开发方向。湖北卫视的《冲出危机》精选世界各类灾难和事故，通过解剖典型危机案例，体验仿真危难场景，演示实用求生技能等，探讨应急处置方案，传递公共安全知识。贵州卫视的《安全密码》，既讲悬念故事，又传播安全知识和危机处理技巧。另外，河南卫视的《钢镚大财神》、宁夏卫视的《健康大财富》、湖北卫视的《饮食养生汇》都属于此类节目。

厨艺类节目，经过前几年的探索，无论内容还是形式都有了新的变化。《厨类拔萃》是东南卫视一档大型美食竞技“真人秀”节目，他们希望有一定烹饪技巧的美食达人，为观众带来美食技巧、美食梦想和有关美食的故事。《顶级厨师》是上海东方卫视引进的一档版权节目，该栏目在北京、上海、成都、杭州、哈尔滨等大城市寻找平民美食家，同时邀请葛优、海清、那英、曾志伟等名人和专业美食评论家一起组成美食观察团，助力平民实现厨师梦想。[①]

结语

不同于新闻节目和电视剧，综艺类节目是电视人终极 PK 的阵地，体现着电视台的综合实力。把握综艺节目发展趋势，了解综艺节目创作规律，提高综艺节目制作水平，不仅是频道与频道、台与台竞争的需要，也是传统电视应对新媒体蚕食的需要。在“内容为王”的时代，不断提升节目品质，方能在激烈的竞争中站稳脚跟。

（作者：赵晖）

① http://qnjz.dzwww.com/xwgc/201211/t20121126_7734629.htm

2012 年全国体育节目收视分析

作为体育大年的2012年，奥运会、欧洲杯等大型赛事留下数不清的经典瞬间，有太多的荣誉需要回望，有太多的瞬间值得记忆。伦敦奥运会中国代表团共获得38枚金牌、27枚银牌、23枚铜牌，创造了境外参加奥运会的历史最好成绩。这其中，有8个项目是历史上首次获得奥运会金牌，17个项目首次获得奥运会奖牌。本届奥运会中国军团在基础大项田径游泳实现巨大突破，共获得6枚金牌、2枚银牌、8枚铜牌，孙杨、叶诗文、焦刘洋用5枚金牌让中国游泳终于久旱逢甘露。但是有辉煌也会有遗憾，刘翔的再次退赛让无数国人为之潸然泪下，两次无缘奥运会让无数人为之惋惜。在这一年里，中国男子职业篮球联赛欣欣向荣，2011—2012赛季北京金隅历史性突破首次捧起冠军杯；NBA巨星麦蒂，"大将军"阿里纳斯的加盟，易建联的回归，让2012—2013赛季初始就格外引人瞩目，北京、上海等主场部分场次上座率几近100%，部分场次收视率甚至超过美国NBA在中国的转播收视率。世界女子职业高尔夫球LPGA锦标赛上，冯珊珊夺得职业生涯首个大满贯赛冠军，也成为高尔夫大满贯中国第一人；在昆明举行的世界级拳王争霸赛中，熊朝忠在迷你轻量级（105磅）中获胜，成为中国首位世界职业拳王；在第51届乒乓球团体世锦赛中，中国女队完胜新加坡队，时隔两年后重新夺回考比伦杯，中国男队实现世乒赛六连冠。

2012年的国际体坛也是精彩纷呈，伦敦见证了荣耀，激励一代人的口号响彻全球；博尔特破记录，双卫冕，飞人无极限；菲尔普斯三届奥运18金，缔造新传奇；詹姆斯9年梦圆；林书豪疯狂崛起；穆雷在美网和奥运会上双折桂；2012也是"梅西年"，梅西势不可挡，成为历史上单年进球数最多的球员；欧洲杯西班牙强势卫冕，不仅成为历史上第一支成功卫冕欧锦赛冠军的球队，也是第一支连续夺取三届大赛冠军（先夺欧锦赛、再夺世界杯、三夺欧锦赛）的球队。

如此精彩纷呈的一年全国体育节目的收视情况如何呢？为了回答这个问题，本文将根据CSM媒介研究2012年在全国所有调查城市的收视调查数据，对全国体育节目的收视情况进行分析研究，总结2012年体育节目收视特征。

一、体育节目整体播出及收视情况

由于有奥运会等大型赛事，2012年的体育电视节目市场表现与2011年相比有所回升，从电视台的投入到观众的收视热情程度都有所提高，使得体育节目的播出量和收视量较2011年均增加。

1. 体育节目人均收视时间较2011年上升

2012年我国电视观众全年体育节目人均收视时长为1,868分钟，虽然超过了2011年，但与2006年和2008年这些体育“大年”相比尚有一定的差距（图1），尤其是与同为“奥运年”的2008年相比，2012年全年人均体育节目收视时长下降了52.6%。

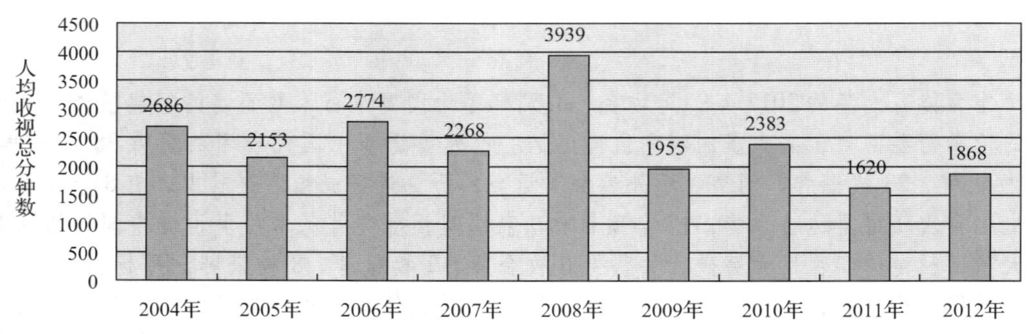

数据来源：CSM媒介研究

图1　2004—2012年体育节目人均收视总分钟数（历年所有调查城市）

体育电视节目的专业性特点使得体育电视节目各目标观众的收视特征明显。各目标观众的人均体育节目收视时间均比2011年有所上升，男性、高学历、高收入观众的体育节目人均收视时长仍然高于女性、低学历、低收入群体（表1）。2012年体育节目的总

表1　2012年各类目标观众体育节目人均收视总时长（所有调查城市）

目标观众		人均收视总分钟数	目标观众		人均收视总分钟数
4岁及以上所有人		1868	性别	男	2337
年龄	4—14岁	709		女	1389
	15—24岁	1235	职业类型	干部/管理人员	2662
	25—34岁	1551		个体/私营企业人员	1684
	35—44岁	1656		初级公务员/雇员	2088
	45—54岁	2620		工人	1738
	55—64岁	2636		学生	1042
	65岁及以上	3363		无业	2455
个人平均月收入（元）	0—600元	951		其他	899
	601—1200元	1444	受教育程度	小学及以下	1103
	1201—1700元	1325		初中	1749
	1701—2600元	1505		高中	2233
	2601元及以上	1977		大学及以上	2336

数据来源：CSM媒介研究

体观众构成情况与往年类似，本文在后面的电视观众特征部分将通过观众构成和集中度等指标进行进一步分析。

2. 伦敦奥运会对体育节目收视量影响显著

2012年不同月份体育节目的播出量波动较为明显。播出量最大的月份出现在6月，各级频道体育节目播出量在当月合计达到9598小时。这一方面是受到欧洲杯、奥运会预选赛等重大赛事的影响，该月体育节目资源较为丰富；另一方面是为了迎接7月底开幕的伦敦奥运会，各频道对往届奥运赛事进行了比较集中的回顾。9月份是2012年体育节目播出量的最低点，仅有7540小时左右。

2012年各月份体育节目的收视量也呈现出差异。受到伦敦奥运会的影响，7、8月份成为2012年度体育节目收视量的顶峰。从4月份开始，人均收视时长开呈现指数增长，在8月伦敦奥运会期间达到巅峰，体育节目的人均收视时长达到437分钟。然而，奥运后的体育节目收视市场则呈现出了低迷状态，全年收视量的低谷出现在9月，人均收视时长仅为73分钟。与2011年相比，除了奥运期间，2012年只有2月、3月和6月三个月份体育节目的人均收视量略高于2011年同期，其他各月收视量较前一年均有所下降（图2）。

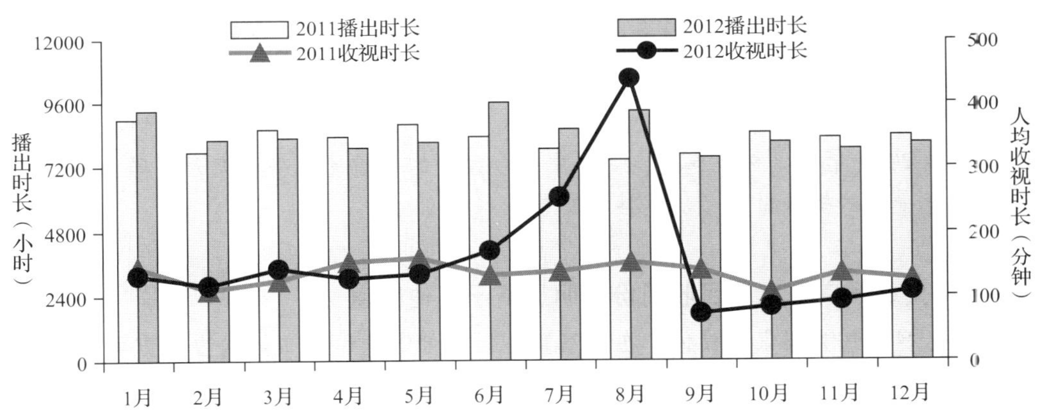

数据来源：CSM媒介研究

图2　2011—2012年各月体育节目播出及收视时长（历年所有调查城市）

3. 体育节目收视及播出比重较2011年有所提升

2012年体育节目的播出时长占所有节目播出时长的2.3%，体育节目的收视时长占所有节目收视时长的3.2%。受到奥运会和欧洲杯这两大赛事的带动，2012年收视比重和播出比重较2011年均有所提升，资源利用率也有更为理想，但与同是体育大年的2008年和2010年相比则仍有一定差距（图3）。

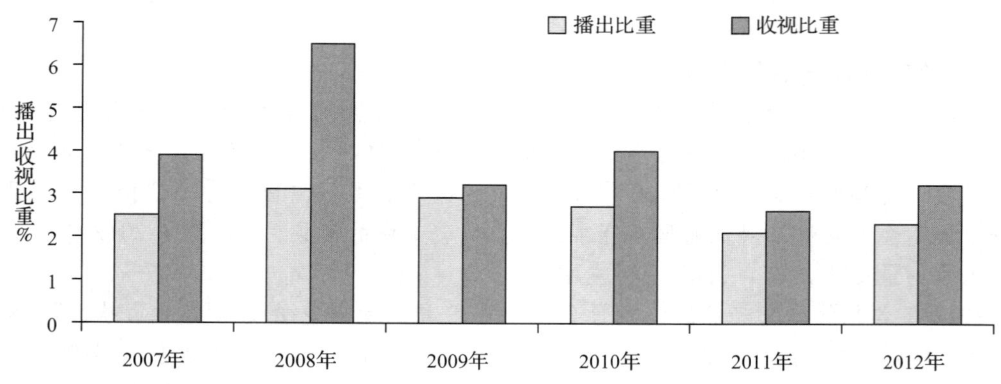

数据来源：CSM媒介研究

图3　2007—2012年体育节目的播出比重与收视比重（历年所有调查城市）

二、体育节目收视市场竞争概况

2012年体育节目收视市场竞争格局与2011年相比没有发生显著变化，中央电视台在全国市场的霸主地位仍然难以撼动。在各类体育赛事中，具有一定时间跨度的大型体育赛事往往成为最具有代表性的“资源”丰收季，2012年中旬的欧洲足球锦标赛和伦敦奥运会以及2014年世界杯预选赛，使得中央台频道的传播优势得以充分发挥，为中央级频道整体竞争力的提升做出了决定性的贡献。

1. 中央级频道体育节目收视份额明显高于其他频道

中央电视台作为国家级媒体，在政策倾斜、文化底蕴和媒介影响力等方面都具有无可比拟的优势。凭借这些资源和优势，以中央台为主体的中央级频道在体育节目收视中获得了无可比拟的竞争优势。虽然从播出量来看，限于频道数量等客观原因，中央级频道体育节目的播出量仅占体育节目播出总量的8.5%，并不具备优势。同样的情况也出现在省级卫星频道中，通常每个省只能有一个综合频道的节目信号通过卫星转播。因此，播出体育节目时间最长的是数量众多的省级地面频道和城市台频道。

但是，从收视量来看，凭借全国覆盖的观众基础再加上拥有大型体育赛事资源的优势，中央级频道仅以8.5%的播出份额获得了72.5%的收视份额（图4）。与2011年相比，中央及频道播出的体育节目无论是从播出份额上还是收视份额上都有了一定的增长：播出份额较2011年增加了0.5个百分点，收视份额增加了3.7个百分点。由此可以看出，重大体育赛事资源对提升频道在体育节目收视中的竞争力起到较为重要的作用。

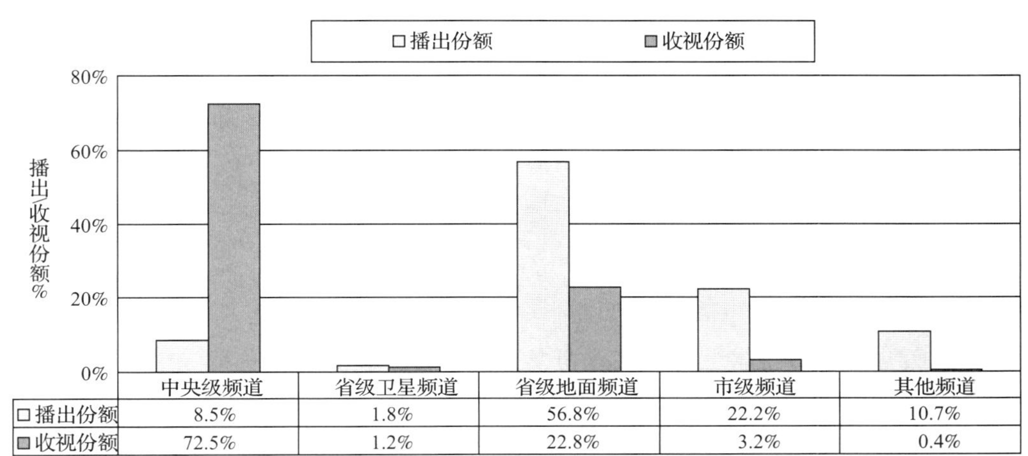

数据来源：CSM 媒介研究

图 4　2012 年在体育节目市场不同级别频道的播出份额与收视份额（所有调查城市）

2. 地方频道体育节目播出份额与 2011 年持平，收视份额下降

地方电视频道体育节目的总体播出份额与 2011 年基本持平，但收视份额下降了 3 个百分点。比较地方各级频道的体育节目播出份额和收视份额近两年的变化，可以看到：2012 年省级上星频道的播出份额和收视份额与 2011 年相比均有所下降；省级地面频道体育节目的播出份额与 2011 年基本相同，但收视份额下降了 1.1 个百分点；市级频道体育节目播出与收视份额均较 2011 年降低；其他频道的播出和收视份额有所增长，但由于覆盖的局限，对收视的影响较小（表 2）。体育赛事转播的时效性、观赏性以及影响力是吸引观众收看的主要动力，而目前地方频道掌握的精品体育节目资源较为匮乏，所以虽然播出份额较高，但对观众的吸引力并不够强。

表 2　2011、2012 年地方频道体育节目播出份额及收视份额比较（历年所有调查城市）

年份	省级卫星频道		省级地面频道		市级频道		其他频道	
	播出份额	收视份额	播出份额	收视份额	播出份额	收视份额	播出份额	收视份额
2011 年	2.4%	1.7%	56.9%	23.9%	23.0%	4.8%	9.4%	0.2%
2012 年	1.8%	1.2%	56.8%	22.8%	22.2%	3.2%	10.7%	0.4%

数据来源：CSM 媒介研究

总而言之，与 2011 年相比，2012 年中央级频道在体育节目播出量变化不大的情况下，收视竞争力有所提升。可以说 2012 年是体育节目较为“红火”的一年，无论是大型重要赛事还是中国军团在各项赛事中的优异表现都吸引着中国体育节目观众的注意力。

三、体育节目观众特征

2012 年是个体育大年，伦敦奥运会、欧洲杯足球赛等重大赛事如期举行。重大赛事有时会超越体育范畴而成为一种能够吸纳更广泛人群关注的事件。在2012 年体育节目的观众构成特征与往年相似的前提下，观众性别及年龄分布更趋均衡。与2011 年相比，女性在 2012 年对体育节目的收视贡献有所提高；55 岁及以上老年人一直是电视节目及体育节目的主要观看人群，而 2012 年，55 岁以下的中青年观众贡献了更多比例的体育收视，25—54 岁各年龄段群体的收视集中度均高于 2011 年。2012 年，低收入观众所占比例继续降低；从学历角度看，中、高学历观众比例有所增加（图5）。

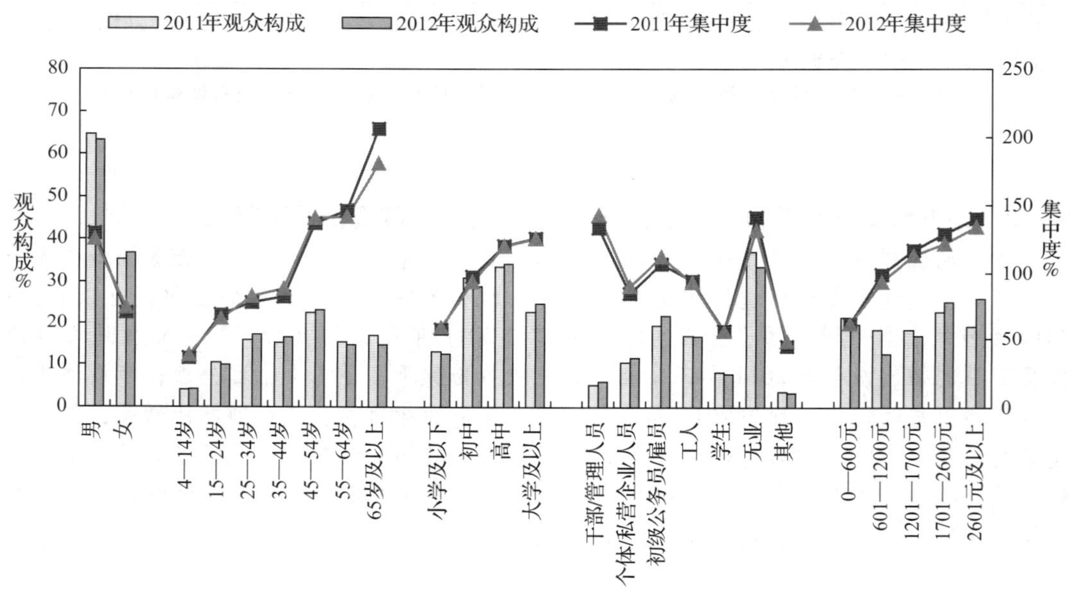

数据来源：CSM 媒介研究

（注：集中度大于 100% 表示该人群更加偏爱观看该节目）

图 5　2011—2012 年体育节目的观众构成与集中度（历年所有调查城市）

四、中央台五套体育节目收视状况

（一）中央台五套的整体收视概况

从中央台五套在 2012 年各周平均收视率走势来看（图 6），2012 年伦敦奥运会明显是一个分水岭。从年初至年中，周平均收视率通常在 0.2% 上下浮动，几个重要赛事拉动其所在周在平均收视率曲线中形成波峰。

以前NBA巨星马布里为主将的北京金隅队在2011—2012赛季首次闯入CBA总决赛，并与独霸CBA总冠军位置数年的广东队一争高下，最终以完美的表现摘得桂冠，这不但激发了北京观众的收看热情，也俘获了全国球迷的注意，CBA五场总决赛的收视率节节攀升，第五场总决赛的收视率更成为奥运会以外的全年最高值，这使得其所在的第13周的平均收视率达到0.31%。有广州恒大队参加的亚洲足球冠军联赛、有丁俊晖参加的2011/2012赛季世界斯诺克锦标赛及NBA季后赛等各有看点，三个赛事使得第18周的平均收视率再掀小波峰，达到0.27%。羽毛球项目是中国的优势项目，2012汤姆斯杯/尤伯杯所在的第21周的平均收视率为0.29%。欧洲杯足球赛在球迷心中有着举足轻重的地位，四年一次的强者竞技无疑让大家充满期待，尽管比赛时间并非在我们的黄金时段，但观众的热情还是推动着欧洲杯期间的周平均收视率达到奥运外的最高峰。2012年伦敦奥运会所在的第31周和32周，中央台五套的周平均收视率分别高达1.59%和1.19%，远远高于其他周，奥运会在体育领域的老大地位无可动摇。奥运会后，由于重要赛事相对稀缺，使得各周的收视率持续偏低，均低于0.2%。但NBA、CBA等重要赛事在新赛季相继开赛后，中央台五套的收视率有所上扬。

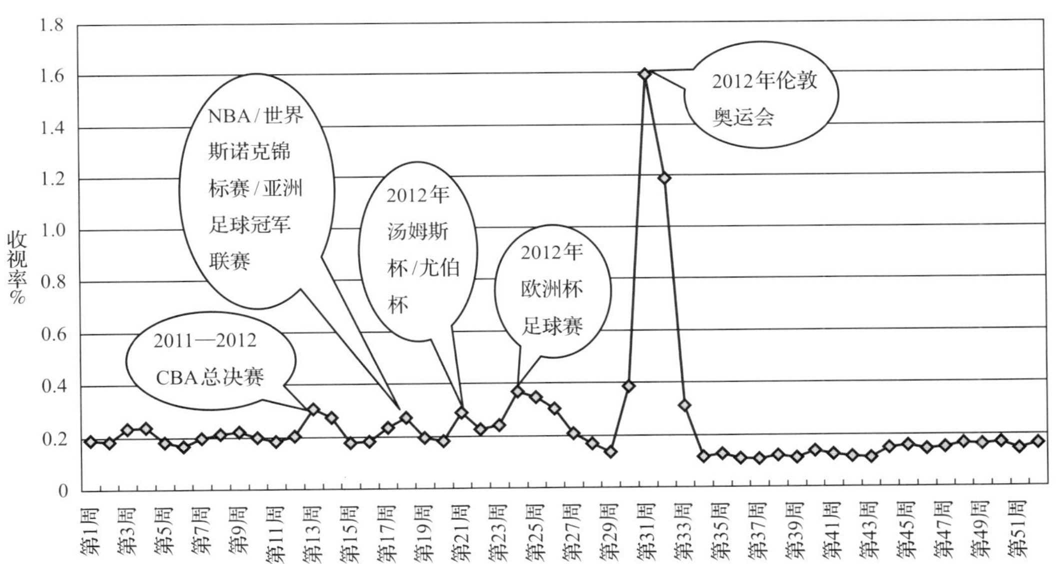

数据来源：CSM媒介研究

图6　2012年中央台五套周平均收视率走势（所有调查城市）

从2012年全年看，中央台五套市场份额与收视率基本保持着相同的变化趋势：重要赛事的播出会使得该频道增强市场竞争力，市场份额曲线会掀起一定的波峰。2012年伦敦奥运会开幕式所在第31周的周平均市场份额达到最高值12.11%，第32周的奥运会节目为中央台五套带来9.25%的市场份额（图7）。

2012年中央台五套全天时段收视率走势与2011年相似，基本是2:00—6:00为全天

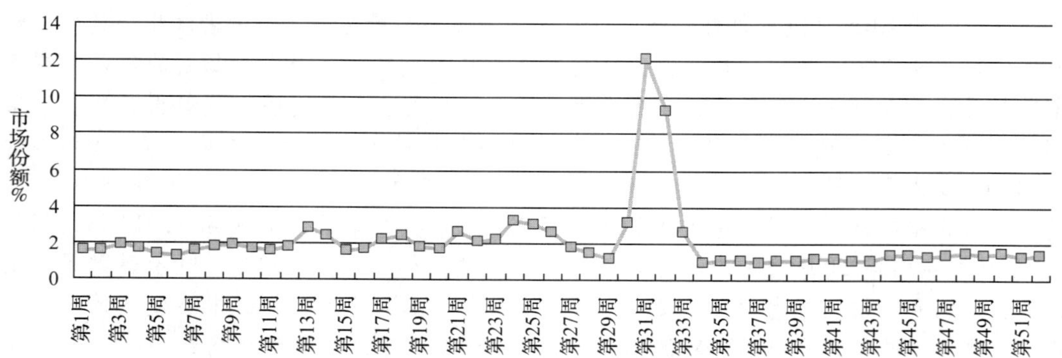

数据来源：CSM 媒介研究

图 7　2012 年中央台五套周平均市场份额走势（所有调查城市）

最低时间段，且变化幅度不大，6:00之后，收视率开始上扬，三个收视峰值分别为中午12:00前后、傍晚的18:00前后及晚间的19:30—21:30。通常情况下12:00及18:00播出体育新闻类节目，19:30—21:30以各类赛事居多。

与 2011 年相比，2012 年 20:00—22:00 的收视率明显地低于 2011 年，而22:00后至清晨6:00时段则由于奥运会、欧洲杯等的直播而高于 2011 年（图 8）。

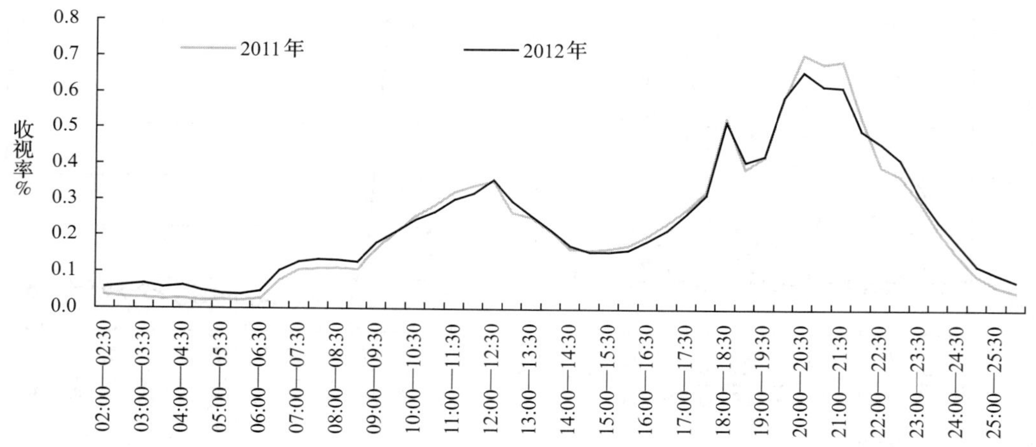

数据来源：CSM 媒介研究

图 8　2011 年、2012 年中央台五套全天收视走势（历年所有调查城市）

2012 年中央台五套的全天市场份额显示，0:00—6:00 是该频道最具竞争力的时段，平均市场份额在 3% 以上，其中又以3:00—5:00为最高，超过 7%，峰值达到 9.86%。国外一些直播赛事及奥运会等大型赛事通常在这个时段播出。10:00—12:00也是市场份额的一个小高峰。18:30—22:30是中央台五套市场份额的低谷期，平均数值不及 2%（图 9）。

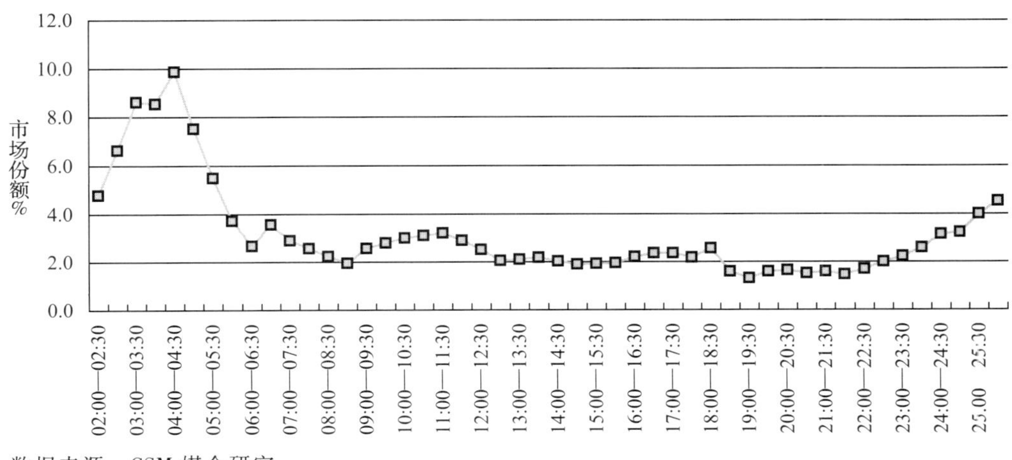

数据来源：CSM媒介研究

图9　2012年中央台五套全天市场份额走势（所有调查城市）

（二）重点赛事收视表现

2012年在喧闹声中走完，为我们留下了数不清的经典瞬间。游泳双星孙杨、叶诗文在伦敦奥运会中接连奏凯，让观众见证了中国泳坛的又一次崛起；男女“力士”同时发力，先后有3人4次让4项世界纪录成为历史；中国网球“金花”李娜表现稳定，收获一个冠军三个亚军，让我们看见了“坚持”的力量；中超、CBA请来了多位重量级球员，让联赛更具有观赏性；“林疯狂”在一夜之间席卷中国，让中国观众的篮球梦想继续延续。当然在喜悦的背后，我们也品尝到了一丝苦涩，“中国飞人”刘翔在奥运会中再次遭受重创，提前退出比赛；台球明星丁俊晖在低迷的状态中苦苦挣扎，多项比赛第一轮即被淘汰。然而，不论是甜蜜的滋味还是苦涩的泪水，中央台五套均为我们一一记录下了这些难忘的瞬间。

2012年中央台五套全天各时段收视率表现较为稳定，午间11:00—13:00由于NBA赛事的播出形成了一个收视小高峰，晚间19:30—21:30时段的收视率较其他时段增长较为明显。当大型赛事播出期间，电视观众的收视习惯也随之变化：在奥运会转播期间，电视观众的收视高峰从18:30一直延续到23:00；而欧洲杯举行期间，受时差的影响，凌晨时段的收视率较全年同时段的平均收视率有了较大幅度的提升（图10）。

作为2012年仅次于伦敦奥运会的第二大赛事，2012年欧洲杯于6月8日至7月2日在波兰—乌克兰举行。但由于东欧和中国的时差（北京比欧洲早6小时），比赛主要都是在北京时间0:00及2:45开始，尤其是进入1/4决赛后的所有比赛均被安排在2:45开球，这对中国球迷观看比赛非常不利。由于大多数中国观众在第二天还要上班，除了一些关键场次的比赛，很难形成大量的观众群，也使得虽然中国有大批欧洲杯的支持者，但赛事的收视情况并不十分理想，排在收视率前十位的多来自0:00开球的比赛。收视最高的两场比赛均来自西班牙与意大利之间的对决，7月2日决赛的收视率为1.2%，市场份额高达54.5%，6月10日小组赛的收视率为1.2%，市场份额为25.3%（表3）。

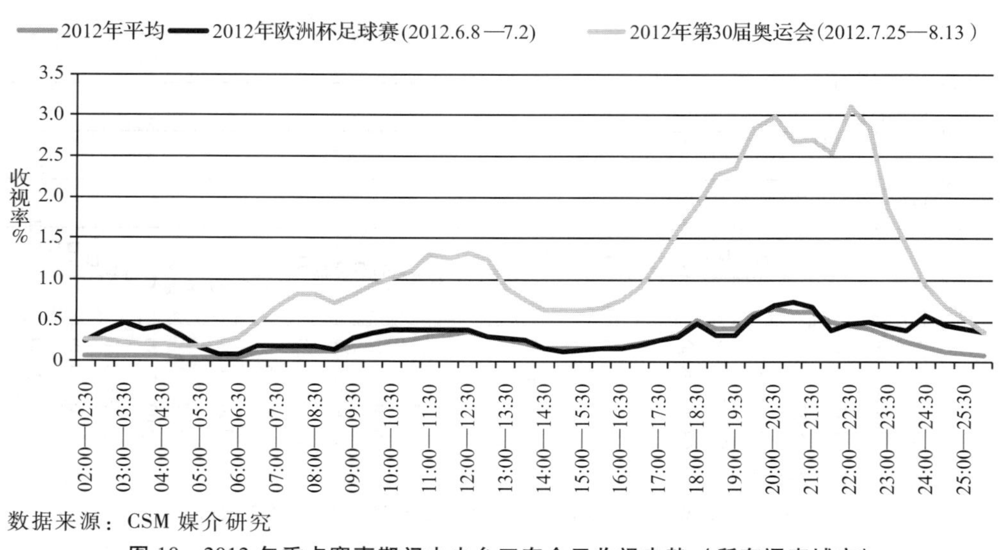

数据来源：CSM 媒介研究

图 10　2012 年重点赛事期间中央台五套全天收视走势（所有调查城市）

表 3　中央台五套播出的“2012 年欧洲杯足球赛”收视排名前十位的赛事（所有调查城市）

排名	比赛名称	播出日期	开始时间	收视率%	市场份额%
1	2012 年欧洲杯足球赛决赛/西班牙 VS 意大利	2012. 7. 2	2:38:17	1. 2	54. 5
2	2012 年欧洲杯足球赛小组赛 C 组/西班牙 VS 意大利	2012. 6. 10	23:52:25	1. 2	25. 3
3	2012 年欧洲杯足球赛小组赛 D 组/法国 VS 英格兰	2012. 6. 11	23:52:49	1. 1	25. 0
4	2012 年欧洲杯小组赛/荷兰 VS 丹麦	2012. 6. 9	23:52:41	1. 0	19. 5
5	2012 年欧洲杯足球赛小组赛 D 组/乌克兰 VS 法国	2012. 6. 15	23:52:37	0. 9	21. 5
6	2012 年欧洲杯足球赛小组赛 C 组/克罗地亚 VS 意大利	2012. 6. 14	23:52:26	0. 9	21. 4
7	2012 年欧足联欧洲杯 1/4 决赛/英格兰 VS 意大利	2012. 6. 25	19:30:10	0. 9	2. 3
8	2012 年欧洲杯足球赛 1/4 决赛/西班牙 VS 法国	2012. 6. 24	2:36:39	0. 8	46. 9
9	2012 年欧洲杯足球赛半决赛/葡萄牙 VS 西班牙	2012. 6. 27	25:48:27	0. 8	44. 6
10	2012 年欧洲杯足球赛小组赛 B 组/丹麦 VS 葡萄牙	2012. 6. 13	23:52:31	0. 8	20. 2

注：该排名不包括颁奖仪式及集锦

数据来源：CSM 媒介研究

北京时间7月28日凌晨4:00，英国伦敦奥林匹克主体育场成为了欢乐的海洋，“第30届夏季奥林匹克运动会开幕式”在这里正式举行。随着英国史上首个环法总冠军“维金斯”出现在场地中央敲响大钟，开幕式正式开始。中国代表团在本届奥运会中共夺得了38枚金牌、88枚奖牌，次于美国排在奖牌榜的第二位。奥运会期间的收视表现呈现出两大特征：其一，收视水平较高的赛事集中在水上项目和体操项目中，中国军团在两个项目中的优异表现为其带来了大量观众。排在整个赛事收视率第一位的为8月6日进行的“2012年第30届奥运会体操女子高低杠决赛”，收视率为6.2%，市场份额为18.7%；其二，奥运期间体育比赛全天多轮播出，晚间的收视水平更高，晚间黄金时段是电视收视的高峰，在奥运会期间这种优势更为明显，排在收视率前十位的赛事全部来自该时段（表4）。

表4 中央台五套播出的“2012年第30届奥运会”收视排名前十位的赛事（所有调查城市）

排名	比赛名称	播出日期	开始时间	收视率%	市场份额%
1	2012年第30届奥运会体操女子高低杠决赛	2012.8.6	21:50:29	6.2	18.7
2	2012年第30届奥运会跳水男子双人10米跳台决赛	2012.7.30	21:58:13	6.1	22.5
3	2012年第30届奥运会跳水男子双人3米板决赛	2012.8.1	21:59:38	5.9	21.2
4	2012年第30届奥运会跳水女子双人10米台决赛	2012.7.31	21:59:21	5.8	20.7
5	2012年第30届奥运会体操女子平衡木决赛	2012.8.7	21:51:58	5.8	17.6
6	2012年第30届奥运会体操男子吊环决赛	2012.8.6	21:02:09	5.4	13.3
7	2012年第30届奥运会游泳预赛	2012.7.31	19:47:32	5.2	14.0
8	2012年第30届奥运会体操男子单杠决赛	2012.8.7	22:47:37	4.9	22.4
9	2012年第30届奥运会女子4×200米自由泳接力预赛	2012.8.1	20:24:32	4.9	12.3
10	2012年第30届奥运会男子双杠决赛	2012.8.7	21:00:24	4.9	12.0

注：该排名不包括颁奖仪式及集锦

数据来源：CSM媒介研究

（三）主要运动项目播出与收视情况

2012年中央台五套各运动项目播出及收视格局与2011年变化不大。在中央台五套播出的所有体育项目中，足球依然是播出时间最长的项目。但是2012年对于足球项目来说，依然是一个“小年”——尽管这一年有“欧洲杯”的举办，但6小时的时差给众多第二天需要上班的中国观众带来不小的困扰，因此凌晨的直播时段收视率大受影响；而国足在世界赛场上也没有取得能令中国球迷满意的成绩。2012年足球项目的播出比重为12.93%，较2011年上升了0.53个百分点，收视比重为10%，较2011年上升了0.7个百分点，虽然收视比重的增长高于播出比重，资源使用效率依然为负值。

与2011年相似，篮球项目的突出表现与足球项目的低迷形成鲜明的对比。篮球项目播出比重上比2011年下降了0.59个百分点，随之而来的收视比重也下降了2.03个百分点。NBA赛事及CBA赛事依然保持着较为理想的收视水平，对CCTV5的整体收视起到了较为明显的支撑作用。与2011年不同的是，2012年缺少了男篮亚锦赛的光芒，篮球项目的整体收视也受到了一定的影响。整体来看，2012年篮球项目的资源使用效率为57.27%，较2011年的69.03%有一定的下降。不过篮球项目仍排在2012年所有体育项目收视比重及资源使用效率的首位。

台球和网球在中国尚算新兴项目，发展时间较短，台球与网球项目在中国的发展现状仍高度依赖于我国极少数的顶尖球员，发展仍不完善，观众对其的收看热情也随着我国球员的比赛成绩波动较大。在2012年，我国的台球、网球选手比赛成绩较为一般，由此2012年也成为了这两个项目的收视小年：台球项目尽管播出比重较2011年上升了2.46个百分点，收视比重反而下降了0.95个百分点；网球项目的播出、收视比重较2011年均有所下降。

冰上/水上运动项目与2011年相比播出及收视比重均有所下降，播出比重下降了2.02个百分点，收视比重下降了1.24个百分点，不过资源使用效率有所上升，从2011年的4.96%上升至2012年的23.08%。

排球、乒乓球和羽毛球一直是我国的传统项目，中国国家队也一直在这些项目上占有一定的优势，尽管节目播出时间所占比例不特别突出，但中央台五套转播这些项目的比赛收视比重高于播出比重，收视表现良好。与2011年相比，这三个项目的播出与收视变化均不特别明显，播出与收视的格局较为稳定，排球赛事及乒乓球赛事在播出比重和收视比重均有所下降，但收视比重下降幅度略大于播出比重，因此资源使用效率下降；羽毛球赛事的播出及收视比重均有上升，收视比重上升幅度大于播出比重，因此资源使用效率略有上升（表5）。

表5　2012年中央台五套各主要运动项目播出比重与收视比重（所有调查城市）

序号	运动项目	播出比重%	收视比重%
1	篮球	9.01	14.17
2	足球	12.93	10.00
3	台球	9.86	7.25
4	冰上/水上运动	4.68	5.76
5	乒乓球	4.34	5.56
6	排球	3.88	5.25
7	网球	5.52	3.76
8	羽毛球	2.21	3.00

数据来源：CSM媒介研究

经历了2011年的体育小年，2012年在喧嚣声中走完，那些精彩的体育瞬间已随着时光流逝，烙印进我们的回忆里。2013年，又将会有怎样的精彩？让我们拭目以待！

（作者：于松涛）

2012 年晚间新节目观察

内容竞争对于多媒体环境下电视媒体发展的重要性日益彰显，通过多种形式的节目创新打造品牌节目，已成为各级电视媒体提升竞争力的重要举措。2012 年 1 月 1 日国家广电总局《关于进一步加强电视上星综合频道节目管理的意见》正式实施，这对于各级电视频道，尤其是省级卫视频道在防止节目过度娱乐化和低俗化倾向、提高新闻类节目播出量，以及节目创新方面起到了促进作用。本文将针对中央电视台、省级卫视频道及 31 城市（27 个省会城市加上 4 个直辖市）的地面频道在 2012 年晚间18:00—24:00时段（含跨进或跨出本时段）新节目的播出与收视状况进行梳理与分析。

一、2012 年晚间时段新节目播出概况

各级频道播出的新节目①包括进入常规播出通道的常态新节目及以电视活动、特别节目等为主的非常态新节目，各级频道的新节目在节目数量、类型分布、首播时间及时长等方面既有共同性，又有差异性。

1. 以特别节目等为主的非常态新节目占新节目总量的 75%

2012 年晚间 18:00—24:00，在 31 城市电视市场中，各级电视频道共播出新节目 5508 档，较 2011 年下降了 40%。其中，进入日常播出的常态新节目 1353 档，占新节目总量的 24.6%，占比较 2011 年提高了 10 个百分点；以节庆/假期特别节目、电视活动及相关特别节目、才艺及相关电视比赛为主体的非常态新节目则占到新节目总量的 75%（图 1）。

从节目资源的集结及持续性上看，非常态新节目的大量涌现对于丰富电视节目内容，在短时间内快速拉动收视注意力具有较大的灵活性与丰富性。

① 本文对新节目的界定为：节目名称 90 天内未在频道出现过，单频道每周播出 2 次（含 2 次）以上，节目长度超过 10 分钟（含 10 分钟）。以下节目类型不属于新节目范围——广告、频道包装、节目预告、导视节目、电视剧、电影、教学、各类体育赛事、竞赛类专题、外语教学、外语其他、地方戏曲、舞台剧、戏曲晚会、戏剧其他、综艺晚会、音乐会、演唱会、音乐其他、电视导购/广告杂志、青少表演、健康、天气预报、科普、专题十、电视开奖、电视讲话等。

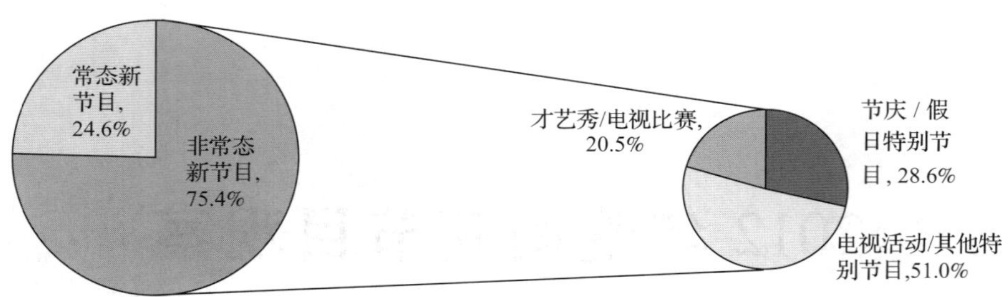

数据来源：CSM 媒介研究

图 1　2012 年常态新节目与非常态新节目的总体分布

2. 1 月份播出的新节目数量最多

2012 年的元旦与春节均在 1 月份，因此该年度的新节目播出较上一年度更为集中。从新节目播出量在各月的分布来看（图 2），共有 1265 档新节目在年初新旧更替之时播出，居各月播出量之首。各级频道借新年之机投入较大的人力、物力和财力，推出包括常态节目和非常态节目在内的新节目，强化频道品牌。

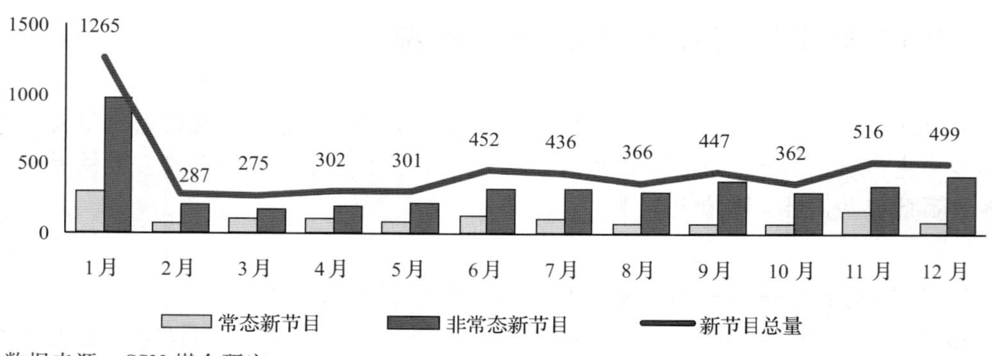

数据来源：CSM 媒介研究

图 2　2012 年各月新节目播出数量

11 月是仅次于 1 月推出新节目较多的月份，旨在为新一年的广告招标提前造势和提供新生载体。另外，暑假、中秋等长假时期，观众可支配闲暇时间的增多也为新节目市场培育提供了便利，是新节目大量涌现的时期。

3. 地面频道在节目创新数量上占据主体

在我国中央、省、市三级频道的市场竞争格局中，包括中央台和省级卫视在内的卫星频道凭借资源、政策和覆盖的优势，在市场化和产业化的进程中获得了长足的发展，占据了相对较大的市场空间，数量众多的城市台则囿于覆盖范围和资源的限制而整体竞争略显乏力。

但在各级频道新节目的出新数量上，频道数量成为一个重要的影响因素，在整体格局上形成了城市台大量集中、省级台加快推进、卫星频道细水长流的特征。2012年进入日常播出序列的常态新节目中，中央级频道仅占1.6%，省级卫视频道占17.7%，省级地面频道、城市台频道的常态新节目均超过500档，分别占到常态新节目总量的四成左右（图3）。中央级频道在资源整合上的优势使其在非常态节目创新上独树一帜。

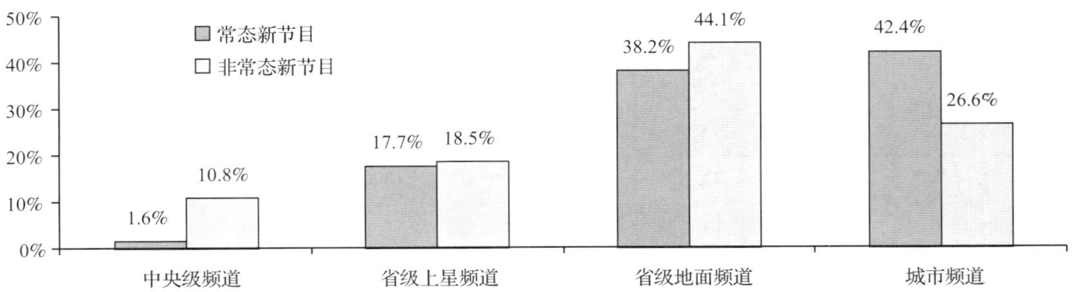

数据来源：CSM媒介研究

图3 2012年常态新节目与非常态新节目在各级频道的分布比例

4. 综艺节目成各级频道节目创新的重点

综艺节目作为最具收视拉动力的节目形态之一，仍是各级频道开展节目创新的重点。从2012年新节目的类型分布来看（图4），综艺类新节目所占比例最高，在常态新节目中占三成多，而在非常态新节目中则超过65%，综艺节目成为各级频道节目创新的最大突破点。

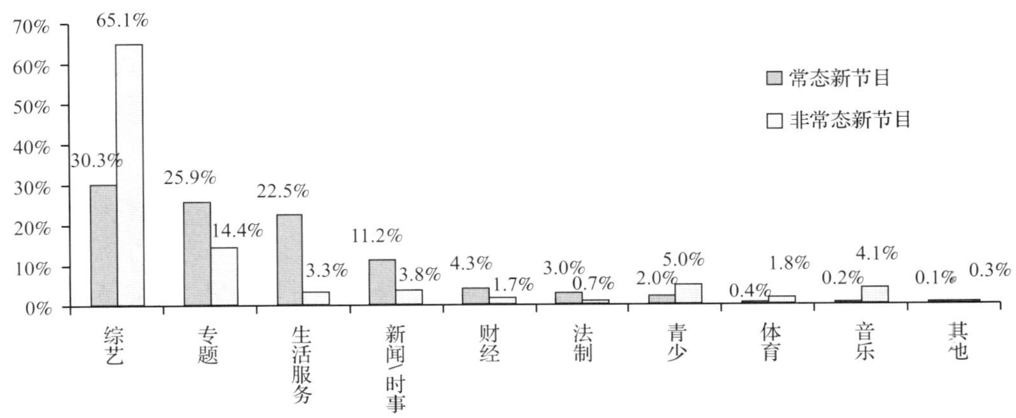

数据来源：CSM媒介研究

图4 2012年新节目类型分布

对于资源竞争日益白热化的卫视频道来说，综艺节目堪称其节目创新的生命线。而对于数量众多但资源相对弱势的广大地面频道而言，生活服务、专题等类型的节目则成为其创新的集中发力点。对于占据资源和覆盖优势的卫视频道而言，创新综艺节目能够在短时间内迅速提高频道的影响力，树立频道品牌的效果更好。2012年，综艺类常态新节目占省级卫视频道常态新节目创新数量的40%。虽然“限娱令”对省级卫视的新闻节目播出量做出了规定，但新闻/时事类节目的创新比例仍远低于综艺类节目，新节目比例仅占10%（表1）。

表1　2012年各级频道常态新节目、非常态新节目的类型比例分布

节目类型	城市地面频道		省地面频道		省级上星频道		中央级频道	
	常态节目	非常态节目	常态节目	非常态节目	常态节目	非常态节目	常态节目	非常态节目
综艺	27.7%	72.8%	28.2%	62.4%	40.4%	72.9%	36.4%	45.5%
专题	27.4%	12.3%	22.2%	14.7%	31.3%	12.3%	18.2%	17.9%
生活服务	23.7%	3.1%	26.5%	4.1%	12.5%	2.3%	4.5%	1.5%
新闻/时事	9.6%	3.1%	14.1%	4.2%	10.0%	3.9%	0.0%	3.3%
财经	4.9%	1.0%	3.5%	2.0%	2.9%	0.8%	22.7%	5.1%
法制	4.9%	0.2%	1.7%	1.6%	0.8%	0.1%	9.1%	1.1%
青少	1.6%	5.9%	2.9%	5.8%	0.4%	0.8%	9.1%	4.9%
外语	0.3%	0.0%	0.0%	0.1%	0.0%	0.0%	0.0%	0.0%
体育	0.0%	0.5%	0.8%	2.1%	0.4%	0.9%	0.0%	3.8%
音乐	0.0%	0.8%	0.0%	2.9%	1.3%	5.7%	0.0%	16.3%
教学		0.0%		0.1%		0.1%		0.7%
其他		0.2%		0.2%		0.3%		0.0%

注：（省级地面频道包括直辖市地面频道）
数据来源：CSM媒介研究

省、市两级地面频道主要在贴近性和实用性上做足功课，贴近百姓日常生活体验的生活服务类新节目是地面频道主推的节目类型之一，在省、市地面频道常态新节目总量中分别占到26.5%和23.7%；此外，在卫视频道强势综艺节目的影响之下，省级和城市地面频道也以贴近当地为出发点推出了相当数量的综艺类新节目，其数量居两类频道新节目推出量之首；专题类节目是地面频道增强在受众中影响力的又一重要节目类型，近年来不断丰富的发展样态和更加贴近本土观众情感诉求的融入，使该类节目在创新上也位居前列（表1）。

5. 21:00—22:00是常态新节目播出的集中时段，时长多为30分钟左右

21:00—22:00是常态新节目上线播出最为集中的时段，各级频道2012年推出的常态新节目中，近四分之一在这一个小时中播出，其次是22:00—23:00档，播出节目占常态新节目播出总量的五分之一多（表2）。

表 2　2012 年常态新节目播出时段分布（27 个省会城市及 4 个直辖市）

播出时段	城市地面频道	省地面频道	省级上星频道	中央级频道	总计
18:00（含）—19:00	13.4%	21.3%	6.8%	5.0%	15.0%
19:00（含）—20:00	13.9%	17.0%	1.8%	20.0%	13.1%
20:00（含）—21:00	18.2%	16.8%	3.2%	10.0%	14.9%
21:00（含）—22:00	20.0%	18.5%	41.0%	30.0%	23.3%
22:00（含）—23:00	18.6%	17.0%	31.5%	15.0%	20.2%
23:00（含）—24:00（含）	15.9%	9.4%	15.8%	20.0%	13.5%
总计	100.0%	100.0%	100.0%	100.0%	100.0%

数据来源：CSM 媒介研究

中央级频道常态新节目的播出在 19:00—20:00、21:00—22:00、23:00—24:00 三个时段较为集中，分别占到或超过该类频道全年常态新节目数量的 20%，这三个时段常态新节目播出量占比合计达到 70%。

省级台在常态新节目播出的时间安排上形成一定的互补，与省级上星频道在 18:00—21:00 档以本地新闻、转播中央台新闻联播和传统的黄金段电视剧编排形成补充，省级地面频道在晚间各时段推出的新节目占比较为均衡，与具有类似特点的城市地面频道形成一定的抗衡。其中，18:00—19:00 是省级地面频道播出新节目相对较多的时段，超过五分之一的常态新节目在这一个小时中播出，而省级上星频道在这一时段播出的常态新节目占比仅为 6.8%。

省级上星频道超过 50% 的常态新节目在晚间 21:00—22:00 时段播出，整体反映了省级卫视倚重电视剧的传统竞争策略，还有近三分之一的常态新节目在 22:00 后推出，晚间“后电视剧”时段成为省级卫视以栏目为依托创新发力的集中时段。

城市地面频道常态新节目的播出总体来看，在各时段分布较为均匀，与省级地面频道整体格局接近。相对来说，20:00—23:00 档的常态新节目播出较为集中，占比接近全年常态新节目量的 60%。

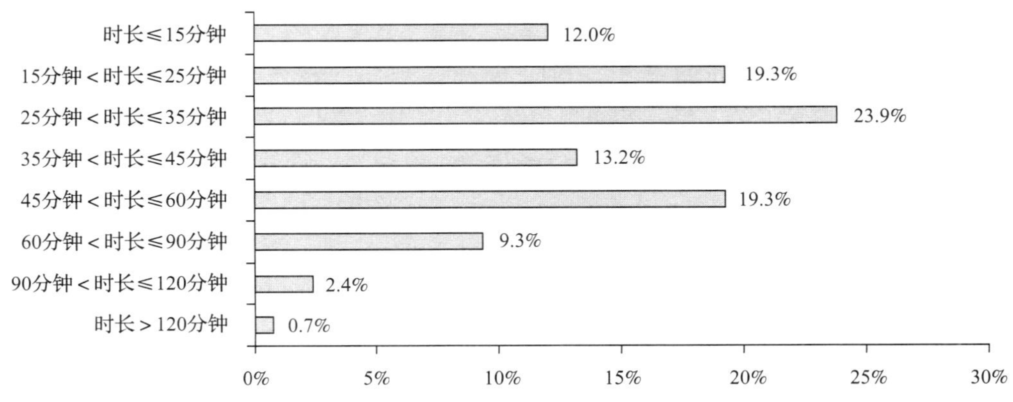

数据来源：CSM 媒介研究

图 5　2012 年常态新节目时长分布

常态新节目时长与该节目的资源承载力、频道内容的总体编排及相关电视市场的竞争策略有关。从常态新节目的播出时长来看，近四分之一的常态新节目时长在30分钟左右（图5），60分钟以上的常态新节目仅占总量的12.4%。

二、2012年上星频道常态新节目收视概况

常态新节目作为进入日常播出序列的栏目，在打造节目及频道品牌、拉动收视等方面具有持续的影响力。下面以2012年度上星频道常态新节目为切入点，分析常态新节目在154城市中的收视表现。

1. 上星频道三成常态新节目的市场份额超过1%

2012年各级上星频道在154城市中，晚间各类节目平均市场份额为0.84%。观察上星频道晚间播出的常态新节目，64.7%的常态新节目市场份额低于154城市节目收视份额的平均值，高于平均值的常态新节目仅占35.3%。此外，市场份额超过1%的上星频道常态新节目占比为30.7%。

2011年各级电视媒体新节目的播出呈现爆发式、冲动型的特点，经历了2011年下半年政策层面强有力的规范，2012年各级频道在节目创新上的步伐有所放缓，创新的冲动也有所减弱，更多电视媒体的节目创新开始回归理性，但新节目的收视效果及从中表现出的创新能力不足仍是当前节目创新的软肋。

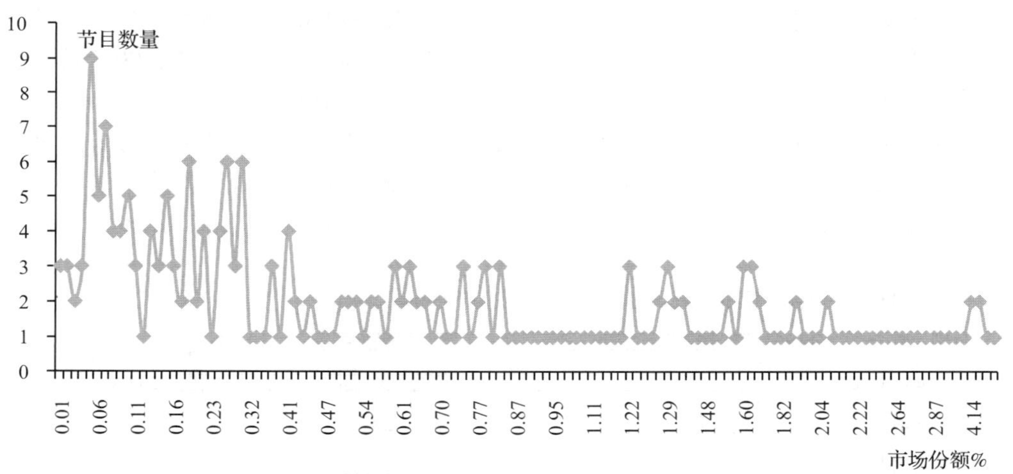

数据来源：CSM媒介研究

图6　2012年上星频道晚间常态新节目市场份额分布（154城市）

2. 近四分之三的常态综艺类新节目收视份额低于该类节目平均水平

以2012年度154城中晚间不同类型节目的收视份额为比较标准，各级上星频道不同类型常态新节目的市场竞争力普遍偏低。青少、法制类节目低于这两类型节目平均市场份额的常态新节目比例最低，但这两类节目在上星频道中的创新量中占比只有0.4%。

专题类常态新节目在上星频道的常态新节目总量中占到31.3%，其中近40%的节目市场份额超过该类型节目平均水平，在各类节目中的市场竞争力总体水平较高（图7）。

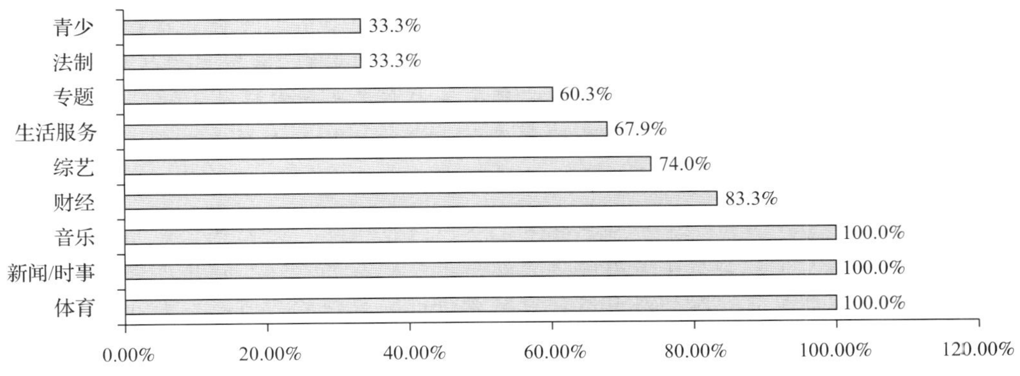

数据来源：CSM媒介研究

图7 低于同类型节目平均市场份额的上星频道常态新节目比例（154城市）

创新量最大、占比最高的常态综艺类新节目中，只有26%的新节目收视份额达到或超过了该类节目的平均水平，这反映了在竞争激烈的综艺节目市场中，节目创新品质仍在低位徘徊状态。但是从具体的常态新节目收视来看，由于综艺节目的创新量大，其在竞争力上也存在着两极分化。在收视份额前15位的各类常态新节目中，综艺类节目占到了13个，其余两个均为生活服务类节目（表3）。

表3 2012年收视份额前十五位的上星频道常态新节目（154城市）

节目名称	频道	节目类型	节目属性	首播日期
中国好声音	浙江卫视	综艺	综艺其他	2012.7.13
百变大咖秀	湖南电视台卫星频道	综艺	综艺其他	2012.7.12
CCTV直通春晚2012	中央台三套	综艺	综艺其他	2012.11.4
女人如歌	湖南电视台卫星频道	综艺	综艺其他	2012.11.2
天声1队	湖南电视台卫星频道	综艺	综艺其他	2012.3.30
中国味道	中央电视台综合频道	生活服务	饮食	2012.9.21
谁与争锋	湖南电视台卫星频道	综艺	综艺其他	2012.9.3
最炫民族风	江苏卫视	综艺	综艺其他	2012.10.22
向上吧少年	湖南电视台卫星频道	综艺	综艺其他	2012.7.1
舞动好声音	浙江卫视	综艺	综艺其他	2012.1.2
谢天谢地你来啦	中央电视台综合频道	综艺	综艺其他	2012.4.14
完美释放	湖南电视台卫星频道	综艺	综艺其他	2012.7.2
一站到底	江苏卫视	综艺	现场互动娱乐	2012.3.2
见证奇迹	中央台三套	综艺	综艺其他	2012.7.23
甲方乙方	江苏卫视	生活服务	生活服务其他	2012.6.5

数据来源：CSM媒介研究

3. 中央级频道常态新节目的收视竞争力水平高于省级卫视

从节目创新主体来看，在154城市中，中央级频道的常态新节目收视竞争力水平高于省级卫视频道。两级频道常态新节目的市场份额高于平均水平的新节目占比均在66%左右，但在154城市中，省级卫视常态新节目中收视份额达到2%的仅为9.6%，而中央级频道中为23.8%，其中9.5%的常态新节目市场占有率达到或超过3%。

在中央级频道中，中央电视台作为国家级电视媒体，虽然在覆盖范围、影响力和品牌力上具有先天优势，但近年来在媒介环境日趋复杂、省级卫视不断加大资源投入力度购制新节目提升影响力的情况下，也面临着一定的收视压力和成长瓶颈。在与省级卫视综艺节目的收视竞争中，相对于省级卫视多频道集中、大规模投入，中央级频道投入到综艺节目中的频道和节目资源相对有限，但其赢得的收视却较为可观。在中央台，综合频道和三套2012年成为节目创新的中坚力量，综合频道播出了《谢天谢地你来啦》、《旗鼓相当》、《开讲啦》和《中国味道》等新节目；中央台三套则推出了《回声嘹亮》、《文化百科》、《文化讲坛》、《见证奇迹》、《直通春晚》等新节目。

三、2012年节目创新总体特点

2012年度的新节目虽然在整体市场竞争力及创新水平上还有待提高，但在节目价值理念、对于市场变化和电视观众收视需求及节目资源的再利用等方面的关注上，则表现出了较为鲜明的创新特点。

1. 寻求正能量诉求，推崇积极向上的价值观

2012年，“正能量”、“价值观”成为最常被提及的字眼。“正能量”指的是一种健康乐观、积极向上的动力和情感。电视节目温暖人和激励人的内容受到更多的关注，逐渐从过去过度戏剧化和娱乐化中走出来，开始推崇积极向上、利他互助的价值观。这种正能量主要体现在两个维度，一是电视综艺娱乐节目更倾向于平凡人才华的展现以及成功经验的获取，节目关注的重点从闪耀的外表和惊人的才艺开始转向选手本身的经历或背景所能体现的正能量上；二是通过名人的示范效应，通过讲坛或者游戏的方式给普通人提供体验实现理想的机会。这些特点在覆盖更为广泛的卫视节目创新中表现得尤为明显。央视和省卫视的新节目都更多地贴近生活，把节目的重心放在“倾听”与“帮助”上，重视真实与温情，体现人文关怀。

中央台的《旗鼓相当》专门为农民工群体打造，他们中有保安、厨师、清洁工、建筑工等，成为草根阶层的一个心灵加油站。天津卫视2012年1月10日起每周二、三、五22:00—23:00播出的《幸福来敲门》，把节目的贴近性做到了一个新高度——各个年龄段、不同职业、不同角色的民众都是服务对象，委托人提出自己的幸福愿望，愿望不同，所定制节目内容也不同，最终由栏目组想方设法帮助完成他们的幸福“委托”。CSM媒介研究收视调查数据显示，该节目开播后收视率稳中有升。同类节目还包括江苏卫视2月2日起每周四、周五22:00播出的综艺新节目《梦想成真》，节目所挑选的嘉宾

都是代表某一职业、某一年龄层，甚至某一社会阶层，颇具典型性。浙江卫视《梦想新生活》透过“梦想特使”的视角，观察和发现诸如邮递员、女掏粪工等普通民众真实却并不卑微的梦想，帮助他们实现心愿。中央台综合频道播出的《开讲啦》则以电视公开课的形式，邀请年轻人心目中的榜样人物作为嘉宾，与在场的大学生和新锐青年代表分享他们对人生的感悟和思考。

“限娱令”之后，励志节目也成为各级电视媒体的重点“拓荒”目标。与过去相比，2012 年第一季度出现的以湖北卫视《天下同名人》（每周六21:25—22:55）为代表的励志节目，将单纯的展示个人奋斗故事，拓展为身份互换、在体验中展开对命运的诠释。《天下同名人》自 2012 年 1 月 7 日开播后，该节目所在时段的收视率大幅度提升。

2012 年各级电视频道播出的道德建设节目为数众多，以电视活动、电视典礼居多，重点选拔各地“好人”、“感动人物”、“孝亲模范”等，形成阶段性的道德建设风潮。进入常规播出序列的道德建设新节目，主要有贵州卫视的《美丽心灵》和湖北卫视的《你值得拥有》等，通过电视手段彰显和传扬道德力量，最能打动人心的还是娓娓道来的真情与故事。贵州卫视 2012 年 2 月 4 日起每周六约21:20播出的《美丽心灵》就是通过情感访谈，寻访身边的普通人，讲述令人感动的平凡事，节目播出后所在时段收视率获得提升。

2. 新节目延续年度热点，追随热播元素

2012 年从电视荧屏到网络上最火爆、最让人回味的纪录片，当属中央台综合频道 5 月 14 日晚间22:30开播的《舌尖上的中国》。这档 7 集的美食类纪录片带领观众见识中国特色食材以及与食物相关、构成中国美食特有气质的一系列元素，引领观众了解中华饮食文化的精致和源远流长。不仅在深夜时段赚足电视机前观众的口水，在网络热播后更是引发了网友的全面追捧，并陆续在台湾、新加坡、香港等多地媒体播出，掀起了一个美食类节目的新高潮。

2012 全年各级电视台共推出饮食类节目 36 档，其中 6 月以后推出的有 22 档，占到 60% 以上。中央电视台综合频道 9 月 21 日起推出的大型厨艺真人秀节目《中国味道》和上海东方卫视 7 月 29 日起播出的美食真人秀《顶级厨师》虽然在节目形式上已突破电视纪录片的范畴，但节目的参与主体同样是普通的美食爱好者，在制作的菜系上也以中国菜式为主，重在传承中国的传统饮食文化；两档节目都延续了中国美食这一核心元素和热点，通过对美食元素的挖掘，进一步延续热点题材的影响力和余温，成为电视节目创新的又一路径。

3. 主动培育观众的意识初步形成，盯准特定观众群体量身定做节目

从 2012 年晚间各级电视频道的节目创新活动中，我们还可以看到一个明显信号：各级电视频道在生产环节力求突破的同时，对节目的受众更加关注，从“适应观众需求、逐观众而居”，向“主动培育观众、引导并汇聚观众人气”演进，不少频道盯准特定观众群体，量身定制节目，取得了较好的收视效果。

例如，2012 年初，北京电视台将 BTV 青少频道全面升级为全国第一个以青年为主

体受众对象的专业频道，在原有品牌栏目《最强阵容》、《军情解码》、《谁在说》、《北京客》、《北京青年》的基础上，打造《书香北京》、《青春风格汇》、《青年公益心》、《青年榜样》等以青年观众为重点收视人群的“青春节目带”，这些节目风格时尚，内容新鲜，系统化制作、规模化推出，有效提升了目标观众对该频道的关注。

2012年主打青年牌的新节目还有上海电视台娱乐频道2012年1月7日开播的访谈节目《加油！80后》、湖南卫视1月2日开播的新闻节目《新闻公开课》（周一至周五18:00—18:30播出）、中国教育台3月29日开播的综艺节目《助跑80后》（周四、周六晚间21:40左右播出）、广东卫视1月7日开播的演播室评论节目《先锋评论》（每周六22:55左右播出）、天津电视台二套（文艺频道）2月1日开播的访谈节目《八零上线》（每周三21:30播出）、上海电视台娱乐频道1月4日开播的综艺节目《今夜说点事》（每天22:00播出）等。这些节目，有的通过热点观察，公开展示青年态度；有的通过访谈、对话、争论，传达80后青年的真实现状与人生观、价值观，有的以八卦精神、娱乐化手段、通俗甚至网络化表达方式，就社会热点、民生问题、娱乐事件等表达青年群体的独特见解。还有的节目更加主动地把握传播风向，将电视节目与年轻人热衷的微博等网络传播方式有效结合，扩展传播空间。如河南电视台都市频道的脱口秀节目《点到为止》，该节目每天22:30播出，精选各种媒体上热度较高的话题资讯展开讨论，自2012年1月1日开播后，收视率稳中有升。

除了青春题材节目，2012年下半年，不少频道开始锁定另外一类受众群体——女性、已婚已育女性，为她们量身定做电视节目，在观众中也获得了较好的反馈。由上海新娱乐频道联手韩国CJ E&M共同打造，黄舒骏、金星、程雷坐镇评委的大型歌唱真人秀节目《妈妈咪呀》自9月初开播以来广受好评。继第一季《妈妈咪呀》在上海电视台娱乐频道以高收视收官之后，第二季全国版的《妈妈咪呀》已于2013年1月起在东方卫视播出。据节目组导演李文妤介绍，第二季《妈妈咪呀》将呈现出一些变化，根据第一季的观众反馈，节目内容将会有所丰富，“除了唱歌这一环节外，第二季中我们将会新增倾诉环节，让观众听听歌声背后的故事。”①《妈妈咪呀》的火爆也引起了各家卫视效仿，2012年10月，《中国丽人》登陆天津卫视，节目主旨致力于寻找中国最美丽的幸福女人，展现不同生活状态下中国女性的精神风貌，体现新时代女性的独特价值观，从而燃点中国女性正能量。

4. 传承与发扬传统文化资源，融合多种元素

在中国传统文化资源中，面向市井百姓、极易口口相传的说唱艺术，如相声、说书、弹唱、滑稽表演等艺术形式，有着明确的传播对象、丰富的表演形式、精炼的内容和直击人心的传播效果，与当今电视有颇多共通之处。从早期传统艺术的电视展示，到如今电视艺术与传统艺术相得益彰、交相辉映，经历了由粗糙到精致、由感性到理性的过程，对传统文化资源的电视化运用，也一直是广大电视人努力探索的方向。

2012年春节起，脱胎于滑稽剧、以电视脱口秀为表现形式的《壹周立波秀》在浙江

---

① 腾讯网 http：//ent. qq. com/a/20121205/000423. htm

卫视播出，也在激烈的收视竞争中迅速地站稳了脚跟，扩大了影响。进入2012年第二季度，北京电视台文艺频道推出《脱口而出》节目，本着打造“北京话语言博物馆”的节目宗旨，用北京话说天下事，由相声演员方清平以独特的“清平单口”形式，用其独特的角度娱乐、调侃身边的大事小情，囊括了单口秀、热点秀、京味儿秀、气贯长虹等几大板块。CSM媒介研究收视调查数据显示，该节目于每周五、周六晚22:15左右播出，开播以来收视远高于之前同时段水平。北京卫视还推出了以主持人创意脱口秀、相声表演、草根幽默挑战、明星歌舞表演、相声音乐剧为主要内容的相声综艺节目《一见你就笑》，该节目以80后相声界新生代为主体，在原有相声内容、形态中加入现代音乐、舞台表演等元素，这也是北京电视台对传统文化传承发扬的另一场尝试。

力在展现中国传统美食的纪录片《舌尖上的中国》，则通过强烈的社会反响说明了传统文化对于日常生活的吸引力与影响力。CSM媒介研究调查数据显示，该节目播出期间，有效提升了所在时段的收视率和市场份额，在25—44岁观众群中，市场份额一度超过6%。

除上述电视媒体外，其他电视媒体也试图从当地悠久的传统文化中汲取营养，例如青岛电视台2012年5月初依托《幸福崂山漫步茶香》文化活动制作播出综艺晚会、河南电视台2012年5月中旬启动的《中国当代著名画家中原行》、中国教育台一套于2012年6月28日播出《汉水风韵》主题晚会等。这些节目，不一定在短期内就能斩获丰厚的收视回报，但对提升电视媒体自身文化品质、锻炼人员和队伍很有帮助。

5. 通过品牌关联创制新节目

对于已有品牌节目的电视频道来说，利用观众对现有品牌的认知度和认可度，在适当时机推出关联节目，能在较短的时间内、以较低的成本和风险迅速提升竞争实力。2012年全国各级电视频道晚间时段出现的新节目中，这种关联式创新可归纳为以下三种形式：

一是打造品牌节目的副品牌，反哺主品牌。在科学研发前提下创制“副品牌”节目，一方面能产生反哺效应，强化已有“主品牌”的节目价值，另一方面又可以通过借力老品牌的影响力，为新节目的存活和发展拓展更多空间。例如上海电视台星尚频道以周末版形式于2012年6月下旬分别推出的《星尚情报》节目的副品牌节目——生活服务类节目《星尚情报星宝贝》和《星尚情报星婚典》等。

二是创新节目与品牌节目组建节目群带动收视增长。用品种齐全、各有侧重的关联节目形成节目群，是一种较为有效的竞争策略。例如，2012年第二季度起，福建东南卫视和福建都市时尚频道整合成一家。都市时尚频道建立常态娱乐节目板块，4月初，升级后的福建都市时尚频道正式改版，按照“全民上电视，全民来拿奖”的嘉年华形式设计出“智力冲浪、才艺冲关、体能竞技”三种观众参与模式，通过《谁是挑战王》（周一）、《疯狂传送带》（周二、周三）、《超能水力方》（周四、周五）三档户外竞技节目形成了“全民大都会”节目群，有效提升了该频道晚间21:20—22:00时段的市场分额。

三是抓取已有品牌节目中的核心竞争要素开发新节目。2012年晚间时段出现了数档以抓取品牌节目优秀主持人这一核心竞争要素为主要竞争手段的新节目。例如，6月初，四川电视台新闻频道将过去在《630》等民生新闻节目中受到观众广泛欢迎的主持人予以策略性使用，为其量身定制新节目，以赢得更多观众青睐——每周六晚间21:35—22:30播出的脱口秀《雷宇有名堂》和周日21:35—22:30播出的新闻节目《小雪看天下》，这两档节目进一步发挥了主持人雷宇幽默风趣和小雪知性亲切的特点，提升了该频道周末21:00档的收视水平。以挖掘品牌核心要素价值为特点的新节目，还有上海东方卫视6月26日推出的以《东方直播室》子栏目形式出现的专题节目《骆新有话说》等。

浙江卫视从2012年8月3日起，在每期《中国好声音》首播播毕以后，紧接着推出一档叫《好声音后传之酷我真声音》的衍生节目。这是一档由导师杨坤担当主持，面向《中国好声音》学员的访谈节目，每期10分钟。随着《中国好声音》收视大热，这档衍生的访谈类节目也取得了不俗的收视成绩。

6. 从观众需求出发创制新节目

在卫视频道加大娱乐节目的投入力度，综艺娱乐节目收视市场竞争日趋白热化的情况下，在卫视频道竞争力出现分化，数量众多的地面频道在资源、模式、广告投入等方面捉襟见肘的情况下，从卫视到地面频道都掀起了一场通过纪实类的调解节目、婚恋节目、生活服务节目，更多地借助本土资源，从观众需求中去寻找市场的空白，创制新节目的风潮。

2012年晚间新出现的调解节目中，收视率出现明显提升的是湖北卫视2012年1月3日开播的《调解面对面》，该节目明确定位为“社区调解”，提出“人和、家和、天下和”的口号，通过调解社区矛盾、关注社区和谐、破解法律疑点来唤醒良知，引导人性。

相比2011年的大量涌现，2012年新出现的相亲交友节目数量不多，但在内容题材和节目形式上有一定创新，包括四川卫视3月16日开播的《窈窕蜀女》（每周五22:30播出），杭州电视台生活频道3月1日开播的节目《我们结婚吧》（每天19:00—19:18播出）等。山西黄河电视台的生活服务节目《桃花朵朵开》3月30日起每周五至周日20:30左右播出，节目时长40分钟，该节目以豪华婚车打造流动演播室，并安排不同场景的大范围相亲活动，令参加节目的嘉宾有更多机会相互了解，全程记录，充分表现青年男女的婚恋观，展现观念碰撞，追踪情感进度。

通过增强节目与目标观众的相关性，提升节目的亲近感、可信度和参与度，从而提升节目竞争力，也是部分电视媒体的创新重点。例如从2012年4月15日起每周日19:10—20:24成都电视台经济资讯服务频道（二套）以15—24岁观众为目标，推出的时长75分钟的青春励志节目《20YEARS城市生日会》，该节目邀请20岁生日的年轻观众参与节目，鼓励他们靠自身努力证明自己，为自己送上一份特别的20岁生日礼物，节目内容丰富，包括回顾他们为生日梦想努力、设置生日梦想秀等，收视调查数据显示，该节目有较强的收视冲高能力。

近年来以民生事务为主要内容的电视发布、电视讨论、电视评议节目越来越多。这类“问政”节目，能切实帮助普通百姓由社会生活的配角向主角转换，迅速形成较强烈的关注。如2012年6月下旬，武汉电视台新闻综合频道同步直播的“治庸问责、优化环境——2012年十个突出问题承诺整改电视问政活动”，CSM媒介研究收视调查数据显示，节目播出之际，武汉电视台新闻综合频道相关收视指标较平日增长近1倍。

结语

经历了2011年下半年政策层面强有力的规范，2012年各级频道在节目创新上的步伐有所放缓，创新的冲动也有所减弱，更多电视媒体的节目创新开始回归理性。中央级频道在资源整合上的优势使其在非常态节目创新上独树一帜，综艺节目仍是各级频道开展节目创新的重点，新节目的收视效果及从中表现出的创新能力不足仍是当前节目创新的软肋。尽管如此，2012年进入常态播出序列的新节目，在节目价值理念、对于市场变化和电视观众收视需求及节目资源的再利用等方面的关注上，表现出了较为鲜明的创新特点。电视节目逐渐从过去过度戏剧化和娱乐化中走出来，开始推崇积极向上、利他互助的价值观。创新对节目受众的关注，也从“适应观众需求、逐观众而居”，向“主动培育观众、引导并汇聚观众人气”演进。

（作者：周欣欣　张天莉　郑　玉）

2012 年伦敦奥运会收视分析

北京时间2012年7月28日凌晨4:00，翘首企盼中，第30届奥林匹克运动会在英伦风光的背景映衬下，在“伦敦碗”揭开了神秘的面纱。奥运期间，从赛事的媒介传播和选择来看，“电视观赛 & 微博吐槽”似乎成为受众群体最为流行的一种传播接受模式，然而在全媒体盛行的今天，从重大事件的信息传播载体来看，电视依然是受众的首选媒体。

中国本就是个体育大国，奥运一开赛，中国奥运健儿们在多项比赛中就凭借自身的实力和出色的发挥领跑奖牌榜，这也激发了国内观众观看比赛的热情，电视荧屏再度欣欣向荣。本文基于CSM媒介研究全国71个大中城市的收视调查数据，从整体收视市场和省级卫视收视市场两个维度分别对伦敦奥运会期间的收视状况做一分析。

一、整体收视市场变化特点

(一) 观众收视变化

1. 奥运推动观众收视整体上扬

从7月28日开幕式至8月13日闭幕式（北京时间），在为期17天的奥运期间[①]，71城市[②]观众的人均日收视时长为197分钟，高出2012年上半年平均水平20分钟；高于上年同期（2011年7月28日—8月13日）近17分钟，增幅明显。但远低于北京奥运会期间（2008年8月8日—8月24日）238分钟的人均日收视时长（图1）。

奥运期间观众收视时长的增长，几乎都来源于中央级频道收视时间的提升。具体来看，中央级频道人均收视时长由2012上半年的47分钟跃升至奥运期间的70分钟，提升幅度显而易见。省级上星频道，其人均收视时长并未受到奥运会的强烈冲击，基本保持稳定。相比之下，省级地面频道在奥运会的大环境下，收视时长有所下滑（图2）。

① 如无特殊说明，本文中的“奥运期间”指2012年7月28日—8月13日。

② 如无特殊说明，本文收视分析均基于71城市数据，目标观众为4岁及以上电视人口。

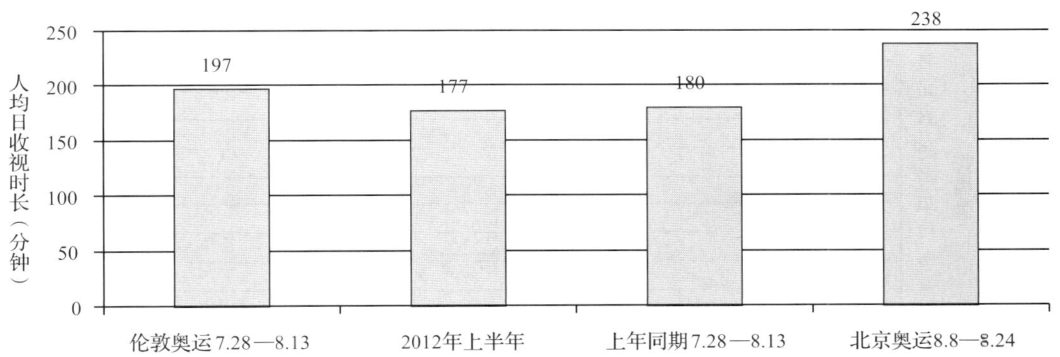

数据来源：CSM 媒介研究

图 1 奥运期间及常态时期人均收视时长对比（71 城市）

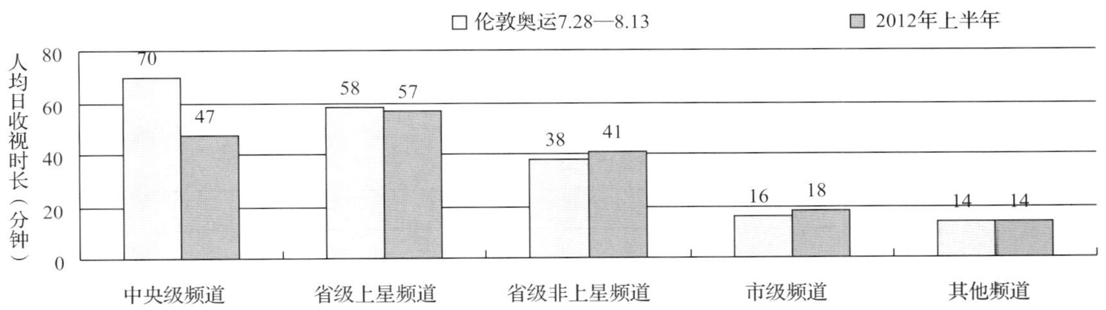

数据来源：CSM 媒介研究

图 2 奥运期间与 2012 年上半年各级频道人均收视时长（71 城市）

2. 奥运影响观众收视习惯

平时观众较少收看日间和深夜节目，本届奥运会由于时差的关系，很多比赛的决赛播出时间并不契合于中国观众的收视习惯。但在很多赛事上，如男子 400 米自由泳决赛和女子 400 米混合泳决赛，凭借中国小将孙杨和叶诗文的惊人表现也吸引了不少观众熬夜收看比赛直播，带动了非黄金时段直播频道收视的明显提升。另外，中国观众在晚间黄金时段所能收看到的赛事多以伦敦时间白天举行的预赛较多，虽不及决赛来得精彩纷呈，但并不影响中国观众的观赛热情，多项预赛在晚间黄金时段也获得了不错的收视表现。

奥运期间中央级频道与所有频道的收视走势大致趋同，全天均出现了两个收视小高峰。所有频道的收视峰值出现在20:00—21:00，为 38.9%（图 3）。而中央级频道的收视峰值则延后一小时，出现在晚间21:00—22:00，为 11.78%。除此以外，中央级频道从晚间19:00—23:00，平均每小时的收视率均突破了 10%；23:00—24:00的平均收视率也达到了 6.44%；24:00至凌晨1:00的平均收视率为 3.49%，在非黄金时段也创造了远高于常态时期的收视水平（图 4）。

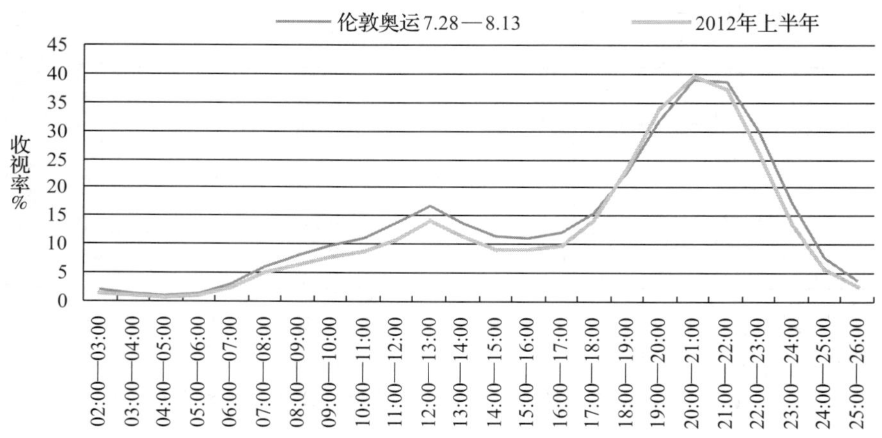

数据来源:CSM 媒介研究

图 3　所有频道奥运期间与 2012 年上半年全天收视走势(71 城市)

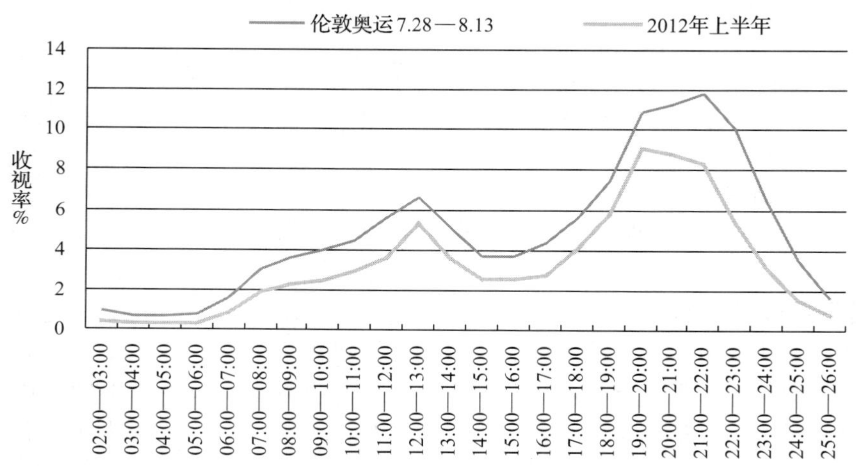

数据来源:CSM 媒介研究

图 4　中央级频道奥运期间与 2012 年上半年全天收视走势(71 城市)

3. 奥运吸引年轻及高学历收视群体回归

在平时,年轻及高学历群体是电视的轻度观众,人均每天收看电视的时间较少。奥运期间,各类观众收看中央级频道的时长均有所提升,以年轻和高学历群体尤为明显,其中,大学及以上观众人均日收看中央级频道的时长达 70 分钟,远高于 2012 上半年 43 分钟的平均水平(表 1)。

表 1　奥运期间及 2012 年上半年中央级频道观众构成及人均收视时长（71 城市）

目标观众	观众构成%		人均收视时长（分钟）	
	奥运期间	2012 年上半年	奥运期间	2012 年上半年
4 岁及以上所有人	100.00	100.00	70	47
男	54.42	53.30	76	50
女	45.58	46.70	65	45
4—24 岁	16.15	13.91	47	27
25—54 岁	53.42	51.71	66	43
55 岁及以上	30.43	34.37	114	87
未受过正规教育/小学	16.05	18.76	61	47
初中	29.44	30.83	73	51
高中	31.82	30.33	74	48
大学及以上	22.70	20.09	70	43

数据来源：CSM 媒介研究

（二）各级频道收视变化

1. 总体变化特征：中央级频道市场份额大幅增加，其余频道小幅下降

对比各级频道在奥运期间及前后的周收视走势（图5），可见奥运期间频道收视最大的特征就是中央级频道收视大幅度提升。7 月 28 日奥运会开幕后中央级频道的收视急速

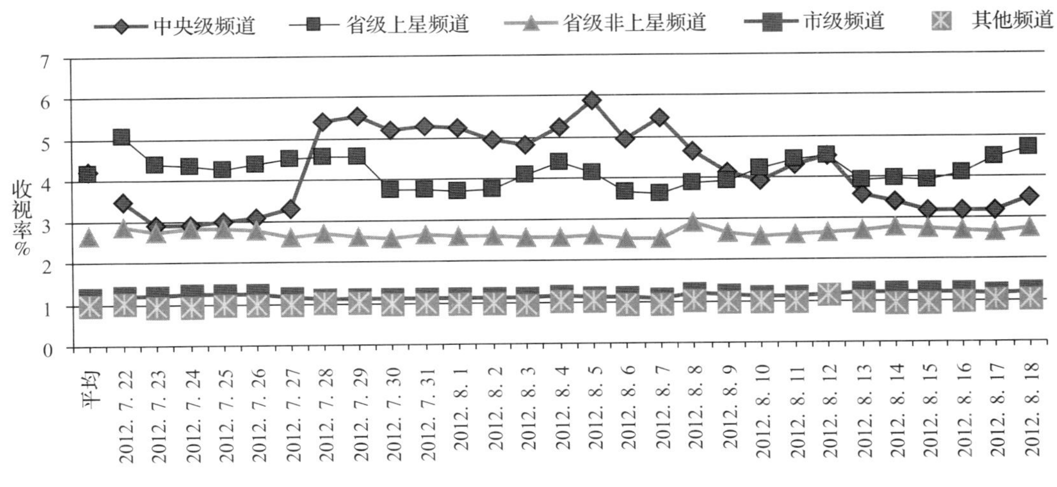

数据来源：CSM 媒介研究

图 5　各级频道奥运期间及前后周收视走势（71 城市）

攀升，在7月28日—8月8日期间保持绝对领先优势，之后逐步回落。

中央级频道在17天的奥运期间，有10天左右的平均收视突破了5%。收视表现随着奥运赛程的进展而变动，开幕式因正值双休日，中央级频道迎来了首个收视小高峰。随后几天收视有所下滑，但从8月3日起，随着游泳、羽毛球、女排、体操等夺金项目决赛的临近，中国奥运健儿们在伦敦奥运征程上一路高歌猛进，观众的奥运收视热情也持续升温，收视再度跃升，并且在8月5日冲上峰值，平均收视率直逼6%，随后开始滑落。在8月7日又迎来第三波收视小高峰，随着后几日中国队夺金项目的减少，中央级频道收视逐步下滑。

与中央级频道的波动起伏相比，省级上星频道的收视走势则更为平稳。随着奥运会帷幕的拉开，其收视虽略有下滑但趋于稳定，随后又逐步回升。伴随奥运会闭幕的临近，省级卫视的收视稳中有升，从8月10日起赶超中央级频道。奥运期间，其他频道组的收视表现基本稳定。

伦敦奥运期间，中央级频道的市场份额大幅提升。与2008北京奥运会期间22.42个百分点的份额提升幅度（与2008年上半年比较）相比，伦敦奥运会期间中央级频道共获得了8.97个百分点的份额增长（与2012年上半年比较）。省级上星频道在北京奥运会期间市场份额下降了7.24个百分点，伦敦奥运会期间，市场份额下滑了2.74个百分点。可以说，4年间，随着省级上星频道节目制作水平的提升以及观众忠诚度的培养，奥运会对于省级卫视的冲击力也正在不断减弱（图6、图7）。其他频道亦然。

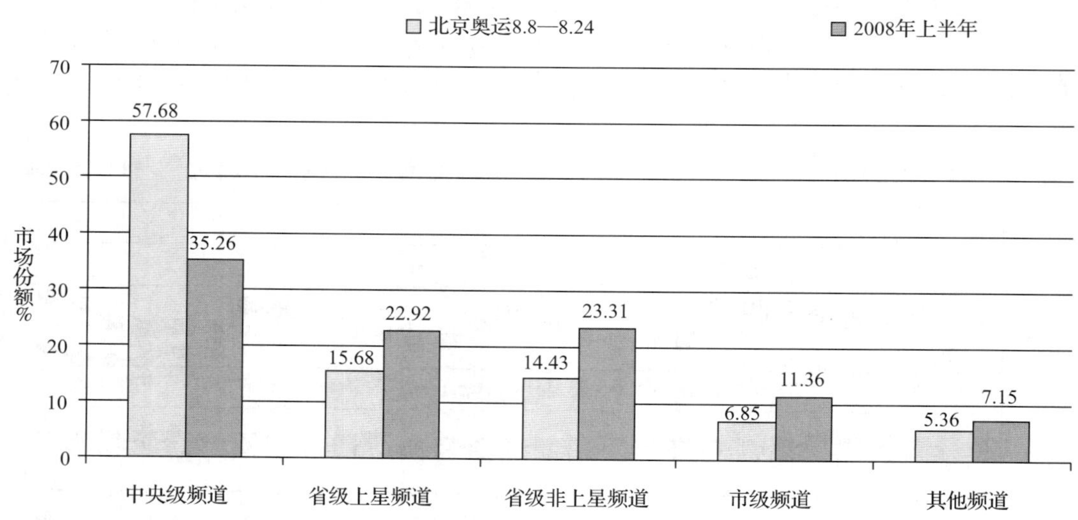

数据来源：CSM媒介研究

图6　2008北京奥运期间及2008年上半年各级频道的市场份额（71城市）

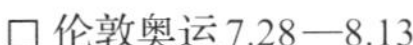

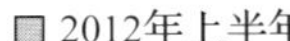

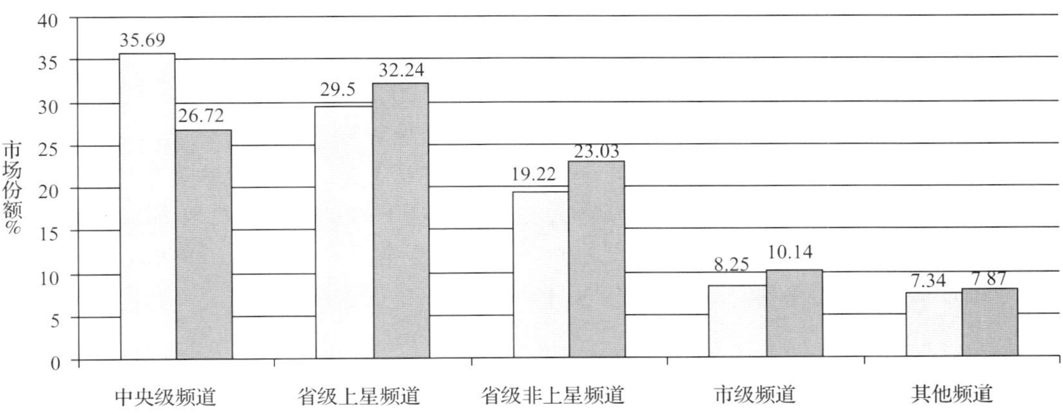

数据来源：CSM 媒介研究

图 7　2012 伦敦奥运期间及 2012 年上半年各级频道的市场份额（71 城市）

2. 中央级频道：奥运主频道收视迅速攀升

中央电视台作为全国唯一的电视奥运转播平台，在奥运期间，聚集了最多的观众注意力。中央级频道在伦敦奥运会期间的总市场份额达到了 35.69%，较 2012 年上半年有大幅度的提升。其中，收视份额最高的是中央台五套，其变化也最为明显，奥运期间收视率提高了 1.13 个百分点，市场份额提高接近 4 倍（表 2）。

2012 年上半年，观众收看较多的中央台频道是中央电视台综合频道、中央台三套、中央台八套和中央台六套，除综合频道外多以综艺和影视节目为主。而在奥运期间，观众收看较多的则是奥运赛事转播的主频道——中央台五套、中央电视台综合频道和中央电视台新闻频道。值得一提的是，中央台六套和中央电视台少儿频道奥运期间的收视表现稳中有升（表 2）。

表 2　中央台部分频道奥运期间及 2012 年上半年全天收视率及市场份额（71 城市）

频道	收视率%		市场份额%	
	奥运期间	2012 年上半年	奥运期间	2012 年上半年
中央台五套	1.39	0.26	10.18	2.12
中央电视台综合频道	0.92	0.62	6.71	5.04
中央电视台新闻频道	0.39	0.29	2.87	2.36
中央台六套	0.36	0.31	2.64	2.55
中央电视台少儿频道	0.32	0.22	2.32	1.78
中央台三套	0.30	0.37	2.22	2.98
中央台四套	0.26	0.26	1.89	2.11
中央台八套	0.22	0.32	1.58	2.60
中央台七套	0.18	0.10	1.35	0.85
中央台二套	0.14	0.12	1.01	1.01

数据来源：CSM 媒介研究

在伦敦奥运会开幕式首播时段(4:00—7:50),中央台五套在71城市的收视率达到了1.5%,远高于2012上半年0.1%的平均水平;中央台综合频道也获得了1.2%的高收视率。另外,开幕式的收视表现要高于闭幕式。

奥运期间,中央台频道在晚间时段(18:00—24:00)的收视表现与全天略有差异。与全天时段不同,在晚间18:00—24:00时段,收视表现较好的频道分别是中央台五套、中央台综合频道和中央台六套(图8)。奥运期间又适逢暑假,中央台六套凭借有效的暑期编排,在奥运期间的收视未受到影响和冲击,在12:00—17:00的收视较2012年上半年有明显提升,在17:00—19:00间的收视有所下滑且低于全天平均收视,20:00以后的收视表现也高于2012年上半年。

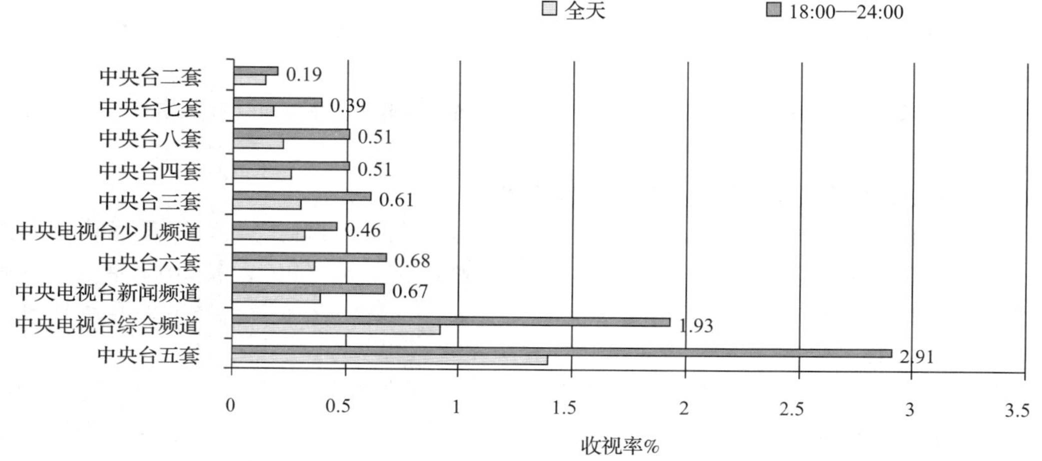

数据来源:CSM媒介研究

图8 奥运期间中央台部分频道全天与晚间时段(18:00—24:00)收视表现(71城市)

3. 省级上星频道:白天收视提升,晚间收视下滑

奥运期间,省级上星频道并未受到强有力的冲击。虽然市场份额较上半年略有下滑,但在奥运会未闭幕之前,省级上星频道在71城市的收视水平就已赶超了中央级频道。

从省级上星频道全天收视走势来看(图9),奥运期间又适逢暑假,省级卫视在白天8:00—17:00的收视表现要好于2012年上半年,而在傍晚及晚间(17:00—23:00),收视表现则要弱于2012年上半年,尤其在20:00—21:00尤为明显,但从晚间22:00起,差距逐步缩小,并且在23:00后高于2012年上半年。

4. 地面频道:晚间收视降幅明显

奥运期间,地面频道在白天时段与2012年上半年基本持平,晚间收视下降明显。从18:00后收视开始下降,在20:00左右相差幅度最大,22:00之后差距又逐渐缩小(图10)。

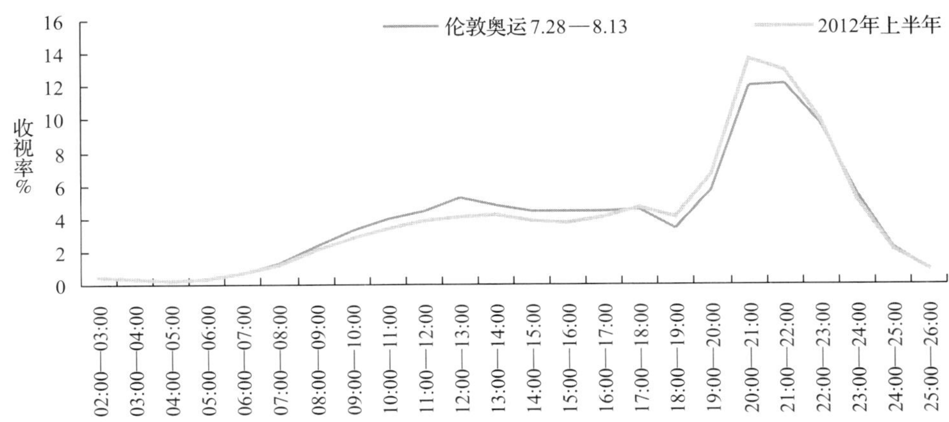

数据来源：CSM 媒介研究

图 9　奥运期间及 2012 年上半年省级上星频道全天收视走势（71 城市）

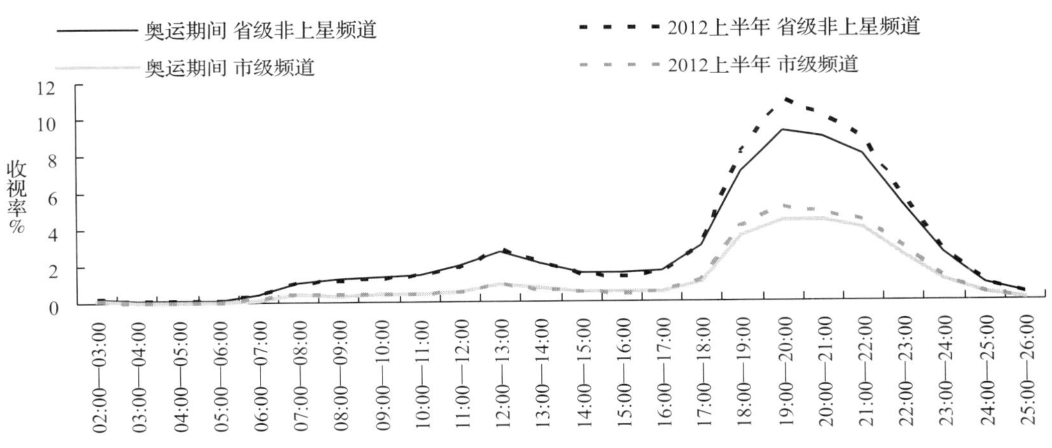

数据来源：CSM 媒介研究

图 10　奥运期间及 2012 上半年省级非上星频道与市级频道全天收视走势（71 城市）

（三）奥运赛事收视概况

本届奥运会上，中国队的传统夺金项目继续显示强大实力，在中央台收视率排名前十的单场比赛中，跳水、体操和游泳项目的收视表现份外耀眼。收视率排名前十的赛事多集中在晚间 10:00 左右，其中以 7 月 30 日晚间 10:00 左右播出的跳水男子双人 10 米跳台决赛为收视顶点，曹缘和张雁全以稳定而出色的表现为中国军团摘得第七金，71 城市的收视率近 7%。另外，8 月 6 日在“吊环王”陈一冰决赛败北后播出的体操女子高低杠决赛也收获了较高的收视水平。除此以外，羽毛球、射击、女排、乒乓球和赛艇也都有不错的收视表现（表 3）。

表 3　中央台收视率排名前十位的奥运赛事（71 城市）

赛事名称	播出频道	日期	开始时间	结束时间	收视率%	市场份额%
跳水男子双人 10 米跳台决赛	中央台五套	2012—7—30	21:58:13	23:03:26	6.82	23.23
体操女子高低杠决赛	中央台五套	2012—8—6	21:50:29	22:19:16	6.75	19.26
跳水男子双人 3 米板决赛	中央台五套	2012—8—1	21:59:38	22:55:20	6.51	21.57
跳水女子双人 10 米台决赛	中央台五套	2012—7—31	21:59:21	22:51:42	6.38	20.99
体操女子平衡木决赛	中央台五套	2012—8—7	21:51:58	22:31:03	6.29	17.84
游泳预赛	中央台五套	2012—7—31	19:47:32	20:07:43	5.58	14.89
体操男子单杠决赛	中央台五套	2012—8—7	22:47:37	23:19:22	5.52	22.40
体操男子吊环决赛	中央台五套	2012—8—6	21:02:09	21:28:56	5.50	13.53
跳水女子双人 3 米板决赛	中央台五套	2012—7—29	22:00:20	22:51:50	5.20	16.56
女子 4×200 米自由泳接力预赛	中央台五套	2012—8—1	20:24:32	20:35:52	5.16	13.12

数据来源：CSM 媒介研究

二、省级上星频道节目收视变化特点

（一）省级上星频道节目收播概况

随着省级上星频道节目制作的越发精良以及观众忠诚度的培养，奥运会对于省级卫视的冲击力正在逐渐减弱。本届奥运会期间，省级卫视的市场份额比 2012 年上半年仅下滑了 2.74 个百分点。奥运期间，省级上星频道的收视走势也较为平稳，且从 8 月 10 日起赶超了中央级频道。

奥运会期间，各大省级上星频道也各显神通。浙江卫视与天津卫视基本巩固了其市场份额，江苏卫视与安徽卫视的市场份额则呈现提升的态势，特别是在晚间时段，安徽卫视的市场份额有较为明显的提升（表 4）。

表 4　奥运期间及 2012 上半年部分省卫视全天及晚间时段市场份额（%，71 城市）

频道	全天		晚间 18:00—24:00	
	奥运期间	2012 上半年	奥运期间	2012 上半年
江苏卫视	2.77	2.69	3.31	3.01
湖南卫视	2.72	3.01	2.77	3.01
安徽卫视	2.25	1.80	2.21	1.59
浙江卫视	2.14	2.12	1.94	2.14
天津卫视	1.66	1.68	1.48	1.38

数据来源：CSM 媒介研究

从收播比来看，五大卫视中，奥运期间综艺节目获得了更多的关注。奥运期间，江苏卫视、浙江卫视和湖南卫视在综艺节目播出的时长上有所提升，特别是浙江卫视，降低了电视剧的播出比重，将综艺节目的播出比重提高至35%，收视比重也相应提升至46%。另外，安徽卫视依旧主打电视剧，天津卫视电视剧收播比重也相当可观（表5）。

表5 奥运期间及2012上半年部分省级上星频道主要节目收播比重（71城市）

频道	节目类别	奥运期间		2012上半年	
		播出比重%	收视比重%	播出比重%	收视比重%
江苏卫视	电视剧	58	48	59	50
	新闻/时事	12	3	13	5
	综艺	30	48	27	45
安徽卫视	电视剧	68	76	67	76
	新闻/时事	21	6	21	9
	综艺	12	18	12	15
浙江卫视	电视剧	53	49	63	60
	新闻/时事	13	5	11	3
	综艺	35	46	26	37
天津卫视	电视剧	76	73	76	75
	新闻/时事	16	9	16	9
	综艺	8	18	8	16
湖南卫视	电视剧	52	64	51	55
	新闻/时事	11	4	15	4
	综艺	37	33	34	31

数据来源：CSM媒介研究

（二）省级上星频道部分节目类型的收视表现

在伦敦奥运会这一特殊时期，省级上星频道主要依靠电视剧和综艺节目来维持收视水平的稳定。

1. 电视剧：首轮联播、大剧独播、外剧首播齐撑腰

近年来，安徽卫视凸显电视剧特色，实施“大剧独播、长剧定制、热剧有我”的竞争策略，形成了广泛的传播力和影响力，进一步提升了安徽卫视的收视表现。奥运期间，该频道从早间8:30起，收视表现即高于2012年上半年，特别是在12:00—13:30、19:30—21:30、22:00—24:30三个时段更为突出（图11）。其中，19:30开始的第一剧场每天播出两集首轮联播剧《爱情是从告白开始的》、《穆桂英挂帅》和《爱情公寓三》，星光剧场则通过首播泰剧《真爱无价》和韩剧《面包大王》来吸引观众眼球。

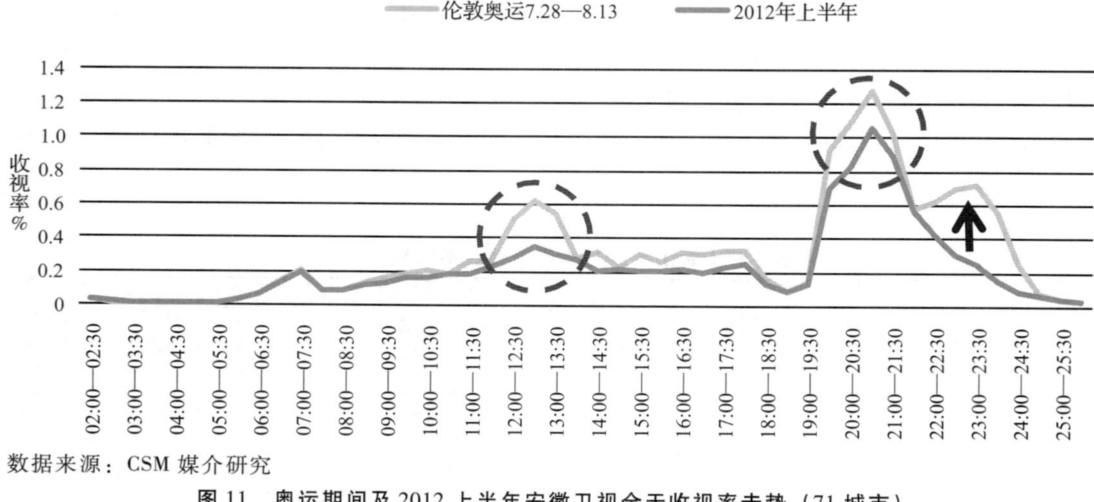

数据来源：CSM 媒介研究

图 11　奥运期间及 2012 上半年安徽卫视全天收视率走势（71 城市）

无独有偶，电视剧占很大播出比重的天津卫视在奥运期间上午7:00—12:30和晚间19:30—23:00的收视表现也高于 2012 年上半年（图 12）。其中，峰值出现在20:30—21:00。这些时段也主要是以播出电视剧为主，早间剧场主要以军事斗争剧《雪豹》和《黑狐》的重播为主，晚间剧场的收视提升则主要集中在首轮联播剧《穆桂英挂帅》和重播剧《铁血使命》。

数据来源：CSM 媒介研究

图 12　奥运期间及 2012 年上半年天津卫视全天收视率走势（71 城市）

而以情感定位的江苏卫视在其收视表现上有所提升的时段为10:30—13:00及晚间20:30—23:00。收视提升的时段多半也是以电视剧播出为主，午间剧场与情感剧场播出

《济公传》，晚间的《幸福剧场》则独播大型神话古装剧《活佛济公第三部》，获得了不错的收视反馈（图13）。

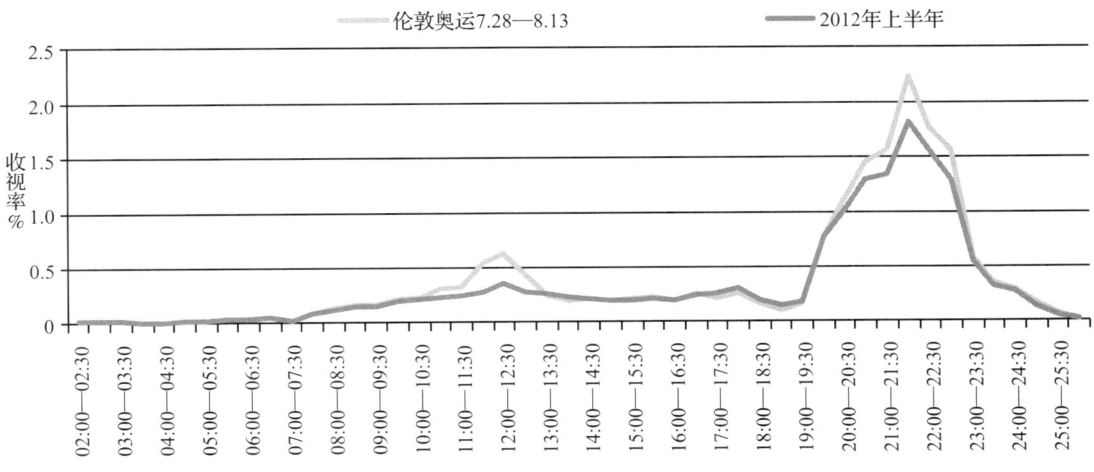

数据来源：CSM媒介研究

图13　奥运期间及2012年上半年江苏卫视全天收视率走势（71城市）

虽然浙江卫视综艺节目的播出比重有所提升，电视剧播出比重有所下降，但这并不影响白天档电视剧助其收视表现的提升，浙江卫视奥运期间在8:00—18:30的收视水平较2012年上半年有所提升（图14）。期间，该频道延续了暑期档电视剧的编排，该时段主要以老剧的播出为主。

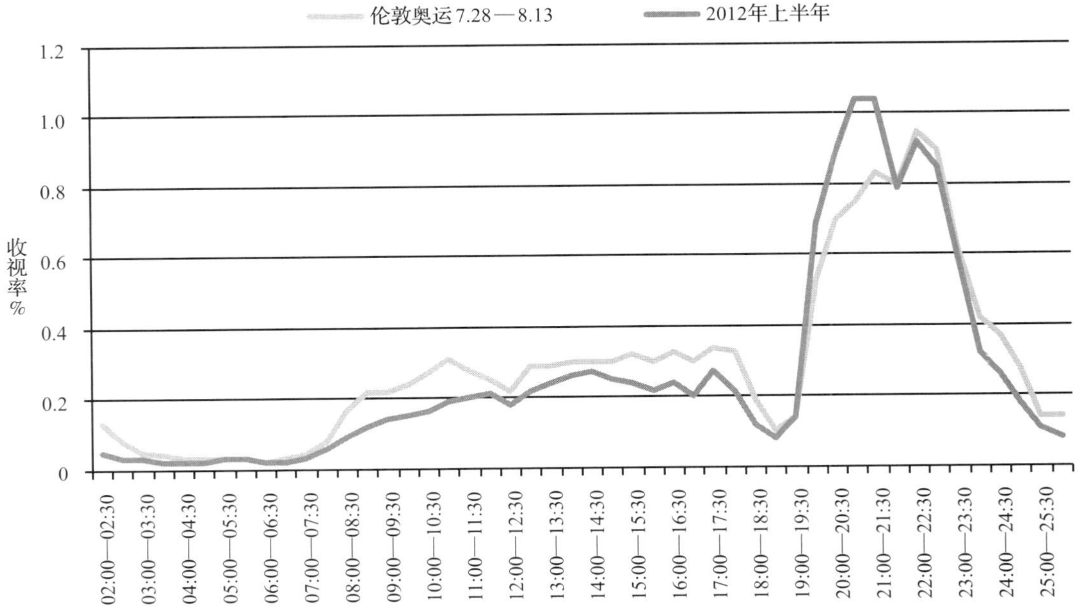

数据来源：CSM媒介研究

图14　奥运期间及2012年上半年浙江卫视全天收视率走势（71城市）

湖南卫视在暑期档播出的大剧《胜女的代价》、《轩辕剑之天之痕》、《钟馗传说》等虽然在71城市收获了较好的收视效果，但与2012年上半年进行比较后，发现反倒是早午间7:30—12:30播出的一系列老剧《还珠格格第三部》、《一起来看流星雨》和王牌综艺栏目《快乐大本营》以及《天天向上》带来了时段收视的提升（图15)。

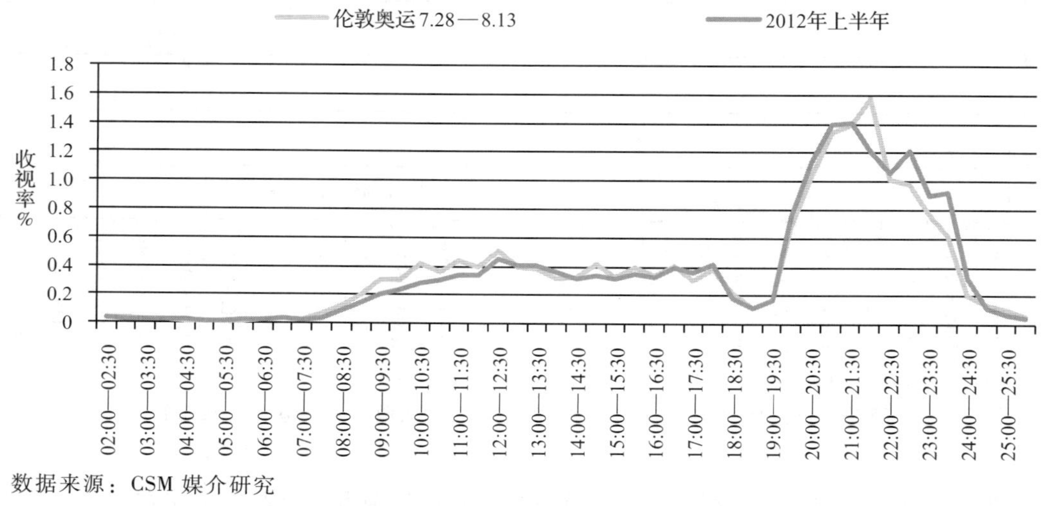

数据来源：CSM媒介研究

图15 奥运期间及2012年上半年湖南卫视全天收视率走势（71城市）

纵观奥运期间的电视剧市场，虽然播出剧目的题材应有尽有，大相径庭，却都获得了收视市场不同程度的认可，也为本已精彩纷呈的奥运赛场增添了另一味的饕餮大餐。

2. 综艺节目：百花齐放，各有侧重

纵观2012伦敦奥运期间各大省级卫视的综艺节目，仍以自身特色节目为主。整个省级上星频道的综艺节目市场可谓是百花齐放，各有侧重，各显神通。

江苏卫视主打情感益智牌。王牌节目《非诚勿扰》依然以强大的话题性在71城市中保持良好的收视，带动了午间时段及晚间时段收视的提升。另一档在2012年新开播的益智答题类节目《一站到底》，打破了以往该类型节目的固定模式，由不同年龄、不同身份、性格各异的10位守擂者和1位攻擂者参加，以PK的方式获得别人手中的奖品，一旦失败，就将掉下擂台，能否“一站到底”，成为节目的最大悬念。充满悬念的全新益智攻擂节目也有力支撑了该时段收视的提升。除此以外，同时段的另外两档综艺栏目——益智答题脱口秀节目《非常了得》和法律援助节目《甲方乙方》也获得了较好的收视效果。

浙江卫视音乐类节目《中国好声音》大放异彩。从全天收视走势来看（图14)，奥运期间，浙江卫视从晚间22:00起，收视水平即高于2012年上半年。该时段播出的互动音乐类节目《我爱记歌词》和音乐真人秀节目《中国好声音》均获得了不错的收视反响，其中尤以《中国好声音》更为突出。这档节目从开播之初就迎来诸多关注，受到热捧，引发热议。从浙江卫视周五21:00—23:00时段的收视表现来看，该频

道在奥运期间并未受到影响，收视反增，与2012年上半年相比，收视率至少提高了1个百分点（图16）。

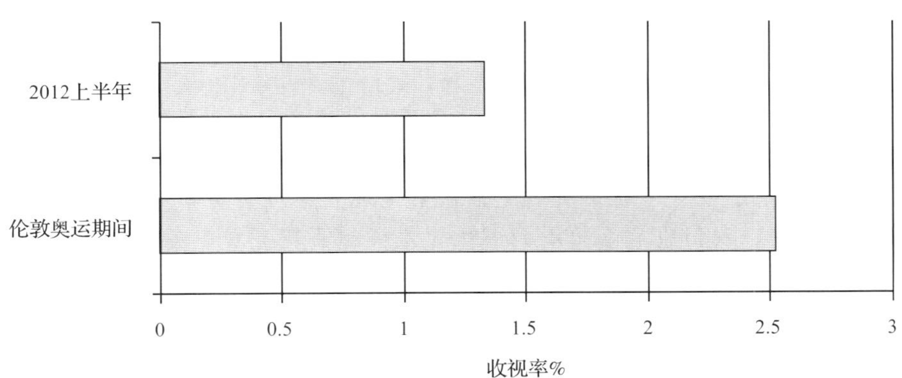

数据来源：CSM媒介研究

图16　奥运期间及2012年上半年浙江卫视周五21:00—23:00时段收视对比（71城市）

安徽卫视竞技当道，虽然综艺节目的播出比重上远不及电视剧，但从其收播比来看，还是获得了观众良好的反馈。如图11所示，该频道奥运期间在全天中有三个时段收视表现高于2012年上半年，除了电视剧的贡献外，综艺节目也为其增色不少。老牌户外竞技类节目《男生女生向前冲第4季》及《男生女生向前冲晚间版》均有不错的收视表现。值得一提的是另一档才艺竞技节目《势不可挡》，节目中有15—20组平民选手在100秒内登台进行表演，在主持人、明星嘉宾和全场观众的共同见证下，秀出精彩才艺，展现乐活态度，然后经由现场观众采用投票器投票表决得出每轮成绩。根据规则，未获得现场过半票数的选手将会受到刺激而欢乐的惩罚，同时节目为获胜选手提供相应奖品。

天津卫视晚间收视的第二小高峰出现在22:00—22:30（图12），在该时段有突出贡献的综艺节目有职场招聘类节目《非你莫属》和情感类节目《爱情保卫战》。

奥运期间，湖南卫视也增加了综艺节目的播出（表5），收视比重也得到相应提升。另外，从湖南卫视的全天收视走势来看（图15），收视的最高点出现在晚间21:30—22:00,相对而言，该时段与2012上半年相比，提升也最为明显。该时段主要播出的节目仍以综艺节目为主，带动其收视的是沉寂之后依然笑傲荧屏的品牌节目《快乐大本营》。另外，礼仪公德脱口秀节目《天天向上》及国内首档明星模仿秀《百变大咖秀》也为该时段的收视表现提供了有力的支撑。

3. 奥运相关栏目：收视表现平平

北京奥运会期间，各大省级上星频道不约而同地推出了一系列与奥运有关的综艺节目。如上海东方卫视的《喝彩奥运北京2008》、湖南卫视的《快乐向前冲》等，均获得不错的收视反响。2012年伦敦奥运期间，大多省级上星频道仍然延续暑期编排，以电视剧和综艺的编排为主。尽管如此，还是有部分省级上星频道推出了呼应奥运的相关栏目。如天津卫视的《奥运档案》，这档专题节目在晚间21:20左右播出，时长控制在半小时，但该节目在71城市的收视表现要略低于该频道平时的表现。

结语

2012伦敦奥运会在一场盛大的拼盘演唱会中落下帷幕，从中央级频道收视走高的欣喜中我们可以发现，在重大事件发生之际，传统电视媒体对于观众的吸引力仍然不容小觑，可谓“影响几代人”。正因如此，它激励着电视人继续奋勇前进。不仅如此，在奥运丛生的暑期档中，我们也欣喜地看到省级上星频道百花齐放、各显神通的繁华盛景。然而我们也不得不注意到，在奥运赛事收视走高的同时，网络新媒体对于受众的影响，例如一些相关伦敦奥运的微博甚至达到了百万人的关注。喧嚣过后，一切继续，电视市场依旧面临着竞争和发展赋予的机遇和挑战。

（作者：包凌君）

“盲听盲选”类音乐选秀节目收视表现及发展新动向

2012年虽然没有“快男超女”的加入，但音乐选秀节目依然火热，除了浙江卫视的《中国好声音》，还有上海东方卫视的《声动亚洲》、青海卫视的《花儿朵朵》、辽宁卫视的《激情唱响》、山东卫视的《天籁之声》以及广西卫视的《一声所爱大地飞歌》等。都说春天是播种梦想的时候，虽然国家广电总局关于选秀节目的相关政策给2012年的节目制作和播出增加了诸多限制，但各省级卫视依旧各出绝招，高调推出强档选秀节目。相比以往的“快男超女”，2012年的选秀节目有了很大的不同，没有局限性别或者唱法，以声音为主，民歌、清唱等音乐类型也登堂入室，给观众带来了不同的感观享受。

说到2012年的选秀节目与以往的不同之处，就不能不提“转椅子”。2012年椅子确实很忙，随着荷兰选秀节目*The Voice of Holland*带来的收视热潮，在节目中加入“盲听”环节的选秀模式迅速在全球范围内流行起来。不同国家The Voice的规则有所不同，但是都有一个共同特点：在海选期间评委背对选手，选手可以选择一首歌曲演唱，在歌曲演唱结束前如果有评委按下按钮，这位选手便成功晋级；当有多位评委选择选手的时候，选择权则转移到选手手上。中国内地电视圈在2012年暑假开始流行的“盲听”、“盲选”类歌唱节目，除了近日呼声颇高的中国版“The Voice”——《中国好声音》以外，还有上海东方卫视的《声动亚洲》、山东卫视的《天籁之声》和云南卫视的《完美声音》，创新的节目模式也带来了不俗的收视表现。

《中国好声音—The Voice of China》，是由浙江卫视联合星空传媒旗下灿星制作强力打造的大型励志专业音乐评论节目，源于荷兰节目*The Voice of Holland*，于2012年7月13日正式在浙江卫视播出。[①]《声动亚洲》是由十余家亚洲顶尖主流媒体以及实力经纪公司、演艺公司共同完成的全亚洲超大型歌唱比赛。除华丽的太空舱舞台、豪华的乐队阵容、国内一线音乐制作人之外，七国歌手齐聚打造新巨星成为《声动亚洲》最吸引人的地方，七国艺人的加盟为节目增添了更多的新鲜力量。[②]《天籁之声》是山东卫视于2012年4月启动，并重磅打造的“大型巨星音乐教育类选秀节目”，强大巨星评委阵容、全球顶级制作团队、五大网络支持、全媒体联动传播、六大一线赛区、线上线下立体推

① http://baike.baidu.com/view/8700459.htm

② http://baike.baidu.com/view/8823450.htm

广，是山东卫视继《歌声传奇》之后的又一重量级综艺类作品。[①]《完美声音》早在2012年元月13日就拿到了国家广电总局的批文，经过了数月的精心策划，云南卫视联手天娱广告，以独创的赛制、全开放的选手签约方式、结合爱心音乐教室的特别企划，寻找中国最动听的声音，是一种全新的选秀模式。[②]那么这种新兴的节目形式收视表现究竟如何，同样打着“盲听”旗号的四档节目有何异同，本文将予以一一解答。

一、“盲听盲选”类音乐选秀节目播出及收视总体情况

2012年暑期，声音类选秀节目的收视率一改前几年不温不火的状态，《中国好声音》、《声动亚洲》、《完美声音》、《天籁之声》等多档节目在全国71城市取得了良好的收视表现，对比节目开播前三个月的同时段收视，收视率和市场份额都有了不同程度的提高（表1）。

表1　2012年暑期四档声音类选秀节目播出及收视概况（71城市）

播出频道	节目名称	开播日期	播出时间	节目收视状况		播出前三个月同时段收视状况	
				收视率%	市场份额%	收视率%	市场份额%
浙江卫视	中国好声音	2012年7月13日	周五 21:10	3.81	12.06	1.82	5.79
上海东方卫视	声动亚洲	2012年7月11日	周三、周四 22:00	0.64	2.51	0.24	1.04
山东卫视	天籁之声	2012年7月7日	周六 22:30	0.42	1.93	0.30	1.60
云南卫视	完美声音	2012年7月6日	周五 22:30	0.33	2.06	0.12	0.93

数据来源：CSM媒介研究

这些新开播的声音类选秀节目自播出以来收视表现不一，但是大多数节目收视率呈上升趋势，尤其是中国好声音的上升趋势更为明显（图1—图4）。《中国好声音》节目开播伊始就有不错的收视起点，比赛进行中收视基本处于持续上升的态势，9月30日决赛在71城市的收视率突破了5%，收视份额高达17.6%。《天籁之声》在9月8日总冠军之夜的收视份额也达到了2.3%。《完美声音》在6进5的比赛中，也取得了收视份额达2.7%的不俗成绩。

① http://baike.baidu.com/view/3553373.htm

② http://baike.baidu.com/view/8367782.htm

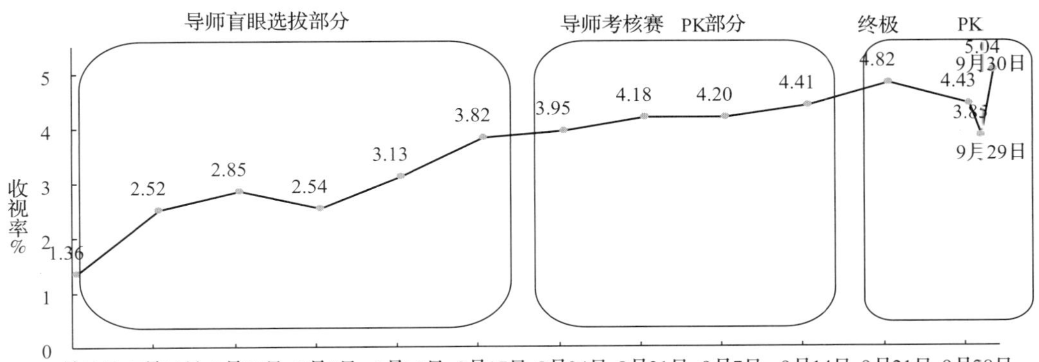

数据来源：CSM 媒介研究

图 1　2012 年暑期《中国好声音》每期收视走势（71 城市）

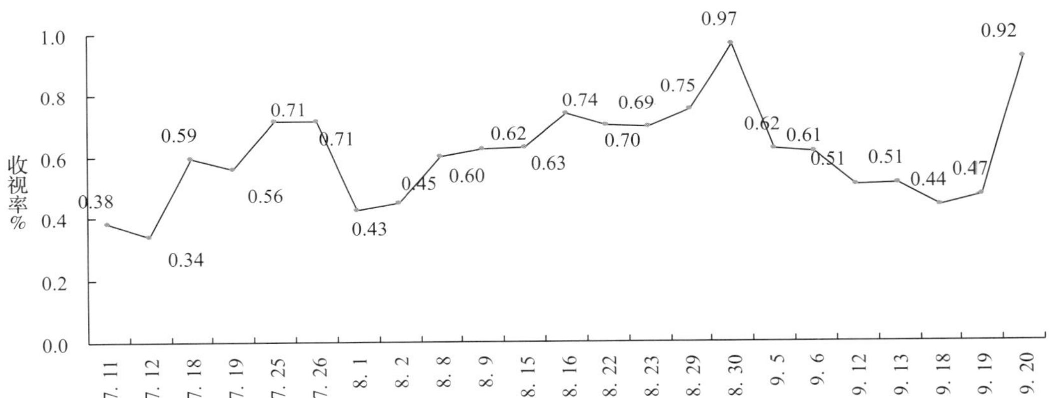

数据来源：CSM 媒介研究

图 2　2012 年暑期《声动亚洲》每期收视走势（71 城市）

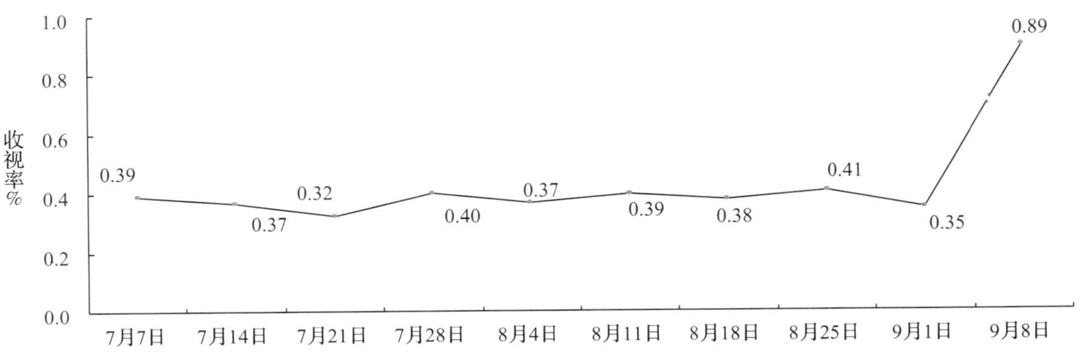

数据来源：CSM 媒介研究

图 3　2012 年暑期《天籁之声》每期收视走势（71 城市）

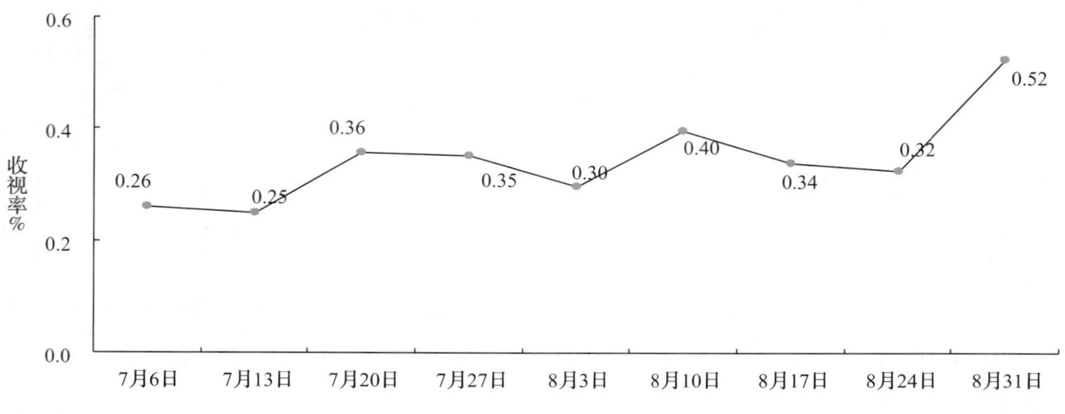

数据来源：CSM 媒介研究

图 4　2012 年暑期《完美声音》每期收视走势（71 城市）

随着节目收视的水涨船高，当季总决赛成为各方瞩目的焦点，也成为节目广告营销的一个关键点。本文选择较具代表性的《中国好声音》与《声动亚洲》这两档节目各自总决赛的广告插播特点进行对比分析。《中国好声音》9 月 30 日总决赛，播出时间为 19:43—24:27，全程 284 分钟，节目中间插入了 12 个广告段，平均每个广告段约 5 分钟。相对于其他选秀节目来说，《中国好声音》的广告段零散，插播次数多，单次时间短。《声动亚洲》9 月 20 日总决赛，播出时间为20:30—24:47，全程 257 分钟，节目中间插入了 9 个广告段，平均每个广告段约 6—7 分钟，广告段相对集中，插播次数少，单次时间长（图 5—图 6）。

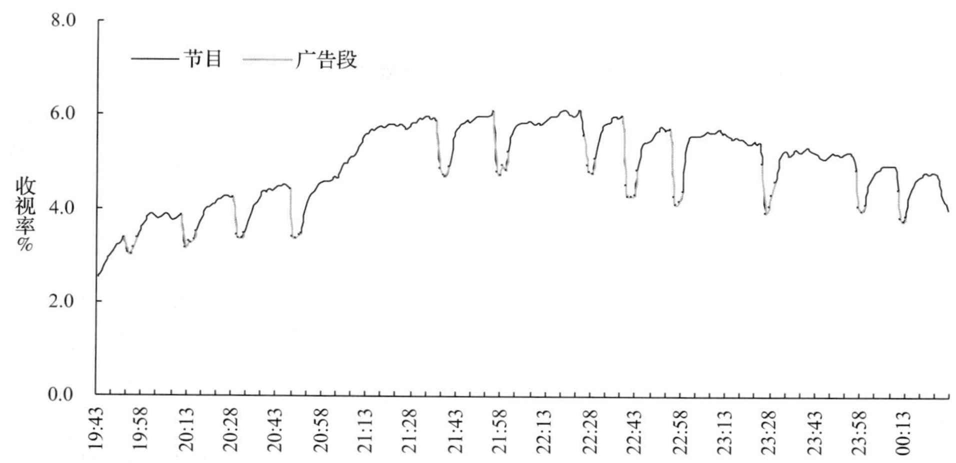

数据来源：CSM 媒介研究

图 5　2012 年浙江卫视《中国好声音》9 月 30 日总决赛分钟收视走势（71 城市）

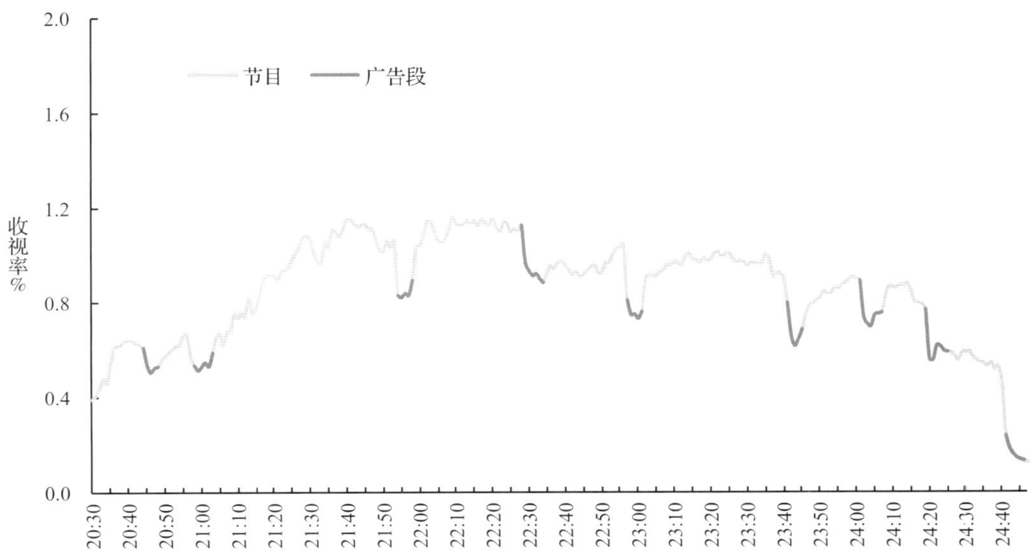

数据来源：CSM 媒介研究

图 6 2012 年上海东方卫视《声动亚洲》9 月 20 日总决赛分钟收视走势（71 城市）

二、“盲听盲选”类音乐选秀节目观众特征

“选秀龙头”湖南卫视在 2012 年没有参与到卫视选秀节目的竞争中，从 2005 年红极一时的《超级女声》到后来的《快乐男声》，湖南卫视推出的这几档选秀节目迅速赢得了年轻观众群体市场，还造就了李宇春、张靓颖、陈楚生、俞灏明等迄今为止仍活跃在歌坛上的偶像型歌手。然而随着近几年电视观众整体老龄化的加剧，更多电视媒体倾向于打造面向更广泛群体的节目，以适合更大规模观众的口味。从 2012 年这几档选秀节目的平台和定位来看，基本上除了青海卫视的《花儿朵朵》和辽宁卫视的《激情唱响》还保持着传统选秀节目特征以外，其他卫视 2012 年夏季推出的几档节目都是面向更大年龄层、更成熟参与者和观众的，与前两年形成明显的差异。因此，在分析 2012 年这四档歌唱选秀节目的观众特征时，本文选择湖南卫视 2010 年的《快乐男声》作为参照，以窥此类节目从播出平台定位到核心目标观众群体几年间的变化。

观众是节目的核心价值体现，把握节目的核心观众就是实现节目诉求与价值的统一。观众特征一般通过观众构成和集中度两个指标来反映。观察 2012 年夏季这四档选秀节目的观众构成可以发现，它们的观众中都是女性比例高于男性，中年观众是主要构成群体，这与 2010 年快乐男声的观众构成情况还是有着比较明显的变化。首先，从性别构成上来看，《快乐男声》的女性观众要远远多于男性观众，而 2012 年的四档节目男女比例的差异明显减小。其次，从年龄构成情况来看，《快乐男声》的观众偏年轻，15—24 岁的年轻观众占主导地位，而另外四档节目吸引了越来越多的中年观众群体的关注。

由于节目本身特点和播出平台特性的不同，2012年暑期四档节目的观众特征也存在着一定的差异。浙江卫视的《中国好声音》除了锁定中年观众群体以外，还吸引到了年龄在25—34岁的年轻观众的关注，另外，它的观众群体学历相对较高，高中以上学历的观众是其核心收视群体。上海东方卫视《声动亚洲》的主力收视群体是年龄在25—34岁的青年观众和年龄在45—54岁的中年观众，学历为高中以上。山东卫视的《天籁之声》主体观众是年龄在35—54岁的中年观众，学历为初高中水平。年龄在25—54岁、学历为初高中的观众构成了云南卫视的《完美声音》的收视主体（表2）。

表2　四档节目与2010快乐男声观众构成（%）比较（71城市）

目标观众	2010快乐男声	中国好声音	声动亚洲	天籁之声	完美声音
男	36.3	46.5	44.0	47.6	49.1
女	63.7	53.5	56.0	52.4	50.9
4—14岁	13.2	6.0	3.5	5.5	4.4
15—24岁	25.8	12.7	12.2	12.7	11.3
25—34岁	18.0	23.2	19.0	12.2	19.8
35—44岁	20.0	21.6	16.5	21.5	18.6
45—54岁	15.4	22.7	29.4	25.9	22.8
55—64岁	4.4	9.4	14.2	12.3	14.7
65岁及以上	3.2	4.4	5.2	10.0	8.5
未受过正规教育	1.5	2.3	1.4	2.6	2.6
小学	13.2	6.6	4.7	11.8	9.5
初中	33.4	23.7	24.6	33.2	31.4
高中	33.0	34.4	41.0	30.4	33.0
大学及以上	19.0	33.0	28.3	21.9	23.5

数据来源：CSM媒介研究

从集中度上看，2010年的《快乐男声》深受青少年观众的偏爱，15—24岁年轻观众的集中度明显更高。随着年龄的增长，《中国好声音》观众集中度在不断提高，相对于2012年另外三档节目来看，《中国好声音》比较吸引年龄在25—34岁的年轻观众群体，大学及以上学历的观众对其收视倾向性也更强。《声动亚洲》45—54岁中年观众、高中学历观众的集中度相对较高。《天籁之声》的45岁及以上的中老年观众的集中度明显高于其他年龄段，初中学历的观众在集中度上比较突出。《完美声音》比较受中老年观众青睐，年龄在55—64岁的观众集中度较高，初高中学历的观众也比较爱看这个节目（图7）。2012年播出的这四档节目吸引的观众群体比较类似，相对于2010年的《快乐男声》来说，这几档节目的观众年龄层更趋成熟，重点观众的年龄跨度相较以前的选秀节目也有变大的趋势。

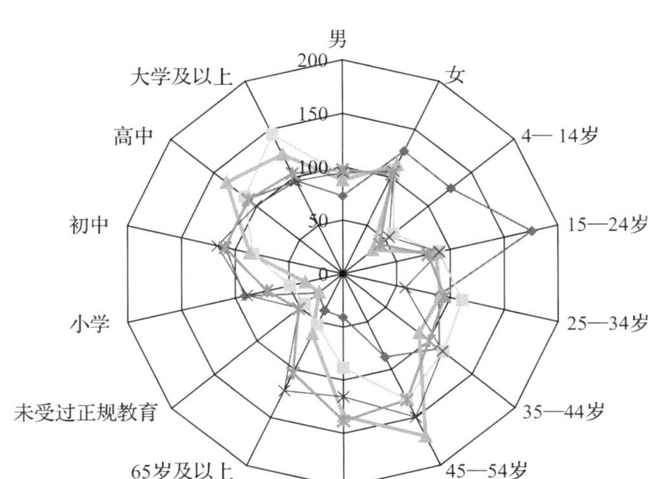

数据来源：CSM 媒介研究

图 7 四档节目与2010 快乐男声集中度比较（%，71 城市）

三、“盲听盲选”类音乐选秀节目特点分析

这四档节目究竟与以往的选秀节目有哪些不同？它们是靠什么来打破如今选秀市场的低迷？而它们之间有哪些共同特点和不同之处呢？

1. 模式包含盲听环节，只闻其声，不见其人

其实，西欧、美国的节目也并不是创意产业链的源头，就电视创意而言，其产业链的源头大多集中在荷兰、挪威、瑞典这些北欧小国家，而将这些创意规模最大化、效益最大化的，则是英国和美国这样高度市场化的国家。

最先使用“盲听”这一新型模式的选秀节目是荷兰的 *The Voice*，2010 年由 John de Mol 和 Roel van Velzen 创造的《荷兰好声音》（The Voice of Holland）在荷兰 RTL4 电视台播出，*The Voice* 是一个跨国的歌唱比赛电视节目，中国的版本是《The Voice of China－中国好声音》。

包括《中国好声音》在内的这几档节目都安排了“盲听”环节，以区别于以往选秀节目中“以貌取人”的特点，这个环节让评委不被视觉左右，全身心投入“声音大筛选”，不见其人，只为寻找最纯粹、最动听的“好声音”。

浙江卫视的《中国好声音》在最初的学员选拔阶段，明星导师背对学员，仅选择声音，不受其他任何因素的干扰。一旦导师按下红色按钮，印在导师椅子底座的“I WANT YOU”字样同时亮起，本来背对选手的导师会旋转过来与学员面对面，宣告有意将这位学员纳入旗下。《中国好声音》采用的“盲听”模式，对导师的座椅要求非常高，它必须确保导师坐在椅子上不戴耳机、背对学员，却能有最好的收听效果，同时椅子与

舞台主音响之间的距离也很有讲究。

山东卫视《天籁之声》采取了“盲眼选拔”的模式，以寻找最美的声音为宗旨，以音乐的纯粹性为理念，追求音乐本质的回归，用豪华的评委阵容、优质的音乐指导、顶级的现场乐队、绚丽的梦想舞台，打造顶级平民音乐选秀节目。四位评委高晓松、齐秦、小柯、萨顶顶，首先背对舞台头戴耳麦，如被选手的声音打动，则按下席位的红色键，椅子会自动旋转半圈面对舞台选手，只要一位评委转身，选手就算晋级。

云南卫视的《完美声音》也推出“盲听”模式，即选手和评委在整个海选阶段都不曾谋面，评委在四面封闭的房间中，只通过声音和屏幕上观众的反应决定选手去留，歌手则可以通过电视屏幕看到评委的反应。同时，《完美声音》还带来了绿色选秀的概念，不仅关注好声音，也将音乐的种子带入山区，以建立音乐教室的方式参与慈善活动。

2. 评委扮演双重角色，由评论者转变为导师

传统的选秀模式，评委多半只是进行单纯的点评。《完美声音》的评委在比赛中扮演前所未有的双重角色，除了传统的“裁决者”身份外，在进入全国突围赛阶段，分赛区评委会化身为“护航者”，为各自赛区的选手保驾护航。《天籁之声》另辟蹊径，邀请音乐界的数位大腕分别自行组队，形成四大评委阵营，挑选各自满意的选手进行比拼。《中国好声音》的模式与《天籁之声》类似，只不过他们的评委团队显得有点特别。在《中国好声音》舞台上的主角看似是选手，但最抢眼的要数四位导师，他们不叫“评委”，而叫“导师”。刘欢、那英、庾澄庆和杨坤的四人组合，不同于以往“毒舌、煽情、专业”三大模式，在点评环节，他们不犀利、不毒舌；在争抢选手时，他们会内部“厮杀”，只为博得选手青睐。当评委转过椅子面对选手的时候，恰恰就把明星由一个评论者的身份转变成老师的身份，他们瞬间从居高临下变成了求贤若渴。

据悉，当时《中国好声音》确定导师人选的时候，依照原版模式：两名一线大牌，对应的是那英和刘欢；需要一名年轻人喜欢的明星，对应的是庾澄庆；还需要一个出身草根的歌手，对应的是杨坤。至于现场的分工，庾澄庆以前做过综艺节目，在四位导师中他走的是轻松调侃的幽默路线；刘欢是大师级人物，所以应该是比较专业的、沉稳的；东北大妞那英本来个性就很豪爽，所以把大气的个性充分展现出来就可以；而杨坤经历过许多坎坷和波折，所以在跟学员对话时可以体现出感性的一面。①

3. 主持人地位发生变化，搭建与选手及亲友团沟通的桥梁

新选秀时代的“新”，除了新在选秀模式、评委身份转变上，还有一个很明显不同于以往选秀节目的地方，那就是主持人在节目中的角色。

在聚光灯下出现的15个“主角”里，有一个人是维系观众、选手、导师三方的纽带，也是在后场与选手及亲友团沟通的桥梁。然而，在一个半小时的赛事里，他的“戏份”加起来不过几分钟。在观众眼里，他就是一个“播广告”的；在微博上，他的视频片段直接被剪掉。对于不看电视的网友来说，不少人甚至不知道有他的存在……他，就

① http：//ent.163.com/special/haoshengyinmade/

是《中国好声音》的主持人华少。

节目播出后，不少观众在网络上给华少留言，问他“在节目中起什么作用?”、“为什么变成了广告播报员?”，还说“干脆不要主持人好了”。对此，他感到难过但也只能一笑置之：“节目录制过程非常辛苦，常常要从早上10点到凌晨两三点。”主持是个技术活，不露面不代表没有存在的价值。《中国好声音》幕后请来荷兰原版节目 *The Voice* 团队来指导，在他们看来，主持人的作用非常重要。华少说：“外国导演不担心评委导师，却担心主持人。他们说，主持人虽然不上场，但应该是对节目和选手故事最了解的人。在引进该节目的几十个国家里，除了美国之外，选手‘释放情绪’都是很困难的事，而在中国则更难，因为中国人习惯压抑情绪。对于我们台前幕后的工作人员来说，分享选手的真实经历比工作更有成就感。”①

4. 选手不再草根，带来更多看点及话题

相对于其他平民歌唱选秀类节目而言，《声动亚洲》的定位更加专业和高端，参加比赛的歌手大多已经成名，或者发行了不止1张音乐专辑，并具备一定的粉丝人气，看点十足。同时，节目组还邀请来更多实力明星唱将助阵，并与歌手一起表演歌唱。曹轩宾、阿兰、Hit5、倪安东、By2也都参加《声动亚洲》大中华区的比赛，而包括与东方卫视过从甚密，木村拓哉领衔的SMAP，以及刚刚到访上海的日本歌星福山雅治、AKB48等日本流行乐坛的众多歌星都加入这一节目。

《中国好声音》虽然没有《声动亚洲》那么多专业歌手来参赛，但很多选手也是有各类选秀背景的。徐海星2009年凭 *And I Tell You* 进快女60强，2012原创歌曲挺进《花儿朵朵》成都10强，后因爷爷奶奶住院而退赛；袁娅维（Tia Ray），演唱过电视连续剧《老爸向前冲》的主题曲；权振东是2010《快乐男声》长春唱区7强选手；李行亮为2010快乐男声全国12强；“黑美人”吉克隽逸2009年参加《快乐女声》30进20遗憾淘汰等。还有另外一些选手是有受过专业演唱培训的，比如人气颇高的李代沫，从小学习单簧管，学习唱歌，高一学美声，偶尔到酒吧驻唱赚些零花钱，然后到沈阳上大学，主修美声。

四、“盲听盲选”类音乐选秀节目发展新动向

1. 频道开发衍生节目，延伸品牌影响力

借着《中国好声音》的东风，浙江卫视从2012年8月3日起，在每期《中国好声音》首播播毕以后，紧接着推出一档叫《好声音后传之酷我真声音》的衍生节目。这是一档由导师杨坤担当主持，面向《中国好声音》学员的访谈节目，每期10分钟。随着《中国好声音》收视大热，这档衍生的访谈类节目也取得了不俗的收视成绩（图8）。

① http://news.sina.com.cn/m/2012—07—23/113824826954.shtml

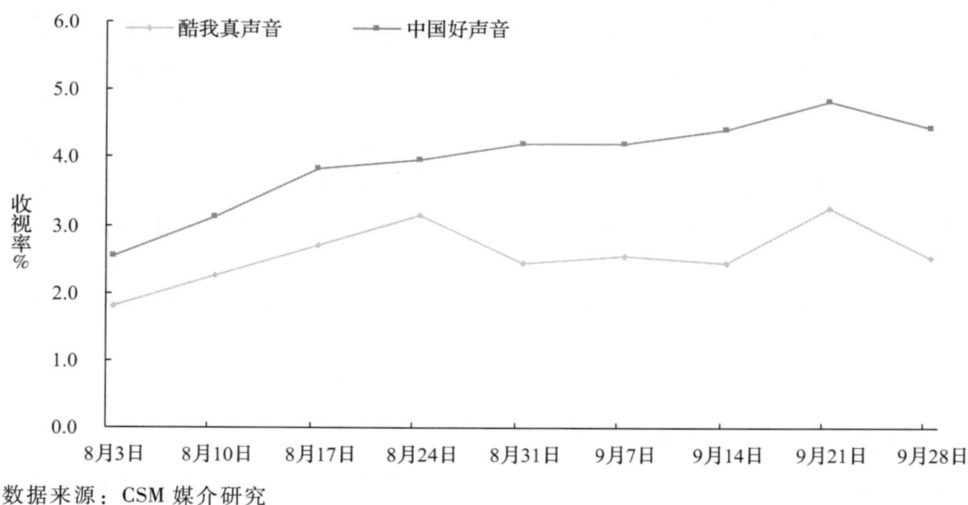

数据来源：CSM 媒介研究

图 8 《酷我真声音》与《中国好声音》各期收视率（%，71 城市）

2. 节目带动全方位产业链运作

一个“好声音”捧红了若干学员，这个“果实”自然是需要自己来“采摘”的。眼下“好声音”制作方灿星公司专门成立了经纪部，计划打理学员的演艺事务。《中国好声音》的宣传总监陆伟表示，节目组向前 56 名过关的学员全部发了签约邀请，现在有 40 多人已正式签约。

将学员们签约成艺人打造，这种相对传统的商业模式只是灿星的一个方向，他们还另有打算。陆伟表示，早在“好声音”录制之前，负责人田明就已计划，在全国开 100 家“v house”，这个“v house”跟现在日本流行的小型演出场所“live house”相似，“v house”就建立在城市居民密集的地方，这样可以让音乐与社区离得更近，所有的学员都可以常年去参加演出，磨练自己的唱功。

此外，目前已有两部电影的主题曲由“好声音”学员演唱，陆川执导的情景演出《鸟巢吸引》也在合作计划中。陆伟透露，“好声音”还计划开办音乐节，另外做音乐剧也在考虑范围之内。对于歌手传统的出唱片模式，也同样不会放弃，四强选手优先制作，其他学员也会根据他们最适合的出路设定。①

3. 娱乐营销带动多方共赢

在《中国好声音》的这股热播浪潮中，栏目广告不断升温，广告收入也逐渐水涨船高，在 2012 年 8 月中旬，栏目的广告价格就涨到了每 15 秒 50 万元，为内地电视节目之冠。据相关人士透露，好声音每期仅凭广告就能带来近 2000 万元的收益。随着《中国好声音》首播，其衍生节目《酷我真声音》也被推出。短短 10 分钟的节目广告销售也

① http：//news. xinhuanet. com/newmedia/2012—10/02/c_ 131884888. htm

受到了多家广告商的追捧。另外，台内其他节目也都水涨船高，冠名、植入等广告收入也一涨再涨。如此良性循环下去，业内人士预计，2013年浙江卫视“中国蓝”的广告收入和各栏目赞助费用将是一个天价数字。

“加多宝”的处境曾经一度为人们所担忧，养育了多年的王老吉品牌忽然被收回，企业前景陷入巨大的不确定之中。甚至连加多宝公司内部也下调了全年的销售额，从上年度的200余亿元下调到100亿元以内。加多宝花6000万元拿下《中国好声音》冠名权，电视娱乐传播把加多宝带到一个新的阶段，使其成为一个独立的品牌，为消费者所认识。业内人士表示，加多宝从节目上获得的不仅限于品牌的曝光率最大化，而且也借助节目的口碑传播，产生了巨大的附加值转移，大大地提高了加多宝在终端的指名购买率。

自从《中国好声音》播出之后，高收视率和良好的口碑，使得该节目在各大视频网站的网络点击率也一路激增。在这股热播浪潮中，视频网站成为最大赢家，在各大视频网站近期热播的综艺节目排行前五名当中，《中国好声音》均遥遥领先于其他节目，已与电视收视率的趋势相同。[①]

结语

自2005年兴起到2012年步入七年之痒，选秀节目经历了几番潮起潮落。在选秀节目几乎无法再在业内激起任何波澜的时候，《中国好声音》等新兴选秀节目的横空出世，让一场“盲听盲选”类音乐选秀节目的混战即将拉开帷幕。2012年选秀节目市场的竞争更加激烈，虽然“快男、快女”都退出了选秀江湖，但新崛起的大大小小数十档选秀节目开始瓜分同一块蛋糕。“限娱令”的推出也使得这场收视保卫战打得异常艰辛。

从2012年夏季的几档选秀节目来看，那些敢于尝试挑战新模式的选秀类节目，在提高频道收视率、争夺电视市场收视份额、挽回流失观众群体方面，还是取得了一定的成效。其成熟的商业模式、非凡的造星能力、精良的软硬件设施，对每一个细节，包括主场的灯光、舞美以及音响的细致关注，都吸引观众每周驻足观看这些以演唱会的模式操作的电视选秀。它们的出现为选秀节目注入了一剂强心剂，成为新一轮选秀节目的标杆。

但在追求“短、平、快”效果的内地电视业，电视台习惯了“复制照搬”，习惯了用“小米加步枪”抢占市场，购买了国外版权的电视台都未必舍得像《中国好声音》那样砸重金做节目，2013年的暑期选秀是否真能百花齐放，让我们拭目以待吧！

（作者：赵　晖）

① http：//www. techweb. com. cn/news/2012—10—10/1244081. shtml

"两限令"实施后电视节目播出与收视变化分析

为了加强对省级卫视节目与广告的播出管理，2011年11月国家广电总局分别下发了《关于进一步加强电视上星综合频道节目管理的意见》① 和《〈广播电视广告播出管理办法〉的补充规定》(广电总局令第66号)②，对省级卫视电视节目与广告播出进行规范与限制。

自"两限令"于2012年1月1日正式生效后，我们一直在关注电视媒体的应对及其带来的变化。一个季度过后，"两限令"的执行及其带来的变化与影响已掷地有声，"两限令"后的电视节目播出与收视轮廓也日渐分明。本文使用"两限令"实行后的2012年第一季度与"两限令"实行前的2011年同期71个大中城市收视数据作对比，从电视节目整体播出收视格局变化、部分省卫视晚间节目调整、省卫视晚间广告播出收视变化三个角度考察"两限令"实施后电视与广告市场的变化情况。

一、"两限令"实施后电视节目播出与收视整体变化特征

《关于进一步加强电视上星综合频道节目管理的意见》提出，34个电视上星综合频道要扩大新闻、经济、文化、科教、少儿、纪录片等多种类型节目播出比例。从2012年1月1日起，每个电视上星综合频道每日6:00—24:00新闻类节目不得少于2小时；18:00—23:30必须有两档以上自办新闻类节目，每档新闻节目时间不得少于30分钟；各电视上星综合频道还要开办一个弘扬中华民族传统美德和社会主义核心价值体系的思想道德建设栏目。意见提出，对节目形态雷同、过多过滥的婚恋交友类、才艺竞秀类、情感故事类、游戏竞技类、综艺娱乐类、访谈脱口秀、真人秀等类型节目实行播出总量控制。每天19:30—22:00,全国电视上星综合频道播出上述类型节目总数控制在9档以内，每个电视上星综合频道每周播出上述类型节目总数不超过2档。每个电视上星综合频道每天19:30—22:00播出的上述类型节目时长不超过90分钟。为防止节目类型过度同质化，国家广电总局还将对类型相近的节目进行结构调控。

通过三个月对整体电视节目播出与收视的观察，我们发现，2012年第一季度电视整

① http://www.gov.cn/jrzg/2011—10/25/content_1977909.htm

② http://www.sarft.gov.cn/articles/2011/11/28/20111128123519650338.html

体节目播出与收视较2011年同期发生了较为显著的变化。

1. 新闻/时事、专题、生活服务等节目类别2012年一季度播出比重较2011年同期增加

新闻/时事、专题、生活服务与法制类节目2012年一季度全天与晚间18:00—24:00时段播出比重均较2011年一季度同期增加（表1）。从全天来看，新闻/时事与生活服务类节目2012年一季度播出比重增量最大，较2011年同期分别增加了1个百分点左右；专题类节目2012年一季度较2011年一季度播出比重增加了0.5个百分点以上。

综艺节目2012年一季度全天播出比重稍低于2011年同期。综艺节目2012年一季度晚间18:00—24:00时段的播出比重较2011年同期增加0.46个百分点，主要原因是地面频道2012年一季度晚间18:00—24:00时段综艺节目播出量较2011年同期增加。

表1 2011、2012年一季度所有频道各类节目播出比重（%，71城市）

节目类别	全天		18:00—24:00	
	2012年播出比重	2011年播出比重	2012年播出比重	2011年播出比重
新闻/时事	9.43	8.46	14.39	13.16
综艺	6.61	6.69	8.53	8.07
电视剧	24.23	25.85	25.18	26.68
体育	2.33	2.43	2.40	2.32
专题	8.94	8.41	10.26	9.50
教学	0.36	0.34	0.21	0.26
外语	0.09	0.13	0.13	0.14
青少	3.70	3.80	3.30	3.30
音乐	1.06	1.24	0.83	0.91
电影	3.61	4.14	4.01	4.84
戏剧	0.54	0.59	0.46	0.38
财经	1.43	1.38	1.50	1.43
生活服务	13.30	12.28	12.50	11.34
法制	1.47	1.42	1.82	1.68
其他	22.89	22.86	14.47	15.98

2. 电视剧、专题、生活服务等类节目2012年一季度较2011年同期收视比重上升显著

比较2012年与2011年第一季度各类别节目收视比重可以看出，电视剧、体育、专题与生活服务类节目在全天时段与晚间18:00—24:00时段2012年一季度收视比重均高于2011年同期（表2）。其中，电视剧的增幅最大，全天时段收视比重增加了1.67个百分点，晚间18:00—24:00时段收视比重增加了2.5个百分点。

新闻/时事类节目全天时段2012年一季度收视比重稍低于2011年同期，晚间18:00—24:00时段2012年一季度收视比重超过2011年同期。

表 2　2011、2012 年一季度所有频道各类节目收视比重（%，71 城市）

节目类别	全天		18:00—24:00	
	2012 年收视比重	2011 年收视比重	2012 年收视比重	2011 年收视比重
新闻/时事	12.69	12.93	14.35	14.34
综艺	12.27	12.81	12.58	13.92
电视剧	32.93	31.26	33.89	31.39
体育	2.76	2.61	2.65	2.29
专题	6.94	6.19	6.79	6.24
教学	0.18	0.19	0.11	0.09
外语	0.00	0.03	0.00	0.00
青少	4.29	4.45	3.05	3.02
音乐	0.85	0.78	0.82	0.60
电影	4.37	4.36	3.22	3.51
戏剧	0.48	0.50	0.41	0.36
财经	1.11	1.21	0.85	1.05
生活服务	7.74	7.42	7.86	7.51
法制	1.72	1.77	1.42	1.53
其他	11.67	13.48	12.01	14.14

3. 省级卫视 2012 年一季度收视较 2011 年一季度整体上升势头强劲

“两限令”的实行，限制了诸多娱乐节目与广告的播出，虽然不能完全说受政策影响，但从数据分析看，最终受惠的是省级卫视。省级卫视 2012 年一季度全天时段较 2011 年同期市场份额提升了 1.3 个百分点，而中央级频道和市级频道市场份额 2012 年第一季度较 2011 年同期均下跌 0.6 个百分点，省级地面频道和其他频道组市场份额也稍有下跌（图 1）。

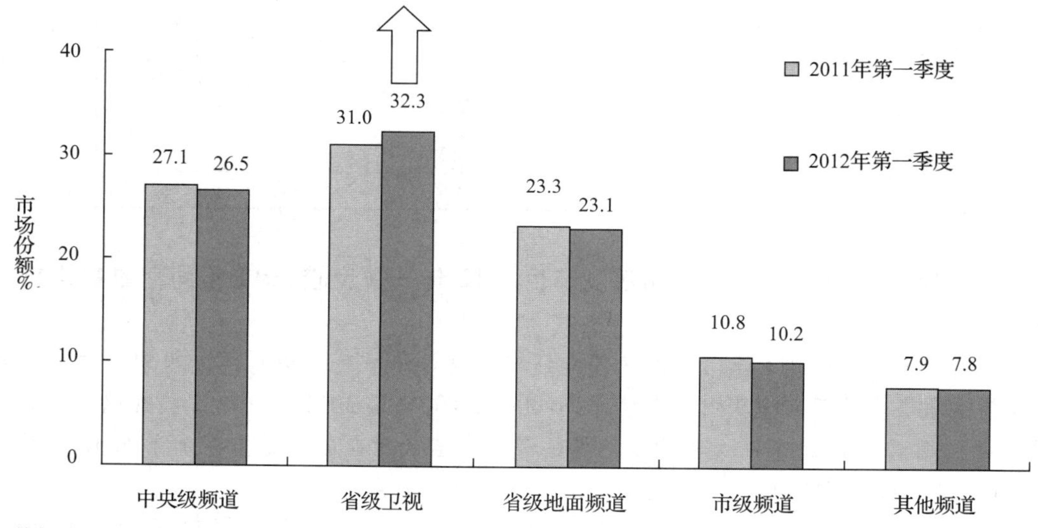

数据来源：CSM 媒介研究

图 1　2011、2012 年第一季度各级频道全天市场份额（%，71 城市）

分析近年来各级频道的市场份额变化，省级卫视上升势头强劲，藉众多频道之合力，竞争力稳居首位。面对省级卫视众多频道的收视冲击，中央级频道近年收视份额不断下滑。而省级地面频道在中央级频道和省级卫视频道双重挤压下，近年也寻求突围，市场份额基本稳定。市级频道由于受市场、资源、资金和人力等限制，依然举步维艰。

4. 省级卫视2012年一季度晚间19:30—22:00时段较2011年同期收视高涨

《关于进一步加强电视上星综合频道节目管理的意见》明确强调，在19:30—22:00时段对上星频道播出娱乐节目的总量进行控制，并且对各上星频道播出娱乐节目的档数及时长也有限制。与此同时，几乎同时出台的《〈广播电视广告播出管理办法〉的补充规定》（广电总局令第66号），又对广告的播出进行控制，尤其是严格禁止在晚间电视剧播出期间插播广告。

晚间限制娱乐节目与取消电视剧中插广告这两条限令客观上对省级卫视晚间的收视起到了积极作用。2012年一季度，体现在“两限令”严格控制的19:30—22:00时段上的收视出现了明显的变化。在这一时段，省级卫视2012年一季度收视水平高于2011年同期，2012年省级卫视晚间收视率最高峰（15.8%）出现在20:45—21:00时段，较2011年同期出现在同一时段的收视率最高峰（13.6%）上升了2.2个百分点。而中央级频道2012年一季度19:30—22:00时段收视水平低于2011年同期。2012年一季度省级非上星频道的全天收视走势基本稳定，市级频道晚间高峰时段较2011年第一季度略有下降（图2）。

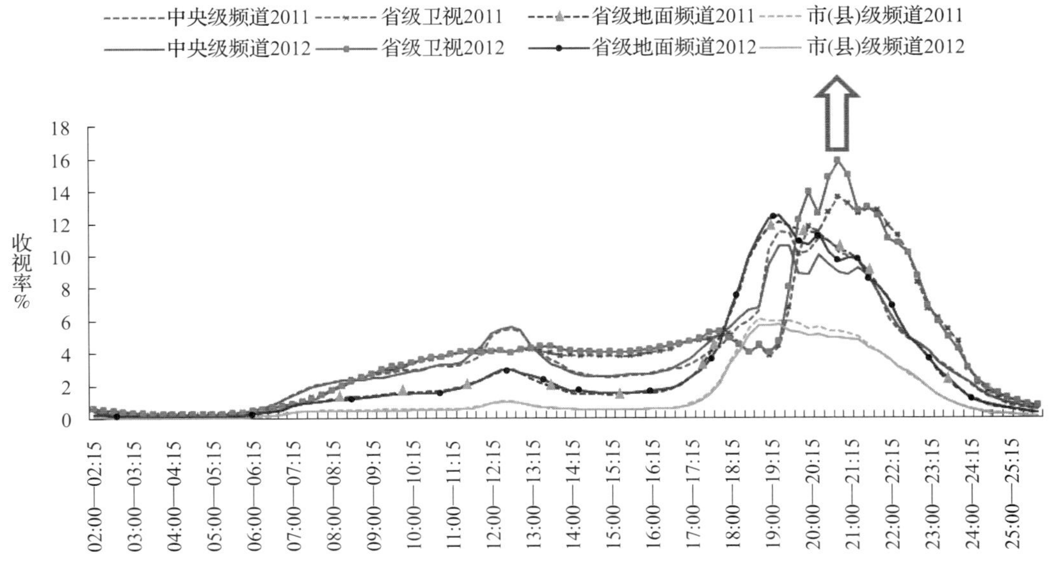

数据来源：CSM媒介研究

图2　2011、2012年第一季度各级频道全天收视走势（71城市）

5. 省级卫视2012年一季度晚间综艺节目收视分布较2011年同期整体后移

比较2012年一季度与2011年一季度省级卫视综艺节目在全天的收视分布，2012年第一季度综艺节目较2011年同期收视分布后移是主要的变化特征。省级卫视综艺节目的收视主要集中在晚间20:00—23:00时段。“两限令”实施前，2011年第一季度21:00—22:00时段是省级卫视综艺节目收视量最为集中的时段，与之相邻的前后两个时段20:00—21:00和22:00—23:00的收视量分布则较为均匀，两者差异不大，基本均是21:00—22:00时段收视量的一半左右。“两限令”实施后，21:00—22:00时段依旧是2012年一季度省级卫视收视量最为集中的时段，然而其收视量却明显较2011年减少。以这一时段为分界线，晚间21:00之前，省级卫视综艺节目2012年第一季度收视分布少于2011年同期；22:00之后，省级卫视综艺节目2012年第一季度收视分布较2011年同期则显著增加，变化量最大的是22:00—23:00时段，2012年一季度较2011年一季度几乎增加了三分之一的收视量（图3）。

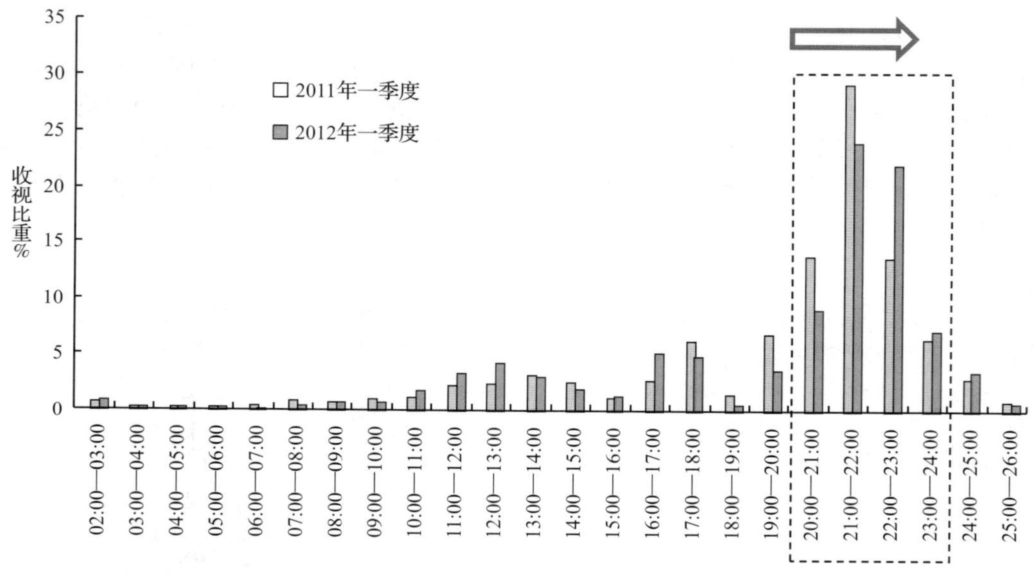

图3 2011、2012年第一季度省卫视综艺节目人均收视时长在全天各时段的分布比例（71城市）

6. 强势省级卫视与湖南卫视的竞争差距2012年一季度较2011年同期缩小

在考察的30个收视效果较好的省级卫视频道中，约三分之一的频道2012年第一季度全天收视份额高于2011年同期。2012年一季度全天时段与2011年一季度全天时段均是湖南卫视位居首位。江浙地区卫视频道2012年第一季度收视表现较为优秀，比2011年同期有较大幅度提升。北方地区则是山东卫视和黑龙江卫视收视表现突出，与江浙地区卫视竞争力相当。除湖南卫视之外的其他几个强势卫视频道如江苏卫视、浙江卫视、山东卫视、上海东方卫视、黑龙江卫视等2012年第一季度收视表现优秀，与2011年同期相比，与湖南卫视竞争差距在缩小（图4）。

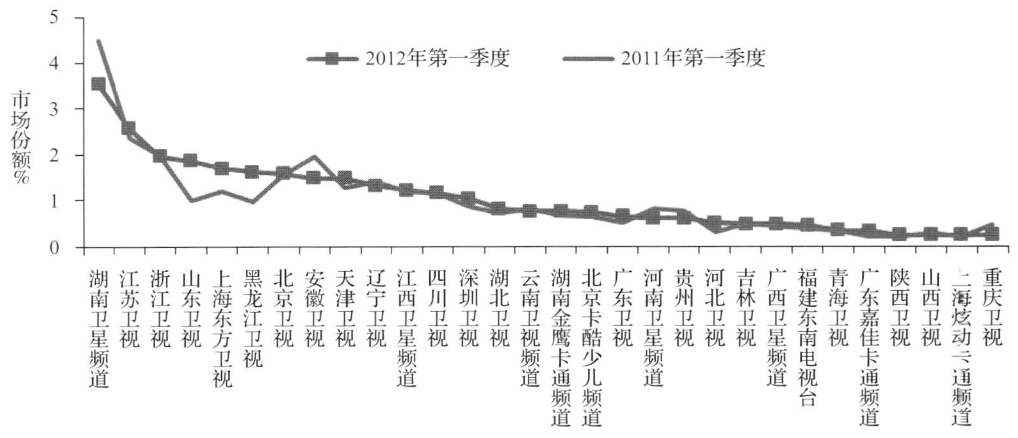

数据来源：CSM 媒介研究

图 4　2011、2012 年第一季度主要省级卫视全天市场份额（71 城市）

二、“两限令”实施后部分省卫视晚间节目编播调整及收视效果

近年来，娱乐节目遍地开花，成为各频道提高收视率不可缺少的节目类型。但同时也出现一些盲目跟风、随意仿制、内容低俗等负面现象。2011 年 11 月国家广电总局《关于进一步加强电视上星综合频道节目管理的意见》的出台，对娱乐节目的播出进行了规范与指导，客观上制止了一些不良风向。面对“两限令”，许多省级卫视频道及时对节目编排进行调整，取得了不同的收视效果。

1. 湖南卫视 2012 年一季度晚间新增专题与法制栏目，收视总体上不敌 2011 年同期

湖南卫视 2011 第一季度晚间 19:30—22:00 时段，主要以播出综艺节目为主，在 1—2 月周一到周四播出固定综艺栏目《百科全说》和《我们约会吧》等其他综艺栏目，在 2011 年 3 月，开始增加播出一些生活服务类栏目和常规综艺节目；周五和周六分别播出王牌综艺节目《快乐大本营》与《天天向上》，周日播出综艺节目《给力星期天》。2011 年一季度晚间19:30—22:00时段湖南卫视基本没有安排电视剧的播出（表 3）。

2012 年第一季度，受到“两限令”影响，湖南卫视晚间仅保留了周五与周六播出的两大王牌节目《快乐大本营》与《天天向上》，2011 年播出的其他综艺节目全部退出了 2012 年屏幕。2012 年晚间新增了三档新节目，分别是专题节目《平民英雄》、综艺节目《变形记》与法制节目《辨法三人行》。2012 年一季度周五与周六晚间保留播出的《快乐大本营》与《天天向上》播出时间均从 2011 年的19:30时段左右推后到 2012 年一季度的20:10时段左右，并且两档节目均从 2011 年 140 分钟左右的播出时长压缩半个小时左右，两档节目在 2012 年一季度的播出时长均控制在 110 分钟左右。

湖南卫视2012年一季度晚间节目编排的变化还体现在增加播出了电视剧，周日到周四在19:30—21:15时段都加入了两集电视剧，周五和周六在播出《快乐大本营》与《天天向上》之前新增播出一集电视剧（表3）。

表3 2011、2012年第一季度晚间湖南卫视节目编排

周天	2012年1—3月		2011年1—2月	
	19:30—21:15	21:20—22:00	19:30—20:30	20:30—22:00
周一	电视剧 两集	平民英雄（专题）	百科全说（综艺）	非常靠谱（综艺）
周二	电视剧 两集	平民英雄（专题）	百科全说（综艺）	我们约会吧（综艺）
周三	电视剧 两集	变形计（综艺）	百科全说（综艺）	我们约会吧（综艺）
周四	电视剧 两集	变形计（综艺）	百科全说（综艺）	喜剧之王（综艺）
周五	1集电视剧+快乐大本营（综艺）		快乐大本营（综艺）	
周六	1集电视剧+天天向上（综艺）		天天向上（综艺）	
周日	电视剧 两集	辨法3人组（法制）	给力星期天（综艺）	

数据来源：CSM媒介研究

从晚间19:30—21:15时段收视效果看，2012年一季度播出的两集电视剧平均收视高于2011年同期，晚间其他时段2012年一季度收视效果则低于2011年同期（图5）。2012年一季度晚间播出了电视剧《夫妻那些事》、《你是我爱人》、《守望的天空》、《如意》等收视较高的电视剧。2012年一季度晚间周一到周四播出的栏目《变形记》与《平民英雄》收视都低于2011年同期播出的综艺节目《非常靠谱》、《我们约会吧》与《喜剧之王》。从分周天看2012年一季度晚间播出的两集电视剧，周一到周四的电视剧对收视起到了拉动作用，周日播出的两集电视剧与法制节目《辨法三人行》收视仍然不敌2011年同期播出的综艺节目《给力星期天》。2012年一季度晚间周五与周六播出的1集电视剧+《快乐大本营》或《天天向上》总收视不敌2011年同期周五与周六无电视剧播出的总收视效果（表4）。

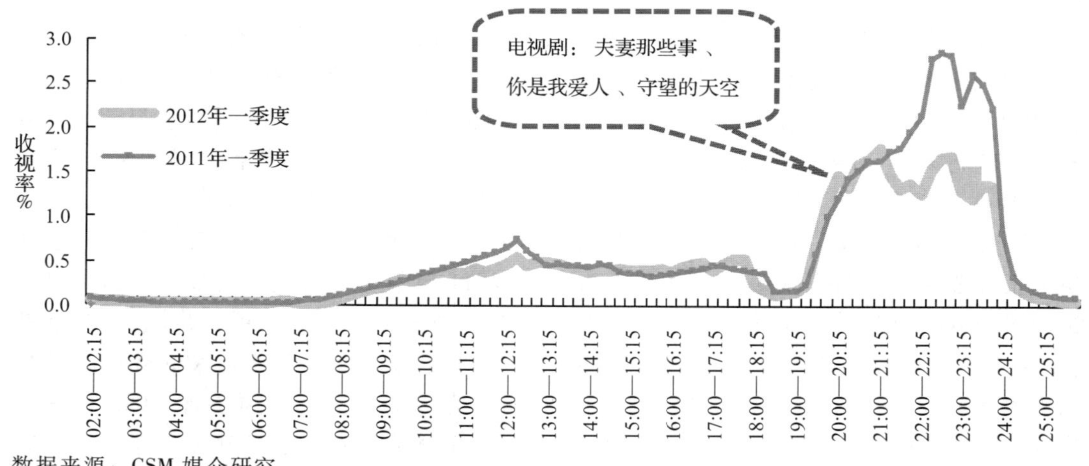

数据来源：CSM媒介研究

图5 2011、2012年一季度湖南卫视全天收视走势比较（71城市）

表 4 2011、2012 年一季度晚间湖南卫视市场份额分周天比较（71 城市）

周天	2012 年一季度		2011 年一季度	
	19:30—21:15	21:20—22:00	19:30—21:15	21:20—22:00
	市场份额%	市场份额%	市场份额%	市场份额%
周一到周四	电视剧 两集 3.27% ⇧	周一与周二：平民英雄 3.09%	百科全说＋ 综艺节目	综艺节目
		周三与周四：变形记 3.09%	2.61%	4.85%
周五到周六	1 集电视剧＋快乐大本营＋天天向上 4.3%		快乐大本营＋天天向上 4.49%	
周日	电视剧 两集 3%	辨法 3 人组 2.46%	给力星期天 3.46%	

数据来源：CSM 媒介研究

2. 江苏卫视 2012 年一季度晚间电视剧变三级联播，收视提升

江苏卫视 2011 年一季度晚间 19:30—21:20 时段播出两集电视剧，之后的21:20—22:40时段以播出综艺节目为主，22:40—23:00时段播出晚间新闻，23:00时段之后的深夜时段以播出电影、综艺栏目等为主（表 5）。

2012 年一季度晚间，江苏卫视电视剧播出时段被拉长。在19:30—22:00时段减少了综艺节目播出量，变电视剧的两集联播为三集联播。2012 年一季度播出了《红娘子》、《山楂树之恋》、《雪狼谷》等收视较好的电视剧。综艺节目从 2011 年一季度21:20为开播时段后移到 2012 年一季度的22:00为开播时段。2011 年一季度22:40时段播出的《晚间新闻》在 2012 年一季度被后移到23:20时段，同时把《晚间新闻》的播出时长从 2011 年一季度的 15 分钟压缩至 2012 年一季度的 10 分钟（表 5）。

表 5 2011、2012 年一季度江苏卫视晚间节目编排

时期	19:30—21:20	21:20—22:00	22:00—22:40	22:40—23:00	23:00—23:20	23:20—23:30
2011 年一季度	电视剧 两集	栏目（综艺为主）		晚间新闻	电影、综艺栏目等	
2012 年一季度	电视剧 三集		栏目（综艺为主）			晚间新闻

数据来源：CSM 媒介研究

2012 年一季度节目编排经过重新调整，在晚间 19:30—21:20 时段，2012 年一季度联播的三级电视剧收视率超越了 2011 年同期收视率，取得了较好的收视效果。但是 2012 年一季度在21:30—22:30播出的生活服务与综艺节目收视效果不及 2011 年同期播出的综艺节目。在后晚间22:30—23:45时段，由于 2012 年一季度综艺节目播出时段后移，带动了 2012 年这一时段收视超越了 2011 年同期，2012 年一季度时长压缩为 10 分钟的《晚间新闻》的播出时段也同时后移至23:20时段之后，提升了这一时段 2012 年一季度的收视效果（图 6）。

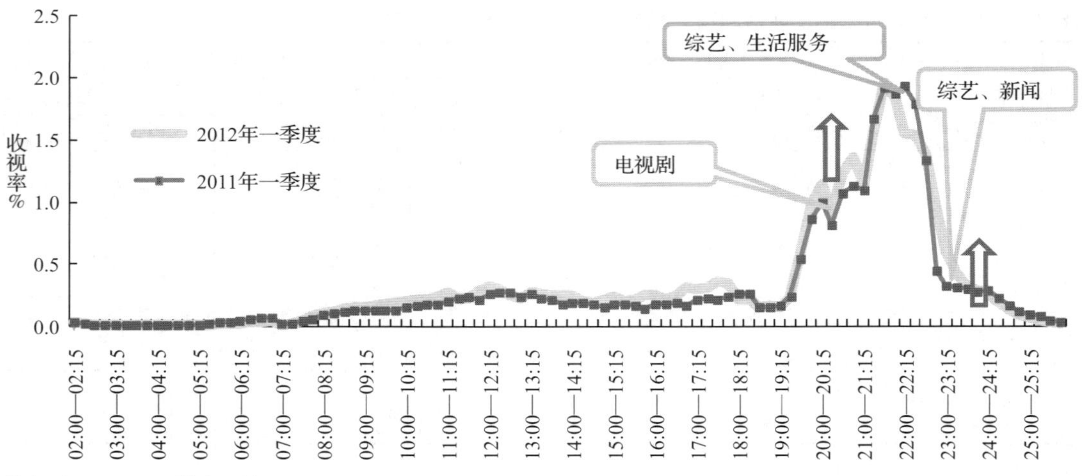

数据来源：CSM 媒介研究

图 6　2011、2012 年一季度江苏卫视全天收视走势比较（71 城市）

3. 浙江卫视 2012 年一季度 19:30 以后取消新闻节目，收视大幅上涨

浙江卫视 2011 年一季度晚间 19:30 以后的节目编排形式主要是，周一到周四播出两集电视剧 + 栏目（综艺为主）+《新闻深一度》+综艺栏目；周五到周日播出两集电视剧 + 栏目（综艺为主）。

“两限令”之后，2012 年一季度晚间节目编排重新进行了调整。电视剧的播出没有变化，每日两集电视剧仍然放在19:30—21:20时段，2012 年一季度播出的电视剧《密使》、《亮剑铁血军魂》、《青盲》等取得了较好的收视效果。

2012 年一季度周日到周四电视剧结束后增加了时长约为 20 分钟的专题栏目《婚姻保卫战》和《梦想新生活》，结束时间在22:00左右。22:00之后，取消了 2011 年曾播出的《新闻深一度》节目，代之以综艺节目贯穿至24:00左右；2012 年一季度周五到周六晚间播出没有变化，仍然延续2011 年周末的编排播出，两集电视剧之后，以综艺节目贯穿至24:00左右（表 6）。

表 6　2011、2012 年一季度浙江卫视晚间节目编排

<table>
<tr><th>周天</th><th>19:30—21:20</th><th>21:20—22:00</th><th>22:00—22:40</th><th>22:50—23:10</th><th>23:10—24:30</th></tr>
<tr><td>2011 年一季度
周一到周四</td><td rowspan="2">电视剧 两集</td><td colspan="2">栏目（综艺为主）</td><td>《新闻深一度》</td><td>综艺</td></tr>
<tr><td>2011 年一季度
周五到周日</td><td colspan="4">栏目（综艺为主）</td></tr>
<tr><td>2012 年一季度
周日到周四</td><td rowspan="2">电视剧 两集</td><td colspan="2">新增专题节目
《婚姻保卫战》、
《梦想新生活》</td><td colspan="2">栏目（综艺为主）</td></tr>
<tr><td>2012 年一季度
周五到周六</td><td colspan="4">栏目（综艺为主）</td></tr>
</table>

数据来源：CSM 媒介研究

浙江卫视节目重新编排之后，2012 年一季度实现了晚间时段收视超过 2011 年同期的良好效果，尤其是20:00—24:00时段，收视率的提升幅度更大（图7）。

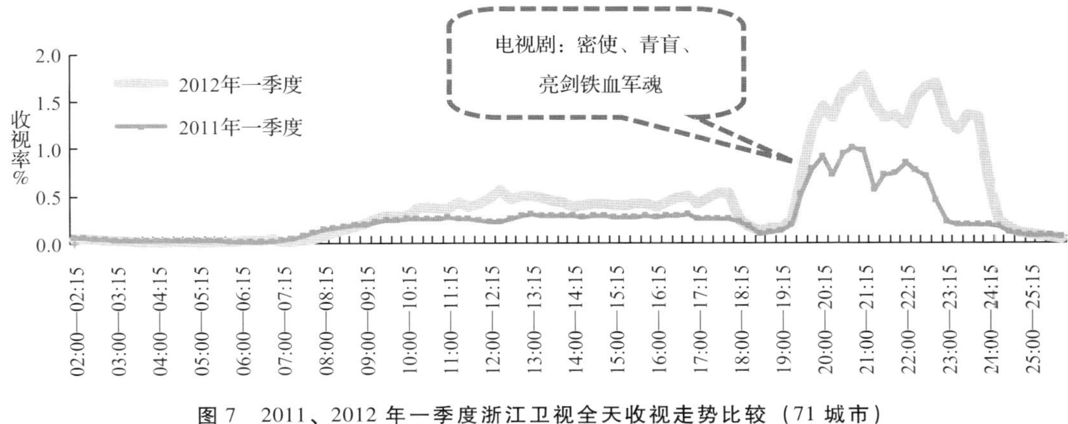

图 7　2011、2012 年一季度浙江卫视全天收视走势比较（71 城市）

三、“两限令”后省卫视广告播出与收视特征分析

2011 年 11 月国家广电总局发布《〈广播电视广告播出管理办法〉的补充规定》（广电总局令第 66 号）指出，播出电视剧时，不得在每集（以 45 分钟计）中间以任何形式插播广告（以下简称为“限广令”）。自 2012 年 1 月 1 日起该办法正式实施后，省级卫视晚间19:30—21:30时段广告的播出总量得到了有效控制，同时也对其收视效果起了积极的作用。

1. 2012 年一季度晚间 19:30—21:30 省卫视广告播出量减少，观众广告收视量增加

2012 年第一季度晚间省卫视广告播出量为 1144 小时，较上年同期下降 141 小时，下降幅度为 10.97%。在广告播出量下降的情况下，我们再从数据中考察观众对广告收视的反应如何。2011 年第一季度19:30—21:30时段，广告的收视率为 0.23%，而 2012 年第一季度19:30—21:30时段，广告收视率为 0.24%，较上年略有增加（表 7）。

表 7　2011、2012 年第一季度省卫视晚间19:30—21:30时段广告播出及收视（71 城市）

时　　期	广告总时长（小时）	收视率（%）
2011 年第一季度	1285	0.23
2012 年第一季度	1144	0.24
较上年同期变化幅度	-10.97%	4.34%

数据来源：CSM 媒介研究

2. 2012年一季度晚间19:30—21:30时段“非中插广告”剧增，带动广告收视上升

目前各大卫视频道播出广告的方式主要有两种：一种是同一节目中插播广告，另一种是不同节目之间播出广告，我们称之为“非中插广告”。把晚间19:30—21:30播出广告的时段总体分为中插广告时段和非中插广告时段，受“限广令”影响，2012年第一季度晚间19:30—21:30中插广告的播出量大减，而非中插广告的播出量却大幅增加。

2011年第一季度晚间19:30—21:30时段非中插广告播出量为485小时，2012年同期非中插广告的播出量是947小时，播出量比2011年同期增加了将近一倍。在广告播出量增加的形势下，观众收视率也大增。2011年第一季度19:30—21:30时段，非中插广告收视率是0.15%，2012年同期非中插广告收视率是0.25%，较2011年同期增长的幅度达67%。非中插广告的其他收视数据例如平均到达率和人均收视时长等也出现利好趋势（表8）。

表8　2011、2012年第一季度省卫视19:30—21:30时段非中插广告播出与收视（71城市）

时　　期	非中插广告播出时长（小时）	收视率（%）
2011年第一季度	485	0.15
2012年第一季度	947	0.25

数据来源：CSM媒介研究

3. 不同省级卫视晚间19:30—21:30时段广告收视变化各异

“两限令”之后，2012年一季度晚间19:30—21:30时段，省卫视总体广告播出时长较2011年同期减少，电视剧中插广告消失，伴随而来的是非中插广告的剧增。对于不同省级卫视，广告播出变化带来的广告收视效果是不同的，下面主要分析湖南卫视、江苏卫视和浙江卫视“两限令”之后的广告收视效果。

（1）湖南卫视2012年一季度19:30—21:30非中插广告收视较2011年同期大幅提升

湖南卫视2012年一季度晚间播出广告总量44.46小时，较2011年同期广告总量高出约13个小时。2012年一季度晚间广告收视率与市场份额分别是0.94%与2.36%，均稍低于2011年同期的1.03%与2.53%。湖南卫视2012年一季度晚间非中插广告的播出量是17.99小时，远高于2011年同期的0.81小时，收视率和市场份额分别是0.86%和2.17%，也分别高于2011年同期的0.54%和1.40%（表9）。

表9　2011、2012年第一季度湖南卫视19:30—21:30广告播出与收视情况（71城市）

时期	广告总时长（小时）	收视率（%）	市场份额（%）	非中插广告时长（小时）	收视率（%）	市场份额（%）
2011年第一季度	31.40	1.03	2.53	0.81	0.54	1.40
2012年第一季度	44.46	0.94	2.36	17.99	0.86	2.17

数据来源：CSM媒介研究

（2）江苏卫视2012年一季度19:30—21:30非中插广告收视效果稍逊于2011年同期

江苏卫视2012年一季度晚间播出广告总量是24.95小时，低于2011年同期34.86小时的广告总量。2012年一季度晚间广告总收视率与市场份额分别是0.75%与1.86%，稍低于2011年同期广告的收视效果。江苏卫视2012年一季度晚间非中插广告播出总量是23.50小时，是2011年同期播出量的一倍以上，而收视效果略低于2011年同期（表10）。

表10 2011、2012年第一季度江苏卫视19:30—21:30广告播出与收视情况（71城市）

时期	广告总时长（小时）	收视率（%）	市场份额（%）	非中插广告时长（小时）	收视率（%）	市场份额（%）
2011年第一季度	34.86	0.78	1.91	10.76	0.74	1.77
2012年第一季度	24.95	0.75	1.86	23.50	0.71	1.76

数据来源：CSM媒介研究

（3）浙江卫视2012年一季度19:30—21:30非中插广告收视明显高于2011年同期

浙江卫视2012年一季度晚间广告播出总量是33.32小时，比2011年同期广告播出量低4个多小时，广告收视效果几乎与2011年同期相当。2012年一季度晚间非中插广告播出时长为32.58小时，是2011年同期非中插广告播出量的近10倍，收视率与市场份额分别是0.63%与1.57%，明显高于2011年的0.51%与1.27%（表11）。

表11 2011、2012年第一季度浙江卫视19:30—21:30广告播出收视（71城市）

时期	广告总时长（小时）	收视率（%）	市场份额（%）	非中插广告时长（小时）	收视率（%）	市场份额（%）
2011年第一季度	37.75	0.64	1.57	3.70	0.51	1.27
2012年第一季度	33.32	0.63	1.57	32.58	0.63	1.57

数据来源：CSM媒介研究

数据分析已经显示，“两限令”之后的节目与节目之间广告时长飙升。目前广告播出时长与其收视效果已经达到一种较为稳定的状态，既增加了非中插广告时长，也获得了较好的节目与广告收视率。节目中插广告时长缩短，可能会加大其他广告播出形式的应用，例如剧场冠名、特约播出、片头片尾、植入广告、短信互动等，也可能会激发新型广告模式的创新。但是，如果一味拉长非中插广告时间或在节目内容中过度增加植入广告量，必定会打破目前这种稳定性，破坏节目与广告的收视效果。广告的播出方式越来越成为各商家竞争的焦点所在。

结语

通过上述分析我们可以看出，“两限令”已经取得了初步成效。2012年一季度与2011年一季度相比，省卫视娱乐节目的播出量得到有效控制，新闻/时事、专题、生活服务等节目类别播出比重增加，丰富了电视内容，促进了节目播出类型的多样化。省卫视2012年一季度整体收视较2011年同期有明显提升，虽然不能完全说受“两限令”影响，但省卫视籍此带来的收视变化是显著的。同时，省卫视取消晚间电视剧中插广告，带动了观众电视收视的连贯性，不但电视剧收视效果较2011年同期得到全面提升，晚间19:30—21:30时段广告的总收视率也较2011年同期稍有提升。面对国家广电总局的政策规范，各省卫视及时对节目编播进行调整应对，这些调整措施与收视效果表明，电视媒体正向着良性的方向发展。

从长期来看，“两限令”对我国电视媒体的长远发展具有较大的促进作用。电视媒体，如平衡木上的运动员，时刻在保持平衡。宏观上，电视媒体要保持社会效益与经济效益的平衡；微观上，电视媒体要保持节目、广告播出与其收视效果的平衡。如何把握这两个“度”，是各电视媒体时刻面临的主要问题。

（作者：冯　波）

新形势下省级卫视市场竞争策略选择

一、省级卫视竞争所面临的新形势

2011年电视收视市场竞争格局依然呈现出省级卫视份额上升、中央级频道份额小幅下滑的特点，省级卫视全天的市场份额已连续两年超过中央级频道，占据了近三分之一的市场。省级卫视的收视成绩，一方面得益于落地入网的不断加强，扩大了频道覆盖范围；另一方面，也是省级卫视倾力打造强势节目、建设频道及节目品牌的结果。

近年来，更多的省级卫视“跨越本省，走向全国”，持续不断地向周边和全国其他区域渗透，以各种不同方式加强频道的落地。随着数字电视平移速度的加快，广电“村村通”的推进，以及“无线机顶盒”的发展，很多省级卫视频道实现了“区域覆盖”和“全国覆盖”，成功地扩张了传播渠道和平台。

节目竞争方面，省级卫视在电视剧和娱乐节目方面的比较优势非常突出。电视剧的大容量播出、多频道联播、首播、独播抢占资源，以及对电视剧的高调宣传营销等，强化了省级卫视电视剧在整个收视市场上的竞争优势；而省级卫视的综艺娱乐节目也是近年来整个电视综艺节目创新的先锋，不仅创新方式已从简单的模仿复制上升为购买国外成熟节目模式，其内容形式更是涉及娱乐真人秀、游戏闯关、婚恋交友等多个方面，话题不断，亮点不断，在收视市场上一直方兴未艾。电视剧、新闻、综艺，这三驾拉动收视的大马车中，省级卫视两驾领先，这正是省级卫视收视上升的关键所在。

但与中央台频道专业化定位、细分市场、发展相对均衡的特点相比，省级卫视这支竞争优势明显的力量，其内部实力“集中化”的趋势却越来越明显。其一，省级卫视虽然数量众多，但竞争实力非常集中，少数频道在高覆盖的基础上，以强大的节目资源优势和品牌影响力遥遥领先。2011年的收视数据显示，收视份额前三位的频道，占据整个省级卫视份额的30%，前五位的频道占据40%，而前十位频道的份额之和已占到了省级卫视收视总量的60%以上，其余众多省级卫视竞争实力很弱，“长尾”态势非常明显。其二，优势节目资源竞争集中。省级卫视节目竞争差异化不大，大多集中在综艺娱乐节目的开发及电视剧的购买上，真正能赢得市场的少数节目皆集中在少数强势频道上。以综艺节目为例，播出量不足20%的10个卫视频道，其综艺节目的收视份额却超过了80%。电视剧资源更是如此，“一剧难求”，只有少数实力强劲的频道方能为一剧“血拼”，实现首播和独播。其三，广告及收益集中。良好的传播效果创造了良性的广告投放环境，竞争的强势最终使得广告收入、节目收益等更集中于少数频道，强者愈强的“马太效应”已在省级卫视内部竞争中得以充分地体现。残酷的现实是：省级卫视在收视市场的竞争，是以少数强势频道为主导的，众多的省级卫视频道是弱小的跟随者，其生存空间不容乐观。

2012年，广电总局各项限令正式实施，对于以电视剧和综艺娱乐为节目主体、同质化竞争激烈的省级卫视来说，又进入了一个新的生存大挑战阶段。娱乐节目首当其冲，2012娱乐节目的竞争更集中在周末以及晚间后黄金时段。后黄金时段的开发空间有限，各卫视都把王牌节目押在了周末，竞争更为惨烈；电视剧取消中插广告，剧的收视更为流畅，但好剧仍然难求，卫视为了拿好剧、播好剧，同时尽可能消化广告的压力，势必付出更高的成本和代价，竞争更加白热化。

另外，网络视频的兴起、数字技术的发展、各类移动终端的蜂拥出现，给电视媒体带来很大的冲击。收视调查数据表明，受众在电视媒体上消费的时间不断减少，特别是在观众收视最为集中的晚间黄金时段。2011年这种减少的趋势进一步演化，被分流的电视观众不仅仅局限于年轻人，中老年观众群也开始流失，电视观众群的规模持续下降，导致电视收视时间降低，2011年，人均每天收看电视的时长仅为166分钟，日平均观众规模69.5%，是2008年以来的最低水平。随着受众媒体消费的分流分化，广告投放在各类媒体上的比重也在发生变化，开始向年轻受众多、消费活力强的新媒体倾斜。未来这种受众分化、广告分流的趋势仍将继续，或以更快的速度演变发展，这是包括省级卫视在内的传统电视媒体无法回避的困局。

形势严峻，无论强势弱势，省级卫视都在探寻未来生存和发展的路径。那么，省级卫视应该采取什么样的市场竞争策略呢？

二、省级卫视市场竞争策略选择

1. 合纵连横，拓展渠道——扩大规模优势

高额的落地覆盖费，天价的购剧成本，节目开发资金局限，研发力量不足，单一的频道管理和营销模式等，是省级卫视在目前竞争中面临的主要压力。省级卫视要在“空中”抗衡拥有资源优势和政策优惠的中央台频道，在“地上”阻击数量众多、贴近本土、自由度较强的地面频道，在“夹缝”中生存和发展，就必须突破资源和渠道的限制。合纵连横，可以实现资源的融合和平台、渠道的互补，以合力赢得市场竞争。

合纵连横可以是卫视与本台地面频道的联合，特别是在广告吸纳量大，而地面频道竞争实力强劲的城市和地区，卫视与地面频道通过细分市场来避开内部竞争，减小内耗，尽可能满足不同层次观众的需求，以横向拓展、纵向加强等策略，在不同的收视时段上形成纵横交错的竞争网，阻击其他频道对观众的分流，形成竞争的合力。

省级卫视的区域性联合、整合，也是合纵连横的重要模式。湖南卫视与青海卫视、上海东方卫视与宁夏卫视的整合已率先实践了这种跨区域的联合。合作双方在媒体资源、内容产品、市场运营和人才技术等诸多方面，通过结成长期稳定的战略伙伴关系，形成跨区域合作的新格局。简言之，即是强势频道拓宽了传播渠道，弱势频道获得了优

质资源，双方互惠共赢，从而获得更强的市场竞争实力。省级卫视电视剧的联播，也是合纵连横的一种方式，好剧联播，分摊成本，共担风险，一部剧在三四个频道上同时播出，多重覆盖，形成规模优势，强化剧的传播效果。

省级卫视与新媒体的联合渗透，是近年来合纵连横的新形式。一些强势频道，立足自身节目内容资源，向IPTV、手机、互联网、移动电视等新媒体分发和衍生，建立起跨媒体、跨行业的产业联合。以多点支撑的赢利方式化解竞争压力，并进一步延伸电视产品的价值。

2. 创新节目模式，实行特质化、差异化竞争——提升频道竞争力

优秀的模式类节目，能很快带动频道的收视，扩大观众规模，提升频道的影响力和竞争力。从较早的《幸运52》到《我们约会吧》和《中国达人秀》，中国的电视节目竞争已进入了模式竞争的时代，越来越多的模式化节目活跃在电视荧屏上。

模式节目往往遵从细致的节目制作脚本，采用工业化生产流程，并有严格的质量控制。很多节目在国外市场也有一定的成功经验，但在中国的实践中却只有少数节目能够脱颖而出，大多数克隆或引进的模式节目，或市场反应平平，或干脆止步不前。究其原因，首先就是“水土不服”。电视节目是一种文化产品，对文化产品的消费，是抗拒或是接纳，与消费者所处的文化、社会环境，以及其所认同的价值理念等，有着非常强的关联性。引进国外模式节目，必须充分考虑本国情况，必须进行本土化改造。其次是模式节目泛滥，同质化竞争过度。一个收视较好的模式节目刚出，一批克隆者群起，这就是国内模式化节目竞争的真实写照。

很多卫视频道都已经意识到，节目模式创新必须符合国情，也必须符合自身频道的特性，特质化、差异化的模式节目，能更大规模、更长时间地吸引观众的注意力。近几年来，已有一些强势卫视根据频道自身的定位，联手国内外节目制作公司，着力于新节目的“量身定做”，以期更有效地解决节目本土化和同质化的问题。也有一些节目原创力雄厚的频道，开始走上自主创新的道路。模式化节目的创新和竞争，又进入了一个新的阶段。创新节目模式，以节目模式的胜出，带动频道特质和品牌的塑造，仍是卫视频道跃出“长尾”、增加实力的一条有效路径。

3. 实行立体化营销，延伸产业链——扩大品牌优势

在当前的媒体竞争中，传统的节目竞争及广告营销策略已经很难获取更大的优势，各类新媒体的迅速崛起，也迫使电视频道，特别是尚具一定竞争实力的省级卫视开始探索以品牌营销、平台营销、产业扩张为特点的竞争策略。

节目营销立体化，是近年来省级卫视节目营销的一大特色。围绕主力节目，开发衍生新的节目形式，多角度解读、造势，放大主力节目的特色和优势，以期扩大主力节目的传播效果；将节目宣传活动化，以线下的观众互动提升节目影响力；以网络、视频等新媒体为工具，进行多媒体全面宣传营销，最大规模地吸引受众的注意力。这些方式，在省级卫视的节目营销中已有不少成功案例。比如，大剧开播的首映式，由演员导演直接与观众互动；在播剧期间的访谈，以幕后故事强化剧的收视；由品牌栏目衍生的“影迷会”、“歌迷会”；以节目内容引发的选秀、寻找故事源头的活动等等。

基于品牌节目的全方位立体化营销，不仅有利于节目推广本身，也有助于塑造频道整体特色，扩大频道优势，使频道在受众中形成相对稳定的品牌联想，为频道赢得广告增值的机会，将传统的广告推广升级为价值营销。在政策的调控下，频道的广告资源已非常有限，欲以有限的资源吸纳和消化更多的广告量，达成良好的广告传播效果，就必须创新广告营销，利用频道品牌力量，维护和拓展观众规模，以创新的节目资源，不断优化观众结构，以频道价值、节目价值的优势吸引广告客户。

省级卫视可以充分利用自己的内容资源和平台资源跨界新媒体或其他媒体，建立以电视媒体为主导的跨媒体产业，上可延伸至内容生产、节目研发，以定制和特色吸引更多的受众；下可拓宽渠道，开发衍生产品，争取规模的扩大化，跨越传统的收视竞争和广告竞争。

结语

面对新媒体的强大压力，面对电视媒体市场内部竞争的分化，面对有限的观众收视规模和有限的广告资源，省级卫视的突破可以有三种思路：一是合纵联横，整合资源，拓展渠道平台，以合力和规模加大竞争优势；二是以内容为主导，以高收视、传播效果好的节目为突破点，建立频道品牌和特质，以差异化的竞争优势分得更大的市场份额；三是以内容为基础，融合其他媒体，延伸产业链，分解电视市场节目和广告竞争的压力，创建新的赢利模式。

（作者：龙长缨）

忧于固守，乐于融合
——数据解读城市台的发展困境与出路

城市电视台作为我国电视市场多元竞争格局中的一支重要力量，在经历了四级办台、有线电视大发展、无线有线合并以及集团化等多个发展阶段后，已探索出了一条适合自身发展的、独具特色的市场化道路。然而，在有限的受众注意力资源及广告资源不断被新媒体分流，在传统媒体电视的整体蛋糕不断缩小的情况下，独踞一方的城市电视台，也深深感受到了来自多方面的压力。本文基于CSM媒介研究所有调查城市的收视调查数据，从竞争环境、受众特征、节目竞争等角度，解读城市电视台的发展之忧，并在此基础上，探索媒介融合背景下城市电视台的出路。

一、整体市场份额萎缩，区域间发展不平衡

在我国电视收视市场的“中央、省、市”三级频道竞争格局中，中央级频道和省级频道凭借在资源、政策、覆盖上的优势，在市场化和产业化的进程中获得了长足发展，虽然在上星频道之间、上星频道与地面频道之间的发展并不均衡，但整体仍占据着较大的市场空间；数量众多的城市电视台，在有限的覆盖范围和资源局囿下，近年来似乎走入了一种困境，整体竞争略显乏力，市场空间的拓展举步维艰。

观察近五年来城市电视台整体的市场竞争力状况，可以看出，在卫视频道的此消彼长之外，地面频道整体都挣扎在升与降的边缘地带，而城市台的处境则愈发尴尬：一方面，城市台局限于本土市场，本身就面临着隐形天花板，难以在竞争力上有大的突破；另一方面，近五年来城市台收视维稳的底线也难以坚守，尤其近两年竞争力持续下滑，所占据的市场空间不断萎缩（图1、图2）。

在城市台内部，由于我国经济发展的不平衡性和地域文化杂糅的复杂性，城市台的发展又形成明显的两极分化。在江浙、广东地区的部分城市收视市场上，城市台凭借着多年来对本土品牌栏目的经营和在媒介融合背景下对新型栏目的开发创新，不断强化在城市市场的影响力，本地市场份额排名前30位的地级市城市台，平均份额超过30%。苏州台2012年1—5月在本地的市场份额更是超过50%，彰显发展与向上的活力。而另一方面，本地市场份额排名后30位的地级市城市台，其平均市场份额仅为2%，经济发展的滞后无法为城市台的发展提供给养，城市台的发展愈发艰难（图3）。

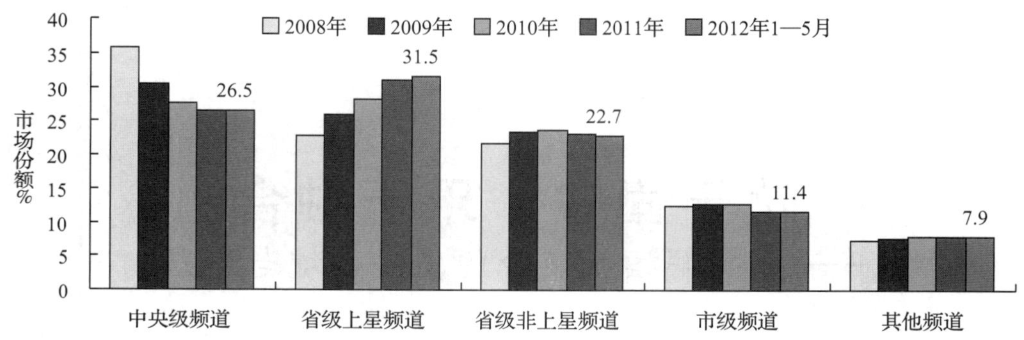

数据来源：CSM 媒介研究

图 1　2008 年以来各级频道全天市场份额（历年所有调查城市，全天）

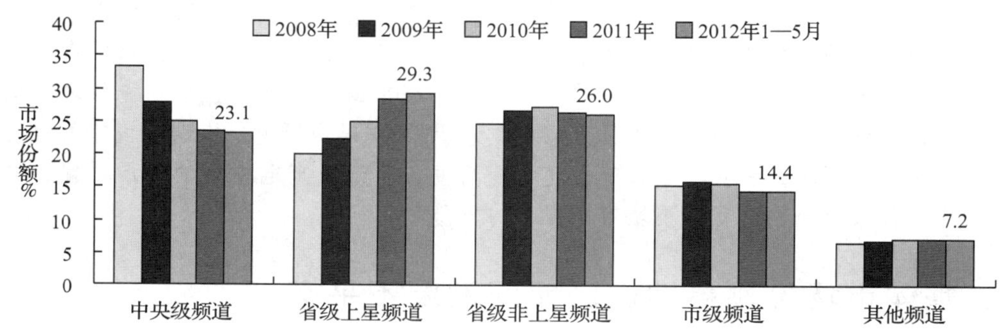

数据来源：CSM 媒介研究

图 2　2008 年以来各级频道晚间市场份额（历年所有调查城市，18:00—24:00）

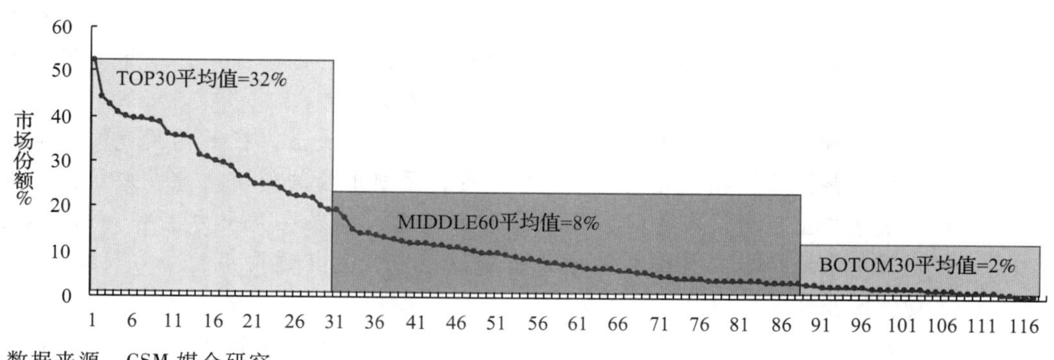

数据来源：CSM 媒介研究

图 3　2012 年 1—5 月地级市城市台晚间时段市场份额分布（17:00—24:00）

省会城市台作为城市台一个重要而特殊的组成部分，也呈现出发展的不均衡性。华东与华南地区，是中国含金量最高的两个电视产业区域市场，不仅经济发展水平遥遥领先，地区亚文化的发展也具有鲜明的特色，山东、江苏、浙江、广东、福建等省会城市台竞争力水平在众多省会台中遥遥领先。华中地区处于南北和东西的交界之地，发展机遇较少，近年来经济发展相对缓慢，但区域内几个特色的文化发源地为城市电视台提供了丰富的文化内涵，湘鄂地区楚文化泽被四方使长沙、武汉城市台的发展深受裨益，竞争力处于省会台的前列。地处西南的云贵地区，少数民族众多，昆明台的整体竞争力较强；川渝地区人口众多，休闲文化盛行，成都台在当地较具影响力。东北地区地理环境相对独立，喜剧性民间文化发达，黑龙江省会台的发展也较为领先。华北地区靠近政治和文化中心，以北京为中心向周围辐射，太原、石家庄为代表的省会城市台也较具竞争力。相对上述地区而言，西北地区地广人稀，经济发展落后，城市台竞争力水平普遍不高（图4）。

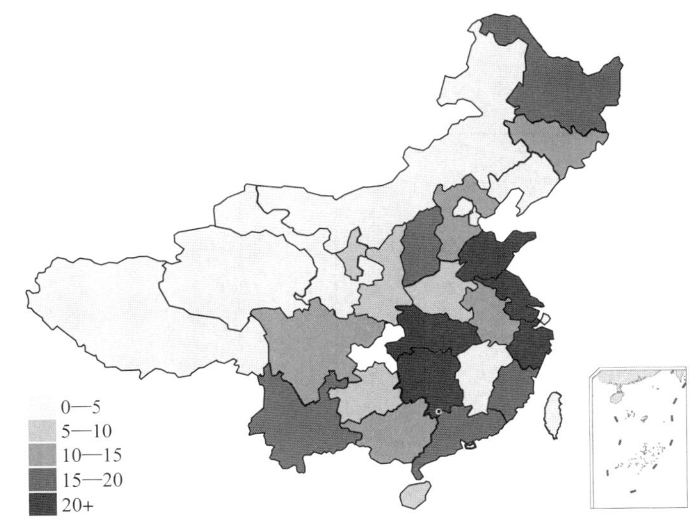

数据来源：CSM媒介研究

图4 2012年1—5月各省省会城市台晚间时段市场份额（%）分布（17:00—24:00）

在城市台整体份额“寡”且在众多城市台之间发展“不均”的情况下，处于发展上行轨道的城市台，固然可以成为后继者的榜样，激发众多城市台锐意进取，发展向上。但矗立于两者之间的巨大鸿沟，却足以湮没后来者展望未来的斗志和勇气，因为这个鸿沟太难以逾越。

二、观众整体含金量不高，收视呈现老龄化特征

近年来的收视数据显示，观众收视量的萎缩已呈不可逆转之势，对有限且不断减少的观众注意力的争夺成为各级电视媒体的首要目标。在覆盖范围、收视人群范围上本来就不具优势的城市台，其观众规模和结构也并不乐观，不仅收视呈现明显的老龄化特征，各年龄段观众的相继流失也使其日益陷入窘境。

将城市台不同目标观众的收视量进行分解不难发现：中老年、离退休收视群体是城市台的拥趸，不仅规模大而且收视时间长；年轻、高学历、学生群体则呈现相反的趋势，不仅到达的规模小，而且收视时间短；位于重度和轻度收视群体之间的中等收入、中等学历观众，日均观众规模和收视时长均处于中等水平（图5）。整体来看，城市台观众在规模有限的情况下，还面临着老化而含金量不高的问题。

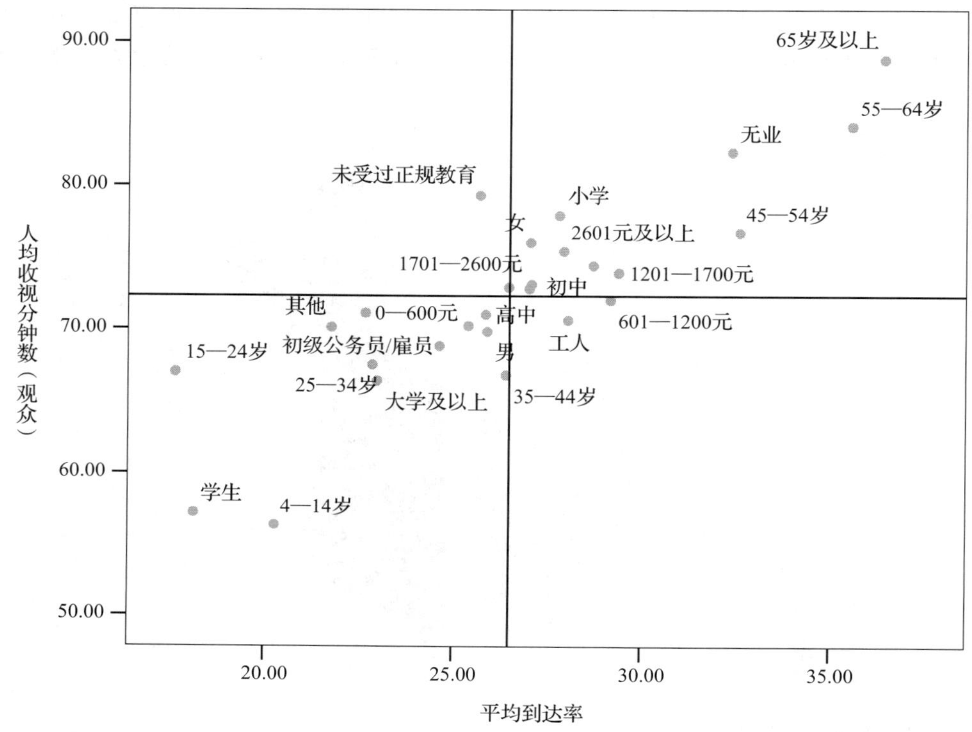

数据来源：CSM 媒介研究

图5　2012年1—5月城市台不同目标观众收视量分解（所有调查城市）

城市台不同年龄段观众收视量的变化，以2011年为界呈现出不同的特征。2008—2010年间，城市台年轻观众和中老年观众日均收看时长发展趋势相反，45岁以下年龄段的儿童、青年、壮年观众收视量逐年递减，流失明显；45岁及以上各年龄段中老年观众收视量整体稳中有升，收视需求旺盛。两厢变化正负相抵，城市台在这三年的市场份额基本保持稳定。而从2011年开始，城市台所有年龄段观众的收视量均有明显减少，不仅忠实度本身较低的年轻观众继续流失，曾经是城市台的重度观众——中老年观众，也开始渐行渐远（图6），城市台整体的收视份额开始下滑。

有限的受众注意力资源，分配于城市台中已呈现出含金量不高的特征，但忠实拥趸的流失更可视为城市台的切肤之痛。忠实观众的流失，使城市台本已捉襟见肘的市场空间更加难以维持。

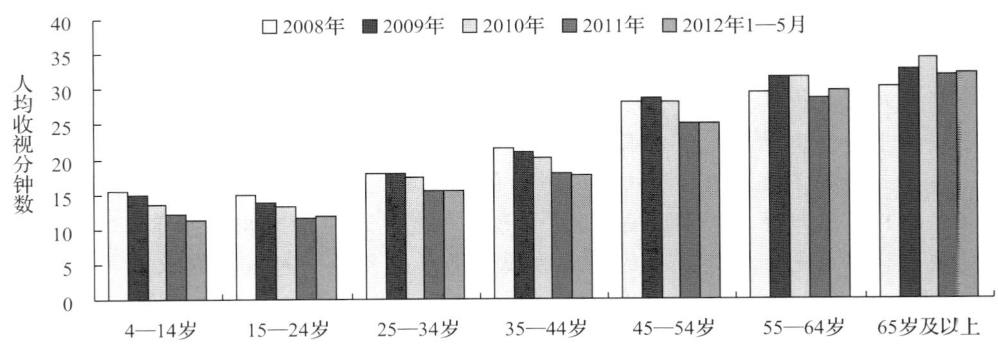

数据来源：CSM 媒介研究

图 6 2008 年以来城市台不同年龄观众人均日收视时长（历年所有调查城市）

三、电视剧和新闻支撑收视，其他自办栏目薄弱

作为城市观众日常休闲生活中重要而亲切的伙伴，城市电视台曾经以其特有的地缘性优势、灵活的节目形式而赢得了本土观众的青睐。然而，随着媒介市场竞争的愈演愈烈，以及传统媒体阵营本身的不断失守，城市台曾经红极一时的自办栏目也逐渐走入成熟或衰退的生命周期阶段，与高覆盖和高传播效能的卫视平台相比，城市台的品牌力也面临挑战。如何依托其对观众细分需求的细致把握，发挥城市台独特、贴近本地受众的内容资源优势，成为城市电视台可持续发展的又一难题。

目前我国城市电视台主要依托电视剧和新闻/时事这两大内容资源支撑市场竞争，其中电视剧的收视贡献超过三成，新闻/时事节目的收视贡献也接近四分之一。在这两类节目资源之外，生活服务、专题、综艺节目也占据一定的播出量，但收视效果差强人意（图7）。城市台历来以电视剧和新闻为双臂支撑节目收视，外购电视剧消耗了城市台的大部分资金资源，而在民生新闻之外，城市台又缺乏其他类自办栏目的收视支点，缺少长足发展的锐气。

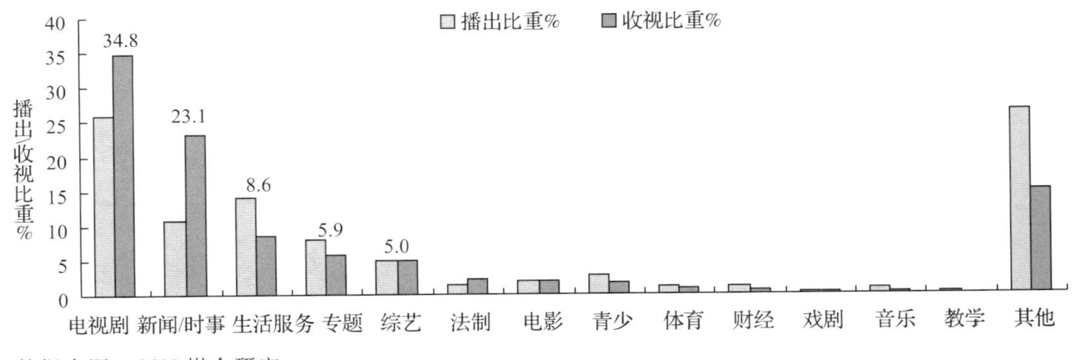

数据来源：CSM 媒介研究

图 7 2012 年 4 月城市台各类节目收播比重（%，所有调查城市）

城市台的节目资源如何在全天巧妙编排，与卫视频道和省台地面频道共生共存、扬长避短，既取决于城市台自身对节目的运作经验，同时也受制于节目市场内容资源供与求的微妙关系。从城市台本身的收视特征来看，与所有频道相比，其晚间收视高峰略有前移，傍晚时段收视提升更快、峰值更高；晚间时段收视竞争激烈，峰值下斜（图8）。在节目编排上，傍晚时段城市台编排的是自己的拿手菜——民生新闻，彰显其活力与亲和力；晚间时段则多数城市台编排众口皆调的电视剧，以求收视的维稳。

曾经构建了城市台“公共话语空间”、改变了电视新闻语态和生存环境的民生新闻，目前是城市台在本土市场竞争中的最大收视利器，是傍晚时段城市台收视的重要保障。以2012年4月为例，观察城市台18:30—19:30之间开播的节目，以民生新闻为主体的新闻/时事类节目占据最大的收视比重（37.9%），电视剧次之（24.3%）。在各级电视媒体中担当着收视提升和广告创收等重要使命的电视剧资源，无疑也是城市电视台最重要的“生命线”。尤其在收视竞争最为激烈的晚间黄金时段，城市电视台对电视剧的重视和依赖程度达到极致，2012年4月城市台晚间19:30—21:30开播的节目中，有41.6%为电视剧，这些电视剧为城市台贡献了近五成的收视份额，这一时段新闻节目播出量收缩至12.8%，收视贡献达到15.1%。

从收视效果来看，与2011年的整体收视水平相比，2012年1—5月城市台民生新闻集中播出的18:30—19:30时段收视有所提升，电视剧集中播出的19:30—21:30时段收视略有下降（图8），我们从中也不难看出城市台赖以生存的两类节目在新政策环境下的发展路径。从民生新闻来看，尽管“限娱令”下省级卫视在全天时段增加了新闻节目的播出量，但地面频道，尤其是城市台频道以民生新闻为主体的新闻节目仍然在本土市场发挥着重要的影响力，是城市台在重重困境之下发挥贴近性优势、吸纳观众注意力的重要内容资源。从电视剧来看，“两限令”下，在省级卫视综艺节目受到限制转而加大在电视剧上的投入力度、电视剧中插广告的消失提高了观众收视的连贯性等情况下，城市台电视剧的收视受到一定程度的冲击。一方面，限于资源的匮乏，城市台本身就不具备和

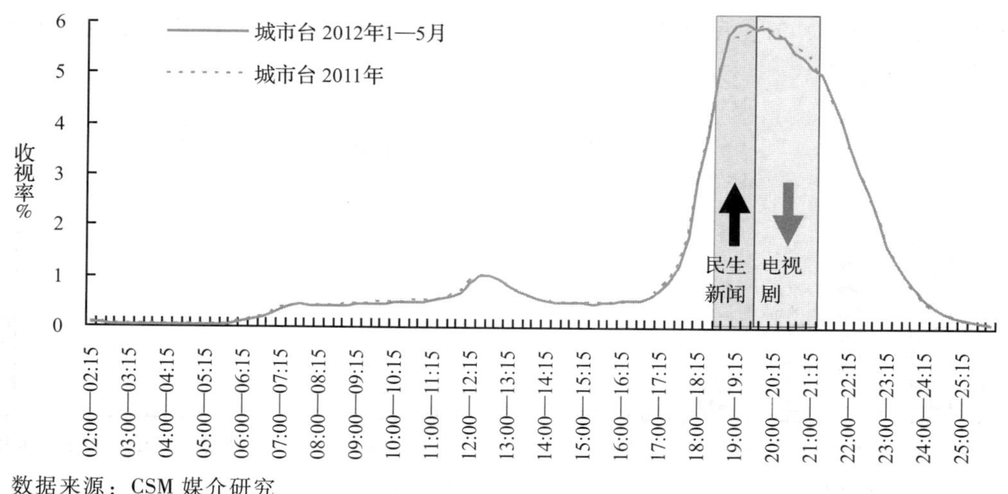

数据来源：CSM媒介研究

图8　2011年、2012年1—5月城市台全天收视走势比较（历年所有调查城市）

卫视及本省省台抗衡的能力，无法获得优秀的剧目资源吸引观众收视；另一方面，城市台本身的定位模糊、人才匮乏等也使城市台在电视剧市场中的声音越来越小。

四、新传播环境下优势旁落，借助融合重塑竞争力

数字技术下海量频道播出海量内容，传统的媒介竞争格局面临新的挑战和盘整。卫星频道早已打破“井田制”的限制突破地域传播，通过数字卫星能接收到的频道数量数以百计，数字电视转换完成后频道数量也将大幅增加，传统电视曾经引以为傲的播出渠道不再稀缺，本已在卫视频道夹缝中生存的城市台，所面临的来自各类媒体的竞争更加残酷激烈。

三网融合之下，电信网、互联网也开始介入电视内容的分发，电视台不再是电视节目唯一的播控平台。电信主导的IPTV虽然发展之路可谓坎坷艰难，但近两年发展速度加快，电信之外，移动和联通两大运营商在IPTV发展方面也均跃跃欲试。广电内部，播控平台之争成为IPTV发展的核心矛盾，央百平台①和地方广电的矛盾、省级平台和市级平台的矛盾，使广电内部尤其是三网融合的试点城市中IPTV播控平台的争夺异常激烈。而我国目前互联网电视主要采用的运营商合作模式中，有了IPTV的基础和商业模式，与电信运营商的合作（包括百视通、国广、央广等互联网电视牌照商都在和电信运营商合作），比广电有线网络的DVB+OTT模式市场空间更大。

渠道不再稀缺，内容始终为王，核心资源的变化带来经营方式的转变。广告商势必减少对渠道占用时间的购买花费，转而购买已成为核心资源的内容，城市台多年来形成的广告盈利模式将受到重大的冲击而更加难以维系。

新传播技术给城市台带来的上述种种忧患其实已经体现在前文所分析的观众、节目、市场等诸多方面；但从另外一个角度来看，媒介融合的潮流之下，城市台同样可以借助多种维度的融合，实现传播范围的扩大，实现经营模式的多元化，从而创造新的竞争优势。

首先，城市台可以通过跨地区融合，将各城市电视台分散的资源集合起来，形成更大的竞争优势。这种跨地区融合既可以采取内容产品经营联盟的形式，如电视剧采购联合体，压缩购剧成本，辐射播出市场；也可以通过广告经营联盟，将原来零售的广告时间批发出去，在为产品品牌提供增值服务的同时，也扩大了城市台自身的影响力。

其次，城市台可以通过跨媒体融合，牵手新媒体广开渠道、拓展受众，突破区域资源与空间的局限。城市台的跨媒体融合，可以采取如下两种形式：一是利用网络信息拓展节目的选题，从网络热点、网络趣闻、网络视频和热图等出发，丰富并扩展城市台电视栏目尤其是新闻栏目的选题范围，提高电视节目的信息新鲜度；二是借助网络平台扩大受众参与，提高自身的交互性，借助微博等网络新力量，策划依托平台造势的专题节目和综艺节目，提高受众参与节目的便利性和可行性，进而拓展城市台自身的互动交流平台。

---

① 央视国际与百视通成立的合资公司。

再次，城市台可以通过跨产业融合，改变广告创收的单一经济来源模式，开展多元化经营。城市台可以充分发挥自身贴近区域观众文化，了解区域观众的细分需求的优势，把媒体资源投入到多元化的经营模式中，享受营销成果。如2010年初苏州台、常州台、济南台、威海台等多家城市台通过组织TV团购活动，实现电视台、商家、消费者的三方共赢；又如2010年长沙台、株洲台、湘潭台三家城市台联手打造嘉丽购物频道，借助电视台的公信力和影响力开展多元化经营，等等。

结语

生于忧患之中的城市台，也许从诞生之日起就带有诸多的先天不足：覆盖范围有限、资源有限、人才缺失。在激烈的电视收视市场竞争中，城市台则又遭遇方方面面的困扰：受众规模萎缩，年龄结构老化，节目创新乏力，优势资源受到挑战。随着数字化技术的发展，电视媒介的传统地位受到挑战，城市台更是面临新媒体的冲击，年轻观众进一步流失，广告收入被数字媒体分流。

固守，谓城市台之忧。

然而，新媒体的发展所带来的信息终端和传输手段的裂变，在挑战传统媒体地位的同时，也给城市台带来了扩大传播范围的更多可能。媒介融合潮流之下，城市台不仅可以在渠道上通过台网联动，利用网络信息拓展节目选题、借助网络平台扩大受众参与、利用网络的交互性增强互动；还可以在渠道和内容上通过经营模式多元化，有机整合内部和外部的优质资源，获得新的竞争优势。

融合，谓城市台之出路。

（作者：周欣欣）

网络视频发展深化对电视媒体的影响

作为新兴行业，互联网视频面临着诸多发展中的问题与瓶颈，比如内容同质化竞争、版权恶性竞争及其导致的成本高涨、赢利模式不清晰、处于持续亏损状态等，但这些都挡不住网络视频应用的扩张与渗透。据2012年7月CNNIC发布的统计数据，网络视频作为网民的主流应用之一，其使用率已高达65.1%，主流门户网站先后将视频业务列入核心战略。电视在保持多年高速市场增长后，进入徘徊期；而互联网视频则在短短的几年中进入高增长通道。据测算，2011年中国在线视频行业市场规模达62.7亿元，同比增长99.9%。[①] 艾瑞分析认为，网络视频将在未来几年迅速占领互联网90%的流量。

麦克卢汉的“媒介四定律”对新媒介发展与影响提出了四个问题，分别是：媒介提升或放大了文化中的什么东西？它使文化中的什么边缘化或过时了？它再现了过去的什么东西，并使之成为新形式中的固有内容？当这个媒介达到极限之后，它原有特征发生逆转的潜能是什么？[②] 当因特网继电视之后成为一个时代的标志时，人们往往将之作为电视的对立物加以谈论，网络视频对于电视的影响伴随其高速发展而逐渐全面渗透并深入，媒介四定律为我们从提升、过时、再现和逆转四个维度理解网络视频发展对于电视的影响提供了思考框架。

一、网络视频同质化竞争溢出效应加剧电视观众分化

媒介四定律中的“提升”所关注的是那些在“旧媒体”中已存在，但在新媒体传播中变得更加显著、更具影响力的文化特质。从媒体的历时演进来看，电视作为综合多元载体的文化传播介质，“再现”了报纸、广播媒体传播中被遮蔽的“视觉性”，“提升”了广播媒体的“娱乐性”。今天的网络视频作为互联网的媒体形式之一，则集中提升、放大了电视媒体视觉化、娱乐化的媒体文化特点。

最能体现娱乐化特点的影视剧与综艺节目是电视媒体的收视支柱，对于视频网站同样是刚性需求。网络视频行业发展日趋理性，视频网站从跑马圈地发展到开始谋求清晰的内容定位，尝试通过建立差异化内容平台巩固行业地位，如优酷、土豆合并占据UGC

---

① 艾瑞咨询：《2011年中国在线视频交易规模达62.7亿元》，http://www.iresearch.com.cn/View/161447.html

② ［美］保罗·莱文森著：《数字麦克卢汉　信息化新纪元指南》，何道宽译，社会科学文献出版社2001年版，第270页。

(用户生成内容)模式的领先地位，爱奇艺关注长视频，搜狐视频则坚持外购、自制和UGC三头并进。但种种内容战略或策略之下，电视剧与娱乐内容仍是视频网站的主流内容，个别视频网站甚至通过截取卫视直播流盗播热门剧集。电视剧在网络视频行业的同质化竞争溢出至电视领域，使电视行业内本就严重的电视剧同质化竞争雪上加霜。根据优酷指数研究报告，2012年上半年，优酷播放的电视剧中总播放量过亿的剧目有六部，最高的《北京爱情故事》播放次数超过2.9亿次，而据CSM媒介研究全国测量仪调查数据，这部电视剧2012年上半年在全国的电视观众规模(含首、重播)为5.9亿人，单频道播出的最高观众规模达到4.0亿。

电视台的综艺娱乐节目为视频网站提供了丰富的内容资源，同时由于在播出内容上的约束、限制更少，港台、国外的综艺娱乐节目在视频网站大量播出。综艺娱乐节目以其投入相对低、制作周期短、易拉动网民参与等特点而成为视频网站最先自制的内容领域之一。视频网站制作的节目内容、形式不拘一格，制作上越来越追求精品化、主流化，因而吸引了大量网民。在《2012年7月优酷指数研究报告》中，还可看到“贴近性”这样带有浓厚的传统媒体文化色彩的词汇。2012年上半年，优酷综艺频道播放量排名前20位的栏目中，8个是优酷自制的综艺节目；其中优酷音乐栏目《我是传奇》播放量超过4000万次，《大剧排行榜》与《晓说》也都超过2700万次。虽然自制在于昭示自我的不同，但节目类型上的趋同性，在大的竞争格局中还是加剧了同质化竞争向电视行业的跨界溢出。

互联网视频复制了电视媒体内容和内容竞争的“无差异化”发展路线，跨领域的同质化竞争对电视形成双重压力。电视和网络视频的内容同质化竞争增加了用户在跨媒体平台上的多样化选择可能，也成为加速电视观众在规模和时间上分流的推力。一项针对湖北地区忠实电视观众的调查表明，忠实观众观看电视的平均时间呈现逐渐减少的趋势；未使用网络视频的受访者有44%表示将来会使用网络视频，[①] 忠实电视观众使用网络视频群体的逐步扩大，必定对电视收看时长产生明显的影响，最终影响电视的收视市场。

CSM媒介研究2012上半年所有调查城市的收视调查数据显示，“限娱令”实施后，省级卫视晚间黄金时段(19:30—21:30)电视剧播出比重较2011年同期明显提升(增幅达13%)，综艺节目的播出比重降幅则高达30%；反映在晚间黄金时段的收视市场上，电视剧在省级卫视的收视比重上升至63%，综艺节目则下降到11%，降幅高达44%。同质化的内容竞争在电视剧领域更加凸显，而在综艺节目方面，播出比重和收视比重的下降则给视频网站自制的综艺娱乐节目带来了更多市场机会，电视媒体所面临的压力进一步加剧。

但是电视在受众媒介接触中仍占据主导地位，电视平台的内容收看会影响受众在其他媒介平台上的内容选择。CSM媒介研究在10个中心城市的跨媒体调查数据显示，[②] 网民在线收看电视剧时，“电视台正在播出”是影响其在线收看的重要因素(表1)。2010

① 石永军、王卓、石永东、周莉：《忠实电视观众网络视频使用调查——以湖北地区为例》，《南方电视学刊》2012年第3期。

② 10个城市包括：北京、南京、上海、沈阳、成都、武汉、广州、深圳、天津、重庆。

年，82.1%的网民会在网上收看“电视台正在播出的电视剧”（包括“在电视上看过的内容”、“在电视上错过的内容”、“提前收看在电视上没有播出的部分”、“只在网上收看，不看电视”四种情况，82.1%是这四种情况不重复统计比例），2011年这个比例略有下降，但也仍达到76.8%。“就在网上看电视剧，不关心电视台是否播出”的用户比例虽然呈现上升趋势，但仍处低位水平。

表1　10城市“过去半年在网上看过电视剧”的受众收看电视剧的形式（多选题，受众比例）

在网上选择收看电视剧的形式	2010年	2011年
电视台正在播出的电视剧—已在电视上看过的内容	23.0%	21.4%
电视台正在播出的电视剧—在电视上错过的内容	52.1%	51.2%
电视台正在播出的电视剧—提前收看在电视上没有播出的部分	44.0%	40.5%
电视台正在播出的电视剧—只在网上收看，不看电视	9.3%	9.2%
电视台以前播出的老电视剧	17.9%	17.2%
电视台尚未播出但网上可以提前看到的电视剧	35.1%	26.5%
就在网上看电视剧，不关心电视台是否播出	11.4%	16.3%

数据来源：CSM媒介研究

此外，从用户结构来看，由于电视和网络媒介扩散发展的阶段不同，加之社会人口的自然老龄化结构特征，网络视频用户的年轻化和电视观众的老年化形成对比。CSM媒介研究对2012年奥运期间网民在不同终端收看CCTV奥运电视节目的调查显示，分别有81%左右的网民在电视和互联网上收看过CCTV奥运节目，两个终端的用户高度重叠。虽然奥运内容资源的高度集中影响了网民的终端选择，但年轻和高知电视观众向网络视频聚拢已是一种现实（图1）。

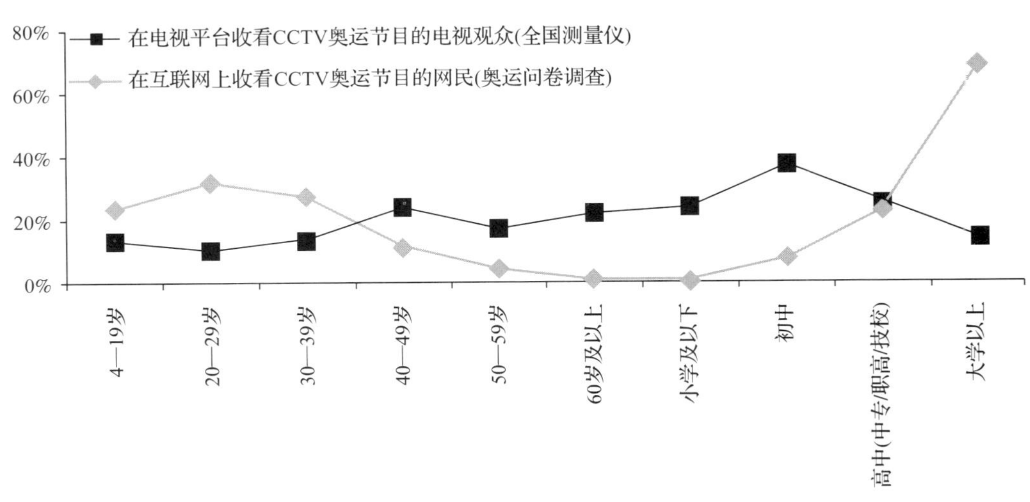

数据来源：CSM媒介研究

图1　2012年CCTV奥运节目的电视观众与网络观众结构对比

二、移动应用整合碎片化时空并强化网络收看行为

媒介四定律中的“提升”与“过时”在认识新媒介发展时形成了一种互补关系。前者着眼于在新媒体传播中表现得更为主流化的文化表现，后者则着眼于在新媒体传播中被边缘化的某种特质。网络视频传播的技术特点使传统电视有限内容、实时线性传播的特点逐渐步入“过时”的旅程。海量视频内容、时移点播收看、共时多线性收看、移动收看等更具自由性的收看属性将传统电视观众从受制约的时间和空间安排中解放出来，逐渐改变着电视观众的收看行为，并强化了电视观众的分化与分流。

电视媒体的线性传播制约了观众个性化的时间与空间安排，网络视频作为补救性视觉媒体实现了这一潜在的收看需求。CSM 媒介研究针对伦敦奥运期间网民选择在 CNTV 上收看奥运视频原因的调查表明，“可以回看电视播过但错过收看的奥运赛事内容”、“可以随时回看或点播精彩内容”是首要原因。视频网站在一云多屏的多终端布局中加大人力和资本投入，以谋求移动终端通道市场的发展。主流视频网站纷纷推出针对智能手机的移动播放客户端，通过人性化、便捷性的使用体验，整合分布在碎片化时间、空间中的收看行为，扩大收看的整体行为与效果。2011 年 3 月，腾讯推出网络视频平台，并确定了网页浏览与客户端浏览的双平台策略，着力通过技术开发覆盖全媒体。在时间和空间的维度上，移动终端的发展为整合网民的碎片化时间提供了平台支持，移动终端的播放客户端装机量增长迅速，截至 2012 年 7 月，爱奇艺 APP 终端手机客户端装机量近 6000 万，iPad 客户端装机量超过 700 万。[①] 据 CSM 媒介研究调查数据，伦敦奥运期间在收看过 CNTV 奥运视频内容的网民中，近 40% 使用了 CNTV 视频播放客户端。

日常的媒介选择会形成行为惯性与依赖，并使媒介选择成为一种模式。“新媒体权衡需求”理论（Weighted and Calculated Needs for New Media）关注于描述、解释和预测受众为何使用新媒体技术。[②] 该理论认为，新媒体采纳与使用过程中存在两个潜在机制，一个是传统媒体与新媒体之间的对比特点，另一个是受众对媒体的各种功能需求的个人化权衡；受众选择使用某种新媒体的原因在于：当且仅当受众发觉其生活中某一重要需求已经无法被传统媒体满足、并且认为新媒体能够满足该需求时，他们会开始采纳并持续使用这一新媒体。

新媒体权衡需求研究从理论层面解释并预测了移动网络视频的发展原因和前景，从受众个体角度看，移动网络视频整合了用户散落在不同空间中的碎片化时间，实现了时间的高效、个性化应用，这是传统电视媒体无法提供的使用体验与实际功效。网络视频的移动收看在不同空间中强化网络视频收看行为，并逐渐促成新的媒介行为模式，最终从时间利用效率角度分流传统电视观众。

---

① 《视频网站谋求移动终端通道市场》，http：//www. broadcast. hc360. com/

② 祝建华：《不同渠道、不同选择的竞争机制：新媒体权衡需求理论》，《中国传媒报告》2004 年第 2 期。

三、社交属性重聚碎片化网民致电视广告分流加剧

媒介四定律中的“再现”着眼于在生活中存在、但在过往的媒体传播中被遮蔽的某种文化形式，这种文化表现作为新式传播中的固有内容，体现了新媒体传播的革新性。相对于包括电视在内的传统媒体，互联网平台集中“再现”了传统媒体传播中所遮蔽的“点对点”社会交往功能，使碎片化的受众围绕同一话题或关注点在虚拟空间中重新集结成为可能。互联网平台的点对点传播特点在媒体空间中以虚拟形式实现了即时的人际交往，这是以往任何媒体都不曾做到的。传统电视媒体的单向传播在技术上就宣告了即时人际互动之不可能，在电视传播中，电视为人际交往提供话题，通过社会性交往话题向电视议题的转化而放大人际沟通的结果，观众与观众的人际互动是发生在电视屏幕之外的。

针对电视时代的受众，珍·范·科伦伯格依据电视频道数量增长的不同阶段，将受众的分化过程分为四个阶段，在每个阶段中将产生受众存在或分化的特定模式。如在多频道时代，有线电视、卫星电视的发展使受众可以获得更多的频道与内容选择，一些受众得以在主流的、大众的口味之外寻找到非主流的、实现个人偏好的节目，受众分布形成了核心—边缘模式；当受众的个人化选择占据上风，主流淡化，共享经验更加少时，受众分布就进入了分裂模式。[①] 这种分析思路同样可以用以考察新媒体时代的受众分化路线。与电视时代相比，在互联网时代，海量的内容导致电视观众和网民更加分散，同时网络的匿名性特点加大了定位网民群体性特征的难度。

电视和互联网同样面临着受众碎片化的、时空分布碎片化的现实问题，电视媒体通过将受众生活形态、消费行为与收视行为挂钩，尝试精准定位目标人群；视频网站则更多依靠技术优势和内容、形式创新，通过分析访问者的浏览行为及内容偏好等分析研究视频观众的品位、爱好等特点，通过提供精准服务，最终在营销环节实现精准定位和广告的定向推送。

2011 年以来，国内视频网站集体向社交性网站延伸，或整合旗下的视频与社交平台，或与其他社交性网站合作，挖掘网络视频平台的社交功能属性，尝试建立复合开放式平台。如搜狐与 MSN 达成战略合作，土豆与新浪微博开展合作等。这一小小的改变显示出网络对视频传播的重新认识和营销价值重塑过程。首先，借助用户的参与和互动，可以实现视频内容的二次或多次传播，从而获得更大范围的扩散和流量的几何式增长；其次，与微博、论坛/BBS、博客等社交平台的融合，体现了网络视频传播的社会交往价值，网民在社交性平台上结成的人际联系及其间的自主交流、视频转发与分享，可有效改变网络视频用户在空间中的碎片化存在方式，实现关联视频及相关话题的方向性扩散，从而最终实现网民的类型化聚合，达成网络空间中的网民重聚。总之，网络视频传播中社会交往功能的凸显和放大，使之成为重聚碎片化网民的联结点、提升营销价值的关键点。

---

① 〔英〕丹尼斯·麦奎尔著：《受众分析》，刘燕南等译，中国人民大学出版社 2006 年版，第 168 页。

2011年3月上线的腾讯视频为网络视频多终端覆盖、视频及社交等多平台立体化传播策略提供了效果注脚。2011年，腾讯通过旗下平台联动，整合腾讯IM、Qzone、腾讯微博、朋友网等社交平台，建立iSEE内容精细化运营模式，上线仅8个月即获得了20部热播剧播放量过亿的成绩。[①] 社交平台与视频平台之间的联合与协同效应直接反映在广告的增长上，2011年第三季度，腾讯的网络广告收入环比增长17.2%，收入达到6.0亿元，占当期腾讯总收入的8.0%，其中视频广告收入环比增幅近一倍，超过视频行业及中国网络广告市场的同期整体增长率。[②]

互联网对电视广告的分流是不争的事实，尤其自2011年以来，广电政策规制使电视广告的资源量减少，电视广告价格由此提升，这为成长中的网络视频广告提供了低价扩张的机会；另一方面，国内经济增长放缓，企业主控制广告投放成本，调整投放策略，使广告花费向新媒体分流。昌荣传播发布的《2012上半年中国广告市场分析报告》分析指出，2012年上半年国内广告市场同比增长仅4.2%，低于GDP的增幅。其中，电视媒体以79%的份额继续占据广告量首位，但增速仅为4.7%，为近年来的低点；互联网虽然增长趋缓，但增幅仍高达25.7%。网络视频用户量增加、覆盖终端多元化、移动视频用户增加、网络视频的社交属性得以再现和深化等，从广告传播的角度讲，在数字技术支持下的网络视频在整合碎片化时间、重聚碎片化观众等方面拥有超越传统电视媒体的综合优势，而这些将共同导致电视广告的进一步分流。

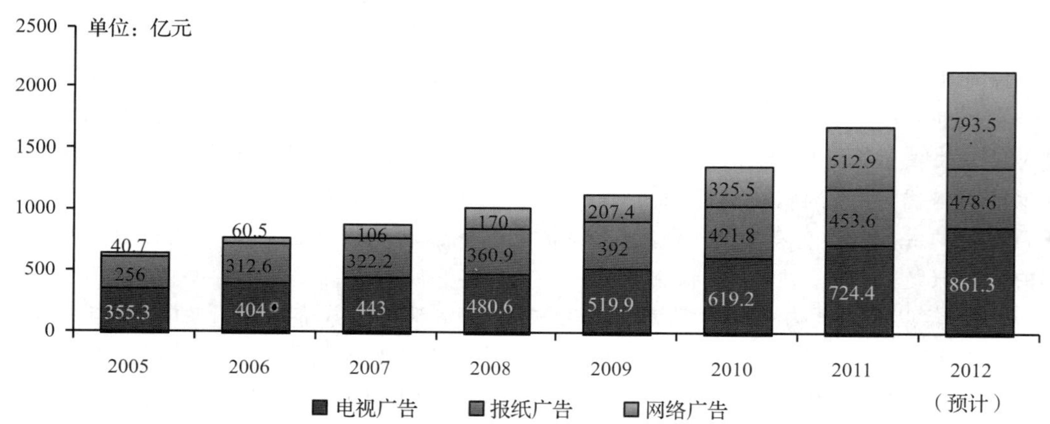

数据来源：艾瑞咨询

图2　2005—2012年中国电视、报纸、网络广告市场规模（亿元）

四、技术与应用升级及资源多元融合趋势深化网台互动格局

“逆转”所思考的是，当新媒体发展到成熟水平后，依托现有基础实现传播特质创新或媒体飞跃式发展的潜能或空间所在。互联网媒体因其多形式的海量内容、多样化的

① 李萧然：《YouTube向社交转身引同行跟随，腾讯谋变或致视频行业变革》，《IT时代周刊》2012年10月。

② 《腾讯视频2011三季度广告收入翻番》，news. cntv. cn/20111118/103639. shtml 2011—11—18

服务应用与功能实现、更为人性化的使用方式而被认为是“一切媒体的媒体”（麦克卢汉语）。然而，传播技术革新正在各种媒体平台上得以应用与渗透，终端、渠道、用户、内容等媒介要素均出现多元化的融合趋势。视频网站逆转的方向与包括电视在内的其他媒介都指向同一归处——媒介的融合。以视频网站为主体的融合与以电视媒体为主体的融合相互影响和带动，融合的表征具有阶段性特征，但总体呈现不断深入的趋势。

终端与渠道的融合使电视媒体所独有的家庭属性具有了可替代性。每一种媒介使用背后都有一种使用的文化作支撑，网络媒体虽然拥有技术上的优越性，但传统电视对于家庭生活的意义却一度被认为是前者所无法取代的。电视的家庭收视给家庭提供了共同的活动空间、共享的沟通与交流平台，而这些对于构建家庭内部的共享文化与价值具有重要意义。然而终端与渠道的物理融合，使家庭化收看不再是电视媒体独有的文化内涵。技术进步使曾经被视为案头媒体的互联网电脑终端迅速在家庭空间中扩散，成为家庭生活中必备的家用设备之一。全球信息研究公司（NPD）对14个国家的1.4万电视用户的调查发现，14个国家中18%的电视用户每天通过电视观看网络视频，每周通过电视观看网络视频的比例达到25%，多数人都在观看电影。中国城市电视用户最喜欢观看网络视频。[①] 从技术与设备的宏观角度来看，通过电视观看网络视频日益流行，一方面在于具备上网功能的电视机增多，还因为一些外接设备如部分机顶盒可以将网络视频引入现有电视机。CSM媒介研究对网民收看伦敦奥运网络视频伴随行为的调查发现，“和亲人或朋友一起收看”成为CNTV观众收看奥运视频时最主要的伴随方式，比例达到60.0%，反映了互联网视频家庭化收看的趋势。

视频网站的行业内联合与规范化提高了行业整体的竞争能力，对电视行业整体形成新的竞争压力，同时也为两个行业的双赢博弈提供了良性发展的共享环境。视频网站在长期恶性竞争之后趋于理性，为降低行业内耗、提升竞争优势的内部整合与合作增多。部分视频网站互换所持有的内容资源，提高视频内容在行业内的利用效率，并努力促成内容版权价格回到合理水平。2012年4月，腾讯视频、搜狐视频和爱奇艺效仿省级卫视，联手组建“视频内容合作组织”，希望采用联合购买、联合播出的理念与模式，促成视频行业版权购买的理性化，构建和谐有序的竞争环境。优酷2012年第二季度财报显示，视频内容方面的现金支出为5200万元，较去年同期的1.44亿元下降了64%，内容版权价格回落、行业间合作是重要原因，如热门电视剧集的价格下跌了三分之一乃至一半。[②] 总体上，网络视频行业运营环境的理性化、规范化与网站间的合作初见成效；内容成本的显著下降，使网络视频行业有能力将人力、物力、财力更多投入于改善带宽、技术升级和改善用户体验；同时对于电视媒体版权购买价格的调整，客观上也形成了正面影响。

视频网站与电视媒体的行业间联合互动，推动双方的竞合发展及多层次共赢。越来越多的视频网站开始谋求在内容资源获得与布局上的微创新，实力雄厚的视频网站开始向内容产业链的前端扩展，通过自制或与电视台的联合制作内容获得独占性、差异化资

---

① 《NPD：中国40%城市居民用电视看网络视频》，http：//tech. sina. com. cn/e/2012—08—24/14527543372. shtml

② 《优酷高管解读Q2财报：内容采购价显著下跌》，http：//www. broadcast. hc360. com/

源，网台互动由此而成为电视台与视频网站资源互补、共建传播力的热门话题。2012年上半年，网台联动进一步深化，视频网站不再是单纯的运营合作方，而是更多地以自制内容或合作内容反向输出、反哺电视媒体。如搜狐视频与湖南卫视《天天向上》联手制作的《向上吧！少年》；青海卫视于4月22日开播微电影剧场，为视频网站微电影提供播放平台；深圳卫视和安徽卫视播出了土豆网自制剧《爱啊哎呀，我愿意》。电视台以多种方式开展了与视频网站的合作，并以此为契机探索新的运营模式。传统电视平台对网络视频内容的开放，无疑提升了视频网站的资源影响力，体现了其资源价值；另一方面，网络"印记"的内容也丰富了电视屏幕内容，并吸引年轻的网民重回电视机前。此外在电视剧播出上，原来的"先台后网"逐步转变为网台同步播出。如7月湖南卫视联手爱奇艺同步首播偶像剧《胜女的代价》。网台之间新合作模式出现，也反映了电视媒体在新的媒介环境中，立足自身优势资源，借力网络平台寻求共赢的开放心态和勇于实践的勇气。

五、电视媒体的应对：数字化融合发展，创造多样性选择空间

本质上，以网络技术为依托的互联网视频将文化选择和个人表达的权力更加深刻而广泛地交给了受众，这种赋权的过程随着技术和内容的发展还在继续。以公众创造力为基础的UGC内容是赋权的表现之一，它使互联网视频内容的创作成本低于传统电视模式，而且内容更加丰富、更具民间智慧与创造性。这些使互联网及作为其存在形式之一的网络视频具有巨大的发展空间。

目前，从网民与电视观众的绝对规模、时间资源分配上看，电视媒体的主导地位不可撼动。作为成长中的媒体，网络视频在市场体量与媒介使用深度上与电视差异明显。国内视频网民规模近3.5亿，电视人口则接近13亿；网络视频作为时间花费最长的互联网应用，人均单日浏览时间35分钟；[①] 而在CSM媒介研究所有调查城市中，2012上半年电视到达观众的人均收视时间则高达每天246分钟。在美国，Nielsen最新的《数字媒体消费者报告》表明，虽然视频用户及多终端消费不断增加，但91%的消费量仍停留在传统的实时电视，视频观众通过手机设备或者电脑收看视频节目的时间平均每月不到9小时，但电视观众在电视机前的时间花费每月却高达146小时，美国传统实时电视仍稳居"第一屏"地位。[②] 类似的结论在CSM媒介研究今年的伦敦奥运传播的媒体使用调查中也得到印证。

在电视媒体稳居首位的大格局下，互联网视频媒体的变化与时俱进：网络视频应用主流化、用户量高速增长、移动终端收看渐为普及，网络视频收看黏性增加、网络视频家庭化收看模式正在形成。在互联网视频增量发展、电视观众变迁的过程中，如何立足现有的政策与存量市场优势，在日新月异的媒体环境中保持优势地位，这是电视媒体在观众规模近乎饱和、数字化程度不足、服务应用多样性欠缺的现状中必须要面对的

① 《CNNIC：第30次中国互联网络发展状况调查统计报告》，2012年7月19日发布，http://www.cnnic.net.cn

② 《美国传统实时电视仍稳居"第一屏"地位》，http://www.broadcast.hc360.com

问题。

网络视频行业无论在规范版权购买、产业链的前端扩展还是深化网台互动上，究其根本都是以内容为核心的。电视媒体作为传统的、权威的视频内容制作与播出机构，在发挥存量内容的资源优势、掌控增量内容资源、探索多元化运营以提升内容价值等方面享有政策和市场优势。

针对电视行业观众分化、广告分流的竞争现状，电视应积极融合新媒介，以内容为纽带实现多屏化发展。随着传播技术与行业的发展，电视与网络视频在用户、终端、渠道和运营等层面都将不断重叠、融合。多屏业务将成为电视业务的延伸和未来，电视媒体将借力于新的视频媒体及其传播技术，从单屏走向多屏，超越渠道和终端形式，以内容为核心扩展传播广度、提高观众黏性。

不同终端上的用户重叠是电视内容多屏化发展中用户层面表现出来的重要特点。传统意义上对特定媒体受众的界定，将跳出媒体终端与受众的单一联系，而更加强调媒体内容与受众的联系，如从电视终端的观众转变为电视内容的观众。而内容的多屏化分发与电视观众在多屏间的交叉性存在特点，将考验电视媒体创新运营模式以及通过多维竞合发展实现多方共赢的智慧。

在技术优势领先的网络视频媒体面前，传统电视的技术革新至关重要。可交互的对等技术平台是传统电视与新兴媒体融合的基础。电视传输网的数字化、双向化改造，推广数字电视、发展智能电视终端，种种努力都在于赋予传统电视以数字化的交互功能，以丰富、人性化的应用服务提升用户依存度。

总体上，从文化发展的角度看，依托于技术进步的人类多样性选择能力的不断提高，将是决定电视和新媒体未来的核心要素。

（作者：张天莉　郑维东）

电视—互联网两屏家庭户双媒体使用行为分析

近几年，互联网媒体发展迅猛，中国互联网普及率已由2005年的8.5%增长至2012年的42.1%。随着互联网在全国各地的普及，国内互联网用户数量也逐年上升，截至2012年底，中国网民数量已超过5.6亿人。在互联网快速普及的同时，其服务内容日渐细化和多样，在功能上，互联网媒体完全不逊色于传统电视媒体。面对多媒体的环境，CSM媒介研究于2010年8月启动了电视和互联网两屏同源研究项目。该项目旨在通过对比互联网使用行为的测量数据与电视收视率数据，来更为全面地洞察中国受众的媒体使用行为，为制定媒介计划提供有效的参考信息。

电视与互联网两屏研究项目的调查范围包括北京、上海、广州和武汉四个重点市场。该项目通过人员测量仪测量电视收视数据，同时，利用同属于Kantar集团的Compete公司①提供的先进互联网数据收集技术对互联网使用行为进行测量。数据采集及分析均以家庭户为基础进行，调查数据不加权、不推及总体，所有结果仅代表样本户自身行为。项目调查所涉及的媒体使用行为仅限于样本户在家庭空间内的媒介行为。

为分析家庭中电视与互联网两媒体的融合使用情况以及两媒体使用间的相互关系，针对家庭户中双媒体同时使用的情况，定义了两屏同时使用家庭户②。除定义同时使用家庭户外，在研究中，还根据样户的日均媒体接触时长，将样户分为轻度、中度、重度电视家庭户③以及轻度、中度、重度网络家庭户④，以进行有针对性的媒体使用情况研究。

本文利用上述项目2012年7—9月的调查数据⑤，从两屏整体使用情况、两屏家庭

---

① Compete是Kantar旗下的互联网测量专业公司，两屏项目中使用该公司提供的DCA软件监测样户家中的互联网使用行为。

② 两屏同时使用家庭户需同时满足以下条件：1）在一个小时内同时使用过两媒体；2）该小时内同时使用两媒体的时间不低于5分钟；3）一个月内，这样的小时数高于7小时。满足以上三个条件的家庭户即为两屏同时使用家庭户。

③ 不同程度电视家庭户是根据家庭户在过去3个月中的日均家庭收视时间区分。轻度电视家庭户：日均家庭收视时间小于4小时；中度电视家庭户：日均家庭收视时间4—8小时；重度电视家庭户：日均家庭收视时间大于8小时。

④ 不同程度网络家庭户是根据样户在入网时所填写的问卷信息进行区分。轻度网络家庭户：日均家庭上网时间小于2小时；中度网络家庭户：日均家庭上网时间2—6小时；重度网络家庭户：日均家庭上网时间高于6小时。

⑤ 2012年7—9月，月均两屏整体样本量为564个家庭户，其中两屏同时使用家庭户为166户。

户电视与网络使用之间的关系、两屏融合使用情况三个方面分析电视—互联网两屏家庭户双媒体的使用行为。

一、两屏整体使用情况

2012年第三季度，恰逢伦敦奥运会开幕和学生暑假，此期间的电视与网络两媒体使用量以及用户的使用习惯都与平时略有不同。以下将对北京、上海、广州和武汉四城市分城市和周天，从两屏家庭户和两屏同时使用家庭户两类群体的视角，分别对电视、网络和两屏同时使用情况进行分析。

1. 四城市电视月均到达率近100%，上海电视、网络到达率均居首位

2012年7—9月间，北京、上海、广州、武汉四城市组合电视月均到达率为99.9%，网络月均到达率为83.2%，网络到达率低于电视16.7个百分点（图1）。在四城市中，上海家庭户的电视和网络到达率均居首位，分别为100%和89.8%，广州家庭户的电视到达率略低于另外3个城市，为99.7%，北京家庭户的网络到达率在4城市中垫底，为76.9%。

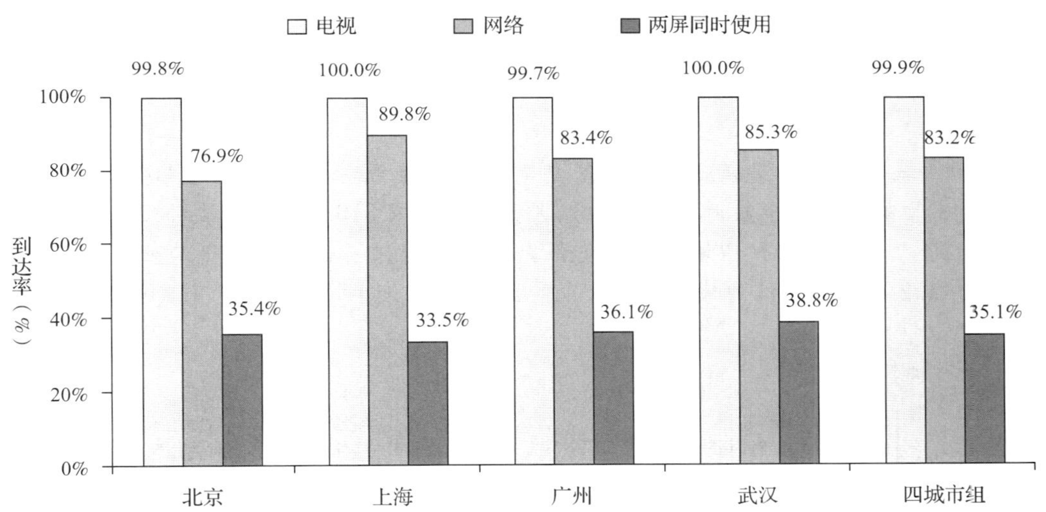

数据来源：CSM媒介研究

图1　2012第三季度四城市两屏家庭户电视、网络、两屏同时使用月均到达率

四城市组合两屏同时使用家庭户月均到达率为35.1%。分城市来看，武汉两屏同时使用家庭户的月均到达率在四城市中最高，达38.8%，而最低的则是上海，为33.5%。

2. 电视日均到达率较网络高61.2个百分点，周末与工作日到达率较为接近

2012年7—9月间，两屏家庭户整体日均电视到达率为93.2%，网络日均到达率为

32.0%，二者相差61.2个百分点。从周末与工作日看，周末与工作日电视与网络的到达率差距不大，周末电视和网络的日均到达率均略高于工作日，分别为93.3%和32.4%。两屏同时使用家庭户日均到达率为22.3%。分周天来看，周末两屏同时使用到达率为22.0%，略低于工作日的22.4%。

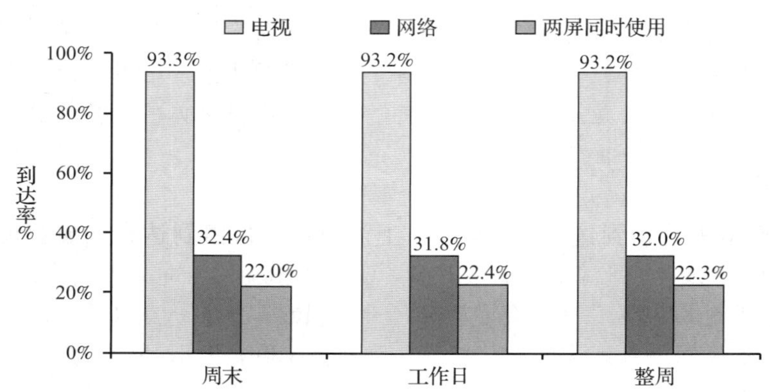

数据来源：CSM 媒介研究

图 2　2012 第三季度两屏家庭户电视、网络与两屏同时使用分周天日均到达率

3. 四城市电视日均接触时长高于网络，两屏同时使用家庭户高于总体

2012 年 7—9 月间，四城市家庭户总体平均每户日均电视接触时长为 406.4 分钟，约 6.8 小时；网络平均每户日均接触时长为 63 分钟，约 1.1 小时，是电视接触时长的 15.5%。四城市中，上海家庭户平均每户电视日均接触时长最高，达 414.7 分钟，约 6.9 小时，而电视日均接触时长最低的地区为广州，仅 310.4 分钟，约 5.2 小时，比上海低 25.2%。网络方面，四城市中平均每户日均接触时长最高的地区为武汉，达 71.9 分钟，约 1.2 小时；最低的地区为上海，仅 56.3 分钟，不足 1 小时，比武汉低 42.4%。

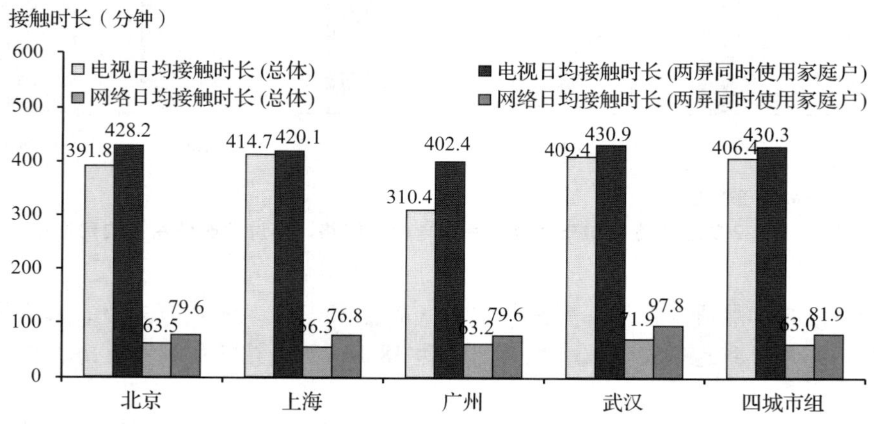

数据来源：CSM 媒介研究

图 3　2012 第三季度四城市两屏家庭户电视、网络、两屏同时使用日均接触时长

2012 年 7—9 月间，四城市两屏同时使用家庭户总体平均每户电视日均接触时长为 430.3 分钟，约 7.2 小时；网络日均接触时长为 81.9 分钟，约 1.4 小时，是电视接触时长的 19.0%。四城市中，武汉家庭户电视和网络日均接触时长均最高，分别达到 430.9 分钟和 97.8 分钟。电视平均每户日均接触时长最低的地区为广州，为 402.4 分钟，约 6.7 小时，比武汉低 6.6%。网络方面，四城市平均每户日均接触时长最低的地区为上海，为 76.8 分钟，约 1.3 小时，比武汉低 21.5%。

四城市组合两屏同时使用家庭户平均每户的两媒体日均接触时长均高于两屏整体家庭户的平均每户日均接触时长。其中，电视日均接触时长高于两屏整体平均每户日均电视接触时长 5.9%，网络的日均接触时长高于两屏整体平均每户日均网络接触时长 30%。在四城市中，广州地区两屏整体家庭户与两屏同时使用家庭户平均每户日均电视接触时长差距最大，两屏同时使用家庭户平均每户日均接触时长高于两屏整体家庭户平均每户日均接触时长 29.6%。网络方面，武汉地区两屏同时使用家庭户平均每户日均接触时长高于两屏整体家庭户平均每户日均接触时长 36%。

4. 周末电视、网络平均每户日均接触时长高于工作日

分周天来看，两屏家庭户整体周末平均每户日均电视接触时长为 432.0 分钟，约 7.2 小时，较工作日高 9.2%；平均每户日均网络接触时长为 65.9 分钟，约 1.1 小时，较工作日高 6.5%。两屏同时使用家庭户平均每户日均电视接触时长为 451.2 分钟，约 7.5 小时，较工作日高 7.0%；平均每户日均网络接触时长为 86.8 分钟，约 1.4 小时，较工作日高 8.6%。

对于两屏整体家庭户，平均每户日均电视接触时长在周末和工作日的变化较大，而对于两屏同时使用家庭户，平均每户日均网络接触时长在周末和工作日间的差距较大。

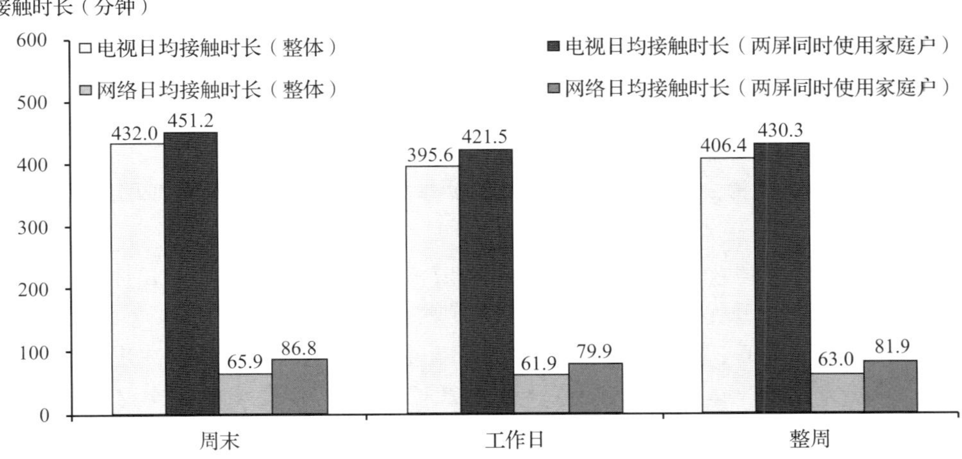

数据来源：CSM 媒介研究

图 4 2012 第三季度两屏家庭户电视、网络、两屏同时使用日均接触时长

综上所述，北京、上海、广州和武汉四城市总体电视月均到达率近100%，网络月均到达率超过80%，其中上海电视、网络到达率均高于其他四城市。各城市电视的到达率均高于网络，而周末电视和网络的到达率与工作日差异较小。接触时长方面，平均每户日均电视接触时长均高于网络，其中，两屏同时使用家庭户中该差异尤为突出。

二、两屏户电视、网络使用行为之间的相互影响

电视媒体作为传统媒体，近几年由于互联网的出现，其地位时常遭到质疑。究竟互联网的出现对电视媒体产生了什么样的影响，互联网用户的电视使用习惯是否产生了变化等，都是需要研究的问题。下面，通过比较分析不同程度网络家庭户的电视媒体使用情况，以及不同程度电视家庭户的网络使用情况，希望能对上述问题做出回答。

1. 重度网络家庭户的电视媒体使用黏度最高

2012年第三季度，不同程度网络家庭户的季度电视到达率基本较一致，除轻度网络家庭户外，中度及重度网络家庭户的电视到达率均为100%。不同程度网络家庭户的电视日均到达率随着网络媒体使用程度的上升而上升，其中轻度网络家庭户的电视日均到达率则远低于中度及重度网络家庭户，仅不足80%；中度及重度网络家庭户的日均到达率均超过95%（图5）。

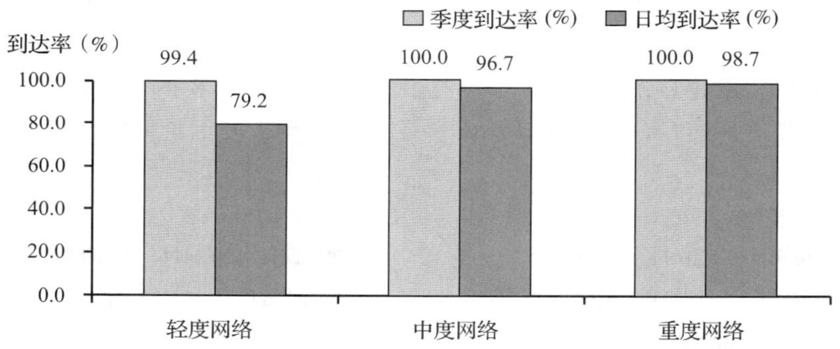

数据来源：CSM媒介研究

图5 2012第三季度不同程度网络家庭户季度电视到达率、日均电视到达率

在不同类型节目的收视率上，不同程度网络家庭户的收视情况各有特点。轻度网络家庭户的电视节目类型收视情况与中度及重度网络家庭户不同，轻度电视家庭户新闻/时事类节目收视率最高，其次为体育、综艺。而中度及重度网络家庭户法制类节目收视率最高，其次为综艺、体育等（图6）。由于2012年第三季度有奥运会这一重大体育赛事，因此体育类型节目的收视率在不同程度网络家庭户的收视率都较高。

通过上面对不同程度网络用户的电视媒体使用情况分析中可以看出，网络媒体使用程度越重的用户，其电视媒体的使用黏性也越高，由此可见，用户对于互联网的使用并未直接影响到其对电视媒体的使用量。

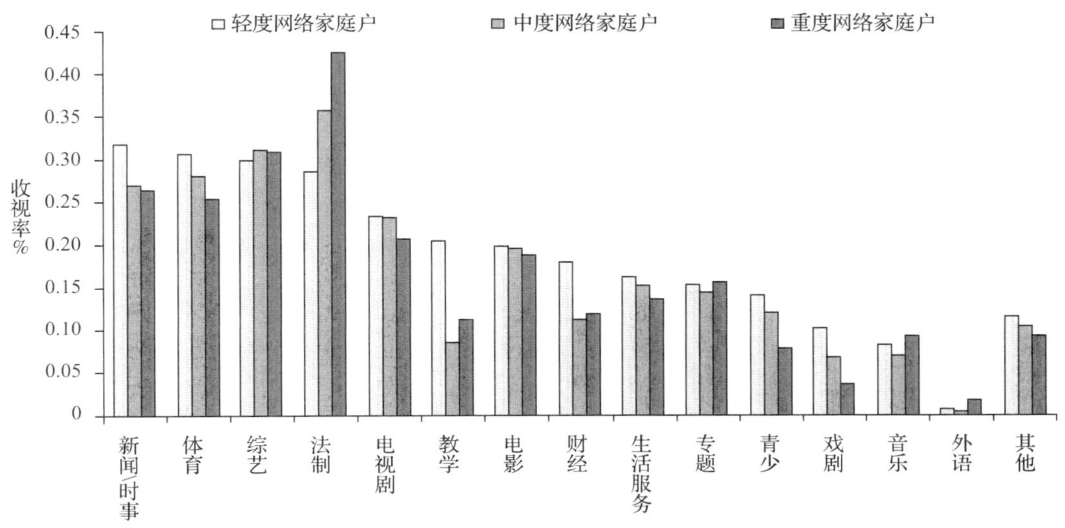

数据来源：CSM 媒介研究

图 6　2012 第三季度不同程度网络家庭户各类型节目收视率

2. 重度电视使用家庭户的网络到达率高于中、轻度家庭户

根据家庭户的日均电视媒体使用时长，将用户分为轻度、中度以及重度电视家庭户[①]，对不同程度电视观众的网络使用情况进行分析，可以看出两媒体重叠使用的行为倾向。

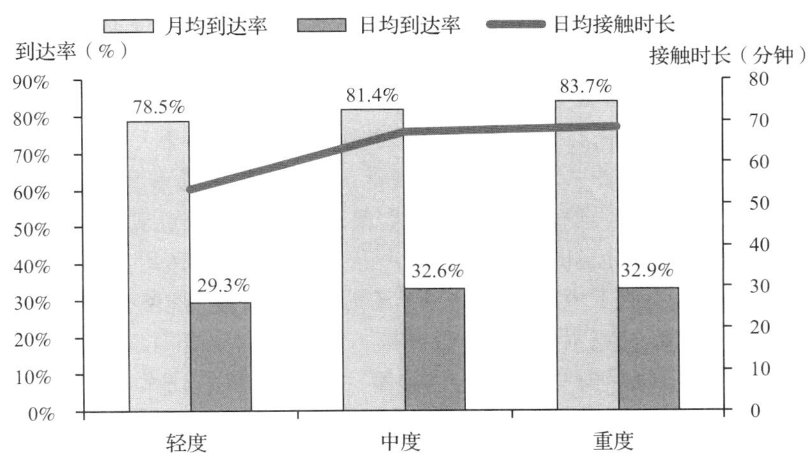

数据来源：CSM 媒介研究

图 7　2012 第三季度不同程度电视家庭户互联网月均到达率、日均到达率和日均接触时长

① 该分类根据家庭户入网 3 个月以来的日均电视使用时长进行分类，其中部分家庭户入网时间不足 3 月，因此部分样本在该部分分析中有缺失。

由图7可看出，重度电视使用家庭户的网络到达率和网络接触时长均高于中度和轻度电视家庭户，即看电视越多的家庭，上网时间也越长。每天至少观看8小时电视的家庭平均每天上网时间超过1小时，而日均电视收视时间在4小时以下的家庭户并未在网络上花费明显更多的时间，反而低于日均收看电视超过8小时的家庭户。由此可知，使用电视越多的家庭户使用网络媒体也越多，该结果与不同程度网络家庭户的电视媒体使用情况分析结果相似。

三、两屏融合使用情况

通过上面的分析可看出，电视与互联网两屏家庭户，尤其是两媒体的重度使用者，更倾向于两屏的同时使用，而非缩减某一屏的使用量。因此两屏甚至多屏的融合使用将是未来的发展趋势。对两屏同时使用家庭户的分析，即两屏融合使用状况的分析，可帮助媒体调整资源配置，同时也可帮助广告商合理安排广告投放，优化投放效果。

1. 各城市两屏同时使用家庭户的电视频道偏好各具特点

通过观察四城市两屏同时使用家庭户各频道的收视率可以发现，在频道偏好上四城市均具有显著特点。在北京地区，2012年第三季度月均全天收视率排名前10名的频道均为本地频道或中央级频道，无一外省频道入列。在北京本地频道中，北京卫视、北京电视台影视频道及北京电视台生活频道分别以3.4%，2.0%和1.5%的收视率位列前三。在中央级频道中，中央五套最受青睐，收视率为1.2%，超过中央电视台新闻频道（1.1%）和中央三套（1%）。从频道选择中可以看出，相较于其他地区，北京地区两屏同时使用家庭户更关注生活、法制、人文等社会话题的节目（表1）。

在上海地区，月均全天收视率排名前10名的频道中有7个频道为上海本地频道，浙江卫视为唯一入列的外省省级上星频道。在收视率前10名的频道中，上海电视台新闻综合频道（4.7%）、上海电视台电视剧频道（2.7%）和上海卫视（2.4%）分列前三。非本地频道中，浙江卫视（1.1%）、中央电视台新闻频道（1%）和中央台四套（0.7%）位列第6、7和第10名。上海电视台电视剧频道、娱乐频道、电影频道、星尚频道和体育频道5个频道的高收视率，凸显了上海地区两屏同时使用家庭户对娱乐休闲类信息的偏好。

在广州地区，月均全天收视率排名前10名的频道中，广东电视台珠江频道、翡翠台和广州电视台综合频道分别以2.4%、2.4%和1.4%的收视率位列前三，相较于北京和上海，广州地区收视率头名的频道与后位差距并不大。值得注意的是，香港翡翠台与广东电视台珠江频道并列第一，超过了众多本地频道和中央级频道，这种现象在其他三地区中均未出现。

不同于北京、上海和广州本地频道颇占优势的情况，在武汉地区月均全天收视率排名前10位的频道中，中央级频道、省级上星频道和本地频道均有不俗表现。湖北综合、湖北经视以2.6%和2.3%的收视率位列前两位，中央电视台新闻频道以1.9%的收视率位列第三，省级上星频道江苏卫视和江西卫视以1.5%和1.1%的收视率分列第五和第七位。从频道选择上看，武汉地区两屏同时使用家庭户关注的信息较为综合且类型广泛。

表 1　2012 第三季度四城市两屏同时使用家庭户月均全天收视率排名前十位的频道

排序	北京		上海		广州		武汉	
	频道	收视率%	频道	收视率%	频道	收视率%	频道	收视率%
1	北京卫视	3.4	上海电视台新闻综合频道	4.7	广东电视台珠江频道	2.4	湖北综合	2.6
2	北京电视台影视频道	2.0	上海电视台电视剧频道	2.7	翡翠台（A）	2.4	湖北经视	2.3
3	北京电视台生活频道	1.5	上海东方卫视	2.4	广州电视台综合频道	1.4	中央电视台新闻频道	1.9
4	北京电视台科教频道	1.4	上海电视台娱乐频道	2.3	南方卫视 TVS—2	1.1	湖北卫视	1.8
5	中央台五套	1.2	上海东方电影频道	1.2	广州电视台影视频道	0.9	江苏卫视	1.5
6	中央电视台新闻频道	1.1	浙江卫视	1.1	广州电视台新闻频道	0.9	武汉电视台文艺频道	1.5
7	中央台三套	1.0	中央电视台新闻频道	1.0	广东电视新闻频道	0.8	江西电视台卫星频道（一套）	1.1
8	中央台四套	1.0	上海电视台星尚频道	1.0	凤凰卫视中文台	0.7	中央台五套	1.0
9	中央台六套	0.9	上海电视台五星体育频道	0.8	中央电视台综合频道	0.6	中央台三套	0.9
10	中央电视台综合频道	0.9	中央台四套	0.7	湖南卫视	0.6	中央台四套	0.9

数据来源：CSM 媒介研究

2. 收视率前五位频道全天到达率走势各有特色

在四城市两屏同时使用家庭户中，中央级频道和省级上星频道整体收视率排名前五位频道的到达率均在晚间黄金时段达到高峰，大部分频道在午间11:30—13:30也有小高峰。中央台四套和北京卫视不同于其他频道，在早间6:00—9:00出现小高峰，但二者的晚间到达率高峰则略有不同，北京卫视的晚间到达率高峰时段为17:30—21:00，而中央台四套的晚间到达率高峰时段则较错后，为20:30—22:30。此外，中央台新闻频道的晚间到达率高峰与北京卫视较为相似，在17:00—21:00间，而中央台五套的晚间到达率最高峰则在22:00—24:00之间。中央台五套的分时到达率走势与2012年第三季度奥运会的比赛播出时段有着较大关联。上海东方卫视在晚间黄金时段的到达率走势与其他频道相比，起伏更为明显（图8）。

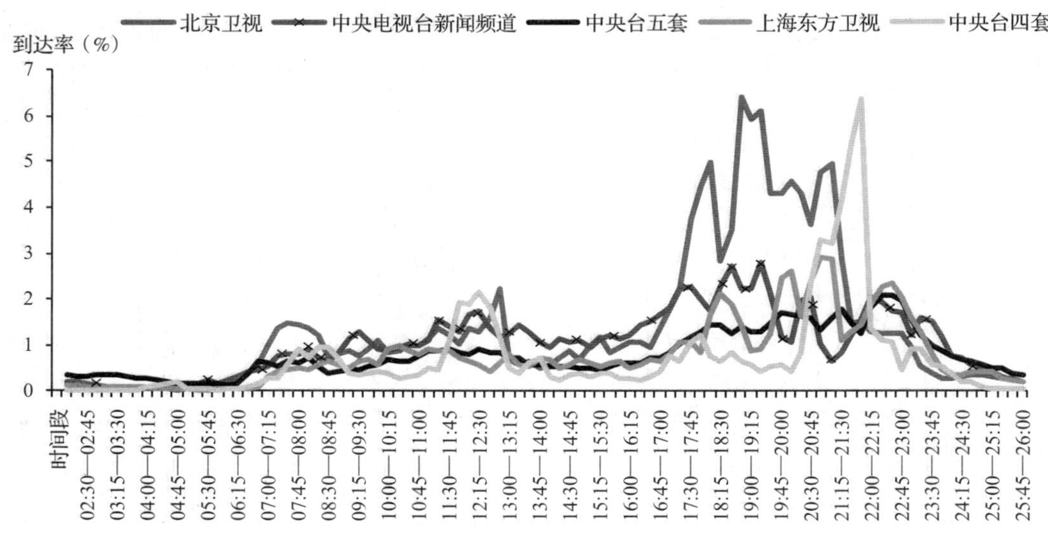

数据来源：CSM 媒介研究

图 8　2012 第三季度两屏同时使用家庭户收视率前五位频道的到达率分时走势

3. 两屏同时使用家庭户全天及晚间 19:00—23:00 时段的节目类型时长花费差异较小

两屏同时使用家庭户在不同类型节目上的时间花费，无论全天或在19:00—23:00间，电视剧均最高（图9）。由于节目编排等因素的影响，用户在19:00—23:00间花费在电视剧、新闻/时事、综艺、专题等类型节目上的时长份额要高于全天；生活服务、青少、电影等类型节目的收视时长份额，全天则要高于19:00—23:00时段。

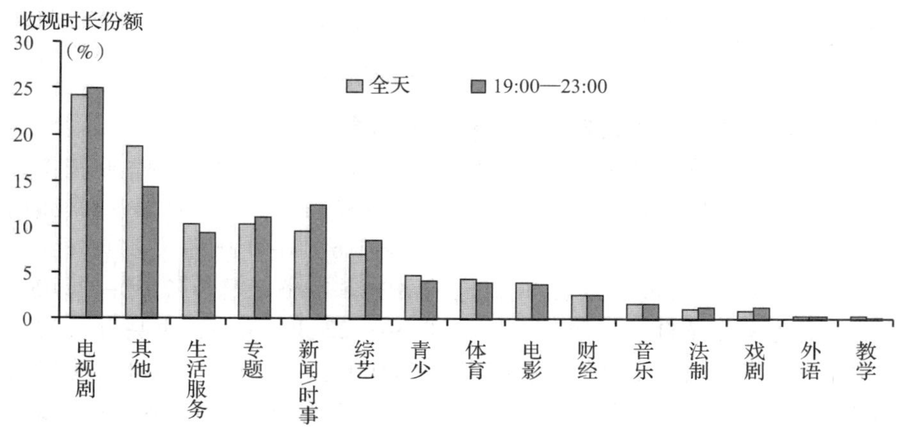

数据来源：CSM 媒介研究

图 9　2012 第三季度四城市两屏同时使用家庭户各节目类型收视时长份额（%）

4. 两屏同时使用家庭户青睐门户与搜索网站，社交类网站浏览量位列第四

2012年7—9月间，门户与搜索类、购物类和新闻与媒体类网站占据了两屏同时使用家庭户网站浏览量的前三位。与整体样户的情况相比，两屏同时使用家庭户的社交网站浏览量超过了计算机与因特网类，跃至第四（表2）。这说明，与整体样户相比，在观看电视的同时使用互联网的家庭户更倾向于使用社交网站，这意味着用户可能会将自己观看电视的所思所想与好友在线分享，也可能会根据好友的推荐选择所观看的电视内容。

表2 2012第三季度两屏同时使用家庭户月均页面浏览量排名前十位的网站类型

排序	网站类型	月均页面浏览量（页）	月均到达率（户）	月均访问频次（次）	月均访问时长（分钟）
1	门户与搜索类	57897	165	8591	120608.5
2	购物类	21956	151	1769	30206.8
3	新闻与媒体类	9301	127	1242	17766.4
4	社交类	8405	115	1624	17456.8
5	计算机与因特网类	8163	124	2769	16467.3
6	游戏类	8025	107	1329	16273.5
7	音乐与分享类	7441	138	1787	28616.9
8	财经类	5959	98	649	7242.8
9	兴趣爱好类	3915	78	417	4704.7
10	娱乐指南类	1280	94	486	3483.0

数据来源：CSM媒介研究

5. 门户、购物、音乐与视频类网站黏性佳，全天与19:00—23:00时段相比差异不大

网站接触时长是反映用户对网站使用黏性的重要指标。2012年7—9月间，门户与搜索类、购物类、音乐与视频类网站是两屏同时使用家庭户接触时长份额最高的三个网站类型。音乐与视频类网站虽在网页浏览量上不及新闻与媒体类网站，但由于其自身特点，该类型网站在接触时长方面具有较大优势。尽管如此，门户与搜索类网站、购物类网站仍分别占到了接触总时长的44.3%和11.1%，合计超过50%。

从全天和19:00—23:00时段接触时长份额的对比来看，两屏家庭户全天各类网站接触时长份额与19:00—23:00接触时长份额相差不大。购物类网站在19:00—23:00的接触时长份额较全天要高，而门户网站、新闻与媒体等网站则有小幅下降（图10）。

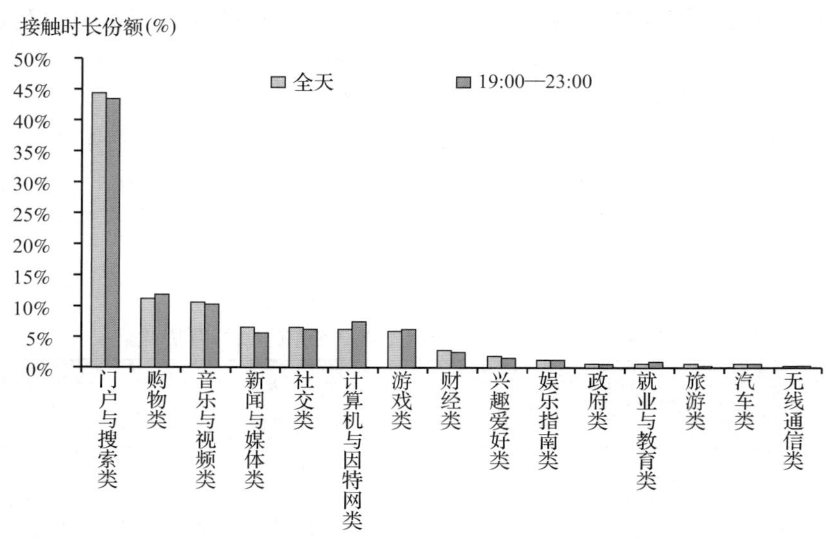

数据来源：CSM 媒介研究

图 10　2012 第三季度两屏同时使用家庭户网站接触时长份额

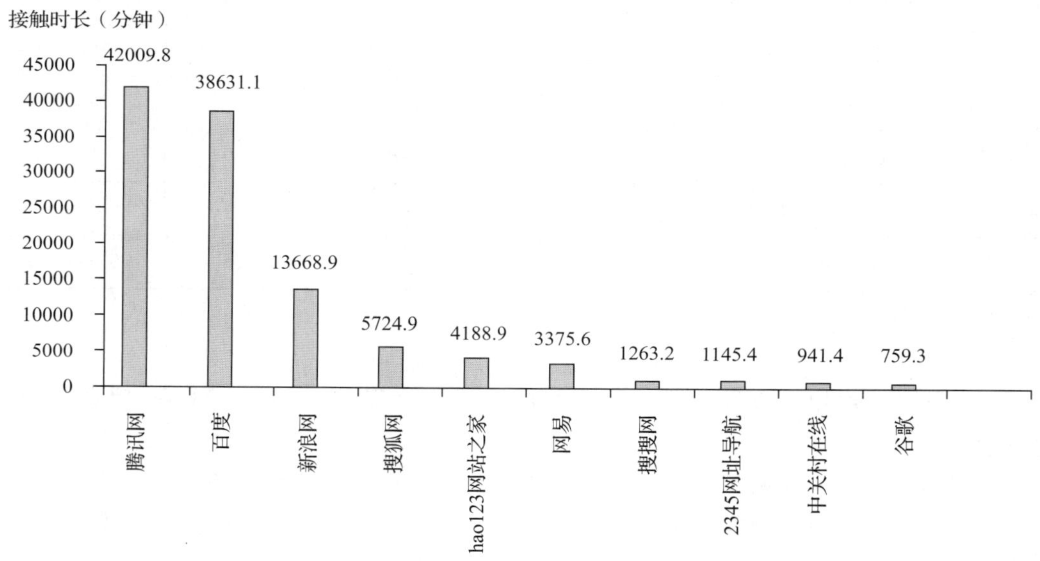

数据来源：CSM 媒介研究

图 11　2012 第三季度两屏同时使用家庭户门户与搜索类网站月均接触时长排名前 10 位网站

在接触时长大幅领先其他类型网站的门户与搜索类网站中，腾讯网、百度和新浪网 2012 年第三季度月均接触总时长排名前三位，分别为 42009.8 分钟（约 700 小时）、38631.1 分钟（约 644 小时）和 13668.9 分钟（约 228 小时）。位于前两名的腾讯网和百度优势明显，位列第三名的新浪网比第二名百度网低64.6%，差距较大。而hao123网站之家、2345网址导航等搜索网站常被浏览器捆绑为默认首页；搜搜网为腾讯旗下的搜索门户网站，其常与腾讯旗下软件联动响应用户需求，因此，搜索类网站的浏览量居高往往是由于其与其他热门网站的联动关系。与搜索类网站相比，传统的门户网站如腾讯、搜狐、新浪和网易均跻身前10，雅虎中国、MSN中国等网站则未能入列（图11）。

6. 两屏同时使用家庭户青睐百度、腾讯、淘宝，与整体样户基本一致

两屏同时使用家庭户浏览页数较多的网站是百度、腾讯和淘宝网，与整体样户的网页浏览情况一致。而较为不同的是，土豆网和网易击败了开心网和4399小游戏，进入了页面浏览量的前15名。

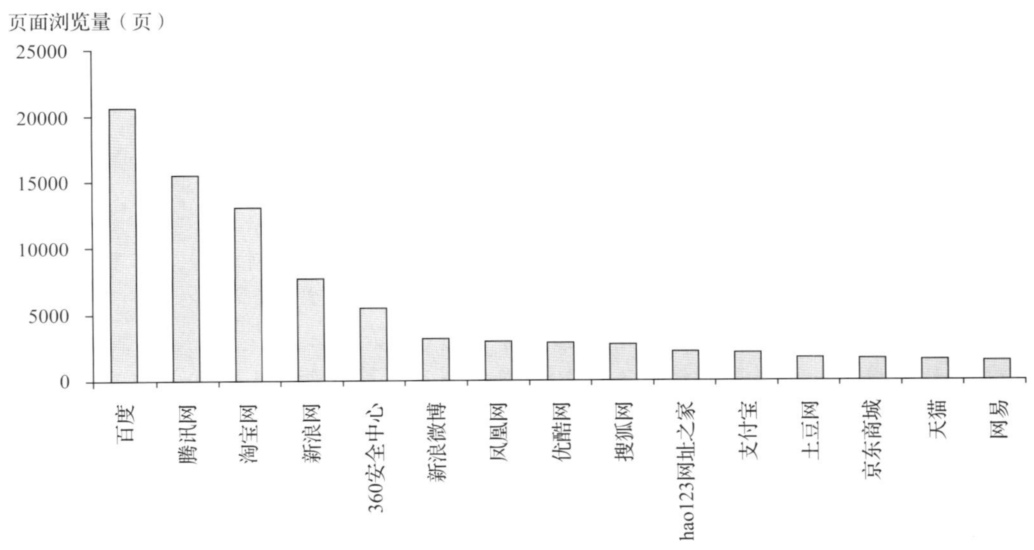

数据来源：CSM媒介研究

图12 2012第三季度两屏同时使用家庭户网站页面浏览量排名前15位网站

7. 百度、腾讯身兼到达、接触时长双优势，淘宝网、优酷网接触时长可圈可点

从各网站月均到达率与月均接触总时长的交叉分布情况来看，百度在月均到达率上名列前茅，腾讯网则在月均接触总时长上夺得头名，百度的用户面较广，而腾讯网的黏性相对较强，两网站与其他网站拉开了较大距离（图13）。

处于中间阵营的是淘宝网、新浪网、优酷网和360安全中心。除新浪网外，其余三家网站均属垂直型网站。随着互联网应用在国内的成熟，人们已逐渐从依赖全能的门户型网站向着专业的垂直型网站转移，虽然门户和搜索型网站在总体上仍名列前茅，但某些垂直型网站在接触时长上的优势已逐渐凸显，用户黏度已有较大提高。

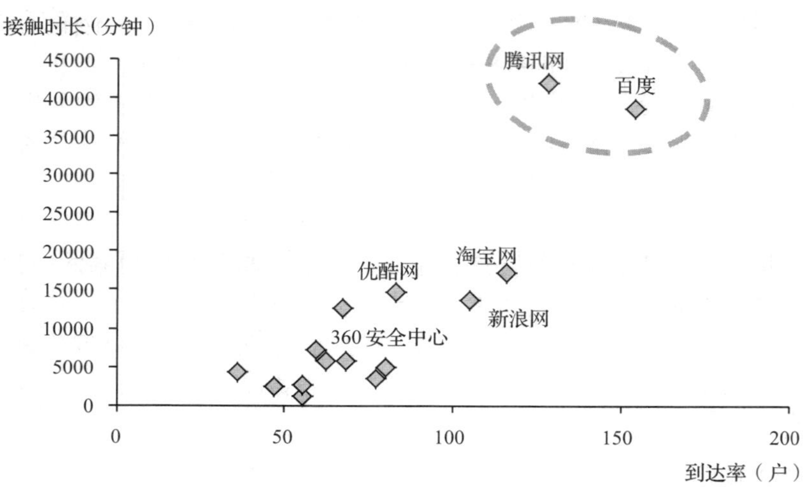

数据来源：CSM媒介研究

图13　2012第三季度两屏同时使用家庭户各网站月均到达率及月均接触时长分布

8. 两屏同时使用家庭户百度浏览量在各时段均处高位，优势明显

我们选取浏览量排名前5名的网站：百度、腾讯网、淘宝网、新浪网和360安全中心进行分时到达分析。由图14可以看出百度在各时段均具有绝对优势。与整体两屏家庭户的网站到达率相比，两屏同时使用家庭户的腾讯网到达率偏低，比另外三家网站到达率高出的幅度不大，这使得百度的优势更为突出。

在到达高峰上，两屏同时使用家庭户的网络到达高峰在21:00—22:00之间，而除百度外，其他四网站并未在11:00达到到达率增速的高峰，而是提前一小时减缓了增速。

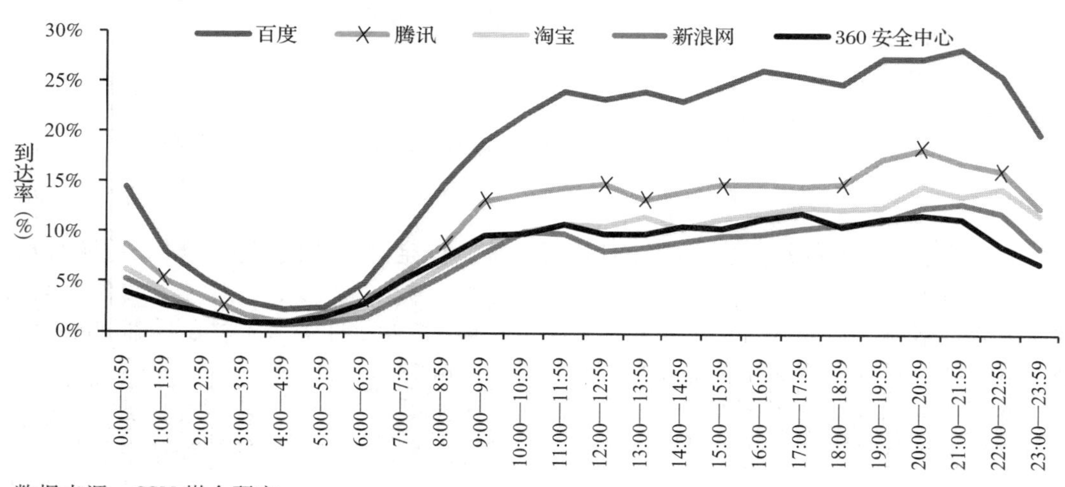

数据来源：CSM媒介研究

图14　2012第三季度两屏同时使用家庭户浏览量排名前5位网站到达率时段走势

9. 两媒体组合到达率均接近100%，省级非上星频道与门户搜索类网站重叠率最高

针对用户使用单个媒体的行为分析，可以了解用户对单个媒体的使用情况，但要了解用户的两媒体融合使用情况，则需要考虑到两媒体的组合使用行为。针对用户媒体组合使用情况分析，可以了解媒体组合的传播效果，帮助广告商避免浪费，优化广告投放计划。

在此，我们选取门户与搜索类网站、社交类网站以及音乐与视频类网站这三大网站类型与中央级频道、省级上星频道以及省级非上星频道进行融合到达的分析，以找寻两媒体之间的重叠用户以及组合投放效果。

以两屏同时使用家庭户为整体，2012年第三季度，门户与搜索类网站的全天到达率超过了中央级频道，两媒体的组合到达率接近100%（表3）。此外其重叠到达率与两媒体各自的到达率差异不大，由此可以看出，这两类媒体的用户重合度较高。同样，中央级频道与社交类、音乐与视频类网站的组合，其用户的重合度都较高。

表3　2012第三季度两屏同时使用家庭户中央级频道与三类型网站组合到达情况

组合类型	到达媒体	全天 户到达率	19:00—23:00 户到达率
	中央级频道	98.6%	96.4%
媒体组合1	门户与搜索类网站	99.6%	94.6%
	两媒体组合	99.8%	99.8%
	两媒体重叠	98.4%	91.2%
媒体组合2	社交类网站	69.3%	48.6%
	两媒体组合	99.2%	97.4%
	两媒体重叠	68.7%	47.6%
媒体组合3	音乐与视频类网站	83.1%	60.6%
	两媒体组合	99.6%	98.4%
	两媒体重叠	82.1%	58.6%

数据来源：CSM媒介研究

两屏同时使用家庭户中，省级上星频道以及省级非上星频道的情况与中央级频道的情况类似，其与各类型网站的组合到达均接近100%（表4、表5）。在受众重叠方面，省级非上星频道与门户搜索类网站重叠率最高，达98.8%，可推测该类型网站用户绝大部分也为省级非上星频道的观众。此外，通过比对全天及19:00—23:00间的情况可以看到，电视媒体全天以及19:00—23:00间的到达率差异较小，而各类型网站在19:00—23:00间到达率则明显低于电视。

表4　2012第三季度两屏同时使用家庭户省级上星频道与三类型网站组合到达情况

组合类型	到达媒体	全天 户到达率	19:00—23:00 户到达率
	省级上星频道	98.4%	96.6%
媒体组合1	门户与搜索类网站	99.6%	94.6%
	两媒体组合	99.8%	99.8%
	两媒体重叠	98.2%	91.4%
媒体组合2	社交类网站	69.3%	48.6%
	两媒体组合	99.4%	97.4%
	两媒体重叠	68.3%	47.8%
媒体组合3	音乐与视频类网站	83.1%	60.6%
	两媒体组合	99.8%	98.4%
	两媒体重叠	81.7%	58.8%

数据来源：CSM媒介研究

表5　2012第三季度两屏同时使用家庭户省级非上星频道与三类型网站组合到达情况

组合类型	到达媒体	全天 户到达率	19:00—23:00 户到达率
	省级非上星频道	99.0%	97.6%
媒体组合1	门户与搜索类网站	99.6%	94.6%
	两媒体组合	99.8%	99.8%
	两媒体重叠	98.8%	92.4%
媒体组合2	社交类网站	69.3%	48.6%
	两媒体组合	99.4%	98.4%
	两媒体重叠	68.9%	47.8%
媒体组合3	音乐与视频类网站	83.1%	60.6%
	两媒体组合	99.8%	99.0%
	两媒体重叠	82.3%	59.2%

数据来源：CSM媒介研究

结语

从电视、互联网两屏家庭户的整体使用情况来看，无论到达率或接触时长，两屏家庭户的电视使用量均高于互联网，尤其在接触时长上，电视超过互联网约6倍。可见，电视仍然是两屏家庭户的首选媒体，其地位仍然稳固。从数据来看，重度网络媒体使用两屏户的电视媒体使用量也较大，同时使用电视媒体较多的两屏家庭户使用网络媒体也较多，两屏家庭户对两媒体的使用量同步变化。在家庭空间中，两媒体之间并不存在一方取代另一方的情况，两媒体同时使用的情况则较多。

针对电视、互联网两媒体融合使用情况的分析显示，各城市电视受众在频道选择上各具特点，北京观众偏爱本地频道和中央级频道，对生活、法制、人文等社会话题的节目比较关注；上海观众则对本地频道尤其青睐，娱乐休闲类节目颇受关注；在广州，内容较为当地化的香港翡翠台与广东电视台珠江频道并列收视率首位；武汉观众的频道偏好较为宽泛。各类型频道19:00—23:00时段的到达率与全天到达率差异较小，而在网络方面，多数类型网站的全天到达率都高出19:00—23:00这一时段到达率较多。相较于两屏家庭户集中于晚间19:00—23:00收看传统电视的收视习惯，两屏家庭户对互联网的使用并不集中于晚间19:00—23:00,而是分散在全天各时段。因此，网络媒体“黄金时段”的界定，有待考察。

根据本文的分析，数据并未直接显示出互联网对电视媒体的威胁甚至替代，相反，从用户的行为上可以看出两媒体之间存在着一定的相互扶持作用，体现出一定的联动性。若两媒体运营方能更好地利用对方媒体的优势，则可以在很大程度上提升自身媒体内容的影响力，从而获取更多用户，提升自身品牌影响力。对于广告商而言，了解用户使用双媒体的特点，可以合理分配广告资源，在优化广告投放的同时提升投放效果，最终实现其利润最大化的目的。

（作者：黄婧玫　刘洁婷）

从内容为王到终端制胜

随着三网融合的加速推进，新旧媒体竞争不断加剧。中国互联网络信息中心（CNNIC）发布的《第30次中国互联网络发展状况统计报告》显示，截至2012年6月底，中国网民数量达到5.38亿，增长速度更加趋于平稳；其中最引人注目的是手机网民规模达到3.88亿，手机首次超越台式电脑成为第一大上网终端。随着互联网用户规模的增进，包括数字电视、手机电视、互联网电视等在内的新媒体，对传统电视的影响愈加深刻，也对在新的环境下如何实现对电视内容在不同平台传播效果的检测，特别是收视率调查的扩展，形成了挑战，提出了新的要求。

在渠道多元化的发展趋势下，内容的重要性已毋庸置疑，内容如何适应新传播环境的变化，进行适时的改变或变革，则是广电媒体需要审慎思考的问题。从内容为王到终端制胜，隐含着传统电视在内容中的优势以及未来发展更加受制于终端的困境，如何在内容和终端两个点上实现价值链接和价值扩张，成为寻找未来发展之路的关键点。

一、电视“三不”格局与收视竞争

1. 当前电视市场“三不”格局：不对称、不均衡、不稳定

不对称——政策约束、资源能力不对称。政策约束和市场局限对不同级别电视台和不同层次的电视媒体是不对称的，并且有不同程度的倾斜。因此强者更容易攫取比较优势，不同媒体优势的获取和保持取决于媒体自身所占有的资源。媒体所处的区位市场、区域所具有的特色文化、媒体在节目制作和编排中所运用的方式等诸多条件相匹配，才会形成自身的比较优势。

不均衡——竞争格局、市场发展不均衡。由于资源配置和政策调控的不对称性，市场趋向两极分化，强者试图寡头垄断，弱者则试图抱团守护仅存的区域市场和长尾效应。在这种情况下，区域市场上的很多频道、媒体，都尝试进行合纵连横，共同守住本地的优势和长尾效应，这是当前无论城市台，还是省级频道，都尽力把守的最后防线。但是网络的兴起，使守住最后防线的难度更大，是否可以建立另外的渠道，这就涉及了终端的问题。

不稳定——新媒体对传统电视的影响不稳定。目前新媒体对传统电视的影响正处于一个不断加剧的过程中，还没有超过电视，但是对电视的冲击已经非常明显。例如，2011年电视整体广告收入为700多亿，而仅基于互联网平台的广告业务收入，不包括基

于消费、网游等增值业务的收入，已达500亿左右，与电视仅相差200亿，相当于中央电视台的广告收入。近年来互联网广告收入每年增长比例基本在30%以上，而电视广告每年的增长幅度则已下调到10%—15%之间。2012年电视广告较为艰难，根据监测，2012上半年电视广告收入增长幅度约5%。按照这样的发展速度，有人预计2013年或者2014年互联网与电视广告会实现逆转，互联网广告收入会超过电视广告收入。新媒体对电视的冲击不断加剧，年轻人更容易被新媒体吸引，在江、浙、沪等经济活跃地区表现得更加明显，新媒体对电视的影响正处在一个不断加剧的不稳定状态。

市场会通过资本和技术手段使电视媒体既有的优势向新媒体转移，但是转移的速度和程度既取决于政府的政策保护，也取决于自身融入新媒体的速度。所以中央电视台着力发展CNTV，上海也在建设电视和网络结合的模式，这些有利于传统电视的方法都在帮助电视稳定自己的市场，把新媒体技术变成电视台开发新价值的工具。在这种格局下，传统意义上的电视竞争进入了敏感期。

2. 当前量质互换的电视市场竞争

电视总体市场分蛋糕大过做蛋糕。如果对电视市场进行总结，总体市场蛋糕并没有增量，是存量如何分配的问题。由于市场竞争，使分配越来越呈现强弱两极分化的格局。要想成为强者，从节目类型角度看，电视剧、新闻和娱乐节目三者至少必得其一。

电视频道竞争同质化大过差异化。因为对节目资源的过度依赖，造成了频道竞争的同质化，以及内容、编排的同质化。只有具有竞争实力的大台，如像中央电视台等这样的媒体才能做出差异化的频道，比如纪录片频道、财经频道、少儿频道等，而作为一些区域性的电视台，或者说省级卫视要想做成差异化竞争的频道，难度非常大。现在省级卫视的竞争更多是电视剧和娱乐节目的竞争，而地面频道则更多的是民生新闻和电视剧的竞争。自办娱乐节目也越来越成为省级地面频道和城市台的节目补充。

电视节目资源能力大过营销能力。当节目内容同质化大过差异化时，节目的资源需求能力就大过营销能力，也就是说，资源更为重要。尽管有很好的营销团队以及很好的营销手段，但是巧妇难为无米之炊。平台基础尚好，但内容资源匮乏；广告营销人员吃苦耐劳，但售卖内容有限。因此，是否可以创生新的资源，尝试新的节目成为地面频道突围的重点。

总体来讲，电视市场的蛋糕在缩小，这个趋势我们称之为扁平化，并且还没有考虑互动内容对电视的分割问题。根据观察，电视总收视晚间19:00—23:30下降，中午至傍晚18:00略有上升。全国城市电视开机率的平均水平已经从55%左右降到了40%左右，每年降1—2点。开机率下降意味着看电视的时间在减少，意味着黄金时间看电视的人减少了，也意味着电视的蛋糕在缩小，从媒介消费的角度来讲是市场在缩小。

省级卫视之间洗牌格局明显，区域发展不均衡。在电视市场逐步缩小的过程中，中央台的市场份额在下降，观众看中央台的时间在减少，收看省级卫视的时间在增加，这是一个洗牌的过程。而省级卫视之间洗牌的格局也日益加剧，例如从数据中可以看到，湖南卫视在2012上半年收视下滑不少，6月份又回到了第一的位置，从7月份开始通过改版巩固自己的优势。电视的收视效果不仅受相关政策影响，也和电视台自身的体制调改以及创新能力密切相关。另一个方面，电视的区域发展非常不均衡。本地市场份额排名前30位的地级市城市台，平均份额超过30%，这些城市台主要分布在江浙、广东地区；本地市场份额排名后30位的地级市城市台，市场份额平均仅为2%。弱势频道想提升市场竞争力，必须集中精力，主打某一个频道、某一个时段，重新创造一个点上的优势，从而以点带面提升频道的整体竞争力。

从电视受众角度看，电视受众含金量不高，中青年观众收视持续减少，老年观众收视保持稳定。电视观众老龄化、低收入低学历、职业含金量低等这些特征，都影响了电视广告创收和节目创新的要求。中国城市人口老龄化趋势严重，但是老年人口并没有因数量增加而延长收看电视的时间。换句话说，老年人也在逐步被计算机、互联网、手机等新媒体，特别是iPad这样的易用型新媒体分流。

3. 网络视频应用发展迅速，互联网广告收入继续高速增长

网络视频应用发展迅速。互联网视频用户规模不断增长，从年轻人开始逐步向中老年人渗透，中老年受众使用网络视频的比例也在增加。这些变化都使得电视遭遇的危机和挑战是空前的。

互联网广告收入继续高速增长。2012年第1季度12家主要网站广告收入约70亿，全年预计超300亿。电视的内容被移植到新的终端上，互联网视频内容更多来源于电视。但是由于缺少严格的版权保护，产业增值链条不完善，内容转移给电视带来的收益微乎其微，反而成为视频网站吸引资本流入的市场优势。2012年欧美经济的下滑影响了国内视频网站资金的注入，电视剧价格也有望下调。经济不景气的影响如此显著，电视广告收入低位徘徊。然而，互联网广告依然在高速增长。

新媒体的变化日新月异，面向未来会出现很多新媒体。终端的应用更加灵活、市场会更加碎片化，终端的应用价值也将最大化。例如手机上APP应用与其后端的内容库相联系，这些内容可以实现价值增值，而这些内容的增值与电视两者之间的关系如何，如何使电视在这一过程中发挥应有的价值，还有待我们继续深入研究与思考。

二、内容为王的困境

目前情况下，电视的优势是什么？我们所说的所有变化最终都指向了内容，消费者最终消费的是内容。信息、娱乐和体验等等这些都要依托内容，而内容一定是靠技术辅助来实现的。没有好的技术，内容体现不完美，技术和内容一定要捆绑，技术一定要支持内容被更便捷地应用。内容为王，当前对电视来讲应该更加强调它的重要性，更加强调基于版权保护下的内容生产和研发。如何基于版权保护来做内容研发，在目前还是很大的问题。

无论哪一级电视频道，除了20%左右的广告时间之外，其他的内容主要以电视剧、新闻和娱乐节目为主。这三部分内容在不同的平台各有倚重。省级卫视对电视剧和娱乐节目的倚重越来越强，电视剧加娱乐节目对省级卫视的贡献已经达到了60%。而一些地面频道一半的内容是靠电视剧和新闻节目来贡献的。

仅靠电视剧和新闻能不能撑住地面频道的所谓比较优势呢？目前来看，电视剧的比较优势已经丧失了，剩下的比较优势是民生新闻的优势。而民生新闻又面临着省台和市台的竞争，两台之间又形成了你强我弱和我强你弱的直面竞争的格局。

在这种情况下，节目同质化现象凸显。出现了从17:30—19:30之间两个小时的新闻段，从19:30—21:30的两集电视剧段，然后是省级卫视的娱乐节目段，特别是周四到周一这五天几个主要省级卫视的娱乐节目段，虽然也形成了一定的差异，但这种差异是以同质化为前提的。新闻节目被放在其他时段不会有优势，但是如果放在同样播新闻的时段，就需要有竞争优势才能够呈现出频道自身的特点。

电视节目的竞争越来越具有挑战性，同时又受到政府政策的影响。“限娱令”之后的节目播出收视具有显著的变化。“限娱令”之后，省卫视晚间黄金时段(19:30—21:30)节目播出类型结构有明显调整，电视剧播出比重提升13%，综艺节目播出量减少30%。收视贡献方面变化更为明显，电视剧贡献跃升至接近63%，综艺节目贡献下滑近一半至约10%。2012年上半年，省卫视主要靠电视剧来排名，一部剧可以让一个卫视排名前进好几位。一部剧可以让四家卫视在一个时期内对市场形成某种控制，所以2012年上半年省卫视对电视剧的使用较为充分。娱乐节目出现了多种类型的表现形式，特别是如真人秀、闯关类、婚恋类、职场类，以及最近出现的歌唱类节目，都是娱乐节目的不同表现形式。

电视节目创新量质不均。在电视频道与节目竞争过程中，留给地面频道的空间越来越小。地面频道在新节目制作上做了许多尝试，新节目总量在提高。电视剧量不够，用其他新节目来补充，从外地采购一些节目，自己制作一些节目，从互联网上找一些节目等。其中有一些节目是有价值的，比如和本地市场密切连接的，可以很容易实现价值上的产出。如果脱离这个方向，往另外一个方向做的话，节目制作和价值产出难度会更大。从2011年到目前为止，电视节目创新数量在增加，但是质的提升还有待思考和观察，如何提升电视节目品质是一个重点问题。电视节目的收视表现直接影响到广告市场。一直以来，广告能不能涨价以及如何实现溢价效应，更多情况下取决于电视资源的优势，取决于电视节目收视的效果。而这几年，电视的整体收视蛋糕并没有做大，更多的特点是电视两极分化的趋势更为显著。所以，强势的一极努力用涨价和招标的方式实现增长，而缺少资源的弱势一极在广告的售卖过程中，更多的只能靠大量填充广告时间，但是这中间又有政策的各种限制，一旦有违规，就会被通报，如果不违规，对客户的承诺又不一定能完成，所以广告经营的难度非常大。

在各种政策的限制下，广告增长的问题越来越严峻。2012年要实现资源的溢价和品牌的溢价难度要大过往年，下一步应重点考虑电视如何借助于新媒体进行产业扩张，而新媒体对内容和资金的需求非常强烈。

三、新增长路径的探索

电视媒体运营是以渠道和内容获取收视份额及广告收益并不断积累品牌影响的过程。以渠道和内容为基础，增加观众规模，提升观众忠实，积极促进收视效果向广告收益转化，进而以品牌为承载，增进无形资产，形成可持续发展动力，这是电视媒体不断自我强势的必由路径。

电视媒体运营是一个很大的问题，在这里笔者做一些浅显的探讨。在电视运营这个过程中，收视率是有作用的，可以帮助我们研究人群、受众，改进效益，实现品牌驱动，同时也可以帮助我们发现短板和问题，因此，对收视率的使用和分析越发重要。

1. 内容为王

在目前的情况下，“内容为王”又日渐重要。“渠道为王”与“技术为王”过去曾多次被提及，广告的重要性也不言而喻。技术发展和媒介环境变化使竞争更加凸显内容为王的重要性，内容为王主要有三个含义：第一个是“符合”，内容能够符合满足或引领观众的某些或某一方面的需求，激发认同和讨论，体现观众本位的重要。想要的东西才有价值，内容应该符合这种需求。而在符合的过程中，我们的内容生产者应体现一点满足或引领观众的功能，而且要格调高雅，避免内容的低俗化。第二个是“适位”，要和频道自身的资源、品牌相结合，传播内容应与传播平台相契合。第三是“超越”，也就是集成精品、引领创新，成为模式示范的内容基地。

当前有几个频道的表现可圈可点。比如湖南卫视，从“超级女声”时期制作的一些节目就具有引领创新和模式示范的作用。近两年，如上海东方卫视的节目、江苏卫视的“非诚勿扰”等也都表现优异，具有引领创新和模式示范的元素。“内容为王”主要有“符合”、“适位”和“超越”这三个方面的含义，而成功的节目内容，至少要做到这三个含义中的两个。

2. 终端制胜

传播终端是重要的，终端与渠道绑定。手机绑定手机通讯网，电脑绑定互联网，电视绑定有线网，每个网络拥有不同的终端，内容通过终端来传输。每一终端又和我们的日常生活相契合，在外面使用手机，回到房间使用电视或者电脑。终端还绑定用户，用户需求通过使用终端来实现，所以终端发展的趋势是移动互联方向。在这种情况下，资本开始介入，技术和资本不是电视的强项，是新媒体的强项。内容接入终端，要和资本与技术结合，这就出现了三网融合的矛盾体。有资本和技术的想改造内容，甚至想取代内容，而内容希望高价格卖给新媒体，并且用牌照来管制新媒体的内容，这就形成了三网融合中的争执。电视产业链正在被一个新的媒介链条替代，链条的两端一个是内容，一个是终端。在这个链条中，电视由原来的绝对优势变成了与新媒体的平起平坐。这种情况下，电视台要考虑如何发展，如何进行市场分析，如何强调本地市场的差异化特征，如何把本地市场区隔好。广告客户进入到一个市场，如果没有电视台的支持，广告客户无法进入当地市场，既进不了电视、广播、商场电视和楼宇电视，在连路牌都做不成的情况下，电视台就变成了强者，这时候电视台就是一个终端渠道的拥有者，如果兼具终端的整合和管理能力，则拥有信息传播的绝对竞争力。所以关于电视的内容与传输终端值得我们重新思考和再定位。

3. 从全价值评估到创建差异化优势

评估媒体价值涉及若干关键变量，例如受众的覆盖与到达规模，受众构成中的价值人群，内容的优势及其资源价值与差异化，时段优势的聚集能力，平台优势的可选与必选，区位市场的不容放弃与不可替代性，向受众营销与向客户营销的能力，品牌张力的扩张与溢价等。通过对这些变量进行全价值评估与差异化优势分析，在渠道价值、内容价值、收视价值、广告价值、品牌价值等方面整合资源，重点在以下几方面进行突破：一是创新价值，在节目创新、营销创新、机制创新领域拓展思路；二是高端传播价值，占有高端渠道，占有高端群体；三是资源性平台价值，做大事件、大活动的意见领袖；四是新媒体延伸价值，充分借力新媒体的内容与口碑传播；五是持续影响力价值，突出深度报道、观点与评论、国际传播等内容。

电视媒体需要全面分析这些优势和价值，在这一过程中找到新的价值空间，为广告增长和产业增长寻求驱动力。技术和市场正在促使电视市场竞争向产业链上下游渗透。向上或者向下做好产业模式是持续发展的根本，向上是做好内容的产业模式，现在越来越多的电视台想成为内容供应商，也想通过版权收益分账，但是内容经营领域中涉及重要的版权保护问题。再一个就是向下整合渠道经营，为电视所用，整合最后一公里的渠道，与进入到这个市场的客户谈筹码。这方面在江浙沪一带有一些做得很好的案例，值得借鉴。

4. 探索新媒体与电视的关联性

新媒体的高速成长至少对电视广告增长带来三方面压力，一是切分蛋糕的压力，二是资本流向的压力，三是人才流失的压力。电视广告增长基本由两方面要素直接决定，一是广告产品量的增长；二是广告价格的增长。除了广告产品量和价格这两个直接要素外，还存在所谓的“效率”要素对电视广告增长发生着重要作用，这可以解释为广告运营的周转率。“效率”与电视台广告营销团队的能力建设有关，这点往往被相当部分的电视台忽视了。推动广告增长的动力大致有五个方面，其一是平衡增长基础，其二是两极分化动力，其三是相对时间开发，其四是优质资源溢价，其五是新媒体捆绑。

2012年的经济增长形势具有诸多不确定性，由此可能伤害对平衡增长基础的预期。竞争驱使两极分化，但是弱势一极的广告流向更可能是线下渠道或者新媒体；相对时间开发受制于节目生产上游；优质资源溢价受制于稀缺，是比较过程，优质资源再多能够溢价的总是少数；能够捆绑的新媒体都是对传统电视有依赖的资源，反过来有竞争力的新媒体都试图捆绑传统媒体。

如何找到电视新的价值空间，这是目前全球都在思考的问题。以美国为例，美国每年电视台的广告总收入达到700亿美元，收视率被认为是各电视台的生命线，直接影响到广告收入和节目生存。近年来网络视频的崛起、数字化潮流的涌现、各种新技术的运用对美国电视业打击深重。在过去25年里，美国三大电视网已将上世纪七八十年代建立起来的90%以上的垄断份额不断流失。2010年，美国电视观众的年龄中位数已经高达51岁，而50岁以上的观众基本上就不再在广告商和收视统计的重点关注范围内。电视台没能从垄断时代的封闭思维中自我解放出来，此时鼓动他们继续往前走的除了严峻的竞争现实别无其他。

2005年YouTube诞生，一年之内迅速走红，电视业巨头们才真正被新媒体的力量震动。2007年，美国各大电视台所属的媒体公司陆续开始商谈如何联手建立一个网络视频平台与YouTube抗衡，结果是若干个号称“YouTube杀手”的视频网站上线：新闻集团力推的MySpace、CBS和Viacom共同投资的Joost，时代华纳等多方投资的Veoh，以及后来鼎鼎有名的NBC和FOX合作的Hulu。

美国有一种说法，如果传统电视是电视业的过去，那么网络电视和智能电视是电视业的未来。而目前的电视业是卡在这两者中间，就是我们说的不稳定时期。在这个时期里，除了电视广告，又出现了互动的和消费直接关联的广告。例如，可以用手机将墙面广告的二维码拍摄下来，到商场里的终端机刷一下，打印出该产品的优惠券，用此优惠券购买商品，这是互动媒体与消费相联系的一个例子。

另外一个例子是社交电视的出现，将会改变当前观众收看电视的方法。所谓社交电视（Social TV），就是将社交媒体同电视进行无缝地结合，让电视成为社交媒体的重要终端。社交电视的目的很简单，就是让身处不同地方的电视观众能够方便地共享和讨论他们正在观看的电视节目。这样，观众既可以评论热播电视剧的下一季，也可以一起庆祝进球，并且用户更容易找到想看的节目。多年来，电视直播节目的收视率一直稳健下降，但是令人吃惊的是，冬奥会和格莱美等直播节目居然重新拥有了大批观众。反弹的出现部分归功于观众收视习惯的改变：现在看电视的人很多是使用智能手机或笔记本电脑，交换信息、看Twitter更新、名人和演员等八卦信息，甚至是看广告。当电视黄金时间开机率下降到20%时，这种社交电视模式就可以视为流行了。从现实角度来说，社交电视就是新电视。

社交电视是分享电视，与智能电视密切相连，这也是电视市场重新组合的过程。在这一过程中，如果消费介入，消费直接融入社交电视与智能电视，就会带来消费模式的变化。所以，在未来产业发展中，基于云技术的内容分享、受众组合及对消费的促进等，将促成新的产业模式，这种新的产业模式自身需要检验和优胜劣汰，同时也需要我们电视人积极思考、积极融入，以获取我们新的未来。

（作者：郑维东）

新电视，谁为王？
——电视产业的现状与未来

2012年整体传媒市场处在十字路口，面临非常大的改变。本文以“新电视”为主题，主要从产业竞争的角度去观察电视及传媒市场的诸多问题。

一、智能化对传统电视产业的影响

电视市场是一座富裕的金矿。2011年全球电视市场空间高达5000亿美元，背后是全球数十亿家庭；2011年中国电视市场空间达4000亿人民币，背后是4亿户电视家庭。2012年电视产业最重要变化就是智能化，这个智能化改变了传统电视产业。过去的产业链和分工非常清晰，但是在互联网传输之后，内容变得更加多样化，终端也呈多样化的趋势，一个垂直、封闭的传统电视产业被打开，产业链中各方竞相提升自己的地位，去争取领头的位置。在我国，互联网电视和机顶盒快速发展。截至2012年2月，我国互联网电视终端用户总数已经接近2000万（一体机1700万、机顶盒300万）；2012年全国电视机销量达到4200万台，高于2011年的3800万台，预计到“十二五”末，我国智能电视机保有量将超过2亿台。

概括起来，智能化让电视有了独立的芯片和操作系统，成为提供各种应用的家庭娱乐中心，参与电视产业中各方力量的角色地位也随之发生变化。在这种情况下，电视机的终端不再只是接收机，由于拥有了自己独立的操作系统，围绕它的分工和行业都发生了变化，曾经高度依赖网络传输的电视台可以在某种程度上摆脱网络的局限，通过与电视机厂商或操作系统合作，直接触达用户。终端厂商也摆脱了打工的角色，从制造业升级到应用服务提供商，直接面向用户提供服务。操作系统/应用提供商，从后台走向前台，成为用户选择服务的重要考虑因素。用户也发生了变化，不再只是接受信号，而是主动到应用商店里去选择丰富的应用。网络服务提供商也发生了变化，成为基础服务，用户可以在各种类型的宽带网络中自由选择。

在智能电视领域的竞争中，广电、家电和IT企业成为三股主要力量角色。三方的力量各有特色：广电有内容资源的优势、牌照的优势以及政策的优势；家电企业提供智能电视机和机顶盒，在市场化上走在前面，拥有成熟的销售网络；IT企业最大的优势是市场化，实力雄厚，有智能手机领域的经验和积累。未来电视行业的竞争，归根结底最重要的是这三个行业的竞争。

1. 家电企业：智能化就能提升产业地位吗？

一直以来，家电企业是电视智能化强有力的推手。但是产品同质化、价格战使得家电企业利润微薄，家电企业正在遭遇生存危机，急需产业转型和升级，这关系到其未来的出路和生死存亡。互联网电视为家电企业带来产业转型和升级的希望，可以通过应用程序，从单纯的制造业转变为信息产品提供商，实现产业升级，提升利润空间，这也是家电企业重点考虑的问题。

鉴于此，家电企业目前正在加速推进电视的智能化。2011 年全球范围内大约有四分之一的电视机可以接入互联网，2016 年这一比例有望达到 70%；2012 年全球智能电视机出货量有望增长到 5284.5 万台，增长率为 109.9%。[①] 我国家电企业在 2011 年后也集体步入智能电视行列。

对于传统电视厂商来说，要实现“智能化”的跨越，必须要在内容、技术上进行更多的探索和研发。在主要技术和服务升级方面，智能电视能够提供多种功能。就目前已经发布的智能电视产品来看，基本具备了智能识别、海量应用、多屏互动这三大主要功能。长期以来，电视台频道资源稀缺，内容被严格把控，所以只要能够掌握住传输、内容这两个关键点，就没有忧虑了。但是，智能电视把电视产业变成了海量应用和多屏互动的时代，电视台的垄断就被打破了，过去垄断所带来的优势将难以为继。

在技术升级之外，家电厂商还应积极布局，开发应用。主要通过模仿智能手机做法，推广智能海量的应用商店，这是一个很重要的竞争策略。海量 APP 应用、在线点播成为智能电视的核心业务。拥有更多实用的功能程序，才能最大限度地激发消费者的购买潜力，为此，几乎所有的彩电企业都跨入到开发开放式的应用程序商店这一平台之中，各种应用程序商店竞相问世。2012 年 5 月，TCL、长虹、海信成立中国智能多媒体终端技术联盟（简称“中智盟”），并发布了首个应用程序商店技术标准 SDK，宣布与宽带资本共同推进设立“智能多媒体创投基金”，体现了家电产业对于智能电视业务未来发展的渴望。

但是，家电企业在做应用程序方面还存在很多问题。首先是应用开发不足，智能功能闲置严重。虽然家电企业在应用商店上加大投入，但在当前，应用程序开发依然不足，消费者购买之后，发现没有太多应用功能可用，仍然以收看传统电视节目为主，智能化功能被闲置的现象普遍。创维集团总裁杨东文曾说：“这主要还是与智能电视目前应用功能不足有关：一方面在谷歌 Android 平台上专为智能电视开发的第三方软件数量还远不如智能手机那样多，另一方面彩电行业前期在智能电视研发时闭门造车，导致前期销售的智能电视大量功能闲置。”家电厂家在智能化方面做了很多工作，但是真正运用的不多。

另外，智能电视多使用安卓系统，自主开发系统的能力较弱。在当前全球四大智能电视操作系统中（谷歌安卓、苹果 IOS、微软、三星），我国智能电视首选谷歌的安卓系统。笔者以为，我国的家电企业喜欢跟风，没有在核心技术领域下功夫争取突破。在这次的智能电视浪潮当中，我国的家电企业旧病复发，它们大多数采用了谷歌的安卓系

① 数据来源：权威电子行业研究机构 IMSResearch

统，等于是把核心游戏规则的制定权拱手让人。缺乏核心技术，也就缺乏重大问题的话语权，如此，家电企业如何统领智能电视呢？

2. IT 企业：能否复制移动媒体领域的传奇？

IT 巨头在电脑和手机领域大获成功，其在操作系统和应用商店领域的成功，使其重构产业格局，掌握了整个行业的话语权。在智能电视领域，IT 巨头试图去复制这一成功模式，通过操作系统掌握智能电视话语权，谁掌握了智能电视操作系统，谁就雄踞产业链的最顶端。目前智能电视操作系统几乎全部被世界 IT 巨头把持，我国企业在这方面是集体失语。

但是，IT 巨头现在仍面临许多问题需要解决，主要有以下两个方面：

首先，应用程序还不能完全适应电视需求。目前，大多数的应用程序开发者都是在为手机和电脑进行开发，真正适用于电视终端的应用程序不论在质量上还是在数量上都还处于初级阶段。目前 Android 的应用程序数量超过 45 万个，并且还在无限制地增长，但谷歌 TV 专属 APP 的数量仅有 150 个。在全球范围内，专为智能电视开发的应用程序不过 1000 多种，在中国，免费的应用程序则只有 100 多种。更严重的问题发生在视频内容方面，谷歌、苹果均遭遇到了来自传统电视供应商的抵制，不允许其把自己的视频节目提供给谷歌 TV、苹果 TV 的用户。

其次，在智能电视领域，IT 大佬遭遇文化壁垒。关键问题在于，电视使用习惯、用户心理、行业准则完全不同于 IT 大佬所熟悉的领域，照搬手机市场的经验，电视使用者可能不会买账。要想在智能电视领域复制电脑和手机领域的成功，难度很大。IT 大佬其实遭遇了一堵无形的壁障，俗称文化壁障。IT 行业起源于网络文化，这种文化是个体的、分散的、解构的，它与电视文化正好相反。电视文化属于集体的、聚合的、结构的。这两种文化泾渭分明，很难融于一炉。经常有一些电视也会步报纸后尘的判断，其实这里面是误读了一些东西，报纸的文化和电视的文化是不一样的。未来的家庭能实现双向互动，那会不会取代我们传统的直播频道呢？收视数据表明，80% 的人还是喜欢传统电视收视，真正上网看电视的人还不到 15%。传统电视有其非常重要的文化背景，这一点是它的竞争优势。

3. 广电机构：垄断优势终结后如何安身立命？

广电最显著的优势首先是丰富的高质量内容。CNTV 拥有 130 万小时的节目资源库，日均生产能力 1000 小时，147 个频道，1473 个栏目，拥有北京、无锡两个视频生产基地。百视通的互联网电视拥有 30 万小时的节目资源库，2 万小时的在线节目量，每天更新 50 个小时左右的节目。华数建成拥有 100 万小时的数字化节目内容媒体资源库，5 万小时在线节目量，其中高清内容 1 万多小时，与 300 多家海内外知名节目内容提供商和制片商建立了长期的战略合作关系。广电需要将内容转变为适应智能电视的内容产品，凤凰卫视推出社交电视应用“卫视通”，上海新娱乐频道推出两款电视节目互动应用“发动奇迹”和“挖宝达人”，可以适应智能电视的需求。其次，广电还拥有牌照的优势。无论在哪里，这个牌照都是必不可少的。

但是，我们也应看到，广电依靠资源稀缺和行业垄断建立的生存逻辑已经被打破。在传统广电生存逻辑下，囿于频道的稀少和内容的有限，资源是稀缺的，形成一个垄断优势，必须通过电视台和有线网才能看到电视节目，而这就会吸引大量的观众，产生广告和收视费收入。但是新媒体从根本上打破了广电的生存逻辑，在传输渠道多样和内容海量的情况下，资源不再稀缺，垄断优势消失，大量年轻、高质量的用户被分流，传统电视观众消失，传统电视的竞争力减弱。靠垄断稀缺资源所形成的行业优势已经丧失，广电急需寻找新的生存之道。

二、广电的应对之策

电视产业正处于胶着拉扯状态，挑战与机遇并存。无论是广电系、家电系还是IT系，在谋取智能电视霸主的问题上现在还很难分出伯仲，未来将会在三方力量对立冲突、合纵连横中演绎一场新电视的三国志。它既需要崭新的技术创新，也需要规模巨大的资源配置和营销支持，还需要复杂多元的文化适应，缺少任何一项都难以言胜。对于广电而言，这是最大的一次机会，也可能是最后一次机会，如果这次机会再被错失，那就真的要被边缘化了。广电的应对之策有以下几个方面：

1. 打造全方位覆盖的广电新媒体布局

这一点是广电布局的重中之重，例如央视通过有线、卫星、地面和移动共同构建了一个全覆盖的网络，参与到通信网、互联网的全媒体布局，这是一个较为清晰的思路，清楚意识到未来的方向（图1）。

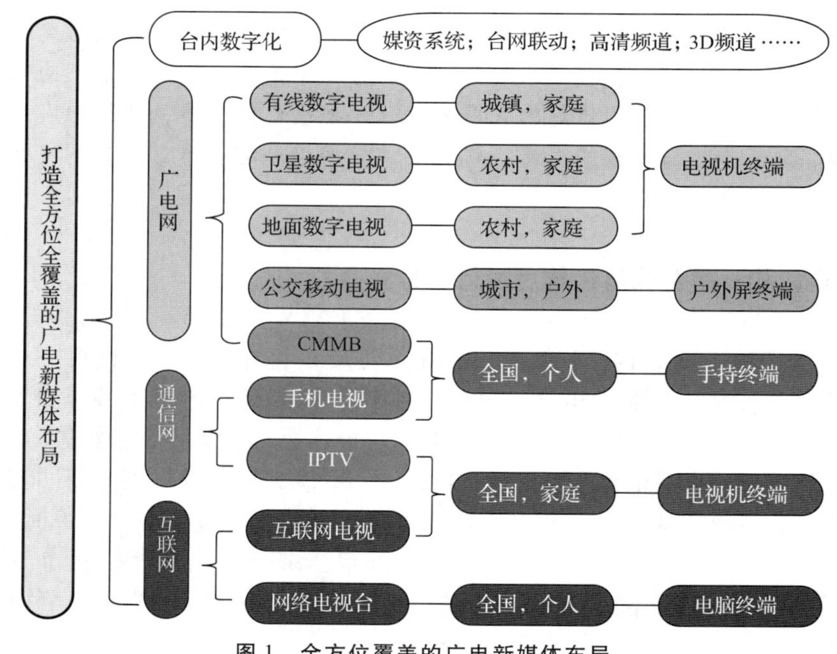

图1 全方位覆盖的广电新媒体布局

2. 开展多元业务，提升用户黏着度

广电全媒体布局需要通过开展多元业务、加大用户黏着度来实现，以保证自己的用户不流失。有线网提供电视接入服务有先天优势，它的覆盖率、渗透率高，而且有线网还具有高带宽的优势，便于满足用户收看高清晰度电视的需求。通过网络数字化和升级改造，提供高质量的互联网电视服务，打造 DVB + OTT 模式。

3. 推出统一应用平台——TV Store

应对智能电视挑战，需要推出统一应用平台——APP 系统。TV 应用商店的定位，首先具有开放式、跨平台的优势，是智能电视应用首选门户，支撑全业务运营；其次它能聚合开发者，为开发者提供一站式的结算、支持和推广；再次，它具有的丰富应用、良好用户体验，以及一站式的购买、付费和服务在一定程度上更加吸引用户；最后，它还能支持异网用户。

4. 建立智能电视门户

要建立开放的、可管控的、统一融合的智能电视门户，实现各类内容和应用在用户端的生动展示，实现不同用户和不同终端服务界面的可定制化，实现跨屏应用和多屏融合。

5. 打造电视操作系统

智能电视的核心就是操作系统，电视操作系统可以让广电获得内容集成以外的平台优势，增强对产业的黏着力，成为规则的制定者，从而掌握主动权。

三、广电的未来演进方向

1. 构建适合智能服务的全方面网络体系

广电未来的演进方向，首先是构建智能型全方面网络体系。网络的承载能力是广电的优势，广电要进一步提高自身的网络承载能力，以确保其领先于其他媒体。从全世界的情况来看，中国广电既有有线网，又有卫星网，有线无线的互动成为广电一个强有力的武器。

2. 建立全国有线电视互联互通平台

广电未来演进的另一个重要方向是建立全国有线电视互联互通平台。这方面已经提出很多方案，但据笔者所知，国家拿不出那么多钱去买网，未来网络的真正整合，靠的是业务整合，整合的核心是掌握交易过程。

3. 建立智能融合网的神经中枢——智能引擎

在智能融合网中，要建立它的神经中枢，即智能引擎。互联网真正赢得媒体竞争优

势是它的智能引擎，在海量的信息中找到需要的信息，方便信息流通和使用，这也是智能电视非常核心的东西。

4．打造智能融合网的心脏——内容银行

在互联网之外，广电还要突出自身的优势，即广电所谓的内容为王。内容是我们一直很关注的问题，从它的商品化到产业化，当前迫切需要的是海量内容货币化，模仿银行系统打造内容银行，既有全国性的，也有地方性的，既有综合性的，也有专业性的，建设统一的内容管控和交易系统。

中国已是世界第二大经济实体，媒体内容和网络都应该和大经济背景吻合。与此同时，终端集合了各种各样的最为重要的媒体优势，成为一个非常具有代表性的新技术代表。此外，资本也是其中非常关键的问题，需要引起大家关注。

（作者：黄升民）

第三部分
Part Three

收视数据 Rating Data

主要收视指标解释与
电视节目收视排名规则

一、主要收视指标解释

1. 频道覆盖（入户）率：是指一个地区能够接收到该频道的户数占该地区电视家庭总户数的百分比。它是从接收情况来反映某个频道覆盖状况的指标。

2. 人均收视时间：是指在一个地区某个时间段内所有电视观众平均每人收看某一频道（或节目）的时间，一般以分钟来计算。

3. 收视率：本年鉴中的收视率是个人收视率，是指一个地区的某个时间段中收看某一频道（或节目）的人数占电视观众总人数的百分比。

4. 市场占有率（或市场份额）：本年鉴中的市场占有率是个人市场占有率，指一个地区某个时间段中收看某一频道（或节目）的人数占该时段收看电视总人数的百分比。

5. 观众构成：是指一个地区某个时段收看某一频道（或节目）的观众中各类观众所占的百分比。

6. 各类节目的播出份额：是指各类节目的播出时间长度占所有节目类型播出时间长度的百分比。

7. 各类节目的收视份额：是指各类节目的收视时间长度占所有节目类型收视时间长度的百分比。

二、电视节目收视排名规则

1. 全国样本城市电视节目收视排名（包括节目其他指标计算）的时间范围为全天，重点市场电视节目收视排名（包括节目其他指标计算）的时间范围为17:00—24:00。

2. 电视节目（栏目）以该节目（栏目）的平均收视率排名，首、重播分开，取最高档参加排名。

3. 除极个别情况外，收视排名不考虑节目名称前的“冠名”。

4. 电视剧出现多轮播出的情况，按收视率最高的一轮参加电视剧类和所有节目的排名，并标注播出日期；跨年度播出的电视剧，只统计在2012年度内播出集数的平均收视率并参加电视剧类和所有节目的排名，节目名称后标注集数。

5. 体育节目的收视排名规则为：同一体育项目赛事中只选取该项赛事收视率最高一档参加体育类节目的排名和所有节目的总排名，其他体育节目按平均收视率参加排名。

6. 2012年春节联欢晚会的收视率是春节联欢晚会播出期间（2012年1月22日20:00—23日00:23）的平均收视率。

7. 选秀类节目（比赛部分）选取收视率最高一期参加收视排名；有些选秀类节目涉及两季播出，分别计算各季每期平均收视率，选取最高一期代表该季参加排名并标出播出日期；常态类综艺节目，计算节目平均收视率并参加排名。

一、基本收视条件

表 3.1.1 2012 年全国收视调查网视听设备拥有情况

	电视机台数		电视机种类					其他视听设备	
	1 台	2 台及以上	彩色电视机	普通电视机	背投电视机	液晶电视机	等离子电视机	影碟机	个人电脑
	%	%	%	%	%	%	%	%	%
全国	69.7	30.3	99.7	90.9	0.5	16.5	0.3	57.6	41.4
城域	67.1	32.9	99.8	85.1	0.8	23.2	0.5	59.6	57.8
乡域	71.2	28.8	99.7	94.8	0.4	12.1	0.1	56.4	30.1

表 3.1.2 2012 年各省级收视调查网视听设备拥有情况

	电视机台数		电视机种类					其他视听设备	
省份	1 台	2 台及以上	彩色电视机	普通电视机	背投电视机	液晶电视机	等离子电视机	影碟机	个人电脑
	%	%	%	%	%	%	%	%	%
安徽省	55.0	45.0	99.8	87.4	0.0	27.7	0.2	45.8	34.2
福建省	51.4	48.6	100.0	85.4	0.2	32.4	0.3	52.1	50.2
甘肃省	79.5	20.5	99.4	89.5	0.3	14.0	0.1	54.0	22.2
广东省	74.9	25.1	99.9	81.1	0.5	25.5	0.5	60.6	47.3
广西壮族自治区	82.8	17.2	100.0	87.8	0.4	14.9	0.1	47.5	26.9
贵州省	85.9	14.1	99.8	89.3	1.0	14.4	0.3	73.8	19.2
海南省	84.2	15.8	100.0	79.9	0.3	26.6	0.1	63.1	29.5
河北省	70.7	29.3	100.0	86.1	0.0	23.6	0.2	43.2	47.8
黑龙江省	88.1	11.9	100.0	75.2	0.5	27.5	0.4	28.3	43.7
河南省	63.5	36.5	99.7	89.7	0.1	23.3	0.0	53.5	38.0
湖北省	67.2	32.8	100.0	88.2	0.5	26.7	0.1	52.6	39.4
湖南省	76.4	23.6	99.4	86.3	0.3	20.7	0.5	52.7	24.0
内蒙古自治区	92.3	7.7	99.7	85.8	0.7	14.1	1.2	37.6	29.8
江苏省	46.4	53.6	100.0	88.0	0.5	29.3	0.0	44.0	55.2
江西省	55.4	44.6	100.0	88.3	0.4	26.2	0.1	50.6	40.4
吉林省	76.5	23.5	100.0	79.5	0.1	28.2	0.7	43.4	37.7
辽宁省	77.7	22.3	100.0	80.8	0.4	24.6	0.7	38.9	43.7
宁夏回族自治区	81.9	18.1	99.9	75.9	0.5	29.1	0.7	53.4	31.9
陕西省	74.3	25.7	99.2	89.5	0.2	19.4	0.0	53.7	33.1
山东省	75.7	24.3	99.3	85.4	0.4	23.0	0.0	47.5	38.2
山西省	70.2	29.8	99.7	84.6	0.9	21.5	0.7	35.1	52.0
四川省	69.4	30.6	99.3	85.1	0.5	24.5	0.3	58.1	22.1
新疆维吾尔自治区	90.6	9.4	98.1	77.2	2.2	22.0	0.7	45.6	34.9
云南省	82.9	17.1	100.0	84.4	0.3	24.2	0.1	76.1	25.4
浙江省	38.2	61.8	100.0	84.6	1.0	37.1	0.6	42.3	60.0

表 3.1.3 2012 年各城市收视调查网视听设备拥有情况

城市	电视机台数		电视机种类					其他视听设备	
	1 台	2 台及以上	彩色电视机	普通电视机	背投电视机	液晶电视机	等离子电视机	影碟机	个人电脑
	%	%	%	%	%	%	%	%	%
安庆	61.5	38.5	99.5	88.4	1.6	22.2	0.2	53.1	50.2
安阳	76.4	23.6	99.8	96.0	0.6	5.2	0.0	43.6	44.3
蚌埠	59.0	41.0	99.9	91.3	0.2	18.2	0.1	32.0	51.0
包头	88.2	11.8	100.0	0.0	66.3	0.4	38.0	64.6	62.4
宝鸡	84.0	16.0	100.0	0.0	75.0	0.2	29.3	50.6	67.3
保定	74.6	25.4	100.0	82.8	0.5	22.3	1.1	51.4	66.9
北海	75.3	24.7	100.0	0.0	71.1	6.7	30.8	57.4	69.3
北京	61.7	38.3	100.0	0.0	50.9	0.9	61.3	37.1	87.0
滨州	73.3	26.7	99.3	87.7	0.5	19.0	0.6	62.4	45.6
常德	63.3	36.7	100.0	1.2	89.5	1.1	17.0	59.3	41.7
常熟	31.7	68.3	100.0	93.2	1.1	29.4	0.1	34.3	65.6
常州	31.0	69.0	100.0	0.0	74.4	1.0	49.3	42.7	76.7
潮州	56.3	43.7	100.0	0.0	80.5	1.5	34.3	62.3	67.3
成都	55.9	44.1	99.9	0.2	74.7	0.5	41.1	47.2	57.8
承德	88.7	11.3	100.0	0.0	84.5	0.5	17.4	20.7	57.0
滁州	51.7	48.3	100.0	0.0	77.6	0.1	38.5	42.4	66.2
达州	68.5	31.5	98.8	85.0	3.7	19.2	1.5	57.7	45.8
大理	84.6	15.4	100.0	88.8	1.0	15.4	0.4	83.9	32.2
大连	82.9	17.1	100.0	0.0	70.3	1.1	34.3	59.6	72.1
大同	91.9	8.1	100.0	81.2	0.9	18.1	1.6	40.7	56.8
丹东	70.5	29.5	100.0	0.0	85.0	0.6	17.9	32.7	57.7
德阳	68.0	32.0	99.4	81.3	2.0	22.5	3.0	75.0	41.1
德州	78.1	21.9	100.0	0.0	78.0	0.7	28.2	55.2	61.8
东莞	78.3	21.7	100.0	0.0	85.1	0.6	19.9	46.1	54.5
佛山	71.8	28.2	100.0	0.0	76.0	2.0	30.6	45.5	75.9
福州	44.5	55.5	100.0	0.0	80.0	0.5	35.9	40.6	74.8
抚顺	85.4	14.6	100.0	0.0	80.8	0.4	24.4	46.9	60.0
阜阳	58.2	41.8	99.3	90.6	0.8	21.1	0.0	62.1	25.5
赣州	52.5	47.5	100.0	0.3	77.2	0.2	33.4	53.2	66.0
广元	67.1	32.9	100.0	0.2	78.5	1.3	34.0	74.0	47.7
广州	79.4	20.6	100.0	0.0	76.3	0.2	29.9	52.2	66.8
贵阳	80.5	19.5	99.9	0.1	68.6	3.1	35.3	72.6	60.2
桂林	76.5	23.5	100.0	0.0	77.0	0.4	25.2	37.7	65.7
哈尔滨	80.0	20.0	99.8	0.4	76.1	0.6	32.5	47.9	59.6
海口	84.0	16.0	100.0	0.0	68.9	0.4	36.2	59.0	60.6
邯郸	77.2	22.8	100.0	87.5	0.2	18.8	0.0	38.9	67.6
杭州	33.5	66.5	100.0	0.1	76.1	1.3	48.2	48.5	75.9
合肥	67.8	32.2	99.9	0.1	73.2	0.7	36.4	50.2	64.7
河源	51.3	48.7	100.0	0.0	76.9	0.6	35.7	52.7	72.2
菏泽	66.7	33.3	98.3	97.1	0.2	11.0	0.7	52.3	37.4
衡阳	81.2	18.8	100.0	0.0	82.2	4.6	19.1	36.7	44.5

续表

城市	电视机台数		电视机种类					其他视听设备	
	1台	2台及以上	彩色电视机	普通电视机	背投电视机	液晶电视机	等离子电视机	影碟机	个人电脑
	%	%	%	%	%	%	%	%	%
呼和浩特	88.0	12.0	99.9	0.1	73.1	1.3	28.1	62.6	66.9
湖州	25.0	75.0	100.0	0.0	84.2	1.9	37.2	35.6	69.0
淮安	48.2	51.8	100.0	0.4	85.0	0.6	36.1	61.8	70.4
惠州	70.8	29.2	100.0	0.0	68.6	0.7	37.4	35.8	63.6
吉林	74.7	25.3	100.0	0.2	74.8	0.7	32.3	50.6	61.9
济南	71.6	28.4	100.0	0.7	74.2	0.4	33.3	60.0	64.8
济宁	88.3	11.7	100.0	0.0	74.6	0.7	30.3	41.7	59.3
嘉兴	30.1	69.9	100.0	0.4	80.1	1.4	47.7	53.1	78.1
江门	60.9	39.1	100.0	0.0	86.1	0.6	27.2	54.9	73.9
江阴	39.0	61.0	100.0	0.0	78.0	0.7	43.0	40.0	61.4
揭阳	81.3	18.7	100.0	0.0	86.1	0.6	17.6	81.3	50.2
金华	52.0	48.0	98.9	91.3	0.5	17.8	0.2	41.5	45.8
锦州	73.6	26.4	100.0	0.0	79.5	0.0	28.0	65.4	66.6
晋城	68.5	31.5	99.8	0.2	80.2	0.3	27.0	19.6	68.7
荆门	68.9	31.1	100.0	1.2	77.2	0.1	31.0	59.4	57.2
荆州	59.9	40.1	99.8	0.2	79.7	0.4	37.7	53.2	58.6
九江	49.2	50.8	100.0	85.1	1.5	30.6	0.6	54.4	63.7
昆明	74.6	25.4	100.0	0.0	69.5	0.9	41.4	79.6	72.7
昆山	52.8	47.2	100.0	82.9	3.2	32.6	0.8	36.7	64.8
拉萨	60.9	39.1	100.0	0.2	76.3	13.0	23.3	66.2	23.9
莱芜	73.3	26.7	99.6	93.3	0.6	10.1	0.2	53.9	34.2
兰州	80.6	19.4	99.8	0.2	73.2	0.9	31.5	65.3	64.0
廊坊	75.8	24.2	100.0	77.8	1.4	30.1	1.0	45.7	68.3
乐山	65.3	34.7	99.8	86.1	2.1	22.4	1.6	62.6	34.8
丽水	45.4	54.6	99.7	0.6	82.3	0.3	33.3	56.6	59.5
连云港	54.6	45.4	100.0	0.7	84.5	0.4	29.3	49.8	70.6
临汾	64.6	35.4	100.0	0.0	74.6	1.6	36.4	36.0	67.8
临沂	81.3	18.7	100.0	0.1	83.1	0.4	21.4	47.6	49.3
柳州	79.9	20.1	100.0	0.0	77.6	0.2	27.0	54.6	64.8
泸州	72.8	27.2	99.7	90.3	0.4	16.4	0.4	55.7	21.1
洛阳	77.8	22.2	100.0	87.4	0.8	16.4	0.3	51.2	66.5
茂名	72.7	27.3	99.8	0.4	85.1	0.5	18.0	58.8	45.0
眉山	58.0	42.0	100.0	0.8	87.2	0.2	27.2	61.2	30.4
梅州	65.0	35.0	100.0	0.0	87.2	1.0	25.2	57.7	59.1
绵阳	64.4	35.6	100.0	0.0	78.1	1.2	35.7	83.4	59.8
牡丹江	87.3	12.7	100.0	0.0	82.8	1.2	23.4	39.2	52.0
南昌	42.7	57.3	99.9	0.2	77.9	0.5	39.5	40.5	64.1
南充	72.1	27.9	99.8	0.5	85.8	1.3	18.6	52.4	32.3
南京	47.3	52.7	100.0	0.0	78.6	0.5	42.8	44.9	72.2
南宁	79.8	20.2	99.9	0.2	73.8	0.8	28.7	56.2	62.1
南通	38.8	61.2	99.8	90.3	0.9	30.9	0.9	46.7	73.5

续表

城市	电视机台数		电视机种类					其他视听设备	
	1台	2台及以上	彩色电视机	普通电视机	背投电视机	液晶电视机	等离子电视机	影碟机	个人电脑
	%	%	%	%	%	%	%	%	%
南阳	67.2	32.8	99.5	2.2	94.3	0.1	16.4	52.7	35.8
宁波	39.3	60.7	100.0	0.0	81.0	1.6	41.1	26.0	70.2
攀枝花	79.0	21.0	99.9	81.9	2.3	21.0	0.6	50.9	55.4
平顶山	75.7	24.3	100.0	0.0	82.6	0.0	23.1	52.8	69.1
秦皇岛	86.5	13.5	100.0	0.2	76.7	1.1	25.7	46.5	69.4
青岛	89.5	10.5	100.0	0.0	61.2	0.7	41.5	40.1	74.3
清远	83.4	16.6	100.0	0.0	81.0	0.2	23.6	56.8	52.1
衢州	52.6	47.4	100.0	0.2	74.1	0.7	41.9	38.4	69.3
泉州	50.3	49.7	100.0	76.7	7.1	38.1	0.6	65.2	78.2
三亚	81.3	18.7	98.9	1.1	80.2	0.0	26.5	42.6	32.2
厦门	67.9	32.1	100.0	0.0	59.0	1.1	52.2	50.7	81.0
汕头	67.7	32.3	100.0	0.0	81.6	2.6	24.4	58.1	50.0
汕尾	60.7	39.3	100.0	88.9	1.1	20.2	0.3	85.1	41.0
上海	45.3	54.7	100.0	0.0	73.0	0.3	46.7	64.0	68.8
韶关	72.3	27.7	99.8	0.2	77.2	0.2	30.9	53.0	51.2
绍兴	35.6	64.4	100.0	90.6	1.2	26.5	0.2	32.7	65.0
深圳	92.8	7.2	99.9	0.1	64.9	0.5	34.6	34.0	71.9
沈阳	76.6	23.4	99.7	0.3	78.1	0.2	28.7	54.1	51.0
石家庄	82.3	17.7	100.0	0.0	73.3	0.4	32.0	42.6	80.6
苏州	41.9	58.1	100.0	0.1	78.4	0.6	41.6	42.6	69.5
遂宁	65.6	34.4	99.8	90.8	2.2	14.3	2.0	56.8	29.3
台州	38.4	61.6	100.0	0.0	87.9	0.0	29.9	40.4	65.3
太原	78.7	21.3	100.0	0.1	72.7	0.8	35.0	46.2	79.7
泰安	81.4	18.6	100.0	0.2	77.5	0.8	27.4	45.7	59.6
泰州	32.7	67.3	99.8	0.2	89.9	0.8	32.4	38.3	66.8
唐山	75.6	24.4	100.0	0.0	73.5	0.2	31.6	39.9	69.9
天津	73.0	27.0	99.9	0.1	70.9	0.9	36.6	65.6	73.5
威海	69.2	30.8	100.0	84.7	1.4	22.0	0.6	38.1	63.4
潍坊	83.2	16.8	100.0	0.0	74.6	1.0	31.3	49.4	62.2
渭南	68.9	31.1	100.0	0.4	87.9	2.0	18.7	50.1	35.1
温州	37.0	63.0	100.0	0.0	44.3	3.9	68.3	51.4	87.5
乌鲁木齐	93.8	6.2	100.0	0.0	63.4	0.8	36.7	56.7	69.9
无锡	32.1	67.9	100.0	0.0	80.7	1.4	47.9	37.0	74.0
芜湖	42.2	57.8	99.7	89.1	0.2	29.7	0.2	54.8	63.8
梧州	81.5	18.5	99.8	90.4	0.0	13.4	0.0	65.2	46.2
武汉	65.8	34.2	99.9	0.3	86.3	0.5	26.9	49.5	62.9
西安	70.5	29.5	100.0	0.1	76.4	0.3	33.2	64.9	70.7
西宁	91.0	9.0	100.0	0.0	63.9	1.2	37.3	57.3	59.8
湘潭	72.8	27.2	100.0	0.0	84.6	0.2	23.4	50.4	54.5
襄阳	71.9	28.1	99.6	89.1	0.4	19.3	0.2	64.4	52.2
徐州	74.1	25.9	99.8	88.3	0.2	20.5	0.0	43.6	64.2

续表

城市	电视机台数		电视机种类					其他视听设备	
	1台	2台及以上	彩色电视机	普通电视机	背投电视机	液晶电视机	等离子电视机	影碟机	个人电脑
	%	%	%	%	%	%	%	%	%
烟台	73.8	26.2	100.0	0.1	74.2	0.9	32.2	56.7	66.5
盐城	42.9	57.1	99.6	1.7	90.6	0.7	24.5	60.5	49.4
扬州	34.1	65.9	99.8	0.6	85.2	0.8	38.5	39.9	69.2
阳江	66.3	33.7	100.0	92.9	0.6	12.5	0.2	70.1	44.5
宜宾	64.9	35.1	99.5	0.9	83.4	0.0	27.0	55.8	40.1
宜昌	77.8	22.2	100.0	0.1	77.9	0.9	27.1	51.4	73.2
宜春	66.4	33.6	99.1	95.1	0.0	10.6	0.1	61.1	20.4
银川	95.1	4.9	100.0	0.1	62.3	1.5	38.1	58.5	62.3
营口	70.9	29.1	100.0	0.0	72.9	0.9	34.6	49.2	57.7
永济	52.9	47.1	100.0	0.1	89.1	1.5	25.1	51.6	63.2
玉林	68.0	32.0	100.0	0.5	91.2	0.3	19.0	59.6	34.4
岳阳	73.3	26.7	100.0	0.4	78.2	0.4	30.1	53.9	49.1
云浮	78.0	22.0	100.0	90.6	0.2	14.2	0.0	73.6	45.5
湛江	81.3	18.7	100.0	0.0	81.6	0.2	22.3	69.6	41.7
张家港	38.7	61.3	100.0	90.1	1.7	29.5	0.8	43.0	65.1
张家口	90.0	10.0	99.5	77.2	1.1	24.5	0.2	43.2	55.3
漳州	74.1	25.9	100.0	89.2	4.0	14.6	0.5	68.4	56.7
长春	73.9	26.1	100.0	0.0	59.2	0.9	50.3	55.4	74.3
长沙	81.1	18.9	100.0	0.2	72.0	2.5	35.6	60.8	73.5
肇庆	68.8	31.2	100.0	0.1	73.9	0.0	31.7	41.4	64.3
镇江	41.1	58.9	100.0	0.0	75.9	1.4	41.8	56.5	78.6
郑州	60.6	39.4	99.9	0.2	74.4	0.6	39.5	62.3	80.8
中山	64.4	35.6	100.0	0.0	69.4	0.1	39.0	48.2	74.2
重庆	68.2	31.8	99.8	0.2	78.4	0.7	29.8	34.2	42.0
舟山	29.8	70.2	100.0	0.0	79.1	1.6	45.0	18.7	71.2
珠海	73.9	26.1	100.0	0.1	64.8	0.4	48.0	60.1	81.0
株洲	77.0	23.0	100.0	0.0	62.4	2.0	41.8	51.5	69.1
资阳	65.8	34.2	99.0	1.8	89.4	1.3	19.8	49.5	17.6
淄博	83.5	16.5	100.0	82.4	2.8	17.6	1.3	61.0	57.3
自贡	62.2	37.8	99.8	92.1	0.2	15.1	0.0	53.8	37.2
遵义	79.7	20.3	100.0	0.0	76.3	2.6	30.5	72.9	43.7

表 3.1.4　2012 年全国收视调查网电视信号接收方式

	省、市有线用户比例	可收看卫星电视用户比例	可收看卫星电视的非有线用户比例	其他
	%	%	%	%
全国	57.2	81.7	24.5	18.3
城域	74.3	87.3	13.0	12.7
乡域	45.5	77.9	32.4	22.1

表 3.1.5 2012 年各省级收视调查网电视信号接收方式

省份	省、市有线用户比例	可收看卫星电视用户比例	可收看卫星电视的非有线用户比例	其他
	%	%	%	%
安徽省	86.2	86.2	86.2	13.8
福建省	74.0	97.9	23.9	2.1
甘肃省	26.1	95.8	69.7	4.2
广东省	75.8	91.5	15.7	8.5
广西壮族自治区	52.4	92.7	40.3	7.3
贵州省	29.7	93.0	63.3	7.0
海南省	52.9	89.9	37.0	10.1
河北省	41.7	91.8	50.1	8.2
黑龙江省	83.0	95.6	12.6	4.4
河南省	26.0	86.4	60.4	13.6
湖北省	61.6	95.3	33.7	4.7
湖南省	49.0	93.7	44.7	6.3
内蒙古自治区	33.6	97.7	64.1	2.3
江苏省	85.5	94.8	9.3	5.2
江西省	75.0	94.7	19.7	5.3
吉林省	77.8	94.3	16.5	5.7
辽宁省	84.7	96.2	11.5	3.8
宁夏回族自治区	42.1	96.8	54.7	3.2
陕西省	46.9	90.4	43.5	9.6
山东省	68.2	84.8	16.6	15.2
山西省	56.8	98.6	41.8	1.4
四川省	50.1	94.9	44.8	5.1
新疆维吾尔自治区	73.0	82.4	9.4	17.6
云南省	64.2	95.7	31.5	4.3
浙江省	94.5	99.3	4.8	0.7

表 3.1.6 2012 年各城市收视调查网电视信号接收方式

城市	省、市有线用户比例	可收看卫星电视用户比例	可收看卫星电视的非有线用户比例	其他
	%	%	%	%
安庆	61.1	90.7	29.6	9.3
安阳	84.9	90.5	5.6	9.5
蚌埠	79.8	91.1	11.3	8.9
包头	73.6	95.0	21.4	5.0
宝鸡	77.7	94.6	17.0	5.4
保定	67.9	92.3	24.4	7.7
北海	65.2	88.5	23.3	11.5
北京	99.4	99.9	0.5	0.1
滨州	80.0	86.0	6.0	14.0
常德	72.2	77.9	5.7	22.1
常熟	95.2	97.3	2.1	2.7
常州	98.5	100.0	1.5	—

续表

城市	省、市有线用户比例	可收看卫星电视用户比例	可收看卫星电视的非有线用户比例	其他
	%	%	%	%
潮州	99.0	99.8	0.7	0.2
成都	92.0	95.2	3.2	4.8
承德	91.6	99.9	8.2	0.1
滁州	62.1	90.2	28.1	9.8
达州	91.1	97.2	6.1	2.8
大理	90.6	96.5	5.9	3.5
大连	96.5	100.0	17.4	—
大同	51.4	94.6	43.2	5.4
丹东	79.1	99.0	20.0	1.0
德阳	56.4	86.3	29.9	13.7
德州	86.2	95.2	9.0	4.8
东莞	75.7	96.0	20.3	4.0
佛山	90.8	96.1	5.4	3.9
福州	97.9	100.0	2.1	—
抚顺	92.2	96.5	4.4	3.5
阜阳	32.4	61.0	28.6	39.0
赣州	71.4	95.5	24.2	4.5
广元	80.7	99.5	18.9	0.5
广州	96.9	98.1	1.2	1.9
贵阳	86.0	95.2	9.2	4.8
桂林	95.7	98.3	2.6	1.7
哈尔滨	78.5	88.0	9.6	12.0
海口	88.5	94.5	6.0	5.5
邯郸	73.5	91.2	17.7	8.8
杭州	98.5	99.8	1.4	0.2
合肥	71.2	92.5	21.2	7.5
河源	95.9	99.2	3.3	0.8
菏泽	28.4	60.2	31.8	39.8
衡阳	82.2	88.5	6.2	11.5
呼和浩特	73.2	92.3	19.0	7.7
湖州	96.5	97.9	1.4	2.1
淮安	83.1	95.2	12.1	4.8
惠州	93.4	96.6	3.2	3.4
吉林	83.9	94.3	10.4	5.7
济南	86.5	93.0	6.5	7.0
济宁	74.5	87.0	12.5	13.0
嘉兴	96.0	99.4	3.4	0.6
江门	98.0	99.5	1.6	0.5
江阴	93.6	99.6	6.1	0.4
揭阳	64.4	86.0	21.6	14.0
金华	95.7	97.0	1.3	3.0
锦州	93.1	94.4	1.3	5.6

续表

城市	省、市有线用户比例	可收看卫星电视用户比例	可收看卫星电视的非有线用户比例	其他
	%	%	%	%
晋城	83.3	97.9	14.5	2.1
荆门	52.6	92.2	39.6	7.8
荆州	78.5	93.7	15.2	6.3
九江	89.6	98.3	8.7	1.7
昆明	99.5	100.0	0.5	—
昆山	92.0	98.3	6.3	1.7
拉萨	51.2	90.6	39.3	9.4
莱芜	43.9	81.1	37.1	18.9
兰州	84.0	95.5	11.5	4.5
廊坊	96.9	98.9	2.0	1.1
乐山	70.9	96.7	25.8	3.3
丽水	92.8	98.4	5.6	1.6
连云港	76.0	92.7	16.7	7.3
临汾	77.5	98.1	20.6	1.9
临沂	40.7	82.7	42.1	17.3
柳州	79.7	92.2	12.5	7.8
泸州	49.4	94.6	45.2	5.4
洛阳	69.6	88.6	19.0	11.4
茂名	82.6	86.6	4.0	13.4
眉山	62.9	97.8	34.9	2.2
梅州	92.2	100.0	7.8	—
绵阳	89.3	99.0	9.7	1.0
牡丹江	88.7	97.2	8.6	2.8
南昌	93.3	95.8	2.5	4.2
南充	79.8	98.3	18.5	1.7
南京	97.1	98.5	1.4	1.5
南宁	76.4	91.7	15.3	8.3
南通	92.2	94.0	1.8	6.0
南阳	50.3	74.2	23.9	25.8
宁波	100.0	100.0	—	—
攀枝花	99.8	99.8	—	0.2
平顶山	80.4	97.2	16.8	2.8
秦皇岛	93.5	99.1	5.7	0.9
青岛	92.9	97.5	4.6	2.5
清远	78.2	91.3	13.0	8.7
衢州	95.3	98.1	2.8	1.9
泉州	89.7	95.3	5.6	4.7
三亚	39.2	93.6	54.4	6.4
厦门	96.5	98.9	2.3	1.1
汕头	80.1	94.0	13.9	6.0
汕尾	98.5	99.7	1.2	0.3
上海	98.8	99.2	0.4	0.8

续表

城市	省、市有线用户比例	可收看卫星电视用户比例	可收看卫星电视的非有线用户比例	其他
	%	%	%	%
韶关	94.9	99.4	4.4	0.6
绍兴	99.8	100.0	0.2	—
深圳	83.8	94.6	10.8	5.4
沈阳	84.0	91.8	7.8	8.2
石家庄	74.0	96.0	22.0	4.0
苏州	99.5	99.8	0.4	0.2
遂宁	69.6	96.8	27.2	3.2
台州	93.7	99.3	5.6	0.7
太原	90.1	98.5	8.4	1.5
泰安	60.6	69.0	8.4	31.0
泰州	94.1	96.1	2.0	3.9
唐山	90.8	97.8	7.0	2.2
天津	90.2	98.4	8.2	1.6
威海	95.9	96.3	0.4	3.7
潍坊	87.1	95.6	8.5	4.4
渭南	54.2	87.9	33.8	12.1
温州	97.5	99.9	2.4	0.1
乌鲁木齐	91.3	95.6	4.3	4.4
无锡	92.0	93.8	1.8	6.2
芜湖	92.9	96.2	3.3	3.8
梧州	61.5	91.4	29.9	8.6
武汉	88.0	93.0	5.0	7.0
西安	77.2	96.6	19.4	3.4
西宁	85.1	95.3	10.2	4.7
湘潭	91.5	93.9	2.5	6.1
襄阳	60.9	90.7	29.8	9.3
徐州	80.1	89.0	8.9	11.0
烟台	95.0	97.0	2.0	3.0
盐城	74.7	82.7	7.9	17.3
扬州	93.3	96.3	3.0	3.7
阳江	86.4	88.8	2.4	11.2
宜宾	64.7	97.6	32.8	2.4
宜昌	75.9	95.4	19.5	4.6
宜春	59.1	95.0	35.9	5.0
银川	80.6	98.5	17.9	1.5
营口	92.2	98.9	6.6	1.1
永济	46.5	98.7	52.1	1.3
玉林	30.8	69.1	38.3	30.9
岳阳	75.0	95.5	20.5	4.5
云浮	95.0	98.7	3.7	1.3
湛江	80.6	95.0	14.4	5.0
张家港	98.1	99.9	1.8	0.1
张家口	83.8	95.2	11.4	4.8

续表

城市	省、市有线用户比例	可收看卫星电视用户比例	可收看卫星电视的非有线用户比例	其他
	%	%	%	%
漳州	82.3	97.6	15.3	2.4
长春	89.7	95.3	5.6	4.7
长沙	90.9	93.1	2.2	6.9
肇庆	99.5	99.7	0.1	0.3
镇江	95.4	96.9	1.5	3.1
郑州	91.0	95.0	3.9	5.0
中山	98.8	99.9	1.0	0.1
重庆	84.2	97.8	13.5	2.2
舟山	96.9	100.0	3.1	—
珠海	94.8	98.0	3.2	2.0
株洲	93.0	93.4	0.4	6.6
资阳	85.2	95.3	10.1	4.7
淄博	86.3	97.0	10.7	3.0
自贡	66.1	96.1	30.0	3.9
遵义	71.4	98.0	26.6	2.0

表 3.1.7　2012 年全国收视调查网卫视频道入户覆盖率排名前二十位

排名	全国		城域		乡域	
	频道	覆盖率(%)	频道	覆盖率(%)	频道	覆盖率(%)
1	中央电视台综合频道	96.8	中央电视台综合频道	98.0	中央电视台综合频道	96.1
2	中央台七套	89.8	中央台七套	90.7	中央台七套	89.2
3	中央台二套	88.4	中央台二套	89.7	中央台二套	87.4
4	中央电视台少儿频道	85.8	中央电视台少儿频道	88.3	中央电视台少儿频道	84.1
5	中央台十套	84.4	中央台十套	87.2	中央台十套	82.4
6	中央电视台新闻频道	83.3	中央电视台新闻频道	86.4	湖南电视台卫星频道	82.4
7	湖南电视台卫星频道	82.8	浙江卫视	85.3	中央电视台新闻频道	81.2
8	浙江卫视	81.5	北京卫视	85.0	中央台十二套	79.9
9	北京卫视	80.4	安徽卫视	84.9	浙江卫视	78.9
10	中央台十二套	80.1	湖南电视台卫星频道	83.5	北京卫视	77.3
11	山东卫视	78.2	山东卫视	82.7	山东卫视	75.1
12	安徽卫视	77.8	中央台四套	82.7	上海东方卫视	74.8
13	上海东方卫视	77.4	江苏卫视	82.4	安徽卫视	73.0
14	中央台十一套	76.1	天津卫视	82.4	中央台十一套	72.4
15	中央台四套	75.6	中央台十一套	81.5	中国教育台一套	71.5
16	贵州卫视	75.4	贵州卫视	81.5	贵州卫视	71.3
17	天津卫视	75.0	四川卫视	81.4	中央台四套	70.8
18	中国教育台一套	74.9	上海东方卫视	81.3	福建省广播影视集团东南电视台	70.1
19	江苏卫视	74.9	中央台十二套	80.3	天津卫视	69.9
20	四川卫视	72.6	中国教育台一套	79.9	江苏卫视	69.7

表 3.1.8　2012 年全国收视调查网电视频道接收情况

	平均每户可接收的频道个数
全国	54
城域	64
乡域	48

表 3.1.9　2012 年各省级收视调查网电视频道接收情况

省份	平均每户可接收到的频道个数
安徽省	42
福建省	54
甘肃省	46
广东省	51
广西壮族自治区	39
贵州省	49
海南省	49
河北省	54
黑龙江省	61
河南省	39
湖北省	59
湖南省	46
内蒙古自治区	52
江苏省	65
江西省	47
吉林省	51
辽宁省	57
宁夏回族自治区	56
陕西省	51
山东省	56
山西省	52
四川省	46
新疆维吾尔自治区	50
云南省	58
浙江省	66

表 3.1.10　2012 年各城市收视调查网电视频道接收情况

城市	平均每户可接收到的频道个数
安庆	55
安阳	46
蚌埠	48
包头	78
宝鸡	67
保定	51
北海	53
北京	127
滨州	52
常德	53
常熟	68
常州	85
潮州	72
成都	65
承德	104
滁州	53
达州	46
大理	49
大连	50
大同	64
丹东	74
德阳	32
德州	48
东莞	44
佛山	69
福州	88
抚顺	76
阜阳	32
赣州	58
广元	46
广州	67
贵阳	65
桂林	54
哈尔滨	62
海口	68
邯郸	67
杭州	77
合肥	73
河源	53
菏泽	28
衡阳	66
呼和浩特	73
湖州	60

续表

城市	平均每户可接收到的频道个数
淮安	63
惠州	55
吉林	56
济南	82
济宁	75
嘉兴	65
江门	47
江阴	73
揭阳	50
金华	50
锦州	49
晋城	69
荆门	74
荆州	57
九江	54
昆明	76
昆山	59
拉萨	45
莱芜	34
兰州	75
廊坊	77
乐山	43
丽水	64
连云港	68
临汾	68
临沂	68
柳州	60
泸州	34
洛阳	52
茂名	46
眉山	37
梅州	63
绵阳	51
牡丹江	76
南昌	60
南充	73
南京	80
南宁	56
南通	57
南阳	40
宁波	64
攀枝花	56
平顶山	57

续表

城市	平均每户可接收到的频道个数
秦皇岛	86
青岛	72
清远	47
衢州	64
泉州	69
三亚	48
厦门	61
汕头	47
汕尾	53
上海	78
韶关	57
绍兴	66
深圳	59
沈阳	54
石家庄	87
苏州	63
遂宁	38
台州	50
太原	74
泰安	56
泰州	63
唐山	84
天津	63
威海	59
潍坊	62
渭南	47
温州	68
乌鲁木齐	76
无锡	66
芜湖	48
梧州	51
武汉	76
西安	63
西宁	60
湘潭	62
襄阳	47
徐州	46
烟台	76
盐城	44
扬州	57
阳江	41
宜宾	49
宜昌	66

续表

城市	平均每户可接收到的频道个数
宜春	42
银川	68
营口	59
永济	65
玉林	33
岳阳	58
云浮	56
湛江	54
张家港	65
张家口	84
漳州	64
长春	67
长沙	64
肇庆	74
镇江	74
郑州	54
中山	62
重庆	55
舟山	57
珠海	61
株洲	67
资阳	32
淄博	54
自贡	41
遵义	81

二、全国收视数据

表 3.2.1　2008—2012 年全国样本市（县）及各市（县）收视调查网人均收视时间（分钟）

地区	2008	2009	2010	2011	2012
全国	175	176	171	166	169
安庆	156	149	155	157	145
安阳	179	165	152	152	147
宝坻	191	*	*	*	*
保定	163	*	*	*	170
宝鸡	188	172	171	161	165
包头	191	192	170	158	159
北海	*	158	151	138	128
北京（M）	208	212	208	201	198
蚌埠	197	187	175	158	150
本溪	184	*	*	*	*
亳州	147	136	*	*	*
长春（M）	196	191	185	177	179
常德（M）	143	144	136	140	161
长沙（M）	164	174	182	176	190
常熟	126	137	122	122	121
常州（M）	147	143	133	134	133
潮州（M）	154	156	151	155	159
成都（M）	189	190	191	181	192
重庆（M）	150	156	164	161	172
滁州	144	132	116	131	124
大理	168	151	157	145	137
大连	196	191	183	*	*
大连（M）	*	*	*	180	184
丹东	*	183	194	194	183
大同	171	166	157	156	157
达县	140	*	*	*	*
达州	*	*	157	174	182
德阳	173	160	161	147	133
德州	172	*	*	*	*
德州（M）	*	163	155	150	153
东莞（M）	182	174	140	139	141
佛山（M）	156	158	146	140	141
抚顺（M）	214	217	206	196	203
阜阳	142	151	143	139	131
福州（M）	154	161	158	144	159
赣州	142	127	130	139	130
广元（M）	*	*	158	156	172
广州（M）	189	180	172	160	159
桂林	156	149	152	142	149
贵阳	218	224	213	*	*
贵阳（M）	*	*	*	215	240

续表

地区	2008	2009	2010	2011	2012
海口	141	139	*	*	*
海口（M）	*	*	130	132	135
邯郸	*	*	178	188	170
杭州（M）	184	211	233	215	205
汉中	197	183	*	*	*
哈尔滨（M）	207	201	197	196	204
合肥（M）	160	164	156	152	162
衡阳（M）	161	170	164	163	160
河源	178	171	169	146	129
菏泽	136	116	114	106	116
呼和浩特（M）	176	175	171	161	175
淮安	157	145	137	148	138
惠州（M）	155	153	141	153	148
湖州（M）	145	139	141	145	143
江门（M）	170	167	155	149	155
江阴	127	126	*	*	*
江阴（M）	*	*	117	112	110
焦作	161	144	150	*	*
嘉兴	132	129	129	123	114
揭阳	176	185	168	155	151
吉林市	*	188	177	152	153
济南（M）	195	202	199	189	202
荆门	149	*	*	*	*
荆门（M）	*	140	155	157	139
荆州	140	*	*	*	*
荆州（M）	*	157	152	132	139
金华	177	164	148	157	148
济宁	165	157	148	141	136
晋城	173	190	201	171	166
锦州（M）	197	185	197	185	181
九江	155	157	156	148	138
开封	153	122	129	*	*
昆明（M）	175	175	181	183	179
昆山	180	166	134	124	137
兰州	202	185	177	*	*
兰州（M）	*	*	*	173	167
拉萨	170	168	182	155	165
乐山	186	174	159	153	155
连云港	150	165	149	134	146
临汾	175	165	168	175	170
临沂	155	145	140	150	158
丽水	144	150	151	123	132
柳州	182	184	163	155	136
洛阳（新）	132	130	132	140	120
泸州	148	132	163	156	152
茂名（M）	130	129	128	132	129

续表

地区	2008	2009	2010	2011	2012
眉山	155	151	130	127	140
梅州	126	116	109	102	110
绵阳	181	191	180	166	155
牡丹江	*	189	188	201	180
南昌	243	181	*	*	*
南昌（M）	*	*	185	198	199
南充	*	225	184	168	156
南京（M）	231	237	224	216	213
南宁	164	170	171	*	*
南宁（M）	*	*	*	158	158
南通	147	149	138	136	127
南阳	151	157	142	135	133
宁波（M）	149	153	143	133	129
攀枝花	*	*	178	178	177
平顶山	191	194	173	173	155
莆田	163	163	*	*	*
青岛	193	184	*	*	*
青岛（M）	*	*	193	188	197
清远	157	159	168	156	150
秦皇岛	173	158	162	150	159
泉州（新）	153	144	130	118	109
曲阜	145	*	*	*	*
衢州	141	147	135	141	164
三亚	144	136	*	*	*
三亚（M）	*	*	132	129	125
上海（M）	211	198	190	179	179
商丘	159	*	*	*	*
汕头	198	201	*	*	*
汕头（M）	*	*	196	175	175
汕尾	175	173	171	176	153
韶关（M）	197	192	179	181	187
绍兴	130	136	139	124	123
沈阳（M）	213	209	201	195	208
深圳（M）	165	162	140	129	134
深圳蛇口	174	164	164	158	136
石家庄（M）	181	175	167	161	175
十堰	182	175	*	*	*
十堰（M）	*	*	161	173	*
遂宁	177	170	156	159	154
宿迁	138	122	128	119	*
苏州（M）	159	158	146	143	140
泰安	172	*	*	178	172
泰兴	142	*	*	*	*

续表

地区	2008	2009	2010	2011	2012
太原（M）	183	184	181	176	180
泰州	141	132	137	140	132
台州	139	145	144	137	142
唐山	*	176	182	173	*
唐山（M）	*	*	*	*	178
天津（城）（M）	205	203	212	225	238
铜陵	*	*	*	*	108
乌鲁木齐	167	179	167	152	*
乌鲁木齐（M）	*	*	*	*	174
潍坊	161	156	152	*	*
潍坊（M）	*	*	*	173	173
威海	140	143	135	132	135
渭南	154	161	158	142	139
温州（M）	137	151	160	161	169
武汉（M）	173	186	184	179	191
芜湖	138	155	154	137	131
无锡（M）	153	145	135	135	134
梧州	192	187	172	152	151
厦门	160	145	139	142	120
西安（M）	182	183	186	178	175
襄阳（襄樊）	168	169	163	170	167
湘潭（M）	162	155	161	159	160
咸阳	166	160	*	*	*
西宁	213	209	197	175	*
西宁（M）	*	*	*	*	182
徐州	171	154	138	135	141
雅安	127	*	*	*	*
延安	187	167	*	*	*
盐城（M）	141	144	142	144	151
阳江	152	140	143	134	135
扬州	152	160	155	155	*
扬州（M）	*	*	*	*	126
烟台	160	153	157	157	156
宜宾	187	146	138	139	121
宜昌	188	192	170	*	*
宜昌（M）	*	*	*	158	153
宜春	155	169	154	155	165
银川	218	220	210	177	190
营口	179	198	171	158	152
宜兴	138	130	113	113	*
益阳	162	166	167	165	*
永济	188	175	166	171	164

续表

地区	2008	2009	2010	2011	2012
岳阳	*	162	168	163	154
玉林	158	168	175	152	163
云浮	178	179	172	178	181
张家港	145	143	130	114	112
漳州	182	168	180	144	137
湛江（M）	162	162	153	143	143
肇庆	184	178	*	*	*
肇庆（M）	*	*	163	163	161
郑州（M）	161	164	163	163	153
镇江（M）	189	183	179	181	186
中山（M）	160	149	136	141	141
周口	162	*	*	*	*
舟山	140	137	119	122	127
珠海（M）	165	150	145	145	143
株洲（M）	159	144	134	136	148
淄博	148	137	160	151	152
自贡	145	*	*	*	*
自贡（城区）	165	150	144	149	147
遵义	167	173	150	143	141

注：（1）全国：2008 年包括 154 个样本市县，2009 年包括 149 个样本城市，2010 年包括 149 个样本城市，2011 年包括 150 个样本城市，2012 年包括 154 个样本城市。

（2）标有（M）的地区为采用测量仪调查地区。

（3）*表示没有数据。

（4）荆州自 2009 年 7 月 1 日采用测量仪方式调查，本表中荆州（M）2009 年人均收视分钟数为 2009 年 7—12 月数据计算结果。

（5）荆门自 2009 年 4 月 1 日采用测量仪方式调查，本表中荆门（M）2009 年人均收视分钟数为 2009 年 4—12 月数据计算结果。

（6）青岛自 2009 年 10 月 1 日停止日记卡方式调查，本表中青岛 2009 年人均收视分钟数为 2009 年 1—9 月日记卡数据计算结果。

（7）德州自 2009 年 4 月 1 日采用测量仪方式调查，本表中德州（M）2009 年人均收视分钟数为 2009 年 4—12 月数据计算结果。

（8）南宁自 2010 年 10 月 1 日停止日记卡方式调查，本表中南宁 2010 年人均收视分钟数为 2010 年 1—9 月日记卡数据计算结果。

（9）呼和浩特自 2011 年 4 月 1 日采用测量仪方式调查，本表中呼和浩特（M）2011 年人均收视分钟数为 2011 年 4—12 月数据计算结果。

（10）潍坊自 2011 年 7 月 1 日采用测量仪方式调查，本表中潍坊（M）2011 年人均收视分钟数为 2011 年 7—12 月数据计算结果。

（11）扬州自 2011 年 11 月 1 日停止日记卡方式调查，本表中扬州 2011 年人均收视分钟数为 2011 年 1—10 月日记卡数据计算结果。

（12）铜陵自 2012 年 3 月 1 日开始日记卡方式调查，本表中铜陵 2012 年人均收视分钟数为 2012 年 3—12 月日记卡数据计算结果。

表 3.2.2　2008—2012 年各省级收视调查网人均收视时间（分钟）

省　份	目标观众	2008 年	2009 年	2010 年	2011 年	2012 年
安徽	4 岁及以上所有人	137	130	134	138	132
	城市	160	152	137	141	126
	农村	134	127	133	137	135
福建（M）	4 岁及以上所有人	158	156	168	173	184
	城市	143	140	139	133	142
	农村	163	161	181	190	202
甘肃	4 岁及以上所有人	156	148	136	132	131
	城市	172	160	157	147	145
	农村	152	145	128	126	125
广东（M）	4 岁及以上所有人	157	154	150	150	152
	城市	166	162	148	156	150
	农村	151	149	152	144	154
广西	4 岁及以上所有人	132	133	137	130	124
	城市	163	174	160	149	137
	农村	129	129	130	123	118
贵州	4 岁及以上所有人	160	162	154	153	143
	城市	189	196	189	177	163
	农村	158	160	149	149	140
海南（M）	4 岁及以上所有人	152	148	126	133	130
	城市	151	143	131	133	132
	农村	152	150	125	132	130
河北（M）	4 岁及以上所有人	186	172	167	165	173
	城市	175	171	167	171	181
	农村	188	172	167	164	171
黑龙江	4 岁及以上所有人	199	191	183	175	172
	城市	209	202	205	192	185
	农村	194	184	172	166	165
河南	4 岁及以上所有人	151	144	142	135	134
	城市	166	160	163	164	163
	农村	149	141	137	129	128
湖北（M）	4 岁及以上所有人	147	150	150	159	173
	城市	150	156	156	162	164
	农村	146	146	146	157	180
湖南（M）	4 岁及以上所有人	145	150	147	150	176
	城市	149	156	152	153	169
	农村	144	149	146	149	178
内蒙古	4 岁及以上所有人	164	170	170	161	164
	城市	166	162	151	147	141
	农村	163	172	180	169	176
江苏（M）	4 岁及以上所有人	155	161	161	160	162
	城市	175	176	166	168	174
	农村	145	154	158	155	155
江西	4 岁及以上所有人	139	150	152	145	146
	城市	180	160	155	150	145
	农村	132	148	152	143	146

续表

省 份	目标观众	2008 年	2009 年	2010 年	2011 年	2012 年
吉林	4 岁及以上所有人	175	169	168	157	158
	城市	202	190	187	165	166
	农村	157	155	155	151	153
辽宁（M）	4 岁及以上所有人	196	200	207	195	206
	城市	207	200	201	191	195
	农村	188	199	211	198	213
宁夏	4 岁及以上所有人	172	161	162	157	159
	城市	185	186	170	162	168
	农村	166	152	156	153	150
山东（M）	4 岁及以上所有人	147	171	177	178	178
	城市	180	174	178	175	174
	农村	139	170	176	179	180
山西	4 岁及以上所有人	161	162	161	170	165
	城市	180	176	168	174	171
	农村	158	159	159	168	162
陕西	4 岁及以上所有人	161	161	164	158	162
	城市	183	176	173	168	167
	农村	156	159	159	154	159
四川（M）	4 岁及以上所有人	141	150	144	148	151
	城市	198	160	159	163	172
	农村	136	146	139	142	142
新疆	4 岁及以上所有人	*	*	160	167	156
	城市	*	*	161	165	164
	农村	*	*	160	169	150
云南	4 岁及以上所有人	162	159	157	145	138
	城市	173	161	167	163	156
	农村	161	158	155	141	134
浙江（M）	4 岁及以上所有人	141	153	179	152	156
	城市	154	170	192	169	169
	农村	135	145	170	142	148

注：（1）2010 年增加新疆维吾尔自治区网。

（2）湖北省网在 2008 年 4 月 1 日由日记卡省网改为测量仪省网，此表中湖北 2008 年数据为测量仪数据。

（3）湖南省网在 2008 年 3 月 1 日由测量仪全省城域网改为测量仪全省网，此表中湖南 2008 年数据为测量仪全省数据。

（4）四川省网在 2009 年 1 月 1 日由日记卡省网改为测量仪省网，此表中四川 2009 年数据为测量仪数据。

（5）山东省网在 2009 年 4 月 1 日由日记卡省网改为测量仪省网，此表中山东 2009 年数据为 2009 年 4—12 月测量仪数据。

（6）海南省网在 2009 年 10 月 1 日由日记卡省网改为测量仪省网，此表中海南 2009 年数据为日记卡数据。

（7）河北省网在 2011 年 11 月 1 日由日记卡省网改为测量仪省网，此表中河北 2011 年数据为 1—10 月日记卡数据。

表 3.2.3　2008—2012 年全国样本市（县）各目标观众人均收视时间（分钟）

目标观众		2008 年	2009 年	2010 年	2011 年	2012 年
4 岁及以上所有人		175	176	171	166	169
性别	男	172	171	167	162	164
	女	179	180	176	171	173
年龄	4—14 岁	141	143	143	140	138
	15—24 岁	128	122	111	102	100
	25—34 岁	140	136	133	125	124
	35—44 岁	166	162	158	152	156
	45—54 岁	216	217	216	212	217
	55—64 岁	241	247	250	247	255
	65 岁及以上	246	253	257	259	269
教育程度	未受过正规教育	153	160	158	154	159
	小学	171	177	178	175	178
	初中	187	189	186	181	184
	高中	179	179	172	167	169
	大学及以上	155	149	141	136	138
职业类别	干部/管理人员	160	158	153	143	150
	个体/私营企业人员	161	160	156	151	155
	初级公务员/雇员	155	150	144	138	141
	工人	161	158	153	151	154
	学生	132	131	127	123	117
	无业	237	240	237	234	237
	其他	154	159	163	158	169
个人月收入	0—600 元	163	164	160	155	154
	601—1200 元	192	191	188	185	189
	1201—1700 元	188	192	187	182	190
	1701—2600 元	175	174	169	166	175
	2601 元及以上	162	161	156	153	156

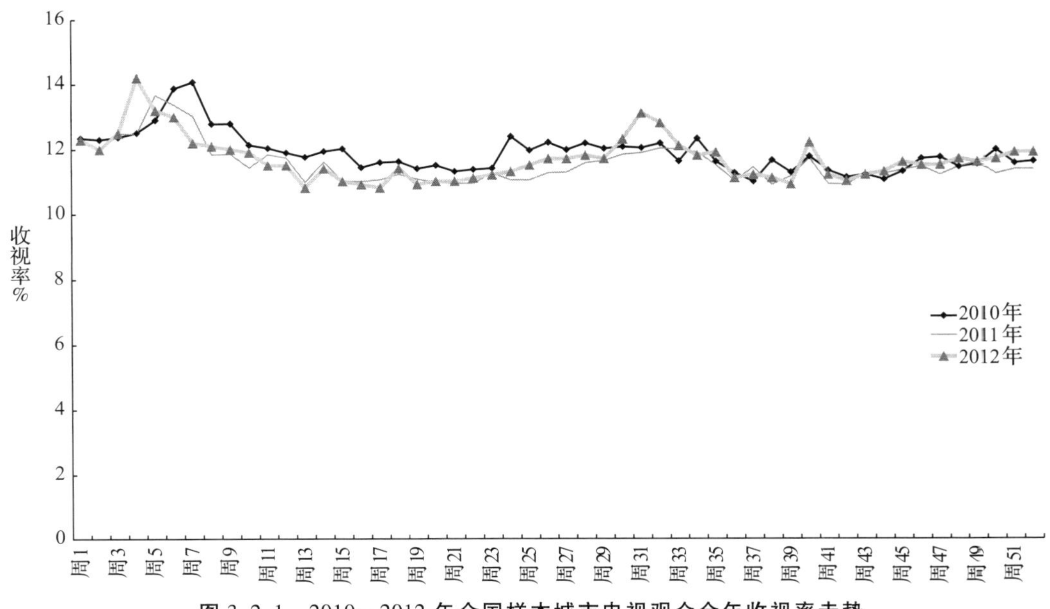

图 3.2.1　2010—2012 年全国样本城市电视观众全年收视率走势

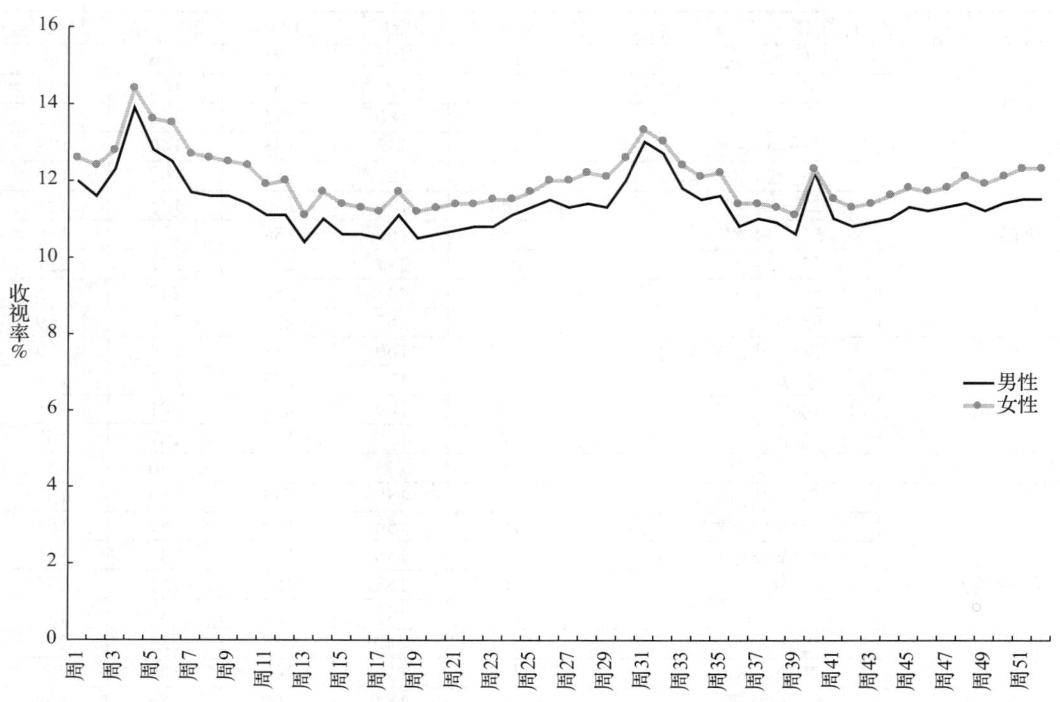

图 3.2.2　2012 年全国样本城市不同性别电视观众全年收视率走势

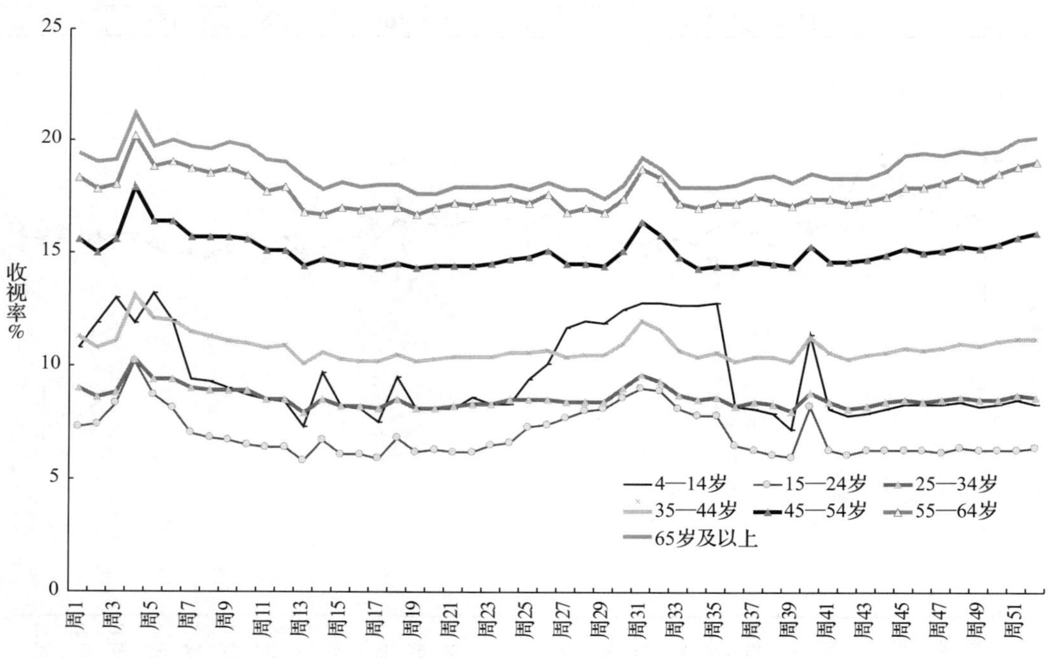

图 3.2.3　2012 年全国样本城市不同年龄电视观众全年收视率走势

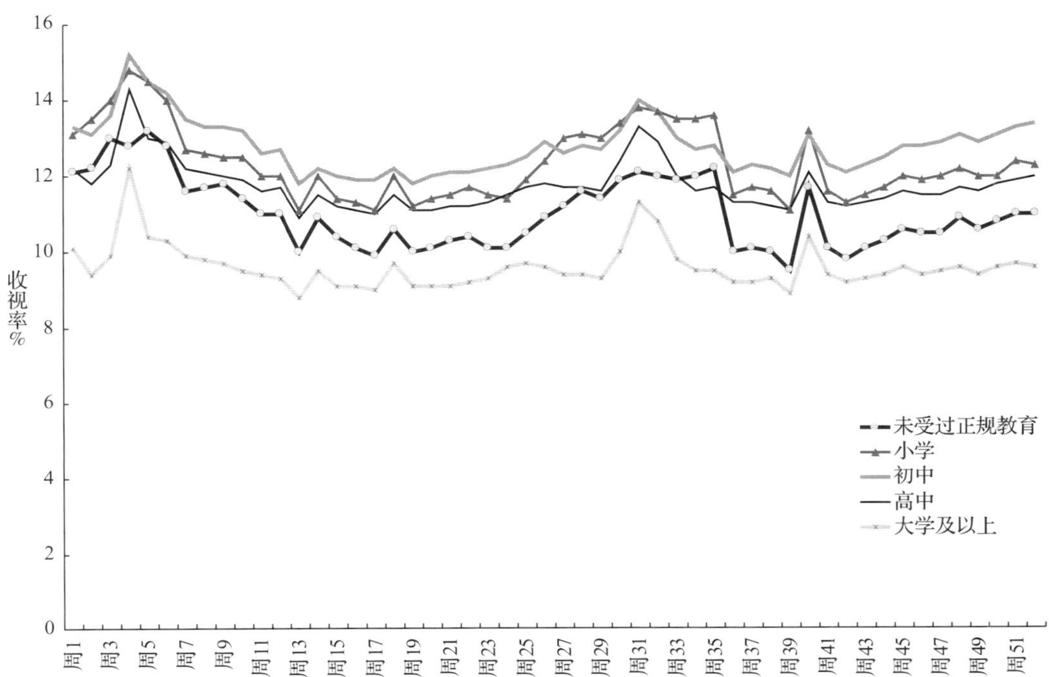

图 3.2.4　2012 年全国样本城市不同文化程度电视观众全年收视率走势

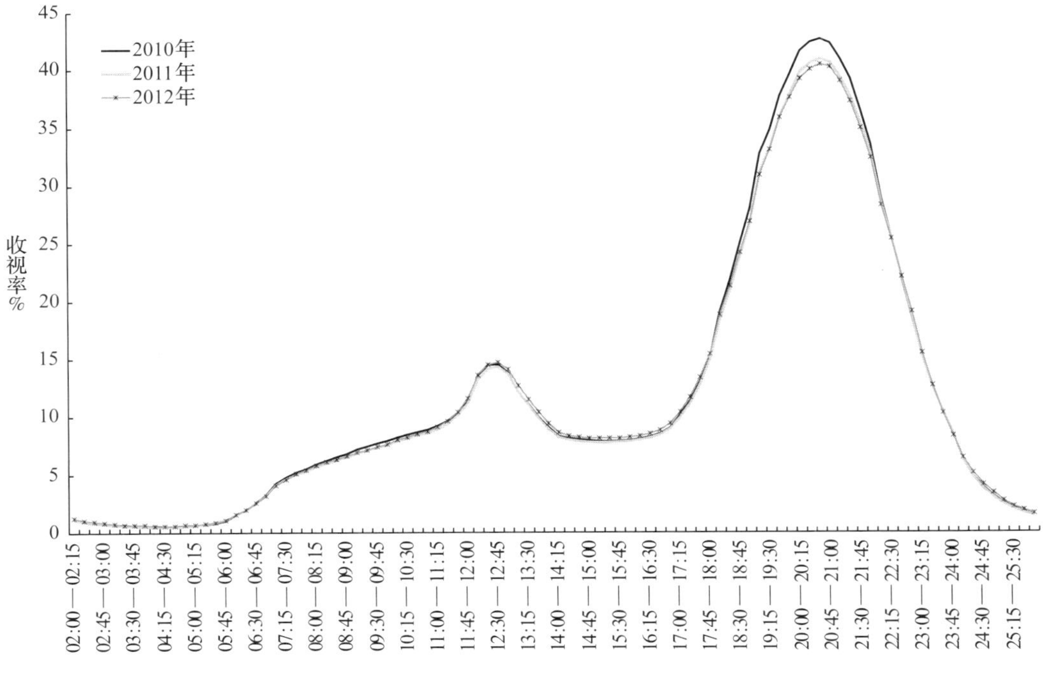

图 3.2.5　2010—2012 年全国样本城市电视观众全天收视率走势

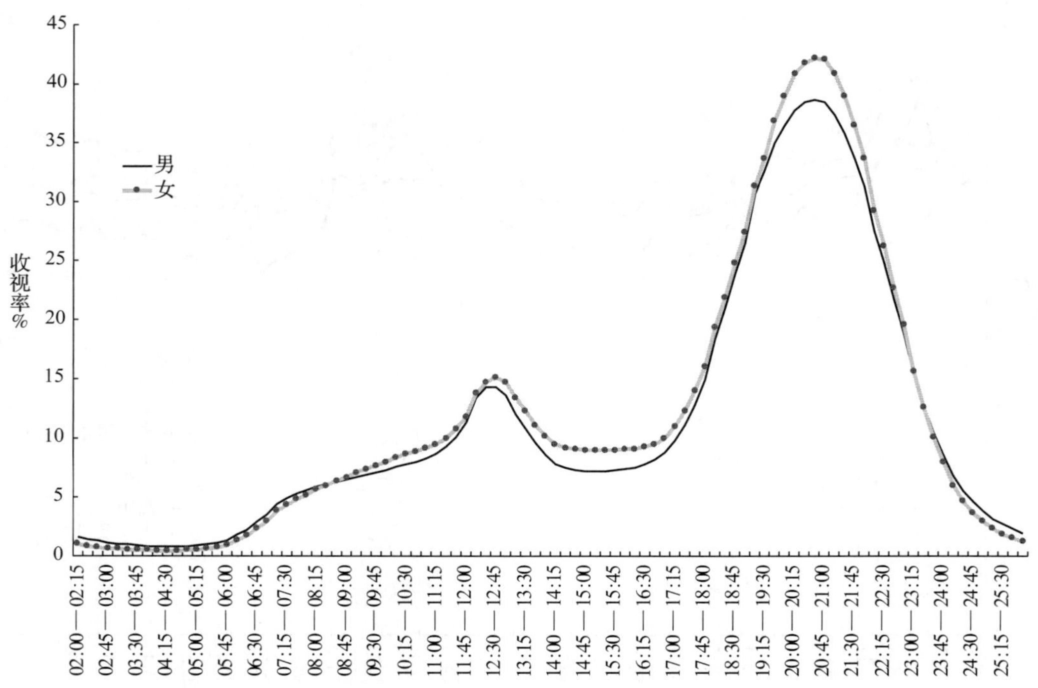

图 3.2.6　2012 年全国样本城市不同性别电视观众全天收视率走势

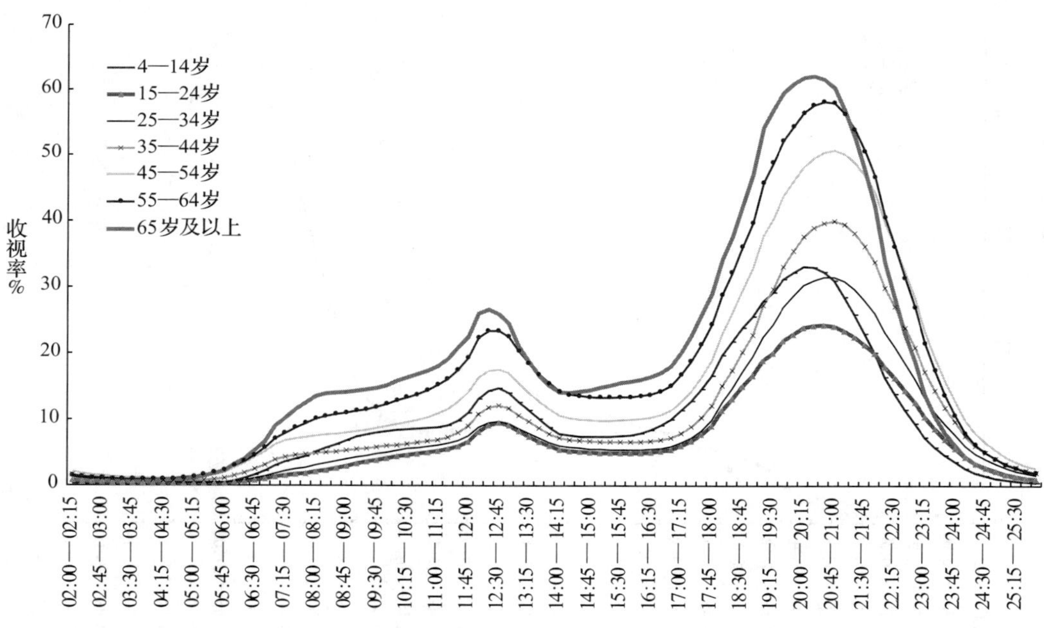

图 3.2.7　2012 年全国样本城市不同年龄电视观众全天收视率走势

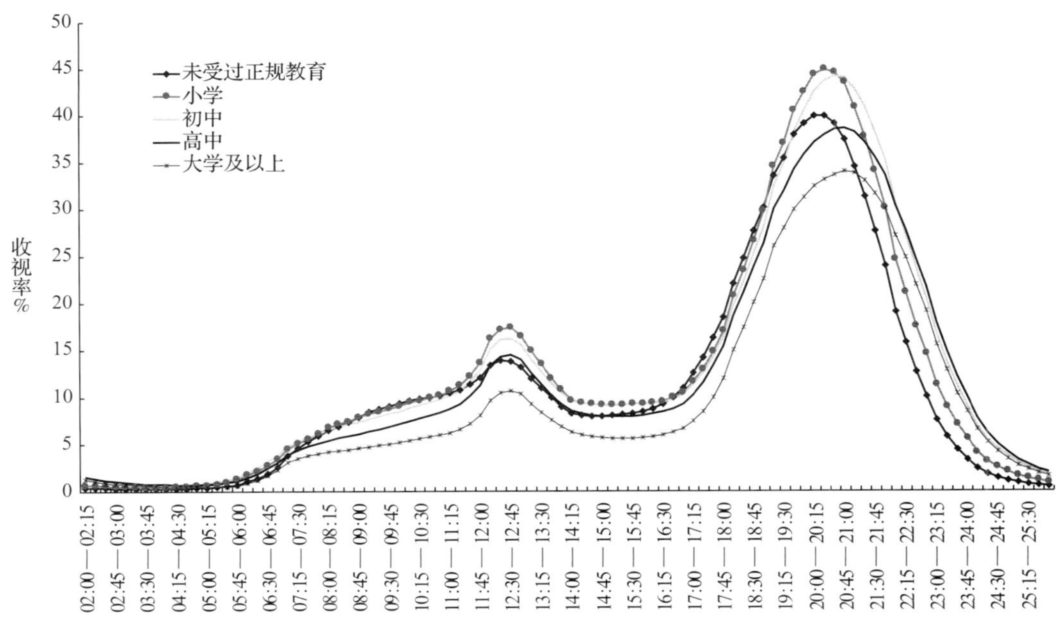

图 3.2.8 2012 年全国样本城市不同文化程度电视观众全天收视率走势

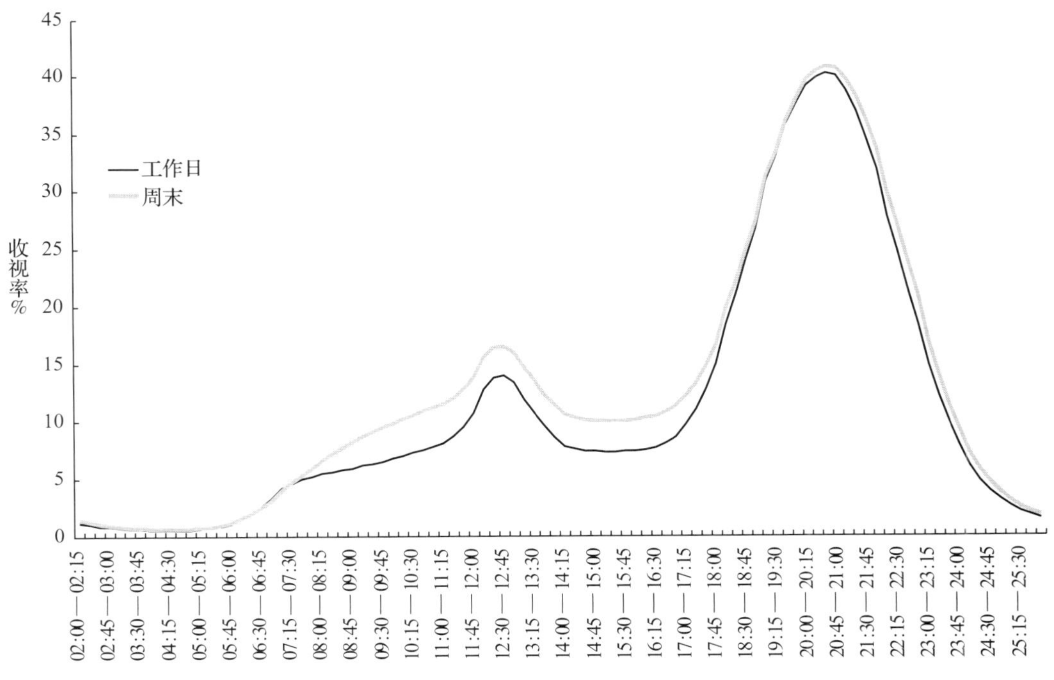

图 3.2.9 2012 年全国样本城市电视观众工作日与周末全天收视率走势

表 3.2.4 2012 年全国样本城市电视观众周一至周日各时段收视率(%)

时间段	周一	周二	周三	周四	周五	周六	周日
02:00—02:15	1.3	1.2	1.2	1.2	1.2	1.4	1.5
02:15—02:30	1.2	1.0	1.0	1.0	1.0	1.2	1.3
02:30—02:45	1.0	0.9	0.9	0.9	0.9	1.1	1.2
02:45—03:00	0.9	0.8	0.8	0.8	0.8	1.0	1.0
03:00—03:15	0.9	0.8	0.7	0.8	0.8	0.9	0.9
03:15—03:30	0.8	0.7	0.7	0.7	0.7	0.8	0.9
03:30—03:45	0.7	0.6	0.6	0.7	0.7	0.7	0.8
03:45—04:00	0.7	0.6	0.6	0.6	0.6	0.7	0.7
04:00—04:15	0.7	0.6	0.6	0.6	0.6	0.7	0.7
04:15—04:30	0.7	0.6	0.6	0.6	0.6	0.7	0.7
04:30—04:45	0.7	0.6	0.6	0.6	0.6	0.7	0.7
04:45—05:00	0.7	0.6	0.6	0.7	0.6	0.7	0.7
05:00—05:15	0.7	0.7	0.7	0.7	0.7	0.8	0.8
05:15—05:30	0.8	0.8	0.8	0.8	0.8	0.8	0.8
05:30—05:45	0.9	0.9	0.9	0.9	0.9	1.0	1.0
05:45—06:00	1.1	1.1	1.1	1.1	1.1	1.2	1.1
06:00—06:15	1.6	1.5	1.6	1.6	1.6	1.6	1.5
06:15—06:30	2.0	2.0	2.0	2.0	2.0	2.0	1.9
06:30—06:45	2.6	2.6	2.6	2.6	2.6	2.5	2.5
06:45—07:00	3.2	3.2	3.3	3.3	3.3	3.1	3.1
07:00—07:15	4.2	4.1	4.2	4.1	4.2	4.1	4.0
07:15—07:30	4.7	4.6	4.6	4.6	4.6	4.7	4.7
07:30—07:45	5.0	5.0	5.0	4.9	4.9	5.3	5.4
07:45—08:00	5.3	5.2	5.2	5.1	5.2	5.8	6.0
08:00—08:15	5.6	5.5	5.4	5.4	5.4	6.4	6.8
08:15—08:30	5.8	5.7	5.6	5.5	5.6	6.9	7.5
08:30—08:45	5.9	5.8	5.7	5.6	5.7	7.4	8.0
08:45—09:00	6.1	6.0	5.9	5.8	5.9	7.7	8.6
09:00—09:15	6.3	6.2	6.1	6.0	6.1	8.2	9.2
09:15—09:30	6.5	6.3	6.3	6.1	6.3	8.5	9.6
09:30—09:45	6.7	6.6	6.5	6.4	6.5	8.8	10.1
09:45—10:00	7.0	6.8	6.7	6.6	6.7	9.1	10.5
10:00—10:15	7.2	7.1	7.0	6.8	7.0	9.5	10.9
10:15—10:30	7.5	7.3	7.3	7.1	7.3	9.8	11.3
10:30—10:45	7.7	7.6	7.5	7.3	7.5	10.1	11.6
10:45—11:00	7.9	7.8	7.7	7.6	7.8	10.4	11.9
11:00—11:15	8.3	8.2	8.1	8.0	8.1	10.8	12.3
11:15—11:30	8.8	8.7	8.6	8.5	8.7	11.2	12.8
11:30—11:45	9.6	9.5	9.5	9.4	9.5	12.0	13.5
11:45—12:00	10.8	10.7	10.6	10.5	10.6	13.0	14.6
12:00—12:15	13.0	12.8	12.8	12.7	12.7	14.8	16.4
12:15—12:30	14.0	13.8	13.8	13.7	13.7	15.6	17.1
12:30—12:45	14.2	13.9	14.0	13.8	13.9	15.7	17.2
12:45—13:00	13.6	13.3	13.4	13.2	13.3	15.3	16.7
13:00—13:15	12.1	11.8	11.9	11.8	11.9	14.1	15.2
13:15—13:30	10.9	10.6	10.7	10.6	10.7	13.1	14.1
13:30—13:45	9.7	9.5	9.5	9.5	9.6	11.8	12.9
13:45—14:00	8.8	8.6	8.6	8.5	8.7	10.8	11.9

续表

时间段	周一	周二	周三	周四	周五	周六	周日
14:00—14:15	8.0	7.8	7.7	7.8	7.9	10.0	11.1
14:15—14:30	7.7	7.5	7.5	7.5	7.6	9.7	10.8
14:30—14:45	7.6	7.4	7.4	7.4	7.5	9.6	10.6
14:45—15:00	7.5	7.3	7.3	7.3	7.4	9.4	10.5
15:00—15:15	7.4	7.3	7.3	7.3	7.4	9.5	10.5
15:15—15:30	7.4	7.3	7.3	7.3	7.4	9.5	10.4
15:30—15:45	7.4	7.3	7.3	7.3	7.5	9.6	10.5
15:45—16:00	7.5	7.4	7.4	7.4	7.5	9.7	10.6
16:00—16:15	7.6	7.5	7.5	7.5	7.7	9.8	10.7
16:15—16:30	7.8	7.7	7.7	7.7	7.9	10.0	10.9
16:30—16:45	8.1	8.0	8.0	8.0	8.2	10.3	11.2
16:45—17:00	8.7	8.6	8.5	8.5	8.8	10.8	11.7
17:00—17:15	9.8	9.7	9.6	9.6	9.9	11.7	12.7
17:15—17:30	11.0	11.0	10.9	10.9	11.2	12.8	13.8
17:30—17:45	12.8	12.8	12.8	12.7	13.0	14.3	15.2
17:45—18:00	15.0	14.9	14.9	14.9	15.1	16.2	17.1
18:00—18:15	18.5	18.4	18.4	18.4	18.5	19.3	20.2
18:15—18:30	21.1	21.0	21.0	21.0	21.0	21.6	22.5
18:30—18:45	24.1	24.0	24.0	24.0	23.9	24.4	25.2
18:45—19:00	26.9	26.7	26.7	26.7	26.6	26.9	27.8
19:00—19:15	31.0	30.8	30.8	30.7	30.6	30.8	31.8
19:15—19:30	33.2	33.0	33.0	32.9	32.8	32.8	33.9
19:30—19:45	36.0	35.8	35.8	35.6	35.6	35.5	36.6
19:45—20:00	37.8	37.6	37.5	37.4	37.4	37.3	38.4
20:00—20:15	39.4	39.2	39.0	38.9	39.1	39.1	40.1
20:15—20:30	40.1	39.9	39.7	39.6	39.9	40.0	40.9
20:30—20:45	40.4	40.2	40.0	39.9	40.4	40.4	41.2
20:45—21:00	40.1	40.0	39.7	39.7	40.3	40.4	41.0
21:00—21:15	38.8	38.7	38.4	38.4	39.3	39.6	39.8
21:15—21:30	36.9	36.8	36.5	36.6	37.8	38.3	38.1
21:30—21:45	34.5	34.3	34.0	34.1	35.8	36.4	35.8
21:45—22:00	31.8	31.5	31.2	31.4	33.4	34.2	33.2
22:00—22:15	27.5	27.2	26.9	27.2	29.6	30.4	29.3
22:15—22:30	24.4	24.2	23.8	24.3	26.9	27.6	26.4
22:30—22:45	21.0	20.8	20.4	20.9	23.6	24.7	23.3
22:45—23:00	18.1	17.9	17.5	18.0	20.6	21.7	20.2
23:00—23:15	14.6	14.5	14.1	14.6	16.8	17.7	16.2
23:15—23:30	12.0	11.9	11.5	11.9	13.8	14.8	13.3
23:30—23:45	9.7	9.5	9.3	9.6	11.2	12.0	10.9
23:45—24:00	7.8	7.6	7.4	7.8	9.1	9.7	8.9
24:00—24:15	5.9	5.8	5.6	5.9	7.1	7.6	6.9
24:15—24:30	4.6	4.6	4.5	4.6	5.6	6.1	5.5
24:30—24:45	3.8	3.7	3.7	3.7	4.5	5.0	4.4
24:45—25:00	3.1	3.0	3.0	3.1	3.7	4.1	3.6
25:00—25:15	2.5	2.5	2.4	2.5	3.0	3.3	2.8
25:15—25:30	2.1	2.0	2.0	2.1	2.5	2.7	2.4
25:30—25:45	1.8	1.7	1.7	1.7	2.1	2.2	2.0
25:45—26:00	1.5	1.4	1.4	1.5	1.7	1.9	1.7

表 3.2.5　2012 年全国样本城市各类频道观众构成（%）

目标观众		所有频道	中央台频道	中国教育台频道	省级卫视频道	其他频道
4 岁及以上所有人		100.0	100.0	100.0	100.0	100.0
性别	男	49.2	53.2	51.9	46.0	48.9
	女	50.8	46.8	48.1	54.0	51.1
年龄	4—14 岁	8.9	8.9	7.6	10.6	7.6
	15—24 岁	8.8	6.7	8.8	10.1	9.2
	25—34 岁	15.2	13.6	17.5	15.6	15.9
	35—44 岁	17.2	16.5	19.3	18.3	16.9
	45—54 岁	21.4	20.6	21.6	20.9	22.3
	55—64 岁	15.5	16.9	13.6	13.9	15.9
	65 岁及以上	13.0	16.8	11.6	10.6	12.2
教育程度	未受过正规教育	5.2	5.5	3.9	5.2	5.0
	小学	16.3	15.6	16.3	16.6	16.4
	初中	33.6	32.4	31.5	34.6	33.8
	高中	28.6	28.8	30.5	28.2	28.8
	大学及以上	16.3	17.7	17.8	15.4	16.0
职业类别	干部/管理人员	3.6	3.9	4.6	3.4	3.6
	个体/私营企业人员	11.6	11.5	12.1	11.8	11.5
	初级公务员/雇员	16.3	15.5	19.1	15.7	17.3
	工人	16.3	14.7	14.9	16.2	17.5
	学生	9.5	8.4	9.3	11.7	8.5
	无业	36.0	39.8	32.0	33.8	35.1
	其他	6.7	6.2	8.0	7.4	6.5
个人月收入	0—600 元	28.9	27.0	29.0	32.3	27.6
	601—1200 元	14.8	14.6	14.8	14.9	14.9
	1201—1700 元	16.6	17.4	15.2	16.0	16.6
	1701—2600 元	21.6	22.3	21.2	20.2	22.1
	2601 元及以上	18.1	18.7	19.8	16.6	18.8

表 3.2.6　2008—2012 年全国样本市（县）电视收视市场各类频道的市场占有率（%）

频道类别	年份				
	2008 年	2009 年	2010 年	2011 年	2012 年
中央台频道	35.4	30.1	27.2	25.9	27.4
中国教育台频道	0.3	0.3	0.4	0.5	0.5
省级卫视	22.7	25.8	28.2	30.9	31.9
其他频道	41.6	43.9	44.2	42.7	40.2

表 3.2.7　2010—2012 年各类频道在全国样本城市各目标观众中的市场占有率（%）

频道类别		中央台频道			省级卫视频道			中国教育台频道		
年　份		2010 年	2011 年	2012 年	2010 年	2011 年	2012 年	2010 年	2011 年	2012 年
4 岁及以上所有人		27.2	25.9	27.4	28.2	30.9	31.9	0.4	0.5	0.5
性别	男	29.8	28.5	29.7	26.4	28.8	29.8	0.4	0.6	0.5
	女	24.7	23.5	25.2	30.0	32.9	33.9	0.4	0.5	0.5
年龄	4—14 岁	24.1	23.5	27.4	36.3	38.1	38.0	0.4	0.5	0.4
	15—24 岁	21.0	19.6	20.8	32.8	35.8	36.7	0.3	0.6	0.5
	25—34 岁	26.0	23.8	24.6	27.9	31.0	32.8	0.4	0.7	0.6
	35—44 岁	26.8	25.0	26.3	29.3	32.3	33.8	0.3	0.6	0.5
	45—54 岁	26.9	25.2	26.4	26.6	30.0	31.2	0.4	0.6	0.5
	55—64 岁	29.9	28.6	29.8	25.1	27.7	28.6	0.4	0.5	0.4
	65 岁及以上	34.2	34.0	35.5	24.2	25.7	26.2	0.3	0.5	0.4

续表

频道类别		中央台频道			省级卫视频道			中国教育台频道		
年　份		2010 年	2011 年	2012 年	2010 年	2011 年	2012 年	2010 年	2011 年	2012 年
4 岁及以上所有人		27.2	25.9	27.4	28.2	30.9	31.9	0.4	0.5	0.5
教育程度	未受过正规教育	25.2	25.2	29.0	30.1	31.6	31.9	0.4	0.5	0.4
	小学	25.1	24.2	26.3	30.2	32.2	32.6	0.3	0.5	0.5
	初中	26.5	25.1	26.4	29.0	31.9	32.8	0.3	0.5	0.5
	高中	27.9	26.3	27.6	27.2	30.2	31.5	0.4	0.6	0.5
	大学及以上	31.1	29.3	29.8	25.4	28.3	30.2	0.4	0.6	0.5
职业类别	干部/管理人员	29.7	27.4	29.1	25.1	28.1	30.1	0.4	0.7	0.6
	个体/私营企业人员	27.9	26.0	27.3	28.5	31.6	32.5	0.4	0.6	0.5
	初级公务员/雇员	27.4	25.3	26.1	26.3	29.5	30.7	0.4	0.7	0.6
	工人	25.0	23.4	24.8	27.1	30.3	31.7	0.4	0.5	0.4
	学生	22.7	21.5	24.3	35.8	38.2	39.3	0.3	0.5	0.5
	无业	29.6	28.8	30.4	26.9	29.4	30.0	0.4	0.5	0.4
	其他	24.2	24.0	25.3	31.4	32.7	35.2	0.3	0.5	0.6
个人月收入	0—600 元	24.7	23.4	25.5	32.1	34.5	35.6	0.3	0.5	0.5
	601—1200 元	27.9	26.0	27.0	27.6	30.9	32.1	0.3	0.5	0.5
	1201—1700 元	28.9	27.5	28.7	25.9	29.3	30.7	0.4	0.5	0.4
	1701—2600 元	28.9	27.5	28.4	25.3	28.5	30.0	0.4	0.6	0.5
	2601 元及以上	29.0	27.8	28.4	24.3	27.3	29.3	0.5	0.7	0.5

表 3.2.8　2010—2012 年全国样本城市市场各类频道在各时段的市场占有率（%）

频道	中央台频道			中国教育台频道			省级卫视频道		
年　份	2010 年	2011 年	2012 年	2010 年	2011 年	2012 年	2010 年	2011 年	2012 年
02:00—03:00	31.4	26.6	29.3	0.7	0.9	0.6	34.0	37.0	36.0
03:00—04:00	36.8	27.6	31.2	0.8	0.7	0.4	30.8	37.4	34.8
04:00—05:00	36.9	30.2	34.7	0.8	0.5	0.3	32.0	36.9	33.2
05:00—06:00	35.9	35.0	34.9	0.7	0.5	0.4	33.0	34.2	35.7
06:00—07:00	37.3	36.8	38.6	0.3	0.4	0.2	29.1	30.2	30.7
07:00—08:00	39.4	39.3	40.9	0.3	0.2	0.2	26.0	26.6	26.5
08:00—09:00	35.6	34.7	37.7	0.2	0.2	0.2	32.1	33.0	32.7
09:00—10:00	31.4	32.3	33.9	0.3	0.4	0.3	36.4	36.2	36.6
10:00—11:00	30.1	30.9	33.2	0.6	0.6	0.6	37.5	37.6	37.7
11:00—12:00	32.2	30.9	34.6	0.5	0.6	0.6	33.8	35.6	34.4
12:00—13:00	37.6	37.3	38.3	0.2	0.4	0.6	26.5	27.9	28.7
13:00—14:00	31.5	30.5	32.6	0.4	0.5	0.5	32.9	35.3	34.5
14:00—15:00	27.0	26.7	28.3	0.5	0.6	0.6	39.5	41.0	40.9
15:00—16:00	26.0	27.1	28.4	0.5	0.7	0.5	40.9	41.1	41.6
16:00—17:00	27.3	27.3	29.0	0.5	0.5	0.3	39.1	40.2	40.5
17:00—18:00	26.3	26.2	28.6	0.4	0.4	0.4	30.4	32.0	32.9
18:00—19:00	21.8	22.4	25.1	0.4	0.3	0.3	17.5	17.9	17.0
19:00—20:00	30.4	27.9	28.3	0.3	0.4	0.4	14.7	17.6	19.8
20:00—21:00	25.2	22.9	22.4	0.3	0.7	0.7	26.6	30.1	33.9
21:00—22:00	22.9	21.3	22.7	0.4	0.7	0.6	30.7	33.5	35.1
22:00—23:00	20.4	18.2	20.9	0.4	0.8	0.6	32.6	38.3	37.7
23:00—24:00	26.1	22.5	23.3	0.4	0.5	0.3	30.8	38.3	38.7
24:00—25:00	27.2	25.3	27.7	0.4	0.4	0.3	31.7	36.2	37.1
25:00—26:00	27.0	25.5	28.1	0.5	0.7	0.5	33.4	34.9	35.1

表 3.2.9　2012 年各月全国样本城市市场各类频道的市场占有率（%）

月　份	中央台频道	中国教育台频道	省级卫视频道	其他频道
1 月	28.6	0.4	31.2	39.8
2 月	25.2	0.5	32.9	41.4
3 月	24.8	0.5	32.0	42.7
4 月	26.1	0.4	31.2	42.3
5 月	27.0	0.5	31.1	41.4
6 月	27.3	0.6	32.4	39.7
7 月	27.2	0.5	34.0	38.3
8 月	30.3	0.4	32.0	37.3
9 月	28.0	0.4	32.4	39.2
10 月	28.6	0.5	31.1	39.8
11 月	27.9	0.6	31.0	40.5
12 月	27.7	0.5	31.9	39.9

表 3.2.10　2012 年全国样本城市市场份额排名前二十位频道

名　次	频道名称	市场份额（%）
1	中央电视台综合频道	5.5
2	湖南电视台卫星频道	3.4
3	江苏卫视	3.0
4	中央台三套	2.9
5	中央电视台新闻频道	2.7
6	中央台六套	2.4
6	中央台八套	2.4
8	中央电视台少儿频道	2.3
8	中央台四套	2.3
10	浙江卫视	2.1
10	中央台五套	2.1
10	山东卫视	2.1
13	安徽卫视	2.0
14	上海东方卫视	1.6
15	天津卫视	1.4
15	北京卫视	1.4
17	广东电视台珠江频道	1.3
18	江西电视台卫星频道（一套）	1.2
18	深圳卫视（新闻综合频道）	1.2
20	四川卫视	1.0

表 3.2.11 2010—2012 年全国样本城市各类节目的播出份额（%）和收视份额（%）

节目类别	2010 年		2011 年		2012 年	
	播出份额	收视份额	播出份额	收视份额	播出份额	收视份额
财经	1.5	1.2	1.6	1.2	1.5	0.9
电视剧	28.4	31.8	27.8	31.5	26.4	32.1
电影	4.4	4.5	3.9	4.1	3.6	4.2
法制	1.5	2.0	1.4	1.7	1.5	1.8
教学	0.4	0.3	0.4	0.2	0.4	0.1
青少	4.0	4.5	3.9	4.6	3.8	4.7
生活服务	12.4	6.7	13.0	7.4	13.7	7.5
体育	2.7	4.0	2.3	2.8	2.3	3.2
外语	0.1	0.1	0.1	0.0	0.1	0.0
戏剧	0.5	0.5	0.6	0.6	0.6	0.5
新闻/时事	9.8	13.3	10.0	13.1	10.7	14.0
音乐	1.2	0.6	1.1	0.8	1.0	0.7
专题	8.1	6.1	8.8	6.5	9.3	6.8
综艺	6.4	10.1	6.5	11.4	6.5	10.8
其他	18.5	14.1	18.6	14.2	18.6	12.7

表 3.2.12 2010—2012 年中央电视台各类节目的播出份额（%）和收视份额（%）

节目类别	2010 年		2011 年		2012 年	
	播出份额	收视份额	播出份额	收视份额	播出份额	收视份额
财经	3.2	1.7	4.0	2.3	3.7	1.8
电视剧	14.6	16.9	10.5	15.1	11.5	15.5
电影	5.2	8.1	4.8	7.9	5.2	7.6
法制	3.4	3.5	3.0	3.0	3.0	2.8
教学	1.0	0.6	0.9	0.4	0.8	0.3
青少	5.1	5.8	5.1	6.0	4.1	6.7
生活服务	4.4	4.7	5.1	5.4	4.6	4.7
体育	7.0	9.8	6.2	6.9	6.7	7.8
外语	0.5	0.2	0.2	0.0	0.0	0.0
戏剧	3.0	0.9	3.4	0.9	3.2	0.8
新闻/时事	13.6	16.2	12.2	16.7	12.2	17.8
音乐	5.3	1.4	5.2	1.9	4.7	1.8
专题	15.9	8.7	20.7	9.1	21.4	10.0
综艺	7.6	11.1	8.6	13.2	8.6	11.8
其他	10.2	10.6	10.3	11.1	10.1	10.3

表 3.2.13　2010—2012 年省级卫视各类节目的播出份额（%）和收视份额（%）

节目类别	2010 年		2011 年		2012 年	
	播出份额	收视份额	播出份额	收视份额	播出份额	收视份额
财经	2.6	1.2	2.2	0.8	1.4	0.5
电视剧	36.5	42.4	36.7	42.2	38.3	44.5
电影	2.4	1.2	2.4	1.4	2.6	2.3
法制	0.2	0.2	0.2	0.1	0.3	0.5
教学	0.5	0.1	0.3	0.1	0.3	0.0
青少	7.9	5.8	7.8	5.8	7.6	5.3
生活服务	7.7	6.3	8.2	7.0	8.4	7.5
体育	0.8	0.4	0.7	0.1	0.5	0.1
外语	0.1	0.0	0.0	0.0	0.0	0.0
戏剧	0.6	0.3	0.6	0.2	0.5	0.2
新闻/时事	9.2	6.8	9.0	6.0	9.8	6.4
音乐	0.5	0.4	0.7	0.4	0.4	0.4
专题	7.6	4.9	7.4	5.2	7.0	4.9
综艺	7.9	14.8	8.3	16.0	6.9	14.4
其他	15.6	15.3	15.6	14.7	16.0	12.9

表 3.2.14　2012 年全国样本城市各类节目在各目标观众中的收视份额（%）

节目类别		财经	电视剧	电影	法制	教学	青少	生活服务	体育	外语	戏剧	新闻/时事	音乐	专题	综艺	其他
4 岁及以上所有人		0.9	32.1	4.2	1.8	0.1	4.7	7.5	3.2	0.0	0.5	14.0	0.7	6.8	10.8	12.7
性别	男	1.0	29.8	4.8	1.8	0.2	4.8	7.2	4.1	0.0	0.5	15.2	0.7	7.2	10.4	12.4
	女	0.9	34.3	3.6	1.9	0.1	4.5	7.9	2.3	0.0	0.5	12.8	0.8	6.4	11.2	12.9
年龄	4—14 岁	0.4	28.8	4.4	1.0	0.1	24.1	6.2	1.5	0.0	0.3	7.6	0.5	4.2	8.2	12.9
	15—24 岁	0.7	34.4	5.2	1.5	0.1	3.0	7.3	3.6	0.0	0.3	11.4	0.8	6.1	12.7	13.0
	25—34 岁	0.9	31.7	5.5	1.6	0.1	5.4	7.3	3.6	0.0	0.2	12.0	0.7	6.5	11.3	13.2
	35—44 岁	1.0	33.2	5.6	1.8	0.1	3.2	7.2	3.1	0.0	0.3	13.2	0.8	7.0	11.1	12.5
	45—54 岁	1.2	32.7	3.9	2.0	0.1	1.3	7.8	3.5	0.0	0.3	14.9	0.8	7.5	11.6	12.3
	55—64 岁	1.1	31.8	2.8	2.2	0.2	2.7	8.1	2.9	0.0	0.6	16.4	0.8	7.4	10.5	12.5
	65 岁及以上	0.9	31.2	2.1	2.1	0.2	1.7	8.2	3.5	0.0	1.5	19.0	0.7	6.8	9.4	12.7
教育程度	未受过正规教育	0.4	29.3	3.4	1.3	0.1	18.9	7.1	1.4	0.0	0.9	10.6	0.6	4.4	7.6	14.0
	小学	0.5	34.3	3.9	1.7	0.1	9.0	7.1	2.0	0.0	0.8	12.5	0.6	5.5	8.9	13.2
	初中	0.8	34.2	4.4	2.0	0.1	3.2	7.5	2.7	0.0	0.5	13.9	0.7	6.6	10.8	12.7
	高中	1.2	30.9	4.3	1.9	0.1	2.6	7.7	3.8	0.0	0.4	14.8	0.8	7.5	11.6	12.3
	大学及以上	1.5	28.4	4.2	1.6	0.2	2.6	7.9	4.9	0.0	0.3	15.3	0.8	7.8	12.2	12.2
职业类别	干部/管理人员	1.5	28.5	4.7	1.6	0.2	2.2	7.7	5.1	0.0	0.3	15.1	0.8	8.0	12.2	12.1
	个体/私营企业人员	1.0	32.5	5.1	1.9	0.1	2.9	7.2	3.1	0.0	0.3	14.2	0.7	7.2	10.9	12.8
	初级公务员/雇员	1.2	30.2	4.8	1.7	0.1	2.7	7.8	4.3	0.0	0.3	14.3	0.8	7.5	12.1	12.3
	工人	0.8	33.3	5.1	1.8	0.1	2.9	7.3	3.2	0.0	0.3	13.7	0.8	6.8	11.4	12.6
	学生	0.5	31.8	5.1	1.2	0.1	14.2	6.5	2.6	0.0	0.3	8.9	0.7	5.2	10.7	12.3
	无业	1.0	31.4	3.1	2.0	0.2	5.0	7.9	2.9	0.0	0.8	15.4	0.8	6.8	10.1	12.7
	其他	0.5	39.1	3.8	2.1	0.1	2.9	7.6	1.5	0.0	0.7	12.6	0.6	5.6	8.9	13.9
个人月收入	0—600 元	0.6	33.3	4.3	1.6	0.1	10.1	7.1	2.2	0.0	0.5	11.0	0.7	5.6	9.8	13.2
	601—1200 元	0.8	34.4	4.0	2.0	0.1	2.7	7.6	2.6	0.0	0.5	14.2	0.7	6.7	10.8	12.8
	1201—1700 元	1.0	32.3	3.8	2.0	0.1	2.5	7.7	3.2	0.0	0.5	15.5	0.8	7.0	11.0	12.7
	1701—2600 元	1.1	31.0	4.1	1.9	0.2	2.4	7.9	3.7	0.0	0.5	15.3	0.8	7.3	11.3	12.4
	2601 元及以上	1.4	29.4	4.6	1.7	0.2	2.5	7.6	4.6	0.0	0.3	15.5	0.8	7.8	11.5	12.1

表 3.2.15　2012 年全国样本城市所有节目收视率排名前三十位

名次	节目名称	播出频道	节目类别	平均收视率（%）	平均占有率（%）
1	2012 春节联欢晚会	中央电视台综合频道	综艺	19.5	44.2
2	2012 元宵晚会	中央电视台综合频道	综艺	8.1	18.4
3	2012 年第 30 届奥运会体操女子高低杠决赛	中央台五套	体育	6.2	18.6
4	2012 年第 30 届奥运会跳水男子双人 10 米跳台决赛	中央台五套	体育	6.1	22.5
5	2012 年伦敦奥运会羽毛球男单颁奖仪式	中央电视台综合频道	体育	5.7	14.6
6	2012 年第 30 届奥运会游泳预赛	中央台五套	体育	5.2	14.0
7	中国好声音巅峰时刻	浙江卫视	综艺	4.9	14.9
8	2012 年第 30 届奥运会女排小组赛 B 组（中国 VS 韩国）	中央台五套	体育	4.9	12.5
9	2012 年第 30 届奥运会羽毛球男单决赛	中央电视台综合频道	体育	4.9	12.1
10	2012 年第 30 届奥运会乒乓球男单第三轮	中央台五套	体育	4.8	12.3
11	2012 春节联欢晚会	中央台三套	综艺	4.7	10.7
12	2012 年第 30 届奥运会射击男子 10 米气步枪决赛	中央台五套	体育	4.6	14.4
13	2012 年第 30 届奥运会赛艇女子单人双桨决赛	中央台五套	体育	4.4	12.8
14	2012 元宵晚会	中央台三套	综艺	4.4	9.9
15	2012 年第 30 届奥运会田径男子 100 米预赛	中央台五套	体育	4.3	12.2
16	天气预报	中央电视台综合频道	生活服务	4.3	12.1
17	新闻联播	中央电视台综合频道	新闻/时事	4.2	13.1
18	2012 年第 30 届奥运会女篮小组赛（中国队 VS 安哥拉队）	中央台五套	体育	4.0	11.7
19	奥运游泳日记伦敦奥运会特别节目	中央台五套	体育	3.7	10.4
20	2012 年第 30 届奥运会女子重剑团体半决赛	中央台五套	体育	3.7	9.3
21	福州月中华情 2012 年中央电视台中秋晚会	中央电视台综合频道	综艺	3.5	9.2
22	2012 年第 30 届奥运会铁人三项男子决赛	中央台五套	体育	3.5	9.1
23	快乐中国 2012—2013 跨年狂欢夜	湖南电视台卫星频道	音乐	3.4	13.5
24	非诚勿扰	江苏卫视	综艺	3.4	11.0
25	2012 年第 30 届奥运会射箭男子个人赛 1/4 决赛	中央台五套	体育	3.3	10.7
26	国门英雄	中央电视台综合频道	电视剧	3.0	7.6
27	一年又一年	中央电视台综合频道	专题	2.9	11.8
28	我爱主持人第九届中国金鹰电视艺术节主持人盛典	湖南电视台卫星频道	综艺	2.9	9.6
29	2012 年第 30 届奥运会女子曲棍球小组赛	中央台五套	体育	2.9	7.4
30	万家灯火平安夜公安部 2012 年春节电视文艺晚会	中央电视台综合频道	综艺	2.8	7.9

表 3.2.16　2012 年全国样本城市电视剧收视率排名前二十位

名次	节目名称	播出频道	平均收视率（%）	平均占有率（%）
1	国门英雄	中央电视台综合频道	3.0	7.6
2	幸福妈妈	湖南电视台卫星频道	2.6	6.9
3	宫锁珠帘	湖南电视台卫星频道	2.3	11.9
4	麻辣女兵	湖南电视台卫星频道	2.3	6.3
5	温州一家人	中央电视台综合频道	2.3	6.1
6	知青	中央电视台综合频道	2.1	5.7
7	木府风云	中央电视台综合频道	2.1	5.4
8	樱桃	山东卫视	2.1	5.1
9	战旗	江苏卫视	2.0	5.2
10	誓言今生	中央电视台综合频道	2.0	4.8
11	非常有喜	湖南电视台卫星频道	1.9	5.3
12	火蓝刀锋	中央电视台综合频道	1.9	4.9
13	夫妻那些事	湖南电视台卫星频道	1.9	4.5
14	国家命运	中央电视台综合频道	1.8	4.9
14	隋唐英雄	湖南电视台卫星频道	1.8	4.9
16	营盘镇警事	中央电视台综合频道	1.8	4.8
16	胜女的代价	湖南电视台卫星频道	1.8	4.8
18	阳光路上	中央电视台综合频道	1.8	4.7
18	加油妈妈	湖南电视台卫星频道	1.8	4.7
20	感动生命	中央电视台综合频道	1.8	4.6

表 3.2.17　2012 年全国样本城市新闻节目收视率排名前二十位

名次	节目名称	播出频道	平均收视率（%）	平均占有率（%）
1	新闻联播	中央电视台综合频道	4.2	13.1
2	中国共产党第十八次全国代表大会专题新闻	中央电视台综合频道	2.6	6.6
3	焦点访谈	中央电视台综合频道	2.2	6.0
4	胡锦涛主席抵达香港	中央电视台综合频道	2.0	14.6
5	太空新旅神九返航	中央电视台综合频道	1.9	18.3
6	温家宝总理会见中外记者	中央电视台综合频道	1.9	4.7
7	新闻 30 分	中央电视台综合频道	1.4	10.0
8	今日关注	中央台四套	1.4	4.3
9	中国共产党第十八次全国代表大会开幕式	中央电视台综合频道	1.3	17.9
10	太空新旅神九返航	中央电视台新闻频道	1.3	12.9
11	胡锦涛主席抵达香港	中央电视台新闻频道	1.2	8.6
12	2012 钱塘观潮	中央电视台综合频道	1.1	9.3
13	太空新旅进驻天宫天宫一号与神舟九号载人交会对接任务特别报道	中央电视台综合频道	1.1	9.2
14	新闻联播	中央电视台新闻频道	1.1	3.5
15	新闻调查	中央电视台综合频道	1.1	2.8
15	中国新闻（21:00）	中央台四套	1.1	2.8
17	聚焦十八大	中央电视台综合频道	1.0	12.8
18	海峡两岸	中央台四套	0.9	2.3
19	中国共产党第十八次全国代表大会专题新闻	中央电视台新闻频道	0.9	2.2
20	2012 钱塘观潮	中央电视台新闻频道	0.8	6.8

表 3.2.18　2012 年全国样本城市专题类节目收视率排名前二十位

名次	节目名称	播出频道	平均收视率（%）	平均占有率（%）
1	一年又一年	中央电视台综合频道	2.9	11.8
2	红旗渠的守望者	中央电视台综合频道	2.3	6.4
3	酷我真声音	浙江卫视	2.2	12.8
4	感动中国 2011 年度人物颁奖典礼	中央电视台综合频道	1.9	4.7
5	身边的感动	中央电视台综合频道	1.7	4.4
6	静观英伦	中央电视台综合频道	1.4	8.3
7	阿坝藏区系列自焚事件真相调查	中央台四套	1.4	4.0
8	法治的力量 2012 年度法治人物颁奖盛典	中央电视台综合频道	1.4	3.7
9	中国警察	中央电视台综合频道	1.3	10.5
10	永远的雷锋	中央电视台综合频道	1.3	3.1
11	温暖 2012	中央台三套	1.2	3.9
12	2012 中国经济年度人物颁奖盛典	中央电视台综合频道	1.2	3.0
13	寻宝	中央电视台综合频道	1.1	4.6
14	丝绸之路印象	中央电视台综合频道	1.1	3.1
15	石破天惊说甄嬛	安徽卫视	1.1	3.0
16	信仰我们的故事	中央电视台综合频道	1.1	2.9
17	科学发展铸辉煌	中央电视台综合频道	1.1	2.6
17	感动中国 2011 年度人物颁奖典礼	中央台三套	1.1	2.6
19	变形计	湖南电视台卫星频道	1.0	3.1
20	第十一届汉语桥世界大学生中文比赛决赛第一场	湖南电视台卫星频道	1.0	2.7

表 3.2.19　2012 年全国样本城市电影节目收视率排名前二十位

名次	节目名称	播出频道	平均收视率（%）	平均占有率（%）
1	白蛇传说（1 月 23 日）	中央台六套	2.0	5.0
2	锦衣卫（1 月 15 日）	中央台六套	1.8	4.3
3	真情诱惑薛平贵与王宝钏电影版（5 月 21 日）	江苏卫视	1.7	4.7
4	2012（1 月 14 日）	中央台六套	1.6	10.9
5	龙门飞甲（6 月 22 日）	中央台六套	1.6	4.7
6	举起手来二追击阿多丸（9 月 4 日）	中央台六套	1.5	4.4
7	举起手来（9 月 4 日）	中央台六套	1.5	4.2
8	少林小子（8 月 3 日）	中央台六套	1.4	3.9
8	神勇投弹手（5 月 5 日）	中央台六套	1.4	3.9
8	太极张三丰（8 月 21 日）	中央台六套	1.4	3.9
11	痞子英雄之全面开战（9 月 7 日）	中央台六套	1.4	3.8
12	精武英雄（1 月 13 日）	中央台六套	1.4	3.6
13	尖峰时刻第三部（1 月 21 日）	中央台六套	1.3	7.5
14	黑衣人（5 月 26 日）	中央台六套	1.3	7.4
15	狩猎者（4 月 10 日）	中央台六套	1.3	4.3
15	苏乞儿（6 月 27 日）	中央台六套	1.3	4.3
17	叶问二宗师传奇（5 月 18 日）	中央台六套	1.3	4.0
18	遍地狼烟（6 月 24 日）	中央台六套	1.3	3.9
19	黄金大劫案（8 月 14 日）	中央台六套	1.3	3.8
20	新少林五祖（8 月 21 日）	中央台六套	1.3	3.7

注：多次播出电影取收视率最高值参与排名，括号中为播出日期。

表 3.2.20　2012 年全国样本城市综艺节目收视率排名前二十位

名次	节目名称	播出频道	平均收视率(%)	平均占有率(%)
1	2012 春节联欢晚会	中央电视台综合频道	19.5	44.2
2	2012 元宵晚会	中央电视台综合频道	8.1	18.4
3	中国好声音巅峰时刻	浙江卫视	4.9	14.9
4	2012 春节联欢晚会	中央台三套	4.7	10.7
5	2012 元宵晚会	中央台三套	4.4	9.9
6	福州月中华情 2012 年中央电视台中秋晚会	中央电视台综合频道	3.5	9.2
7	非诚勿扰	江苏卫视	3.4	11.0
8	我爱主持人第九届中国金鹰电视艺术节主持人盛典	湖南电视台卫星频道	2.9	9.6
9	万家灯火平安夜公安部 2012 年春节电视文艺晚会	中央电视台综合频道	2.8	7.9
10	中央电视台 2012 年 315 晚会共筑诚信有你有我	中央电视台综合频道	2.8	7.5
11	快乐大本营	湖南电视台卫星频道	2.6	7.5
12	星光大道	中央电视台综合频道	2.5	6.4
13	百花迎春中国文学艺术界 2012 春节大联欢	中央台三套	2.4	6.2
14	你好春天 2012 年文化部春节电视晚会	中央电视台综合频道	2.3	6.5
15	中国达人秀年度达人夜（1 月 21 日）	上海东方卫视	2.2	8.0
16	阳光路上 2012 年五一国际劳动节文艺晚会第三届中国职工艺术节开幕	中央电视台综合频道	2.2	5.6
17	启航 2013 中央电视台元旦晚会	中央电视台综合频道	2.1	6.4
18	阳光路上情满怀 2012 年军民迎新春文艺晚会	中央电视台综合频道	2.1	5.1
19	元宵喜乐会 2012	湖南电视台卫星频道	1.9	8.0
20	2012 春节联欢晚会	湖南电视台卫星频道	1.8	8.7

表 3.2.21 2012 年全国样本城市奥运会、残奥会比赛收视率排名前二十位

名次	节目名称	播出频道	平均收视率（%）	平均占有率（%）
1	2012 年第 30 届奥运会体操女子高低杠决赛	中央台五套	6.2	18.6
2	2012 年第 30 届奥运会跳水男子双人 10 米跳台决赛	中央台五套	6.1	22.5
3	2012 年第 30 届奥运会游泳预赛	中央台五套	5.2	14.0
4	2012 年第 30 届奥运会女排小组赛 B 组（中国 VS 韩国）	中央台五套	4.9	12.5
5	2012 年第 30 届奥运会羽毛球男单决赛	中央电视台综合频道	4.9	12.1
6	2012 年第 30 届奥运会乒乓球男单第三轮	中央台五套	4.8	12.3
7	2012 年第 30 届奥运会射击男子 10 米气步枪决赛	中央台五套	4.6	14.4
8	2012 年第 30 届奥运会赛艇女子单人双桨决赛	中央台五套	4.4	12.8
9	2012 年第 30 届奥运会田径男子 100 米预赛	中央台五套	4.3	12.2
10	2012 年第 30 届奥运会女篮小组赛（中国队 VS 安哥拉队）	中央台五套	4.0	11.7
11	2012 年第 30 届奥运会女子重剑团体半决赛	中央台五套	3.7	9.3
12	2012 年第 30 届奥运会铁人三项男子决赛	中央台五套	3.5	9.1
13	2012 年第 30 届奥运会射箭男子个人赛 1/4 决赛	中央台五套	3.3	10.7
14	2012 年第 30 届奥运会女子曲棍球小组赛	中央台五套	2.9	7.4
15	2012 年第 30 届奥运会女子举重 75 公斤以上级决赛	中央电视台综合频道	2.5	12.1
16	2012 年第 30 届奥运会女子拳击 51 公斤级半决赛	中央电视台综合频道	2.3	5.8
17	2012 年第 30 届奥运会男子足球决赛（巴西 VS 墨西哥）	中央台五套	1.7	7.7
18	2012 年第 30 届奥运会山地自行车女子决赛	中央电视台综合频道	1.7	4.4
19	2012 年第 30 届奥运会帆船激光雷迪尔级女子单人艇奖牌轮	中央台五套	1.1	8.0
20	2012 年第 30 届奥运会沙滩排球女子 1/8 决赛	中央台五套	1.0	9.0

表 3.2.22 2012 年全国样本城市体育节目收视率排名前二十位（奥运会、残奥会比赛除外）

名次	节目名称	播出频道	平均收视率（%）	平均占有率（%）
1	2012 年伦敦奥运会羽毛球男单颁奖仪式	中央电视台综合频道	5.7	14.6
2	奥运游泳日记伦敦奥运会特别节目	中央台五套	3.7	10.4
3	奥运新闻	中央台五套	2.4	10.7
4	奥运会田径日记	中央台五套	2.1	5.5
5	2011/2012 赛季中国男篮职业联赛总决赛第五场（北京金隅 VS 广东东莞银行）	中央台五套	2.0	5.2
6	2012 年世界乒乓球团体锦标赛男团决赛	中央台五套	1.9	5.0
7	午夜奥运报道	中央台五套	1.7	13.4
8	中国面孔伦敦奥运赛事集锦	中央台五套	1.5	11.5
9	奥运午间报道	中央台五套	1.5	8.9
10	2012 年亚洲足球冠军联赛 1/8 决赛（广州恒大队 VS 日本东京队）	中央台五套	1.5	4.1
11	2012 年汤姆斯杯世界羽毛球男团锦标赛半决赛第三场单打	中央台五套	1.4	4.1
12	CCTV5 奥运演播室	中央台五套	1.3	8.8
13	赛事聚焦伦敦奥运赛事集锦	中央台五套	1.3	8.4
14	第 13 届室内田径世锦赛男子 60 米栏半决赛	中央台五套	1.3	3.0
15	2012 年欧洲杯足球赛决赛（西班牙 VS 意大利）	中央台五套	1.2	54.5
16	第 30 届奥林匹克运动会闭幕式	中央台五套	1.2	3.3
17	2012 年尤伯杯世界羽毛球女团锦标赛决赛第三场单打	中央台五套	1.1	9.6
18	2012 年世界女排大奖赛总决赛（中国队 VS 巴西队）	中央台五套	1.1	3.0
19	获奖者说伦敦奥运赛事集锦	中央台五套	1.0	8.1
20	2011CCTV 体坛风云人物颁奖盛典	中央台五套	1.0	2.6

三、安徽收视数据

表 3.3.1 2008—2012 年安徽市场各类频道的市场占有率（%）

频道类别	年份				
	2008 年	2009 年	2010 年	2011 年	2012 年
中央台频道	30.2	25.1	29.3	27.3	31.0
中国教育台频道	0.1	0.2	0.5	0.8	0.9
安徽省级频道	38.6	40.9	36.0	39.5	33.4
其他省级卫视频道	14.0	21.2	22.5	24.0	29.0
其他频道	17.1	12.6	11.7	8.4	5.7

表 3.3.2 2012 年安徽市场各类频道在不同目标观众中的市场占有率（%）

目标观众		中央台频道	中国教育台频道	安徽省级频道	其他省级卫视频道	其他频道
4 岁及以上所有人		31.0	0.9	33.4	29.0	5.7
城乡	城市	34.8	0.5	33.7	24.6	6.4
	农村	29.5	1.1	33.2	30.8	5.4
性别	男	34.7	1.0	31.7	26.4	6.2
	女	27.6	0.8	35.0	31.4	5.3
年龄	4—14 岁	38.4	1.0	21.7	35.8	3.0
	15—24 岁	23.5	0.7	30.5	41.2	4.1
	25—34 岁	28.4	1.0	30.6	34.7	5.2
	35—44 岁	27.4	0.9	36.5	30.5	4.8
	45—54 岁	29.4	1.2	38.3	25.2	5.9
	55—64 岁	31.0	0.8	42.3	19.3	6.6
	65 岁及以上	37.4	0.7	33.2	17.9	10.9
教育程度	未受过正规教育	34.5	0.9	34.1	23.4	7.1
	小学	31.4	1.1	32.8	29.5	5.1
	初中	26.9	0.9	35.7	31.4	5.1
	高中	33.3	0.7	31.2	27.5	7.3
	大学及以上	40.5	0.5	26.9	26.2	5.9
职业类别	干部/管理人员	37.2	0.5	33.2	22.7	6.3
	个体/私营企业人员	27.5	1.2	38.5	28.1	4.7
	初级公务员/雇员	33.4	0.7	31.5	26.8	7.5
	工人	26.2	1.1	38.5	29.3	4.9
	学生	34.9	0.7	24.2	36.9	3.3
	无业	33.7	0.8	30.3	29.4	5.6
	其他	28.7	1.0	37.5	25.5	7.3
个人月收入	0—300 元	31.7	1.0	29.1	32.7	5.5
	301—600 元	31.1	0.8	37.1	25.1	6.0
	601—900 元	27.0	1.0	40.0	26.1	5.9
	901—1200 元	29.9	0.8	38.3	25.4	5.5
	1201 元及以上	31.3	0.9	34.9	27.0	5.9

表 3.3.3 2012 年安徽市场各类频道在不同时段的市场占有率(%)

时间段	中央台频道	中国教育台频道	安徽省级频道	其他省级卫视频道	其他频道
02:00—03:00	48.1	0.5	8.2	34.1	9.1
03:00—04:00	43.5	0.1	10.6	37.8	8.0
04:00—05:00	50.1	0.1	15.3	29.6	4.9
05:00—06:00	46.3	0.2	20.8	26.5	6.2
06:00—07:00	40.6	0.2	37.7	18.0	3.5
07:00—08:00	44.9	0.4	32.0	19.5	3.1
08:00—09:00	40.4	0.6	20.3	32.1	6.6
09:00—10:00	37.1	0.7	18.4	35.0	8.8
10:00—11:00	36.2	0.7	18.9	36.0	8.2
11:00—12:00	37.1	0.4	26.5	28.9	7.1
12:00—13:00	44.5	0.5	29.0	20.9	5.1
13:00—14:00	35.3	0.8	28.9	27.8	7.1
14:00—15:00	30.5	0.9	19.6	39.0	10.1
15:00—16:00	30.5	0.7	18.4	40.6	9.9
16:00—17:00	35.5	0.5	18.0	37.2	8.9
17:00—18:00	39.2	0.5	24.0	29.0	7.3
18:00—19:00	31.1	0.3	49.4	14.1	5.2
19:00—20:00	35.2	0.8	41.8	18.2	3.9
20:00—21:00	22.5	1.7	37.0	34.1	4.8
21:00—22:00	23.6	1.4	31.6	37.9	5.5
22:00—23:00	25.2	0.7	26.4	40.2	7.6
23:00—24:00	28.7	0.5	20.8	41.3	8.7
24:00—25:00	32.0	0.3	21.6	34.0	12.1
25:00—26:00	35.8	0.9	14.0	37.0	12.2

表 3.3.4 2012 年安徽市场收视份额排名前十位的频道

名次	频道名称	收视份额(%)
1	安徽卫视	17.5
2	中央电视台综合频道	8.5
3	安徽经视	6.4
4	中央电视台少儿频道	5.3
5	湖南电视台卫星频道	5.2
6	安徽影视	3.8
7	中央台八套	3.1
7	安徽公共	3.1
9	江苏卫视	2.7
10	安徽综艺	2.5

表 3.3.5　2012 年安徽市场主要频道的观众构成（%）

目标观众		所有频道	主要频道				
			安徽卫视	中央电视台综合频道	安徽经视	中央电视台少儿频道	湖南电视台卫星频道
4 岁及以上所有人		100.0	100.0	100.0	100.0	100.0	100.0
城乡	城市	29.1	30.7	41.4	29.6	19.4	23.3
	乡村	70.9	69.3	58.6	70.4	80.6	76.7
性别	男	48.4	45.5	51.3	43.6	49.8	30.9
	女	51.6	54.5	48.7	56.4	50.2	69.1
年龄	4—14 岁	15.6	10.3	13.1	9.3	69.7	12.9
	15—24 岁	9.4	8.9	6.1	6.5	4.0	28.2
	25—34 岁	14.2	13.8	10.9	11.0	12.2	20.0
	35—44 岁	19.7	20.6	17.9	21.2	6.1	22.9
	45—54 岁	14.7	15.0	13.6	18.0	3.2	8.7
	55—64 岁	12.9	15.1	16.1	20.3	2.8	4.3
	65 岁及以上	13.5	16.3	22.3	13.7	2.0	3.0
教育程度	未受过正规教育	11.6	12.8	14.5	13.6	22.5	4.8
	小学	29.2	29.7	23.6	26.8	51.6	22.7
	初中	36.9	37.1	30.1	41.6	16.8	49.9
	高中	15.5	14.4	21.0	13.6	5.8	16.6
	大学及以上	6.7	5.9	10.8	4.4	3.2	6.0
职业类别	干部/管理人员	1.7	1.5	2.5	1.5	0.7	1.3
	个体/私营企业人员	10.9	12.6	11.4	11.1	3.0	11.3
	初级公务员/雇员	6.8	7.1	8.3	5.3	3.7	5.9
	工人	11.8	13.9	7.5	10.9	3.6	14.6
	学生	14.3	10.2	11.1	9.9	50.2	21.1
	无业	27.4	27.2	35.5	22.8	30.8	19.0
	其他	27.2	27.5	23.7	38.5	7.9	26.8
个人月收入	0—300 元	40.1	33.9	35.9	38.3	81.2	47.3
	301—600 元	5.4	5.5	5.9	6.7	1.3	5.2
	601—900 元	7.0	8.6	4.8	8.9	3.0	7.2
	901—1200 元	9.0	10.8	9.2	9.9	3.5	8.2
	1201 元及以上	38.6	41.2	44.2	36.1	11.1	32.1

表 3.3.6　2010—2012 年安徽市场各类节目的播出份额（%）和收视份额（%）

节目类型	2010 年		2011 年		2012 年	
	播出份额	收视份额	播出份额	收视份额	播出份额	收视份额
财经	2.9	0.6	2.5	0.6	2.2	0.5
电视剧	22.7	33.0	21.7	33.8	21.0	33.4
电影	2.2	1.4	3.4	1.4	3.9	2.0
法制	1.2	1.1	0.9	0.8	0.9	1.1
教学	0.5	0.0	0.4	0.0	0.3	0.0
青少	7.8	4.7	7.5	4.8	7.0	5.0
生活服务	7.6	6.5	8.5	7.1	8.7	7.5
体育	1.9	1.5	1.4	0.9	1.5	1.2
外语	0.1	0.0	0.0	0.0	0.0	0.0
戏剧	1.0	0.3	1.1	0.3	1.0	0.4
新闻/时事	14.7	18.0	14.0	16.7	15.6	17.9
音乐	1.8	0.3	2.8	0.5	2.6	0.5
专题	10.1	4.4	11.1	4.7	11.8	4.8
综艺	10.7	9.5	10.2	10.7	9.2	9.2
其他	14.8	18.5	14.6	17.9	14.4	16.5

表 3.3.7　2012 年安徽市场所有节目收视率排名前三十位

名次	节目名称	节目类型	播出频道	平均收视率(%)	平均占有率(%)
1	2012 春节联欢晚会	综艺	中央电视台综合频道	22.1	57.6
2	穆桂英挂帅	电视剧	安徽卫视	14.2	32.3
3	甄嬛传	电视剧	安徽卫视	13.8	31.5
4	爱情美剧盛典	综艺	安徽卫视	12.6	28.8
5	金太狼的幸福生活	电视剧	安徽卫视	12.0	28.4
6	金太狼的幸福生活首映礼	综艺	安徽卫视	10.8	24.0
7	心术	电视剧	安徽卫视	10.3	23.9
8	2012 亚洲偶像盛典	综艺	安徽卫视	10.0	25.4
9	流泪的新娘	电视剧	安徽卫视	10.0	24.8
10	我的娜塔莎	电视剧	安徽卫视	9.7	22.7
11	2011 国剧盛典	综艺	安徽卫视	9.5	16.3
12	青盲	电视剧	安徽卫视	9.3	19.5
13	大男当婚	电视剧	安徽卫视	9.2	21.0
14	母亲母亲	电视剧	安徽卫视	9.1	22.0
15	团圆	电视剧	安徽卫视	8.3	19.4
16	爱情是从告白开始的	电视剧	安徽卫视	8.2	18.5
17	爱情闯进门	电视剧	安徽卫视	8.1	17.9
18	爱情公寓三	电视剧	安徽卫视	8.0	18.2
19	幸福 3 颗星	电视剧	安徽卫视	7.9	16.5
20	新闻联播	新闻/时事	中央电视台综合频道	7.7	21.2
21	乱世佳人	电视剧	安徽卫视	7.7	18.9
22	血战长空	电视剧	安徽卫视	7.4	17.2
23	楚汉传奇	电视剧	安徽卫视	7.3	16.2
24	锦绣江淮好家园安徽省美好乡村建设掠影	专题	安徽卫视	6.9	16.4
25	楚汉传奇英雄穿越夜	综艺	安徽卫视	6.5	14.3
26	石破天惊说甄嬛	专题	安徽卫视	6.4	26.8
27	微博达人	电视剧	安徽卫视	6.4	16.0
28	天气预报	生活服务	安徽卫视	6.3	14.3
29	心动 2011 安徽年度新闻人物颁奖典礼	综艺	安徽卫视	6.2	17.0
30	小姨多鹤	电视剧	安徽卫视	6.2	16.0

表 3.3.8 2012 年安徽市场电视剧收视率排名前十位

名次	节目名称	播出频道	平均收视率（%）	平均占有率（%）
1	穆桂英挂帅	安徽卫视	14.2	32.3
2	甄嬛传	安徽卫视	13.8	31.5
3	金太狼的幸福生活	安徽卫视	12.0	28.4
4	心术	安徽卫视	10.3	23.9
5	流泪的新娘	安徽卫视	10.0	24.8
6	我的娜塔莎	安徽卫视	9.7	22.7
7	青盲	安徽卫视	9.3	19.5
8	大男当婚	安徽卫视	9.2	21.0
9	母亲母亲	安徽卫视	9.1	22.0
10	团圆	安徽卫视	8.3	19.4

表 3.3.9 2012 年安徽市场新闻节目收视率排名前十位

名次	节目名称	播出频道	平均收视率（%）	平均占有率（%）
1	新闻联播	中央电视台综合频道	7.7	21.2
2	转播中央台新闻联播	安徽卫视	6.0	16.7
3	安徽新闻联播	安徽卫视	5.2	22.2
4	焦点访谈	中央电视台综合频道	5.2	11.4
5	第 1 时间	安徽经视	4.8	16.1
6	中国共产党第十八次全国代表大会专题新闻	中央电视台综合频道	4.6	9.9
7	帮女郎帮你忙	安徽经视	2.7	21.7
8	温家宝总理会见中外记者	中央电视台综合频道	2.5	5.8
9	每日新闻报	安徽卫视	2.1	13.2
10	夜线 60 分	安徽公共	2.1	4.4

表 3.3.10 2012 年安徽市场专题节目收视率排名前十位

名次	节目名称	播出频道	平均收视率（%）	平均占有率（%）
1	锦绣江淮好家园安徽省美好乡村建设掠影	安徽卫视	6.9	16.4
2	石破天惊说甄嬛	安徽卫视	6.4	26.8
3	青盲拍案惊奇	安徽卫视	5.4	16.0
4	身边的感动	中央电视台综合频道	4.5	9.5
5	石面埋伏说楚汉	安徽卫视	4.2	14.0
6	一年又一年	中央电视台综合频道	3.6	18.6
7	永远的雷锋	中央电视台综合频道	3.6	7.4
8	中华之光传播中华文化年度人物评选	中央电视台综合频道	3.5	7.0
9	第十一届汉语桥世界大学生中文比赛决赛第一场	湖南电视台卫星频道	3.0	6.9
10	红旗渠的守望者	中央电视台综合频道	2.9	10.2

表 3.3.11　2012 年安徽市场综艺节目收视率排名前十位

名次	节目名称	播出频道	平均收视率（%）	平均占有率（%）
1	2012 春节联欢晚会	中央电视台综合频道	22.1	57.6
2	爱情美剧盛典	安徽卫视	12.6	28.8
3	金太狼的幸福生活首映礼	安徽卫视	10.8	24.0
4	2012 亚洲偶像盛典	安徽卫视	10.0	25.4
5	2011 国剧盛典	安徽卫视	9.5	16.3
6	楚汉传奇英雄穿越夜	安徽卫视	6.5	14.3
7	心动 2011 安徽年度新闻人物颁奖典礼	安徽卫视	6.2	17.0
8	龙腾江淮 2012 安徽卫视春节联欢晚会	安徽卫视	6.0	24.0
9	2012 国剧盛典	安徽卫视	5.7	19.5
10	2012 亚洲时尚盛典安徽卫视新丝路	安徽卫视	5.4	16.3

表 3.3.12　2012 年安徽市场体育节目收视率排名前十位

名次	节目名称	播出频道	平均收视率（%）	平均占有率（%）
1	2012 年第 30 届奥运会羽毛球混合双打 1/4 决赛	中央电视台综合频道	4.0	8.4
2	现场直播：2012 年第 30 届奥运会男子 50 米步枪三姿决赛	中央电视台综合频道	3.4	7.3
3	2012 年第 30 届奥运会艺术体操个人全能资格赛	中央电视台综合频道	3.2	7.9
4	2012 年第 30 届奥运会体操男子吊环决赛	中央台五套	3.1	7.4
5	现场直播：2012 年第 30 届奥运会女排 1/4 决赛（中国 VS 日本）	中央电视台综合频道	3.0	8.0
6	2012 年第 30 届奥运会重剑女子个人 1/16 决赛	中央电视台综合频道	3.0	6.5
7	2012 年第 30 届奥运会乒乓球女单 1/4 决赛	中央电视台综合频道	2.9	7.6
8	2012 年第 30 届奥运会女子拳击 75 公斤级半决赛	中央电视台综合频道	2.9	6.3
9	2012 年伦敦奥运会羽毛球男单颁奖仪式	中央电视台综合频道	2.7	8.5
10	2012 年第 30 届奥运会赛艇女子单人双桨 1/4 决赛第三组	中央台五套	2.7	5.4

四、福建收视数据

表 3.4.1 2008—2012 年福建市场各类频道的市场占有率（%）

频道类别	年份				
	2008 年	2009 年	2010 年	2011 年	2012 年
中央台频道	35.0	30.8	25.1	23.3	26.9
中国教育台频道	0.2	0.4	0.3	0.4	0.4
福建省级频道	34.0	37.7	35.8	35.2	34.3
其他省级卫视频道	17.6	19.0	23.1	29.7	27.8
其他频道	13.3	12.1	15.8	11.4	10.6

表 3.4.2 2012 年福建市场各类频道在不同目标观众中的市场占有率（%）

目标观众		中央台频道	中国教育台频道	福建省级频道	其他省级卫视频道	其他频道
4 岁及以上所有人		26.9	0.4	34.3	27.8	10.6
城乡	城市	32.6	0.4	14.4	32.8	19.8
	农村	25.2	0.4	40.2	26.3	7.9
性别	男	29.8	0.4	32.4	26.6	10.7
	女	24.0	0.4	36.1	29.0	10.5
年龄	4—14 岁	24.6	0.4	35.5	29.8	9.7
	15—24 岁	24.5	0.4	32.9	32.6	9.6
	25—34 岁	25.0	0.4	35.4	29.1	10.1
	35—44 岁	25.2	0.4	38.5	25.9	9.9
	45—54 岁	28.5	0.3	34.2	27.3	9.7
	55—64 岁	31.7	0.2	30.8	26.6	10.7
	65 岁及以上	29.9	0.6	28.1	24.2	17.3
教育程度	未受过正规教育	25.9	0.4	38.7	23.6	11.4
	小学	24.6	0.5	36.2	27.5	11.1
	初中	25.8	0.3	36.7	28.3	8.9
	高中	30.8	0.4	25.9	31.4	11.6
	大学及以上	40.3	0.3	15.6	29.5	14.3
职业类别	干部/管理人员	48.0	0.4	13.4	23.7	14.5
	个体/私营企业人员	31.0	0.4	30.5	28.5	9.6
	初级公务员/雇员	37.3	0.2	21.2	30.3	10.9
	工人	27.5	0.6	28.6	31.0	12.3
	学生	23.4	0.3	31.8	34.4	10.1
	无业	28.7	0.4	28.3	29.4	13.2
	其他	20.8	0.4	50.3	21.2	7.3
个人月收入	0—300 元	24.4	0.4	35.3	29.0	10.9
	301—600 元	25.5	0.3	42.9	22.5	8.8
	601—900 元	24.4	0.3	39.3	26.6	9.5
	901—1200 元	26.9	0.4	36.0	28.5	8.2
	1201 元及以上	30.9	0.4	28.8	27.9	12.0

表 3.4.3 2012 年福建市场各类频道不同时段的市场占有率（%）

时间段	中央台频道	中国教育台频道	福建省级频道	其他省级卫视频道	其他频道
02:00—03:00	28.6	0.6	19.2	38.6	13.0
03:00—04:00	30.1	0.7	17.7	36.9	14.6
04:00—05:00	31.8	0.3	16.8	36.7	14.4
05:00—06:00	34.8	0.3	17.4	37.4	10.1
06:00—07:00	47.2	0.1	11.6	32.1	8.9
07:00—08:00	49.9	0.1	12.8	27.6	9.6
08:00—09:00	40.3	0.1	10.3	39.5	9.7
09:00—10:00	35.8	0.3	11.5	41.6	10.8
10:00—11:00	34.0	0.6	11.9	43.4	10.2
11:00—12:00	39.1	0.4	8.1	42.2	10.1
12:00—13:00	44.1	0.4	7.9	36.1	11.5
13:00—14:00	39.1	0.5	9.2	40.5	10.6
14:00—15:00	32.0	0.6	9.8	44.8	12.9
15:00—16:00	32.0	0.4	8.7	45.3	13.6
16:00—17:00	32.4	0.3	8.7	45.8	12.9
17:00—18:00	33.0	0.3	23.3	33.2	10.2
18:00—19:00	20.5	0.1	59.9	9.2	10.4
19:00—20:00	24.3	0.3	54.2	10.8	10.4
20:00—21:00	17.8	0.7	49.8	22.5	9.1
21:00—22:00	19.6	0.5	43.8	25.9	10.2
22:00—23:00	22.2	0.3	34.9	30.7	11.9
23:00—24:00	24.9	0.2	26.1	38.3	10.5
24:00—25:00	27.8	0.3	21.6	39.2	11.0
25:00—26:00	27.7	0.5	22.1	37.3	12.4

表 3.4.4 2012 年福建市场收视份额排名前十位的频道

名次	频道名称	收视份额（%）
1	福建省广播影视集团东南电视台	8.7
2	福建省广播影视集团综合频道	7.6
3	福建省广播影视集团新闻频道	5.8
4	福建省广播影视集团电视剧频道	5.1
5	中央电视台综合频道	4.6
6	中央电视台少儿频道	4.2
7	中央台六套	3.5
8	湖南电视台卫星频道	3.4
9	江苏卫视	3.2
10	中央台八套	2.6

表 3.4.5　2012 年福建市场各主要频道的观众构成（%）

目标观众		所有频道	主要频道				
			福建省广播影视集团东南电视台	福建省广播影视集团综合频道	福建省广播影视集团新闻频道	福建省广播影视集团电视剧频道	中央电视台综合频道
4 岁及以上所有人		100.0	100.0	100.0	100.0	100.0	100.0
城乡	城市	22.9	6.8	8.3	7.7	9.4	28.4
	农村	77.1	93.2	91.7	92.3	90.6	71.6
性别	男	49.3	47.7	48.5	52.2	37.9	52.3
	女	50.7	52.3	51.5	47.8	62.1	47.7
年龄	4—14 岁	17.0	19.2	15.6	19.2	13.8	14.9
	15—24 岁	8.7	6.5	7.7	8.7	11.2	7.0
	25—34 岁	15.5	16.7	10.8	13.5	16.1	12.9
	35—44 岁	17.9	18.8	26.8	25.8	13.1	15.5
	45—54 岁	18.9	25.4	15.8	7.8	27.6	21.5
	55—64 岁	13.0	8.4	11.7	16.9	10.4	14.6
	65 岁及以上	8.9	5.1	11.6	8.0	7.8	13.5
教育程度	未受过正规教育	17.5	21.9	18.7	20.6	18.0	18.3
	小学	28.2	27.3	36.3	22.7	33.1	26.0
	初中	33.8	34.8	32.9	42.3	37.1	28.6
	高中	16.7	14.9	10.8	12.8	10.6	21.0
	大学及以上	3.8	1.1	1.3	1.6	1.1	6.1
职业类别	干部/管理人员	1.2	0.5	0.4	0.4	0.3	2.1
	个体/私营企业人员	11.0	8.5	6.9	11.4	5.9	10.1
	初级公务员/雇员	7.0	2.7	4.8	5.8	3.6	9.8
	工人	14.1	10.3	13.1	14.0	10.2	13.1
	学生	10.9	10.4	12.6	9.1	3.8	8.5
	无业	28.5	20.7	16.5	23.7	36.9	32.6
	其他	27.4	46.9	45.8	35.7	39.3	23.8
个人月收入	0—300 元	39.3	42.7	39.4	42.1	39.8	37.6
	301—600 元	8.8	13.3	7.8	17.1	8.4	8.0
	601—900 元	9.2	11.9	12.8	8.7	7.6	9.8
	901—1200 元	11.2	12.6	8.1	8.9	14.2	11.4
	1201 元及以上	31.5	19.4	31.8	23.3	30.1	33.2

表 3.4.6　2010—2012 年福建市场各类节目的播出份额和收视份额（%）

节目类别	2010 年		2011 年		2012 年	
	播出份额	收视份额	播出份额	收视份额	播出份额	收视份额
财经	3.0	1.0	2.7	1.2	2.4	0.9
电视剧	22.1	34.9	21.1	35.6	21.3	36.2
电影	3.0	3.5	3.5	3.6	3.7	3.5
法制	0.9	0.6	0.7	0.6	0.7	0.7
教学	0.6	0.1	0.5	0.1	0.4	0.1
青少	7.6	5.5	7.9	4.7	7.3	5.3
生活服务	7.2	4.8	8.3	6.7	8.8	5.9
体育	2.3	1.7	2.0	1.7	2.1	1.9
外语	0.1	0.1	0.0	0.0	0.0	0.0
戏剧	1.0	0.2	1.1	0.3	1.0	0.2
新闻/时事	14.2	15.9	13.8	14.5	15.2	16.3
音乐	2.7	0.4	3.0	0.6	2.6	0.5
专题	10.6	5.6	11.3	4.8	11.6	4.9
综艺	9.7	10.5	10.1	10.4	8.7	8.6
其他	14.8	15.1	14.1	15.2	14.1	13.1

表 3.4.7　2012 年福建市场所有节目收视率排名前三十位

名次	节目名称	节目类型	播出频道	平均收视率(%)	平均占有率(%)
1	2012 春节联欢晚会	综艺	中央电视台综合频道	10.8	22.3
2	国色天香	电视剧	福建省广播影视集团东南电视台	8.8	19.8
3	天涯赤子心	电视剧	福建省广播影视集团东南电视台	8.7	18.2
4	白蛇后传	电视剧	福建省广播影视集团综合频道	8.5	29.8
5	不是冤家不聚头第二部	电视剧	福建省广播影视集团综合频道	8.4	23.2
6	搜神记	电视剧	福建省广播影视集团综合频道	7.7	32.7
7	大唐女将樊梨花	电视剧	福建省广播影视集团东南电视台	7.7	16.6
8	中华情海峡缘海峡论坛开幕式暨综艺晚会	综艺	福建省广播影视集团东南电视台	7.7	16.2
9	不是冤家不聚头	电视剧	福建省广播影视集团综合频道	7.5	21.2
10	流泪的新娘	电视剧	福建省广播影视集团东南电视台	7.3	16.5
10	养父	电视剧	福建省广播影视集团东南电视台	7.3	16.5
12	天生无才	电视剧	福建省广播影视集团东南电视台	7.2	16.0
13	龙巡天下	电视剧	福建省广播影视集团综合频道	7.1	21.8
14	聊斋志异系列	电视剧	福建省广播影视集团东南电视台	7.1	15.9
15	十五贯	电视剧	福建省广播影视集团综合频道	7.0	20.6
16	剑侠情缘之藏剑山庄	电视剧	福建省广播影视集团综合频道	7.0	20.1
17	苏东坡	电视剧	福建省广播影视集团东南电视台	7.0	16.2
18	咏春传奇	电视剧	福建省广播影视集团综合频道	6.9	19.0
19	怪侠欧阳德	电视剧	福建省广播影视集团东南电视台	6.9	15.3
20	东南气象	生活服务	福建省广播影视集团东南电视台	6.6	17.7
21	扇娘	电视剧	福建省广播影视集团东南电视台	6.6	14.6
22	战争不相信眼泪	电视剧	福建省广播影视集团东南电视台	6.5	15.8
23	微博达人	电视剧	福建省广播影视集团东南电视台	6.5	14.9
24	攻心	电视剧	福建省广播影视集团东南电视台	6.4	14.3
25	天气预报	生活服务	中央电视台综合频道	6.3	15.3
26	无懈可击美女如云	电视剧	福建省广播影视集团东南电视台	6.3	14.0
27	七侠五义人间道	电视剧	福建省广播影视集团综合频道	6.2	18.9
28	林师傅在首尔	电视剧	福建省广播影视集团东南电视台	6.2	13.9
29	西游记	电视剧	福建省广播影视集团东南电视台	6.1	15.4
30	西施秘史	电视剧	福建省广播影视集团东南电视台	6.1	14.7

表 3.4.8　2012 年福建市场电视剧收视率排名前十位

名次	节目名称	播出频道	平均收视率(%)	平均占有率(%)
1	国色天香	福建省广播影视集团东南电视台	8.8	19.8
2	天涯赤子心	福建省广播影视集团东南电视台	8.7	18.2
3	白蛇后传	福建省广播影视集团综合频道	8.5	29.8
4	不是冤家不聚头第二部	福建省广播影视集团综合频道	8.4	23.2
5	搜神记	福建省广播影视集团综合频道	7.7	32.7
6	大唐女将樊梨花	福建省广播影视集团东南电视台	7.7	16.6
7	不是冤家不聚头	福建省广播影视集团综合频道	7.5	21.2
8	流泪的新娘	福建省广播影视集团东南电视台	7.3	16.5
8	养父	福建省广播影视集团东南电视台	7.3	16.5
10	天生无才	福建省广播影视集团东南电视台	7.2	16.0

表 3.4.9 2012 年福建市场新闻节目收视率排名前十位

名次	节目名称	播出频道	平均收视率（%）	平均占有率（%）
1	转播中央台新闻联播	福建省广播影视集团东南电视台	5.6	14.6
2	环球报道	福建省广播影视集团新闻频道	4.8	12.5
3	F4 大搜索	福建省广播影视集团新闻频道	4.4	9.5
4	福建卫视新闻	福建省广播影视集团东南电视台	4.2	12.9
5	现场	福建省广播影视集团新闻频道	4.1	12.6
6	看东岸	福建省广播影视集团新闻频道	4.1	9.5
7	新闻启示录	福建省广播影视集团综合频道	4.0	10.3
8	海峡夜航	福建省广播影视集团东南电视台	3.9	10.2
9	福建新闻联播	福建省广播影视集团综合频道	3.9	9.3
10	新闻 2100	福建省广播影视集团新闻频道	3.1	7.5

表 3.4.10 2012 年福建市场专题节目收视率排名前十位

名次	节目名称	播出频道	平均收视率（%）	平均占有率（%）
1	新闻频道 315 特别节目春天的力量消费与安全	福建省广播影视集团新闻频道	5.2	18.2
2	第 1 帮帮团	福建省广播影视集团综合频道	5.0	13.9
3	爱心帮帮团	福建省广播影视集团综合频道	4.4	12.0
4	溜溜的岁月	福建省广播影视集团综合频道	4.4	11.5
5	坚贞三位新四军大姐的故事	福建省广播影视集团东南电视台	4.1	10.5
6	突围国门初开的岁月	福建省广播影视集团东南电视台	4.0	13.5
7	天职福建精神在厦航特别节目	福建省广播影视集团东南电视台	3.9	11.5
8	祥龙闹元宵	福建省广播影视集团新闻频道	3.9	10.5
9	雕刻的容颜	福建省广播影视集团综合频道	3.8	11.0
10	情暖 2012	福建省广播影视集团新闻频道	2.9	6.9

表 3.4.11 2012 年福建市场综艺节目收视率排名前十位

名次	节目名称	播出频道	平均收视率（%）	平均占有率（%）
1	2012 春节联欢晚会	中央电视台综合频道	10.8	22.3
2	中华情海峡缘海峡论坛开幕式暨综艺晚会	福建省广播影视集团东南电视台	7.7	16.2
3	幸运碰碰碰	福建省广播影视集团东南电视台	6.1	13.0
4	普照万方妈祖之光大型电视晚会	福建省广播影视集团东南电视台	5.8	12.7
5	2012 元宵晚会	中央电视台综合频道	5.3	11.4
6	2012 春节联欢晚会	福建省广播影视集团综合频道	5.2	10.8
7	客家之歌龙耀千秋大型电视晚会	福建省广播影视集团东南电视台	5.1	10.5
7	2012 春节联欢晚会	中央台三套	5.1	10.5
9	健康智慧	福建省广播影视集团东南电视台	5.0	12.3
10	明天就出发	福建省广播影视集团东南电视台	4.9	12.6

表 3.4.12　2012 年福建市场体育节目收视率排名前十位

名次	节目名称	播出频道	平均收视率（%）	平均占有率（%）
1	2012 年第 30 届奥运会体操女子高低杠决赛	中央台五套	5.0	15.1
2	2012 年伦敦奥运会羽毛球男单颁奖仪式	中央电视台综合频道	4.7	11.4
3	2012 年第 30 届奥运会跳水男子双人 3 米板决赛	中央台五套	4.1	15.1
4	2012 年第 30 届奥运会羽毛球男单决赛	中央电视台综合频道	3.8	8.7
5	现场直播：2012 年第 30 届奥运会女排 1/4 决赛（中国 VS 日本）	中央电视台综合频道	3.6	9.4
6	2012 年第 30 届奥运会赛艇女子单人双桨决赛	中央台五套	3.6	8.6
7	2012 年第 30 届奥运会田径男子 100 米预赛	中央台五套	3.4	8.0
8	2012 年第 30 届奥运会自行车女子争先赛半决赛	中央台五套	3.0	18.5
9	2012 年第 30 届奥运会女子 100 米自由泳决赛	中央电视台综合频道	3.0	12.2
10	2012 年第 30 届奥运会射击男子 25 米手枪速射决赛	中央台五套	3.0	7.8

五、甘肃收视数据

表 3.5.1 2008—2012 年甘肃市场各类频道的市场占有率（%）

频道类别	年份				
	2008 年	2009 年	2010 年	2011 年	2012 年
中央台频道	50.1	45.3	41.1	37.0	41.1
中国教育台频道	0.4	0.4	0.4	1.7	1.7
甘肃省级频道	7.6	7.2	7.4	5.1	5.6
其他省级卫视频道	35.5	41.4	44.3	50.4	45.0
其他频道	6.5	5.7	6.7	5.8	6.6

表 3.5.2 2012 年甘肃市场各类频道在不同目标观众中的市场占有率（%）

目标观众		中央台频道	中国教育台频道	甘肃省级频道	其他省级卫视频道	其他频道
4 岁及以上所有人		41.1	1.7	5.6	45.0	6.6
城乡	城市	46.9	1.0	6.6	37.4	8.1
	农村	38.5	2.0	5.1	48.5	5.9
性别	男	43.7	1.7	5.9	42.0	6.8
	女	38.7	1.7	5.3	47.9	6.5
年龄	4—14 岁	43.9	1.7	3.8	45.9	4.8
	15—24 岁	33.4	1.7	5.1	52.8	7.0
	25—34 岁	39.2	1.7	4.6	46.1	8.5
	35—44 岁	37.5	1.8	5.9	48.0	6.7
	45—54 岁	41.0	1.8	5.6	46.0	5.5
	55—64 岁	46.4	1.3	6.7	37.2	8.3
	65 岁及以上	49.5	1.5	8.6	34.1	6.3
教育程度	未受过正规教育	42.4	1.8	5.2	42.5	8.0
	小学	39.3	1.9	5.4	48.3	5.1
	初中	38.3	1.6	6.0	47.0	7.1
	高中	48.3	1.4	6.1	37.1	7.1
	大学及以上	50.9	0.9	3.6	37.0	7.7
职业类别	干部/管理人员	50.1	0.4	5.2	38.2	6.0
	个体/私营企业人员	43.2	1.8	5.4	42.4	7.2
	初级公务员/雇员	53.5	1.1	4.3	33.0	8.1
	工人	45.3	1.2	4.9	39.0	9.6
	学生	39.4	1.8	4.4	49.8	4.6
	无业	53.9	1.0	5.5	32.6	7.1
	其他	34.5	2.0	6.3	50.5	6.7
个人月收入	0—300 元	40.1	1.9	4.8	47.4	5.7
	301—600 元	36.0	1.9	6.3	50.6	5.3
	601—900 元	37.5	2.3	6.4	47.7	6.2
	901—1200 元	40.7	1.6	6.1	44.1	7.5
	1201 元及以上	46.3	1.1	5.9	38.2	8.5

表 3.5.3 2012 年甘肃市场各类频道在不同时段的市场占有率（%）

时间段	中央台频道	中国教育台频道	甘肃省级频道	其他省级卫视频道	其他频道
02:00—03:00	32.0	1.3	1.9	50.9	13.9
03:00—04:00	31.9	0.7	2.3	58.6	6.5
04:00—05:00	32.9	0.4	2.6	58.6	5.5
05:00—06:00	48.9	0.1	2.8	45.0	3.2
06:00—07:00	54.8	0.5	2.7	40.3	1.7
07:00—08:00	63.7	0.5	2.1	31.8	2.0
08:00—09:00	50.7	0.7	3.3	41.6	3.6
09:00—10:00	41.6	0.9	3.7	48.4	5.4
10:00—11:00	40.4	1.0	3.6	48.4	6.5
11:00—12:00	45.3	0.8	3.5	43.5	6.8
12:00—13:00	63.5	0.5	3.0	28.1	5.0
13:00—14:00	50.5	0.8	3.5	39.2	6.0
14:00—15:00	33.8	0.8	4.0	54.6	6.8
15:00—16:00	32.1	0.7	4.3	55.4	7.5
16:00—17:00	33.7	0.6	5.9	51.8	8.0
17:00—18:00	48.1	0.6	5.8	39.4	6.1
18:00—19:00	60.2	0.5	12.0	19.2	8.1
19:00—20:00	57.3	1.7	5.0	30.6	5.4
20:00—21:00	29.2	2.9	6.1	55.3	6.5
21:00—22:00	30.3	2.2	6.0	54.1	7.4
22:00—23:00	31.3	1.0	6.9	50.9	9.9
23:00—24:00	33.8	0.6	5.4	50.8	9.5
24:00—25:00	39.4	0.3	5.5	42.3	12.5
25:00—26:00	37.2	0.2	9.3	35.4	17.9

表 3.5.4 2012 年甘肃市场收视份额排名前十位的频道

名次	频道名称	收视份额（%）
1	中央电视台综合频道	17.3
2	中央电视台少儿频道	5.4
3	湖南电视台卫星频道	3.9
4	中央台八套	3.7
5	山东卫视	3.6
6	中央台六套	2.9
7	甘肃卫视	2.7
8	安徽卫视	2.6
9	贵州卫视	2.5
9	江苏卫视	2.5

表 3.5.5　2012 年甘肃市场各主要频道的观众构成（%）

目标观众		所有频道	中央电视台综合频道	中央电视台少儿频道	湖南电视台卫星频道	中央台八套	山东卫视
4 岁及以上所有人		100.0	100.0	100.0	100.0	100.0	100.0
城乡	城市	31.7	35.7	24.1	29.1	35.7	26.1
	乡村	68.3	64.3	75.9	70.9	64.3	73.9
性别	男	49.3	51.6	51.9	34.6	44.9	46.2
	女	50.7	48.4	48.1	65.4	55.1	53.8
年龄	4—14 岁	17.1	14.0	62.3	16.3	8.8	15.2
	15—24 岁	11.7	9.1	4.9	23.0	11.3	12.4
	25—34 岁	14.0	13.2	11.2	16.7	13.9	14.1
	35—44 岁	20.3	18.6	9.0	21.0	23.0	22.0
	45—54 岁	15.0	15.9	2.7	13.2	19.5	15.9
	55—64 岁	11.6	14.3	5.2	5.5	13.8	11.7
	65 岁及以上	10.3	15.0	4.6	4.4	9.7	8.8
教育程度	未受过正规教育	13.6	14.1	29.0	9.3	11.0	16.1
	小学	30.7	28.9	44.8	28.4	24.9	31.7
	初中	37.1	35.5	18.4	41.8	37.7	40.0
	高中	14.9	17.1	6.3	15.5	21.8	10.9
	大学及以上	3.7	4.4	1.5	5.0	4.6	1.3
职业类别	干部/管理人员	0.7	0.7	0.2	1.5	0.8	0.4
	个体/私营企业人员	7.7	8.0	3.0	9.7	10.9	4.9
	初级公务员/雇员	4.0	5.5	1.5	4.5	6.2	1.9
	工人	5.4	5.5	3.3	4.0	8.1	4.5
	学生	17.1	13.6	41.5	25.1	10.4	15.8
	无业	18.9	23.6	29.1	12.0	21.9	13.0
	其他	46.1	43.1	21.4	43.2	41.6	59.4
个人月收入	0—300 元	39.6	37.6	73.2	45.5	25.1	41.3
	301—600 元	13.0	13.5	5.4	12.2	11.7	14.7
	601—900 元	9.2	9.8	4.1	8.9	11.1	10.1
	901—1200 元	11.0	10.7	7.0	11.2	11.6	10.6
	1201 元及以上	27.2	28.4	10.3	22.2	40.4	23.3

表 3.5.6　2010—2012 年甘肃市场各类节目的播出份额（%）和收视份额（%）

节目类别	2010 年		2011 年		2012 年	
	播出份额	收视份额	播出份额	收视份额	播出份额	收视份额
财经	3.1	0.7	2.9	0.7	2.3	0.5
电视剧	22.1	38.9	21.2	39.5	21.2	38.9
电影	3.0	2.4	3.5	2.2	3.9	2.6
法制	1.0	1.0	0.8	1.0	0.7	1.2
教学	0.5	0.1	0.4	0.0	0.4	0.0
青少	7.5	4.1	8.6	4.1	8.0	4.9
生活服务	8.0	6.2	9.2	7.9	9.7	8.6
体育	1.8	1.8	1.5	0.8	1.6	1.2
外语	0.2	0.1	0.0	0.0	0.0	0.0
戏剧	1.1	0.4	1.2	0.5	1.2	0.4
新闻/时事	14.2	13.0	13.6	11.5	14.7	12.3
音乐	2.9	0.5	3.1	0.7	2.8	0.7
专题	10.1	4.7	10.0	4.6	10.6	4.7
综艺	9.8	8.5	10.6	9.4	9.4	7.8
其他	14.7	17.9	13.5	17.3	13.6	16.4

表 3.5.7　2012 年甘肃市场所有节目收视率排名前三十位

名次	节目名称	节目类别	播出频道	平均收视率（%）	平均占有率（%）
1	2012 春节联欢晚会	综艺	中央电视台综合频道	31.8	67.4
2	新闻联播	新闻/时事	中央电视台综合频道	15.8	53.0
3	天气预报	生活服务	中央电视台综合频道	12.9	32.5
4	中国共产党第十八次全国代表大会专题新闻	新闻/时事	中央电视台综合频道	12.0	25.0
5	你好春天 2012 年文化部春节电视晚会	综艺	中央电视台综合频道	10.5	24.1
6	焦点访谈	新闻/时事	中央电视台综合频道	10.0	23.7
7	万家灯火平安夜公安部 2012 年春节电视文艺晚会	综艺	中央电视台综合频道	9.9	20.0
8	国门英雄	电视剧	中央电视台综合频道	8.4	17.2
9	阳光路上	电视剧	中央电视台综合频道	8.4	16.9
10	身边的感动	专题	中央电视台综合频道	8.1	18.1
11	生死依托	电视剧	中央电视台综合频道	7.8	18.1
12	福州月中华情 2012 年中央电视台中秋晚会	综艺	中央电视台综合频道	7.8	16.4
13	华彩湘西中央电视台心连心艺术团赴湖南湘西慰问演出	综艺	中央电视台综合频道	7.7	16.9
14	木府风云	电视剧	中央电视台综合频道	7.6	16.2
15	红旗渠的守望者	专题	中央电视台综合频道	7.5	16.8
16	五月的鲜花心中的歌儿唱给党 2012 全国大学生校园文艺会演	综艺	中央电视台综合频道	7.4	16.7
17	国歌	音乐	中央电视台综合频道	7.4	15.7
18	2012 年新年京剧晚会	戏剧	中央电视台综合频道	7.3	14.4
19	2012 年第 30 届奥运会羽毛球男单决赛	体育	中央电视台综合频道	7.2	15.8
20	阳光路上情满怀 2012 年军民迎新春文艺晚会	综艺	中央电视台综合频道	7.2	14.5
21	星光大道	综艺	中央电视台综合频道	7.1	15.1
22	为人民放歌纪念毛泽东同志在延安文艺座谈会上的讲话发表 70 年晚会	综艺	中央电视台综合频道	7.0	16.5
23	为祖国放歌第十二届精神文明建设五个一工程颁奖晚会	综艺	中央电视台综合频道	6.9	14.2
24	开学第一课	青少	中央电视台综合频道	6.7	13.7
25	薛平贵与王宝钏	电视剧	贵州卫视	6.6	17.5
26	盛世中华第四届全国少数民族文艺会演开幕式文艺演出	综艺	中央电视台综合频道	6.5	15.9
27	寻找最美乡村教师大型公益活动颁奖典礼	综艺	中央电视台综合频道	6.5	13.5
28	一年又一年	专题	中央电视台综合频道	6.4	33.6
29	2012 年第 30 届奥运会乒乓球女单 1/4 决赛	体育	中央电视台综合频道	6.4	13.5
30	中华之光传播中华文化年度人物评选	专题	中央电视台综合频道	6.2	11.1

表 3.5.8　2012 年甘肃市场电视剧收视率排名前十位

名次	节目名称	播出频道	平均收视率（%）	平均占有率（%）
1	国门英雄	中央电视台综合频道	8.4	17.2
2	阳光路上	中央电视台综合频道	8.4	16.9
3	生死依托	中央电视台综合频道	7.8	18.1
4	木府风云	中央电视台综合频道	7.6	16.2
5	薛平贵与王宝钏	贵州卫视	6.6	17.5
6	知青	中央电视台综合频道	6.1	14.9
7	温州一家人	中央电视台综合频道	5.9	13.1
8	感动生命	中央电视台综合频道	5.6	11.5
9	长白山下我的家	中央电视台综合频道	5.5	12.6
10	誓言今生	中央电视台综合频道	5.5	10.4

表 3.5.9　2012 年甘肃市场新闻节目收视率排名前十位

名次	节目名称	播出频道	平均收视率（%）	平均占有率（%）
1	新闻联播	中央电视台综合频道	15.8	53.0
2	中国共产党第十八次全国代表大会专题新闻	中央电视台综合频道	12.0	25.0
3	焦点访谈	中央电视台综合频道	10.0	23.7
4	胡锦涛主席出席庆祝香港回归祖国十五周年文艺晚会	中央电视台综合频道	5.9	15.8
5	温家宝总理会见中外记者	中央电视台综合频道	5.9	11.9
6	新闻调查	中央电视台综合频道	3.1	7.2
7	两会视点	辽宁卫视	2.4	10.3
8	中国共产党贵州省第十一次代表大会	贵州卫视	2.4	4.9
9	甘肃新闻	甘肃卫视	1.9	12.9
10	关于对卫孺勤等 21 名同志进行任前公示的公告	甘肃卫视	1.3	3.2

表 3.5.10　2012 年甘肃市场专题节目收视率排名前十位

名次	节目名称	播出频道	平均收视率（%）	平均占有率（%）
1	身边的感动	中央电视台综合频道	8.1	18.1
2	红旗渠的守望者	中央电视台综合频道	7.5	16.8
3	一年又一年	中央电视台综合频道	6.4	33.6
4	中华之光传播中华文化年度人物评选	中央电视台综合频道	6.2	11.1
5	永远的雷锋	中央电视台综合频道	6.1	10.6
6	大鲁艺	中央电视台综合频道	5.9	13.4
7	法治的力量 2012 年度法治人物颁奖盛典	中央电视台综合频道	5.3	11.0
8	感动中国 2011 年度人物颁奖典礼	中央电视台综合频道	5.2	11.2
9	科学发展铸辉煌	中央电视台综合频道	5.2	9.6
10	信仰我们的故事	中央电视台综合频道	4.9	12.3

表 3.5.11 2012 年甘肃市场综艺节目收视率排名前十位

名次	节目名称	播出频道	平均收视率(%)	平均占有率(%)
1	2012 春节联欢晚会	中央电视台综合频道	31.8	67.4
2	你好春天 2012 年文化部春节电视晚会	中央电视台综合频道	10.5	24.1
3	万家灯火平安夜公安部 2012 年春节电视文艺晚会	中央电视台综合频道	9.9	20.0
4	福州月中华情 2012 年中央电视台中秋晚会	中央电视台综合频道	7.8	16.4
5	华彩湘西中央电视台心连心艺术团赴湖南湘西慰问演出	中央电视台综合频道	7.7	16.9
6	五月的鲜花心中的歌儿唱给党 2012 全国大学生校园文艺会演	中央电视台综合频道	7.4	16.7
7	阳光路上情满怀 2012 年军民迎新春文艺晚会	中央电视台综合频道	7.2	14.5
8	星光大道	中央电视台综合频道	7.1	15.1
9	为人民放歌纪念毛泽东同志在延安文艺座谈会上的讲话发表 70 年晚会	中央电视台综合频道	7.0	16.5
10	为祖国放歌第十二届精神文明建设五个一工程颁奖晚会	中央电视台综合频道	6.9	14.2

表 3.5.12 2012 年甘肃市场体育节目收视率排名前十位

名次	节目名称	播出频道	平均收视率(%)	平均占有率(%)
1	2012 年第 30 届奥运会羽毛球男单决赛	中央电视台综合频道	7.2	15.8
2	2012 年第 30 届奥运会乒乓球女单 1/4 决赛	中央电视台综合频道	6.4	13.5
3	2012 年第 30 届奥运会田径比赛女子 1500 米预赛	中央电视台综合频道	6.2	13.0
4	现场直播：2012 年第 30 届奥运会男子 50 米步枪三姿决赛	中央电视台综合频道	6.0	12.2
5	2012 年第 30 届奥运会女子拳击 51 公斤级半决赛	中央电视台综合频道	6.0	12.2
6	2012 年第 30 届奥运会射击女子双向飞碟决赛	中央电视台综合频道	5.5	12.1
7	2012 年第 30 届奥运会男篮小组赛 B 组（澳大利亚 VS 中国）	中央电视台综合频道	5.4	13.6
8	现场直播：2012 年第 30 届奥运会女排 1/4 决赛（中国 VS 日本）	中央电视台综合频道	5.3	13.4
9	2012 年第 30 届奥运会艺术体操个人全能资格赛	中央电视台综合频道	5.3	12.6
10	2012 年第 30 届奥运会重剑女子个人 1/16 决赛	中央电视台综合频道	5.2	10.5

六、广东收视数据

表 3.6.1　2008—2012 年广东市场各类频道的市场占有率（%）

频道类别	年份				
	2008 年	2009 年	2010 年	2011 年	2012 年
中央台频道	19.3	18.3	17.3	16.1	18.7
中国教育台频道	0.4	0.3	0.3	0.4	0.4
广东省级频道	46.6	48.2	46.6	45.0	43.0
境外频道	12.1	10.1	7.9	7.7	6.1
其他省级卫视频道	7.8	9.8	12.9	15.5	16.5
其他频道	13.8	13.3	15.0	15.3	15.3

表 3.6.2　2012 年广东市场各类频道在不同目标观众中的市场占有率（%）

目标观众		中央台频道	中国教育台频道	广东省级频道	境外频道	其他省级卫视频道	其他频道
4 岁及以上所有人		18.7	0.4	43.0	6.1	16.5	15.3
城乡	城市	18.2	0.2	31.3	9.9	18.4	22.0
	农村	19.2	0.6	55.8	1.9	14.4	8.1
性别	男	20.3	0.4	44.2	5.8	14.6	14.7
	女	17.1	0.4	41.9	6.3	18.4	15.9
年龄	4—14 岁	17.5	0.4	53.7	2.9	14.3	11.2
	15—24 岁	15.9	0.4	38.3	6.9	23.3	15.2
	25—34 岁	18.3	0.3	37.5	8.0	18.3	17.6
	35—44 岁	20.0	0.5	41.8	5.7	17.7	14.3
	45—54 岁	19.2	0.4	38.6	7.2	16.7	17.9
	55—64 岁	21.2	0.3	42.2	7.7	12.1	16.5
	65 岁及以上	19.3	0.5	47.6	5.4	11.3	15.9
教育程度	未受过正规教育	17.1	0.4	56.9	3.3	10.2	12.1
	小学	16.7	0.4	52.6	4.5	13.3	12.5
	初中	19.4	0.5	41.3	5.1	18.5	15.2
	高中	19.4	0.4	32.9	8.7	19.3	19.3
	大学及以上	22.9	0.3	25.0	12.3	20.0	19.5
职业类别	干部/管理人员	22.2	0.3	28.2	9.4	18.2	21.7
	个体/私营企业人员	21.6	0.5	38.3	5.8	19.7	14.1
	初级公务员/雇员	21.0	0.5	27.7	9.8	19.9	21.1
	工人	17.5	0.3	41.0	8.0	15.9	17.3
	学生	16.9	0.5	48.5	3.8	18.7	11.6
	无业	18.5	0.3	43.2	6.8	14.7	16.5
	其他	18.4	0.4	54.8	2.7	11.9	11.8
个人月收入	0—300 元	17.3	0.5	49.5	4.2	16.0	12.5
	301—600 元	16.5	0.4	56.9	2.7	11.3	12.2
	601—900 元	19.0	0.4	44.2	5.5	16.0	14.9
	901—1200 元	16.1	0.3	43.3	6.7	14.9	18.7
	1201 元及以上	21.3	0.4	32.3	8.9	18.4	18.7

表 3. 6. 3 2012 年广东市场各类频道在不同时段的市场占有率(%)

时间段	中央台频道	中国教育台频道	广东省级频道	境外频道	其他省级卫视频道	其他频道
02:00—03:00	25. 3	0. 7	23. 1	6. 8	30. 9	13. 2
03:00—04:00	26. 3	0. 6	26. 8	6. 2	27. 2	12. 9
04:00—05:00	28. 3	0. 3	28. 4	5. 8	24. 9	12. 3
05:00—06:00	29. 0	0. 3	27. 9	7. 1	22. 7	13. 0
06:00—07:00	28. 7	0. 2	35. 5	9. 0	14. 2	12. 4
07:00—08:00	27. 4	0. 1	42. 7	5. 8	9. 4	14. 6
08:00—09:00	27. 1	0. 2	35. 0	4. 6	16. 6	16. 5
09:00—10:00	26. 8	0. 3	36. 3	2. 5	20. 4	13. 7
10:00—11:00	27. 0	0. 6	33. 4	2. 9	23. 6	12. 5
11:00—12:00	26. 4	0. 3	36. 0	4. 2	21. 4	11. 7
12:00—13:00	23. 7	0. 3	36. 9	6. 8	17. 8	14. 5
13:00—14:00	20. 8	0. 5	43. 5	4. 1	18. 5	12. 6
14:00—15:00	22. 1	0. 7	35. 9	4. 4	23. 8	13. 1
15:00—16:00	23. 2	0. 5	33. 1	4. 0	24. 9	14. 3
16:00—17:00	24. 1	0. 3	32. 4	3. 6	25. 6	14. 0
17:00—18:00	25. 8	0. 5	35. 0	4. 0	20. 9	13. 8
18:00—19:00	18. 4	0. 1	50. 3	6. 8	5. 2	19. 2
19:00—20:00	14. 0	0. 3	59. 2	3. 7	6. 1	16. 7
20:00—21:00	13. 0	0. 6	54. 4	5. 5	13. 0	13. 5
21:00—22:00	15. 6	0. 6	40. 6	9. 8	18. 0	15. 4
22:00—23:00	15. 5	0. 4	30. 8	11. 6	22. 9	18. 8
23:00—24:00	17. 9	0. 2	33. 1	6. 4	25. 1	17. 3
24:00—25:00	21. 6	0. 2	26. 7	6. 4	28. 0	17. 1
25:00—26:00	22. 0	0. 5	27. 4	7. 0	28. 1	15. 0

表 3. 6. 4 2012 年广东市场收视份额排名前十位的频道

名次	频道名称	收视份额(%)
1	广东电视台珠江频道	15. 5
2	南方电视台经济频道	5. 1
3	翡翠台(中文)(有线网转播)	4. 1
4	湖南电视台卫星频道	3. 7
5	广东卫视	3. 4
6	南方电视台影视频道	3. 0
7	广东电视台嘉佳卡通频道	2. 9
7	南方电视台少儿频道	2. 9
9	南方卫视 TVS—2	2. 8
10	中央电视台综合频道	2. 7

表 3.6.5 2012 年广东市场主要频道的观众构成（%）

目标观众		所有频道	主要频道				
			广东电视台珠江频道	南方电视台经济频道	翡翠台(中文)(有线网转播)	湖南电视台卫星频道	广东卫视
4 岁及以上所有人		100.0	100.0	100.0	100.0	100.0	100.0
城乡	城市	52.2	27.1	26.7	92.9	59.4	27.6
	农村	47.8	72.9	73.3	7.1	40.6	72.4
性别	男	49.6	48.8	51.4	43.4	33.3	46.8
	女	50.4	51.2	48.6	56.6	66.7	53.2
年龄	4—14 岁	20.2	22.9	15.6	8.4	21.3	29.2
	15—24 岁	12.1	9.5	10.9	15.7	25.2	11.0
	25—34 岁	15.5	13.6	12.0	23.3	15.9	11.2
	35—44 岁	15.8	15.4	17.2	13.9	16.9	17.9
	45—54 岁	17.4	17.8	18.7	19.8	11.8	15.5
	55—64 岁	11.2	11.8	15.5	12.8	4.9	6.3
	65 岁及以上	7.8	9.0	10.1	6.1	4.0	8.9
教育程度	未受过正规教育	9.2	12.6	8.7	4.5	5.1	10.7
	小学	28.8	39.5	27.9	20.3	26.2	35.0
	初中	34.4	31.4	40.4	29.2	39.2	38.3
	高中	19.3	13.5	16.8	28.0	20.8	12.3
	大学及以上	8.3	3.0	6.2	18.0	8.7	3.7
职业类别	干部/管理人员	2.8	1.0	3.2	4.2	2.7	1.6
	个体/私营企业人员	11.5	9.3	11.6	9.4	12.3	8.9
	初级公务员/雇员	9.7	5.1	6.6	16.6	11.1	6.2
	工人	15.8	15.9	13.1	23.7	16.0	11.7
	学生	20.1	20.3	15.1	11.9	33.0	26.4
	无业	26.6	23.7	29.8	30.6	16.7	23.3
	其他	13.5	24.7	20.6	3.6	8.2	21.9
个人月收入	0—300 元	44.8	50.6	48.2	29.8	49.5	55.0
	301—600 元	6.1	12.3	8.6	2.1	3.7	6.4
	601—900 元	5.1	6.3	5.9	4.7	5.2	6.0
	901—1200 元	7.8	8.1	9.1	9.7	6.2	8.8
	1201 元及以上	36.2	22.7	28.2	53.7	35.4	23.8

表 3.6.6 2010—2012 年广东市场各类节目的播出份额（%）和收视份额（%）

节目类型	2010 年		2011 年		2012 年	
	播出份额	收视份额	播出份额	收视份额	播出份额	收视份额
财经	2.5	0.6	2.4	0.6	2.1	0.4
电视剧	27.7	36.1	27.3	36.0	20.9	36.8
电影	4.4	6.8	3.2	5.5	4.0	4.3
法制	0.9	1.0	0.9	0.9	0.8	0.5
教学	0.6	0.1	0.5	0.1	0.3	0.0
青少	6.7	6.0	7.0	7.3	7.1	6.3
生活服务	7.9	5.7	8.6	6.1	9.1	6.2
体育	3.1	4.4	2.9	3.2	2.4	3.3
外语	0.2	0.0	0.1	0.0	0.0	0.0
戏剧	1.1	0.6	1.1	0.7	0.9	0.5
新闻/时事	10.8	11.2	10.1	11.0	15.0	13.2
音乐	2.8	0.6	1.7	0.5	2.4	0.7
专题	9.3	5.0	10.1	5.2	11.6	5.3
综艺	7.2	8.3	7.4	8.8	8.5	8.7
其他	14.8	13.6	16.7	14.2	14.7	13.7

表 3.6.7　2012 年广东市场所有节目收视率排名前三十位

名次	节目名称	节目类型	播出频道	平均收视率（%）	平均占有率（%）
1	薛平贵与王宝钏	电视剧	广东电视台珠江频道	13.8	36.6
2	怪侠欧阳德	电视剧	广东电视台珠江频道	13.1	32.8
3	桃花劫	电视剧	广东电视台珠江频道	11.5	32.4
4	天涯赤子心	电视剧	广东电视台珠江频道	11.1	29.6
5	还珠格格之人儿何处归	电视剧	广东电视台珠江频道	11.0	27.4
6	爱可以重来	电视剧	广东电视台珠江频道	10.5	29.6
7	错嫁	电视剧	广东电视台珠江频道	10.5	28.8
8	如意	电视剧	广东电视台珠江频道	10.3	29.3
9	还珠格格之风儿阵阵吹	电视剧	广东电视台珠江频道	10.2	24.9
10	刁蛮新娘	电视剧	广东电视台珠江频道	9.8	29.3
11	笑红颜	电视剧	广东电视台珠江频道	9.8	26.3
12	血色恋情	电视剧	广东电视台珠江频道	9.4	24.8
13	步步惊心	电视剧	广东电视台珠江频道	9.1	23.8
14	幸福长鹿闹元宵广东电视台珠江频道 2012 年元宵晚会	综艺	广东电视台珠江频道	9.1	21.5
15	好女春华	电视剧	广东电视台珠江频道	8.7	23.5
16	还珠格格之燕儿翩翩飞	电视剧	广东电视台珠江频道	8.6	22.2
17	大唐女巡按	电视剧	广东电视台珠江频道	8.3	24.8
18	外来媳妇本地郎	电视剧	广东电视台珠江频道	8.3	24.1
19	宫锁珠帘	电视剧	广东电视台珠江频道	8.1	25.2
20	天气预报	生活服务	广东电视台珠江频道	7.6	28.3
21	龙腾贺岁万家欢	综艺	广东电视台珠江频道	7.1	18.5
22	大驾光临	综艺	广东电视台珠江频道	7.0	17.3
23	粤韵风华中秋特别节目宝墨群星闹中秋	综艺	广东电视台珠江频道	6.9	20.0
24	2012 春节联欢晚会	综艺	中央电视台综合频道	6.7	18.4
25	叮王争霸我要上春晚	综艺	广东电视台珠江频道	6.7	18.3
26	雪狼谷	电视剧	南方电视台经济频道	6.5	15.9
27	杀狼花	电视剧	南方电视台经济频道	6.4	15.9
28	今日关注	新闻/时事	广东电视台珠江频道	6.1	19.1
29	铁血使命	电视剧	南方电视台经济频道	6.1	15.4
30	遍地狼烟	电视剧	南方电视台经济频道	6.0	16.0

表 3.6.8　2012 年广东电视剧收视率排名前十位

名次	节目名称	播出频道	平均收视率（%）	平均占有率（%）
1	薛平贵与王宝钏	广东电视台珠江频道	13.8	36.6
2	怪侠欧阳德	广东电视台珠江频道	13.1	32.8
3	桃花劫	广东电视台珠江频道	11.5	32.4
4	天涯赤子心	广东电视台珠江频道	11.1	29.6
5	还珠格格之人儿何处归	广东电视台珠江频道	11.0	27.4
6	爱可以重来	广东电视台珠江频道	10.5	29.6
7	错嫁	广东电视台珠江频道	10.5	28.8
8	如意	广东电视台珠江频道	10.3	29.3
9	还珠格格之风儿阵阵吹	广东电视台珠江频道	10.2	24.9
10	刁蛮新娘	广东电视台珠江频道	9.8	29.3

表 3.6.9　2012 年广东市场新闻节目收视率排名前十位

名次	节目名称	播出频道	平均收视率（%）	平均占有率（%）
1	今日关注	广东电视台珠江频道	6.1	19.1
2	珠江新闻眼	广东电视台珠江频道	3.6	19.2
3	2012 行政长官候选人答问大会	翡翠台（中文）（有线网转播）	2.0	5.3
4	台湾选战	翡翠台（中文）（有线网转播）	1.8	4.5
5	今日 1 线	南方电视台经济频道	1.4	4.8
6	2012 国际大事回顾	翡翠台（中文）（有线网转播）	1.4	3.6
7	广东新闻联播	广东卫视	1.3	3.6
8	2012 香港大事回顾	翡翠台（中文）（有线网转播）	1.1	3.1
9	特首选战	翡翠台（中文）（有线网转播）	1.1	3.0
10	2012 两岸大事回顾	翡翠台（中文）（有线网转播）	1.1	2.6

表 3.6.10　2012 年广东市场专题节目收视率排名前十位

名次	节目名称	播出频道	平均收视率（%）	平均占有率（%）
1	真实故事	南方电视台经济频道	2.0	5.9
2	建设文化强省系列节目岭南文化名城行	广东电视台珠江频道	1.8	8.2
3	酷我真声音	浙江卫视	1.5	9.0
4	香港演义	翡翠台（中文）（有线网转播）	1.3	3.5
5	功夫传奇再战江湖	翡翠台（中文）（有线网转播）	1.1	2.7
6	盛女爱作战	翡翠台（中文）（有线网转播）	1.0	6.2
7	冠军面对面	广东电视台珠江频道	1.0	4.9
8	i 节电 i 未来四大名校节电先锋擂台赛	南方卫视 TVS—2	1.0	3.6
9	一年又一年	中央电视台综合频道	1.0	3.5
10	开馆有益	翡翠台（中文）（有线网转播）	1.0	2.6

表 3.6.11　2012 年广东市场综艺节目收视率排名前十位

名次	节目名称	播出频道	平均收视率(%)	平均占有率(%)
1	幸福长鹿闹元宵广东电视台珠江频道2012 年元宵晚会	广东电视台珠江频道	9.1	21.5
2	龙腾贺岁万家欢	广东电视台珠江频道	7.1	18.5
3	大驾光临	广东电视台珠江频道	7.0	17.3
4	粤韵风华中秋特别节目宝墨群星闹中秋	广东电视台珠江频道	6.9	20.0
5	2012 春节联欢晚会	中央电视台综合频道	6.7	18.4
6	叮王争霸我要上春晚	广东电视台珠江频道	6.7	18.3
7	智叻 SHOW	广东电视台珠江频道	5.8	14.3
8	麦王争霸粤语歌唱大汇有你撑场粤唱越响（1 月 14 日，总决赛）	广东电视台珠江频道	4.1	19.6
9	万千星辉颁奖典礼 2012	翡翠台(中文)(有线网转播)	3.8	12.6
10	麦王星会粤语歌唱大汇	广东电视台珠江频道	3.7	13.9

表 3.6.12　2012 年广东市场体育节目收视率排名前十位

名次	节目名称	播出频道	平均收视率(%)	平均占有率(%)
1	2012 年第 30 届奥运会体操女子高低杠决赛	中央台五套	5.5	19.9
2	2012 年第 30 届奥运会跳水男子双人 10 米跳台决赛	中央台五套	4.7	20.4
3	2012 年第 30 届奥运会羽毛球男单决赛	中央电视台综合频道	4.3	11.6
4	奥运会体操女子平衡木颁奖仪式	中央台五套	4.2	18.7
5	2012 年第 30 届奥运会赛艇女子单人双桨决赛	中央台五套	4.2	12.4
6	2012 年第 30 届奥运会田径预赛（8 月 4 日）	中央台五套	3.9	13.6
7	2012 年第 30 届奥运会游泳预赛（7 月 31 日）	中央台五套	3.6	10.6
8	现场直播：2012 年第 30 届奥运会乒乓球男单决赛	中央台五套	3.2	21.0
9	2012 年第 30 届奥运会射击女子 10 米气步枪决赛	中央台五套	3.2	8.1
10	奥运游泳日记伦敦奥运会特别节目	中央台五套	3.1	9.3

七、广西收视数据

表 3.7.1　2008—2012 年广西市场各类频道的市场占有率（%）

频道类别	年份				
	2008 年	2009 年	2010 年	2011 年	2012 年
中央台频道	27.6	25.6	27.4	28.2	30.6
中国教育台频道	0.1	0.3	0.6	1.0	1.3
广西自治区级频道	38.2	35.0	30.2	26.4	26.3
其他省级卫视频道	18.4	24.6	27.2	32.6	31.2
其他频道	15.7	14.5	14.6	11.8	10.6

表 3.7.2　2012 年广西市场各类频道在不同目标观众中的市场占有率（%）

目标观众		中央台频道	中国教育台频道	广西自治区级频道	其他省级卫视频道	其他频道
4 岁及以上所有人		30.6	1.3	26.3	31.2	10.6
城乡	城市	34.8	1.6	22.6	30.9	10.1
	农村	28.7	1.1	27.9	31.3	11.0
性别	男	33.9	1.2	26.5	28.4	10.0
	女	27.2	1.3	26.0	34.0	11.5
年龄	4—14 岁	39.8	0.9	23.3	27.2	8.8
	15—24 岁	20.0	1.1	21.7	44.8	12.4
	25—34 岁	29.2	1.4	26.7	32.3	10.4
	35—44 岁	26.5	1.7	27.9	33.9	10.0
	45—54 岁	27.5	1.6	28.4	32.4	10.1
	55—64 岁	30.8	1.2	29.2	26.8	12.0
	65 岁及以上	36.9	0.9	27.2	22.2	12.8
教育程度	未受过正规教育	42.5	0.9	23.5	23.4	9.7
	小学	30.6	1.2	27.2	30.3	10.7
	初中	26.1	1.3	28.3	33.3	11.0
	高中	32.6	1.3	22.7	32.6	10.8
	大学及以上	47.4	1.4	16.6	26.5	8.1
职业类别	干部/管理人员	47.4	1.7	19.6	22.3	9.0
	个体/私营企业人员	29.3	2.1	27.0	29.8	11.8
	初级公务员/雇员	40.2	1.2	23.5	26.7	8.4
	工人	24.9	1.5	31.9	29.2	12.5
	学生	36.3	0.9	24.3	29.3	9.2
	无业	40.0	1.0	21.0	27.6	10.4
	其他	24.8	1.2	28.4	34.5	11.1
个人月收入	0—300 元	31.9	1.1	24.0	31.3	11.7
	301—600 元	23.1	1.6	26.0	39.6	9.7
	601—900 元	24.4	1.6	31.1	32.2	10.7
	901—1200 元	28.8	1.5	30.4	29.6	9.7
	1201 元及以上	35.7	1.1	26.1	27.0	10.1

表 3.7.3 2012 年广西市场各类频道在不同时段的市场占有率(%)

时间段	中央台频道	中国教育台频道	广西自治区级频道	其他省级卫视频道	其他频道
02:00—03:00	50.7	0.6	12.3	23.5	12.9
03:00—04:00	52.4	0.6	16.1	19.6	11.3
04:00—05:00	48.3	0.7	13.2	28.5	9.3
05:00—06:00	47.4	0.2	10.8	28.5	13.1
06:00—07:00	58.1	0.1	14.4	17.4	10.0
07:00—08:00	56.1	0.3	14.0	20.0	9.6
08:00—09:00	48.4	0.4	14.4	28.6	8.2
09:00—10:00	44.8	0.5	13.9	32.6	8.2
10:00—11:00	42.1	0.7	14.0	34.8	8.4
11:00—12:00	41.8	0.5	13.6	35.7	8.4
12:00—13:00	45.5	0.4	16.0	31.8	6.3
13:00—14:00	36.3	0.6	18.3	37.3	7.5
14:00—15:00	32.7	0.8	16.7	41.8	8.0
15:00—16:00	33.7	0.7	14.7	42.8	8.1
16:00—17:00	38.8	1.3	14.3	37.5	8.1
17:00—18:00	48.2	1.0	17.5	25.4	7.9
18:00—19:00	37.2	0.3	36.0	12.8	13.7
19:00—20:00	29.4	1.3	38.4	18.1	12.8
20:00—21:00	21.5	2.0	31.5	33.6	11.4
21:00—22:00	24.4	1.8	22.1	39.8	11.9
22:00—23:00	25.1	1.4	21.6	42.3	9.6
23:00—24:00	22.5	0.7	24.1	44.8	7.9
24:00—25:00	33.1	0.3	23.6	34.5	8.5
25:00—26:00	34.9	0.3	24.0	31.0	9.8

表 3.7.4 2012 年广西市场收视份额排名前十位的频道

名次	频道名称	收视份额(%)
1	广西电视台综艺频道	10.2
2	中央电视台少儿频道	7.8
3	中央电视台综合频道	7.0
4	广西电视台卫星频道	6.5
5	湖南电视台卫星频道	6.2
6	广西电视台科教频道	3.5
7	安徽卫视	2.9
8	广西电视台影视频道	2.6
9	广西电视台都市频道	2.5
9	江苏卫视	2.5

表 3.7.5 2012 年广西市场各主要频道的观众构成（%）

目标观众		所有频道	主要频道				
			广西电视台综艺频道	中央电视台少儿频道	中央电视台综合频道	广西电视台卫星频道	湖南电视台卫星频道
4 岁及以上所有人		100.0	100.0	100.0	100.0	100.0	100.0
城乡	城市	30.8	22.1	23.0	43.2	18.4	27.0
	农村	69.2	77.9	77.0	56.8	81.6	73.0
性别	男	50.6	52.2	55.8	54.1	51.1	33.8
	女	49.4	47.8	44.2	45.9	48.9	66.2
年龄	4—14 岁	19.8	18.3	69.7	15.2	16.3	15.7
	15—24 岁	11.6	8.4	4.7	7.8	11.7	28.8
	25—34 岁	11.6	9.9	7.5	10.8	10.6	16.1
	35—44 岁	17.7	18.4	6.7	17.2	17.0	18.0
	45—54 岁	15.6	18.5	2.6	16.8	17.7	11.7
	55—64 岁	11.7	14.8	4.4	14.8	12.5	5.5
	65 岁及以上	11.9	11.9	4.3	17.3	14.2	4.2
教育程度	未受过正规教育	6.9	5.2	23.1	6.1	7.9	3.5
	小学	33.9	36.8	56.4	27.4	36.0	27.9
	初中	40.6	44.5	14.4	39.6	44.7	47.4
	高中	14.4	11.9	5.1	18.4	8.8	17.8
	大学及以上	4.2	1.5	1.0	8.6	2.6	3.5
职业类别	干部/管理人员	1.0	0.7	0.2	2.2	0.4	0.6
	个体/私营企业人员	9.8	9.2	4.0	12.7	8.6	10.8
	初级公务员/雇员	3.1	2.2	0.9	4.8	1.8	2.8
	工人	7.0	10.5	2.7	6.8	7.6	9.1
	学生	17.1	16.7	51.1	13.1	13.7	17.8
	无业	17.7	12.6	24.1	22.6	10.8	12.0
	其他	44.3	48.1	17.0	37.8	57.1	46.9
个人月收入	0—300 元	43.0	39.5	82.7	35.5	42.3	47.1
	301—600 元	11.9	10.6	3.7	11.5	17.2	11.7
	601—900 元	10.4	12.8	3.2	9.6	12.6	11.1
	901—1200 元	12.1	14.3	3.9	13.6	10.7	8.4
	1201 元及以上	22.5	22.7	6.5	29.9	17.1	21.6

表 3.7.6 2010—2012 年广西电视收视市场各类节目的播出份额（%）和收视份额（%）

节目类别	2010 年		2011 年		2012 年	
	播出份额	收视份额	播出份额	收视份额	播出份额	收视份额
财经	2.9	0.5	2.7	0.5	2.3	0.4
电视剧	22.3	36.6	20.9	33.2	20.7	35.8
电影	3.0	1.8	4.1	3.4	4.8	3.9
法制	1.1	1.7	1.0	2.2	1.1	2.4
教学	0.5	0.1	0.4	0.1	0.3	0.1
青少	7.5	6.1	7.9	5.5	7.1	6.1
生活服务	7.9	6.5	8.1	8.0	8.4	8.2
体育	2.1	2.6	1.5	1.8	1.6	1.9
外语	0.1	0.0	0.0	0.0	0.0	0.0
戏剧	1.1	0.1	1.1	0.1	1.1	0.1
新闻/时事	14.2	11.1	13.5	10.4	15.0	9.7
音乐	2.9	0.6	3.0	0.7	2.7	0.7
专题	10.2	4.6	11.6	5.5	11.9	5.9
综艺	9.8	9.2	10.6	10.9	9.3	8.5
其他	14.5	18.5	13.7	17.7	13.9	16.5

表 3.7.7　2012 年广西市场所有节目收视率排名前三十位

名次	节目名称	节目类别	播出频道	平均收视率(%)	平均占有率(%)
1	2012 春节联欢晚会	综艺	中央电视台综合频道	12.3	39.0
2	红色风暴	电视剧	广西电视台综艺频道	8.9	21.1
3	一门三司令	电视剧	广西电视台综艺频道	8.6	19.6
4	独立纵队	电视剧	广西电视台综艺频道	7.8	20.4
5	幸福妈妈	电视剧	湖南电视台卫星频道	7.8	19.7
6	我的抗战	电视剧	广西电视台综艺频道	7.7	19.5
7	神枪	电视剧	广西电视台综艺频道	7.6	21.4
8	平原烽火	电视剧	广西电视台综艺频道	7.6	17.7
9	红色黎明	电视剧	广西电视台综艺频道	7.5	17.9
10	红色尖刀	电视剧	广西电视台综艺频道	7.4	18.2
11	三进山城	电视剧	广西电视台综艺频道	7.2	18.9
11	血雨母子情	电视剧	广西电视台综艺频道	7.2	18.9
13	锁侠	电视剧	广西电视台综艺频道	7.1	16.5
14	最后一枪	电视剧	广西电视台综艺频道	6.8	18.2
15	抗日奇侠	电视剧	广西电视台综艺频道	6.8	17.5
15	干得漂亮	电视剧	广西电视台综艺频道	6.8	17.5
17	代号十三钗	电视剧	广西电视台综艺频道	6.7	18.4
18	龙巡天下	电视剧	广西电视台综艺频道	6.5	15.2
19	水浒传	电视剧	广西电视台综艺频道	6.3	14.4
20	蝴蝶行动	电视剧	广西电视台综艺频道	6.1	15.6
21	黎明追剿	电视剧	广西电视台综艺频道	6.0	14.3
22	致命名单	电视剧	广西电视台综艺频道	5.6	15.2
22	决战前	电视剧	广西电视台综艺频道	5.6	15.2
24	麻辣女兵	电视剧	湖南电视台卫星频道	5.4	14.3
25	2012 年第 30 届奥运会男子双杠决赛	体育	中央台五套	5.4	13.6
26	一触即发	电视剧	广西电视台卫星频道	5.4	13.0
27	新闻联播	新闻/时事	中央电视台综合频道	5.3	16.5
28	杀狼花	电视剧	广西电视台卫星频道	5.3	12.6
29	2012 年第 30 届奥运会女子 4×200 米自由泳接力预赛	体育	中央台五套	5.1	11.3
29	2012 年第 30 届奥运会羽毛球男单决赛	体育	中央电视台综合频道	5.1	11.3

表 3.7.8　2012 年广西市场电视剧收视率排名前十位

名次	节目名称	播出频道	平均收视率(%)	平均占有率(%)
1	红色风暴	广西电视台综艺频道	8.9	21.1
2	一门三司令	广西电视台综艺频道	8.6	19.6
3	独立纵队	广西电视台综艺频道	7.8	20.4
4	幸福妈妈	湖南电视台卫星频道	7.8	19.7
5	我的抗战	广西电视台综艺频道	7.7	19.5
6	神枪	广西电视台综艺频道	7.6	21.4
7	平原烽火	广西电视台综艺频道	7.6	17.7
8	红色黎明	广西电视台综艺频道	7.5	17.9
9	红色尖刀	广西电视台综艺频道	7.4	18.2
10	三进山城	广西电视台综艺频道	7.2	18.9

表 3.7.9 2012 年广西市场新闻节目收视率排名前十位

名次	节目名称	播出频道	平均收视率（%）	平均占有率（%）
1	新闻联播	中央电视台综合频道	5.3	16.5
2	广西新闻	广西电视台卫星频道	3.1	7.5
3	焦点访谈	中央电视台综合频道	2.8	6.7
4	中国共产党第十八次全国代表大会专题新闻	中央电视台综合频道	2.4	5.6
5	转播中央台新闻联播	广西电视台卫星频道	1.7	5.5
6	温家宝总理会见中外记者	中央电视台综合频道	1.6	3.8
7	新闻在线	广西电视台都市频道	1.3	4.1
8	新闻联播	中央电视台新闻频道	1.0	3.3
9	太空新旅进驻天宫天宫一号与神舟九号载人交会对接任务特别报道	中央电视台综合频道	0.9	9.8
10	新闻夜总汇	广西电视台卫星频道	0.8	4.4

表 3.7.10 2012 年广西市场专题类节目收视率排名前十位

名次	节目名称	播出频道	平均收视率（%）	平均占有率（%）
1	科学发展辉煌十年百色撤地设市十年成就掠影	广西电视台综艺频道	4.3	10.6
2	军情解码	广西电视台综艺频道	3.5	9.3
3	一年又一年	中央电视台综合频道	2.6	16.1
4	第十一届汉语桥世界大学生中文比赛决赛第二场	湖南电视台卫星频道	2.1	5.1
5	身边的感动	中央电视台综合频道	2.1	4.9
6	红旗渠的守望者	中央电视台综合频道	2.0	6.3
7	大鲁艺	中央电视台综合频道	1.9	4.5
8	纪录广西	广西电视台综艺频道	1.8	5.5
9	奥运风云会	中央电视台综合频道	1.7	8.5
10	知音人间	广西电视台综艺频道	1.7	4.9

表 3.7.11 2012 年广西市场综艺节目收视率排名前十位

名次	节目名称	播出频道	平均收视率（%）	平均占有率（%）
1	2012 春节联欢晚会	中央电视台综合频道	12.3	39.0
2	龙腾八桂闹新春广西电视台 2012 春节联欢晚会	广西电视台卫星频道	3.8	10.9
3	中国金鹰电视艺术节开幕式文艺晚会	湖南电视台卫星频道	3.5	9.2
4	快乐大本营	湖南电视台卫星频道	3.4	9.4
5	欢乐柳州向前冲	广西电视台综艺频道	3.4	9.0
6	2012 阳朔漓江渔火节达人喜乐汇	广西电视台综艺频道	3.2	8.0
7	我爱主持人第九届中国金鹰电视艺术节主持人盛典	湖南电视台卫星频道	3.1	9.6
8	大地飞歌 2012 第 14 届南宁国际民歌艺术节	广西电视台综艺频道	3.0	13.9
9	你好春天 2012 年文化部春节电视晚会	中央电视台综合频道	3.0	8.7
10	疯狂 e 戏代一周发哥秀	广西电视台综艺频道	2.9	7.0

表 3.7.12 2012 年广西市场体育节目收视率排名前十位

名次	节目名称	播出频道	平均收视率(%)	平均占有率(%)
1	2012 年第 30 届奥运会男子双杠决赛	中央台五套	5.4	13.6
2	2012 年第 30 届奥运会女子 4×200 米自由泳接力预赛	中央台五套	5.1	11.3
2	2012 年第 30 届奥运会羽毛球男单决赛	中央电视台综合频道	5.1	11.3
4	2012 年第 30 届奥运会田径比赛女子 1500 米预赛	中央电视台综合频道	4.8	9.5
5	现场直播：2012 年第 30 届奥运会女排 1/4 决赛（中国 VS 日本）	中央电视台综合频道	4.6	12.3
6	2012 年第 30 届奥运会赛艇女子单人双桨 1/4 决赛第三组	中央台五套	4.6	9.8
7	现场直播：2012 年第 30 届奥运会男子 50 米步枪三姿决赛	中央电视台综合频道	4.6	9.7
8	2012 年伦敦奥运会男子双杠颁奖仪式	中央台五套	4.5	14.5
9	2012 年第 30 届奥运会男篮小组赛 B 组（中国 VS 俄罗斯）	中央台五套	4.5	11.2
10	实况录像：2012 年第 30 届奥运会乒乓球男单 1/4 决赛	中央台五套	4.4	10.4

八、贵州收视数据

表 3.8.1 2008—2012 年贵州市场各类频道的市场占有率（%）

频道类别	年份				
	2008 年	2009 年	2010 年	2011 年	2012 年
中央台频道	31.5	30.5	28.5	27.7	30.1
中国教育台频道	0.5	0.6	0.8	1.1	1.2
贵州省级频道	18.3	19.3	22.2	20.5	20.1
其他省级卫视频道	41.7	42.7	41.5	45.2	43.5
其他频道	8.1	6.9	7.0	5.5	5.1

表 3.8.2 2012 年贵州市场各类频道在不同目标观众中的市场占有率（%）

目标观众		中央台频道	中国教育台频道	贵州省级频道	其他省级卫视频道	其他频道
4 岁及以上所有人		30.1	1.2	20.1	43.5	5.1
城乡	城市	35.6	0.6	18.0	36.2	9.6
	农村	29.1	1.3	20.4	44.8	4.4
性别	男	32.0	1.3	20.3	41.4	5.0
	女	28.3	1.0	19.8	45.5	5.4
年龄	4—14 岁	29.5	1.3	14.1	51.0	4.1
	15—24 岁	24.0	1.4	19.5	49.0	5.1
	25—34 岁	28.7	1.0	21.3	43.9	5.1
	35—44 岁	27.0	1.3	19.8	47.4	4.5
	45—54 岁	28.4	1.1	25.9	38.3	6.3
	55—64 岁	34.6	0.9	23.0	36.0	5.5
	65 岁及以上	41.7	0.9	20.3	31.0	6.1
教育程度	未受过正规教育	30.0	1.2	20.2	43.8	4.8
	小学	28.6	1.4	19.1	46.2	4.7
	初中	29.2	1.1	21.0	43.2	5.5
	高中	33.3	0.7	19.8	40.1	6.1
	大学及以上	45.8	0.3	19.0	28.9	6.0
职业类别	干部/管理人员	42.9	0.6	16.6	35.1	4.8
	个体/私营企业人员	26.8	0.4	24.6	41.7	6.5
	初级公务员/雇员	35.7	0.3	22.2	35.0	6.8
	工人	31.1	0.8	24.9	37.0	6.2
	学生	27.8	1.5	14.9	51.7	4.1
	无业	39.5	0.5	19.2	34.6	6.2
	其他	25.5	1.7	22.0	46.1	4.7
个人月收入	0—300 元	28.1	1.5	18.0	48.3	4.1
	301—600 元	25.5	1.3	22.5	44.4	6.3
	601—900 元	30.3	1.0	23.0	40.6	5.1
	901—1200 元	30.4	1.1	21.2	40.3	7.0
	1201 元及以上	35.0	0.6	21.3	36.7	6.4

表 3.8.3　2012 年贵州市场各类频道在不同时段的市场占有率（%）

时间段	中央台频道	中国教育台频道	贵州省级频道	其他省级卫视频道	其他频道
02:00—03:00	38.4	0.6	10.7	34.9	15.4
03:00—04:00	42.5	0.2	8.5	36.6	12.2
04:00—05:00	37.6	0.5	11.5	44.5	5.9
05:00—06:00	38.8	0.6	13.9	42.6	4.1
06:00—07:00	52.7	0.9	10.2	32.6	3.6
07:00—08:00	50.2	0.8	9.0	36.8	3.2
08:00—09:00	41.7	0.5	8.9	44.0	4.9
09:00—10:00	37.3	0.7	9.1	46.5	6.4
10:00—11:00	35.6	0.7	9.1	48.1	6.5
11:00—12:00	36.0	0.6	8.2	48.4	6.8
12:00—13:00	41.1	0.6	8.1	44.2	6.0
13:00—14:00	35.5	0.7	8.1	48.6	7.1
14:00—15:00	29.6	0.8	5.5	55.3	8.8
15:00—16:00	29.9	0.6	5.1	55.8	8.6
16:00—17:00	32.7	0.8	6.6	53.1	6.8
17:00—18:00	38.0	0.9	13.1	43.0	5.0
18:00—19:00	31.2	0.7	38.9	23.9	5.3
19:00—20:00	35.2	1.2	29.3	30.4	3.9
20:00—21:00	22.7	1.7	24.4	47.0	4.2
21:00—22:00	22.8	1.6	21.4	49.8	4.4
22:00—23:00	25.1	1.0	14.5	52.5	6.9
23:00—24:00	26.2	0.6	9.4	56.0	7.8
24:00—25:00	28.8	0.4	9.4	52.7	8.7
25:00—26:00	29.5	0.1	9.4	48.2	12.8

表 3.8.4　2012 年贵州市场收视份额排名前十位的频道

名次	频道名称	收视份额（%）
1	贵州卫视	12.1
2	中央电视台综合频道	7.5
3	湖南电视台卫星频道	7.4
4	贵州广播电视台公共频道	4.1
4	中央电视台少儿频道	4.1
6	中央台八套	3.9
7	安徽卫视	3.2
8	中央台六套	2.9
9	江苏卫视	2.7
10	四川卫视	2.5

表 3.8.5　2012 年贵州市场各主要频道的观众构成（%）

目标观众		所有频道	主要频道				
			贵州卫视	中央电视台综合频道	湖南电视台卫星频道	贵州广播电视台公共频道	中央电视台少儿频道
4 岁及以上所有人		100.0	100.0	100.0	100.0	100.0	100.0
城乡	城市	15.6	6.9	18.3	13.6	26.9	7.6
	农村	84.4	93.1	81.7	86.4	73.1	92.4
性别	男	48.8	51.0	50.6	39.2	46.5	55.9
	女	51.2	49.0	49.4	60.8	53.5	44.1
年龄	4—14 岁	21.1	17.2	16.2	27.6	10.7	62.2
	15—24 岁	11.7	13.1	10.4	18.7	7.8	6.1
	25—34 岁	15.5	15.0	15.0	14.7	20.4	11.4
	35—44 岁	15.8	16.5	14.4	20.1	11.9	7.4
	45—54 岁	13.7	16.4	13.7	9.8	20.9	3.5
	55—64 岁	11.7	12.0	13.6	4.9	17.4	3.1
	65 岁及以上	10.6	9.8	16.7	4.2	10.9	6.3
教育程度	未受过正规教育	8.7	10.4	8.9	6.9	5.8	14.9
	小学	36.8	37.2	33.5	37.5	30.5	55.8
	初中	40.3	43.5	38.7	42.5	39.7	25.8
	高中	10.6	7.0	12.6	10.9	16.6	2.7
	大学及以上	3.6	2.0	6.2	2.2	7.4	0.8
职业类别	干部/管理人员	0.6	0.3	0.9	0.6	0.7	0.1
	个体/私营企业人员	9.0	7.7	6.3	11.6	14.4	4.3
	初级公务员/雇员	6.8	2.7	7.7	4.8	18.9	1.1
	工人	3.9	3.2	4.0	3.2	8.8	1.7
	学生	24.1	21.9	19.2	37.4	10.3	55.8
	无业	20.9	12.4	24.8	11.4	34.0	17.3
	其他	34.8	51.8	37.1	31.0	12.9	19.7
个人月收入	0—300 元	47.3	51.2	42.8	56.0	26.5	80.9
	301—600 元	11.0	14.0	10.3	11.0	8.4	5.0
	601—900 元	6.0	6.8	7.1	4.4	6.5	2.3
	901—1200 元	6.7	6.6	6.7	6.5	6.7	2.0
	1201 元及以上	28.9	21.3	33.1	22.0	51.9	9.8

表 3.8.6　2010—2012 年贵州市场各类节目的播出份额（%）和收视份额（%）

节目类型	2010 年		2011 年		2012 年	
	播出份额	收视份额	播出份额	收视份额	播出份额	收视份额
财经	3.1	0.9	2.6	0.9	2.2	0.5
电视剧	23.0	35.5	20.8	35.5	20.3	35.5
电影	3.2	2.4	3.5	2.3	4.1	2.3
法制	1.3	1.3	1.0	1.1	1.1	1.3
教学	0.5	0.2	0.4	0.0	0.4	0.1
青少	6.6	4.3	7.7	3.9	7.1	4.5
生活服务	7.2	6.2	8.7	8.2	9.0	9.1
体育	1.9	1.9	1.5	0.9	1.6	1.3
外语	0.1	0.0	0.0	0.0	0.0	0.0
戏剧	1.1	0.2	1.1	0.2	1.1	0.2
新闻/时事	14.7	13.2	13.4	14.0	14.9	15.6
音乐	1.8	0.5	3.0	0.7	2.7	0.7
专题	10.2	5.5	11.9	5.1	12.4	5.2
综艺	10.6	9.3	10.2	9.1	9.0	7.1
其他	14.7	18.4	14.0	17.8	14.2	16.8

表 3.8.7　2012 年贵州市场所有节目收视率排名前三十位

名次	节目名称	节目类型	播出频道	平均收视率(%)	平均占有率(%)
1	2012 春节联欢晚会	综艺	中央电视台综合频道	20.6	50.4
2	孤岛飞鹰	电视剧	贵州卫视	11.7	25.6
3	神枪	电视剧	贵州卫视	10.3	23.7
4	遍地狼烟	电视剧	贵州卫视	10.1	22.6
5	晋中大捷	电视剧	贵州卫视	9.9	22.2
6	天涯赤子心	电视剧	贵州卫视	9.9	20.0
7	幸福妈妈	电视剧	湖南电视台卫星频道	9.8	22.7
8	母子情仇	电视剧	贵州卫视	9.6	20.9
9	我是传奇	电视剧	贵州卫视	9.5	18.8
10	独立纵队	电视剧	贵州卫视	8.9	20.3
11	我是传奇	专题	贵州卫视	8.8	16.9
12	新闻联播	新闻/时事	中央电视台综合频道	8.7	25.0
13	夺宝	电视剧	贵州卫视	8.7	19.1
14	贵州省十一届人大六次会议政协贵州省十届五次会议两会特别报道	新闻/时事	贵州卫视	8.7	18.9
15	英雄	电视剧	贵州卫视	8.4	19.3
16	密使	电视剧	贵州卫视	8.4	18.3
17	2012 根深叶茂贵州情四海贵州人春节联欢晚会	综艺	贵州卫视	8.3	19.8
17	薛平贵与王宝钏	电视剧	贵州卫视	8.3	19.8
19	决战华岩寺	电视剧	贵州卫视	8.1	18.2
20	良心无悔	电视剧	贵州卫视	8.1	17.7
21	娘家的故事之爱的抉择	电视剧	贵州卫视	7.9	16.3
22	决战黎明	电视剧	贵州卫视	7.7	19.5
23	2012 年第 30 届奥运会田径比赛女子 1500 米预赛	体育	中央电视台综合频道	7.7	14.5
24	麻辣女兵	电视剧	湖南电视台卫星频道	7.5	18.5
25	现场直播：2012 年第 30 届奥运会女排 1/4 决赛（中国 VS 日本）	体育	中央电视台综合频道	7.5	16.9
26	2012 年第 30 届奥运会山地自行车女子决赛	体育	中央电视台综合频道	7.3	14.5
27	2012 年第 30 届奥运会女子拳击 51 公斤级半决赛	体育	中央电视台综合频道	7.3	14.2
28	谍战深海	电视剧	贵州卫视	7.2	15.8
29	天气预报	生活服务	中央电视台综合频道	7.0	15.9
30	娘家的故事下部	电视剧	贵州卫视	6.7	16.2

表 3.8.8 2012 年贵州市场电视剧收视率排名前十位

名次	节目名称	播出频道	平均收视率（%）	平均占有率（%）
1	孤岛飞鹰	贵州卫视	11.7	25.6
2	神枪	贵州卫视	10.3	23.7
3	遍地狼烟	贵州卫视	10.1	22.6
4	晋中大捷	贵州卫视	9.9	22.2
5	天涯赤子心	贵州卫视	9.9	20.0
6	幸福妈妈	湖南电视台卫星频道	9.8	22.7
7	母子情仇	贵州卫视	9.6	20.9
8	我是传奇	贵州卫视	9.5	18.8
9	独立纵队	贵州卫视	8.9	20.3
10	夺宝	贵州卫视	8.7	19.1

表 3.8.9 2012 年贵州市场新闻节目收视率排名前十位

名次	节目名称	播出频道	平均收视率（%）	平均占有率（%）
1	新闻联播	中央电视台综合频道	8.7	25.0
2	贵州省十一届人大六次会议政协贵州省十届五次会议两会特别报道	贵州卫视	8.7	18.9
3	转播中央台新闻联播	贵州卫视	5.8	16.5
4	焦点访谈	中央电视台综合频道	5.6	11.9
5	中国共产党第十八次全国代表大会专题新闻	中央电视台综合频道	5.1	10.8
6	国务院关于促进贵州经济社会又快又好发展的若干意见新闻发布会	贵州卫视	4.2	13.2
7	贵州新闻联播	贵州卫视	3.7	17.2
8	百姓关注	贵州广播电视台公共频道	3.5	10.4
9	新闻当事人	贵州卫视	3.2	12.3
10	胡锦涛主席出席庆祝香港回归祖国十五周年文艺晚会	中央电视台综合频道	2.7	5.8

表 3.8.10 2012 年贵州市场专题节目收视率排名前十位

名次	节目名称	播出频道	平均收视率（%）	平均占有率（%）
1	我是传奇	贵州卫视	8.8	16.9
2	匜那科学发展焕新颜	贵州卫视	6.4	15.1
3	双肩背出鱼水情	贵州卫视	5.9	18.2
4	省委主要领导同志接待信访群众	贵州卫视	5.4	12.7
5	一年又一年	中央电视台综合频道	4.8	20.5
6	刁蛮新娘外传	贵州卫视	4.6	12.6
7	身边的感动	中央电视台综合频道	4.5	9.2
8	十八大特别节目	贵州卫视	4.4	12.3
9	第十一届汉语桥世界大学生中文比赛决赛第一场	湖南电视台卫星频道	4.3	9.5
10	中华之光传播中华文化年度人物评选	中央电视台综合频道	3.6	6.7

表 3.8.11　2012 年贵州市场综艺节目收视率排名前十位

名次	节目名称	播出频道	平均收视率（%）	平均占有率（%）
1	2012 春节联欢晚会	中央电视台综合频道	20.6	50.4
2	2012 根深叶茂贵州情四海贵州人春节联欢晚会	贵州卫视	8.3	19.8
3	2012 元宵晚会	中央电视台综合频道	6.3	12.4
4	万家灯火平安夜公安部 2012 年春节电视文艺晚会	中央电视台综合频道	5.8	12.0
5	小品荟萃	贵州卫视	5.7	18.9
6	你好春天 2012 年文化部春节电视晚会	中央电视台综合频道	5.6	13.2
7	第十一届汉语桥世界大学生中文比赛开幕式	湖南电视台卫星频道	5.2	10.0
8	剧说风云	贵州卫视	4.8	15.3
9	道德之光贵州骄傲贵州省第三届道德模范颁奖晚会	贵州卫视	4.6	10.0
10	印象 2011	贵州卫视	4.4	13.2

表 3.8.12　2012 年贵州市场体育类节目收视率排名前十位

名次	节目名称	播出频道	平均收视率（%）	平均占有率（%）
1	2012 年第 30 届奥运会田径比赛女子 1500 米预赛	中央电视台综合频道	7.7	14.5
2	现场直播：2012 年第 30 届奥运会女排 1/4 决赛（中国 vs 日本）	中央电视台综合频道	7.5	16.9
3	2012 年第 30 届奥运会山地自行车女子决赛	中央电视台综合频道	7.3	14.5
4	2012 年第 30 届奥运会女子拳击 51 公斤级半决赛	中央电视台综合频道	7.3	14.2
5	现场直播：2012 年第 30 届奥运会男子 50 米步枪三姿决赛	中央电视台综合频道	6.5	13.0
6	2012 年第 30 届奥运会跳水男子 10 米台半决赛	中央电视台综合频道	5.9	13.6
7	2012 年第 30 届奥运会艺术体操个人全能资格赛	中央电视台综合频道	5.6	12.0
8	2012 年第 30 届奥运会羽毛球女子单打铜牌赛	中央电视台综合频道	5.2	11.3
9	2012 年第 30 届奥运会重剑女子个人 1/16 决赛	中央电视台综合频道	4.5	8.8
10	2012 年第 30 届奥运会体操男子双杠决赛	中央台五套	3.6	6.9

九、海南收视数据

表 3.9.1　2008—2012 年海南市场各类频道的市场占有率（%）

频道类别	年份				
	2008 年	2009 年	2010 年	2011 年	2012 年
中央台频道	35.2	28.9	31.5	30.8	33.2
中国教育台频道	0.3	0.4	0.5	0.9	0.7
海南省级频道	25.2	30.3	34.8	32.1	30.0
其他省级卫视频道	27.7	29.9	14.1	19.1	20.7
其他频道	11.6	10.5	19.1	17.2	15.4

注：从 2010 年 1 月 1 日起海南数据为测量仪数据。

表 3.9.2　2012 年海南市场各类频道在不同目标观众中的市场占有率（%）

目标观众		中央台频道	中国教育台频道	海南省级频道	其他省级卫视频道	其他频道
4 岁及以上所有人		33.2	0.7	30.0	20.7	15.4
城乡	城市	34.9	0.8	21.0	27.7	15.6
	农村	32.5	0.6	34.3	17.3	15.3
性别	男	35.4	0.7	28.9	19.2	15.8
	女	30.9	0.6	31.2	22.2	15.0
年龄	4—14 岁	32.4	0.7	29.2	20.1	17.7
	15—24 岁	26.5	0.6	30.8	24.4	17.7
	25—34 岁	32.4	0.7	27.5	22.9	16.5
	35—44 岁	33.2	0.7	32.6	19.5	14.0
	45—54 岁	35.3	0.7	30.9	20.7	12.4
	55—64 岁	38.1	0.7	30.8	17.1	13.3
	65 岁及以上	40.5	0.8	26.8	18.3	13.7
教育程度	未受过正规教育	32.0	0.7	32.8	16.6	17.9
	小学	31.4	0.6	35.5	15.7	16.8
	初中	30.0	0.8	29.9	22.6	16.6
	高中	41.8	0.5	21.6	26.3	9.9
	大学及以上	52.9	0.6	13.9	26.4	6.2
职业类别	干部/管理人员	38.4	0.5	15.4	39.3	6.4
	个体/私营企业人员	33.6	1.0	24.9	28.1	12.5
	初级公务员/雇员	46.5	0.7	18.5	25.4	9.0
	工人	32.9	0.8	26.1	24.0	16.2
	学生	31.9	0.7	28.4	23.0	16.0
	无业	35.8	0.8	23.3	24.5	15.6
	其他	29.2	0.5	40.2	12.9	17.1
个人月收入	0—300 元	31.2	0.7	29.4	21.8	16.9
	301—600 元	26.0	0.5	44.0	12.1	17.5
	601—900 元	28.9	0.7	37.9	15.7	16.7
	901—1200 元	34.7	0.8	25.9	24.4	14.2
	1201 元及以上	43.7	0.7	20.5	24.3	10.7

表 3. 9. 3　2012 年海南市场各类频道在不同时段的市场占有率（%）

时间段	中央台频道	中国教育台频道	海南省级频道	其他省级卫视频道	其他频道
02:00—03:00	28. 4	1. 3	8. 6	40. 3	21. 3
03:00—04:00	30. 9	1. 4	6. 3	37. 8	23. 6
04:00—05:00	42. 7	1. 2	4. 2	31. 6	20. 3
05:00—06:00	41. 3	1. 8	6. 7	27. 5	22. 7
06:00—07:00	56. 3	0. 3	9. 1	15. 0	19. 3
07:00—08:00	54. 9	0. 3	10. 9	13. 2	20. 8
08:00—09:00	41. 4	0. 3	19. 8	21. 0	17. 5
09:00—10:00	37. 3	0. 4	25. 4	22. 2	14. 8
10:00—11:00	41. 3	0. 8	17. 2	25. 0	15. 7
11:00—12:00	46. 0	0. 6	11. 5	24. 6	17. 3
12:00—13:00	43. 4	0. 9	14. 8	23. 1	17. 9
13:00—14:00	40. 5	0. 9	15. 9	24. 3	18. 4
14:00—15:00	38. 4	0. 9	17. 2	25. 9	17. 6
15:00—16:00	40. 3	0. 7	15. 7	26. 5	16. 9
16:00—17:00	41. 0	0. 4	13. 4	28. 2	17. 1
17:00—18:00	45. 4	0. 9	14. 0	23. 6	16. 1
18:00—19:00	32. 4	0. 2	46. 5	7. 3	13. 6
19:00—20:00	31. 6	0. 7	44. 7	9. 6	13. 4
20:00—21:00	22. 3	0. 9	48. 8	16. 0	12. 0
21:00—22:00	29. 9	0. 8	34. 4	20. 6	14. 4
22:00—23:00	26. 0	0. 7	30. 6	27. 3	15. 5
23:00—24:00	27. 9	0. 4	22. 9	31. 5	17. 4
24:00—25:00	30. 3	0. 4	19. 0	28. 1	22. 3
25:00—26:00	30. 3	1. 0	11. 4	34. 4	22. 9

表 3. 9. 4　2012 年海南市场收视份额排名前十位的频道

名次	频道名称	收视份额（%）
1	海南广播电视总台综合频道	23. 7
2	中央电视台综合频道	11. 1
3	湖南电视台卫星频道	4. 5
4	中央电视台少儿频道	4. 2
5	中央台八套	3. 6
6	江苏卫视	2. 9
7	中央台七套	2. 6
8	中央台六套	2. 4
9	中央台三套	2. 2
10	海南广播电视总台影视剧频道	2. 0

表 3.9.5　2012 年海南市场主要频道的观众构成（%）

目标观众		所有频道	主要频道				
			海南广播电视总台综合频道	中央电视台综合频道	湖南电视台卫星频道	中央电视台少儿频道	中央台八套
4 岁及以上所有人		100.0	100.0	100.0	100.0	100.0	100.0
城乡	城市	32.2	17.7	27.5	34.1	30.9	36.6
	农村	67.8	82.3	72.5	65.9	69.1	63.4
性别	男	52.1	49.0	52.1	36.2	56.7	43.7
	女	47.9	51.0	47.9	63.8	43.3	56.3
年龄	4—14 岁	23.1	23.4	26.1	19.4	57.6	10.7
	15—24 岁	13.0	12.8	12.0	22.7	6.9	9.2
	25—34 岁	15.7	14.4	15.3	20.3	13.9	12.8
	35—44 岁	18.3	20.4	20.1	15.4	5.9	17.4
	45—54 岁	13.5	14.0	13.2	11.6	4.8	17.8
	55—64 岁	10.0	10.2	9.1	5.0	6.6	15.1
	65 岁及以上	6.5	4.8	4.1	5.6	4.3	17.0
教育程度	未受过正规教育	9.8	11.1	10.0	7.2	21.8	6.0
	小学	29.7	38.5	35.8	19.4	45.4	24.9
	初中	42.4	40.7	38.1	53.6	20.7	39.8
	高中	13.8	8.3	11.7	16.1	7.9	19.5
	大学及以上	4.3	1.4	4.4	3.7	4.3	9.8
职业类别	干部/管理人员	0.5	0.1	0.4	0.9	0.4	0.4
	个体/私营企业人员	8.4	5.8	4.5	11.2	5.5	11.5
	初级公务员/雇员	7.6	3.9	8.2	7.7	4.8	14.9
	工人	5.4	3.9	4.0	5.2	3.5	5.6
	学生	20.9	19.7	24.4	22.8	39.9	10.8
	无业	23.1	15.4	16.2	30.3	34.4	36.3
	其他	34.0	51.2	42.3	21.9	11.4	20.6
个人月收入	0—300 元	46.0	45.3	47.5	54.1	71.9	40.2
	301—600 元	14.3	23.8	15.6	7.1	4.5	7.0
	601—900 元	8.9	12.0	9.4	8.4	2.9	9.3
	901—1200 元	9.3	7.1	9.5	10.4	6.4	8.4
	1201 元及以上	21.5	11.8	18.0	20.0	14.3	35.1

表 3.9.6　2010—2012 年海南市场各类节目的播出份额（%）和收视份额（%）

节目类别	2010 年		2011 年		2012 年	
	播出份额	收视份额	播出份额	收视份额	播出份额	收视份额
财经	3.3	0.7	2.7	0.5	2.3	0.5
电视剧	21.6	34.6	21.0	43.5	21.1	45.5
电影	3.3	4.9	3.7	3.3	4.3	3.6
法制	1.1	1.0	0.9	0.9	0.8	0.6
教学	0.6	0.2	0.4	0.1	0.3	0.0
青少	6.7	8.3	8.1	5.2	7.4	5.6
生活服务	6.8	4.8	8.2	7.2	8.6	6.1
体育	2.0	4.5	1.5	1.6	1.6	2.5
外语	0.1	0.1	0.0	0.0	0.0	0.0
戏剧	1.2	0.2	1.2	0.2	1.2	0.2
新闻/时事	14.9	7.9	13.8	7.9	15.3	9.1
音乐	3.2	0.9	3.0	0.5	2.8	0.5
专题	10.2	8.0	11.2	5.3	11.6	5.6
综艺	10.8	12.8	10.7	9.7	9.1	8.8
其他	14.3	11.1	13.7	14.1	13.7	11.4

表 3.9.7　2012 年海南市场所有节目收视率排名前三十位

名次	节目名称	节目类型	播出频道	平均收视率（%）	平均占有率（%）
1	桃花劫	电视剧	海南广播电视总台综合频道	17.4	48.9
2	流泪的新娘	电视剧	海南广播电视总台综合频道	17.0	50.5
3	枪神传奇	电视剧	海南广播电视总台综合频道	15.8	47.7
4	特战先锋	电视剧	海南广播电视总台综合频道	15.4	44.1
5	马永贞	电视剧	海南广播电视总台综合频道	15.3	46.2
6	爱可以重来	电视剧	海南广播电视总台综合频道	15.1	43.3
7	秦香莲	电视剧	海南广播电视总台综合频道	15.0	46.5
8	螳螂	电视剧	海南广播电视总台综合频道	14.5	47.1
9	龙巡天下	电视剧	海南广播电视总台综合频道	14.3	49.5
10	杀狼花	电视剧	海南广播电视总台综合频道	14.0	46.9
11	飘摇人生	电视剧	海南广播电视总台综合频道	13.8	40.3
12	千山暮雪	电视剧	海南广播电视总台综合频道	13.1	46.1
13	丑女无敌	电视剧	海南广播电视总台综合频道	12.8	37.5
14	丑女无敌大结局	电视剧	海南广播电视总台综合频道	12.6	39.0
15	神枪	电视剧	海南广播电视总台综合频道	12.5	47.1
16	桥隆飚	电视剧	海南广播电视总台综合频道	12.1	40.2
17	爱的诱惑	电视剧	海南广播电视总台综合频道	12.0	36.4
18	绝杀	电视剧	海南广播电视总台综合频道	11.8	37.8
19	2012 春节联欢晚会	综艺	中央电视台综合频道	10.9	41.8
20	现场直播：2012 年第 30 届奥运会女排 1/4 决赛（中国 VS 日本）	体育	中央电视台综合频道	10.8	31.5
21	金蟾岛复仇记	电视剧	海南广播电视总台综合频道	10.5	34.0
22	万泉欢歌琼海市庆十八大迎新年大型主题晚会	综艺	海南广播电视总台综合频道	10.4	30.6
23	天气播报	生活服务	海南广播电视总台综合频道	10.0	39.7
24	你是我的眼睛二	电视剧	海南广播电视总台综合频道	9.9	41.8
25	醉美琼中 2012 琼中三月三黎苗踏歌来主题晚会	综艺	海南广播电视总台综合频道	9.7	28.9
26	真情你我主题颁奖晚会暨闭幕式	综艺	海南广播电视总台综合频道	9.7	27.9
27	2012 年伦敦奥运会羽毛球男单颁奖仪式	体育	中央电视台综合频道	9.0	25.4
28	幸福花儿开中国共产党海南省第六次代表大会专题文艺晚会	综艺	海南广播电视总台综合频道	8.3	29.5
29	第 1 美差 2011 年首届海南国际旅游岛形象大使选拔总决赛暨颁奖盛典	综艺	海南广播电视总台综合频道	8.3	26.9
30	故事会	电视剧	海南广播电视总台综合频道	8.0	28.2

表 3.9.8 2012 年海南市场电视剧收视率排名前十位

名次	节目名称	播出频道	平均收视率（%）	平均占有率（%）
1	桃花劫	海南广播电视总台综合频道	17.4	48.9
2	流泪的新娘	海南广播电视总台综合频道	17.0	50.5
3	枪神传奇	海南广播电视总台综合频道	15.8	47.7
4	特战先锋	海南广播电视总台综合频道	15.4	44.1
5	马永贞	海南广播电视总台综合频道	15.3	46.2
6	爱可以重来	海南广播电视总台综合频道	15.1	43.3
7	秦香莲	海南广播电视总台综合频道	15.0	46.5
8	螳螂	海南广播电视总台综合频道	14.5	47.1
9	龙巡天下	海南广播电视总台综合频道	14.3	49.5
10	杀狼花	海南广播电视总台综合频道	14.0	46.9

表 3.9.9 2012 年海南市场新闻节目收视率排名前十位

名次	节目名称	播出频道	平均收视率（%）	平均占有率（%）
1	直播海南	海南广播电视总台综合频道	4.7	37.8
2	新闻联播	中央电视台综合频道	2.9	14.3
3	温家宝总理会见中外记者	中央电视台综合频道	2.2	6.7
4	中国共产党第十八次全国代表大会专题新闻	中央电视台综合频道	2.0	5.7
5	焦点访谈	中央电视台综合频道	1.4	5.0
6	新闻调查	中央电视台综合频道	1.3	4.1
7	晚间新闻	中央电视台综合频道	0.9	4.3
8	海南新闻联播	海南广播电视总台综合频道	0.8	8.2
9	今日关注	中央台四套	0.8	3.1
10	中国新闻（21:00）	中央台四套	0.8	2.6

表 3.9.10 2012 年海南市场专题节目收视率排名前十位

名次	节目名称	播出频道	平均收视率（%）	平均占有率（%）
1	绿色农业进行时	海南广播电视总台综合频道	5.7	28.6
2	一年又一年	中央电视台综合频道	2.6	16.7
3	红旗渠的守望者	中央电视台综合频道	2.6	8.5
4	感动中国 2011 年度人物颁奖典礼	中央电视台综合频道	2.5	7.0
5	奥运风云会	中央电视台综合频道	1.8	8.8
6	永远的雷锋	中央电视台综合频道	1.8	5.7
7	法治的力量 2012 年度法治人物颁奖盛典	中央电视台综合频道	1.5	4.8
8	信仰我们的故事	中央电视台综合频道	1.4	4.7
9	奥运者说	中央电视台综合频道	1.3	12.4
10	春暖 2012 特殊家长会	中央电视台综合频道	1.3	9.6

表 3.9.11　2012 年海南市场综艺节目收视率排名前十位

名次	节目名称	播出频道	平均收视率(%)	平均占有率(%)
1	2012 春节联欢晚会	中央电视台综合频道	10.9	41.8
2	万泉欢歌琼海市庆十八大迎新年大型主题晚会	海南广播电视总台综合频道	10.4	30.6
3	醉美琼中 2012 琼中三月三黎苗踏歌来主题晚会	海南广播电视总台综合频道	9.7	28.9
4	真情你我主题颁奖晚会暨闭幕式	海南广播电视总台综合频道	9.7	27.9
5	幸福花儿开中国共产党海南省第六次代表大会专题文艺晚会	海南广播电视总台综合频道	8.3	29.5
6	第 1 美差 2011 年首届海南国际旅游岛形象大使选拔总决赛暨颁奖盛典	海南广播电视总台综合频道	8.3	26.9
7	我们走在大路上海南省庆祝党的十八大胜利召开电视文艺晚会	海南广播电视总台综合频道	8.0	24.9
8	2012 元宵晚会	中央电视台综合频道	6.0	20.9
9	2012 春节联欢晚会	海南广播电视总台综合频道	5.4	20.6
10	星光大道	中央电视台综合频道	4.2	13.1

表 3.9.12　2012 年海南市场体育节目收视率排名前十位

名次	节目名称	播出频道	平均收视率(%)	平均占有率(%)
1	现场直播：2012 年第 30 届奥运会女排 1/4 决赛（中国 VS 日本）	中央电视台综合频道	10.8	31.5
2	2012 年伦敦奥运会羽毛球男单颁奖仪式	中央电视台综合频道	9.0	25.4
3	2012 年第 30 届奥运会羽毛球男单决赛	中央电视台综合频道	7.2	19.4
4	2012 年第 30 届奥运会乒乓球女团半决赛	中央电视台综合频道	6.2	19.1
5	2012 年第 30 届奥运会射击女子双向飞碟决赛	中央电视台综合频道	5.9	18.2
6	2012 年第 30 届奥运会男篮小组赛 B 组（澳大利亚 VS 中国）	中央电视台综合频道	5.4	17.5
7	2012 年第 30 届奥运会田径比赛女子 1500 米预赛	中央电视台综合频道	5.2	15.0
8	扬帆海南环球帆船赛	海南广播电视总台综合频道	4.9	17.6
9	2012 年第 30 届奥运会艺术体操个人全能资格赛	中央电视台综合频道	4.5	13.7
10	2012 年第 30 届奥运会男子体操资格赛	中央电视台综合频道	4.2	14.0

十、河北收视数据

表 3.10.1　2008—2012 年河北市场各类频道的市场占有率（%）

频道类别	年份				
	2008 年	2009 年	2010 年	2011 年	2012 年
中央台频道	36.1	33.9	31.3	30.1	27.2
中国教育台频道	0.4	0.4	0.6	0.7	0.5
河北省级频道	26.5	23.7	20.2	18.7	30.2
其他省级卫视频道	26.5	32.4	37.7	43.7	28.9
其他频道	10.5	9.6	10.3	6.8	13.2

表 3.10.2　2012 年河北市场各类频道在不同目标观众中的市场占有率（%）

目标观众		中央台频道	中国教育台频道	河北省级频道	其他省级卫视频道	其他频道
4 岁及以上所有人		27.2	0.5	30.2	28.9	13.2
城乡	城市	36.9	0.6	17.3	35.2	10.0
	农村	24.8	0.5	33.4	27.3	14.0
性别	男	28.8	0.6	29.8	27.6	13.3
	女	25.8	0.4	30.6	30.0	13.1
年龄	4—14 岁	26.3	0.6	27.0	34.1	11.9
	15—24 岁	20.8	0.5	31.9	32.8	14.0
	25—34 岁	24.7	0.5	31.7	31.9	11.2
	35—44 岁	26.0	0.6	27.5	30.3	15.6
	45—54 岁	29.3	0.5	28.1	28.1	14.0
	55—64 岁	32.7	0.3	32.6	24.4	10.0
	65 岁及以上	29.3	0.4	36.3	18.5	15.4
教育程度	未受过正规教育	22.4	0.3	38.0	25.8	13.5
	小学	25.3	0.6	33.0	25.7	15.4
	初中	26.1	0.6	29.0	30.4	13.9
	高中	31.4	0.4	28.2	28.4	11.6
	大学及以上	33.2	0.3	24.1	35.1	7.4
职业类别	干部/管理人员	31.3	0.2	30.2	32.3	6.0
	个体/私营企业人员	26.8	0.6	28.0	27.2	17.5
	初级公务员/雇员	32.6	0.4	24.7	30.8	11.4
	工人	31.1	0.6	20.8	38.9	8.6
	学生	26.0	0.8	26.7	32.9	13.7
	无业	29.9	0.4	28.4	30.4	11.0
	其他	22.7	0.6	37.6	24.3	14.9
个人月收入	0—300 元	25.4	0.5	29.9	30.9	13.3
	301—600 元	20.0	0.5	41.9	23.4	14.2
	601—900 元	25.7	0.3	43.0	17.5	13.5
	901—1200 元	26.4	0.6	26.8	30.6	15.6
	1201 元及以上	32.4	0.5	25.6	29.8	11.8

表 3.10.3　2012 年河北市场各类频道在不同时段的市场占有率（%）

时间段	中央台频道	中国教育台频道	河北省级频道	其他省级卫视频道	其他频道
02:00—03:00	26.4	0.9	11.4	34.4	26.9
03:00—04:00	24.9	0.4	10.5	36.0	28.1
04:00—05:00	27.3	0.5	10.6	38.4	23.2
05:00—06:00	31.5	0.7	10.8	39.5	17.6
06:00—07:00	40.1	0.3	13.8	31.6	14.2
07:00—08:00	39.9	0.2	25.4	22.3	12.2
08:00—09:00	33.7	0.1	23.9	29.8	12.5
09:00—10:00	26.6	0.3	26.4	33.3	13.5
10:00—11:00	25.3	0.6	26.2	34.8	13.0
11:00—12:00	30.1	0.3	27.7	30.3	11.5
12:00—13:00	30.4	0.4	32.2	23.6	13.4
13:00—14:00	27.9	0.5	26.2	31.0	14.4
14:00—15:00	24.2	0.6	24.4	36.5	14.4
15:00—16:00	23.9	0.5	24.2	37.8	13.7
16:00—17:00	24.1	0.4	24.1	38.1	13.3
17:00—18:00	29.6	0.8	21.8	35.1	12.9
18:00—19:00	30.8	0.1	39.3	15.2	14.6
19:00—20:00	33.5	0.4	35.8	17.0	13.3
20:00—21:00	22.6	0.8	35.6	29.8	11.1
21:00—22:00	22.9	0.7	35.4	29.8	11.2
22:00—23:00	22.0	0.7	27.7	35.8	13.8
23:00—24:00	21.4	0.3	23.1	37.5	17.7
24:00—25:00	22.5	0.3	23.5	31.5	22.2
25:00—26:00	22.5	0.5	19.5	31.0	26.5

表 3.10.4　2012 年河北市场收视份额排名前十位的频道

名次	频道名称	收视份额（%）
1	河北电视台二套（经济生活频道）	11.5
2	河北电视台农民频道（七套）	7.4
3	中央电视台综合频道	6.5
4	河北卫视	5.9
5	中央电视台少儿频道	3.6
6	湖南电视台卫星频道	2.4
7	中央台三套	2.3
8	山东卫视	2.2
8	河北电视台四套（影视频道）	2.2
10	中央台八套	2.0

表 3.10.5　2012 年河北市场各主要频道的观众构成（%）

目标观众		所有频道	主要频道				
			河北电视台二套(经济生活频道)	河北电视台农民频道(七套)	中央电视台综合频道	河北卫视	中央电视台少儿频道
4 岁及以上所有人		100.0	100.0	100.0	100.0	100.0	100.0
城乡	城市	19.9	5.7	10.8	21.3	10.7	15.6
	农村	80.1	94.3	89.2	78.7	89.3	84.5
性别	男	47.9	50.0	45.4	50.5	44.5	48.5
	女	52.1	50.0	54.6	49.6	55.5	51.5
年龄	4—14 岁	14.2	13.4	9.6	16.8	11.1	42.0
	15—24 岁	10.2	10.4	11.9	6.8	10.3	11.5
	25—34 岁	13.8	13.5	14.0	11.7	15.0	18.4
	35—44 岁	17.4	14.5	16.8	15.4	17.2	8.0
	45—54 岁	21.1	21.7	19.4	20.3	16.8	10.7
	55—64 岁	13.2	13.4	15.5	17.2	15.5	7.7
	65 岁及以上	10.1	13.1	12.8	12.0	14.2	1.9
教育程度	未受过正规教育	9.5	14.6	12.0	9.3	9.5	20.8
	小学	23.3	27.5	24.6	27.7	22.8	31.0
	初中	38.7	38.1	38.3	34.7	35.3	28.1
	高中	19.8	16.0	20.8	18.5	18.5	14.9
	大学及以上	8.8	3.8	4.4	9.8	13.9	5.2
职业类别	干部/管理人员	2.5	1.1	1.2	2.0	6.5	0.9
	个体/私营企业人员	14.7	9.4	15.0	11.9	16.3	12.6
	初级公务员/雇员	10.3	6.1	8.1	9.2	10.7	6.6
	工人	5.1	1.9	4.5	3.5	2.7	3.8
	学生	10.3	9.3	7.2	12.7	6.2	24.2
	无业	26.9	23.1	23.9	27.8	31.4	36.6
	其他	30.2	49.1	40.2	32.8	26.3	15.2
个人月收入	0—300 元	38.0	37.5	38.1	35.3	35.4	59.1
	301—600 元	10.7	17.4	15.6	11.5	15.8	6.2
	601—900 元	6.2	13.8	7.8	7.3	3.5	5.2
	901—1200 元	12.4	8.5	11.1	11.2	14.5	9.7
	1201 元及以上	32.8	22.7	27.5	34.7	30.8	19.8

表 3.10.6　2010—2012 年河北市场各类节目的播出份额（%）和收视份额（%）

节目类别	2010 年		2011 年		2012 年	
	播出份额	收视份额	播出份额	收视份额	播出份额	收视份额
财经	2.9	0.7	2.7	0.7	2.2	0.7
电视剧	21.9	31.7	21.4	34.1	21.1	38.5
电影	4.4	3.6	4.8	3.3	5.3	5.2
法制	1.1	2.2	0.9	1.7	0.8	1.2
教学	0.5	0.1	0.4	0.1	0.3	0.0
青少	7.5	5.3	8.2	4.9	7.6	5.9
生活服务	7.1	7.2	7.9	7.8	8.1	6.9
体育	1.9	1.5	1.7	0.6	1.8	1.5
外语	0.1	0.1	0.1	0.0	0.0	0.0
戏剧	1.1	1.0	1.2	1.2	1.1	0.8
新闻/时事	13.8	12.1	13.2	10.9	14.6	9.9
音乐	2.8	0.5	3.0	0.6	2.7	0.7
专题	10.1	5.1	10.0	5.3	11.6	5.7
综艺	10.5	11.0	11.0	11.7	9.2	11.2
其他	14.3	17.8	13.6	17.3	13.7	11.8

表 3.10.7　2012 年河北市场所有节目收视率排名前三十位

名次	节目名称	节目类型	播出频道	平均收视率（%）	平均占有率（%）
1	2012 春节联欢晚会	综艺	中央电视台综合频道	16.5	36.1
2	樱桃	电视剧	河北电视台二套（经济生活频道）	11.4	27.1
3	怪侠欧阳德（29—66 集）	电视剧	河北电视台二套（经济生活频道）	9.7	27.1
4	2012 元宵晚会	综艺	中央电视台综合频道	8.8	20.3
5	铁血使命	电视剧	河北电视台二套（经济生活频道）	8.5	24.1
6	薛平贵与王宝钏	电视剧	河北电视台二套（经济生活频道）	8.1	23.7
7	干得漂亮	电视剧	河北电视台二套（经济生活频道）	7.1	20.9
8	超级宝宝大团圆 2012 河北卫视中秋特别策划	青少	河北卫视	7.0	20.5
9	抗日奇侠	电视剧	河北电视台二套（经济生活频道）	7.0	19.5
10	天气预报	生活服务	中央电视台综合频道	6.9	20.8
11	神枪	电视剧	河北电视台二套（经济生活频道）	6.8	20.3
12	开心鬼撞鬼（11 月 3 日）	电影	河北电视台农民频道（七套）	6.6	16.6
13	宝乐婶的烦心事	电视剧	河北卫视	6.3	16.3
14	2012 年伦敦奥运会羽毛球男单颁奖仪式	体育	中央电视台综合频道	6.2	17.0
15	后厨	电视剧	河北卫视	6.1	15.4
16	穆桂英挂帅	电视剧	河北电视台二套（经济生活频道）	6.0	20.3
17	箭在弦上	电视剧	河北电视台二套（经济生活频道）	6.0	17.1
18	穆桂英挂帅	电视剧	河北电视台农民频道（七套）	5.8	15.3
19	活佛济公第三部	电视剧	河北电视台农民频道（七套）	5.7	16.5
20	血色玫瑰之女子别动队	电视剧	河北电视台二套（经济生活频道）	5.6	15.7
21	小麦进城	电视剧	河北卫视	5.6	14.7
22	岳母的幸福生活	电视剧	河北卫视	5.5	16.4
23	一年又一年	专题	中央电视台综合频道	5.4	17.3
24	我的抗战	电视剧	河北电视台二套（经济生活频道）	5.3	15.3
25	黑狐	电视剧	河北电视台二套（经济生活频道）	5.3	14.1
26	举起手来之二追击阿多丸（2 月 2 日）	电影	河北电视台农民频道（七套）	5.2	16.2
27	傻妞儿进城	电视剧	河北电视台农民频道（七套）	5.2	16.0
28	雀圣（12 月 31 日）	电影	河北电视台农民频道（七套）	5.2	14.5
29	大笑江湖（1 月 31 日）	电影	河北电视台农民频道（七套）	5.2	14.4
30	举起手来（2 月 1 日）	电影	河北电视台农民频道（七套）	5.2	14.0

表 3.10.8 2012 年河北市场电视剧收视率排名前十位

名次	节目名称	播出频道	平均收视率（%）	平均占有率（%）
1	樱桃	河北电视台二套（经济生活频道）	11.4	27.1
2	怪侠欧阳德（29—66 集）	河北电视台二套（经济生活频道）	9.7	27.1
3	铁血使命	河北电视台二套（经济生活频道）	8.5	24.1
4	薛平贵与王宝钏	河北电视台二套（经济生活频道）	8.1	23.7
5	干得漂亮	河北电视台二套（经济生活频道）	7.1	20.9
6	抗日奇侠	河北电视台二套（经济生活频道）	7.0	19.5
7	神枪	河北电视台二套（经济生活频道）	6.8	20.3
8	宝乐婶的烦心事	河北卫视	6.3	15.3
9	后厨	河北卫视	6.1	15.4
10	穆桂英挂帅	河北电视台二套（经济生活频道）	6.0	20.3

表 3.10.9 2012 年河北市场新闻节目收视率排名前十位

名次	节目名称	播出频道	平均收视率（%）	平均占有率（%）
1	今日资讯	河北电视台二套（经济生活频道）	3.9	18.8
2	新闻联播	中央电视台综合频道	3.4	11.4
3	中国共产党第十八次全国代表大会专题新闻	中央电视台综合频道	2.1	5.3
4	焦点访谈	中央电视台综合频道	2.0	5.7
5	温家宝总理会见中外记者	中央电视台综合频道	2.0	5.4
6	转播中央台新闻联播	河北卫视	1.6	5.4
7	今日关注	中央台四套	1.2	4.0
8	资讯前沿	河北电视台二套（经济生活频道）	1.1	7.5
9	新闻调查	中央电视台综合频道	1.0	2.5
10	2012 全国两会专题节目	河北卫视	0.9	6.1

表 3.10.10 2012 年河北市场专题节目收视率排名前十位

名次	节目名称	播出频道	平均收视率（%）	平均占有率（%）
1	一年又一年	中央电视台综合频道	5.4	17.3
2	红旗渠的守望者	中央电视台综合频道	2.2	7.6
3	感动中国 2011 年度人物颁奖典礼	中央电视台综合频道	2.2	5.6
4	寻宝	中央电视台综合频道	2.0	8.4
5	状元 360	中央电视台综合频道	2.0	7.3
6	科学发展铸辉煌	中央电视台综合频道	2.0	5.0
7	2012 读书盛典	河北卫视	1.7	4.3
8	非常帮助	河北电视台农民频道（七套）	1.6	8.9
9	致富情报站	河北电视台农民频道（七套）	1.4	5.4
10	问答神州	河北卫视	1.4	3.8

表 3.10.11　2012 年河北市场综艺节目收视率排名前十位

名次	节目名称	播出频道	平均收视率（%）	平均占有率（%）
1	2012 春节联欢晚会	中央电视台综合频道	16.5	36.1
2	2012 元宵晚会	中央电视台综合频道	8.8	20.3
3	1983—2010 春晚记忆	中央电视台综合频道	4.7	17.6
4	激情大冲关	河北电视台二套（经济生活频道）	4.5	15.5
5	2012 春节联欢晚会	中央台三套	4.5	9.9
6	领航中国喜迎党的十八大胜利召开大型专题文艺晚会	中央电视台综合频道	4.2	12.1
7	福州月中华情 2012 年中央电视台中秋晚会	中央电视台综合频道	3.6	10.2
8	我们在一起河北省抗洪救灾专题晚会	河北电视台二套（经济生活频道）	3.6	10.1
9	星光大道	中央电视台综合频道	3.5	9.3
10	新笑林	辽宁卫视	3.5	7.7

表 3.10.12　2012 年河北市场体育节目收视率排名前十位

名次	节目名称	播出频道	平均收视率（%）	平均占有率（%）
1	2012 年伦敦奥运会羽毛球男单颁奖仪式	中央电视台综合频道	6.2	17.0
2	2012 年第 30 届奥运会羽毛球男单决赛	中央电视台综合频道	4.9	12.4
3	2012 年第 30 届奥运会跳水男子双人 10 米跳台决赛	中央台五套	4.3	19.4
4	2012 年第 30 届奥运会赛艇女子单人双桨决赛	中央台五套	3.7	11.6
5	2012 年第 30 届奥运会女子 200 米蛙泳预赛	中央台五套	3.2	8.5
6	2012 年第 30 届奥运会射击女子双向飞碟决赛	中央电视台综合频道	3.1	9.1
7	2012 年第 30 届奥运会乒乓球女单决赛	中央电视台综合频道	3.0	20.9
8	2012 年第 30 届奥运会田径男子 100 米预赛	中央台五套	3.0	9.2
9	2012 年第 30 届奥运会体操女子高低杠决赛	中央台五套	2.9	10.1
10	现场直播：2012 年第 30 届奥运会女排 1/4 决赛（中国 VS 日本）	中央电视台综合频道	2.8	8.2

十一、河南收视数据

表 3.11.1 2008—2012 年河南市场各类频道的市场占有率（%）

频道类别	年份				
	2008 年	2009 年	2010 年	2011 年	2012 年
中央台频道	31.5	29.3	30.3	28.8	33.5
中国教育台频道	0.1	0.2	0.3	0.5	0.5
河南省级频道	43.2	40.7	36.2	36.1	29.0
其他省级卫视频道	9.2	18.1	24.4	27.6	31.9
其他频道	16.0	11.7	8.8	7.0	5.1

表 3.11.2 2012 年河南市场各类频道在不同目标观众中的市场占有率（%）

目标观众		中央台频道	中国教育台频道	河南省级频道	其他省级卫视频道	其他频道
4 岁及以上所有人		33.5	0.5	29.0	31.9	5.1
城乡	城市	39.3	0.4	25.7	30.6	4.0
	农村	31.9	0.6	30.0	32.2	5.3
性别	男	36.2	0.5	29.4	28.6	5.3
	女	31.1	0.6	28.6	34.9	4.8
年龄	4—14 岁	38.6	0.5	21.4	34.7	4.8
	15—24 岁	25.7	0.7	24.2	45.6	3.8
	25—34 岁	31.7	0.8	25.5	37.7	4.3
	35—44 岁	34.4	0.5	28.7	31.5	4.9
	45—54 岁	31.2	0.7	34.7	29.4	4.0
	55—64 岁	37.5	0.3	35.5	21.3	5.4
	65 岁及以上	36.5	0.3	36.9	16.8	9.5
教育程度	未受过正规教育	41.4	0.5	25.7	25.9	6.5
	小学	32.2	0.4	30.4	29.4	7.6
	初中	30.6	0.7	29.9	34.7	4.1
	高中	37.4	0.3	28.4	29.2	4.7
	大学及以上	49.5	0.3	19.3	28.3	2.6
职业类别	干部/管理人员	49.3	0.2	22.0	24.2	4.3
	个体/私营企业人员	31.7	0.5	28.4	33.2	6.2
	初级公务员/雇员	45.7	0.4	21.4	29.5	3.0
	工人	32.3	0.8	29.2	32.4	5.3
	学生	34.8	0.5	23.9	35.7	5.1
	无业	40.8	0.3	27.0	26.7	5.2
	其他	28.0	0.7	33.4	32.9	5.0
个人月收入	0—300 元	31.7	0.5	28.9	33.2	5.7
	301—600 元	30.6	0.8	31.3	32.5	4.8
	601—900 元	32.3	0.5	32.8	30.5	3.9
	901—1200 元	31.7	0.5	30.4	31.7	5.7
	1201 元及以上	39.2	0.5	26.0	30.0	4.3

表 3.11.3 2012 年河南市场各类频道在不同时段的市场占有率(%)

时间段	中央台频道	中国教育台频道	河南省级频道	其他省级卫视频道	其他频道
02:00—03:00	45.3	0.6	8.7	39.9	5.5
03:00—04:00	42.8	0.0	15.8	38.1	3.3
04:00—05:00	73.2	0.0	12.8	13.0	1.0
05:00—06:00	44.2	0.1	28.8	23.9	3.0
06:00—07:00	50.3	0.2	20.2	24.1	5.2
07:00—08:00	53.4	0.2	19.8	22.8	3.8
08:00—09:00	39.4	0.3	21.9	31.5	6.9
09:00—10:00	34.6	0.5	18.3	38.4	8.2
10:00—11:00	33.8	0.6	16.8	41.4	7.4
11:00—12:00	41.4	0.4	15.4	37.3	5.5
12:00—13:00	50.7	0.2	20.0	26.2	2.9
13:00—14:00	41.5	0.4	18.7	34.5	4.9
14:00—15:00	27.1	0.6	14.4	48.6	9.3
15:00—16:00	25.8	0.6	14.7	50.6	8.3
16:00—17:00	29.5	0.5	14.0	48.1	7.9
17:00—18:00	39.6	0.3	17.5	37.0	5.6
18:00—19:00	38.8	0.2	37.6	17.6	5.8
19:00—20:00	42.1	0.4	34.7	19.1	3.7
20:00—21:00	23.8	0.9	35.2	35.8	4.3
21:00—22:00	23.4	0.8	33.4	37.2	5.2
22:00—23:00	23.0	0.5	34.3	37.0	5.2
23:00—24:00	26.9	0.4	24.5	42.5	5.7
24:00—25:00	32.0	0.1	21.8	38.4	7.7
25:00—26:00	32.5	0.3	21.7	39.3	6.2

表 3.11.4 2012 年河南市场收视份额排名前十位的频道

名次	频道名称	收视份额(%)
1	中央电视台综合频道	10.2
2	河南电视台都市频道(二套)	9.6
3	河南电视台卫星频道(一套)	8.7
4	河南电视台电视剧频道(五套)	6.5
5	中央电视台少儿频道	5.4
6	湖南电视台卫星频道	4.8
7	中央台八套	3.9
8	中央台六套	2.8
9	安徽卫视	2.5
9	江苏卫视	2.5

表 3.11.5 2012 年河南市场各主要频道的观众构成（%）

目标观众		所有频道	主要频道				
			中央电视台综合频道	河南电视台都市频道（二套）	河南电视台卫星频道（一套）	河南电视台电视剧频道（五套）	中央电视台少儿频道
4 岁及以上所有人		100.0	100.0	100.0	100.0	100.0	100.0
城乡	城市	22.6	30.5	18.2	16.3	9.5	20.4
	农村	77.4	69.5	81.8	83.7	90.5	79.6
性别	男	48.2	51.1	47.7	51.1	47.9	55.2
	女	51.8	48.9	52.3	48.9	52.1	44.8
年龄	4—14 岁	15.8	11.4	12.3	9.0	15.2	63.6
	15—24 岁	13.6	9.5	15.4	9.6	9.8	6.6
	25—34 岁	13.5	13.1	12.8	11.6	10.4	10.0
	35—44 岁	20.4	19.5	22.6	17.0	22.0	11.2
	45—54 岁	15.9	15.9	19.9	15.7	19.4	2.2
	55—64 岁	10.8	15.8	10.3	17.8	10.4	3.8
	65 岁及以上	10.0	14.8	6.7	19.3	12.8	2.6
教育程度	未受过正规教育	5.7	6.4	4.3	6.2	5.7	21.4
	小学	22.5	19.5	21.4	28.3	25.7	43.7
	初中	51.5	45.3	56.4	49.1	53.8	26.1
	高中	15.5	21.9	14.4	13.0	13.1	7.4
	大学及以上	4.8	6.9	3.5	3.4	1.7	1.4
职业类别	干部/管理人员	1.2	2.3	1.2	0.9	0.5	1.0
	个体/私营企业人员	7.3	5.6	6.7	5.2	6.8	3.2
	初级公务员/雇员	7.4	10.6	6.2	5.1	3.0	1.9
	工人	8.5	8.6	10.1	4.9	9.1	3.2
	学生	15.0	11.3	14.3	8.7	15.7	46.3
	无业	18.2	22.4	14.0	16.1	11.1	24.6
	其他	42.4	39.2	47.5	59.1	53.8	19.8
个人月收入	0—300 元	43.6	38.4	41.5	43.8	48.3	77.8
	301—600 元	12.8	12.7	13.1	16.2	15.4	5.9
	601—900 元	9.1	9.1	11.7	10.8	10.8	2.7
	901—1200 元	10.5	11.2	11.6	9.8	9.7	3.9
	1201 元及以上	24.0	28.6	22.1	19.4	15.8	9.7

表 3.11.6 2010—2012 年河南市场各类节目的播出份额（%）和收视份额（%）

节目类别	2010 年		2011 年		2012 年	
	播出份额	收视份额	播出份额	收视份额	播出份额	收视份额
财经	3.0	0.4	2.6	0.4	2.3	0.4
电视剧	21.6	34.4	20.0	36.7	20.6	35.7
电影	3.4	2.8	4.0	2.9	4.7	3.2
法制	1.3	1.0	1.1	0.8	1.0	1.1
教学	0.5	0.2	0.4	0.0	0.3	0.0
青少	7.1	4.2	7.5	4.6	6.8	5.2
生活服务	8.4	6.4	9.2	6.9	8.7	7.9
体育	1.8	1.9	1.5	0.7	1.6	1.0
外语	0.1	0.0	0.0	0.0	0.0	0.0
戏剧	1.0	1.6	1.1	1.8	1.1	1.3
新闻/时事	13.9	14.9	13.7	14.8	15.3	14.8
音乐	2.8	0.3	2.9	0.5	2.6	0.5
专题	10.5	3.9	11.8	3.9	11.7	4.2
综艺	10.4	10.6	10.5	9.4	9.3	8.4
其他	14.2	17.4	13.7	16.6	14.0	16.3

表 3.11.7　2012 年河南市场所有节目收视率排名前三十位

名次	节目名称	节目类型	播出频道	平均收视率(%)	平均占有率(%)
1	2012 春节联欢晚会	综艺	中央电视台综合频道	29.8	69.7
2	新闻联播	新闻/时事	中央电视台综合频道	9.5	29.0
3	天气预报	生活服务	中央电视台综合频道	8.6	21.4
4	小麦进城	电视剧	河南电视台卫星频道(一套)	7.5	18.2
5	穆桂英挂帅	电视剧	河南电视台卫星频道(一套)	7.3	18.2
6	梨园春	戏剧	河南电视台卫星频道(一套)	7.3	17.0
7	龙腾中原河南省 2012 年春节文艺晚会	综艺	河南电视台卫星频道(一套)	6.8	15.2
8	你好春天 2012 年文化部春节电视晚会	综艺	中央电视台综合频道	6.6	18.0
9	焦点访谈	新闻/时事	中央电视台综合频道	6.2	14.9
10	刁蛮俏御医	电视剧	河南电视台卫星频道(一套)	6.1	12.4
11	要过好日子	电视剧	河南电视台卫星频道(一套)	5.9	13.4
12	老爸的爱情	电视剧	河南电视台卫星频道(一套)	5.8	13.9
13	我的老爹	电视剧	河南电视台卫星频道(一套)	5.8	12.4
14	我的娜塔莎	电视剧	河南电视台卫星频道(一套)	5.7	12.0
15	2012 元宵晚会	综艺	中央电视台综合频道	5.6	12.5
16	中国共产党第十八次全国代表大会专题新闻	新闻/时事	中央电视台综合频道	5.6	12.0
17	樱桃	电视剧	河南电视台都市频道(二套)	5.5	15.9
18	都市报道	新闻/时事	河南电视台都市频道(二套)	5.5	12.8
19	你最有才初选第七场	综艺	河南电视台都市频道(二套)	5.3	15.5
20	古村女人	电视剧	河南电视台卫星频道(一套)	5.1	12.6
21	怪侠欧阳德	电视剧	河南电视台都市频道(二套)	5.0	15.8
22	我的母亲是土匪	电视剧	河南电视台电视剧频道(五套)	5.0	12.6
23	永远的兵河南省第二届优秀复转军人年度新闻人物颁奖盛典	综艺	河南电视台卫星频道(一套)	4.9	16.3
24	炮火霸王花	电视剧	河南电视台电视剧频道(五套)	4.9	13.0

续表

名次	节目名称	节目类型	播出频道	平均收视率（%）	平均占有率（%）
25	民兵葛二蛋	电视剧	河南电视台卫星频道（一套）	4.9	12.6
26	都市报道扩大版	新闻/时事	河南电视台都市频道（二套）	4.8	16.6
27	万家灯火平安夜公安部2012年春节电视文艺晚会	综艺	中央电视台综合频道	4.8	11.8
28	谁来伺候妈	电视剧	河南电视台卫星频道（一套）	4.8	11.6
29	女子炸弹部队	电视剧	河南电视台电视剧频道（五套）	4.7	12.6
30	花开中国第30届中国洛阳牡丹文化节开幕式	综艺	河南电视台卫星频道（一套）	4.7	10.0

表 3.11.8　2012 年河南市场电视剧收视率排名前十位

名次	节目名称	播出频道	平均收视率（%）	平均占有率（%）
1	小麦进城	河南电视台卫星频道（一套）	7.5	18.2
2	穆桂英挂帅	河南电视台卫星频道（一套）	7.3	18.2
3	刁蛮俏御医	河南电视台卫星频道（一套）	6.1	12.4
4	要过好日子	河南电视台卫星频道（一套）	5.9	13.4
5	老爸的爱情	河南电视台卫星频道（一套）	5.8	13.9
6	我的老爹	河南电视台卫星频道（一套）	5.8	12.4
7	我的娜塔莎	河南电视台卫星频道（一套）	5.7	12.0
8	樱桃	河南电视台都市频道（二套）	5.5	15.9
9	古村女人	河南电视台卫星频道（一套）	5.1	12.6
10	怪侠欧阳德	河南电视台都市频道（二套）	5.0	15.8

表 3.11.9　2012 年河南市场新闻节目收视率排名前十位

名次	节目名称	播出频道	平均收视率（%）	平均占有率（%）
1	新闻联播	中央电视台综合频道	9.5	29.0
2	焦点访谈	中央电视台综合频道	6.2	14.9
3	中国共产党第十八次全国代表大会专题新闻	中央电视台综合频道	5.6	12.0
4	都市报道	河南电视台都市频道（二套）	5.5	12.8
5	都市报道扩大版	河南电视台都市频道（二套）	4.8	16.6
6	温家宝总理会见中外记者	中央电视台综合频道	3.3	7.3
7	神女问天	河南电视台都市频道（二套）	2.6	17.1
8	转播中央台新闻联播	河南电视台卫星频道（一套）	2.6	7.9
9	打鱼晒网	河南电视台都市频道（二套）	2.5	15.4
10	河南新闻联播	河南电视台卫星频道（一套）	2.3	12.0

表 3.11.10　2012 年河南市场专题节目收视率排名前十位

名次	节目名称	播出频道	平均收视率(%)	平均占有率(%)
1	身边的感动	中央电视台综合频道	4.6	10.8
2	一年又一年	中央电视台综合频道	4.5	20.7
3	感动中国 2011 年度人物颁奖典礼	中央电视台综合频道	3.1	7.4
4	永远的雷锋	中央电视台综合频道	3.1	6.0
5	2012 中国经济年度人物颁奖盛典	中央电视台综合频道	2.8	7.5
6	2012 世界末日科学荒谬	河南电视台卫星频道（一套）	2.3	10.0
7	第十一届汉语桥世界大学生中文比赛决赛第一场	湖南电视台卫星频道	2.3	5.6
8	大鲁艺	中央电视台综合频道	2.3	5.0
9	拍客行动	河南电视台卫星频道（一套）	2.2	9.1
10	法治的力量 2012 年度法治人物颁奖盛典	中央电视台综合频道	2.2	5.7

表 3.11.11　2012 年河南市场综艺节目收视率排名前十位

名次	节目名称	播出频道	平均收视率(%)	平均占有率(%)
1	2012 春节联欢晚会	中央电视台综合频道	29.8	69.7
2	龙腾中原河南省 2012 年春节文艺晚会	河南电视台卫星频道（一套）	6.8	15.2
3	你好春天 2012 年文化部春节电视晚会	中央电视台综合频道	6.6	18.0
4	2012 元宵晚会	中央电视台综合频道	5.6	12.5
5	你最有才初选第七场	河南电视台都市频道（二套）	5.3	15.5
6	永远的兵河南省第二届优秀复转军人年度新闻人物颁奖盛典	河南电视台卫星频道（一套）	4.9	16.3
7	万家灯火平安夜公安部 2012 年春节电视文艺晚会	中央电视台综合频道	4.8	11.8
8	花开中国第 30 届中国洛阳牡丹文化节开幕式	河南电视台卫星频道（一套）	4.7	10.0
9	尖刀 VS 尖刀队	河南电视台卫星频道（一套）	4.0	9.6
10	9 月因为爱情电视剧老爸的爱情乡村爱情小夜曲河南卫视播出盛典	河南电视台卫星频道（一套）	3.9	8.2

表 3.11.12 2012 年河南市场体育节目收视率排名前十位

名次	节目名称	播出频道	平均收视率（%）	平均占有率（%）
1	武林风全球功夫盛典	河南电视台卫星频道（一套）	3.8	12.6
2	2012 年第 30 届奥运会射击男子 10 米气步枪决赛	中央电视台综合频道	3.6	8.7
3	2012 年第 30 届奥运会田径比赛女子 1500 米预赛	中央电视台综合频道	3.2	6.6
4	2012 年第 30 届奥运会羽毛球混合双打 1/4 决赛	中央电视台综合频道	3.1	6.8
5	2012 年第 30 届奥运会女子拳击 51 公斤级半决赛	中央电视台综合频道	2.8	5.8
6	2012 年第 30 届奥运会重剑女子个人 1/16 决赛	中央电视台综合频道	2.7	6.2
7	实况录像：2012 年第 30 届奥运会赛艇女子单人双桨半决赛	中央台五套	2.6	5.5
8	实况录像：2012 年第 30 届奥运会乒乓球男单半决赛	中央台五套	2.5	5.3
9	2012 年第 30 届奥运会艺术体操个人全能资格赛	中央电视台综合频道	2.4	5.2
10	2012 年第 30 届奥运会山地自行车女子决赛	中央电视台综合频道	2.4	5.0

十二、黑龙江收视数据

表 3.12.1 2008—2012 年黑龙江市场各类频道的市场占有率（%）

频道类别	年份				
	2008 年	2009 年	2010 年	2011 年	2012 年
中央台频道	43.5	35.2	31.2	29.2	29.1
中国教育台频道	0.2	0.2	0.3	0.4	0.3
黑龙江省级频道	35.5	38.5	41.7	42.4	41.2
其他省级卫视频道	13.5	18.4	18.8	20.6	22.1
其他频道	7.3	7.7	8.0	7.4	7.3

表 3.12.2 2012 年黑龙江市场各类频道在不同目标观众中的市场占有率（%）

目标观众		中央台频道	中国教育台频道	黑龙江省级频道	其他省级卫视频道	其他频道
4 岁及以上所有人		29.1	0.3	41.2	22.1	7.3
城乡	城市	31.7	0.5	36.3	23.1	8.4
	农村	27.4	0.2	44.2	21.4	6.8
性别	男	30.8	0.3	41.7	19.5	7.7
	女	27.6	0.3	40.7	24.3	7.1
年龄	4—14 岁	35.2	0.3	24.4	32.7	7.4
	15—24 岁	24.1	0.3	36.7	30.4	8.5
	25—34 岁	26.8	0.4	38.9	26.0	7.9
	35—44 岁	25.8	0.3	44.0	22.2	7.7
	45—54 岁	26.8	0.4	47.0	19.0	6.8
	55—64 岁	32.8	0.4	43.8	16.1	6.9
	65 岁及以上	37.6	0.2	39.8	15.5	6.9
教育程度	未受过正规教育	34.0	0.2	36.5	24.0	5.3
	小学	29.1	0.2	40.9	21.4	8.4
	初中	26.2	0.3	43.9	22.4	7.2
	高中	32.5	0.5	38.6	21.5	6.9
	大学及以上	35.2	0.4	33.8	22.3	8.3
职业类别	干部/管理人员	36.8	0.7	32.4	21.4	8.7
	个体/私营企业人员	26.4	0.3	46.1	17.6	9.6
	初级公务员/雇员	30.4	0.7	36.6	25.2	7.1
	工人	27.2	0.5	42.5	22.0	7.8
	学生	32.2	0.3	26.6	32.3	8.6
	无业	33.0	0.3	39.4	21.0	6.3
	其他	23.5	0.2	47.5	21.9	6.9
个人月收入	0—300 元	28.2	0.3	37.3	27.2	7.0
	301—600 元	26.4	0.3	46.4	17.8	9.1
	601—900 元	24.4	0.1	47.3	20.8	7.4
	901—1200 元	30.5	0.4	42.5	20.1	6.5
	1201 元及以上	30.4	0.4	41.4	20.2	7.6

表 3.12.3　2012 年黑龙江市场各类频道在不同时段的市场占有率（%）

时间段	中央台频道	中国教育台频道	黑龙江省级频道	其他省级卫视频道	其他频道
02:00—03:00	43.6	0.2	25.6	24.6	6.0
03:00—04:00	41.5	0.4	32.3	20.6	5.2
04:00—05:00	42.6	0.8	34.0	19.2	3.4
05:00—06:00	43.0	0.4	33.0	17.1	6.5
06:00—07:00	33.6	0.1	37.4	16.3	12.6
07:00—08:00	38.2	0.1	32.3	17.2	12.2
08:00—09:00	38.0	0.1	28.5	24.3	9.1
09:00—10:00	36.4	0.2	25.7	29.4	8.3
10:00—11:00	36.2	0.3	23.2	32.0	8.3
11:00—12:00	40.9	0.3	20.0	32.2	6.6
12:00—13:00	47.2	0.3	18.1	28.5	5.9
13:00—14:00	38.4	0.2	19.7	34.7	7.0
14:00—15:00	31.1	0.2	21.1	40.0	7.6
15:00—16:00	29.4	0.2	22.3	40.3	7.8
16:00—17:00	29.4	0.1	29.2	33.5	7.8
17:00—18:00	30.6	0.2	38.0	23.0	8.2
18:00—19:00	24.7	0.1	55.7	10.2	9.3
19:00—20:00	27.5	0.3	54.8	11.4	6.0
20:00—21:00	18.9	0.6	55.6	20.1	4.8
21:00—22:00	19.7	0.6	49.9	23.8	6.0
22:00—23:00	23.5	0.8	35.5	32.0	8.2
23:00—24:00	27.3	0.8	27.2	36.5	8.2
24:00—25:00	41.7	0.7	22.6	27.8	7.2
25:00—26:00	40.0	0.4	29.5	23.4	6.7

表 3.12.4　2012 年黑龙江市场收视份额位于前十位的频道

名次	频道名称	收视份额（%）
1	黑龙江卫视	19.5
2	中央电视台综合频道	9.8
3	黑龙江电视台影视频道	6.9
4	黑龙江电视台都市频道	6.7
5	中央台三套	3.5
6	黑龙江电视台新闻频道	3.3
7	湖南电视台卫星频道	3.0
8	黑龙江电视台公共频道	2.9
9	中央电视台少儿频道	2.8
10	中央台八套	2.5

表 3.12.5　2012 年黑龙江市场各主要频道的观众构成（%）

目标观众		所有频道	主要频道				
			黑龙江卫视	中央电视台综合频道	黑龙江电视台影视频道	黑龙江电视台都市频道	中央台三套
4 岁及以上所有人		100.0	100.0	100.0	100.0	100.0	100.0
城乡	城市	38.4	26.0	36.1	43.0	38.4	38.6
	农村	61.6	74.0	63.9	57.0	61.6	61.4
性别	男	45.9	46.7	45.6	46.0	46.4	42.3
	女	54.1	53.3	54.4	54.0	53.6	57.7
年龄	4—14 岁	7.8	5.5	8.1	4.4	3.5	3.6
	15—24 岁	9.5	9.7	9.1	7.1	6.6	5.5
	25—34 岁	14.8	14.3	12.9	13.0	14.7	12.8
	35—44 岁	21.3	22.7	20.5	24.8	22.5	14.8
	45—54 岁	21.4	24.0	20.2	24.9	25.8	27.7
	55—64 岁	13.7	13.5	16.1	13.3	16.7	17.3
	65 岁及以上	11.5	10.3	13.1	12.5	10.2	18.3
教育程度	未受过正规教育	4.1	3.8	4.3	3.6	2.8	2.4
	小学	18.9	19.8	17.9	15.6	16.7	19.5
	初中	49.0	53.3	47.5	54.7	50.8	46.9
	高中	19.9	17.4	21.8	18.1	21.9	23.0
	大学及以上	8.1	5.7	8.5	8.0	7.8	8.2
职业类别	干部/管理人员	1.4	0.5	1.5	2.2	2.0	0.8
	个体/私营企业人员	14.5	20.4	17.8	12.9	11.8	11.2
	初级公务员/雇员	6.7	5.1	6.5	6.8	7.1	6.5
	工人	11.1	9.4	9.0	12.5	14.0	9.7
	学生	8.8	7.2	10.5	4.7	3.8	4.2
	无业	34.8	30.5	36.6	36.3	34.6	44.9
	其他	22.7	26.9	18.1	24.6	26.7	22.7
个人月收入	0—300 元	28.8	28.9	29.4	25.6	21.8	21.5
	301—600 元	6.7	8.6	7.4	7.1	6.5	8.1
	601—900 元	7.8	9.7	6.8	9.1	8.8	8.1
	901—1200 元	16.8	17.2	18.7	17.1	17.7	18.7
	1201 元及以上	39.9	35.6	37.7	41.1	45.2	43.6

表 3.12.6　2010—2012 年黑龙江市场各类节目的播出份额（%）和收视份额（%）

节目类别	2010 年		2011 年		2012 年	
	播出份额	收视份额	播出份额	收视份额	播出份额	收视份额
财经	2.9	0.7	2.4	0.4	1.3	0.3
电视剧	21.3	26.7	21.5	31.2	29.3	29.6
电影	2.9	1.4	3.0	1.7	4.3	1.8
法制	1.4	1.8	1.4	3.0	1.1	1.5
教学	0.5	0.0	0.4	0.1	0.5	0.0
青少	7.9	4.7	7.4	4.2	5.6	5.8
生活服务	7.3	7.3	8.1	8.2	8.9	9.7
体育	1.8	2.0	1.4	1.2	1.9	1.0
外语	0.1	0.0	0.1	0.0	0.0	0.0
戏剧	1.2	0.9	1.1	0.1	0.7	0.2
新闻/时事	13.9	18.6	13.5	15.4	10.1	14.7
音乐	2.8	0.3	2.7	0.5	2.5	0.8
专题	10.1	4.2	11.6	4.4	9.7	4.3
综艺	11.4	13.6	11.1	12.4	9.7	14.5
其他	14.5	17.8	14.3	17.2	14.4	15.8

表 3.12.7　2012 年黑龙江市场所有节目收视排名前三十位

名次	节目名称	节目类型	播出频道	平均收视率（%）	平均占有率（%）
1	2012 春节联欢晚会	综艺	中央电视台综合频道	47.2	85.7
2	樱桃	电视剧	黑龙江卫视	28.7	54.3
3	飞虎神鹰	电视剧	黑龙江卫视	20.9	47.7
4	乡村爱情小夜曲	电视剧	黑龙江卫视	15.6	36.4
5	火流星	电视剧	黑龙江卫视	13.9	33.4
6	我的孩子我的家	电视剧	黑龙江卫视	13.8	32.7
7	断箭	电视剧	黑龙江卫视	13.4	34.6
8	红娘子	电视剧	黑龙江卫视	13.0	31.3
9	宝乐婶的烦心事	电视剧	黑龙江卫视	12.4	31.4
10	只要你过得比我好	电视剧	黑龙江卫视	12.4	29.2
11	后厨	电视剧	黑龙江卫视	11.6	29.9
12	武则天秘史	电视剧	黑龙江卫视	11.2	27.6
13	老爸的爱情	电视剧	黑龙江卫视	11.1	28.5
14	母子情仇	电视剧	黑龙江卫视	11.0	27.7
15	天气预报	生活服务	黑龙江卫视	10.4	31.9
16	新闻联播	新闻/时事	黑龙江卫视	9.9	30.9
17	尖刀队	电视剧	黑龙江卫视	9.6	21.8
18	掌门女婿	电视剧	黑龙江卫视	9.5	22.1
19	转播中央台新闻联播	新闻/时事	黑龙江卫视	9.1	22.8
20	奋进的春天	新闻/时事	黑龙江卫视	9.0	26.4
21	铁血使命	电视剧	黑龙江电视台影视频道	9.0	23.8
22	不是钱的事	电视剧	黑龙江卫视	8.9	27.7
23	新闻联播	新闻/时事	中央电视台综合频道	8.2	20.6
24	悬崖	电视剧	黑龙江卫视	8.1	19.0
25	穆桂英挂帅	电视剧	黑龙江电视台影视频道	7.9	19.6
26	2012 元宵晚会	综艺	中央电视台综合频道	7.6	16.0
27	狂飙支队	电视剧	黑龙江卫视	7.5	17.5
28	龙行盛世欢乐年 2012 年黑龙江电视台春节联欢晚会	综艺	黑龙江卫视	7.3	21.3
29	断刺	电视剧	黑龙江卫视	7.2	15.8
30	大美龙江	专题	黑龙江卫视	7.0	25.8

表 3.12.8　2012 年黑龙江市场电视剧收视率排名前十位

名次	节目名称	播出频道	平均收视率（%）	平均占有率（%）
1	樱桃	黑龙江卫视	28.7	54.3
2	飞虎神鹰	黑龙江卫视	20.9	47.7
3	乡村爱情小夜曲	黑龙江卫视	15.6	36.4
4	火流星	黑龙江卫视	13.9	33.4
5	我的孩子我的家	黑龙江卫视	13.8	32.7
6	断箭	黑龙江卫视	13.4	34.6
7	红娘子	黑龙江卫视	13.0	31.3
8	宝乐婶的烦心事	黑龙江卫视	12.4	31.4
9	只要你过得比我好	黑龙江卫视	12.4	29.2
10	后厨	黑龙江卫视	11.6	29.9

表 3.12.9　2012 年黑龙江市场新闻节目收视率排名前十位

名次	节目名称	播出频道	平均收视率（%）	平均占有率（%）
1	新闻联播	黑龙江卫视	9.9	30.9
2	转播中央台新闻联播	黑龙江卫视	9.1	22.8
3	奋进的春天	黑龙江卫视	9.0	26.4
4	新闻联播	中央电视台综合频道	8.2	20.6
5	新华视点	黑龙江卫视	5.7	23.0
6	中国龙新闻周刊	黑龙江卫视	5.1	17.5
7	中国共产党第十八次全国代表大会专题新闻	中央电视台综合频道	4.7	10.6
8	新闻夜航	黑龙江电视台都市频道	4.3	13.2
9	焦点访谈	中央电视台综合频道	4.0	8.5
10	新闻夜航	黑龙江卫视	3.5	18.6

表 3.12.10　2012 年黑龙江市场专题节目收视率排名前十位

名次	节目名称	播出频道	平均收视率（%）	平均占有率（%）
1	大美龙江	黑龙江卫视	7.0	25.8
2	一年又一年	中央电视台综合频道	6.8	25.2
3	游遍龙江	黑龙江卫视	5.9	22.0
4	艺术龙江	黑龙江卫视	5.5	19.9
5	寒地黑土上的奇迹黑龙江省高产作物北移战略取得成功	黑龙江卫视	4.5	21.9
6	倾心甄嬛播出季	黑龙江卫视	4.2	22.2
7	甄嬛真爱播出季	黑龙江卫视	4.1	22.1
8	甄嬛还珠播出季	黑龙江卫视	3.9	23.7
9	宫心甄嬛播出季	黑龙江卫视	3.9	21.9
10	百姓拍客	黑龙江电视台公共频道	3.6	9.4

表 3.12.11 2012 年黑龙江市场综艺节目收视率排名前十位

名次	节目名称	播出频道	平均收视率（%）	平均占有率（%）
1	2012 春节联欢晚会	中央电视台综合频道	47.2	85.7
2	2012 元宵晚会	中央电视台综合频道	7.6	16.0
3	龙行盛世欢乐年 2012 年黑龙江电视台春节联欢晚会	黑龙江卫视	7.3	21.3
4	神奇黑土地中华大粮仓 2012 年黑龙江庆丰收迎新春电视文艺晚会	黑龙江卫视	6.8	16.8
5	你好春天 2012 年文化部春节电视晚会	中央电视台综合频道	5.1	14.8
6	福州月中华情 2012 年中央电视台中秋晚会	中央电视台综合频道	4.8	13.1
7	万家灯火平安夜公安部 2012 年春节电视文艺晚会	中央电视台综合频道	4.8	12.3
8	拉剧扯剧	黑龙江电视台影视频道	4.8	11.3
9	阳光路上情满怀 2012 年军民迎新春文艺晚会	中央电视台综合频道	3.4	8.6
10	梦想合唱团	中央电视台综合频道	3.3	9.2

表 3.12.12 2012 年黑龙江市场体育节目收视率排名前十位

名次	节目名称	播出频道	平均收视率（%）	平均占有率（%）
1	2012 年第 30 届奥运会赛艇女子单人双桨 1/4 决赛第三组	中央台五套	5.6	11.8
2	2012 年第 30 届奥运会男子 200 米自由泳预赛	中央台五套	5.4	10.7
3	2012 年第 30 届奥运会女排小组赛 B 组（中国 vs 韩国）	中央台五套	5.1	11.6
4	2012 年第 30 届奥运会铁人三项男子决赛	中央台五套	5.0	10.2
5	实况录像：2012 年第 30 届奥运会跳水女子单人 3 米板决赛	中央台五套	4.9	10.9
6	实况录像：2012 年第 30 届奥运会乒乓球男单 1/4 决赛	中央台五套	4.7	14.8
7	2012 年第 30 届奥运会男篮小组赛 B 组	中央台五套	4.4	12.7
8	2012 年第 30 届奥运会体操男子吊环决赛	中央台五套	4.3	13.3
9	2012 年第 30 届奥运会女子重剑团体半决赛	中央台五套	4.3	10.9
10	2012 年第 30 届奥运会射击男子 10 米气步枪决赛	中央台五套	4.3	10.0

十三、湖北收视数据

表 3.13.1　2008—2012 年湖北市场各类频道的市场占有率（%）

频道类别	年份				
	2008 年	2009 年	2010 年	2011 年	2012 年
中央台频道	39.9	34.5	29.6	30.3	30.8
中国教育台频道	0.5	0.5	0.4	0.7	0.6
湖北省级频道	19.9	22.8	23.2	22.7	25.5
其他省级卫视频道	21.4	24.2	24.8	26.8	25.7
其他频道	18.3	18.0	22.0	19.6	17.4

表 3.13.2　2012 年湖北市场各类频道在不同目标观众中的市场占有率（%）

目标观众		中央台频道	中国教育台频道	湖北省级频道	其他省级卫视频道	其他频道
4 岁及以上所有人		30.8	0.6	25.5	25.7	17.4
城乡	城市	29.4	0.3	23.8	24.7	21.7
	农村	31.9	0.8	26.7	26.5	14.2
性别	男	33.4	0.6	24.1	23.5	18.4
	女	28.3	0.5	26.8	28.0	16.3
年龄	4—14 岁	33.5	0.5	22.0	28.9	15.1
	15—24 岁	27.1	0.4	20.4	34.7	17.3
	25—34 岁	27.5	0.6	25.4	29.4	17.1
	35—44 岁	28.1	0.5	28.0	25.3	18.2
	45—54 岁	30.2	0.6	26.6	24.8	17.7
	55—64 岁	33.8	0.6	27.0	20.0	18.7
	65 岁及以上	35.6	0.9	25.7	20.3	17.5
教育程度	未受过正规教育	34.0	0.6	26.3	23.1	16.1
	小学	28.7	0.7	28.2	26.5	16.0
	初中	29.2	0.6	26.3	27.1	16.9
	高中	33.1	0.6	22.4	24.8	19.1
	大学及以上	37.6	0.2	17.9	21.5	22.8
职业类别	干部/管理人员	31.0	0.2	15.6	22.9	30.2
	个体/私营企业人员	32.3	0.7	22.1	27.8	17.3
	初级公务员/雇员	35.9	0.4	18.6	22.7	22.5
	工人	28.8	0.5	26.0	27.6	17.1
	学生	29.8	0.4	23.0	30.8	15.9
	无业	32.3	0.6	24.5	25.6	17.0
	其他	28.9	0.7	32.0	21.5	17.0
个人月收入	0—300 元	30.3	0.6	25.2	27.9	16.1
	301—600 元	29.9	0.9	31.6	22.6	15.0
	601—900 元	28.6	0.5	26.8	22.5	21.6
	901—1200 元	30.2	0.6	26.3	25.2	17.8
	1201 元及以上	32.6	0.5	23.1	25.2	18.6

表 3.13.3 2012 年湖北市场各类频道在不同时段的市场占有率（%）

时间段	中央台频道	中国教育台频道	湖北省级频道	其他省级卫视频道	其他频道
02:00—03:00	34.8	0.3	11.7	27.5	25.8
03:00—04:00	36.7	0.2	11.0	26.3	25.8
04:00—05:00	36.4	0.2	14.8	25.3	23.3
05:00—06:00	38.3	0.3	15.1	24.8	21.5
06:00—07:00	46.6	0.2	15.3	20.0	17.9
07:00—08:00	43.2	0.3	16.9	21.6	18.1
08:00—09:00	35.2	0.2	18.2	30.5	15.9
09:00—10:00	32.0	0.3	20.9	32.0	14.7
10:00—11:00	31.2	0.7	20.3	33.1	14.8
11:00—12:00	33.5	0.5	20.5	30.9	14.7
12:00—13:00	37.5	0.5	19.3	27.0	15.7
13:00—14:00	33.2	0.7	19.1	31.4	15.6
14:00—15:00	27.8	0.8	20.4	35.0	16.0
15:00—16:00	27.6	0.7	19.9	35.8	16.0
16:00—17:00	28.2	0.4	21.3	34.9	15.3
17:00—18:00	30.8	0.4	25.7	26.9	16.2
18:00—19:00	31.5	0.1	34.9	12.2	21.2
19:00—20:00	36.0	0.6	28.7	15.1	19.6
20:00—21:00	28.2	1.1	28.2	26.4	16.0
21:00—22:00	27.3	0.8	28.1	26.5	17.3
22:00—23:00	24.6	0.4	30.7	25.1	19.3
23:00—24:00	28.0	0.2	24.5	28.8	18.5
24:00—25:00	33.5	0.2	17.0	28.9	20.4
25:00—26:00	34.2	0.3	13.1	28.1	24.3

表 3.13.4 2012 年湖北市场收视份额排名前十位的频道

名次	频道名称	收视份额（%）
1	湖北综合	8.5
2	湖北经视	7.0
3	湖北卫视	4.8
4	中央电视台综合频道	4.6
5	中央电视台少儿频道	4.1
6	中央台八套	3.8
7	中央台六套	3.6
8	湖南电视台卫星频道	3.4
9	江苏卫视	3.1
10	中央台三套	2.9

表 3.13.5　2012 年湖北市场各主要频道的观众构成（%）

目标观众		所有频道	主要频道				
			湖北综合	湖北经视	湖北卫视	中央电视台综合频道	中央电视台少儿频道
4 岁及以上所有人		100.0	100.0	100.0	100.0	100.0	100.0
城乡	城市	42.2	40.4	38.1	45.5	53.5	17.5
	农村	57.8	59.6	61.9	54.5	46.6	82.5
性别	男	50.0	42.8	48.2	49.8	50.5	51.5
	女	50.0	57.2	51.8	50.2	49.5	48.5
年龄	4—14 岁	15.5	12.5	15.9	9.5	17.8	55.8
	15—24 岁	7.3	5.2	5.7	6.0	4.8	2.5
	25—34 岁	14.3	16.3	12.9	11.5	11.8	13.1
	35—44 岁	17.8	19.0	21.0	19.4	13.7	10.3
	45—54 岁	19.4	20.5	19.0	21.3	16.5	7.3
	55—64 岁	15.5	17.5	16.3	17.7	18.6	7.9
	65 岁及以上	10.1	9.1	9.1	14.6	16.8	3.1
教育程度	未受过正规教育	9.6	8.1	10.3	13.5	14.5	26.8
	小学	27.6	33.2	31.3	27.4	29.4	42.5
	初中	36.8	39.6	36.3	34.4	30.5	23.0
	高中	18.7	15.3	16.7	17.8	17.8	6.0
	大学及以上	7.3	3.7	5.4	6.9	7.8	1.7
职业类别	干部/管理人员	0.9	0.6	0.5	0.4	0.6	0.1
	个体/私营企业人员	9.6	6.6	8.9	6.5	6.3	5.7
	初级公务员/雇员	6.4	3.4	5.4	4.9	6.3	1.9
	工人	19.4	16.6	22.5	20.7	13.9	7.9
	学生	11.5	10.1	12.8	7.2	9.6	32.1
	无业	31.5	26.7	35.1	29.6	39.1	39.0
	其他	20.8	35.9	14.9	30.7	24.2	13.2
个人月收入	0—300 元	37.8	35.3	41.2	35.6	41.9	73.2
	301—600 元	11.2	20.7	6.4	14.4	12.4	6.6
	601—900 元	7.0	8.8	5.6	7.6	6.8	2.5
	901—1200 元	11.8	12.6	11.5	12.0	8.9	4.7
	1201 元及以上	32.1	22.6	35.3	30.4	30.1	13.1

表 3.13.6　2010—2012 年湖北市场各类节目的播出份额（%）和收视份额（%）

节目类别	2010 年		2011 年		2012 年	
	播出份额	收视份额	播出份额	收视份额	播出份额	收视份额
财经	2.8	0.8	2.6	0.8	2.2	0.7
电视剧	22.0	37.1	21.5	36.7	21.4	38.7
电影	4.2	5.8	4.0	4.4	3.9	4.3
法制	1.1	1.6	0.8	1.0	0.8	0.9
教学	0.5	0.1	0.4	0.1	0.3	0.1
青少	7.0	5.5	7.8	5.6	6.9	5.8
生活服务	8.2	4.7	8.7	6.2	8.9	7.0
体育	2.8	3.0	1.9	2.0	2.2	2.1
外语	0.1	0.1	0.0	0.0	0.0	0.0
戏剧	1.0	0.5	1.1	0.4	1.1	0.3
新闻/时事	13.9	8.8	13.7	10.1	15.1	12.3
音乐	2.8	0.6	3.0	0.8	2.6	0.8
专题	9.6	5.4	10.0	5.4	11.7	5.4
综艺	9.5	12.3	10.5	12.8	8.9	9.9
其他	14.5	13.9	14.0	13.8	14.0	11.7

表 3.13.7　2012 年湖北市场所有节目收视率排名前三十位

名次	节目名称	节目类别	播出频道	平均收视率（%）	平均占有率（%）
1	2012 春节联欢晚会	综艺	中央电视台综合频道	11.0	21.5
2	2012 春节联欢晚会	综艺	中央台三套	9.2	17.9
3	2012 元宵晚会	综艺	中央电视台综合频道	8.2	18.5
4	天气预报	生活服务	中央电视台综合频道	6.1	17.3
5	2012 年伦敦奥运会羽毛球男单颁奖仪式	体育	中央电视台综合频道	5.9	13.9
6	2012 年第 30 届奥运会跳水男子双人 3 米板决赛	体育	中央台五套	5.8	21.2
7	神丐（1 月 12 日）	电影	中央台六套	5.7	13.5
8	独立纵队	电视剧	湖北卫视	5.5	15.2
9	平原烽火	电视剧	湖北卫视	5.5	13.3
10	狂飙支队	电视剧	湖北卫视	5.4	13.1
11	精武英雄（1 月 13 日）	电影	中央台六套	5.3	13.6
12	民兵葛二蛋	电视剧	湖北卫视	5.2	12.3
13	2012 年第 30 届奥运会赛艇女子单人双桨决赛	体育	中央台五套	5.1	15.6
14	穆桂英挂帅	电视剧	湖北综合	5.0	15.7
15	穿越长江神奇魔幻夜湖北卫视大型幻象魔术晚会	综艺	湖北卫视	4.9	25.3
16	2012 年第 30 届奥运会体操女子平衡木决赛	体育	中央台五套	4.9	13.6
17	神箭	电视剧	湖北经视	4.8	14.0
18	神勇投弹手（11 月 2 日）	电影	中央台六套	4.8	12.1
19	2012 年第 30 届奥运会田径男子 100 米预赛	体育	中央台五套	4.7	13.8
20	揭秘血战长空	专题	湖北卫视	4.7	13.2
21	2012 年第 30 届奥运会男子 100 米仰泳预赛	体育	中央台五套	4.7	12.0
22	川西剿匪记	电视剧	湖北综合	4.6	16.8
23	葵花进城	电视剧	湖北综合	4.6	13.1
24	枪神传奇	电视剧	湖北卫视	4.6	12.0
25	锦衣卫（1 月 15 日）	电影	中央台六套	4.6	11.4
26	神枪	电视剧	湖北经视	4.5	15.4
27	干得漂亮	电视剧	湖北综合	4.5	15.2
28	龙巡天下（1 月 1 日—5 日）	电视剧	湖北综合	4.5	14.1
29	锁梦楼	电视剧	湖北综合	4.5	13.7
30	国门英雄	电视剧	中央电视台综合频道	4.5	11.7

表 3.13.8　2012 年湖北市场电视剧收视率排名前十位

名次	节目名称	播出频道	平均收视率(%)	平均占有率(%)
1	独立纵队	湖北卫视	5.5	15.2
2	平原烽火	湖北卫视	5.5	13.3
3	狂飙支队	湖北卫视	5.4	13.1
4	民兵葛二蛋	湖北卫视	5.2	12.3
5	穆桂英挂帅	湖北综合	5.0	15.7
6	神箭	湖北经视	4.8	14.0
7	川西剿匪记	湖北综合	4.6	16.8
8	葵花进城	湖北综合	4.6	13.1
9	枪神传奇	湖北卫视	4.6	12.0
10	神枪	湖北经视	4.5	15.4

表 3.13.9　2012 年湖北市场新闻节目收视率排名前十位

名次	节目名称	播出频道	平均收视率(%)	平均占有率(%)
1	新闻联播	中央电视台综合频道	2.8	9.0
2	经视直播	湖北经视	2.7	11.7
3	新闻 360	湖北综合	2.4	11.4
4	转播中央台新闻联播	湖北卫视	2.2	7.0
5	中国共产党第十八次全国代表大会专题新闻	中央电视台新闻频道	2.0	4.4
6	360 看天下	湖北综合	1.7	11.2
7	焦点访谈	中央电视台综合频道	1.7	4.6
8	湖北新闻	湖北卫视	1.6	6.6
9	温家宝总理会见中外记者	中央电视台综合频道	1.6	4.1
10	中国共产党第十八次全国代表大会专题新闻	中央电视台综合频道	1.6	3.4

表 3.13.10　2012 年湖北市场专题节目收视率排名前十位

名次	节目名称	播出频道	平均收视率(%)	平均占有率(%)
1	揭秘血战长空	湖北卫视	4.7	13.2
2	创富先锋湖北赛区总决赛	湖北综合	3.2	15.1
3	一年又一年	中央电视台综合频道	3.0	10.1
4	红旗渠的守望者	中央电视台综合频道	2.3	6.7
5	感动中国 2011 年度人物颁奖典礼	中央电视台综合频道	2.3	5.8
6	打开天窗	湖北综合	1.8	5.8
7	有理我来说	湖北经视	1.7	4.5
8	大揭秘	湖北卫视	1.4	4.0
8	中国警察精编版	中央台十二套	1.4	4.0
10	丝绸之路印象	中央电视台综合频道	1.3	3.6

表 3.13.11 2012 年湖北市场综艺节目收视率排名前十位

名次	节目名称	播出频道	平均收视率（%）	平均占有率（%）
1	2012 春节联欢晚会	中央电视台综合频道	11.0	21.5
2	2012 春节联欢晚会	中央台三套	9.2	17.9
3	2012 元宵晚会	中央电视台综合频道	8.2	18.5
4	穿越长江神奇魔幻夜湖北卫视大型幻象魔术晚会	湖北卫视	4.9	25.3
5	职场有道业兴于德第九届湖北省职工职业道德双十佳颁奖晚会	湖北综合	3.8	9.4
6	甜蜜伴侣	湖北综合	3.6	8.9
7	2012 春节联欢晚会	湖南电视台卫星频道	3.6	7.1
8	幸福账单	湖北综合	3.3	7.9
9	因为爱情	湖北综合	3.1	8.3
10	阳光路上情满怀 2012 年军民迎新春文艺晚会	中央电视台综合频道	3.1	7.5

表 3.13.12 2012 年湖北市场体育节目收视率排名前十位

名次	节目名称	播出频道	平均收视率（%）	平均占有率（%）
1	2012 年伦敦奥运会羽毛球男单颁奖仪式	中央电视台综合频道	5.9	13.9
2	2012 年第 30 届奥运会跳水男子双人 3 米板决赛	中央台五套	5.8	21.2
3	2012 年第 30 届奥运会赛艇女子单人双桨决赛	中央台五套	5.1	15.6
4	2012 年第 30 届奥运会体操女子平衡木决赛	中央台五套	4.9	13.6
5	2012 年第 30 届奥运会田径男子 100 米预赛	中央台五套	4.7	13.8
6	2012 年第 30 届奥运会男子 100 米仰泳预赛	中央台五套	4.7	12.0
7	2012 年第 30 届奥运会女排小组赛 B 组（中国 VS 韩国）	中央台五套	4.4	15.1
8	2012 年第 30 届奥运会乒乓球男单第三轮	中央台五套	4.3	10.8
9	2012 年第 30 届奥运会男篮小组赛 B 组（中国 VS 俄罗斯）	中央台五套	3.9	9.7
10	2012 年第 30 届奥运会射击男子 10 米气手枪决赛	中央台五套	3.8	15.0

十四、湖南收视数据

表 3.14.1　2008—2012 年湖南市场各类频道的市场占有率（%）

频道类别	年份				
	2008 年	2009 年	2010 年	2011 年	2012 年
中央台频道	23.9	22.4	20.6	22.0	23.9
中国教育台频道	0.2	0.2	0.2	0.2	0.3
湖南省级频道	52.9	52.2	51.0	49.0	51.0
其他省级卫视频道	11.3	12.0	13.0	15.2	13.7
其他频道	11.7	13.2	15.2	13.6	11.0

表 3.14.2　2012 年湖南市场各类频道在不同目标观众中的市场占有率（%）

目标观众		中央电视台	中国教育台	湖南省级频道	其他省级卫视频道	其他频道
4 岁及以上所有人		23.9	0.3	51.0	13.7	11.0
城乡	城市	21.4	0.3	49.6	11.4	17.3
	农村	24.4	0.3	51.3	14.2	9.7
性别	男	25.5	0.3	49.7	13.1	11.3
	女	22.2	0.3	52.4	14.3	10.8
年龄	4—14 岁	26.2	0.4	46.7	16.6	10.1
	15—24 岁	20.1	0.2	54.3	14.6	10.8
	25—34 岁	24.1	0.2	52.3	13.9	9.5
	35—44 岁	23.3	0.4	51.7	14.6	10.0
	45—54 岁	21.0	0.3	54.5	12.2	11.9
	55—64 岁	27.0	0.3	48.5	11.0	13.2
	65 岁及以上	27.5	0.2	45.6	14.2	12.5
教育程度	未受过正规教育	27.2	0.4	46.3	13.6	12.5
	小学	24.6	0.3	49.8	14.7	10.6
	初中	21.4	0.3	54.7	13.5	10.1
	高中	24.2	0.4	48.5	13.6	13.3
	大学及以上	36.4	0.2	42.1	9.0	12.3
职业类别	干部/管理人员	22.0	0.3	56.6	10.3	10.9
	个体/私营企业人员	20.5	0.4	57.8	12.4	8.9
	初级公务员/雇员	27.5	0.2	43.8	11.2	17.3
	工人	25.3	0.3	49.5	13.3	11.5
	学生	24.3	0.3	47.6	18.4	9.3
	无业	26.4	0.3	47.2	13.7	12.4
	其他	22.7	0.3	53.1	13.4	10.5
个人月收入	0—300 元	24.3	0.3	49.9	14.6	10.9
	301—600 元	20.3	0.4	54.7	14.5	10.1
	601—900 元	21.7	0.5	48.4	15.1	14.4
	901—1200 元	26.5	0.2	48.4	12.9	12.0
	1201 元及以上	24.9	0.3	52.2	11.8	10.8

表 3.14.3　2012 年湖南市场各类频道在不同时段的市场占有率（%）

时间段	中央电视台	中国教育台	湖南省级频道	其他省级卫视频道	其他频道
02:00—03:00	22.1	0.3	31.5	23.5	22.6
03:00—04:00	18.1	0.2	35.0	20.0	26.8
04:00—05:00	18.4	0.1	36.0	17.5	28.0
05:00—06:00	22.1	0.2	40.1	16.3	21.3
06:00—07:00	36.0	0.1	39.9	10.8	13.2
07:00—08:00	44.5	0.1	31.1	13.5	10.7
08:00—09:00	36.8	0.1	32.9	19.4	10.7
09:00—10:00	33.3	0.2	36.2	19.2	11.1
10:00—11:00	31.3	0.4	38.4	18.8	11.1
11:00—12:00	30.2	0.3	41.6	17.5	10.4
12:00—13:00	31.3	0.3	42.4	15.4	10.6
13:00—14:00	30.2	0.4	40.0	18.6	10.8
14:00—15:00	29.0	0.5	36.1	22.5	11.9
15:00—16:00	28.0	0.4	37.7	22.3	11.7
16:00—17:00	27.6	0.2	38.0	22.6	11.6
17:00—18:00	26.4	0.3	46.7	15.5	11.1
18:00—19:00	23.5	0.1	60.6	5.3	10.5
19:00—20:00	22.9	0.2	59.5	7.0	10.4
20:00—21:00	18.5	0.5	58.8	12.8	9.4
21:00—22:00	19.4	0.5	57.4	12.2	10.5
22:00—23:00	17.1	0.3	60.3	10.5	11.8
23:00—24:00	16.5	0.1	59.2	11.7	12.5
24:00—25:00	25.0	0.2	37.2	20.8	16.7
25:00—26:00	24.5	0.3	32.0	23.7	19.4

表 3.14.4　2012 年湖南市场收视份额排名前十位的频道

名次	频道名称	收视份额（%）
1	湖南电视台电视剧频道	10.9
2	湖南电视台卫星频道	9.8
3	湖南电视台经济频道	8.9
4	湖南电视台都市频道	7.9
5	湖南电视台潇湘电影频道	6.0
6	中央电视台少儿频道	3.8
7	中央电视台综合频道	3.3
8	湖南电视台金鹰卡通频道	3.1
9	中央台三套	2.5
10	中央台八套	2.3

表 3.14.5 2012 年湖南市场各主要频道的观众构成 (%)

目标观众		所有频道	主要频道				
			湖南电视台电视剧频道	湖南电视台卫星频道	湖南电视台经济频道	湖南电视台都市频道	湖南电视台潇湘电影频道
4 岁及以上所有人		100.0	100.0	100.0	100.0	100.0	100.0
城乡	城市	17.4	17.9	16.6	18.8	15.8	13.2
	农村	82.6	82.1	83.4	81.2	84.2	86.8
性别	男	50.4	46.3	44.8	49.7	49.5	57.7
	女	49.6	53.7	55.2	50.3	50.5	42.3
年龄	4—14 岁	15.1	9.5	15.3	10.5	9.6	16.9
	15—24 岁	9.2	8.4	12.1	6.7	13.9	11.2
	25—34 岁	14.9	13.4	14.8	15.5	16.5	18.0
	35—44 岁	18.4	16.9	19.8	17.5	19.8	25.0
	45—54 岁	21.4	31.1	20.0	23.6	22.4	17.2
	55—64 岁	15.0	15.3	13.7	17.1	13.7	8.3
	65 岁及以上	6.0	5.3	4.3	9.2	4.1	3.3
教育程度	未受过正规教育	7.0	6.0	5.7	4.1	5.6	6.0
	小学	31.3	26.9	31.9	35.7	25.1	30.6
	初中	41.6	45.2	45.0	43.1	51.8	46.2
	高中	16.1	17.2	14.5	14.6	13.7	15.1
	大学及以上	4.1	4.7	2.9	2.5	3.9	2.2
职业类别	干部/管理人员	1.0	2.1	0.6	1.5	0.7	0.4
	个体/私营企业人员	13.6	14.9	11.7	14.4	24.0	15.2
	初级公务员/雇员	5.3	6.5	4.4	2.6	5.3	4.1
	工人	8.4	7.5	7.4	7.3	8.4	12.3
	学生	10.5	6.3	11.9	7.9	6.0	13.7
	无业	22.4	21.9	20.8	15.8	23.1	14.6
	其他	38.8	40.8	43.3	50.6	32.4	39.7
个人月收入	0—300 元	43.0	41.1	43.8	38.3	36.8	38.5
	301—600 元	15.9	18.7	21.2	21.6	10.8	15.8
	601—900 元	5.2	4.9	6.4	4.7	5.2	4.2
	901—1200 元	8.3	7.8	7.1	7.6	9.9	8.1
	1201 元及以上	27.6	27.5	21.5	27.7	37.4	33.4

表 3.14.6 2010—2012 年湖南市场各类节目的播出份额 (%) 和收视份额 (%)

节目类型	2010 年		2011 年		2012 年	
	播出份额	收视份额	播出份额	收视份额	播出份额	收视份额
财经	3.0	0.5	2.5	0.4	2.2	0.3
电视剧	23.0	38.0	21.0	36.3	21.5	39.1
电影	2.8	7.4	4.4	7.4	4.8	7.8
法制	1.2	2.6	1.0	3.1	0.7	0.7
教学	0.5	0.1	0.4	0.1	0.4	0.1
青少	7.6	4.2	7.4	5.3	6.8	5.4
生活服务	6.8	6.1	7.6	6.5	8.0	5.5
体育	2.0	1.4	1.5	1.1	1.5	1.4
外语	0.1	0.0	0.0	0.0	0.0	0.0
戏剧	1.0	0.3	1.1	0.3	1.0	0.3
新闻/时事	14.9	8.9	14.1	9.6	15.9	15.1
音乐	1.8	0.6	2.8	0.7	2.6	0.8
专题	10.2	5.3	11.8	5.4	11.9	5.5
综艺	10.7	11.3	10.3	10.6	8.9	7.4
其他	14.5	13.4	14.1	13.2	13.9	10.7

表 3.14.7　2012 年湖南市场所有节目收视率排名前三十位

名次	节目名称	节目类型	播出频道	平均收视率（%）	平均占有率（%）
1	元宵喜乐会 2012	综艺	湖南电视台卫星频道	11.4	27.9
2	2012 春节联欢晚会	综艺	中央电视台综合频道	11.4	22.2
3	2012 春节联欢晚会（1 月 17 日）	综艺	湖南电视台卫星频道	11.0	28.8
4	独立纵队	电视剧	湖南电视台电视剧频道	10.9	29.8
5	幸福妈妈	电视剧	湖南电视台卫星频道	10.4	25.2
6	狼来了	电视剧	湖南电视台电视剧频道	10.2	23.4
7	浪奔浪流	电视剧	湖南电视台电视剧频道	9.7	27.4
8	干得漂亮	电视剧	湖南电视台电视剧频道	9.0	27.7
9	一触即发	电视剧	湖南电视台电视剧频道	8.9	22.9
10	快乐中国 2012—2013 跨年狂欢夜	音乐	湖南电视台卫星频道	8.6	30.0
11	抗日奇侠	电视剧	湖南电视台电视剧频道	8.5	22.9
12	莲心劫	电视剧	湖南电视台电视剧频道	8.3	26.1
13	非常有喜	电视剧	湖南电视台卫星频道	7.8	19.0
13	加油妈妈	电视剧	湖南电视台卫星频道	7.8	19.0
15	敌后便衣队	电视剧	湖南电视台电视剧频道	7.7	25.3
16	敌后锄奸	电视剧	湖南电视台经济频道	7.7	23.8
17	隋唐英雄	电视剧	湖南电视台卫星频道	7.6	18.3
18	蝴蝶行动	电视剧	湖南电视台电视剧频道	7.5	22.6
19	向着炮火前进	电视剧	湖南电视台经济频道	7.5	21.2
20	双枪李向阳二	电视剧	湖南电视台电视剧频道	7.5	20.9
21	笑林小子之新乌龙院	电影	湖南电视台潇湘电影频道	7.5	16.1
22	姻差鸯错	电视剧	湖南电视台电视剧频道	7.4	22.5
23	麻辣女兵	电视剧	湖南电视台卫星频道	7.4	18.3
24	枪神	电视剧	湖南电视台经济频道	7.2	21.4
25	铁道游击队二	电视剧	湖南电视台电视剧频道	7.2	17.6
26	疯狂的小兵	电视剧	湖南电视台经济频道	7.1	22.1
27	生死狙击手	电视剧	湖南电视台经济频道	7.1	21.5
28	王者之战	电视剧	湖南电视台电视剧频道	7.1	17.1
29	城市猎人	电影	湖南电视台潇湘电影频道	7.1	15.6
30	犬王	电影	湖南电视台潇湘电影频道	7.1	14.5

表 3.14.8　2012 年湖南市场电视剧收视率排名前十位

名次	节目名称	播出频道	平均收视率(%)	平均占有率(%)
1	独立纵队	湖南电视台电视剧频道	10.9	29.8
2	幸福妈妈	湖南电视台卫星频道	10.4	25.2
3	狼来了	湖南电视台电视剧频道	10.2	23.4
4	浪奔浪流	湖南电视台电视剧频道	9.7	27.4
5	干得漂亮	湖南电视台电视剧频道	9.0	27.7
6	一触即发	湖南电视台电视剧频道	8.9	22.9
7	抗日奇侠	湖南电视台电视剧频道	8.5	22.9
8	莲心劫	湖南电视台电视剧频道	8.3	26.1
9	非常有喜	湖南电视台卫星频道	7.8	19.0
9	加油妈妈	湖南电视台卫星频道	7.8	19.0

表 3.14.9　2012 年湖南市场新闻节目收视率排名前十位

名次	节目名称	播出频道	平均收视率(%)	平均占有率(%)
1	转播中央台新闻联播	湖南电视台卫星频道	4.0	13.3
2	都市 1 时间	湖南电视台都市频道	3.3	12.1
3	湖南新闻联播	湖南电视台卫星频道	3.2	13.4
4	都市晚间	湖南电视台都市频道	2.5	8.9
5	1 生 1 世合家欢活人冰冻 24 小时	湖南电视台经济频道	2.2	7.7
6	夜夜都市	湖南电视台都市频道	1.8	8.1
7	世界大不同	湖南电视台都市频道	1.6	12.5
8	钟山说事	湖南电视台经济频道	1.6	6.1
9	新闻联播	中央电视台综合频道	1.6	5.3
10	今日关注	中央台四套	1.3	3.6

表 3.14.10　2012 年湖南市场专题节目收视率排名前十位

名次	节目名称	播出频道	平均收视率(%)	平均占有率(%)
1	变形计	湖南电视台电视剧频道	5.6	12.5
2	寻情记	湖南电视台都市频道	4.6	10.9
3	心得乐名单	湖南电视台电视剧频道	4.2	16.1
4	丁点真相	湖南电视台经济频道	3.7	8.5
5	心得乐超市	湖南电视台电视剧频道	3.2	10.0
6	湘江蝶变	湖南电视台卫星频道	2.5	9.2
7	第十一届汉语桥世界大学生中文比赛决赛第一场	湖南电视台卫星频道	2.4	7.9
8	变形计	湖南电视台卫星频道	2.4	6.4
9	一年又一年	中央电视台综合频道	1.9	5.5
10	洞穴之光	湖南电视台电视剧频道	1.8	8.7

表 3. 14. 11　2012 年湖南市场综艺节目收视率排名前十位

名次	节目名称	播出频道	平均收视率（%）	平均占有率（%）
1	元宵喜乐会 2012	湖南电视台卫星频道	11. 4	27. 9
2	2012 春节联欢晚会	中央电视台综合频道	11. 4	22. 2
3	2012 春节联欢晚会（1 月 17 日）	湖南电视台经济频道	11. 0	28. 8
4	中国金鹰电视艺术节开幕式文艺晚会	湖南电视台卫星频道	6. 9	18. 7
5	2012 春节联欢晚会	湖南电视台经济频道	6. 8	13. 2
6	2012 春节联欢晚会	湖南电视台卫星频道	6. 4	12. 6
7	1 生 1 世过大年	湖南电视台经济频道	5. 3	11. 4
8	我爱主持人第九届中国金鹰电视艺术节主持人盛典	湖南电视台卫星频道	4. 8	13. 4
9	中国金鹰电视艺术节第二十六届中国电视金鹰奖颁奖晚会	湖南电视台卫星频道	4. 5	13. 5
10	1 生 1 世合家欢跨年喜乐会	湖南电视台经济频道	4. 5	11. 9

表 3. 14. 12　2012 年湖南市场体育节目收视率排名前十位

名次	节目名称	播出频道	平均收视率（%）	平均占有率（%）
1	2012 年第 30 届奥运会体操女子平衡木决赛	中央台五套	6. 0	17. 2
2	2012 年第 30 届奥运会跳水男子双人 10 米跳台决赛	中央台五套	5. 7	22. 0
3	2012 年第 30 届奥运会女子 100 米自由泳预赛	中央台五套	5. 5	17. 0
4	2012 年第 30 届奥运会赛艇女子单人双桨 1/4 决赛第三组	中央台五套	4. 9	14. 8
5	实况录像：2012 年第 30 届奥运会乒乓球男单半决赛	中央台五套	4. 1	10. 5
6	2012 年第 30 届奥运会射击男子 10 米气步枪决赛	中央台五套	4. 0	17. 5
7	2012 年第 30 届奥运会田径预赛	中央台五套	3. 9	12. 5
8	2012 年第 30 届奥运会拳击男子 49 公斤级决赛最次轻量级半决赛	中央台五套	3. 9	10. 3
9	2012 年第 30 届奥运会女排小组赛 B 组（中国 VS 土耳其）	中央台五套	3. 7	22. 2
10	2012 年第 30 届奥运会女篮小组赛（中国 VS 安哥拉）	中央台五套	3. 5	20. 3

十五、吉林收视数据

表 3.15.1　2008—2012 年吉林市场各类频道的市场占有率（%）

频道类别	年份				
	2008 年	2009 年	2010 年	2011 年	2012 年
中央台频道	41.3	35.9	32.8	32.0	35.1
中国教育台频道	0.2	0.2	0.2	0.5	0.6
吉林省级频道	27.1	29.6	30.1	27.7	25.3
其他省级卫视频道	17.5	19.8	23.3	27.9	30.9
其他频道	14.0	14.5	13.6	11.9	8.1

表 3.15.2　2012 年吉林市场各类频道在不同目标观众中的市场占有率（%）

目标观众		中央台频道	中国教育台频道	吉林省级频道	其他省级卫视频道	其他频道
4 岁及以上所有人		35.1	0.6	25.3	30.9	8.1
城乡	城市	37.2	0.3	24.6	32.6	5.3
	农村	33.6	0.9	25.8	29.7	10.0
性别	男	37.5	0.6	25.2	28.9	7.8
	女	32.9	0.6	25.4	32.7	8.4
年龄	4—14 岁	53.1	0.6	15.5	24.9	5.9
	15—24 岁	26.2	0.6	22.8	40.3	10.1
	25—34 岁	30.3	0.8	24.2	37.0	7.7
	35—44 岁	32.1	0.7	24.5	34.4	8.3
	45—54 岁	32.6	0.9	27.0	31.7	7.8
	55—64 岁	40.3	0.3	30.2	22.3	6.9
	65 岁及以上	40.0	0.3	30.0	20.4	9.3
教育程度	未受过正规教育	43.9	0.2	22.8	22.5	10.6
	小学	33.4	0.8	28.4	27.1	10.3
	初中	32.0	0.9	25.3	33.8	8.0
	高中	38.0	0.3	23.4	32.3	6.0
	大学及以上	41.2	0.2	23.4	29.7	5.5
职业类别	干部/管理人员	43.6	0.3	23.7	29.7	2.7
	个体/私营企业人员	33.8	0.6	23.6	33.1	8.9
	初级公务员/雇员	34.5	0.4	24.0	35.9	5.2
	工人	33.2	0.4	26.5	32.9	7.0
	学生	45.7	0.7	19.2	29.1	5.3
	无业	41.8	0.3	25.2	25.5	7.2
	其他	27.2	1.0	28.1	33.4	10.3
个人月收入	0—300 元	39.2	0.7	22.9	29.2	8.0
	301—600 元	27.1	0.8	28.9	33.6	9.6
	601—900 元	29.0	0.9	24.9	35.6	9.6
	901—1200 元	32.5	0.7	28.5	30.9	7.4
	1201 元及以上	37.2	0.5	24.8	30.0	7.5

表 3.15.3 2012 年吉林市场各类频道在不同时段的市场占有率（%）

时间段	中央台频道	中国教育台频道	吉林省级频道	其他省级卫视频道	其他频道
02:00—03:00	36.9	0.1	14.6	43.2	5.2
03:00—04:00	38.3	0.4	17.9	36.4	7.0
04:00—05:00	35.4	1.8	14.5	38.7	9.5
05:00—06:00	37.8	0.8	15.6	33.1	12.7
06:00—07:00	41.6	0.1	22.1	25.3	10.9
07:00—08:00	46.7	0.2	17.7	23.9	11.5
08:00—09:00	44.0	0.3	13.7	32.5	9.5
09:00—10:00	40.9	0.3	14.0	36.6	8.2
10:00—11:00	39.0	0.6	13.9	38.5	8.0
11:00—12:00	40.3	0.5	14.8	37.1	7.3
12:00—13:00	40.4	0.4	13.8	39.2	6.2
13:00—14:00	36.0	0.5	13.0	45.4	5.1
14:00—15:00	33.1	0.5	13.2	45.9	7.3
15:00—16:00	33.9	0.4	13.7	42.0	10.0
16:00—17:00	37.9	0.3	17.7	35.3	8.8
17:00—18:00	30.0	0.2	31.9	21.6	16.3
18:00—19:00	27.8	0.2	50.1	10.5	11.4
19:00—20:00	44.2	0.7	30.4	18.7	6.0
20:00—21:00	27.1	1.4	26.7	39.6	5.2
21:00—22:00	27.3	1.1	22.1	45.5	4.0
22:00—23:00	26.5	0.5	14.1	55.1	3.8
23:00—24:00	24.7	0.2	10.4	59.4	5.3
24:00—25:00	32.2	0.1	13.3	47.8	6.6
25:00—26:00	35.9	0.0	13.9	44.3	5.9

表 3.15.4 2012 年吉林市场收视份额排名前十位的频道

名次	频道名称	收视份额（%）
1	中央电视台综合频道	11.1
2	吉林电视台乡村频道（五套）	7.3
3	吉林电视台都市频道（二套）	5.6
4	中央电视台少儿频道	5.5
5	吉林卫视	4.9
6	黑龙江卫视	3.9
7	湖南电视台卫星频道	3.8
8	中央台三套	3.4
9	中央台八套	2.9
10	辽宁卫视	2.8

表 3.15.5　2012 年吉林市场各主要频道的观众构成（%）

目标观众		所有频道	主要频道				
			中央电视台综合频道	吉林电视台乡村频道(五套)	吉林电视台都市频道(二套)	中央电视台少儿频道	吉林卫视
4 岁及以上所有人		100.0	100.0	100.0	100.0	100.0	100.0
城乡	城市	41.7	44.3	20.0	68.9	24.3	44.1
	农村	58.3	55.7	80.0	31.1	75.7	55.9
性别	男	47.0	50.2	45.5	44.5	47.9	47.3
	女	53.0	49.8	54.5	55.5	52.1	52.7
年龄	4—14 岁	9.0	8.6	4.1	4.8	56.7	4.5
	15—24 岁	11.4	7.6	8.9	9.0	6.8	8.5
	25—34 岁	14.0	12.5	10.9	12.1	14.2	8.8
	35—44 岁	21.2	20.5	19.5	19.8	9.9	19.2
	45—54 岁	20.5	21.9	24.3	22.9	3.7	24.1
	55—64 岁	12.0	13.9	16.5	17.1	5.3	17.4
	65 岁及以上	11.8	14.9	15.9	14.3	3.4	17.6
教育程度	未受过正规教育	6.0	5.3	6.5	5.1	23.1	7.0
	小学	24.2	21.2	38.7	14.8	43.0	24.7
	初中	39.5	36.7	37.0	34.9	25.3	38.3
	高中	24.0	28.2	15.2	33.9	6.3	24.9
	大学及以上	6.3	8.5	2.7	11.3	2.3	5.1
职业类别	干部/管理人员	1.3	1.6	0.8	1.1	0.2	1.1
	个体/私营企业人员	14.7	16.6	13.1	14.0	6.2	15.4
	初级公务员/雇员	7.7	8.6	3.7	13.6	2.4	6.6
	工人	7.3	7.0	3.5	14.4	1.9	6.0
	学生	9.3	9.6	5.1	6.6	37.8	5.9
	无业	27.5	31.0	24.9	33.8	34.3	34.1
	其他	32.2	25.7	48.9	16.5	17.2	30.9
个人月收入	0—300 元	24.2	22.2	23.7	18.8	67.5	21.6
	301—600 元	9.8	7.6	13.8	6.7	4.0	10.8
	601—900 元	11.5	12.8	16.8	5.9	5.4	12.1
	901—1200 元	14.9	15.5	16.7	15.2	7.8	21.9
	1201 元及以上	39.6	41.9	29.0	53.4	15.3	33.7

表 3.15.6　2010—2012 年吉林市场各类节目的播出份额（%）和收视份额（%）

节目类型	2010 年		2011 年		2012 年	
	播出份额	收视份额	播出份额	收视份额	播出份额	收视份额
财经	2.8	0.7	2.5	0.8	2.1	0.5
电视剧	21.9	27.2	21.4	28.7	21.2	31.2
电影	4.4	4.9	4.2	3.1	4.5	3.4
法制	1.4	1.2	1.1	0.9	1.1	1.2
教学	0.5	0.0	0.5	0.1	0.3	0.1
青少	6.9	3.9	7.4	4.0	6.6	4.1
生活服务	6.8	5.3	7.9	7.7	8.7	8.3
体育	1.7	2.6	1.5	1.6	1.6	1.8
外语	0.1	0.0	0.0	0.0	0.0	0.0
戏剧	1.1	1.2	1.1	2.9	1.1	2.4
新闻/时事	13.7	19.0	13.2	15.3	14.4	14.8
音乐	2.7	0.3	2.8	0.5	2.5	0.6
专题	10.4	5.0	11.4	5.2	12.3	5.4
综艺	10.5	10.3	10.6	11.0	9.3	8.9
其他	15.2	18.4	14.5	18.5	14.2	17.3

表 3.15.7　2012 年吉林市场所有节目收视率排名前三十位

名次	节目名称	节目类型	播出频道	平均收视率（%）	平均占有率（%）
1	2012 春节联欢晚会	综艺	中央电视台综合频道	48.3	82.7
2	新闻联播	新闻/时事	中央电视台综合频道	13.4	33.0
3	樱桃	电视剧	黑龙江卫视	10.0	21.1
4	天气预报	生活服务	中央电视台综合频道	9.5	21.4
5	二人转总动员	戏剧	吉林电视台乡村频道（五套）	8.8	24.8
6	二人转总动员 2011—2012 年度颁奖盛典	综艺	吉林电视台乡村频道（五套）	7.7	25.9
7	焦点访谈	新闻/时事	中央电视台综合频道	7.5	16.8
8	中国共产党第十八次全国代表大会专题新闻	新闻/时事	中央电视台综合频道	7.2	17.1
9	2012 元宵晚会	综艺	中央电视台综合频道	6.9	15.5
10	二人转总动员首届东北电视二人转大赛	戏剧	吉林电视台乡村频道（五套）	6.7	19.1
11	2012 年第 30 届奥运会男子双杠决赛	体育	中央台五套	6.2	20.7
12	飞虎神鹰	电视剧	黑龙江卫视	6.2	15.5
13	乡村爱情小夜曲	电视剧	黑龙江卫视	6.2	14.0
14	实况录像：2012 年第 30 届奥运会跳水女子单人 3 米板决赛	体育	中央台五套	6.1	15.0
15	2012 年第 30 届奥运会男子 200 米仰泳预赛	体育	中央台五套	6.1	14.0
16	实况录像：2012 年第 30 届奥运会赛艇女子单人双桨半决赛	体育	中央台五套	6.0	13.9
17	身边的感动	专题	中央电视台综合频道	5.9	13.3
18	万家灯火平安夜公安部 2012 年春节电视文艺晚会	综艺	中央电视台综合频道	5.8	16.7
19	2012 年第 30 届奥运会乒乓球男单第三轮	体育	中央台五套	5.8	13.3
20	中华之光传播中华文化年度人物评选	专题	中央电视台综合频道	5.6	11.8
21	一年又一年	专题	中央电视台综合频道	5.5	19.3
22	2012 年第 30 届奥运会田径预赛	体育	中央台五套	5.5	13.0
23	你好春天 2012 年文化部春节电视晚会	综艺	中央电视台综合频道	5.4	17.9
24	2012 年第 30 届奥运会女排小组赛 B 组（中国 VS 韩国）	体育	中央台五套	5.4	13.7

续表

名次	节目名称	节目类型	播出频道	平均收视率（%）	平均占有率（%）
25	2012年伦敦奥运会男子双杠颁奖仪式	体育	中央台五套	5.3	25.9
26	胡锦涛主席出席庆祝香港回归祖国十五周年文艺晚会	新闻/时事	中央电视台综合频道	5.3	12.4
27	樱桃	电视剧	吉林卫视	5.3	11.5
28	2012年第30届奥运会射击男子10米气步枪决赛	体育	中央电视台综合频道	5.2	11.7
29	福州月中华情2012年中央电视台中秋晚会	综艺	中央电视台综合频道	5.1	16.0
30	2012年第30届奥运会铁人三项男子决赛	体育	中央台五套	5.1	11.8

表 3.15.8 **2012年吉林市场电视剧收视率排名前十位**

名次	节目名称	播出频道	平均收视率（%）	平均占有率（%）
1	樱桃	黑龙江卫视	10.0	21.1
2	飞虎神鹰	黑龙江卫视	6.2	15.5
3	乡村爱情小夜曲	黑龙江卫视	6.2	14.0
4	樱桃	吉林卫视	5.3	11.5
5	樱桃	吉林电视台都市频道（二套）	4.8	10.3
6	阳光路上	中央电视台综合频道	4.0	11.4
7	我和丈母娘的十年战争	吉林电视台都市频道（二套）	4.0	9.0
8	国门英雄	中央电视台综合频道	3.9	11.3
9	木府风云	中央电视台综合频道	3.7	11.8
10	知青	中央电视台综合频道	3.6	11.7

表 3.15.9 **2012年吉林市场新闻节目收视率排名前十位**

名次	节目名称	播出频道	平均收视率（%）	平均占有率（%）
1	新闻联播	中央电视台综合频道	13.4	33.0
2	焦点访谈	中央电视台综合频道	7.5	16.8
3	中国共产党第十八次全国代表大会专题新闻	中央电视台综合频道	7.2	17.1
4	胡锦涛主席出席庆祝香港回归祖国十五周年文艺晚会	中央电视台综合频道	5.3	12.4
5	守望都市	吉林电视台都市频道（二套）	4.7	14.3
6	温家宝总理会见中外记者	中央电视台综合频道	3.5	8.6
7	说实在的	吉林电视台都市频道（二套）	2.9	14.6
8	吉林新闻联播	吉林卫视	2.7	8.1
9	奋进的春天	黑龙江卫视	2.6	5.6
10	不说不痛快	吉林电视台都市频道（二套）	2.1	12.1

表 3.15.10　2012 年吉林市场专题节目收视率排名前十位

名次	节目名称	播出频道	平均收视率（%）	平均占有率（%）
1	身边的感动	中央电视台综合频道	5.9	13.3
2	中华之光传播中华文化年度人物评选	中央电视台综合频道	5.6	11.8
3	一年又一年	中央电视台综合频道	5.5	19.3
4	永远的雷锋	中央电视台综合频道	3.6	7.3
5	红旗渠的守望者	中央电视台综合频道	3.4	12.7
6	全景三农	吉林电视台乡村频道（五套）	3.4	10.6
7	信仰我们的故事	中央电视台综合频道	3.3	11.0
8	奥运风云会	中央电视台综合频道	3.2	10.2
9	广角民生	吉林电视台乡村频道（五套）	3.0	10.2
10	大鲁艺	中央电视台综合频道	3.0	9.3

表 3.15.11　2012 年吉林市场综艺节目收视率排名前十位

名次	节目名称	播出频道	平均收视率（%）	平均占有率（%）
1	2012 春节联欢晚会	中央电视台综合频道	48.3	82.7
2	二人转总动员 2011—2012 年度颁奖盛典	吉林电视台乡村频道（五套）	7.7	25.9
3	2012 元宵晚会	中央电视台综合频道	6.9	15.5
4	万家灯火平安夜公安部 2012 年春节电视文艺晚会	中央电视台综合频道	5.8	16.7
5	你好春天 2012 年文化部春节电视晚会	中央电视台综合频道	5.4	17.9
6	福州月中华情 2012 年中央电视台中秋晚会	中央电视台综合频道	5.1	16.0
7	阳光路上情满怀 2012 年军民迎新春文艺晚会	中央电视台综合频道	5.0	14.1
8	阳光路上 2012 年五一国际劳动节文艺晚会第三届中国职工艺术节开幕	中央电视台综合频道	4.6	13.7
9	五月的鲜花心中的歌儿唱给党 2012 全国大学生校园文艺会演	中央电视台综合频道	4.0	12.4
10	至高荣耀 2012 教师节晚会	中央电视台综合频道	3.6	10.9

表 3.15.12　2012 年吉林市场体育节目收视率排名前十位

名次	节目名称	播出频道	平均收视率（%）	平均占有率（%）
1	2012 年第 30 届奥运会男子双杠决赛	中央台五套	6.2	20.7
2	实况录像：2012 年第 30 届奥运会跳水女子单人 3 米板决赛	中央台五套	6.1	15.0
3	2012 年第 30 届奥运会男子 200 米仰泳预赛	中央台五套	6.1	14.0
4	实况录像：2012 年第 30 届奥运会赛艇女子单人双桨半决赛	中央台五套	6.0	13.9
5	2012 年第 30 届奥运会乒乓球男单第三轮	中央台五套	5.8	13.3
6	2012 年第 30 届奥运会田径预赛	中央台五套	5.5	13.0
7	2012 年第 30 届奥运会女排小组赛 B 组（中国 VS 韩国）	中央台五套	5.4	13.7
8	2012 年伦敦奥运会男子双杠颁奖仪式	中央台五套	5.3	25.9
9	2012 年第 30 届奥运会射击男子 10 米气步枪决赛	中央电视台综合频道	5.2	11.7
10	2012 年第 30 届奥运会铁人三项男子决赛	中央台五套	5.1	11.8

十六、江苏收视数据

表 3.16.1 2008—2012 年江苏市场各类频道的市场占有率（%）

频道类别	年份				
	2008 年	2009 年	2010 年	2011 年	2012 年
中央台频道	34.7	30.3	26.2	24.2	26.7
中国教育台频道	0.6	0.5	0.5	0.5	0.4
江苏省级频道	29.1	31.6	35.3	39.0	38.9
其他省级卫视频道	14.4	16.5	16.3	15.8	16.4
其他频道	21.2	21.1	21.7	20.5	17.6

表 3.16.2 2012 年江苏市场各类频道在不同目标观众中的市场占有率（%）

目标观众		中央台频道	中国教育台频道	江苏省级频道	其他省级卫视频道	其他频道
4 岁及以上所有人		26.7	0.4	38.9	16.4	17.6
城乡	城市	24.7	0.4	32.0	17.2	25.7
	农村	28.0	0.4	43.4	15.9	12.3
性别	男	29.1	0.4	38.4	14.7	17.4
	女	24.4	0.4	39.4	17.9	17.9
年龄	4—14 岁	26.0	0.3	40.9	20.8	12.0
	15—24 岁	21.0	0.4	35.8	24.3	18.5
	25—34 岁	22.8	0.3	38.5	19.4	19.0
	35—44 岁	27.1	0.4	34.6	17.1	20.8
	45—54 岁	25.8	0.4	41.4	14.5	17.9
	55—64 岁	27.4	0.5	43.6	12.4	16.1
	65 岁及以上	36.1	0.4	35.1	10.1	18.3
教育程度	未受过正规教育	27.7	0.5	43.0	14.7	14.1
	小学	27.3	0.3	39.6	17.6	15.2
	初中	24.6	0.5	41.1	16.6	17.2
	高中	29.4	0.4	34.2	16.0	20.0
	大学及以上	26.2	0.3	32.7	14.5	26.3
职业类别	干部/管理人员	28.1	0.5	32.2	15.5	23.7
	个体/私营企业人员	26.6	0.6	38.7	15.6	18.5
	初级公务员/雇员	26.1	0.4	36.3	16.2	21.0
	工人	24.9	0.4	40.2	16.0	18.5
	学生	23.4	0.3	35.9	24.5	15.9
	无业	30.2	0.4	34.7	15.5	19.2
	其他	26.6	0.4	45.6	14.7	12.7
个人月收入	0—300 元	25.7	0.4	39.6	20.2	14.1
	301—600 元	26.3	0.3	46.1	11.1	16.2
	601—900 元	22.0	0.5	47.2	13.7	16.6
	901—1200 元	30.3	0.5	36.0	16.2	17.0
	1201 元及以上	27.4	0.4	36.6	15.2	20.4

表 3.16.3　2012 年江苏市场各类频道在不同时段的市场占有率（%）

时间段	中央台频道	中国教育台频道	江苏省级频道	其他省级卫视频道	其他频道
02:00—03:00	36.1	0.8	18.8	27.2	17.1
03:00—04:00	37.7	0.6	16.1	28.8	16.8
04:00—05:00	42.7	0.3	18.2	25.9	12.9
05:00—06:00	38.7	0.4	24.8	27.1	9.0
06:00—07:00	44.2	0.1	24.9	21.7	9.1
07:00—08:00	46.6	0.1	25.1	16.1	12.1
08:00—09:00	39.9	0.1	23.3	22.9	13.8
09:00—10:00	36.6	0.3	22.1	25.4	15.6
10:00—11:00	36.0	0.7	22.1	26.4	14.8
11:00—12:00	39.8	0.4	21.8	24.4	13.6
12:00—13:00	39.7	0.4	23.4	23.4	13.1
13:00—14:00	36.4	0.6	21.1	27.2	14.7
14:00—15:00	30.7	0.7	24.1	29.0	15.5
15:00—16:00	31.6	0.5	22.8	30.1	15.0
16:00—17:00	32.4	0.2	22.7	30.2	14.5
17:00—18:00	32.1	0.2	31.3	21.4	15.0
18:00—19:00	22.4	0.1	50.2	7.0	20.3
19:00—20:00	21.0	0.3	52.1	6.5	20.1
20:00—21:00	19.3	0.6	49.3	12.3	18.5
21:00—22:00	22.5	0.5	44.4	14.0	18.6
22:00—23:00	23.3	0.5	41.3	16.2	18.7
23:00—24:00	27.0	0.4	31.0	21.9	19.7
24:00—25:00	32.3	0.3	24.0	23.0	20.4
25:00—26:00	35.5	0.6	19.7	24.2	20.0

表 3.16.4　2012 年江苏市场收视份额排名前十位的频道

名次	频道名称	收视份额（%）
1	江苏卫视	11.8
2	江苏电视台综艺频道	8.2
3	江苏电视台影视频道	5.6
4	江苏电视台城市频道	5.2
5	中央电视台综合频道	3.6
6	中央台八套	3.4
6	中央台三套	3.4
8	优漫卡通卫视	3.1
9	湖南电视台卫星频道	3.0
10	中央台六套	2.7

表 3.16.5　2012 年江苏市场各主要频道的观众构成（%）

目标观众		所有频道	江苏卫视	江苏电视台综艺频道	江苏电视台影视频道	江苏电视台城市频道	中央电视台综合频道
4 岁及以上所有人		100.0	100.0	100.0	100.0	100.0	100.0
城乡	城市	39.4	30.3	22.3	29.6	53.9	45.4
	农村	60.6	69.7	77.7	70.4	46.1	54.6
性别	男	49.2	48.4	47.6	48.6	46.8	49.1
	女	50.8	51.6	52.4	51.4	53.2	50.9
年龄	4—14 岁	12.6	11.9	10.5	9.5	6.3	15.8
	15—24 岁	7.9	6.3	6.4	5.9	9.1	5.2
	25—34 岁	12.9	13.0	11.9	12.3	10.0	8.4
	35—44 岁	19.0	17.1	17.8	18.8	18.4	17.1
	45—54 岁	20.6	22.8	25.0	22.6	26.0	21.5
	55—64 岁	15.7	17.7	18.9	21.3	19.0	15.0
	65 岁及以上	11.3	11.2	9.5	9.6	11.2	17.0
教育程度	未受过正规教育	11.0	10.5	10.7	12.1	6.6	14.5
	小学	23.2	26.4	22.4	26.2	20.6	23.8
	初中	37.4	39.0	45.2	39.6	38.3	31.9
	高中	21.1	18.3	16.6	16.6	24.5	23.0
	大学及以上	7.3	5.8	5.1	5.5	10.0	6.8
职业类别	干部/管理人员	2.4	2.4	1.8	1.8	2.7	2.5
	个体/私营企业人员	11.0	10.6	12.2	13.6	10.8	8.1
	初级公务员/雇员	10.7	7.8	11.6	9.2	14.1	8.8
	工人	24.1	25.3	26.8	27.0	24.7	21.1
	学生	9.4	9.2	7.5	7.4	6.1	10.2
	无业	22.3	18.0	14.0	14.5	22.9	30.0
	其他	20.1	26.7	26.1	26.5	18.7	19.3
个人月收入	0—300 元	30.3	29.5	26.5	29.0	23.6	31.0
	301—600 元	8.8	14.9	11.3	9.4	4.8	10.1
	601—900 元	6.0	6.7	8.0	9.2	6.6	6.0
	901—1200 元	10.4	9.3	10.0	11.7	12.0	11.8
	1201 元及以上	44.5	39.6	44.2	40.7	53.0	41.1

表 3.16.6　2010—2012 年江苏市场各类节目的播出份额（%）和收视份额（%）

节目类别	2010 年		2011 年		2012 年	
	播出份额	收视份额	播出份额	收视份额	播出份额	收视份额
财经	3.0	0.6	2.7	0.6	2.3	0.6
电视剧	21.8	34.1	20.9	34.4	21.3	39.0
电影	3.2	4.2	3.5	3.8	3.7	2.8
法制类	1.0	1.1	0.8	1.1	0.8	1.1
教学	0.6	0.4	0.4	0.1	0.3	0.1
青少	7.6	5.4	7.6	4.6	7.0	4.8
生活服务	7.1	5.2	8.3	6.5	8.9	5.4
体育	2.7	2.3	1.8	1.9	1.7	1.6
外语	0.1	0.1	0.0	0.0	0.0	0.0
戏剧	1.0	0.6	1.1	0.5	1.1	0.4
新闻/时事	14.2	10.0	13.7	10.3	15.1	11.7
音乐	2.8	0.7	2.9	0.7	2.6	0.8
专题	10.1	6.0	11.2	5.5	11.6	4.7
综艺	10.1	15.9	10.6	15.9	9.1	14.2
其他	14.7	13.5	14.5	14.1	14.5	11.8

表 3.16.7　2012 年江苏市场所有节目收视率排名前三十位

名次	节目名称	节目类型	播出频道	平均收视率(%)	平均占有率(%)
1	2013 跨年演唱会	音乐	江苏卫视	15.3	37.9
2	2012 春节联欢晚会	综艺	中央电视台综合频道	14.1	28.0
3	扬帆 2012 江苏卫视龙年春晚	综艺	江苏卫视	12.9	32.9
4	女人的抉择	电视剧	江苏卫视	9.7	21.3
5	红娘子	电视剧	江苏卫视	9.2	20.8
6	真情诱惑薛平贵与王宝钏电影版	电影	江苏卫视	8.8	20.3
7	团圆	电视剧	江苏电视台影视频道	8.7	21.6
8	雪狼谷	电视剧	江苏卫视	8.4	19.3
9	风云传奇	电视剧	江苏电视台综艺频道	8.2	18.9
10	戏点鸳鸯	电视剧	江苏电视台综艺频道	8.2	17.7
11	薛平贵与王宝钏	电视剧	江苏卫视	8.0	19.3
12	战雷神	电视剧	江苏电视台综艺频道	7.9	18.2
13	怪侠欧阳德	电视剧	江苏卫视	7.8	17.9
14	2012 春节联欢晚会	综艺	中央台三套	7.8	15.6
15	错点鸳鸯	电视剧	江苏电视台综艺频道	7.7	17.2
16	非诚勿扰	综艺	江苏卫视	7.5	22.4
17	尖刀队	电视剧	江苏电视台综艺频道	7.5	19.1
18	战旗	电视剧	江苏卫视	7.3	16.6
19	山楂树之恋	电视剧	江苏卫视	7.2	16.5
20	川西剿匪记	电视剧	江苏电视台综艺频道	7.1	16.4
21	我的抗战	电视剧	江苏电视台综艺频道	7.0	16.1
22	虎符传奇	电视剧	江苏电视台综艺频道	7.0	15.8
23	活佛济公第三部	电视剧	江苏卫视	7.0	15.6
24	决战前	电视剧	江苏电视台综艺频道	6.7	17.0
25	雾都	电视剧	江苏卫视	6.7	16.5
26	江苏省师德模范医德之星诚信之星表彰会(9 月 21 日)	综艺	江苏电视台综艺频道	6.7	16.3
27	直通北京中国共产党第十八次全国代表大会特别报道	新闻/时事	江苏卫视	6.6	17.0
28	包青天之开封奇案	电视剧	江苏电视台综艺频道	6.6	14.5
29	非凡英雄	电视剧	江苏电视台综艺频道	6.4	14.9
30	诛寇行动	电视剧	江苏电视台综艺频道	6.4	14.8

表 3.16.8　2012 年江苏市场电视剧收视率排名前十位

名次	节目名称	播出频道	平均收视率（%）	平均占有率（%）
1	女人的抉择	江苏卫视	9.7	21.3
2	红娘子	江苏卫视	9.2	20.8
3	团圆	江苏电视台影视频道	8.7	21.6
4	雪狼谷	江苏卫视	8.4	19.3
5	风云传奇	江苏电视台综艺频道	8.2	18.9
6	戏点鸳鸯	江苏电视台综艺频道	8.2	17.7
7	薛平贵与王宝钏	江苏卫视	8.0	19.3
8	战雷神	江苏电视台综艺频道	7.9	18.2
9	怪侠欧阳德	江苏卫视	7.8	17.9
10	错点鸳鸯	江苏电视台综艺频道	7.7	17.2

表 3.16.9　2012 年江苏市场新闻节目收视率排名前十位

名次	节目名称	播出频道	平均收视率（%）	平均占有率（%）
1	直通北京中国共产党第十八次全国代表大会特别报道	江苏卫视	6.6	17.0
2	江苏新时空	江苏卫视	3.0	12.2
3	转播中央台新闻联播	江苏卫视	2.9	8.9
4	新闻眼	江苏卫视	2.3	12.9
5	零距离	江苏电视台城市频道	2.1	6.7
6	有一说一	江苏电视台公共频道	1.9	5.2
7	今日关注	中央台四套	1.9	5.1
8	石头会说话	江苏电视台城市频道	1.7	7.7
9	新闻联播	中央电视台综合频道	1.6	4.7
10	中国新闻	中央台四套	1.6	3.6

表 3.16.10　2012 年江苏市场专题节目收视率排名前十位

名次	节目名称	播出频道	平均收视率（%）	平均占有率（%）
1	别对我说谎	江苏电视台综艺频道	4.3	11.5
2	科学发展江苏路（10 月 10 日—10 月 17 日）	江苏卫视	3.9	17.0
3	我们的小康	江苏卫视	3.3	14.6
4	花样年华青春少女励志成长纪	江苏卫视	3.0	8.3
5	关键在人	江苏卫视	2.9	16.5
6	时代问答	江苏卫视	2.9	11.2
7	6.5 世界环境日特别节目守护我们的家园 2012	江苏电视台公共频道	2.0	7.2
8	红旗渠的守望者	中央电视台综合频道	2.0	5.7
9	勇立潮头筑长城江苏省全民国防教育纪实	江苏卫视	1.8	12.0
10	感动中国 2011 年度人物颁奖典礼	中央电视台综合频道	1.7	3.8

表 3.16.11　2012 年江苏市场综艺节目收视率排名前十位

名次	节目名称	播出频道	平均收视率（%）	平均占有率（%）
1	2012 春节联欢晚会	中央电视台综合频道	14.1	28.0
2	扬帆 2012 江苏卫视龙年春晚	江苏卫视	12.9	32.9
3	2012 春节联欢晚会	中央台三套	7.8	15.6
4	非诚勿扰	江苏卫视	7.5	22.4
5	江苏省师德模范医德之星诚信之星表彰会	江苏电视台综艺频道	6.7	16.3
6	2012 元宵晚会	中央电视台综合频道	6.4	13.2
7	2012 元宵晚会	中央台三套	6.3	13.1
8	春满江苏 2012 年江苏省文艺界元宵节联欢会	江苏电视台综艺频道	6.0	12.7
9	金太狼的幸福生活之幸福过招	江苏卫视	5.9	15.1
10	2012 春节联欢晚会	江苏卫视	5.4	10.8

表 3.16.12　2012 年江苏市场体育节目收视率排名前十位

名次	节目名称	播出频道	平均收视率（%）	平均占有率（%）
1	2012 年第 30 届奥运会跳水男子双人 10 米跳台决赛	中央台五套	5.5	20.0
2	2012 年第 30 届奥运会体操女子平衡木决赛	中央台五套	5.3	14.7
3	奥运会体操女子平衡木颁奖仪式	中央台五套	3.9	13.4
4	2012 年第 30 届奥运会射击男子 10 米气步枪决赛	中央台五套	3.0	9.2
5	2012 年第 30 届奥运会女子拳击 51 公斤级半决赛	中央电视台综合频道	2.8	5.3
5	2012 年第 30 届奥运会田径预赛	中央台五套	2.8	5.3
7	2012 年第 30 届奥运会游泳预赛	中央台五套	2.7	7.3
8	2012 年第 30 届奥运会赛艇女子单人双桨决赛	中央台五套	2.7	7.3
9	2012 年第 30 届奥运会乒乓球男单第三轮	中央台五套	2.6	5.5
10	2012 年中国足球协会超级联赛第 16 轮（江苏国信舜天 VS 上海申花）	江苏电视台体育休闲频道	2.5	5.2

十七、江西收视数据

表 3.17.1 2008—2012 年江西市场各类频道的市场占有率（%）

频道类别	年份				
	2008 年	2009 年	2010 年	2011 年	2012 年
中央台频道	35.3	30.5	30.3	30.9	35.2
中国教育台频道	0.2	0.3	0.5	0.7	0.8
江西省级频道	35.7	38.4	37.4	35.8	35.2
其他省级卫视频道	20.7	25.7	27.9	28.3	24.9
其他频道	8.2	5.1	4.0	4.3	3.8

表 3.17.2 2012 年江西市场各类频道在不同目标观众中的市场占有率（%）

目标观众		中央台频道	中国教育台频道	江西省级频道	其他省级卫视频道	其他频道
4 岁及以上所有人		35.2	0.8	35.2	24.9	3.8
城乡	城市	37.6	0.3	30.1	26.5	5.5
	农村	34.6	1.0	36.7	24.5	3.3
性别	男	37.3	0.8	35.6	22.4	3.8
	女	33.3	0.9	34.8	27.3	3.7
年龄组	4—14 岁	48.0	0.9	21.8	26.3	3.0
	15—24 岁	27.9	1.0	32.0	34.7	4.5
	25—34 岁	30.3	0.7	35.4	28.9	4.6
	35—44 岁	30.2	0.7	41.7	23.9	3.6
	45—54 岁	30.8	0.9	37.2	27.1	3.9
	55—64 岁	36.5	0.8	39.5	20.0	3.2
	65 岁及以上	40.7	1.0	39.7	14.6	4.0
教育程度	未受过正规教育	47.1	0.8	25.8	23.3	3.0
	小学	33.5	1.0	38.3	24.1	3.2
	初中	31.5	0.8	36.2	27.5	4.0
	高中	37.2	0.7	33.8	23.6	4.9
	大学及以上	48.8	0.6	26.0	20.3	4.3
职业类别	干部/管理人员	45.6	0.7	28.6	20.3	4.7
	个体/私营企业人员	34.2	0.6	36.8	23.6	4.8
	初级公务员/雇员	36.5	0.7	33.6	22.6	6.6
	工人	29.1	0.9	35.3	31.3	3.4
	学生	43.8	1.0	25.3	26.2	3.7
	无业	43.7	0.8	29.3	22.1	4.1
	其他	26.4	0.9	44.3	25.6	2.8
个人月收入	0—300 元	37.6	0.9	31.3	26.4	3.7
	301—600 元	26.2	1.1	40.9	29.0	2.8
	601—900 元	27.6	0.7	43.3	24.7	3.7
	901—1200 元	34.1	0.8	37.0	25.3	2.9
	1201 元及以上	37.0	0.8	35.7	22.3	4.4

表 3.17.3　2012 年江西市场各类频道在不同时段的市场占有率（%）

时间段	中央台频道	中国教育台频道	江西省级频道	其他省级卫视频道	其他频道
02:00—03:00	35.2	1.7	23.1	37.5	2.6
03:00—04:00	49.2	0.3	15.3	31.9	3.3
04:00—05:00	47.1	0.7	18.5	30.4	3.4
05:00—06:00	50.9	0.5	19.6	26.5	2.4
06:00—07:00	52.0	0.4	27.3	17.1	3.2
07:00—08:00	56.7	0.3	25.2	14.1	3.7
08:00—09:00	52.1	0.4	22.8	20.8	3.9
09:00—10:00	45.5	0.4	23.6	26.9	3.6
10:00—11:00	43.7	0.5	22.9	29.0	4.0
11:00—12:00	43.2	0.3	26.6	25.9	3.9
12:00—13:00	47.4	0.2	30.4	18.5	3.5
13:00—14:00	37.7	0.3	36.2	22.9	2.9
14:00—15:00	36.4	0.5	24.3	35.0	3.9
15:00—16:00	35.8	0.5	23.9	35.9	4.0
16:00—17:00	41.8	0.4	21.3	32.8	3.8
17:00—18:00	51.4	0.4	23.4	21.6	3.2
18:00—19:00	44.8	0.3	41.1	10.2	3.6
19:00—20:00	40.2	1.1	36.7	18.2	3.8
20:00—21:00	23.7	1.5	41.6	29.8	3.4
21:00—22:00	23.4	1.0	41.7	30.5	3.4
22:00—23:00	24.6	0.4	35.9	32.8	6.2
23:00—24:00	25.0	0.5	28.9	36.4	9.2
24:00—25:00	29.6	0.3	27.2	32.7	10.2
25:00—26:00	33.3	0.1	26.8	29.2	10.6

表 3.17.4　2012 年江西市场收视份额排名前十位的频道

名次	频道名称	收视份额（%）
1	江西电视台卫星频道（一套）	19.9
2	江西电视台都市频道（二套）	8.7
3	中央电视台少儿频道	7.7
4	中央电视台综合频道	7.3
5	湖南电视台卫星频道	5.0
6	中央台八套	4.8
7	江西电视台影视频道（四套）	3.8
8	中央台六套	2.9
8	中央台三套	2.9
10	中央电视台新闻频道	2.1

表 3.17.5 2012 年江西市场各主要频道的观众构成（%）

目标观众		所有频道	主要频道				
			江西电视台卫星频道（一套）	江西电视台都市频道（二套）	中央电视台少儿频道	中央电视台综合频道	湖南电视台卫星频道
4 岁及以上所有人		100.0	100.0	100.0	100.0	100.0	100.0
城乡	城市	21.7	6.4	42.7	13.5	27.5	24.3
	农村	78.3	93.6	57.3	86.5	72.5	75.7
性别	男	49.4	51.8	46.9	52.2	50.3	33.8
	女	50.6	48.2	53.1	47.8	49.7	66.2
年龄	4—14 岁	17.4	10.2	8.9	74.1	12.3	16.7
	15—24 岁	9.5	8.8	7.1	3.2	7.2	23.7
	25—34 岁	13.6	11.9	15.5	7.6	12.7	22.2
	35—44 岁	18.6	23.8	19.0	6.1	16.8	17.0
	45—54 岁	16.2	17.1	18.5	2.6	15.9	12.8
	55—64 岁	12.6	12.5	18.3	4.9	15.2	3.6
	65 岁及以上	12.2	15.5	12.7	1.5	19.9	4.0
教育程度	未受过正规教育	7.7	6.1	3.9	27.6	6.6	3.3
	小学	35.9	45.2	27.7	51.6	30.5	29.1
	初中	34.2	34.8	35.1	15.2	34.2	44.8
	高中	17.1	11.5	26.1	4.1	19.6	18.0
	大学及以上	5.1	2.4	7.2	1.5	9.1	4.7
职业类别	干部/管理人员	1.2	0.5	1.9	0.2	2.1	0.6
	个体/私营企业人员	9.4	8.5	12.9	3.3	8.7	9.8
	初级公务员/雇员	6.4	3.9	9.7	1.8	8.7	6.0
	工人	9.4	6.7	14.9	3.4	7.0	15.6
	学生	14.5	9.9	8.6	48.8	10.0	18.4
	无业	25.8	14.5	37.1	33.8	33.9	17.8
	其他	33.3	56.0	15.0	8.7	29.6	31.8
个人月收入	0—300 元	37.2	35.3	26.4	82.8	29.5	41.0
	301—600 元	8.2	12.3	4.1	2.9	7.5	8.4
	601—900 元	8.3	10.0	10.3	1.4	7.3	8.8
	901—1200 元	11.0	11.6	11.0	4.1	11.6	12.2
	1201 元及以上	35.3	30.8	48.3	8.8	44.0	29.5

表 3.17.6 2010—2012 年江西市场各类节目的播出份额（%）和收视份额（%）

节目类型	2010 年		2011 年		2012 年	
	播出份额	收视份额	播出份额	收视份额	播出份额	收视份额
财经	2.8	0.6	2.5	0.7	2.2	0.4
电视剧	22.6	36.6	21.8	35.6	21.8	36.9
电影	3.6	2.7	4.2	2.3	4.2	2.4
法制	1.1	1.9	1.0	1.8	1.0	1.8
教学	0.6	0.1	0.5	0.0	0.4	0.0
青少	7.1	4.7	7.8	5.7	7.4	5.9
生活服务	7.7	5.3	8.0	6.7	8.8	7.7
体育	2.4	2.1	1.6	0.9	1.5	1.0
外语	0.1	0.0	0.0	0.0	0.0	0.0
戏剧	1.0	0.4	1.0	0.3	1.0	0.3
新闻/时事	14.0	13.3	13.2	11.9	14.7	13.1
音乐	2.7	0.4	2.8	0.5	2.5	0.5
专题	9.7	5.4	10.8	7.6	11.6	6.9
综艺	9.5	10.4	10.1	10.3	8.6	8.3
其他	15.1	16.1	14.7	15.7	14.2	14.8

表 3.17.7　2012 年江西市场所有节目收视率排名前三十位

名次	节目名称	节目类型	播出频道	平均收视率（%）	平均占有率（%）
1	2012 春节联欢晚会	综艺	中央电视台综合频道	18.7	49.0
2	小菊的秋天	电视剧	江西电视台卫星频道（一套）	16.1	30.6
3	中国红歌会红歌英雄汇冠军场	综艺	江西电视台卫星频道（一套）	15.3	33.6
4	夺爱	电视剧	江西电视台卫星频道（一套）	15.3	28.9
5	老爸的爱情	电视剧	江西电视台卫星频道（一套）	14.8	28.5
6	五号特工组之偷天换月	电视剧	江西电视台卫星频道（一套）	14.7	28.2
7	小菊的春天	电视剧	江西电视台卫星频道（一套）	13.9	27.2
8	说谎的爱人	电视剧	江西电视台卫星频道（一套）	12.2	24.2
9	老爸的筒子楼	电视剧	江西电视台卫星频道（一套）	12.0	23.4
10	婚巢	电视剧	江西电视台卫星频道（一套）	11.9	24.4
11	顾乐家的幸福生活	电视剧	江西电视台卫星频道（一套）	11.9	22.8
12	鹿心社省长接受香港卫视杨锦麟专访	专题	江西电视台卫星频道（一套）	11.8	23.5
13	我的娜塔莎	电视剧	江西电视台卫星频道（一套）	11.6	23.2
14	婆家娘家第二部	电视剧	江西电视台卫星频道（一套）	11.6	22.2
15	三十而立	电视剧	江西电视台卫星频道（一套）	11.4	22.9
16	家后	电视剧	江西电视台卫星频道（一套）	11.3	22.0
17	真爱谎言	电视剧	江西电视台卫星频道（一套）	11.2	23.9
18	明珠游龙	电视剧	江西电视台卫星频道（一套）	11.1	21.5
19	一个好汉两个帮	电视剧	江西电视台卫星频道（一套）	10.8	21.1
20	青盲	电视剧	江西电视台卫星频道（一套）	10.8	20.3
21	永恒的信念	专题	江西电视台卫星频道（一套）	10.6	20.8
22	2012 中国红色旅游博览会	综艺	江西电视台卫星频道（一套）	10.1	21.4
23	西施秘史	电视剧	江西电视台卫星频道（一套）	10.0	19.5
24	永远跟党走江西省庆祝中国共产党成立 91 周年文艺晚会	综艺	江西电视台卫星频道（一套）	8.8	19.2
25	刁蛮俏御医	电视剧	江西电视台卫星频道（一套）	8.7	18.4
26	新闻联播	新闻/时事	中央电视台综合频道	8.1	21.9
27	转播中央台新闻联播	新闻/时事	江西电视台卫星频道（一套）	7.6	20.7
28	家庭幽默录像	综艺	江西电视台卫星频道（一套）	6.3	20.9
29	红星闪闪	综艺	江西电视台卫星频道（一套）	6.3	19.9
30	深度观察	专题	江西电视台卫星频道（一套）	6.0	19.8

表 3.17.8　2012 年江西市场电视剧收视率排名前十位

名次	节目名称	播出频道	平均收视率（%）	平均占有率（%）
1	小菊的秋天	江西电视台卫星频道（一套）	16.1	30.6
2	夺爱	江西电视台卫星频道（一套）	15.3	28.9
3	老爸的爱情	江西电视台卫星频道（一套）	14.8	28.5
4	五号特工组之偷天换月	江西电视台卫星频道（一套）	14.7	28.2
5	小菊的春天	江西电视台卫星频道（一套）	13.9	27.2
6	说谎的爱人	江西电视台卫星频道（一套）	12.2	24.2
7	老爸的筒子楼	江西电视台卫星频道（一套）	12.0	23.4
8	婚巢	江西电视台卫星频道（一套）	11.9	24.4
9	顾乐家的幸福生活	江西电视台卫星频道（一套）	11.9	22.8
10	我的娜塔莎	江西电视台卫星频道（一套）	11.6	23.2

表 3.17.9　2012 年江西市场新闻节目收视率排名前十位

名次	节目名称	播出频道	平均收视率（%）	平均占有率（%）
1	新闻联播	中央电视台综合频道	8.1	21.9
2	转播中央台新闻联播	江西电视台卫星频道（一套）	7.6	20.7
3	江西新闻联播	江西电视台卫星频道（一套）	5.6	25.6
4	中国共产党第十八次全国代表大会专题新闻	中央电视台综合频道	5.3	10.2
5	焦点访谈	中央电视台综合频道	4.4	8.8
6	都市现场	江西电视台都市频道（二套）	2.9	11.5
7	社会传真	江西电视台卫星频道（一套）	2.7	15.8
8	中国共产党贵州省第十一次代表大会	贵州卫视	2.2	4.4
9	温家宝总理会见中外记者	中央电视台综合频道	2.0	4.2
10	省第十三次党代会专题报道	浙江卫视	1.2	2.5

表 3.17.10　2012 年江西市场专题节目收视率排名前十位

名次	节目名称	播出频道	平均收视率（%）	平均占有率（%）
1	鹿心社省长接受香港卫视杨锦麟专访	江西电视台卫星频道（一套）	11.8	23.5
2	永恒的信念	江西电视台卫星频道（一套）	10.6	20.8
3	深度观察	江西电视台卫星频道（一套）	6.0	19.8
4	一年又一年	中央电视台综合频道	4.3	18.6
5	都市情缘	江西电视台都市频道（二套）	4.1	8.2
6	第十一届汉语桥世界大学生中文比赛总决赛	湖南电视台卫星频道	3.2	6.4
7	喜迎十八大秀美江西行	江西电视台卫星频道（一套）	3.0	17.6
8	金牌调解	江西电视台卫星频道（一套）	2.1	19.3
9	永远的雷锋	中央电视台综合频道	2.0	3.7
10	丝绸之路印象	中央电视台综合频道	1.9	5.3

表 3.17.11　2012 年江西市场综艺节目收视率排名前十位

名次	节目名称	播出频道	平均收视率（%）	平均占有率（%）
1	2012 春节联欢晚会	中央电视台综合频道	18.7	49.0
2	中国红歌会红歌英雄汇冠军场	江西电视台卫星频道（一套）	15.3	33.6
3	2012 中国红色旅游博览会	江西电视台卫星频道（一套）	10.1	21.4
4	永远跟党走江西省庆祝中国共产党成立 91 周年文艺晚会	江西电视台卫星频道（一套）	8.8	19.2
5	家庭幽默录像	江西电视台卫星频道（一套）	6.3	20.9
6	红星闪闪	江西电视台卫星频道（一套）	6.3	19.9
7	致敬 2011 年度致敬人物颁奖典礼	江西电视台都市频道（二套）	4.4	12.4
8	2012 元宵晚会	中央电视台综合频道	4.3	9.2
9	你好春天 2012 年文化部春节电视晚会	中央电视台综合频道	3.8	10.5
10	福州月中华情 2012 年中央电视台中秋晚会	中央电视台综合频道	3.4	7.5

表 3.17.12　2012 年江西市场体育节目收视率排名前十位

名次	节目名称	播出频道	平均收视率（%）	平均占有率（%）
1	2012 年第 30 届奥运会田径男子 100 米预赛	中央台五套	4.4	9.0
2	2012 年伦敦奥运会体操男子吊环颁奖仪式	中央台五套	4.0	12.0
3	2012 年第 30 届奥运会体操男子吊环决赛	中央台五套	4.0	8.9
4	2012 年第 30 届奥运会赛艇女子单人双桨决赛	中央台五套	4.0	8.5
5	2012 年第 30 届奥运会女子重剑团体半决赛	中央台五套	3.7	7.0
6	2012 年第 30 届奥运会游泳预赛	中央台五套	3.6	7.2
7	实况录像：2012 年第 30 届奥运会乒乓球男单半决赛	中央台五套	3.6	7.0
8	2012 年第 30 届奥运会铁人三项男子决赛	中央台五套	3.5	6.6
9	2012 年第 30 届奥运会拳击男子 49 公斤级决赛最次轻量级半决赛	中央台五套	3.5	6.5
10	实况录像：2012 年第 30 届奥运会跳水男子单人 3 米板决赛	中央台五套	3.3	7.0

十八、辽宁收视数据

表 3.18.1　2008—2012 年辽宁市场各类频道的市场占有率（%）

频道类别	年份				
	2008 年	2009 年	2010 年	2011 年	2012 年
中央台频道	39.9	35.7	32.4	29.3	31.0
中国教育台频道	0.4	0.4	0.5	0.6	0.6
辽宁省级频道	28.0	29.0	29.4	28.9	26.0
其他省级卫视频道	21.2	24.6	27.6	31.3	32.3
其他频道	10.5	10.3	10.2	10.0	10.1

表 3.18.2　2012 年辽宁市场各类频道在不同目标观众中的市场占有率（%）

目标观众		中央台频道	中国教育台频道	辽宁省级频道	其他省级卫视频道	其他频道
4 岁及以上所有人		31.0	0.6	26.0	32.3	10.1
城乡	城市	31.3	0.5	24.4	30.2	13.6
	农村	30.8	0.7	27.1	33.7	7.7
性别	男	33.8	0.6	24.6	30.6	10.5
	女	28.4	0.6	27.4	33.9	9.7
年龄	4—14 岁	31.6	0.6	18.7	41.1	8.0
	15—24 岁	27.8	0.6	20.9	40.9	9.7
	25—34 岁	31.2	0.6	21.3	37.2	9.7
	35—44 岁	29.8	0.6	23.2	35.5	10.8
	45—54 岁	30.6	0.8	27.9	30.8	9.9
	55—64 岁	32.8	0.5	30.6	25.1	11.0
	65 岁及以上	31.9	0.3	35.1	22.0	10.6
教育程度	未受过正规教育	32.0	0.5	25.6	34.0	7.9
	小学	31.3	0.6	27.7	30.6	9.9
	初中	30.4	0.7	26.8	33.2	8.9
	高中	31.2	0.5	22.8	31.6	13.9
	大学及以上	32.4	0.7	21.9	32.7	12.3
职业类别	干部/管理人员人员	35.4	0.5	17.8	32.2	14.2
	个体/私营企业人员	30.9	1.0	23.1	33.4	11.6
	初级公务员/雇员	32.5	0.5	24.9	29.9	12.2
	工人	32.1	0.6	24.4	32.7	10.3
	学生	30.3	0.6	17.9	41.9	9.3
	无业	30.7	0.5	28.0	29.9	10.8
	其他	30.1	0.6	29.5	31.5	8.3
个人月收入	0—300 元	29.8	0.6	25.3	35.4	8.9
	301—600 元	31.1	1.1	28.3	32.5	7.0
	601—900 元	25.8	0.4	35.1	29.7	9.0
	901—1200 元	31.6	0.6	27.0	29.5	11.4
	1201 元及以上	33.4	0.6	23.4	30.9	11.8

表 3.18.3　2012 年辽宁市场各类频道在不同时段的市场占有率（%）

时间段	中央台频道	中国教育台频道	辽宁省级频道	其他省级卫视频道	其他频道
02:00—03:00	33.9	0.9	14.2	40.7	10.4
03:00—04:00	33.1	0.6	16.9	38.4	11.0
04:00—05:00	39.7	0.4	15.7	35.3	8.9
05:00—06:00	31.3	0.4	24.3	34.5	9.4
06:00—07:00	28.2	0.1	41.0	20.6	10.0
07:00—08:00	31.6	0.1	41.8	16.9	9.6
08:00—09:00	32.7	0.1	25.5	32.8	8.8
09:00—10:00	29.8	0.3	22.4	38.5	9.0
10:00—11:00	30.9	0.7	16.8	42.4	9.2
11:00—12:00	32.7	0.6	16.8	40.3	9.7
12:00—13:00	32.0	0.5	25.1	32.2	10.2
13:00—14:00	33.1	0.8	16.6	39.2	10.3
14:00—15:00	30.0	0.8	15.6	43.5	10.1
15:00—16:00	30.6	0.6	15.1	43.6	10.1
16:00—17:00	32.2	0.4	12.8	44.9	9.8
17:00—18:00	31.4	0.4	25.9	32.3	10.0
18:00—19:00	33.3	0.1	40.5	14.2	11.9
19:00—20:00	34.0	0.6	36.7	17.5	11.2
20:00—21:00	28.6	1.4	27.4	33.1	9.5
21:00—22:00	28.1	1.1	25.3	36.3	9.3
22:00—23:00	28.1	0.6	19.3	41.9	10.0
23:00—24:00	29.4	0.4	14.7	44.6	10.9
24:00—25:00	31.8	0.5	13.0	43.6	11.1
25:00—26:00	32.7	0.7	13.9	41.3	11.3

表 3.18.4　2012 年辽宁市场收视份额排名前十位的频道

名次	频道名称	收视份额（%）
1	辽宁卫视	10.1
2	辽宁广播电视台都市频道	7.0
3	中央台三套	4.3
4	中央台六套	4.2
5	中央电视台综合频道	3.7
6	中央电视台少儿频道	3.6
7	湖南电视台卫星频道	3.5
8	中央台八套	3.3
9	中央电视台新闻频道	2.7
10	山东卫视	2.6

表 3.18.5 2012 年辽宁市场各主要频道的观众构成（%）

目标观众		所有频道	主要频道				
			辽宁卫视	辽宁广播电视台都市频道	中央台三套	中央台六套	中央电视台综合频道
4 岁及以上所有人		100.0	100.0	100.0	100.0	100.0	100.0
城乡	城市	40.3	29.1	42.2	41.5	29.0	46.0
	农村	59.7	70.9	57.8	58.5	71.0	54.0
性别	男	48.2	44.8	43.3	48.8	56.3	48.0
	女	51.8	55.2	56.7	51.2	43.7	52.0
年龄	4—14 岁	11.0	8.0	6.3	5.5	8.5	10.4
	15—24 岁	6.2	4.0	4.8	6.3	8.9	5.0
	25—34 岁	14.0	10.6	9.9	10.9	21.3	14.7
	35—44 岁	16.7	12.7	15.0	13.3	21.4	13.5
	45—54 岁	24.4	21.5	28.8	31.6	22.9	22.5
	55—64 岁	16.0	20.5	21.2	19.7	12.0	16.8
	65 岁及以上	11.8	22.6	14.0	12.8	5.0	17.1
教育程度	未受过正规教育	5.6	8.3	3.1	2.7	4.2	5.0
	小学	26.0	29.6	27.7	27.0	24.5	29.4
	初中	47.6	46.6	51.6	50.8	50.9	41.5
	高中	15.2	12.1	12.6	14.3	15.8	17.0
	大学及以上	5.6	3.5	5.0	5.2	4.6	7.1
职业类别	干部/管理人员	1.0	0.6	0.5	1.0	1.2	0.8
	个体/私营企业人员	8.8	7.2	9.5	9.4	8.4	8.6
	初级公务员/雇员	5.6	3.8	6.1	4.7	5.0	6.0
	工人	21.2	16.0	20.3	19.6	27.2	21.7
	学生	8.7	5.8	5.1	5.9	8.1	9.1
	无业	28.1	31.5	31.1	29.4	19.4	31.2
	其他	26.5	35.1	27.5	30.0	30.7	22.5
个人月收入	0—300 元	34.3	39.5	28.8	28.0	34.1	34.5
	301—600 元	9.1	11.0	10.6	10.9	8.4	11.9
	601—900 元	9.0	13.3	12.2	7.7	8.3	9.3
	901—1200 元	14.0	12.8	15.1	15.4	15.1	12.9
	1201 元及以上	33.7	23.3	33.2	38.0	34.1	31.4

表 3.18.6 2010—2012 年辽宁市场各类节目的播出份额（%）和收视份额（%）

节目类别	2010 年		2011 年		2012 年	
	播出份额	收视份额	播出份额	收视份额	播出份额	收视份额
财经	2.9	0.8	2.6	0.9	2.2	0.7
电视剧	20.8	29.6	20.1	30.8	20.3	32.6
电影	3.2	5.6	3.6	4.9	4.3	5.2
法制	1.2	2.8	0.9	1.8	0.9	1.6
教学	0.5	0.1	0.4	0.1	0.3	0.1
青少	7.4	5.5	7.8	5.6	7.1	5.2
生活服务	8.7	6.0	9.6	6.9	10.0	8.0
体育	2.0	3.3	1.6	2.3	2.5	3.4
外语	0.1	0.1	0.0	0.0	0.0	0.0
戏剧	1.0	0.2	1.1	0.2	1.0	0.2
新闻/时事	13.6	11.1	13.1	10.4	14.2	12.7
音乐	2.8	0.5	2.9	0.8	2.6	0.9
专题	11.5	7.6	12.1	7.2	12.2	6.8
综艺	9.9	14.4	10.7	15.5	9.2	12.2
其他	14.3	12.5	13.5	12.5	13.2	10.7

表 3.18.7　2012 年辽宁市场所有节目收视率排名前三十位

名次	节目名称	节目类别	播出频道	平均收视率（%）	平均占有率（%）
1	2012 春节联欢晚会	综艺	中央电视台综合频道	19.6	33.7
2	樱桃	电视剧	辽宁卫视	18.5	39.9
3	龙腾幸福年 2012 辽视春节联欢晚会	综艺	辽宁卫视	15.7	50.9
4	乡村爱情小夜曲	电视剧	辽宁卫视	11.2	24.9
5	2012 元宵晚会	综艺	中央电视台综合频道	10.9	23.0
6	2012 春节联欢晚会	综艺	中央台三套	8.9	15.3
7	2012 年第 30 届奥运会游泳预赛	体育	中央台五套	8.5	20.6
8	2012 年第 30 届奥运会体操女子高低杠决赛	体育	中央台五套	6.9	27.6
9	辽宁卫视 2012 年度悲情大剧樱桃全国首映典礼	综艺	辽宁卫视	6.5	15.6
10	2012 年第 30 届奥运会赛艇女子单人双桨 1/4 决赛第三组	体育	中央台五套	6.1	14.3
11	红娘子	电视剧	辽宁卫视	6.0	16.4
12	2012 年第 30 届奥运会田径男子 100 米预赛	体育	中央台五套	6.0	14.7
13	2012 年第 30 届奥运会射击男子 10 米气步枪决赛	体育	中央台五套	5.8	20.7
14	新北方	新闻/时事	辽宁广播电视台都市频道	5.7	17.8
15	春晚倒计时 2012	综艺	辽宁卫视	5.7	15.9
16	母子情仇	电视剧	辽宁卫视	5.7	14.9
17	还珠格格之风儿阵阵吹	电视剧	辽宁卫视	5.7	14.3
18	2012 年第 30 届奥运会跳水女子双人 10 米台决赛	体育	中央台五套	5.5	28.1
19	还珠格格之人儿何处归	电视剧	辽宁卫视	5.5	15.4
20	宝乐婶的烦心事	电视剧	辽宁卫视	5.4	14.3
21	2012 年第 30 届奥运会女排小组赛 B 组（中国 VS 土耳其）	体育	中央台五套	5.3	28.3
22	2012 年第 30 届奥运会乒乓球男单第三轮	体育	中央台五套	5.3	13.0
23	天气预报	生活服务	辽宁卫视	5.2	15.8
24	新少林五祖（1 月 18 日）	电影	中央台六套	5.2	14.6
25	太极张三丰（12 月 21 日）	电影	中央台六套	5.2	11.2
26	2012 年第 30 届奥运会女篮小组赛（中国队 VS 安哥拉队）	体育	中央台五套	5.1	16.5
27	老爸的爱情	电视剧	辽宁卫视	5.0	14.0
28	中国好声音巅峰时刻	综艺	浙江卫视	4.9	17.4
29	龙闯中原（2 月 22 日）	电影	中央台六套	4.7	13.4
30	举起手来（9 月 4 日）	电影	中央台六套	4.7	11.8

表 3.18.8 2012 年辽宁市场电视剧收视率排名前十位

名次	节目名称	播出频道	平均收视率（%）	平均占有率（%）
1	樱桃	辽宁卫视	18.5	39.9
2	乡村爱情小夜曲	辽宁卫视	11.2	24.9
3	红娘子	辽宁卫视	6.0	16.4
4	母子情仇	辽宁卫视	5.7	14.9
5	还珠格格之风儿阵阵吹	辽宁卫视	5.7	14.3
6	还珠格格之人儿何处归	辽宁卫视	5.5	15.4
7	宝乐婶的烦心事	辽宁卫视	5.4	14.3
8	老爸的爱情	辽宁卫视	5.0	14.0
9	火流星	辽宁卫视	4.6	11.3
10	血色恋情	辽宁卫视	4.5	12.6

表 3.18.9 2012 年辽宁市场新闻节目收视率排名前十位

名次	节目名称	播出频道	平均收视率（%）	平均占有率（%）
1	新北方	辽宁广播电视台都市频道	5.7	17.8
2	新闻正前方	辽宁广播电视台都市频道	4.5	17.0
3	全力迎战强降雨	辽宁卫视	3.5	14.2
4	转播中央台新闻联播	辽宁卫视	3.5	10.3
5	辽宁新闻	辽宁卫视	3.3	11.0
6	阿迪力矮寨高空走钢丝	辽宁广播电视台都市频道	2.8	8.5
7	蜘蛛侠爬中原福塔	辽宁广播电视台都市频道	2.6	8.3
8	评辨天下	辽宁卫视	2.3	8.1
9	新闻联播	中央电视台综合频道	1.9	5.6
10	今日关注	中央台四套	1.5	5.1

表 3.18.10 2012 年辽宁市场专题节目收视率排名前十位

名次	节目名称	播出频道	平均收视率（%）	平均占有率（%）
1	一年又一年	中央电视台综合频道	2.9	7.8
2	老梁观世界	辽宁卫视	2.5	9.3
3	奋进中的新辽宁	辽宁卫视	2.3	6.6
4	轮滑人天路大挑战特别节目	辽宁广播电视台都市频道	2.2	6.9
5	五一七天乐	中央台三套	2.2	6.8
6	红旗渠的守望者	中央电视台综合频道	2.0	5.2
7	交锋	辽宁卫视	1.9	7.7
8	春晚金牌编剧畅谈创作人生	辽宁广播电视台都市频道	1.8	5.0
9	百姓心中有杆秤对话话剧木匠村官剧组	辽宁广播电视台都市频道	1.6	4.7
10	辉煌之路	辽宁卫视	1.6	4.3

表 3.18.11　2012 年辽宁市场综艺节目收视率排名前十位

名次	节目名称	播出频道	平均收视率（%）	平均占有率（%）
1	2012 春节联欢晚会	中央电视台综合频道	19.6	33.7
2	龙腾幸福年 2012 辽视春节联欢晚会	辽宁卫视	15.7	50.9
3	2012 元宵晚会	中央电视台综合频道	10.9	23.0
4	2012 春节联欢晚会	中央台三套	8.9	15.3
5	辽宁卫视 2012 年度悲情大剧樱桃全国首映典礼	辽宁卫视	6.5	15.6
6	春晚倒计时 2012	辽宁卫视	5.7	15.9
7	中国好声音巅峰时刻	浙江卫视	4.9	17.4
8	百草飘香传统医药与人类健康主题晚会	辽宁卫视	3.7	11.4
9	喜到福到好运到	中央台三套	3.6	9.0
10	国庆七天乐	中央台三套	3.4	4.6

表 3.18.12　2012 年辽宁市场体育节目收视率排名前十位

名次	节目名称	播出频道	平均收视率（%）	平均占有率（%）
1	2012 年第 30 届奥运会游泳预赛	中央台五套	8.5	20.6
2	2012 年第 30 届奥运会体操女子高低杠决赛	中央台五套	6.9	27.6
3	2012 年第 30 届奥运会赛艇女子单人双桨 1/4 决赛第三组	中央台五套	6.1	14.3
4	2012 年第 30 届奥运会田径男子 100 米预赛	中央台五套	6.0	14.7
5	2012 年第 30 届奥运会射击男子 10 米气步枪决赛	中央台五套	5.8	20.7
6	2012 年第 30 届奥运会跳水女子双人 10 米台决赛	中央台五套	5.5	28.1
7	2012 年第 30 届奥运会女排小组赛 B 组（中国 VS 土耳其）	中央台五套	5.3	28.3
8	2012 年第 30 届奥运会乒乓球男单第三轮	中央台五套	5.3	13.0
9	2012 年第 30 届奥运会女篮小组赛（中国队 VS 安哥拉队）	中央台五套	5.1	16.5
10	黄金赛场：2011/2012 赛季中国男篮职业联赛总决赛第五场（北京金隅 VS 广东东莞银行）	中央台五套	4.6	11.4

十九、内蒙古收视数据

表 3.19.1　2008—2012 年内蒙古市场各类频道的市场占有率（%）

频道类别	年份				
	2008 年	2009 年	2010 年	2011 年	2012 年
中央台频道	52.6	45.3	43.5	41.2	40.3
中国教育台频道	0.3	0.3	0.4	0.9	1.0
内蒙古自治区级频道	4.5	4.9	6.1	4.8	4.3
其他省级卫视频道	34.5	41.0	43.1	47.3	50.7
其他频道	8.2	8.5	6.9	5.8	3.7

表 3.19.2　2012 年内蒙古市场各类频道在不同目标观众中的市场占有率（%）

目标观众		中央台频道	中国教育台频道	内蒙古自治区级频道	其他省级卫视频道	其他频道
4 岁及以上所有人		40.3	1.0	4.3	50.7	3.7
城乡	城市	48.8	0.4	5.2	41.2	4.4
	农村	36.5	1.2	3.9	55.0	3.4
性别	男	42.4	1.0	4.5	48.7	3.4
	女	38.4	1.0	4.2	52.6	3.8
年龄	4—14 岁	41.6	1.8	2.3	49.7	4.6
	15—24 岁	27.4	1.0	3.2	66.2	2.2
	25—34 岁	36.2	1.3	3.3	53.7	5.5
	35—44 岁	39.9	1.3	4.0	50.6	4.2
	45—54 岁	38.2	0.6	5.3	52.9	3.0
	55—64 岁	46.3	0.7	6.4	42.9	3.7
	65 岁及以上	49.7	0.3	4.9	42.6	2.5
教育程度	未受过正规教育	40.7	1.4	3.7	49.5	4.7
	小学	34.6	1.4	3.9	56.7	3.4
	初中	37.9	1.1	4.2	53.3	3.5
	高中	45.0	0.5	4.9	45.6	4.0
	大学及以上	51.1	0.3	4.8	40.1	3.7
职业类别	干部/管理人员	48.9	0.5	6.1	41.4	3.1
	个体/私营企业人员	39.7	1.0	3.7	52.0	3.6
	初级公务员/雇员	48.7	0.3	6.2	39.4	5.4
	工人	40.7	0.9	4.9	50.1	3.4
	学生	37.7	1.6	2.3	55.0	3.4
	无业	46.6	0.9	4.7	44.1	3.7
	其他	27.8	1.2	4.1	63.5	3.4
个人月收入	0—300 元	35.3	1.5	3.4	56.5	3.3
	301—600 元	33.5	0.9	5.5	55.6	4.5
	601—900 元	35.0	1.0	3.7	56.5	3.8
	901—1200 元	38.1	0.6	5.0	53.2	3.1
	1201 元及以上	46.6	0.6	5.0	43.8	4.0

表 3. 19. 3　2012 年内蒙古市场各类频道在不同时段的市场占有率（%）

时间段	中央台频道	中国教育台频道	内蒙古自治区级频道	其他省级卫视频道	其他频道
02:00—03:00	50. 4	0. 3	0. 9	44. 6	3. 8
03:00—04:00	52. 6	0. 8	1. 4	41. 8	3. 4
04:00—05:00	54. 5	0. 2	2. 2	40. 6	2. 5
05:00—06:00	37. 4	0. 1	1. 8	56. 9	3. 8
06:00—07:00	52. 4	0. 3	2. 0	43. 4	1. 9
07:00—08:00	62. 5	0. 2	1. 5	33. 2	2. 6
08:00—09:00	50. 7	0. 2	1. 9	44. 6	2. 6
09:00—10:00	39. 3	0. 4	2. 3	54. 0	4. 0
10:00—11:00	38. 8	0. 5	2. 7	54. 0	4. 0
11:00—12:00	43. 5	0. 4	2. 0	50. 6	3. 5
12:00—13:00	53. 9	0. 4	1. 3	41. 9	2. 5
13:00—14:00	45. 2	0. 9	1. 3	49. 5	3. 1
14:00—15:00	31. 0	0. 5	1. 6	63. 2	3. 7
15:00—16:00	32. 9	0. 4	1. 8	60. 7	4. 2
16:00—17:00	35. 4	0. 3	1. 8	58. 0	4. 5
17:00—18:00	43. 6	0. 4	2. 3	49. 6	4. 1
18:00—19:00	51. 8	0. 2	19. 0	23. 4	5. 6
19:00—20:00	52. 2	1. 1	7. 9	34. 4	4. 4
20:00—21:00	29. 7	2. 1	2. 8	62. 4	3. 0
21:00—22:00	30. 9	1. 4	2. 6	62. 1	3. 0
22:00—23:00	31. 9	0. 6	2. 7	60. 4	4. 4
23:00—24:00	33. 0	0. 2	2. 3	58. 5	6. 0
24:00—25:00	37. 9	0. 2	3. 2	51. 8	6. 9
25:00—26:00	37. 1	0. 2	2. 4	54. 1	6. 2

表 3. 19. 4　2012 年内蒙古市场收视份额排名前十位的频道

名次	频道名称	收视份额（%）
1	中央电视台综合频道	13. 6
2	山东卫视	5. 0
3	辽宁卫视	4. 8
4	中央台八套	4. 5
5	江苏卫视	4. 2
6	湖南电视台卫星频道	3. 9
7	中央电视台少儿频道	3. 4
7	中央台三套	3. 4
9	中央台十二套	3. 1
10	安徽卫视	2. 7

表 3.19.5 2012 年内蒙古市场各主要频道的观众构成（%）

目标观众		所有频道	主要频道				
			中央电视台综合频道	山东卫视	辽宁卫视	中央台八套	江苏卫视
4 岁及以上所有人		100.0	100.0	100.0	100.0	100.0	100.0
城乡	城市	31.0	39.6	17.7	23.9	40.2	33.6
	农村	69.0	60.4	82.3	76.1	59.8	66.4
性别	男	47.8	48.7	48.1	45.5	43.9	47.9
	女	52.2	51.3	51.9	54.5	56.1	52.1
年龄	4—14 岁	11.0	10.9	7.9	5.9	3.8	6.6
	15—24 岁	9.2	5.6	8.6	12.0	5.6	12.7
	25—34 岁	15.1	13.2	12.6	16.4	12.0	18.8
	35—44 岁	18.4	18.8	20.6	17.4	18.2	22.7
	45—54 岁	18.8	18.4	25.6	25.6	20.2	19.8
	55—64 岁	12.6	14.7	10.7	8.3	15.9	12.7
	65 岁及以上	14.9	18.4	14.0	14.4	24.3	6.7
教育程度	未受过正规教育	7.7	7.6	7.5	7.9	7.0	5.2
	小学	22.6	20.0	30.8	25.3	10.2	19.7
	初中	37.3	35.4	43.6	40.8	33.9	38.6
	高中	21.7	23.3	12.7	19.7	31.1	23.7
	大学及以上	10.7	13.7	5.4	6.3	17.8	12.8
职业类别	干部/管理人员	1.7	2.1	2.0	1.0	3.9	1.9
	个体/私营企业人员	18.4	18.6	17.1	16.7	19.9	20.0
	初级公务员/雇员	7.7	8.9	2.3	5.3	11.2	9.2
	工人	7.6	7.3	8.2	10.3	6.8	12.6
	学生	10.9	10.5	8.8	7.0	4.6	8.8
	无业	33.6	37.2	26.1	22.3	45.1	24.1
	其他	20.1	15.4	35.5	37.4	8.5	23.4
个人月收入	0—300 元	39.6	35.8	42.8	39.6	21.9	33.3
	301—600 元	4.8	4.4	6.3	8.5	3.1	3.4
	601—900 元	5.4	5.4	7.0	8.1	6.1	7.3
	901—1200 元	6.3	5.4	7.3	9.4	8.3	10.5
	1201 元及以上	43.9	49.0	36.6	34.4	60.6	45.5

表 3.19.6 2010—2012 年内蒙古市场各类节目的播出份额（%）和收视份额（%）

节目类别	2010 年		2011 年		2012 年	
	播出份额	收视份额	播出份额	收视份额	播出份额	收视份额
财经	3.0	0.8	2.4	0.9	1.3	0.8
电视剧	21.6	33.3	21.5	34.0	29.3	28.2
电影	3.0	2.2	3.0	2.2	4.2	2.2
法制	1.1	2.0	1.4	1.7	1.0	2.3
教学	0.5	0.2	0.4	0.2	0.4	0.0
青少	7.4	3.3	7.4	3.5	6.1	6.2
生活服务	7.2	6.3	8.1	7.5	8.4	7.7
体育	2.3	2.3	1.4	1.2	2.1	1.0
外语	0.1	0.0	0.1	0.0	0.0	0.0
戏剧	1.1	0.5	1.1	0.5	0.7	0.3
新闻/时事	14.5	13.2	13.5	12.2	10.3	12.2
音乐	2.9	0.5	2.7	0.7	2.6	1.1
专题	10.5	6.0	11.6	5.8	10.1	3.8
综艺	10.0	12.0	11.1	12.8	8.2	18.2
其他	14.8	17.4	14.3	16.8	15.3	16.0

表 3.19.7　2012 年内蒙古市场所有节目收视排名前三十位

名次	节目名称	节目类别	播出频道	平均收视率	平均占有率
1	2012 春节联欢晚会	综艺	中央电视台综合频道	38.3	75.8
2	新闻联播	新闻/时事	中央电视台综合频道	15.3	42.2
3	2012 元宵晚会	综艺	中央电视台综合频道	12.2	23.2
4	天气预报	生活服务	中央电视台综合频道	10.5	22.8
5	国门英雄	电视剧	中央电视台综合频道	10.5	21.1
6	红旗渠的守望者	专题	中央电视台综合频道	10.3	22.6
7	福州月中华情 2012 年中央电视台中秋晚会	综艺	中央电视台综合频道	9.3	19.6
8	中国共产党第十八次全国代表大会专题新闻	新闻/时事	中央电视台综合频道	8.9	16.9
9	你好春天 2012 年文化部春节电视晚会	综艺	中央电视台综合频道	8.2	21.6
10	阳光路上	电视剧	中央电视台综合频道	8.0	17.0
11	樱桃	电视剧	辽宁卫视	8.0	14.2
12	焦点访谈	新闻/时事	中央电视台综合频道	7.9	16.5
13	2012 年新年京剧晚会	戏剧	中央电视台综合频道	7.9	15.4
14	万家灯火平安夜公安部 2012 年春节电视文艺晚会	综艺	中央电视台综合频道	7.3	17.7
15	樱桃	电视剧	山东卫视	7.3	15.2
16	华彩湘西中央电视台心连心艺术团赴湖南湘西慰问演出	综艺	中央电视台综合频道	6.9	14.4
17	一年又一年	专题	中央电视台综合频道	6.4	30.9
18	阳光路上情满怀 2012 年军民迎新春文艺晚会	综艺	中央电视台综合频道	6.4	13.4
19	誓言今生	电视剧	中央电视台综合频道	6.4	12.3
20	身边的感动	专题	中央电视台综合频道	6.3	12.8
21	飞虎神鹰	电视剧	山东卫视	6.2	14.1
22	知青	电视剧	中央电视台综合频道	6.2	13.6
23	生死依托	电视剧	中央电视台综合频道	6.2	13.5
24	密使	电视剧	山东卫视	6.2	13.3
25	樱桃	电视剧	黑龙江卫视	5.9	10.4
26	乡村爱情小夜曲	电视剧	辽宁卫视	5.8	11.2
27	为祖国放歌第十二届精神文明建设五个一工程颁奖晚会	综艺	中央电视台综合频道	5.7	12.5
28	阳光路上 2012 年五一国际劳动节文艺晚会第三届中国职工艺术节开幕	综艺	中央电视台综合频道	5.6	11.7
29	感动生命	电视剧	中央电视台综合频道	5.6	11.2
30	睦邻友好夜第十二次上海合作组织成员国元首理事会文艺演出	综艺	中央电视台综合频道	5.6	10.9

表 3.19.8　2012 年内蒙古市场电视剧收视率排名前十位

名次	节目名称	播出频道	平均收视率（%）	平均占有率（%）
1	国门英雄	中央电视台综合频道	10.5	21.1
2	阳光路上	中央电视台综合频道	8.0	17.0
3	樱桃	辽宁卫视	8.0	14.2
4	樱桃	山东卫视	7.3	15.2
5	誓言今生	中央电视台综合频道	6.4	12.3
6	飞虎神鹰	山东卫视	6.2	14.1
7	知青	中央电视台综合频道	6.2	13.6
8	生死依托	中央电视台综合频道	6.2	13.5
9	密使	山东卫视	6.2	13.3
10	樱桃	黑龙江卫视	5.9	10.4

表 3.19.9　2012 年内蒙古市场新闻节目收视率排名前十位

名次	节目名称	播出频道	平均收视率（%）	平均占有率（%）
1	新闻联播	中央电视台综合频道	15.3	42.2
2	中国共产党第十八次全国代表大会专题新闻	中央电视台综合频道	8.9	16.9
3	焦点访谈	中央电视台综合频道	7.9	15.5
4	温家宝总理会见中外记者	中央电视台综合频道	4.5	8.9
5	新闻调查	中央电视台综合频道	4.3	9.6
6	内蒙古新闻联播	内蒙古卫视	3.3	15.4
7	中国共产党贵州省第十一次代表大会	贵州卫视	2.1	3.9
8	转播中央台新闻联播	内蒙古卫视	1.9	5.2
9	今晚时刻	辽宁卫视	1.9	4.6
10	奋进的春天	黑龙江卫视	1.3	3.6

表 3.19.10　2012 年内蒙古市场专题节目收视率排名前十位

名次	节目名称	播出频道	平均收视率（%）	平均占有率（%）
1	红旗渠的守望者	中央电视台综合频道	10.3	22.6
2	一年又一年	中央电视台综合频道	6.4	30.9
3	身边的感动	中央电视台综合频道	6.3	12.8
4	永远的雷锋	中央电视台综合频道	5.6	9.5
5	感动中国 2011 年度人物颁奖典礼	中央电视台综合频道	5.1	11.1
6	丝绸之路印象	中央电视台综合频道	4.5	11.7
7	大鲁艺	中央电视台综合频道	4.4	9.4
8	信仰我们的故事	中央电视台综合频道	4.2	9.8
9	法治的力量 2012 年度法治人物颁奖盛典	中央电视台综合频道	4.1	8.5
10	我是传奇	贵州卫视	4.1	8.1

表 3.19.11　2012 年内蒙古市场综艺节目收视率排名前十位

名次	节目名称	播出频道	平均收视率（%）	平均占有率（%）
1	2012 春节联欢晚会	中央电视台综合频道	38.3	75.8
2	2012 元宵晚会	中央电视台综合频道	12.2	23.2
3	福州月中华情 2012 年中央电视台中秋晚会	中央电视台综合频道	9.3	19.6
4	你好春天 2012 年文化部春节电视晚会	中央电视台综合频道	8.2	21.6
5	万家灯火平安夜公安部 2012 年春节电视文艺晚会	中央电视台综合频道	7.3	17.7
6	华彩湘西中央电视台心连心艺术团赴湖南湘西慰问演出	中央电视台综合频道	6.9	14.4
7	阳光路上情满怀 2012 年军民迎新春文艺晚会	中央电视台综合频道	6.4	13.4
8	为祖国放歌第十二届精神文明建设五个一工程颁奖晚会	中央电视台综合频道	5.7	12.5
9	阳光路上 2012 年五一国际劳动节文艺晚会第三届中国职工艺术节开幕	中央电视台综合频道	5.6	11.7
10	睦邻友好夜第十二次上海合作组织成员国元首理事会文艺演出	中央电视台综合频道	5.6	10.9

表 3.19.12　2012 年内蒙古市场体育节目收视率排名前十位

名次	节目名称	播出频道	平均收视率（%）	平均占有率（%）
1	2012 年第 30 届奥运会女排小组赛 B 组（中国 VS 韩国）	中央台五套	6.1	11.5
2	2012 年第 30 届奥运会男子双杠决赛	中央台五套	5.5	11.5
3	2012 年第 30 届奥运会赛艇女子单人双桨 1/4 决赛第三组	中央台五套	5.4	10.3
4	2012 年伦敦奥运会体操男子吊环颁奖仪式	中央台五套	5.2	13.2
5	2012 年第 30 届奥运会女子拳击 51 公斤级半决赛	中央电视台综合频道	5.2	10.2
6	2012 年第 30 届奥运会乒乓球男单第三轮	中央台五套	5.1	9.6
7	2012 年第 30 届奥运会男篮小组赛 B 组（澳大利亚 VS 中国）	中央电视台综合频道	4.7	10.6
8	2012 年第 30 届奥运会羽毛球混合双打半决赛	中央电视台综合频道	4.7	9.5
9	2012 年第 30 届奥运会山地自行车女子决赛	中央电视台综合频道	4.7	9.3
10	2012 年第 30 届奥运会田径比赛女子 1500 米预赛	中央电视台综合频道	4.7	9.1

二十、宁夏收视数据

表 3.20.1 2008—2012 年宁夏市场各类频道的市场占有率（%）

频道类别	年份				
	2008 年	2009 年	2010 年	2011 年	2012 年
中央台频道	56.5	49.8	48.2	44.0	47.5
中国教育台频道	0.2	0.4	0.6	1.2	1.3
宁夏自治区级频道	11.9	9.2	6.5	5.2	3.4
其他省级卫视频道	20.8	31.7	37.3	44.2	42.9
其他频道	10.6	8.9	7.4	5.4	4.8

表 3.20.2 2012 年宁夏市场各类频道在不同目标观众中的市场占有率（%）

目标观众		中央台频道	中国教育台频道	宁夏自治区级频道	其他省级卫视频道	其他频道
4 岁及以上所有人		47.5	1.3	3.4	42.9	4.8
城乡	城市	51.2	1.2	3.3	38.5	5.7
	农村	43.5	1.4	3.6	47.8	3.8
性别	男	50.3	1.4	3.5	40.0	4.8
	女	44.9	1.3	3.4	45.6	4.8
年龄	4—14 岁	49.4	1.4	2.4	43.5	3.3
	15—24 岁	38.1	1.7	2.4	52.7	5.2
	25—34 岁	44.4	1.6	3.1	45.0	5.9
	35—44 岁	44.9	1.3	3.4	45.2	5.2
	45—54 岁	47.5	1.3	4.1	41.6	5.4
	55—64 岁	55.4	1.0	4.5	35.2	3.8
	65 岁及以上	57.2	1.1	4.6	33.0	4.1
教育程度	未受过正规教育	49.4	1.7	4.3	40.2	4.4
	小学	47.7	1.6	3.1	43.7	3.9
	初中	43.0	1.3	3.3	47.6	4.8
	高中	52.0	1.0	3.6	37.8	5.6
	大学及以上	57.1	1.0	3.7	31.5	6.8
职业类别	干部/管理人员	57.6	0.2	3.8	32.4	6.0
	个体/私营企业人员	45.1	1.4	4.2	43.3	5.9
	初级公务员/雇员	51.2	1.2	3.8	37.5	6.3
	工人	46.9	1.5	3.3	42.4	5.9
	学生	47.2	1.4	2.2	45.7	3.4
	无业	54.7	0.8	3.7	36.3	4.5
	其他	40.7	1.7	3.6	49.6	4.4
个人月收入	0—300 元	46.6	1.4	3.0	45.2	3.8
	301—600 元	42.8	1.5	5.6	45.7	4.4
	601—900 元	44.4	0.9	5.6	42.1	7.0
	901—1200 元	43.7	1.3	4.0	45.6	5.4
	1201 元及以上	49.9	1.3	3.3	40.2	5.3

表 3.20.3　2012 年宁夏市场各类频道在不同时段的市场占有率（%）

时间段	中央台频道	中国教育台频道	宁夏自治区级频道	其他省级卫视频道	其他频道
02:00—03:00	38.8	1.0	1.3	53.4	5.5
03:00—04:00	28.1	0.2	0.4	68.6	2.7
04:00—05:00	62.3	0.3	2.5	32.8	2.1
05:00—06:00	70.0	0.3	3.0	22.3	4.4
06:00—07:00	67.7	0.3	2.4	22.6	7.0
07:00—08:00	71.0	0.3	4.0	22.4	2.3
08:00—09:00	53.9	0.4	3.2	38.8	3.7
09:00—10:00	47.6	0.6	3.5	43.4	4.9
10:00—11:00	47.6	0.8	3.3	43.2	5.1
11:00—12:00	50.2	0.7	2.7	41.4	5.0
12:00—13:00	65.2	0.4	2.1	28.1	4.3
13:00—14:00	52.9	0.7	3.1	39.1	4.2
14:00—15:00	36.9	0.9	4.6	52.7	4.9
15:00—16:00	34.6	0.6	4.4	54.9	5.4
16:00—17:00	38.7	0.5	3.7	51.3	5.8
17:00—18:00	52.7	0.4	3.3	38.7	4.9
18:00—19:00	64.9	0.3	8.2	19.9	6.8
19:00—20:00	66.3	1.5	2.6	26.7	3.0
20:00—21:00	35.6	2.7	2.7	55.0	4.0
21:00—22:00	35.6	1.9	3.0	54.3	5.1
22:00—23:00	36.6	0.8	4.8	49.8	7.9
23:00—24:00	34.3	0.5	5.1	51.4	8.6
24:00—25:00	38.4	0.5	4.5	48.4	8.1
25:00—26:00	36.6	0.9	5.2	51.7	5.7

表 3.20.4　2012 年宁夏市场收视份额排名前十位的频道

名次	频道名称	收视份额（%）
1	中央电视台综合频道	16.9
2	中央电视台少儿频道	6.0
3	中央台八套	5.9
4	中央台六套	4.5
5	湖南电视台卫星频道	4.4
6	江苏卫视	3.9
7	山东卫视	3.1
8	中央台三套	2.8
9	中央台十二套	2.5
10	安徽卫视	2.3

表 3.20.5 2012 年宁夏市场各主要频道的观众构成（%）

目标观众		所有频道	中央电视台综合频道	中央电视台少儿频道	中央台八套	中央台六套	湖南电视台卫星频道
4 岁及以上所有人		100.0	100.0	100.0	100.0	100.0	100.0
城乡	城市	52.1	53.2	47.8	56.9	56.0	60.1
	农村	47.9	46.8	52.2	43.1	44.0	39.9
性别	男	47.9	51.3	48.9	43.5	52.4	33.9
	女	52.1	48.7	51.1	56.5	47.6	66.1
年龄	4—14 岁	15.7	11.8	56.1	9.5	14.7	18.2
	15—24 岁	11.6	9.4	5.8	7.9	13.9	23.3
	25—34 岁	17.5	15.1	15.4	17.5	25.8	17.4
	35—44 岁	18.9	17.4	10.7	19.0	23.3	19.1
	45—54 岁	15.5	16.4	4.7	22.1	12.4	11.6
	55—64 岁	10.9	15.4	4.9	14.3	5.4	5.6
	65 岁及以上	9.8	14.7	2.4	9.7	4.5	4.7
教育程度	未受过正规教育	9.9	10.0	19.5	9.8	8.6	7.7
	小学	25.8	26.7	44.7	20.3	23.6	22.6
	初中	39.3	35.4	25.2	38.3	42.2	42.8
	高中	17.0	18.6	7.5	20.5	16.3	17.9
	大学及以上	8.1	9.3	3.0	11.0	9.2	9.0
职业类别	干部/管理人员	1.3	1.4	0.7	2.3	1.2	1.4
	个体/私营企业人员	10.9	10.3	5.3	10.8	11.5	9.9
	初级公务员/雇员	8.6	8.9	2.7	13.9	10.9	8.8
	工人	12.1	11.3	6.5	12.2	19.4	14.7
	学生	16.3	12.7	42.6	9.8	18.1	23.0
	无业	24.4	27.2	25.5	31.3	16.9	18.4
	其他	26.5	28.1	16.6	19.7	22.0	23.7
个人月收入	0—300 元	38.5	34.8	71.8	33.1	37.8	45.2
	301—600 元	4.2	5.2	2.8	3.3	3.5	4.4
	601—900 元	4.4	5.3	2.7	3.1	3.4	3.5
	901—1200 元	8.4	8.2	4.1	8.0	8.6	8.0
	1201 元及以上	44.5	46.5	18.7	52.5	46.7	38.8

表 3.20.6 2010—2012 年宁夏市场各类节目的播出份额（%）和收视份额（%）

节目类别	2010 年		2011 年		2012 年	
	播出份额	收视份额	播出份额	收视份额	播出份额	收视份额
财经	3.0	0.8	2.8	0.9	2.5	0.6
电视剧	21.8	36.7	20.8	36.1	20.7	36.0
电影	3.1	1.5	3.6	1.6	4.1	3.6
法制	1.1	1.3	0.9	1.1	0.9	1.1
教学	0.5	0.1	0.5	0.1	0.4	0.0
青少	7.6	5.8	8.2	4.9	7.5	5.1
生活服务	6.9	6.4	8.0	8.0	8.5	8.6
体育	1.9	1.9	1.6	0.8	1.7	1.6
外语	0.1	0.0	0.1	0.0	0.0	0.0
戏剧	1.1	0.3	1.2	0.4	1.2	0.4
新闻/时事	14.5	13.5	14.0	13.2	15.4	12.3
音乐	3.0	0.5	3.2	0.7	2.9	0.7
专题	10.3	4.6	10.4	5.3	11.1	5.0
综艺	10.2	8.9	10.7	9.6	9.1	3.9
其他	14.8	17.8	14.1	17.3	14.2	15.2

表 3.20.7　2012 年宁夏市场所有节目收视率排名前三十位

名次	节目名称	节目类别	播出频道	平均收视率(%)	平均占有率(%)
1	2012 春节联欢晚会	综艺	中央电视台综合频道	42.3	82.1
2	新闻联播	新闻/时事	中央电视台综合频道	20.3	57.0
3	天气预报	生活服务	中央电视台综合频道	16.0	36.4
4	你好春天 2012 年文化部春节电视晚会	综艺	中央电视台综合频道	13.4	30.8
5	2012 元宵晚会	综艺	中央电视台综合频道	12.7	23.7
6	焦点访谈	新闻/时事	中央电视台综合频道	12.0	26.0
7	国门英雄	电视剧	中央电视台综合频道	11.9	23.9
8	中国共产党第十八次全国代表大会专题新闻	新闻/时事	中央电视台综合频道	11.8	23.9
9	2012 年新年京剧晚会	戏剧	中央电视台综合频道	11.1	21.3
10	万家灯火平安夜公安部 2012 年春节电视文艺晚会	综艺	中央电视台综合频道	11.0	23.2
11	阳光路上情满怀 2012 年军民迎新春文艺晚会	综艺	中央电视台综合频道	11.0	21.4
12	阳光路上	电视剧	中央电视台综合频道	10.2	20.6
13	红旗渠的守望者	专题	中央电视台综合频道	10.0	22.1
14	身边的感动	专题	中央电视台综合频道	9.2	19.4
15	一年又一年	专题	中央电视台综合频道	8.6	32.9
16	福州月中华情 2012 年中央电视台中秋晚会	综艺	中央电视台综合频道	8.4	16.9
17	中华之光传播中华文化年度人物评选	专题	中央电视台综合频道	8.4	15.3
18	五月的鲜花心中的歌儿唱给党 2012 全国大学生校园文艺会演	综艺	中央电视台综合频道	7.8	16.5
19	阳光路上 2012 年五一国际劳动节文艺晚会第三届中国职工艺术节开幕	综艺	中央电视台综合频道	7.7	15.9
20	生死依托	电视剧	中央电视台综合频道	7.5	16.6
21	为祖国放歌第十二届精神文明建设五个一工程颁奖晚会	综艺	中央电视台综合频道	7.2	14.6
22	温州一家人	电视剧	中央电视台综合频道	7.0	14.7
23	星光大道	综艺	中央电视台综合频道	6.8	13.3
24	誓言今生	电视剧	中央电视台综合频道	6.8	13.0
25	2012 年第 30 届奥运会羽毛球男单决赛	体育	中央电视台综合频道	6.7	13.4
26	营盘镇警事	电视剧	中央电视台综合频道	6.6	14.0
27	国歌	音乐	中央电视台综合频道	6.4	13.5
28	儿女情更长	电视剧	中央电视台综合频道	6.3	13.0
29	火蓝刀锋	电视剧	中央电视台综合频道	6.3	12.8
30	木府风云	电视剧	中央电视台综合频道	6.1	12.4

表 3.20.8　2012 年宁夏市场电视剧收视率排名前十位

名次	节目名称	播出频道	平均收视率（%）	平均占有率（%）
1	国门英雄	中央电视台综合频道	11.9	23.9
2	阳光路上	中央电视台综合频道	10.2	20.6
3	生死依托	中央电视台综合频道	7.5	16.6
4	温州一家人	中央电视台综合频道	7.0	14.7
5	誓言今生	中央电视台综合频道	6.8	13.0
6	营盘镇警事	中央电视台综合频道	6.6	14.0
7	儿女情更长	中央电视台综合频道	6.3	13.0
8	火蓝刀锋	中央电视台综合频道	6.3	12.8
9	木府风云	中央电视台综合频道	6.1	12.4
10	知青	中央电视台综合频道	5.8	13.5

表 3.20.9　2012 年宁夏市场新闻节目收视率排名前十位

名次	节目名称	播出频道	平均收视率（%）	平均占有率（%）
1	新闻联播	中央电视台综合频道	20.3	57.0
2	焦点访谈	中央电视台综合频道	12.0	26.0
3	中国共产党第十八次全国代表大会专题新闻	中央电视台综合频道	11.8	23.9
4	胡锦涛主席出席庆祝香港回归祖国十五周年文艺晚会	中央电视台综合频道	5.7	14.2
5	温家宝总理会见中外记者	中央电视台综合频道	5.6	10.4
6	新闻调查	中央电视台综合频道	4.5	9.8
7	两会视点	辽宁卫视	1.7	6.2
8	晚间新闻	中央电视台综合频道	1.4	7.0
9	中国共产党第十八次全国代表大会专题新闻	中央电视台新闻频道	1.4	2.8
10	宁夏新闻	宁夏卫视	1.3	6.0

表 3.20.10　2012 年宁夏市场专题节目收视率排名前十位

名次	节目名称	播出频道	平均收视率（%）	平均占有率（%）
1	红旗渠的守望者	中央电视台综合频道	10.0	22.1
2	身边的感动	中央电视台综合频道	9.2	19.4
3	一年又一年	中央电视台综合频道	8.6	32.9
4	中华之光传播中华文化年度人物评选	中央电视台综合频道	8.4	15.3
5	感动中国 2011 年度人物颁奖典礼	中央电视台综合频道	6.0	12.5
6	大鲁艺	中央电视台综合频道	5.9	12.8
7	法治的力量 2012 年度法治人物颁奖盛典	中央电视台综合频道	5.6	11.1
8	永远的雷锋	中央电视台综合频道	4.9	8.5
9	2012 中国经济年度人物颁奖盛典	中央电视台综合频道	4.8	9.3
10	丝绸之路印象	中央电视台综合频道	4.6	11.7

表 3.20.11　2012 年宁夏市场综艺节目收视率排名前十位

名次	节目名称	播出频道	平均收视率（%）	平均占有率（%）
1	2012 春节联欢晚会	中央电视台综合频道	42.3	82.1
2	你好春天 2012 年文化部春节电视晚会	中央电视台综合频道	13.4	30.8
3	2012 元宵晚会	中央电视台综合频道	12.7	23.7
4	万家灯火平安夜公安部 2012 年春节电视文艺晚会	中央电视台综合频道	11.0	23.2
5	阳光路上情满怀 2012 年军民迎新春文艺晚会	中央电视台综合频道	11.0	21.4
6	福州月中华情 2012 年中央电视台中秋晚会	中央电视台综合频道	8.4	16.9
7	五月的鲜花心中的歌儿唱给党 2012 全国大学生校园文艺会演	中央电视台综合频道	7.8	16.5
8	阳光路上 2012 年五一国际劳动节文艺晚会第三届中国职工艺术节开幕	中央电视台综合频道	7.7	15.9
9	为祖国放歌第十二届精神文明建设五个一工程颁奖晚会	中央电视台综合频道	7.2	14.6
10	星光大道	中央电视台综合频道	6.8	13.3

表 3.20.12　2012 年宁夏市场体育节目收视率排名前十位

名次	节目名称	播出频道	平均收视率（%）	平均占有率（%）
1	2012 年第 30 届奥运会羽毛球男单决赛	中央电视台综合频道	6.7	13.4
2	2012 年第 30 届奥运会田径比赛女子 1500 米预赛	中央电视台综合频道	5.9	12.2
3	实况录像：2012 年第 30 届奥运会赛艇女子单人双桨半决赛	中央台五套	5.8	12.8
4	实况录像：2012 年第 30 届奥运会乒乓球男单半决赛	中央台五套	5.8	12.3
5	2012 年第 30 届奥运会射击男子 10 米气步枪决赛	中央电视台综合频道	5.6	11.8
6	2012 年第 30 届奥运会羽毛球混双小组赛	中央电视台综合频道	5.6	11.2
7	现场直播：2012 年第 30 届奥运会女排 1/4 决赛（中国 VS 日本）	中央电视台综合频道	5.5	12.7
8	2012 年第 30 届奥运会女子 200 米蛙泳预赛	中央台五套	5.3	11.5
9	2012 年伦敦奥运会男子双杠颁奖仪式	中央台五套	5.2	13.6
10	2012 年第 30 届奥运会男篮小组赛 B 组（中国 VS 俄罗斯）	中央台五套	4.9	10.6

二十一、山东收视数据

表 3. 21. 1　2008—2012 年山东市场各类频道的市场占有率（%）

频道类别	年份				
	2008 年	2009 年	2010 年	2011 年	2012 年
中央台频道	31. 8	29. 6	26. 2	26. 4	28. 1
中国教育台频道	0. 1	0. 3	0. 2	0. 3	0. 3
山东省级频道	38. 8	38. 4	43. 1	43. 0	44. 0
其他省级卫视频道	12. 5	17. 6	16. 4	16. 6	17. 6
其他频道	16. 8	14. 1	14. 1	13. 7	10. 0

表 3. 21. 2　2012 年山东市场各类频道在不同目标观众中的市场占有率（%）

目标观众		中央台频道	中国教育台频道	山东省级频道	其他省级卫视频道	其他频道
4 岁及以上所有人		28. 1	0. 3	44. 0	17. 6	10. 0
城乡	城市	29. 0	0. 2	34. 4	20. 1	16. 3
	农村	27. 7	0. 3	48. 2	16. 4	7. 4
性别	男	30. 5	0. 3	43. 7	15. 9	9. 6
	女	25. 8	0. 3	44. 3	19. 1	10. 5
年龄	4—14 岁	32. 2	0. 3	42. 8	18. 0	6. 7
	15—24 岁	24. 6	0. 2	36. 4	27. 7	11. 1
	25—34 岁	28. 4	0. 5	38. 6	21. 5	11. 0
	35—44 岁	29. 1	0. 3	44. 6	17. 8	8. 2
	45—54 岁	26. 2	0. 2	44. 3	18. 4	10. 9
	55—64 岁	29. 2	0. 2	48. 2	12. 2	10. 2
	65 岁及以上	26. 1	0. 2	49. 5	11. 0	13. 2
教育程度	未受过正规教育	32. 4	0. 3	45. 1	12. 9	9. 3
	小学	28. 3	0. 2	46. 3	15. 6	9. 6
	初中	25. 5	0. 3	46. 6	18. 4	9. 2
	高中	30. 1	0. 3	36. 0	20. 9	12. 7
	大学及以上	37. 8	0. 4	21. 5	21. 8	18. 5
职业类别	干部/管理人员	31. 2	0. 3	28. 3	20. 9	19. 3
	个体/私营企业人员	31. 0	0. 3	36. 4	19. 4	12. 9
	初级公务员/雇员	28. 7	0. 4	33. 0	23. 2	14. 7
	工人	30. 0	0. 3	41. 3	18. 4	10. 0
	学生	28. 5	0. 3	41. 3	22. 7	7. 2
	无业	30. 8	0. 3	39. 6	16. 5	12. 8
	其他	25. 3	0. 2	51. 2	15. 3	8. 0
个人月收入	0—300 元	25. 6	0. 3	51. 6	13. 3	9. 2
	301—600 元	25. 3	0. 3	48. 9	17. 9	7. 6
	601—900 元	26. 3	0. 2	50. 3	15. 1	8. 1
	901—1200 元	27. 3	0. 2	43. 9	18. 6	10. 0
	1201 元及以上	30. 8	0. 3	35. 2	19. 4	14. 3

表 3.21.3　2012 年山东市场各类频道在不同时段的市场占有率（%）

时间段	中央台频道	中国教育台频道	山东省级频道	其他省级卫视频道	其他频道
02:00—03:00	31.0	0.6	25.8	31.5	11.1
03:00—04:00	31.0	0.1	30.5	27.6	10.8
04:00—05:00	35.3	0.4	30.5	25.5	8.3
05:00—06:00	35.8	0.2	30.3	28.3	5.4
06:00—07:00	47.7	0.1	31.0	14.9	6.3
07:00—08:00	43.2	0.1	38.7	11.0	7.0
08:00—09:00	35.6	0.1	39.0	18.6	6.7
09:00—10:00	33.4	0.2	33.9	23.1	9.4
10:00—11:00	33.7	0.4	29.4	27.0	9.5
11:00—12:00	39.4	0.2	27.0	25.8	7.6
12:00—13:00	34.7	0.3	39.5	18.3	7.2
13:00—14:00	33.2	0.4	35.9	21.0	9.5
14:00—15:00	30.3	0.5	32.4	25.6	11.2
15:00—16:00	31.4	0.4	29.6	27.2	11.4
16:00—17:00	31.8	0.2	29.7	27.7	10.6
17:00—18:00	29.7	0.2	42.7	19.0	8.4
18:00—19:00	27.7	0.0	57.3	5.4	9.6
19:00—20:00	24.1	0.2	57.6	7.1	11.0
20:00—21:00	18.4	0.4	55.7	15.6	9.9
21:00—22:00	21.6	0.4	47.2	19.1	11.7
22:00—23:00	24.9	0.3	33.3	26.1	15.4
23:00—24:00	26.4	0.2	28.8	28.6	16.0
24:00—25:00	28.6	0.2	28.1	29.6	13.5
25:00—26:00	29.5	0.7	26.2	31.4	12.2

表 3.21.4　2012 年山东市场收视份额排名前十位的频道

名次	频道名称	收视份额（%）
1	山东电视齐鲁频道	15.1
2	山东卫视	14.1
3	中央电视台综合频道	5.3
4	山东电视公共频道	4.5
5	中央电视台少儿频道	4.2
6	中央台三套	3.4
6	湖南电视台卫星频道	3.4
8	中央台六套	3.0
9	山东电视生活频道	2.8
9	江苏卫视	2.8

表 3.21.5　2012 年山东市场各主要频道的观众构成（%）

目标观众		所有频道	主要频道				
			山东电视齐鲁频道	山东卫视	中央电视台综合频道	山东电视公共频道	中央电视台少儿频道
4 岁及以上所有人		100.0	100.0	100.0	100.0	100.0	100.0
城乡	城市	30.6	22.9	23.7	27.2	8.5	27.5
	农村	69.4	77.1	76.3	72.8	91.5	72.5
性别	男	48.4	49.1	45.6	51.5	45.3	53.1
	女	51.6	50.9	54.4	48.5	54.7	46.9
年龄	4—14 岁	11.9	9.9	9.6	16.0	12.8	38.5
	15—24 岁	8.2	8.1	6.8	6.5	1.9	4.1
	25—34 岁	12.8	10.7	9.1	12.0	13.8	17.7
	35—44 岁	19.1	19.7	16.1	16.3	30.4	11.2
	45—54 岁	20.7	21.6	20.1	18.4	18.9	9.6
	55—64 岁	15.5	15.9	19.6	18.9	16.8	13.2
	65 岁及以上	11.7	14.1	18.7	11.9	5.3	5.7
教育程度	未受过正规教育	12.2	10.1	15.4	11.8	7.4	29.1
	小学	23.5	22.2	29.0	27.3	28.5	23.7
	初中	47.2	56.7	44.6	40.3	50.7	33.8
	高中	13.3	9.7	9.6	15.9	12.9	11.4
	大学及以上	3.8	1.3	1.4	4.6	0.5	1.9
职业类别	干部/管理人员	1.2	0.6	0.8	1.2	1.0	0.5
	个体/私营企业人员	7.0	6.8	4.2	5.4	4.5	4.5
	初级公务员/雇员	6.9	3.5	5.6	8.4	5.6	3.9
	工人	15.7	15.8	14.7	17.4	7.7	10.8
	学生	9.1	8.1	7.2	12.3	11.2	17.4
	无业	18.4	15.3	17.7	16.8	9.2	31.8
	其他	41.6	49.9	49.9	38.5	60.8	31.1
个人月收入	0—300 元	22.2	24.1	31.9	21.5	20.3	22.1
	301—600 元	19.9	21.8	21.4	19.2	30.6	24.7
	601—900 元	12.4	17.0	14.5	13.1	3.5	16.9
	901—1200 元	13.7	12.2	12.5	16.2	19.5	11.8
	1201 元及以上	31.7	24.9	19.7	29.9	26.1	24.5

表 3.21.6　2010—2012 年山东市场各类节目的播出份额（%）和收视份额（%）

节目类别	2010 年		2011 年		2012 年	
	播出份额	收视份额	播出份额	收视份额	播出份额	收视份额
财经	2.9	0.4	2.5	0.5	2.2	0.4
电视剧	21.3	32.2	20.1	33.0	20.1	34.3
电影	3.1	3.1	3.4	3.0	3.8	2.9
法制	1.0	0.5	0.8	0.5	0.9	0.9
教学	0.6	0.1	0.4	0.1	0.3	0.0
青少	6.8	4.2	8.0	4.5	7.3	5.5
生活服务	8.2	7.4	9.3	8.3	9.5	9.4
体育	2.8	1.9	2.2	1.3	2.3	1.4
外语	0.1	0.0	0.0	0.0	0.0	0.0
戏剧	1.0	0.5	1.1	0.7	1.0	0.5
新闻/时事	14.1	11.7	13.1	11.1	15.0	14.4
音乐	2.8	0.6	2.9	0.7	2.6	0.6
专题	10.2	9.9	11.6	9.7	11.7	6.2
综艺	10.5	12.5	10.5	12.0	9.3	10.4
其他	14.7	15.1	14.1	14.7	14.0	12.9

表 3.21.7 2012 年山东市场所有节目收视率排名前三十位

名次	节目名称	节目类别	播出频道	平均收视率(%)	平均占有率(%)
1	2012 春节联欢晚会	综艺	中央电视台综合频道	21.1	38.4
2	樱桃	电视剧	山东卫视	18.3	38.3
3	遍地狼烟	电视剧	山东电视齐鲁频道	12.0	27.9
4	穆桂英挂帅	电视剧	山东卫视	11.5	31.2
5	飞虎神鹰	电视剧	山东卫视	11.4	26.8
6	雪狼谷	电视剧	山东电视齐鲁频道	11.2	23.7
7	独立纵队	电视剧	山东电视齐鲁频道	11.1	24.5
8	神枪	电视剧	山东电视齐鲁频道	11.0	29.5
9	神枪射向鬼子	电视剧	山东电视齐鲁频道	10.9	25.7
10	神枪射向鬼子第二部	电视剧	山东电视齐鲁频道	10.7	25.3
11	抗日英豪白朗	电视剧	山东电视齐鲁频道	10.6	25.6
12	向着炮火前进	电视剧	山东电视齐鲁频道	10.5	24.8
13	小麦进城	电视剧	山东电视齐鲁频道	10.4	25.6
14	养女	电视剧	山东电视齐鲁频道	10.4	24.0
15	干得漂亮	电视剧	山东电视齐鲁频道	10.4	23.5
16	战雷神	电视剧	山东卫视	10.2	23.3
17	抗日奇侠	电视剧	山东电视齐鲁频道	10.1	24.4
18	乡村爱情五小夜曲	电视剧	山东卫视	10.0	21.9
19	红红的樱桃樱桃山东卫视首映大典	综艺	山东卫视	9.8	20.7
20	刘兰芳再说穆桂英	综艺	山东卫视	9.6	24.5
21	只要你过得比我好	电视剧	山东电视齐鲁频道	9.6	22.3
22	薛平贵与王宝钏	电视剧	山东电视齐鲁频道	9.4	25.6
23	五号特工组	电视剧	山东卫视	9.4	25.4
24	两个女匪王	电视剧	山东电视齐鲁频道	9.4	24.3
25	情感战争	电视剧	山东电视齐鲁频道	9.3	23.3
26	密使	电视剧	山东卫视	9.2	20.9
27	五号特工组之偷天换月	电视剧	山东卫视	9.0	22.8
28	红色黎明	电视剧	山东电视齐鲁频道	8.9	21.5
29	致命名单	电视剧	山东电视齐鲁频道	8.8	20.9
30	自古英雄出少年	电视剧	山东电视齐鲁频道	8.6	19.0

表 3.21.8　2012 年山东市场电视剧收视率排名前十位

名次	节目名称	播出频道	平均收视率（%）	平均占有率（%）
1	樱桃	山东卫视	18.3	38.3
2	遍地狼烟	山东电视齐鲁频道	12.0	27.9
3	穆桂英挂帅	电视剧	11.5	31.2
4	飞虎神鹰	山东卫视	11.4	26.8
5	雪狼谷	山东电视齐鲁频道	11.2	23.7
6	独立纵队	山东电视齐鲁频道	11.1	24.5
7	神枪	山东电视齐鲁频道	11.0	29.5
8	神枪射向鬼子	山东电视齐鲁频道	10.9	25.7
9	神枪射向鬼子第二部	山东电视齐鲁频道	10.7	25.3
10	抗日英豪白朗	山东电视齐鲁频道	10.6	25.6

表 3.21.9　2012 年山东市场新闻节目收视率排名前十位

名次	节目名称	播出频道	平均收视率（%）	平均占有率（%）
1	每日新闻	山东电视齐鲁频道	4.1	19.2
2	转播中央台新闻联播	山东卫视	3.7	10.0
3	秀才来了	山东电视公共频道	3.4	8.5
4	么敢当	山东电视齐鲁频道	2.5	14.6
5	101	山东电视齐鲁频道	2.5	12.2
6	胡锦涛主席抵达香港	中央电视台综合频道	2.5	11.5
7	生活帮	山东电视生活频道	2.4	7.9
8	新闻联播	中央电视台综合频道	2.4	6.6
9	太空新旅神九返航	中央电视台综合频道	2.3	16.5
9	拉呱	山东电视齐鲁频道	2.3	16.5

表 3.21.10　2012 年山东市场专题节目收视率排名前十位

名次	节目名称	播出频道	平均收视率（%）	平均占有率（%）
1	世界冰人大对决	山东电视齐鲁频道	4.7	16.5
2	一年又一年	山东电视齐鲁频道	4.3	14.4
3	新故事客栈	山东电视公共频道	4.3	10.0
4	岱项圆梦爱在七夕陈州登五岳收官之战暨泰山婚礼	山东电视公共频道	3.7	9.9
5	新闻女生组	山东电视齐鲁频道	3.3	7.5
6	红旗渠的守望者	中央电视台综合频道	3.2	8.6
7	和为贵	山东电视公共频道	3.2	7.6
8	火海大爱铸英魂	山东电视公共频道	2.9	6.8
9	共产党员开播仪式特别节目	山东卫视	2.6	10.4
10	信仰我们的故事	山东电视公共频道	2.6	7.0

表 3.21.11　2012 年山东市场综艺节目收视率排名前十位

名次	节目名称	播出频道	平均收视率(%)	平均占有率(%)
1	2012 春节联欢晚会	中央电视台综合频道	21.2	38.5
2	红红的樱桃樱桃山东卫视首映大典	山东卫视	9.8	20.7
3	刘兰芳再说穆桂英	山东卫视	9.6	24.5
4	2012 元宵晚会	中央电视台综合频道	7.9	16.0
5	2012 春节联欢晚会	山东卫视	7.3	13.3
6	拉大剧	山东电视齐鲁频道	6.7	15.8
7	乡村爱情 5 前奏曲	山东卫视	6.1	15.0
8	2012 春节联欢晚会	中央台三套	6.1	11.0
9	山东领帅穆桂英挂帅首映大典	山东卫视	5.0	13.2
10	本山大叔喜乐会	山东卫视	4.8	26.9

表 3.21.12　2012 年山东市场体育节目收视率排名前十位

名次	节目名称	播出频道	平均收视率(%)	平均占有率(%)
1	2012 年伦敦奥运会羽毛球男单颁奖仪式	中央电视台综合频道	4.6	14.0
2	2012 年第 30 届奥运会羽毛球男单决赛	中央电视台综合频道	3.8	9.5
3	2012 年第 30 届奥运会田径预赛	中央台五套	3.4	7.8
4	现场直播：2012 年第 30 届奥运会女排 1/4 决赛（中国 vs 日本）	中央电视台综合频道	3.0	8.7
5	2012 年第 30 届奥运会赛艇女子单人双桨决赛	中央台五套	3.0	7.4
6	2012 年第 30 届奥运会体操女子平衡木决赛	中央台五套	2.9	12.6
7	现场直播：2012 年第 30 届奥运会男子 50 米步枪三姿决赛	中央电视台综合频道	2.8	6.6
8	2012 年第 30 届奥运会乒乓球女团半决赛	中央电视台综合频道	2.5	6.9
9	2012 年第 30 届奥运会跳水女子双人 10 米台决赛	中央台五套	2.3	13.4
10	2012 年第 30 届奥运会男子 4×100 米自由泳接力预赛	中央台五套	2.1	5.7

二十二、陕西收视数据

表 3.22.1　2008—2012 年陕西市场各类频道的市场占有率（%）

频道类别	年份				
	2008 年	2009 年	2010 年	2011 年	2012 年
中央台频道	34.1	32.4	31.0	28.0	33.4
中国教育台频道	0.3	0.4	0.4	0.8	1.4
陕西省级频道	18.5	18.1	18.0	17.0	13.0
其他省级卫视频道	39.2	43.5	44.2	47.8	47.5
其他频道	7.9	5.6	6.4	6.4	4.7

表 3.22.2　2012 年陕西市场各类频道在不同目标观众中的市场占有率（%）

目标观众		中央台频道	中国教育台频道	陕西省级频道	其他省级卫视频道	其他频道
4 岁及以上所有人		33.4	1.4	13.0	47.5	4.7
城乡	城市	38.9	0.7	19.2	34.3	6.9
	农村	30.5	1.7	9.8	54.4	3.6
性别	男	35.4	1.3	13.4	44.7	5.2
	女	31.4	1.4	12.6	50.2	4.4
年龄	4—14 岁	34.6	1.4	6.9	53.6	3.5
	15—24 岁	26.7	1.3	9.7	57.4	4.9
	25—34 岁	30.4	1.4	10.8	53.0	4.4
	35—44 岁	31.2	1.6	14.3	48.7	4.2
	45—54 岁	34.4	1.5	13.8	45.7	4.6
	55—64 岁	39.4	1.2	18.6	35.1	5.7
	65 岁及以上	38.9	0.9	18.5	34.7	7.0
教育程度	未受过正规教育	32.8	1.4	12.1	49.3	4.4
	小学	33.3	1.3	10.5	51.2	3.7
	初中	30.7	1.6	12.5	51.1	4.1
	高中	37.2	1.1	16.2	39.0	6.5
	大学及以上	41.2	1.0	16.2	33.3	8.3
职业类别	干部/管理人员	41.3	1.0	15.2	36.5	6.0
	个体/私营企业人员	35.0	0.8	17.0	42.5	4.7
	初级公务员/雇员	41.1	1.2	14.7	35.3	7.7
	工人	34.7	1.1	15.3	43.5	5.4
	学生	32.3	1.4	8.0	54.7	3.6
	无业	37.7	0.8	16.0	39.5	6.0
	其他	29.1	1.9	11.7	53.2	4.1
个人月收入	0—300 元	30.3	1.6	10.9	53.1	4.1
	301—600 元	31.8	1.6	11.8	51.1	3.7
	601—900 元	32.5	1.3	13.8	48.4	4.0
	901—1200 元	34.8	1.1	17.4	40.9	5.8
	1201 元及以上	38.3	1.1	15.1	39.6	5.9

表 3.22.3　2012 年陕西市场各类频道在不同时段的市场占有率（%）

时间段	中央台频道	中国教育台频道	陕西省级频道	其他省级卫视频道	其他频道
02:00—03:00	46.7	0.8	3.6	45.8	3.1
03:00—04:00	54.4	0.6	4.5	33.5	7.0
04:00—05:00	57.4	0.7	2.4	25.5	14.0
05:00—06:00	44.3	0.3	13.8	26.7	14.9
06:00—07:00	55.0	0.4	6.3	29.4	8.9
07:00—08:00	58.7	0.4	8.4	26.3	6.2
08:00—09:00	39.4	0.6	8.5	46.3	5.2
09:00—10:00	35.2	0.9	7.5	51.9	4.5
10:00—11:00	36.8	1.0	5.9	51.8	4.5
11:00—12:00	38.7	0.7	7.2	48.2	5.2
12:00—13:00	43.9	0.6	12.9	37.3	5.3
13:00—14:00	40.7	0.8	7.5	44.8	6.2
14:00—15:00	30.2	1.1	6.0	57.5	5.2
15:00—16:00	28.5	0.9	7.5	57.2	5.9
16:00—17:00	29.4	0.6	13.2	51.5	5.3
17:00—18:00	35.9	0.4	17.1	41.0	5.6
18:00—19:00	44.3	0.3	26.2	21.3	7.9
19:00—20:00	45.7	1.5	16.1	32.7	4.0
20:00—21:00	24.9	2.5	10.3	58.3	4.0
21:00—22:00	25.5	1.9	13.1	55.8	3.7
22:00—23:00	24.1	0.9	19.2	50.7	5.1
23:00—24:00	24.3	0.4	13.3	55.4	6.6
24:00—25:00	32.1	0.3	9.4	51.1	7.1
25:00—26:00	34.0	0.4	6.4	52.9	6.3

表 3.22.4　2012 年陕西市场收视份额排名前十位的频道

名次	频道名称	收视份额（%）
1	中央电视台综合频道	11.5
2	湖南电视台卫星频道	5.5
3	中央电视台少儿频道	4.6
4	陕西广播电视台都市青春频道（二套）	3.8
5	山东卫视	3.7
5	陕西广播电视台新闻综合频道（一套）	3.7
7	中央台八套	3.1
7	江苏卫视	3.1
9	贵州卫视	2.8
10	陕西卫视	2.7

表 3.22.5　2012 年陕西市场各主要频道的观众构成（%）

目标观众		所有频道	中央电视台综合频道	湖南电视台卫星频道	中央电视台少儿频道	陕西广播电视台都市青春频道（二套）	山东卫视	陕西广播电视台新闻综合频道（一套）
4 岁及以上所有人		100.0	100.0	100.0	100.0	100.0	100.0	100.0
城乡	城市	34.6	37.5	28.5	27.3	74.0	19.2	44.4
	农村	65.4	62.5	71.5	72.7	26.0	80.8	55.6
性别	男	49.7	51.7	36.8	48.6	47.0	49.9	51.2
	女	50.3	48.3	63.2	51.4	53.0	50.1	48.8
年龄	4—14 岁	14.8	11.4	15.5	55.3	7.2	10.0	7.3
	15—24 岁	11.9	11.4	24.4	6.9	9.8	11.7	6.4
	25—34 岁	13.4	10.1	19.8	16.9	10.3	14.4	8.9
	35—44 岁	19.2	20.1	20.4	9.4	23.3	16.6	17.7
	45—54 岁	18.9	20.9	12.4	5.2	23.2	28.1	18.8
	55—64 岁	11.4	13.7	4.3	4.7	17.3	10.2	20.7
	65 岁及以上	10.4	12.4	3.2	1.6	8.9	9.0	20.2
教育程度	未受过正规教育	5.7	4.7	3.2	14.6	4.8	6.3	6.7
	小学	23.7	24.2	23.1	47.3	12.6	24.0	22.7
	初中	44.0	42.4	48.0	26.9	36.9	53.6	47.9
	高中	20.8	21.6	20.8	7.7	35.8	13.6	17.4
	大学及以上	5.8	7.1	4.9	3.5	9.9	2.5	5.3
职业类别	干部/管理人员	1.8	2.2	1.5	0.9	3.3	0.8	0.6
	个体/私营企业人员	6.5	8.0	8.6	4.2	11.8	4.0	6.3
	初级公务员/雇员	4.7	6.2	4.1	2.0	7.0	1.8	3.9
	工人	9.3	9.5	8.1	5.5	13.0	9.2	10.0
	学生	16.6	13.9	24.0	45.2	10.1	10.5	8.3
	无业	23.8	22.9	18.7	26.0	37.8	16.6	29.3
	其他	37.3	37.3	35.0	16.2	17.0	57.1	41.6
个人月收入	0—300 元	45.2	38.9	55.7	78.3	33.3	43.4	39.9
	301—600 元	9.0	10.8	6.7	3.4	4.7	13.7	10.3
	601—900 元	6.9	7.3	6.6	2.8	5.9	9.6	7.2
	901—1200 元	8.9	9.5	7.2	2.7	13.8	9.6	12.0
	1201 元及以上	30.0	33.5	23.8	12.8	42.3	23.7	30.6

表 3.22.6　2010—2012 年陕西市场各类节目的播出份额（%）和收视份额（%）

节目类别	2010 年		2011 年		2012 年	
	播出份额	收视份额	播出份额	收视份额	播出份额	收视份额
财经	2.9	0.6	2.7	0.5	2.2	0.5
电视剧	21.6	35.7	20.7	36.9	20.2	36.9
电影	4.4	3.3	4.7	2.4	5.5	2.1
法制	1.3	1.5	1.2	1.1	1.0	1.3
教学	0.5	0.1	0.4	0.1	0.3	0.1
青少	7.1	4.1	7.6	3.8	6.8	4.9
生活服务	7.8	7.0	8.8	8.5	9.2	9.3
体育	2.3	2.0	2.0	0.9	2.0	1.2
外语	0.1	0.0	0.0	0.0	0.0	0.0
戏剧	1.1	0.8	1.3	1.0	1.4	0.9
新闻/时事	13.9	12.9	13.5	11.9	14.8	11.9
音乐	2.7	0.5	2.9	0.7	2.5	0.7
专题	9.7	4.7	9.6	4.7	10.9	5.0
综艺	9.6	8.9	10.2	9.8	8.6	8.5
其他	15.1	18.0	14.3	17.8	14.6	16.7

表 3.22.7　2012 年陕西市场所有节目收视率排名前三十位

名次	节目名称	节目类别	播出频道	平均收视率（%）	平均占有率（%）
1	2012 春节联欢晚会	综艺	中央电视台综合频道	36.5	69.2
2	新闻联播	新闻/时事	中央电视台综合频道	11.4	35.8
3	2012 元宵晚会	综艺	中央电视台综合频道	10.8	18.0
4	你好春天 2012 年文化部春节电视晚会	综艺	中央电视台综合频道	10.5	22.2
5	天气预报	生活服务	中央电视台综合频道	10.0	24.0
6	万家灯火平安夜公安部 2012 年春节电视文艺晚会	综艺	中央电视台综合频道	8.2	16.4
7	中国共产党第十八次全国代表大会专题新闻	新闻/时事	中央电视台综合频道	8.1	16.4
8	国门英雄	电视剧	中央电视台综合频道	8.1	15.4
9	焦点访谈	新闻/时事	中央电视台综合频道	7.5	16.9
10	福州月中华情 2012 年中央电视台中秋晚会	综艺	中央电视台综合频道	7.5	14.7
11	红旗渠的守望者	专题	中央电视台综合频道	7.4	15.5
12	阳光路上情满怀 2012 年军民迎新春文艺晚会	综艺	中央电视台综合频道	7.4	13.4
13	温州一家人	电视剧	中央电视台综合频道	7.1	14.5
14	阳光路上	电视剧	中央电视台综合频道	7.0	13.3
15	2012 年新年京剧晚会	戏剧	中央电视台综合频道	6.9	12.7
16	2012 年第 30 届奥运会羽毛球男单决赛	体育	中央电视台综合频道	6.4	12.6
17	华彩湘西中央电视台心连心艺术团赴湖南湘西慰问演出	综艺	中央电视台综合频道	6.3	12.0
18	生死依托	电视剧	中央电视台综合频道	6.1	12.2
19	身边的感动	专题	中央电视台综合频道	5.8	12.6
20	五月的鲜花心中的歌儿唱给党 2012 全国大学生校园文艺会演	综艺	中央电视台综合频道	5.8	11.0
20	开学第一课	青少	中央电视台综合频道	5.8	11.0
22	2012 年伦敦奥运会羽毛球男单颁奖仪式	体育	中央电视台综合频道	5.7	12.0
23	一年又一年	专题	中央电视台综合频道	5.6	26.9
24	星光大道	综艺	中央电视台综合频道	5.6	11.6
25	感动中国 2011 年度人物颁奖典礼	专题	中央电视台综合频道	5.6	11.3
26	誓言今生	电视剧	中央电视台综合频道	5.5	10.1
27	儿女情更长	电视剧	中央电视台综合频道	5.4	10.3
28	火蓝刀锋	电视剧	中央电视台综合频道	5.3	10.8
29	阳光路上 2012 年五一国际劳动节文艺晚会第三届中国职工艺术节开幕	综艺	中央电视台综合频道	5.2	9.9
30	2012 年第 30 届奥运会女子拳击 51 公斤级半决赛	体育	中央电视台综合频道	5.1	10.4

表 3.22.8　2012 年陕西市场电视剧收视率排名前十位

名次	节目名称	播出频道	平均收视率（%）	平均占有率（%）
1	国门英雄	中央电视台综合频道	8.1	15.4
2	温州一家人	中央电视台综合频道	7.1	14.5
3	阳光路上	中央电视台综合频道	7.0	13.3
4	生死依托	中央电视台综合频道	6.1	12.2
5	誓言今生	中央电视台综合频道	5.5	10.1
6	儿女情更长	中央电视台综合频道	5.4	10.3
7	火蓝刀锋	中央电视台综合频道	5.3	10.8
8	幸福妈妈	湖南电视台卫星频道	5.0	12.8
9	营盘镇警事	中央电视台综合频道	5.0	10.6
10	木府风云	中央电视台综合频道	5.0	9.9

表 3.22.9　2012 年陕西市场新闻节目收视率排名前十位

名次	节目名称	播出频道	平均收视率（%）	平均占有率（%）
1	新闻联播	中央电视台综合频道	11.4	35.8
2	中国共产党第十八次全国代表大会专题新闻	中央电视台综合频道	8.1	16.4
3	焦点访谈	中央电视台综合频道	7.5	16.9
4	新闻调查	中央电视台综合频道	4.5	9.5
5	胡锦涛主席出席庆祝香港回归祖国十五周年文艺晚会	中央电视台综合频道	4.3	11.2
6	温家宝总理会见中外记者	中央电视台综合频道	4.1	7.4
7	中国共产党贵州省第十一次代表大会	贵州卫视	2.9	5.4
8	陕西省十一届人大第五次会议政协陕西省十届第五次会议专题报道	陕西广播电视台新闻综合频道（一套）	2.4	4.4
9	都市快报	陕西广播电视台都市青春频道（二套）	2.2	6.5
10	陕西新闻联播	陕西广播电视台新闻综合频道（一套）	2.1	4.9

表 3.22.10　2012 年陕西市场专题节目收视率排名前十位

名次	节目名称	播出频道	平均收视率（%）	平均占有率（%）
1	红旗渠的守望者	中央电视台综合频道	7.4	15.5
2	身边的感动	中央电视台综合频道	5.8	12.6
3	一年又一年	中央电视台综合频道	5.6	26.9
4	感动中国 2011 年度人物颁奖典礼	中央电视台综合频道	5.6	11.3
5	科学发展铸辉煌	中央电视台综合频道	4.6	8.3
6	法治的力量 2012 年度法治人物颁奖盛典	中央电视台综合频道	4.5	9.1
7	永远的雷锋	中央电视台综合频道	4.3	7.1
8	西安 2020	陕西广播电视台新闻综合频道（一套）	4.2	11.8
9	大鲁艺	中央电视台综合频道	4.1	8.0
10	丝绸之路印象	中央电视台综合频道	4.0	9.0

表 3.22.11　2012 年陕西市场综艺节目收视率排名前十位

名次	节目名称	播出频道	平均收视率（%）	平均占有率（%）
1	2012 春节联欢晚会	中央电视台综合频道	36.5	69.2
2	2012 元宵晚会	中央电视台综合频道	10.8	18.0
3	你好春天 2012 年文化部春节电视晚会	中央电视台综合频道	10.5	22.2
4	万家灯火平安夜公安部 2012 年春节电视文艺晚会	中央电视台综合频道	8.2	16.4
5	福州月中华情 2012 年中央电视台中秋晚会	中央电视台综合频道	7.5	14.7
6	阳光路上情满怀 2012 年军民迎新春文艺晚会	中央电视台综合频道	7.4	13.4
7	华彩湘西中央电视台心连心艺术团赴湖南湘西慰问演出	中央电视台综合频道	6.3	12.0
8	五月的鲜花心中的歌儿唱给党 2012 全国大学生校园文艺会演	中央电视台综合频道	5.8	11.0
9	星光大道	中央电视台综合频道	5.6	11.6
10	阳光路上 2012 年五一国际劳动节文艺晚会第三届中国职工艺术节开幕	中央电视台综合频道	5.2	9.9

表 3.22.12　2012 年陕西市场体育节目收视率排名前十位

名次	节目名称	播出频道	平均收视率（%）	平均占有率（%）
1	2012 年第 30 届奥运会羽毛球男单决赛	中央电视台综合频道	6.4	12.6
2	2012 年伦敦奥运会羽毛球男单颁奖仪式	中央电视台综合频道	5.7	12.0
3	2012 年第 30 届奥运会女子拳击 51 公斤级半决赛	中央电视台综合频道	5.1	10.4
4	现场直播：2012 年第 30 届奥运会女排 1/4 决赛（中国 VS 日本）	中央电视台综合频道	4.9	11.2
5	2012 年第 30 届奥运会田径比赛男子铁饼资格赛	中央电视台综合频道	4.7	9.1
6	现场直播：2012 年第 30 届奥运会男子 50 米步枪三姿决赛	中央电视台综合频道	4.7	9.0
7	2012 年第 30 届奥运会乒乓球女单 1/4 决赛	中央电视台综合频道	4.5	9.2
8	2012 年第 30 届奥运会男篮小组赛 B 组（澳大利亚 VS 中国）	中央电视台综合频道	4.4	9.1
9	2012 年第 30 届奥运会艺术体操集体全能决赛	中央电视台综合频道	4.1	8.8
10	2012 年第 30 届奥运会山地自行车女子决赛	中央电视台综合频道	4.1	8.6

二十三、山西收视数据

表 3.23.1　2008—2012 年山西市场各类频道的市场占有率（%）

频道类别	年份				
	2008 年	2009 年	2010 年	2011 年	2012 年
中央台频道	43.4	37.6	34.6	31.6	33.8
中国教育台频道	0.3	0.3	0.4	0.6	0.8
山西省级频道	8.0	8.9	10.5	13.0	13.0
其他省级卫视频道	42.0	46.8	49.0	50.1	48.7
其他频道	6.3	6.3	5.5	4.7	3.7

表 3.23.2　2012 年山西市场各类频道在不同目标观众中的市场占有率（%）

目标观众		中央台频道	中国教育台频道	山西省级频道	其他省级卫视频道	其他频道
4 岁及以上所有人		33.8	0.8	13.0	48.7	3.7
城乡	城市	43.7	0.5	14.6	34.8	6.4
	农村	29.8	0.9	12.4	54.4	2.5
性别	男	36.1	0.8	13.3	46.3	3.5
	女	31.8	0.8	12.9	50.9	3.6
年龄	4—14 岁	35.5	1.0	6.1	55.0	2.4
	15—24 岁	23.7	0.7	11.5	61.2	2.9
	25—34 岁	29.3	0.8	8.8	58.3	2.8
	35—44 岁	33.6	0.9	14.2	47.9	3.4
	45—54 岁	34.0	0.7	15.7	46.1	3.5
	55—64 岁	35.7	1.0	17.6	41.7	4.0
	65 岁及以上	44.6	0.7	18.2	30.0	6.5
教育程度	未受过正规教育	38.5	0.9	7.2	48.9	4.5
	小学	32.9	1.1	12.7	50.6	2.7
	初中	29.5	0.7	13.9	52.3	3.6
	高中	38.7	0.6	14.4	42.4	3.9
	大学及以上	47.6	0.6	9.8	36.8	5.2
职业类别	干部/管理人员	45.0	1.0	10.8	39.5	3.7
	个体/私营企业人员	26.8	0.8	17.5	51.7	3.2
	初级公务员/雇员	41.2	0.6	12.9	41.5	3.8
	工人	29.9	0.6	17.1	47.7	4.7
	学生	33.5	0.9	7.6	55.2	2.8
	无业	33.3	0.7	15.0	46.6	4.4
	其他	37.6	1.1	9.1	49.8	2.4
个人月收入	0—300 元	29.7	0.9	12.4	53.9	3.1
	301—600 元	39.6	1.1	10.4	46.6	2.3
	601—900 元	33.8	0.9	10.5	52.3	2.5
	901—1200 元	40.8	0.6	13.0	42.4	3.2
	1201 元及以上	35.7	0.7	15.2	43.4	5.0

表 3.23.3　2012 年山西市场各类频道在不同时段的市场占有率（%）

时间段	中央台频道	中国教育台频道	山西省级频道	其他省级卫视频道	其他频道
02:00—03:00	47.3	1.9	7.3	41.6	1.9
03:00—04:00	43.6	1.6	7.0	45.4	2.4
04:00—05:00	54.3	0.0	7.8	37.0	0.9
05:00—06:00	46.2	0.2	7.3	38.7	7.6
06:00—07:00	53.4	0.2	4.1	39.6	2.7
07:00—08:00	58.2	0.1	7.2	32.2	2.3
08:00—09:00	41.6	0.2	7.8	46.7	3.7
09:00—10:00	33.5	0.4	10.9	50.4	4.8
10:00—11:00	34.6	0.8	6.8	53.9	3.9
11:00—12:00	37.3	0.6	6.9	52.1	3.1
12:00—13:00	53.8	0.4	8.9	34.4	2.5
13:00—14:00	37.2	0.6	16.3	43.1	2.8
14:00—15:00	26.6	1.0	7.6	61.3	3.5
15:00—16:00	27.3	0.7	5.4	63.5	3.1
16:00—17:00	28.6	0.4	5.1	62.7	3.2
17:00—18:00	36.5	0.3	5.2	54.5	3.5
18:00—19:00	54.8	0.1	12.2	25.9	7.0
19:00—20:00	49.0	0.9	14.1	32.3	3.7
20:00—21:00	21.4	1.4	16.4	57.1	3.7
21:00—22:00	22.7	1.0	17.5	55.7	3.1
22:00—23:00	24.4	0.6	14.0	58.2	2.8
23:00—24:00	25.1	0.3	11.7	60.4	2.5
24:00—25:00	36.8	0.1	10.0	50.2	2.9
25:00—26:00	44.1	0.3	6.6	46.6	2.4

表 3.23.4　2012 年山西市场收视份额排名前十位的频道

名次	频道名称	收视份额（%）
1	中央电视台综合频道	11.8
2	山东卫视	6.0
3	山西卫视	5.1
4	江苏卫视	4.7
4	中央电视台少儿频道	4.7
6	湖南电视台卫星频道	4.5
7	山西广播电视台科教频道	3.8
8	中央台八套	3.5
9	中央台十二套	2.8
10	河南电视台卫星频道（一套）	2.7

表 3.23.5　2012 年山西市场各主要频道的观众构成（%）

目标观众		所有频道	主要频道				
			中央电视台综合频道	山东卫视	山西卫视	江苏卫视	中央电视台少儿频道
4 岁及以上所有人		100.0	100.0	100.0	100.0	100.0	100.0
城乡	城市	28.9	41.7	8.9	12.7	23.7	15.7
	农村	71.1	58.3	91.1	87.3	76.3	84.3
性别	男	47.2	51.1	45.4	48.9	47.9	49.9
	女	52.8	48.9	54.6	51.1	52.1	50.1
年龄	4—14 岁	15.3	9.7	11.9	8.3	9.6	64.7
	15—24 岁	11.5	7.4	13.6	7.4	17.6	3.2
	25—34 岁	14.0	12.6	15.3	8.0	18.9	10.7
	35—44 岁	19.0	17.2	20.5	15.6	23.0	10.8
	45—54 岁	16.7	18.8	17.3	17.7	19.9	4.8
	55—64 岁	11.1	14.1	10.8	19.1	6.3	2.9
	65 岁及以上	12.4	20.2	10.6	23.9	4.7	2.9
教育程度	未受过正规教育	6.0	4.2	5.0	5.2	3.0	24.4
	小学	23.7	20.4	25.9	33.7	15.2	44.7
	初中	43.8	38.9	52.5	40.3	56.9	19.8
	高中	20.3	26.0	14.4	17.8	18.4	9.2
	大学及以上	6.2	10.5	2.2	3.0	6.5	1.9
职业类别	干部/管理人员	2.0	3.6	1.0	1.9	1.3	0.9
	个体/私营企业人员	14.7	10.0	16.2	16.0	25.4	6.3
	初级公务员/雇员	6.5	8.3	3.9	4.0	6.2	2.0
	工人	6.8	6.5	5.6	4.5	10.8	1.9
	学生	12.9	9.2	9.4	7.2	10.0	40.8
	无业	35.1	31.4	34.4	43.6	34.2	39.6
	其他	22.0	31.0	29.5	22.8	12.1	8.5
个人月收入	0—300 元	42.5	29.3	43.7	48.2	41.0	82.1
	301—600 元	8.4	11.4	10.0	7.2	5.2	4.1
	601—900 元	7.7	9.7	10.2	8.1	6.6	1.7
	901—1200 元	9.5	11.9	10.0	8.2	8.8	2.3
	1201 元及以上	31.9	37.7	26.1	28.3	38.4	9.8

表 3.23.6　2010—2012 年山西市场各类节目的播出份额（%）和收视份额（%）

节目类别	2010 年		2011 年		2012 年	
	播出份额	收视份额	播出份额	收视份额	播出份额	收视份额
财经	2.9	0.6	2.6	0.6	2.2	0.3
电视剧	22.3	34.5	21.8	33.4	21.0	36.4
电影	3.5	1.8	3.6	1.6	3.9	1.6
法制	1.4	2.4	1.0	2.8	1.1	2.7
教学	0.5	0.1	0.4	0.1	0.3	0.0
青少	8.0	3.6	8.3	4.3	7.6	4.9
生活服务	6.9	6.2	7.8	9.0	8.4	9.7
体育	1.8	2.0	1.5	0.8	1.7	1.2
外语	0.1	0.0	0.0	0.0	0.0	0.0
戏剧	1.1	1.2	1.1	1.3	1.1	1.0
新闻/时事	14.4	13.0	14.2	11.7	15.7	11.8
音乐	2.9	0.5	2.9	0.8	2.7	0.5
专题	10.2	5.4	11.2	5.6	11.9	4.6
综艺	9.8	11.0	10.2	11.4	8.8	9.0
其他	14.3	17.5	13.4	16.7	13.6	16.3

表 3.23.7　2012 年山西市场所有节目收视率排名前三十位

名次	节目名称	节目类别	播出频道	平均收视率（%）	平均占有率（%）
1	2012 春节联欢晚会	综艺	中央电视台综合频道	42.9	71.1
2	新闻联播	新闻/时事	中央电视台综合频道	16.0	47.3
3	天气预报	生活服务	中央电视台综合频道	11.5	25.1
4	你好春天 2012 年文化部春节电视晚会	综艺	中央电视台综合频道	11.4	22.3
5	樱桃	电视剧	山东卫视	10.5	17.6
6	2012 元宵晚会	综艺	中央电视台综合频道	10.3	17.5
7	飞虎神鹰	电视剧	山东卫视	9.7	17.1
8	焦点访谈	新闻/时事	中央电视台综合频道	8.5	17.4
9	中国共产党第十八次全国代表大会专题新闻	新闻/时事	中央电视台综合频道	8.5	16.4
10	福州月中华情 2012 年中央电视台中秋晚会	综艺	中央电视台综合频道	8.5	15.5
11	万家灯火平安夜公安部 2012 年春节电视文艺晚会	综艺	中央电视台综合频道	8.4	14.8
12	密使	电视剧	山东卫视	7.3	12.7
13	身边的感动	专题	中央电视台综合频道	6.2	12.3
14	国门英雄	电视剧	中央电视台综合频道	6.1	11.2
15	阳光路上情满怀 2012 年军民迎新春文艺晚会	综艺	中央电视台综合频道	5.8	10.2
16	爱唱老情歌大民星年度总决赛	综艺	山西卫视	5.7	10.0
17	红旗渠的守望者	专题	中央电视台综合频道	5.6	11.2
18	开学第一课	青少	中央电视台综合频道	5.6	10.1
19	乡村爱情五小夜曲	电视剧	山东卫视	5.6	9.6
20	2012 年新年京剧晚会	戏剧	中央电视台综合频道	5.6	9.5
21	平原烽火	电视剧	山东卫视	5.4	9.6
22	非诚勿扰	综艺	江苏卫视	5.3	16.4
23	走进大戏台	戏剧	山西卫视	5.2	10.1
24	谁来伺候妈	电视剧	山东卫视	5.2	9.6
25	2012 年第 30 届奥运会羽毛球男单决赛	体育	中央电视台综合频道	5.1	10.0
26	温州一家人	电视剧	中央电视台综合频道	4.9	9.5
27	阳光路上	电视剧	中央电视台综合频道	4.8	8.6
28	古村女人	电视剧	山东卫视	4.7	9.0
29	为祖国放歌第十二届精神文明建设五个一工程颁奖晚会	综艺	中央电视台综合频道	4.7	8.8
30	乡村爱情五小插曲	电视剧	山东卫视	4.7	8.1

表 3.23.8　2012 年山西市场电视剧收视率排名前十位

名次	节目名称	播出频道	平均收视率（%）	平均占有率（%）
1	樱桃	山东卫视	10.5	17.6
2	飞虎神鹰	山东卫视	9.7	17.1
3	密使	山东卫视	7.3	12.7
4	国门英雄	中央电视台综合频道	6.1	11.2
5	乡村爱情五小夜曲	山东卫视	5.6	9.6
6	平原烽火	山东卫视	5.4	9.6
7	谁来伺候妈	山东卫视	5.2	9.6
8	温州一家人	中央电视台综合频道	4.9	9.5
9	阳光路上	中央电视台综合频道	4.8	8.6
10	古村女人	山东卫视	4.7	9.0

表 3.23.9　2012 年山西市场新闻节目收视率排名前十位

名次	节目名称	播出频道	平均收视率（%）	平均占有率（%）
1	新闻联播	中央电视台综合频道	16.0	47.3
2	焦点访谈	中央电视台综合频道	8.5	17.4
3	中国共产党第十八次全国代表大会专题新闻	中央电视台综合频道	8.5	16.4
4	山西新闻联播	山西卫视	4.0	8.1
5	温家宝总理会见中外记者	中央电视台综合频道	3.7	6.3
6	新闻调查	中央电视台综合频道	2.9	6.0
7	山西省政协十届五次会议电视议政会	山西卫视	2.6	4.5
8	转播中央台新闻联播	山西卫视	1.9	5.7
9	中国共产党贵州省第十一次代表大会	贵州卫视	1.8	3.3
10	两会视点	辽宁卫视	1.7	5.7

表 3.23.10　2012 年山西市场专题节目收视率排名前十位

名次	节目名称	播出频道	平均收视率（%）	平均占有率（%）
1	身边的感动	中央电视台综合频道	6.2	12.3
2	红旗渠的守望者	中央电视台综合频道	5.6	11.2
3	一年又一年	中央电视台综合频道	4.6	22.8
4	幸福全覆盖山西省新五个全覆盖工程建设纪实	山西卫视	4.5	9.4
5	法治的力量 2012 年度法治人物颁奖盛典	中央电视台综合频道	4.4	8.2
6	旗帜山西记忆	山西卫视	4.0	7.2
7	永远的雷锋	中央电视台综合频道	3.7	6.0
8	2012 中国经济年度人物颁奖盛典	中央电视台综合频道	3.5	6.2
9	科学发展铸辉煌	中央电视台综合频道	3.3	5.8
10	感动中国 2011 年度人物颁奖典礼	中央电视台综合频道	3.1	5.8

表 3.23.11　2012 年山西市场综艺节目收视率排名前十位

名次	节目名称	播出频道	平均收视率（%）	平均占有率（%）
1	2012 春节联欢晚会	中央电视台综合频道	42.9	71.1
2	你好春天 2012 年文化部春节电视晚会	中央电视台综合频道	11.4	22.3
3	2012 元宵晚会	中央电视台综合频道	10.3	17.5
4	福州月中华情 2012 年中央电视台中秋晚会	中央电视台综合频道	8.5	15.5
5	万家灯火平安夜公安部 2012 年春节电视文艺晚会	中央电视台综合频道	8.4	14.8
6	阳光路上情满怀 2012 年军民迎新春文艺晚会	中央电视台综合频道	5.8	10.2
7	爱唱老情歌大民星年度总决赛	山西卫视	5.7	10.0
8	非诚勿扰	江苏卫视	5.3	16.4
9	为祖国放歌第十二届精神文明建设五个一工程颁奖晚会	中央电视台综合频道	4.7	8.8
10	歌从黄河来	山西卫视	4.4	8.4

表 3.23.12　2012 年山西市场体育节目收视率排名前十位

名次	节目名称	播出频道	平均收视率（%）	平均占有率（%）
1	2012 年第 30 届奥运会羽毛球男单决赛	中央电视台综合频道	5.1	10.0
2	现场直播：2012 年第 30 届奥运会女排 1/4 决赛（中国 VS 日本）	中央电视台综合频道	4.9	11.4
3	2012 年第 30 届奥运会体操男子吊环决赛	中央台五套	4.3	8.6
4	2012 年第 30 届奥运会田径比赛女子 1500 米预赛	中央电视台综合频道	4.1	8.4
5	2012 年伦敦奥运会体操男子吊环颁奖仪式	中央台五套	3.9	9.3
6	2012 年第 30 届奥运会赛艇女子单人双桨 1/4 决赛第三组	中央台五套	3.9	7.8
7	2012 年第 30 届奥运会游泳多项预赛	中央台五套	3.7	8.4
8	2012 年第 30 届奥运会射击男子 10 米气步枪决赛	中央电视台综合频道	3.7	7.6
9	2012 年第 30 届奥运会女子拳击 60 公斤级半决赛	中央电视台综合频道	3.6	7.9
10	实况录像：2012 年第 30 届奥运会乒乓球男单半决赛	中央台五套	3.6	7.0

二十四、四川收视数据

表 3.24.1　2008—2012 年四川市场各类频道的市场占有率（%）

频道类别	年份				
	2008 年	2009 年	2010 年	2011 年	2012 年
中央台频道	38.3	33.9	32.1	31.7	33.9
中国教育台频道	0.2	0.5	0.5	1.1	0.9
四川省级频道	19.9	21.0	22.4	23.5	23.7
其他省级卫视频道	29.2	29.7	32.0	30.2	27.6
其他频道	12.4	14.9	13.0	13.5	13.9

表 3.24.2　2012 年四川市场各类频道在不同目标观众中的市场占有率（%）

目标观众		中央台频道	中国教育台频道	四川省级频道	其他省级卫视频道	其他频道
4 岁及以上所有人		33.9	0.9	23.7	27.6	13.9
城乡	城市	33.5	0.5	22.0	29.9	14.1
	农村	34.1	1.1	24.6	26.4	13.8
性别	男	36.0	0.9	23.8	24.8	14.5
	女	31.8	0.9	23.6	30.3	13.4
年龄	4—14 岁	38.8	0.9	21.2	27.7	11.4
	15—24 岁	27.4	0.9	21.1	36.0	14.6
	25—34 岁	34.4	0.9	20.0	29.6	15.1
	35—44 岁	33.3	0.9	22.1	30.2	13.5
	45—54 岁	31.8	0.9	27.3	26.0	14.0
	55—64 岁	31.5	0.9	26.6	23.7	17.3
	65 岁及以上	36.9	1.0	26.5	23.0	12.6
教育程度	未受过正规教育	40.6	0.9	22.2	23.8	12.5
	小学	32.0	1.1	27.1	25.7	14.1
	初中	32.3	0.9	22.7	30.8	13.3
	高中	35.8	0.6	19.8	29.2	14.6
	大学及以上	39.0	0.5	16.7	26.5	17.3
职业类别	干部/管理人员	33.1	0.5	17.0	27.6	21.8
	个体/私营企业人员	35.5	0.8	22.0	28.0	13.7
	初级公务员/雇员	33.8	0.7	20.8	28.7	16.0
	工人	32.0	1.0	22.8	29.6	14.6
	学生	33.6	0.8	22.3	30.6	12.7
	无业	38.4	0.8	20.7	27.5	12.6
	其他	30.8	1.0	28.6	25.0	14.6
个人月收入	0—300 元	34.3	0.9	24.4	27.6	12.8
	301—600 元	29.9	0.9	27.6	25.2	16.4
	601—900 元	33.4	0.8	22.5	29.5	13.8
	901—1200 元	32.8	0.9	22.5	29.7	14.1
	1201 元及以上	35.0	0.8	21.7	27.3	15.2

表 3.24.3 2012 年四川市场各类频道在不同时段的市场占有率（%）

时间段	中央台频道	中国教育台频道	四川省级频道	其他省级卫视频道	其他频道
02:00—03:00	38.3	1.3	15.2	27.8	17.4
03:00—04:00	40.2	0.5	15.0	28.3	16.0
04:00—05:00	39.0	0.3	18.1	27.9	14.7
05:00—06:00	34.2	0.5	21.8	31.2	12.3
06:00—07:00	46.6	0.5	16.8	25.9	10.2
07:00—08:00	52.7	0.4	14.6	22.1	10.2
08:00—09:00	41.7	0.2	19.6	28.3	10.2
09:00—10:00	38.8	0.6	18.4	30.4	11.8
10:00—11:00	37.5	1.1	16.5	32.6	12.3
11:00—12:00	40.3	0.7	16.3	30.8	11.9
12:00—13:00	44.7	0.9	13.6	27.1	13.7
13:00—14:00	40.4	1.2	16.7	29.5	12.2
14:00—15:00	36.4	1.3	15.9	32.9	13.5
15:00—16:00	36.9	0.9	15.5	33.5	13.2
16:00—17:00	37.5	0.5	16.2	33.4	12.4
17:00—18:00	41.0	1.2	15.2	29.9	12.7
18:00—19:00	42.1	0.2	26.9	11.9	18.9
19:00—20:00	35.2	0.6	31.8	17.1	15.3
20:00—21:00	28.0	1.5	27.1	30.2	13.2
21:00—22:00	27.3	1.0	29.4	29.3	13.0
22:00—23:00	25.3	0.7	28.7	29.5	15.8
23:00—24:00	25.1	0.4	26.6	32.0	15.9
24:00—25:00	32.8	0.5	16.9	32.8	17.0
25:00—26:00	35.0	1.1	14.5	29.7	19.7

表 3.24.4 2012 年四川市场收视份额排名前十位的频道

名次	频道名称	收视份额（%）
1	中央电视台少儿频道	7.1
2	湖南电视台卫星频道	5.7
3	四川卫视	5.2
3	四川电视台公共频道	5.2
5	中央台六套	4.4
6	中央电视台综合频道	4.1
7	四川电视台影视文艺频道（五套）	4.0
7	四川经视频道	4.0
9	中央台八套	3.8
10	江苏卫视	3.2

表 3.24.5　2012 年四川市场各主要频道的观众构成（%）

目标观众		所有频道	主要频道				
			中央电视台少儿频道	湖南电视台卫星频道	四川卫视	四川电视台公共频道	中央台六套
4 岁及以上所有人		100.0	100.0	100.0	100.0	100.0	100.0
城乡	城市	33.8	25.4	30.3	27.4	26.6	25.3
	农村	66.2	74.6	69.7	72.6	73.4	74.7
性别	男	49.7	52.4	36.5	49.1	50.5	57.6
	女	50.3	47.6	63.5	50.9	49.5	42.4
年龄	4—14 岁	19.3	58.3	20.9	16.9	22.9	14.7
	15—24 岁	8.2	3.3	15.4	6.0	8.5	9.7
	25—34 岁	11.1	8.2	13.6	8.2	7.9	15.4
	35—44 岁	17.4	8.3	21.0	15.3	13.1	22.6
	45—54 岁	17.3	7.3	15.2	18.8	18.5	18.3
	55—64 岁	14.9	9.4	8.4	19.8	13.7	10.7
	65 岁及以上	11.8	5.2	5.5	15.0	15.4	8.6
教育程度	未受过正规教育	11.4	33.1	7.3	10.1	13.2	10.2
	小学	38.7	43.5	36.5	47.5	50.3	38.9
	初中	32.6	17.1	37.9	29.9	27.1	35.1
	高中	12.4	5.3	14.5	9.7	8.5	12.2
	大学及以上	4.9	1.0	3.8	2.8	0.9	3.6
职业类别	干部/管理人员	1.2	0.3	0.8	0.7	0.3	1.4
	个体/私营企业人员	7.9	3.3	10.8	6.1	4.8	9.6
	初级公务员/雇员	8.2	3.1	8.7	6.5	4.5	9.2
	工人	13.3	5.8	13.4	11.2	11.9	14.1
	学生	13.8	30.4	20.7	13.1	17.3	11.4
	无业	25.3	39.7	19.2	21.4	22.0	18.4
	其他	30.3	17.4	26.4	41.0	39.2	35.9
个人月收入	0—300 元	49.9	77.6	51.6	54.3	59.4	47.5
	301—600 元	9.4	5.6	10.3	13.3	11.8	9.1
	601—900 元	5.5	3.1	6.5	4.7	4.5	4.6
	901—1200 元	7.9	3.0	9.0	6.2	6.2	8.1
	1201 元及以上	27.3	10.7	22.6	21.5	18.1	30.7

表 3.24.6　2010—2012 年四川市场各类节目的播出份额（%）和收视份额（%）

节目类别	2010 年		2011 年		2012 年	
	播出份额	收视份额	播出份额	收视份额	播出份额	收视份额
财经	2.5	0.6	2.4	0.7	1.9	0.7
电视剧	29.6	39.8	28.7	39.0	29.3	41.2
电影	4.9	8.1	4.7	7.3	5.1	7.6
法制	0.9	2.2	0.9	1.3	0.9	1.5
教学	0.7	0.1	0.5	0.1	0.5	0.1
青少	5.6	6.7	6.1	7.4	5.6	7.5
生活服务	8.4	4.4	8.9	5.2	9.2	5.0
体育	2.0	2.0	1.7	1.4	1.7	1.5
外语	0.1	0.1	0.1	0.0	0.0	0.0
戏剧	1.0	0.3	1.1	0.3	0.9	0.3
新闻/时事	10.8	8.4	10.1	8.3	10.6	8.9
音乐	2.9	1.0	2.9	1.1	2.5	0.9
专题	9.3	4.8	9.9	4.9	9.8	4.8
综艺	7.3	9.8	7.8	10.6	7.2	9.5
其他	14.0	11.7	14.2	12.4	14.8	10.5

表 3.24.7　2012 年四川市场所有节目收视率排名前三十位

名次	节目名称	节目类别	播出频道	平均收视率（%）	平均占有率（%）
1	2012 春节联欢晚会	综艺	中央电视台综合频道	11.9	26.2
2	幸福妈妈	电视剧	湖南电视台卫星频道	8.1	20.3
3	铁血使命	电视剧	四川卫视	7.6	20.5
4	白蛇传说（1 月 23 日）	电影	中央台六套	6.0	14.5
5	凤姐的白领生活第二季	电视剧	四川经视频道	5.9	17.4
6	大上海 1937（11 月 27 日）	电影	中央台六套	5.6	13.7
7	喜羊羊与灰太狼之开心闯龙年	电影	中央电视台少儿频道	5.6	13.3
8	快乐中国 2012—2013 跨年狂欢夜	音乐	湖南电视台卫星频道	5.3	20.4
9	追剿魔头	电影	中央台六套	5.3	17.4
10	黑狐（1 月 2 日—7 日）	电视剧	四川卫视	5.3	14.0
11	2012 元宵晚会	综艺	中央电视台综合频道	5.2	13.0
12	麻辣女兵	电视剧	湖南电视台卫星频道	5.1	13.6
13	2012 年第 30 届奥运会体操女子高低杠决赛	体育	中央台五套	5.0	14.1
14	菩提树下	电视剧	四川卫视	4.9	13.1
15	加油妈妈	电视剧	湖南电视台卫星频道	4.9	13.0
16	力王	电影	中央台六套	4.9	10.9
17	龙游天下（3 月 4 日—16 日）	电视剧	四川电视台公共频道	4.7	12.9
18	神勇投弹手（11 月 2 日）	电影	中央台六套	4.6	10.9
19	精武英雄（1 月 13 日）	电影	中央台六套	4.6	10.5
20	遍地狼烟（5 月 7 日—20 日）	电视剧	四川卫视	4.5	13.7
21	非常有喜	电视剧	湖南电视台卫星频道	4.5	11.4
22	狼牙（12 月 7 日）	电影	中央台六套	4.5	11.1
23	野蛮秘笈	电影	中央台六套	4.5	11.0
24	龙行天下（9 月 1 日—15 日）	电视剧	四川电视台公共频道	4.4	12.1
25	隋唐英雄	电视剧	湖南电视台卫星频道	4.4	11.6
26	真情诱惑薛平贵与王宝钏电影版	电影	江苏卫视	4.4	11.2
27	2012 春节联欢晚会	综艺	中央台三套	4.4	9.7
28	乱世瓢丐	电影	中央台六套	4.3	11.5
29	龙巡天下（9 月 16 日—29 日）	电视剧	四川电视台公共频道	4.3	11.3
30	锦衣卫（1 月 15 日）	电影	中央台六套	4.3	10.8

表 3.24.8　2012 年四川市场电视剧收视率排名前十位

名次	节目名称	播出频道	平均收视率（%）	平均占有率（%）
1	幸福妈妈	湖南电视台卫星频道	8.1	20.3
2	铁血使命	四川卫视	7.6	20.5
3	凤姐的白领生活第二季	四川经视频道	5.9	17.4
4	黑狐（1 月 2 日—7 日）	四川卫视	5.3	14.0
5	麻辣女兵	湖南电视台卫星频道	5.1	13.6
6	菩提树下	四川卫视	4.9	13.1
7	加油妈妈	湖南电视台卫星频道	4.9	13.0
8	龙游天下（3 月 4 日—16 日）	四川电视台公共频道	4.7	12.9
9	遍地狼烟（5 月 7 日—20 日）	四川卫视	4.5	13.7
10	非常有喜	湖南电视台卫星频道	4.5	11.4

表 3.24.9　2012 年四川市场新闻节目收视率排名前十位

名次	节目名称	播出频道	平均收视率（%）	平均占有率（%）
1	黄金 30 分	四川电视台新闻资讯频道	2.1	5.9
2	中国共产党第十八次全国代表大会专题新闻	中央电视台综合频道	1.9	4
3	中国共产党第十八次全国代表大会专题新闻	中央电视台新闻频道	1.6	3.4
4	非常话题	四川电视台新闻资讯频道	1.4	3.9
5	新闻联播	中央电视台综合频道	1.3	5.5
6	联播四川	四川电视台公共频道	1.3	4.5
7	温家宝总理会见中外记者	中央电视台综合频道	1.3	3.2
8	新闻直通车	浙江卫视	1.2	6.9
9	世界经济论坛 2012 年新领军者年会	中央电视台新闻频道	1.1	8.9
10	全天报道	四川电视台新闻资讯频道	1.1	2.8

表 3.24.10　2012 年四川市场专题节目收视率排名前十位

名次	节目名称	播出频道	平均收视率（%）	平均占有率（%）
1	吴斌平凡的英雄	浙江卫视	3.3	12.9
2	我们的节日	中央台三套	1.8	4.6
3	感动中国 2011 年度人物颁奖典礼	中央电视台综合频道	1.6	3.9
4	一年又一年	中央电视台综合频道	1.5	6.7
5	变形计	湖南电视台卫星频道	1.5	4.5
6	法治的力量 2012 年度法治人物颁奖盛典	中央电视台综合频道	1.3	3.5
7	走近科学	中央电视台综合频道	1.0	7.0
8	断刀朝鲜战场大逆转（1 月 29 日—31 日）	四川卫视	1.0	6.4
9	旗鼓相当	中央电视台综合频道	0.9	4.9
10	红旗渠的守望者	中央电视台综合频道	0.9	2.6

表 3.24.11　2012 年四川市场综艺节目收视率排名前十位

名次	节目名称	播出频道	平均收视率（%）	平均占有率（%）
1	2012 春节联欢晚会	中央电视台综合频道	11.9	26.2
2	2012 元宵晚会	中央电视台综合频道	5.2	13.0
3	2012 春节联欢晚会	中央台三套	4.4	9.7
4	锦绣天府 2012 四川省春节联欢晚会	四川卫视	4.1	9.7
5	2012 春节联欢晚会	四川卫视	3.8	8.4
6	中国达人秀达人盛典（1 月 21 日）	上海东方卫视	3.3	8.1
7	2012 春节联欢晚会（1 月 22 日）	湖南电视台卫星频道	3.3	7.2
8	2012 春节联欢晚会（1 月 17 日）	湖南电视台卫星频道	3.0	11.0
9	2012 中国爱盛典	四川卫视	2.9	8.7
10	2012 元宵晚会	中央台三套	2.9	7.3

表 3.24.12　2012 年四川市场体育节目收视率排名前十位

名次	节目名称	播出频道	平均收视率（%）	平均占有率（%）
1	2012 年第 30 届奥运会体操女子高低杠决赛	中央台五套	5.0	14.1
2	2012 年第 30 届奥运会跳水男子双人 10 米跳台决赛	中央台五套	3.5	12.1
3	奥运会体操女子平衡木颁奖仪式	中央台五套	2.7	9.0
4	2012 年第 30 届奥运会射箭男子个人赛 1/4 决赛	中央台五套	2.6	6.8
5	2012 年第 30 届奥运会女子 4×200 米自由泳接力预赛	中央台五套	2.2	6.6
6	2012 年第 30 届奥运会射击女子 10 米气步枪决赛	中央台五套	2.0	6.6
7	2012 年第 30 届奥运会女排小组赛 B 组（中国 VS 土耳其）	中央台五套	1.9	15.1
8	现场直播：2012 年第 30 届奥运会乒乓球男单决赛	中央台五套	1.9	9.8
9	2012 年第 30 届奥运会男子篮球决赛（西班牙队 VS 美国队）	中央台五套	1.7	7.7
10	2012 年第 30 届奥运会田径男子 400 米预赛	中央台五套	1.5	12.0

二十五、新疆收视数据

表 3.25.1 2010—2012 年新疆市场各类频道的市场占有率（%）

频道类别	市场占有率		
	2010 年	2011 年	2012 年
中央台频道	22.3	21.7	23.3
中国教育台频道	0.1	0.3	0.3
新疆自治区级频道	19.1	22.2	25.7
其他省级卫视频道	16.9	18.9	20.1
其他频道	41.6	36.9	30.6

表 3.25.2 2012 年新疆市场各类频道在不同目标观众中的市场占有率（%）

目标观众		中央台频道	中国教育台频道	新疆自治区级频道	其他省级卫视频道	其他频道
4 岁及以上所有人		23.3	0.3	25.7	20.1	30.6
城乡	城市	26.7	0.3	19.5	22.2	31.3
	农村	20.8	0.3	30.3	18.6	30.0
性别	男	24.6	0.3	25.5	18.3	31.3
	女	22.1	0.3	25.8	21.8	30.0
年龄	4—14 岁	21.5	0.3	26.5	20.7	31.0
	15—24 岁	9.5	0.2	34.7	13.0	42.6
	25—34 岁	20.7	0.2	24.8	20.7	33.6
	35—44 岁	23.4	0.3	24.9	23.1	28.3
	45—54 岁	26.6	0.3	24.6	22.3	26.2
	55—64 岁	35.4	0.4	20.8	21.4	22.0
	65 岁及以上	35.6	0.2	19.8	20.2	24.2
教育程度	未受过正规教育	21.8	0.3	23.0	19.1	35.8
	小学	18.5	0.2	28.5	17.2	35.6
	初中	21.1	0.3	27.2	19.9	31.5
	高中	27.9	0.3	23.1	20.7	28.0
	大学及以上	35.5	0.2	19.6	27.3	17.4
职业类别	干部/管理人员	45.2	0.3	11.7	29.1	13.7
	个体/私营企业人员	26.2	0.2	18.8	26.5	28.3
	初级公务员/雇员	31.2	0.2	18.2	27.8	22.6
	工人	23.5	0.5	20.1	19.5	36.4
	学生	19.0	0.3	28.9	20.4	31.4
	无业	29.2	0.2	22.2	20.1	28.3
	其他	13.9	0.3	34.5	15.7	35.6
个人月收入	0—300 元	16.8	0.3	27.8	17.7	37.4
	301—600 元	13.8	0.4	31.7	10.4	43.7
	601—900 元	17.2	0.1	36.4	15.7	30.6
	901—1200 元	22.1	0.3	28.7	19.3	29.6
	1201 元及以上	35.2	0.3	18.3	27.0	19.2

表 3.25.3　2012 年新疆市场各类频道在不同时段的市场占有率（%）

时间段	中央台频道	中国教育台频道	新疆自治区级频道	其他省级卫视频道	其他频道
02:00—03:00	34.7	0.9	5.7	43.3	15.4
03:00—04:00	39.9	0.5	4.4	35.8	19.4
04:00—05:00	47.2	0.2	4.4	30.4	17.8
05:00—06:00	64.0	0.0	2.2	20.4	13.4
06:00—07:00	55.6	0.1	2.0	31.6	10.7
07:00—08:00	71.5	0.1	3.3	18.1	7.0
08:00—09:00	52.6	0.1	17.2	21.0	9.1
09:00—10:00	35.2	0.3	30.4	17.8	16.3
10:00—11:00	22.4	0.3	31.3	11.9	34.1
11:00—12:00	21.4	0.2	29.8	12.8	35.8
12:00—13:00	24.1	0.2	27.6	14.1	34.0
13:00—14:00	24.3	0.3	23.7	17.4	34.3
14:00—15:00	25.0	0.4	25.5	20.6	28.5
15:00—16:00	21.8	0.4	25.6	21.6	30.6
16:00—17:00	19.5	0.3	25.4	20.7	34.1
17:00—18:00	20.7	0.2	25.5	19.8	33.8
18:00—19:00	28.8	0.3	25.1	13.7	32.1
19:00—20:00	40.8	0.3	18.3	15.8	24.8
20:00—21:00	25.6	0.4	20.0	24.8	29.2
21:00—22:00	22.5	0.3	22.7	23.5	31.0
22:00—23:00	18.3	0.2	27.9	23.6	30.0
23:00—24:00	14.6	0.1	33.6	21.9	29.8
24:00—25:00	13.6	0.2	32.1	16.2	37.9
25:00—26:00	18.8	0.6	17.4	18.6	44.6

表 3.25.4　2012 年新疆市场收视份额排名前十位的频道

名次	频道名称	收视份额（%）
1	新疆电视台二套（维语新闻综合频道）	11.5
2	中央电视台综合频道	6.3
3	新疆电视台五套（维语综艺频道）	5.0
4	新疆电视台九套（维语经济生活频道）	4.5
5	湖南电视台卫星频道	3.3
6	中央台八套	3.2
7	中央电视台少儿频道	2.9
8	中央电视台新闻频道	2.2
9	江苏卫视	1.7
10	中央台六套	1.6

表 3.25.5 2012 年新疆市场各主要频道的观众构成（%）

目标观众		所有频道	新疆电视台二套(维语新闻综合频道)	中央电视台综合频道	新疆电视台五套(维语综艺频道)	新疆电视台九套(维语经济生活频道)	湖南电视台卫星频道
4 岁及以上所有人		100.0	100.0	100.0	100.0	100.0	100.0
城乡	城市	42.8	26.4	40.1	27.3	31.0	48.3
	农村	57.2	73.6	59.9	72.7	69.0	51.7
性别	男	48.3	47.4	51.3	48.9	47.9	35.2
	女	51.7	52.6	48.7	51.1	52.1	64.8
年龄	4—14 岁	14.8	15.5	12.3	17.3	13.1	15.3
	15—24 岁	15.7	23.6	8.1	22.0	23.8	15.6
	25—34 岁	18.0	18.0	16.6	18.5	17.2	25.2
	35—44 岁	19.0	17.0	16.9	19.6	19.8	22.6
	45—54 岁	11.7	10.5	10.4	11.0	11.7	12.4
	55—64 岁	10.5	8.9	20.6	6.7	8.7	4.9
	65 岁及以上	10.3	6.4	15.0	5.0	5.6	4.1
教育程度	未受过正规教育	5.7	5.0	3.4	5.3	4.9	3.3
	小学	25.0	30.5	22.7	29.3	25.7	18.9
	初中	39.7	43.4	38.4	41.8	46.6	40.2
	高中	18.5	15.0	21.5	17.1	17.4	19.8
	大学及以上	11.1	6.0	14.0	6.5	5.5	17.9
职业类别	干部/管理人员	1.9	0.7	2.7	0.7	0.6	2.8
	个体/私营企业人员	6.9	5.9	5.1	5.0	3.3	13.9
	初级公务员/雇员	8.4	5.3	8.9	6.0	5.4	15.6
	工人	6.6	5.3	5.9	5.8	5.2	6.4
	学生	15.8	17.4	13.6	18.4	18.4	19.9
	无业	33.2	26.2	40.4	23.8	24.5	22.8
	其他	27.1	39.1	23.4	40.3	42.7	18.5
个人月收入	0—300 元	37.9	41.1	28.4	41.0	38.6	40.4
	301—600 元	10.3	14.3	7.4	14.6	13.9	2.1
	601—900 元	9.7	13.4	10.4	15.0	18.3	8.3
	901—1200 元	8.2	9.3	6.0	9.6	10.9	6.2
	1201 元及以上	34.0	21.8	47.8	19.8	18.2	42.9

表 3.25.6 2010—2012 年新疆市场各类节目的播出份额（%）和收视份额（%）

节目类别	2010 年		2011 年		2012 年	
	播出份额	收视份额	播出份额	收视份额	播出份额	收视份额
财经	3.0	0.6	2.5	0.9	2.2	0.5
电视剧	21.8	31.6	27.6	32.3	21.2	31.6
电影	3.6	5.1	4.6	4.3	4.8	4.0
法制	1.0	1.2	0.9	1.4	0.8	1.2
教学	0.5	0.2	0.6	0.1	0.3	0.1
青少	7.7	4.0	6.5	5.8	7.1	6.0
生活服务	6.8	6.0	7.6	7.0	8.5	7.7
体育	1.9	3.1	2.1	1.7	2.5	2.5
外语	0.1	0.0	0.1	0.0	0.0	0.0
戏剧	1.1	0.3	1.2	0.5	1.1	0.4
新闻/时事	14.1	11.3	10.2	11.3	14.3	11.5
音乐	3.0	0.6	3.1	0.8	2.7	0.9
专题片	10.2	6.8	10.5	6.6	11.7	7.3
综艺	10.2	12.4	8.3	11.3	8.7	11.4
其他	15.0	16.8	14.4	15.9	14.1	15.1

表 3.25.7　2012 年新疆市场所有节目收视率排名前三十位

名次	节目名称	节目类别	播出频道	平均收视率(%)	平均占有率(%)
1	2012 春节联欢晚会	综艺	中央电视台综合频道	16.9	37.8
2	2012 元宵晚会	综艺	中央电视台综合频道	5.6	12.0
3	你好春天 2012 年文化部春节电视晚会	综艺	中央电视台综合频道	5.5	12.6
4	新闻联播	新闻/专题	中央电视台综合频道	4.7	28.6
5	国门英雄	电视剧	中央电视台综合频道	4.7	10.5
6	2012 年新年京剧晚会	戏剧	中央电视台综合频道	4.6	9.9
7	万家灯火平安夜公安部 2012 年春节电视文艺晚会	综艺	中央电视台综合频道	4.4	10.6
8	红旗渠的守望者	专题	中央电视台综合频道	4.4	9.0
9	天气预报	生活服务	中央电视台综合频道	3.6	18.2
10	阳光路上情满怀 2012 年军民迎新春文艺晚会	综艺	中央电视台综合频道	3.6	8.3
11	阳光路上	电视剧	中央电视台综合频道	3.6	8.2
12	福州月中华情 2012 年中央电视台中秋晚会	综艺	中央电视台综合频道	3.5	11.2
13	深宫谍影	电视剧	湖南电视台卫星频道	3.4	10.4
14	一年又一年	专题	中央电视台综合频道	3.3	19.8
15	2012 年第 30 届奥运会乒乓球女单决赛	体育	中央电视台综合频道	3.2	8.2
16	绽放 2012 三八国际妇女节特别节目	综艺	中央电视台综合频道	3.2	7.5
17	焦点访谈	新闻/专题	中央电视台综合频道	3.1	14.4
18	宫锁珠帘	电视剧	湖南电视台卫星频道	3.1	9.3
19	温州一家人	电视剧	中央电视台综合频道	3.0	8.2
20	感动中国 2011 年度人物颁奖典礼	专题	中央电视台综合频道	3.0	6.7
21	奥运会体操女子平衡木颁奖仪式	体育	中央台五套	2.9	7.2
22	亲爱的回家	电视剧	湖南电视台卫星频道	2.8	8.8
23	誓言今生	电视剧	中央电视台综合频道	2.8	6.3
24	感动生命	电视剧	中央电视台综合频道	2.8	6.2
25	身边的感动	专题	中央电视台综合频道	2.7	12.1
26	2012 年第 30 届奥运会体操女子高低杠决赛	体育	中央台五套	2.7	7.8
27	向东是大海	电视剧	中央电视台综合频道	2.7	6.4
28	中华之光传播中华文化年度人物评选	专题	中央电视台综合频道	2.6	8.4
29	中央电视台 2012 年 315 晚会共筑诚信有你有我	综艺	中央电视台综合频道	2.6	6.4
30	雷锋我们的榜样中央台心连心艺术团慰问全国青年志愿者文艺演出	综艺	中央电视台综合频道	2.6	6.0

表 3.25.8 2012 年新疆市场电视剧收视率排名前十位

名次	节目名称	播出频道	平均收视率（%）	平均占有率（%）
1	国门英雄	中央电视台综合频道	4.7	10.5
2	阳光路上	中央电视台综合频道	3.6	8.2
3	深宫谍影	湖南电视台卫星频道	3.4	10.4
4	宫锁珠帘	湖南电视台卫星频道	3.1	9.3
5	温州一家人	中央电视台综合频道	3.0	8.2
6	亲爱的回家	湖南电视台卫星频道	2.8	8.8
7	誓言今生	中央电视台综合频道	2.8	6.3
8	感动生命	中央电视台综合频道	2.8	6.2
9	向东是大海	中央电视台综合频道	2.7	6.4
10	儿女情更长	中央电视台综合频道	2.4	6.3

表 3.25.9 2012 年新疆市场新闻节目收视率排名前十位

名次	节目名称	播出频道	平均收视率（%）	平均占有率（%）
1	新闻联播	中央电视台综合频道	4.7	28.6
2	焦点访谈	中央电视台综合频道	3.1	14.4
3	胡锦涛主席出席庆祝香港回归祖国十五周年文艺晚会	中央电视台综合频道	2.4	13.5
4	温家宝总理会见中外记者	中央电视台综合频道	2.4	6.1
5	中国共产党第十八次全国代表大会专题新闻	中央电视台综合频道	2.3	10.0
6	新闻调查	中央电视台综合频道	2.0	4.2
7	晚间新闻	中央电视台综合频道	1.1	3.1
8	新闻联播	中央电视台新闻频道	0.9	5.2
9	今日关注	中央台四套	0.7	1.9
10	温家宝总理会见中外记者	中央电视台新闻频道	0.7	1.8

表 3.25.10 2012 年新疆市场专题节目收视率排名前十位

名次	节目名称	播出频道	平均收视率（%）	平均占有率（%）
1	红旗渠的守望者	中央电视台综合频道	4.4	9.0
2	一年又一年	中央电视台综合频道	3.3	19.8
3	感动中国 2011 年度人物颁奖典礼	中央电视台综合频道	3.0	6.7
4	身边的感动	中央电视台综合频道	2.7	12.1
5	中华之光传播中华文化年度人物评选	中央电视台综合频道	2.6	8.4
6	永远的雷锋	中央电视台综合频道	2.4	5.6
7	法治的力量 2012 年度法治人物颁奖盛典	中央电视台综合频道	2.2	6.0
8	丝绸之路印象	中央电视台综合频道	1.8	5.9
9	科学发展铸辉煌	中央电视台综合频道	1.6	4.9
10	2012 中国经济年度人物颁奖盛典	中央电视台综合频道	1.5	4.4

表 3.25.11　2012 年新疆市场综艺节目收视率排名前十位

名次	节目名称	播出频道	平均收视率（%）	平均占有率（%）
1	2012 春节联欢晚会	中央电视台综合频道	16.9	37.8
2	2012 元宵晚会	中央电视台综合频道	5.6	12.0
3	你好春天 2012 年文化部春节电视晚会	中央电视台综合频道	5.5	12.6
4	万家灯火平安夜公安部 2012 年春节电视文艺晚会	中央电视台综合频道	4.4	10.6
5	阳光路上情满怀 2012 年军民迎新春文艺晚会	中央电视台综合频道	3.6	8.3
6	福州月中华情 2012 年中央电视台中秋晚会	中央电视台综合频道	3.5	11.2
7	绽放 2012 三八国际妇女节特别节目	中央电视台综合频道	3.2	7.5
8	中央电视台 2012 年 315 晚会共筑诚信有你有我	中央电视台综合频道	2.6	6.4
9	雷锋我们的榜样中央台心连心艺术团慰问全国青年志愿者文艺演出	中央电视台综合频道	2.6	6.0
10	为祖国放歌第十二届精神文明建设五个一工程颁奖晚会	中央电视台综合频道	2.1	7.4

表 3.25.12　2012 年新疆市场体育节目收视率排名前十位

名次	节目名称	播出频道	平均收视率（%）	平均占有率（%）
1	2012 年第 30 届奥运会乒乓球女单决赛	中央电视台综合频道	3.2	8.2
2	奥运会体操女子平衡木颁奖仪式	中央台五套	2.9	7.2
3	2012 年第 30 届奥运会体操女子高低杠决赛	中央台五套	2.7	7.8
4	2012 年第 30 届奥运会跳水女子双人 10 米台决赛	中央台五套	2.5	6.8
5	现场直播：2012 年第 30 届奥运会女子举重 75 公斤以上级决赛	中央电视台综合频道	2.5	6.0
6	2012 年第 30 届奥运会羽毛球女子单打决赛	中央电视台综合频道	2.3	7.2
7	2012 年第 30 届奥运会女子拳击 60 公斤级半决赛	中央电视台综合频道	2.1	7.0
8	2012 年第 30 届奥运会男子 1500 米自由泳预赛	中央台五套	2.0	8.6
9	2012 年第 30 届奥运会射击男子 10 米气步枪决赛	中央电视台综合频道	1.9	8.8
9	2012 年第 30 届奥运会赛艇女子单人双桨 1/4 决赛第三组	中央台五套	1.9	8.8

二十六、云南收视数据

表 3.26.1 2008—2012 年云南市场各类频道的市场占有率（%）

频道类别	年份				
	2008 年	2009 年	2010 年	2011 年	2012 年
中央台频道	40.1	34.1	31.5	29.8	34.2
中国教育台频道	0.5	0.7	0.5	1.5	1.7
云南省级频道	22.1	24.2	24.9	19.7	17.7
其他省级卫视频道	27.6	31.3	33.6	39.6	38.2
其他频道	9.6	9.7	9.6	9.4	8.2

表 3.26.2 2012 年云南市场各类频道在各目标观众中的市场占有率（%）

目标观众		中央台频道	中国教育台频道	云南省级频道	其他省级卫星频道	其他频道
4 岁及以上所有人		34.2	1.7	17.7	38.2	8.2
城乡	城市	34.8	1.0	19.6	28.5	16.1
	农村	34.0	1.9	17.2	40.8	6.1
性别	男	36.4	1.8	17.9	35.5	8.4
	女	31.9	1.7	17.6	41.0	7.8
年龄	4—14 岁	36.3	1.9	15.6	39.9	6.3
	15—24 岁	25.4	1.8	14.1	50.0	8.7
	25—34 岁	32.2	1.9	15.9	41.7	8.3
	35—44 岁	31.9	1.7	16.5	40.7	9.2
	45—54 岁	33.7	1.6	18.8	37.5	8.4
	55—64 岁	39.8	1.7	22.5	28.3	7.7
	65 岁及以上	44.8	1.3	25.6	20.1	8.2
教育程度	未受过正规教育	37.9	2.0	17.8	35.1	7.2
	小学	32.2	2.0	17.7	40.9	7.2
	初中	31.8	1.8	17.1	41.2	8.1
	高中	39.9	0.9	20.5	28.5	10.2
	大学及以上	48.7	0.9	15.8	23.2	11.4
职业类别	干部/管理人员	50.7	1.6	9.5	30.6	7.6
	个体/私营企业人员	32.1	1.9	17.0	37.8	11.2
	初级公务员/雇员	39.9	0.8	23.2	24.9	11.2
	工人	38.3	1.3	16.0	32.2	12.2
	学生	33.9	1.8	15.7	41.3	7.3
	无业	43.0	1.1	22.6	25.1	8.2
	其他	28.0	2.2	15.9	47.2	6.7
个人月收入	0—300 元	33.6	1.8	17.1	41.1	6.4
	301—600 元	25.0	2.4	17.0	49.2	6.4
	601—900 元	25.5	2.4	16.7	46.5	8.9
	901—1200 元	32.3	1.7	19.9	37.9	8.2
	1201 元及以上	40.8	1.2	18.4	28.8	10.8

表 3.26.3 2012 年云南市场各类频道在不同时段的市场占有率（%）

时间段	中央台频道	中国教育台频道	云南省级频道	其他省级卫星频道	其他频道
02:00—03:00	34.9	1.6	5.0	47.9	10.6
03:00—04:00	41.3	1.0	4.1	44.5	9.1
04:00—05:00	39.2	1.6	3.1	45.0	11.1
05:00—06:00	27.7	1.6	7.6	36.1	27.0
06:00—07:00	65.5	0.6	7.2	15.5	11.2
07:00—08:00	59.2	0.6	12.6	22.6	5.0
08:00—09:00	45.3	1.2	9.3	37.2	7.0
09:00—10:00	45.7	0.9	9.5	35.8	8.1
10:00—11:00	44.7	0.8	9.9	35.4	9.2
11:00—12:00	46.4	0.8	10.2	34.2	8.4
12:00—13:00	55.9	0.7	9.9	25.8	7.7
13:00—14:00	48.1	0.7	10.5	32.4	8.3
14:00—15:00	36.5	0.7	9.3	45.4	8.1
15:00—16:00	33.4	0.6	9.9	48.0	8.1
16:00—17:00	36.0	0.6	11.1	43.4	8.9
17:00—18:00	46.5	0.5	16.1	27.1	9.8
18:00—19:00	46.3	0.5	27.5	13.3	12.4
19:00—20:00	44.7	1.9	18.0	27.9	7.5
20:00—21:00	26.2	2.7	20.4	43.9	6.8
21:00—22:00	25.5	2.3	21.6	43.2	7.4
22:00—23:00	25.7	1.4	17.9	44.5	10.5
23:00—24:00	25.2	0.5	12.7	51.5	10.1
24:00—25:00	33.9	0.6	10.9	39.0	15.6
25:00—26:00	38.0	0.9	4.9	38.4	17.8

表 3.26.4 2012 年云南市场收视份额排名前十位的频道

名次	频道名称	收视份额（%）
1	湖南电视台卫星频道	9.4
2	中央电视台综合频道	8.4
3	云南电视台都市频道（二套）	6.3
4	云南电视台卫视频道（一套）	6.1
5	中央台八套	5.0
6	中央电视台少儿频道	4.2
7	安徽卫视	3.8
8	中央台六套	3.6
9	中央台十二套	2.7
10	中央台三套	2.5

表 3.26.5　2012 年云南市场各主要频道的观众构成（%）

目标观众		所有频道	主要频道				
			湖南电视台卫星频道	中央电视台综合频道	云南电视台都市频道（二套）	云南电视台卫视频道（一套）	中央台八套
4 岁及以上所有人		100.0	100.0	100.0	100.0	100.0	100.0
城乡	城市	21.2	20.7	22.7	29.8	15.7	19.1
	农村	78.8	79.3	77.3	70.2	84.3	80.9
性别	男	51.0	39.3	55.4	47.9	53.4	47.5
	女	49.0	60.7	44.6	52.1	46.6	52.5
年龄	4—14 岁	17.1	16.2	12.8	9.7	13.9	12.4
	15—24 岁	13.0	22.9	11.0	8.0	12.6	10.9
	25—34 岁	18.2	18.4	16.1	16.0	16.3	18.1
	35—44 岁	18.7	22.5	15.6	19.7	18.6	18.7
	45—54 岁	13.3	10.2	15.8	18.2	14.2	16.8
	55—64 岁	10.5	5.2	14.8	15.8	13.1	11.7
	65 岁及以上	9.1	4.7	13.9	12.6	11.4	11.5
教育程度	未受过正规教育	5.9	3.4	4.9	4.1	6.3	4.6
	小学	34.0	29.7	28.8	23.2	34.3	31.1
	初中	43.2	49.5	44.8	48.0	44.3	44.1
	高中	12.6	13.7	14.6	18.0	11.4	15.1
	大学及以上	4.3	3.8	6.9	6.6	3.7	5.1
职业类别	干部/管理人员	1.4	0.9	2.5	2.0	1.3	1.9
	个体/私营企业人员	12.8	15.6	14.2	13.3	11.6	12.1
	初级公务员/雇员	6.0	5.1	8.3	10.3	5.6	7.2
	工人	4.8	6.8	4.1	5.5	3.4	4.6
	学生	17.6	23.3	13.5	10.6	14.3	13.1
	无业	19.4	12.8	26.8	32.5	20.2	22.9
	其他	37.9	35.6	30.7	25.7	43.7	38.2
个人月收入	0—300 元	44.1	45.2	39.6	32.1	42.3	41.1
	301—600 元	13.0	13.2	9.7	9.4	16.8	12.6
	601—900 元	9.9	10.6	8.6	9.9	12.1	9.1
	901—1200 元	11.4	12.1	10.9	16.7	9.9	13.3
	1201 元及以上	21.6	18.9	31.2	31.8	19.0	24.0

表 3.26.6　2010—2012 年云南市场各类节目的播出份额（%）和收视份额（%）

节目类别	2010 年		2011 年		2012 年	
	播出份额	收视份额	播出份额	收视份额	播出份额	收视份额
财经	2.9	0.5	2.6	0.6	2.2	0.5
电视剧	22.2	37.9	20.6	38.3	20.5	39.1
电影	3.5	4.4	3.5	3.2	3.9	2.9
法制	1.1	1.1	1.0	1.3	0.8	1.4
教学	0.5	0.1	0.4	0.1	0.3	0.1
青少	7.8	3.3	8.3	3.5	7.7	3.5
生活服务	7.0	5.9	7.8	6.8	8.1	7.3
体育	1.8	1.8	1.5	0.9	1.6	1.2
外语	0.1	0.0	0.0	0.0	0.0	0.0
戏剧	1.1	0.3	1.3	0.5	1.3	0.5
新闻/时事	14.3	9.8	13.9	9.5	15.4	10.8
音乐	2.9	0.5	3.0	0.6	2.7	0.9
专题	10.0	5.3	11.2	5.4	11.8	5.4
综艺	10.1	10.8	10.9	11.4	9.6	9.8
其他	14.8	18.2	14.0	17.9	14.1	16.7

表 3.26.7　2012 年云南市场所有节目收视率排名前三十位

名次	节目名称	节目类别	播出频道	平均收视率(%)	平均占有率(%)
1	2012 春节联欢晚会	综艺	中央电视台综合频道	21.7	51.8
2	幸福妈妈	电视剧	湖南电视台卫星频道	10.5	21.9
3	麻辣女兵	电视剧	湖南电视台卫星频道	8.4	18.6
4	非常有喜	电视剧	湖南电视台卫星频道	7.9	17.2
5	加油妈妈	电视剧	湖南电视台卫星频道	7.9	17.0
6	隋唐英雄	电视剧	湖南电视台卫星频道	7.5	16.0
7	新闻联播	新闻/时事	中央电视台综合频道	6.9	28.9
8	我爱主持人第九届中国金鹰电视艺术节主持人盛典	综艺	湖南电视台卫星频道	6.3	14.9
9	你好春天 2012 年文化部春节电视晚会	综艺	中央电视台综合频道	6.0	13.1
10	青盲	电视剧	云南电视台都市频道（二套）	5.9	12.4
11	第十一届汉语桥世界大学生中文比赛决赛第一场	专题	湖南电视台卫星频道	5.6	12.7
12	平原烽火		云南电视台卫视频道（一套）	5.6	11.9
12	快乐大本营	综艺	湖南电视台卫星频道	5.6	11.9
14	西游记	电视剧	云南电视台卫视频道（一套）	5.6	11.3
15	天气预报	生活服务	中央电视台综合频道	5.4	16.0
16	杀狼花	电视剧	云南电视台卫视频道（一套）	5.4	12.1
17	万家灯火平安夜公安部 2012 年春节电视文艺晚会	综艺	中央电视台综合频道	5.4	11.4
18	第十一届汉语桥世界大学生中文比赛开幕式	综艺	湖南电视台卫星频道	5.4	11.0
19	遍地狼烟	电视剧	云南电视台都市频道（二套）	5.3	11.7
20	樱桃	电视剧	云南电视台都市频道（二套）	5.3	10.7
21	盛世中华第四届全国少数民族文艺会演开幕式文艺演出	综艺	中央电视台综合频道	5.3	10.0
22	天涯明月刀	电视剧	湖南电视台卫星频道	5.0	10.5
23	守望的天空	电视剧	湖南电视台卫星频道	5.0	9.9
24	团圆	电视剧	云南电视台都市频道（二套）	4.9	10.1
25	元宵喜乐会 2012	综艺	湖南电视台卫星频道	4.8	13.3
26	天天向上	综艺	湖南电视台卫星频道	4.8	10.0
27	甄嬛传	电视剧	云南电视台都市频道（二套）	4.8	9.7
28	中国共产党第十八次全国代表大会专题新闻	新闻/时事	中央电视台综合频道	4.7	11.8
29	飞虎神鹰	电视剧	云南电视台卫视频道（一套）	4.7	10.8
30	福州月中华情 2012 年中央电视台中秋晚会	综艺	中央电视台综合频道	4.7	8.6

表 3.26.8　2012 年云南市场电视剧收视率排名前十位

名次	节目名称	播出频道	平均收视率（%）	平均占有率（%）
1	幸福妈妈	湖南电视台卫星频道	10.5	21.9
2	麻辣女兵	湖南电视台卫星频道	8.4	18.6
3	非常有喜	湖南电视台卫星频道	7.9	17.2
4	加油妈妈	湖南电视台卫星频道	7.9	17.0
5	隋唐英雄	湖南电视台卫星频道	7.5	16.0
6	青盲	云南电视台都市频道（二套）	5.9	12.4
7	平原烽火	云南电视台卫视频道（一套）	5.6	11.9
8	西游记	云南电视台卫视频道（一套）	5.6	11.3
9	杀狼花	云南电视台卫视频道（一套）	5.4	12.1
10	遍地狼烟	云南电视台都市频道（二套）	5.3	11.7

表 3.26.9　2012 年云南市场新闻节目收视率排名前十位

名次	节目名称	播出频道	平均收视率（%）	平均占有率（%）
1	新闻联播	中央电视台综合频道	6.9	28.9
2	中国共产党第十八次全国代表大会专题新闻	中央电视台综合频道	4.7	11.8
3	焦点访谈	中央电视台综合频道	4.4	11.6
4	省第十一届人大五次会议开幕式新闻专题	云南电视台卫视频道（一套）	2.6	7.4
5	温家宝总理会见中外记者	中央电视台综合频道	2.4	4.7
6	新闻调查	中央电视台综合频道	2.2	4.8
7	聚焦全国两会	云南电视台卫视频道（一套）	1.8	5.9
8	大口马牙	云南电视台都市频道（二套）	1.7	7.0
9	中国共产党贵州省第十一次代表大会	贵州卫视	1.7	3.3
10	云南彝良 9.7 地震特别报道	云南电视台卫视频道（一套）	1.6	5.8

表 3.26.10　2012 年云南市场专题节目收视率排名前十位

名次	节目名称	播出频道	平均收视率（%）	平均占有率（%）
1	第十一届汉语桥世界大学生中文比赛决赛第一场	湖南电视台卫星频道	5.6	12.7
2	红旗渠的守望者	中央电视台综合频道	4.5	8.5
3	彩云之南写华章云南妇女工作五年成就巡礼	云南电视台卫视频道（一套）	4.4	10.5
4	士兵突击大揭秘	云南电视台卫视频道（一套）	4.2	8.9
5	身边的感动	中央电视台综合频道	3.7	9.0
6	封面（6 月 27 日）	云南电视台都市频道（二套）	3.5	6.6
7	变形计	湖南电视台卫星频道	3.2	7.6
8	平民英雄	湖南电视台卫星频道	3.2	6.8
9	一年又一年	中央电视台综合频道	3.0	25.1
10	永远的雷锋	中央电视台综合频道	3.0	5.5

表 3.26.11 2012 年云南市场综艺节目收视率排名前十位

名次	节目名称	播出频道	平均收视率(%)	平均占有率(%)
1	2012 春节联欢晚会	中央电视台综合频道	21.7	51.8
2	我爱主持人第九届中国金鹰电视艺术节主持人盛典	湖南电视台卫星频道	6.3	14.9
3	你好春天 2012 年文化部春节电视晚会	中央电视台综合频道	6.0	13.1
4	快乐大本营	湖南电视台卫星频道	5.6	11.9
5	万家灯火平安夜公安部 2012 年春节电视文艺晚会	中央电视台综合频道	5.4	11.4
6	第十一届汉语桥世界大学生中文比赛开幕式	湖南电视台卫星频道	5.4	11.0
7	盛世中华第四届全国少数民族文艺会演开幕式文艺演出	中央电视台综合频道	5.3	10.0
8	元宵喜乐会 2012	湖南电视台卫星频道	4.8	13.3
9	天天向上	湖南电视台卫星频道	4.8	10.0
10	福州月中华情 2012 年中央电视台中秋晚会	中央电视台综合频道	4.7	8.6

表 3.26.12 2012 年云南市场体育节目收视率排名前十位

名次	节目名称	播出频道	平均收视率(%)	平均占有率(%)
1	2012 年第 30 届奥运会女子曲棍球小组赛	中央台五套	4.0	7.2
2	2012 年第 30 届奥运会乒乓球男单第三轮	中央台五套	3.7	6.9
3	现场直播：2012 年第 30 届奥运会女排 1/4 决赛（中国 VS 日本）	中央电视台综合频道	3.6	7.1
4	2012 年第 30 届奥运会田径比赛女子 1500 米预赛	中央电视台综合频道	3.5	6.6
5	2012 年第 30 届奥运会女子 4×200 米自由泳接力预赛	中央台五套	3.4	6.4
6	2012 年第 30 届奥运会体操男子自由操决赛	中央台五套	3.4	6.1
7	2012 年第 30 届奥运会赛艇女子单人双桨 1/4 决赛第三组	中央台五套	3.3	6.3
8	2012 年第 30 届奥运会男篮小组赛 B 组（中国 VS 俄罗斯）	中央台五套	3.2	5.9
9	实况录像：2012 年第 30 届奥运会跳水男子单人 3 米板决赛	中央台五套	3.1	5.8
10	2012 年第 30 届奥运会射击女子 10 米气手枪决赛	中央电视台综合频道	3.0	6.1

二十七、浙江收视数据

表 3.27.1　2008—2012 年浙江市场各类频道的市场占有率（%）

频道类别	年份				
	2008 年	2009 年	2010 年	2011 年	2012 年
中央台频道	38.4	30.7	24.3	24.3	24.4
中国教育台频道	0.6	0.4	0.4	0.8	0.6
浙江省级频道	22.7	35.3	46.5	37.2	34.8
其他省级卫视频道	17.7	15.6	13.4	18.1	22.6
其他频道	20.6	18.0	15.4	19.6	17.6

表 3.27.2　2012 年浙江市场各类频道在不同目标观众中的市场占有率（%）

目标观众		中央台频道	中国教育台频道	浙江省级频道	其他省级卫视频道	其他频道
4 岁及以上所有人		24.4	0.6	34.8	22.6	17.6
城乡	城市	21.3	0.6	33.0	21.3	23.8
	农村	26.6	0.7	36.1	23.6	13.0
性别	男	27.5	0.7	34.0	20.8	17.0
	女	21.1	0.6	35.7	24.6	18.0
年龄	4—14 岁	26.7	0.5	26.2	30.9	15.7
	15—24 岁	16.8	0.6	43.1	22.6	16.9
	25—34 岁	21.5	0.5	33.3	23.7	21.0
	35—44 岁	25.1	0.6	31.9	25.5	16.9
	45—54 岁	22.9	0.7	38.4	21.6	16.4
	55—64 岁	26.7	0.9	38.7	16.4	17.3
	65 岁及以上	30.6	0.7	33.8	15.6	19.3
教育程度	未受过正规教育	29.5	0.7	27.6	23.8	18.4
	小学	25.9	0.8	34.7	21.7	16.9
	初中	23.9	0.6	35.2	23.7	16.6
	高中	21.7	0.5	36.3	23.2	18.3
	大学及以上	21.1	0.4	38.6	19.1	20.8
职业类别	干部/管理人员	20.3	0.4	31.4	22.3	25.6
	个体/私营企业人员	24.4	0.9	37.5	20.8	16.4
	初级公务员/雇员	22.9	0.5	37.7	21.3	17.6
	工人	23.2	0.7	33.7	23.4	19.0
	学生	20.9	0.5	30.4	32.1	16.1
	无业	27.3	0.6	31.9	21.8	18.4
	其他	25.5	0.6	38.7	20.2	15.0
个人月收入	0—300 元	24.4	0.6	32.6	25.8	16.6
	301—600 元	29.7	0.7	33.2	18.1	18.3
	601—900 元	22.7	0.7	39.2	17.4	20.0
	901—1200 元	24.7	0.8	41.1	18.6	14.8
	1201 元及以上	24.1	0.6	34.6	22.3	18.4

表 3.27.3　2012 年浙江市场各类频道在不同时段的市场占有率（%）

时间段	中央台频道	中国教育台频道	浙江省级频道	其他省级卫视频道	其他频道
02:00—03:00	27.2	1.6	17.6	27.0	26.6
03:00—04:00	29.8	0.8	18.6	24.5	26.3
04:00—05:00	34.2	0.6	20.8	22.8	21.6
05:00—06:00	33.4	0.9	25.8	24.5	15.4
06:00—07:00	41.4	0.3	17.5	27.2	13.6
07:00—08:00	44.9	0.3	16.9	24.4	13.5
08:00—09:00	35.9	0.2	17.3	31.8	14.8
09:00—10:00	30.1	0.4	21.2	33.8	14.5
10:00—11:00	30.5	0.7	21.0	33.5	14.3
11:00—12:00	35.8	0.5	21.7	30.1	11.9
12:00—13:00	36.2	0.7	20.3	29.1	13.7
13:00—14:00	32.9	0.9	18.4	33.2	14.6
14:00—15:00	30.4	1.1	18.3	35.1	15.1
15:00—16:00	31.0	0.9	17.1	36.9	14.1
16:00—17:00	31.5	0.4	17.9	37.4	12.8
17:00—18:00	31.1	0.4	29.3	25.6	13.6
18:00—19:00	22.5	0.1	47.7	9.6	20.1
19:00—20:00	17.7	0.5	54.8	9.1	17.9
20:00—21:00	19.1	1.1	44.5	18.3	17.0
21:00—22:00	20.2	0.8	36.7	22.7	19.6
22:00—23:00	21.1	0.6	31.7	27.1	19.5
23:00—24:00	22.6	0.4	24.4	32.8	19.8
24:00—25:00	26.0	0.7	19.3	29.6	24.4
25:00—26:00	24.0	1.2	18.4	25.4	31.0

表 3.27.4　2012 年浙江市场收视份额排名前十位的频道

名次	频道名称	收视份额（%）
1	浙江电视台钱江都市频道	6.7
2	浙江电视台教育科技频道	6.5
3	浙江电视台经济生活频道	5.3
4	浙江卫视	4.8
5	浙江电视台影视娱乐频道	4.7
6	湖南电视台卫星频道	4.1
7	中央台六套	3.6
8	中央电视台少儿频道	3.5
9	浙江电视台民生休闲频道	2.9
9	中央台八套	2.9

表 3.27.5 2012 年浙江市场各主要频道的观众构成（%）

目标观众		所有频道	浙江电视台钱江都市频道	浙江电视台教育科技频道	浙江电视台经济生活频道	浙江卫视	浙江电视台影视娱乐频道
4 岁及以上所有人		100.0	100.0	100.0	100.0	100.0	100.0
城乡	城市	41.1	31.9	46.8	39.6	47.7	27.2
	农村	58.9	68.1	53.2	60.4	52.3	72.8
性别	男	51.3	49.0	49.2	52.2	53.2	47.6
	女	48.7	51.0	50.8	47.8	46.8	52.4
年龄	4—14 岁	12.8	7.0	8.3	8.4	11.4	7.8
	15—24 岁	8.1	11.7	12.4	9.3	8.5	9.8
	25—34 岁	14.4	12.5	16.6	11.2	14.9	12.8
	35—44 岁	19.6	19.7	15.2	19.9	19.2	13.0
	45—54 岁	21.0	21.2	24.0	26.5	19.4	25.1
	55—64 岁	14.3	17.0	12.2	14.2	16.8	17.7
	65 岁及以上	9.8	10.9	11.3	10.5	9.8	7.8
教育程度	未受过正规教育	10.6	7.6	8.2	8.9	10.4	5.5
	小学	26.6	26.3	22.6	26.2	26.1	25.0
	初中	37.3	38.4	42.2	37.3	33.0	41.0
	高中	14.9	14.4	16.4	16.2	16.4	17.4
	大学及以上	10.6	13.3	10.6	11.4	14.1	11.1
职业类别	干部/管理人员	1.8	1.1	1.5	1.9	3.0	1.5
	个体/私营企业人员	16.9	13.1	19.1	19.5	18.4	19.4
	初级公务员/雇员	19.1	23.2	15.8	19.7	20.1	25.8
	工人	14.6	14.3	15.6	15.0	13.0	15.5
	学生	9.9	7.3	7.1	10.0	8.8	8.4
	无业	26.6	24.7	29.5	21.3	26.0	21.4
	其他	11.1	16.3	11.4	12.6	10.7	8.0
个人月收入	0—300 元	30.8	30.5	31.9	28.4	28.1	23.6
	301—600 元	3.7	5.1	2.6	3.9	2.8	2.2
	601—900 元	4.0	5.7	3.8	3.9	4.6	4.2
	901—1200 元	10.9	9.8	16.1	17.1	12.9	12.3
	1201 元及以上	50.6	48.9	45.6	46.7	51.6	57.7

表 3.27.6 2010—2012 年浙江市场各类节目的播出份额（%）和收视份额（%）

节目类别	2010 年		2011 年		2012 年	
	播出份额	收视份额	播出份额	收视份额	播出份额	收视份额
财经	3.0	1.0	2.7	1.0	2.4	0.8
电视剧	22.2	34.5	21.0	33.8	20.7	35.8
电影	3.0	3.3	3.3	3.7	3.8	3.8
法制	1.0	0.9	0.9	0.8	0.8	0.7
教学	0.5	0.1	0.4	0.1	0.3	0.1
青少	7.7	5.0	8.0	5.1	7.5	5.3
生活服务	7.7	8.4	8.8	9.5	9.7	10.4
体育	1.8	1.5	1.5	1.2	1.6	1.3
外语	0.1	0.1	0.0	0.0	0.0	0.0
戏剧	1.0	0.7	1.1	0.4	1.0	0.3
新闻/时事	14.5	12.7	13.8	11.3	15.4	12.8
音乐	2.9	0.4	3.0	0.6	2.7	0.6
专题	10.0	5.6	11.2	5.9	11.6	5.7
综艺	10.0	10.0	10.3	11.1	8.6	8.9
其他	14.6	15.8	14.0	15.5	13.9	13.5

表 3.27.7　2012 年浙江市场所有节目收视率排名前三十位

名次	节目名称	节目类型	播出频道	平均收视率（%）	平均占有率（%）
1	中国好声音（9 月 7 日）	综艺	浙江卫视	7.3	22.7
2	铁血使命	电视剧	浙江电视台钱江都市频道	6.6	16.3
3	烽火儿女情	电视剧	浙江电视台教育科技频道	6.5	17.2
3	团圆	电视剧	浙江电视台教育科技频道	6.5	17.2
5	孤岛飞鹰	电视剧	浙江电视台教育科技频道	6.1	15.1
6	向着炮火前进	电视剧	浙江电视台钱江都市频道	6.0	14.7
7	2012 年第 30 届奥运会体操女子高低杠决赛	体育	中央台五套	5.9	17.6
8	别无选择	电视剧	浙江电视台教育科技频道	5.7	14.8
9	2012 春节联欢晚会	综艺	中央电视台综合频道	5.6	15.1
10	致命名单	电视剧	浙江电视台教育科技频道	5.6	14.3
11	桃花劫	电视剧	浙江电视台教育科技频道	5.6	13.1
12	2012 年第 30 届奥运会跳水女子双人 10 米台决赛	体育	中央台五套	5.5	19.6
13	代号十三钗	电视剧	浙江电视台经济生活频道	5.5	17.5
14	爱可以重来	电视剧	浙江电视台教育科技频道	5.5	15.2
15	代号十三钗开播仪式	综艺	浙江电视台经济生活频道	5.5	15.1
16	箭在弦上	电视剧	浙江电视台经济生活频道	5.5	14.5
17	穆桂英挂帅	电视剧	浙江电视台教育科技频道	5.4	16.8
18	强者风范	电视剧	浙江电视台经济生活频道	5.3	14.3
19	平原烽火	电视剧	浙江电视台教育科技频道	5.3	13.2
20	守望的天空	电视剧	浙江电视台经济生活频道	5.2	18.0
21	草根王	电视剧	浙江电视台教育科技频道	5.2	13.5
22	两个女匪王	电视剧	浙江电视台钱江都市频道	5.2	12.8
23	婚巢	电视剧	浙江电视台教育科技频道	5.1	15.4
24	甄嬛传（1 月 1 日—1 月 10 日）	电视剧	浙江电视台经济生活频道	5.1	13.7
25	再爱我一次	电视剧	浙江电视台钱江都市频道	5.1	12.7
26	步步杀机	电视剧	浙江电视台钱江都市频道	5.1	12.4
26	锁梦楼	电视剧	浙江电视台钱江都市频道	5.1	12.4
28	活佛济公第三部	电视剧	浙江电视台经济生活频道	5.0	15.4
29	夫妻那些事	电视剧	浙江电视台钱江都市频道	5.0	13.4
30	买房夫妻	电视剧	浙江电视台经济生活频道	5.0	13.3

表 3.27.8 2012 年浙江市场电视剧收视率排名前十位

名次	节目名称	播出频道	平均收视率（%）	平均占有率（%）
1	铁血使命	浙江电视台钱江都市频道	6.6	16.3
2	烽火儿女情	浙江电视台教育科技频道	6.5	17.2
2	团圆	浙江电视台教育科技频道	6.5	17.2
4	孤岛飞鹰	浙江电视台教育科技频道	6.1	15.1
5	向着炮火前进	浙江电视台钱江都市频道	6.0	14.7
6	别无选择	浙江电视台教育科技频道	5.7	14.8
7	致命名单	浙江电视台教育科技频道	5.6	14.3
8	桃花劫	浙江电视台教育科技频道	5.6	13.1
9	代号十三钗	浙江电视台经济生活频道	5.5	17.5
10	爱可以重来	浙江电视台教育科技频道	5.5	15.2

表 3.27.9 2012 年浙江市场新闻节目收视率排名前十位

名次	节目名称	播出频道	平均收视率（%）	平均占有率（%）
1	频道日 8 小时直播	浙江电视台钱江都市频道	3.4	9.0
2	小强热线	浙江电视台教育科技频道	2.7	6.9
3	深度报道	浙江电视台教育科技频道	2.4	9.9
4	经视新闻	浙江电视台经济生活频道	2.4	5.8
5	搜索	浙江电视台影视娱乐频道	2.3	5.5
6	众志成城抗击海葵	浙江卫视	2.2	7.0
7	范大姐帮忙	浙江电视台钱江都市频道	1.9	7.9
8	新闻 007	浙江电视台钱江都市频道	1.9	6.3
9	今日关注	中央台四套	1.7	4.9
10	吴斌同志先进事迹报告会	浙江卫视	1.6	4.7

表 3.27.10 2012 年浙江市场专题节目收视率排名前十位

名次	节目名称	播出频道	平均收视率（%）	平均占有率（%）
1	2011 年度风云浙商颁奖典礼红毯仪式	浙江电视台经济生活频道	3.2	8.2
2	酷我真声音	浙江卫视	2.8	15.6
3	同心谋国是参事六十年	浙江电视台教育科技频道	2.6	8.7
4	阿坝藏区系列自焚事件真相调查	中央台四套	2.5	7.8
5	反腐前线	浙江电视台教育科技频道	2.4	9.5
6	纪实	浙江电视台教育科技频道	2.2	7.1
7	鉴宝	浙江电视台影视娱乐频道	2.0	5.0
8	非常静距离	浙江电视台影视娱乐频道	2.0	4.7
9	浙江经视 315 特别节目特攻 315	浙江电视台经济生活频道	1.8	5.2
10	九点半	浙江电视台钱江都市频道	1.7	5.6

表 3.27.11　2012 年浙江市场综艺节目收视率排名前十位

名次	节目名称	播出频道	平均收视率（%）	平均占有率（%）
1	中国好声音（9 月 7 日）	浙江卫视	7.3	22.7
2	2012 春节联欢晚会	中央电视台综合频道	5.6	15.1
3	代号十三钗开播仪式	浙江电视台经济生活频道	5.5	15.1
4	中国梦想秀（4 月 2 日—6 月 29 日）	浙江卫视	4.5	15.0
5	2012 春节联欢晚会	中央台三套	3.9	10.6
6	中国横店影视节 2012 中国东阳横店影视金牛奖颁奖盛典	浙江电视台影视娱乐频道	3.4	11.7
7	2012 亚洲偶像盛典	安徽卫视	3.4	8.6
8	唱响人间西湖创意歌曲大赛（6 月 16 日）	浙江电视台影视娱乐频道	3.1	7.8
9	2012 元宵晚会	中央台三套	3.0	7.1
10	中国梦想秀（10 月 12 日—12 月 28 日）	浙江卫视	2.9	9.8

表 3.27.12　2012 年浙江市场体育节目收视率排名前十位

名次	节目名称	播出频道	平均收视率（%）	平均占有率（%）
1	2012 年第 30 届奥运会体操女子高低杠决赛	中央台五套	5.9	17.6
2	2012 年第 30 届奥运会跳水女子双人 10 米台决赛	中央台五套	5.5	19.6
3	奥运会体操女子平衡木颁奖仪式	中央台五套	4.1	15.9
4	2012 年第 30 届奥运会游泳多项预赛	中央台五套	4.1	10.2
5	2012 年第 30 届奥运会田径男子 110 米栏预赛	中央台五套	3.7	23.1
6	现场直播：2012 年第 30 届奥运会乒乓球男单决赛	中央台五套	3.6	21.0
7	2012 年第 30 届奥运会射击男子 10 米气步枪决赛	中央台五套	3.2	10.4
8	2012 年第 30 届奥运会女排小组赛 B 组（中国 VS 土耳其）	中央台五套	3.0	19.7
9	2012 年第 30 届奥运会羽毛球男单决赛	中央电视台综合频道	2.9	7.0
10	2012 年第 30 届奥运会赛艇轻量级女子双人双桨决赛	中央台五套	2.8	11.8

二十八、北京收视数据

表 3.28.1 2008—2012 年北京市场各类频道的市场占有率（%）

频道类别	年份				
	2008 年	2009 年	2010 年	2011 年	2012 年
中央台频道	35.1	28.0	25.6	25.8	26.4
中国教育台频道	1.7	1.8	1.8	2.4	2.5
北京台频道	35.8	39.8	40.4	40.8	38.1
其他省级卫视频道	20.1	19.4	20.1	20.7	22.3
其他频道	7.3	11.0	12.1	10.3	10.7

表 3.28.2 2012 年北京市场各类频道在不同目标观众中的市场占有率（%）

目标观众		中央台频道	中国教育台频道	北京台频道	其他省级卫视频道	其他频道
4 岁及以上所有人		26.4	2.5	38.1	22.3	10.7
性别	男	28.2	2.9	36.6	20.6	11.7
	女	24.6	2.1	39.5	24.0	9.8
年龄	4—14 岁	27.0	1.2	35.1	23.9	12.8
	15—24 岁	21.9	4.3	30.4	29.9	13.5
	25—34 岁	23.0	4.3	34.6	24.1	13.9
	35—44 岁	25.9	2.6	32.9	25.3	13.4
	45—54 岁	24.5	2.2	40.2	23.1	9.9
	55—64 岁	27.9	1.5	44.3	18.3	8.0
	65 岁及以上	36.1	1.8	39.7	15.9	6.6
教育程度	未受过正规教育	32.2	1.1	40.1	19.0	7.7
	小学	34.0	1.4	32.1	23.9	8.6
	初中	26.3	2.1	39.9	23.9	7.7
	高中	24.8	2.9	39.7	22.3	10.3
	大学及以上	26.3	2.8	35.6	21.0	14.4
职业类别	干部/管理人员	27.0	3.5	36.4	20.2	12.9
	个体/私营企业人员	25.7	2.8	35.2	24.0	12.4
	初级公务员/雇员	24.4	3.1	37.5	23.0	12.0
	工人	25.4	2.9	36.8	23.3	11.6
	学生	23.7	2.5	28.8	30.0	15.0
	无业	28.4	1.8	41.3	20.1	8.4
	其他	30.5	0.8	33.0	30.1	5.7
个人月收入	0—600 元	25.5	2.2	32.9	28.3	11.0
	601—1200 元	24.7	3.2	39.0	24.5	8.6
	1201—1700 元	25.7	2.4	40.7	21.3	9.8
	1701—2600 元	27.6	2.2	40.5	20.8	8.9
	2601 元及以上	26.4	2.9	37.2	20.3	13.1

表 3.28.3　2012 年北京市场各类频道在不同时段的市场占有率（%）

时间段	中央台频道	中国教育台频道	北京台频道	其他省级卫视频道	其他频道
02:00—03:00	28.9	2.3	16.9	25.6	26.3
03:00—04:00	32.8	1.0	14.3	26.2	25.6
04:00—05:00	37.2	0.6	13.6	23.1	25.4
05:00—06:00	36.7	1.0	19.8	24.5	18.1
06:00—07:00	38.4	1.1	34.1	14.6	11.8
07:00—08:00	34.6	0.3	46.1	10.8	8.1
08:00—09:00	34.7	0.7	37.4	17.8	9.4
09:00—10:00	31.1	0.7	31.3	25.7	11.2
10:00—11:00	29.9	1.0	31.0	27.2	11.0
11:00—12:00	29.8	4.4	34.4	21.8	9.7
12:00—13:00	25.5	6.0	46.7	14.1	7.7
13:00—14:00	26.2	1.7	36.3	24.1	11.7
14:00—15:00	24.0	1.3	28.4	32.4	13.8
15:00—16:00	24.9	1.4	26.7	34.0	13.0
16:00—17:00	25.8	1.1	28.3	32.3	12.4
17:00—18:00	25.9	3.0	37.6	22.9	10.6
18:00—19:00	25.6	4.6	52.3	8.1	9.4
19:00—20:00	24.2	3.0	53.8	10.6	8.4
20:00—21:00	24.6	1.2	43.1	22.8	8.4
21:00—22:00	26.1	2.0	38.0	25.0	9.0
22:00—23:00	23.4	4.6	31.2	29.2	11.7
23:00—24:00	28.2	1.4	22.8	31.5	16.1
24:00—25:00	30.4	1.0	19.7	28.7	20.2
25:00—26:00	27.7	1.7	20.8	25.2	24.5

表 3.28.4　2012 年北京市场收视份额排名前十位的频道

名次	频道名称	收视份额（%）
1	北京卫视	10.6
2	北京电视台影视频道	7.7
3	北京电视台科教频道	4.4
4	北京电视台生活频道	3.8
5	中央台三套	3.2
5	中央电视台新闻频道	3.2
7	中央台六套	3.0
8	中央台四套	2.8
9	中央电视台综合频道	2.7
10	北京电视台文艺频道	2.6

表 3.28.5　2012 年北京市场各主要频道的观众构成（%）

目标观众		所有频道	北京卫视	北京电视台影视频道	北京电视台科教频道	北京电视台生活频道	中央台三套
4 岁及以上所有人		100.0	100.0	100.0	100.0	100.0	100.0
性别	男	50.0	46.6	48.2	45.3	42.2	47.4
	女	50.0	53.4	51.8	54.8	57.8	52.6
年龄	4—14 岁	4.3	2.2	2.4	2.5	2.7	2.8
	15—24 岁	5.2	3.7	4.3	3.2	3.3	3.5
	25—34 岁	17.7	14.2	12.0	14.4	16.9	12.5
	35—44 岁	15.6	10.4	13.7	13.4	13.2	12.1
	45—54 岁	27.2	28.0	33.1	29.9	30.1	26.0
	55—64 岁	18.6	23.9	23.0	24.4	21.3	21.1
	65 岁及以上	11.6	17.5	11.5	12.3	12.6	22.0
教育程度	未受过正规教育	3.3	3.4	3.0	3.1	2.3	2.7
	小学	6.2	4.6	5.5	5.4	3.8	11.9
	初中	24.2	24.4	30.5	29.8	24.5	28.0
	高中	35.8	38.1	36.4	37.3	40.4	32.8
	大学及以上	30.5	29.5	24.6	24.5	29.1	24.6
职业类别	干部/管理人员	7.5	7.0	6.7	5.8	6.8	7.0
	个体/私营企业人员	8.4	6.6	8.1	8.7	8.3	8.0
	初级公务员/雇员	28.1	26.4	27.9	24.2	27.0	22.6
	工人	9.5	7.0	9.2	9.9	10.7	9.2
	学生	5.8	3.3	3.4	3.0	3.3	3.3
	无业	39.4	47.7	43.4	47.3	43.2	48.9
	其他	1.5	2.0	1.3	1.1	0.7	1.0
个人月收入	0—600 元	17.3	13.0	13.7	13.9	13.8	12.9
	601—1200 元	7.1	6.5	9.7	9.7	7.3	7.8
	1201—1700 元	11.0	11.0	13.5	12.3	12.6	11.7
	1701—2600 元	32.3	35.3	34.8	37.6	36.0	39.4
	2601 元及以上	32.3	34.2	28.4	26.5	30.4	28.3

表 3.28.6　2010—2012 年北京市场各类节目的播出份额（%）和收视份额（%）

节目类别	2010 年		2011 年		2012 年	
	播出份额	收视份额	播出份额	收视份额	播出份额	收视份额
财经	3.5	2.3	2.7	2.4	2.7	1.7
电视剧	21.7	29.6	27.1	27.8	20.5	29.3
电影	3.2	3.7	3.9	3.7	3.6	3.1
法制	1.2	1.7	1.1	2.8	1.0	1.1
教学	0.5	0.2	0.5	0.2	0.4	0.2
青少	5.7	2.6	5.7	3.0	6.4	2.3
生活服务	8.5	10.7	8.9	11.0	9.5	11.6
体育	2.6	5.3	2.7	4.0	2.4	5.2
外语	0.1	0.0	0.1	0.0	0.0	0.0
戏剧	1.1	0.6	1.1	0.5	1.0	0.5
新闻/时事	13.2	9.4	9.8	10.3	14.5	11.2
音乐	2.8	1.0	2.8	1.0	2.6	1.1
专题	11.5	9.1	11.5	10.7	12.9	10.4
综艺	10.3	12.1	8.4	11.3	9.1	11.9
其他	14.3	11.7	13.9	11.2	13.5	10.3

表 3.28.7　2012 年北京市场所有节目收视率排名前三十位

名次	节目名称	节目类型	播出频道	平均收视率(%)	平均占有率(%)
1	2012 北京电视台春节联欢晚会	综艺	北京卫视	12.5	31.2
2	2012 春节联欢晚会	综艺	中央电视台综合频道	12.2	28.7
3	天气预报	生活服务	北京卫视	11.2	37.6
4	BTV 赛场 2011/2012 赛季中国男子篮球职业联赛总决赛颁奖仪式	体育	北京电视台体育频道	10.6	27.3
5	中华欢腾夜幸福一家亲 2012 北京电视台春晚倒计时	综艺	北京卫视	10.1	26.3
6	2012 年第 30 届奥运会跳水女子双人 10 米台决赛	体育	中央台五套	10.0	27.5
7	2012 元宵晚会	综艺	中央电视台综合频道	9.8	22.1
8	2012 年第 30 届奥运会体操女子高低杠决赛	体育	中央台五套	9.5	25.3
9	2012 年第 30 届奥运会游泳预赛	体育	中央台五套	9.1	21.2
10	正者无敌	电视剧	北京卫视	8.6	23.6
11	黑狐	电视剧	北京电视台影视频道	8.2	21.5
12	BTV 赛场：2011/2012 赛季中国男子篮球职业联赛总决赛第五场（北京金隅 VS 广东东莞银行）	体育	北京电视台体育频道	8.1	18.8
13	2012 年第 30 届奥运会羽毛球男单决赛	体育	中央电视台综合频道	8.0	19.7
14	转播中央台新闻联播	新闻	北京卫视	7.6	24.0
15	一个鬼子都不留	电视剧	北京电视台影视频道	7.6	20.0
16	2012 元宵晚会	综艺	中央台三套	7.6	17.1
17	怪医文三块	电视剧	北京电视台影视频道	7.5	19.8
18	乡村爱情小夜曲	电视剧	北京卫视	7.4	18.1
19	小姨多鹤	电视剧	北京电视台影视频道	7.2	18.0
20	2012 春节联欢晚会	综艺	北京卫视	7.1	16.6
21	独刺	电视剧	北京卫视	7.0	19.5
22	中国好声音巅峰时刻	综艺	浙江卫视	7.0	18.7
23	2012 年第 30 届奥运会赛艇女子单人双桨决赛	体育	中央台五套	6.9	21.5
24	中央电视台 2012 年 315 晚会共筑诚信有你有我	综艺	中央电视台综合频道	6.9	17.8
25	2012 年第 30 届奥运会乒乓球男单第三轮	体育	中央台五套	6.9	17.3
26	2012 春节联欢晚会	综艺	中央台三套	6.8	16.0
27	神枪	电视剧	北京电视台影视频道	6.7	20.0
28	2012 年第 30 届奥运会射击男子 10 米气步枪决赛	体育	中央台五套	6.7	18.9
29	岳母的幸福生活	电视剧	北京卫视	6.7	18.6
30	谁来伺候妈	电视剧	北京卫视	6.6	17.6

表 3.28.8 2012 年北京市场电视剧收视率排名前十位

名次	节目名称	播出频道	平均收视率（%）	平均占有率（%）
1	正者无敌	北京卫视	8.6	23.6
2	黑狐	北京电视台影视频道	8.2	21.5
3	一个鬼子都不留	北京电视台影视频道	7.6	20.0
4	怪医文三块	北京电视台影视频道	7.5	19.8
5	乡村爱情小夜曲	北京卫视	7.4	18.1
6	小姨多鹤	北京电视台影视频道	7.2	18.0
7	独刺	北京卫视	7.0	19.5
8	神枪	北京电视台影视频道	6.7	20.0
9	岳母的幸福生活	北京卫视	6.7	18.6
10	谁来伺候妈	北京卫视	6.6	17.6

表 3.28.9 2012 年北京市场新闻节目收视率排名前十位

名次	节目名称	播出频道	平均收视率（%）	平均占有率（%）
1	转播中央台新闻联播	北京卫视	7.6	24.0
2	北京新闻	北京卫视	6.4	22.7
3	东方时空（7 月 21 日）	中央电视台新闻频道	2.9	9.7
4	十八大特别报道	北京卫视	2.7	7.3
5	身边特别报道雨中尽显北京精神（7 月 22 日）	北京卫视	2.6	7.5
6	今日关注	中央台四套	2.5	6.8
7	好人故事特别报道	北京卫视	2.1	8.8
8	直击抗洪救灾第一线	北京卫视	2.1	6.2
9	中国新闻	中央台四套	1.7	4.4
10	温家宝总理会见中外记者	中央电视台综合频道	1.7	4.3

表 3.28.10 2012 年北京市场专题节目收视率排名前十位

名次	节目名称	播出频道	平均收视率（%）	平均占有率（%）
1	北京卫视特别节目我的父亲英若诚	北京卫视	3.6	9.8
2	创新驱动科学发展北京市科技创新大会专题	北京卫视	3.5	10.3
3	天天体育特别节目一赛季一生情	北京电视台体育频道	3.5	9.2
4	阿坝藏区系列自焚事件真相调查	中央台四套	3.4	8.6
5	酷我真声音	浙江卫视	3.1	14.3
6	雷锋身边北京卫视大型主题节目	北京卫视	2.9	7.2
7	我在春晚	北京卫视	2.7	7.8
8	大戏看北京	北京卫视	2.2	6.5
9	今日京华	北京卫视	2.1	8.8
10	倾听	北京卫视	2.0	6.3

表 3.28.11　2012 年北京市场综艺节目收视率排名前十位

名次	节目名称	播出频道	平均收视率（%）	平均占有率（%）
1	2012 北京电视台春节联欢晚会	北京卫视	12.5	31.2
2	2012 春节联欢晚会	中央电视台综合频道	12.2	28.7
3	中华欢腾夜幸福一家亲 2012 北京电视台春晚倒计时	北京卫视	10.1	26.3
4	2012 元宵晚会	中央电视台综合频道	9.8	22.1
5	2012 元宵晚会	中央台三套	7.6	17.1
6	2012 春节联欢晚会	北京卫视	7.1	16.6
7	中国好声音巅峰时刻	浙江卫视	7.0	18.7
8	中央电视台 2012 年 315 晚会共筑诚信有你有我	中央电视台综合频道	6.9	17.8
9	2012 春节联欢晚会	中央台三套	6.8	16.0
10	天涯共此时卢沟晓月 2012 年中秋晚会	北京卫视	6.3	17.0

表 3.28.12　2012 年北京市场体育节目收视率排名前十位

名次	节目名称	播出频道	平均收视率（%）	平均占有率（%）
1	BTV 赛场 2011/2012 赛季中国男子篮球职业联赛总决赛颁奖仪式	北京电视台体育频道	10.6	27.3
2	2012 年第 30 届奥运会跳水女子双人 10 米台决赛	中央台五套	10.0	27.5
3	2012 年第 30 届奥运会体操女子高低杠决赛	中央台五套	9.5	25.3
4	2012 年第 30 届奥运会游泳预赛	中央台五套	9.1	21.2
5	BTV 赛场：2011/2012 赛季中国男子篮球职业联赛总决赛第五场（北京金隅 VS 广东东莞银行）	北京电视台体育频道	8.1	18.8
6	2012 年第 30 届奥运会羽毛球男单决赛	中央电视台综合频道	8.0	19.7
7	2012 年第 30 届奥运会赛艇女子单人双桨决赛	中央台五套	6.9	21.5
8	2012 年第 30 届奥运会乒乓球男单第三轮	中央台五套	6.9	17.3
9	2012 年第 30 届奥运会射击男子 10 米气步枪决赛	中央台五套	6.7	18.9
10	2012 年第 30 届奥运会女排小组赛 B 组（中国 VS 韩国）	中央台五套	6.5	19.7

二十九、上海收视数据

表 3.29.1 2008—2012 年上海市场各类频道的市场占有率（%）

频道类别	年份				
	2008 年	2009 年	2010 年	2011 年	2012 年
中央台频道	20.3	18.2	17.8	16.8	16.1
中国教育台频道	0.2	0.3	0.3	0.3	0.2
上海市级频道	61.0	58.1	56.1	57.4	55.2
其他省级卫视频道	15.7	19.6	20.2	18.1	19.2
其他频道	2.8	3.8	5.6	7.4	9.3

表 3.29.2 2012 年上海市场各类频道在不同目标观众中的市场占有率（%）

目标观众		中央台频道	中国教育台频道	上海市级频道	其他省级卫视频道	其他频道
4 岁及以上所有人		16.1	0.2	55.2	19.2	9.3
性别	男	19.2	0.2	53.0	18.9	8.7
	女	12.8	0.1	57.7	19.6	9.8
年龄	4—14 岁	12.9	0.2	51.0	26.5	9.4
	15—24 岁	12.2	0.1	52.4	21.3	14.0
	25—34 岁	14.1	0.1	51.9	22.7	11.2
	35—44 岁	17.3	0.2	49.9	23.8	8.8
	45—54 岁	15.4	0.1	56.0	18.6	9.9
	55—64 岁	17.2	0.2	58.1	17.0	7.5
	65 岁及以上	19.9	0.2	59.8	13.6	6.5
教育程度	未受过正规教育	13.9	0.1	56.9	20.3	8.8
	小学	13.4	0.3	60.7	21.7	3.9
	初中	17.7	0.2	55.1	19.6	7.4
	高中	14.8	0.1	55.0	19.3	10.8
	大学及以上	17.8	0.1	54.0	17.7	10.4
职业类别	干部/管理人员	14.0	0.1	55.6	17.7	12.6
	个体/私营企业人员	20.5	0.1	49.3	22.3	7.8
	初级公务员/雇员	15.5	0.2	53.9	20.3	10.1
	工人	17.3	0.2	52.5	22.2	7.8
	学生	12.0	0.1	53.7	27.0	7.2
	无业	16.3	0.2	58.2	16.1	9.2
	其他	29.0	0.4	41.8	27.9	0.9
个人月收入	0—600 元	13.0	0.2	51.8	22.9	12.1
	601—1200 元	14.1	0.2	56.3	19.8	9.6
	1201—1700 元	15.8	0.2	58.1	19.1	6.8
	1701—2600 元	15.7	0.2	57.2	17.9	9.0
	2601 元及以上	19.3	0.1	52.4	19.0	9.2

表 3.29.3　2012 年上海市场各类频道在不同时段的市场占有率（%）

时间段	中央台频道	中国教育台频道	上海市级频道	其他省级卫视频道	其他频道
02:00—03:00	21.6	0.2	34.2	32.1	11.9
03:00—04:00	22.1	0.1	29.6	31.9	16.3
04:00—05:00	25.9	0.1	30.9	29.6	13.5
05:00—06:00	22.7	0.2	28.8	37.1	11.2
06:00—07:00	19.2	0.2	51.2	21.0	8.4
07:00—08:00	15.3	0.2	67.9	8.5	8.1
08:00—09:00	17.6	0.1	57.8	14.6	9.9
09:00—10:00	17.9	0.2	48.4	21.0	12.5
10:00—11:00	18.3	0.3	47.1	21.4	12.9
11:00—12:00	19.4	0.2	49.6	18.6	12.2
12:00—13:00	20.9	0.2	51.5	16.0	11.4
13:00—14:00	21.4	0.3	41.4	23.3	13.6
14:00—15:00	18.7	0.3	41.1	25.5	14.4
15:00—16:00	20.1	0.3	40.6	25.4	13.6
16:00—17:00	18.7	0.2	44.0	24.8	12.3
17:00—18:00	17.1	0.1	52.7	21.1	9.0
18:00—19:00	8.7	0.0	77.6	8.1	5.6
19:00—20:00	10.4	0.1	75.3	9.0	5.2
20:00—21:00	14.3	0.2	61.9	18.4	5.2
21:00—22:00	16.6	0.2	54.4	21.5	7.3
22:00—23:00	15.8	0.1	48.8	25.8	9.5
23:00—24:00	17.2	0.1	46.0	25.1	11.6
24:00—25:00	21.2	0.1	38.2	25.9	14.6
25:00—26:00	19.6	0.2	40.1	26.8	13.3

表 3.29.4　2012 年上海市场收视份额排名前十位的频道

名次	频道名称	收视份额（%）
1	上海电视台新闻综合频道	13.4
2	上海电视台娱乐频道	8.6
3	上海东方卫视	7.7
4	上海电视台电视剧频道	7.2
5	上海东方电影频道	3.6
6	上海电视台五星体育频道	2.9
7	中央台四套	2.8
8	上海电视台星尚频道	2.6
8	浙江卫视	2.6
10	中央电视台新闻频道	2.2

表 3.29.5 2012 年上海市场各主要频道的观众构成（%）

目标观众		所有频道	上海电视台新闻综合频道	上海电视台娱乐频道	上海东方卫视	上海电视台电视剧频道	上海东方电影频道
4 岁及以上所有人		100.0	100.0	100.0	100.0	100.0	100.0
性别	男	52.0	52.4	44.4	45.4	42.8	59.7
	女	48.0	47.6	55.6	54.6	57.2	40.3
年龄	4—14 岁	4.0	2.5	2.3	2.4	2.8	3.3
	15—24 岁	8.2	5.5	8.8	9.9	6.7	7.3
	25—34 岁	12.0	9.7	11.3	12.2	8.6	13.9
	35—44 岁	12.5	9.9	9.0	12.0	11.3	15.5
	45—54 岁	28.8	29.2	29.4	29.7	30.2	29.1
	55—64 岁	19.8	21.9	22.4	22.8	19.8	19.7
	65 岁及以上	14.7	21.3	16.8	11.0	20.6	11.2
教育程度	未受过正规教育	2.4	2.1	2.4	1.6	2.8	1.9
	小学	6.7	7.9	8.1	3.9	10.5	6.8
	初中	28.5	30.1	28.5	24.7	32.2	35.9
	高中	41.3	40.2	42.6	43.0	40.2	40.1
	大学及以上	21.1	19.7	18.4	26.8	14.3	15.3
职业类别	干部/管理人员	4.5	4.7	2.9	5.1	3.4	4.3
	个体/私营企业人员	6.6	6.6	4.8	5.3	4.6	6.6
	初级公务员/雇员	30.2	26.6	28.1	33.8	27.6	33.2
	工人	8.6	7.7	9.2	8.4	7.7	9.6
	学生	6.9	4.5	6.9	7.2	5.7	7.2
	无业	42.2	49.3	47.7	39.9	50.5	37.0
	其他	1.0	0.6	0.4	0.3	0.5	2.1
个人月收入	0—600 元	14.2	9.5	14.4	12.9	12.0	14.6
	601—1200 元	10.5	11.2	9.9	9.2	17.0	12.7
	1201—1700 元	13.6	14.6	14.9	13.4	18.6	14.6
	1701—2600 元	34.7	38.4	37.9	35.3	34.1	31.0
	2601 元及以上	27.0	26.3	22.9	29.2	18.3	27.1

表 3.29.6 2010—2012 年上海市场各类节目的播出份额（%）和收视份额（%）

节目类别	2010 年		2011 年		2012 年	
	播出份额	收视份额	播出份额	收视份额	播出份额	收视份额
财经	3.4	2.5	3.1	2.0	2.8	1.5
电视剧	21.1	28.9	19.6	27.1	19.6	27.3
电影	4.1	5.7	4.1	5.6	4.7	5.2
法制	1.1	2.2	0.9	2.3	1.0	2.7
教学	0.5	0.1	0.4	0.2	0.3	0.1
青少	7.5	2.3	7.6	2.2	7.0	1.7
生活服务	7.5	8.3	9.6	8.8	10.1	9.9
体育	2.7	4.9	2.4	3.7	2.5	4.6
外语	0.2	0.0	0.3	0.0	0.2	0.0
戏剧	1.0	0.2	1.8	0.6	1.9	0.7
新闻/时事	12.8	12.1	11.9	13.3	13.1	13.9
音乐	2.8	0.7	3.0	0.9	2.6	0.8
专题	11.1	7.3	11.4	6.7	11.7	6.2
综艺	9.9	12.9	10.5	14.6	9.4	15.0
其他	14.3	11.9	13.4	12.0	13.1	10.4

表 3.29.7　2012 年上海市场所有节目收视率排名前三十位

名次	节目名称	节目类型	播出频道	平均收视率（%）	平均占有率（%）
1	中国达人秀达人盛典	综艺	上海东方卫视	20.5	52.1
2	2012 春节联欢晚会	综艺	中央电视台综合频道	15.9	39.9
3	中国达人秀（12 月 16 日）	综艺	上海东方卫视	14.3	43.4
4	新闻透视	新闻/时事	上海电视台新闻综合频道	10.8	37.6
5	妈妈咪呀巅峰之战	综艺	上海电视台娱乐频道	10.8	36.0
6	观众中来	新闻/时事	上海电视台新闻综合频道	9.6	33.0
7	新闻报道	新闻/时事	上海电视台新闻综合频道	9.0	32.9
8	天气预报	生活服务	上海电视台新闻综合频道	8.6	29.4
9	2012 十大快乐明星家庭颁奖典礼	综艺	上海电视台娱乐频道	8.6	28.4
10	2012 群星新春大联欢	综艺	上海东方卫视	8.6	26.6
11	笑林盛典 2011 东方笑星颁奖盛典	综艺	上海电视台娱乐频道	8.3	23.3
12	舞林大会（5 月 1 日）	综艺	上海东方卫视	8.1	30.4
13	2013 梦圆东方东方卫视跨年盛典	综艺	上海东方卫视	7.5	21.1
14	东方 110	法制	上海电视台新闻综合频道	7.4	24.6
15	案件聚焦	法制	上海电视台新闻综合频道	7.1	23.6
16	小麦进城	电视剧	上海电视台电视剧频道	7.0	20.1
17	我和春天有个约会	音乐	上海东方卫视	6.9	21.1
18	中国好声音巅峰时刻	综艺	浙江卫视	6.6	21.6
19	我和春天有个约会	音乐	上海电视台娱乐频道	6.6	18.8
20	甄嬛传	电视剧	上海东方卫视	6.5	18.9
21	庭审纪实	法制	上海电视台新闻综合频道	6.4	21.1
22	名优新 2011 年度播音员主持人评选颁奖盛典	综艺	上海电视台娱乐频道	6.4	19.2
23	杀狼花	电视剧	上海电视台新闻综合频道	6.4	17.5
24	新老娘舅柏万青和谐热线	生活服务	上海电视台娱乐频道	6.2	21.2
25	甄嬛传庆功盛宴	综艺	上海东方卫视	6.2	19.2
26	致命名单	电视剧	上海电视台新闻综合频道	6.2	18.4
27	新闻坊	新闻/时事	上海电视台新闻综合频道	6.1	26.2
28	声动亚洲总决选	综艺	上海东方卫视	6.0	25.2
29	1/7	新闻/时事	上海电视台新闻综合频道	6.0	18.4
30	一呼柏应	综艺	上海电视台娱乐频道	5.9	17.7

表 3.29.8　2012 年上海市场电视剧收视率排名前十位

名次	节目名称	播出频道	平均收视率（%）	平均占有率（%）
1	小麦进城	上海电视台电视剧频道	7.0	20.1
2	甄嬛传	上海东方卫视	6.5	18.9
3	杀狼花	上海电视台新闻综合频道	6.4	17.5
4	致命名单	上海电视台新闻综合频道	6.2	18.4
5	奸细	上海电视台新闻综合频道	5.8	17.3
6	神枪	上海电视台新闻综合频道	5.7	15.9
7	一个鬼子都不留	上海电视台新闻综合频道	5.6	15.8
8	向着炮火前进	上海电视台新闻综合频道	5.5	16.7
9	我和丈母娘的十年战争	上海电视台电视剧频道	5.4	15.9
10	三进山城	上海电视台新闻综合频道	5.2	15.9

表 3.29.9　2012 年上海市场新闻节目收视率排名前十位

名次	节目名称	播出频道	平均收视率（%）	平均占有率（%）
1	新闻透视	上海电视台新闻综合频道	10.8	37.6
2	观众中来	上海电视台新闻综合频道	9.6	33.0
3	新闻报道	上海电视台新闻综合频道	9.0	32.9
4	新闻坊	上海电视台新闻综合频道	6.1	26.2
5	1/7	上海电视台新闻综合频道	6.0	18.4
6	凝心聚智系开局 2011 年市政协履职纪实	上海电视台新闻综合频道	4.5	15.4
7	上海市人民政府记者招待会	上海电视台新闻综合频道	4.4	13.3
8	媒体大搜索	上海电视台新闻综合频道	3.4	18.6
9	新闻夜线	上海电视台新闻综合频道	3.1	10.6
10	今日关注	中央台四套	2.5	8.0

表 3.29.10　2012 年上海市场专题节目收视率排名前十位

名次	节目名称	播出频道	平均收视率（%）	平均占有率（%）
1	潮涌东方上海科学发展五年成就纪实	上海电视台新闻综合频道	5.0	17.3
2	一心为民促发展 2011 年上海人大履职纪实	上海电视台新闻综合频道	3.9	12.8
3	家庭演播室	上海电视台娱乐频道	3.1	9.2
4	酷我真声音	浙江卫视	2.7	13.0
5	东方直播室	上海东方卫视	2.5	9.3
6	龙图大展 2012 可凡倾听特制年夜饭	上海东方卫视	2.4	6.8
7	达人来了	上海东方卫视	2.3	9.2
8	端午情缘	上海电视台星尚频道	2.2	7.2
9	潮涌东方上海科学发展五年成就纪实	上海东方卫视	2.0	6.3
10	阿坝藏区系列自焚事件真相调查	中央台四套	1.9	5.5

表 3.29.11　2012 年上海市场综艺节目收视率排名前十位

名次	节目名称	播出频道	平均收视率（%）	平均占有率（%）
1	中国达人秀达人盛典	上海东方卫视	20.5	52.1
2	2012 春节联欢晚会	中央电视台综合频道	15.9	39.9
3	中国达人秀（12 月 16 日）	上海东方卫视	14.3	43.4
4	妈妈咪呀巅峰之战	上海电视台娱乐频道	10.8	36.0
5	2012 十大快乐明星家庭颁奖典礼	上海电视台娱乐频道	8.6	28.4
6	2012 群星新春大联欢	上海东方卫视	8.6	26.6
7	笑林盛典 2011 东方笑星颁奖盛典	上海电视台娱乐频道	8.3	23.3
8	舞林大会（5 月 1 日）	上海东方卫视	8.1	30.4
9	2013 梦圆东方东方卫视跨年盛典	上海东方卫视	7.5	21.1
10	中国好声音巅峰时刻	浙江卫视	6.6	21.6

表 3.29.12　2012 年上海市场体育节目收视率排名前十位

名次	节目名称	播出频道	平均收视率（%）	平均占有率（%）
1	2012 年第 30 届奥运会跳水男子双人 10 米跳台决赛	中央台五套	5.7	20.6
2	2012 年万达广场中国足球协会超级联赛第 19 轮（广州恒大 VS 上海申花）	上海电视台五星体育频道	5.2	15.5
3	2012 年第 30 届奥运会体操男子单杠决赛	中央台五套	4.8	18.6
4	2012 年中国足协杯第 4 轮（长春亚泰 VS 上海申花）	上海电视台五星体育频道	4.6	14.1
5	2012 年曼联夏季巡回赛（上海申花 VS 曼联）	上海电视台五星体育频道	4.6	13.5
6	奥运会体操女子平衡木颁奖仪式	中央台五套	3.8	12.7
7	2012 年第 30 届奥运会射击男子 10 米气步枪决赛	中央台五套	3.8	12.0
8	2012 年亚洲冠军联赛 1/8 决赛（广州恒大 VS 东京 FC）	上海电视台五星体育频道	3.8	11.5
9	2012 年第 30 届奥运会男子 4×100 米自由泳接力预赛	中央台五套	3.8	10.3
10	2012 年第 30 届奥运会羽毛球男单决赛	上海电视台五星体育频道	3.8	9.7

三十、天津收视数据

表 3.30.1 2008—2012 年天津市场各类频道的市场占有率（%）

频道类别	年份				
	2008 年	2009 年	2010 年	2011 年	2012 年
中央台频道	38.1	35.2	28.5	26.4	27.2
中国教育台频道	0.4	0.4	0.5	0.7	0.5
天津市级频道	30.0	30.3	36.5	39.7	39.0
其他省级卫视频道	19.2	22.4	24.9	25.8	26.3
其他频道	12.3	11.7	9.7	7.4	7.0

表 3.30.2 2012 年天津市场各类频道在不同目标观众中的市场占有率（%）

目标观众		中央台频道	中国教育台频道	天津市级频道	其他省级卫视频道	其他频道
4 岁及以上所有人		27.2	0.5	39.0	26.3	7.0
性别	男	29.3	0.5	39.0	24.2	7.1
	女	25.0	0.5	39.1	28.5	6.8
年龄	4—14 岁	24.0	0.7	31.1	35.1	9.0
	15—24 岁	22.2	0.5	38.4	32.3	6.6
	25—34 岁	25.1	0.5	33.6	32.5	8.3
	35—44 岁	25.4	0.5	35.8	29.2	9.0
	45—54 岁	26.5	0.5	39.8	26.5	6.7
	55—64 岁	28.0	0.4	46.5	19.5	5.6
	65 岁及以上	36.3	0.4	41.6	17.0	4.7
教育程度	未受过正规教育	27.9	0.4	38.8	23.6	9.3
	小学	25.2	0.7	40.0	26.4	7.7
	初中	25.3	0.4	40.7	26.6	7.0
	高中	28.6	0.6	38.0	26.9	6.0
	大学及以上	29.8	0.4	36.9	25.5	7.4
职业类别	干部/管理人员	28.7	0.5	34.8	27.4	8.6
	个体/私营企业人员	29.3	0.4	35.0	28.0	7.2
	初级公务员/雇员	26.3	0.4	40.3	25.4	7.6
	工人	25.4	0.5	41.0	26.4	6.7
	学生	22.4	0.8	35.0	34.9	7.0
	无业	29.2	0.5	41.0	23.5	5.8
	其他	26.0	0.3	29.2	31.4	13.1
个人月收入	0—600 元	23.9	0.7	37.3	30.6	7.6
	601—1200 元	24.5	0.4	43.0	25.2	6.9
	1201—1700 元	27.8	0.5	39.5	25.5	6.7
	1701—2600 元	29.3	0.4	40.6	23.9	5.9
	2601 元及以上	30.2	0.5	36.9	24.7	7.7

表 3.30.3　2012 年天津市场各类频道在不同时段的市场占有率（%）

时间段	中央台频道	中国教育台频道	天津市级频道	其他省级卫视频道	其他频道
02:00—03:00	30.9	0.6	12.2	43.0	13.3
03:00—04:00	30.0	0.9	13.7	39.9	15.6
04:00—05:00	30.4	0.5	19.7	34.1	15.3
05:00—06:00	28.8	0.4	30.8	26.9	13.0
06:00—07:00	39.0	0.2	22.0	29.7	9.1
07:00—08:00	38.6	0.1	35.1	18.8	7.3
08:00—09:00	34.6	0.2	34.2	24.3	6.7
09:00—10:00	29.1	0.5	34.7	28.7	6.9
10:00—11:00	28.1	0.9	33.3	31.0	6.7
11:00—12:00	28.8	0.6	35.3	29.2	6.1
12:00—13:00	37.1	0.5	28.5	26.9	7.1
13:00—14:00	28.3	0.6	35.1	28.0	7.9
14:00—15:00	26.4	0.8	33.3	31.4	8.1
15:00—16:00	25.7	0.6	34.2	31.3	8.2
16:00—17:00	25.7	0.4	34.1	32.1	7.6
17:00—18:00	25.9	0.3	37.8	29.2	7.0
18:00—19:00	27.6	0.1	52.7	13.1	6.5
19:00—20:00	32.4	0.3	49.6	11.8	5.9
20:00—21:00	22.4	0.7	46.8	23.8	6.3
21:00—22:00	22.4	0.6	43.3	27.3	6.4
22:00—23:00	20.8	0.6	39.7	32.4	6.5
23:00—24:00	27.1	0.5	22.6	42.0	7.9
24:00—25:00	30.4	0.3	20.8	40.1	8.3
25:00—26:00	30.8	0.5	18.2	39.8	10.7

表 3.30.4　2012 年天津市场收视份额排名前十位的频道

名次	频道名称	收视份额（%）
1	天津卫视	12.8
2	天津电视台三套（影视频道）	5.1
3	天津电视台二套（文艺频道）	4.9
3	天津电视台四套（都市频道）	4.9
3	中央电视台综合频道	4.9
6	天津电视台一套（滨海频道）	4.1
7	中央电视台新闻频道	3.2
8	中央台三套	3.1
9	湖南电视台卫星频道	2.9
10	天津电视台五套（体育频道）	2.5

表 3.30.5 2012 年天津市场各主要频道的观众构成（%）

目标观众		所有频道	主要频道				
			天津卫视	天津电视台三套（影视频道）	天津电视台二套（文艺频道）	天津电视台四套（都市频道）	中央电视台综合频道
4 岁及以上所有人		100.0	100.0	100.0	100.0	100.0	100.0
性别	男	50.6	51.8	51.6	45.3	47.2	49.2
	女	49.4	48.2	48.4	54.7	52.8	50.8
年龄	4—14 岁	5.9	4.4	2.7	4.8	3.2	5.4
	15—24 岁	11.0	12.6	8.9	11.5	8.3	9.5
	25—34 岁	10.7	9.2	7.0	8.6	10.5	9.0
	35—44 岁	17.5	14.3	14.3	16.7	16.1	13.5
	45—54 岁	25.3	27.4	22.8	22.1	28.4	26.1
	55—64 岁	15.1	19.9	17.4	18.9	20.8	16.3
	65 岁及以上	14.5	12.4	26.9	17.4	12.7	20.2
教育程度	未受过正规教育	3.3	3.5	3.1	4.3	2.7	2.8
	小学	12.8	12.3	11.8	15.0	11.5	15.5
	初中	34.5	37.9	36.4	37.3	31.9	32.4
	高中	29.4	27.9	27.0	26.8	34.9	29.5
	大学及以上	20.0	18.4	21.8	16.6	19.0	19.9
职业类别	干部/管理人员	3.7	3.0	2.7	2.5	4.1	4.1
	个体/私营企业人员	10.2	8.7	8.0	8.7	11.4	8.2
	初级公务员/雇员	16.0	16.8	15.1	15.3	17.7	14.0
	工人	20.5	24.7	17.8	21.2	19.3	19.6
	学生	8.6	7.3	5.5	8.4	5.9	8.7
	无业	36.7	34.8	49.0	40.0	40.9	41.5
	其他	4.3	4.7	2.0	3.9	0.8	4.0
个人月收入	0—600 元	27.3	27.4	23.5	28.7	19.2	29.6
	601—1200 元	11.7	14.3	11.0	12.9	12.9	10.5
	1201—1700 元	17.0	15.5	17.1	16.8	22.6	18.2
	1701—2600 元	23.7	24.9	26.2	22.9	27.0	24.5
	2601 元及以上	20.3	17.9	22.2	18.7	18.2	17.2

表 3.30.6 2010—2012 年天津市场各类节目的播出份额（%）和收视份额（%）

节目类别	2010 年		2011 年		2012 年	
	播出份额	收视份额	播出份额	收视份额	播出份额	收视份额
财经	3.0	1.4	2.3	1.1	2.1	0.8
电视剧	21.1	29.8	26.5	31.9	20.5	31.7
电影	3.7	4.1	4.4	4.2	4.3	3.9
法制	1.3	2.2	1.3	1.8	1.1	1.4
教学	0.5	0.2	0.5	0.2	0.4	0.1
青少	6.4	4.4	6.2	4.8	7.0	3.1
生活服务	8.1	6.7	8.1	6.7	8.8	8.1
体育	2.3	5.7	2.6	4.5	2.6	5.4
外语	0.1	0.0	0.1	0.0	0.0	0.0
戏剧	1.0	0.6	1.1	0.6	1.0	0.6
新闻/时事	13.3	10.4	9.4	10.1	14.0	11.3
音乐	2.8	0.7	2.8	0.8	2.6	0.9
专题	11.2	7.8	11.4	7.4	12.3	8.0
综艺	10.4	12.8	8.5	12.7	9.4	13.4
其他	14.8	13.1	15.1	13.2	13.9	11.4

表 3.30.7 2012 年天津市场所有节目收视率排名前三十位

名次	节目名称	节目类型	播出频道	平均收视率（%）	平均占有率（%）
1	2012 春节联欢晚会	综艺	中央电视台综合频道	21.3	40.8
2	2012 元宵晚会	综艺	中央电视台综合频道	13.8	25.2
3	北京青年	电视剧	天津卫视	13.3	28.0
4	心术	电视剧	天津卫视	12.0	27.0
5	正者无敌	电视剧	天津卫视	11.2	24.4
6	穆桂英挂帅	电视剧	天津卫视	10.6	22.5
7	2012 元宵晚会	综艺	中央台三套	9.1	16.6
8	五号特工组之偷天换月	电视剧	天津卫视	9.0	20.4
9	中国好声音巅峰时刻（9 月 30 日）	综艺	浙江卫视	9.0	20.2
10	王者归来十大巨星模仿秀（5 月 3 日）	综艺	天津卫视	8.9	24.4
11	爱情保卫战	综艺	天津卫视	8.9	21.3
12	2012 年伦敦奥运会羽毛球男单颁奖仪式	体育	中央电视台综合频道	8.9	17.7
13	非你莫属	综艺	天津卫视	8.8	22.3
14	天气预报	生活服务	中央电视台综合频道	8.8	20.9
15	铁血使命	电视剧	天津卫视	8.8	17.9
16	小麦进城	电视剧	天津卫视	8.7	19.7
17	2012 年第 30 届奥运会游泳预赛	体育	中央台五套	8.7	15.2
18	谍战深海	电视剧	天津卫视	8.6	19.4
19	乡村爱情小夜曲	电视剧	天津电视台二套（文艺频道）	8.4	17.2
20	杀狼花	电视剧	天津卫视	8.3	19.1
21	怪医文三块	电视剧	天津电视台二套（文艺频道）	8.1	17.0
22	我叫王土地	电视剧	天津卫视	8.0	17.6
23	甄嬛传	电视剧	天津电视台二套（文艺频道）	7.9	17.4
24	悬崖	电视剧	天津卫视	7.9	17.0
25	T5 直播：2012 年亚洲足球冠军联赛 G 组（天津康师傅 VS 中央海岸水手）	体育	天津电视台五套（体育频道）	7.8	16.1
26	亮剑铁血军魂	电视剧	天津卫视	7.7	17.3
27	青盲	电视剧	天津卫视	7.6	16.0
28	2012 春节联欢晚会	综艺	中央台三套	7.4	14.2
29	T5 直播：2012 年万达广场中国足球协会超级联赛第 1 轮（天津康师傅 VS 大连阿尔滨）	体育	天津电视台五套（体育频道）	7.3	15.0
30	樱桃	电视剧	天津卫视	7.2	16.2

表 3.30.8　2012 年天津市场电视剧收视率排名前十位

名次	节目名称	播出频道	平均收视率（%）	平均占有率（%）
1	北京青年	天津卫视	13.3	28.0
2	心术	天津卫视	12.0	27.0
3	正者无敌	天津卫视	11.2	24.4
4	穆桂英挂帅	天津卫视	10.6	22.5
5	五号特工组之偷天换月	天津卫视	9.0	20.4
6	铁血使命	天津卫视	8.8	17.9
7	小麦进城	天津卫视	8.7	19.7
8	谍战深海	天津卫视	8.6	19.4
9	乡村爱情小夜曲	天津电视台二套（文艺频道）	8.4	17.2
10	杀狼花	天津卫视	8.3	19.1

表 3.30.9　2012 年天津市场新闻节目收视率排名前十位

名次	节目名称	播出频道	平均收视率（%）	平均占有率（%）
1	都市报道 60 分	天津电视台四套（都市频道）	6.0	17.2
2	新闻联播	中央电视台综合频道	4.2	11.1
3	转播中央台新闻联播	天津卫视	3.6	9.5
4	天津新闻	天津卫视	3.0	9.4
5	焦点访谈	中央电视台综合频道	2.4	5.6
6	今日关注	中央台四套	2.4	5.4
7	中国共产党第十八次全国代表大会专题新闻	中央电视台综合频道	2.3	5.2
8	温家宝总理会见中外记者	中央电视台综合频道	2.0	4.2
9	民生关注	天津电视台四套（都市频道）	1.9	5.1
10	直播都市	天津电视台四套（都市频道）	1.8	5.6

表 3.30.10　2012 年天津市场专题节目收视率排名前十位

名次	节目名称	播出频道	平均收视率（%）	平均占有率（%）
1	今夜有戏	天津卫视	4.8	13.2
2	王者档案	天津卫视	4.8	10.7
3	大剧档案	天津卫视	4.5	10.3
4	有问必达	天津卫视	4.1	10.0
5	酷我真声音	浙江卫视	3.4	14.8
6	温暖 2012	中央台三套	3.2	7.5
7	感动中国 2011 年度人物颁奖典礼	中央电视台综合频道	3.2	6.5
8	一年又一年	中央电视台综合频道	3.0	9.5
9	楚汉群英会	天津卫视	3.0	7.0
10	奥运档案	天津卫视	2.8	5.9

表 3.30.11　2012 年天津市场综艺节目收视率排名前十位

名次	节目名称	播出频道	平均收视率（%）	平均占有率（%）
1	2012 春节联欢晚会	中央电视台综合频道	21.3	40.8
2	2012 元宵晚会	中央电视台综合频道	13.8	25.2
3	2012 元宵晚会	中央台三套	9.1	16.6
4	中国好声音巅峰时刻	浙江卫视	9.0	20.2
5	王者归来十大巨星模仿秀（5 月 3 日）	天津卫视	8.9	24.4
6	爱情保卫战	天津卫视	8.9	21.3
7	非你莫属	天津卫视	8.8	22.3
8	2012 春节联欢晚会	中央台三套	7.4	14.2
9	天津市 2012 年春节军民联欢晚会	天津卫视	5.9	12.4
10	相聚天津牵手幸福 2012 天津电视台春节联欢晚会	天津卫视	5.6	12.4

表 3.30.12　2012 年天津市场体育节目收视率排名前十位

名次	节目名称	播出频道	平均收视率（%）	平均占有率（%）
1	2012 年伦敦奥运会羽毛球男单颁奖仪式	中央电视台综合频道	8.9	17.7
2	2012 年第 30 届奥运会游泳预赛	中央台五套	8.7	15.2
3	T5 直播：2012 年亚洲足球冠军联赛 G 组（天津康师傅 VS 中央海岸水手）	天津电视台五套（体育频道）	7.8	16.1
4	T5 直播：2012 年万达广场中国足球协会超级联赛第 1 轮（天津康师傅 VS 大连阿尔滨）	天津电视台五套（体育频道）	7.3	15.0
5	2012 年第 30 届奥运会射击男子 10 米气步枪决赛	中央台五套	6.8	16.1
6	现场直播：2012 年第 30 届奥运会女排 1/4 决赛（中国 VS 日本）	中央电视台综合频道	6.7	13.5
7	2012 年第 30 届奥运会田径男子 110 米栏预赛	中央台五套	6.6	27.8
8	2012 年第 30 届奥运会体操女子平衡木决赛	中央台五套	6.4	14.1
9	2012 年第 30 届奥运会羽毛球男单决赛	中央电视台综合频道	6.4	12.5
10	2012 年第 30 届奥运会跳水男子双人 3 米板决赛	中央台五套	6.2	14.8

三十一、重庆收视数据

表 3.31.1　2008—2012 年重庆市场各类频道的市场占有率（%）

频道类别	年份				
	2008 年	2009 年	2010 年	2011 年	2012 年
中央台频道	37.7	31.5	27.8	28.2	28.1
中国教育台频道	0.3	0.3	0.2	0.4	0.4
重庆市级频道	31.0	30.7	32.4	26.8	26.3
其他省级卫视频道	23.5	29.7	31.4	36.7	37.6
其他频道	7.6	7.8	8.2	7.9	7.6

表 3.31.2　2012 年重庆市场各类频道在不同目标观众中的市场占有率（%）

目标观众		中央台频道	中国教育台频道	重庆市级频道	其他省级卫视频道	其他频道
4 岁及以上所有人		28.1	0.4	26.3	37.6	7.6
性别	男	30.4	0.4	25.9	35.4	7.9
	女	26.0	0.3	26.7	39.6	7.4
年龄	4—14 岁	26.6	0.3	28.4	37.3	7.4
	15—24 岁	21.8	0.3	24.8	46.3	6.8
	25—34 岁	26.0	0.2	24.9	40.2	8.7
	35—44 岁	26.3	0.5	23.3	42.1	7.8
	45—54 岁	27.5	0.3	27.2	37.6	7.4
	55—64 岁	31.7	0.4	27.2	33.4	7.3
	65 岁及以上	32.7	0.7	28.2	31.2	7.2
教育程度	未受过正规教育	30.1	0.4	30.4	30.2	8.9
	小学	28.5	0.5	27.2	35.7	7.1
	初中	26.6	0.3	27.8	37.8	7.5
	高中	27.9	0.4	24.0	40.0	7.7
	大学及以上	32.0	0.3	20.9	38.6	8.2
职业类别	干部/管理人员	36.0	0.2	16.1	39.7	8.0
	个体/私营企业人员	27.8	0.3	25.0	39.9	7.0
	初级公务员/雇员	33.0	0.5	24.1	36.4	6.0
	工人	27.1	0.2	24.7	40.8	7.2
	学生	23.8	0.4	25.4	42.6	7.8
	无业	27.3	0.3	30.4	35.3	6.7
	其他	30.2	0.8	23.1	35.3	10.6
个人月收入	0—600 元	27.1	0.5	27.6	36.9	7.9
	601—1200 元	28.1	0.4	25.6	38.8	7.1
	1201—1700 元	28.2	0.3	26.7	37.9	6.9
	1701—2600 元	29.8	0.3	26.0	35.9	8.0
	2601 元及以上	30.2	0.2	22.2	40.2	7.2

表 3.31.3　2012 年重庆市场各类频道在不同时段的市场占有率（%）

时间段	中央台频道	中国教育台频道	重庆市级频道	其他省级卫视频道	其他频道
02:00—03:00	34.9	0.8	13.1	36.0	15.2
03:00—04:00	35.3	0.7	14.0	34.1	15.9
04:00—05:00	37.7	0.5	14.5	33.7	13.6
05:00—06:00	40.2	0.5	16.2	33.5	9.6
06:00—07:00	43.6	0.3	23.1	27.0	6.0
07:00—08:00	45.7	0.2	26.1	22.2	5.8
08:00—09:00	37.0	0.1	24.5	31.5	6.9
09:00—10:00	32.3	0.2	22.3	37.6	7.6
10:00—11:00	32.3	0.4	18.0	41.2	8.1
11:00—12:00	34.0	0.4	20.1	37.9	7.6
12:00—13:00	39.2	0.3	23.8	29.9	6.8
13:00—14:00	34.0	0.4	21.9	36.4	7.3
14:00—15:00	28.2	0.5	20.9	41.8	8.6
15:00—16:00	28.6	0.4	18.9	42.9	9.2
16:00—17:00	30.8	0.2	16.4	44.0	8.6
17:00—18:00	33.3	0.3	17.0	41.8	7.6
18:00—19:00	31.0	0.1	43.6	18.6	6.7
19:00—20:00	27.3	0.4	41.0	24.5	6.8
20:00—21:00	22.3	0.8	27.8	42.9	6.2
21:00—22:00	22.8	0.5	26.0	44.0	6.7
22:00—23:00	21.1	0.3	26.8	43.8	8.0
23:00—24:00	22.9	0.2	23.8	44.2	8.9
24:00—25:00	30.3	0.2	15.8	42.1	11.6
25:00—26:00	34.8	0.5	12.8	36.9	15.0

表 3.31.4　2012 年重庆市场收视份额排名前十位的频道

名次	频道名称	收视份额（%）
1	重庆电视台影视频道（一套）	6.8
2	重庆电视台新闻频道（二套）	5.9
3	江苏卫视	4.4
4	中央电视台综合频道	4.2
5	中央电视台新闻频道	4.1
5	重庆电视台时尚频道（七套）	4.1
7	湖南电视台卫星频道	4.0
8	中央台八套	3.5
9	中央台六套	3.2
9	中央台三套	3.2

表 3.31.5 2012 年重庆市场各主要频道的观众构成（%）

目标观众		所有频道	主要频道				
			重庆电视台影视频道（一套）	重庆电视台新闻频道（二套）	江苏卫视	中央电视台综合频道	中央电视台新闻频道
4 岁及以上所有人		100.0	100.0	100.0	100.0	100.0	100.0
性别	男	47.6	44.0	44.9	44.8	53.2	57.9
	女	52.4	56.0	55.1	55.2	46.8	42.1
年龄	4—14 岁	12.9	6.9	5.8	13.3	10.7	6.8
	15—24 岁	6.7	5.6	5.9	5.9	5.2	2.6
	25—34 岁	10.3	8.4	8.4	14.2	5.7	6.3
	35—44 岁	18.5	14.5	20.0	18.7	14.9	29.6
	45—54 岁	19.3	26.3	23.1	16.6	22.8	21.3
	55—64 岁	19.4	25.5	20.8	17.7	20.6	22.0
	65 岁及以上	12.8	12.8	16.0	13.6	20.1	11.4
教育程度	未受过正规教育	8.0	7.5	5.3	7.5	9.7	3.5
	小学	26.1	25.5	27.6	27.7	27.5	16.9
	初中	37.4	40.0	36.5	38.4	31.5	49.3
	高中	22.3	22.4	24.2	19.4	23.7	23.7
	大学及以上	6.2	4.6	6.4	7.0	7.6	6.6
职业类别	干部/管理人员	0.8	0.6	0.7	1.0	0.7	0.7
	个体/私营企业人员	8.4	8.3	8.3	7.3	6.7	13.5
	初级公务员/雇员	7.6	4.8	9.2	9.4	5.8	5.5
	工人	16.6	15.7	21.1	17.6	12.5	28.6
	学生	10.1	6.4	6.4	9.8	7.1	5.6
	无业	38.4	42.7	42.6	35.2	40.4	29.0
	其他	18.0	21.5	11.7	19.7	26.8	17.1
个人月收入	0—600 元	47.5	50.1	40.5	50.2	49.5	29.9
	601—1200 元	24.5	25.7	25.9	23.6	24.2	34.7
	1201—1700 元	10.7	10.2	13.5	11.1	9.8	9.3
	1701—2600 元	10.8	9.0	12.1	8.0	11.1	18.8
	2601 元及以上	6.5	5.0	8.0	7.1	5.4	7.3

表 3.31.6 2010—2012 年重庆市场各类节目的播出份额（%）和收视份额（%）

节目类别	2010 年		2011 年		2012 年	
	播出份额	收视份额	播出份额	收视份额	播出份额	收视份额
财经	2.5	0.9	2.4	0.8	2.0	0.8
电视剧	28.1	36.6	28.1	36.6	29.1	36.5
电影	4.4	4.8	4.3	4.6	4.4	4.4
法制	0.9	1.2	0.9	1.1	1.5	1.5
教学	0.8	0.2	0.6	0.2	0.6	0.2
青少	6.2	5.6	6.5	5.1	6.1	6.1
生活服务	8.9	5.7	8.7	6.0	8.9	6.1
体育	2.8	3.7	2.8	2.4	1.9	2.0
外语	0.1	0.0	0.1	0.0	0.0	0.0
戏剧	0.9	0.2	1.0	0.2	0.9	0.2
新闻/时事	10.4	10.9	9.7	10	10.3	12.7
音乐	2.8	0.8	2.8	1.0	2.4	1.0
专题	9.8	6.4	10.5	6.8	10.4	6.5
综艺	7.4	9.6	7.7	11.8	7.0	10.4
其他	14.0	13.4	13.9	13.4	14.5	11.6

表 3.31.7　2012 年重庆市场所有节目收视率排名前三十位

名次	节目名称	节目类型	播出频道	平均收视率（%）	平均占有率（%）
1	2012 春节联欢晚会	综艺	中央电视台综合频道	13.0	31.8
2	冷风暴	电视剧	重庆电视台影视频道（一套）	7.6	20.8
3	2012 春节联欢晚会	综艺	中央台三套	7.1	17.3
4	2012 元宵晚会	综艺	中央电视台综合频道	6.7	14.7
5	独立纵队	电视剧	重庆电视台影视频道（一套）	6.5	19.7
6	蝴蝶行动	电视剧	重庆电视台影视频道（一套）	6.5	18.6
7	神枪	电视剧	重庆电视台影视频道（一套）	6.4	18.0
8	致命名单	电视剧	重庆电视台影视频道（一套）	6.4	17.8
9	川西剿匪记	电视剧	重庆电视台影视频道（一套）	6.3	18.5
10	利箭行动	电视剧	重庆电视台影视频道（一套）	6.2	17.6
11	2012 年第 30 届奥运会体操女子高低杠决赛	体育	中央台五套	6.0	17.2
12	2012 年第 30 届奥运会跳水男子双人 10 米跳台决赛	体育	中央台五套	5.5	17.6
13	我的抗战	电视剧	重庆电视台影视频道（一套）	5.5	16.2
14	孤岛飞鹰	电视剧	重庆电视台影视频道（一套）	5.5	15.1
15	枪神传奇	电视剧	重庆电视台影视频道（一套）	5.4	15.7
16	铁血玫瑰	电视剧	重庆电视台影视频道（一套）	5.3	15.4
17	2012 元宵晚会	综艺	中央台三套	5.3	11.5
18	一触即发	电视剧	重庆电视台影视频道（一套）	5.2	16.0
19	天怒 1931	电视剧	重庆电视台影视频道（一套）	5.2	14.8
20	天天 630	新闻/时事	重庆电视台新闻频道（二套）	5.1	19.8
21	夜隼	电视剧	重庆电视台影视频道（一套）	5.1	15.1
22	密战冷江	电视剧	重庆电视台影视频道（一套）	5.0	14.1
23	怪侠欧阳德	电视剧	江苏卫视	5.0	12.7
24	绝杀	电视剧	重庆电视台影视频道（一套）	4.9	14.6
25	步步杀机	电视剧	重庆电视台影视频道（一套）	4.8	14.0
26	黎明绝杀	电视剧	重庆电视台影视频道（一套）	4.7	13.1
27	2012 年伦敦奥运会羽毛球男单颁奖仪式	体育	中央电视台综合频道	4.6	12.2
28	后宫甄嬛传	电视剧	重庆电视台影视频道（一套）	4.5	12.5
29	肉中刺	电视剧	重庆电视台影视频道（一套）	4.4	13.1
30	盗火线	电视剧	重庆电视台影视频道（一套）	4.4	12.8

表 3.31.8 2012 年重庆市场电视剧收视率排名前十位

名次	节目名称	播出频道	平均收视率（%）	平均占有率（%）
1	冷风暴	重庆电视台影视频道（一套）	7.6	20.8
2	独立纵队	重庆电视台影视频道（一套）	6.5	19.7
3	蝴蝶行动	重庆电视台影视频道（一套）	6.5	18.6
4	神枪	重庆电视台影视频道（一套）	6.4	18.0
5	致命名单	重庆电视台影视频道（一套）	6.4	17.8
6	川西剿匪记	重庆电视台影视频道（一套）	6.3	18.5
7	利箭行动	重庆电视台影视频道（一套）	6.2	17.6
8	我的抗战	重庆电视台影视频道（一套）	5.5	16.2
9	孤岛飞鹰	重庆电视台影视频道（一套）	5.5	15.1
10	枪神传奇	重庆电视台影视频道（一套）	5.4	15.7

表 3.31.9 2012 年重庆市场新闻节目收视率排名前十位

名次	节目名称	播出频道	平均收视率（%）	平均占有率（%）
1	天天 630	重庆电视台新闻频道（二套）	5.1	19.8
2	新闻联播	中央电视台综合频道	2.3	9.2
3	重庆新闻联播	重庆卫视	2.1	10.2
4	转播中央台新闻联播	重庆卫视	1.9	7.4
5	温家宝总理会见中外记者	中央电视台新闻频道	1.8	4.6
6	重庆市第四次党代会特别报道	重庆卫视	1.7	5.2
7	重庆发现	重庆电视台新闻频道（二套）	1.6	4.6
8	网罗天下	重庆电视台新闻频道（二套）	1.6	3.9
9	中国共产党第十八次全国代表大会专题新闻	中央电视台新闻频道	1.4	3.3
9	中国共产党第十八次全国代表大会专题新闻	中央电视台综合频道	1.4	3.3

表 3.31.10 2012 年重庆市场专题节目收视率排名前十位

名次	节目名称	播出频道	平均收视率（%）	平均占有率（%）
1	感动中国 2011 年度人物颁奖典礼	中央电视台综合频道	1.7	4.1
2	红旗渠的守望者	中央电视台综合频道	1.5	4.0
3	温暖 2012	中央台三套	1.4	3.9
4	梦想新生活（1 月 11 月—6 月 8 日）	浙江卫视	1.3	3.4
5	一年又一年	中央电视台综合频道	1.2	7.2
6	气象万千	深圳卫视（新闻综合频道）	1.2	3.2
7	永恒的信念	江西电视台卫星频道（一套）	1.2	3.1
8	身边的感动给你一双飞翔的翅膀	中央电视台综合频道	1.2	3.0
9	第十一届汉语桥世界大学生中文比赛决赛第一场	湖南电视台卫星频道	1.1	2.9
10	婚姻保卫战	浙江卫视	1.1	2.8

表 3.31.11　2012 年重庆市场综艺节目收视率排名前十位

名次	节目名称	播出频道	平均收视率(%)	平均占有率(%)
1	2012 春节联欢晚会	中央电视台综合频道	13.0	31.8
2	2012 春节联欢晚会	中央台三套	7.1	17.3
3	2012 元宵晚会	中央电视台综合频道	6.7	14.7
4	2012 元宵晚会	中央台三套	5.3	11.5
5	扬帆 2012 江苏卫视龙年春晚	江苏卫视	4.2	13.1
6	中国好声音巅峰时刻	浙江卫视	4.0	10.4
7	非诚勿扰	江苏卫视	3.9	11.0
8	中国金鹰电视艺术节第二十六届中国电视金鹰奖颁奖晚会	湖南电视台卫星频道	3.7	9.8
9	2012 春节联欢晚会（1 月 17 日）	湖南电视台卫星频道	3.6	10.9
10	为人民放歌纪念毛泽东同志在延安文艺座谈会上的讲话发表 70 年晚会	中央电视台综合频道	3.4	8.6

表 3.31.12　2012 年重庆市场体育节目收视率排名前十位

名次	节目名称	播出频道	平均收视率(%)	平均占有率(%)
1	2012 年第 30 届奥运会体操女子高低杠决赛	中央台五套	6.0	17.2
2	2012 年第 30 届奥运会跳水男子双人 10 米跳台决赛	中央台五套	5.5	17.6
3	2012 年伦敦奥运会羽毛球男单颁奖仪式	中央电视台综合频道	4.6	12.2
4	2012 年第 30 届奥运会女排预赛 B 组(巴西 VS 中国)	中央台五套	4.3	25.5
5	2012 年第 30 届奥运会射击男子 25 米手枪速射决赛	中央台五套	3.9	9.9
6	2012 年第 30 届奥运会女子 4×200 米自由泳接力预赛	中央台五套	3.7	10.7
7	2012 年第 30 届奥运会赛艇轻量级女子双人双桨决赛	中央台五套	3.5	19.3
8	2012 年第 30 届奥运会乒乓球男单铜牌决赛	中央台五套	3.5	9.6
9	2012 年第 30 届奥运会田径男子 400 米预赛	中央台五套	3.2	20.6
10	2012 年第 30 届奥运会羽毛球女子单打决赛	中央电视台综合频道	3.0	7.9

三十二、长春收视数据

表 3.32.1　2008—2012 年长春市场各类频道的市场占有率（%）

频道类别	年份				
	2008 年	2009 年	2010 年	2011 年	2012 年
中央台频道	37.0	31.6	28.3	27.7	31.0
中国教育台频道	0.4	0.4	0.5	0.6	0.4
吉林省级频道	27.1	28.1	26.9	27.1	24.7
长春市级频道	10.0	10.9	12.8	10.9	8.1
其他省级卫视频道	21.7	21.8	22.1	26.2	30.7
其他频道	3.8	7.2	9.4	7.5	5.1

表 3.32.2　2012 年长春市场各类频道在不同目标观众中的市场占有率（%）

目标观众		中央台频道	中国教育台频道	吉林省级频道	长春市级频道	其他省级卫视频道	其他频道
4 岁及以上所有人		31.0	0.4	24.7	8.1	30.7	5.1
性别	男	34.0	0.4	23.9	8.0	28.8	4.9
	女	28.2	0.4	25.5	8.2	32.4	5.3
年龄	4—14 岁	29.1	0.5	19.9	5.5	36.2	8.8
	15—24 岁	25.4	0.3	22.3	5.7	40.7	5.6
	25—34 岁	30.4	0.5	24.5	5.9	32.5	6.2
	35—44 岁	30.1	0.3	24.2	7.1	31.4	6.9
	45—54 岁	28.4	0.4	25.9	9.6	31.4	4.3
	55—64 岁	33.8	0.5	29.5	9.8	22.8	3.6
	65 岁及以上	37.3	0.4	23.4	9.8	25.9	3.2
教育程度	未受过正规教育	30.0	0.6	27.5	9.6	26.6	5.7
	小学	28.7	0.4	29.8	7.8	26.2	7.1
	初中	29.0	0.3	26.7	8.8	30.7	4.5
	高中	29.8	0.4	23.2	8.0	33.8	4.8
	大学及以上	37.0	0.4	21.4	7.4	28.5	5.3
职业类别	干部/管理人员	29.2	0.4	24.7	10.0	30.9	4.8
	个体/私营企业人员	25.5	0.3	31.4	8.0	30.0	4.8
	初级公务员/雇员	34.0	0.4	21.7	6.4	31.6	5.9
	工人	30.7	0.4	25.2	8.2	29.4	6.1
	学生	27.6	0.4	20.6	5.5	39.0	6.9
	无业	33.1	0.4	23.7	9.1	29.9	3.8
	其他	27.8	0.3	33.3	9.6	18.7	10.3
个人月收入	0—600 元	25.7	0.4	23.7	7.2	36.6	6.4
	601—1200 元	31.6	0.6	26.7	9.2	28.2	3.7
	1201—1700 元	31.2	0.3	27.1	8.9	29.3	3.2
	1701—2600 元	33.4	0.4	23.9	8.1	29.2	5.0
	2601 元及以上	35.2	0.3	23.8	7.9	26.7	6.1

表 3. 32. 3　2012 年长春市场各类频道在不同时段的市场占有率（%）

时间段	中央台频道	中国教育台频道	吉林省级频道	长春市级频道	其他省级卫视频道	其他频道
02:00—03:00	32.4	0.8	15.8	5.6	36.2	9.2
03:00—04:00	34.6	0.5	16.9	5.7	33.4	8.9
04:00—05:00	38.9	0.3	15.9	6.3	31.2	7.4
05:00—06:00	34.2	0.4	15.0	8.3	36.1	6.0
06:00—07:00	36.4	0.3	25.4	10.7	23.5	3.7
07:00—08:00	40.7	0.4	21.6	16.7	16.4	4.2
08:00—09:00	40.3	0.1	18.4	6.3	29.7	5.2
09:00—10:00	36.0	0.3	17.5	5.0	35.3	5.9
10:00—11:00	36.2	0.5	14.6	5.2	37.8	5.7
11:00—12:00	36.6	0.4	13.1	7.2	37.6	5.1
12:00—13:00	37.2	0.4	15.1	7.4	34.3	5.6
13:00—14:00	34.4	0.5	12.9	5.1	40.9	6.2
14:00—15:00	31.1	0.5	14.4	6.0	42.3	5.7
15:00—16:00	30.5	0.4	16.5	6.9	40.5	5.2
16:00—17:00	33.7	0.2	16.2	6.0	38.8	5.1
17:00—18:00	29.5	0.1	24.4	14.4	27.5	4.1
18:00—19:00	26.2	0.1	44.5	14.9	10.1	4.2
19:00—20:00	32.0	0.4	38.6	7.9	16.3	4.8
20:00—21:00	24.6	0.7	31.9	7.0	31.0	4.8
21:00—22:00	28.7	0.6	23.8	5.6	36.4	4.9
22:00—23:00	27.8	0.5	16.2	6.0	43.9	5.6
23:00—24:00	28.4	0.3	16.3	5.4	42.8	6.8
24:00—25:00	31.4	0.2	14.4	5.4	40.2	8.4
25:00—26:00	32.0	0.4	14.7	4.5	38.5	9.9

表 3. 32. 4　2012 年长春市场收视份额排名前十位的频道

名次	频道名称	收视份额（%）
1	吉林电视台都市频道（二套）	7.0
2	中央电视台综合频道	5.1
3	长春电视台综合频道	4.8
4	中央台三套	4.3
5	吉林卫视	4.0
6	中央台五套	3.6
7	中央电视台新闻频道	3.4
8	吉林电视台法制频道	3.1
9	吉林电视台乡村频道（五套）	2.9
10	湖南电视台卫星频道	2.7

表 3.32.5　2012 年长春市场各主要频道的观众构成（%）

目标观众		所有频道	主要频道				
			吉林电视台都市频道（二套）	中央电视台综合频道	长春电视台综合频道	中央台三套	吉林卫视
4 岁及以上所有人		100.0	100.0	100.0	100.0	100.0	100.0
性别	男	48.5	45.3	47.8	49.3	48.6	45.8
	女	51.5	54.7	52.2	50.7	51.4	54.2
年龄	4—14 岁	6.6	5.8	10.6	3.9	2.9	7.8
	15—24 岁	10.1	9.3	6.2	6.3	6.9	10.7
	25—34 岁	11.9	11.5	8.6	6.5	14.9	8.5
	35—44 岁	17.7	15.9	15.8	12.0	14.6	13.4
	45—54 岁	22.6	27.7	23.9	28.2	21.9	21.9
	55—64 岁	13.4	15.2	14.2	16.5	17.8	18.9
	65 岁及以上	17.6	14.7	20.8	26.7	21.0	18.9
教育程度	未受过正规教育	3.2	3.5	4.3	4.4	1.4	4.1
	小学	11.0	13.8	15.2	11.3	11.2	15.6
	初中	29.5	33.6	32.8	33.4	28.8	31.8
	高中	34.7	31.0	29.4	33.2	31.9	32.4
	大学及以上	21.5	18.1	18.2	17.8	26.8	16.2
职业类别	干部/管理人员	3.0	2.3	2.6	2.6	1.5	1.6
	个体/私营企业人员	13.1	15.8	7.9	11.4	10.0	10.8
	初级公务员/雇员	12.6	12.7	10.3	7.1	16.0	6.5
	工人	17.6	19.0	16.4	16.5	17.2	15.8
	学生	9.9	9.3	11.6	5.2	6.3	10.2
	无业	40.9	36.4	45.3	53.2	47.3	45.4
	其他	2.9	4.5	5.9	4.1	1.6	9.7
个人月收入	0—600 元	28.0	28.5	33.3	25.7	19.8	37.8
	601—1200 元	16.2	18.9	17.4	17.6	17.1	14.2
	1201—1700 元	16.0	17.6	14.6	19.5	19.2	15.6
	1701—2600 元	19.4	20.9	16.4	17.6	22.8	14.4
	2601 元及以上	20.4	14.1	18.2	19.6	21.2	17.9

表 3.32.6　2010—2012 年长春市场各类节目的播出份额（%）和收视份额（%）

节目类型	2010 年		2011 年		2012 年	
	播出份额	收视份额	播出份额	收视份额	播出份额	收视份额
财经	2.7	1.1	2.5	1.3	2.1	0.9
电视剧	21.0	29.4	20.5	29.5	20.4	30.6
电影	4.3	5.3	4.0	4.2	4.4	4.8
法制	1.4	2.1	1.1	1.5	1.1	2.1
教学	0.5	0.1	0.5	0.1	0.3	0.1
青少	6.6	3.5	7.1	3.7	6.4	3.3
生活服务	8.2	4.6	8.6	5.7	10.1	6.5
体育	1.6	4.4	1.5	3.9	1.5	3.3
外语	0.1	0.0	0.1	0.0	0.0	0.0
戏剧	1.0	0.5	1.1	0.8	1.0	0.9
新闻/时事	13.6	15.2	13.2	14.8	14.7	15.2
音乐	2.6	0.5	2.7	0.7	2.4	0.8
专题	10.5	6.8	11.9	7.2	12.4	6.7
综艺	10.9	12.4	10.7	12.5	8.9	11.9
其他	15.1	13.8	14.5	14.3	14.2	12.7

表 3.32.7　2012 年长春市场所有节目收视率排名前三十位

名次	节目名称	节目类型	播出频道	平均收视率(%)	平均占有率(%)
1	2012 元宵晚会	综艺	中央电视台综合频道	12.2	24.5
2	2012 春节联欢晚会	综艺	中央电视台综合频道	11.1	26.1
3	2012 年第 30 届奥运会体操女子高低杠决赛	体育	中央台五套	10.4	39.6
4	2012 年伦敦奥运会羽毛球男单颁奖仪式	体育	中央电视台综合频道	8.8	28.8
5	2012 年第 30 届奥运会田径男子 110 米栏预赛	体育	中央台五套	8.3	39.5
6	2012 年第 30 届奥运会女子4×200 米自由泳接力预赛	体育	中央台五套	8.3	21.1
7	中国好声音巅峰时刻	综艺	浙江卫视	8.0	25.3
8	樱桃	电视剧	吉林电视台都市频道（二套）	8.0	18.3
9	2012 元宵晚会	综艺	中央台三套	8.0	16.1
10	2012 年第 30 届奥运会跳水男子双人 10 米跳台决赛	体育	中央台五套	7.4	34.4
11	2012 春节联欢晚会	综艺	中央台三套	7.4	17.4
12	2012 年伦敦奥运会射击女子 10 米气手枪颁奖仪式	体育	中央台五套	7.2	20.3
13	妯娌的三国时代	电视剧	吉林电视台都市频道（二套）	7.2	18.5
14	2012 年第 30 届奥运会赛艇女子单人双桨决赛	体育	中央台五套	7.1	21.5
15	2012 年第 30 届奥运会乒乓球男单第三轮	体育	中央台五套	7.1	18.0
16	我和丈母娘的十年战争	电视剧	吉林电视台都市频道（二套）	7.0	18.1
17	快乐中国 2012—2013 跨年狂欢夜	音乐	湖南电视台卫星频道	6.1	19.8
18	中国好声音群星演唱会	音乐	浙江卫视	6.0	16.0
19	2012 年第 30 届奥运会女篮小组赛（中国 VS 捷克）	体育	中央台五套	5.9	28.1
20	守望都市	新闻/时事	吉林电视台都市频道（二套）	5.9	20.4
21	奥运游泳日记伦敦奥运会特别节目	体育	中央台五套	5.9	17.9
22	那样芬芳	电视剧	吉林电视台都市频道（二套）	5.7	14.9
23	老爸的爱情	电视剧	吉林电视台都市频道（二套）	5.4	15.9
24	2012 年第 30 届奥运会女子重剑团体半决赛	体育	中央台五套	5.4	15.5
25	传奇之王	电视剧	吉林电视台都市频道（二套）	5.3	12.7
26	黄金赛场：2011/2012 赛季中国男篮职业联赛总决赛第五场（北京金隅 VS 广东东莞银行）	体育	中央台五套	4.9	15.1
27	奥运新闻	体育	中央台五套	4.8	17.7
28	2012 年第 30 届奥运会铁人三项男子决赛	体育	中央台五套	4.8	13.8
29	2012 年第 30 届奥运会女子拳击 51 公斤级半决赛	体育	中央电视台综合频道	4.8	13.2
30	把日子过好	电视剧	吉林电视台都市频道（二套）	4.8	11.9

表 3.32.8　2012 年长春市场电视剧收视率排名前十位

名次	节目名称	播出频道	平均收视率（%）	平均占有率（%）
1	樱桃	吉林电视台都市频道（二套）	8.0	18.3
2	妯娌的三国时代	吉林电视台都市频道（二套）	7.2	18.5
3	我和丈母娘的十年战争	吉林电视台都市频道（二套）	7.0	18.1
4	那样芬芳	吉林电视台都市频道（二套）	5.7	14.9
5	老爸的爱情	吉林电视台都市频道（二套）	5.4	15.9
6	传奇之王	吉林电视台都市频道（二套）	5.3	12.7
7	把日子过好	吉林电视台都市频道（二套）	4.8	11.9
8	樱桃	吉林卫视	4.5	11.2
9	幸福生活在招手	吉林电视台都市频道（二套）	4.2	11.4
10	樱桃	黑龙江卫视	4.1	10.0

表 3.32.9　2012 年长春市场新闻节目收视率排名前十位

名次	节目名称	播出频道	平均收视率（%）	平均占有率（%）
1	守望都市	吉林电视台都市频道（二套）	5.9	20.4
2	城市速递	长春电视台综合频道	4.0	16.4
3	新闻联播	中央电视台综合频道	3.6	10.9
4	说实在的	吉林电视台都市频道（二套）	2.8	12.8
5	中国共产党第十八次全国代表大会专题新闻	中央电视台综合频道	2.4	6.4
6	温家宝总理会见中外记者	中央电视台综合频道	2.1	5.7
7	长春新闻	长春电视台综合频道	2.0	6.7
8	社区办事处	长春电视台综合频道	1.7	9.0
9	不说不痛快	吉林电视台都市频道（二套）	1.7	7.4
10	今日关注	中央台四套	1.5	5.4

表 3.32.10　2012 年长春市场专题节目收视率排名前十位

名次	节目名称	播出频道	平均收视率（%）	平均占有率（%）
1	酷我真声音	浙江卫视	3.3	25.6
2	奥运风云会	中央电视台综合频道	2.3	7.5
3	红旗渠的守望者	中央电视台综合频道	2.1	6.4
4	真情女帮办	吉林电视台法制频道	1.8	4.7
5	温暖 2012	中央台三套	1.7	6.3
6	五一七天乐	中央台三套	1.7	5.4
7	一年又一年	中央电视台综合频道	1.6	5.3
8	人间悲喜路	吉林电视台法制频道	1.6	5.2
9	法治的力量 2012 年度法治人物颁奖盛典	中央电视台综合频道	1.4	4.1
10	纵情山水畅游长白	吉林电视台法制频道	1.3	5.4

表 3.32.11　2012 年长春市场综艺节目收视率排名前十位

名次	节目名称	播出频道	平均收视率(%)	平均占有率(%)
1	2012 元宵晚会	中央电视台综合频道	12.2	24.5
2	2012 春节联欢晚会	中央电视台综合频道	11.1	26.1
3	中国好声音巅峰时刻	浙江卫视	8.0	25.3
4	2012 元宵晚会	中央台三套	8.0	16.1
5	2012 春节联欢晚会	中央台三套	7.4	17.4
6	2012 春节联欢晚会	吉林卫视	4.0	9.3
7	2012 春节联欢晚会	长春电视台综合频道	3.9	9.1
8	中央电视台 2012 年 315 晚会共筑诚信有你有我	中央电视台综合频道	3.6	10.8
9	福州月中华情 2012 年中央电视台中秋晚会	中央电视台综合频道	3.6	9.7
10	快乐大本营	湖南电视台卫星频道	3.4	10.2

表 3.32.12　2012 年长春市场体育节目收视率排名前十位

名次	节目名称	播出频道	平均收视率(%)	平均占有率(%)
1	2012 年第 30 届奥运会体操女子高低杠决赛	中央台五套	10.4	39.6
2	2012 年伦敦奥运会羽毛球男单颁奖仪式	中央电视台综合频道	8.8	28.8
3	2012 年第 30 届奥运会田径男子 110 米栏预赛	中央台五套	8.3	39.5
4	2012 年第 30 届奥运会女子 4×200 米自由泳接力预赛	中央台五套	8.3	21.1
5	2012 年第 30 届奥运会跳水男子双人 10 米跳台决赛	中央台五套	7.4	34.4
6	2012 年伦敦奥运会射击女子 10 米气手枪颁奖仪式	中央台五套	7.2	20.3
7	2012 年第 30 届奥运会赛艇女子单人双桨决赛	中央台五套	7.1	21.5
8	2012 年第 30 届奥运会乒乓球男单第三轮	中央台五套	7.1	18.0
9	2012 年第 30 届奥运会女篮小组赛(中国 VS 捷克)	中央台五套	5.9	28.1
10	奥运游泳日记伦敦奥运会特别节目	中央台五套	5.9	17.9

三十三、长沙收视数据

表 3.33.1　2008—2012 年长沙市场各类频道的市场占有率（%）

频道类别	年份				
	2008 年	2009 年	2010 年	2011 年	2012 年
中央台频道	23.0	19.5	17.1	16.3	18.2
中国教育台频道	0.4	0.5	0.4	0.4	0.1
湖南省级频道	44.3	44.2	44.7	46.1	43.5
长沙市级频道	15.7	17.7	20.7	20.8	20.5
其他省级卫视频道	8.5	8.9	8.6	7.6	9.2
其他频道	8.2	9.2	8.5	8.9	8.5

表 3.33.2　2012 年长沙市场各类频道在不同目标观众中的市场占有率（%）

目标观众		中央台频道	中国教育台频道	湖南省级频道	长沙市级频道	其他省级卫视频道	其他频道
4 岁及以上所有人		18.2	0.1	43.5	20.5	9.2	8.5
性别	男	20.5	0.1	41.6	20.9	8.8	8.2
	女	16.0	0.1	45.3	20.2	9.7	8.6
年龄	4—14 岁	15.8	0.1	50.1	13.9	9.3	10.8
	15—24 岁	13.1	0.1	52.4	16.3	11.0	7.1
	25—34 岁	15.2	0.1	45.9	21.3	8.4	9.1
	35—44 岁	19.2	0.2	45.6	16.9	7.5	10.6
	45—54 岁	17.5	0.1	41.3	23.2	9.1	8.8
	55—64 岁	18.1	0.2	39.8	25.3	9.4	7.1
	65 岁及以上	26.7	0.1	38.5	17.9	12.0	4.8
教育程度	未受过正规教育	16.4	0.0	46.0	22.1	6.6	8.8
	小学	15.6	0.1	47.5	21.5	8.8	6.6
	初中	17.1	0.1	42.6	22.1	9.0	9.1
	高中	18.8	0.1	43.0	20.9	9.2	8.1
	大学及以上	20.7	0.2	43.2	16.6	10.3	9.1
职业类别	干部/管理人员	23.9	0.1	41.4	20.4	7.8	6.5
	个体/私营企业人员	19.9	0.1	44.4	17.9	9.2	8.5
	初级公务员/雇员	16.2	0.1	40.3	23.4	7.7	12.3
	工人	14.8	0.2	47.7	21.5	8.2	7.6
	学生	15.0	0.1	52.5	12.1	11.6	8.7
	无业	20.1	0.1	40.9	21.1	10.1	7.8
	其他	12.4	0.3	47.4	26.7	5.7	7.5
个人月收入	0—600 元	15.8	0.1	47.9	19.0	8.4	8.9
	601—1200 元	18.4	0.1	42.7	21.1	10.3	7.3
	1201—1700 元	19.5	0.1	42.7	23.2	8.1	6.5
	1701—2600 元	16.2	0.2	42.4	22.7	9.6	8.9
	2601 元及以上	22.2	0.1	40.1	17.6	10.0	10.1

表 3.33.3　2012 年长沙市场各类频道在不同时段的市场占有率（%）

时间段	中央台频道	中国教育台频道	湖南省级频道	长沙市级频道	其他省级卫视频道	其他频道
02:00—03:00	24.3	0.6	28.3	12.0	18.4	16.5
03:00—04:00	25.0	0.3	26.7	10.4	18.9	18.7
04:00—05:00	27.4	0.3	26.2	8.6	19.3	18.2
05:00—06:00	24.9	0.1	30.4	9.3	18.4	16.9
06:00—07:00	33.5	0.1	30.0	12.5	12.0	11.9
07:00—08:00	43.0	0.1	25.6	10.5	10.9	9.9
08:00—09:00	34.1	0.1	31.7	10.8	12.4	10.9
09:00—10:00	28.4	0.1	34.4	12.4	13.7	11.0
10:00—11:00	25.7	0.2	35.6	13.5	14.1	11.0
11:00—12:00	27.5	0.1	37.4	12.2	12.4	10.4
12:00—13:00	30.2	0.2	40.8	10.0	9.2	9.5
13:00—14:00	25.2	0.2	40.8	11.5	11.2	11.1
14:00—15:00	22.7	0.2	38.4	12.3	14.0	12.4
15:00—16:00	22.4	0.2	37.7	12.3	14.7	12.8
16:00—17:00	23.2	0.1	37.4	14.0	13.5	11.8
17:00—18:00	16.0	0.1	46.0	21.3	8.6	8.0
18:00—19:00	14.0	0.0	49.9	26.2	3.2	6.6
19:00—20:00	16.0	0.0	48.3	25.7	4.2	5.8
20:00—21:00	14.2	0.1	45.8	25.3	8.2	6.4
21:00—22:00	13.5	0.1	45.2	25.2	9.2	6.7
22:00—23:00	12.3	0.1	46.6	24.0	9.8	7.2
23:00—24:00	13.3	0.1	46.8	23.2	8.1	8.6
24:00—25:00	23.5	0.2	34.9	13.7	14.3	13.3
25:00—26:00	24.9	0.4	30.4	11.0	18.1	15.2

表 3.33.4　2012 年长沙市场收视份额排名前十位的频道

名次	频道名称	收视份额（%）
1	湖南电视台经济频道	8.4
1	湖南电视台都市频道	8.4
3	湖南电视台卫星频道	7.5
4	长沙电视政法频道	7.1
5	长沙电视经贸频道	6.9
6	湖南电视台电视剧频道	5.5
7	湖南电视台娱乐频道	3.5
8	中央电视台综合频道	3.3
9	湖南电视台潇湘电影频道	3.1
10	中央电视台新闻频道	2.9

表 3.33.5 2012 年长沙市场各主要频道的观众构成（%）

目标观众		所有频道	主要频道				
			湖南电视台经济频道	湖南电视台都市频道	湖南电视台卫星频道	长沙电视政法频道	长沙电视经贸频道
4 岁及以上所有人		100.0	100.0	100.0	100.0	100.0	100.0
性别	男	48.4	47.1	48.7	40.4	47.8	52.5
	女	51.6	52.9	51.3	59.6	52.2	47.5
年龄	4—14 岁	6.7	5.1	4.4	8.5	5.5	3.2
	15—24 岁	7.0	7.4	6.8	12.4	4.7	4.8
	25—34 岁	14.7	12.1	19.6	18.0	15.8	11.4
	35—44 岁	17.3	15.6	15.3	17.2	12.8	14.0
	45—54 岁	24.9	28.4	25.5	22.9	26.7	35.5
	55—64 岁	18.3	20.4	19.6	9.9	24.3	23.9
	65 岁及以上	11.1	11.0	8.8	11.1	10.2	7.2
教育程度	未受过正规教育	2.6	1.1	2.9	2.8	2.4	1.1
	小学	11.9	10.4	10.4	13.7	13.6	10.6
	初中	31.6	34.0	29.4	29.1	32.8	37.8
	高中	34.5	36.1	36.7	32.6	37.6	33.0
	大学及以上	19.4	18.4	20.6	21.8	13.7	17.4
职业类别	干部/管理人员	3.8	4.0	5.7	3.8	1.9	3.7
	个体/私营企业人员	12.1	10.1	15.3	10.5	10.5	9.0
	初级公务员/雇员	13.1	11.7	11.2	13.7	14.2	15.6
	工人	17.9	18.5	20.1	18.9	21.0	20.5
	学生	7.3	6.3	5.3	11.1	4.7	3.4
	无业	43.2	46.3	40.9	38.1	45.3	44.8
	其他	2.7	3.1	1.6	3.9	2.4	2.9
个人月收入	0—600 元	25.6	25.0	20.2	30.8	20.8	20.9
	601—1200 元	18.0	16.5	20.3	18.4	21.2	20.5
	1201—1700 元	16.9	20.7	19.3	13.8	21.2	20.3
	1701—2600 元	20.0	19.9	19.1	21.0	22.3	20.3
	2601 元及以上	19.4	17.8	21.0	16.1	14.4	18.0

表 3.33.6 2010—2012 年长沙市场各类节目的播出份额（%）和收视份额（%）

节目类型	2010 年		2011 年		2012 年	
	播出份额	收视份额	播出份额	收视份额	播出份额	收视份额
财经	2.7	1.0	2.3	0.7	2.0	0.4
电视剧	23.6	29.0	21.6	28.8	21.5	31.1
电影	3.0	4.8	4.3	4.5	4.7	4.4
法制	1.7	4.6	1.3	4.7	0.9	3.1
教学	0.5	0.1	0.4	0.1	0.3	0.1
青少	7.1	3.1	6.8	3.0	6.1	2.7
生活服务	6.9	6.4	7.8	7.1	8.4	6.0
体育	1.8	2.8	1.3	1.4	2.2	1.9
外语	0.1	0.0	0.0	0.0	0.0	0.0
戏剧	0.9	0.1	1.0	0.1	0.9	0.1
新闻/时事	15.0	13.8	13.9	15.1	15.6	21.8
音乐	1.6	0.4	2.7	0.5	2.4	0.5
专题	10.6	8.5	12.2	8.6	12.2	8.0
综艺	10.2	12.1	10.3	11.7	8.9	8.5
其他	14.5	13.4	14.2	13.8	13.9	11.5

表 3.33.7　2012 年长沙市场所有节目收视率排名前三十位

名次	节目名称	节目类型	播出频道	平均收视率（%）	平均占有率（%）
1	快乐中国 2012—2013 跨年狂欢夜	音乐	湖南电视台卫星频道	13.6	37.3
2	中国金鹰电视艺术节第二十六届中国电视金鹰奖颁奖晚会	综艺	湖南电视台卫星频道	12.9	32.5
3	中国金鹰电视艺术节开幕式文艺晚会	综艺	湖南电视台卫星频道	12.9	32.3
4	我爱主持人第九届中国金鹰电视艺术节主持人盛典	综艺	湖南电视台卫星频道	12.8	32.2
5	元宵喜乐会 2012	综艺	湖南电视台卫星频道	11.4	27.9
6	2012 春节联欢晚会（1 月 17 日）	综艺	湖南电视台卫星频道	11.0	28.8
7	2012 年第 30 届奥运会体操女子高低杠决赛	体育	中央台五套	10.3	25.8
8	2012 年第 30 届奥运会跳水男子双人 10 米跳台决赛	体育	中央台五套	9.1	26.3
9	2012 春节联欢晚会	综艺	中央电视台综合频道	8.4	21.0
10	2012 年伦敦奥运会羽毛球男单颁奖仪式	体育	中央电视台综合频道	7.6	17.9
11	2012 春节联欢晚会	综艺	湖南电视台卫星频道	7.5	18.7
12	2012 年第 30 届奥运会赛艇女子单人双桨决赛	体育	中央台五套	6.9	17.4
13	2012 年第 30 届奥运会田径男子 100 米预赛	体育	中央台五套	6.9	17.1
14	现场直播：2012 年第 30 届奥运会乒乓球男单决赛	体育	中央台五套	6.7	21.6
15	1 生 1 世合家欢跨年喜乐会	综艺	湖南电视台经济频道	6.7	15.4
16	2012 年第 30 届奥运会女子 200 米蛙泳预赛	体育	中央台五套	6.6	15.9
17	2012 年第 30 届奥运会羽毛球男单决赛	体育	中央电视台综合频道	6.2	15.5
18	神枪	电视剧	长沙电视经贸频道	5.9	17.2
19	2012 元宵晚会	综艺	中央电视台综合频道	5.9	13.6
20	后宫甄嬛传	电视剧	湖南电视台经济频道	5.8	15.2
21	2012 年第 30 届奥运会射击男子 25 米手枪速射决赛	体育	中央台五套	5.5	13.7
22	元宵喜乐会 2012	综艺	湖南电视台卫星频道	5.1	23.5
23	1 生 1 世合家欢	综艺	湖南电视台经济频道	5.1	13.6
24	奥运游泳日记伦敦奥运会特别节目	体育	中央台五套	5.1	13.4
25	大唐美人计	电视剧	湖南电视台经济频道	5.1	12.5
26	隋唐英雄	电视剧	湖南电视台卫星频道	5.1	12.4
27	龙年三响炮	电视剧	湖南电视台经济频道	5.0	15.2
28	都市 1 时间	新闻/时事	湖南电视台都市频道	4.9	15.6
29	樱桃	电视剧	湖南电视台经济频道	4.9	12.2
30	独立纵队	电视剧	湖南电视台电视剧频道	4.8	12.9

表 3.33.8 2012 年长沙市场电视剧收视率排名前十位

名次	节目名称	播出频道	平均收视率（%）	平均占有率（%）
1	神枪	长沙电视经贸频道	5.9	17.2
3	后宫甄嬛传	湖南电视台经济频道	5.8	15.2
2	大唐美人计	湖南电视台经济频道	5.1	12.5
4	隋唐英雄	湖南电视台卫星频道	5.1	12.4
5	龙年三响炮	湖南电视台经济频道	5.0	15.2
6	樱桃	湖南电视台经济频道	4.9	12.2
7	独立纵队	湖南电视台电视剧频道	4.8	12.9
8	向着炮火前进	湖南电视台经济频道	4.7	13.6
9	大间谍	湖南电视台经济频道	4.7	13.1
10	枪神	湖南电视台经济频道	4.4	11.9

表 3.33.9 2012 年长沙市场新闻节目收视率排名前十位

名次	节目名称	播出频道	平均收视率（%）	平均占有率（%）
1	都市 1 时间	湖南电视台都市频道	4.9	15.6
2	钟山说事	湖南电视台经济频道	4.0	12.4
3	新闻风云汇	长沙电视政法频道	2.6	14.9
4	都市晚间	湖南电视台都市频道	2.6	8.0
5	1 生 1 世合家欢活人冰冻 24 小时	湖南电视台经济频道	2.5	7.4
6	夜夜都市	湖南电视台都市频道	2.4	8.3
7	夜线	长沙电视政法频道	2.4	7.2
8	世界大不同	湖南电视台都市频道	2.3	13.5
9	转播中央台新闻联播	湖南电视台卫星频道	2.2	6.5
10	经视新闻	湖南电视台经济频道	2.0	7.8

表 3.33.10 2012 年长沙市场专题节目收视率排名前十位

名次	节目名称	播出频道	平均收视率（%）	平均占有率（%）
1	第十一届汉语桥世界大学生中文比赛决赛第二场	湖南电视台卫星频道	3.2	8.9
2	寻情记	湖南电视台都市频道	3.0	7.8
3	情动 8 点	长沙电视政法频道	2.9	7.6
4	爱在星城	长沙电视经贸频道	2.7	7.7
5	丁点真相	湖南电视台经济频道	2.7	7.1
6	梦想职达	湖南电视台经济频道	2.5	7.0
7	变形计	湖南电视台卫星频道	2.2	5.5
8	心得乐寒风送暖	湖南电视台电视剧频道	2.1	7.1
9	经视调查	湖南电视台经济频道	2.0	7.4
10	花样年华青春少女励志成长纪	长沙电视政法频道	1.9	5.1

表 3.33.11　2012 年长沙市场综艺节目收视率排名前十位

名次	节目名称	播出频道	平均收视率（%）	平均占有率（%）
1	中国金鹰电视艺术节第二十六届中国电视金鹰奖颁奖晚会	湖南电视台卫星频道	12.9	32.5
2	中国金鹰电视艺术节开幕式文艺晚会	湖南电视台卫星频道	12.9	32.3
3	我爱主持人第九届中国金鹰电视艺术节主持人盛典	湖南电视台卫星频道	12.8	32.2
4	元宵喜乐会 2012	湖南电视台卫星频道	11.4	27.9
5	2012 春节联欢晚会（1 月 17 日）	湖南电视台卫星频道	11.0	28.8
6	2012 春节联欢晚会	中央电视台综合频道	8.4	21.0
7	2012 春节联欢晚会	湖南电视台卫星频道	7.5	18.7
8	1 生 1 世合家欢跨年喜乐会	湖南电视台经济频道	6.7	15.4
9	2012 元宵晚会	中央电视台综合频道	5.9	13.6
10	1 生 1 世合家欢	湖南电视台经济频道	5.1	13.6

表 3.33.12　2012 年长沙市场体育节目收视率排名前十位

名次	节目名称	播出频道	平均收视率（%）	平均占有率（%）
1	2012 年第 30 届奥运会体操女子高低杠决赛	中央台五套	10.3	25.8
2	2012 年第 30 届奥运会跳水男子双人 10 米跳台决赛	中央台五套	9.1	26.3
3	2012 年伦敦奥运会羽毛球男单颁奖仪式	中央电视台综合频道	7.6	17.9
4	2012 年第 30 届奥运会赛艇女子单人双桨决赛	中央台五套	6.9	17.4
5	2012 年第 30 届奥运会田径男子 100 米预赛	中央台五套	6.9	17.1
6	现场直播：2012 年第 30 届奥运会乒乓球男单决赛	中央台五套	6.7	21.6
7	2012 年第 30 届奥运会女子 200 米蛙泳预赛	中央台五套	6.6	15.9
8	2012 年第 30 届奥运会羽毛球男单决赛	中央电视台综合频道	6.2	15.5
9	2012 年第 30 届奥运会射击男子 25 米手枪速射决赛	中央台五套	5.5	13.7
10	奥运游泳日记伦敦奥运会特别节目	中央台五套	5.1	13.4

三十四、成都收视数据

表 3. 34. 1　2008—2012 年成都市场各类频道的市场占有率（%）

频道类别	年份				
	2008 年	2009 年	2010 年	2011 年	2012 年
中央台频道	28. 8	25. 8	26. 7	26. 6	27. 9
中国教育台频道	0. 3	0. 3	0. 3	0. 4	0. 3
四川省级频道	26. 1	26. 1	25. 9	29. 8	25. 5
成都市级频道	18. 5	19. 9	19. 1	10. 3	10. 8
其他省级卫视频道	16. 6	22. 0	20. 5	24. 2	26. 5
其他频道	9. 8	6. 0	7. 5	8. 7	9. 0

表 3. 34. 2　2012 年成都市场各类频道在不同目标观众中的市场占有率（%）

目标观众		中央台频道	中国教育台频道	四川省级频道	成都市级频道	其他省级卫视频道	其他频道
4 岁及以上所有人		27. 9	0. 3	25. 5	10. 8	26. 5	9. 0
性别	男	29. 6	0. 3	25. 2	10. 7	24. 6	9. 6
	女	26. 4	0. 3	25. 8	10. 9	28. 3	8. 3
年龄	4—14 岁	28. 2	0. 3	22. 6	9. 3	31. 7	7. 9
	15—24 岁	20. 8	0. 2	25. 1	10. 4	32. 6	10. 9
	25—34 岁	28. 7	0. 3	22. 2	11. 2	25. 9	11. 7
	35—44 岁	25. 8	0. 3	24. 9	9. 6	30. 4	9. 0
	45—54 岁	26. 6	0. 2	27. 3	11. 5	25. 8	8. 6
	55—64 岁	30. 5	0. 2	26. 6	12. 3	23. 1	7. 3
	65 岁及以上	31. 4	0. 7	27. 5	9. 8	22. 4	8. 2
教育程度	未受过正规教育	31. 5	0. 4	27. 9	7. 9	25. 1	7. 2
	小学	24. 3	0. 6	34. 4	8. 1	23. 9	8. 7
	初中	26. 4	0. 2	27. 3	11. 4	26. 6	8. 1
	高中	28. 4	0. 3	23. 8	11. 9	26. 8	8. 8
	大学及以上	31. 2	0. 3	18. 4	11. 2	28. 2	10. 7
职业类别	干部/管理人员	31. 3	0. 2	17. 1	13. 6	26. 4	11. 4
	个体/私营企业人员	27. 0	0. 2	25. 8	9. 8	28. 5	8. 7
	初级公务员/雇员	27. 9	0. 2	23. 2	11. 0	27. 7	10. 0
	工人	22. 4	0. 3	29. 8	12. 2	25. 8	9. 5
	学生	22. 6	0. 3	23. 4	10. 2	34. 2	9. 3
	无业	31. 0	0. 4	25. 1	10. 4	25. 5	7. 6
	其他	20. 6	0. 3	44. 3	8. 7	13. 5	12. 6
个人月收入	0—600 元	25. 9	0. 3	27. 8	9. 4	28. 0	8. 6
	601—1200 元	26. 3	0. 4	28. 4	9. 9	25. 2	9. 8
	1201—1700 元	27. 1	0. 4	27. 3	11. 3	26. 5	7. 4
	1701—2600 元	30. 2	0. 2	22. 9	10. 5	26. 7	9. 5
	2601 元及以上	31. 3	0. 3	20. 1	13. 5	25. 1	9. 7

表 3. 34. 3　2012 年成都市场各类频道在不同时段的市场占有率（%）

时间段	中央台频道	中国教育台频道	四川省级频道	成都市级频道	其他省级卫视频道	其他频道
02:00—03:00	28. 2	0. 6	13. 3	5. 1	32. 5	20. 3
03:00—04:00	31. 2	0. 4	12. 0	6. 2	31. 2	19. 0
04:00—05:00	32. 1	0. 3	12. 9	6. 3	30. 8	17. 6
05:00—06:00	29. 7	0. 2	14. 4	6. 7	33. 2	15. 8
06:00—07:00	43. 4	0. 2	15. 7	10. 1	20. 9	9. 7
07:00—08:00	49. 1	0. 4	17. 8	9. 7	15. 7	7. 3
08:00—09:00	42. 3	0. 2	20. 0	6. 2	23. 3	8. 0
09:00—10:00	37. 0	0. 3	18. 2	5. 0	29. 4	10. 1
10:00—11:00	34. 4	0. 6	18. 0	5. 3	31. 4	10. 3
11:00—12:00	37. 3	0. 4	18. 5	4. 7	29. 8	9. 3
12:00—13:00	43. 3	0. 3	17. 5	4. 5	24. 5	9. 9
13:00—14:00	36. 7	0. 5	19. 6	3. 9	29. 2	10. 1
14:00—15:00	31. 1	0. 7	17. 3	4. 0	34. 3	12. 6
15:00—16:00	29. 8	0. 5	16. 6	5. 5	34. 8	12. 8
16:00—17:00	30. 2	0. 2	17. 4	5. 0	34. 7	12. 5
17:00—18:00	34. 1	0. 2	17. 4	7. 2	31. 0	10. 1
18:00—19:00	31. 9	0. 1	25. 9	21. 6	11. 7	8. 8
19:00—20:00	25. 5	0. 2	32. 2	20. 3	15. 3	6. 5
20:00—21:00	24. 6	0. 4	27. 6	13. 0	28. 0	6. 4
21:00—22:00	22. 9	0. 3	29. 0	12. 1	28. 8	6. 9
22:00—23:00	18. 1	0. 3	33. 1	10. 9	29. 4	8. 2
23:00—24:00	20. 2	0. 2	32. 8	7. 8	28. 1	10. 9
24:00—25:00	29. 0	0. 2	19. 2	3. 4	34. 4	13. 8
25:00—26:00	29. 5	0. 4	14. 2	2. 9	34. 3	18. 7

表 3. 34. 4　2012 年成都市场收视份额排名前十位的频道

名次	频道名称	收视份额（%）
1	四川电视台新闻资讯频道	4. 3
2	四川卫视	4. 0
2	四川电视台影视文艺频道（五套）	4. 0
4	中央电视台综合频道	3. 8
5	四川电视台二套（文化旅游频道）	3. 4
5	中央电视台新闻频道	3. 4
7	浙江卫视	3. 3
8	湖南电视台卫星频道	3. 1
8	四川电视台公共频道	3. 1
10	中央台八套	3. 0

表 3.34.5　2012 年成都市场各主要频道的观众构成（%）

目标观众		所有频道	主要频道				
			四川电视台新闻资讯频道	四川卫视	四川电视台影视文艺频道（五套）	中央电视台综合频道	四川电视台二套（文化旅游频道）
4 岁及以上所有人		100.0	100.0	100.0	100.0	100.0	100.0
性别	男	48.6	51.0	50.4	50.2	47.5	44.0
	女	51.4	49.0	49.6	49.8	52.5	56.0
年龄	4—14 岁	7.4	4.5	5.3	3.0	8.5	6.0
	15—24 岁	7.5	7.4	7.0	6.0	5.3	3.6
	25—34 岁	15.1	12.6	14.3	11.4	13.5	14.5
	35—44 岁	16.2	17.4	14.2	11.7	12.4	15.2
	45—54 岁	20.0	26.5	18.3	24.3	14.5	20.9
	55—64 岁	19.2	17.8	23.5	26.6	23.8	20.5
	65 岁及以上	14.6	13.8	17.4	17.0	22.0	14.3
教育程度	未受过正规教育	4.5	5.4	4.8	3.8	5.2	3.9
	小学	15.2	14.9	18.8	15.2	18.8	23.1
	初中	30.3	32.4	31.7	37.1	26.2	31.2
	高中	28.9	30.3	28.6	28.6	28.2	27.1
	大学及以上	21.1	17.0	16.1	15.3	21.6	14.7
职业类别	干部/管理人员	6.9	7.4	4.8	4.3	5.8	3.5
	个体/私营企业人员	9.5	10.9	8.7	10.6	5.3	8.3
	初级公务员/雇员	18.0	19.6	17.0	19.3	17.1	15.0
	工人	11.3	11.8	11.5	10.2	9.6	16.3
	学生	8.5	6.9	6.3	4.2	8.0	7.3
	无业	41.4	40.9	42.3	47.6	46.7	35.4
	其他	4.4	2.5	9.4	3.8	7.5	14.2
个人月收入	0—600 元	27.0	24.9	31.2	19.5	29.1	34.8
	601—1200 元	18.1	21.3	18.8	19.6	15.2	16.2
	1201—1700 元	18.0	17.2	19.0	24.3	19.3	20.4
	1701—2600 元	18.7	19.8	17.3	21.9	18.4	14.8
	2601 元及以上	18.2	16.8	13.7	14.7	18.0	13.8

表 3.34.6　2010—2012 年成都市场各类节目的播出份额（%）和收视份额（%）

节目类别	2010 年		2011 年		2012 年	
	播出份额	收视份额	播出份额	收视份额	播出份额	收视份额
财经	2.4	1.9	2.3	1.7	1.9	1.2
电视剧	28.9	28.3	27.8	30.4	28.3	31.7
电影	4.5	4.8	4.4	4.9	4.7	5.1
法制	1	2.1	0.9	1.3	0.9	1.2
教学	0.6	0.3	0.5	0.2	0.6	0.1
青少	5.6	3.4	6.1	3.2	5.7	3.1
生活服务	9.8	6.6	10.7	7.6	10.9	8.4
体育	1.8	3.9	1.6	2.3	1.6	2.6
外语	0.1	0.1	0.1	0.0	0.0	0.0
戏剧	0.9	0.1	1.0	0.2	0.9	0.2
新闻/时事	11.5	18.2	10.4	14.2	11.0	14.2
音乐	2.8	0.7	2.8	1.0	2.3	1.0
专题	8.9	6.5	9.6	7.5	9.4	7.6
综艺	7.2	10.4	7.5	11.9	7.0	11.5
其他	14	12.7	14.3	13.6	14.8	12.1

表 3.34.7　2012 年成都市场所有节目收视率排名前三十位

名次	节目名称	节目类别	播出频道	平均收视率（%）	平均占有率（%）
1	2012 春节联欢晚会	综艺	中央电视台综合频道	10.7	24.1
2	2012 年第 30 届奥运会体操男子单杠决赛	体育	中央台五套	9.5	25.2
3	2012 年第 30 届奥运会跳水男子双人 3 米板决赛	体育	中央台五套	9.4	21.9
4	2012 春节联欢晚会	综艺	中央台三套	8.0	18.2
5	2012 元宵晚会	综艺	中央电视台综合频道	7.5	16.8
6	2012 年第 30 届奥运会游泳预赛（7 月 31 日）	体育	中央台五套	6.6	19.2
7	奥运会体操女子平衡木颁奖仪式	体育	中央台五套	6.4	15.3
8	中国好声音巅峰时刻	综艺	浙江卫视	5.8	14.6
9	2012 中国爱盛典	综艺	四川卫视	5.6	14.9
10	2012 年第 30 届奥运会射击女子 10 米气手枪决赛	体育	中央台五套	5.5	20.5
11	快乐中国 2012—2013 跨年狂欢夜	音乐	湖南电视台卫星频道	5.4	13.4
12	2012 年第 30 届奥运会女排小组赛 B 组（中国 VS 韩国）	体育	中央台五套	5.3	16.4
13	2012 年第 30 届奥运会乒乓球男单第三轮	体育	中央台五套	5.3	14.4
14	2012 年第 30 届奥运会赛艇轻量级女子双人双桨决赛	体育	中央台五套	5.2	17.9
15	2012 年第 30 届奥运会羽毛球女双决赛	体育	中央台五套	5.1	19.9
16	2012 年第 30 届奥运会田径男子 100 米预赛	体育	中央台五套	5.1	15.5
17	2012 天籁之音中国藏歌会全国晋级赛第七场 11 进 8（9 月 23 日）	综艺	四川卫视	4.9	18.9
18	2012 元宵晚会	综艺	中央台三套	4.9	11.0
19	2012 金歌金曲幸福跨年	音乐	四川卫视	4.8	11.8
20	青春正能量 2013 四川卫视跨年演唱会	音乐	四川卫视	4.8	11.0
21	奥运游泳日记伦敦奥运会特别节目	体育	中央台五套	4.6	12.6
22	2012 年欧洲杯足球赛小组赛 C 组（西班牙 VS 意大利）	体育	中央台五套	4.5	34.3
23	神枪	电视剧	四川电视台影视文艺频道（五套）	4.4	11.6
24	喜乐会	综艺	四川卫视	4.2	10.2
25	中国金鹰电视艺术节第二十六届中国电视金鹰奖颁奖晚会	综艺	湖南电视台卫星频道	4.0	9.7
26	春天里的天籁之音	综艺	四川卫视	3.9	10.1
27	铁血使命	电视剧	四川卫视	3.9	9.2
28	深圳香港台北 2013 声震新世界跨年狂欢夜	综艺	深圳卫视（新闻综合频道）	3.8	8.2
29	元宵喜乐会 2012	综艺	湖南电视台卫星频道	3.7	10.8
30	向着炮火前进	电视剧	四川电视台影视文艺频道（五套）	3.7	10.3

表 3.34.8 2012 年成都市场电视剧收视率排名前十位

名次	节目名称	播出频道	平均收视率（%）	平均占有率（%）
1	神枪	四川电视台影视文艺频道（五套）	4.4	11.6
2	铁血使命	四川卫视	3.9	9.2
3	向着炮火前进	四川电视台影视文艺频道（五套）	3.7	10.3
4	平原烽火	四川电视台影视文艺频道（五套）	3.6	10.4
5	代号十三钗	四川电视台影视文艺频道（五套）	3.5	9.8
5	强者风范	四川电视台影视文艺频道（五套）	3.5	9.8
7	孤岛飞鹰	四川电视台影视文艺频道（五套）	3.4	9.7
8	回家的诱惑	四川经视频道	3.3	8.8
9	黑狐（1 月 2 日—1 月 7 日）	四川卫视	3.3	7.5
10	光荣使命	四川电视台影视文艺频道（五套）	3.2	8.1

表 3.34.9 2012 年成都市场新闻节目收视率排名前十位

名次	节目名称	播出频道	平均收视率（%）	平均占有率（%）
1	黄金 30 分	四川电视台新闻资讯频道	3.1	7.8
2	18:00 新闻现场	四川电视台新闻资讯频道	2.6	9.1
3	非常话题	四川电视台新闻资讯频道	2.4	6.0
4	中国共产党第十八次全国代表大会专题新闻	中央电视台新闻频道	2.2	5.2
5	新闻联播	中央电视台综合频道	2.0	6.3
6	深夜快递	成都电视台经济资讯服务频道（二套）	1.8	4.2
7	四川要闻	四川卫视	1.7	4.7
8	今日关注	中央台四套	1.7	4.0
9	成都全接触主档新闻	成都电视台公共频道（五套）	1.6	5.9
10	红绿灯	成都电视台都市生活频道（三套）	1.5	4.2

表 3.34.10 2012 年成都市场专题节目收视率排名前十位

名次	节目名称	播出频道	平均收视率（%）	平均占有率（%）
1	幸福在哪里	四川电视台二套（文化旅游频道）	3.4	8.8
2	断刀朝鲜战场大逆转（9 月 17—9 月 19 日）	四川卫视	2.8	11.7
3	让爱作主	四川卫视	2.7	10.7
4	闻香识女人	四川电视台妇女儿童频道（七套）	2.4	5.5
5	感动中国 2011 年度人物颁奖典礼	中央电视台综合频道	2.3	5.4
6	一年又一年	中央电视台综合频道	2.2	11.0
7	2012 中国经济年度人物颁奖盛典	中央电视台综合频道	2.1	4.4
8	小刚刚刚好	成都电视台经济资讯服务频道（二套）	2.0	5.2
9	红旗渠的守望者	中央电视台综合频道	2.0	4.7
10	天下义乌	浙江卫视	1.9	4.6

表 3.34.11　2012 年成都市场综艺节目收视率排名前十位

名次	节目名称	播出频道	平均收视率（%）	平均占有率（%）
1	2012 春节联欢晚会	中央电视台综合频道	10.7	24.1
2	2012 春节联欢晚会	中央台三套	8.0	18.2
3	2012 元宵晚会	中央电视台综合频道	7.5	16.8
4	中国好声音巅峰时刻	浙江卫视	5.8	14.6
5	2012 中国爱盛典	四川卫视	5.6	14.9
6	2012 天籁之音中国藏歌会全国晋级赛第七场 11 进 8（9 月 23 日）	四川卫视	4.9	18.9
7	2012 元宵晚会	中央台三套	4.9	11.0
8	喜乐会	四川卫视	4.2	10.2
9	中国金鹰电视艺术节第二十六届中国电视金鹰奖颁奖晚会	湖南电视台卫星频道	4.0	9.7
10	春天里的天籁之音	四川卫视	3.9	10.1

表 3.34.12　2012 年成都市场体育节目收视率排名前十位

名次	节目名称	播出频道	平均收视率（%）	平均占有率（%）
1	2012 年第 30 届奥运会体操男子单杠决赛	中央台五套	9.5	25.2
2	2012 年第 30 届奥运会跳水男子双人 3 米板决赛	中央台五套	9.4	21.9
3	2012 年第 30 届奥运会游泳预赛（7 月 31 日）	中央台五套	6.6	19.2
4	奥运会体操女子平衡木颁奖仪式	中央台五套	6.4	15.3
5	2012 年第 30 届奥运会射击女子 10 米气手枪决赛	中央台五套	5.5	20.5
6	2012 年第 30 届奥运会女排小组赛 B 组（中国 VS 韩国）	中央台五套	5.3	16.4
7	2012 年第 30 届奥运会乒乓球男单第三轮	中央台五套	5.3	14.4
8	2012 年第 30 届奥运会赛艇轻量级女子双人双桨决赛	中央台五套	5.2	17.9
9	2012 年第 30 届奥运会羽毛球女双决赛	中央台五套	5.1	19.9
10	2012 年第 30 届奥运会田径男子 100 米预赛	中央台五套	5.1	15.5

三十五、大连收视数据

表 3.35.1　2008—2012 年大连市场各类频道的市场占有率（%）

频道类别	年份				
	2008 年	2009 年	2010 年	2011 年	2012 年
中央台频道	41.3	37.6	34.3	30.0	29.6
中国教育台频道	0.1	0.1	0.2	0.5	0.5
辽宁省级频道	8.5	12.5	15.8	14.2	11.1
大连市级频道	35.7	34.1	32.4	22.2	22.6
其他省级卫视频道	11.7	12.8	15.9	25.1	29.9
其他频道	2.7	2.9	1.4	8.1	6.2

表 3.35.2　2012 年大连市场各类频道在各目标观众中的市场占有率（%）

目标观众		中央台频道	中国教育台频道	辽宁省级频道	大连市级频道	其他省级卫视频道	其他频道
4 岁及以上所有人		29.6	0.5	11.1	22.6	29.9	6.2
性别	男	31.9	0.5	10.7	22.7	27.9	6.4
	女	27.7	0.5	11.6	22.5	31.7	6.1
年龄	4—14 岁	32.2	0.6	8.3	21.1	31.5	6.4
	15—24 岁	25.5	0.5	10.0	19.6	36.8	7.7
	25—34 岁	29.5	0.5	12.7	16.0	35.0	6.3
	35—44 岁	26.3	0.5	12.9	21.8	29.8	8.8
	45—54 岁	28.2	0.5	12.3	21.7	31.9	5.4
	55—64 岁	29.7	0.4	10.9	29.3	24.7	5.1
	65 岁及以上	36.4	0.4	8.5	26.2	23.6	5.0
教育程度	未受过正规教育	26.5	0.9	10.2	26.0	27.7	8.7
	小学	30.6	0.3	10.5	26.7	26.7	5.2
	初中	28.0	0.4	12.2	23.2	29.7	6.6
	高中	29.6	0.5	10.9	22.0	30.6	6.5
	大学及以上	34.5	0.5	9.5	17.7	32.7	5.1
职业类别	干部/管理人员	35.3	0.5	8.0	19.4	29.0	7.8
	个体/私营企业人员	27.6	0.5	12.8	20.1	30.0	9.1
	初级公务员/雇员	29.5	0.5	11.3	19.9	33.7	5.2
	工人	28.6	0.5	12.1	22.2	31.0	5.7
	学生	29.0	0.5	9.5	19.8	35.2	6.0
	无业	30.9	0.5	11.0	25.6	26.4	5.6
	其他	28.0	0.2	7.5	19.4	35.9	9.0
个人月收入	0—600 元	28.5	0.5	10.3	20.7	32.4	7.6
	601—1200 元	28.2	0.3	12.6	23.0	28.4	7.6
	1201—1700 元	27.7	0.5	11.2	25.8	29.8	5.0
	1701—2600 元	31.6	0.5	10.4	22.0	30.0	5.6
	2601 元及以上	32.1	0.5	12.2	21.6	27.8	5.9

表 3.35.3　2012 年大连市场各类频道在不同时段的市场占有率（%）

时间段	中央台频道	中国教育台频道	辽宁省级频道	大连市级频道	其他省级卫视频道	其他频道
02:00—03:00	33.4	0.6	7.9	0.4	39.5	18.2
03:00—04:00	40.9	0.4	8.2	0.2	32.0	18.3
04:00—05:00	46.6	0.3	7.1	0.2	30.3	15.7
05:00—06:00	45.3	0.3	12.1	0.3	30.8	11.3
06:00—07:00	36.8	0.1	20.4	11.3	21.4	10.1
07:00—08:00	33.9	0.2	21.0	20.6	15.0	9.3
08:00—09:00	34.5	0.1	14.2	15.8	27.3	8.1
09:00—10:00	32.0	0.3	12.5	12.9	34.7	7.6
10:00—11:00	31.2	0.7	8.8	13.8	38.3	7.1
11:00—12:00	33.1	0.5	11.2	11.7	35.9	7.7
12:00—13:00	35.4	0.4	19.2	7.5	29.6	7.9
13:00—14:00	32.7	0.6	10.7	9.9	39.3	6.8
14:00—15:00	29.3	0.7	9.1	11.1	42.6	7.3
15:00—16:00	29.9	0.6	8.7	12.8	41.2	6.9
16:00—17:00	30.3	0.4	8.1	15.5	40.0	5.7
17:00—18:00	27.2	0.3	12.0	28.4	27.5	4.5
18:00—19:00	31.3	0.1	12.9	41.9	8.8	5.1
19:00—20:00	31.0	0.3	10.9	39.6	13.5	4.6
20:00—21:00	26.3	0.7	9.9	29.6	28.9	4.6
21:00—22:00	27.2	0.8	9.5	22.7	34.2	5.6
22:00—23:00	23.9	0.7	9.5	13.5	46.1	6.4
23:00—24:00	25.2	0.4	9.5	9.2	48.1	7.7
24:00—25:00	29.1	0.3	8.4	5.4	45.4	11.4
25:00—26:00	29.4	0.5	9.2	1.9	43.0	15.9

表 3.35.4　2012 年大连市场收视份额排名前十位的频道

名次	频道名称	收视份额（%）
1	大连台一套（新闻综合频道）	8.4
2	大连台二套（经济生活频道）	5.0
3	辽宁卫视	4.7
4	中央电视台综合频道	4.4
4	中央台三套	4.4
6	浙江卫视	4.1
7	江苏卫视	3.2
8	中央台五套	3.1
9	辽宁广播电视台都市频道	2.8
9	大连台四套（文体频道）	2.8

表 3.35.5 2012 年大连市场各主要频道的观众构成（%）

目标观众		所有频道	主要频道				
			大连台一套（新闻综合频道）	大连台二套（经济生活频道）	辽宁卫视	中央电视台综合频道	中央台三套
4 岁及以上所有人		100.0	100.0	100.0	100.0	100.0	100.0
性别	男	46.0	46.5	40.1	44.3	44.0	46.7
	女	54.0	53.5	59.9	55.7	56.0	53.3
年龄	4—14 岁	6.3	5.1	4.3	4.3	5.3	4.9
	15—24 岁	9.0	7.8	9.6	9.1	10.6	7.2
	25—34 岁	12.8	5.8	11.5	15.3	10.3	12.0
	35—44 岁	16.8	16.0	17.8	22.4	15.4	12.5
	45—54 岁	23.9	18.9	25.5	21.7	18.5	22.2
	55—64 岁	14.4	20.1	16.5	11.0	16.9	17.0
	65 岁及以上	16.8	26.3	15.0	16.2	22.9	24.2
教育程度	未受过正规教育	3.8	4.6	3.4	4.3	3.4	2.6
	小学	12.6	16.9	13.5	15.9	13.3	12.4
	初中	37.8	36.4	39.2	40.0	33.7	40.0
	高中	32.2	32.6	32.3	31.2	35.3	32.4
	大学及以上	13.7	9.4	11.7	8.7	14.3	12.6
职业类别	干部/管理人员	2.8	2.7	2.1	1.7	2.4	2.9
	个体/私营企业人员	12.3	10.9	12.9	15.9	9.9	9.6
	初级公务员/雇员	10.0	6.6	10.3	8.6	9.2	7.8
	工人	23.4	20.5	25.2	21.7	21.1	24.4
	学生	9.5	7.6	8.0	8.3	10.2	7.6
	无业	38.3	48.5	39.5	38.6	44.9	44.3
	其他	3.7	3.3	1.9	5.2	2.3	3.4
个人月收入	0—600 元	23.3	20.6	20.2	24.4	23.0	19.8
	601—1200 元	13.9	15.4	15.8	17.1	14.8	16.3
	1201—1700 元	21.9	24.9	25.4	17.8	21.6	24.6
	1701—2600 元	23.8	23.3	21.6	21.3	23.6	23.0
	2601 元及以上	17.1	15.9	17.0	19.4	17.0	16.4

表 3.35.6 2010—2012 年大连市场各类节目的播出份额（%）和收视份额（%）

节目类别	2010 年		2011 年		2012 年	
	播出份额	收视份额	播出份额	收视份额	播出份额	收视份额
财经	2.7	0.8	2.4	1.2	2.5	0.9
电视剧	21.5	27.5	20.8	31.0	20.0	32.3
电影	3.0	2.0	3.5	2.9	4.3	3.3
法制	1.3	1.9	1.1	2.2	1.2	3.1
教学	0.5	0.1	0.4	0.1	0.3	0.1
青少	7.4	2.7	7.9	3.0	7.3	2.8
生活服务	8.6	6.2	9.8	7.3	9.7	7.1
体育	2.1	4.5	1.8	4.3	2.6	4.9
外语	0.1	0.1	0.0	0.0	0.0	0.0
戏剧	1.0	0.2	1.0	0.2	0.9	0.2
新闻/时事	13.0	18.6	12.8	12.2	13.9	13.2
音乐	2.7	0.5	2.8	0.9	2.4	0.9
专题	11.3	4.8	11.9	6.9	12.4	6.9
综艺	10.2	12.7	10.7	16.1	9.3	14.3
其他	14.6	17.5	13.2	11.7	13.1	10.2

表 3.35.7　2012 年大连市场所有节目收视率排名前三十位

名次	节目名称	节目类别	播出频道	平均收视率（%）	平均占有率（%）
1	2012 春节联欢晚会	综艺	中央电视台综合频道	14.9	29.8
2	赛事直播：2012 年万达广场中国足球协会超级联赛第 2 轮	体育	大连台四套（文体频道）	10.1	30.1
3	樱桃	电视剧	辽宁卫视	9.4	21.7
4	2012 元宵晚会	综艺	中央电视台综合频道	8.6	17.8
5	2012 年伦敦奥运会羽毛球男单颁奖仪式	体育	中央电视台综合频道	8.3	23.6
6	2012 年第 30 届奥运会游泳预赛	体育	中央台五套	8.2	19.9
7	2012 年第 30 届奥运会射击女子 10 米气手枪决赛	体育	中央台五套	8.1	24.5
8	2012 年第 30 届奥运会赛艇女子单人双桨决赛	体育	中央台五套	7.8	22.8
9	杀狼花	电视剧	大连台一套（新闻综合频道）	7.5	19.5
10	2012 年第 30 届奥运会跳水女子双人 10 米台决赛	体育	中央台五套	7.2	28.1
11	龙腾幸福年 2012 辽视春节联欢晚会	综艺	辽宁卫视	7.0	21.3
12	2012 年第 30 届奥运会田径男子 110 米栏预赛	体育	中央台五套	6.9	36.2
13	铁血使命	电视剧	大连台一套（新闻综合频道）	6.9	18.3
14	小夫妻时代	电视剧	大连台二套（经济生活频道）	6.7	16.8
15	2012 春节联欢晚会	综艺	大连台一套（新闻综合频道）	6.7	13.4
16	浪漫之都活力大连第 23 届大连国际服装节国际狂欢节开幕式巡游表演	综艺	大连台一套（新闻综合频道）	6.6	17.5
17	樱桃戏里戏外	综艺	辽宁卫视	6.6	15.0
18	新闻锋线	新闻/时事	大连台一套（新闻综合频道）	6.4	24.0
19	宝贝战争	电视剧	大连台二套（经济生活频道）	6.4	16.3
20	裸婚时代	电视剧	大连台二套（经济生活频道）	6.4	15.7
21	2012 年第 30 届奥运会女排小组赛 B 组	体育	中央台五套	6.2	22.5
22	中国好声音巅峰时刻	综艺	浙江卫视	6.1	23.2
23	2012 年第 30 届奥运会体操女子平衡木决赛	体育	中央台五套	6.1	20.7
24	丈夫的秘密	电视剧	大连台二套（经济生活频道）	6.1	16.0
25	我的娜塔莎	电视剧	大连台一套（新闻综合频道）	5.9	14.7
26	乡村爱情小夜曲	电视剧	辽宁卫视	5.9	13.7
27	2012 年中国大连烟花爆竹迎春会闭幕式暨元宵节音乐烟火晚会	综艺	大连台二套（经济生活频道）	5.9	13.5
28	黄金赛场现场直播：2012 年亚洲足球冠军联赛 1/8 决赛	体育	中央台五套	5.8	17.0
29	2012 年第 30 届奥运会乒乓球女单 1/4 决赛	体育	中央台五套	5.6	19.1
30	黄金赛场：2012 年亚洲冠军联赛 1/4 联赛第二回合（伊蒂哈德 VS 广州恒大）	体育	中央台五套	5.6	15.4

表 3.35.8 2012 年大连市场电视剧收视率排名前十位

名次	节目名称	播出频道	平均收视率（%）	平均占有率（%）
1	樱桃	辽宁卫视	9.4	21.7
2	杀狼花	大连台一套（新闻综合频道）	7.5	19.5
3	铁血使命	大连台一套（新闻综合频道）	6.9	18.3
4	小夫妻时代	大连台二套（经济生活频道）	6.7	16.8
5	宝贝战争	大连台二套（经济生活频道）	6.4	16.3
6	裸婚时代	大连台二套（经济生活频道）	6.4	15.7
7	丈夫的秘密	大连台二套（经济生活频道）	6.1	16.0
8	我的娜塔莎	大连台一套（新闻综合频道）	5.9	14.7
9	乡村爱情小夜曲	辽宁卫视	5.9	13.7
10	婚巢	大连台二套（经济生活频道）	5.6	15.4

表 3.35.9 2012 年大连市场新闻节目收视率排名前十位

名次	节目名称	播出频道	平均收视率（%）	平均占有率（%）
1	新闻锋线	大连台一套（新闻综合频道）	6.4	24.0
2	新春的约会民生访谈	大连台一套（新闻综合频道）	5.4	17.6
3	大连新闻	大连台一套（新闻综合频道）	5.3	17.7
4	转播中央台新闻联播	大连台一套（新闻综合频道）	4.4	12.9
5	今晚新闻站	大连台一套（新闻综合频道）	2.8	14.3
6	城市直通车	大连台二套（经济生活频道）	2.5	7.4
7	新闻联播	中央电视台综合频道	2.1	6.0
8	今日关注	中央台四套	2.0	6.4
9	新北方	辽宁广播电视台都市频道	1.6	5.1
10	省第十三次党代会专题报道	浙江卫视	1.6	5.0

表 3.35.10 2012 年大连市场专题节目收视率排名前十位

名次	节目名称	播出频道	平均收视率（%）	平均占有率（%）
1	2012 面对面	大连台一套（新闻综合频道）	4.4	15.3
2	大连好人	大连台一套（新闻综合频道）	4.1	17.6
3	这里是大连	大连台一套（新闻综合频道）	3.1	7.5
4	一年又一年	中央电视台综合频道	3.0	9.0
5	生活剧来秀	大连台二套（经济生活频道）	3.0	7.4
6	红旗渠的守望者	中央电视台综合频道	2.8	7.9
7	文明的感动 2011 年度人物颁奖盛典	大连台一套（新闻综合频道）	2.7	7.4
8	酷我真声音	浙江卫视	2.5	19.3
9	城市直通车 315 特别节目	大连台二套（经济生活频道）	2.5	7.3
10	石破天惊说甄嬛	安徽卫视	2.4	6.7

表 3.35.11　2012 年大连市场综艺节目收视率排名前十位

名次	节目名称	播出频道	平均收视率（%）	平均占有率（%）
1	2012 春节联欢晚会	中央电视台综合频道	14.9	29.8
2	2012 元宵晚会	中央电视台综合频道	8.6	17.8
3	龙腾幸福年 2012 辽视春节联欢晚会	辽宁卫视	7.0	21.3
4	2012 春节联欢晚会	大连台一套（新闻综合频道）	6.7	13.4
5	浪漫之都活力大连第 23 届大连国际服装节国际狂欢节开幕式巡游表演	大连台一套（新闻综合频道）	6.6	17.5
6	樱桃戏里戏外	辽宁卫视	6.6	15.0
7	中国好声音巅峰时刻	浙江卫视	6.1	23.2
8	2012 年中国大连烟花爆竹迎春会闭幕式暨元宵节音乐烟火晚会	大连台二套（经济生活频道）	5.9	13.5
9	2012 元宵晚会	中央台三套	5.6	13.0
10	星光大道	中央电视台综合频道	5.2	13.5

表 3.35.12　2012 年大连市场体育节目收视率排名前十位

名次	节目名称	播出频道	平均收视率（%）	平均占有率（%）
1	赛事直播：2012 年万达广场中国足球协会超级联赛第 2 轮（大连阿尔滨 VS 大连实德）	大连台四套（文体频道）	10.1	30.1
2	2012 年伦敦奥运会羽毛球男单颁奖仪式	中央电视台综合频道	8.3	23.6
3	2012 年第 30 届奥运会游泳预赛	中央台五套	8.2	19.9
4	2012 年第 30 届奥运会射击女子 10 米气手枪决赛	中央台五套	8.1	24.5
5	2012 年第 30 届奥运会赛艇女子单人双桨决赛	中央台五套	7.8	22.8
6	2012 年第 30 届奥运会跳水女子双人 10 米台决赛	中央台五套	7.2	28.1
7	2012 年第 30 届奥运会田径男子 110 米栏预赛	中央台五套	6.9	36.2
8	2012 年第 30 届奥运会女排小组赛 B 组（中国 VS 土耳其）	中央台五套	6.2	22.5
9	2012 年第 30 届奥运会体操女子平衡木决赛	中央台五套	6.1	20.7
10	黄金赛场现场直播：2012 年亚洲足球冠军联赛 1/8 决赛（广州恒大队 VS 日本东京队）	中央台五套	5.8	17.0

三十六、福州收视数据

表 3.36.1 2008—2012 年福州市场各类频道的市场占有率（%）

频道类别	年份				
	2008 年	2009 年	2010 年	2011 年	2012 年
中央台频道	36.4	28.9	21.4	23.2	25.2
中国教育台频道	0.4	0.4	0.3	0.4	0.2
福建省级频道	24.7	25.8	23.9	19.7	20.1
福州市级频道	11.5	16.0	17.7	14.4	14.3
其他省级卫视频道	24.9	26.9	25.7	31.5	29.9
其他频道	2.1	2.1	11.0	10.8	10.3

表 3.36.2 2012 年福州市场各类频道在不同目标观众中的市场占有率（%）

目标观众		中央台频道	中国教育台频道	福建省级频道	福州市级频道	其他省级卫视频道	其他频道
4 岁及以上所有人		25.2	0.2	20.1	14.3	29.9	10.3
性别	男	28.2	0.3	19.1	13.6	27.3	11.5
	女	22.7	0.2	21.0	14.9	32.2	9.0
年龄	4—14 岁	22.8	0.1	16.9	13.9	33.4	12.9
	15—24 岁	19.3	0.2	22.1	10.7	35.5	12.2
	25—34 岁	23.2	0.2	20.9	18.3	26.7	10.7
	35—44 岁	23.6	0.2	21.3	12.1	32.4	10.4
	45—54 岁	26.6	0.3	20.8	14.0	29.9	8.4
	55—64 岁	27.1	0.3	19.8	14.2	30.4	8.2
	65 岁及以上	32.0	0.4	17.3	17.6	20.8	11.9
教育程度	未受过正规教育	19.8	0.1	19.1	19.0	28.1	13.9
	小学	20.9	0.3	22.0	18.7	30.4	7.7
	初中	23.8	0.2	21.5	13.8	31.5	9.2
	高中	26.9	0.3	19.3	12.8	29.7	11.0
	大学及以上	31.3	0.2	17.8	11.3	27.7	11.7
职业类别	干部/管理人员	32.5	0.2	10.3	17.9	23.3	15.8
	个体/私营企业人员	23.3	0.3	20.6	13.7	32.8	9.3
	初级公务员/雇员	28.2	0.2	21.7	11.2	27.0	11.7
	工人	20.8	0.2	27.7	16.0	28.5	6.8
	学生	23.4	0.2	14.4	12.0	37.3	12.7
	无业	26.0	0.2	18.7	15.7	29.6	9.8
	其他	16.4	0.6	31.9	22.2	24.4	4.5
个人月收入	0—600 元	20.8	0.2	19.9	15.1	34.0	10.0
	601—1200 元	21.5	0.3	24.9	14.2	31.5	7.6
	1201—1700 元	26.3	0.3	18.7	15.6	26.8	12.3
	1701—2600 元	33.1	0.3	16.9	12.5	26.8	10.4
	2601 元及以上	30.0	0.2	18.9	13.4	25.4	12.1

表 3.36.3　2012 年福州市场各类频道在不同时段的市场占有率（%）

时间段	中央台频道	中国教育台频道	福建省级频道	福州市级频道	其他省级卫视频道	其他频道
02:00—03:00	27.9	0.8	13.0	5.3	33.2	19.8
03:00—04:00	28.3	0.6	12.0	5.7	30.9	22.5
04:00—05:00	30.6	0.5	11.6	5.3	30.0	22.1
05:00—06:00	32.4	0.4	12.4	5.0	31.6	18.1
06:00—07:00	40.6	0.1	15.2	8.9	22.1	13.1
07:00—08:00	44.1	0.1	14.0	11.4	18.6	11.8
08:00—09:00	36.6	0.1	8.4	15.0	28.2	11.8
09:00—10:00	33.7	0.2	10.3	8.2	35.7	11.9
10:00—11:00	32.8	0.4	10.7	4.4	37.8	13.8
11:00—12:00	35.7	0.3	7.8	5.2	38.8	12.3
12:00—13:00	37.9	0.2	7.6	5.2	38.3	10.9
13:00—14:00	31.5	0.4	7.9	4.7	42.3	13.2
14:00—15:00	28.5	0.6	10.4	4.6	42.7	13.2
15:00—16:00	30.6	0.5	10.6	4.9	40.1	13.2
16:00—17:00	31.5	0.2	10.3	5.5	39.1	13.4
17:00—18:00	31.7	0.1	13.8	10.1	31.7	12.6
18:00—19:00	21.5	0.1	31.5	27.0	9.7	10.3
19:00—20:00	22.1	0.1	30.4	26.2	12.6	8.7
20:00—21:00	17.8	0.2	28.8	19.4	26.4	7.3
21:00—22:00	19.4	0.3	25.7	15.8	31.4	7.5
22:00—23:00	20.6	0.2	18.2	13.2	39.1	8.8
23:00—24:00	23.5	0.2	15.7	8.9	41.9	9.8
24:00—25:00	27.6	0.3	14.0	4.7	41.0	12.4
25:00—26:00	26.8	0.8	15.4	4.5	36.2	16.3

表 3.36.4　2012 年福州市场收视份额排名前十位的频道

名次	频道名称	收视份额（%）
1	福州电视台都市生活频道	5.4
2	福建省广播影视集团东南电视台	4.2
3	福州电视台影视频道	4.0
4	中央电视台综合频道	3.8
5	福建省广播影视集团新闻频道	3.7
6	湖南电视台卫星频道	3.5
7	中央台四套	3.4
8	福州电视台新闻综合频道	3.0
9	安徽卫视	2.7
10	中央台八套	2.6

表 3.36.5 2012 年福州市场各主要频道的观众构成（%）

目标观众		所有频道	主要频道				
			福州电视台都市生活频道	福建省广播影视集团东南电视台	福州电视台影视频道	中央电视台综合频道	福建省广播影视集团新闻频道
4 岁及以上所有人		100.0	100.0	100.0	100.0	100.0	100.0
性别	男	46.3	43.4	45.6	43.3	48.0	50.2
	女	53.7	56.6	54.4	56.7	52.0	49.8
年龄	4—14 岁	8.3	5.8	7.8	8.1	7.0	7.2
	15—24 岁	10.6	8.3	12.2	9.1	7.2	7.4
	25—34 岁	12.7	21.3	16.9	10.2	15.9	13.2
	35—44 岁	17.1	9.6	18.3	18.9	16.8	19.9
	45—54 岁	22.3	23.9	17.9	19.1	20.4	20.3
	55—64 岁	18.3	23.0	15.0	10.0	19.0	21.8
	65 岁及以上	10.7	8.1	11.9	24.7	13.8	10.3
教育程度	未受过正规教育	5.5	7.9	3.6	7.2	4.4	5.3
	小学	18.0	27.2	24.1	28.2	12.6	9.9
	初中	28.4	23.7	23.0	29.9	27.5	31.2
	高中	32.6	30.0	37.0	24.2	35.0	34.1
	大学及以上	15.4	11.2	12.3	10.6	20.5	19.4
职业类别	干部/管理人员	3.1	6.4	1.3	1.9	5.3	1.5
	个体/私营企业人员	17.3	15.8	15.6	17.7	16.4	14.9
	初级公务员/雇员	21.2	16.8	21.3	13.5	25.2	29.0
	工人	8.4	9.4	18.7	10.2	6.4	10.9
	学生	10.1	5.3	6.5	12.4	8.3	5.8
	无业	37.0	40.0	33.0	39.5	36.3	36.1
	其他	2.9	6.4	3.6	4.8	2.1	1.8
个人月收入	0—600 元	30.5	29.8	26.0	38.2	22.9	25.4
	601—1200 元	22.1	25.6	32.4	20.0	18.6	22.8
	1201—1700 元	16.6	16.5	14.7	19.8	18.1	17.5
	1701—2600 元	18.6	18.6	14.1	12.4	23.4	15.9
	2601 元及以上	12.1	9.6	12.9	9.6	17.0	18.4

表 3.36.6 2010—2012 年福州市场各类节目的播出份额（%）和收视份额（%）

节目类别	2010 年		2011 年		2012 年	
	播出份额	收视份额	播出份额	收视份额	播出份额	收视份额
财经	2.8	1.0	2.6	1.1	2.3	0.8
电视剧	22.5	29.3	21.5	29.3	21.3	31.1
电影	3.2	5.7	3.5	3.7	3.6	2.6
法制	1.0	0.8	0.8	0.8	0.8	0.8
教学	0.6	0.2	0.5	0.4	0.4	0.2
青少	7.9	5.3	8.1	4.5	7.6	4.3
生活服务	7.6	6.9	8.2	6.9	8.9	7.7
体育	2.2	2.3	1.9	1.6	2.0	2.3
外语	0.1	0.1	0.0	0.0	0.0	0.0
戏剧	1.0	0.1	1.0	0.1	1.0	0.1
新闻/时事	14.1	15.3	13.7	14.2	15.1	14.3
音乐	2.6	0.5	2.8	0.7	2.5	0.8
专题	10.4	7.5	11.3	9.2	11.8	10.1
综艺	9.3	10.6	9.7	13.0	8.5	11.5
其他	14.9	14.6	14.2	14.5	14.2	13.4

表 3.36.7　2012 年福州市场所有节目收视率排名前三十位

名次	节目名称	节目类型	播出频道	平均收视率(%)	平均占有率(%)
1	2012 春节联欢晚会	综艺	中央电视台综合频道	15.3	30.1
2	福州月中华情 2012 年中央电视台中秋晚会	综艺	中央电视台综合频道	10.5	22.4
3	2012 年伦敦奥运会羽毛球男单颁奖仪式	体育	中央电视台综合频道	9.2	22.9
4	2012 年第 30 届奥运会跳水女子双人 10 米台决赛	体育	中央台五套	8.2	25.9
5	2012 元宵晚会	综艺	中央电视台综合频道	7.7	18.2
6	2012 年第 30 届奥运会体操女子高低杠决赛	体育	中央台五套	7.5	21.6
7	2012 年第 30 届奥运会羽毛球男单决赛	体育	中央电视台综合频道	7.5	19.3
8	中国好声音巅峰时刻	综艺	浙江卫视	6.5	15.4
9	2012 年第 30 届奥运会女排小组赛 B 组（中国 VS 韩国）	体育	中央台五套	5.9	18.1
10	现场直播：2012 年第 30 届奥运会乒乓球男团决赛	体育	中央电视台综合频道	5.2	28.6
11	2012 年第 30 届奥运会游泳预赛	体育	中央台五套	5.1	12.9
12	2012 年第 30 届奥运会男子篮球决赛（西班牙队 VS 美国队）	体育	中央台五套	4.8	20.2
13	流泪的新娘	电视剧	福建省广播影视集团东南电视台	4.8	13.5
14	2012 年第 30 届奥运会赛艇女子四人双桨决赛	体育	中央台五套	4.6	16.0
15	2012 年第 30 届奥运会田径男子 110 米栏预赛	体育	中央台五套	4.4	30.8
16	2012 年第 30 届奥运会射箭男子个人赛 1/4 决赛	体育	中央台五套	4.4	12.0
17	国色天香	电视剧	福建省广播影视集团东南电视台	4.2	13.0
18	怪侠欧阳德	电视剧	福建省广播影视集团东南电视台	4.2	12.0
19	攀讲故事会	专题	福州电视台都市生活频道	4.1	14.4
20	微博达人	电视剧	福建省广播影视集团东南电视台	4.1	11.8
21	客家之歌龙耀千秋大型电视晚会	综艺	福建省广播影视集团东南电视台	4.1	10.9
22	天涯赤子心	电视剧	福建省广播影视集团东南电视台	4.0	11.0
23	无懈可击美女如云	电视剧	福建省广播影视集团东南电视台	4.0	10.9
24	中华情海峡缘海峡论坛开幕式暨综艺晚会	综艺	福建省广播影视集团东南电视台	4.0	10.5
25	宫锁珠帘	电视剧	湖南电视台卫星频道	3.9	18.6
26	现场直播：2012 年第 30 届奥运会女子举重 75 公斤以上级决赛	体育	中央电视台综合频道	3.9	16.2
27	独立纵队	电视剧	福州电视台影视频道	3.9	11.1
28	扇娘	电视剧	福建省广播影视集团东南电视台	3.9	10.8
29	苏东坡	电视剧	福建省广播影视集团东南电视台	3.8	11.2
30	攀讲	专题	福州电视台都市生活频道	3.7	10.7

表 3.36.8　2012 年福州市场电视剧收视率排名前十位

名次	节目名称	播出频道	平均收视率（%）	平均占有率（%）
1	流泪的新娘	福建省广播影视集团东南电视台	4.8	13.5
2	国色天香	福建省广播影视集团东南电视台	4.2	13.0
3	怪侠欧阳德	福建省广播影视集团东南电视台	4.2	12.0
4	微博达人	福建省广播影视集团东南电视台	4.1	11.8
5	天涯赤子心	福建省广播影视集团东南电视台	4.0	11.0
6	无懈可击美女如云	福建省广播影视集团东南电视台	4.0	10.9
7	宫锁珠帘	湖南电视台卫星频道	3.9	18.6
8	独立纵队	福州电视台影视频道	3.9	11.1
9	扇娘	福建省广播影视集团东南电视台	3.9	10.8
10	苏东坡	福建省广播影视集团东南电视台	3.8	11.2

表 3.36.9　2012 年福州市场新闻节目收视率排名前十位

名次	节目名称	播出频道	平均收视率（%）	平均占有率（%）
1	现场	福建省广播影视集团新闻频道	3.2	13.4
2	环球报道	福建省广播影视集团新闻频道	2.7	9.3
3	新闻联播	中央电视台综合频道	2.3	8.0
4	新闻 110	福州电视台新闻综合频道	2.2	10.8
5	海峡夜航	福建省广播影视集团东南电视台	2.2	6.6
6	第 1 现场	福建省广播影视集团新闻频道	2.1	11.0
7	神九飞天再探天宫	中央台四套	1.7	6.6
8	今日关注	中央台四套	1.7	5.0
9	福州新闻	福州电视台新闻综合频道	1.6	6.4
10	网事知多少	福州电视台都市生活频道	1.6	6.3

表 3.36.10　2012 年福州市场专题节目收视率排名前十位

名次	节目名称	播出频道	平均收视率（%）	平均占有率（%）
1	攀讲故事会	福州电视台都市生活频道	4.1	14.4
2	攀讲	福州电视台都市生活频道	3.7	10.7
3	新闻频道 315 特别节目春天的力量消费与安全	福建省广播影视集团新闻频道	3.1	17.1
4	一年又一年	中央电视台综合频道	3.1	12.8
5	坚贞三位新四军大姐的故事	福建省广播影视集团东南电视台	2.7	7.7
6	酷我真声音	浙江卫视	2.1	10.9
7	天职福建精神在厦航特别节目	福建省广播影视集团东南电视台	1.9	6.1
8	突围国门初开的岁月	福建省广播影视集团东南电视台	1.8	6.7
9	祥龙闹元宵	福建省广播影视集团新闻频道	1.6	5.6
10	迷案记	福州电视台影视频道	1.5	5.5

表 3.36.11　2012 年福州市场综艺节目收视率排名前十位

名次	节目名称	播出频道	平均收视率(%)	平均占有率(%)
1	2012 春节联欢晚会	中央电视台综合频道	15.3	30.1
2	福州月中华情 2012 年中央电视台中秋晚会	中央电视台综合频道	10.5	22.4
3	2012 元宵晚会	中央电视台综合频道	7.7	18.2
4	中国好声音巅峰时刻	浙江卫视	6.5	15.4
5	客家之歌龙耀千秋大型电视晚会	福建省广播影视集团东南电视台	4.1	10.9
6	中华情海峡缘海峡论坛开幕式暨综艺晚会	福建省广播影视集团东南电视台	4.0	10.5
7	2012 春节联欢晚会	湖南电视台卫星频道	3.4	12.6
8	普照万方妈祖之光大型电视晚会	福建省广播影视集团东南电视台	3.4	9.6
9	元宵喜乐会 2012	湖南电视台卫星频道	3.4	9.4
10	2012 春节联欢晚会	中央台四套	3.3	6.6

表 3.36.12　2012 年福州市场体育节目收视率排名前十位

名次	节目名称	播出频道	平均收视率(%)	平均占有率(%)
1	2012 年伦敦奥运会羽毛球男单颁奖仪式	中央电视台综合频道	9.2	22.9
2	2012 年第 30 届奥运会跳水女子双人 10 米台决赛	中央台五套	8.2	25.9
3	2012 年第 30 届奥运会体操女子高低杠决赛	中央台五套	7.5	21.6
4	2012 年第 30 届奥运会羽毛球男单决赛	中央电视台综合频道	7.5	19.3
5	2012 年第 30 届奥运会女排小组赛 B 组（中国 VS 韩国）	中央台五套	5.9	18.1
6	现场直播：2012 年第 30 届奥运会乒乓球男团决赛	中央电视台综合频道	5.2	28.6
7	2012 年第 30 届奥运会游泳预赛	中央台五套	5.1	12.9
8	2012 年第 30 届奥运会男子篮球决赛（西班牙队 VS 美国队）	中央台五套	4.8	20.2
9	2012 年第 30 届奥运会赛艇女子四人双桨决赛	中央台五套	4.6	16.0
10	2012 年第 30 届奥运会田径男子 110 米栏预赛	中央台五套	4.4	30.8

三十七、广州收视数据

表 3.37.1 2008—2012 年广州市场各类频道的市场占有率（%）

频道类别	年份				
	2008 年	2009 年	2010 年	2011 年	2012 年
中央台频道	10.5	9.9	9.5	10.3	12.5
中国教育台频道	0.1	0.1	0.1	0.1	0.1
广东台频道	14.5	16.8	21.0	22.2	22.9
南方台频道	14.5	16.9	16.7	14.4	13.3
广州台频道	16.4	16.1	15.2	16.7	16.6
其他省级卫视频道	6.7	7.8	8.8	11.9	12.5
境外频道	33.3	27.5	22.7	18.7	15.7
其他频道	4.0	4.9	6.0	5.7	6.4

表 3.37.2 2012 年广州市场各类频道在各目标观众中的市场占有率（%）

目标观众		中央台频道	中国教育台频道	广东台频道	南方台频道	广州台频道	其他省级卫视频道	境外频道	其他频道
4 岁及以上所有人		12.5	0.1	22.9	13.3	16.6	12.5	15.7	6.4
性别	男	13.9	0.1	23.5	12.9	15.9	12.0	15.1	6.6
	女	11.1	0.1	22.4	13.8	17.3	12.9	16.2	6.2
年龄	4—14 岁	11.4	0.1	22.8	18.5	11.7	17.3	9.5	8.7
	15—24 岁	8.0	0.1	24.6	14.6	12.9	11.3	20.9	7.6
	25—34 岁	13.2	0.1	24.6	14.3	13.1	12.9	16.1	5.7
	35—44 岁	14.2	0.1	21.9	11.7	13.6	15.0	15.4	8.1
	45—54 岁	10.7	0.1	24.0	11.9	18.0	12.2	16.6	6.5
	55—64 岁	13.8	0.1	20.0	11.7	25.3	10.3	14.2	4.6
	65 岁及以上	16.4	0.0	22.2	13.0	23.0	6.4	15.6	3.4
教育程度	未受过正规教育	13.9	0.1	22.6	18.3	14.4	12.5	10.9	7.3
	小学	10.2	0.0	27.1	15.2	20.4	11.2	10.6	5.3
	初中	10.2	0.1	23.2	14.3	17.4	11.7	15.8	7.3
	高中	12.7	0.1	22.6	12.9	15.3	12.6	17.3	6.5
	大学及以上	17.9	0.1	19.2	9.7	14.3	14.8	18.9	5.1
职业类别	干部/管理人员	17.5	0.1	18.6	10.3	14.8	16.3	15.8	6.6
	个体/私营企业人员	16.0	0.1	24.8	9.8	13.9	14.7	13.6	7.1
	初级公务员/雇员	12.1	0.1	22.9	11.6	15.5	13.2	19.8	4.8
	工人	10.8	0.1	24.8	14.9	16.2	11.1	15.5	6.6
	学生	9.6	0.1	20.8	16.6	11.6	17.6	15.3	8.4
	无业	13.4	0.1	21.5	13.0	20.2	10.5	14.8	6.5
	其他	7.8	0.0	35.7	19.0	17.1	5.7	12.3	2.4
个人月收入	0—600 元	10.4	0.1	23.9	16.2	14.0	13.6	13.7	8.1
	601—1200 元	10.4	0.1	26.5	15.6	18.1	11.1	13.1	5.1
	1201—1700 元	10.5	0.0	23.2	14.0	17.8	12.2	16.1	6.2
	1701—2600 元	11.9	0.1	22.0	13.5	18.3	11.1	17.7	5.4
	2601 元及以上	17.1	0.1	21.2	8.8	16.4	13.3	16.9	6.2

表 3.37.3　2012 年广州市场各类频道在不同时段的市场占有率（%）

时间段	中央台频道	中国教育台频道	广东台频道	南方台频道	广州台频道	其他省级卫视频道	境外频道	其他频道
02:00—03:00	18.7	0.2	23.1	5.3	13.0	16.9	12.8	10.0
03:00—04:00	17.7	0.1	31.5	2.7	10.9	15.3	10.7	11.1
04:00—05:00	19.1	0.1	32.2	2.2	9.2	16.2	10.1	10.9
05:00—06:00	22.3	0.2	25.0	2.8	10.6	16.0	15.1	8.0
06:00—07:00	17.8	0.0	20.2	3.7	26.0	13.3	13.6	5.4
07:00—08:00	15.6	0.0	19.8	10.6	30.0	7.2	9.7	7.1
08:00—09:00	19.4	0.1	19.9	9.3	20.6	13.0	11.1	6.6
09:00—10:00	23.4	0.1	20.5	10.3	12.9	17.8	7.1	7.9
10:00—11:00	22.3	0.2	20.4	12.2	11.5	19.3	5.9	8.2
11:00—12:00	18.1	0.1	26.3	12.0	11.5	16.2	8.9	6.9
12:00—13:00	13.1	0.0	20.0	15.1	16.7	13.2	15.0	6.9
13:00—14:00	13.5	0.1	20.2	21.2	15.5	13.0	9.0	7.5
14:00—15:00	15.7	0.2	19.5	15.5	15.8	16.4	8.7	8.2
15:00—16:00	16.8	0.2	15.6	14.3	16.3	17.7	9.9	9.2
16:00—17:00	17.9	0.1	18.2	13.3	15.6	18.2	5.8	10.9
17:00—18:00	17.8	0.1	19.2	16.7	12.8	15.8	7.4	10.2
18:00—19:00	10.3	0.0	24.7	18.9	21.9	4.7	12.6	6.9
19:00—20:00	10.3	0.0	28.2	19.2	21.6	5.9	8.1	6.7
20:00—21:00	9.9	0.1	23.7	17.6	15.1	11.5	16.8	5.3
21:00—22:00	9.6	0.1	24.2	8.0	12.1	13.3	28.5	4.2
22:00—23:00	9.0	0.1	15.4	7.2	20.7	14.9	27.8	4.9
23:00—24:00	12.7	0.0	29.3	7.2	14.3	15.9	14.8	5.8
24:00—25:00	16.4	0.1	26.0	6.7	12.5	15.7	15.1	7.5
25:00—26:00	16.3	0.1	28.0	6.0	11.5	15.0	14.8	8.3

表 3.37.4　2012 年广州市场收视份额排名前十位的频道

排名	频道名称	收视份额（%）
1	广东电视台珠江频道	11.8
2	广州电视台综合频道	6.3
3	南方卫视 TVS—2	4.7
4	翡翠台（中文）（广州其他有线网转播）	4.2
5	广州电视台新闻频道	3.9
6	广州电视台影视频道	3.8
7	市网翡翠台（中文）	3.7
8	南方电视台影视频道	3.5
9	省网翡翠台（中文）	3.3
10	广东电视新闻频道	2.9

表 3.37.5 2012 年广州市场各主要频道的观众构成（%）

目标观众		所有频道	主要频道				
			广东电视台珠江频道	广州电视台综合频道	南方卫视 TVS—2	翡翠台（中文）（广州其他有线网转播）	广州电视台新闻频道
4 岁及以上所有人		100.0	100.0	100.0	100.0	100.0	100.0
性别	男	49.9	47.7	46.9	44.6	42.2	45.0
	女	50.1	52.3	53.1	55.4	57.8	55.0
年龄	4—14 岁	9.7	8.5	5.1	10.6	6.3	5.9
	15—24 岁	12.0	14.0	7.4	14.7	23.6	9.6
	25—34 岁	19.2	19.6	12.6	20.8	26.7	17.1
	35—44 岁	16.9	16.6	13.7	14.7	12.5	14.6
	45—54 岁	18.9	20.3	20.2	17.4	22.6	22.3
	55—64 岁	15.4	13.0	25.4	14.2	5.0	22.7
	65 岁及以上	7.9	8.0	15.6	7.6	3.3	7.8
教育程度	未受过正规教育	3.9	2.8	3.3	4.2	2.4	2.7
	小学	17.8	23.5	25.3	18.0	15.5	14.7
	初中	29.1	31.7	28.3	28.8	34.9	29.0
	高中	31.8	30.5	29.5	34.9	37.0	33.7
	大学及以上	17.4	11.5	13.6	14.1	10.2	20.0
职业类别	干部/管理人员	5.1	3.1	4.9	4.9	4.9	4.0
	个体/私营企业人员	9.5	8.6	6.1	7.5	5.1	8.7
	初级公务员/雇员	16.1	14.6	13.6	15.1	20.7	18.3
	工人	22.4	27.5	22.1	24.3	29.5	22.5
	学生	11.4	10.3	5.6	13.9	13.4	7.7
	无业	32.6	29.0	44.9	30.4	22.5	37.7
	其他	2.9	6.9	2.8	3.9	3.9	1.1
个人月收入	0—600 元	27.2	29.7	21.2	30.6	30.9	19.9
	601—1200 元	11.0	14.5	11.6	11.5	12.3	9.3
	1201—1700 元	11.4	13.0	12.9	13.3	16.8	12.8
	1701—2600 元	25.1	23.2	29.5	27.7	22.6	28.2
	2601 元及以上	25.3	19.6	24.9	16.9	17.4	29.8

表 3.37.6 2010—2012 年广州市场各类节目的播出份额（%）和收视份额（%）

节目类别	2010 年		2011 年		2012 年	
	播出份额	收视份额	播出份额	收视份额	播出份额	收视份额
财经	2.9	0.8	2.9	0.7	2.4	0.5
电视剧	25.7	30.3	24.8	29.7	19.5	29.1
电影	4.7	6.9	4.2	5.2	4.0	3.6
法制	0.9	0.8	0.8	0.7	0.9	0.5
教学	0.6	0.1	0.5	0.1	0.2	0.0
青少	6.1	3.6	6.1	4.3	6.7	4.1
生活服务	8.3	6.2	8.8	6.5	9.0	6.4
体育	3.8	7.2	3.5	5.5	3.1	4.7
外语	0.3	0.0	0.3	0.0	0.3	0.0
戏剧	0.9	0.7	1.0	0.7	0.8	0.3
新闻/时事	10.7	15.4	10.8	16.2	15.1	20.0
音乐	2.6	0.7	2.5	0.6	2.2	0.5
专题	10.5	5.0	11.5	6.1	12.5	6.6
综艺	6.9	7.1	7.4	8.4	8.5	8.9
其他	15.1	15.2	14.9	15.3	14.7	14.7

表 3.37.7　2012 年广州市场所有节目收视率排名前三十位

名次	节目名称	节目类型	播出频道	平均收视率（%）	平均占有率（%）
1	龙腾贺岁万家欢	综艺	广东电视台珠江频道	9.2	22.5
2	龙腾水舞新广州 2012 年广州春节焰火晚会	综艺	广州电视台综合频道	7.5	20.3
3	2012 春节联欢晚会	综艺	中央电视台综合频道	6.6	16.5
4	外来媳妇本地郎	电视剧	广东电视台珠江频道	6.3	19.1
5	今日关注	新闻/时事	广东电视台珠江频道	6.2	17.4
6	2012 年亚足联冠军联赛 1/8 决赛 9（广州恒大 VSFC 东京）	体育	广东电视体育频道	6.2	16.3
7	2012 年第 30 届奥运会羽毛球男单决赛	体育	广东电视体育频道	6.2	15.8
8	幸福长鹿闹元宵广东电视台珠江频道 2012 年元宵晚会	综艺	广东电视台珠江频道	6.0	16.1
9	天涯赤子心	电视剧	广东电视台珠江频道	5.7	16.7
10	麦王争霸 2012 粤语歌唱大汇全球总决赛（12 月 1 日）	综艺	广东电视台珠江频道	5.6	20.3
11	2012 年第 30 届奥运会游泳预赛（7 月 31 日）	体育	中央台五套	5.6	13.9
12	2012 年第 30 届奥运会跳水男子双人 10 米跳台决赛	体育	中央台五套	5.5	15.9
13	薛平贵与王宝钏	电视剧	广东电视台珠江频道	5.5	15.7
14	海阔天空珠江流行音乐歌会	音乐	广东电视台珠江频道	5.4	20.2
15	粤韵风华中秋特别节目宝墨群星闹中秋	综艺	广东电视台珠江频道	5.4	17.6
16	广州广播电视台合府统请幸福年 2012 广州春节晚会	综艺	广州电视台综合频道	5.4	13.3
17	麦王争霸粤语歌唱大汇有你撑场粤唱越响（1 月 14 日，总决赛）	综艺	广东电视台珠江频道	5.3	21.0
18	2012 年中国足协超级联赛第 19 轮（广州恒大 VS 上海申花）	体育	广东电视体育频道	5.2	13.8
19	2012 年第 30 届奥运会体操女子平衡木决赛	体育	中央台五套	5.2	13.5
20	广视新闻	新闻/时事	广州电视台综合频道	5.1	20.2
21	我的如意狼君（1 月 2 日）	电视剧	市网翡翠台（中文）	5.1	15.0
22	叮王争霸我要上春晚	综艺	广东电视台珠江频道	5.1	14.4
23	中国好声音巅峰时刻	综艺	浙江卫视	5.0	16.3
24	错嫁	电视剧	广东电视台珠江频道	5.0	14.4
24	桃花劫	电视剧	广东电视台珠江频道	5.0	13.9
26	奥运会体操女子平衡木颁奖仪式	体育	中央台五套	4.9	15.1
27	笑红颜	电视剧	广东电视台珠江频道	4.7	13.4
28	怪侠欧阳德	电视剧	广东电视台珠江频道	4.6	12.9
29	缺宅男女	电视剧	市网翡翠台（中文）	4.5	14.1
30	万千星辉颁奖典礼 2012	综艺	市网翡翠台（中文）	4.5	13.5

表 3.37.8　2012 年广州市场电视剧收视率排名前十位

名次	节目名称	播出频道	平均收视率（%）	平均占有率（%）
1	外来媳妇本地郎	广东电视台珠江频道	6.3	19.1
2	天涯赤子心	广东电视台珠江频道	5.7	16.7
3	薛平贵与王宝钏	广东电视台珠江频道	5.5	15.7
4	我的如意狼君（1 月 2 日）	市网翡翠台（中文）	5.1	15.0
5	错嫁	广东电视台珠江频道	5.0	14.4
6	桃花劫	广东电视台珠江频道	5.0	13.9
7	笑红颜	广东电视台珠江频道	4.7	13.4
8	怪侠欧阳德	广东电视台珠江频道	4.6	12.9
9	缺宅男女	市网翡翠台（中文）	4.5	14.1
10	还珠格格之人儿何处归	广东电视台珠江频道	4.5	12.4

表 3.37.9　2012 年广州市场新闻节目收视率排名前十位

名次	节目名称	播出频道	平均收视率（%）	平均占有率（%）
1	今日关注	广东电视台珠江频道	6.2	17.4
2	广视新闻	广州电视台综合频道	5.1	20.2
3	今日最新闻	南方卫视 TVS—2	3.9	10.6
4	珠江新闻眼	广东电视台珠江频道	3.1	15.6
5	新闻日日睇	广州电视台新闻频道	3.1	9.5
6	DV 现场	广东电视台公共频道	2.4	7.4
7	今日报道	广州电视台综合频道	2.0	5.5
8	军情观察室	凤凰卫视中文台	1.8	5.7
9	新闻最前线	广东电视新闻频道	1.8	5.1
10	2012 行政长官候选人答问大会	市网翡翠台（中文）	1.6	4.4

表 3.37.10　2012 年广州市场专题节目收视率排名前十位

名次	节目名称	播出频道	平均收视率（%）	平均占有率（%）
1	城事特搜	南方卫视 TVS—2	3.0	9.2
2	真情追踪	广州电视台影视频道	2.7	9.2
3	酷我真声音	浙江卫视	1.8	8.0
4	石破天惊说甄嬛	安徽卫视	1.7	4.7
5	青盲拍案惊奇	安徽卫视	1.7	4.6
6	最佳男主角绝密档案	省网翡翠台（中文）	1.6	6.3
6	盛女爱作战	省网翡翠台（中文）	1.5	6.0
8	建设文化强省系列节目岭南文化名城行	广东电视台珠江频道	1.5	4.8
9	最佳男主角	省网翡翠台（中文）	1.4	6.0
10	我们的节日端午中华长歌行	广州电视台综合频道	1.4	4.1

表 3.37.11 2012 年广州市场综艺节目收视率排名前十位

名次	节目名称	播出频道	平均收视率(%)	平均占有率(%)
1	龙腾贺岁万家欢	广东电视台珠江频道	9.2	22.5
2	龙腾水舞新广州 2012 年广州春节焰火晚会	广州电视台综合频道	7.5	20.3
3	2012 春节联欢晚会	中央电视台综合频道	6.6	16.5
4	幸福长鹿闹元宵广东电视台珠江频道 2012 年元宵晚会	广东电视台珠江频道	6.0	16.1
5	麦王争霸 2012 粤语歌唱大汇全球总决赛（12 月 1 日）	广东电视台珠江频道	5.6	20.3
6	粤韵风华中秋特别节目宝墨群星闹中秋	广东电视台珠江频道	5.4	17.6
7	广州广播电视台合府统请幸福年 2012 广州春节晚会	广州电视台综合频道	5.4	13.3
8	麦王争霸粤语歌唱大汇有你撑场粤唱越响（1 月 14 日，总决赛）	广东电视台珠江频道	5.3	21.0
9	叮王争霸我要上春晚	广东电视台珠江频道	5.1	14.4
10	中国好声音巅峰时刻	浙江卫视	5.0	16.3

表 3.37.12 2012 年广州市场体育节目收视率排名前十位

名次	节目名称	播出频道	平均收视率(%)	平均占有率(%)
1	2012 年亚足联冠军联赛 1/8 决赛 9（广州恒大 VSFC 东京）	广东电视体育频道	6.2	16.3
2	2012 年第 30 届奥运会羽毛球男单决赛	广东电视体育频道	6.2	15.8
3	2012 年第 30 届奥运会游泳预赛（7 月 31 日）	中央台五套	5.6	13.9
4	2012 年第 30 届奥运会跳水男子双人 10 米跳台决赛	中央台五套	5.5	15.9
5	2012 年中国足协超级联赛第 19 轮（广州恒大 VS 上海申花）	广东电视体育频道	5.2	13.8
6	2012 年第 30 届奥运会体操女子平衡木决赛	中央台五套	5.2	13.5
7	奥运会体操女子平衡木颁奖仪式	中央台五套	4.9	15.1
8	2011/2012 赛季 CBA 总决赛第五场（北京金隅 VS 广东东莞银行）	广东电视体育频道	4.1	11.1
9	2012 年第 30 届奥运会射击男子 50 米步枪三姿决赛	广东电视体育频道	3.9	9.9
10	现场直播：2012 年第 30 届奥运会乒乓球男单决赛	中央台五套	3.6	15.7

三十八、贵阳收视数据

表 3.38.1 2008—2012 年贵阳市场各类频道的市场占有率（%）

频道类别	年份				
	2008 年	2009 年	2010 年	2011 年	2012 年
中央台频道	36.2	33.5	36.4	32.6	32.8
中国教育台频道	0.2	0.2	0.1	0.5	0.2
贵州省级频道	26.9	26.4	24.2	22.6	21.3
贵阳市级频道	15.3	15.9	12.7	5.1	6 9
其他省级卫视频道	14.6	18.6	22.5	30.4	31.1
其他频道	6.9	5.4	4.2	8.8	7.7

表 3.38.2 2012 年贵阳市场各类频道在不同目标观众中的市场占有率（%）

目标观众		中央台频道	中国教育台频道	贵州省级频道	贵阳市级频道	其他省级卫视频道	其他频道
4 岁及以上所有人		32.8	0.2	21.3	6.9	31.1	7.7
性别	男	34.6	0.2	20.5	7.2	29.9	7.6
	女	31.0	0.2	22.0	6.7	32.4	7.7
年龄	4—14 岁	26.3	0.2	18.2	7.5	38.8	9.0
	15—24 岁	28.1	0.3	25.6	7.3	30.2	8.5
	25—34 岁	31.7	0.2	20.1	4.5	34.3	9.2
	35—44 岁	28.8	0.2	25.7	7.9	28.9	8.5
	45—54 岁	31.3	0.3	21.1	8.1	31.5	7.7
	55—64 岁	36.6	0.2	20.2	7.1	30.2	5.7
	65 岁及以上	43.6	0.3	19.5	6.4	24.8	5.4
教育程度	未受过正规教育	28.7	0.2	19.0	7.3	37.4	7.4
	小学	29.4	0.3	21.0	7.5	34.3	7.5
	初中	31.8	0.2	22.5	7.7	30.8	7.0
	高中	33.0	0.2	23.8	5.6	29.4	8.0
	大学及以上	37.1	0.2	17.7	6.6	29.8	8.6
职业类别	干部/管理人员	46.4	0.2	18.8	4.8	20.4	9.4
	个体/私营企业人员	31.2	0.2	22.8	7.8	29.2	8.8
	初级公务员/雇员	32.3	0.2	22.0	5.6	31.7	8.2
	工人	25.0	0.2	24.0	6.8	33.9	10.1
	学生	27.2	0.2	21.8	6.5	34.8	9.5
	无业	36.3	0.2	19.7	7.1	31.0	5.7
	其他	14.0	0.5	26.3	17.1	30.6	11.5
个人月收入	0—600 元	28.9	0.3	20.8	6.9	34.9	8.2
	601—1200 元	27.1	0.3	24.9	7.7	33.7	6.3
	1201—1700 元	35.2	0.2	19.9	5.9	31.6	7.2
	1701—2600 元	35.3	0.2	21.8	6.9	27.5	8.3
	2601 元及以上	37.8	0.2	19.7	8.2	27.0	7.1

表 3. 38. 3　2012 年贵阳市场各类频道在不同时段的市场占有率（%）

时间段	中央台频道	中国教育台频道	贵州省级频道	贵阳市级频道	其他省级卫视频道	其他频道
02:00—03:00	35. 5	0. 4	16. 1	3. 9	32. 0	12. 1
03:00—04:00	35. 5	0. 2	18. 3	3. 7	28. 9	13. 4
04:00—05:00	36. 3	0. 2	19. 6	3. 7	24. 5	15. 7
05:00—06:00	35. 6	0. 1	19. 4	3. 6	22. 5	18. 8
06:00—07:00	49. 3	0. 1	12. 6	3. 3	20. 5	14. 2
07:00—08:00	59. 5	0. 1	10. 0	2. 6	16. 6	11. 2
08:00—09:00	51. 3	0. 1	10. 3	3. 0	27. 4	7. 9
09:00—10:00	41. 5	0. 3	10. 1	3. 4	37. 3	7. 4
10:00—11:00	40. 1	0. 5	9. 3	3. 1	39. 1	7. 9
11:00—12:00	42. 9	0. 4	7. 7	3. 5	37. 6	7. 9
12:00—13:00	46. 9	0. 2	9. 2	3. 7	32. 6	7. 4
13:00—14:00	39. 6	0. 4	10. 9	2. 5	39. 0	7. 6
14:00—15:00	34. 8	0. 6	8. 6	2. 6	44. 8	8. 6
15:00—16:00	34. 4	0. 5	7. 2	3. 0	45. 6	9. 3
16:00—17:00	35. 1	0. 2	7. 6	3. 3	45. 1	8. 7
17:00—18:00	39. 0	0. 1	9. 5	2. 9	40. 3	8. 2
18:00—19:00	32. 4	0. 0	38. 8	5. 3	16. 7	6. 8
19:00—20:00	25. 2	0. 1	43. 3	14. 2	11. 7	5. 5
20:00—21:00	22. 7	0. 2	30. 6	16. 6	23. 9	6. 0
21:00—22:00	27. 2	0. 2	27. 0	9. 6	29. 3	6. 7
22:00—23:00	28. 8	0. 2	21. 3	5. 5	36. 5	7. 7
23:00—24:00	29. 1	0. 1	19. 7	4. 6	38. 2	8. 3
24:00—25:00	34. 1	0. 2	15. 1	4. 0	36. 6	10. 0
25:00—26:00	35. 3	0. 3	14. 3	4. 0	34. 6	11. 5

表 3. 38. 4　2012 年贵阳市场收视份额排名前十位的频道

名次	频道名称	收视份额（%）
1	贵州卫视	7. 0
2	贵州广播电视台公共频道	6. 9
3	中央电视台综合频道	5. 1
4	中央电视台新闻频道	4. 0
5	中央台六套	3. 8
5	浙江卫视	3. 8
5	中央台八套	3. 8
8	中央台三套	3. 7
9	湖南电视台卫星频道	2. 9
9	贵州广播电视台第五频道	2. 9

表 3.38.5 2012 年贵阳市场各主要频道的观众构成（%）

目标观众		所有频道	主要频道				
			贵州卫视	贵州广播电视台公共频道	中央电视台综合频道	中央电视台新闻频道	中央台六套
4 岁及以上所有人		100.0	100.0	100.0	100.0	100.0	100.0
性别	男	48.8	45.7	47.8	49.1	57.7	52.3
	女	51.2	54.3	52.2	50.9	42.3	47.7
年龄组	4—14 岁	12.9	8.6	10.6	10.8	6.2	11.2
	15—24 岁	6.4	8.6	6.7	4.9	9.2	6.4
	25—34 岁	15.6	14.2	16.5	10.7	9.9	20.3
	35—44 岁	17.3	20.0	20.0	15.1	13.5	20.5
	45—54 岁	16.2	15.3	18.2	12.5	17.3	15.5
	55—64 岁	16.8	17.8	15.8	18.2	16.5	15.6
	65 岁及以上	14.8	15.4	12.2	27.9	27.4	10.4
教育程度	未受过正规教育	5.2	4.7	3.5	4.4	2.1	3.2
	小学	15.0	13.1	12.8	11.9	13.3	12.7
	初中	34.5	32.5	38.5	32.6	29.5	39.8
	高中	21.9	29.3	24.0	23.6	22.7	19.0
	大学及以上	23.4	20.3	21.3	27.5	32.4	25.3
职业类别	干部/管理人员	2.6	2.7	2.6	4.8	5.2	2.9
	个体/私营企业人员	17.8	19.5	16.6	16.1	18.6	20.2
	初级公务员/雇员	20.5	22.8	22.6	17.0	16.1	26.1
	工人	5.1	6.3	5.8	2.5	2.9	5.2
	学生	12.0	12.3	11.7	11.1	7.7	12.5
	无业	40.3	35.1	38.7	47.9	49.3	31.5
	其他	1.7	1.4	2.1	0.6	0.2	1.6
个人月收入	0—600 元	25.4	22.3	23.2	19.6	20.8	23.2
	601—1200 元	14.5	13.8	18.4	12.1	6.9	15.7
	1201—1700 元	23.6	24.3	23.4	24.8	27.0	21.2
	1701—2600 元	23.5	27.5	23.2	24.5	28.1	26.8
	2601 元及以上	12.9	12.1	11.8	18.8	17.2	13.0

表 3.38.6 2010—2012 年贵阳市场各类节目的播出份额（%）和收视份额（%）

节目类型	2010 年		2011 年		2012 年	
	播出份额	收视份额	播出份额	收视份额	播出份额	收视份额
财经	2.9	0.8	2.6	0.9	2.2	0.7
电视剧	23.2	26.5	20.9	27.8	20.3	27.5
电影	2.9	1.9	3.5	4.8	4.1	4.0
法制	1.7	4.9	1.2	2.5	1.4	3.2
教学	0.5	0.2	0.5	0.2	0.4	0.1
青少	6.2	3.1	7.4	4.1	6.8	4.3
生活服务	7.7	6.5	9.1	8.2	9.0	8.7
体育	1.8	3.3	1.4	2.4	1.5	2.4
外语	0.1	0.0	0.0	0.0	0.0	0.0
戏剧	1.0	0.2	1.1	0.2	1.0	0.2
新闻/时事	14.4	18.0	13.5	15.0	15.3	16.8
音乐	2.8	0.5	3.0	0.9	2.6	0.9
专题	9.4	6.4	11.7	8.1	12.2	7.6
综艺	10.4	10.0	9.9	11.6	8.9	11.1
其他	15.1	17.9	14.2	13.3	14.4	12.7

表 3.38.7　2012 年贵阳市场所有节目收视率排名前三十位

名次	节目名称	节目类型	播出频道	平均收视率（%）	平均占有率（%）
1	2012 春节联欢晚会	综艺	中央电视台综合频道	17.9	35.4
2	神枪	电视剧	贵州卫视	11.3	23.6
3	2012 年第 30 届奥运会体操女子高低杠决赛	体育	中央台五套	10.8	22.8
4	孤岛飞鹰	电视剧	贵州卫视	10.7	22.5
5	2012 年第 30 届奥运会跳水男子双人 10 米跳台决赛	体育	中央台五套	9.8	27.2
6	百姓关注	新闻/时事	贵州广播电视台公共频道	9.7	26.5
7	2012 元宵晚会	综艺	中央电视台综合频道	9.5	21.3
8	独立纵队	电视剧	贵州卫视	8.9	19.9
9	遍地狼烟	电视剧	贵州卫视	8.7	20.9
10	密使	电视剧	贵州卫视	8.5	19.1
11	我是传奇	专题	贵州卫视	8.2	18.6
12	母子情仇	电视剧	贵州卫视	8.0	18.6
13	干得漂亮	电视剧	贵州卫视	7.8	16.7
14	英雄	电视剧	贵州卫视	7.7	16.0
15	良心无悔	电视剧	贵州卫视	7.5	17.5
16	2012 年第 30 届奥运会游泳多项预赛	体育	中央台五套	7.5	16.9
17	夺宝	电视剧	贵州卫视	7.4	17.7
18	我的抗战	电视剧	贵州卫视	7.4	16.2
19	2012 年第 30 届奥运会乒乓球男单第三轮	体育	中央台五套	7.3	16.9
20	决战黎明	电视剧	贵州卫视	7.3	16.4
21	2012 年伦敦奥运会羽毛球男单颁奖仪式	体育	中央电视台综合频道	7.3	16.0
22	万山剿匪记	电视剧	贵州卫视	7.2	15.4
23	2012 年第 30 届奥运会射击男子 10 米气步枪决赛	体育	中央台五套	7.1	18.4
24	2012	电影	中央台六套	6.9	21.3
25	晋中大捷	电视剧	贵州卫视	6.9	16.0
26	百花迎春中国文学艺术界 2012 春节大联欢	综艺	中央台三套	6.7	20.8
27	快乐中国 2012—2013 跨年狂欢夜	音乐	湖南电视台卫星频道	6.7	15.9
28	2012 根深叶茂贵州情四海贵州人春节联欢晚会	综艺	贵州卫视	6.7	15.7
29	小品荟萃	综艺	贵州卫视	6.7	15.0
30	天涯赤子心	电视剧	贵州卫视	6.4	14.3

表 3.38.8　2012 年贵阳市场电视剧收视率排名前十位

名次	节目名称	播出频道	平均收视率（%）	平均占有率（%）
1	神枪	贵州卫视	11.3	23.6
2	孤岛飞鹰	贵州卫视	10.7	22.5
3	独立纵队	贵州卫视	8.9	19.9
4	遍地狼烟	贵州卫视	8.7	20.9
5	密使	贵州卫视	8.5	19.1
6	母子情仇	贵州卫视	8.0	18.6
7	干得漂亮	贵州卫视	7.8	16.7
8	英雄	贵州卫视	7.7	16.0
9	良心无悔	贵州卫视	7.5	17.5
10	夺宝	贵州卫视	7.4	17.7

表 3.38.9　2012 年贵阳市场新闻节目收视率排名前十位

名次	节目名称	播出频道	平均收视率（%）	平均占有率（%）
1	百姓关注	贵州广播电视台公共频道	9.7	26.5
2	新闻当事人	贵州卫视	5.1	11.9
3	中共十八大代表省委常委贵阳市委书记李军谈学习贯彻十八大精神	贵阳广播电视台一套（新闻综合频道）	4.9	10.7
4	新闻今日谈	贵州广播电视台公共频道	4.6	10.4
5	新闻联播	中央电视台综合频道	3.8	10.2
6	胡锦涛主席抵达香港	中央电视台综合频道	3.4	21.6
7	直播贵阳	贵阳广播电视台三套（法制频道）	3.4	8.1
8	直播贵阳	贵阳广播电视台一套（新闻综合频道）	3.2	7.5
9	现场	贵州卫视	3.1	8.5
10	太空新旅神九返航	中央电视台综合频道	2.6	23.5

表 3.38.10　2012 年贵阳市场专题节目收视率排名前十位

名次	节目名称	播出频道	平均收视率（%）	平均占有率（%）
1	我是传奇	贵州卫视	8.2	18.6
2	双肩背出鱼水情	贵州卫视	5.6	12.2
3	一年又一年	中央电视台综合频道	5.5	15.5
4	记录	贵州卫视	5.5	12.5
5	安全密码	贵州卫视	5.1	12.1
6	祖国至上	贵州卫视	4.6	11.0
7	刁蛮新娘外传	贵州卫视	4.5	10.0
8	美丽心灵	贵州卫视	4.4	10.1
9	现场	贵州卫视	4.0	12.6
10	省委主要领导同志接待信访群众	贵州卫视	3.9	10.1

表 3. 38. 11　2012 年贵阳市场综艺节目收视率排名前十位

名次	节目名称	播出频道	平均收视率（%）	平均占有率（%）
1	2012 春节联欢晚会	中央电视台综合频道	15. 1	32. 3
2	2012 元宵晚会	中央电视台综合频道	9. 5	21. 3
3	百花迎春中国文学艺术界 2012 春节大联欢	中央台三套	6. 7	20. 8
4	2012 根深叶茂贵州情四海贵州人春节联欢晚会	贵州卫视	6. 7	15. 7
5	小品荟萃	贵州卫视	6. 7	15. 0
6	剧说风云	贵州卫视	5. 8	12. 9
7	道德之光贵州骄傲贵州省第三届道德模范颁奖晚会	贵州卫视	5. 6	12. 9
8	星光大道	中央电视台综合频道	5. 2	10. 6
9	贵阳 2013 筑城广场迎新仪式	贵州广播电视台大众生活频道	5. 1	10. 7
10	福州月中华情 2012 年中央电视台中秋晚会	中央电视台综合频道	5. 0	13. 7

表 3. 38. 12　2012 年贵阳市场体育节目收视率排名前十位

名次	节目名称	播出频道	平均收视率（%）	平均占有率（%）
1	2012 年第 30 届奥运会体操女子高低杠决赛	中央台五套	10. 8	22. 8
2	2012 年第 30 届奥运会跳水男子双人 10 米跳台决赛	中央台五套	9. 8	27. 2
3	2012 年第 30 届奥运会游泳多项预赛	中央台五套	7. 5	16. 9
4	2012 年第 30 届奥运会乒乓球男单第三轮	中央台五套	7. 3	16. 9
5	2012 年伦敦奥运会羽毛球男单颁奖仪式	中央电视台综合频道	7. 3	16. 0
6	2012 年第 30 届奥运会射击男子 10 米气步枪决赛	中央台五套	7. 1	18. 4
7	2012 年第 30 届奥运会射箭男子个人赛 1/4 决赛	中央台五套	6. 2	14. 7
8	现场直播：2012 年第 30 届奥运会女排 1/4 决赛（中国 VS 日本）	中央电视台综合频道	6. 2	12. 7
9	2012 年第 30 届奥运会赛艇女子四人双桨决赛	中央台五套	6. 1	16. 4
10	2012 年第 30 届奥运会男子篮球决赛（西班牙 VS 美国）	中央台五套	5. 9	15. 9

三十九、哈尔滨收视数据

表 3.39.1 2008—2012 年哈尔滨市场各类频道的市场占有率（%）

频道类别	年份				
	2008 年	2009 年	2010 年	2011 年	2012 年
中央电视台频道	32.2	28.1	23.5	21.7	25.0
中国教育台频道	0.3	0.4	0.5	0.7	0.7
黑龙江省级频道	32.2	29.8	31.1	32.9	29.3
哈尔滨市级频道	14.6	16.0	15.9	16.2	13.2
其他省级卫视频道	17.4	21.1	18.0	19.2	23.5
其他频道	3.3	4.6	11.0	9.3	8.3

表 3.39.2 2012 年哈尔滨市场各类频道在不同目标观众中的市场占有率（%）

目标观众		中央电视台频道	中国教育台频道	黑龙江省级频道	哈尔滨市级频道	其他省级卫视频道	其他频道
4 岁及以上所有人		25.0	0.7	29.3	13.2	23.5	8.3
性别	男	27.5	0.6	28.5	13.3	21.2	8.9
	女	22.7	0.7	30.1	13.1	25.7	7.7
年龄	4—14 岁	24.7	1.2	25.4	7.8	29.8	11.1
	15—24 岁	16.8	0.4	26.9	14.1	28.1	13.7
	25—34 岁	22.1	0.6	29.9	14.1	25.3	8.0
	35—44 岁	23.8	1.1	28.3	11.2	25.1	10.5
	45—54 岁	23.4	0.5	27.1	16.0	24.0	9.0
	55—64 岁	27.2	0.5	34.3	14.8	18.6	4.6
	65 岁以上	32.1	0.7	30.7	11.0	20.4	5.1
受教育程度	未受过正规教育	18.9	0.3	33.2	14.6	24.2	8.8
	小学	23.1	1.3	33.2	10.9	22.0	9.5
	初中	25.6	0.8	32.6	11.7	22.0	7.3
	高中	25.9	0.6	27.6	14.5	23.1	8.3
	大学及以上	25.0	0.5	24.4	14.5	26.7	8.9
职业类别	干部/管理人员	30.6	0.5	18.7	16.0	25.4	8.8
	个体/私营企业	23.5	1.1	28.7	17.5	21.3	7.9
	初级公务员/雇员	23.1	0.5	25.1	15.4	27.3	8.6
	工人	22.9	0.7	31.2	13.1	22.5	9.6
	学生	22.8	1.1	24.4	10.4	30.0	11.3
	无业	28.2	0.6	31.1	11.7	22.3	6.1
	其他	20.5	0.6	36.3	14.2	19.3	9.1
个人月收入	0—600 元	22.6	0.8	28.1	12.4	26.6	9.5
	601—1200 元	24.2	0.5	33.3	14.2	20.0	7.8
	1201—1700 元	25.3	0.8	30.3	12.7	22.8	8.1
	1701—2600 元	27.9	0.9	26.8	11.5	25.5	7.4
	2601 元及以上	25.7	0.5	26.4	15.5	23.6	8.3

表 3. 39. 3　2012 年哈尔滨市场各类频道在不同时段的市场占有率（%）

时间段	中央电视台频道	中国教育台频道	黑龙江省级频道	哈尔滨市级频道	其他省级卫视频道	其他频道
02:00—03:00	20.7	1.1	32.4	3.5	22.7	19.6
03:00—04:00	19.0	1.0	33.7	1.3	25.4	19.6
04:00—05:00	22.9	0.7	32.1	1.4	26.9	16.0
05:00—06:00	30.5	0.4	28.9	12.3	19.9	8.0
06:00—07:00	20.2	0.3	25.7	38.1	10.6	5.1
07:00—08:00	21.2	0.3	27.8	34.2	11.8	4.7
08:00—09:00	23.9	0.3	31.7	18.1	19.6	6.4
09:00—10:00	27.0	0.6	30.5	9.6	23.9	8.4
10:00—11:00	27.0	1.0	30.3	7.7	25.2	8.8
11:00—12:00	26.9	0.7	29.4	8.1	26.2	8.7
12:00—13:00	33.0	0.3	29.1	8.3	20.7	8.6
13:00—14:00	27.5	0.7	27.5	8.1	26.6	9.6
14:00—15:00	24.0	0.7	28.2	8.9	29.3	8.9
15:00—16:00	25.2	0.8	27.9	9.4	27.6	9.1
16:00—17:00	24.3	0.5	32.4	8.7	25.5	8.6
17:00—18:00	22.9	0.4	33.9	13.6	21.0	8.2
18:00—19:00	20.5	0.2	36.4	23.0	10.2	9.7
19:00—20:00	19.7	0.6	42.0	19.5	8.8	9.4
20:00—21:00	17.7	1.2	36.8	18.1	16.5	9.7
21:00—22:00	16.5	1.0	35.6	18.0	18.4	10.5
22:00—23:00	17.1	1.2	28.6	17.2	25.8	10.1
23:00—24:00	22.7	0.8	22.7	16.2	26.1	11.5
24:00—25:00	20.8	0.6	27.4	14.1	22.5	14.6
25:00—26:00	20.5	0.7	29.7	8.6	20.4	20.1

表 3. 39. 4　2012 年哈尔滨市场收视份额位于前十位的频道

名次	频道名称	收视份额（%）
1	黑龙江卫视	9.6
2	黑龙江电视台影视频道	5.8
3	黑龙江电视台都市频道	5.5
4	哈尔滨电视台新闻综合频道	4.7
5	中央电视台综合频道	4.5
6	黑龙江电视台文艺频道	3.3
6	中央台三套	3.3
6	哈尔滨电视台影视频道	3.3
9	中央电视台新闻频道	2.9
9	浙江卫视	2.9

表 3.39.5　2012 年哈尔滨市场各主要频道的观众构成（%）

目标观众		所有频道	主要频道				
			黑龙江卫视	黑龙江电视台影视频道	黑龙江电视台都市频道	哈尔滨电视台新闻综合频道	中央电视台综合频道
4 岁及以上所有人		100.0	100.0	100.0	100.0	100.0	100.0
性别	男	48.0	46.5	47.4	43.4	49.0	46.6
	女	52.0	53.5	52.6	56.6	51.0	53.4
年龄	4—14 岁	6.8	8.2	7.2	3.7	4.5	9.4
	15—24 岁	7.1	5.5	6.8	7.7	5.3	3.5
	25—34 岁	13.5	13.9	12.0	12.7	13.7	11.6
	35—44 岁	16.4	16.1	13.2	15.3	14.9	16.8
	45—54 岁	23.1	18.5	19.7	23.1	27.2	13.9
	55—64 岁	16.3	19.9	22.2	18.0	19.7	19.7
	65 岁及以上	16.8	17.9	18.9	19.5	14.7	20.1
教育程度	未受过正规教育	4.4	5.9	5.4	4.1	3.7	3.1
	小学	10.2	17.1	13.4	8.4	10.5	15.6
	初中	32.3	33.9	38.0	35.7	32.1	32.1
	高中	30.5	24.9	25.7	33.5	28.3	25.4
	大学及以上	22.6	18.2	17.5	18.3	25.4	23.8
职业类别	干部/管理人员	3.6	2.1	2.3	1.9	4.8	6.2
	个体/私营企业	9.1	9.7	8.6	6.5	13.4	7.1
	初级公务员/雇员	13.4	10.3	9.0	13.8	14.0	11.1
	工人	25.1	23.9	22.8	27.8	22.6	22.0
	学生	8.4	8.8	7.5	5.2	6.0	9.2
	无业	35.6	38.5	41.8	41.8	32.2	40.7
	其他	4.8	6.7	8.0	3.0	7.0	3.7
个人月收入	0—600 元	20.1	23.3	17.5	18.0	18.4	22.3
	601—1200 元	22.5	23.6	27.8	23.2	28.5	17.9
	1201—1700 元	24.3	24.4	25.6	27.7	22.6	27.1
	1701—2600 元	16.8	14.5	14.3	15.9	15.0	16.0
	2601 元及以上	16.3	14.2	14.8	15.2	15.5	16.7

表 3.39.6　2010—2012 年哈尔滨市场各类节目的播出份额（%）和收视份额（%）

节目类别	2010 年		2011 年		2012 年	
	播出份额	收视份额	播出份额	收视份额	播出份额	收视份额
财经	2.7	0.9	2.4	0.9	1.2	0.6
电视剧	21.8	32.5	21.5	30.6	29.2	30.2
电影	2.7	1.8	3.0	2.2	4.2	1.8
法制	1.4	2.0	1.4	2.8	1.3	2.0
教学	0.5	0.2	0.4	0.1	0.4	0.1
青少	7.4	2.6	7.4	2.2	5.2	3.9
生活服务	7.3	5.4	8.1	6.1	9.3	7.6
体育	1.7	2.7	1.4	2.2	1.8	2.4
外语	0.1	0.0	0.1	0.0	0.0	0.0
戏剧	1.2	0.9	1.1	0.2	0.6	0.2
新闻/时事	14.3	15.2	13.5	15.0	10.5	14.1
音乐	2.7	0.5	2.7	0.8	2.4	1.0
专题	9.9	5.1	11.6	5.4	9.6	5.3
综艺	11.3	16.2	11.1	17.0	9.5	19.2
其他	15.0	14.0	14.3	14.5	14.8	11.6

表 3.39.7 2012 年哈尔滨市场所有节目收视率排名前三十位

名次	节目名称	节目类型	播出频道	平均收视率(%)	平均占有率(%)
1	樱桃	电视剧	黑龙江卫视	19.5	37.6
2	2012 元宵晚会	综艺	中央电视台综合频道	14.2	26.7
3	2012 春节联欢晚会	综艺	中央电视台综合频道	11.8	24.6
4	飞虎神鹰	电视剧	黑龙江卫视	11.6	24.7
5	乡村爱情小夜曲	电视剧	黑龙江卫视	11.0	23.7
6	悬崖	电视剧	黑龙江卫视	9.1	20.0
7	2012 年第 30 届奥运会体操女子高低杠决赛	体育	中央台五套	8.0	23.9
8	2012 年第 30 届奥运会射击男子 10 米气步枪决赛	体育	中央台五套	7.7	19.2
9	2012 年第 30 届奥运会跳水男子双人 3 米板决赛	体育	中央台五套	7.6	30.7
10	铁血使命	电视剧	黑龙江电视台影视频道	7.4	17.7
11	2012 年第 30 届奥运会女子 4 × 200 米自由泳接力预赛	体育	中央台五套	7.1	16.6
12	火流星	电视剧	黑龙江卫视	7.0	15.7
13	2012 年第 30 届奥运会田径男子 110 米栏预赛	体育	中央台五套	6.8	34.5
14	穆桂英挂帅	电视剧	黑龙江电视台影视频道	6.8	15.4
15	杀狼花	电视剧	黑龙江电视台影视频道	6.8	14.3
16	2012 年第 30 届奥运会女排预赛 B 组（巴西 VS 中国）	体育	中央台五套	6.6	29.0
17	2012 年伦敦奥运会羽毛球男单颁奖仪式	体育	中央电视台综合频道	6.5	16.1
18	2012 年第 30 届奥运会乒乓球男单第三轮	体育	中央台五套	6.4	13.9
19	龙行盛世欢乐年 2012 年黑龙江电视台春节联欢晚会	综艺	黑龙江卫视	6.3	18.9
20	后厨	电视剧	黑龙江卫视	6.2	15.1
21	宝乐婶的烦心事	电视剧	黑龙江卫视	6.2	14.8
22	爱情睡醒了	电视剧	黑龙江卫视	6.1	20.8
23	老爸的爱情	电视剧	黑龙江卫视	6.1	15.4
24	2012 春节联欢晚会	综艺	黑龙江电视台新闻频道	6.1	12.8
25	断箭	电视剧	黑龙江卫视	6.0	14.0
26	2012 年第 30 届奥运会女篮小组赛	体育	中央台五套	5.8	20.4
27	2012 年第 30 届奥运会赛艇女子四人双桨决赛	体育	中央台五套	5.5	17.5
28	黑龙江卫视 2012 小年特别节目	综艺	黑龙江卫视	5.4	16.2
29	2012 年第 30 届奥运会男子 200 米预赛	体育	中央台五套	5.3	17.3
30	红娘子	电视剧	黑龙江卫视	5.3	12.6

表 3.39.8 2012 年哈尔滨市场电视剧收视率排名前十位

名次	节目名称	播出频道	平均收视率（%）	平均占有率（%）
1	樱桃	黑龙江卫视	19.5	37.6
2	飞虎神鹰	黑龙江卫视	11.6	24.7
3	乡村爱情小夜曲	黑龙江卫视	11.0	23.7
4	悬崖	黑龙江卫视	9.1	20.0
5	铁血使命	黑龙江电视台影视频道	7.4	17.7
6	火流星	黑龙江卫视	7.0	15.7
7	穆桂英挂帅	黑龙江电视台影视频道	6.8	15.4
8	杀狼花	黑龙江电视台影视频道	6.8	14.3
9	后厨	黑龙江卫视	6.2	15.1
10	宝乐婶的烦心事	黑龙江卫视	6.2	14.8

表 3.39.9 2012 年哈尔滨市场新闻节目收视率排名前十位

名次	节目名称	播出频道	平均收视率（%）	平均占有率（%）
1	新闻夜航	黑龙江电视台都市频道	4.2	13.9
2	转播中央台新闻联播	黑龙江卫视	3.6	10.1
3	新闻联播	黑龙江卫视	3.3	11.2
4	奋进的春天	黑龙江卫视	2.7	7.5
5	新华视点	黑龙江卫视	2.6	10.5
6	新闻联播	中央电视台综合频道	2.5	7.1
7	中国龙新闻周刊	黑龙江卫视	2.4	8.5
8	新闻夜航	黑龙江卫视	2.2	10.6
9	今日关注	中央台四套	2.1	5.8
10	都市发现—生活新闻	哈尔滨电视台生活频道	2.0	5.7

表 3.39.10 2012 年哈尔滨市场专题节目收视率排名前十位

名次	节目名称	播出频道	平均收视率（%）	平均占有率（%）
1	一年又一年	中央电视台综合频道	4.2	13.8
2	红旗渠的守望者	中央电视台综合频道	2.4	6.2
3	音乐之城	哈尔滨电视台影视频道	2.2	5.4
4	感动中国 2011 年度人物颁奖典礼	中央电视台综合频道	2.2	4.6
5	酷我真声音	浙江卫视	2.1	17.6
6	石破天惊说甄嬛	安徽卫视	2.1	5.2
7	甄嬛真爱播出季	黑龙江卫视	2.0	9.6
8	老梁看电视	黑龙江电视台影视频道	1.9	5.6
9	宫心甄嬛播出季	黑龙江卫视	1.8	11.3
10	甄嬛还珠播出季	黑龙江卫视	1.8	10.4

表 3.39.11　2012 年哈尔滨市场综艺节目收视率排名前十位

名次	节目名称	播出频道	平均收视率(%)	平均占有率(%)
1	2012 元宵晚会	中央电视台综合频道	14.2	26.7
2	2012 春节联欢晚会	中央电视台综合频道	11.8	24.6
3	龙行盛世欢乐年 2012 年黑龙江电视台春节联欢晚会	黑龙江卫视	6.3	18.9
4	2012 春节联欢晚会	黑龙江电视台新闻频道	6.1	12.8
5	黑龙江卫视 2012 小年特别节目	黑龙江卫视	5.4	16.2
6	2012 中国欢乐健康游中俄旅游年第 28 届中国哈尔滨国际冰雪节	黑龙江卫视	5.2	11.4
7	中国好声音巅峰时刻	浙江卫视	5.1	22.2
8	2012 春节联欢晚会	中央台三套	4.4	10.8
9	神奇黑土地中华大粮仓 2012 年黑龙江庆丰收迎新春电视文艺晚会	黑龙江卫视	4.2	10.0
10	福州月中华情 2012 年中央电视台中秋晚会	中央电视台综合频道	4.0	10.0

表 3.39.12　2012 年哈尔滨市场体育节目收视率排名前十位

名次	节目名称	播出频道	平均收视率(%)	平均占有率(%)
1	2012 年第 30 届奥运会体操女子高低杠决赛	中央台五套	8.0	23.9
2	2012 年第 30 届奥运会射击男子 10 米气步枪决赛	中央台五套	7.7	19.2
3	2012 年第 30 届奥运会跳水男子双人 3 米板决赛	中央台五套	7.6	30.7
4	2012 年第 30 届奥运会女子 4×200 米自由泳接力预赛	中央台五套	7.1	16.6
5	2012 年第 30 届奥运会田径男子 110 米栏预赛	中央台五套	6.8	34.5
6	2012 年第 30 届奥运会女排预赛 B 组(巴西 VS 中国)	中央台五套	6.6	29.0
7	2012 年伦敦奥运会羽毛球男单颁奖仪式	中央电视台综合频道	6.5	16.1
8	2012 年第 30 届奥运会乒乓球男单第三轮	中央台五套	6.4	13.9
9	2012 年第 30 届奥运会女篮小组赛(中国队 VS 安哥拉队)	中央台五套	6.1	19.9
10	2012 年第 30 届奥运会赛艇女子四人双桨决赛	中央台五套	5.5	17.5

四十、海口收视数据

表 3.40.1 2008—2012 年海口市场各类频道的市场占有率（%）

频道类别	年份				
	2008 年	2009 年	2010 年	2011 年	2012 年
中央台频道	40.5	35.9	32.2	27.9	33.7
中国教育台频道	0.4	0.6	0.9	1.2	1.0
海南省级频道	22.3	27.1	22.7	23.1	20.1
海口市级频道	12.6	8.8	10.0	7.3	5.9
其他省级卫视频道	19.5	20.4	21.2	28.6	31.9
其他频道	4.7	7.2	13.1	11.9	7.4

注：从 2010 年 1 月 1 日起海口数据为测量仪数据。

表 3.40.2 2012 年海口市场各类频道在不同目标观众中的市场占有率（%）

目标观众		中央台频道	中国教育台频道	海南省级频道	海口市级频道	其他省级卫视频道	其他频道
4 岁及以上所有人		33.7	1.0	20.1	5.9	31.9	7.4
性别	男	35.8	1.1	20.6	6.1	29.6	6.9
	女	31.5	0.9	19.5	5.8	34.4	8.0
年龄	4—14 岁	29.5	1.0	18.8	4.6	36.3	9.6
	15—24 岁	25.7	1.0	22.0	5.3	38.2	7.8
	25—34 岁	36.3	0.6	19.5	4.9	30.8	7.8
	35—44 岁	31.9	1.2	22.7	6.5	30.5	7.2
	45—54 岁	37.9	1.0	19.0	5.8	31.2	5.1
	55—64 岁	40.6	1.3	19.0	7.4	26.4	5.4
	65 岁及以上	36.2	0.4	18.8	9.7	25.0	9.9
教育程度	未受过正规教育	32.3	0.6	19.7	5.9	31.1	10.5
	小学	28.5	1.4	23.5	7.3	30.7	8.6
	初中	30.7	1.3	21.9	6.5	32.5	7.1
	高中	39.2	0.6	16.3	4.4	32.8	6.6
	大学及以上	48.6	0.1	12.8	3.2	31.7	3.7
职业类别	干部/管理人员	41.6	0.7	16.8	3.8	35.1	2.1
	个体/私营经企业人员	30.8	1.2	20.4	5.6	34.2	7.8
	初级公务员/雇员	46.6	0.4	15.2	4.4	28.9	4.5
	工人	33.3	1.1	20.2	6.1	32.2	7.1
	学生	24.6	1.3	20.5	4.8	40.6	8.2
	无业	36.9	0.8	18.2	5.8	31.0	7.4
	其他	29.1	1.2	26.9	8.7	25.1	8.9
个人月收入	0—600 元	29.9	1.1	21.2	5.7	34.1	7.9
	601—1200 元	29.4	1.0	22.2	8.5	29.8	9.1
	1201—1700 元	38.1	1.0	19.9	4.3	31.0	5.8
	1701—2600 元	42.1	0.5	14.8	4.3	32.4	5.9
	2601 元及以上	51.8	0.6	13.3	4.2	25.9	4.2

表 3.40.3　2012 年海口市场各类频道在不同时段的市场占有率（%）

时间段	中央台频道	中国教育台频道	海南省级频道	海口市级频道	其他省级卫视频道	其他频道
02:00—03:00	29.9	1.3	6.9	0.6	46.0	15.3
03:00—04:00	31.4	0.7	5.2	0.5	44.5	17.7
04:00—05:00	30.8	0.5	4.3	0.5	45.6	18.3
05:00—06:00	33.9	0.9	7.4	1.0	42.8	14.0
06:00—07:00	52.3	0.5	6.7	0.9	27.2	12.3
07:00—08:00	50.7	0.4	7.6	5.0	23.2	13.2
08:00—09:00	44.0	0.4	9.0	2.1	34.2	10.3
09:00—10:00	38.9	0.5	12.8	3.2	36.0	8.6
10:00—11:00	38.7	1.2	8.4	3.3	39.8	8.7
11:00—12:00	43.1	0.9	7.8	2.5	36.6	9.1
12:00—13:00	46.1	1.1	10.2	2.7	31.6	8.3
13:00—14:00	39.7	1.2	10.1	3.9	36.7	8.4
14:00—15:00	34.9	1.4	9.2	2.5	42.9	9.1
15:00—16:00	34.2	1.0	8.9	2.9	43.8	9.2
16:00—17:00	35.4	0.6	8.2	2.0	44.3	9.5
17:00—18:00	39.3	1.1	12.0	2.7	36.0	9.0
18:00—19:00	26.9	0.4	48.0	7.3	11.5	5.9
19:00—20:00	36.3	1.0	31.1	9.5	16.2	5.9
20:00—21:00	26.4	1.4	29.2	9.6	27.8	5.5
21:00—22:00	30.2	1.2	21.9	6.9	33.6	6.2
22:00—23:00	28.6	0.9	18.1	8.0	38.2	6.2
23:00—24:00	29.4	0.4	15.9	4.7	42.6	7.0
24:00—25:00	31.6	0.5	17.6	3.5	36.3	10.5
25:00—26:00	32.1	1.0	8.8	2.6	43.3	12.3

表 3.40.4　2012 年海口市场收视份额排名前十位的频道

名次	频道名称	收视份额（%）
1	海南广播电视总台综合频道	9.9
2	湖南电视台卫星频道	5.9
3	中央电视台综合频道	5.3
4	中央电视台少儿频道	5.0
5	中央台八套	4.4
6	中央台六套	3.9
7	江苏卫视	3.7
7	海口广播电视台新闻综合频道（无线）	3.7
9	海南广播电视总台新闻频道	3.2
10	中央台三套	2.8

表 3.40.5　2012 年海口市场主要频道的观众构成（%）

目标观众		所有频道	主要频道				
			海南广播电视总台综合频道	湖南电视台卫星频道	中央电视台综合频道	中央电视台少儿频道	中央台八套
4 岁及以上所有人		100.0	100.0	100.0	100.0	100.0	100.0
性别	男性	50.9	50.4	36.3	54.3	51.8	44.5
	女性	49.1	49.6	63.7	45.7	48.2	55.5
年龄	4—14 岁	17.8	15.6	17.9	17.8	44.3	6.8
	15—24 岁	12.8	12.0	23.7	10.7	10.3	7.7
	25—34 岁	17.8	17.8	17.4	15.4	21.7	13.1
	35—44 岁	17.5	21.9	17.3	17.8	8.6	18.3
	45—54 岁	16.6	18.4	14.3	21.7	3.8	25.9
	55—64 岁	11.5	8.9	6.0	8.9	8.7	19.5
	65 岁及以上	6.1	5.3	3.4	7.6	2.6	8.9
教育程度	未受正规教育	10.6	10.8	8.4	12.2	26.3	7.6
	小学	22.0	27.2	20.8	20.6	37.2	16.3
	初中	38.2	43.7	43.0	38.6	25.4	30.9
	高中	20.6	13.0	20.1	19.6	8.7	29.3
	大学及以上	8.6	5.2	7.7	9.1	2.4	15.9
职业类别	干部/管理人员	1.5	1.1	1.2	2.4	0.7	1.1
	初级公务员/雇员	14.5	14.2	16.2	11.5	12.7	9.7
	个体/私营企业人员	11.6	8.4	12.1	13.6	3.8	22.5
	工人	10.4	10.1	11.0	9.3	7.3	11.2
	学生	15.2	12.5	22.2	12.5	21.5	6.4
	无业	31.0	27.9	26.6	31.5	39.9	36.4
	其他	15.8	25.8	10.8	19.3	14.0	12.6
个人月收入	0—600 元	46.2	50.8	51.4	45.9	69.4	31.0
	601—1200 元	22.1	25.3	21.8	19.3	12.8	22.8
	1201—1700 元	14.5	13.0	13.7	16.8	7.8	19.8
	1701—2600 元	9.4	6.1	7.5	8.0	6.4	16.7
	2601 元及以上	7.8	4.9	5.5	10.0	3.7	9.7

表 3.40.6　2010—2012 年海口市场各类节目的播出份额（%）和收视份额（%）

节目类别	2010 年		2011 年		2012 年	
	播出份额	收视份额	播出份额	收视份额	播出份额	收视份额
财经	2.8	0.5	2.6	0.5	2.2	0.4
电视剧	22.1	35.5	21.4	36.3	21.4	37.7
电影	4.8	10.3	4.1	5.9	4.3	5.1
法制	1.1	1.4	0.9	1.3	0.8	0.8
教学	0.5	0.1	0.4	0.1	0.3	0.0
青少	7.4	6.2	7.9	6.5	7.3	7.4
生活服务	7.3	5.9	8.2	6.3	8.8	5.9
体育	1.8	3.2	1.5	2.4	1.6	3.0
外语	0.1	0.0	0.1	0.0	0.0	0.0
戏剧	1.1	0.2	1.1	0.3	1.1	0.3
新闻/时事	14.0	10.2	13.7	9.8	15.4	11.4
音乐	2.8	0.6	2.9	0.7	2.7	0.7
专题	9.8	5.1	11.1	5.9	11.4	6.2
综艺	10.0	8.2	10.4	11.0	8.8	10.0
其他	14.6	12.6	13.9	13.1	13.9	11.1

表 3.40.7　2012 年海口市场所有节目收视率排名前三十位

名次	节目名称	节目类型	播出频道	平均收视率（%）	平均占有率（%）
1	2012 春节联欢晚会	综艺	中央电视台综合频道	16.0	55.3
2	现场直播：2012 年第 30 届奥运会女排 1/4 决赛（中国 VS 日本）	体育	中央电视台综合频道	8.2	23.4
3	2012 年第 30 届奥运会跳水男子双人 10 米跳台决赛	体育	中央台五套	8.0	36.2
4	2012 年第 30 届奥运会体操男子单杠决赛	体育	中央台五套	7.6	34.1
5	奥运会体操女子平衡木颁奖仪式	体育	中央台五套	7.1	27.1
6	流泪的新娘	电视剧	海南广播电视总台综合频道	7.0	23.2
7	2012 年第 30 届奥运会田径男子 100 米预赛	体育	中央台五套	6.8	29.8
8	幸福妈妈	电视剧	湖南电视台卫星频道	6.8	25.2
9	2012 元宵晚会	综艺	中央电视台综合频道	6.6	22.0
10	特战先锋	电视剧	海南广播电视总台综合频道	6.4	19.6
11	桃花劫	电视剧	海南广播电视总台综合频道	6.3	19.1
12	2012 年第 30 届奥运会赛艇女子单人双桨决赛	体育	中央台五套	6.2	27.8
13	爱可以重来	电视剧	海南广播电视总台综合频道	5.9	17.6
14	直播海南	新闻/时事	海南广播电视总台综合频道	5.7	38.0
15	丑女无敌大结局	电视剧	海南广播电视总台综合频道	5.7	18.9
16	马永贞	电视剧	海南广播电视总台综合频道	5.6	18.8
17	2012 年第 30 届奥运会女排小组赛 B 组（中国 VS 韩国）	体育	中央台五套	5.5	21.0
18	现场直播：2012 年第 30 届奥运会乒乓球男单决赛	体育	中央台五套	5.4	32.3
19	2012 年第 30 届奥运会射击男子 25 米手枪速射决赛	体育	中央台五套	5.4	19.0
20	天气预报	生活服务	海南广播电视总台综合频道	5.2	26.6
21	神枪	电视剧	海南广播电视总台综合频道	5.2	21.0
22	2012 年第 30 届奥运会羽毛球女子单打 1/8 决赛	体育	中央电视台综合频道	5.1	17.7
23	秦香莲	电视剧	海南广播电视总台综合频道	5.1	17.6
24	奥运游泳日记伦敦奥运会特别节目	体育	中央台五套	5.0	17.6
25	枪神传奇	电视剧	海南广播电视总台综合频道	5.0	16.5
26	团圆	电视剧	海口广播电视台新闻综合频道（无线）	5.0	15.9
27	丑女无敌	电视剧	海南广播电视总台综合频道	4.9	15.9
28	飘摇人生	电视剧	海南广播电视总台综合频道	4.9	14.8
29	2012 年第 30 届奥运会铁人三项男子决赛	体育	中央台五套	4.9	14.2
30	杀狼花	电视剧	海南广播电视总台综合频道	4.8	17.7

表 3.40.8　2012 年海口市场电视剧收视率排名前十位

名次	节目名称	播出频道	平均收视率（%）	平均占有率（%）
1	流泪的新娘	海南广播电视总台综合频道	7.0	23.2
2	幸福妈妈	湖南电视台卫星频道	6.8	25.2
3	特战先锋	海南广播电视总台综合频道	6.4	19.6
4	桃花劫	海南广播电视总台综合频道	6.3	19.1
5	爱可以重来	海南广播电视总台综合频道	5.9	17.6
6	丑女无敌大结局	海南广播电视总台综合频道	5.7	18.9
7	马永贞	海南广播电视总台综合频道	5.6	18.8
8	神枪	海南广播电视总台综合频道	5.2	21.0
9	秦香莲	海南广播电视总台综合频道	5.1	17.6
10	枪神传奇	海南广播电视总台综合频道	5.0	16.5

表 3.40.9　2012 年海口市场新闻节目收视率排名前十位

名次	节目名称	播出频道	平均收视率（%）	平均占有率（%）
1	直播海南	海南广播电视总台综合频道	5.7	38.0
2	新闻联播	中央电视台综合频道	2.4	11.1
3	夜线	海南广播电视总台新闻频道	1.5	5.8
4	世界大不同	海南广播电视总台新闻频道	1.2	6.6
5	神九飞天再探天宫	中央台四套	1.0	5.2
6	今日关注	中央台四套	1.0	3.9
7	焦点访谈	中央电视台综合频道	1.0	3.5
8	中国新闻（21 点档）	中央台四套	0.9	3.0
9	话幸福十八大特别节目	海南广播电视总台新闻频道	0.9	2.7
10	热带播报	海口广播电视台新闻综合频道（无线）	0.8	6.0

表 3.40.10　2012 年海口市场专题节目收视率排名前十位

名次	节目名称	播出频道	平均收视率（%）	平均占有率（%）
1	绿色农业进行时	海南广播电视总台综合频道	2.6	12.1
2	寻情记	海南广播电视总台新闻频道	2.2	7.0
3	一年又一年	中央电视台综合频道	1.9	12.8
4	红旗渠的守望者	中央电视台综合频道	1.9	6.9
5	酷我真声音	浙江卫视	1.4	9.2
6	百姓消防	海南广播电视总台新闻频道	1.3	4.8
7	探访魔沟	中央台九套纪录频道	1.1	4.2
8	温暖 2012	中央台三套	1.1	4.1
9	感动中国 2011 年度人物颁奖典礼	中央电视台综合频道	1.1	3.5
10	奥运风云会	中央电视台综合频道	1.0	7.7

表 3.40.11　2012 年海口市场综艺节目收视率排名前十位

名次	节目名称	播出频道	平均收视率(%)	平均占有率(%)
1	2012 春节联欢晚会	中央电视台综合频道	16.0	55.3
2	2012 元宵晚会	中央电视台综合频道	6.6	22.0
3	中国好声音（9 月 21 日）	浙江卫视	4.6	18.5
4	元宵喜乐会 2012	湖南电视台卫星频道	3.6	13.2
5	福州月中华情 2012 年中央电视台中秋晚会	中央电视台综合频道	3.2	10.4
6	万泉欢歌琼海市庆十八大迎新年大型主题晚会	海南广播电视总台综合频道	3.2	9.8
7	启航 2013 中央电视台元旦晚会	中央电视台综合频道	3.0	11.6
8	美丽中国幸福万宁 2012 世界旅游文化小姐大赛中国区总决赛颁奖盛典	海南广播电视总台新闻频道	3.0	8.9
9	真情你我主题颁奖晚会暨闭幕式	海南广播电视总台综合频道	2.7	8.2
10	醉美琼中 2012 琼中三月三黎苗踏歌来主题晚会	海南广播电视总台综合频道	2.6	8.5

表 3.40.12　2012 年海口市场体育节目收视率排名前十位

名次	节目名称	播出频道	平均收视率(%)	平均占有率(%)
1	现场直播：2012 年第 30 届奥运会女排 1/4 决赛（中国 VS 日本）	中央电视台综合频道	8.2	23.4
2	2012 年第 30 届奥运会跳水男子双人 10 米跳台决赛	中央台五套	8.0	36.2
3	2012 年第 30 届奥运会体操男子单杠决赛	中央台五套	7.6	34.1
4	奥运会体操女子平衡木颁奖仪式	中央台五套	7.1	27.1
5	2012 年第 30 届奥运会田径男子 100 米预赛	中央台五套	6.8	29.8
6	2012 年第 30 届奥运会赛艇女子单人双桨决赛	中央台五套	6.2	27.8
7	2012 年第 30 届奥运会女排小组赛 B 组（中国 VS 韩国）	中央台五套	5.5	21.0
8	现场直播：2012 年第 30 届奥运会乒乓球男单决赛	中央台五套	5.4	32.3
9	2012 年第 30 届奥运会射击男子 25 米手枪速射决赛	中央台五套	5.4	19.0
10	2012 年第 30 届奥运会羽毛球女子单打 1/8 决赛	中央电视台综合频道	5.1	17.7

四十一、杭州收视数据

表 3.41.1 2008—2012 年杭州市场各类频道的市场占有率（%）

频道类别	年份				
	2008 年	2009 年	2010 年	2011 年	2012 年
中央台频道	24.7	18.6	14.1	12.2	14.9
中国教育台频道	0.2	0.2	0.1	0.2	0.1
浙江省级频道	32.9	41.4	44.0	40.4	38.7
杭州市级频道	24.4	22.8	24.2	23.9	20.7
其他省级卫视频道	14.0	13.8	13.9	16.5	17.7
其他频道	3.8	3.2	3.7	6.8	7.9

表 3.41.2 2012 年杭州市场各类频道在不同目标观众中的市场占有率（%）

目标观众		中央台频道	中国教育台频道	浙江省级频道	杭州市级频道	其他省级卫视频道	其他频道
4 岁及以上所有人		14.9	0.1	38.7	20.7	17.7	7.9
性别	男	16.2	0.2	38.2	20.8	16.7	7.9
	女	13.6	0.1	39.3	20.6	18.6	7.8
年龄	4—14 岁	16.8	0.1	29.9	17.7	24.5	11.0
	15—24 岁	9.8	0.2	40.0	22.4	20.8	6.8
	25—34 岁	13.1	0.1	43.4	21.2	14.2	8.0
	35—44 岁	15.2	0.1	37.0	21.4	17.5	8.8
	45—54 岁	15.0	0.2	37.9	20.3	18.6	8.0
	55—64 岁	14.9	0.1	38.8	21.7	16.7	7.8
	65 岁及以上	21.0	0.1	39.2	18.7	16.2	4.8
教育程度	未受过正规教育	16.1	0.1	33.0	25.6	15.9	9.3
	小学	14.8	0.2	39.8	20.7	17.1	7.4
	初中	15.3	0.2	36.9	21.0	18.9	7.7
	高中	13.3	0.2	40.0	19.1	19.8	7.6
	大学及以上	15.5	0.1	40.4	20.6	15.0	8.4
职业类别	干部/管理人员	12.8	0.1	38.6	21.4	16.5	10.6
	个体/私营企业人员	15.5	0.3	38.9	21.7	16.2	7.4
	初级公务员/雇员	13.6	0.1	39.9	21.2	17.7	7.5
	工人	15.3	0.1	42.5	20.2	15.3	6.6
	学生	12.7	0.1	32.7	17.5	27.1	9.9
	无业	16.3	0.1	37.9	20.2	17.7	7.8
	其他	15.2	0.1	34.6	25.1	14.7	10.3
个人月收入	0—600 元	13.8	0.1	35.9	21.4	19.9	8.9
	601—1200 元	10.6	0.1	45.4	23.4	14.2	6.3
	1201—1700 元	16.9	0.2	40.3	19.5	16.9	6.2
	1701—2600 元	14.1	0.1	41.2	19.5	18.3	6.8
	2601 元及以上	15.8	0.1	37.0	21.5	16.6	9.0

表 3.41.3　2012 年杭州市场各类频道在不同时段的市场占有率（%）

时间段	中央台频道	中国教育台频道	浙江省级频道	杭州市级频道	其他省级卫视频道	其他频道
02:00—03:00	26.1	0.3	18.5	5.3	30.5	19.3
03:00—04:00	27.7	0.3	14.5	3.9	30.8	22.8
04:00—05:00	30.7	0.2	14.6	3.4	28.2	22.9
05:00—06:00	29.3	0.3	20.8	3.4	28.1	18.1
06:00—07:00	38.0	0.1	20.6	2.6	26.0	12.7
07:00—08:00	43.1	0.1	18.2	5.2	22.8	10.6
08:00—09:00	33.6	0.2	22.1	4.0	29.9	10.2
09:00—10:00	26.5	0.3	26.5	4.3	32.3	10.1
10:00—11:00	26.4	0.4	26.6	4.3	32.7	9.6
11:00—12:00	29.4	0.2	25.9	4.9	30.9	8.7
12:00—13:00	29.0	0.3	24.2	6.1	30.4	10.0
13:00—14:00	26.2	0.3	20.0	5.4	36.7	11.4
14:00—15:00	23.2	0.3	18.9	5.7	39.9	12.0
15:00—16:00	24.3	0.4	17.6	5.7	41.0	11.0
16:00—17:00	26.0	0.2	17.8	6.2	39.5	10.3
17:00—18:00	19.9	0.1	30.7	19.3	22.9	7.1
18:00—19:00	9.7	0.0	48.9	29.0	5.9	6.5
19:00—20:00	7.6	0.1	55.5	25.0	5.6	6.2
20:00—21:00	9.4	0.1	47.2	25.0	12.2	6.1
21:00—22:00	10.4	0.1	37.7	29.8	15.6	6.4
22:00—23:00	12.2	0.2	37.3	23.3	18.9	8.1
23:00—24:00	20.2	0.1	30.8	13.1	25.4	10.4
24:00—25:00	25.3	0.1	23.3	9.6	28.9	12.8
25:00—26:00	25.2	0.2	21.6	7.1	27.9	18.0

表 3.41.4　2012 年杭州市场收视份额排名前十位的频道

名次	频道名称	收视份额（%）
1	浙江电视台钱江都市频道	6.7
2	浙江电视台教育科技频道	6.3
2	浙江卫视	6.3
4	浙江电视台民生休闲频道	5.7
4	杭州电视台西湖明珠频道	5.7
6	浙江电视台影视娱乐频道	5.5
7	浙江电视台经济生活频道	5.0
8	杭州电视台综合频道	4.6
9	杭州电视台生活频道	4.3
10	杭州电视台影视频道	3.7

表 3.41.5　2012 年杭州市场各主要频道的观众构成（%）

目标观众		所有频道	浙江电视台钱江都市频道	浙江电视台教育科技频道	浙江卫视	浙江电视台民生休闲频道	杭州电视台西湖明珠频道
4 岁及以上所有人		100.0	100.0	100.0	100.0	100.0	100.0
性别	男	49.8	51.0	47.8	49.2	48.5	48.8
	女	50.2	49.0	52.2	50.8	51.5	51.2
年龄	4—14 岁	7.4	5.0	4.9	6.4	4.1	4.8
	15—24 岁	9.2	13.7	7.6	7.1	7.9	9.8
	25—34 岁	19.7	20.2	21.6	23.3	22.1	13.1
	35—44 岁	14.8	12.4	15.5	14.8	10.8	13.9
	45—54 岁	24.0	18.6	23.9	25.2	27.5	23.2
	55—64 岁	15.5	19.9	12.8	13.6	18.8	18.8
	65 岁及以上	9.4	10.2	13.7	9.6	8.8	11.4
教育程度	未受过正规教育	5.5	4.8	4.8	3.8	5.5	5.3
	小学	17.6	21.0	21.2	14.9	19.5	22.0
	初中	30.4	31.2	25.2	29.0	28.1	30.8
	高中	21.9	22.8	23.5	22.3	20.5	22.5
	大学及以上	24.6	20.2	25.3	30.0	26.4	19.4
职业类别	干部/管理人员	6.5	5.5	6.6	7.7	4.1	4.3
	个体/私营企业人员	12.3	11.0	16.0	12.8	10.5	14.0
	初级公务员/雇员	23.2	17.8	21.5	26.6	32.0	23.0
	工人	16.4	24.1	13.6	14.3	17.4	13.4
	学生	7.8	7.8	5.7	6.3	3.8	5.6
	无业	29.4	29.2	32.1	29.3	27.3	32.4
	其他	4.4	4.6	4.5	3.0	4.9	7.3
个人月收入	0—600 元	20.9	23.3	21.7	16.7	14.7	19.2
	601—1200 元	7.7	11.0	7.0	7.2	11.3	9.3
	1201—1700 元	11.9	14.9	9.8	10.9	16.2	15.3
	1701—2600 元	26.6	26.4	24.6	28.5	27.3	23.5
	2601 元及以上	32.9	24.4	36.9	36.7	30.5	32.7

表 3.41.6　2010—2012 年杭州市场各类节目的播出份额（%）和收视份额（%）

节目类别	2010 年		2011 年		2012 年	
	播出份额	收视份额	播出份额	收视份额	播出份额	收视份额
财经	3.1	1.5	2.6	1.2	2.2	0.9
电视剧	21.9	28.5	20.6	25.7	19.8	26.5
电影	3.0	1.7	3.2	1.3	3.5	1.8
法制	1.0	1.1	0.8	0.6	0.8	0.4
教学	0.5	0.1	0.4	0.1	0.3	0.0
青少	7.2	3.7	7.5	3.7	7.1	3.7
生活服务	8.4	12.3	10.0	15.5	11.4	16.6
体育	1.7	1.8	1.4	1.3	1.5	1.4
外语	0.1	0.0	0.0	0.0	0.0	0.0
戏剧	1.2	0.6	1.2	0.6	1.0	0.6
新闻/时事	14.2	16.5	13.4	15.8	14.8	16.0
音乐	2.6	0.3	2.8	0.3	2.5	0.4
专题	10.4	5.6	11.5	6.3	12.2	6.5
综艺	10.2	10.2	10.5	10.4	9.0	9.6
其他	14.5	16.1	14.1	17.2	13.9	15.6

表 3.41.7　2012 年杭州市场所有节目收视率排名前三十位

名次	节目名称	节目类型	播出频道	平均收视率（%）	平均占有率（%）
1	中国好声音（9 月 7 日）	综艺	浙江卫视	13.5	28.7
2	中国梦想秀（4 月 13 日—6 月 29 日）	综艺	浙江卫视	13.0	27.5
3	中国梦想秀（10 月 12 日—12 月 28 日）	综艺	浙江卫视	9.6	22.1
4	2012 杭州西湖国际烟花大会	综艺	杭州电视台综合频道	9.2	17.2
5	致命名单	电视剧	浙江电视台教育科技频道	8.3	16.0
6	平原烽火	电视剧	浙江电视台教育科技频道	8.2	15.2
7	中国好声音群星演唱会	音乐	浙江卫视	8.0	15.9
8	2012 年第 30 届奥运会体操女子高低杠决赛	体育	中央台五套	7.8	16.0
9	2012 年第 30 届奥运会跳水男子双人 10 米跳台决赛	体育	中央台五套	7.6	20.0
10	铁血使命	电视剧	浙江电视台钱江都市频道	7.3	12.3
11	桃花劫	电视剧	浙江电视台教育科技频道	7.2	13.2
12	2012 春节联欢晚会	综艺	中央电视台综合频道	6.9	14.7
13	孤岛飞鹰	电视剧	浙江电视台教育科技频道	6.8	13.1
14	再回首	电视剧	浙江电视台教育科技频道	6.5	11.2
15	2012 年第 30 届奥运会田径男子 110 米栏预赛	体育	中央台五套	6.4	32.3
16	传奇之王	电视剧	浙江电视台教育科技频道	6.4	11.9
17	我和你说	新闻	杭州电视台生活频道	6.4	11.6
18	前妻的车站	电视剧	浙江电视台教育科技频道	6.4	11.2
19	酷我真声音	专题	浙江卫视	6.2	25.2
20	阿六头说新闻	新闻	杭州电视台西湖明珠频道	6.1	12.4
21	给你生命给我爱	电视剧	浙江电视台教育科技频道	6.1	11.8
22	甄嬛传（1 月 1 日—1 月 10 日）	电视剧	浙江电视台经济生活频道	6.1	11.7
23	夫妻那些事	电视剧	浙江电视台钱江都市频道	6.1	11.4
24	穆桂英挂帅	电视剧	浙江电视台教育科技频道	6.0	12.5
25	团圆	电视剧	浙江电视台教育科技频道	6.0	12.0
26	满秋	电视剧	浙江电视台教育科技频道	5.9	10.8
27	浪漫向左婚姻往右	电视剧	浙江电视台教育科技频道	5.8	10.7
28	代号十三钗开播仪式	综艺	浙江电视台经济生活频道	5.8	10.4
29	烽火儿女情	电视剧	浙江电视台教育科技频道	5.7	11.7
30	代号十三钗	电视剧	浙江电视台经济生活频道	5.7	11.6

表 3.41.8　2012 年杭州市场电视剧收视率排名前十位

名次	节目名称	播出频道	平均收视率（%）	平均占有率（%）
1	致命名单	浙江电视台教育科技频道	8.3	16.0
2	平原烽火	浙江电视台教育科技频道	8.2	15.2
3	铁血使命	浙江电视台钱江都市频道	7.3	12.3
4	桃花劫	浙江电视台教育科技频道	7.2	13.2
5	孤岛飞鹰	浙江电视台教育科技频道	6.8	13.1
6	再回首	浙江电视台教育科技频道	6.5	11.2
7	传奇之王	浙江电视台教育科技频道	6.4	11.9
8	前妻的车站	浙江电视台教育科技频道	6.4	11.2
9	甄嬛传（1 月 1 日—1 月 10 日）	浙江电视台经济生活频道	6.1	11.7
10	夫妻那些事	浙江电视台钱江都市频道	6.1	11.4

表 3.41.9　2012 年杭州市场新闻节目收视率排名前十位

名次	节目名称	播出频道	平均收视率（%）	平均占有率（%）
1	我和你说	杭州电视台生活频道	6.4	11.6
2	阿六头说新闻	杭州电视台西湖明珠频道	6.1	12.4
3	1818 黄金眼	浙江电视台民生休闲频道	4.4	10.0
4	新闻 60 分	杭州电视台综合频道	4.3	11.7
5	小强热线	浙江电视台教育科技频道	4.3	7.7
6	范大姐帮忙	浙江电视台钱江都市频道	4.2	10.4
7	新闻 60 分	杭州电视台西湖明珠频道	4.1	8.9
8	新闻 007	浙江电视台钱江都市频道	3.8	8.2
9	频道日 8 小时直播	浙江电视台钱江都市频道	3.8	7.8
10	经视新闻	浙江电视台经济生活频道	3.7	6.6

表 3.41.10　2012 年杭州市场专题节目收视率排名前十位

名次	节目名称	播出频道	平均收视率（%）	平均占有率（%）
1	酷我真声音	浙江卫视	6.2	25.2
2	2011 年度风云浙商颁奖典礼	浙江电视台经济生活频道	4.9	9.2
3	道德模范平民英雄候选人展播	杭州电视台综合频道	4.4	11.4
4	坐标	浙江电视台钱江都市频道	3.9	9.1
5	梦想新生活（1 月 11 日—6 月 28 日）	浙江卫视	3.9	7.8
6	婚姻保卫战	浙江卫视	3.5	6.8
7	百花烂漫的春天纪念毛泽东在延安文艺座谈会上的讲话发表 70 周年	浙江卫视	3.4	7.2
8	吴斌平凡的英雄	浙江卫视	3.4	6.4
9	九点半	浙江电视台钱江都市频道	3.3	7.4
10	终极卧底	浙江电视台民生休闲频道	3.2	5.8

表 3.41.11　2012 年杭州市场综艺节目收视率排名前十位

名次	节目名称	播出频道	平均收视率(%)	平均占有率(%)
1	中国好声音（9 月 7 日）	浙江卫视	13.5	28.7
2	中国梦想秀（4 月 13 日—6 月 29 日）	浙江卫视	13.0	27.5
3	中国梦想秀（10 月 12 日—12 月 28 日）	浙江卫视	9.6	22.1
4	2012 杭州西湖国际烟花大会	杭州电视台综合频道	9.2	17.2
5	2012 春节联欢晚会	中央电视台综合频道	6.9	14.7
6	代号十三钗开播仪式	浙江电视台经济生活频道	5.8	10.4
7	梦想天空分外蓝中国蓝迈向五周年庆典晚会	浙江卫视	4.9	11.8
8	向人民报告 2011 杭州市公安工作巡礼直播晚会	杭州电视台西湖明珠频道	4.9	8.9
9	中国杭帮菜博物馆杯杭帮盛宴杭帮菜双十佳颁奖仪式	杭州电视台西湖明珠频道	4.9	8.1
10	中国横店影视节 2012 中国东阳横店影视金牛奖颁奖盛典	浙江电视台影视娱乐频道	4.7	11.8

表 3.41.12　2012 年杭州市场体育节目收视率排名前十位

名次	节目名称	播出频道	平均收视率(%)	平均占有率(%)
1	2012 年第 30 届奥运会体操女子高低杠决赛	中央台五套	7.8	16.0
2	2012 年第 30 届奥运会跳水男子双人 10 米跳台决赛	中央台五套	7.6	20.0
3	2012 年第 30 届奥运会田径男子 110 米栏预赛	中央台五套	6.4	32.3
4	2012 年第 30 届奥运会羽毛球男单决赛	中央电视台综合频道	5.6	9.9
5	2012 年第 30 届奥运会游泳预赛	中央台五套	5.6	9.6
6	奥运会体操女子平衡木颁奖仪式	中央台五套	4.9	13.5
7	2012 年第 30 届奥运会女排小组赛 B 组（中国 VS 土耳其）	中央台五套	4.8	19.5
8	2012 年第 30 届奥运会射击男子 10 米气步枪决赛	中央台五套	4.6	9.8
9	2012 年第 30 届奥运会男子篮球决赛（西班牙队 VS 美国队）	中央台五套	4.2	14.8
10	2012 年第 30 届奥运会乒乓球男单决赛	中央台五套	3.6	18.0

四十二、合肥收视数据

表 3.42.1 2008—2012 年合肥市场各类频道的市场占有率（%）

频道类别	年份				
	2008 年	2009 年	2010 年	2011 年	2012 年
中央台频道	35.8	32.4	31.2	27.1	29.1
中国教育台频道	0.2	0.4	0.5	0.7	0.6
安徽省级频道	28.7	30.2	30.2	31.6	25.9
合肥市级频道	8.3	8.6	9.1	9.3	8.6
其他省级卫视频道	19.8	19.1	18.3	19.1	23.8
其他频道	7.2	9.3	10.7	12.2	12.0

表 3.42.2 2012 年合肥市场各类频道在不同目标观众中的市场占有率（%）

目标观众		中央电视台	中国教育台	安徽省级频道	合肥市级频道	其他省级卫视频道	其他频道
4 岁及以上所有人		29.1	0.6	25.9	8.6	23.8	12.0
性别	男	31.3	0.6	24.6	8.7	21.9	12.9
	女	26.8	0.6	27.2	8.5	25.9	11.1
年龄	4—14 岁	23.1	0.7	20.2	6.3	35.0	14.6
	15—24 岁	24.6	0.5	23.9	8.5	30.1	12.4
	25—34 岁	28.3	0.5	23.6	7.3	27.1	13.2
	35—44 岁	27.2	0.7	24.7	12.0	23.8	11.6
	45—54 岁	28.7	0.7	26.6	7.7	22.7	13.5
	55—64 岁	33.0	0.6	28.3	7.7	19.7	10.7
	65 岁及以上	36.7	0.6	32.3	8.8	13.2	8.6
教育程度	未受过正规教育	27.8	0.9	27.4	7.8	24.7	11.4
	小学	23.6	0.3	33.6	7.7	22.1	12.7
	初中	28.4	0.7	28.0	10.0	21.5	11.4
	高中	29.4	0.7	22.2	8.4	26.2	13.1
	大学及以上	33.8	0.6	21.8	8.1	24.7	11.0
职业类别	干部/管理人员	33.3	0.6	21.9	4.3	23.2	16.8
	个体/私营企业人员	27.4	0.8	23.8	10.3	27.5	10.3
	初级公务员/雇员	31.0	0.5	21.4	9.8	23.4	13.9
	工人	28.7	0.8	28.4	8.4	21.5	12.2
	学生	22.7	0.6	22.2	7.8	31.5	15.3
	无业	32.2	0.6	26.3	8.2	23.1	9.6
	其他	10.6	0.0	62.1	7.8	1.4	18.0
个人月收入	0—600 元	24.1	0.7	26.4	7.5	28.0	13.3
	601—1200 元	25.4	0.5	31.3	9.3	21.9	11.5
	1201—1700 元	30.9	0.6	26.2	8.9	22.6	10.8
	1701—2600 元	33.5	0.6	24.1	9.5	21.4	10.8
	2601 元及以上	34.0	0.5	20.9	8.5	23.0	13.0

表 3.42.3　2012 年合肥市场各类频道在不同时段的市场占有率（%）

时间段	中央台频道	中国教育台频道	安徽省级频道	合肥市级频道	其他省级卫视频道	其他频道
02:00—03:00	26.8	1.2	11.8	1.8	23.5	34.9
03:00—04:00	30.0	0.7	8.4	1.1	21.3	38.5
04:00—05:00	34.3	0.5	7.1	1.3	19.0	37.9
05:00—06:00	42.8	0.4	8.8	1.0	14.2	32.7
06:00—07:00	39.6	0.2	23.7	7.7	13.1	15.7
07:00—08:00	41.9	0.2	26.0	5.2	13.2	13.5
08:00—09:00	39.6	0.3	18.9	5.8	21.8	13.7
09:00—10:00	34.3	0.4	16.6	6.9	27.9	13.8
10:00—11:00	34.0	0.7	15.9	6.9	28.6	13.9
11:00—12:00	33.7	0.5	22.3	5.4	26.3	11.8
12:00—13:00	36.6	0.6	24.2	4.0	23.9	10.7
13:00—14:00	30.2	0.8	23.1	4.4	28.4	13.1
14:00—15:00	26.7	1.0	17.1	6.9	33.3	15.0
15:00—16:00	26.6	0.7	16.0	7.5	34.2	15.0
16:00—17:00	28.8	0.6	15.9	6.8	34.1	13.9
17:00—18:00	31.7	0.5	20.0	5.3	30.2	12.4
18:00—19:00	27.2	0.1	43.2	6.9	12.5	10.1
19:00—20:00	29.7	0.5	37.0	9.6	13.8	9.4
20:00—21:00	25.2	0.8	28.6	12.8	23.2	9.3
21:00—22:00	25.8	0.6	26.0	13.6	23.6	10.3
22:00—23:00	25.5	0.9	24.4	10.2	27.5	11.6
23:00—24:00	28.4	0.6	23.4	5.8	27.7	14.2
24:00—25:00	28.4	0.6	19.2	6.0	26.0	19.8
25:00—26:00	26.9	1.0	14.1	6.2	24.6	27.1

表 3.42.4　2012 年合肥市场收视份额排名前十位的频道

名次	频道名称	收视份额（%）
1	安徽卫视	12.0
2	中央电视台综合频道	6.3
3	安徽经视	6.1
4	中央电视台新闻频道	4.5
5	安徽综艺	3.2
6	合肥电视台一套（新闻频道）	2.9
6	中央台三套	2.9
8	中央台五套	2.6
8	安徽影视	2.6
10	中央台六套	2.3

表 3.42.5 2012 年合肥市场各主要频道的观众构成（%）

目标观众		所有频道	主要频道				
			安徽卫视	中央电视台综合频道	安徽经视	中央电视台新闻频道	安徽综艺
4 岁及以上所有人		100.0	100.0	100.0	100.0	100.0	100.0
性别	男	51.1	46.2	51.0	47.7	60.5	53.9
	女	48.9	53.8	49.0	52.3	39.5	46.1
年龄	4—14 岁	9.6	8.9	9.9	4.9	4.4	6.4
	15—24 岁	9.3	6.2	6.7	11.4	6.1	8.0
	25—34 岁	15.2	12.5	13.5	15.2	11.9	13.3
	35—44 岁	20.5	19.6	17.1	17.2	17.7	15.8
	45—54 岁	17.4	17.0	16.8	18.2	18.9	21.4
	55—64 岁	15.3	17.3	19.5	17.1	20.4	20.1
	65 岁及以上	12.7	18.6	16.5	15.9	20.6	14.9
教育程度	未受过正规教育	5.7	8.4	5.9	3.9	9.0	3.8
	小学	16.6	19.5	13.3	23.3	11.2	29.2
	初中	27.3	29.1	31.6	28.6	29.8	30.3
	高中	27.2	24.8	26.1	22.6	24.3	18.7
	大学及以上	23.2	18.3	23.1	21.5	25.7	18.1
职业类别	干部/管理人员	2.3	2.6	3.3	0.8	2.5	0.8
	个体/私营企业人员	11.1	8.9	7.7	12.4	11.2	9.4
	初级公务员/雇员	18.1	12.6	16.8	17.9	16.1	14.1
	工人	20.0	23.2	20.9	20.0	19.3	22.9
	学生	12.3	10.6	10.4	8.7	6.5	9.4
	无业	33.9	38.9	37.7	34.9	44.3	27.2
	其他	2.4	3.3	3.2	5.2	0.0	16.1
个人月收入	0—600 元	28.4	31.3	26.3	25.3	18.9	25.5
	601—1200 元	17.1	19.2	15.5	23.6	17.8	27.6
	1201—1700 元	18.2	18.5	19.5	18.1	23.6	19.4
	1701—2600 元	17.3	15.1	17.6	17.2	19.4	17.5
	2601 元及以上	18.9	15.8	21.1	15.8	20.3	10.0

表 3.42.6 2010—2012 年合肥市场各类节目的播出份额（%）和收视份额（%）

节目类型	2010 年		2011 年		2012 年	
	播出份额	收视份额	播出份额	收视份额	播出份额	收视份额
财经	2.9	0.9	2.5	0.9	2.2	0.8
电视剧	22.6	27.9	20.6	26.9	20.0	28.4
电影	2.4	4.1	3.6	3.9	3.8	3.0
法制	1.2	0.6	0.9	0.4	0.8	0.6
教学	0.5	0.1	0.4	0.1	0.3	0.1
青少	7.7	4.1	7.5	3.6	6.9	4.3
生活服务	8.1	5.9	8.9	6.7	9.0	6.2
体育	1.8	3.7	1.4	2.3	1.5	2.9
外语	0.1	0.0	0.0	0.0	0.0	0.0
戏剧	0.9	0.4	1.1	0.4	1.0	0.3
新闻/时事	14.8	18.5	14.0	17.8	15.6	18.2
音乐	1.8	0.6	2.8	0.6	2.8	0.8
专题	9.9	6.6	12.1	8.0	12.3	7.8
综艺	10.5	12.2	10.5	14.2	9.5	14.4
其他	14.8	14.3	13.8	14.3	14.2	12.3

表 3.42.7 2012 年合肥市场所有节目收视率排名前三十位

名次	节目名称	节目类型	播出频道	平均收视率(%)	平均占有率(%)
1	2012 春节联欢晚会	综艺	中央电视台综合频道	22.3	49.2
2	2012 年伦敦奥运会羽毛球男单颁奖仪式	体育	中央电视台综合频道	11.3	28.3
3	2012 元宵晚会	综艺	中央电视台综合频道	11.0	28.1
4	甄嬛传	电视剧	安徽卫视	10.1	28.1
5	2012 亚洲偶像盛典	综艺	安徽卫视	9.9	25.9
6	金太狼的幸福生活	电视剧	安徽卫视	9.8	29.4
7	2012 国剧盛典	综艺	安徽卫视	9.8	25.9
8	穆桂英挂帅	电视剧	安徽卫视	8.9	25.1
9	2012 年第 30 届奥运会体操女子平衡木决赛	体育	中央台五套	8.8	23.6
10	2012 年第 30 届奥运会羽毛球男单决赛	体育	中央电视台综合频道	8.7	22.2
11	龙腾江淮 2012 安徽卫视春节联欢晚会	综艺	安徽卫视	7.8	27.3
12	甄嬛传闭幕礼心术首映礼	综艺	安徽卫视	7.8	21.9
13	心术	电视剧	安徽卫视	7.3	21.1
14	流泪的新娘	电视剧	安徽卫视	6.5	19.9
15	2012 年第 30 届奥运会女排 1/4 决赛（中国 VS 日本）	体育	中央电视台综合频道	6.5	16.5
16	2012 年第 30 届奥运会跳水男子双人 3 米板决赛	体育	中央台五套	6.4	22.3
17	大男当婚	电视剧	安徽卫视	6.2	17.1
18	2012 年第 30 届奥运会射击男子 25 米手枪速射决赛	体育	中央台五套	6.2	16.9
19	福州月中华情 2012 年中央电视台中秋晚会	综艺	中央电视台综合频道	6.2	16.0
20	母亲母亲	电视剧	安徽卫视	6.1	16.8
21	青盲	电视剧	安徽卫视	6.0	17.0
22	第 1 时间	新闻/时事	安徽经视	5.9	24.0
23	2012 年第 30 届奥运会游泳预赛	体育	中央台五套	5.9	15.0
24	开学第一课	青少	中央电视台综合频道	5.9	14.9
25	中国好声音巅峰时刻	浙江卫视	浙江卫视	5.8	16.2
26	楚汉传奇	电视剧	安徽卫视	5.8	14.8
27	乱世佳人	电视剧	安徽卫视	5.6	15.2
28	爱情美剧盛典	综艺	安徽卫视	5.6	14.2
29	现场直播：2012 年第 30 届奥运会女子举重 75 公斤以上级决赛	体育	中央电视台综合频道	5.3	24.0
30	团圆	电视剧	安徽卫视	5.2	14.5

表 3.42.8　2012 年合肥市场电视剧收视率排名前十位

名次	节目名称	播出频道	平均收视率（%）	平均占有率（%）
1	甄嬛传	安徽卫视	10.1	28.1
2	金太狼的幸福生活	安徽卫视	9.8	29.4
3	穆桂英挂帅	安徽卫视	8.9	25.1
4	心术	安徽卫视	7.3	21.1
5	流泪的新娘	安徽卫视	6.5	19.9
6	大男当婚	安徽卫视	6.2	17.1
7	母亲母亲	安徽卫视	6.1	16.8
8	青盲	安徽卫视	6.0	17.0
9	楚汉传奇	安徽卫视	5.8	14.8
10	乱世佳人	安徽卫视	5.6	15.2

表 3.42.9　2012 年合肥市场新闻节目收视率排名前十位

名次	节目名称	播出频道	平均收视率（%）	平均占有率（%）
1	第 1 时间	安徽经视	5.9	24.0
2	帮女郎帮你忙	安徽经视	3.3	21.8
3	新闻联播	中央电视台综合频道	2.6	9.5
4	中国共产党第十八次全国代表大会专题新闻	中央电视台综合频道	2.1	6.1
5	安徽新闻联播	安徽卫视	1.9	8.8
6	转播中央台新闻联播	安徽卫视	1.9	7.1
7	焦点访谈	中央电视台综合频道	1.9	5.9
8	温家宝总理会见中外记者	中央电视台综合频道	1.9	5.6
9	胡锦涛主席出席庆祝香港回归祖国十五周年文艺晚会	中央电视台综合频道	1.8	5.7
10	今日关注	中央台四套	1.7	5.1

表 3.42.10　2012 年合肥市场专题节目收视率排名前十位

名次	节目名称	播出频道	平均收视率（%）	平均占有率（%）
1	石破天惊说甄嬛	安徽卫视	4.5	16.3
2	青盲拍案惊奇	安徽卫视	4.3	12.6
3	石面埋伏说楚汉	安徽卫视	4.1	10.7
4	感动中国 2011 年度人物颁奖典礼	中央电视台综合频道	3.5	10.0
5	爱传万家说出你的故事	安徽卫视	3.0	9.7
6	红旗渠的守望者	中央电视台综合频道	2.9	9.1
7	步步惊心	合肥电视台三套（教育法制频道）	2.1	5.4
8	一年又一年	中央电视台综合频道	2.0	9.2
9	张扬说事	合肥电视台三套（教育法制频道）	1.8	4.7
10	张健说事	合肥电视台三套（教育法制频道）	1.7	4.7

表 3.42.11 2011 年合肥市场综艺节目收视率排名前十位

名次	节目名称	播出频道	平均收视率（%）	平均占有率（%）
1	2012 春节联欢晚会	中央电视台综合频道	22.3	49.2
2	2012 元宵晚会	中央电视台综合频道	11.0	28.1
3	2012 亚洲偶像盛典	安徽卫视	9.9	25.9
4	2012 国剧盛典	安徽卫视	9.8	25.9
5	龙腾江淮 2012 安徽卫视春节联欢晚会	安徽卫视	7.8	27.3
6	甄嬛传闭幕礼心术首映礼	安徽卫视	7.8	21.9
7	福州月中华情 2012 年中央电视台中秋晚会	中央电视台综合频道	6.2	16.0
8	中国好声音巅峰时刻	浙江卫视	5.8	16.2
9	爱情美剧盛典	安徽卫视	5.6	14.2
10	势不可挡	安徽卫视	4.8	14.5

表 3.42.12 2011 年合肥市场体育节目收视率排名前十位

名次	节目名称	播出频道	平均收视率（%）	平均占有率（%）
1	2012 年伦敦奥运会羽毛球男单颁奖仪式	中央电视台综合频道	11.3	28.3
2	2012 年第 30 届奥运会体操女子平衡木决赛	中央台五套	8.8	23.6
3	2012 年第 30 届奥运会羽毛球男单决赛	中央电视台综合频道	8.7	22.2
4	现场直播：2012 年第 30 届奥运会女排 1/4 决赛（中国 VS 日本）	中央电视台综合频道	6.5	16.5
5	2012 年第 30 届奥运会跳水男子双人 3 米板决赛	中央台五套	6.4	22.3
6	2012 年第 30 届奥运会射击男子 25 米手枪速射决赛	中央台五套	6.2	16.9
7	2012 年第 30 届奥运会游泳预赛	中央台五套	5.9	15.0
8	现场直播：2012 年第 30 届奥运会女子举重 75 公斤以上级决赛	中央电视台综合频道	5.3	24.0
9	2012 年第 30 届奥运会赛艇女子单人双桨决赛	中央台五套	4.5	13.9
10	2012 年第 30 届奥运会女子重剑团体半决赛	中央台五套	4.5	11.4

四十三、呼和浩特收视数据

表 3.43.1　2008—2012 年呼和浩特市场各类频道的市场占有率（%）

频道	年份				
	2008 年	2009 年	2010 年	2011 年	2012 年
中央台频道	58.6	53.7	51.5	42.3	43.5
中国教育台频道	0.3	0.4	0.5	0.5	0.3
内蒙古自治区级频道	12.7	11.1	11.0	8.5	8.1
呼和浩特市级频道	3.2	3.0	3.9	2.7	2.3
其他省级卫视频道	21.7	27.1	29.5	36.6	37.9
其他频道	3.5	4.7	3.6	9.4	7.9

注：2011 年呼和浩特数据为 4 月 1 日至 12 月 31 日的测量仪数据，下同。

表 3.43.2　2012 年呼和浩特市场各类频道在不同目标观众中的市场占有率（%）

目标观众		中央台频道	中国教育台频道	内蒙古自治区级频道	呼和浩特市级频道	其他省级卫视频道	其他频道
4 岁及以上所有人		43.5	0.3	8.1	2.3	37.9	7.9
性别	男	44.6	0.4	8.3	2.2	35.1	9.4
	女	42.5	0.3	8.0	2.3	40.5	6.4
年龄	4—14 岁	39.0	0.1	6.9	0.9	43.3	9.8
	15—24 岁	36.3	0.4	6.8	1.6	47.1	7.8
	25—34 岁	38.1	0.5	6.9	1.4	42.5	10.6
	35—44 岁	46.2	0.4	8.4	2.4	33.2	9.4
	45—54 岁	41.5	0.6	8.2	2.8	40.2	6.7
	55—64 岁	45.8	0.2	9.2	2.9	36.1	5.8
	65 岁及以上	53.2	0.2	9.4	2.9	28.6	5.7
教育程度	未受过正规教育	37.7	0.1	11.8	2.4	35.6	12.4
	小学	41.1	0.3	8.4	2.5	39.1	8.6
	初中	42.5	0.3	8.4	2.4	37.8	8.6
	高中	43.3	0.4	7.9	2.1	39.4	6.9
	大学及以上	49.4	0.5	6.7	1.9	35.2	6.3
职业类别	干部/管理人员	54.7	0.1	7.3	1.6	29.4	6.9
	个体/私营企业人员	41.4	0.3	7.8	1.7	38.1	10.7
	初级公务员/雇员	43.8	0.8	7.2	2.1	39.5	6.6
	工人	39.2	0.3	8.4	1.7	39.7	10.7
	学生	38.3	0.4	6.3	1.3	45.3	8.4
	无业	47.2	0.2	8.2	2.4	36.4	5.6
	其他	39.9	0.5	10.9	4.0	33.3	11.4
个人月收入	0—600 元	39.1	0.3	8.5	1.9	41.1	9.1
	601—1200 元	40.4	0.4	8.3	1.8	38.1	11.0
	1201—1700 元	48.0	0.1	7.8	3.3	34.1	6.7
	1701—2600 元	44.7	0.5	8.2	2.4	37.3	6.9
	2601 元及以上	46.7	0.4	7.6	1.6	37.1	6.6

表 3.43.3 2012 年呼和浩特市场各类频道在不同时段的市场占有率(%)

时间段	中央台频道	中国教育台频道	内蒙古自治区级频道	呼和浩特市级频道	其他省级卫视频道	其他频道
02:00—03:00	36.0	0.1	3.2	0.3	40.8	19.6
03:00—04:00	38.6	0.1	3.4	0.4	38.2	19.3
04:00—05:00	43.4	0.0	4.1	0.2	35.7	16.6
05:00—06:00	44.2	0.1	4.3	0.3	36.1	15.0
06:00—07:00	59.5	0.2	8.5	0.9	21.5	9.4
07:00—08:00	62.5	0.4	8.4	2.2	19.3	7.2
08:00—09:00	52.2	0.1	4.2	2.0	34.8	6.7
09:00—10:00	42.7	0.2	4.7	2.1	42.3	8.0
10:00—11:00	41.6	0.4	4.8	2.0	43.0	8.2
11:00—12:00	45.1	0.2	4.0	1.3	40.7	8.7
12:00—13:00	54.3	0.2	3.7	1.1	33.5	7.2
13:00—14:00	46.6	0.2	4.7	1.5	38.6	8.4
14:00—15:00	38.4	0.2	4.9	1.5	45.2	9.8
15:00—16:00	38.7	0.2	5.0	1.4	45.6	9.1
16:00—17:00	38.0	0.1	4.9	1.8	45.8	9.4
17:00—18:00	42.2	0.1	4.5	1.5	43.6	8.1
18:00—19:00	48.5	0.1	19.4	5.7	18.5	7.8
19:00—20:00	51.4	0.4	19.2	2.6	20.2	6.2
20:00—21:00	40.8	0.7	7.4	1.8	43.0	6.3
21:00—22:00	40.4	0.5	6.1	2.2	43.5	7.3
22:00—23:00	36.5	0.5	6.5	2.7	45.4	8.4
23:00—24:00	36.2	0.2	6.1	2.9	44.9	9.7
24:00—25:00	36.8	0.1	4.8	2.3	43.3	12.7
25:00—26:00	36.2	0.1	3.9	0.9	42.1	16.8

表 3.43.4 2012 年呼和浩特市场收视份额排名前十位的频道

名次	频道名称	收视份额(%)
1	中央电视台综合频道	9.8
2	中央台三套	5.1
3	中央台六套	4.9
4	中央电视台新闻频道	4.5
5	江苏卫视	3.9
5	中央台八套	3.9
7	湖南电视台卫星频道	3.7
8	中央台四套	2.8
8	中央台五套	2.8
8	山东卫视	2.8

表 3.43.5 2012 年呼和浩特市场各主要频道的观众构成（%）

目标观众		所有频道	主要频道				
			中央电视台综合频道	中央台三套	中央台六套	中央电视台新闻频道	江苏卫视
4 岁及以上所有人		100.0	100.0	100.0	100.0	100.0	100.0
性别	男	48.3	46.7	45.4	52.8	54.2	46.6
	女	51.7	53.3	54.6	47.2	45.8	53.4
年龄	4—14 岁	8.8	5.9	5.5	9.2	3.8	7.6
	15—24 岁	9.4	6.4	8.8	11.9	4.5	12.5
	25—34 岁	16.8	12.9	12.2	24.0	12.3	20.7
	35—44 岁	15.3	19.7	15.7	20.4	11.8	13.6
	45—54 岁	18.3	15.1	18.0	16.5	22.7	21.6
	55—64 岁	14.8	15.1	19.8	9.7	20.7	13.4
	65 岁及以上	16.6	24.9	20.0	8.2	24.2	10.7
教育程度	未受过正规教育	5.0	5.6	3.2	3.7	2.4	4.4
	小学	13.7	13.7	12.3	12.4	6.4	12.4
	初中	35.9	34.1	39.0	35.1	41.0	38.8
	高中	27.1	25.2	28.3	25.2	25.8	26.7
	大学及以上	18.2	21.4	17.2	23.6	24.4	17.8
职业类别	干部/管理人员	3.0	3.6	3.3	3.0	3.8	3.4
	个体/私营企业人员	9.5	7.1	7.5	13.4	8.4	11.3
	初级公务员/雇员	16.9	19.1	15.5	20.1	16.3	18.6
	工人	13.0	11.0	12.3	16.2	9.4	14.5
	学生	10.3	7.8	8.6	12.6	5.0	10.7
	无业	36.3	36.2	42.5	26.6	50.4	32.0
	其他	11.0	15.2	10.2	8.1	6.7	9.5
个人月收入	0—600 元	30.5	32.0	24.3	30.4	18.1	29.0
	601—1200 元	9.9	10.2	8.4	8.0	8.2	9.4
	1201—1700 元	19.6	20.4	26.8	14.2	24.4	19.7
	1701—2600 元	23.3	23.7	24.7	27.0	27.6	23.4
	2601 元及以上	16.6	13.6	15.8	20.5	21.8	18.4

表 3.43.6 2010—2012 年呼和浩特市场各类节目的播出份额（%）和收视份额（%）

节目类别	2010 年		2011 年		2012 年	
	播出份额	收视份额	播出份额	收视份额	播出份额	收视份额
财经	2.9	0.8	2.6	1.5	1.3	0.8
电视剧	21.7	28.9	21.0	30.0	29.1	22.7
电影	2.9	3.0	3.7	5.1	4.0	5.6
法制	1.1	1.3	0.9	1.2	0.9	2.3
教学	0.6	0.3	0.5	0.1	0.6	0.1
青少	7.3	2.8	8.1	3.2	5.9	7.3
生活服务	7.3	6.2	8.0	6.9	8.7	6.0
体育	2.2	3.3	1.6	2.3	2.0	2.0
外语	0.1	0.0	0.0	0.0	0.0	0.0
戏剧	1.1	0.5	1.2	0.4	0.7	0.4
新闻/时事	14.6	17.1	13.2	13.2	10.2	14.4
音乐	2.9	0.6	2.9	0.9	2.5	0.9
专题	10.6	6.3	12.2	8.3	10.0	6.1
综艺	9.8	11.3	10.1	14.3	8.1	20.6
其他	14.9	17.6	14.0	12.6	16.0	10.8

表 3.43.7　2012 年呼和浩特市场所有节目收视率排名前三十位

名次	节目名称	节目类别	播出频道	平均收视率（%）	平均占有率（%）
1	2012 春节联欢晚会	综艺	中央电视台综合频道	21.1	45.0
2	2012 元宵晚会	综艺	中央电视台综合频道	13.7	29.2
3	天气预报	生活服务	中央电视台综合频道	10.7	31.0
4	2012 年第 30 届奥运会跳水男子双人 3 米板决赛	体育	中央台五套	10.3	35.8
5	国门英雄	电视剧	中央电视台综合频道	9.9	22.4
6	2012 年伦敦奥运会羽毛球男单颁奖仪式	体育	中央电视台综合频道	9.6	25.9
7	2012 年第 30 届奥运会体操女子高低杠决赛	体育	中央台五套	8.3	26.1
8	福州月中华情 2012 年中央电视台中秋晚会	综艺	中央电视台综合频道	8.3	20.4
9	星光大道	综艺	中央电视台综合频道	7.6	17.9
10	2012 年第 30 届奥运会女子 200 米蛙泳预赛	体育	中央台五套	7.5	20.1
11	中央电视台 2012 年 315 晚会共筑诚信有你有我	综艺	中央电视台综合频道	7.5	17.5
12	2012	电影	中央台六套	7.0	28.6
13	红旗渠的守望者	专题	中央电视台综合频道	6.9	16.8
14	一年又一年	专题	中央电视台综合频道	6.8	22.1
15	快乐中国 2012—2013 跨年狂欢夜	音乐	湖南电视台卫星频道	6.8	20.2
16	温州一家人	电视剧	中央电视台综合频道	6.7	15.9
17	感动中国 2011 年度人物颁奖典礼	专题	中央电视台综合频道	6.5	15.1
18	2012 年第 30 届奥运会赛艇女子单人双桨 1/4 决赛第三组	体育	中央台五套	6.4	19.5
19	现场直播：2012 年第 30 届奥运会女排 1/4 决赛（中国 VS 日本）	体育	中央电视台综合频道	6.4	18.0
20	誓言今生	电视剧	中央电视台综合频道	6.4	14.5
21	感动生命	电视剧	中央电视台综合频道	6.3	14.6
22	新闻联播	新闻/时事	中央电视台综合频道	6.2	20.6
23	现场直播：2012 年第 30 届奥运会乒乓球男单决赛	体育	中央台五套	6.0	33.1
24	阳光路上	电视剧	中央电视台综合频道	6.0	14.0
25	阳光路上情满怀 2012 年军民迎新春文艺晚会	综艺	中央电视台综合频道	6.0	12.0
26	2012 年第 30 届奥运会田径男子 110 米栏预赛	体育	中央台五套	5.8	39.4
27	万家灯火平安夜公安部 2012 年春节电视文艺晚会	综艺	中央电视台综合频道	5.8	17.1
28	向东是大海	电视剧	中央电视台综合频道	5.8	14.0
29	现场直播：2012 年第 30 届奥运会男子 50 米步枪三姿决赛	体育	中央电视台综合频道	5.4	15.2
30	2012 年第 30 届奥运会铁人三项男子决赛	体育	中央台五套	5.3	14.6

表 3.43.8 2012 年呼和浩特市场电视剧收视率排名前十位

名次	节目名称	播出频道	平均收视率（%）	平均占有率（%）
1	国门英雄	中央电视台综合频道	9.9	22.4
2	温州一家人	中央电视台综合频道	6.7	15.9
3	誓言今生	中央电视台综合频道	6.4	14.5
4	感动生命	中央电视台综合频道	6.3	14.6
5	阳光路上	中央电视台综合频道	6.0	14.0
6	向东是大海	中央电视台综合频道	5.8	14.0
7	知青	中央电视台综合频道	5.2	14.7
8	生死依托	中央电视台综合频道	5.1	14.3
9	营盘镇警事	中央电视台综合频道	4.8	12.2
10	木府风云	中央电视台综合频道	4.7	13.3

表 3.43.9 2012 年呼和浩特市场新闻节目收视率排名前十位

名次	节目名称	播出频道	平均收视率（%）	平均占有率（%）
1	新闻联播	中央电视台综合频道	6.2	20.6
2	中国共产党第十八次全国代表大会专题新闻	中央电视台综合频道	5.2	12.9
3	新闻天天看	内蒙古电视台新闻综合频道	4.9	17.9
4	温家宝总理会见中外记者	中央电视台综合频道	4.4	10.0
5	焦点访谈	中央电视台综合频道	4.1	11.6
6	新闻调查	中央电视台综合频道	3.3	7.9
7	都市全接触	内蒙古电视台经济生活频道	2.6	7.2
8	今日观察	内蒙古电视台新闻综合频道	2.3	6.9
9	今日关注	中央台四套	2.1	5.9
10	内蒙古新闻联播	内蒙古卫视	1.7	7.8

表 3.43.10 2012 年呼和浩特市场专题节目收视率排名前十位

名次	节目名称	播出频道	平均收视率（%）	平均占有率（%）
1	红旗渠的守望者	中央电视台综合频道	6.9	16.8
2	一年又一年	中央电视台综合频道	6.8	22.1
3	感动中国 2011 年度人物颁奖典礼	中央电视台综合频道	6.5	15.1
4	永远的雷锋	中央电视台综合频道	4.0	8.9
5	身边的感动	中央电视台综合频道	3.3	8.9
6	法治的力量 2012 年度法治人物颁奖盛典	中央电视台综合频道	3.0	7.1
7	温暖 2012	中央台三套	2.8	8.0
8	信仰我们的故事	中央电视台综合频道	2.7	8.9
9	酷我真声音	浙江卫视	2.6	15.7
10	大鲁艺	中央电视台综合频道	2.4	6.7

表 3.43.11　2012 年呼和浩特市场综艺节目收视率排名前十位

名次	节目名称	播出频道	平均收视率(%)	平均占有率(%)
1	2012 春节联欢晚会	中央电视台综合频道	21.1	45.0
2	2012 元宵晚会	中央电视台综合频道	13.7	29.2
3	福州月中华情 2012 年中央电视台中秋晚会	中央电视台综合频道	8.3	20.4
4	星光大道	中央电视台综合频道	7.6	17.9
5	中央电视台 2012 年 315 晚会共筑诚信有你有我	中央电视台综合频道	7.5	17.5
6	阳光路上情满怀 2012 年军民迎新春文艺晚会	中央电视台综合频道	6.0	12.0
7	万家灯火平安夜公安部 2012 年春节电视文艺晚会	中央电视台综合频道	5.8	17.1
8	2012 元宵晚会	中央台三套	4.7	10.9
9	领航中国喜迎党的十八大胜利召开大型专题文艺晚会	中央电视台综合频道	4.6	11.8
10	为祖国放歌第十二届精神文明建设五个一工程颁奖晚会	中央电视台综合频道	4.6	11.5

表 3.43.12　2012 年呼和浩特市场体育节目收视率排名前十位

名次	节目名称	播出频道	平均收视率(%)	平均占有率(%)
1	2012 年第 30 届奥运会跳水男子双人 3 米板决赛	中央台五套	10.3	35.8
2	2012 年伦敦奥运会羽毛球男单颁奖仪式	中央电视台综合频道	9.6	25.9
3	2012 年第 30 届奥运会体操女子高低杠决赛	中央台五套	8.3	26.1
4	2012 年第 30 届奥运会女子 200 米蛙泳预赛	中央台五套	7.5	20.1
5	2012 年第 30 届奥运会赛艇女子单人双桨 1/4 决赛第三组	中央台五套	6.4	19.5
6	现场直播：2012 年第 30 届奥运会女排 1/4 决赛（中国 VS 日本）	中央电视台综合频道	6.4	18.0
7	现场直播：2012 年第 30 届奥运会乒乓球男单决赛	中央台五套	6.0	33.1
8	2012 年第 30 届奥运会田径男子 110 米栏预赛	中央台五套	5.8	39.4
9	现场直播：2012 年第 30 届奥运会男子 50 米步枪三姿决赛	中央电视台综合频道	5.4	15.2
10	2012 年第 30 届奥运会铁人三项男子决赛	中央台五套	5.3	14.6

四十四、济南收视数据

表 3.44.1　2008—2012 年济南市场各类频道的市场占有率（%）

频道类别	年份				
	2008 年	2009 年	2010 年	2011 年	2012 年
中央台频道	32.2	24.7	20.4	16.5	18.7
中国教育台频道	0.2	0.2	0.2	0.2	0.1
山东省级频道	31.6	33.8	37.1	36.7	36.8
济南市级频道	16.8	21.9	23.7	27.4	25.8
其他省级卫视频道	17.0	17.9	17.3	13.2	13.4
其他频道	2.2	1.5	1.4	6.1	5.2

表 3.44.2　2012 年济南市场各类频道在不同目标观众中的市场占有率（%）

目标观众		中央台频道	中国教育台频道	山东省级频道	济南市级频道	其他省级卫视频道	其他频道
4 岁及以上所有人		18.7	0.1	36.8	25.8	13.4	5.2
性别	男	20.8	0.1	36.1	25.6	12.0	5.4
	女	16.8	0.1	37.5	25.9	14.7	5.0
年龄	4—14 岁	17.0	0.1	31.9	30.1	16.7	4.2
	15—24 岁	13.3	0.1	35.8	24.6	20.3	5.9
	25—34 岁	17.0	0.1	33.7	27.6	15.7	5.9
	35—44 岁	15.2	0.1	38.2	24.6	15.9	6.0
	45—54 岁	18.3	0.1	37.0	26.7	11.9	6.0
	55—64 岁	18.2	0.1	45.3	23.5	8.7	4.2
	65 岁及以上	27.6	0.0	34.9	24.4	9.3	3.8
教育程度	未受过正规教育	17.5	0.1	40.1	28.7	9.6	4.0
	小学	17.6	0.1	43.0	24.4	11.5	3.4
	初中	16.1	0.1	40.5	23.7	14.6	5.0
	高中	20.1	0.1	30.1	28.8	14.7	6.2
	大学及以上	26.2	0.1	25.9	27.0	13.4	7.4
职业类别	干部/管理人员	25.5	0.1	32.4	24.7	12.7	4.6
	个体/私营企业	16.7	0.1	38.4	25.8	13.0	6.0
	初级公务员/雇员	18.9	0.1	31.3	29.0	13.9	6.8
	工人	15.3	0.2	38.1	26.0	14.8	5.6
	学生	15.8	0.1	30.7	27.1	21.6	4.7
	无业	24.2	0.1	31.9	27.4	11.5	4.9
	其他	10.3	0.1	58.8	16.8	11.4	2.6
个人月收入	0—600 元	11.6	0.1	56.3	18.3	10.9	2.8
	601—1200 元	16.2	0.1	40.7	25.6	12.8	4.6
	1201—1700 元	20.8	0.1	33.7	26.6	12.8	6.0
	1701—2600 元	22.1	0.1	29.9	28.2	13.3	6.4
	2601 元及以上	22.6	0.1	31.2	27.7	13.0	5.4

表 3.44.3　2012 年济南市场各类频道在不同时段的市场占有率（%）

时间段	中央台频道	中国教育台频道	山东省级频道	济南市级频道	其他省级卫视频道	其他频道
02:00—03:00	30.3	0.3	14.3	11.0	26.7	17.4
03:00—04:00	34.4	0.1	14.9	9.4	25.5	15.7
04:00—05:00	39.3	0.0	15.5	9.5	23.0	12.7
05:00—06:00	40.3	0.2	23.2	7.1	20.5	8.7
06:00—07:00	40.7	0.1	37.3	3.0	13.7	5.2
07:00—08:00	32.3	0.0	38.5	18.0	7.5	3.7
08:00—09:00	28.7	0.0	37.3	14.4	14.6	5.0
09:00—10:00	24.8	0.1	32.1	13.4	22.6	7.0
10:00—11:00	25.6	0.2	28.6	13.2	25.8	6.6
11:00—12:00	29.8	0.1	28.1	12.2	23.5	6.3
12:00—13:00	26.2	0.1	32.2	23.1	13.9	4.5
13:00—14:00	24.8	0.2	30.8	19.7	18.5	6.0
14:00—15:00	23.3	0.2	30.2	15.5	23.9	6.9
15:00—16:00	24.0	0.2	29.8	12.6	26.1	7.3
16:00—17:00	23.4	0.1	29.9	14.2	25.3	7.1
17:00—18:00	15.5	0.1	39.0	26.7	14.0	4.7
18:00—19:00	11.2	0.0	46.7	34.9	3.5	3.7
19:00—20:00	16.6	0.1	47.5	28.8	3.8	3.2
20:00—21:00	11.7	0.1	45.6	30.1	8.9	3.6
21:00—22:00	13.0	0.1	35.1	35.8	11.4	4.6
22:00—23:00	16.7	0.1	24.7	34.1	17.1	7.3
23:00—24:00	20.7	0.1	20.1	25.9	23.9	9.3
24:00—25:00	24.9	0.2	17.9	18.8	24.1	14.1
25:00—26:00	27.7	0.6	14.7	13.4	25.9	17.7

表 3.44.4　2012 年济南市场收视份额排名前十位的频道

名次	频道名称	收视份额（%）
1	山东电视齐鲁频道	12.6
2	山东卫视	10.9
3	济南电视台新闻综合频道	9.6
4	济南电视台都市女性频道	4.1
5	中央电视台综合频道	4.0
6	济南电视台少儿频道	3.5
7	济南电视台影视频道	3.4
8	中央台三套	2.9
9	山东电视公共频道	2.7
10	济南电视台生活频道	2.6

表 3.44.5 2012 年济南市场各主要频道的观众构成（%）

目标观众		主要频道观众构成					
		中央电视台综合频道	所有频道	山东电视齐鲁频道	山东卫视	济南电视台新闻综合频道	济南电视台都市女性频道
4 岁及以上所有人		100.0	100.0	100.0	100.0	100.0	100.0
性别	男	47.1	46.2	44.9	47.7	48.6	48.3
	女	52.9	53.8	55.1	52.3	51.4	51.7
年龄	4—14 岁	9.4	6.7	7.2	5.1	6.5	10.2
	15—24 岁	8.6	8.0	6.9	7.3	9.8	5.8
	25—34 岁	15.1	11.8	11.4	9.7	17.0	13.1
	35—44 岁	16.9	16.2	15.5	12.7	21.5	13.1
	45—54 岁	19.1	21.1	18.6	23.5	20.6	15.3
	55—64 岁	13.3	18.7	18.1	14.0	13.8	13.6
	65 岁及以上	17.6	17.4	22.3	27.7	10.8	28.9
教育程度	未受过正规教育	7.0	7.2	9.5	5.8	4.3	8.2
	小学	21.6	26.1	28.5	22.1	20.0	20.5
	初中	36.4	40.6	37.4	32.2	38.1	28.8
	高中	23.0	17.2	16.8	28.1	24.1	25.4
	大学及以上	12.1	8.8	7.8	11.8	13.5	17.1
职业类别	干部/管理人员	2.8	3.3	2.0	3.5	2.7	3.2
	个体/私营企业	10.4	10.2	11.0	8.9	13.0	8.2
	初级公务员/雇员	13.1	11.2	10.1	12.7	17.3	12.4
	工人	18.9	19.2	18.2	17.3	20.5	14.4
	学生	8.3	5.9	6.0	4.9	7.9	8.0
	无业	34.2	31.5	28.5	44.1	30.1	44.9
	其他	12.2	18.7	24.1	8.6	8.6	8.8
个人月收入	0—600 元	17.8	26.3	31.9	13.1	12.1	14.2
	601—1200 元	17.9	20.2	17.7	16.8	19.1	14.0
	1201—1700 元	21.7	19.3	16.6	24.3	24.4	21.2
	1701—2600 元	22.5	17.6	18.2	26.3	24.3	26.6
	2601 元及以上	20.1	16.6	15.5	19.5	20.1	24.0

表 3.44.6 2010—2012 年济南市场各类节目的播出份额（%）和收视份额（%）

节目类别	2010 年		2011 年		2012 年	
	播出份额	收视份额	播出份额	收视份额	播出份额	收视份额
财经	2.8	0.5	2.4	0.5	2.2	0.5
电视剧	21.5	31.7	19.9	33.7	20.1	29.1
电影	3.5	4.5	3.7	3.0	3.8	2.3
法制	0.9	0.2	0.8	0.2	0.9	0.5
教学	0.5	0.1	0.4	0.0	0.3	0.0
青少	5.8	1.2	7.9	3.8	7.3	2.8
生活服务	8.7	7.0	9.2	7.6	9.5	11.2
体育	3.0	3.7	2.2	2.6	2.3	4.6
外语	0.1	0.0	0.0	0.0	0.0	0.0
戏剧	1.0	0.2	1.0	0.2	1.0	0.4
新闻/时事	14.4	16.2	12.8	14.8	15.0	16.3
音乐	1.7	0.4	2.7	0.5	2.6	0.6
专题	10.3	7.2	11.7	6.9	11.7	5.7
综艺	11.4	13.4	11.5	12.5	9.3	12.5
其他	14.4	13.6	13.8	13.6	14.0	13.6

表 3.44.7 2012 年济南市场所有节目收视率排名前三十位

名次	节目名称	节目类型	播出频道	平均收视率(%)	平均占有率(%)
1	2012 春节联欢晚会	综艺	中央电视台综合频道	32.9	55.2
2	樱桃	电视剧	山东卫视	12.8	24.9
3	2012 元宵晚会	综艺	中央电视台综合频道	10.6	19.1
4	雪狼谷	电视剧	山东电视齐鲁频道	10.3	19.9
5	独立纵队	电视剧	山东电视齐鲁频道	10.0	20.0
6	遍地狼烟	电视剧	山东电视齐鲁频道	9.7	20.5
7	神枪	电视剧	山东电视齐鲁频道	9.6	21.9
8	民兵葛二蛋	电视剧	济南电视台新闻综合频道	9.4	20.3
9	小麦进城	电视剧	山东电视齐鲁频道	9.0	20.3
10	满秋	电视剧	济南电视台新闻综合频道	8.7	18.7
11	媳妇是怎样炼成的	电视剧	济南电视台新闻综合频道	8.7	18.1
12	刘兰芳再说穆桂英	综艺	山东卫视	8.6	18.9
13	天气预报	生活服务	山东电视齐鲁频道	8.3	21.9
14	敌后便衣队传奇	电视剧	济南电视台新闻综合频道	8.3	17.4
15	后宫甄嬛传	电视剧	济南电视台新闻综合频道	8.3	16.5
16	黄金密码	电视剧	山东电视齐鲁频道	8.2	16.8
17	两个女匪王	电视剧	山东电视齐鲁频道	8.1	19.1
18	薛平贵与王宝钏	电视剧	山东电视齐鲁频道	8.1	18.4
19	只要你过得比我好	电视剧	山东电视齐鲁频道	8.1	17.2
20	干得漂亮	电视剧	山东电视齐鲁频道	8.1	17.0
21	古村女人	电视剧	山东卫视	8.0	17.4
22	自古英雄出少年	电视剧	山东电视齐鲁频道	8.0	16.6
23	红红的樱桃樱桃山东卫视首映大典	综艺	山东卫视	8.0	16.2
24	今晚 20 分	新闻/时事	济南电视台新闻综合频道	7.8	20.3
25	小溪办事	生活服务	山东电视齐鲁频道	7.7	22.3
26	老爸的心愿	电视剧	济南电视台新闻综合频道	7.6	17.9
27	抗日英豪白朗	电视剧	山东电视齐鲁频道	7.6	17.0
28	神枪射向鬼子	电视剧	山东电视齐鲁频道	7.6	16.3
29	叶落长安	电视剧	山东卫视	7.5	17.4
30	情感战争	电视剧	山东电视齐鲁频道	7.5	17.0

表 3.44.8 2012 年济南市场电视剧收视率排名前十位

名次	节目名称	播出频道	平均收视率（%）	平均占有率（%）
1	樱桃	山东卫视	12.8	24.9
2	雪狼谷	山东电视齐鲁频道	10.3	19.9
3	独立纵队	山东电视齐鲁频道	10.0	20.0
4	遍地狼烟	山东电视齐鲁频道	9.7	20.5
5	神枪	山东电视齐鲁频道	9.6	21.9
6	民兵葛二蛋	济南电视台新闻综合频道	9.4	20.3
7	小麦进城	山东电视齐鲁频道	9.0	20.3
8	满秋	济南电视台新闻综合频道	8.7	18.7
9	媳妇是怎样炼成的	济南电视台新闻综合频道	8.7	18.1
10	敌后便衣队传奇	济南电视台新闻综合频道	8.3	17.4

表 3.44.9 2012 年济南市场新闻节目收视率排名前十位

名次	节目名称	播出频道	平均收视率（%）	平均占有率（%）
1	今晚 20 分	济南电视台新闻综合频道	7.8	20.3
2	今晚特别点击	济南电视台新闻综合频道	6.8	21.6
3	每日新闻	山东电视齐鲁频道	5.8	22.2
4	今晚我帮你	济南电视台新闻综合频道	5.8	20.2
5	都市新女报	济南电视台都市女性频道	3.8	3.1
6	拉呱	山东电视齐鲁频道	3.6	21.3
7	胡锦涛主席抵达香港	中央电视台综合频道	3.5	16.7
8	今晚不关机	济南电视台新闻综合频道	3.5	13.9
9	济南新闻	济南电视台新闻综合频道	3.4	9.3
10	转播中央台新闻联播	济南电视台新闻综合频道	3.4	8.3

表 3.44.10 2012 年济南市场专题节目收视率排名前十位

名次	节目名称	播出频道	平均收视率（%）	平均占有率（%）
1	一年又一年	中央电视台综合频道	4.4	11.6
2	有么说么故事会	济南电视台新闻综合频道	3.9	12.9
3	世界冰人大对决	山东电视齐鲁频道	3.5	10.2
4	今晚不关机	济南电视台新闻综合频道	3.0	13.7
5	科学发展新山东	山东卫视	3.0	7.6
6	信仰我们的故事	山东电视公共频道	2.8	6.5
7	都市搜客团	济南电视台都市女性频道	2.8	6.1
8	岱项圆梦爱在七夕陈州登五岳收官之战暨泰山婚礼	山东电视公共频道	2.6	6.6
9	有话好好说	济南电视台生活频道	2.6	5.8
10	新闻女生组	山东电视公共频道	2.5	5.3

表 3.44.11　2012 年济南市场综艺节目收视率排名前十位

名次	节目名称	播出频道	平均收视率（%）	平均占有率（%）
1	2012 春节联欢晚会	中央电视台综合频道	32.9	55.2
2	2012 元宵晚会	中央电视台综合频道	10.6	19.1
3	刘兰芳再说穆桂英	山东卫视	8.6	18.9
4	红红的樱桃樱桃山东卫视首映大典	山东卫视	8.0	16.2
5	恒隆之夜跨年狂欢夜	济南电视台新闻综合频道	7.3	29.9
6	2012 春节联欢晚会	山东卫视	6.7	11.3
7	歌声传奇特别节目不是钱的的事首映礼	山东卫视	5.7	16.4
8	天籁之声全国总决赛冠军争夺夜	山东卫视	5.6	13.0
9	政务面对面 2012 春节特别节目龙腾乐泉城	济南电视台新闻综合频道	5.5	18.0
10	山东领帅穆桂英挂帅首映大典	山东卫视	5.5	11.4

表 3.44.12　2012 年济南市场体育节目收视率排名前十位

名次	节目名称	播出频道	平均收视率（%）	平均占有率（%）
1	2012 年第 30 届奥运会体操女子高低杠决赛	中央台五套	7.3	21.1
2	2012 年伦敦奥运会羽毛球男单颁奖仪式	中央电视台综合频道	6.8	15.9
3	现场直播：2012 年万达广场中国足球协会超级联赛第 11 轮（山东鲁能 VS 大连实德）	山东电视体育频道	6.1	13.4
4	现场直播：2012 年中国足协杯半决赛首回合（贵州茅台 VS 山东鲁能）	山东电视体育频道	5.6	12.1
5	2012 年第 30 届奥运会跳水男子双人 3 米板决赛	中央台五套	5.5	20.5
6	2012 年第 30 届奥运会田径男子 100 米预赛	中央台五套	5.1	10.2
7	2012 年第 30 届奥运会赛艇女子单人双桨决赛	中央台五套	4.7	9.4
7	2012 年第 30 届奥运会乒乓球男单第三轮	中央台五套	4.5	9.9
9	现场直播：2012/2013 赛季中国男子篮球职业联赛第四轮（山东黄金 VS 吉林九台农商）	山东电视体育频道	4.1	9.3
10	2012 年第 30 届奥运会射击男子 10 米气步枪决赛	中央台五套	4.0	10.0

四十五、昆明收视数据

表 3.45.1　2008—2012 年昆明市场各类频道的市场占有率（%）

频道类别	年份				
	2008 年	2009 年	2010 年	2011 年	2012 年
中央台频道	42.6	39.3	33.2	29.8	33.3
中国教育台频道	0.2	0.2	0.2	0.2	0.2
云南省级频道	21.4	23.0	27.0	24.0	21.9
昆明市级频道	11.4	10.4	13.6	16.3	15.5
其他省级卫视频道	17.7	19.8	19.7	23.7	24.4
其他频道	6.7	7.3	6.3	6.0	4.7

表 3.45.2　2012 年昆明市场各类频道在不同目标观众中的市场占有率（%）

目标观众		中央台频道	中国教育台频道	云南省级频道	昆明市级频道	其他省级卫星频道	其他频道
4 岁及以上所有人		33.3	0.2	21.9	15.5	24.4	4.7
性别	男	35.4	0.2	21.1	15.3	22.9	5.1
	女	31.3	0.2	22.6	15.6	25.9	4.3
年龄	4—14 岁	30.7	0.1	22.5	11.9	27.0	7.7
	15—24 岁	29.8	0.2	21.6	16.6	27.2	4.8
	25—34 岁	29.6	0.1	22.2	16.0	26.0	6.1
	35—44 岁	35.1	0.1	22.0	16.9	21.8	4.0
	45—54 岁	30.5	0.2	23.0	17.4	25.7	3.3
	55—64 岁	34.6	0.2	19.2	16.2	25.4	4.5
	65 岁及以上	43.5	0.1	23.0	10.7	18.8	3.8
教育程度	未受过正规教育	29.4	0.2	26.8	9.8	23.9	10.0
	小学	33.4	0.2	21.7	17.3	23.8	3.6
	初中	31.6	0.2	22.0	16.8	24.6	5.0
	高中	32.9	0.2	22.1	15.7	24.3	4.9
	大学及以上	39.1	0.1	19.5	12.9	25.4	2.9
职业类别	干部/管理人员	29.7	0.1	20.4	19.4	26.8	3.6
	个体/私营企业人员	31.8	0.2	21.5	19.8	22.2	4.5
	初级公务员/雇员	35.4	0.2	20.5	15.7	24.2	4.0
	工人	28.1	0.2	25.4	15.2	25.1	6.1
	学生	28.9	0.2	22.3	13.5	31.0	4.1
	无业	36.0	0.1	22.4	13.2	23.6	4.7
	其他	27.7	0.3	18.4	19.8	25.6	8.3
个人月收入	0—600 元	30.1	0.1	22.1	14.9	26.9	5.8
	601—1200 元	31.5	0.2	20.7	16.1	26.2	5.2
	1201—1700 元	36.3	0.2	23.5	14.2	22.2	3.7
	1701—2600 元	34.3	0.2	21.8	15.3	24.2	4.3
	2601 元及以上	35.3	0.1	21.3	17.0	22.2	4.2

表 3.45.3　2012 年昆明市场各类频道在不同时段的市场占有率（%）

时间段	中央台频道	中国教育台频道	云南省级频道	昆明市级频道	其他省级卫星频道	其他频道
02:00—03:00	31.7	0.5	10.7	10.0	38.2	8.9
03:00—04:00	38.6	0.3	8.1	9.6	33.4	9.9
04:00—05:00	45.8	0.2	5.7	9.2	28.8	10.2
05:00—06:00	43.5	0.2	5.1	9.9	30.0	11.3
06:00—07:00	52.3	0.0	10.1	10.0	19.9	7.7
07:00—08:00	60.5	0.0	13.0	10.3	11.3	4.9
08:00—09:00	55.8	0.1	10.5	7.9	19.8	6.0
09:00—10:00	44.6	0.1	13.1	7.6	27.6	7.0
10:00—11:00	40.8	0.4	13.2	7.3	31.8	6.5
11:00—12:00	42.0	0.2	12.6	8.6	30.4	6.1
12:00—13:00	46.1	0.2	14.3	9.8	24.3	5.4
13:00—14:00	41.3	0.3	16.2	8.5	27.7	5.9
14:00—15:00	35.6	0.4	15.2	9.1	32.3	7.4
15:00—16:00	34.4	0.3	16.4	8.3	33.1	7.6
16:00—17:00	35.0	0.2	17.0	7.4	33.0	7.4
17:00—18:00	32.2	0.1	18.7	14.2	29.2	5.6
18:00—19:00	24.1	0.0	31.4	29.9	10.6	3.9
19:00—20:00	37.6	0.1	26.5	20.3	11.9	3.6
20:00—21:00	30.4	0.2	27.9	14.0	24.0	3.5
21:00—22:00	28.1	0.2	29.6	14.6	24.1	3.4
22:00—23:00	27.2	0.1	22.1	21.6	25.7	3.3
23:00—24:00	28.4	0.1	17.8	20.5	29.2	4.0
24:00—25:00	34.2	0.2	16.3	11.8	31.5	6.1
25:00—26:00	33.4	0.4	11.5	13.9	33.0	7.9

表 3.45.4　2012 年昆明市场收视份额排名前十位的频道

名次	频道名称	收视份额（%）
1	云南电视台都市频道（二套）	8.1
2	云南电视台卫视频道（一套）	6.7
3	昆明广播电视台春城频道	6.6
4	中央电视台综合频道	5.1
5	中央台八套	4.8
6	湖南电视台卫星频道	4.3
7	中央台六套	3.7
8	中央台三套	3.3
9	中央电视台新闻频道	2.8
10	中央台四套	2.7

表 3.45.5 2012 年昆明市场各主要频道的观众构成（%）

目标观众		所有频道	主要频道				
			云南电视台都市频道（二套）	云南电视台卫视频道（一套）	昆明广播电视台春城频道	中央电视台综合频道	中央台八套
4 岁及以上所有人		100.0	100.0	100.0	100.0	100.0	100.0
性别	男	49.5	46.4	47.6	51.6	50.7	41.3
	女	50.5	53.6	52.4	48.4	49.3	58.7
年龄	4—14 岁	8.6	6.6	7.3	5.6	6.9	5.0
	15—24 岁	10.2	8.8	12.4	9.7	10.9	10.2
	25—34 岁	18.0	16.0	20.5	15.0	12.5	13.2
	35—44 岁	16.9	16.3	16.1	17.6	17.1	20.8
	45—54 岁	17.8	22.0	16.8	21.2	13.9	18.1
	55—64 岁	16.2	15.2	15.7	21.2	19.3	18.6
	65 岁及以上	12.4	15.2	11.1	9.7	19.4	14.2
教育程度	未受过正规教育	6.4	6.6	7.9	4.1	5.0	3.5
	小学	16.2	15.6	14.4	19.7	18.9	17.5
	初中	32.1	30.0	30.6	35.9	30.7	34.0
	高中	29.2	31.6	31.3	28.0	25.5	31.2
	大学及以上	16.2	16.1	15.8	12.3	19.8	13.7
职业类别	干部/管理人员	2.6	2.8	1.9	2.8	2.2	1.1
	个体/私营企业人员	17.5	13.9	17.0	22.5	18.9	18.6
	初级公务员/雇员	20.3	19.6	21.0	19.5	18.3	23.7
	工人	8.3	10.3	10.3	8.3	7.2	8.4
	学生	9.2	7.0	9.9	6.3	7.8	7.7
	无业	38.0	43.1	37.2	34.1	41.7	36.7
	其他	4.1	3.3	2.6	6.4	3.9	3.9
个人月收入	0—600 元	25.9	20.7	26.9	21.9	21.1	18.9
	601—1200 元	14.2	15.2	12.7	14.9	14.3	14.2
	1201—1700 元	16.1	18.4	18.1	13.8	19.0	19.3
	1701—2600 元	22.2	24.9	22.2	24.0	22.6	27.9
	2601 元及以上	21.7	20.9	20.1	25.4	23.0	19.6

表 3.45.6 2010—2012 年昆明市场各类节目的播出份额（%）和收视份额（%）

节目类别	2010 年		2011 年		2012 年	
	播出份额	收视份额	播出份额	收视份额	播出份额	收视份额
财经	2.7	1.4	2.7	1.3	2.2	1.0
电视剧	22.7	32.5	20.4	29.2	20.1	31.1
电影	3.5	6.5	3.3	3.7	3.5	3.6
法制	1.3	1.7	1.2	1.5	1.1	1.1
教学	0.5	0.2	0.4	0.1	0.3	0.1
青少	7.2	2.9	7.7	3.3	7.0	3.1
生活服务	8.5	5.0	8.1	5.5	8.3	5.9
体育	1.6	3.2	1.4	1.9	1.4	2.1
外语	0.1	0.0	0.0	0.0	0.0	0.0
戏剧	1.0	0.4	1.2	0.9	1.2	0.9
新闻/时事	14.3	15.8	14.6	17.8	16.0	18.4
音乐	2.7	0.7	2.8	0.9	2.5	1.2
专题	9.7	6.3	11.8	8.2	12.2	7.3
综艺	9.7	11.3	10.5	13.3	10.3	13.2
其他	14.7	12.3	14.0	12.5	13.9	11.1

表 3.45.7　2012 年昆明市场所有节目收视率排名前三十位

名次	节目名称	节目类型	播出频道	平均收视率（%）	平均占有率（%）
1	2012 春节联欢晚会	综艺	中央电视台综合频道	28.8	62.3
2	2012 年第 30 届奥运会跳水男子双人 10 米跳台决赛	体育	中央台五套	9.7	25.2
3	千里共婵娟壬辰年七夕昆明演唱会	音乐	中央台三套	9.5	26.9
4	2012 元宵晚会	综艺	中央电视台综合频道	9.0	20.7
5	神枪	电视剧	云南电视台卫视频道（一套）	7.7	21.2
6	杀狼花	电视剧	云南电视台卫视频道（一套）	7.3	20.8
7	青盲	电视剧	云南电视台都市频道（二套）	7.1	17.3
8	2012 年第 30 届奥运会体操女子高低杠决赛	体育	中央台五套	7.0	17.2
9	正者无敌	电视剧	云南电视台都市频道（二套）	6.6	17.9
9	火流星	电视剧	云南电视台卫视频道（一套）	6.6	17.9
11	西游记	电视剧	云南电视台卫视频道（一套）	6.6	16.5
12	飞虎神鹰	电视剧	云南电视台卫视频道（一套）	6.3	16.6
13	孤军英雄	电视剧	中央台八套	6.1	17.8
14	孤岛飞鹰	电视剧	云南电视台卫视频道（一套）	6.1	16.9
15	遍地狼烟	电视剧	云南电视台都市频道（二套）	6.1	16.1
16	中国好声音（8 月 31 日）	综艺	浙江卫视	6.0	14.1
17	2012 年第 30 届奥运会射击女子 10 米气手枪决赛	体育	中央台五套	5.9	22.0
18	天气预报	生活服务	中央电视台综合频道	5.7	18.6
19	2012 年欧洲杯小组赛（荷兰 VS 丹麦）	体育	中央台五套	5.6	41.1
20	甄嬛传	电视剧	云南电视台都市频道（二套）	5.6	13.8
21	快乐中国 2012—2013 跨年狂欢夜	音乐	湖南电视台卫星频道	5.5	17.8
22	新乌龙山剿匪记	电视剧	云南电视台都市频道（二套）	5.5	14.8
22	金太狼的幸福生活	电视剧	云南电视台都市频道（二套）	5.5	14.8
24	枪神	电视剧	云南电视台都市频道（二套）	5.4	14.5
25	火蓝刀锋	电视剧	云南电视台卫视频道（一套）	5.4	14.2
26	平原烽火	电视剧	云南电视台卫视频道（一套）	5.4	14.0
27	新闻从新说	新闻	昆明广播电视台春城频道	5.3	19.1
28	音乐现场 2012	音乐	云南电视台卫视频道（一套）	5.3	15.0
29	我是特种兵二利刃出鞘	电视剧	云南电视台卫视频道（一套）	5.3	14.7
30	士兵突击颁奖典礼	综艺	云南电视台卫视频道（一套）	5.3	13.5

表 3.45.8 2012 年昆明市场电视剧收视率排名前十位

名次	节目名称	播出频道	平均收视率（%）	平均占有率（%）
1	神枪	云南电视台卫视频道（一套）	7.7	21.2
2	杀狼花	云南电视台卫视频道（一套）	7.3	20.8
3	青盲	云南电视台都市频道（二套）	7.1	17.3
4	正者无敌	云南电视台都市频道（二套）	6.6	17.9
4	火流星	云南电视台卫视频道（一套）	6.6	17.9
6	西游记	云南电视台卫视频道（一套）	6.6	16.5
7	飞虎神鹰	云南电视台卫视频道（一套）	6.3	16.6
8	孤军英雄	中央台八套	6.1	17.8
9	孤岛飞鹰	云南电视台卫视频道（一套）	6.1	16.9
10	遍地狼烟	云南电视台都市频道（二套）	6.1	16.1

表 3.45.9 2012 年昆明市场新闻节目收视率排名前十位

名次	节目名称	播出频道	平均收视率（%）	平均占有率（%）
1	新闻从新说	昆明广播电视台春城频道	5.3	19.1
2	街头巷尾	昆明广播电视台春城频道	5.1	23.8
3	都市条形码	云南电视台都市频道（二套）	4.7	22.8
4	新闻联播	中央电视台综合频道	4.1	14.8
5	大口马牙	云南电视台都市频道（二套）	3.9	14.0
6	昭通彝良地震直播报道	云南电视台都市频道（二套）	3.6	18.4
7	街头周刊	昆明广播电视台春城频道	3.4	15.5
8	长水启航	昆明广播电视台春城频道	2.9	7.7
9	聚焦全国两会	云南电视台卫视频道（一套）	2.6	6.8
10	温家宝总理会见中外记者	中央电视台综合频道	2.5	6.3

表 3.45.10 2012 年昆明市场专题节目收视率排名前十位

名次	节目名称	播出频道	平均收视率（%）	平均占有率（%）
1	士兵突击大揭秘	云南电视台卫视频道（一套）	3.9	9.0
2	士兵突击	云南电视台卫视频道（一套）	3.3	11.1
3	一年又一年	中央电视台综合频道	3.0	15.3
4	酷我真声音	浙江卫视	3.0	9.9
5	经典之夜	云南电视台卫视频道（一套）	2.9	8.0
6	红旗渠的守望者	中央电视台综合频道	2.9	6.7
7	封面（6 月 27 日）	云南电视台都市频道（二套）	2.6	8.0
8	地球之声绿色行动 2012 云南卫视地球日大型公益活动	云南电视台卫视频道（一套）	2.4	6.9
9	阿坝藏区系列自焚事件真相调查（12 月 23 日）	中央台四套	2.3	5.9
10	感悟造化天道保护灵性自然	云南电视台卫视频道（一套）	2.2	6.3

表 3.45.11　2012 年昆明市场综艺节目收视率排名前十位

名次	节目名称	播出频道	平均收视率（%）	平均占有率（%）
1	2012 春节联欢晚会	中央电视台综合频道	28.8	62.3
2	2012 元宵晚会	中央电视台综合频道	9.0	20.7
3	中国好声音（8 月 31 日）	浙江卫视	6.0	14.1
4	士兵突击颁奖典礼	云南电视台卫视频道（一套）	5.3	13.5
5	完美声音动听中国全国总决赛第六场 7 进 6	云南电视台卫视频道（一套）	5.2	16.8
6	福州月中华情 2012 年中央电视台中秋晚会	中央电视台综合频道	4.3	12.1
7	同饮一江水	云南电视台卫视频道（一套）	4.3	10.2
8	元宵喜乐会 2012	湖南电视台卫星频道	4.1	11.1
9	欢聚彩云南	云南电视台卫视频道（一套）	3.8	10.2
10	中国金鹰电视艺术节第二十六届中国电视金鹰奖颁奖晚会	湖南电视台卫星频道	3.6	10.4

表 3.45.12　2012 年昆明市场体育节目收视率排名前十位

名次	节目名称	播出频道	平均收视率（%）	平均占有率（%）
1	2012 年第 30 届奥运会跳水男子双人 10 米跳台决赛	中央台五套	9.7	25.2
2	2012 年第 30 届奥运会体操女子高低杠决赛	中央台五套	7.0	17.2
3	2012 年第 30 届奥运会射击女子 10 米气手枪决赛	中央台五套	5.9	22.0
4	2012 年欧洲杯小组赛（荷兰 VS 丹麦）	中央台五套	5.6	41.1
5	现场直播：2012 年第 30 届奥运会男篮小组赛 B 组（中国 VS 西班牙）	中央台五套	5.2	23.7
6	2012 年第 30 届奥运会赛艇女子单人双桨决赛	中央台五套	5.2	18.1
7	2012 年第 30 届奥运会女排小组赛（中国 VS 塞尔维亚）	中央台五套	5.2	16.7
8	2012 年第 30 届奥运会男子 4×100 米自由泳接力预赛	中央台五套	5.2	14.1
9	奥运会体操女子平衡木颁奖仪式	中央台五套	4.4	12.1
10	2012 年第 30 届奥运会田径男子 100 米预赛	中央台五套	4.2	14.5

四十六、兰州收视数据

表 3.46.1 2008—2012 年兰州市场各类频道的市场占有率（%）

频道类别	年份				
	2008 年	2009 年	2010 年	2011 年	2012 年
中央台频道	63.4	58.1	56.3	43.4	47.3
中国教育台频道	0.1	0.2	0.3	0.4	0.4
甘肃省级频道	5.4	6.1	6.0	7.9	6.5
兰州市级频道	7.1	6.1	4.8	4.3	4.0
其他省级卫视频道	18.3	23.8	26.8	34.1	34.2
其他频道	5.7	5.6	6.0	9.9	7.6

表 3.46.2 2012 年兰州市场各类频道在不同目标观众中的市场占有率（%）

其他频道		目标观众	中央台频道	中国教育台频道	甘肃省级频道	兰州市级频道	其他省级卫视频道
4 岁及以上所有人		47.3	0.4	6.5	4.0	34.2	7.6
性别	男	48.5	0.4	6.7	3.5	32.4	8.6
	女	46.2	0.4	6.3	4.5	35.7	6.9
年龄	4—14 岁	46.8	0.3	4.4	1.7	35.5	11.4
	15—24 岁	40.6	0.3	5.6	3.3	40.8	9.5
	25—34 岁	43.3	0.6	5.6	3.7	38.9	7.9
	35—44 岁	45.5	0.3	6.1	4.2	34.2	9.7
	45—54 岁	43.6	0.4	8.1	4.9	36.9	6.1
	55—64 岁	50.5	0.4	7.7	4.6	29.6	7.1
	65 岁及以上	58.1	0.3	5.2	3.9	27.4	5.1
教育程度	未受过正规教育	55.7	0.4	5.4	2.7	28.1	7.8
	小学	47.9	0.3	4.7	2.2	33.9	11.0
	初中	45.3	0.3	7.9	4.6	34.7	7.1
	高中	44.7	0.4	7.3	4.8	35.7	7.1
	大学及以上	52.8	0.6	3.5	3.4	32.4	7.2
职业类别	干部/管理人员	48.5	0.7	3.1	4.7	37.4	5.6
	个体/私营企业人员	39.5	0.4	7.2	4.2	39.6	9.1
	初级公务员/雇员	49.9	0.5	6.9	3.9	32.1	6.7
	工人	43.5	0.3	8.7	4.7	35.9	6.9
	学生	44.8	0.2	4.9	2.5	36.8	10.8
	无业	51.2	0.4	6.4	4.0	31.3	6.7
	其他职业	46.5	0.2	4.5	5.0	33.3	10.6
个人月收入	0—600 元	46.3	0.3	6.3	3.2	34.2	9.6
	601—1200 元	44.9	0.3	7.1	5.7	35.3	6.7
	1201—1700 元	46.4	0.5	8.0	4.7	32.7	7.7
	1701—2600 元	51.6	0.6	4.6	2.4	34.3	6.5
	2601 元及以上	50.5	0.5	5.4	3.9	33.6	6.1

表 3.46.3　2012 年兰州市场各类频道在不同时段的市场占有率（%）

时间段	中央台频道	中国教育台频道	甘肃省级频道	兰州市级频道	其他省级卫视频道	其他频道
02:00—03:00	30.6	0.9	3.1	3.6	46.9	14.8
03:00—04:00	33.9	0.9	4.3	4.1	42.5	14.3
04:00—05:00	41.9	0.4	5.0	3.4	38.4	10.9
05:00—06:00	53.6	0.8	5.7	2.1	30.4	7.4
06:00—07:00	56.8	0.1	5.1	1.3	29.5	7.2
07:00—08:00	64.7	0.0	5.5	2.6	20.3	6.7
08:00—09:00	57.4	0.1	5.0	3.8	27.1	6.6
09:00—10:00	49.3	0.3	6.0	3.7	33.3	7.4
10:00—11:00	45.9	0.5	5.8	3.8	36.5	7.5
11:00—12:00	49.3	0.3	5.0	2.3	35.1	8.0
12:00—13:00	57.9	0.3	3.9	2.2	28.2	7.5
13:00—14:00	49.6	0.3	4.4	2.4	34.8	8.5
14:00—15:00	41.8	0.4	4.4	2.1	41.8	9.4
15:00—16:00	39.8	0.4	4.0	3.4	43.3	9.0
16:00—17:00	38.5	0.2	4.9	2.8	45.1	8.5
17:00—18:00	47.0	0.2	4.7	1.3	38.6	8.3
18:00—19:00	62.5	0.1	7.2	4.4	17.0	8.8
19:00—20:00	64.3	0.3	7.5	4.5	16.8	6.5
20:00—21:00	44.4	0.8	7.7	5.0	36.5	5.7
21:00—22:00	42.4	0.5	8.2	5.8	36.3	6.8
22:00—23:00	36.5	0.5	9.1	6.1	39.9	7.8
23:00—24:00	37.2	0.3	6.2	3.7	43.7	9.0
24:00—25:00	36.6	0.3	5.2	2.9	45.5	9.6
25:00—26:00	33.7	0.7	4.6	3.3	45.8	11.9

表 3.46.4　2012 年兰州市场收视份额排名前十位的频道

名次	频道名称	收视份额（%）
1	中央电视台综合频道	11.6
2	中央台八套	5.5
3	中央台三套	4.7
4	中央台六套	4.2
5	中央电视台新闻频道	4.1
6	中央电视台少儿频道	3.6
7	江苏卫视	3.4
8	湖南电视台卫星频道	3.2
9	甘肃电视台文化影视频道	3.1
10	中央台四套	2.9

表 3.46.5　2012 年兰州市场各主要频道的观众构成（%）

目标观众		所有频道	主要频道				
			中央电视台综合频道	中央台八套	中央台三套	中央台六套	中央电视台新闻频道
4 岁及以上所有人		100.0	100.0	100.0	100.0	100.0	100.0
性别	男性	47.4	41.4	41.9	45.1	54.8	58.6
	女性	52.6	58.6	58.1	54.9	45.2	41.4
年龄	4—14 岁	9.9	10.0	8.0	5.2	10.3	4.0
	15—24 岁	7.3	10.6	6.4	3.8	7.2	2.9
	25—34 岁	12.1	9.9	9.0	9.2	16.7	11.5
	35—44 岁	15.3	14.2	15.0	12.6	22.6	14.3
	45—54 岁	22.3	21.4	27.3	22.6	18.2	20.8
	55—64 岁	19.6	16.5	23.8	24.4	18.4	24.0
	65 岁及以上	13.6	17.4	10.6	22.2	6.7	22.5
教育程度	未受正规教育	6.4	8.7	6.1	5.7	6.0	4.2
	小学	13.4	10.1	19.0	13.6	13.0	15.5
	初中	31.9	35.3	29.0	29.1	32.4	32.0
	高中	33.3	30.5	33.2	37.5	33.5	28.2
	大学及以上	15.0	15.4	12.8	14.0	15.1	20.1
职业类别	干部/管理人员	3.7	3.2	4.0	5.0	4.3	3.9
	个体/私营企业人员	15.5	12.4	14.5	12.1	16.8	13.4
	初级公务员/雇员	9.9	9.1	11.3	8.8	12.5	11.1
	工人	12.5	11.4	10.8	9.0	17.7	15.2
	学生	10.7	13.8	9.2	5.6	12.0	3.8
	无业	43.1	47.7	43.5	54.6	28.8	48.5
	其他职业	4.6	2.4	6.7	4.9	7.9	4.1
个人月收入	0—600 元	30.9	35.6	27.7	23.2	32.2	16.4
	601—1200 元	23.6	22.7	30.4	28.1	22.7	25.3
	1201—1700 元	18.7	19.8	21.6	23.0	14.6	14.9
	1701—2600 元	16.5	12.1	12.8	17.6	18.9	28.1
	2601 元及以上	10.4	9.8	7.4	8.1	11.7	15.3

表 3.46.6　2010—2012 年兰州市场各类节目的播出份额（%）和收视份额（%）

节目类别	2010 年		2011 年		2012 年	
	播出份额	收视份额	播出份额	收视份额	播出份额	收视份额
财经	3.0	0.8	2.8	1.5	2.3	1.2
电视剧	22.5	30.4	21.5	33.2	21.5	35.5
电影	3.0	2.5	3.2	4.7	3.7	4.7
法制	1.0	1.3	0.8	1.1	0.8	1.0
教学	0.5	0.1	0.4	0.1	0.3	0.1
青少	7.2	3.6	8.1	3.9	7.6	4.2
生活服务	8.6	6.4	9.8	6.4	10.3	6.4
体育	1.7	3.4	1.4	2.6	1.5	2.8
外语	0.2	0.1	0.0	0.0	0.0	0.0
戏剧	1.0	0.3	1.1	0.4	1.1	0.4
新闻/时事	14.1	18.5	13.5	11.4	14.5	12.3
音乐	2.8	0.6	3.0	0.8	2.7	0.9
专题	9.8	4.9	10.6	7.0	11.2	7.2
综艺	9.6	10.6	10.0	14.5	8.8	13.2
其他	15.0	16.7	13.8	12.4	13.9	10.4

表 3.46.7　2012 年兰州市场所有节目收视率排名前三十位

名次	节目名称	节目类别	播出频道	平均收视率（%）	平均占有率（%）
1	2012 春节联欢晚会	综艺	中央电视台综合频道	36.1	70.8
2	2012 元宵晚会	综艺	中央电视台综合频道	17.5	41.8
3	天气预报	生活服务	中央电视台综合频道	10.7	35.5
4	国门英雄	电视剧	中央电视台综合频道	10.0	23.9
5	星光大道	综艺	中央电视台综合频道	9.4	24.4
6	新闻联播	新闻/时事	中央电视台综合频道	9.0	33.7
7	2012 年第 30 届奥运会体操女子高低杠决赛	体育	中央台五套	8.6	27.2
8	红旗渠的守望者	专题	中央电视台综合频道	8.1	18.6
9	一年又一年	专题	中央电视台综合频道	7.6	24.4
10	福州月中华情 2012 年中央电视台中秋晚会	综艺	中央电视台综合频道	7.4	22.6
11	阳光路上 2012 年五一国际劳动节文艺晚会第三届中国职工艺术节开幕	综艺	中央电视台综合频道	6.8	19.4
12	2012 年第 30 届奥运会跳水女子双人 10 米台决赛	体育	中央台五套	6.6	22.1
13	启航 2013 中央电视台元旦晚会	综艺	中央电视台综合频道	6.5	17.4
14	中央电视台 2012 年 315 晚会共筑诚信有你有我	综艺	中央电视台综合频道	6.4	17.9
15	万家灯火平安夜公安部 2012 年春节电视文艺晚会	综艺	中央电视台综合频道	6.3	16.2
16	誓言今生	电视剧	中央电视台综合频道	6.1	14.7
17	温州一家人	电视剧	中央电视台综合频道	5.9	15.9
18	快乐中国 2012—2013 跨年狂欢夜	音乐	湖南电视台卫星频道	5.7	16.6
19	现场直播：2012 年第 30 届奥运会女排 1/4 决赛（中国 VS 日本）	体育	中央电视台综合频道	5.6	18.4
20	领航中国喜迎党的十八大胜利召开大型专题文艺晚会	综艺	中央电视台综合频道	5.6	15.9
21	寻找最美乡村教师大型公益活动颁奖典礼	综艺	中央电视台综合频道	5.4	17.3
22	营盘镇警事	电视剧	中央电视台综合频道	5.4	16.4
23	感动生命	电视剧	中央电视台综合频道	5.4	14.1
24	五月的鲜花心中的歌儿唱给党 2012 全国大学生校园文艺会演	综艺	中央电视台综合频道	5.3	17.9
25	火蓝刀锋	电视剧	中央电视台综合频道	5.0	13.3
26	现场直播：2012 年第 30 届奥运会乒乓球男单决赛	体育	中央台五套	4.9	24.4
27	知青	电视剧	中央电视台综合频道	4.9	16.9
28	为祖国放歌第十二届精神文明建设五个一工程颁奖晚会	综艺	中央电视台综合频道	4.9	14.9
29	传奇之王	电视剧	甘肃电视台文化影视频道	4.8	12.7
30	2012 年第 30 届奥运会女子 100 米仰泳预赛	体育	中央台五套	4.7	20.5

表 3.46.8　2012 年兰州市场电视剧收视率排名前十位

名次	节目名称	播出频道	平均收视率（%）	平均占有率（%）
1	国门英雄	中央电视台综合频道	10.0	23.9
2	誓言今生	中央电视台综合频道	6.1	14.7
3	温州一家人	中央电视台综合频道	5.9	15.9
4	营盘镇警事	中央电视台综合频道	5.4	16.4
5	感动生命	中央电视台综合频道	5.4	14.1
6	火蓝刀锋	中央电视台综合频道	5.0	13.3
7	知青	中央电视台综合频道	4.9	16.9
8	传奇之王	甘肃电视台文化影视频道	4.8	12.7
9	木府风云	中央电视台综合频道	4.7	15.3
10	家有公婆	中央台八套	4.7	12.3

表 3.46.9　2012 年兰州市场新闻节目收视率排名前十位

名次	节目名称	播出频道	平均收视率（%）	平均占有率（%）
1	新闻联播	中央电视台综合频道	9.0	33.7
2	中国共产党第十八次全国代表大会专题新闻	中央电视台综合频道	4.0	11.5
3	温家宝总理会见中外记者	中央电视台综合频道	3.9	10.5
4	新闻调查	中央电视台综合频道	3.8	8.8
5	焦点访谈	中央电视台综合频道	3.5	11.5
6	今日关注	中央台四套	1.7	5.2
7	温家宝总理会见中外记者	中央电视台新闻频道	1.7	4.5
8	晚间新闻	中央电视台综合频道	1.6	5.6
9	共同关注	中央电视台新闻频道	1.5	8.3
10	兰州零距离	兰州电视台新闻综合频道	1.5	4.9

表 3.46.10　2012 年兰州市场专题节目收视率排名前十位

名次	节目名称	播出频道	平均收视率（%）	平均占有率（%）
1	红旗渠的守望者	中央电视台综合频道	8.1	18.6
2	一年又一年	中央电视台综合频道	7.6	24.4
3	感动中国 2011 年度人物颁奖典礼	中央电视台综合频道	4.4	12.1
4	永远的雷锋	中央电视台综合频道	3.5	9.4
5	法治的力量 2012 年度法治人物颁奖盛典	中央电视台综合频道	3.4	9.8
6	中华之光传播中华文化年度人物评选	中央电视台综合频道	3.1	8.6
7	身边的感动	中央电视台综合频道	2.9	9.3
8	酷我真声音	浙江卫视	2.5	12.9
9	温暖 2012	中央台三套	2.5	7.7
10	科学发展铸辉煌	中央电视台综合频道	2.3	6.3

表 3.46.11　2012 年兰州市场综艺节目收视率排名前十位

名次	节目名称	播出频道	平均收视率(%)	平均占有率(%)
1	2012 春节联欢晚会	中央电视台综合频道	36.1	70.8
2	2012 元宵晚会	中央电视台综合频道	17.5	41.8
3	星光大道	中央电视台综合频道	9.4	24.4
4	福州月中华情 2012 年中央电视台中秋晚会	中央电视台综合频道	7.4	22.6
5	阳光路上 2012 年五一国际劳动节文艺晚会第三届中国职工艺术节开幕	中央电视台综合频道	6.8	19.4
6	启航 2013 中央电视台元旦晚会	中央电视台综合频道	6.5	17.4
7	中央电视台 2012 年 315 晚会共筑诚信有你有我	中央电视台综合频道	6.4	17.9
8	万家灯火平安夜公安部 2012 年春节电视文艺晚会	中央电视台综合频道	6.3	16.2
9	领航中国喜迎党的十八大胜利召开大型专题文艺晚会	中央电视台综合频道	5.6	15.9
10	寻找最美乡村教师大型公益活动颁奖典礼	中央电视台综合频道	5.4	17.3

表 3.46.12　2012 年兰州市场体育节目收视率排名前十位

名次	节目名称	播出频道	平均收视率(%)	平均占有率(%)
1	2012 年第 30 届奥运会体操女子高低杠决赛	中央台五套	8.6	27.2
2	2012 年第 30 届奥运会跳水女子双人 10 米台决赛	中央台五套	6.6	22.1
3	现场直播：2012 年第 30 届奥运会女排 1/4 决赛（中国 VS 日本）	中央电视台综合频道	5.6	18.4
4	现场直播：2012 年第 30 届奥运会乒乓球男单决赛	中央台五套	4.9	24.4
5	2012 年伦敦奥运会羽毛球男单颁奖仪式	中央电视台综合频道	4.8	16.5
6	2012 年第 30 届奥运会女子 100 米仰泳预赛	中央台五套	4.7	20.5
7	2012 年第 30 届奥运会铁人三项男子决赛	中央台五套	4.5	15.8
8	2012 年第 30 届奥运会男篮小组赛 B 组（澳大利亚 VS 中国）	中央台五套	4.1	22.7
9	2012 年第 30 届奥运会乒乓球男单第三轮	中央台五套	4.1	13.3
10	2012 年第 30 届奥运会射击男子 10 米气步枪决赛	中央台五套	4.0	13.7

四十七、南昌收视数据

表 3.47.1　2008—2012 年南昌市场各类频道的市场占有率（%）

频道类别	年份				
	2008 年	2009 年	2010 年	2011 年	2012 年
中央台频道	29.3	31.0	24.7	22.4	23.6
中国教育台频道	0.0	0.1	0.1	0.1	0.2
江西省级频道	54.1	34.8	39.2	44.9	43.0
南昌市级频道	3.1	3.7	3.4	2.6	3.4
其他省级卫视频道	10.4	20.8	20.8	19.5	19.1
其他频道	3.0	9.6	11.9	10.5	10.7

表 3.47.2　2012 年南昌市场各类频道在不同目标观众中的市场占有率（%）

目标观众		中央台频道	中国教育台频道	江西省级频道	南昌市级频道	其他省级卫视频道	其他频道
4 岁及以上所有人		23.6	0.2	43.0	3.4	19.1	10.7
性别	男	26.1	0.2	40.2	3.5	19.0	11.0
	女	21.4	0.1	45.5	3.3	19.2	10.5
年龄	4—14 岁	23.6	0.2	34.1	2.7	28.4	11.1
	15—24 岁	15.7	0.1	42.7	3.6	25.4	12.4
	25—34 岁	22.3	0.1	42.4	4.2	18.3	12.7
	35—44 岁	22.4	0.3	46.0	3.4	17.7	10.2
	45—54 岁	24.5	0.2	42.9	3.6	17.8	11.1
	55—64 岁	23.0	0.1	48.6	3.1	14.9	10.2
	65 岁及以上	31.7	0.1	42.5	2.6	15.2	7.8
教育程度	未受过正规教育	24.7	0.1	41.8	2.7	19.6	11.1
	小学	21.6	0.2	42.4	3.0	21.4	11.4
	初中	22.4	0.2	42.8	3.6	19.2	11.7
	高中	23.5	0.1	44.2	3.5	19.1	9.6
	大学及以上	28.0	0.1	42.6	3.3	15.7	10.2
职业类别	干部/管理人员	28.7	0.1	38.1	3.7	21.3	8.2
	个体/私营企业人员	21.3	0.2	46.4	3.3	15.7	13.0
	初级公务员/雇员	22.4	0.1	47.1	3.2	15.7	11.4
	工人	22.0	0.2	42.5	4.3	21.0	10.0
	学生	21.2	0.2	35.5	3.0	29.1	11.0
	无业	26.4	0.1	43.1	3.2	17.8	9.5
	其他	17.2	0.6	42.6	2.8	18.6	18.3
个人月收入	0—600 元	21.1	0.1	40.2	3.5	23.6	11.5
	601—1200 元	22.3	0.1	47.9	3.0	17.0	9.7
	1201—1700 元	24.7	0.1	44.3	3.2	17.1	10.5
	1701—2600 元	24.9	0.3	41.5	4.1	18.1	11.2
	2601 元及以上	29.2	0.1	38.1	3.2	17.3	12.0

表 3.47.3 2012 年南昌市场各类频道在不同时段的市场占有率（%）

时间段	中央台频道	中国教育台频道	江西省级频道	南昌市级频道	其他省级卫视频道	其他频道
02:00—03:00	24.1	0.1	20.3	4.6	30.7	20.1
03:00—04:00	24.3	0.1	19.7	2.8	31.4	21.6
04:00—05:00	25.5	0.1	20.3	2.2	31.5	20.4
05:00—06:00	27.6	0.1	20.1	1.9	31.5	18.8
06:00—07:00	31.4	0.1	23.7	5.1	24.5	15.2
07:00—08:00	37.8	0.1	28.1	4.7	17.0	12.3
08:00—09:00	30.0	0.1	33.4	3.2	22.0	11.4
09:00—10:00	23.8	0.1	37.8	3.4	23.0	11.9
10:00—11:00	23.9	0.3	37.4	3.3	23.6	11.5
11:00—12:00	26.8	0.2	37.2	3.1	22.0	10.7
12:00—13:00	32.4	0.1	36.3	2.0	18.9	10.1
13:00—14:00	28.9	0.2	35.1	2.1	22.7	11.0
14:00—15:00	23.9	0.2	34.0	2.9	26.2	12.7
15:00—16:00	21.5	0.2	36.5	2.4	26.5	12.9
16:00—17:00	22.9	0.1	36.8	2.3	26.5	11.5
17:00—18:00	23.5	0.1	39.4	3.7	22.9	10.4
18:00—19:00	23.3	0.0	47.4	6.2	11.8	11.2
19:00—20:00	27.2	0.1	48.6	4.2	10.5	9.4
20:00—21:00	19.5	0.3	53.7	1.7	15.8	9.1
21:00—22:00	18.6	0.2	53.7	2.0	16.4	9.1
22:00—23:00	19.7	0.1	45.3	3.6	20.9	10.4
23:00—24:00	20.3	0.1	37.0	6.4	24.0	12.1
24:00—25:00	24.1	0.1	27.5	6.9	27.1	14.2
25:00—26:00	23.4	0.1	22.7	8.6	27.1	18.1

表 3.47.4 2012 年南昌市场收视份额排名前十位的频道

名次	频道名称	收视份额（%）
1	江西电视台卫星频道（一套）	14.8
2	江西电视台都市频道（二套）	12.1
3	江西电视台公共频道（五套）	5.8
4	江西电视台影视频道（四套）	4.1
5	中央电视台综合频道	3.9
6	中央台三套	3.0
7	中央电视台少儿频道	2.9
8	湖南电视台卫星频道	2.7
9	中央台六套	2.3
9	江西电视台少儿家庭频道	2.3

表 3.47.5 2012 年南昌市场各主要频道的观众构成（%）

目标观众		所有频道	主要频道				
			江西电视台卫星频道（一套）	江西电视台都市频道（二套）	江西电视台公共频道（五套）	江西电视台影视频道（四套）	中央电视台综合频道
4 岁及以上所有人		100.0	100.0	100.0	100.0	100.0	100.0
性别	男	46.5	42.7	42.8	45.0	44.2	47.7
	女	53.5	57.3	57.2	55.0	55.8	52.3
年龄	4—14 岁	12.8	8.3	9.5	6.7	17.6	11.8
	15—24 岁	8.4	9.3	7.3	5.9	8.4	4.1
	25—34 岁	15.8	16.3	14.9	16.2	13.9	13.9
	35—44 岁	16.1	19.2	15.4	16.0	17.8	15.2
	45—54 岁	18.6	16.1	18.6	24.1	17.0	16.0
	55—64 岁	16.2	19.4	23.2	14.8	10.4	19.2
	65 岁及以上	12.2	11.4	11.1	16.2	15.0	19.8
教育程度	未受过正规教育	7.8	5.7	9.0	6.7	10.1	7.3
	小学	18.4	16.9	21.4	12.8	23.7	16.8
	初中	28.1	28.4	30.9	24.1	28.4	27.8
	高中	30.8	32.8	27.8	39.2	24.9	28.4
	大学及以上	14.9	16.2	10.9	17.2	12.9	19.7
职业类别	干部/管理人员	4.3	3.6	3.7	4.7	2.8	5.8
	个体/私营企业	15.1	17.9	16.7	14.8	14.2	11.7
	初级公务员/雇员	16.3	18.9	14.9	21.8	15.0	14.7
	工人	14.6	13.4	14.6	17.1	12.4	10.1
	学生	11.3	8.7	6.5	6.9	17.2	9.6
	无业	35.7	34.4	40.2	34.2	34.9	46.4
	其他	2.8	3.2	3.3	0.6	3.5	1.6
个人月收入	0—600 元	27.0	22.7	27.4	17.4	34.4	23.7
	601—1200 元	26.4	31.3	32.3	27.3	24.9	27.0
	1201—1700 元	19.6	21.1	18.6	25.6	14.1	21.9
	1701—2600 元	16.9	14.6	13.1	22.7	18.6	14.9
	2601 元及以上	10.1	10.3	8.6	7.0	7.9	12.4

表 3.47.6 2010—2012 年南昌市场各类节目的播出份额（%）和收视份额（%）

节目类型	2010 年		2011 年		2012 年	
	播出份额	收视份额	播出份额	收视份额	播出份额	收视份额
财经	2.8	1.4	2.5	1.1	2.1	0.7
电视剧	22.4	33.3	21.4	33.5	21.7	31.7
电影	3.9	5.6	4.2	3.7	4.7	4.3
法制	1.1	2.5	1.1	3.1	1.3	2.8
教学	0.6	0.2	0.5	0.1	0.4	0.1
青少	7.1	3.4	7.6	4.7	7.1	5.4
生活服务	7.8	5.1	8.3	6.5	9.1	7.8
体育	2.5	2.8	1.6	1.9	1.5	2.0
外语	0.1	0.0	0.0	0.0	0.0	0.0
戏剧	1.0	0.4	1.0	0.1	1.0	0.1
新闻/时事	14.0	13.4	13.8	12.6	14.8	13.2
音乐	2.7	0.5	2.8	0.6	2.5	0.6
专题	10.0	6.9	11.0	9.6	11.7	10.6
综艺	9.5	11.8	10.0	9.7	8.3	9.1
其他	14.5	12.7	14.0	12.9	13.8	11.7

表 3.47.7　2012 年南昌市场节目收视率排名前三十位

名次	节目名称	节目类型	播出频道	平均收视率（%）	平均占有率（%）
1	中国红歌会红歌英雄汇冠军场	综艺	江西电视台卫星频道（一套）	12.5	29.8
2	真爱谎言	电视剧	江西电视台卫星频道（一套）	9.7	24.5
3	说谎的爱人	电视剧	江西电视台卫星频道（一套）	9.3	22.3
4	老爸的爱情	电视剧	江西电视台卫星频道（一套）	9.0	21.7
4	顾乐家的幸福生活	电视剧	江西电视台卫星频道（一套）	9.0	21.7
6	夺爱	电视剧	江西电视台卫星频道（一套）	8.9	21.3
7	小菊的秋天	电视剧	江西电视台卫星频道（一套）	8.5	21.4
8	婚巢	电视剧	江西电视台卫星频道（一套）	8.5	20.7
9	小菊的春天	电视剧	江西电视台卫星频道（一套）	8.4	20.9
10	我的娜塔莎	电视剧	江西电视台卫星频道（一套）	8.2	18.4
11	三十而立	电视剧	江西电视台卫星频道（一套）	8.1	19.7
12	2012 元宵晚会	综艺	中央电视台综合频道	8.0	17.1
13	五号特工组之偷天换月	电视剧	江西电视台卫星频道（一套）	7.8	18.3
14	永远跟党走江西省庆祝中国共产党成立 91 周年文艺晚会	综艺	江西电视台卫星频道（一套）	7.5	20.1
15	青盲	电视剧	江西电视台卫星频道（一套）	7.5	16.9
16	刁蛮俏御医	电视剧	江西电视台卫星频道（一套）	7.4	17.0
17	2012 中国红色旅游博览会	综艺	江西电视台卫星频道（一套）	7.0	17.6
18	明珠游龙	电视剧	江西电视台卫星频道（一套）	7.0	16.6
19	2012 年第 30 届奥运会体操女子高低杠决赛	体育	中央台五套	6.9	17.6
20	都市情缘	专题	江西电视台都市频道（二套）	6.7	17.2
21	老爸的筒子楼	电视剧	江西电视台卫星频道（一套）	6.6	16.4
22	鹿心社省长接受香港卫视杨锦麟专访	专题	江西电视台卫星频道（一套）	6.6	14.7
23	家后	电视剧	江西电视台卫星频道（一套）	6.5	15.3
24	西施秘史	电视剧	江西电视台卫星频道（一套）	6.5	14.4
25	2012 春节联欢晚会	综艺	江西电视台卫星频道（一套）	6.5	12.8
26	致敬 2011 年度致敬人物颁奖典礼	综艺	江西电视台都市频道（二套）	6.4	15.9
27	晚间 800	法制	江西电视台都市频道（二套）	6.4	15.3
28	2012 年第 30 届奥运会跳水女子双人 10 米台决赛	体育	中央台五套	6.3	20.8
29	家庭幽默录像	综艺	江西电视台卫星频道（一套）	6.3	16.3
30	一个好汉两个帮	电视剧	江西电视台卫星频道（一套）	5.9	14.2

表 3.47.8 2012 年南昌市场电视剧收视率排名前十位

名次	节目名称	播出频道	平均收视率（%）	平均占有率（%）
1	真爱谎言	江西电视台卫星频道（一套）	9.7	24.5
2	说谎的爱人	江西电视台卫星频道（一套）	9.3	22.3
3	老爸的爱情	江西电视台卫星频道（一套）	9.0	21.7
3	顾乐家的幸福生活	江西电视台卫星频道（一套）	9.0	21.7
5	夺爱	江西电视台卫星频道（一套）	8.9	21.3
6	小菊的秋天	江西电视台卫星频道（一套）	8.5	21.4
7	婚巢	江西电视台卫星频道（一套）	8.5	20.7
8	小菊的春天	江西电视台卫星频道（一套）	8.4	20.9
9	我的娜塔莎	江西电视台卫星频道（一套）	8.2	18.4
10	三十而立	江西电视台卫星频道（一套）	8.1	19.7

表 3.47.9 2012 年南昌市场新闻节目收视率排名前十位

名次	节目名称	播出频道	平均收视率（%）	平均占有率（%）
1	都市现场	江西电视台都市频道（二套）	5.3	18.8
2	转播中央台新闻联播	江西电视台卫星频道（一套）	4.7	14.1
3	江西新闻联播	江西电视台卫星频道（一套）	3.3	12.1
4	新闻联播	中央电视台综合频道	2.9	3.7
5	第 5 社区	江西电视台公共频道（五套）	2.8	8.8
6	社会传真	江西电视台卫星频道（一套）	2.1	8.4
7	新闻晚高峰	江西电视台公共频道（五套）	2.0	7.4
8	新闻夜航	江西电视台卫星频道（一套）	1.8	15.6
9	焦点访谈	中央电视台综合频道	1.8	4.7
10	温家宝总理会见中外记者	中央电视台综合频道	1.6	3.7

表 3.47.10 2012 年南昌市场专题节目收视率排名前十位

名次	节目名称	播出频道	平均收视率（%）	平均占有率（%）
1	都市情缘	江西电视台都市频道（二套）	6.7	17.2
2	鹿心社省长接受香港卫视杨锦麟专访	江西电视台卫星频道（一套）	6.6	14.7
3	永恒的信念	江西电视台卫星频道（一套）	5.7	13.9
4	金牌调解	江西电视台卫星频道（一套）	5.4	20.1
5	深度观察	江西电视台卫星频道（一套）	5.1	12.8
6	一年又一年	中央电视台综合频道	4.3	18.6
7	经典传奇	江西电视台卫星频道（一套）	3.6	18.7
8	传奇故事	江西电视台卫星频道（一套）	3.3	20.6
9	喜迎十八大秀美江西行	江西电视台卫星频道（一套）	3.0	11.8
10	感动中国 2011 年度人物颁奖典礼	中央电视台综合频道	2.4	5.6

表 3.47.11　2012 年南昌市场综艺节目收视率排名前十位

名次	节目名称	播出频道	平均收视率（%）	平均占有率（%）
1	中国红歌会红歌英雄汇冠军场	江西电视台卫星频道（一套）	12.5	29.8
2	2012 元宵晚会	中央电视台综合频道	8.0	17.1
3	永远跟党走江西省庆祝中国共产党成立 91 周年文艺晚会	江西电视台卫星频道（一套）	7.5	20.1
4	2012 中国红色旅游博览会	江西电视台卫星频道（一套）	7.0	17.6
5	2012 春节联欢晚会	江西电视台卫星频道（一套）	6.5	12.8
6	致敬 2011 年度致敬人物颁奖典礼	江西电视台都市频道（二套）	6.4	15.9
7	家庭幽默录像	江西电视台卫星频道（一套）	6.3	16.3
8	一起来跳舞首届百姓广场舞蹈大赛（3 月 31 日）	江西电视台公共频道（五套）	5.6	13.0
9	红星闪闪	江西电视台卫星频道（一套）	5.3	13.6
10	中国好声音巅峰时刻	浙江卫视	4.0	10.9

表 3.47.12　2012 年南昌市场体育节目收视率排名前十位

名次	节目名称	播出频道	平均收视率（%）	平均占有率（%）
1	2012 年第 30 届奥运会体操女子高低杠决赛	中央台五套	6.9	17.6
2	2012 年第 30 届奥运会跳水女子双人 10 米台决赛	中央台五套	6.3	20.8
3	2012 年第 30 届奥运会田径男子 100 米预赛	中央台五套	5.9	14.1
4	2012 年第 30 届奥运会赛艇女子单人双桨决赛	中央台五套	5.6	13.9
5	奥运会羽毛球女子单打颁奖仪式	中央台五套	5.4	19.4
6	2012 年第 30 届奥运会射击男子 10 米气步枪决赛	中央台五套	5.1	16.8
7	2012 年第 30 届奥运会女子 100 米蛙泳预赛	中央台五套	4.5	12.3
8	2012 年第 30 届奥运会女子重剑团体半决赛	中央台五套	4.3	8.9
9	2012 年第 30 届奥运会女排小组赛 B 组（中国 VS 韩国）	中央台五套	4.2	12.2
10	2012 年第 30 届奥运会自行车女子争先赛半决赛	中央台五套	4.1	22.7

四十八、南京收视数据

表 3.48.1　2008—2012 年南京市场各类频道的市场占有率（%）

频道类别	年份				
	2008 年	2009 年	2010 年	2011 年	2012 年
中央台频道	24.2	21.0	20.0	19.1	21.3
中国教育台频道	0.2	0.1	0.1	0.3	0.3
江苏省级频道	37.3	39.2	38.4	39.5	38.4
南京市级频道	21.8	22.7	22.6	21.6	17.1
其他省级卫视频道	12.1	12.7	14.7	14.8	16.7
其他频道	4.4	4.3	4.2	4.7	6.2

表 3.48.2　2012 年南京市场各类频道在不同目标观众中的市场占有率（%）

目标观众		中央台频道	中国教育台频道	江苏省级频道	南京市级频道	其他省级卫视频道	其他频道
4 岁及以上所有人		21.3	0.3	38.4	17.1	16.7	6.2
性别	男	23.6	0.3	37.1	16.4	15.7	6.9
	女	19.0	0.3	39.6	17.7	17.8	5.6
年龄	4—14 岁	19.6	0.2	39.8	11.6	21.5	7.3
	15—24 岁	13.4	0.2	38.7	22.1	19.7	5.9
	25—34 岁	16.8	0.3	39.8	14.6	19.8	8.7
	35—44 岁	19.3	0.3	40.2	17.9	15.0	7.3
	45—54 岁	21.4	0.3	37.5	17.9	16.6	6.3
	55—64 岁	27.8	0.4	38.4	15.9	13.7	3.8
	65 岁及以上	28.5	0.6	34.2	17.8	14.7	4.2
教育程度	未受过正规教育	21.4	0.1	41.9	17.1	13.9	5.6
	小学	21.3	0.2	40.0	14.7	17.8	6.0
	初中	22.3	0.3	38.2	15.9	17.3	6.0
	高中	21.3	0.4	37.4	17.3	17.5	6.1
	大学以上	19.9	0.3	38.7	19.3	14.8	7.0
职业类别	干部/管理人员	21.2	0.6	38.0	16.8	16.4	7.0
	个体/私营企业人员	20.7	0.3	32.3	17.5	18.6	10.6
	初级公务员/雇员	20.4	0.3	38.4	17.2	15.9	7.8
	工人	17.0	0.2	41.5	19.5	16.1	5.7
	学生	15.4	0.2	39.5	16.8	20.7	7.4
	无业	26.7	0.5	36.1	15.5	17.1	4.1
	其他	24.3	0.1	46.2	14.8	10.2	4.4
个人月收入	0—600 元	19.5	0.2	40.1	15.6	18.5	6.1
	601—1200 元	17.5	0.2	40.3	18.9	16.9	6.2
	1201—1700 元	20.7	0.4	43.3	16.5	14.6	4.5
	1701—2600 元	23.8	0.4	36.8	16.2	16.4	6.4
	2601 元及以上	22.2	0.4	34.2	19.0	16.8	7.4

表 3. 48. 3　2012 年南京市场各类频道在不同时段的市场占有率（%）

时间段	中央台频道	中国教育台频道	江苏省级频道	南京市级频道	其他省级卫视频道	其他频道
02:00—03:00	34. 1	0. 4	15. 3	3. 8	27. 6	18. 8
03:00—04:00	36. 9	0. 4	13. 7	4. 0	25. 7	19. 3
04:00—05:00	39. 2	0. 7	14. 3	3. 8	25. 5	16. 5
05:00—06:00	34. 0	0. 8	19. 5	6. 0	27. 7	12. 0
06:00—07:00	40. 3	0. 2	24. 9	5. 1	21. 2	8. 3
07:00—08:00	36. 8	0. 1	36. 6	4. 3	14. 7	7. 5
08:00—09:00	39. 9	0. 1	19. 2	6. 3	25. 8	8. 7
09:00—10:00	35. 2	0. 5	18. 7	6. 3	28. 6	10. 7
10:00—11:00	33. 4	1. 0	20. 9	5. 5	29. 3	9. 9
11:00—12:00	40. 6	0. 6	16. 5	6. 4	28. 3	7. 6
12:00—13:00	42. 5	0. 5	16. 4	7. 4	26. 0	7. 2
13:00—14:00	35. 0	0. 7	15. 5	4. 9	33. 4	10. 5
14:00—15:00	29. 3	0. 9	16. 5	6. 2	36. 2	10. 9
15:00—16:00	30. 0	0. 7	16. 7	6. 5	36. 3	9. 8
16:00—17:00	31. 5	0. 4	17. 6	6. 2	35. 2	9. 1
17:00—18:00	26. 6	0. 1	27. 7	18. 8	21. 2	5. 6
18:00—19:00	13. 1	0. 0	44. 4	34. 8	4. 3	3. 4
19:00—20:00	14. 0	0. 2	49. 2	27. 5	5. 4	3. 7
20:00—21:00	14. 4	0. 3	49. 3	19. 8	11. 9	4. 3
21:00—22:00	15. 9	0. 3	48. 5	17. 0	13. 1	5. 2
22:00—23:00	15. 3	0. 5	47. 0	15. 6	15. 7	5. 9
23:00—24:00	22. 0	0. 2	35. 5	8. 9	24. 5	8. 9
24:00—25:00	30. 6	0. 3	19. 4	6. 6	30. 6	12. 5
25:00—26:00	33. 9	0. 4	14. 3	5. 0	29. 9	16. 5

表 3. 48. 4　2012 年南京市场收视份额排名前十位的频道

名次	频道名称	收视份额（%）
1	江苏卫视	9. 5
2	江苏电视台城市频道	9. 4
3	南京电视台教育科技频道（六套）	5. 6
3	南京电视台新闻综合频道（一套）	5. 6
5	江苏电视台综艺频道	5. 0
5	江苏电视台影视频道	5. 0
7	江苏电视台公共频道	3. 1
8	中央台三套	3. 0
9	中央电视台综合频道	2. 7
10	中央台六套	2. 6

表 3.48.5　2012 年南京市场各主要频道的观众构成（%）

目标观众		所有频道	江苏卫视	江苏电视台城市频道	南京电视台教育科技频道（六套）	南京电视台新闻综合频道（一套）	江苏电视台综艺频道
4 岁及以上所有人		100.0	100.0	100.0	100.0	100.0	100.0
性别	男	49.6	49.7	48.8	45.9	47.6	44.3
	女	50.4	50.3	51.2	54.1	52.4	55.7
年龄	4—14 岁	6.4	6.1	3.2	3.4	4.3	5.9
	15—24 岁	9.2	8.2	9.8	16.5	9.5	11.7
	25—34 岁	15.4	13.2	12.2	14.2	13.5	17.3
	35—44 岁	18.1	19.9	17.1	17.7	19.9	19.7
	45—54 岁	23.8	24.4	27.9	26.5	22.3	20.7
	55—64 岁	15.3	17.6	15.7	11.1	15.6	15.1
	65 岁及以上	11.8	10.6	14.1	10.6	14.9	9.6
教育程度	未受过正规教育	4.5	4.2	4.9	4.4	4.4	5.7
	小学	10.7	12.0	7.6	7.8	8.5	11.2
	初中	27.2	30.3	25.7	25.5	26.7	27.1
	高中	36.6	34.0	38.5	36.8	34.5	33.3
	大学以上	21.0	19.5	23.3	25.5	25.9	22.7
职业类别	干部/管理人员	5.4	5.0	5.1	4.2	6.0	6.7
	个体/私营企业人员	7.4	5.3	5.6	9.1	6.5	6.7
	初级公务员/雇员	19.5	20.1	20.9	21.6	18.8	18.4
	工人	24.1	27.0	27.0	31.5	26.5	24.1
	学生	9.0	8.3	6.7	10.9	7.8	9.7
	无业	30.8	29.0	31.3	21.5	31.0	28.5
	其他	3.8	5.3	3.4	1.2	3.4	5.9
个人月收入	0—600 元	22.8	22.9	17.0	19.2	19.1	28.2
	601—1200 元	10.2	8.4	10.2	12.2	10.5	13.0
	1201—1700 元	16.2	20.0	20.3	16.4	15.5	18.0
	1701—2600 元	26.9	27.0	29.8	24.6	25.6	19.9
	2601 元及以上	23.9	21.7	22.7	27.6	29.3	20.9

表 3.48.6　2010—2012 年南京市场各类节目的播出份额（%）和收视份额（%）

节目类别	2010 年		2011 年		2012 年	
	播出份额	收视份额	播出份额	收视份额	播出份额	收视份额
财经	3.3	0.9	3.1	1.1	2.9	0.9
电视剧	21.7	34.2	20.2	32.4	20.4	35.7
电影	3.1	3.0	3.5	2.8	3.4	2.0
法制	1.2	2.9	1.1	3.0	1.2	3.4
教学	0.5	0.4	0.4	0.1	0.3	0.0
青少	7.1	2.5	7.2	3.3	6.6	2.9
生活服务	8.8	4.9	10.1	6.5	11.0	7.2
体育	3.2	3.4	2.5	2.1	2.5	2.1
外语	0.1	0.0	0.0	0.0	0.0	0.0
戏剧	0.9	0.2	0.9	0.1	0.9	0.1
新闻/时事	13.6	16.9	13.1	17.2	14.0	16.8
音乐	2.4	0.4	2.6	0.5	2.3	0.5
专题	10.6	5.5	11.6	5.5	11.9	4.7
综艺	9.4	10.1	9.9	11.0	8.8	11.2
其他	14.1	14.7	13.8	14.4	13.8	12.5

表 3.48.7　2012 年南京市场所有节目收视率排名前三十位

名次	节目名称	节目类型	播出频道	平均收视率(%)	平均占有率(%)
1	2013 跨年演唱会	音乐	江苏卫视	21.2	43.8
2	扬帆 2012 江苏卫视龙年春晚	综艺	江苏卫视	18.2	43.0
3	2012 春节联欢晚会	综艺	中央电视台综合频道	17.5	34.0
4	悬崖	电视剧	江苏电视台城市频道	10.4	20.4
5	女人的抉择	电视剧	江苏卫视	10.0	18.7
5	红娘子	电视剧	江苏卫视	10.0	18.7
7	与狼共舞	电视剧	江苏卫视	9.9	19.7
8	非诚勿扰	综艺	江苏卫视	9.6	21.1
9	小麦进城	电视剧	江苏电视台城市频道	8.9	17.1
10	2012 年第 30 届奥运会跳水女子双人 10 米台决赛	体育	中央台五套	8.8	21.6
11	2012 春节联欢晚会	综艺	中央台三套	8.6	16.7
12	雪狼谷	电视剧	江苏卫视	8.5	16.3
13	金太狼的幸福生活	电视剧	江苏卫视	8.5	16.0
14	妯娌的三国时代	电视剧	江苏电视台城市频道	8.3	16.9
15	风和日丽	电视剧	江苏电视台城市频道	8.2	16.3
16	2012 年第 30 届奥运会体操女子平衡木决赛	体育	中央台五套	8.2	15.9
17	江苏卫视 2012 元宵晚会	综艺	江苏卫视	8.1	18.3
18	遍地狼烟	电视剧	江苏电视台城市频道	8.1	16.0
19	血雨母子情	电视剧	江苏电视台城市频道	8.1	15.9
20	战旗	电视剧	江苏卫视	8.1	15.8
21	城西路网改造爆破直播	新闻/时事	江苏电视台城市频道	8.0	16.4
22	媳妇是怎样炼成的	电视剧	江苏电视台城市频道	8.0	15.4
23	山河恋	电视剧	江苏卫视	7.8	15.6
24	丈母娘来了	电视剧	江苏电视台城市频道	7.8	15.5
25	雾都	电视剧	江苏卫视	7.8	15.2
26	独立纵队	电视剧	江苏电视台城市频道	7.8	15.1
27	誓言今生	电视剧	江苏电视台城市频道	7.7	15.2
28	山楂树之恋	电视剧	江苏卫视	7.6	14.1
29	母亲母亲	电视剧	江苏电视台城市频道	7.4	14.3
30	2012 元宵晚会	综艺	中央电视台综合频道	7.4	13.7

表 3.48.8　2012 年南京市场电视剧收视率排名前十位

名次	节目名称	播出频道	平均收视率（%）	平均占有率（%）
1	悬崖	江苏电视台城市频道	10.4	20.4
2	女人的抉择	江苏卫视	10.0	18.7
2	红娘子	江苏卫视	10.0	18.7
4	与狼共舞	江苏卫视	9.9	19.7
5	小麦进城	江苏电视台城市频道	8.9	17.1
6	雪狼谷	江苏卫视	8.5	16.3
7	金太狼的幸福生活	江苏卫视	8.5	16.0
8	妯娌的三国时代	江苏电视台城市频道	8.3	16.9
9	风和日丽	江苏电视台城市频道	8.2	16.3
10	遍地狼烟	江苏电视台城市频道	8.1	16.0

表 3.48.9　2012 年南京市场新闻节目收视率排名前十位

名次	节目名称	播出频道	平均收视率（%）	平均占有率（%）
1	城西路网改造爆破直播	江苏电视台城市频道	8.0	16.4
2	零距离	江苏电视台城市频道	5.9	13.5
3	你好南京	南京电视台教育科技频道（六套）	5.2	15.2
4	石头会说话	江苏电视台城市频道	4.9	13.7
5	有一说一	江苏电视台公共频道	4.5	9.5
6	直播南京	南京电视台新闻综合频道（一套）	3.9	11.1
7	画里有话	南京电视台教育科技频道（六套）	3.7	12.3
8	东升工作室	南京电视台新闻综合频道（一套）	3.4	7.4
9	新闻夜宴	江苏电视台城市频道	2.7	9.0
10	夜宴微波炉	江苏电视台城市频道	2.6	7.6

表 3.48.10　2012 年南京市场专题节目收视率排名前十位

名次	节目名称	播出频道	平均收视率（%）	平均占有率（%）
1	6.5 世界环境日特别节目守护我们的家园 2012	江苏电视台公共频道	5.7	12.5
2	2012 年第五届中国南京历史文化名城博览会开幕式	南京电视台新闻综合频道（一套）	3.9	7.6
3	走在前列创先争优的江苏实践	江苏电视台城市频道	3.6	7.2
4	花样年华青春少女励志成长纪	江苏卫视	3.5	7.0
5	别对我说谎	江苏电视台综艺频道	2.8	5.7
6	科学发展江苏路（10 月 18 日—10 月 25 日）	江苏卫视	2.5	6.0
7	酷我真声音	浙江卫视	2.2	9.0
8	关键在人	江苏卫视	2.1	7.1
9	时代问答	江苏卫视	2.1	6.2
10	名城会	南京电视台新闻综合频道（一套）	2.1	4.7

表 3.48.11　2012 年南京市场综艺节目收视率排名前十位

名次	节目名称	播出频道	平均收视率（%）	平均占有率（%）
1	扬帆 2012 江苏卫视龙年春晚	江苏卫视	18.2	43.0
2	2012 春节联欢晚会	中央电视台综合频道	17.5	34.0
3	非诚勿扰	江苏卫视	9.6	21.1
4	2012 春节联欢晚会	中央台三套	8.6	16.7
5	江苏卫视 2012 元宵晚会	江苏卫视	8.1	18.3
6	2012 元宵晚会	中央电视台综合频道	7.4	13.7
7	2012 春节联欢晚会	江苏卫视	7.1	13.9
8	2012 元宵晚会	中央台三套	5.8	10.7
9	金太狼的幸福生活之幸福过招	江苏卫视	5.6	10.7
10	江苏台湾交流灯会江苏秦淮灯会亮灯暨 2012 南京文化旅游节启动仪式	南京电视台教育科技频道（六套）	5.3	10.6

表 3.48.12　2012 年南京市场体育节目收视率排名前十位

名次	节目名称	播出频道	平均收视率（%）	平均占有率（%）
1	2012 年第 30 届奥运会跳水女子双人 10 米台决赛	中央台五套	8.8	21.6
2	2012 年第 30 届奥运会体操女子平衡木决赛	中央台五套	8.2	15.9
3	2012 年第 30 届奥运会男子 4×100 米自由泳接力预赛	中央台五套	6.3	12.0
4	2012 年第 30 届奥运会射击男子 10 米气步枪决赛	中央台五套	6.2	13.9
5	2012 年第 30 届奥运会羽毛球男单决赛	中央电视台综合频道	5.6	10.1
6	2012 年第 30 届奥运会田径男子 110 米栏预赛	中央台五套	5.5	32.6
7	2012 年第 30 届奥运会女排小组赛 B 组（中国 VS 土耳其）	中央台五套	5.4	20.5
8	2012 年第 30 届奥运会乒乓球男单第三轮	中央台五套	5.4	9.9
9	奥运会羽毛球女子单打颁奖仪式	中央台五套	4.5	12.8
10	2012 年第 30 届奥运会女子单人双桨预赛第五组	中央台五套	4.3	8.2

四十九、南宁收视数据

表 3.49.1　2008—2012 年南宁市场各类频道的市场占有率（%）

频道类别	年份				
	2008 年	2009 年	2010 年	2011 年	2012 年
中央台频道	37.3	33.8	34.9	29.6	31.9
中国教育台频道	0.2	0.5	0.6	0.8	0.8
广西自治区级频道	29.5	26.9	25.1	31.0	30.7
南宁市级频道	17.6	19.0	19.5	13.2	10.4
其他省级卫视频道	10.0	14.9	16.4	18.4	21.0
其他频道	5.5	4.9	3.5	6.9	5.2

表 3.49.2　2012 年南宁市场各类频道在不同目标观众中的市场占有率（%）

目标观众		中央台频道	中国教育台频道	广西自治区级频道	南宁市级频道	其他省级卫视频道	其他频道
4 岁及以上所有人		31.9	0.8	30.7	10.4	21.0	5.2
性别	男	33.9	0.7	31.1	10.8	18.1	5.4
	女	30.0	0.8	30.4	10.0	23.7	5.0
年龄	4—14 岁	32.1	0.7	23.2	10.0	28.0	6.0
	15—24 岁	27.2	0.9	33.4	8.6	21.5	8.4
	25—34 岁	28.4	0.8	28.9	13.9	20.9	7.2
	35—44 岁	31.6	1.0	35.1	8.7	18.1	5.5
	45—54 岁	30.6	0.7	35.4	8.8	19.7	4.9
	55—64 岁	33.2	0.7	27.4	13.4	21.4	3.9
	65 岁及以上	38.3	0.7	29.2	9.4	20.2	2.3
教育程度	未受过正规教育	31.3	0.1	26.4	8.8	27.3	6.1
	小学	29.0	1.2	33.5	13.0	19.6	3.7
	初中	27.1	0.5	37.8	11.1	17.6	5.9
	高中	34.3	0.8	26.2	9.1	23.6	6.0
	大学及以上	42.3	1.1	22.6	8.4	22.3	3.2
职业类别	干部/管理人员	42.4	0.3	36.3	4.5	13.4	3.1
	个体/私营企业人员	31.7	1.4	26.7	10.2	23.7	6.4
	初级公务员/雇员	33.3	0.9	30.8	7.7	20.3	6.9
	工人	29.0	0.8	28.1	13.1	22.7	6.3
	学生	32.2	0.8	24.9	9.2	26.5	6.3
	无业	36.1	0.6	25.4	9.7	23.7	4.4
	其他	17.1	0.1	61.3	16.2	3.0	2.3
个人月收入	0—600 元	29.6	0.7	31.6	11.1	21.5	5.5
	601—1200 元	29.5	0.9	31.4	12.2	20.8	5.0
	1201—1700 元	31.7	0.6	31.0	8.4	22.1	6.1
	1701—2600 元	38.4	0.9	29.3	9.0	18.6	3.8
	2601 元及以上	42.9	0.5	25.1	6.9	20.3	4.4

表 3.49.3　2012 年南宁市场各类频道不同时段的市场占有率（%）

时间段	中央台频道	中国教育台频道	广西自治区级频道	南宁市级频道	其他省级卫视频道	其他频道
02:00—03:00	32.2	2.7	18.3	3.6	29.7	13.5
03:00—04:00	31.6	1.2	16.5	3.0	33.6	14.1
04:00—05:00	31.0	0.4	16.3	2.1	35.8	14.4
05:00—06:00	20.9	0.2	35.9	1.6	31.0	10.4
06:00—07:00	41.9	0.2	37.2	2.4	12.6	5.7
07:00—08:00	42.1	0.2	33.1	5.7	14.5	4.4
08:00—09:00	41.3	0.4	30.2	2.6	20.1	5.4
09:00—10:00	38.1	0.4	26.2	6.1	22.6	6.6
10:00—11:00	40.0	1.0	23.7	3.0	24.6	7.7
11:00—12:00	43.8	0.8	20.5	3.4	23.4	8.1
12:00—13:00	42.5	0.7	23.6	3.8	23.2	6.2
13:00—14:00	33.0	1.2	28.4	2.9	27.7	6.8
14:00—15:00	32.8	1.5	27.8	2.9	27.4	7.6
15:00—16:00	31.6	1.1	27.0	3.0	29.9	7.4
16:00—17:00	34.4	0.7	27.1	2.0	28.3	7.5
17:00—18:00	40.4	0.7	18.6	6.5	26.8	7.0
18:00—19:00	35.0	0.1	32.7	13.2	13.9	5.1
19:00—20:00	27.3	0.3	41.0	18.1	9.7	3.6
20:00—21:00	25.9	0.8	39.4	15.0	15.7	3.2
21:00—22:00	28.9	0.8	31.1	15.4	20.5	3.3
22:00—23:00	29.0	1.4	26.4	12.8	26.3	4.1
23:00—24:00	26.1	0.7	30.3	10.0	27.6	5.3
24:00—25:00	31.3	0.6	27.9	5.8	26.7	7.7
25:00—26:00	32.4	1.6	24.8	4.6	25.8	10.8

表 3.49.4　2012 年南宁市场收视份额排名前十位的频道

名次	频道名称	收视份额（%）
1	广西电视台综艺频道	9.2
2	广西电视台卫星频道	7.1
3	中央电视台综合频道	6.2
4	南宁电视台新闻综合频道	5.8
5	广西电视台都市频道	5.1
6	广西电视台科教频道	4.0
7	中央电视台少儿频道	3.8
8	中央台三套	3.2
9	中央电视台新闻频道	3.1
10	中央台五套	2.7

表 3.49.5 2012 年南宁市场各主要频道的观众构成（%）

目标观众		所有频道	主要频道				
			广西电视台综艺频道	广西电视台卫星频道	中央电视台综合频道	南宁电视台新闻综合频道	广西电视台都市频道
4 岁及以上所有人		100.0	100.0	100.0	100.0	100.0	100.0
性别	男	48.6	50.6	49.7	54.5	51.4	42.8
	女	51.4	49.4	50.3	45.5	48.6	57.2
年龄	4—14 岁	12.9	10.5	8.7	15.7	12.7	9.3
	15—24 岁	6.0	8.1	3.5	4.4	4.2	6.0
	25—34 岁	12.4	11.0	13.8	13.7	17.7	11.9
	35—44 岁	21.3	20.2	31.0	23.9	17.3	18.6
	45—54 岁	18.6	22.2	19.0	15.3	15.5	26.8
	55—64 岁	16.7	17.6	11.2	16.5	20.5	15.0
	65 岁及以上	12.1	10.3	12.7	10.4	12.1	12.5
教育程度	未受过正规教育	6.1	7.3	4.3	5.8	7.1	6.5
	小学	19.5	23.3	18.2	24.2	23.9	23.4
	初中	31.1	44.4	38.3	24.6	38.7	41.4
	高中	30.3	20.4	25.0	30.6	21.6	21.2
	大学及以上	13.0	4.6	14.2	14.8	8.7	7.6
职业类别	干部/管理人员	3.0	1.0	10.0	3.4	1.2	1.3
	个体/私营企业人员	20.4	15.2	14.2	18.9	15.1	16.5
	初级公务员/雇员	11.0	6.4	20.7	13.6	7.5	7.4
	工人	8.1	6.3	4.3	6.3	6.3	5.5
	学生	11.9	9.5	6.8	14.1	8.6	7.1
	无业	34.6	24.5	24.3	31.4	32.7	29.8
	其他	11.0	37.0	19.6	12.3	28.6	32.4
个人月收入	0—600 元	33.7	44.0	29.5	37.6	40.8	38.3
	601—1200 元	29.8	24.3	35.0	25.1	33.0	36.2
	1201—1700 元	18.3	19.2	10.8	18.9	14.7	17.1
	1701—2600 元	11.0	8.8	16.8	12.6	7.7	4.6
	2601 元及以上	7.2	3.7	7.9	5.7	3.8	3.8

表 3.49.6 2010—2012 年南宁市场各类节目的播出份额（%）和收视份额（%）

节目类别	2010 年		2011 年		2012 年	
	播出份额	收视份额	播出份额	收视份额	播出份额	收视份额
财经	2.9	0.6	2.6	1.0	2.2	0.9
电视剧	22.9	29.7	21.6	33.4	21.2	32.5
电影	3.3	2.7	4.1	4.6	4.7	5.1
法制	1.1	2.1	1.0	2.4	1.3	2.4
教学	0.5	0.1	0.4	0.1	0.3	0.1
青少	6.9	5.0	7.7	5.6	6.8	6.6
生活服务	8.4	6.2	8.2	6.6	8.5	6.7
体育	1.8	3.6	1.4	2.6	1.5	2.7
外语	0.1	0.0	0.0	0.0	0.0	0.0
戏剧	1.0	0.1	1.0	0.1	1.0	0.1
新闻/时事	14.4	17.8	13.7	12.1	15.1	13.5
音乐	2.7	0.4	2.9	0.8	2.6	0.9
专题	9.9	4.7	11.3	6.3	11.8	7.0
综艺	9.6	9.6	10.2	10.4	9.1	9.7
其他	14.6	17.4	13.9	14.0	14.0	12.0

表 3.49.7　2012 年南宁市场所有节目收视率排名前三十位

名次	节目名称	节目类型	播出频道	平均收视率(%)	平均占有率(%)
1	2012 春节联欢晚会	综艺	中央电视台综合频道	16.8	42.9
2	大地飞歌 2012 第 14 届南宁国际民歌艺术节	综艺	南宁电视台新闻综合频道	10.8	27.2
3	2012 年第 30 届奥运会跳水女子双人 10 米台决赛	体育	中央台五套	9.9	31.4
4	大地飞歌 2012 第 14 届南宁国际民歌艺术节	综艺	广西电视台综艺频道	8.7	24.1
5	2012 元宵晚会	综艺	中央电视台综合频道	7.8	21.9
6	2012 年第 30 届奥运会体操女子高低杠决赛	体育	中央台五套	7.6	21.8
7	水浒传	电视剧	广西电视台综艺频道	7.2	20.5
8	我的抗战	电视剧	广西电视台综艺频道	6.6	20.9
9	红色风暴	电视剧	广西电视台综艺频道	6.6	19.4
10	血雨母子情	电视剧	广西电视台综艺频道	6.5	20.3
11	神枪	电视剧	广西电视台综艺频道	6.4	21.9
12	最后一枪	电视剧	广西电视台综艺频道	6.4	21.0
13	2012 年第 30 届奥运会游泳预赛	体育	中央台五套	6.3	19.2
14	现场直播：2012 年第 30 届奥运会女排 1/4 决赛(中国 VS 日本)	体育	中央电视台综合频道	6.3	17.5
15	一门三司令	电视剧	广西电视台综艺频道	6.2	18.2
16	红色黎明	电视剧	广西电视台综艺频道	6.1	17.3
17	平原烽火	电视剧	广西电视台综艺频道	6.1	17.0
18	锁侠	电视剧	广西电视台综艺频道	6.0	17.3
19	独立纵队	电视剧	广西电视台综艺频道	5.9	19.5
20	红色尖刀	电视剧	广西电视台综艺频道	5.9	17.4
21	蝴蝶行动	电视剧	广西电视台综艺频道	5.8	18.5
22	女人不流泪	电视剧	广西电视台都市频道	5.8	17.8
23	现场直播：2012 年第 30 届奥运会乒乓球女团决赛	体育	中央电视台综合频道	5.7	22.1
24	三进山城	电视剧	广西电视台综艺频道	5.7	18.3
25	抗日奇侠	电视剧	广西电视台综艺频道	5.6	18.2
26	致命名单	电视剧	广西电视台综艺频道	5.5	18.2
27	奥运会体操女子平衡木颁奖仪式	体育	中央台五套	5.5	18.0
28	决战前	电视剧	广西电视台综艺频道	5.5	17.1
29	龙巡天下	电视剧	广西电视台综艺频道	5.5	15.6
30	2012 年第 30 届奥运会羽毛球女子单打 1/8 决赛	体育	中央电视台综合频道	5.5	14.9

表 3.49.8 2012 年南宁市场电视剧收视率排名前十位

名次	节目名称	播出频道	平均收视率（%）	平均占有率（%）
1	水浒传	广西电视台综艺频道	7.2	20.5
2	我的抗战	广西电视台综艺频道	6.6	20.9
3	红色风暴	广西电视台综艺频道	6.6	19.4
4	血雨母子情	广西电视台综艺频道	6.5	20.3
5	神枪	广西电视台综艺频道	6.4	21.9
6	最后一枪	广西电视台综艺频道	6.4	21.0
7	一门三司令	广西电视台综艺频道	6.2	18.2
8	红色黎明	广西电视台综艺频道	6.1	17.3
9	平原烽火	广西电视台综艺频道	6.1	17.0
10	锁侠	广西电视台综艺频道	6.0	17.3

表 3.49.9 2012 年南宁市场新闻节目收视率排名前十位

名次	节目名称	播出频道	平均收视率（%）	平均占有率（%）
1	新闻夜班	南宁电视台新闻综合频道	3.5	10.4
2	新闻在线	广西电视台都市频道	3.1	9.0
3	2012 两会一节大看台	南宁电视台新闻综合频道	2.9	10.8
4	夜班 1 周	南宁电视台新闻综合频道	2.8	8.2
5	转播中央台新闻联播	南宁电视台新闻综合频道	2.7	9.0
5	新闻联播	中央电视台综合频道	2.7	9.0
7	温家宝总理会见中外记者	中央电视台综合频道	2.5	6.5
8	新闻纵贯线	南宁电视台新闻综合频道	2.3	7.1
9	中国共产党第十八次全国代表大会专题新闻	中央电视台综合频道	2.2	6.1
10	今日关注	中央台四套	1.8	5.5

表 3.49.10 2012 年南宁市场专题节目收视率排名前十位

名次	节目名称	播出频道	平均收视率（%）	平均占有率（%）
1	一年又一年	中央电视台综合频道	2.9	10.9
2	知音人间	广西电视台综艺频道	2.2	6.4
3	感动中国 2011 年度人物颁奖典礼	中央电视台综合频道	2.1	5.7
4	红旗渠的守望者	中央电视台综合频道	2.0	5.8
5	那月	南宁电视台新闻综合频道	1.9	7.1
6	情缘都市	广西电视台都市频道	1.7	5.1
7	鱼祭	中央台九套纪录频道	1.7	4.9
8	绿城南宁创业之城南宁市创建国家级创业型城市纪实	南宁电视台新闻综合频道	1.5	8.1
9	酷我真声音	浙江卫视	1.5	6.5
10	老友倾计之真情追踪	南宁电视台都市生活频道	1.5	4.3

表 3.49.11　2012 年南宁市场综艺节目收视率排名前十位

名次	节目名称	播出频道	平均收视率（%）	平均占有率（%）
1	2012 春节联欢晚会	中央电视台综合频道	16.8	42.9
2	大地飞歌 2012 第 14 届南宁国际民歌艺术节	南宁电视台新闻综合频道	10.8	27.2
3	大地飞歌 2012 第 14 届南宁国际民歌艺术节	广西电视台综艺频道	8.7	24.1
4	2012 元宵晚会	中央电视台综合频道	7.8	21.9
5	爱上快乐爱上 20122012 广西电视台综艺频道跨年晚会精华版	广西电视台综艺频道	4.5	13.6
6	喜看南宁新变化 2011 年南宁市项目建设巡礼迎春晚会	南宁电视台新闻综合频道	3.8	11.5
7	龙腾八桂闹新春广西电视台 2012 春节联欢晚会	广西电视台卫星频道	3.7	11.1
8	福州月中华情 2012 年中央电视台中秋晚会	中央电视台综合频道	3.6	12.3
9	穿越时间的狂欢 2012 柳州国际水上狂欢节开幕式	广西电视台综艺频道	3.1	10.3
10	孝暖人间第七届广西十大孝心人物评选颁奖晚会	广西电视台综艺频道	2.9	9.7

表 3.49.12　2012 年南宁市场体育节目收视率排名前十位

名次	节目名称	播出频道	平均收视率（%）	平均占有率（%）
1	2012 年第 30 届奥运会跳水女子双人 10 米台决赛	中央台五套	9.9	31.4
2	2012 年第 30 届奥运会体操女子高低杠决赛	中央台五套	7.6	21.8
3	2012 年第 30 届奥运会游泳预赛	中央台五套	6.3	19.2
4	现场直播：2012 年第 30 届奥运会女排 1/4 决赛（中国 VS 日本）	中央电视台综合频道	6.3	17.5
5	现场直播：2012 年第 30 届奥运会乒乓球女团决赛	中央电视台综合频道	5.7	22.1
6	奥运会体操女子平衡木颁奖仪式	中央台五套	5.5	18.0
7	2012 年第 30 届奥运会羽毛球女子单打 1/8 决赛	中央电视台综合频道	5.5	14.9
8	2012 年第 30 届奥运会赛艇女子四人双桨决赛	中央台五套	5.3	20.8
9	2012 年第 30 届奥运会男子篮球决赛（西班牙队 VS 美国队）	中央台五套	4.9	21.2
10	2012 年第 30 届奥运会射击女子 10 米气手枪决赛	中央台五套	4.9	16.5

五十、宁波收视数据

表 3.50.1 2008—2012 年宁波市场各类频道的市场占有率（%）

频道类别	年份				
	2008 年	2009 年	2010 年	2011 年	2012 年
中央台频道	39.0	32.7	31.5	31.0	31.6
中国教育台频道	0.6	0.5	0.7	1.0	0.8
浙江省级频道	13.3	19.7	20.2	15.7	16.9
宁波市级频道	31.5	29.9	27.8	25.9	20.6
其他省级卫视频道	11.1	12.2	16.0	19.9	21.6
其他频道	4.5	5.0	3.8	6.5	8.5

表 3.50.2 2012 年宁波市场各类频道在不同目标观众中的市场占有率（%）

目标观众		中央台频道	中国教育台频道	浙江省级频道	宁波市级频道	其他省级卫视频道	其他频道
4 岁及以上所有人		31.6	0.8	16.9	20.6	21.6	8.5
性别	男	37.0	0.8	16.1	18.5	19.6	8.0
	女	26.3	0.7	17.7	22.7	23.7	8.9
年龄	4—14 岁	38.2	0.8	15.2	13.0	26.8	6.0
	15—24 岁	25.9	0.5	17.3	16.6	29.9	9.8
	25—34 岁	31.8	0.7	18.6	14.7	24.5	9.7
	35—44 岁	32.8	0.9	20.0	17.6	19.5	9.2
	45—54 岁	30.7	0.7	17.6	22.2	19.8	9.0
	55—64 岁	30.2	0.6	14.0	28.5	18.9	7.8
	65 岁及以上	33.1	1.1	12.1	29.9	17.8	6.0
教育程度	未受过正规教育	38.7	1.1	11.1	23.9	20.2	5.0
	小学	32.3	0.8	15.3	23.6	19.7	8.3
	初中	29.8	0.7	16.7	21.4	22.6	8.8
	高中	32.6	0.9	17.9	19.7	20.9	8.0
	大学及以上	31.7	0.5	19.9	14.9	23.2	9.8
职业类别	干部/管理人员	36.5	0.7	19.4	10.2	23.8	9.4
	个体/私营企业人员	32.2	0.9	18.5	19.7	22.7	6.0
	初级公务员/雇员	30.9	0.7	19.0	18.3	22.0	9.1
	工人	28.5	0.6	17.8	19.7	20.6	12.8
	学生	31.3	0.8	15.5	12.8	31.5	8.1
	无业	33.5	0.8	13.4	25.9	19.1	7.3
	其他	25.5	0.5	22.1	31.6	14.6	5.7
个人月收入	0—600 元	34.4	0.8	14.9	19.1	23.3	7.5
	601—1200 元	27.7	0.6	15.6	35.0	14.7	6.4
	1201—1700 元	26.6	0.7	16.6	22.3	23.1	10.7
	1701—2600 元	32.1	0.8	17.6	21.3	20.3	7.9
	2601 元及以上	32.8	0.8	18.5	16.1	22.6	9.2

表 3.50.3　2012 年宁波市场各类频道在不同时段的市场占有率（%）

时间段	中央台频道	中国教育台频道	浙江省级频道	宁波市级频道	其他省级卫视频道	其他频道
02:00—03:00	34.9	0.9	14.4	7.0	25.0	17.8
03:00—04:00	35.2	0.7	15.0	7.6	24.8	16.7
04:00—05:00	36.5	0.7	17.0	7.9	23.0	14.9
05:00—06:00	38.8	0.9	20.9	6.1	24.0	9.3
06:00—07:00	48.3	0.5	15.4	5.9	23.9	6.0
07:00—08:00	50.3	0.5	14.5	5.1	21.3	8.3
08:00—09:00	41.0	0.3	11.9	14.4	24.0	8.4
09:00—10:00	36.8	0.6	13.7	12.5	27.4	9.0
10:00—11:00	35.7	1.0	13.3	12.6	28.5	8.9
11:00—12:00	38.2	0.7	16.8	10.1	26.0	8.2
12:00—13:00	40.6	1.1	11.0	11.3	27.2	8.8
13:00—14:00	37.7	1.4	11.0	8.4	31.3	10.2
14:00—15:00	34.0	1.6	11.6	10.0	32.0	10.8
15:00—16:00	34.2	1.2	11.2	9.5	33.2	10.7
16:00—17:00	35.5	0.5	10.2	11.0	33.5	9.3
17:00—18:00	35.1	0.3	9.5	22.7	25.0	7.4
18:00—19:00	34.4	0.2	15.1	32.8	10.0	7.5
19:00—20:00	25.9	0.5	24.0	33.9	8.9	6.8
20:00—21:00	26.1	1.2	21.1	25.0	19.4	7.2
21:00—22:00	27.6	0.9	18.0	24.1	21.3	8.1
22:00—23:00	26.3	0.8	20.5	19.0	24.5	8.9
23:00—24:00	29.1	0.5	16.4	14.9	28.8	10.3
24:00—25:00	32.1	0.5	15.3	10.9	27.2	14.0
25:00—26:00	33.9	0.8	14.9	6.2	25.0	19.2

表 3.50.4　2012 年宁波市场收视份额排名前十位的频道

名次	频道名称	收视份额（%）
1	宁波电视台三套（都市文体频道）	6.8
2	浙江卫视	5.5
3	宁波电视台二套（经济生活频道）	5.3
4	中央电视台新闻频道	4.1
5	中央台六套	3.7
6	中央台八套	3.6
7	中央电视台综合频道	3.3
8	宁波电视台四套（影视剧频道）	3.1
9	江苏卫视	3.0
9	浙江电视台民生休闲频道	3.0

表 3.50.5 2012 年宁波市场各主要频道的观众构成（%）

目标观众		所有频道	宁波电视台三套(都市文体频道)	浙江卫视	宁波电视台二套(经济生活频道)	中央电视台新闻频道	中央台六套
4 岁及以上所有人		100.0	100.0	100.0	100.0	100.0	100.0
性别	男	49.9	43.0	47.0	42.3	72.3	61.4
	女	50.1	57.0	53.0	57.7	27.7	38.6
年龄	4—14 岁	7.5	3.2	7.2	3.0	2.5	8.0
	15—24 岁	9.0	7.4	9.0	8.2	6.6	9.3
	25—34 岁	16.6	9.8	22.3	10.8	10.6	22.7
	35—44 岁	20.4	16.9	23.9	14.8	24.9	24.1
	45—54 岁	20.7	21.6	18.0	25.6	33.9	18.5
	55—64 岁	14.1	20.5	12.2	21.5	9.0	10.5
	65 岁及以上	11.7	20.6	7.4	16.1	12.5	6.9
教育程度	未受过正规教育	4.7	5.8	3.8	3.3	0.6	4.5
	小学	18.3	19.3	15.1	24.9	20.8	13.3
	初中	39.3	42.0	35.1	39.5	39.1	44.1
	高中	24.0	22.4	27.3	21.5	26.7	23.8
	大学及以上	13.7	10.5	18.7	10.8	12.8	14.3
职业类别	干部/管理人员	3.1	1.4	5.3	1.4	2.7	5.7
	个体/私营企业人员	11.5	10.8	10.8	10.7	13.7	16.0
	初级公务员/雇员	31.9	26.4	35.5	29.7	34.2	31.9
	工人	11.9	12.2	12.7	9.4	9.5	15.7
	学生	8.0	3.2	8.0	3.2	6.5	8.2
	无业	30.9	41.5	24.7	39.6	30.5	20.9
	其他	2.7	4.5	3.0	6.0	2.9	1.6
个人月收入	0—600 元	24.0	21.3	21.0	20.0	23.5	21.6
	601—1200 元	8.2	14.5	10.5	15.4	9.7	4.6
	1201—1700 元	15.3	17.9	17.2	16.3	11.7	15.8
	1701—2600 元	24.2	24.3	24.6	23.2	23.5	27.0
	2601 元及以上	28.3	22.0	26.7	25.1	31.6	31.0

表 3.50.6 2010—2012 年宁波市场各类节目的播出份额（%）和收视份额（%）

节目类别	2010 年		2011 年		2012 年	
	播出份额	收视份额	播出份额	收视份额	播出份额	收视份额
财经	2.9	1.3	2.6	1.5	2.2	0.9
电视剧	23.9	33.1	22.3	30.3	21.5	32.1
电影	2.9	3.8	3.0	3.7	3.6	3.4
法制	1.0	0.6	0.8	0.6	0.7	0.4
教学	0.5	0.2	0.4	0.1	0.3	0.1
青少	7.7	4.6	8.0	4.0	7.4	3.7
生活服务	7.8	7.4	8.8	8.0	9.8	7.6
体育	1.7	3.2	1.4	2.0	1.5	2.5
外语	0.1	0.1	0.0	0.0	0.0	0.0
戏剧	1.0	0.4	1.0	0.4	1.0	0.3
新闻/时事	14.3	14.2	13.6	15.0	15.0	12.4
音乐	2.7	0.5	2.8	0.6	2.5	0.7
专题	9.6	6.5	11.1	8.1	11.8	11.6
综艺	9.5	10.9	9.9	12.4	8.6	12.5
其他	14.6	13.2	14.1	13.3	14.1	11.8

表 3.50.7　2012 年宁波市场所有节目收视率排名前三十位

名次	节目名称	节目类型	播出频道	平均收视率（%）	平均占有率（%）
1	2012 春节联欢晚会	综艺	中央电视台综合频道	14.7	36.7
2	中国好声音巅峰时刻	综艺	浙江卫视	8.0	34.9
3	美丽 1+1	综艺	浙江卫视	7.8	23.9
4	2012 年第 30 届奥运会跳水女子双人 10 米台决赛	体育	中央台五套	7.4	32.2
5	2012 年第 30 届奥运会射击女子 10 米气手枪决赛	体育	中央台五套	7.3	42.2
6	2012 年第 30 届奥运会体操男子吊环决赛	体育	中央台五套	7.0	21.6
7	2012 年第 30 届奥运会男子 200 米自由泳预赛	体育	中央台五套	6.1	22.5
8	2012 年第 30 届奥运会赛艇女子四人双桨决赛	体育	中央台五套	5.9	26.0
9	2012 春节联欢晚会	综艺	中央台三套	5.6	14.2
10	2012 年第 30 届奥运会女排小组赛 B 组（中国 VS 土耳其）	体育	中央台五套	5.5	35.3
11	2012 年第 30 届奥运会羽毛球男单决赛	体育	中央电视台综合频道	5.5	16.6
12	中国达人秀（1 月 1 日）	综艺	上海东方卫视	5.3	23.0
13	2012 年第 30 届奥运会田径男子 110 米栏预赛	体育	中央台五套	5.2	26.4
14	中国梦想秀（4 月 13 日—6 月 29 日）	综艺	浙江卫视	5.1	20.7
15	讲大道	专题	宁波电视台三套（都市文体频道）	5.0	19.9
16	2012 元宵晚会	综艺	中央电视台综合频道	4.9	15.1
17	2012 元宵晚会	综艺	中央台三套	4.8	14.8
18	中国好声音群星演唱会	音乐	浙江卫视	4.6	18.7
19	嫁入豪门	电视剧	宁波电视台二套（经济生活频道）	4.5	15.0
20	五号特工组之偷天换月	电视剧	浙江卫视	4.5	14.6
21	直击海葵	专题	宁波电视台一套（新闻综合频道）	4.5	13.6
22	2012 年第 30 届奥运会女子重剑团体半决赛	体育	中央台五套	4.5	12.7
23	2012 年第 30 届奥运会男子篮球决赛（西班牙 VS 美国）	体育	中央台五套	4.4	27.0
24	2012 年伦敦奥运会体操男子吊环颁奖仪式	体育	中央台五套	4.4	15.8
25	女婿难当	电视剧	宁波电视台二套（经济生活频道）	4.4	15.3
26	现场直播：2012 年第 30 届奥运会乒乓球男单决赛	体育	中央台五套	4.1	31.0
27	2013 跨年演唱会	音乐	江苏卫视	4.0	14.2
28	五号特工组	电视剧	浙江卫视	4.0	13.4
29	奥运游泳日记伦敦奥运会特别节目	体育	中央台五套	4.0	12.8
30	现场直播：2012 年第 30 届奥运会女排 1/4 决赛（中国 VS 日本）	体育	中央电视台综合频道	4.0	11.0

表 3.50.8　2012 年宁波市场电视剧收视率排名前十位

名次	节目名称	播出频道	平均收视率（%）	平均占有率（%）
1	嫁入豪门	宁波电视台二套（经济生活频道）	4.5	15.0
2	五号特工组之偷天换月	浙江卫视	4.5	14.6
3	女婿难当	宁波电视台二套（经济生活频道）	4.4	15.3
4	五号特工组	浙江卫视	4.0	13.4
5	平原烽火	浙江电视台教育科技频道	3.8	12.5
6	老爸的爱情	宁波电视台三套（都市文体频道）	3.7	11.9
7	传奇之王	宁波电视台三套（都市文体频道）	3.6	11.7
8	而立之年	宁波电视台二套（经济生活频道）	3.5	13.3
9	遍地狼烟	宁波电视台三套（都市文体频道）	3.5	10.6
10	尖刀队	宁波电视台一套（新闻综合频道）	3.4	11.8

表 3.50.9　2012 年宁波市场新闻节目收视率排名前十位

名次	节目名称	播出频道	平均收视率（%）	平均占有率（%）
1	防御海葵进行时特别报道	宁波电视台一套（新闻综合频道）	2.6	9.2
2	直击苏拉浙江卫视特别节目	浙江卫视	2.5	10.2
3	来发讲啥西	宁波电视台二套（经济生活频道）	2.4	8.0
4	今日关注	中央台四套	2.0	7.9
5	看看看	宁波电视台一套（新闻综合频道）	1.8	10.2
6	丹说无妨	宁波电视台一套（新闻综合频道）	1.7	7.1
7	温家宝总理会见中外记者	中央电视台综合频道	1.6	4.9
8	6.26 禁毒最前沿	中央电视台新闻频道	1.5	10.4
9	众志成城抗击海葵	浙江卫视	1.5	6.0
10	政协视点	宁波电视台一套（新闻综合频道）	1.4	7.2

表 3.50.10　2012 年宁波市场专题节目收视率排名前十位

名次	节目名称	播出频道	平均收视率（%）	平均占有率（%）
1	讲大道	宁波电视台三套（都市文体频道）	5.0	19.9
2	直击海葵	宁波电视台一套（新闻综合频道）	4.5	13.6
3	吴斌平凡的英雄	浙江卫视	3.6	13.6
4	一年又一年	中央电视台综合频道	3.5	17.9
5	婚姻保卫战	浙江卫视	3.1	11.5
6	酷我真声音	浙江卫视	2.5	20.0
7	坐标	浙江卫视	2.4	8.6
8	娘舅大石头（20:30）	宁波电视台二套（经济生活频道）	2.4	7.7
9	阿磊讲故事（18:00）	宁波电视台二套（经济生活频道）	1.8	10.2
10	看看看春节特别节目主播陪您过大年	宁波电视台一套（新闻综合频道）	1.7	10.0

表 3.50.11　2012 年宁波市场综艺节目收视率排名前十位

名次	节目名称	播出频道	平均收视率（%）	平均占有率（%）
1	2012 春节联欢晚会	中央电视台综合频道	14.7	36.7
2	中国好声音巅峰时刻	浙江卫视	8.0	34.9
3	美丽 1+1	浙江卫视	7.8	23.9
4	2012 春节联欢晚会	中央台三套	5.6	14.2
5	中国达人秀（1 月 1 日）	上海东方卫视	5.3	23.0
6	中国梦想秀（4 月 13 日—6 月 29 日）	浙江卫视	5.1	20.7
7	2012 元宵晚会	中央电视台综合频道	4.9	15.1
8	2012 元宵晚会	中央台三套	4.8	14.8
9	梦想天空分外蓝中国蓝迈向五周年庆典晚会	浙江卫视	3.8	16.6
10	超越英雄汇	浙江卫视	3.6	18.6

表 3.50.12　2012 年宁波市场体育节目收视率排名前十位

名次	节目名称	播出频道	平均收视率（%）	平均占有率（%）
1	2012 年第 30 届奥运会跳水女子双人 10 米台决赛	中央台五套	7.4	32.2
2	2012 年第 30 届奥运会射击女子 10 米气手枪决赛	中央台五套	7.3	42.2
3	2012 年第 30 届奥运会体操男子吊环决赛	中央台五套	7.0	21.6
4	2012 年第 30 届奥运会男子 200 米自由泳预赛	中央台五套	6.1	22.5
5	2012 年第 30 届奥运会赛艇女子四人双桨决赛	中央台五套	5.9	26.0
6	2012 年第 30 届奥运会女排小组赛 B 组（中国 VS 土耳其）	中央台五套	5.5	35.3
7	2012 年第 30 届奥运会羽毛球男单决赛	中央电视台综合频道	5.5	16.6
8	2012 年第 30 届奥运会田径男子 110 米栏预赛	中央台五套	5.2	26.4
9	2012 年第 30 届奥运会女子重剑团体半决赛	中央台五套	4.5	12.7
10	2012 年第 30 届奥运会男子篮球决赛（西班牙 VS 美国）	中央台五套	4.4	27.0

五十一、青岛收视数据

表 3.51.1　2008—2012 年青岛市场各类频道的市场占有率（%）

频道类别	年份				
	2008 年	2009 年	2010 年	2011 年	2012 年
中央台频道	47.6	39.0	31.3	32.0	31.3
中国教育台频道	0.2	0.2	0.4	0.3	0.2
山东省级频道	11.3	17.8	19.0	17.9	20.1
青岛市级频道	25.1	24.1	19.7	22.4	20.4
其他省级卫视频道	13.8	17.7	21.9	21.9	22.7
其他频道	2.0	1.2	7.8	5.5	5.3

表 3.51.2　2012 年青岛市场各类频道在不同目标观众中的市场占有率（%）

目标观众		中央台频道	中国教育台频道	山东省级频道	青岛市级频道	其他省级卫视频道	其他频道
4 岁及以上所有人		31.3	0.2	20.1	20.4	22.7	5.3
性别	男	33.8	0.2	19.6	19.4	21.4	5.7
	女	29.0	0.2	20.6	21.3	24.0	5.0
年龄	4—14 岁	27.5	0.2	18.0	15.2	34.4	4.8
	15—24 岁	26.8	0.2	18.1	18.5	31.6	4.8
	25—34 岁	26.0	0.2	17.8	16.1	32.2	7.8
	35—44 岁	32.3	0.3	18.1	18.9	23.7	6.8
	45—54 岁	29.2	0.3	22.7	21.5	21.9	4.4
	55—64 岁	33.7	0.2	20.6	21.8	16.6	7.1
	65 岁及以上	37.0	0.3	21.5	24.4	14.0	2.9
教育程度	未受过正规教育	31.4	0.1	22.6	20.5	21.1	4.3
	小学	29.0	0.2	29.2	19.4	18.4	3.9
	初中	31.3	0.2	23.2	19.6	21.5	4.2
	高中	31.6	0.3	16.7	21.9	23.5	6.0
	大学及以上	32.2	0.2	14.4	19.9	26.2	7.1
职业类别	干部/管理人员	30.5	0.3	13.1	24.9	25.0	6.2
	个体/私营企业人员	28.9	0.2	19.6	17.2	26.7	7.4
	初级公务员/雇员	30.3	0.2	18.8	19.2	25.8	5.7
	工人	30.2	0.3	20.7	19.8	22.2	6.8
	学生	27.5	0.3	17.7	14.7	35.4	4.5
	无业	34.0	0.2	21.0	22.9	17.5	4.4
	其他	22.3	0.1	43.8	16.2	15.6	2.0
个人月收入	0—600 元	28.0	0.2	24.5	16.6	26.1	4.6
	601—1200 元	27.8	0.3	24.9	18.8	20.9	7.4
	1201—1700 元	30.6	0.2	21.1	23.5	19.9	4.7
	1701—2600 元	32.9	0.4	17.3	23.1	21.3	5.1
	2601 元及以上	34.7	0.2	16.4	19.5	23.3	5.9

表 3.51.3 2012 年青岛市场各类频道在不同时段的市场占有率（%）

时间段	中央台频道	中国教育台频道	山东省级频道	青岛市级频道	其他省级卫视频道	其他频道
02:00—03:00	24.6	0.5	12.4	8.6	34.7	19.2
03:00—04:00	27.4	0.2	11.4	6.4	34.6	20.0
04:00—05:00	32.9	0.2	10.3	5.7	34.8	16.2
05:00—06:00	35.5	0.2	9.2	6.5	36.1	12.5
06:00—07:00	38.0	0.1	11.3	17.5	28.1	5.0
07:00—08:00	43.9	0.1	16.5	21.1	14.5	4.0
08:00—09:00	42.5	0.1	19.5	9.9	22.7	5.4
09:00—10:00	36.9	0.2	18.0	9.8	29.4	5.7
10:00—11:00	36.3	0.4	16.9	8.4	32.1	5.9
11:00—12:00	42.7	0.3	12.7	7.5	31.4	5.5
12:00—13:00	47.1	0.3	14.7	8.9	24.1	5.0
13:00—14:00	40.9	0.4	17.5	6.9	28.4	6.0
14:00—15:00	31.7	0.4	18.8	8.0	35.0	6.0
15:00—16:00	32.2	0.4	18.3	6.8	36.4	6.1
16:00—17:00	31.0	0.2	15.6	13.2	34.0	6.1
17:00—18:00	26.3	0.1	19.2	25.3	24.5	4.6
18:00—19:00	28.8	0.0	25.4	31.9	9.5	4.3
19:00—20:00	30.3	0.1	27.2	28.3	9.7	4.5
20:00—21:00	23.7	0.3	25.9	27.2	18.8	4.1
21:00—22:00	26.7	0.4	20.8	25.2	22.3	4.6
22:00—23:00	27.2	0.3	13.9	22.9	29.4	6.3
23:00—24:00	27.8	0.2	11.9	23.1	28.7	8.3
24:00—25:00	29.0	0.2	13.0	18.1	28.6	11.1
25:00—26:00	25.5	0.5	12.3	14.9	31.0	15.9

表 3.51.4 2012 年青岛市场收视份额排名前十位的频道

名次	频道名称	收视份额（%）
1	青岛电视台新闻综合频道	6.7
2	山东卫视	6.4
3	山东电视齐鲁频道	5.0
4	青岛电视台生活服务频道	4.9
5	中央电视台综合频道	4.6
6	中央台三套	4.5
7	中央台四套	3.8
8	中央台六套	2.9
8	湖南电视台卫星频道	2.9
10	青岛电视台影视频道	2.8

表 3.51.5 2012 年青岛市场各主要频道的观众构成（%）

目标观众		所有频道	主要频道				
			青岛电视台新闻综合频道	山东卫视	山东电视齐鲁频道	青岛电视台生活服务频道	中央电视台综合频道
4 岁及以上所有人		100.0	100.0	100.0	100.0	100.0	100.0
性别	男	49.0	47.2	43.9	50.4	44.1	50.8
	女	51.0	52.8	56.1	49.6	55.9	49.2
年龄	4—14 岁	6.6	3.0	4.3	5.5	3.8	5.7
	15—24 岁	8.9	7.3	5.5	7.5	6.9	5.0
	25—34 岁	12.0	6.1	6.8	14.7	7.9	9.4
	35—44 岁	16.8	13.3	12.6	13.8	17.3	15.3
	45—54 岁	20.8	16.6	19.4	24.0	25.0	15.3
	55—64 岁	13.5	19.0	16.4	14.8	13.7	20.4
	65 岁及以上	21.4	34.8	35.0	19.8	25.3	27.9
教育程度	未受过正规教育	4.2	3.5	3.1	6.0	3.4	3.1
	小学	11.4	11.6	25.1	14.8	12.7	12.1
	初中	32.8	31.8	36.6	38.2	33.8	31.2
	高中	31.9	38.6	24.3	25.8	29.4	34.8
	大学及以上	19.8	14.4	10.8	15.1	20.8	18.9
职业类别	干部/管理人员	4.8	4.1	2.3	2.7	6.7	4.7
	个体/私营企业人员	11.6	7.6	8.5	11.3	8.5	8.9
	初级公务员/雇员	21.5	16.3	15.8	19.4	22.0	17.2
	工人	10.0	9.3	6.6	13.2	8.1	10.0
	学生	8.6	3.9	5.2	7.4	5.1	6.3
	无业	41.6	57.2	56.3	40.2	47.5	50.0
	其他	1.8	1.6	5.3	5.7	2.1	2.8
个人月收入	0—600 元	24.1	16.5	30.3	29.2	19.5	21.7
	601—1200 元	8.6	7.5	10.2	11.9	7.4	7.4
	1201—1700 元	17.2	26.4	21.4	16.7	19.0	22.4
	1701—2600 元	25.5	28.6	19.8	21.3	30.0	21.4
	2601 元及以上	24.7	21.1	18.3	21.0	24.2	27.1

表 3.51.6 2010—2012 青岛市场各类节目的播出份额（%）和收视份额（%）

节目类别	2010 年		2011 年		2012 年	
	播出份额	收视份额	播出份额	收视份额	播出份额	收视份额
财经	2.7	1.0	2.5	1.4	2.0	0.7
电视剧	21.9	29.2	27.4	30.0	20.5	29.4
电影	3.1	3.6	4.0	3.9	3.6	2.8
法制	1.0	1.4	0.9	1.3	1.0	1.0
教学	0.6	0.1	0.5	0.2	0.3	0.1
青少	7.4	3.9	6.2	4.0	7.3	3.8
生活服务	8.6	8.3	9.4	8.3	9.8	8.1
体育	2.7	3.9	2.5	2.9	2.2	3.0
外语	0.1	0.1	0.1	0.0	0.0	0.0
戏剧	0.9	0.4	1.0	0.4	0.9	0.3
新闻/时事	13.6	15.4	9.7	14.1	15.0	17.6
音乐	2.6	0.6	2.7	0.8	2.4	0.9
专题	10.0	5.9	10.6	6.8	11.9	6.5
综艺	10.5	14.4	8.7	14.0	9.8	14.6
其他	14.4	11.9	13.9	11.8	13.5	11.2

表 3.51.7　2012 年青岛市场所有节目收视率排名前三十位

名次	节目名称	节目类型	播出频道	平均收视率(%)	平均占有率(%)
1	2012 元宵晚会	综艺	中央电视台综合频道	12.1	22.8
2	2012 年第 30 届奥运会体操女子高低杠决赛	体育	中央台五套	11.1	34.2
3	2012 春节联欢晚会	综艺	中央电视台综合频道	10.9	23.1
4	2012 年第 30 届奥运会射击女子 10 米气手枪决赛	体育	中央台五套	10.4	31.1
5	2012 年第 30 届奥运会跳水男子双人 3 米板决赛	体育	中央台五套	10.2	36.8
6	2012 年伦敦奥运会羽毛球男单颁奖仪式	体育	中央电视台综合频道	9.5	22.2
7	2012 年第 30 届奥运会田径男子 110 米栏预赛	体育	中央台五套	8.8	44.1
8	2012 年第 30 届奥运会男子 200 米自由泳预赛	体育	中央台五套	8.6	22.7
9	后宫甄嬛传	电视剧	青岛电视台新闻综合频道	8.4	18.0
10	2012 年第 30 届奥运会女排小组赛 B 组（中国 vs 韩国）	体育	中央台五套	7.8	21.5
11	现场直播：2012 年第 30 届奥运会乒乓球男单决赛	体育	中央台五套	7.7	45.2
12	2012 年第 30 届奥运会赛艇女子单人双桨决赛	体育	中央台五套	7.3	20.3
13	2012 春节联欢晚会	综艺	青岛电视台新闻综合频道	7.0	13.0
14	2012 年第 30 届奥运会女子重剑团体半决赛	体育	中央台五套	6.7	15.6
15	小麦进城	电视剧	山东电视齐鲁频道	6.6	16.4
16	樱桃	电视剧	山东卫视	6.6	16.0
17	遍地狼烟	电视剧	山东电视齐鲁频道	6.5	14.3
18	奥运游泳日记伦敦奥运会特别节目	体育	中央台五套	6.4	17.2
19	喜到福到好运到	综艺	中央台三套	6.4	16.4
20	2012 春节联欢晚会	综艺	中央台三套	6.3	15.0
21	独立纵队	电视剧	山东电视齐鲁频道	5.9	13.0
22	2012 年第 30 届奥运会女篮小组赛（中国队 vs 安哥拉）	体育	中央台五套	5.8	18.5
23	情感战争	电视剧	山东电视齐鲁频道	5.6	14.2
24	杀狼花	电视剧	青岛电视台新闻综合频道	5.6	13.3
25	2012 元宵晚会	综艺	中央台三套	5.4	12.0
26	风和日丽	电视剧	青岛电视台新闻综合频道	5.3	14.6
27	五号特工组	电视剧	山东卫视	5.3	14.3
28	民兵葛二蛋	电视剧	青岛电视台新闻综合频道	5.3	12.7
29	只要你过得比我好	电视剧	山东电视齐鲁频道	5.2	12.3
30	雪狼谷	电视剧	山东电视齐鲁频道	5.2	11.0

表 3.51.8　2012 年青岛市场电视剧收视率排名前十位

名次	节目名称	播出频道	平均收视率（%）	平均占有率（%）
1	后宫甄嬛传	青岛电视台新闻综合频道	8.4	18.0
2	小麦进城	山东电视齐鲁频道	6.6	16.4
3	樱桃	山东卫视	6.6	16.0
4	遍地狼烟	山东电视齐鲁频道	6.5	14.3
5	独立纵队	山东电视齐鲁频道	5.9	13.0
6	情感战争	山东电视齐鲁频道	5.6	14.2
7	杀狼花	青岛电视台新闻综合频道	5.6	13.3
8	风和日丽	青岛电视台新闻综合频道	5.3	14.6
9	五号特工组	山东卫视	5.3	14.3
10	民兵葛二蛋	青岛电视台新闻综合频道	5.3	12.7

表 3.51.9　2012 年青岛市场新闻节目收视率排名前十位

名次	节目名称	播出频道	平均收视率（%）	平均占有率（%）
1	今日—今日 60 分	青岛电视台新闻综合频道	4.0	12.9
2	转播中央台新闻联播	青岛电视台新闻综合频道	3.7	9.9
3	新闻联播	中央电视台综合频道	3.3	9.0
4	生活在线	青岛电视台生活服务频道	3.2	9.4
5	生活帮	山东电视生活频道	3.1	9.3
6	青岛新闻	青岛电视台新闻综合频道	3.0	7.6
7	今日关注	中央台四套	2.9	8.4
8	神九飞天再探天宫	中央台四套	2.6	9.2
9	温家宝总理会见中外记者	中央电视台综合频道	2.2	5.1
10	青岛全接触	青岛电视台休闲资讯频道	2.0	5.2

表 3.51.10　2012 年青岛市场专题节目收视率排名前十位

名次	节目名称	播出频道	平均收视率（%）	平均占有率（%）
1	开拓创新铸就辉煌青岛市政协科学务实履职为民纪实	青岛电视台新闻综合频道	4.9	11.6
2	一年又一年	中央电视台综合频道	4.3	11.6
3	受人民重托为人民负责市十四届人大常委会四年履职纪实	青岛电视台新闻综合频道	3.3	7.4
4	红旗渠的守望者	中央电视台综合频道	3.1	7.5
5	岛城先锋	青岛电视台新闻综合频道	2.8	7.9
6	酷我真声音	浙江卫视	2.5	18.3
7	丝绸之路印象	中央台四套	2.2	7.6
8	身边的感动 2011 感动记忆情与法的天平	中央电视台综合频道	2.2	5.0
9	身边的感动给你一双飞翔的翅膀	中央电视台综合频道	2.0	4.4
10	李群书记在市第十一次党代会闭幕后接受媒体专访	青岛电视台新闻综合频道	1.9	5.5

表 3.51.11　2012 年青岛市场综艺节目收视率排名前十位

名次	节目名称	播出频道	平均收视率（%）	平均占有率（%）
1	2012 元宵晚会	中央电视台综合频道	12.1	22.8
2	2012 春节联欢晚会	中央电视台综合频道	10.9	23.1
3	2012 春节联欢晚会	青岛电视台新闻综合频道	7.0	13.0
4	喜到福到好运到	中央台三套	6.4	16.4
5	2012 春节联欢晚会	中央台三套	6.3	15.0
6	2012 元宵晚会	中央台三套	5.4	12.0
7	启航 2013 中央电视台元旦晚会	中央台三套	5.1	11.4
8	中国好声音巅峰时刻	浙江卫视	4.9	18.8
9	星光大道	中央电视台综合频道	4.7	10.4
10	百花迎春中国文学艺术界 2012 春节大联欢	中央台三套	4.7	10.3

表 3.51.12　2012 年青岛市场体育节目收视率排名前十位

名次	节目名称	播出频道	平均收视率（%）	平均占有率（%）
1	2012 年第 30 届奥运会体操女子高低杠决赛	中央台五套	11.1	34.2
2	2012 年第 30 届奥运会射击女子 10 米气手枪决赛	中央台五套	10.4	31.1
3	2012 年第 30 届奥运会跳水男子双人 3 米板决赛	中央台五套	10.2	36.8
4	2012 年伦敦奥运会羽毛球男单颁奖仪式	中央电视台综合频道	9.5	22.2
5	2012 年第 30 届奥运会田径男子 110 米栏预赛	中央台五套	8.8	44.1
6	2012 年第 30 届奥运会男子 200 米自由泳预赛	中央台五套	8.6	22.7
7	2012 年第 30 届奥运会女排小组赛 B 组（中国 vs 韩国）	中央台五套	7.8	21.5
8	现场直播：2012 年第 30 届奥运会乒乓球男单决赛	中央台五套	7.7	45.2
9	2012 年第 30 届奥运会赛艇女子单人双桨决赛	中央台五套	7.3	20.3
10	2012 年第 30 届奥运会女子重剑团体半决赛	中央台五套	6.7	15.6

五十二、沈阳收视数据

表 3.52.1 2008—2012 年沈阳市场各类频道的市场占有率（%）

频道类别	年份				
	2008 年	2009 年	2010 年	2011 年	2012 年
中央台频道	33.3	27.1	27.0	26.5	30.0
中国教育台频道	0.4	0.4	0.4	0.6	0.6
辽宁省级频道	28.2	29.8	28.9	26.1	28.3
沈阳市级频道	14.3	16.5	15.2	15.5	5.6
其他省级卫视频道	19.9	21.3	23.6	26.8	31.7
其他频道	4.0	4.9	4.9	4.5	3.8

表 3.52.2 2012 年沈阳市场各类频道在不同目标观众中的市场占有率（%）

目标观众		中央台频道	中国教育台频道	辽宁省级频道	沈阳市级频道	其他省级卫视频道	其他频道
4 岁及以上所有人		30.0	0.6	28.3	5.6	31.7	3.8
性别	男	33.1	0.6	27.4	5.5	29.2	4.1
	女	27.3	0.5	29.1	5.6	33.9	3.6
年龄	4—14 岁	35.6	0.9	19.2	2.0	35.8	6.6
	15—24 岁	20.7	0.4	22.7	2.3	44.7	9.1
	25—34 岁	29.6	0.8	22.9	4.1	37.2	5.4
	35—44 岁	28.6	0.6	26.3	3.8	36.5	4.3
	45—54 岁	27.4	0.4	32.0	4.8	33.2	2.2
	55—64 岁	30.8	1.2	31.0	9.4	24.6	3.0
	65 岁及以上	36.1	0.2	31.5	8.3	21.5	2.5
教育程度	未受过正规教育	37.2	0.2	25.9	1.3	29.9	5.6
	小学	31.3	0.6	31.1	3.3	29.3	4.4
	初中	29.1	0.6	29.6	6.4	31.1	3.2
	高中	29.7	0.5	27.6	5.6	32.9	3.6
	大学及以上	31.4	0.9	23.0	5.2	33.8	5.7
职业类别	干部/管理人员	32.4	0.3	19.9	1.8	40.5	5.1
	个体/私营企业人员	26.3	1.0	26.8	10.3	30.3	5.3
	初级公务员/雇员	27.7	0.7	25.8	5.4	32.6	7.8
	工人	28.9	0.6	29.6	4.8	32.6	3.6
	学生	28.3	0.9	18.8	2.2	43.6	6.3
	无业	32.6	0.6	29.9	6.8	27.6	2.4
	其他	27.0	0.1	31.2	2.4	36.0	3.4
个人月收入	0—600 元	28.9	0.6	24.9	2.9	38.2	4.5
	601—1200 元	28.8	0.5	32.0	5.2	30.7	2.7
	1201—1700 元	32.0	0.6	28.9	8.0	26.4	4.1
	1701—2600 元	29.1	0.8	26.0	6.3	32.8	5.0
	2601 元及以上	33.027	0.4	28.2	5.5	30.0	2.8

表 3.52.3　2012 年沈阳市场各类频道不同时段的市场占有率（%）

时间段	中央电视台	中国教育台	辽宁省级频道	沈阳市级频道	其他省级上星频道	其他频道
02:00—03:00	34.8	0.4	20.7	3.3	35.1	5.7
03:00—04:00	33.9	0.3	23.8	3.8	32.6	5.6
04:00—05:00	34.4	0.2	23.6	5.3	31.8	4.7
05:00—06:00	30.1	0.2	27.3	11.8	27.1	3.4
06:00—07:00	29.1	0.1	32.8	21.9	13.4	2.8
07:00—08:00	32.6	0.1	34.4	19.8	10.1	2.9
08:00—09:00	34.9	0.1	29.7	8.7	23.2	3.4
09:00—10:00	31.6	0.3	25.7	5.3	32.8	4.3
10:00—11:00	33.2	0.7	18.5	4.5	38.1	4.9
11:00—12:00	35.0	0.6	17.5	5.1	36.9	5.0
12:00—13:00	35.0	0.6	21.0	7.7	30.9	4.8
13:00—14:00	33.8	0.7	17.1	3.9	39.2	5.3
14:00—15:00	31.1	0.7	15.8	3.3	44.7	4.4
15:00—16:00	31.8	0.5	16.4	3.2	44.0	4.0
16:00—17:00	33.3	0.3	17.2	2.1	43.0	4.1
17:00—18:00	28.5	0.2	35.0	4.5	27.2	4.6
18:00—19:00	26.1	0.1	55.5	5.8	9.0	3.5
19:00—20:00	28.7	0.7	45.4	4.4	17.0	3.8
20:00—21:00	27.4	1.3	27.0	4.1	37.3	2.9
21:00—22:00	28.9	0.9	23.6	3.7	40.3	2.7
22:00—23:00	26.5	0.8	19.3	5.2	44.8	3.5
23:00—24:00	29.6	0.4	16.0	5.3	44.0	4.7
24:00—25:00	33.0	0.3	16.5	2.5	41.1	6.6
25:00—26:00	34.5	0.5	19.1	2.0	36.7	7.3

表 3.52.4　2012 年沈阳市场收视份额排名前十位的频道

名次	频道名称	收视份额（%）
1	辽宁广播电视台都市频道	7.8
2	辽宁广播电视台经济频道	6.6
3	辽宁卫视	5.7
4	沈阳电视台一套（新闻频道）	5.6
5	中央电视台综合频道	4.6
6	中央台三套	4.4
7	中央台六套	3.2
8	中央台八套	3.1
9	中央电视台少儿频道	2.8
9	中央电视台新闻频道	2.8

表 3.52.5 2012 年沈阳市场各主要频道的观众构成（%）

目标观众		所有频道	主要频道				
			辽宁广播电视台都市频道	辽宁广播电视台经济频道	辽宁卫视	沈阳电视台一套（新闻频道）	中央电视台综合频道
4 岁及以上所有人		100.0	100.0	100.0	100.0	100.0	100.0
性别	男	47.4	44.5	46.4	45.8	47.0	49.5
	女	52.6	55.5	53.6	54.2	53.0	50.5
年龄	4—14 岁	7.3	3.9	2.9	5.4	2.6	8.3
	15—24 岁	6.8	4.9	6.0	4.8	2.8	4.8
	25—34 岁	10.9	8.1	8.5	8.3	8.1	9.0
	35—44 岁	15.4	10.7	16.1	15.0	10.6	12.7
	45—54 岁	26.0	30.7	37.3	20.7	22.6	22.3
	55—64 岁	16.1	19.2	17.7	18.7	27.2	13.0
	65 岁及以上	17.5	22.6	11.5	27.1	26.1	24.9
教育程度	未受过正规教育	3.0	2.3	1.7	2.1	0.7	2.2
	小学	11.2	13.7	8.5	16.8	6.6	11.1
	初中	46.9	49.1	53.7	44.0	54.4	43.4
	高中	26.3	25.4	25.0	26.7	26.6	28.0
	大学及以上	12.6	9.5	11.1	10.5	11.7	15.4
职业类别	干部/管理人员	2.6	2.0	1.7	1.8	0.9	2.8
	个体/私营企业	6.2	5.4	5.8	6.8	11.4	5.9
	初级公务员/雇员	9.3	7.4	10.4	6.7	9.1	9.8
	工人	25.4	28.0	31.9	20.4	22.0	22.1
	学生	7.4	3.5	4.1	5.7	2.9	8.3
	无业	40.9	47.5	37.2	48.2	50.3	45.0
	其他	8.2	6.1	8.9	10.4	3.4	6.1
个人月收入	0—600 元	22.7	17.3	17.5	23.2	12.0	23.7
	601—1200 元	27.1	31.0	30.8	30.6	25.6	22.7
	1201—1700 元	23.7	25.9	24.2	23.6	33.8	26.1
	1701—2600 元	16.6	14.6	19.3	12.4	18.7	15.0
	2601 元及以上	10.0	11.2	8.3	10.2	9.9	12.5

表 3.52.6 2010—2012 年沈阳市场各类节目的播出份额（%）和收视份额（%）

节目类别	2010 年		2011 年		2012 年	
	播出份额	收视份额	播出份额	收视份额	播出份额	收视份额
财经	2.7	0.6	2.4	0.6	2.2	0.6
电视剧	21.0	27.4	20.2	28.4	20.3	30.2
电影	3.3	3.5	3.6	3.5	4.2	3.5
法制	1.7	3.6	1.2	2.0	0.9	1.1
教学	0.5	0.1	0.5	0.1	0.3	0.1
青少	6.9	3.4	7.3	3.6	7.0	3.8
生活服务	9.8	10.0	10.7	12.0	9.9	13.1
体育	1.9	3.9	1.5	2.9	2.6	3.7
外语	0.1	0.0	0.0	0.0	0.0	0.0
戏剧	1.0	0.2	1.0	0.3	1.0	0.3
新闻/时事	13.5	12.8	13.1	12.5	14.7	13.4
音乐	2.6	0.6	2.8	0.7	2.5	0.8
专题	11.0	6.9	11.5	6.1	12.1	6.5
综艺	9.7	14.3	10.6	14.6	9.2	12.7
其他	14.3	12.8	13.6	12.8	13.2	10.3

表 3.52.7　2012 年沈阳市场所有节目收视率排名前三十位

名次	节目名称	节目类别	播出频道	平均收视率（%）	平均占有率（%）
1	2012 春节联欢晚会	综艺	中央电视台综合频道	28.9	58.3
2	龙腾幸福年 2012 辽视春节联欢晚会	综艺	辽宁卫视	22.7	52.9
3	樱桃	电视剧	辽宁卫视	18.2	39.0
4	2012 元宵晚会	综艺	中央电视台综合频道	15.9	33.6
5	乡村爱情小夜曲	电视剧	辽宁卫视	13.1	28.9
6	2012 年第 30 届奥运会跳水男子双人 10 米跳台决赛	体育	中央台五套	9.5	31.6
7	2012 年第 30 届奥运会赛艇女子单人双桨决赛	体育	中央台五套	9.4	20.5
8	2012 年第 30 届奥运会体操女子高低杠决赛	体育	中央台五套	8.8	27.1
9	2012 年第 30 届奥运会田径男子 100 米预赛	体育	中央台五套	8.7	18.5
10	辽宁卫视 2012 年度悲情大剧樱桃全国首映典礼	综艺	辽宁卫视	8.6	20.2
11	2012 年第 30 届奥运会游泳预赛	体育	中央台五套	8.4	19.4
12	2012 年第 30 届奥运会射击男子 10 米气步枪决赛	体育	中央台五套	8.3	26.8
13	福州月中华情 2012 年中央电视台中秋晚会	综艺	中央电视台综合频道	7.2	17.4
14	2012 年第 30 届奥运会女排小组赛 B 组（中国 VS 土耳其）	体育	中央台五套	7.1	33.2
15	新北方	新闻	辽宁广播电视台都市频道	7.1	22.2
16	2012 年第 30 届奥运会乒乓球男单第三轮	体育	中央台五套	7.1	16.9
17	中国好声音巅峰时刻	综艺	浙江卫视	6.4	18.6
18	2012 年第 30 届奥运会女篮小组赛（中国队 VS 安哥拉队）	体育	中央台五套	6.1	16.1
19	2012 年伦敦奥运会女子高低杠颁奖仪式	体育	中央台五套	5.7	22.0
20	2012 年第 30 届奥运会羽毛球男单决赛	体育	中央电视台综合频道	5.4	15.8
21	新闻正前方	新闻	辽宁广播电视台都市频道	5.2	20.0
22	百花迎春中国文学艺术界 2012 春节大联欢	综艺	中央台三套	5.1	11.6
23	直播生活	生活服务	辽宁广播电视台经济频道	5.0	17.7
24	2012 年第 30 届奥运会女子重剑团体半决赛	体育	中央台五套	4.9	10.4
25	春晚倒计时 2012	综艺	辽宁卫视	4.7	15.3
26	黄金赛场：2011/2012 赛季中国男篮职业联赛总决赛第五场（北京金隅 VS 广东东莞银行）	体育	中央台五套	4.7	11.4
27	黄金赛场：2011/2012 赛季中国男篮职业联赛颁奖仪式	体育	中央台五套	4.6	14.7
28	庆祝香港回归祖国十五周年文艺晚会	综艺	中央电视台综合频道	4.6	11.6
29	北京青年	电视剧	浙江卫视	4.5	11.3
30	万家灯火平安夜公安部 2012 年春节电视文艺晚会	综艺	中央电视台综合频道	4.4	11.4

表 3.52.8　2012 年沈阳市场电视剧收视率排名前十位

名次	节目名称	播出频道	平均收视率（%）	平均占有率（%）
1	樱桃	辽宁卫视	18.2	39.0
2	乡村爱情小夜曲	辽宁卫视	13.1	28.9
3	北京青年	浙江卫视	4.5	11.3
4	浪漫向左婚姻往右	辽宁卫视	4.2	10.0
5	还珠格格之风儿阵阵吹	辽宁卫视	3.9	9.8
6	火蓝刀锋	中央电视台综合频道	3.7	9.0
7	独立纵队	辽宁广播电视台经济频道	3.6	10.1
8	还珠格格之人儿何处归	辽宁卫视	3.6	10.0
9	母亲母亲	辽宁广播电视台都市频道	3.5	8.6
10	平原烽火	辽宁广播电视台经济频道	3.4	8.8

表 3.52.9　2012 年沈阳市场新闻节目收视率排名前十位

名次	节目名称	播出频道	平均收视率（%）	平均占有率（%）
1	新北方	辽宁广播电视台都市频道	7.1	22.2
2	新闻正前方	辽宁广播电视台都市频道	5.2	20.0
3	新闻联播	中央电视台综合频道	3.4	10.0
4	阿迪力矮寨高空走钢丝	辽宁广播电视台都市频道	2.8	9.4
5	温家宝总理会见中外记者	中央电视台综合频道	2.5	6.6
6	蜘蛛侠爬中原福塔	辽宁广播电视台都市频道	2.2	6.7
7	今日关注	中央台四套	2.0	5.9
8	看今天	沈阳电视台一套（新闻频道）	1.6	6.5
9	转播中央台新闻联播	沈阳电视台一套（新闻频道）	1.6	4.8
9	胡锦涛主席出席庆祝香港回归祖国十五周年文艺晚会	中央电视台综合频道	1.6	4.8

表 3.52.10　2012 年沈阳市场专题节目收视率排名前十位

名次	节目名称	播出频道	平均收视率（%）	平均占有率（%）
1	温暖 2012	中央台三套	3.0	9.2
2	春晚金牌编剧畅谈创作人生	辽宁广播电视台都市频道	2.8	9.4
3	一年又一年	中央电视台综合频道	2.7	8.3
4	石破天惊说甄嬛	安徽卫视	2.5	7.0
5	酷我真声音	浙江卫视	2.2	14.5
6	轮滑人天路大挑战特别节目	辽宁广播电视台都市频道	2.1	7.4
7	石面埋伏说楚汉	安徽卫视	2.0	4.7
8	我是传奇	贵州卫视	1.9	4.8
9	知青记忆之青春	中央电视台综合频道	1.9	4.6
10	红旗渠的守望者	中央电视台综合频道	1.8	4.7

表 3.52.11　2012 年沈阳市场综艺节目收视率排名前十位

名次	节目名称	播出频道	平均收视率(%)	平均占有率(%)
1	2012 春节联欢晚会	中央电视台综合频道	28.9	58.3
2	龙腾幸福年 2012 辽视春节联欢晚会	辽宁卫视	22.7	52.9
3	2012 元宵晚会	中央电视台综合频道	15.9	33.6
4	辽宁卫视 2012 年度悲情大剧樱桃全国首映典礼	辽宁卫视	8.6	20.2
5	福州月中华情 2012 年中央电视台中秋晚会	中央电视台综合频道	7.2	17.4
6	中国好声音巅峰时刻	浙江卫视	6.4	18.6
7	百花迎春中国文学艺术界 2012 春节大联欢	中央台三套	5.1	11.6
8	春晚倒计时 2012	辽宁卫视	4.7	15.3
9	庆祝香港回归祖国十五周年文艺晚会	中央电视台综合频道	4.6	11.6
10	万家灯火平安夜公安部 2012 年春节电视文艺晚会	中央电视台综合频道	4.4	11.4

表 3.52.12　2012 年沈阳市场体育节目收视率排名前十位

名次	节目名称	播出频道	平均收视率(%)	平均占有率(%)
1	2012 年第 30 届奥运会跳水男子双人 10 米跳台决赛	中央台五套	9.5	31.6
2	2012 年第 30 届奥运会赛艇女子单人双桨决赛	中央台五套	9.4	20.5
3	2012 年第 30 届奥运会体操女子高低杠决赛	中央台五套	8.8	27.1
4	2012 年第 30 届奥运会田径男子 100 米预赛	中央台五套	8.7	18.5
5	2012 年第 30 届奥运会游泳预赛	中央台五套	8.4	19.4
6	2012 年第 30 届奥运会射击男子 10 米气步枪决赛	中央台五套	8.3	26.8
7	2012 年第 30 届奥运会女排小组赛 B 组（中国 VS 土耳其）	中央台五套	7.1	33.2
8	2012 年第 30 届奥运会乒乓球男单第三轮	中央台五套	7.1	16.9
9	2012 年第 30 届奥运会女篮小组赛（中国队 VS 安哥拉队）	中央台五套	6.1	16.1
10	2012 年伦敦奥运会女子高低杠颁奖仪式	中央台五套	5.7	22.0

五十三、深圳收视数据

表 3.53.1　2008—2012 年深圳市场各类频道的市场占有率（%）

频道类别	年份				
	2008 年	2009 年	2010 年	2011 年	2012 年
中央台频道	26.4	22.0	20.2	19.6	20.2
中国教育台频道	0.2	0.2	0.1	0.1	0.2
广东省级台	9.5	9.2	9.4	9.1	9.0
深圳市级台	32.8	34.9	33.0	35.1	35.2
境外频道	18.2	15.9	11.4	8.9	8.7
其他省级卫视频道	7.4	12.7	19.6	18.5	17.7
其他频道	5.6	5.1	6.3	8.7	9.0

表 3.53.2　2012 年深圳市场各类频道在各目标观众中的市场占有率（%）

目标观众		中央台频道	中国教育台频道	广东省级频道	深圳市级频道	境外频道	其他省级卫视频道	其他频道
4 岁及以上所有人		20.2	0.2	9.0	35.2	8.7	17.7	9.0
性别	男	21.2	0.2	9.5	35.0	8.5	16.3	9.3
	女	19.1	0.1	8.5	35.5	8.8	19.2	8.8
年龄	4—14 岁	20.4	0.1	21.1	30.3	6.6	11.9	9.5
	15—24 岁	17.1	0.1	9.9	35.0	11.3	19.9	6.7
	25—34 岁	19.2	0.1	7.9	36.0	8.4	18.0	10.4
	35—44 岁	20.8	0.2	8.5	36.4	8.5	18.2	7.4
	45—54 岁	20.1	0.1	7.0	36.3	9.0	18.6	8.9
	55—64 岁	25.0	0.2	6.7	34.6	8.2	14.6	10.7
	65 岁及以上	32.0	0.2	7.5	26.4	8.3	19.9	5.6
教育程度	未受过正规教育	20.0	0.1	19.6	32.4	5.3	11.4	11.2
	小学	24.8	0.2	16.5	29.4	7.1	13.6	8.4
	初中	18.1	0.2	10.9	37.0	9.0	17.0	7.8
	高中	20.4	0.2	7.0	37.2	9.3	18.1	7.8
	大学及以上	20.6	0.1	5.9	33.2	8.5	20.0	11.7
职业类别	干部/管理人员	19.6	0.2	6.7	35.5	10.7	17.6	9.7
	个体/私营企业人员	20.6	0.2	8.0	37.8	7.5	19.5	6.5
	初级公务员/雇员	19.1	0.1	7.1	36.3	8.9	18.1	10.4
	工人	19.4	0.2	7.9	40.1	7.2	17.0	8.3
	学生	19.2	0.1	16.4	31.4	8.2	17.8	7.0
	无业	22.0	0.1	10.2	31.7	9.4	16.7	9.9
	其他	*	*	*	*	*	*	*
个人月收入	0—600 元	19.7	0.1	13.2	33.3	8.2	16.6	8.9
	601—1200 元	22.3	0.5	6.4	37.9	11.4	11.9	9.6
	1201—1700 元	21.1	0.1	12.5	31.0	10.1	15.8	9.4
	1701—2600 元	18.8	0.2	9.2	38.2	7.8	19.2	6.6
	2601 元及以上	20.6	0.2	6.1	35.9	8.8	18.7	9.8

注：* 表示由于样本量太小，无法进行统计推断。

表 3.53.3　2012 年深圳市场各类频道在不同时段的市场占有率（%）

时间段	中央台频道	中国教育台频道	广东省级台	深圳市级台	境外频道	其他省级卫视频道	其他频道
02:00—03:00	22.1	0.2	7.8	30.6	7.1	23.8	8.3
03:00—04:00	21.9	0.1	9.6	30.3	7.4	21.6	9.1
04:00—05:00	25.2	0.1	8.9	26.5	9.0	19.9	10.4
05:00—06:00	23.1	0.1	6.8	23.7	12.1	24.4	9.9
06:00—07:00	22.1	0.1	17.8	21.7	15.2	13.5	9.7
07:00—08:00	23.1	0.0	12.5	35.4	11.9	6.8	10.3
08:00—09:00	26.5	0.0	12.5	30.1	9.4	10.5	11.0
09:00—10:00	31.1	0.1	13.8	24.4	4.5	14.3	12.0
10:00—11:00	32.3	0.3	12.5	20.5	4.8	17.1	12.6
11:00—12:00	29.2	0.2	12.8	21.2	7.3	17.3	12.1
12:00—13:00	26.1	0.1	11.5	28.0	12.0	14.2	8.1
13:00—14:00	27.7	0.3	13.7	24.0	7.9	17.6	8.8
14:00—15:00	27.5	0.5	10.8	21.4	5.7	23.2	10.9
15:00—16:00	28.2	0.4	8.9	19.9	6.0	24.9	11.7
16:00—17:00	28.9	0.2	9.1	20.4	4.4	24.2	12.9
17:00—18:00	27.0	0.1	9.0	28.4	5.3	19.1	11.2
18:00—19:00	18.3	0.0	8.1	51.9	10.4	4.6	6.6
19:00—20:00	17.6	0.1	9.2	49.4	6.6	10.1	7.0
20:00—21:00	15.8	0.3	8.5	37.0	9.1	21.3	8.1
21:00—22:00	15.4	0.2	8.0	34.8	11.5	21.4	8.7
22:00—23:00	12.6	0.1	4.8	40.1	11.6	21.8	8.9
23:00—24:00	14.3	0.0	6.5	43.4	6.4	20.4	8.9
24:00—25:00	19.2	0.1	7.2	34.9	7.5	22.2	8.9
25:00—26:00	21.0	0.2	9.7	29.5	8.4	22.3	8.9

表 3.53.4　2012 年深圳市场收视份额排名前十位的频道

名次	频道名称	收视份额（%）
1	深圳电视台一套（都市频道）	10.1
2	深圳卫视（新闻综合频道）	7.3
3	深圳电视台七套（公共频道）	6.0
4	中央电视台综合频道	5.2
5	深圳电视台二套（电视剧频道）	5.1
6	湖南电视台卫星频道	3.1
7	江苏卫视	2.5
8	广东电视台珠江频道	2.3
9	中央台三套	2.1
9	浙江卫视	2.1

表 3.53.5 2012 年深圳市场各主要频道的观众构成（%）

目标观众		所有频道	主要频道				
			深圳电视台一套（都市频道）	深圳卫视（新闻综合频道）	深圳电视台七套（公共频道）	中央电视台综合频道	深圳电视台二套（电视剧频道）
4 岁及以上所有人		100.0	100.0	100.0	100.0	100.0	100.0
性别	男	51.7	49.7	50.9	51.4	48.5	54.2
	女	48.3	50.3	49.1	48.6	51.5	45.8
年龄	4—14 岁	7.7	4.3	5.1	7.5	9.0	6.0
	15—24 岁	10.5	7.9	11.4	19.6	6.7	5.4
	25—34 岁	37.4	39.1	43.4	29.6	44.6	36.2
	35—44 岁	17.5	17.5	16.5	17.7	15.3	23.1
	45—54 岁	18.2	22.6	18.1	18.3	14.0	20.4
	55—64 岁	6.0	6.4	4.1	5.2	6.0	7.0
	65 岁及以上	2.6	2.1	1.5	2.1	4.5	1.9
教育程度	未受过正规教育	3.9	2.6	2.6	4.1	4.6	2.9
	小学	7.9	5.5	6.3	6.6	12.7	8.4
	初中	26.8	25.2	28.7	34.9	31.6	36.3
	高中	34.2	38.7	35.3	39.0	34.2	33.6
	大学及以上	27.2	28.1	27.0	15.4	16.8	18.8
职业类别	干部/管理人员	6.8	6.7	8.0	5.7	4.2	5.8
	个体/私营企业人员	15.4	14.8	19.7	17.9	19.4	20.0
	初级公务员/雇员	28.6	30.2	28.1	27.3	21.5	24.6
	工人	13.0	17.4	15.0	11.2	14.7	21.6
	学生	9.4	5.1	7.0	13.9	6.7	6.1
	无业	26.8	25.7	22.1	24.0	33.5	22.0
	其他	*	*	*	*	*	*
个人月收入	0—600 元	28.7	23.8	26.5	32.4	34.2	24.2
	601—1200 元	4.0	3.9	3.5	8.2	6.0	4.5
	1201—1700 元	6.4	4.4	6.9	8.8	8.2	4.1
	1701—2600 元	14.8	15.7	16.5	15.1	13.2	22.8
	2601 元及以上	46.0	52.2	46.5	35.4	38.3	44.4

表 3.53.6 2010—2012 年深圳市场各类节目的播出份额（%）和收视份额（%）

节目类别	2010 年		2011 年		2012 年	
	播出份额	收视份额	播出份额	收视份额	播出份额	收视份额
财经	2.5	1.6	2.6	1.9	2.3	1.4
电视剧	26.3	32.6	26.8	31.2	27.4	32.1
电影	4.7	6.2	4.3	4.0	4.3	4.1
法制	0.9	1.2	0.8	1.3	0.9	1.2
教学	0.6	0.3	0.5	0.2	0.4	0.1
青少	6.0	5.7	6.2	5.0	6.0	5.8
生活服务	7.7	4.7	8.9	5.4	8.8	5.8
体育	3.4	5.8	3.3	5.4	3.5	4.6
外语	0.2	0.1	0.1	0.0	0.1	0.0
戏剧	0.9	0.1	1.0	0.1	0.8	0.1
新闻/时事	10.4	13.6	10.7	14.8	11.4	14.8
音乐	2.3	0.8	2.4	0.9	2.1	0.7
专题	9.0	5.4	10.1	6.0	10.0	6.8
综艺	6.6	8.8	7.2	9.9	6.7	9.8
其他	18.5	13.2	15.1	13.9	15.4	12.6

表 3.53.7　2012 年深圳市场所有节目收视率排名前三十位

名次	节目名称	类型	频道	平均收视率（%）	平均占有率（%）
1	2012 春节联欢晚会	综艺	中央电视台综合频道	18.2	55.4
2	2012 年第 30 届奥运会跳水男子双人 10 米跳台决赛	体育	中央台五套	6.7	24.4
3	2012 元宵晚会	综艺	中央电视台综合频道	6.6	20.0
4	深圳香港台北 2013 声震新世界跨年狂欢夜	综艺	深圳卫视（新闻综合频道）	6.4	23.2
5	2012 年第 30 届奥运会体操男子单杠决赛	体育	中央台五套	5.7	24.5
6	年代秀	综艺	深圳卫视（新闻综合频道）	5.3	19.5
7	第 1 现场	新闻/时事	深圳电视台一套（都市频道）	5.2	24.8
8	THESING—OFF 清唱团（9 月 8 日）	综艺	深圳卫视（新闻综合频道）	5.2	19.7
9	奥运会体操女子平衡木颁奖仪式	体育	中央台五套	5.2	19.1
10	甄嬛传	电视剧	深圳电视台一套（都市频道）	5.0	18.3
11	2012 年第 30 届奥运会羽毛球男单决赛	体育	中央电视台综合频道	4.8	15.9
12	老爸的爱情（1 月 1 日）	电视剧	深圳电视台一套（都市频道）	4.5	15.4
13	2012 年第 30 届奥运会射击男子 10 米气步枪决赛	体育	中央台五套	4.1	15.4
14	只要你过得比我好	电视剧	深圳电视台一套（都市频道）	4.0	13.7
14	守望的天空	电视剧	深圳电视台一套（都市频道）	4.0	13.7
16	现场直播：2012 年第 30 届奥运会女子举重 75 公斤以上级决赛	体育	中央电视台综合频道	3.9	14.9
17	妯娌的三国时代	电视剧	深圳电视台一套（都市频道）	3.9	14.2
18	中国好声音（9 月 21 日）	综艺	浙江卫视	3.9	13.3
19	民兵葛二蛋	电视剧	深圳电视台一套（都市频道）	3.8	13.9
20	血雨母子情	电视剧	深圳电视台一套（都市频道）	3.8	13.4
21	先结婚后恋爱	电视剧	深圳电视台一套（都市频道）	3.7	13.6
22	2012 年第 30 届奥运会田径男子 100 米预赛	体育	中央台五套	3.6	14.0
23	大娱乐家	综艺	深圳卫视（新闻综合频道）	3.5	14.2
24	2012 年第 30 届奥运会赛艇女子单人双桨决赛	体育	中央台五套	3.5	14.0
25	大厨	电视剧	深圳电视台一套（都市频道）	3.5	12.8
26	小男人遇上大女人	电视剧	深圳电视台一套（都市频道）	3.5	12.4
27	正者无敌	电视剧	深圳电视台一套（都市频道）	3.5	12.1
28	直播周末：第 13 届室内田径世锦赛男子 60 米栏半决赛	体育	中央台五套	3.5	10.9
29	2012 年第 30 届奥运会游泳预赛（7 月 31 日）	体育	中央台五套	3.4	12.6
30	幸福像花儿一样 2012 年六一晚会	青少	中央电视台综合频道	3.4	12.5

表 3.53.8 2012 年深圳市场电视剧收视率排名前十位

名次	节目名称	播出频道	平均收视率（%）	平均占有率（%）
1	甄嬛传	深圳电视台一套（都市频道）	5.0	18.3
2	老爸的爱情（1月1日）	深圳电视台一套（都市频道）	4.5	15.4
3	只要你过得比我好	深圳电视台一套（都市频道）	4.0	13.7
3	守望的天空	深圳电视台一套（都市频道）	4.0	13.7
5	妯娌的三国时代	深圳电视台一套（都市频道）	3.9	14.2
6	民兵葛二蛋	深圳电视台一套（都市频道）	3.8	13.9
7	血雨母子情	深圳电视台一套（都市频道）	3.8	13.4
8	先结婚后恋爱	深圳电视台一套（都市频道）	3.7	13.6
9	大厨	深圳电视台一套（都市频道）	3.5	12.8
10	小男人遇上大女人	深圳电视台一套（都市频道）	3.5	12.4

表 3.53.9 2012 年深圳市场新闻节目收视率排名前十位

名次	节目名称	播出频道	平均收视率（%）	平均占有率（%）
1	第 1 现场	深圳电视台一套（都市频道）	5.2	24.8
2	18 点新闻陈妮飞刀	深圳电视台七套（公共频道）	2.3	15.2
3	军情观察室	凤凰卫视中文台	2.3	9.4
4	新闻广场	深圳电视台七套（公共频道）	2.1	8.7
5	1 时间	深圳电视台一套（都市频道）	1.8	13.3
6	2012 国际大事回顾	翡翠台（中文）（宝安区有线转播）	1.8	6.0
7	直播港澳台	深圳卫视（新闻综合频道）	1.7	7.8
8	2012 台湾大选	凤凰卫视中文台	1.3	6.0
9	都市路路通	深圳电视台一套（都市频道）	1.2	10.3
10	新闻联播	中央电视台综合频道	1.2	5.4

表 3.53.10 2012 年深圳市场专题节目收视率排名前十位

名次	节目名称	播出频道	平均收视率（%）	平均占有率（%）
1	酷我真声音	浙江卫视	2.7	12.3
2	一年又一年	中央电视台综合频道	2.4	10.9
3	军情直播间	深圳卫视（新闻综合频道）	2.0	7.9
4	放眼看中国	翡翠台（中文）（宝安区有线转播）	2.0	6.7
5	鞠说好看	深圳电视台一套（都市频道）	1.9	8.4
6	决胜制高点	深圳卫视（新闻综合频道）	1.8	6.9
7	习近平总书记考察深圳特别报道	深圳卫视（新闻综合频道）	1.6	7.0
8	CCTV72012 年度三农人物面对面走进中国农业大学	中央台七套	1.5	6.7
9	永恒的信念	江西电视台卫星频道（一套）	1.4	6.3
10	感动中国 2011 年度人物颁奖典礼	中央电视台综合频道	1.4	4.7

表 3.53.11　2012 年深圳市场综艺节目收视率排名前十位

名次	节目名称	播出频道	平均收视率(%)	平均占有率(%)
1	2012 春节联欢晚会	中央电视台综合频道	18.2	55.4
2	2012 元宵晚会	中央电视台综合频道	6.6	20.0
3	深圳香港台北 2013 声震新世界跨年狂欢夜	深圳卫视（新闻综合频道）	6.4	23.2
4	年代秀	深圳卫视（新闻综合频道）	5.3	19.5
5	THESING—OFF 清唱团（9 月 8 日）	深圳卫视（新闻综合频道）	5.2	19.7
6	中国好声音（9 月 21 日）	浙江卫视	3.9	13.3
7	大娱乐家	深圳卫视（新闻综合频道）	3.5	14.2
8	福州月中华情 2012 年中央电视台中秋晚会	中央电视台综合频道	2.6	10.6
9	2012 亚洲偶像盛典（8 月 23 日）	安徽卫视	2.3	7.7
10	元宵喜乐会 2012（2 月 6 日）	湖南电视台卫星频道	2.2	8.3

表 3.53.12　2012 年深圳市场体育节目收视率排名前十位

名次	节目名称	播出频道	平均收视率(%)	平均占有率(%)
1	2012 年第 30 届奥运会跳水男子双人 10 米跳台决赛	中央台五套	6.7	24.4
2	2012 年第 30 届奥运会体操男子单杠决赛	中央台五套	5.7	24.5
3	奥运会体操女子平衡木颁奖仪式	中央台五套	5.2	19.1
4	2012 年第 30 届奥运会羽毛球男单决赛	中央电视台综合频道	4.8	15.9
5	2012 年第 30 届奥运会射击男子 10 米气步枪决赛	中央台五套	4.1	15.4
6	现场直播：2012 年第 30 届奥运会女子举重 75 公斤以上级决赛	中央电视台综合频道	3.9	14.9
7	2012 年第 30 届奥运会田径男子 100 米预赛	中央台五套	3.6	14
8	2012 年第 30 届奥运会赛艇女子单人双桨决赛	中央台五套	3.5	14.0
9	直播周末：第 13 届室内田径世锦赛男子 60 米栏半决赛	中央台五套	3.5	10.9
10	2012 年第 30 届奥运会游泳预赛（7 月 31 日）	中央台五套	3.4	12.6

五十四、石家庄收视数据

表 3.54.1 2008—2012 年石家庄市场各类频道的市场占有率（%）

频道类别	年份				
	2008 年	2009 年	2010 年	2011 年	2012 年
中央台频道	44.5	38.0	33.8	34.6	35.3
中国教育台频道	0.3	0.2	0.2	0.2	0.7
河北省级频道	15.0	16.3	19.7	17.6	19.5
石家庄市级频道	13.0	12.9	13.7	12.5	10.1
其他省级卫视频道	23.3	23.5	24.8	29.1	28.8
其他频道	3.8	9.1	7.7	6.0	5.6

表 3.54.2 2012 年石家庄市场各类频道在不同目标观众中的市场占有率（%）

目标观众		中央台频道	中国教育台频道	河北省级频道	石家庄市级频道	其他省级卫视频道	其他频道
4 岁及以上所有人		35.3	0.7	19.5	10.1	28.8	5.6
性别	男	38.0	0.6	18.6	9.9	26.9	6.0
	女	32.8	0.8	20.2	10.3	30.5	5.4
年龄	4—14 岁	32.9	0.7	21.7	5.7	33.2	5.8
	15—24 岁	27.4	0.5	20.1	8.6	36.3	7.2
	25—34 岁	31.6	0.4	18.6	8.8	33.1	7.6
	35—44 岁	31.5	0.9	23.3	10.2	27.6	6.6
	45—54 岁	34.3	0.9	19.4	11.1	29.5	4.9
	55—64 岁	37.1	0.6	18.6	11.0	28.7	4.1
	65 岁及以上	45.1	0.6	16.5	11.6	21.1	5.1
教育程度	未受过正规教育	33.2	0.4	21.9	5.3	32.7	6.4
	小学	32.6	1.2	22.9	11.7	26.7	5.0
	初中	32.6	0.6	20.4	10.5	30.6	5.3
	高中	34.0	0.8	19.3	11.1	29.1	5.7
	大学及以上	40.3	0.5	17.6	8.5	26.9	6.2
职业类别	干部/管理人员	36.7	0.3	19.7	7.0	29.3	7.0
	个体/私营企业人员	33.6	0.4	17.9	10.3	32.0	5.8
	初级公务员/雇员	32.0	0.9	20.5	10.7	29.5	6.4
	工人	35.9	0.4	21.6	9.7	27.3	5.2
	学生	28.8	0.7	22.2	7.4	34.8	6.1
	无业	38.9	0.6	18.1	10.8	26.5	5.0
	其他	*	*	*	*	*	*
个人月收入	0—600 元	30.3	1.0	22.3	9.0	31.8	5.7
	601—1200 元	31.5	1.0	20.4	11.1	29.9	6.1
	1201—1700 元	36.0	0.6	19.6	10.5	27.6	5.7
	1701—2600 元	37.8	0.4	17.2	10.5	28.2	5.8
	2601 元及以上	41.9	0.4	17.1	9.8	25.7	5.1

注：*表示样本量太小，无法进行统计推断。

表 3.54.3　2012 年石家庄市场各类频道在不同时段的市场占有率（%）

时间段	中央台频道	中国教育台频道	河北省级频道	石家庄市级频道	其他省级卫视频道	其他频道
02:00—03:00	30.7	0.7	15.6	1.1	42.4	9.5
03:00—04:00	35.2	0.6	12.5	0.7	41.5	9.5
04:00—05:00	42.0	0.3	11.1	0.6	37.6	8.3
05:00—06:00	50.9	0.4	11.0	0.4	30.5	6.7
06:00—07:00	54.5	0.2	17.1	0.2	24.1	3.9
07:00—08:00	54.8	0.3	17.9	3.3	18.1	5.6
08:00—09:00	47.5	0.5	13.9	4.9	25.7	7.5
09:00—10:00	39.0	0.5	16.8	5.7	30.8	7.3
10:00—11:00	35.8	0.8	17.2	5.0	34.1	7.1
11:00—12:00	37.6	0.5	19.8	5.1	30.2	6.7
12:00—13:00	36.3	0.6	21.4	16.2	21.0	4.5
13:00—14:00	37.3	0.9	14.8	6.7	34.2	6.0
14:00—15:00	30.8	0.9	13.9	4.5	42.2	7.7
15:00—16:00	30.9	0.7	15.9	3.6	41.4	7.6
16:00—17:00	32.2	0.3	16.3	3.7	40.5	7.0
17:00—18:00	34.6	0.2	15.6	7.5	35.2	6.9
18:00—19:00	33.9	0.2	26.0	21.7	12.5	5.7
19:00—20:00	41.6	0.6	19.9	19.5	13.7	4.6
20:00—21:00	33.1	1.1	22.7	9.9	29.1	4.1
21:00—22:00	32.3	0.8	22.4	9.3	30.5	4.7
22:00—23:00	28.8	1.0	16.4	7.6	39.9	6.2
23:00—24:00	27.8	0.5	17.6	5.8	41.6	6.7
24:00—25:00	28.2	0.4	20.2	7.0	38.3	6.0
25:00—26:00	27.8	0.6	21.2	4.9	38.3	7.1

表 3.54.4　2012 年石家庄市场收视份额排名前十位的频道

名次	频道名称	收视份额（%）
1	中央电视台综合频道	7.7
2	石家庄电视台新闻综合频道（一套）	4.9
3	河北卫视	4.3
4	中央台三套	4.2
5	中央台四套	3.8
5	河北电视台农民频道（七套）	3.8
7	河北电视台二套（经济生活频道）	3.0
8	中央台五套	2.9
9	中央电视台新闻频道	2.8
10	中央台八套	2.7

表 3.54.5 2012 年石家庄市场各主要频道的观众构成（%）

目标观众		所有频道	主要频道				
			中央电视台综合频道	石家庄电视台新闻综合频道(一套)	河北卫视	中央台三套	中央台四套
4 岁及以上所有人		100.0	100.0	100.0	100.0	100.0	100.0
性别	男	47.8	50.5	46.1	45.8	46.6	55.4
	女	52.2	49.5	53.9	54.2	53.5	44.6
年龄	4—14 岁	7.5	6.7	3.7	6.5	5.0	3.1
	15—24 岁	8.3	5.8	5.6	6.2	7.3	3.9
	25—34 岁	12.9	11.1	11.3	11.5	13.4	6.1
	35—44 岁	15.7	14.5	14.0	18.8	12.5	10.8
	45—54 岁	21.2	18.9	21.4	19.8	19.3	18.3
	55—64 岁	15.4	15.1	17.6	15.9	21.5	17.5
	65 岁及以上	18.9	28.0	26.5	21.2	21.0	40.4
教育程度	未受过正规教育	3.0	2.1	1.4	2.3	2.4	1.1
	小学	8.4	10.0	11.0	10.4	8.5	4.8
	初中	26.2	22.0	27.2	27.9	25.1	21.8
	高中	34.2	31.5	36.6	33.0	31.2	29.0
	大学及以上	28.3	34.4	23.9	26.3	32.8	43.4
职业类别	干部/管理人员	5.4	5.3	3.1	4.0	7.0	3.9
	个体/私营企业人员	11.5	9.1	12.4	10.0	12.5	9.6
	初级公务员/雇员	24.5	24.0	24.7	26.7	19.3	15.6
	工人	8.1	7.6	5.5	7.8	9.6	5.9
	学生	9.3	7.9	5.8	7.5	6.3	3.9
	无业	41.3	46.1	48.4	44.1	45.3	61.0
	其他	*	*	*	*	*	*
个人月收入	0—600 元	23.8	21.5	21.0	28.2	19.4	14.8
	601—1200 元	16.9	15.1	19.7	19.6	14.2	9.3
	1201—1700 元	22.6	23.5	23.3	24.4	24.1	25.7
	1701—2600 元	19.3	19.1	19.9	14.8	21.5	26.4
	2601 元及以上	17.5	20.8	16.1	13.1	20.8	23.9

表 3.54.6 2010—2012 年石家庄市场各类节目的播出份额（%）和收视份额（%）

节目类别	2010 年		2011 年		2012 年	
	播出份额	收视份额	播出份额	收视份额	播出份额	收视份额
财经	2.8	1.3	2.6	1.4	2.1	0.9
电视剧	22.8	31.3	21.9	32.0	21.3	31.7
电影	4.5	5.6	4.7	5.3	5.2	4.8
法制	1.3	2.0	1.1	1.7	1.1	1.9
教学	0.5	0.1	0.4	0.1	0.3	0.1
青少	7.2	3.9	7.8	3.6	7.2	3.6
生活服务	7.4	6.8	8.4	7.4	8.6	7.6
体育	1.8	4.2	1.6	2.8	1.7	3.2
外语	0.1	0.0	0.0	0.0	0.0	0.0
戏剧	1.0	0.7	1.1	0.7	1.0	0.6
新闻/时事	13.7	11.3	13.2	11.1	14.6	12.9
音乐	2.8	0.6	2.9	0.7	2.5	0.6
专题	9.8	5.9	9.9	6.8	11.4	7.8
综艺	10.2	14.0	10.5	14.1	9.4	13.4
其他	14.3	12.3	13.7	12.3	13.7	10.9

表 3.54.7　2012 年石家庄市场所有节目收视率排名前三十位

名次	节目名称	节目类型	播出频道	平均收视率（%）	平均占有率（%）
1	2012 春节联欢晚会	综艺	中央电视台综合频道	32.1	59.8
2	2012 元宵晚会	综艺	中央电视台综合频道	18.6	36.5
3	2012 年伦敦奥运会羽毛球男单颁奖仪式	体育	中央电视台综合频道	12.7	31.5
4	2012 年第 30 届奥运会体操女子高低杠决赛	体育	中央台五套	10.9	33.3
5	2012 年第 30 届奥运会跳水女子双人 10 米台决赛	体育	中央台五套	10.0	33.0
6	2012 年第 30 届奥运会游泳预赛	体育	中央台五套	9.3	21.9
7	2012 年第 30 届奥运会乒乓球男单第三轮	体育	中央台五套	9.0	21.0
8	中央电视台 2012 年 315 晚会共筑诚信有你有我	综艺	中央电视台综合频道	8.7	23.9
9	天气预报	生活服务	中央电视台综合频道	8.1	23.2
10	2012 年第 30 届奥运会射击男子 10 米气步枪决赛	体育	中央台五套	8.1	21.3
11	2012 年第 30 届奥运会赛艇女子单人双桨 1/4 决赛第三组	体育	中央台五套	7.8	17.7
12	现场直播：2012 年第 30 届奥运会女排 1/4 决赛（中国 VS 日本）	体育	中央电视台综合频道	7.7	19.6
13	福州月中华情 2012 年中央电视台中秋晚会	综艺	中央电视台综合频道	6.7	18.9
14	2012 年第 30 届奥运会羽毛球男单决赛	体育	中央电视台综合频道	6.3	20.6
15	国门英雄（1 月 2 日—13 日）	电视剧	中央电视台综合频道	6.0	15.1
16	万家灯火平安夜公安部 2012 年春节电视文艺晚会	综艺	中央电视台综合频道	5.9	15.8
17	2012 年第 30 届奥运会田径男子 110 米栏预赛	体育	中央台五套	5.7	38.7
18	新闻联播	新闻/时事	中央电视台综合频道	5.7	17.8
19	一年又一年	专题	中央电视台综合频道	5.6	20.5
20	奥运游泳日记伦敦奥运会特别节目	体育	中央台五套	5.6	16.2
21	快乐中国 2012—2013 跨年狂欢夜	音乐	湖南电视台卫星频道	5.2	15.6
22	开学第一课	青少	中央电视台综合频道	5.2	13.8
23	百花迎春中国文学艺术界 2012 春节大联欢	综艺	中央台三套	5.2	13.0
24	中国好声音巅峰时刻	综艺	浙江卫视	5.0	15.7
25	樱桃	电视剧	河北电视台二套（经济生活频道）	4.9	12.0
26	2012 年第 30 届奥运会男子篮球决赛（西班牙队 VS 美国队）	体育	中央台五套	4.8	23.9
27	岳母的幸福生活	电视剧	河北卫视	4.8	13.8
28	星光大道	综艺	中央电视台综合频道	4.8	10.9
29	中国共产党第十八次全国代表大会专题新闻	新闻/时事	中央电视台综合频道	4.7	13.2
30	阳光路上情满怀 2012 年军民迎新春文艺晚会	综艺	中央电视台综合频道	4.7	9.9

表 3.54.8　2012 年石家庄市场电视剧收视率排名前十位

名次	节目名称	播出频道	平均收视率（%）	平均占有率（%）
1	国门英雄（1 月 2 日—13 日）	中央电视台综合频道	6.0	15.1
2	樱桃	河北电视台二套（经济生活频道）	4.9	12.0
3	岳母的幸福生活	河北卫视	4.8	13.8
4	小麦进城	河北卫视	4.6	12.1
5	后宫甄嬛传（1 月 1 日—24 日）	河北电视台农民频道（七套）	4.6	11.9
6	誓言今生	中央电视台综合频道	4.4	10.5
7	后厨	河北卫视	4.2	10.7
8	感动生命	中央电视台综合频道	3.9	10.5
9	知青	中央电视台综合频道	3.8	11.4
10	穆桂英挂帅	河北电视台农民频道（七套）	3.8	9.3

表 3.54.9　2012 年石家庄市场新闻节目收视率排名前十位

名次	节目名称	播出频道	平均收视率（%）	平均占有率（%）
1	新闻联播	中央电视台综合频道	5.7	17.8
2	中国共产党第十八次全国代表大会专题新闻	中央电视台综合频道	4.7	13.2
3	温家宝总理会见中外记者	中央电视台综合频道	4.4	11.8
4	转播中央台新闻联播	石家庄电视台新闻综合频道（一套）	3.5	10.9
5	焦点访谈	中央电视台综合频道	3.3	9.3
6	民生关注	石家庄电视台新闻综合频道（一套）	2.6	12.0
7	今日关注	中央台四套	2.3	6.7
8	海峡两岸	中央台四套	2.1	5.4
9	天天说交通	石家庄电视台都市频道（四套）	1.7	5.6
10	新闻调查	中央电视台综合频道	1.6	4.1

表 3.54.10　2012 年石家庄市场专题节目收视率排名前十位

名次	节目名称	播出频道	平均收视率（%）	平均占有率（%）
1	一年又一年	中央电视台综合频道	5.6	20.5
2	红旗渠的守望者	中央电视台综合频道	4.3	12.0
3	奥运风云会（8 月 8 日）	中央电视台综合频道	4.1	10.4
4	感动中国 2011 年度人物颁奖典礼	中央电视台综合频道	2.6	6.1
5	永远的雷锋	中央电视台综合频道	2.3	5.8
6	信仰我们的故事	中央电视台综合频道	2.2	6.5
7	经典传奇	江西电视台卫星频道（一套）	2.1	15.3
8	温暖 2012	中央台三套	2.1	6.9
9	寻宝	中央电视台综合频道	2.0	8.4
10	2012 中国经济年度人物颁奖盛典	中央电视台综合频道	2.0	5.5

表 3.54.11 2012 年石家庄市场综艺节目收视率排名前十位

名次	节目名称	播出频道	平均收视率(%)	平均占有率(%)
1	2012 春节联欢晚会	中央电视台综合频道	32.1	59.8
2	2012 元宵晚会	中央电视台综合频道	18.6	36.5
3	中央电视台 2012 年 315 晚会共筑诚信有你有我	中央电视台综合频道	8.7	23.9
4	福州月中华情 2012 年中央电视台中秋晚会	中央电视台综合频道	6.7	18.9
5	万家灯火平安夜公安部 2012 年春节电视文艺晚会	中央电视台综合频道	5.9	15.8
6	百花迎春中国文学艺术界 2012 春节大联欢	中央台三套	5.2	13.0
7	中国好声音巅峰时刻	浙江卫视	5.0	15.7
8	星光大道	中央电视台综合频道	4.8	10.9
9	阳光路上情满怀 2012 年军民迎新春文艺晚会	中央电视台综合频道	4.7	9.9
10	元宵喜乐会 2012	湖南电视台卫星频道	4.2	10.2

表 3.54.12 2012 年石家庄市场体育节目收视率排名前十位

名次	节目名称	播出频道	平均收视率(%)	平均占有率(%)
1	2012 年伦敦奥运会羽毛球男单颁奖仪式	中央电视台综合频道	12.7	31.5
2	2012 年第 30 届奥运会体操女子高低杠决赛	中央台五套	10.9	33.3
3	2012 年第 30 届奥运会跳水女子双人 10 米台决赛	中央台五套	10.0	33.0
4	2012 年第 30 届奥运会游泳预赛	中央台五套	9.3	21.9
5	2012 年第 30 届奥运会乒乓球男单第三轮	中央台五套	9.0	21.0
6	2012 年第 30 届奥运会射击男子 10 米气步枪决赛	中央台五套	8.1	21.3
7	2012 年第 30 届奥运会赛艇女子单人双桨 1/4 决赛第三组	中央台五套	7.8	17.7
8	现场直播：2012 年第 30 届奥运会女排 1/4 决赛（中国 VS 日本）	中央电视台综合频道	7.7	19.6
9	2012 年第 30 届奥运会羽毛球男单决赛	中央电视台综合频道	6.3	20.6
10	2012 年第 30 届奥运会田径男子 110 米栏预赛	中央台五套	5.7	38.7

五十五、太原收视数据

表 3.55.1　2008—2012 年太原市场各类频道的市场占有率（%）

频道类别	年份				
	2008 年	2009 年	2010 年	2011 年	2012 年
中央台频道	43.7	35.9	33.7	32.7	33.8
中国教育台频道	0.6	0.4	0.5	0.8	0.8
山西省级频道	9.9	13.6	17.3	19.4	16.6
太原市级频道	15.1	17.4	16.6	14.2	11.3
其他省级卫视频道	21.3	24.2	27.8	29.5	34 3
其他频道	9.3	8.6	4.1	3.4	3.2

表 3.55.2　2012 年太原市场各类频道在不同目标观众中的市场占有率（%）

目标观众		中央台频道	中国教育台频道	山西省级频道	太原市级频道	其他省级卫星频道	其他频道
4 岁及以上所有人		33.8	0.8	16.6	11.3	34.3	3.2
性别	男	36.4	0.9	16.1	10.7	32.7	3.2
	女	31.2	0.8	17.1	11.8	35.9	3.2
年龄	4—14 岁	33.6	0.9	15.0	6.7	40.2	3.6
	15—24 岁	26.5	0.9	16.4	9.7	43.6	2.9
	25—34 岁	31.0	0.4	15.3	8.8	41.5	3.0
	35—44 岁	31.6	1.4	17.7	10.4	35.1	3.8
	45—54 岁	32.1	1.1	17.7	11.0	35.3	2.8
	55—64 岁	34.3	0.4	19.7	11.8	29.9	3.9
	65 岁及以上	44.2	0.7	12.9	17.3	22.6	2.3
教育程度	未受过正规教育	35.9	0.4	17.3	9.1	32.8	4.5
	小学	32.0	1.5	20.5	13.0	30.1	2.9
	初中	31.3	0.7	18.4	11.8	34.5	3.3
	高中	34.2	1.3	14.8	10.7	36.0	3.0
	大学及以上	37.9	0.3	13.8	10.6	34.1	3.3
职业类别	干部/管理人员	35.0	0.2	16.4	10.4	35.5	2.5
	个体/私营经企业人员	31.5	0.8	19.1	11.7	34.2	2.7
	初级公务员/雇员	34.5	0.8	15.1	8.2	37.6	3.8
	工人	31.0	1.2	17.8	12.1	35.3	2.6
	学生	29.7	1.1	14.6	7.8	43.6	3.2
	无业	36.5	0.8	15.5	13.6	30.4	3.2
	其他	25.6	0.5	52.6	5.7	13.2	2.4
个人月收入	0—600 元	29.5	0.9	18.7	9.9	37.8	3.2
	601—1200 元	31.4	1.1	18.4	12.7	33.6	2.8
	1201—1700 元	35.8	1.0	17.7	10.6	31.4	3.5
	1701—2600 元	35.9	0.7	13.3	11.9	35.2	3.0
	2601 元及以上	38.0	0.6	14.8	11.9	31.2	3.5

表 3.55.3　2012 年太原市场各类频道在不同时段的市场占有率（%）

时间段	中央台频道	中国教育台频道	山西省级频道	太原市级频道	其他省级卫视频道	其他频道
02:00—03:00	32.4	2.0	12.1	5.1	45.3	3.1
03:00—04:00	33.1	1.5	13.7	5.0	43.6	3.1
04:00—05:00	35.1	0.9	11.8	5.4	43.1	3.7
05:00—06:00	36.3	0.7	8.4	7.3	44.7	2.6
06:00—07:00	52.9	0.4	10.8	3.6	30.2	2.1
07:00—08:00	57.7	0.3	12.4	5.9	20.5	3.2
08:00—09:00	48.7	0.3	14.3	7.4	25.9	3.4
09:00—10:00	37.2	0.5	15.2	9.4	32.9	4.8
10:00—11:00	36.7	1.1	11.9	8.6	36.9	4.8
11:00—12:00	40.7	0.7	13.1	6.6	34.6	4.3
12:00—13:00	47.0	0.7	13.9	6.4	29.2	2.8
13:00—14:00	32.8	0.8	24.1	6.0	33.0	3.3
14:00—15:00	30.6	1.0	13.7	6.8	43.2	4.7
15:00—16:00	32.7	0.7	8.9	5.7	46.6	5.4
16:00—17:00	33.0	0.4	8.8	6.1	46.4	5.3
17:00—18:00	34.7	0.4	8.7	5.3	46.4	4.5
18:00—19:00	34.2	0.2	20.0	22.0	19.8	3.8
19:00—20:00	38.6	0.7	19.1	22.2	16.9	2.5
20:00—21:00	27.7	1.5	20.5	14.7	33.3	2.3
21:00—22:00	29.1	1.0	19.6	12.3	35.6	2.4
22:00—23:00	27.7	1.0	16.3	8.7	43.6	2.7
23:00—24:00	31.1	0.4	12.2	8.5	44.7	3.1
24:00—25:00	34.5	0.5	11.1	4.3	46.5	3.1
25:00—26:00	33.4	1.0	11.5	5.8	45.3	3.0

表 3.55.4　2012 年太原市场收视份额排名前十位的频道

名次	频道名称	收视份额（%）
1	中央电视台综合频道	8.0
2	山西广播电视台科教频道	4.9
3	中央台三套	3.8
4	湖南电视台卫星频道	3.5
5	中央台四套	3.3
6	江苏卫视	3.2
7	中央台六套	3.0
7	山西黄河电视台	3.0
7	山西卫视	3.0
7	太原电视台新闻频道（一套）	3.0

表 3.55.5 2012 年太原市场各主要频道的观众构成（%）

目标观众		所有频道	主要频道				
			中央电视台综合频道	山西广播电视台科教频道	中央台三套	湖南电视台卫星频道	中央台四套
4 岁及以上所有人		100.0	100.0	100.0	100.0	100.0	100.0
性别	男	49.8	52.9	44.2	50.0	39.4	57.9
	女	50.2	47.1	55.8	50.0	60.6	42.1
年龄	4—14 岁	8.9	7.3	5.7	5.8	12.0	3.5
	15—24 岁	8.6	5.5	8.4	5.0	23.0	4.4
	25—34 岁	12.8	9.2	11.9	11.5	14.1	8.0
	35—44 岁	17.2	15.1	18.3	12.2	22.3	11.8
	45—54 岁	20.5	18.1	20.9	20.7	15.8	17.9
	55—64 岁	16.0	16.7	24.0	22.1	7.7	16.5
	65 岁及以上	16.0	28.1	10.8	22.7	5.1	37.9
教育程度	未受过正规教育	4.6	3.4	4.2	2.4	2.7	4.8
	小学	10.7	12.8	11.8	6.9	10.5	6.8
	初中	35.1	33.2	37.9	39.0	40.1	33.2
	高中	27.7	27.4	25.4	27.4	30.6	27.5
	大学及以上	21.9	23.2	20.7	24.3	16.1	27.7
职业类别	干部/管理人员	3.4	3.6	3.5	3.7	2.5	2.7
	个体/私营企业人员	15.8	12.9	15.2	13.7	17.0	12.9
	初级公务员/雇员	18.5	16.3	17.0	20.3	16.9	14.8
	工人	11.2	9.7	13.9	9.4	10.7	9.6
	学生	11.0	8.9	8.3	7.2	24.4	5.4
	无业	39.0	46.5	39.9	45.5	28.2	54.5
	其他	1.1	2.1	2.2	0.2	0.3	0.1
个人月收入	0—600 元	26.1	21.1	24.7	16.1	46.2	13.8
	601—1200 元	15.9	16.3	18.3	16.6	17.4	14.2
	1201—1700 元	18.8	22.2	21.1	21.5	12.9	22.0
	1701—2600 元	23.7	25.8	21.4	27.6	13.9	28.5
	2601 元及以上	15.5	14.6	14.5	18.2	9.6	21.5

表 3.55.6 2010—2012 年太原市场各类节目的播出份额（%）和收视份额（%）

节目类型	2010 年		2011 年		2012 年	
	播出份额	收视份额	播出份额	收视份额	播出份额	收视份额
财经	2.7	1.1	2.4	1.1	2.1	0.9
电视剧	22.7	30.3	21.9	28.9	21.3	30.5
电影	3.8	4.1	3.6	3.3	3.8	3.3
法制	1.7	4.5	1.2	3.8	1.2	3.0
教学	0.5	0.2	0.4	0.2	0.3	0.1
青少	7.5	4.3	7.8	4.5	7.2	4.0
生活服务	7.3	5.9	8.3	8.5	9.1	8.7
体育	1.7	3.4	1.4	2.0	1.6	2.8
外语	0.1	0.1	0.0	0.0	0.0	0.0
戏剧	1.0	0.8	1.1	0.8	1.0	0.5
新闻/时事	14.2	13.2	13.9	13.1	15.2	13.3
音乐	2.7	0.6	3.0	1.0	2.5	0.9
专题	10.1	6.6	11.1	6.4	11.8	7.0
综艺	9.6	13.0	10.1	14.4	8.8	14.0
其他	14.5	12.0	13.8	12.2	14.1	11.0

表 3.55.7　2012 年太原市场所有节目收视率排名前三十位

名次	节目名称	节目类型	播出频道	平均收视率（%）	平均占有率（%）
1	2012 春节联欢晚会	综艺	中央电视台综合频道	45.4	71.1
2	2012 元宵晚会	综艺	中央电视台综合频道	19.3	36.5
3	2012 年第 30 届奥运会跳水男子双人 10 米跳台决赛	体育	中央台五套	13.6	37.3
4	2012 年第 30 届奥运会体操女子高低杠决赛	体育	中央台五套	11.9	31.8
5	天气预报	生活服务	中央电视台综合频道	9.8	29.7
6	2012 年伦敦奥运会羽毛球男单颁奖仪式	体育	中央电视台综合频道	9.3	22.1
7	现场直播：2012 年第 30 届奥运会乒乓球男单决赛	体育	中央台五套	8.1	32.4
8	2012 年第 30 届奥运会女子 4×200 米自由泳接力预赛	体育	中央台五套	7.9	20.2
9	2012 年第 30 届奥运会羽毛球男单决赛	体育	中央电视台综合频道	7.8	20.3
10	中国好声音巅峰时刻	综艺	浙江卫视	7.5	16.1
11	福州月中华情 2012 年中央电视台中秋晚会	综艺	中央电视台综合频道	7.5	15.9
12	万家灯火平安夜公安部 2012 年春节电视文艺晚会	综艺	中央电视台综合频道	7.4	17.8
13	新闻联播	新闻/时事	中央电视台综合频道	6.9	25.0
14	中央电视台 2012 年 315 晚会共筑诚信有你有我	综艺	中央电视台综合频道	6.9	16.2
15	2012 年第 30 届奥运会射击女子 10 米气步枪决赛	体育	中央台五套	6.6	16.4
16	现场直播：2012 年第 30 届奥运会女排 1/4 决赛（中国 VS 日本）	体育	中央电视台综合频道	6.3	16.0
17	开学第一课	青少	中央电视台综合频道	6.0	14.2
18	国门英雄	电视剧	中央电视台综合频道	5.9	13.2
19	2012 年第 30 届奥运会赛艇女子单人双桨决赛	体育	中央台五套	5.8	19.5
20	领航中国喜迎党的十八大胜利召开大型专题文艺晚会	综艺	中央电视台综合频道	5.8	14.1
21	一年又一年	专题	中央电视台综合频道	5.7	17.0
22	2012 年第 30 届奥运会田径男子 100 米预赛	体育	中央台五套	5.6	17.8
23	我爱主持人第九届中国金鹰电视艺术节主持人盛典	综艺	湖南电视台卫星频道	5.3	12.7
24	喜到福到好运到	综艺	中央台三套	5.2	14.0
25	2012 年第 30 届奥运会射箭男子个人赛 1/4 决赛	体育	中央台五套	5.2	13.6
26	星光大道	综艺	中央电视台综合频道	5.1	11.7
27	2012 年第 30 届奥运会男子篮球决赛（西班牙队 VS 美国队）	体育	中央台五套	5.0	16.8
28	黄金赛场：2011/2012 赛季中国男篮职业联赛总决赛第四场（北京金隅 VS 广东东莞银行）	体育	中央台五套	5.0	11.4
29	百花迎春中国文学艺术界 2012 春节大联欢	综艺	中央台三套	4.8	11.3
30	2012 年第 30 届奥运会女子重剑团体半决赛	体育	中央台五套	4.6	12.0

表 3.55.8　2012 年太原市场电视剧收视率排名前十位

名次	节目名称	播出频道	平均收视率（%）	平均占有率（%）
1	国门英雄	中央电视台综合频道	5.9	13.2
2	宫锁珠帘	湖南电视台卫星频道	4.3	15.9
3	温州一家人	中央电视台综合频道	4.2	9.7
4	后宫甄嬛传	山西广播电视台影视频道	3.8	9.8
5	感动生命	中央电视台综合频道	3.8	8.9
6	誓言今生	中央电视台综合频道	3.8	8.3
7	火蓝刀锋	中央电视台综合频道	3.7	8.4
8	儿女情更长	中央电视台综合频道	3.6	8.6
9	知青	中央电视台综合频道	3.4	8.9
10	向东是大海	中央电视台综合频道	3.4	7.8

表 3.55.9　2012 年太原市场新闻节目收视率排名前十位

名次	节目名称	播出频道	平均收视率（%）	平均占有率（%）
1	新闻联播	中央电视台综合频道	6.9	25.0
2	中国共产党第十八次全国代表大会专题新闻	中央电视台综合频道	3.7	9.7
3	向人民汇报请人民评议	太原电视台新闻频道（一套）	3.7	8.6
4	温家宝总理会见中外记者	中央电视台综合频道	3.4	8.0
5	今日关注	中央台四套	2.6	6.3
6	焦点访谈	中央电视台综合频道	2.4	6.9
7	新闻快车	太原电视台新闻频道（一套）	2.3	8.1
8	直通大会堂	山西卫视	2.2	5.3
9	太原新闻	太原电视台新闻频道（一套）	2.0	9.8
10	神九飞天再探天宫	中央台四套	2.0	9.3

表 3.55.10　2012 年太原市场专题节目收视率排名前十位

名次	节目名称	播出频道	平均收视率（%）	平均占有率（%）
1	一年又一年	中央电视台综合频道	5.7	17.0
2	红旗渠的守望者	中央电视台综合频道	3.8	8.5
3	感动中国 2011 年度人物颁奖典礼	中央电视台综合频道	3.6	8.1
4	酷我真声音	浙江卫视	2.9	12.6
5	温暖 2012	中央台三套	2.5	6.2
6	感动山西 2011 感动山西十大人物评选活动颁奖盛典	山西黄河电视台	2.5	5.5
7	法治的力量 2012 年度法治人物颁奖盛典	中央电视台综合频道	2.3	5.2
8	太原五千年	太原电视台新闻频道（一套）	2.1	5.0
9	幸福花开解密太原幸福生活密码	太原电视台新闻频道（一套）	2.0	6.1
10	永远的雷锋	中央电视台综合频道	1.8	4.1

表 3.55.11　2012 年太原市场综艺节目收视率排名前十位

名次	节目名称	播出频道	平均收视率(%)	平均占有率(%)
1	2012 春节联欢晚会	中央电视台综合频道	45.4	71.1
2	2012 元宵晚会	中央电视台综合频道	19.3	36.5
3	中国好声音巅峰时刻	浙江卫视	7.5	16.1
4	福州月中华情 2012 年中央电视台中秋晚会	中央电视台综合频道	7.5	15.9
5	万家灯火平安夜公安部 2012 年春节电视文艺晚会	中央电视台综合频道	7.4	17.8
6	中央电视台 2012 年 315 晚会共筑诚信有你有我	中央电视台综合频道	6.9	16.2
7	领航中国喜迎党的十八大胜利召开大型专题文艺晚会	中央电视台综合频道	5.8	14.1
8	我爱主持人第九届中国金鹰电视艺术节主持人盛典	湖南电视台卫星频道	5.3	12.7
9	喜到福到好运到	中央台三套	5.2	14.0
10	星光大道	中央电视台综合频道	5.1	11.7

表 3.55.12　2012 年太原市场体育节目收视率排名前十位

名次	节目名称	播出频道	平均收视率(%)	平均占有率(%)
1	2012 年第 30 届奥运会跳水男子双人 10 米跳台决赛	中央台五套	13.6	37.3
2	2012 年第 30 届奥运会体操女子高低杠决赛	中央台五套	11.9	31.8
3	2012 年伦敦奥运会羽毛球男单颁奖仪式	中央电视台综合频道	9.3	22.1
4	现场直播：2012 年第 30 届奥运会乒乓球男单决赛	中央台五套	8.1	32.4
5	2012 年第 30 届奥运会女子 4×200 米自由泳接力预赛	中央台五套	7.9	20.2
6	2012 年第 30 届奥运会羽毛球男单决赛	中央电视台综合频道	7.8	20.3
7	2012 年第 30 届奥运会射击女子 10 米气步枪决赛	中央台五套	6.6	16.4
8	现场直播：2012 年第 30 届奥运会女排 1/4 决赛（中国 VS 日本）	中央电视台综合频道	6.3	16.0
9	2012 年第 30 届奥运会赛艇女子单人双桨决赛	中央台五套	5.8	19.5
10	2012 年第 30 届奥运会田径男子 100 米预赛	中央台五套	5.6	17.8

五十六、乌鲁木齐收视数据

表 3.56.1　2008—2012 年乌鲁木齐市场各类频道的市场占有率（%）

频道类别	年份				
	2008 年	2009 年	2010 年	2011 年	2012 年
中央电视台频道	51.8	47.1	43.5	44.2	37.4
中国教育台频道	0.2	0.3	0.2	0.4	0.5
新疆自治区级频道	18.7	16.1	13.5	10.7	11.6
乌鲁木齐市级频道	6.9	7.4	6.1	5.0	5.3
其他省级卫视频道	19.4	25.6	31.2	33.2	32.3
其他频道	3.0	3.5	5.5	6.5	12.9

表 3.56.2　2012 年乌鲁木齐市场各类频道在不同目标观众中的市场占有率（%）

目标观众		中央台频道	中国教育台频道	新疆自治区级频道	乌鲁木齐市级频道	其他省级卫视频道	其他频道
4 岁及以上所有人		37.4	0.5	11.6	5.3	32.3	12.9
性别	男	39.7	0.5	11.9	5.3	29.7	12.9
	女	35.1	0.5	11.3	5.3	34.9	12.9
年龄	4—14 岁	28.2	0.5	15.7	5.4	33.1	17.1
	15—24 岁	20.6	0.4	23.0	6.9	30.8	18.3
	25—34 岁	30.4	0.5	10.9	5.1	35.1	18.0
	35—44 岁	33.9	0.6	11.9	7.0	32.6	14.0
	45—54 岁	42.1	0.4	11.5	5.2	31.9	8.9
	55—64 岁	47.2	0.4	7.2	4.1	33.7	7.4
	65 岁及以上	48.8	0.4	8.8	4.0	27.8	10.2
教育程度	未受过正规教育	39.3	0.4	9.1	4.3	27.8	19.1
	小学	33.3	0.4	18.4	5.6	26.7	15.6
	初中	38.5	0.4	11.8	5.3	33.5	10.5
	高中	36.0	0.5	9.6	5.5	35.7	12.7
	大学及以上	40.9	0.6	8.8	5.3	32.2	12.2
职业类别	干部/管理人员	42.0	0.5	7.9	5.5	33.8	10.3
	个体/私营企业人员	35.4	0.4	11.4	4.9	34.6	13.3
	初级公务员/雇员	40.6	0.7	7.9	5.8	33.3	11.7
	工人	36.6	0.6	11.6	5.2	33.1	12.9
	学生	22.6	0.4	22.4	6.8	31.1	16.7
	无业	40.7	0.4	10.4	5.1	31.2	12.2
	其他	46.7	0.2	7.7	1.9	29.6	13.9
个人月收入	0—600 元	26.3	0.4	18.6	6.4	30.0	18.3
	601—1200 元	42.9	0.4	11.4	3.9	31.4	10.0
	1201—1700 元	40.5	0.4	8.0	5.7	34.2	11.2
	1701—2600 元	43.3	0.6	7.3	5.0	35.0	8.8
	2601 元及以上	40.5	0.6	10.3	5.0	30.9	12.7

表 3.56.3 2012 年乌鲁木齐市场各类频道在不同时段的市场占有率(%)

时间段	中央台频道	中国教育台频道	新疆自治区级频道	乌鲁木齐市级频道	其他省级卫视频道	其他频道
02:00—03:00	26.2	0.6	8.5	3.4	40.0	21.3
03:00—04:00	29.0	0.4	5.0	1.8	40.6	23.2
04:00—05:00	33.8	0.3	3.5	2.5	34.8	25.1
05:00—06:00	36.5	0.5	3.6	3.0	29.4	27.0
06:00—07:00	46.8	0.3	3.0	1.9	22.4	25.6
07:00—08:00	63.5	0.2	2.6	1.3	19.2	13.2
08:00—09:00	52.5	0.2	8.5	4.7	24.1	10.0
09:00—10:00	46.1	0.3	12.8	5.8	25.5	9.5
10:00—11:00	42.9	0.6	13.8	3.9	26.9	11.9
11:00—12:00	41.5	0.5	12.7	4.2	27.6	13.5
12:00—13:00	40.5	0.4	11.7	4.7	28.9	13.8
13:00—14:00	38.3	0.7	11.2	3.3	32.1	14.4
14:00—15:00	36.7	0.7	10.0	2.8	34.1	15.7
15:00—16:00	34.7	0.5	10.4	4.1	34.5	15.8
16:00—17:00	32.6	0.4	11.9	4.1	35.3	15.7
17:00—18:00	34.8	0.3	10.9	3.2	34.8	16.0
18:00—19:00	50.8	0.1	11.6	3.6	19.6	14.3
19:00—20:00	56.3	0.5	9.0	4.4	19.8	10.0
20:00—21:00	38.4	0.9	10.2	7.0	34.3	9.2
21:00—22:00	37.2	0.6	11.2	7.4	32.9	10.7
22:00—23:00	31.3	0.4	12.4	7.5	36.5	11.9
23:00—24:00	28.2	0.2	15.3	5.4	39.4	11.5
24:00—25:00	27.7	0.3	15.1	6.2	36.2	14.5
25:00—26:00	26.3	0.5	10.7	5.9	36.1	20.5

表 3.56.4 2012 年乌鲁木齐市场收视份额排名前十位的频道

名次	频道名称	收视份额(%)
1	中央电视台综合频道	5.8
2	中央电视台新闻频道	5.6
3	中央台八套	3.9
4	湖南电视台卫星频道	3.6
5	中央台三套	3.1
5	中央电视台少儿频道	3.1
7	中央台六套	2.8
8	中央台五套	2.7
8	新疆电视台二套(维语新闻综合频道)	2.7
10	江苏卫视	2.6

表 3.56.5 2012 年乌鲁木齐市场各主要频道的观众构成（%）

目标观众		所有频道	主要频道				
			中央电视台综合频道	中央电视台新闻频道	中央台八套	湖南电视台卫星频道	中央台三套
4 岁及以上所有人		100.0	100.0	100.0	100.0	100.0	100.0
性别	男	50.0	50.0	58.9	42.5	36.7	49.2
	女	50.0	50.0	41.1	57.5	63.3	50.8
年龄	4—14 岁	10.5	6.6	4.7	5.8	14.5	5.0
	15—24 岁	6.4	3.2	2.8	2.3	10.5	4.2
	25—34 岁	16.5	10.5	12.4	12.6	25.8	13.5
	35—44 岁	20.3	16.0	15.3	16.5	22.7	16.5
	45—54 岁	16.5	16.9	19.8	21.5	13.1	23.4
	55—64 岁	14.5	18.7	24.1	22.7	6.7	17.1
	65 岁及以上	15.3	28.1	20.9	18.5	6.7	20.3
教育程度	未受过正规教育	5.3	6.1	3.5	6.6	3.4	5.6
	小学	18.0	19.5	12.3	15.8	13.8	16.7
	初中	27.7	25.9	30.8	34.6	27.4	28.6
	高中	28.0	25.5	27.1	25.0	33.2	25.2
	大学及以上	21.1	23.0	26.3	18.0	22.1	23.9
职业类别	干部/管理人员	3.7	3.7	4.0	5.1	4.6	4.4
	个体/私营企业人员	14.9	10.3	14.3	12.6	15.8	16.7
	初级公务员/雇员	14.7	14.7	14.8	14.5	18.6	14.8
	工人	12.3	14.3	9.9	12.3	12.5	12.6
	学生	11.4	6.0	4.2	5.1	18.5	5.3
	无业	41.8	49.7	52.1	48.3	29.6	44.1
	其他	1.3	1.3	0.7	2.0	0.5	2.1
个人月收入	0—600 元	27.6	19.4	13.0	19.2	34.5	16.9
	601—1200 元	8.5	9.7	7.9	10.2	5.3	9.2
	1201—1700 元	12.6	10.3	18.9	13.8	13.3	14.4
	1701—2600 元	24.3	30.1	29.0	33.5	21.3	28.7
	2601 元及以上	27.1	30.5	31.2	23.2	25.6	30.9

表 3.56.6 2010—2012 年乌鲁木齐市场各类节目的播出份额（%）和收视份额（%）

节目类别	2010 年		2011 年		2012 年	
	播出份额	收视份额	播出份额	收视份额	播出份额	收视份额
财经	3.0	1.0	2.5	1.5	2.1	1.1
电视剧	22.2	28.6	27.7	28.1	21.0	29.3
电影	4.4	4.7	5.1	4.1	5.0	6.1
法制	1.0	1.4	0.9	1.4	0.8	1.2
教学	0.5	0.2	0.6	0.2	0.3	0.2
青少	6.5	2.8	5.1	3.9	6.9	5.7
生活服务	6.8	6.2	8.0	7.7	9.2	6.1
体育	1.8	3.0	2.1	2.3	2.4	4.0
外语	0.1	0.0	0.1	0.0	0.0	0.0
戏剧	1.1	0.7	1.2	0.5	1.0	0.4
新闻/时事	14.2	15.0	10.3	15.1	14.4	14.0
音乐	2.9	0.5	3.1	0.9	2.6	0.9
专题	10.2	6.3	10.7	6.9	11.7	8.4
综艺	10.2	12.8	8.3	11.9	8.6	12.6
其他	15.1	16.8	14.5	15.8	14.3	10.0

表 3.56.7 2012 年乌鲁木齐市场所有节目收视率排名前三十位

名次	节目名称	类别	频道	平均收视率(%)	平均占有率(%)
1	2012 春节联欢晚会	综艺	中央电视台综合频道	14.7	33.4
2	2012 元宵晚会	综艺	中央电视台综合频道	10.9	25.7
3	2012 年第 30 届奥运会跳水男子双人 10 米跳台决赛	体育	中央台五套	8.3	28.8
4	现场直播：2012 年第 30 届奥运会女子举重 75 公斤以上级决赛	体育	中央电视台综合频道	6.7	20.5
5	宫锁珠帘	电视剧	湖南电视台卫星频道	6.5	16.5
6	2012 元宵晚会	综艺	中央台三套	6.5	15.2
7	2012 春节联欢晚会	综艺	中央台三套	6.4	14.6
8	2012 年第 30 届奥运会体操女子高低杠决赛	体育	中央台五套	6.3	22.0
9	现场直播：2012 年第 30 届奥运会乒乓球男单决赛	体育	中央台五套	6.3	18.5
10	国门英雄	电视剧	中央电视台综合频道	6.3	16.7
11	2012 年第 30 届奥运会射击男子 10 米气手枪决赛	体育	中央台五套	5.8	17.7
12	现场直播：2012 年第 30 届奥运会男篮小组赛 B 组（中国 VS 西班牙）	体育	中央台五套	5.5	29.4
13	深宫谍影	电视剧	湖南电视台卫星频道	5.5	15.2
14	2012 年伦敦奥运会羽毛球男单颁奖仪式	体育	中央电视台综合频道	5.4	18.4
15	天气预报	生活服务	中央电视台综合频道	5.2	23.2
16	温州一家人	电视剧	中央电视台综合频道	5.1	14.4
17	2012 年第 30 届奥运会男子 4 × 100 米自由泳接力预赛	体育	中央台五套	4.7	18.8
18	快乐中国 2012—2013 跨年狂欢夜	音乐	湖南电视台卫星频道	4.7	12.0
19	2012 春节联欢晚会	综艺	中央台四套	4.7	10.5
20	中央电视台 2012 年 315 晚会共筑诚信有你有我	综艺	中央电视台综合频道	4.5	13.1
21	2012 年第 30 届奥运会蹦床男子个人决赛	体育	中央电视台综合频道	4.3	12.3
22	2012 年第 30 届奥运会赛艇轻量级女子双人双桨决赛	体育	中央台五套	4.2	27.0
23	黄金赛场：2011/2012 赛季中国男篮职业联赛总决赛第五场（北京金隅 VS 广东东莞银行）	体育	中央台五套	4.2	13.2
24	新闻联播	新闻/时事	中央电视台综合频道	4.0	20.9
25	一生只爱你	电视剧	中央台八套	4.0	10.9
26	阳光路上	电视剧	中央电视台综合频道	4.0	10.3
27	中国好声音群星演唱会	音乐	浙江卫视	3.9	16.7
28	夫妻	电视剧	中央台八套	3.8	12.2
29	现场直播：2012 年第 30 届奥运会女排 1/4 决赛（中国 VS 日本）	体育	中央电视台综合频道	3.7	15.7
30	星光大道	综艺	中央电视台综合频道	3.5	9.0

表 3.56.8 2012 年乌鲁木齐市场电视剧收视率排名前十位

名次	节目名称	频道	平均收视率（%）	平均占有率（%）
1	宫锁珠帘	湖南电视台卫星频道	6.5	16.5
2	国门英雄	中央电视台综合频道	6.3	16.7
3	深宫谍影	湖南电视台卫星频道	5.5	15.2
4	温州一家人	中央电视台综合频道	5.1	14.4
5	一生只爱你	中央台八套	4.0	10.9
6	阳光路上	中央电视台综合频道	4.0	10.3
7	夫妻	中央台八套	3.8	12.2
8	誓言今生	中央电视台综合频道	3.5	9.0
9	孤军英雄	中央台八套	3.2	11.0
10	强者风范	中央台八套	3.1	10.6

表 3.56.9 2012 年乌鲁木齐市场新闻节目收视率排名前十位

名次	节目名称	频道	平均收视率（%）	平均占有率（%）
1	新闻联播	中央电视台综合频道	4.0	20.9
2	新闻联播	中央电视台新闻频道	2.9	15.3
3	温家宝总理会见中外记者	中央电视台综合频道	2.8	9.1
4	中国共产党第十八次全国代表大会专题新闻	中央电视台综合频道	2.3	8.8
5	焦点访谈	中央电视台综合频道	2.1	9.0
6	今日关注	中央台四套	1.9	5.6
7	马岛战争 30 年特别报道	中央电视台新闻频道	1.7	5.2
8	环球视线	中央电视台新闻频道	1.6	4.7
9	24 小时	中央电视台新闻频道	1.5	5.3
10	世界周刊	中央电视台新闻频道	1.5	4.4

表 3.56.10 2012 年乌鲁木齐市场专题节目收视率排名前十位

名次	节目名称	频道	平均收视率（%）	平均占有率（%）
1	酷我真声音	浙江卫视	3.4	11.3
2	红旗渠的守望者	中央电视台综合频道	3.2	8.4
3	一年又一年	中央电视台综合频道	2.4	9.2
4	丝绸之路印象	中央电视台综合频道	1.9	8.5
5	变形计	湖南电视台卫星频道	1.8	4.9
6	感动中国 2011 年度人物颁奖典礼	中央电视台综合频道	1.8	4.7
7	永远的雷锋	中央电视台综合频道	1.7	4.8
8	身边的感动	中央电视台综合频道	1.6	6.7
9	温暖 2012	中央台三套	1.5	3.6
10	中华之光传播中华文化年度人物评选	中央电视台综合频道	1.4	4.7

表 3.56.11 2012 年乌鲁木齐市场综艺节目收视率排名前十位

名次	节目名称	频道	平均收视率(%)	平均占有率(%)
1	2012 春节联欢晚会	中央电视台综合频道	14.7	33.4
2	2012 元宵晚会	中央电视台综合频道	10.9	25.7
3	2012 元宵晚会	中央台三套	6.5	15.2
4	2012 春节联欢晚会	中央台三套	6.4	14.6
5	2012 春节联欢晚会	中央台四套	4.7	10.5
6	中央电视台 2012 年 315 晚会共筑诚信有你有我	中央电视台综合频道	4.5	13.1
7	元宵喜乐会 2012	湖南电视台卫星频道	3.5	10.3
8	星光大道	中央电视台综合频道	3.5	9.0
9	福州月中华情 2012 年中央电视台中秋晚会	中央电视台综合频道	3.3	12.8
10	万家灯火平安夜公安部 2012 年春节电视文艺晚会	中央电视台综合频道	3.2	8.8

表 3.56.12 2012 年乌鲁木齐市场体育节目收视率排名前十位

名次	节目名称	播出频道	平均收视率(%)	平均占有率(%)
1	2012 年第 30 届奥运会跳水男子双人 10 米跳台决赛	中央台五套	8.3	28.8
2	现场直播：2012 年第 30 届奥运会女子举重 75 公斤以上级决赛	中央电视台综合频道	6.7	20.5
3	2012 年第 30 届奥运会体操女子高低杠决赛	中央台五套	6.3	22.0
4	现场直播：2012 年第 30 届奥运会乒乓球男单决赛	中央台五套	6.3	18.5
5	2012 年第 30 届奥运会射击男子 10 米气手枪决赛	中央台五套	5.8	17.7
6	现场直播：2012 年第 30 届奥运会男篮小组赛 B 组（中国 VS 西班牙）	中央台五套	5.5	29.4
7	2012 年伦敦奥运会羽毛球男单颁奖仪式	中央电视台综合频道	5.4	18.4
8	2012 年第 30 届奥运会男子 4×100 米自由泳接力预赛	中央台五套	4.7	18.8
9	2012 年第 30 届奥运会蹦床男子个人决赛	中央电视台综合频道	4.3	12.3
10	2012 年第 30 届奥运会赛艇轻量级女子双人双桨决赛	中央台五套	4.2	27.0

五十七、武汉收视数据

表 3.57.1 2008—2012 年武汉市场各类频道的市场占有率（%）

频道类别	年份				
	2008 年	2009 年	2010 年	2011 年	2012 年
中央台频道	34.5	25.5	22.9	23.8	24.8
中国教育台频道	0.2	0.2	0.1	0.2	0.2
湖北省级频道	18.8	23.7	23.3	25.4	25.7
武汉市级频道	21.3	27.5	22.1	17.9	15.4
其他省级卫视频道	19.0	18.2	22.3	23.4	25.0
其他频道	6.1	4.9	9.3	9.3	8.9

表 3.57.2 2012 年武汉市场各类频道在不同目标观众中的市场占有率（%）

目标观众		中央台频道	中国教育台频道	湖北省级频道	武汉市级频道	其他省级卫视频道	其他频道
4 岁及以上所有人		24.8	0.2	25.7	15.4	25.0	8.9
性别	男	27.0	0.2	24.5	14.6	23.4	10.4
	女	22.5	0.2	27.1	16.2	26.7	7.4
年龄	4—14 岁	21.7	0.2	15.4	12.5	38.4	11.8
	15—24 岁	20.1	0.1	26.5	17.5	25.3	10.5
	25—34 岁	21.9	0.2	21.2	17.4	29.3	10.0
	35—44 岁	23.1	0.2	23.6	14.7	28.1	10.3
	45—54 岁	27.1	0.1	29.6	15.1	21.9	6.1
	55—64 岁	24.3	0.2	29.4	13.7	22.7	9.8
	65 岁及以上	31.4	0.2	26.1	16.8	17.9	7.7
教育程度	未受过正规教育	26.9	0.3	20.8	15.5	28.4	8.1
	小学	20.9	0.2	26.3	14.2	27.4	11.0
	初中	23.9	0.2	27.8	14.4	25.0	8.6
	高中	25.2	0.2	25.5	15.4	24.9	8.9
	大学及以上	27.3	0.1	23.6	17.5	22.9	8.7
职业类别	干部/管理人员	23.0	0.1	18.7	24.2	24.5	9.5
	个体/私营企业人员	25.0	0.1	26.3	15.7	25.4	7.5
	初级公务员/雇员	27.1	0.1	27.2	16.1	20.2	9.4
	工人	22.8	0.1	24.9	15.1	27.8	9.3
	学生	19.4	0.2	19.7	15.5	33.2	12.0
	无业	26.6	0.2	26.6	15.2	23.5	7.9
	其他	25.3	0.5	28.4	13.3	22.5	10.0
个人月收入	0—600 元	23.3	0.3	23.9	14.3	27.4	10.8
	601—1200 元	24.4	0.2	31.0	16.6	21.8	6.0
	1201—1700 元	24.1	0.1	27.7	15.0	24.4	8.8
	1701—2600 元	25.2	0.1	24.5	14.3	26.1	9.7
	2601 元及以上	28.3	0.1	20.7	17.3	24.4	9.1

表 3.57.3　2012 年武汉市场各类频道在不同时段的市场占有率（%）

时间段	中央台频道	中国教育台频道	湖北省级频道	武汉市级频道	其他省级卫视频道	其他频道
02:00—03:00	34.8	0.1	11.8	5.2	31.9	16.3
03:00—04:00	37.6	0.1	11.9	4.4	29.6	16.4
04:00—05:00	39.4	0.2	14.3	4.4	26.5	15.3
05:00—06:00	38.3	0.3	16.8	4.0	25.3	15.2
06:00—07:00	39.8	0.1	18.8	3.4	20.7	17.2
07:00—08:00	40.7	0.1	19.5	7.6	17.9	14.2
08:00—09:00	32.7	0.1	16.9	9.1	28.8	12.5
09:00—10:00	29.5	0.2	17.9	8.1	33.3	11.1
10:00—11:00	29.1	0.3	18.5	7.3	33.5	11.3
11:00—12:00	30.3	0.2	23.1	6.4	29.7	10.3
12:00—13:00	31.8	0.2	28.0	6.5	23.5	10.0
13:00—14:00	30.3	0.3	20.2	7.4	30.8	11.0
14:00—15:00	27.3	0.3	17.9	7.4	36.3	10.9
15:00—16:00	27.8	0.2	18.0	7.5	35.6	10.9
16:00—17:00	26.5	0.1	21.8	8.5	33.0	10.2
17:00—18:00	21.4	0.1	34.7	13.0	22.6	8.3
18:00—19:00	18.3	0.0	41.2	24.6	8.7	7.1
19:00—20:00	24.6	0.2	28.5	25.4	14.3	7.0
20:00—21:00	22.5	0.3	23.5	19.2	27.5	7.0
21:00—22:00	22.3	0.3	25.3	18.2	27.2	6.8
22:00—23:00	18.1	0.1	30.2	18.2	25.4	8.0
23:00—24:00	24.1	0.1	23.5	14.1	27.8	10.4
24:00—25:00	30.9	0.0	17.2	8.8	29.7	13.4
25:00—26:00	33.0	0.1	13.7	7.5	30.1	15.6

表 3.57.4　2012 年武汉市场收视份额排名前十位的频道

名次	频道名称	收视份额（%）
1	湖北经视	9.3
2	湖北卫视	6.8
3	湖北综合	5.3
4	武汉电视台文艺频道	4.9
5	中央电视台综合频道	3.9
6	中央台三套	3.4
6	中央电视台新闻频道	3.4
6	江苏卫视	3.4
9	湖南电视台卫星频道	2.9
10	中央台五套	2.6

表 3.57.5　2012 年武汉市场各主要频道的观众构成（%）

目标观众		所有频道	主要频道				
			湖北经视	湖北卫视	湖北综合	武汉电视台文艺频道	中央电视台综合频道
4 岁及以上所有人		100.0	100.0	100.0	100.0	100.0	100.0
性别	男	52.0	47.7	51.6	48.7	48.3	53.3
	女	48.0	52.4	48.4	51.3	51.7	46.7
年龄	4—14 岁	5.8	2.8	4.5	3.3	3.8	5.6
	15—24 岁	6.9	7.1	7.3	7.4	5.6	3.9
	25—34 岁	15.0	11.5	14.3	11.5	19.4	13.0
	35—44 岁	18.1	14.1	18.4	19.0	19.1	13.4
	45—54 岁	24.7	30.0	25.5	26.2	19.6	21.3
	55—64 岁	17.3	21.6	16.8	21.7	17.7	19.8
	65 岁及以上	12.2	12.9	13.1	11.0	14.9	22.0
教育程度	未受过正规教育	5.0	3.9	5.8	3.3	4.6	9.8
	小学	10.6	11.0	12.8	8.9	9.6	10.8
	初中	30.5	33.8	30.3	33.6	30.0	29.1
	高中	35.6	36.7	34.3	34.2	31.2	30.6
	大学及以上	18.3	14.7	16.8	19.9	24.7	19.7
职业类别	干部/管理人员	2.5	1.6	1.3	2.4	6.3	2.3
	个体/私营企业人员	8.1	8.5	6.5	8.4	6.9	6.0
	初级公务员/雇员	12.3	13.9	12.5	13.9	11.9	12.8
	工人	26.9	24.9	30.2	24.2	28.7	18.9
	学生	6.6	4.3	6.5	4.9	4.6	5.0
	无业	33.2	37.1	29.3	34.5	34.8	42.3
	其他	10.4	9.7	13.7	11.7	6.8	12.8
个人月收入	0—600 元	22.9	19.2	24.3	20.6	16.8	28.0
	601—1200 元	20.7	25.9	23.0	22.6	19.7	18.0
	1201—1700 元	19.5	22.6	19.7	21.8	18.5	19.3
	1701—2600 元	22.1	20.3	20.2	22.3	23.9	17.4
	2601 元及以上	14.9	12.1	12.8	12.7	21.1	17.2

表 3.57.6　2010—2012 年武汉市场各类节目的播出份额（%）和收视份额（%）

节目类别	2010 年		2011 年		2012 年	
	播出份额	收视份额	播出份额	收视份额	播出份额	收视份额
财经	2.6	1.2	2.4	0.9	2.0	0.8
电视剧	22.4	33.7	21.9	32.8	21.7	33.9
电影	4.8	5.2	4.6	4.2	4.4	3.9
法制	1.1	1.0	0.9	0.7	0.8	0.6
教学	0.4	0.1	0.4	0.1	0.3	0.1
青少	7.0	3.1	7.4	3.3	6.6	2.7
生活服务	8.0	5.0	8.4	5.7	8.8	7.6
体育	2.9	3.8	1.9	2.5	2.1	2.6
外语	0.1	0.0	0.1	0.0	0.0	0.0
戏剧	0.9	0.3	1.0	0.2	0.9	0.3
新闻/时事	13.5	13.3	13.2	13.7	14.4	13.8
音乐	2.5	0.6	2.8	0.9	2.4	0.9
专题	9.3	5.2	9.9	5.5	11.9	7.0
综艺	9.3	12.8	10.4	14.1	9.0	13.1
其他	15.1	15.0	15.0	15.6	14.7	12.8

表 3.57.7　2012 年武汉市场所有节目收视率排名前三十位

名次	节目名称	节目类别	播出频道	平均收视率（%）	平均占有率（%）
1	2012 春节联欢晚会	综艺	中央电视台综合频道	16.7	32.3
2	穿越长江神奇魔幻夜湖北卫视大型幻象魔术晚会	综艺	湖北卫视	12.7	38.1
3	2012 元宵晚会	综艺	中央电视台综合频道	10.1	21.8
4	2012 年第 30 届奥运会跳水男子双人 10 米跳台决赛	体育	中央台五套	8.3	25.9
5	龙腾盛世听凤鸣 2012 年湖北省春节联欢晚会	综艺	湖北卫视	7.5	17.3
6	2012 年伦敦奥运会羽毛球男单颁奖仪式	体育	中央电视台综合频道	7.1	16.0
7	2012 年第 30 届奥运会体操女子高低杠决赛	体育	中央台五套	7.0	16.7
8	中国好声音巅峰时刻	综艺	浙江卫视	6.8	17.2
9	2012 年第 30 届奥运会羽毛球女双决赛	体育	中央台五套	6.2	30.2
10	2012 年第 30 届奥运会赛艇女子单人双桨决赛	体育	中央台五套	5.7	14.3
11	揭秘血战长空	专题	湖北卫视	5.7	14.0
12	2012 年第 30 届奥运会射击女子 10 米气手枪决赛	体育	中央台五套	5.6	18.3
13	现场直播：2012 年第 30 届奥运会乒乓球男单决赛	体育	中央台五套	5.5	25.3
14	桃花朵朵开	生活服务	湖北经视	5.4	12.3
15	经视直播	新闻/时事	湖北经视	5.3	20.2
16	党旗为人民幸福高扬湖北省 2012 年创先争优主题晚会	综艺	湖北卫视	5.3	13.8
17	我就是天才年度盛典	综艺	湖北卫视	5.2	14.4
18	2012 年第 30 届奥运会女排小组赛 B 组（中国 VS 韩国）	体育	中央台五套	5.2	13.9
19	神箭	电视剧	湖北经视	5.2	12.9
20	2012 年第 30 届奥运会田径男子 110 米栏预赛	体育	中央台五套	5.1	25.3
21	2012 年湖北省院士专家新春团拜会	综艺	湖北卫视	5.1	14.8
22	2012 年第 30 届奥运会游泳男子 400 米自由泳预赛	体育	中央台五套	5.1	12.5
23	我爱主持人第九届中国金鹰电视艺术节主持人盛典	综艺	湖南电视台卫星频道	5.1	12.4
24	2012 春节联欢晚会	综艺	湖北经视	5.1	9.8
25	小麦进城	电视剧	湖北经视	5.0	15.5
26	快乐中国 2012—2013 跨年狂欢夜	音乐	湖南电视台卫星频道	4.9	14.8
27	我爱我的祖国	综艺	湖北卫视	4.9	13.7
28	平原烽火（12 月 28 日—31 日）	电视剧	湖北卫视	4.9	11.2
29	湖北好人颁奖盛典荆楚大爱神州行文化湖北慧更好	综艺	湖北经视	4.8	12.2
30	挑战女人帮心随我动	综艺	湖北卫视	4.7	14.3

表 3.57.8　2012 年武汉市场电视剧收视率排名前十位

名次	节目名称	播出频道	平均收视率（%）	平均占有率（%）
1	神箭	湖北经视	5.2	12.9
2	小麦进城	湖北经视	5.0	15.5
3	平原烽火（12 月 28 日—31 日）	湖北卫视	4.9	11.2
4	民兵葛二蛋	湖北卫视	4.5	10.3
5	致命名单	湖北经视	4.2	11.5
6	国门英雄（1 月 1 日—3 日）	武汉电视台文艺频道	4.1	12.6
7	神枪	湖北经视	4.1	12.2
8	一门三司令	湖北经视	4.1	9.9
9	行者武松（12 月 5 日—11 日）	湖北卫视	4.1	9.6
10	甄嬛传	湖北经视	3.9	12.0

表 3.57.9　2012 年武汉市场新闻节目收视率排名前十位

名次	节目名称	播出频道	平均收视率（%）	平均占有率（%）
1	经视直播	湖北经视	5.3	20.2
2	新闻 360	湖北综合	2.7	11.0
3	啰天	湖北经视	2.4	15.9
4	360 看天下	湖北综合	2.2	12.5
5	新闻联播	中央电视台综合频道	2.2	6.8
6	新当选的中共湖北省十届委员会常委媒体见面会特别节目	湖北卫视	2.2	6.0
7	温家宝总理会见中外记者	中央电视台综合频道	1.9	5.3
8	今日关注	中央台四套	1.9	4.8
9	中国共产党第十八次全国代表大会专题新闻	中央电视台新闻频道	1.7	4.1
10	新闻调查	中央电视台综合频道	1.7	4.0

表 3.57.10　2012 年武汉市场专题节目收视率排名前十位

名次	节目名称	播出频道	平均收视率（%）	平均占有率（%）
1	揭秘血战长空	湖北卫视	5.7	14.0
2	创富先锋湖北赛区总决赛	湖北综合	4.5	21.7
3	调解面对面	湖北卫视	4.4	15.1
4	一年又一年	中央电视台综合频道	3.4	11.8
5	大揭秘	湖北卫视	3.4	8.7
6	有理我来说	湖北经视	3.3	8.5
7	感动中国 2011 年度人物颁奖典礼	中央电视台综合频道	2.4	5.8
8	酷我真声音	浙江卫视	2.3	10.3
9	法治的力量 2012 年度法治人物颁奖盛典	中央电视台综合频道	1.9	4.4
10	红旗渠的守望者	中央电视台综合频道	1.6	4.4

表 3.57.11　2012 年武汉市场综艺节目收视率排名前十位

名次	节目名称	播出频道	平均收视率（%）	平均占有率（%）
1	2012 春节联欢晚会	中央电视台综合频道	16.7	32.3
2	穿越长江神奇魔幻夜湖北卫视大型幻象魔术晚会	湖北卫视	12.7	38.1
3	2012 元宵晚会	中央电视台综合频道	10.1	21.8
4	龙腾盛世听凤鸣 2012 年湖北省春节联欢晚会	湖北卫视	7.5	17.3
5	中国好声音巅峰时刻	浙江卫视	6.8	17.2
6	党旗为人民幸福高扬湖北省 2012 年创先争优主题晚会	湖北卫视	5.3	13.8
7	我就是天才年度盛典	湖北卫视	5.2	14.4
8	2012 年湖北省院士专家新春团拜会	湖北卫视	5.1	14.8
9	我爱主持人第九届中国金鹰电视艺术节主持人盛典	湖南电视台卫星频道	5.1	12.4
10	2012 春节联欢晚会	湖北经视	5.1	9.8

表 3.57.12　2012 年武汉市场体育节目收视率排名前十位

名次	节目名称	播出频道	平均收视率（%）	平均占有率（%）
1	2012 年第 30 届奥运会跳水男子双人 10 米跳台决赛	中央台五套	8.3	25.9
2	2012 年伦敦奥运会羽毛球男单颁奖仪式	中央电视台综合频道	7.1	16.0
3	2012 年第 30 届奥运会体操女子高低杠决赛	中央台五套	7.0	16.7
4	2012 年第 30 届奥运会羽毛球女双决赛	中央台五套	6.2	30.2
5	2012 年第 30 届奥运会赛艇女子单人双桨决赛	中央台五套	5.7	14.3
6	2012 年第 30 届奥运会射击女子 10 米气手枪决赛	中央台五套	5.6	18.3
7	现场直播：2012 年第 30 届奥运会乒乓球男单决赛	中央台五套	5.5	25.3
8	2012 年第 30 届奥运会女排小组赛 B 组（中国 VS 韩国）	中央台五套	5.2	13.9
9	2012 年第 30 届奥运会田径男子 110 米栏预赛	中央台五套	5.1	25.3
10	2012 年第 30 届奥运会游泳男子 400 米自由泳预赛	中央台五套	5.1	12.5

五十八、西安收视数据

表 3.58.1　2008—2012 年西安市场各类频道的市场占有率（%）

频道类别	年份				
	2008 年	2009 年	2010 年	2011 年	2012 年
中央台频道	41.1	36.7	34.0	32.2	37.7
中国教育台频道	0.0	0.1	0.2	0.4	0.4
陕西省级频道	18.4	19.0	22.2	21.6	18.6
西安市级频道	10.7	10.6	11.1	8.5	6.6
其他省级卫视频道	25.9	28.9	26.5	30.6	31.6
其他频道	3.9	4.7	6.0	6.8	5.1

表 3.58.2　2012 年西安市场各类频道在各目标观众中的市场占有率（%）

目标观众		中央台频道	中国教育台频道	陕西省级频道	西安市级频道	其他省级卫视频道	其他频道
4 岁及以上所有人		37.7	0.4	18.6	6.6	31.6	5.1
性别	男	39.4	0.3	19.1	6.7	28.7	5.8
	女	36.1	0.4	18.0	6.5	34.3	4.7
年龄	4—14 岁	35.8	0.2	13.7	6.3	39.8	4.2
	15—24 岁	27.1	0.3	20.8	9.8	36.0	6.0
	25—34 岁	35.8	0.4	19.3	7.8	32.7	4.0
	35—44 岁	31.6	0.3	21.4	6.9	35.5	4.3
	45—54 岁	37.3	0.5	17.1	5.8	33.1	6.2
	55—64 岁	41.9	0.3	19.1	5.9	27.3	5.5
	65 岁及以上	48.1	0.4	18.4	6.2	21.6	5.3
教育程度	未受过正规教育	44.4	0.2	12.4	6.1	31.4	5.5
	小学	32.7	0.3	20.0	7.3	36.4	3.3
	初中	34.8	0.3	20.9	7.0	32.8	4.2
	高中	37.6	0.4	19.3	6.4	30.9	5.4
	大学及以上	45.0	0.4	13.3	6.0	27.8	7.5
职业类别	干部/管理人员	40.1	0.2	27.5	6.4	19.7	6.1
	个体/私营企业人员	35.3	0.3	20.9	8.0	30.8	4.7
	初级公务员/雇员	36.8	0.6	17.2	6.9	32.8	5.7
	工人	35.7	0.4	19.3	6.7	32.7	5.2
	学生	29.3	0.3	17.2	8.3	41.0	3.9
	无业	41.3	0.3	17.6	5.9	29.4	5.5
	其他	30.8	0.0	25.1	6.9	34.6	2.6
个人月收入	0—600 元	33.8	0.2	19.3	7.5	35.2	4.0
	601—1200 元	36.9	0.5	21.0	6.2	30.1	5.3
	1201—1700 元	41.9	0.5	17.0	6.2	28.7	5.7
	1701—2600 元	40.1	0.3	18.5	6.0	29.3	5.8
	2601 元及以上	38.9	0.3	16.0	6.6	32.1	6.1

表 3.58.3　2012 年西安市场各类频道在各时段的市场占有率（%）

时间段	中央台频道	中国教育台频道	陕西省级频道	西安市级频道	其他省级卫视频道	其他频道
02:00—03:00	40.9	0.4	9.8	2.8	40.9	5.2
03:00—04:00	44.9	0.2	8.9	2.0	38.7	5.3
04:00—05:00	46.4	0.1	9.3	1.6	37.3	5.3
05:00—06:00	43.9	0.1	12.1	1.5	36.6	5.8
06:00—07:00	47.9	0.1	9.6	1.3	34.9	6.2
07:00—08:00	56.8	0.1	13.7	3.3	18.1	8.0
08:00—09:00	47.9	0.1	15.2	2.8	28.0	6.0
09:00—10:00	43.4	0.2	13.5	3.9	32.4	6.6
10:00—11:00	42.8	0.5	11.4	3.5	34.8	7.0
11:00—12:00	43.9	0.3	12.7	2.6	34.1	6.4
12:00—13:00	46.5	0.2	17.1	3.0	28.4	4.8
13:00—14:00	43.2	0.4	10.9	4.0	36.0	5.5
14:00—15:00	38.1	0.5	9.5	3.7	42.2	6.0
15:00—16:00	35.7	0.4	11.6	3.9	42.1	6.3
16:00—17:00	33.8	0.3	15.1	4.2	40.5	6.1
17:00—18:00	33.6	0.1	17.7	5.2	36.9	6.5
18:00—19:00	37.9	0.1	28.3	12.2	16.1	5.4
19:00—20:00	46.8	0.3	24.7	9.9	14.0	4.3
20:00—21:00	35.7	0.8	17.1	10.2	32.2	4.0
21:00—22:00	31.9	0.5	22.7	8.6	32.9	3.4
22:00—23:00	25.9	0.3	28.2	6.8	33.8	5.0
23:00—24:00	31.3	0.2	15.6	5.9	41.4	5.6
24:00—25:00	35.4	0.2	13.7	4.8	40.5	5.4
25:00—26:00	37.8	0.4	12.2	3.9	39.8	5.9

表 3.58.4　2012 年西安市场收视份额排名前十位的频道

名次	频道名称	收视份额（%）
1	中央电视台综合频道	8.3
2	陕西广播电视台都市青春频道（二套）	7.6
3	中央台八套	4.5
4	中央台三套	4.4
5	中央电视台新闻频道	4.1
6	湖南电视台卫星频道	3.7
7	陕西广播电视台新闻综合频道（一套）	3.5
7	中央电视台少儿频道	3.5
9	中央台五套	3.0
10	江苏卫视	2.5

表 3.58.5　2012 年西安市场各主要频道的观众构成（%）

目标观众		所有频道	中央电视台综合频道	陕西广播电视台都市青春频道（二套）	中央台八套	中央台三套	中央电视台新闻频道
4 岁及以上所有人		100.0	100.0	100.0	100.0	100.0	100.0
性别	男	48.3	49.9	47.8	42.0	43.7	58.2
	女	51.7	50.1	52.2	58.0	56.3	41.8
年龄	4—14 岁	9.2	8.0	5.8	5.6	4.8	2.9
	15—24 岁	6.5	4.1	6.1	3.8	5.1	3.5
	25—34 岁	11.6	10.1	11.3	10.4	9.3	11.4
	35—44 岁	17.0	13.6	19.1	12.7	14.4	12.3
	45—54 岁	22.7	19.6	21.8	29.4	25.1	22.1
	55—64 岁	19.0	21.0	22.9	23.4	21.7	28.0
	65 岁及以上	14.0	23.6	13.0	14.7	19.6	19.8
教育程度	未受过正规教育	3.5	3.6	2.4	3.5	2.4	1.2
	小学	11.5	10.2	10.1	9.6	9.9	5.5
	初中	29.7	26.1	33.3	30.0	27.2	39.8
	高中	38.2	34.9	41.8	40.4	44.3	33.7
	大学及以上	17.1	25.2	12.4	16.5	16.2	19.8
职业类别	干部/管理人员	2.8	3.5	2.0	2.4	2.0	2.7
	个体/私营企业人员	7.0	7.3	7.5	4.1	6.8	9.0
	初级公务员/雇员	17.0	16.7	16.1	18.7	14.7	12.6
	工人	14.1	10.0	16.4	14.9	17.6	13.5
	学生	9.4	7.2	6.8	4.6	5.3	3.2
	无业	45.5	53.3	46.2	51.7	49.9	54.4
	其他	4.2	2.0	5.0	3.6	3.7	4.6
个人月收入	0—600 元	30.2	24.9	29.1	24.3	26.6	26.6
	601—1200 元	18.1	17.4	23.3	22.0	19.8	13.8
	1201—1700 元	16.9	18.8	17.8	18.2	22.0	18.9
	1701—2600 元	19.4	24.3	17.7	23.9	18.6	18.5
	2601 元及以上	15.4	14.6	12.1	11.6	13.0	22.2

表 3.58.6　2010—2012 年西安市场各类节目的播出份额（%）和收视份额（%）

节目类别	2010 年		2011 年		2012 年	
	播出份额	收视份额	播出份额	收视份额	播出份额	收视份额
财经	2.8	1.3	2.6	1.2	2.1	1.1
电视剧	21.1	28.9	20.6	28.6	20.2	29.8
电影	5.0	6.5	4.8	6.0	5.3	6.5
法制	1.2	1.0	1.1	0.8	0.9	0.7
教学	0.4	0.2	0.4	0.2	0.3	0.1
青少	6.9	3.8	7.4	3.7	6.6	3.8
生活服务	8.8	7.7	10.3	9.1	10.5	9.1
体育	2.2	4.5	2.0	3.1	1.9	3.0
外语	0.1	0.0	0.0	0.0	0.0	0.0
戏剧	1.2	0.9	1.4	1.1	1.3	1.2
新闻/时事	13.4	15.3	13.0	14.8	14.3	15.1
音乐	2.7	0.6	2.8	0.7	2.4	0.7
专题	9.8	5.7	9.6	5.1	10.9	5.8
综艺	9.3	10.5	9.9	12.0	8.5	11.1
其他	15.0	13.1	14.3	13.7	14.6	12.0

表 3.58.7　2012 年西安市场所有节目收视率排名前三十位

名次	节目名称	节目类别	播出频道	平均收视率(%)	平均占有率(%)
1	2012 春节联欢晚会	综艺	中央电视台综合频道	33.9	66.8
2	2012 元宵晚会	综艺	中央电视台综合频道	16.3	37.6
3	天气预报	生活服务	中央电视台综合频道	8.5	28.5
4	2012 年伦敦奥运会羽毛球男单颁奖仪式	体育	中央电视台综合频道	8.4	24.5
5	2012 年第 30 届奥运会体操女子高低杠决赛	体育	中央台五套	7.9	25.2
6	2012 年第 30 届奥运会射击男子 10 米气步枪决赛	体育	中央台五套	7.1	27.2
7	现场直播：2012 年第 30 届奥运会女排 1/4 决赛（中国 VS 日本）	体育	中央电视台综合频道	7.0	21.0
8	现场直播：2012 年第 30 届奥运会乒乓球男单决赛	体育	中央台五套	6.7	28.7
9	国门英雄	电视剧	中央电视台综合频道	6.7	17.7
10	中国好声音巅峰时刻	综艺	浙江卫视	6.6	20.1
11	2012 年第 30 届奥运会跳水男子双人 10 米跳台决赛	体育	中央台五套	6.5	25.4
12	我爱主持人第九届中国金鹰电视艺术节主持人盛典	综艺	湖南电视台卫星频道	6.5	18.9
13	一年又一年	专题	中央电视台综合频道	6.2	19.8
14	2012 年第 30 届奥运会田径男子 110 米栏预赛	体育	中央台五套	6.1	31.3
15	快乐中国 2012—2013 跨年狂欢夜	音乐	湖南电视台卫星频道	6.1	19.9
16	红旗渠的守望者	专题	中央电视台综合频道	5.7	14.9
17	2012 年第 30 届奥运会赛艇女子单人双桨决赛	体育	中央台五套	5.6	22.0
18	星光大道	综艺	中央电视台综合频道	5.6	15.3
19	中央电视台 2012 年 315 晚会共筑诚信有你有我	综艺	中央电视台综合频道	5.5	15.0
20	2012 年第 30 届奥运会男子篮球决赛（西班牙队 VS 美国队）	体育	中央台五套	5.4	21.5
21	新闻联播	新闻/时事	中央电视台综合频道	5.4	19.6
22	福州月中华情 2012 年中央电视台中秋晚会	综艺	中央电视台综合频道	5.1	15.4
23	都市快报	新闻/时事	陕西广播电视台都市青春频道（二套）	5.0	15.8
24	温州一家人	电视剧	中央电视台综合频道	5.0	14.5
25	2012 年第 30 届奥运会羽毛球男单半决赛	体育	中央电视台综合频道	4.8	14.2
26	知青	电视剧	中央电视台综合频道	4.6	15.9
27	誓言今生	电视剧	中央电视台综合频道	4.3	11.4
27	宝乐婶的烦心事	电视剧	陕西广播电视台都市青春频道（二套）	4.3	11.4
29	养女	电视剧	陕西广播电视台都市青春频道（二套）	4.2	11.9
30	感动生命	电视剧	中央电视台综合频道	4.2	11.8

表 3.58.8 2012 年西安市场电视剧收视率排名前十位

名次	节目名称	播出频道	平均收视率（%）	平均占有率（%）
1	国门英雄	中央电视台综合频道	6.7	17.7
2	温州一家人	中央电视台综合频道	5.0	14.5
3	知青	中央电视台综合频道	4.6	15.9
4	誓言今生	中央电视台综合频道	4.3	11.4
4	宝乐婶的烦心事	陕西广播电视台都市青春频道（二套）	4.3	11.4
6	养女	陕西广播电视台都市青春频道（二套）	4.2	11.9
7	感动生命	中央电视台综合频道	4.2	11.8
8	穆桂英挂帅	陕西广播电视台都市青春频道（二套）	4.1	10.5
9	阳光路上	中央电视台综合频道	4.0	10.2
10	宫锁珠帘	湖南电视台卫星频道	3.7	14.3

表 3.58.9 2012 年西安市场新闻节目收视率排名前十位

名次	节目名称	播出频道	平均收视率（%）	平均占有率（%）
1	新闻联播	中央电视台综合频道	5.4	19.6
2	都市快报	陕西广播电视台都市青春频道（二套）	5.0	15.8
3	中国共产党第十八次全国代表大会专题新闻	中央电视台综合频道	3.7	10.7
4	天天晒网	陕西广播电视台都市青春频道（二套）	3.4	14.1
5	温家宝总理会见中外记者	中央电视台综合频道	3.4	9.9
6	焦点访谈	中央电视台综合频道	3.2	10.7
7	新闻调查	中央电视台综合频道	2.0	5.2
8	第 1 新闻	陕西广播电视台新闻综合频道（一套）	1.7	8.4
9	军情观察室	凤凰卫视中文台	1.7	6.1
10	第 1 新闻今晚播报	陕西广播电视台新闻综合频道（一套）	1.4	4.9

表 3.58.10 2012 年西安市场专题节目收视率排名前十位

名次	节目名称	播出频道	平均收视率（%）	平均占有率（%）
1	一年又一年	中央电视台综合频道	6.2	19.8
2	红旗渠的守望者	中央电视台综合频道	5.7	14.9
3	感动中国 2011 年度人物颁奖典礼	中央电视台综合频道	2.9	8.1
4	身边的感动 2011 感动记忆情与法的天平	中央电视台综合频道	2.7	7.8
5	酷我真声音	浙江卫视	2.6	13.3
6	丝绸之路印象	中央电视台综合频道	2.5	7.6
7	身边的感动	中央电视台综合频道	2.3	7.5
8	2012 中国经济年度人物颁奖盛典	中央电视台综合频道	2.3	6.8
9	法治的力量 2012 年度法治人物颁奖盛典	中央电视台综合频道	2.2	7.0
10	温暖 2012	中央台三套	2.1	6.1

表 3.58.11　2012 年西安市场综艺节目收视率排名前十位

名次	节目名称	播出频道	平均收视率（%）	平均占有率（%）
1	2012 春节联欢晚会	中央电视台综合频道	33.9	66.8
2	2012 元宵晚会	中央电视台综合频道	16.3	37.6
3	中国好声音巅峰时刻	浙江卫视	6.6	20.1
4	我爱主持人第九届中国金鹰电视艺术节主持人盛典	湖南电视台卫星频道	6.5	18.9
5	星光大道	中央电视台综合频道	5.6	15.3
6	中央电视台 2012 年 315 晚会共筑诚信有你有我	中央电视台综合频道	5.5	15.0
7	福州月中华情 2012 年中央电视台中秋晚会	中央电视台综合频道	5.1	15.4
8	喜到福到好运到	中央台三套	3.8	11.3
9	1983—2010 春晚记忆	中央电视台综合频道	3.7	13.0
10	阳光路上 2012 年五一国际劳动节文艺晚会第三届中国职工艺术节开幕	中央电视台综合频道	3.6	10.0

表 3.58.12　2012 年西安市场体育节目收视率排名前十位

名次	节目名称	播出频道	平均收视率（%）	平均占有率（%）
1	2012 年伦敦奥运会羽毛球男单颁奖仪式	中央电视台综合频道	8.4	24.5
2	2012 年第 30 届奥运会体操女子高低杠决赛	中央台五套	7.9	25.2
3	2012 年第 30 届奥运会射击男子 10 米气步枪决赛	中央台五套	7.1	27.2
4	现场直播：2012 年第 30 届奥运会女排 1/4 决赛（中国 VS 日本）	中央电视台综合频道	7.0	21.0
5	现场直播：2012 年第 30 届奥运会乒乓球男单决赛	中央台五套	6.7	28.7
6	2012 年第 30 届奥运会跳水男子双人 10 米跳台决赛	中央台五套	6.5	25.4
7	2012 年第 30 届奥运会田径男子 110 米栏预赛	中央台五套	6.1	31.3
8	2012 年第 30 届奥运会赛艇女子单人双桨决赛	中央台五套	5.6	22.0
9	2012 年第 30 届奥运会男子篮球决赛（西班牙队 VS 美国队）	中央台五套	5.4	21.5
10	2012 年第 30 届奥运会羽毛球男单半决赛	中央电视台综合频道	4.8	14.2

五十九、西宁收视数据

表 3.59.1 2008—2012 年西宁市场各类频道的市场占有率（%）

频道类别	年份				
	2008 年	2009 年	2010 年	2011 年	2012 年
中央台频道	63.3	55.8	49.0	47.4	47.2
中国教育台频道	0.3	0.3	0.3	0.4	0.3
青海省级频道	7.3	5.8	6.3	6.6	6.8
西宁市级频道	2.9	4.0	5.9	3.0	2.4
其他省级卫视频道	23.9	30.2	32.2	36.8	37.2
其他频道	2.3	3.9	6.3	5.8	6.1

表 3.59.2 2012 年西宁市场各类频道在不同目标观众中的市场占有率（%）

目标观众		中央台频道	中国教育台频道	青海省级频道	西宁市级频道	其他省级卫视频道	其他频道
4 岁及以上所有人		47.2	0.3	6.8	2.4	37.2	6.1
性别	男	49.8	0.4	6.2	2.2	35.0	6.4
	女	44.7	0.3	7.3	2.7	39.2	5.8
年龄	4—14 岁	45.0	0.3	6.2	1.4	38.9	8.3
	15—24 岁	37.0	0.6	6.3	2.2	49.0	4.9
	25—34 岁	44.3	0.3	7.6	2.7	38.0	7.2
	35—44 岁	45.7	0.3	5.7	2.2	38.0	8.2
	45—54 岁	46.9	0.5	6.0	1.9	38.3	6.4
	55—64 岁	47.8	0.3	8.9	3.9	34.1	5.0
	65 岁及以上	56.4	0.2	7.0	2.6	31.2	2.6
教育程度	未受过正规教育	49.8	0.2	8.1	2.6	34.3	5.0
	小学	45.7	0.3	7.8	1.7	38.8	5.7
	初中	44.7	0.4	8.5	3.3	36.7	6.6
	高中	46.2	0.4	6.0	2.5	38.2	6.7
	大学及以上	53.0	0.3	4.2	1.6	36.0	5.1
职业类别	干部/管理人员	46.8	0.2	6.8	2.0	39.2	5.0
	个体/私营企业人员	42.0	0.5	6.6	2.5	40.9	7.5
	初级公务员/雇员	49.2	0.3	5.6	2.1	35.4	7.5
	工人	42.7	0.4	6.5	2.4	40.1	7.9
	学生	37.5	0.5	6.3	1.6	46.5	7.6
	无业	52.2	0.3	7.0	2.8	33.5	4.2
	其他	34.38	0.48	24.75	1.95	25.92	12.5
个人月收入	0—600 元	43.4	0.4	7.2	1.8	40.6	6.5
	601—1200 元	45.2	0.2	8.8	2.7	35.2	7.9
	1201—1700 元	48.2	0.3	7.3	3.4	35.3	5.5
	1701—2600 元	47.6	0.4	6.7	2.3	38.0	5.0
	2601 元及以上	50.7	0.3	5.3	2.5	34.9	6.3

表 3. 59. 3　2012 年西宁市场各类频道在不同时段的市场占有率（%）

时间段	中央台频道	中国教育台频道	青海省级频道	西宁市级频道	其他省级卫视频道	其他频道
02:00—03:00	31.5	0.6	1.5	0.3	48.0	18.3
03:00—04:00	34.1	0.3	1.2	0.0	42.0	22.4
04:00—05:00	41.4	0.2	1.0	0.0	35.2	22.2
05:00—06:00	43.9	0.3	2.5	0.0	32.7	20.7
06:00—07:00	68.3	0.1	2.9	0.8	15.2	12.9
07:00—08:00	69.7	0.1	3.6	3.7	14.4	8.6
08:00—09:00	57.9	0.1	4.2	1.4	30.6	5.9
09:00—10:00	50.7	0.2	4.3	1.4	37.1	6.2
10:00—11:00	47.0	0.5	4.6	1.2	40.7	5.9
11:00—12:00	47.8	0.3	4.4	1.5	40.1	5.9
12:00—13:00	53.2	0.3	3.6	2.0	35.6	5.3
13:00—14:00	44.7	0.4	4.9	2.1	42.4	5.6
14:00—15:00	40.4	0.5	3.8	1.7	47.2	6.5
15:00—16:00	39.4	0.5	3.9	1.4	47.3	7.5
16:00—17:00	40.8	0.3	4.5	1.3	46.1	7.1
17:00—18:00	45.0	0.2	4.5	4.6	39.3	6.5
18:00—19:00	49.5	0.1	23.1	5.9	15.8	5.6
19:00—20:00	59.5	0.2	13.6	2.1	19.8	4.8
20:00—21:00	46.7	0.4	4.3	2.1	41.5	4.9
21:00—22:00	45.3	0.5	4.3	2.3	42.2	5.4
22:00—23:00	42.4	0.4	5.5	3.2	41.8	6.7
23:00—24:00	40.6	0.3	3.6	1.8	45.8	7.9
24:00—25:00	41.6	0.2	2.7	0.7	44.8	10.0
25:00—26:00	37.8	0.4	2.0	1.0	44.1	14.6

表 3. 59. 4　2012 年西宁市场收视份额排名前十位的频道

名次	频道名称	收视份额（%）
1	中央电视台综合频道	7.9
2	中央台八套	6.1
3	中央台六套	5.6
4	中央电视台新闻频道	4.8
5	中央台三套	4.3
6	中央电视台少儿频道	3.7
7	湖南电视台卫星频道	3.5
8	青海电视台经济生活频道	3.4
8	山东卫视	3.4
10	中央台五套	3.0

表 3.59.5　2012 年西宁市场各主要频道的观众构成（%）

目标观众		所有频道	主要频道				
			中央电视台综合频道	中央台八套	中央台六套	中央电视台新闻频道	中央台三套
4 岁及以上所有人		100.0	100.0	100.0	100.0	100.0	100.0
性别	男	49.4	50.7	43.2	52.3	57.6	47.1
	女	50.6	49.3	56.8	47.7	42.5	52.9
年龄	4—14 岁	9.8	8.4	6.0	10.2	4.8	7.9
	15—24 岁	6.4	6.9	4.3	6.9	5.2	4.8
	25—34 岁	16.4	15.8	13.6	22.4	10.1	16.6
	35—44 岁	18.7	13.7	17.3	26.9	15.9	19.1
	45—54 岁	19.2	17.5	21.4	15.9	16.3	24.9
	55—64 岁	11.6	14.3	13.3	8.5	13.4	10.3
	65 岁及以上	17.8	23.5	24.0	9.4	34.3	16.4
教育程度	未受过正规教育	6.8	6.7	7.4	5.8	5.4	6.3
	小学	15.1	14.9	16.1	15.1	9.3	13.6
	初中	27.9	31.8	24.4	23.9	32.6	23.2
	高中	31.2	26.5	37.3	32.3	31.0	33.4
	大学及以上	19.0	20.1	14.8	22.9	21.8	23.5
职业类别	干部/管理人员	4.7	5.1	3.5	5.5	3.7	7.0
	个体/私营企业人员	16.5	13.6	13.6	19.1	14.4	13.0
	初级公务员/雇员	16.6	14.2	16.1	21.7	13.1	23.4
	工人	11.2	10.2	10.8	14.2	9.3	10.8
	学生	9.2	8.1	5.4	10.0	4.4	6.2
	无业	40.9	48.4	50.0	29.2	54.1	38.8
	其他	0.96	0.46	0.66	0.26	1.03	0.83
个人月收入	0—600 元	25.4	23.6	19.6	25.4	16.0	20.4
	601—1200 元	10.4	7.1	13.0	11.8	9.5	10.7
	1201—1700 元	13.4	17.5	14.8	12.6	11.5	19.7
	1701—2600 元	23.3	22.0	25.2	17.7	35.1	20.7
	2601 元及以上	27.5	29.8	27.3	32.5	27.9	28.4

表 3.59.6　2010—2012 年西宁市场各类节目的播出份额（%）和收视份额（%）

节目类别	2010 年		2011 年		2012 年	
	播出份额	收视份额	播出份额	收视份额	播出份额	收视份额
财经	3.1	0.8	2.7	1.0	2.4	1.1
电视剧	21.4	30.7	20.6	29.8	20.4	33.7
电影	3.2	3.9	3.4	4.2	4.1	6.0
法制	1.0	1.7	0.9	1.2	0.8	1.5
教学	0.5	0.1	0.4	0.1	0.3	0.1
青少	7.8	3.0	8.0	2.0	7.5	4.8
生活服务	6.9	6.7	7.9	7.9	8.3	6.3
体育	1.9	3.6	1.5	1.9	1.7	3.3
外语	0.1	0.0	0.0	0.0	0.0	0.0
戏剧	1.2	0.5	1.1	0.4	1.2	0.5
新闻/时事	14.5	16.2	14.3	16.2	15.3	11.4
音乐	3.1	0.5	3.1	0.9	2.9	0.9
专题	10.4	4.8	11.4	5.4	12.2	8.0
综艺	10.3	11.4	10.4	12.7	9.1	12.3
其他	14.5	16.3	14.1	16.3	13.8	10.2

表 3.59.7 2012 年西宁市场所有节目收视率排名前三十位

名次	节目名称	节目类别	播出频道	平均收视率(%)	平均占有率(%)
1	2012 春节联欢晚会	综艺	中央电视台综合频道	23.6	49.5
2	2012 元宵晚会	综艺	中央电视台综合频道	15.9	35.0
3	2012 年第 30 届奥运会跳水男子双人 3 米板决赛	体育	中央台五套	10.1	31.9
4	天气预报	生活服务	中央电视台综合频道	9.9	27.4
5	国门英雄	电视剧	中央电视台综合频道	9.4	19.6
6	2012 年第 30 届奥运会体操女子高低杠决赛	体育	中央台五套	8.5	26.4
7	2012	电影	中央台六套	7.9	30.1
8	2012 年第 30 届奥运会女排小组赛 B 组	体育	中央台五套	7.6	19.1
9	中央电视台 2012 年 315 晚会共筑诚信有你有我	综艺	中央电视台综合频道	7.6	17.1
10	红旗渠的守望者	专题	中央电视台综合频道	7.4	16.2
11	一生只爱你	电视剧	中央台八套	7.1	20.9
12	2012 年第 30 届奥运会男子 200 米仰泳预赛	体育	中央台五套	7.0	23.9
13	福州月中华情 2012 年中央电视台中秋晚会	综艺	中央电视台综合频道	7.0	19.9
14	我们的生活充满阳光 2011 年综艺频道元旦特别节目	综艺	中央台三套	6.9	16.1
15	温州一家人	电视剧	中央电视台综合频道	6.8	17.1
16	一年又一年	专题	中央电视台综合频道	6.6	18.2
17	2012 年伦敦奥运会羽毛球男单颁奖仪式	体育	中央电视台综合频道	6.5	14.9
18	2012 年第 30 届奥运会射击男子 10 米气步枪决赛	体育	中央台五套	6.4	19.9
19	星光大道	综艺	中央电视台综合频道	6.4	16.4
20	新闻联播	新闻/时事	中央电视台综合频道	6.3	19.5
21	实况录像：2012 年第 30 届奥运会赛艇女子单人双桨半决赛	体育	中央台五套	6.1	19.1
22	相聚西宁欢歌夏都 11 届体育彩票杯环青海湖公路自行车赛开幕式演出	体育	中央台五套	6.1	16.7
23	2012 年第 30 届奥运会乒乓球男单第三轮	体育	中央台五套	6.0	15.9
24	启航 2013 中央电视台元旦晚会	综艺	中央电视台综合频道	6.0	14.2
25	中原女警	电影	中央台六套	5.9	15.0
26	向东是大海	电视剧	中央电视台综合频道	5.9	13.5
27	尖峰时刻第三部	电影	中央台六套	5.8	21.1
28	孙子从美国来	电影	中央台六套	5.8	12.0
29	腾飞的可可西里春天的礼赞 2012 年青海广播电视台春节文艺晚会	综艺	青海卫视	5.8	11.9
30	为祖国放歌第十二届精神文明建设五个一工程颁奖晚会	综艺	中央电视台综合频道	5.7	13.9

表 3.59.8　2012 年西宁市场电视剧收视率排名前十位

名次	节目名称	播出频道	平均收视率（%）	平均占有率（%）
1	国门英雄	中央电视台综合频道	9.4	19.6
2	一生只爱你	中央台八套	7.1	20.9
3	温州一家人	中央电视台综合频道	6.8	17.1
4	一生只爱你	中央台八套	6.3	13.3
5	向东是大海	中央电视台综合频道	5.9	13.5
6	誓言今生	中央电视台综合频道	5.6	11.2
7	锁定美军特使	中央台八套	5.3	12.6
8	大营救	中央台八套	5.3	12.1
9	孤军英雄	中央台八套	5.1	16.1
10	国家命运	中央电视台综合频道	5.0	13.4

表 3.59.9　2012 年西宁市场新闻节目收视率排名前十位

名次	节目名称	播出频道	平均收视率（%）	平均占有率（%）
1	新闻联播	中央电视台综合频道	6.3	19.5
2	中国共产党第十八次全国代表大会专题新闻	中央电视台综合频道	4.5	11.5
3	焦点访谈	中央电视台综合频道	3.7	9.7
4	百姓 1 时间	青海电视台经济生活频道	3.4	13.2
5	青海新闻联播	青海卫视	3.1	12.9
6	胡锦涛主席出席庆祝香港回归祖国十五周年文艺晚会	中央电视台综合频道	3.1	9.1
7	转播中央台新闻联播	青海卫视	3.0	9.2
8	中国共产党第十八次全国代表大会专题新闻	中央电视台新闻频道	2.6	6.7
9	温家宝总理会见中外记者	中央电视台综合频道	2.4	5.2
10	新闻调查	中央电视台综合频道	2.2	4.2

表 3.59.10　2012 年西宁市场专题节目收视率排名前十位

名次	节目名称	播出频道	平均收视率（%）	平均占有率（%）
1	红旗渠的守望者	中央电视台综合频道	7.4	16.2
2	一年又一年	中央电视台综合频道	6.6	18.2
3	身边的感动 2011 感动记忆情与法的天平	中央电视台综合频道	4.2	9.6
4	身边的感动 2011 感动记忆百姓的官	中央电视台综合频道	4.0	8.3
5	感动中国 2011 年度人物颁奖典礼	中央电视台综合频道	3.7	7.5
6	知青记忆之青春	中央电视台综合频道	3.6	9.5
7	身边的感动	中央电视台综合频道	3.1	7.8
8	感动中国 2011 年度人物颁奖典礼	中央台三套	3.1	6.3
9	酷我真声音	浙江卫视	2.9	15.5
10	中华之光传播中华文化年度人物评选	中央电视台综合频道	2.9	7.1

表 3.59.11　2012 年西宁市场综艺节目收视率排名前十位

名次	节目名称	播出频道	平均收视率(%)	平均占有率(%)
1	2012 春节联欢晚会	中央电视台综合频道	23.6	49.5
2	2012 元宵晚会	中央电视台综合频道	15.9	35.0
3	中央电视台 2012 年 315 晚会共筑诚信有你有我	中央电视台综合频道	7.6	17.1
4	福州月中华情 2012 年中央电视台中秋晚会	中央电视台综合频道	7.0	19.9
5	我们的生活充满阳光 2011 年综艺频道元旦特别节目	中央台三套	6.9	16.1
6	星光大道	中央电视台综合频道	6.4	16.4
7	启航 2013 中央电视台元旦晚会	中央电视台综合频道	6.0	14.2
8	腾飞的可可西里春天的礼赞 2012 年青海广播电视台春节文艺晚会	青海卫视	5.8	11.9
9	为祖国放歌第十二届精神文明建设五个一工程颁奖晚会	中央电视台综合频道	5.7	13.9
10	阳光路上情满怀 2012 年军民迎新春文艺晚会	中央电视台综合频道	5.6	11.3

表 3.59.12　2012 年西宁市场体育节目收视率排名前十位

名次	节目名称	播出频道	平均收视率(%)	平均占有率(%)
1	2012 年第 30 届奥运会跳水男子双人 3 米板决赛	中央台五套	10.1	31.9
2	2012 年第 30 届奥运会体操女子高低杠决赛	中央台五套	8.5	26.4
3	2012 年第 30 届奥运会男子 200 米仰泳预赛	中央台五套	7.0	23.9
4	2012 年伦敦奥运会羽毛球男单颁奖仪式	中央电视台综合频道	6.5	14.9
5	2012 年第 30 届奥运会射击男子 10 米气步枪决赛	中央台五套	6.4	19.9
6	实况录像：2012 年第 30 届奥运会赛艇女子单人双桨半决赛	中央台五套	6.1	19.1
7	相聚西宁欢歌夏都 11 届体育彩票杯环青海湖公路自行车赛开幕式演出	中央台五套	6.1	16.7
8	2012 年第 30 届奥运会乒乓球男单第三轮	中央台五套	6.0	15.9
9	2012 年第 30 届奥运会田径男子 100 米预赛	中央台五套	5.6	19.8
10	2012 年第 30 届奥运会女排小组赛 B 组（中国 VS 韩国）	中央台五套	5.5	18.4

六十、厦门收视数据

表 3.60.1 2008—2012 年厦门市场各类频道的市场占有率（%）

频道类别	年份				
	2008 年	2009 年	2010 年	2011 年	2012 年
中央台频道	40.8	37.5	36.5	34.2	37.0
中国教育台频道	0.1	0.1	0.2	0.8	0.5
福建省级频道	8.2	9.1	8.2	6.9	5.8
厦门市级频道	28.4	26.8	27.2	27.1	22.6
其他省级卫视频道	15.4	20.4	24.1	27.6	29.0
其他频道	7.1	6.1	3.8	3.3	5.1

表 3.60.2 2012 年厦门市场各类频道在不同目标观众中的市场占有率（%）

目标观众		中央台频道	中国教育台频道	福建省级频道	厦门市级频道	其他省级卫视频道	其他频道
4 岁及以上所有人		37.0	0.5	5.8	22.6	29.0	5.1
性别	男	41.7	0.5	6.1	20.7	26.5	4.5
	女	32.4	0.5	5.5	24.5	31.5	5.6
年龄	4—14 岁	33.4	0.4	5.5	13.3	39.5	7.9
	15—24 岁	30.2	0.7	7.5	20.4	36.7	4.5
	25—34 岁	38.6	0.7	4.6	19.5	29.1	7.5
	35—44 岁	35.7	0.8	5.3	24.2	29.0	5.0
	45—54 岁	35.5	0.2	7.1	25.1	28.0	4.1
	55—64 岁	40.2	0.2	6.5	25.2	24.9	3.0
	65 岁及以上	43.5	0.4	4.7	25.8	21.6	4.0
教育程度	未受过正规教育	32.4	0.0	4.7	30.4	27.1	5.4
	小学	31.8	0.7	5.9	27.7	30.2	3.7
	初中	34.1	0.6	7.0	25.2	28.4	4.7
	高中	40.9	0.4	5.2	20.3	28.3	4.9
	大学及以上	41.7	0.6	5.4	15.5	30.1	6.7
职业类别	干部/管理人员	42.8	0.3	5.1	14.0	31.0	6.8
	个体/私营企业人员	37.4	0.5	4.9	25.6	26.9	4.7
	初级公务员/雇员	38.5	0.3	6.4	17.2	30.6	7.0
	工人	33.6	1.0	5.7	27.4	29.2	3.1
	学生	33.5	0.6	6.6	13.3	39.9	6.1
	无业	38.0	0.5	5.9	24.8	26.2	4.6
	其他	31.2	0.0	4.1	40.2	21.4	3.1
个人月收入	0—600 元	33.4	0.6	6.6	21.5	31.7	6.2
	601—1200 元	33.0	0.2	4.5	33.3	25.9	3.1
	1201—1700 元	34.7	0.4	7.2	26.7	28.5	2.5
	1701—2600 元	35.9	0.6	5.9	24.4	29.0	4.2
	2601 元及以上	44.2	0.5	4.7	17.8	26.8	6.0

表 3.60.3　2012 年厦门市场各类频道在不同时段的市场占有率（%）

时间段	中央台频道	中国教育台频道	福建省级频道	厦门市级频道	其他省级卫视频道	其他频道
02:00—03:00	50.1	0.4	3.6	3.4	36.7	5.8
03:00—04:00	60.8	0.0	2.2	3.5	29.3	4.2
04:00—05:00	67.9	0.4	1.3	2.1	17.5	10.8
05:00—06:00	60.0	0.1	4.9	3.1	13.1	18.8
06:00—07:00	52.1	0.0	13.7	5.8	24.3	4.1
07:00—08:00	59.5	0.2	1.9	17.8	18.7	1.9
08:00—09:00	57.9	0.5	3.9	11.3	21.1	5.3
09:00—10:00	48.6	0.6	4.6	11.2	28.4	6.6
10:00—11:00	47.5	0.6	4.0	10.5	30.6	6.8
11:00—12:00	41.4	0.5	3.9	21.3	27.0	5.9
12:00—13:00	40.4	0.2	2.5	36.3	17.7	2.9
13:00—14:00	48.3	0.5	3.6	9.6	31.8	6.2
14:00—15:00	34.7	0.7	4.1	9.0	42.4	9.1
15:00—16:00	36.6	0.4	2.8	9.1	44.6	6.5
16:00—17:00	36.8	0.6	3.4	10.9	41.8	6.5
17:00—18:00	44.8	0.6	6.1	10.6	32.6	5.3
18:00—19:00	38.7	0.1	16.8	26.9	13.3	4.2
19:00—20:00	44.0	0.4	8.3	30.3	13.1	3.9
20:00—21:00	30.9	0.8	5.7	25.0	31.7	5.9
21:00—22:00	25.3	0.6	3.7	29.8	35.8	4.8
22:00—23:00	26.4	0.7	3.5	12.1	52.1	5.2
23:00—24:00	31.3	0.5	3.6	6.3	52.5	5.8
24:00—25:00	42.4	1.3	4.1	6.5	38.5	7.2
25:00—26:00	53.2	1.9	3.3	12.0	24.7	4.9

表 3.60.4　2012 年厦门市场收视份额排名前十位的频道

名次	频道名称	收视份额（%）
1	中央电视台综合频道	10.8
2	厦门电视台综合频道	8.1
3	湖南电视台卫星频道	6.2
4	厦门卫视	5.6
5	厦门电视台海峡频道	4.7
6	中央台八套	3.8
7	中央台五套	3.7
8	中央台六套	3.6
8	江苏卫视	3.6
10	中央台三套	2.9

表 3.60.5 2012 年厦门市场各主要频道的观众构成（%）

目标观众		所有频道	主要频道				
			中央电视台综合频道	厦门电视台综合频道	湖南电视台卫星频道	厦门卫视	厦门电视台海峡频道
4 岁及以上所有人		100.0	100.0	100.0	100.0	100.0	100.0
性别	男性	49.9	54.8	50.9	33.8	34.4	51.0
	女性	50.1	45.2	49.1	66.2	65.6	49.0
年龄	4—14 岁	6.7	4.6	2.2	10.1	5.3	2.2
	15—24 岁	13.0	10.4	9.5	29.3	13.6	10.2
	25—34 岁	19.2	21.4	16.1	24.9	16.1	18.2
	35—44 岁	18.6	15.7	17.5	20.0	21.1	22.7
	45—54 岁	16.2	12.8	19.2	9.5	18.5	15.1
	55—64 岁	12.0	14.9	17.5	3.2	7.1	15.0
	65 岁及以上	14.3	20.2	18.0	3.0	18.3	16.6
教育程度	未受正规教育	6.2	4.1	8.0	3.3	12.9	5.2
	小学	18.1	11.5	17.6	13.8	36.8	13.2
	初中	27.4	29.1	32.9	31.2	22.0	35.2
	高中	27.5	32.7	27.3	25.1	18.6	27.5
	大学及以上	20.8	22.6	14.2	26.6	9.7	18.9
职业类别	干部/管理人员	4.4	5.8	2.6	5.8	1.9	3.4
	个体/私营企业人员	14.7	12.0	17.0	13.1	17.9	16.4
	初级公务员/雇员	19.5	20.6	15.1	23.5	10.8	17.8
	工人	12.4	12.0	14.5	16.8	17.2	14.6
	学生	10.0	8.3	3.4	19.9	7.3	4.9
	无业	36.9	39.9	44.0	20.4	39.6	41.3
	其他	2.1	1.4	3.4	0.5	5.3	1.6
个人月收入	0—600 元	28.7	23.0	22.7	35.7	36.7	21.9
	601—1200 元	5.5	5.8	8.6	4.5	7.7	7.0
	1201—1700 元	11.0	10.9	12.7	9.4	11.4	13.4
	1701—2600 元	28.1	26.6	33.4	25.8	29.4	34.4
	2601 元及以上	26.7	33.7	22.6	24.6	14.8	23.3

表 3.60.6 2010—2012 年厦门市场各类节目的播出份额（%）和收视份额（%）

节目类别	2010		2011		2012	
	播出份额	收视份额	播出份额	收视份额	播出份额	收视份额
财经	2.9	1.0	2.7	1.6	2.4	0.9
电视剧	22.5	29.3	21.8	28.7	21.5	28.5
电影	2.8	3.2	3.3	2.5	3.6	3.0
法制	1.0	0.6	0.8	0.5	0.8	0.5
教学	0.6	0.1	0.5	0.1	0.4	0.1
青少	7.3	3.3	7.9	2.8	7.2	3.3
生活服务	7.3	5.4	8.4	6.7	9.1	7.2
体育	2.1	4.5	2.0	1.9	2.0	3.4
外语	0.1	0.0	0.0	0.0	0.0	0.0
戏剧	0.9	1.4	1.0	1.5	1.0	1.5
新闻/时事	14.7	17.6	14.1	19.4	15.5	18.5
音乐	2.6	0.4	2.9	0.7	2.5	0.7
专题	10.5	5.0	9.9	4.6	11.3	5.0
综艺	9.6	11.1	10.2	11.9	8.6	10.9
其他	15.1	17.2	14.4	17.1	14.2	16.5

表 3.60.7　2012 年厦门市场所有节目收视率排名前三十位

名次	节目名称	节目类型	播出频道	平均收视率（%）	平均占有率（%）
1	2012 春节联欢晚会	综艺	中央电视台综合频道	22.4	60.9
2	新闻联播	新闻/时事	中央电视台综合频道	10.2	33.3
3	2012 年伦敦奥运会男子双杠颁奖仪式	体育	中央台五套	7.5	27.0
4	2012 年第 30 届奥运会男子 1500 米自由泳预赛	体育	中央台五套	7.5	22.3
5	2012 年第 30 届奥运会体操女子平衡木决赛	体育	中央台五套	7.2	29.3
6	2012 年第 30 届奥运会赛艇女子单人双桨 1/4 决赛第三组	体育	中央台五套	6.9	19.4
6	2012 年第 30 届奥运会乒乓球男单第三轮	体育	中央台五套	6.9	19.4
8	2012 年第 30 届奥运会女子重剑团体半决赛	体育	中央台五套	6.8	19.9
9	2012 年第 30 届奥运会男篮小组赛 B 组（中国 VS 俄罗斯）	体育	中央台五套	6.7	20.7
10	2012 年第 30 届奥运会跳水女子 3 米板半决赛	体育	中央台五套	6.5	23.7
11	天气预报	生活服务	中央电视台综合频道	6.5	20.2
12	2012 元宵晚会	综艺	中央电视台综合频道	6.5	17.1
13	2012 年第 30 届奥运会射箭男子个人赛 1/4 决赛	体育	中央台五套	5.7	27.4
14	欢喜大围炉 2008 两岸闽南话春节晚会	综艺	厦门卫视	5.6	16.2
15	特区新闻广场	新闻/时事	厦门电视台海峡频道	5.3	17.6
16	致命名单	电视剧	厦门电视台综合频道	5.3	16.8
17	2012 年第 30 届奥运会铁人三项男子决赛	体育	中央台五套	5.3	15.3
18	一门三司令	电视剧	厦门电视台综合频道	5.1	17.7
19	现场直播：2012 年第 30 届奥运会羽毛球混双决赛	体育	中央台五套	5.0	30.0
20	焦点访谈	新闻/时事	中央电视台综合频道	5.0	15.6
21	非诚勿扰	综艺	江苏卫视	4.6	18.8
22	双生谍影	电视剧	厦门电视台综合频道	4.6	14.9
23	我爱主持人第九届中国金鹰电视艺术节主持人盛典	综艺	湖南电视台卫星频道	4.6	14.8
24	快乐大本营	综艺	湖南电视台卫星频道	4.5	14.5
25	看戏	戏剧	厦门卫视	4.3	14.5
26	一触即发	电视剧	厦门电视台综合频道	4.3	14.3
27	中国共产党第十八次全国代表大会专题新闻	新闻/时事	中央电视台综合频道	4.3	14.1
28	红色黎明	电视剧	厦门电视台综合频道	4.0	14.5
29	狂飙支队	电视剧	厦门电视台综合频道	4.0	13.7
30	三进山城	电视剧	厦门电视台综合频道	4.0	13.6

表 3.60.8　2012 年厦门市场电视剧收视率排名前十位

名次	节目名称	播出频道	平均收视率（%）	平均占有率（%）
1	致命名单	厦门电视台综合频道	5.3	16.8
2	一门三司令	厦门电视台综合频道	5.1	17.7
3	双生谍影	厦门电视台综合频道	4.6	14.9
4	一触即发	厦门电视台综合频道	4.3	14.3
5	红色黎明	厦门电视台综合频道	4.0	14.5
6	狂飙支队	厦门电视台综合频道	4.0	13.7
7	三进山城	厦门电视台综合频道	4.0	13.6
8	桥隆飙	厦门电视台综合频道	3.9	12.7
9	独立纵队	厦门电视台综合频道	3.8	12.8
10	地火	厦门电视台综合频道	3.6	12.1

表 3.60.9　2012 年厦门市场新闻节目收视率排名前十位

名次	节目名称	播出频道	平均收视率（%）	平均占有率（%）
1	新闻联播	中央电视台综合频道	10.2	33.3
2	特区新闻广场	厦门电视台海峡频道	5.3	17.6
3	焦点访谈	中央电视台综合频道	5.0	15.6
4	中国共产党第十八次全国代表大会专题新闻	中央电视台综合频道	4.3	14.1
5	厦视直播室	厦门电视台海峡频道	3.3	9.9
6	2012 两岸关注特别节目	厦门卫视	3.0	10.7
7	胡锦涛主席出席庆祝香港回归祖国十五周年文艺晚会	中央电视台综合频道	2.8	9.5
8	十分关注	厦门电视台海峡频道	2.6	9.8
9	温家宝总理会见中外记者	中央电视台综合频道	2.3	6.7
10	转播中央台新闻联播	厦门电视台综合频道	2.2	7.0

表 3.60.10　2012 年厦门市场专题节目收视率排名前十位

名次	节目名称	播出频道	平均收视率（%）	平均占有率（%）
1	身边的感动	中央电视台综合频道	3.9	12.2
2	一年又一年	中央电视台综合频道	3.6	22.3
3	红旗渠的守望者	中央电视台综合频道	2.9	9.8
4	第十一届汉语桥世界大学生中文比赛总决赛	湖南电视台卫星频道	2.6	8.7
5	永远的雷锋	中央电视台综合频道	2.4	6.4
6	2012 中国经济年度人物颁奖盛典	中央电视台综合频道	2.3	7.3
7	感动中国 2011 年度人物颁奖典礼	中央电视台综合频道	2.1	7.0
8	酷我真声音	浙江卫视	1.9	16.1
9	北京访谈	厦门电视台海峡频道	1.9	6.8
10	大鲁艺	中央电视台综合频道	1.8	5.7

表 3.60.11　2012 年厦门市场综艺节目收视率排名前十位

名次	节目名称	播出频道	平均收视率(%)	平均占有率(%)
1	2012 春节联欢晚会	中央电视台综合频道	22.4	60.9
2	2012 元宵晚会	中央电视台综合频道	6.5	17.1
3	欢喜大围炉 2008 两岸闽南话春节晚会	厦门卫视	5.6	16.2
4	非诚勿扰	江苏卫视	4.6	18.8
5	我爱主持人第九届中国金鹰电视艺术节主持人盛典	湖南电视台卫星频道	4.6	14.8
6	快乐大本营	湖南电视台卫星频道	4.5	14.5
7	我们都是活雷锋	湖南电视台卫星频道	4.0	12.3
8	你好春天 2012 年文化部春节电视晚会	中央电视台综合频道	3.7	13.5
9	中国电影导演协会 2011 年度表彰大会	湖南电视台卫星频道	3.5	11.2
10	中央电视台 2012 年 315 晚会共筑诚信有你有我	中央电视台综合频道	3.2	9.7

表 3.60.12　2012 年厦门市场体育节目收视率排名前十位

名次	节目名称	播出频道	平均收视率(%)	平均占有率(%)
1	2012 年伦敦奥运会男子双杠颁奖仪式	中央台五套	7.5	27.0
2	2012 年第 30 届奥运会男子 1500 米自由泳预赛	中央台五套	7.5	22.3
3	2012 年第 30 届奥运会体操女子平衡木决赛	中央台五套	7.2	29.3
4	2012 年第 30 届奥运会赛艇女子单人双桨 1/4 决赛第三组	中央台五套	6.9	19.4
4	2012 年第 30 届奥运会乒乓球男单第三轮	中央台五套	6.9	19.4
6	2012 年第 30 届奥运会女子重剑团体半决赛	中央台五套	6.8	19.9
7	2012 年第 30 届奥运会男篮小组赛 B 组（中国 VS 俄罗斯）	中央台五套	6.7	20.7
8	2012 年第 30 届奥运会跳水女子 3 米板半决赛	中央台五套	6.5	23.7
9	2012 年第 30 届奥运会射箭男子个人赛 1/4 决赛	中央台五套	5.7	27.4
10	2012 年第 30 届奥运会铁人三项男子决赛	中央台五套	5.3	15.3

六十一、银川收视数据

表 3.61.1 2008—2012 年银川市场各类频道的市场占有率（%）

频道类别	年份				
	2008 年	2009 年	2010 年	2011 年	2012 年
中央台频道	58.9	54.2	55.1	51.4	53.1
中国教育台频道	0.2	0.3	0.6	1.0	0.9
宁夏自治区级频道	12.9	10.2	7.0	6.5	4.5
银川市级频道	2.9	2.0	1.6	3.0	4.8
其他省级卫视频道	17.6	25.9	31.3	35.0	33.8
其他频道	7.4	7.4	4.5	3.1	2.8

表 3.61.2 2012 年银川市场各类频道在不同目标观众中的市场占有率（%）

其他频道		目标	中央台频道	中国教育台频道	宁夏自治区级频道	银川市级频道	其他省级卫视频道
4 岁及以上所有人		53.1	0.9	4.5	4.8	33.8	2.8
性别	男	57.0	0.9	4.6	4.8	29.9	2.8
	女	49.6	0.9	4.5	4.9	37.3	2.7
年龄	4—14 岁	50.1	0.6	4.9	2.0	39.7	2.7
	15—24 岁	48.9	2.4	3.5	4.9	37.0	3.3
	25—34 岁	48.1	0.9	4.9	5.2	36.4	4.5
	35—44 岁	51.3	1.1	4.9	6.0	33.6	3.0
	45—54 岁	52.1	0.8	4.8	6.3	32.9	3.1
	55—64 岁	54.4	0.4	4.8	4.2	34.4	1.9
	65 岁及以上	64.9	0.6	3.5	3.5	26.8	0.7
教育程度	未受过正规教育	53.8	1.7	5.0	2.7	33.6	3.3
	小学	52.2	0.8	4.1	3.3	37.6	1.9
	初中	50.5	0.9	4.8	5.6	35.4	2.7
	高中	54.6	0.8	4.4	5.0	32.2	3.0
	大学及以上	55.7	0.9	4.5	5.1	30.8	3.0
职业类别	个体/私营企业人员	50.6	1.2	4.3	6.1	34.2	3.6
	初级公务员/雇员	52.8	1.1	5.2	4.9	32.3	3.7
	工人	52.3	1.4	5.5	6.7	30.5	3.6
	学生	50.0	1.4	4.6	2.8	39.2	2.0
	无业	55.1	0.5	4.2	4.6	33.4	2.2
	其他	45.1	1.1	2.3	0.8	48.7	1.9
个人月收入	0—600 元	49.2	1.0	4.4	4.2	38.3	2.9
	601—1200 元	51.8	0.9	4.9	5.3	34.2	3.0
	1201—1700 元	51.5	0.6	5.0	5.4	35.8	1.7
	1701—2600 元	58.2	1.4	3.7	4.6	29.8	2.4
	2601 元及以上	56.2	0.5	5.0	5.1	29.1	4.0

表 3.61.3　2012 年银川市场各类频道在不同时段的市场占有率（%）

时间段	中央台频道	中国教育台频道	宁夏自治区级频道	银川市级频道	其他省级卫视频道	其他频道
02:00—03:00	49.3	0.4	0.8	0.0	42.0	7.5
03:00—04:00	64.2	0.0	0.0	0.0	31.0	4.8
04:00—05:00	68.1	0.0	0.0	0.0	27.1	4.8
05:00—06:00	75.9	0.4	0.0	0.1	16.2	7.4
06:00—07:00	79.3	0.1	1.7	0.6	16.6	1.8
07:00—08:00	77.7	0.1	3.5	3.0	13.6	2.1
08:00—09:00	66.7	0.2	3.6	2.5	24.1	2.8
09:00—10:00	54.2	0.4	4.1	3.4	34.8	3.1
10:00—11:00	52.3	0.7	3.9	3.4	36.5	3.2
11:00—12:00	55.7	0.5	3.2	4.0	33.3	3.4
12:00—13:00	67.0	0.3	3.2	4.3	23.0	2.1
13:00—14:00	57.6	0.7	4.6	1.9	32.5	2.7
14:00—15:00	39.0	0.9	3.4	3.0	49.8	3.9
15:00—16:00	34.8	0.5	3.8	3.7	52.5	4.7
16:00—17:00	40.3	0.4	3.8	2.4	48.4	4.8
17:00—18:00	51.2	0.2	5.5	2.9	36.3	3.9
18:00—19:00	60.4	0.2	7.0	14.0	15.4	3.0
19:00—20:00	72.9	0.9	3.6	3.8	17.1	1.6
20:00—21:00	45.7	2.2	4.1	3.5	42.7	1.8
21:00—22:00	43.6	1.3	4.2	4.2	44.1	2.6
22:00—23:00	38.7	0.5	6.8	7.9	42.5	3.7
23:00—24:00	34.8	0.3	8.7	9.2	41.8	5.3
24:00—25:00	38.8	0.6	7.1	7.4	38.1	8.0
25:00—26:00	47.0	0.7	5.7	1.7	37.0	7.9

表 3.61.4　2012 年银川市场收视份额排名前十位的频道

名次	频道名称	收视份额（%）
1	中央电视台综合频道	17.2
2	中央台八套	7.9
3	中央台六套	5.2
4	中央台三套	4.7
5	湖南电视台卫星频道	4.6
6	中央电视台少儿频道	3.4
7	江苏卫视	3.2
8	中央电视台新闻频道	3.0
9	中央台五套	2.8
10	银川电视台公共频道	2.6

表 3.61.5　2012 年银川市场各主要频道的观众构成（%）

目标观众		所有频道	主要频道				
			中央电视台综合频道	中央台八套	中央台六套	中央台三套	湖南电视台卫星频道
4 岁及以上所有人		100.0	100.0	100.0	100.0	100.0	100.0
性别	男	47.5	51.0	43.3	51.6	50.1	32.7
	女	52.5	49.0	56.7	48.4	49.9	67.3
年龄组	4—14 岁	9.2	8.3	4.4	7.2	4.8	12.3
	15—24 岁	8.0	7.8	5.9	12.4	5.6	14.3
	25—34 岁	16.9	12.7	17.5	21.9	13.8	22.2
	35—44 岁	19.3	19.2	17.0	26.5	18.0	20.7
	45—54 岁	17.8	17.2	19.8	17.5	18.9	13.0
	55—64 岁	13.2	13.2	17.9	7.1	18.1	9.6
	65 岁及以上	15.6	21.6	17.5	7.3	20.8	7.8
教育程度	未受过正规教育	4.6	4.8	4.7	4.8	2.7	3.8
	小学	15.5	15.3	12.6	16.1	14.6	17.4
	初中	31.6	28.8	35.7	32.9	33.4	32.6
	高中	28.5	30.2	28.0	27.8	29.7	24.9
	大学及以上	19.8	21.0	19.1	18.4	19.6	21.3
职业类别	干部/管理人员	2.5	3.0	2.0	1.8	2.8	1.8
	个体/私营企业人员	14.5	13.4	14.5	18.0	11.9	16.4
	初级公务员/雇员	14.5	15.6	13.4	15.8	12.9	15.7
	工人	12.6	11.4	12.8	17.5	15.2	12.3
	学生	11.2	10.8	5.4	11.9	7.2	18.6
	无业	42.5	44.4	50.1	32.1	48.1	32.6
	其他	2.1	1.4	1.8	2.8	1.9	2.5
个人月收入	0—600 元	28.1	24.8	22.6	31.0	19.4	36.3
	601—1200 元	12.6	12.0	15.0	12.4	13.8	10.8
	1201—1700 元	19.8	19.1	20.7	16.6	25.4	19.6
	1701—2600 元	23.9	29.1	27.9	20.3	26.2	19.8
	2601 元及以上	15.6	15.0	13.8	19.7	15.2	13.5

表 3.61.6　2010—2012 年银川市场各类节目的播出份额（%）和收视份额（%）

节目类别	2010 年		2011 年		2012 年	
	播出份额	收视份额	播出份额	收视份额	播出份额	收视份额
财经	3.0	0.9	2.8	1.1	2.5	0.7
电视剧	21.9	30.1	21.0	29.8	20.9	31.9
电影	3.1	2.6	3.5	2.8	4.0	3.9
法制	1.1	2.0	0.9	1.3	0.8	1.0
教学	0.6	0.1	0.4	0.1	0.4	0.1
青少	7.4	3.5	8.2	3.5	7.5	3.3
生活服务	7.1	6.4	7.8	8.0	8.4	8.4
体育	1.9	3.6	1.6	1.9	1.7	2.6
外语	0.1	0.0	0.1	0.0	0.0	0.0
戏剧	1.1	0.4	1.2	0.3	1.1	0.2
新闻/时事	14.3	15.7	14.1	15.5	15.5	14.6
音乐	2.9	0.7	3.1	0.8	2.9	0.7
专题	10.7	5.4	10.5	6.1	11.0	5.9
综艺	10.0	11.4	10.5	11.9	9.0	10.8
其他	15.1	17.1	14.3	16.9	14.4	15.9

表 3.61.7　2012 年银川市场所有节目收视率排名前三十位

名次	节目名称	节目类型	播出频道	平均收视率(%)	平均占有率(%)
1	2012 春节联欢晚会	综艺	中央电视台综合频道	46.5	86.8
2	新闻联播	新闻/时事	中央电视台综合频道	27.7	61.5
3	天气预报	生活服务	中央电视台综合频道	20.3	41.5
4	焦点访谈	新闻/时事	中央电视台综合频道	14.3	29.1
5	中国共产党第十八次全国代表大会专题新闻	新闻/时事	中央电视台综合频道	12.6	24.9
6	国门英雄	电视剧	中央电视台综合频道	12.5	24.9
7	实况录像：2012 年第 30 届奥运会乒乓球男单半决赛	体育	中央台五套	12.0	23.9
8	2012 年第 30 届奥运会游泳多项预赛	体育	中央台五套	11.1	22.5
9	实况录像：2012 年第 30 届奥运会赛艇女子单人双桨半决赛	体育	中央台五套	11.0	22.6
10	2012 年第 30 届奥运会男篮小组赛 B 组（中国 VS 俄罗斯）	体育	中央台五套	10.8	22.5
11	2012 年新年京剧晚会	戏剧	中央电视台综合频道	10.7	21.4
12	你好春天 2012 年文化部春节电视晚会	综艺	中央电视台综合频道	10.5	25.8
13	身边的感动	专题	中央电视台综合频道	10.3	20.8
14	红旗渠的守望者	专题	中央电视台综合频道	9.9	21.3
15	2012 年第 30 届奥运会射击男子 25 米手枪速射决赛	体育	中央台五套	9.8	23.3
16	2012 年第 30 届奥运会体操男子吊环决赛	体育	中央台五套	9.6	19.3
17	2012 年第 30 届奥运会女子重剑团体半决赛	体育	中央台五套	9.1	19.1
18	福州月中华情 2012 年中央电视台中秋晚会	综艺	中央电视台综合频道	9.0	17.6
19	中华之光传播中华文化年度人物评选	专题	中央电视台综合频道	8.8	16.1
20	万家灯火平安夜公安部 2012 年春节电视文艺晚会	综艺	中央电视台综合频道	8.1	18.9
21	2012 年第 30 届奥运会跳水女子 3 米板半决赛	体育	中央台五套	7.9	21.0
22	中央电视台 2012 年 315 晚会共筑诚信有你有我	综艺	中央电视台综合频道	7.8	16.7
23	阳光路上	电视剧	中央电视台综合频道	7.7	16.7
24	温州一家人	电视剧	中央电视台综合频道	7.7	15.4
25	誓言今生	电视剧	中央电视台综合频道	7.6	14.5
26	胡锦涛主席出席庆祝香港回归祖国十五周年文艺晚会	新闻/时事	中央电视台综合频道	7.4	16.2
27	一年又一年	专题	中央电视台综合频道	7.2	27.1
28	阳光路上情满怀 2012 年军民迎新春文艺晚会	综艺	中央电视台综合频道	7.2	15.8
29	2012 年第 30 届奥运会女子曲棍球小组赛	体育	中央台五套	7.2	14.7
30	雷锋我们的榜样中央台心连心艺术团慰问全国青年志愿者文艺演出	综艺	中央电视台综合频道	6.5	12.5

表 3.61.8　2012 年银川市场电视剧收视率排名前十位

名次	节目名称	播出频道	平均收视率（%）	平均占有率（%）
1	国门英雄	中央电视台综合频道	12.5	24.9
2	阳光路上	中央电视台综合频道	7.7	16.7
3	温州一家人	中央电视台综合频道	7.7	15.4
4	誓言今生	中央电视台综合频道	7.6	14.5
5	木府风云	中央电视台综合频道	6.6	13.0
6	丈母娘来了	中央台八套	6.4	15.6
7	营盘镇警事	中央电视台综合频道	6.4	12.8
8	儿女情更长	中央电视台综合频道	6.3	13.0
9	感动生命	中央电视台综合频道	6.3	12.7
10	心术	中央台八套	6.2	15.4

表 3.61.9　2012 年银川市场新闻节目收视率排名前十位

名次	节目名称	播出频道	平均收视率（%）	平均占有率（%）
1	新闻联播	中央电视台综合频道	27.7	61.5
2	焦点访谈	中央电视台综合频道	14.3	29.1
3	中国共产党第十八次全国代表大会专题新闻	中央电视台综合频道	12.6	24.9
4	胡锦涛主席出席庆祝香港回归祖国十五周年文艺晚会	中央电视台综合频道	7.4	16.2
5	温家宝总理会见中外记者	中央电视台综合频道	6.4	12.7
6	新闻调查	中央电视台综合频道	4.7	9.4
7	太空新旅进驻天宫天宫一号与神舟九号载人交会对接任务特别报道	中央电视台综合频道	1.8	13.1
8	宁夏新闻联播	宁夏电视台公共频道	1.8	3.6
9	两会特别报道	宁夏电视台公共频道	1.8	3.3
10	新闻话题	宁夏电视台公共频道	1.7	3.4

表 3.61.10　2012 年银川市场专题节目收视率排名前十位

名次	节目名称	播出频道	平均收视率（%）	平均占有率（%）
1	身边的感动	中央电视台综合频道	10.3	20.8
2	红旗渠的守望者	中央电视台综合频道	9.9	21.3
3	中华之光传播中华文化年度人物评选	中央电视台综合频道	8.8	16.1
4	一年又一年	中央电视台综合频道	7.2	27.1
5	感动中国 2011 年度人物颁奖典礼	中央电视台综合频道	6.7	13.0
6	永远的雷锋	中央电视台综合频道	6.7	11.7
7	知青记忆	中央电视台综合频道	4.9	13.7
8	丝绸之路印象	中央电视台综合频道	5.5	12.2
9	大鲁艺	中央电视台综合频道	5.0	10.7
10	科学发展铸辉煌	中央电视台综合频道	4.8	8.8

表 3.61.11　2012 年银川市场综艺节目收视率排名前十位

名次	节目名称	播出频道	平均收视率(%)	平均占有率(%)
1	2012 春节联欢晚会	中央电视台综合频道	46.5	86.8
2	2012 元宵晚会	中央电视台综合频道	17.1	30.7
3	你好春天 2012 年文化部春节电视晚会	中央电视台综合频道	10.5	25.8
4	福州月中华情 2012 年中央电视台中秋晚会	中央电视台综合频道	9.0	17.6
5	万家灯火平安夜公安部 2012 年春节电视文艺晚会	中央电视台综合频道	8.1	18.9
6	中央电视台 2012 年 315 晚会共筑诚信有你有我	中央电视台综合频道	7.8	16.7
7	阳光路上情满怀 2012 年军民迎新春文艺晚会	中央电视台综合频道	7.2	15.8
8	雷锋我们的榜样中央台心连心艺术团慰问全国青年志愿者文艺演出	中央电视台综合频道	6.5	12.5
9	睦邻友好夜第十二次上海合作组织成员国元首理事会文艺演出	中央电视台综合频道	6.4	12.9
10	星光大道	中央电视台综合频道	6.4	12.4

表 3.61.12　2012 年银川市场体育节目收视率排名前十位

名次	节目名称	播出频道	平均收视率(%)	平均占有率(%)
1	实况录像：2012 年第 30 届奥运会乒乓球男单半决赛	中央台五套	12.0	23.9
2	2012 年第 30 届奥运会游泳多项预赛	中央台五套	11.1	22.5
3	实况录像：2012 年第 30 届奥运会赛艇女子单人双桨半决赛	中央台五套	11.0	22.6
4	2012 年第 30 届奥运会男篮小组赛 B 组（中国 VS 俄罗斯）	中央台五套	10.8	22.5
5	2012 年第 30 届奥运会射击男子 25 米手枪速射决赛	中央台五套	9.8	23.3
6	2012 年第 30 届奥运会体操男子吊环决赛	中央台五套	9.6	19.3
7	2012 年第 30 届奥运会女子重剑团体半决赛	中央台五套	9.1	19.1
8	2012 年第 30 届奥运会跳水女子 3 米板半决赛	中央台五套	7.9	21.0
9	2012 年第 30 届奥运会田径男子 100 米预赛	中央台五套	7.2	17.2
10	2012 年第 30 届奥运会女子曲棍球小组赛	中央台五套	7.2	14.7

六十二、郑州收视数据

表 3.62.1　2008—2012 年郑州市场各类频道的市场占有率（%）

频道类别	年份				
	2008 年	2009 年	2010 年	2011 年	2012 年
中央电视台频道	40.6	34.5	28.4	24.7	26.6
中国教育台频道	0.0	0.0	0.1	0.0	0.0
河南省级频道	23.5	23.3	29.6	31.9	28.3
郑州市级频道	10.4	12.6	10.4	9.7	8.1
其他省级卫视频道	22.5	27.2	29.4	32.3	35.9
其他频道	3.0	2.4	2.1	1.4	1.1

表 3.62.2　2012 年郑州市场各类频道在各目标观众中的市场占有率（%）

目标观众		中央电视台频道	中国教育台频道	河南省级频道	郑州市级频道	其他省级卫视频道	其他频道
4 岁及以上所有人		26.6	0.0	28.3	8.1	35.9	1.1
性别	男	29.8	0.0	27.2	8.1	33.6	1.3
	女	23.5	0.0	29.3	8.0	38.1	1.1
年龄	4—14 岁	22.6	0.0	20.8	5.3	49.9	1.4
	15—24 岁	22.5	0.0	26.6	7.3	43.1	0.5
	25—34 岁	25.9	0.0	24.4	7.8	40.3	1.6
	35—44 岁	24.2	0.0	28.1	8.0	38.1	1.6
	45—54 岁	27.2	0.0	32.6	9.5	29.6	1.1
	55—64 岁	28.7	0.0	31.9	9.4	29.3	0.7
	65 岁及以上	34.2	0.0	28.9	7.3	28.8	0.8
教育程度	未受过正规教育	22.3	0.0	22.8	6.6	46.7	1.6
	小学	25.8	0.0	30.4	6.9	36.0	0.9
	初中	23.6	0.0	31.0	8.8	35.3	1.3
	高中	27.5	0.0	30.1	9.0	32.3	1.1
	大学及以上	31.5	0.0	21.8	7.0	38.6	1.1
职业类别	干部/管理人员	32.8	0.0	23.1	7.8	35.9	0.4
	个体/私营企业人员	25.3	0.0	27.6	8.4	36.8	1.9
	初级公务员/雇员	30.3	0.0	23.9	7.9	36.9	1.0
	工人	23.4	0.0	32.8	9.0	33.8	1.0
	学生	22.2	0.0	22.4	6.0	48.6	0.8
	无业	28.4	0.0	28.3	8.3	33.8	1.2
	其他	15.2	0.0	49.3	7.5	26.2	1.8
个人月收入	0—600 元	21.8	0.0	29.7	7.2	39.8	1.5
	601—1200 元	29.2	0.0	27.5	8.3	34.4	0.6
	1201—1700 元	27.5	0.0	29.1	9.0	33.6	0.8
	1701—2600 元	27.0	0.0	30.2	8.9	33.0	0.9
	2601 元及以上	32.1	0.0	23.8	7.9	34.9	1.3

表 3.62.3　2012 年郑州市场各类频道在各时段的市场占有率（%）

时间段	中央电视台频道	中国教育台频道	河南省级频道	郑州市级频道	其他省级卫视频道	其他频道
02:00—03:00	29.4	0.0	20.6	9.2	36.3	4.5
03:00—04:00	31.6	0.0	19.0	9.1	35.7	4.6
04:00—05:00	34.8	0.0	18.0	6.1	38.4	2.7
05:00—06:00	34.4	0.0	18.5	5.2	40.2	1.7
06:00—07:00	42.4	0.0	23.7	4.9	28.0	1.0
07:00—08:00	44.6	0.0	25.4	7.0	21.7	1.3
08:00—09:00	37.4	0.0	19.0	8.6	33.2	1.8
09:00—10:00	30.8	0.0	17.5	8.0	42.0	1.7
10:00—11:00	29.1	0.0	16.2	7.8	45.4	1.5
11:00—12:00	32.0	0.0	17.8	7.1	41.7	1.4
12:00—13:00	35.3	0.0	27.1	5.6	30.9	1.1
13:00—14:00	26.4	0.0	24.8	9.1	38.6	1.1
14:00—15:00	22.2	0.0	21.2	11.4	44.0	1.2
15:00—16:00	23.8	0.0	19.4	8.7	46.6	1.5
16:00—17:00	24.2	0.0	18.4	9.5	46.3	1.6
17:00—18:00	27.5	0.0	16.2	9.8	44.9	1.6
18:00—19:00	29.5	0.0	34.5	13.9	20.8	1.3
19:00—20:00	31.8	0.0	40.4	7.2	19.7	0.9
20:00—21:00	22.0	0.0	33.8	6.5	36.9	0.8
21:00—22:00	21.7	0.0	33.2	6.8	37.5	0.8
22:00—23:00	20.0	0.0	31.0	7.2	40.9	0.9
23:00—24:00	21.2	0.0	27.4	8.1	42.4	0.9
24:00—25:00	24.9	0.0	20.3	12.3	40.8	1.7
25:00—26:00	26.2	0.0	24.1	10.2	36.5	3.0

表 3.62.4　2012 年郑州市场收视份额排名前十位的频道

名次	频道名称	收视份额（%）
1	河南电视台都市频道（二套）	6.4
2	中央电视台综合频道	5.2
3	河南电视台卫星频道（一套）	3.9
3	河南电视台民生频道（三套）	3.9
5	河南电视台电视剧频道（五套）	3.7
6	河南电视台法制频道（四套）	3.6
6	河南电视台公共频道（八套）	3.6
8	湖南电视台卫星频道	3.4
8	中央电视台新闻频道	3.4
10	河南电视台第 9 频道	2.6

表 3.62.5　2012 年郑州市场各主要频道的观众构成（%）

目标观众		所有频道	主要频道				
			河南电视台都市频道（二套）	中央电视台综合频道	河南电视台卫星频道（一套）	河南电视台民生频道（三套）	河南电视台电视剧频道（五套）
4 岁及以上所有人		100.0	100.0	100.0	100.0	100.0	100.0
性别	男	49.6	46.5	51.7	50.2	46.2	49.1
	女	50.4	53.5	48.3	49.8	53.8	50.9
年龄	4—14 岁	11.5	11.7	7.8	7.1	5.4	9.6
	15—24 岁	7.0	7.8	4.7	5.2	6.0	5.6
	25—34 岁	13.5	15.7	10.9	8.5	10.8	9.8
	35—44 岁	20.1	18.5	14.4	14.0	17.2	19.5
	45—54 岁	22.1	24.0	24.8	26.0	34.2	22.1
	55—64 岁	13.4	10.7	18.5	20.2	19.7	13.4
	65 岁及以上	12.4	11.6	18.9	19.0	6.7	20.0
教育程度	未受过正规教育	6.2	4.7	4.0	5.9	3.5	5.4
	小学	14.2	16.7	16.4	18.2	8.8	20.4
	初中	29.0	31.0	25.2	33.0	28.2	34.1
	高中	30.1	27.8	31.0	27.6	40.1	29.2
	大学及以上	20.5	19.8	23.4	15.3	19.4	10.9
职业类别	干部/管理人员	4.2	4.1	6.1	3.7	4.4	2.3
	个体/私营企业人员	11.2	11.2	6.1	8.3	10.3	11.1
	初级公务员/雇员	18.6	17.6	20.5	13.6	19.4	11.4
	工人	16.3	20.3	15.9	19.4	16.6	21.6
	学生	9.5	10.7	6.9	6.6	4.8	8.5
	无业	36.0	30.4	41.7	40.8	39.5	36.1
	其他	4.2	5.7	2.8	7.6	5.0	9.0
个人月收入	0—600 元	32.9	35.7	26.7	32.8	30.5	33.0
	601—1200 元	17.5	16.2	22.3	18.3	15.5	18.1
	1201—1700 元	13.5	13.5	13.4	13.8	15.7	17.0
	1701—2600 元	17.7	18.1	15.9	20.0	18.5	19.7
	2601 元及以上	18.4	16.5	21.7	15.1	19.8	12.2

表 3.62.6　2010—2012 年郑州市场各类节目的播出份额（%）和收视份额（%）

节目类别	2010 年		2011 年		2012 年	
	播出份额	收视份额	播出份额	收视份额	播出份额	收视份额
财经	2.8	1.3	2.5	1.2	2.2	0.9
电视剧	22.7	31.4	21.0	31.5	21.3	30.9
电影	3.7	4.6	4.3	4.8	4.8	4.8
法制	1.5	2.3	1.2	2.0	1.2	1.9
教学	0.4	0.1	0.4	0.1	0.3	0.0
青少	6.6	4.8	6.9	4.8	6.3	4.8
生活服务	8.5	6.5	9.1	6.7	8.7	7.8
体育	1.7	4.0	1.4	2.0	1.7	2.2
外语	0.1	0.0	0.0	0.0	0.0	0.0
戏剧	1.4	1.4	1.2	1.0	1.0	0.7
新闻/时事	13.4	11.4	13.4	12.1	15.0	14.1
音乐	2.6	0.4	2.7	0.4	2.4	0.5
专题	9.9	6.1	11.3	7.4	11.3	7.7
综艺	10.3	13.8	10.7	14.0	9.5	12.3
其他	14.4	11.9	13.9	12.0	14.3	11.4

表 3.62.7　2012 年郑州市场所有节目收视率排名前三十位

名次	节目名称	节目类别	播出频道	平均收视率（%）	平均占有率（%）
1	2012 春节联欢晚会	综艺	中央电视台综合频道	31.1	64.6
2	2012 元宵晚会	综艺	中央电视台综合频道	9.3	24.2
3	天气预报	生活服务	中央电视台综合频道	6.9	24.0
4	2012 年第 30 届奥运会跳水男子双人 3 米板决赛	体育	中央台五套	6.8	23.2
5	2012 年伦敦奥运会羽毛球男单颁奖仪式	体育	中央电视台综合频道	6.5	17.2
6	快乐中国 2012—2013 跨年狂欢夜	音乐	湖南电视台卫星频道	5.1	17.8
7	中央电视台 2012 年 315 晚会共筑诚信有你有我	综艺	中央电视台综合频道	4.9	13.5
8	现场直播：2012 年第 30 届奥运会乒乓球男单决赛	体育	中央台五套	4.5	22.0
9	中国好声音巅峰时刻	综艺	浙江卫视	4.5	17.4
10	2012 年第 30 届奥运会体操女子高低杠决赛	体育	中央台五套	4.5	13.5
11	2012 年第 30 届奥运会射击男子 25 米手枪速射决赛	体育	中央台五套	4.5	12.9
12	现场直播：2012 年第 30 届奥运会女排 1/4 决赛中国 VS 日本	体育	中央电视台综合频道	4.3	13.2
13	小麦进城	电视剧	河南电视台卫星频道（一套）	4.2	12.9
14	樱桃	电视剧	河南电视台都市频道（二套）	4.1	12.4
15	都市报道扩大版	新闻/时事	河南电视台都市频道（二套）	4.0	17.7
16	开学第一课	青少	中央电视台综合频道	4.0	12.0
17	郑州市 2012 年元宵节焰火晚会	综艺	郑州一套	4.0	10.7
18	福州月中华情 2012 年中央电视台中秋晚会	综艺	中央电视台综合频道	3.9	11.3
19	甄嬛传	电视剧	河南电视台都市频道（二套）	3.8	11.8
20	龙腾中原河南省 2012 年春节文艺晚会	综艺	河南电视台卫星频道（一套）	3.8	9.7
21	你最有才初选第六场	综艺	河南电视台都市频道（二套）	3.7	11.6
22	2012 年第 30 届奥运会男子 1500 米自由泳预赛	体育	中央台五套	3.7	10.8
23	2012 年第 30 届奥运会羽毛球男单决赛	体育	中央电视台综合频道	3.5	12.2
24	2012 年第 30 届奥运会赛艇女子单人双桨决赛	体育	中央台五套	3.4	11.6
25	我爱主持人第九届中国金鹰电视艺术节主持人盛典	综艺	湖南电视台卫星频道	3.4	11.2
26	我的娜塔莎	电视剧	河南电视台卫星频道（一套）	3.4	9.5
27	新闻联播	新闻/时事	中央电视台综合频道	3.3	13.6
28	女子炸弹部队	电视剧	河南电视台电视剧频道（五套）	3.3	10.1
29	穆桂英挂帅	电视剧	河南电视台卫星频道（一套）	3.2	11.0
30	都市报道	新闻/时事	河南电视台都市频道（二套）	3.2	10.4

表 3.62.8 2012 年郑州市场电视剧收视率排名前十位

名次	节目名称	播出频道	平均收视率（%）	平均占有率（%）
1	小麦进城	河南电视台卫星频道（一套）	4.2	12.9
2	樱桃	河南电视台都市频道（二套）	4.1	12.4
3	甄嬛传	河南电视台都市频道（二套）	3.8	11.8
4	我的娜塔莎	河南电视台卫星频道（一套）	3.4	9.5
5	女子炸弹部队	河南电视台电视剧频道（五套）	3.3	10.1
6	穆桂英挂帅	河南电视台卫星频道（一套）	3.2	11.0
7	干得漂亮	河南电视台都市频道（二套）	3.2	10.1
8	民兵葛二蛋	河南电视台卫星频道（一套）	3.1	9.3
9	我的母亲是土匪	河南电视台电视剧频道（五套）	2.9	8.9
10	神枪	河南电视台卫星频道（一套）	2.7	8.4

表 3.62.9 2012 年郑州市场新闻节目收视率排名前十位

名次	节目名称	播出频道	平均收视率（%）	平均占有率（%）
1	都市报道扩大版	河南电视台都市频道（二套）	4.0	17.7
2	新闻联播	中央电视台综合频道	3.3	13.6
3	都市报道	河南电视台都市频道（二套）	3.2	10.4
4	中国共产党第十八次全国代表大会专题新闻	中央电视台综合频道	2.5	7.9
5	温家宝总理会见中外记者	中央电视台综合频道	2.4	6.8
6	打鱼晒网	河南电视台都市频道（二套）	2.0	12.8
7	焦点访谈	中央电视台综合频道	1.8	5.9
8	新闻调查	中央电视台综合频道	1.7	4.7
9	都市快报新春特别节目国际冰人大对决极度深寒生死挑战	河南电视台都市频道（二套）	1.5	5.3
10	今日关注	中央台四套	1.5	4.8

表 3.62.10 2012 年郑州市场专题节目收视率排名前十位

名次	节目名称	播出频道	平均收视率（%）	平均占有率（%）
1	一年又一年	中央电视台综合频道	2.5	10.0
2	感动中国 2011 年度人物颁奖典礼	中央电视台综合频道	2.0	5.7
3	石破天惊说甄嬛	安徽卫视	1.5	4.6
4	一年又一年	中央电视台新闻频道	1.4	5.6
5	拍客行动	河南电视台卫星频道（一套）	1.4	4.8
6	百姓	河南电视台公共频道（八套）	1.4	4.6
7	天职福建精神在厦航特别节目	福建省广播影视集团东南电视台	1.3	4.5
8	讲述 60 分	河南电视台民生频道（三套）	1.2	3.3
8	永远的雷锋	中央电视台综合频道	1.2	3.3
10	身边的感动	中央电视台综合频道	1.1	3.5

表 3.62.11　2012 年郑州市场综艺节目收视率排名前十位

名次	节目名称	播出频道	平均收视率(%)	平均占有率(%)
1	2012 春节联欢晚会	中央电视台综合频道	31.1	64.6
2	2012 元宵晚会	中央电视台综合频道	9.3	24.2
3	中央电视台 2012 年 315 晚会共筑诚信有你有我	中央电视台综合频道	4.9	13.5
4	中国好声音巅峰时刻	浙江卫视	4.5	17.4
5	郑州市 2012 年元宵节焰火晚会	郑州一套	4.0	10.7
6	福州月中华情 2012 年中央电视台中秋晚会	中央电视台综合频道	3.9	11.3
7	龙腾中原河南省 2012 年春节文艺晚会	河南电视台卫星频道（一套）	3.8	9.7
8	你最有才初选第六场	河南电视台都市频道（二套）	3.7	11.6
9	我爱主持人第九届中国金鹰电视艺术节主持人盛典	湖南电视台卫星频道	3.4	11.2
10	2012 亚洲偶像盛典	安徽卫视	3.2	10.0

表 3.62.12　2012 年郑州市场体育节目收视率排名前十位

名次	节目名称	播出频道	平均收视率(%)	平均占有率(%)
1	2012 年第 30 届奥运会跳水男子双人 3 米板决赛	中央台五套	6.8	23.2
2	2012 年伦敦奥运会羽毛球男单颁奖仪式	中央电视台综合频道	6.5	17.2
3	现场直播：2012 年第 30 届奥运会乒乓球男单决赛	中央台五套	4.5	22.0
4	2012 年第 30 届奥运会体操女子高低杠决赛	中央台五套	4.5	13.5
5	2012 年第 30 届奥运会射击男子 25 米手枪速射决赛	中央台五套	4.5	12.9
6	现场直播：2012 年第 30 届奥运会女排 1/4 决赛（中国 VS 日本）	中央电视台综合频道	4.3	13.2
7	2012 年第 30 届奥运会男子 1500 米自由泳预赛	中央台五套	3.7	10.8
8	2012 年第 30 届奥运会羽毛球男单决赛	中央电视台综合频道	3.5	12.2
9	2012 年第 30 届奥运会赛艇女子单人双桨决赛	中央台五套	3.4	11.6
10	2012 年第 30 届奥运会举重女子 58 公斤级决赛挺举	中央电视台综合频道	2.9	28.6

六十三、其他城市收视概览

表 3.63.1 2012 年安庆市场（安徽省）收视份额排名前十位频道

名次	频道名称	收视份额（%）
1	安徽卫视	12.5
2	安庆广播电视台新闻综合频道	10.3
3	中央电视台综合频道	7.5
4	中央电视台少儿频道	4.4
5	安徽影视	4.1
6	中央台八套	3.5
7	中央电视台新闻频道	3.4
8	安徽公共	3.2
9	湖南电视台卫星频道	2.9
10	中央台三套	2.8

表 3.63.2 2012 年安阳市场（河南省）收视份额排名前十位频道

名次	频道名称	收视份额（%）
1	中央电视台综合频道	19.0
2	河南电视台都市频道（二套）	9.8
3	中央电视台少儿频道	7.0
4	湖南电视台卫星频道	4.9
5	河南电视台电视剧频道（五套）	4.7
6	河南电视台卫星频道（一套）	3.3
7	江苏卫视	3.0
8	中央台八套	2.8
8	安徽卫视	2.8
10	上海东方卫视	2.6

表 3.63.3 2012 年保定市场（河北省）收视份额排名前十位频道

名次	频道名称	收视份额（%）
1	中央电视台综合频道	13.3
2	河北电视台农民频道（七套）	8.7
3	中央台三套	4.8
4	中央电视台少儿频道	4.6
5	中央台八套	4.5
5	湖南电视台卫星频道	4.5
7	河北电视台四套（影视频道）	3.0
8	北京卫视	2.9
9	中央台四套	2.7
9	河北电视台二套（经济生活频道）	2.7

表 3.63.4　2012 年宝鸡市场（陕西省）收视份额排名前十位频道

名次	频道名称	收视份额（%）
1	中央电视台综合频道	12.9
2	陕西广播电视台都市青春频道（二套）	5.6
3	陕西广播电视台新闻综合频道（一套）	5.4
3	湖南电视台卫星频道	5.4
5	中央台八套	4.6
6	中央台三套	3.9
7	江苏卫视	3.3
8	中央电视台新闻频道	3.1
9	中央电视台少儿频道	3.0
10	安徽卫视	2.7

表 3.63.5　2012 年包头市场（内蒙古自治区）收视份额排名前十位频道

名次	频道名称	收视份额（%）
1	中央电视台综合频道	17.9
2	中央台三套	6.3
3	中央台八套	5.2
4	中央台四套	4.8
5	江苏卫视	4.6
6	中央台六套	3.3
7	北京卫视	3.2
7	湖南电视台卫星频道	3.2
9	山东卫视	3.1
10	辽宁卫视	2.8

表 3.63.6　2012 年北海市场（广西壮族自治区）收视份额排名前十位频道

名次	频道名称	收视份额（%）
1	中央电视台综合频道	8.1
2	中央电视台少儿频道	7.4
3	湖南电视台卫星频道	7.2
4	广西电视台综艺频道	6.0
5	广西电视台卫星频道	4.6
6	中央电视台新闻频道	4.0
7	广西电视台科教频道	3.8
8	安徽卫视	3.6
9	广西电视台都市频道	3.3
10	江苏卫视	2.9

表 3. 63. 7　2012 年蚌埠市场（安徽省）收视份额排名前十位频道

名次	频道名称	收视份额（%）
1	中央电视台综合频道	13. 9
2	安徽卫视	10. 2
3	中央台四套	4. 7
4	湖南电视台卫星频道	4. 4
5	安徽经视	3. 6
5	中央台八套	3. 6
5	中央台三套	3. 6
8	中央电视台新闻频道	3. 4
8	蚌埠电视台新闻综合频道	3. 4
10	江苏卫视	3. 3

表 3. 63. 8　2012 年滨州市场（山东省）收视份额排名前十位频道

名次	频道名称	收视份额（%）
1	山东电视齐鲁频道	14. 1
2	山东卫视	12. 4
3	山东电视生活频道	7. 0
4	中央电视台综合频道	5. 3
5	滨州电视台新闻综合频道	4. 8
6	山东电视综艺频道	4. 1
7	湖南电视台卫星频道	3. 2
8	山东电视影视频道	3. 1
9	中央台三套	2. 7
10	中央电视台少儿频道	2. 4

表 3. 63. 9　2012 年常德市场（湖南省）收视份额排名前十位频道

名次	频道名称	收视份额（%）
1	湖南电视台电视剧频道	19. 1
2	湖南电视台经济频道	10. 2
3	湖南电视台卫星频道	8. 6
4	湖南电视台都市频道	8. 2
5	中央电视台综合频道	6. 6
6	湖南电视台潇湘电影频道	4. 6
7	湖南电视台娱乐频道	3. 1
8	湖南电视台金鹰卡通频道	2. 3
9	中央台四套	2. 2
10	中央台八套	1. 9

表 3.63.10　2012 年常熟市场（江苏省）收视份额排名前十位频道

名次	频道名称	收视份额（%）
1	常熟电视台新闻综合频道	7.9
2	苏州电视台新闻综合频道（一套）	7.1
3	江苏卫视	6.3
4	常熟电视台影视娱乐频道	5.8
5	湖南电视台卫星频道	5.6
6	中央电视台综合频道	4.7
7	中央台三套	4.6
8	苏州电视台社会经济频道（二套）	3.9
8	上海电视台娱乐频道	3.9
10	中央台六套	3.2

表 3.63.11　2012 年常州市场（江苏省）收视份额排名前十位频道

名次	频道名称	收视份额（%）
1	常州电视台一套（新闻频道）	7.3
2	江苏卫视	6.5
3	常州电视台二套（都市频道）	6.1
4	常州电视台三套（生活频道）	4.6
5	江苏电视台城市频道	4.2
6	中央电视台新闻频道	4.0
7	中央台三套	3.8
7	湖南电视台卫星频道	3.8
9	中央台五套	3.0
10	中央电视台综合频道	2.8

表 3.63.12　2012 年潮州市场（广东省）收视份额排名前十位频道

名次	频道名称	收视份额（%）
1	潮州电视台二套（公共频道）	19.3
2	潮州电视台一套（新闻综合频道）	11.5
3	湖南电视台卫星频道	6.1
4	中央电视台综合频道	4.9
5	翡翠台（中文）（潮州有线网转播）	4.3
6	广东卫视	3.2
7	中央台三套	2.9
8	南方电视台经济频道	2.5
8	南方电视台少儿频道	2.5
10	广东电视台嘉佳卡通频道	2.4

表 3.63.13 2012 年承德市场（河北省）收视份额排名前十位频道

名次	频道名称	收视份额（%）
1	中央电视台综合频道	10.3
2	中央台八套	9.0
3	河北电视台二套（经济生活频道）	5.6
4	中央台三套	5.4
5	河北电视台农民频道（七套）	4.5
6	湖南电视台卫星频道	4.2
7	中央电视台新闻频道	3.8
7	中央台四套	3.8
9	北京卫视	3.4
10	河北卫视	3.3

表 3.63.14 2012 年滁州市场（安徽省）收视份额排名前十位频道

名次	频道名称	收视份额（%）
1	安徽卫视	19.0
2	中央电视台综合频道	12.5
3	安徽经视	6.4
4	安徽影视	4.4
5	安徽公共	3.9
6	湖南电视台卫星频道	3.7
7	中央电视台新闻频道	3.4
8	江苏卫视	3.2
9	中央电视台少儿频道	2.6
10	上海东方卫视	2.3

表 3.63.15 2012 年大理市场（云南省）收视份额排名前十位频道

名次	频道名称	收视份额（%）
1	湖南电视台卫星频道	14.5
2	中央电视台综合频道	9.0
3	云南电视台都市频道（二套）	6.0
3	云南电视台卫视频道（一套）	6.0
5	安徽卫视	5.3
6	中央台八套	4.3
7	中央台六套	3.9
8	贵州卫视	3.2
8	中央台三套	3.2
10	中央电视台少儿频道	2.8

表 3.63.16　2012 年丹东市场（辽宁省）收视份额排名前十位频道

名次	频道名称	收视份额（%）
1	辽宁广播电视台都市频道	15.5
2	辽宁卫视	13.9
3	中央电视台综合频道	9.5
4	江苏卫视	4.2
5	中央台三套	3.7
6	中央台五套	3.0
6	中央台八套	3.0
6	上海东方卫视	3.0
9	湖南电视台卫星频道	2.5
10	中央电视台新闻频道	2.3

表 3.63.17　2012 年大同市场（山西省）收视份额排名前十位频道

名次	频道名称	收视份额（%）
1	中央电视台综合频道	15.8
2	中央台八套	7.2
3	湖南电视台卫星频道	5.4
4	中央台六套	3.9
5	中央电视台少儿频道	3.6
5	江苏卫视	3.6
7	中央台三套	3.4
8	北京卫视	3.2
9	山东卫视	2.9
10	上海东方卫视	2.7

表 3.63.18　2012 年达州市场（四川省）收视份额排名前十位频道

名次	频道名称	收视份额（%）
1	中央电视台少儿频道	8.4
2	湖南电视台卫星频道	8.2
3	中央电视台综合频道	7.7
4	达州新闻综合频道	5.7
5	江苏卫视	4.6
6	中央台三套	4.5
7	四川卫视	4.3
8	四川电视台新闻资讯频道	4.2
9	中央台八套	4.0
10	四川经视频道	3.4

表 3.63.19 2012 年德阳市场（四川省）收视份额排名前十位频道

名次	频道名称	收视份额（%）
1	湖南电视台卫星频道	9.7
2	中央电视台综合频道	8.0
3	四川卫视	5.4
4	江苏卫视	4.7
5	中央电视台少儿频道	4.4
6	四川经视频道	4.2
7	中央电视台新闻频道	3.2
7	中央台三套	3.2
9	中央台十二套	2.7
10	中央台六套	2.6

表 3.63.20 2012 年德州市场（山东省）收视份额排名前十位频道

名次	频道名称	收视份额（%）
1	山东卫视	9.8
2	山东电视齐鲁频道	8.2
3	中央台三套	7.1
4	中央电视台少儿频道	6.8
5	山东电视生活频道	4.8
6	中央台六套	4.1
7	中央电视台综合频道	3.7
7	中央台八套	3.7
9	山东电视综艺频道	3.1
10	山东电视影视频道	3.0

表 3.63.21 2012 年东莞市场（广东省）收视份额排名前十位频道

名次	频道名称	收视份额（%）
1	东莞电视台公共频道	14.2
2	翡翠台（中文）（东莞有线网转播）	8.0
3	中央电视台综合频道	6.7
4	广东电视台珠江频道	6.6
5	广东卫视	6.1
6	东莞电视台新闻综合频道	4.7
7	中央电视台少儿频道	3.8
8	广东电视台嘉佳卡通频道	3.3
9	广东电视台公共频道	3.1
10	南方电视台影视频道	2.3

表 3.63.22　2012 年佛山市场（广东省）收视份额排名前十位频道

名次	频道名称	收视份额（%）
1	广东电视台珠江频道	13.5
2	翡翠台（中文）（佛山有线台转播）	12.5
3	佛山电视新闻综合频道	7.6
4	佛山电视影视频道	4.1
5	广东电视体育频道	3.5
6	南方电视台影视频道	3.1
7	南方电视台少儿频道	3.0
7	南方卫视 TVS—2	3.0
9	广东电视台公共频道	2.9
10	南方电视台综艺频道	2.7

表 3.63.23　2012 年抚顺市场（辽宁省）收视份额排名前十位频道

名次	频道名称	收视份额（%）
1	辽宁卫视	11.4
2	辽宁广播电视台都市频道	8.2
3	中央电视台新闻频道	4.0
4	中央台三套	3.8
5	辽宁广播电视台生活频道	3.6
6	中央电视台综合频道	3.5
7	中央台六套	3.3
8	中央台五套	2.7
8	江苏卫视	2.7
10	中央电视台少儿频道	2.6

表 3.63.24　2012 年阜阳市场（安徽省）收视份额排名前十位频道

名次	频道名称	收视份额（%）
1	安徽卫视	14.3
2	中央电视台综合频道	9.5
3	中央电视台少儿频道	6.7
4	湖南电视台卫星频道	6.6
5	中央台十二套	4.0
6	江苏卫视	3.8
7	安徽影视	3.7
8	中央台六套	2.9
9	山东卫视	2.7
10	安徽公共	2.6

表 3.63.25 2012 年赣州市场（江西省）收视份额排名前十位频道

名次	频道名称	收视份额（%）
1	中央电视台综合频道	12.4
2	江西电视台卫星频道（一套）	11.7
3	江西电视台都市频道（二套）	10.0
4	中央电视台少儿频道	6.0
5	中央电视台新闻频道	3.9
6	湖南电视台卫星频道	3.1
7	中央台八套	2.8
7	江苏卫视	2.8
9	中央台五套	2.7
10	安徽卫视	2.6

表 3.63.26 2012 年广元市场（四川省）收视份额排名前十位频道

名次	频道名称	收视份额（%）
1	中央电视台少儿频道	7.1
2	中央台八套	6.9
3	湖南电视台卫星频道	5.3
4	四川电视台公共频道	4.9
4	四川经视频道	4.9
6	中央电视台综合频道	4.6
7	中央台六套	4.2
8	四川卫视	4.0
8	江苏卫视	4.0
10	中央台三套	3.9

表 3.63.27 2012 年桂林市场（广西省）收视份额排名前十位频道

名次	频道名称	收视份额（%）
1	中央电视台综合频道	12.6
2	广西电视台综艺频道	9.4
3	湖南电视台卫星频道	5.6
4	广西电视台科教频道	5.4
5	广西电视台都市频道	4.5
6	江苏卫视	4.3
6	中央电视台少儿频道	4.3
8	桂林电视台公共频道	4.0
9	中央台八套	3.3
10	中央台四套	3.1

表 3.63.28　2012 年邯郸市场（河北省）收视份额排名前十位频道

名次	频道名称	收视份额（%）
1	中央电视台综合频道	17.5
2	河北电视台二套（经济生活频道）	6.1
3	中央台八套	5.1
4	湖南电视台卫星频道	4.8
5	中央台四套	3.6
5	河北电视台农民频道（七套）	3.6
7	北京卫视	3.4
7	河北卫视	3.4
9	中央电视台少儿频道	3.1
10	山东卫视	2.6

表 3.63.29　2012 年衡阳市场（湖南省）收视份额排名前十位频道

名次	频道名称	收视份额（%）
1	湖南电视台经济频道	14.3
2	湖南电视台卫星频道	12.2
3	湖南电视台电视剧频道	10.2
4	湖南电视台都市频道	7.6
5	中央电视台综合频道	3.7
6	湖南电视台潇湘电影频道	3.6
7	中央台八套	3.2
8	湖南电视台金鹰卡通频道	3.1
9	中央台四套	2.7
10	中央电视台少儿频道	2.5

表 3.63.30　2012 年河源市场（广东省）收视份额排名前十位频道

名次	频道名称	收视份额（%）
1	广东电视台珠江频道	18.3
2	广东卫视	10.7
3	中央电视台综合频道	7.5
4	湖南电视台卫星频道	6.9
5	南方电视台经济频道	6.2
6	中央电视台少儿频道	5.8
7	南方卫视 TVS—2	3.1
8	广东电视台嘉佳卡通频道	2.4
9	河源电视台综合频道	2.3
10	翡翠台（中文）（河源有线网转播）	1.9

表 3.63.31　2012 年菏泽市场（山东省）收视份额排名前十位频道

名次	频道名称	收视份额（%）
1	山东卫视	28.1
2	中央电视台综合频道	9.7
3	山东电视齐鲁频道	8.6
4	菏泽电视台一套	4.5
5	湖南电视台卫星频道	3.8
6	中央电视台新闻频道	2.6
7	中央电视台少儿频道	2.3
8	中央台十二套	2.1
9	菏泽电视台三套	1.9
9	中央台七套	1.9

表 3.63.32　2012 年淮安市场（江苏省）收视份额排名前十位频道

名次	频道名称	收视份额（%）
1	江苏卫视	13.9
2	中央电视台综合频道	10.2
3	江苏电视台城市频道	8.6
4	淮安电视台新闻综合频道	5.8
5	中央台八套	3.6
6	湖南电视台卫星频道	3.5
6	中央台三套	3.5
8	中央台四套	3.4
8	中央电视台新闻频道	3.4
10	中央电视台少儿频道	3.0

表 3.63.33　2012 年惠州市场（广东省）收视份额排名前十位频道

名次	频道名称	收视份额（%）
1	广东电视台珠江频道	9.1
2	南方电视台经济频道	7.9
3	湖南电视台卫星频道	4.9
4	翡翠台（中文）（惠州有线网转播）	4.8
5	中央电视台少儿频道	4.5
6	南方电视台少儿频道	4.3
7	广东电视台公共频道	3.7
8	南方电视台影视频道	3.4
9	广东电视台嘉佳卡通频道	3.2
10	中央台三套	2.6

表 3.63.34　2012 年湖州市场（浙江省）收视份额排名前十位频道

名次	频道名称	收视份额（%）
1	浙江卫视	7.2
2	湖州电视台新闻综合频道	6.0
3	湖州电视台公共民生频道	5.7
4	湖南电视台卫星频道	5.0
5	中央电视台少儿频道	4.6
6	中央台六套	4.1
7	江苏卫视	3.8
7	中央电视台综合频道	3.8
9	浙江电视台教育科技频道	3.7
10	湖州电视台文化娱乐频道	3.2

表 3.63.35　2012 年江门市场（广东省）收视份额排名前十位频道

名次	频道名称	收视份额（%）
1	广东电视台珠江频道	13.7
2	江门电视综合频道	7.4
3	翡翠台（中文）（江门有线网转播）	7.0
4	广东电视台公共频道	4.5
5	广东电视新闻频道	4.4
6	湖南电视台卫星频道	3.9
7	江门电视台公共频道	3.6
8	南方电视台经济频道	3.4
9	翡翠台（中文）（江门其他有线网转播）	3.3
10	广东电视体育频道	3.1

表 3.63.36　2012 年江阴市场（江苏省）收视份额排名前十位频道

名次	频道名称	收视份额（%）
1	江苏卫视	8.1
2	江阴电视台民生频道	7.3
3	无锡广播电视台新闻综合频道	5.0
4	江阴电视台电视剧频道	4.7
5	优漫卡通卫视	3.8
5	中央台八套	3.8
7	中央电视台少儿频道	3.7
7	江阴电视台电影频道	3.7
9	江阴电视台新闻综合频道	3.6
10	中央电视台综合频道	3.5

表 3. 63. 37　2012 年嘉兴市场（浙江省）收视份额排名前十位频道

名次	频道名称	收视份额（%）
1	嘉兴电视台新闻综合频道	11.9
2	浙江电视台民生休闲频道	8.0
3	湖南电视台卫星频道	5.3
4	浙江卫视	5.0
5	嘉兴电视台文化影视频道	4.9
6	嘉兴电视台公共频道	4.6
7	上海东方卫视	3.8
8	中央电视台新闻频道	3.3
9	中央台六套	3.0
10	中央电视台少儿频道	2.9

表 3. 63. 38　2012 年揭阳市场（广东省）收视份额排名前十位频道

名次	频道名称	收视份额（%）
1	湖南电视台卫星频道	10.8
2	揭阳电视台新闻综合频道	9.2
3	中央电视台综合频道	7.6
4	揭阳电视台公共频道	6.0
5	广东卫视	5.1
6	安徽卫视	3.7
7	南方电视台经济频道	3.6
8	广东电视台嘉佳卡通频道	3.1
9	江苏卫视	2.9
10	中央电视台少儿频道	2.1

表 3. 63. 39　2012 年吉林市市场（吉林省）收视份额排名前十位频道

名次	频道名称	收视份额（%）
1	吉林电视台都市频道（二套）	9.6
2	中央电视台综合频道	7.9
3	吉林电视台乡村频道（五套）	5.2
4	中央台三套	4.2
5	中央电视台新闻频道	3.8
6	吉林卫视	3.6
7	江苏卫视	3.5
7	湖南电视台卫星频道	3.5
9	黑龙江卫视	3.4
10	上海东方卫视	3.2

表 3.63.40　2012 年晋城市场（山西省）收视份额排名前十位频道

名次	频道名称	收视份额（%）
1	中央电视台综合频道	23.0
2	湖南电视台卫星频道	7.2
3	中央台八套	5.7
4	中央电视台少儿频道	4.5
5	江苏卫视	3.3
6	中央台六套	3.2
7	安徽卫视	3.1
8	中央台三套	2.8
9	山东卫视	2.5
10	中央电视台新闻频道	2.4

表 3.63.41　2012 年荆门市场（湖北省）收视份额排名前十位频道

名次	频道名称	收视份额（%）
1	湖北综合	12.2
2	中央电视台综合频道	10.7
3	湖北卫视	5.4
4	荆门电视台新闻综合频道	4.5
5	湖南电视台卫星频道	4.2
6	中央台三套	3.8
7	中央台七套	3.4
8	湖北经视	3.3
8	中央电视台新闻频道	3.3
10	中央台六套	3.2

表 3.63.42　2012 年荆州市场（湖北省）收视份额排名前十位频道

名次	频道名称	收视份额（%）
1	荆州电视台新闻频道	13.1
2	荆州电视台社区频道	5.6
3	中央电视台综合频道	5.5
4	湖南电视台卫星频道	4.5
4	湖北综合	4.5
6	荆州电视台垄上频道	4.3
7	中央台三套	3.5
8	中央台八套	3.4
9	中央台四套	3.2
9	中央台六套	3.2

表 3.63.43　2012 年金华市场（浙江省）收视份额排名前十位频道

名次	频道名称	收视份额（%）
1	金华电视台经济生活频道	13.2
2	金华电视台教育科技频道	9.7
3	金华电视台新闻综合频道	7.7
4	中央电视台综合频道	5.0
5	湖南电视台卫星频道	4.2
6	中央台八套	3.4
6	浙江电视台教育科技频道	3.4
8	浙江卫视	3.1
9	浙江电视台民生休闲频道	3.0
10	中央台四套	2.9

表 3.63.44　2012 年济宁市场（山东省）收视份额排名前十位频道

名次	频道名称	收视份额（%）
1	山东电视齐鲁频道	13.9
2	中央电视台综合频道	9.0
3	山东卫视	8.2
4	山东电视生活频道	5.9
5	中央电视台少儿频道	4.4
6	湖南电视台卫星频道	3.9
7	中央台三套	3.3
8	江苏卫视	3.2
9	山东电视综艺频道	2.8
10	济宁电视台影视频道	2.1

表 3.63.45　2012 年锦州市场（辽宁省）收视份额排名前十位频道

名次	频道名称	收视份额（%）
1	辽宁广播电视台都市频道	9.9
2	辽宁卫视	6.9
3	中央电视台综合频道	5.9
4	中央台三套	5.5
5	中央台八套	3.9
6	黑龙江卫视	3.8
7	江苏卫视	3.7
8	湖南电视台卫星频道	3.4
9	中央电视台少儿频道	3.2
10	中央台四套	3.0

表 3.63.46 2012 年九江市场（江西省）收视份额排名前十位频道

名次	频道名称	收视份额（%）
1	江西电视台都市频道（二套）	17.6
2	中央电视台综合频道	8.4
3	江西电视台卫星频道（一套）	7.2
4	湖南电视台卫星频道	7.0
5	中央电视台少儿频道	6.5
6	中央台八套	5.0
7	中央电视台新闻频道	4.3
8	中央台三套	2.9
9	浙江卫视	2.6
10	中央台四套	2.4

表 3.63.47 2012 年昆山市场（江苏省）收视份额排名前十位频道

名次	频道名称	收视份额（%）
1	苏州电视台新闻综合频道（一套）	15.1
2	上海电视台娱乐频道	8.5
3	苏州电视台社会经济频道（二套）	5.0
4	中央电视台综合频道	4.9
5	中央台六套	4.8
6	江苏卫视	4.6
7	中央台八套	3.9
8	中央台五套	3.6
9	昆山电视台电视剧频道	3.4
10	中央电视台少儿频道	2.9

表 3.63.48 2012 年莱芜市场（山东省）收视份额排名前十位频道

名次	频道名称	收视份额（%）
1	山东卫视	27.6
2	山东电视齐鲁频道	20.3
3	中央电视台综合频道	8.8
4	湖南电视台卫星频道	2.7
5	中央电视台少儿频道	2.3
6	山东电视综艺频道	1.9
7	辽宁卫视	1.6
7	中央台六套	1.6
9	中央台十二套	1.5
9	中央台七套	1.5

表 3.63.49 2012 年廊坊市场（河北省）收视份额排名前十位频道

名次	频道名称	收视份额（%）
1	中央电视台综合频道	11.7
2	河北电视台农民频道（七套）	5.7
3	中央台三套	5.4
4	中央台八套	4.8
5	河北电视台二套（经济生活频道）	4.5
6	中央台十二套	3.8
6	湖南电视台卫星频道	3.8
8	中央电视台新闻频道	3.3
9	江苏卫视	3.1
10	中央电视台少儿频道	3.0

表 3.63.50 2012 年乐山市场（四川省）收视份额排名前十位频道

名次	频道名称	收视份额（%）
1	四川卫视	5.9
1	乐山新闻综合频道	5.9
3	四川经视频道	5.8
4	中央电视台综合频道	5.6
5	湖南电视台卫星频道	5.5
6	中央电视台少儿频道	4.7
7	四川电视台公共频道	4.2
8	中央台八套	4.1
9	江苏卫视	3.9
10	中央台六套	3.8

表 3.63.51 2012 年连云港市场（江苏省）收视份额排名前十位频道

名次	频道名称	收视份额（%）
1	江苏卫视	10.2
2	中央电视台综合频道	9.8
3	江苏电视台城市频道	5.8
4	连云港电视台新闻综合频道	5.6
5	中央台八套	4.6
6	安徽卫视	4.2
7	中央台三套	3.7
8	湖南电视台卫星频道	3.6
9	中央台六套	3.3
10	中央电视台少儿频道	3.0

表 3.63.52　2012 年临汾市场（山西省）收视份额排名前十位频道

名次	频道名称	收视份额（%）
1	中央电视台综合频道	9.9
2	湖南电视台卫星频道	6.8
3	江苏卫视	5.1
4	山西广播电视台科教频道	3.9
5	山西广播电视台影视频道	3.7
5	中央电视台少儿频道	3.7
5	安徽卫视	3.7
8	中央台三套	3.4
8	中央电视台新闻频道	3.4
8	山东卫视	3.4

表 3.63.53　2012 年临沂市场（山东省）收视份额排名前十位频道

名次	频道名称	收视份额（%）
1	山东卫视	20.0
2	山东电视齐鲁频道	14.2
3	中央电视台综合频道	7.5
4	湖南电视台卫星频道	5.1
5	山东电视生活频道	3.5
6	中央电视台少儿频道	2.8
7	江苏卫视	2.4
7	中央台三套	2.4
9	山东电视综艺频道	2.1
9	中央台十二套	2.1

表 3.63.54　2012 年丽水市场（浙江省）收视份额排名前十位频道

名次	频道名称	收视份额（%）
1	丽水文化休闲频道	9.1
2	丽水电视台经济生活频道（二套）	7.3
3	湖南电视台卫星频道	6.8
4	浙江卫视	6.2
4	江苏卫视	6.2
6	丽水电视台新闻综合频道（一套）	6.1
7	中央电视台综合频道	4.1
7	浙江电视台民生休闲频道	4.1
7	中央台八套	4.1
10	中央台六套	3.2

表 3.63.55　2012 年柳州市场（广西壮族自治区）收视份额排名前十位频道

名次	频道名称	收视份额（%）
1	中央电视台综合频道	11.6
2	广西电视台综艺频道	5.5
3	广西电视台卫星频道	5.2
3	柳州电视台科教频道（二套）	5.2
5	湖南电视台卫星频道	4.5
6	广西电视台都市频道	4.2
7	柳州电视台新闻综合频道（一套）	4.0
8	江苏卫视	3.7
9	中央电视台少儿频道	3.3
10	中央电视台新闻频道	3.1

表 3.63.56　2012 年洛阳（新）市场（河南省）收视份额排名前十位频道

名次	频道名称	收视份额（%）
1	中央电视台综合频道	18.7
2	河南电视台都市频道（二套）	8.7
3	河南电视台卫星频道（一套）	7.5
4	中央电视台少儿频道	3.8
5	中央台四套	3.2
6	河南电视台电视剧频道（五套）	3.0
7	中央台三套	2.9
8	中央台八套	2.8
9	中央电视台新闻频道	2.7
10	中央台五套	2.6

表 3.63.57　2012 年拉萨市场（西藏自治区）收视份额排名前十位频道

名次	频道名称	收视份额（%）
1	西藏一套（藏语卫视）	37.7
2	中央电视台综合频道	13.8
3	湖南电视台卫星频道	5.9
4	西藏电视台影视文化频道	3.9
5	中央台八套	3.3
6	拉萨电视台	3.0
7	中央台六套	2.2
8	四川卫视	2.0
8	西藏二套（汉语卫视）	2.0
10	中央电视台新闻频道	1.9

表 3.63.58　2012 年泸州市场（四川省）收视份额排名前十位频道

名次	频道名称	收视份额（%）
1	中央电视台综合频道	8.3
2	湖南电视台卫星频道	7.4
3	中央电视台少儿频道	6.3
4	四川卫视	5.9
5	四川电视台公共频道	5.8
6	四川电视台影视文艺频道（五套）	5.3
7	江苏卫视	5.2
8	中央台十二套	5.0
9	山东卫视	3.5
10	中央台三套	3.2

表 3.63.59　2012 年茂名市场（广东省）收视份额排名前十位频道

名次	频道名称	收视份额（%）
1	广东电视台珠江频道	25.5
2	广东电视台嘉佳卡通频道	6.2
3	南方电视台少儿频道	5.7
4	湖南电视台卫星频道	5.1
5	江苏卫视	3.0
5	广东卫视	3.0
7	南方电视台影视频道	2.9
8	中央电视台综合频道	2.6
9	中央电视台少儿频道	2.5
10	安徽卫视	2.1

表 3.63.60　2012 年眉山市场（四川省）收视份额排名前十位频道

名次	频道名称	收视份额（%）
1	湖南电视台卫星频道	8.6
2	中央电视台综合频道	6.4
3	四川卫视	5.8
4	四川电视台公共频道	4.5
5	山东卫视	4.4
6	中央台八套	4.3
7	中央电视台少儿频道	3.8
7	四川经视频道	3.8
9	眉山电视台新闻综合频道（一套）	3.7
10	江苏卫视	3.4

表 3.63.61 2012 年梅州市场（广东省）收视份额排名前十位频道

名次	频道名称	收视份额（%）
1	梅州电视台时政综合频道	25.0
2	南方电视台经济频道	7.6
3	梅州电视台客家公共频道	7.1
4	中央电视台综合频道	6.3
5	广东卫视	4.9
6	中央台三套	3.4
7	江苏卫视	3.1
8	安徽卫视	2.5
9	广东电视台嘉佳卡通频道	2.2
9	中央台八套	2.2

表 3.63.62 2012 年绵阳市场（四川省）收视份额排名前十位频道

名次	频道名称	收视份额（%）
1	中央电视台综合频道	10.0
2	四川卫视	7.3
3	中央台八套	7.0
4	湖南电视台卫星频道	5.7
5	中央电视台新闻频道	5.5
6	中央电视台少儿频道	4.5
7	中央台三套	4.2
8	中央台六套	3.8
9	四川电视台公共频道	3.5
10	四川经视频道	3.4

表 3.63.63 2012 年牡丹江市场（黑龙江省）收视份额排名前十位频道

名次	频道名称	收视份额（%）
1	黑龙江卫视	10.1
2	中央电视台综合频道	8.1
3	黑龙江电视台影视频道	5.6
4	黑龙江电视台都市频道	5.5
5	中央台三套	4.9
6	北京卫视	3.9
7	江苏卫视	3.6
7	安徽卫视	3.6
9	中央电视台新闻频道	3.4
10	中央台八套	3.3

表 3.63.64　2012 年南充市场（四川省）收视份额排名前十位频道

名次	频道名称	收视份额（%）
1	中央电视台综合频道	9.0
2	四川电视台影视文艺频道（五套）	7.3
3	中央电视台少儿频道	6.9
4	湖南电视台卫星频道	6.5
5	四川电视台新闻资讯频道	6.3
6	四川卫视	5.3
6	中央电视台新闻频道	5.3
8	中央台六套	3.6
9	中央台四套	3.5
10	四川经视频道	3.4

表 3.63.65　2012 年南通市场（江苏省）收视份额排名前十位频道

名次	频道名称	收视份额（%）
1	南通电视台新闻综合频道	16.9
2	中央电视台综合频道	8.2
3	南通电视台社教频道	8.1
4	江苏卫视	7.5
5	中央台三套	4.8
6	湖南电视台卫星频道	4.1
7	中央台四套	3.4
8	中央电视台新闻频道	3.1
9	江苏电视台综艺频道	2.9
10	中央台八套	2.8

表 3.63.66　2012 年南阳市场（河南省）收视份额排名前十位频道

名次	频道名称	收视份额（%）
1	河南电视台电视剧频道（五套）	15.6
2	中央电视台综合频道	14.6
3	河南电视台都市频道（二套）	11.0
4	河南电视台卫星频道（一套）	6.5
5	南阳电视台新闻综合频道（一套）	5.3
6	中央电视台少儿频道	3.2
7	湖南电视台卫星频道	3.0
8	中央台四套	2.1
9	安徽卫视	1.9
10	中央台八套	1.7

表 3.63.67　2012 年攀枝花市场（四川省）收视份额排名前十位频道

名次	频道名称	收视份额（%）
1	中央电视台综合频道	11.3
2	中央电视台少儿频道	6.7
3	湖南电视台卫星频道	6.4
4	四川电视台影视文艺频道（五套）	5.4
5	中央台八套	5.2
6	四川电视台公共频道	5.1
7	江苏卫视	4.0
8	中央台六套	3.7
9	四川电视台新闻资讯频道	3.3
10	四川卫视	3.2

表 3.63.68　2012 年平顶山市场（河南省）收视份额排名前十位频道

名次	频道名称	收视份额（%）
1	中央电视台综合频道	12.3
2	河南电视台卫星频道（一套）	7.5
3	河南电视台都市频道（二套）	5.6
4	中央电视台少儿频道	5.0
5	中央台八套	4.3
6	中央台三套	2.9
7	中央电视台新闻频道	2.8
8	河南电视台法制频道（四套）	2.7
8	江苏卫视	2.7
8	河南电视台公共频道（八套）	2.7

表 3.63.69　2012 年清远市场（广东省）收视份额排名前十位频道

名次	频道名称	收视份额（%）
1	广东电视台珠江频道	51.2
2	翡翠台（中文）（清远有线网转播）	5.6
3	南方电视台影视频道	4.9
4	广东电视台公共频道	4.6
5	南方电视台少儿频道	4.4
5	南方电视台经济频道	4.4
7	南方电视台综艺频道	2.3
8	中央电视台综合频道	2.0
9	广东电视台嘉佳卡通频道	1.9
10	南方卫视 TVS—2	1.7

表 3.63.70　2012 年秦皇岛市场（河北省）收视份额排名前十位频道

名次	频道名称	收视份额（%）
1	中央电视台综合频道	13.1
2	秦皇岛电视台公共频道	7.0
3	中央台八套	5.4
4	河北电视台二套（经济生活频道）	4.3
5	中央台三套	4.2
6	河北电视台农民频道（七套）	3.8
7	辽宁卫视	3.4
8	江苏卫视	3.2
9	河北卫视	3.1
10	湖南电视台卫星频道	3.0

表 3.63.71　2012 年泉州市场（福建省）收视份额排名前十位频道

名次	频道名称	收视份额（%）
1	泉州电视台闽南语频道	13.5
2	泉州电视台新闻综合频道	11.6
3	中央电视台综合频道	7.9
4	湖南电视台卫星频道	4.4
5	泉州电视台影视剧频道	4.2
6	中央电视台新闻频道	3.8
7	中央电视台少儿频道	3.7
8	江苏卫视	3.3
9	广东电视台嘉佳卡通频道	3.2
10	泉州电视台都市生活频道	3.1

表 3.63.72　2012 年衢州市场（浙江省）收视份额排名前十位频道

名次	频道名称	收视份额（%）
1	衢州电视经济信息频道	6.9
2	衢州电视新闻综合频道	6.5
3	浙江卫视	6.2
4	浙江电视台民生休闲频道	6.1
5	衢州电视生活娱乐频道	5.9
6	中央电视台综合频道	5.6
7	江苏卫视	3.9
8	湖南电视台卫星频道	3.5
8	中央台三套	3.5
10	安徽卫视	3.2

表 3.63.73　2012 年三亚市场（海南省）收视份额排名前十位频道

名次	频道名称	收视份额（%）
1	海南广播电视总台综合频道	19.4
2	中央电视台综合频道	18.1
3	三亚广播电视台新闻综合频道	9.3
4	中央台七套	4.4
5	中央台八套	3.6
6	湖南电视台卫星频道	2.4
7	江苏卫视	2.0
7	中央电视台少儿频道	2.0
7	中央台三套	2.0
10	中央台六套	1.6

表 3.63.74　2012 年汕头市场（广东省）收视份额排名前十位频道

名次	频道名称	收视份额（%）
1	汕头电视台—2（生活经济频道）	12.1
2	汕头电视台—1（新闻综合频道）	9.5
3	湖南电视台卫星频道	6.1
4	江苏卫视	3.4
5	浙江卫视	2.9
6	深圳卫视（新闻综合频道）	2.8
7	安徽卫视	2.6
7	中央台三套	2.6
7	广东电视台嘉佳卡通频道	2.6
10	南方电视台经济频道	2.5

表 3.63.75　2012 年汕尾市场（广东省）收视份额排名前十位频道

名次	频道名称	收视份额（%）
1	翡翠台（中文）（汕尾有线网转播）	10.5
2	湖南电视台卫星频道	10.2
3	南方电视台经济频道	6.5
4	广东电视台珠江频道	4.7
5	南方电视台少儿频道	4.3
6	南方电视台综艺频道	3.8
7	中央台八套	3.6
8	南方电视台影视频道	3.3
8	安徽卫视	3.3
10	广东电视台嘉佳卡通频道	2.7

表 3.63.76　2012 年韶关市场（广东省）收视份额排名前十位频道

名次	频道名称	收视份额（%）
1	南方电视台经济频道	7.6
2	广东电视台珠江频道	6.8
3	韶关电视台综合频道	5.3
4	韶关电视台公共频道	4.1
5	广东电视台嘉佳卡通频道	3.9
6	中央电视台综合频道	3.2
7	中央电视台少儿频道	3.1
7	湖南电视台卫星频道	3.1
9	中央台六套	3.0
10	广东卫视	2.8

表 3.63.77　2012 年绍兴市场（浙江省）收视份额排名前十位频道

名次	频道名称	收视份额（%）
1	绍兴电视台公共频道（二套）	15.4
2	浙江卫视	8.8
3	中央电视台综合频道	7.9
4	绍兴电视台新闻综合频道（一套）	7.7
5	绍兴电视台影视娱乐频道（三套）	5.6
6	中央台八套	4.3
7	浙江电视台民生休闲频道	3.6
8	湖南电视台卫星频道	3.5
9	中央台四套	3.3
10	中央台三套	3.1

表 3.63.78　2012 年遂宁市场（四川省）收视份额排名前十位频道

名次	频道名称	收视份额（%）
1	湖南电视台卫星频道	7.9
2	中央台八套	6.4
3	四川卫视	6.1
4	中央电视台少儿频道	6.0
5	四川电视台新闻资讯频道	4.8
6	四川电视台公共频道	4.6
7	山东卫视	4.2
7	江苏卫视	4.2
9	四川经视频道	4.0
10	中央电视台综合频道	3.8

表 3.63.79　2012 年苏州市场（江苏省）收视份额排名前十位频道

名次	频道名称	收视份额（%）
1	苏州电视台新闻综合频道（一套）	17.3
2	苏州电视台社会经济频道（二套）	13.0
3	江苏卫视	5.7
4	苏州电视台生活资讯频道（五套）	5.0
5	苏州电视台文化生活频道（三套）	4.3
6	中央电视台少儿频道	3.6
7	中央电视台综合频道	3.2
8	苏州电视台电影娱乐频道（四套）	3.1
9	优漫卡通卫视	2.7
10	江苏电视台综艺频道	2.5

表 3.63.80　2012 年深圳蛇口市场（广东省）收视份额排名前十位频道

名次	频道名称	收视份额（%）
1	深圳电视台一套（都市频道）	18.1
2	中央电视台综合频道	9.7
3	深圳电视台二套（电视剧频道）	4.7
3	湖南电视台卫星频道	4.7
5	广东电视台珠江频道	4.0
6	江苏卫视	3.7
7	翡翠台（中文）（蛇口有线转播）	3.3
8	中央电视台少儿频道	3.0
9	中央台四套	2.7
9	中央台五套	2.7

表 3.63.81　2012 年泰安市场（山东省）收视份额排名前十位频道

名次	频道名称	收视份额（%）
1	山东电视齐鲁频道	26.0
2	山东卫视	17.5
3	中央电视台综合频道	9.7
4	山东电视生活频道	3.9
5	中央台三套	3.1
6	中央电视台少儿频道	3.0
7	湖南电视台卫星频道	2.6
8	中央电视台新闻频道	2.4
9	中央台四套	2.1
10	中央台八套	1.6

表 3.63.82 2012 年泰州市场(江苏省)收视份额排名前十位频道

名次	频道名称	收视份额(%)
1	泰州电视台新闻综合频道	11.5
2	江苏卫视	9.6
3	泰州电视台经济生活频道	7.8
4	中央电视台综合频道	6.7
5	中央台三套	5.0
6	湖南电视台卫星频道	4.8
7	中央电视台新闻频道	4.4
8	中央台六套	4.2
9	中央台八套	3.7
10	中央台四套	3.1

表 3.63.83 2012 年台州市场(浙江省)收视份额排名前十位频道

名次	频道名称	收视份额(%)
1	台州电视台财富频道(三套)	11.6
2	台州电视台影视文化频道(二套)	11.1
3	台州电视台新闻综合频道(一套)	9.0
4	中央电视台综合频道	7.5
5	浙江卫视	5.5
6	湖南电视台卫星频道	4.6
7	中央台三套	3.4
8	中央电视台新闻频道	2.7
9	江苏卫视	2.6
10	中央台八套	2.4

表 3.63.84 2012 年唐山市场(河北省)收视份额排名前十位频道

名次	频道名称	收视份额(%)
1	江苏卫视	5.1
2	中央电视台综合频道	4.2
3	河北电视台农民频道(七套)	3.8
4	安徽卫视	3.7
4	中央台三套	3.7
4	黑龙江卫视	3.7
7	中央电视台新闻频道	3.5
8	中央台六套	3.1
8	河北卫视	3.1
8	中央台四套	3.1

表 3.63.85　2012 年潍坊市场（山东省）收视份额排名前十位频道

名次	频道名称	收视份额（%）
1	山东电视齐鲁频道	11.0
2	山东卫视	6.2
3	中央电视台少儿频道	5.6
4	山东电视生活频道	4.8
5	中央电视台综合频道	4.3
6	潍坊电视台新闻综合频道	4.2
7	湖南电视台卫星频道	3.7
7	中央台三套	3.7
9	山东电视综艺频道	3.6
10	潍坊电视台公共频道	3.4

表 3.63.86　2012 年威海市场（山东省）收视份额排名前十位频道

名次	频道名称	收视份额（%）
1	山东电视齐鲁频道	13.6
2	山东卫视	9.9
3	中央电视台少儿频道	6.1
4	中央电视台综合频道	6.0
5	山东电视生活频道	5.9
6	湖南电视台卫星频道	4.5
7	威海电视台二套（公共频道）	4.0
8	山东电视影视频道	3.7
8	中央台八套	3.7
10	山东电视综艺频道	3.5

表 3.63.87　2012 年渭南市场（陕西省）收视份额排名前十位频道

名次	频道名称	收视份额（%）
1	中央电视台综合频道	17.1
2	陕西广播电视台新闻综合频道（一套）	10.7
3	陕西广播电视台都市青春频道（二套）	4.6
4	湖南电视台卫星频道	4.1
4	中央台八套	4.1
6	中央台三套	2.9
6	中央电视台新闻频道	2.9
8	中央电视台少儿频道	2.7
9	山东卫视	2.6
10	江苏卫视	2.5

表 3.63.88　2012 年温州市场（浙江省）收视份额排名前十位频道

名次	频道名称	收视份额（%）
1	温州市广播电视总台新闻综合频道	10.0
2	温州市广播电视总台经济科教频道	8.1
3	温州市广播电视总台公共民生频道	5.8
4	温州市广播电视总台都市生活频道	5.0
5	浙江卫视	4.5
6	浙江电视台教育科技频道	3.5
7	湖南电视台卫星频道	3.3
7	浙江电视台钱江都市频道	3.3
9	中央台八套	2.9
9	中央电视台综合频道	2.9

表 3.63.89　2012 年芜湖市场（安徽省）收视份额排名前十位频道

名次	频道名称	收视份额（%）
1	安徽卫视	14.7
2	中央电视台综合频道	10.4
3	芜湖电视台生活频道	8.0
4	中央台八套	3.9
5	中央电视台少儿频道	3.6
5	湖南电视台卫星频道	3.6
7	中央电视台新闻频道	3.5
8	中央台四套	3.4
9	中央台三套	3.2
10	上海东方卫视	3.0

表 3.63.90　2012 年无锡市场（江苏省）收视份额排名前十位频道

名次	频道名称	收视份额（%）
1	无锡广播电视台都市资讯频道	12.2
2	无锡广播电视台新闻综合频道	10.1
3	江苏卫视	7.6
4	中央电视台综合频道	5.0
5	无锡广播电视台影视频道	4.3
6	江苏电视台影视频道	3.2
6	中央台三套	3.2
8	中央台六套	3.0
9	无锡广播电视台经济频道	2.9
10	湖南电视台卫星频道	2.5

表 3.63.91 2012 年梧州市场（广西壮族自治区）收视份额排名前十位频道

名次	频道名称	收视份额（%）
1	广东电视台珠江频道	11.7
2	中央电视台综合频道	9.1
3	南方卫视	8.3
4	广西电视台综艺频道	5.6
5	广西电视台卫星频道	5.3
6	湖南电视台卫星频道	4.1
7	中央电视台少儿频道	4.0
8	广西电视台科教频道	3.1
9	广西电视台影视频道	2.6
10	中央台五套	2.1

表 3.63.92 2012 年湘潭市场（湖南省）收视份额排名前十位频道

名次	频道名称	收视份额（%）
1	湖南电视台都市频道	11.5
2	湖南电视台电视剧频道	9.9
3	湖南电视台卫星频道	9.3
4	湖南电视台经济频道	7.8
5	中央电视台综合频道	4.4
5	湖南电视台潇湘电影频道	4.4
7	中央台四套	3.9
8	中央台三套	3.4
9	湖南电视台金鹰卡通频道	3.0
10	中央台五套	2.1

表 3.63.93 2012 年襄阳市场（湖北省）收视份额排名前十位频道

名次	频道名称	收视份额（%）
1	中央电视台综合频道	14.1
2	襄阳广播电视台新闻综合频道	13.3
3	湖南电视台卫星频道	4.9
4	中央电视台少儿频道	4.3
5	中央台八套	3.1
6	中央台六套	2.9
6	中央台三套	2.9
8	江苏卫视	2.8
9	中央电视台新闻频道	2.7
10	湖北综合	2.6

表 3.63.94　2012 年徐州市场（江苏省）收视份额排名前十位频道

名次	频道名称	收视份额（%）
1	中央电视台综合频道	14.1
2	徐州电视台新闻综合频道	10.6
3	江苏卫视	8.4
4	徐州电视台经济生活频道	5.4
5	中央台三套	4.1
6	湖南电视台卫星频道	4.0
7	中央台十二套	3.3
8	中央电视台少儿频道	3.2
9	中央台五套	2.6
9	山东卫视	2.6

表 3.63.95　2012 年盐城市场（江苏省）收视份额排名前十位频道

名次	频道名称	收视份额（%）
1	盐城电视台一套	11.8
2	江苏卫视	9.3
3	盐城电视台二套	6.6
4	中央电视台综合频道	6.4
5	江苏电视台城市频道	5.4
6	湖南电视台卫星频道	4.7
7	江苏电视台综艺频道	3.4
8	中央台六套	3.0
8	中央台三套	3.0
10	江苏电视台影视频道	2.8

表 3.63.96　2012 年阳江市场（广东省）收视份额排名前十位频道

名次	频道名称	收视份额（%）
1	广东电视台珠江频道	30.0
2	南方卫视 TVS—2	6.5
3	湖南电视台卫星频道	4.7
4	翡翠台（中文）(阳江有线网转播)	4.6
5	广东卫视	4.2
6	南方电视台经济频道	3.9
7	阳江综合频道	3.6
8	中央电视台综合频道	3.4
8	南方电视台综艺频道	3.4
10	南方电视台影视频道	2.9

表 3.63.97　2012 年扬州市场（江苏省）收视份额排名前十位频道

名次	频道名称	收视份额（%）
1	扬州电视台二套	13.7
2	扬州电视台一套	8.7
3	中央台六套	4.1
4	江苏卫视	4.0
5	湖南电视台卫星频道	3.7
5	中央电视台综合频道	3.7
7	中央台三套	3.4
8	中央电视台新闻频道	3.3
9	扬州电视台三套	3.1
10	中央台四套	2.9

表 3.63.98　2012 年烟台市场（山东省）收视份额排名前十位频道

名次	频道名称	收视份额（%）
1	山东卫视	12.2
2	山东电视齐鲁频道	11.0
3	中央电视台综合频道	9.6
4	山东电视生活频道	5.6
5	中央台三套	4.0
6	烟台电视台二套（资讯频道）	3.5
7	江苏卫视	3.3
8	中央台四套	3.0
9	中央台八套	2.9
10	中央电视台少儿频道	2.8

表 3.63.99　2012 年宜宾市场（四川省）收视份额排名前十位频道

名次	频道名称	收视份额（%）
1	湖南电视台卫星频道	9.6
2	中央电视台综合频道	6.0
3	中央电视台少儿频道	5.6
4	四川经视频道	5.3
5	宜宾电视台一套（新闻综合频道）	5.0
5	四川卫视	5.0
7	江苏卫视	4.3
7	四川电视台影视文艺频道（五套）	4.3
9	四川电视台新闻资讯频道	4.1
10	安徽卫视	3.6

表 3.63.100　2012 年宜昌市场（四川省）收视份额排名前十位频道

名次	频道名称	收视份额（%）
1	中央电视台综合频道	7.2
2	宜昌三峡综合频道	5.2
3	湖南电视台卫星频道	5.1
4	中央电视台新闻频道	4.5
5	中央台六套	4.4
6	湖北综合	4.3
7	湖北经视	3.4
8	中央台三套	3.3
9	中央台八套	3.2
10	中央电视台少儿频道	3.1

表 3.63.101　2012 年宜春市场（江西省）收视份额排名前十位频道

名次	频道名称	收视份额（%）
1	江西电视台卫星频道（一套）	15.9
2	江西电视台都市频道（二套）	10.2
3	中央电视台少儿频道	9.8
4	中央电视台综合频道	6.4
5	湖南电视台卫星频道	4.7
6	中央台八套	3.2
7	江西电视台影视频道（四套）	2.6
8	贵州卫视	2.3
9	山东卫视	2.2
9	中央台六套	2.2

表 3.63.102　2012 年营口市场（辽宁省）收视份额排名前十位频道

名次	频道名称	收视份额（%）
1	辽宁卫视	13.1
2	辽宁广播电视台都市频道	12.4
3	中央电视台综合频道	5.7
4	湖南电视台卫星频道	4.7
4	中央台三套	4.7
6	中央台八套	3.8
7	江苏卫视	3.5
8	中央电视台新闻频道	3.4
8	中央电视台少儿频道	3.4
10	中央台四套	3.2

表 3.63.103　2012 年永济市场（山西省）收视份额排名前十位频道

名次	频道名称	收视份额（%）
1	中央电视台综合频道	18.2
2	山东卫视	6.7
3	湖南电视台卫星频道	5.7
4	中央台八套	5.0
5	中央台十二套	4.5
6	中央电视台少儿频道	4.3
7	河南电视台卫星频道（一套）	4.2
8	贵州卫视	2.9
9	辽宁卫视	2.6
10	上海东方卫视	2.5

表 3.63.104　2012 年岳阳市场（湖南省）收视份额排名前十位频道

名次	频道名称	收视份额（%）
1	湖南电视台都市频道	13.5
2	湖南电视台卫星频道	13.1
3	湖南电视台电视剧频道	7.7
4	中央电视台综合频道	7.6
5	湖南电视台经济频道	6.6
6	湖南电视台金鹰卡通频道	3.6
7	中央电视台新闻频道	3.4
8	湖南电视台潇湘电影频道	3.3
9	中央台八套	3.2
10	中央台三套	2.7

表 3.63.105　2012 年玉林市场（广西壮族自治区）收视份额排名前十位频道

名次	频道名称	收视份额（%）
1	广西电视台综艺频道	18.7
2	广西电视台卫星频道	12.4
3	中央电视台综合频道	9.9
4	湖南电视台卫星频道	6.0
5	中央电视台少儿频道	5.6
6	中央台七套	2.9
7	玉林电视台新闻综合频道	2.4
8	中央台十二套	1.9
8	中央电视台新闻频道	1.9
8	上海东方卫视	1.9

表 3. 63. 106　2012 年云浮市场（广东省）收视份额排名前十位频道

名次	频道名称	收视份额（%）
1	广东电视台珠江频道	49. 1
2	翡翠台（中文）（云浮有线网转播）	6. 0
3	广东电视台公共频道	3. 8
4	南方电视台经济频道	2. 9
5	南方电视台影视频道	2. 8
5	广东电视台嘉佳卡通频道	2. 8
7	南方卫视 TVS—2	2. 4
8	南方电视台少儿频道	2. 3
8	湖南电视台卫星频道	2. 3
10	广东电视体育频道	1. 9

表 3. 63. 107　2012 年张家港市场（江苏省）收视份额排名前十位频道

名次	频道名称	收视份额（%）
1	江苏卫视	11. 8
2	苏州电视台新闻综合频道（一套）	9. 5
3	苏州电视台社会经济频道（二套）	7. 2
4	中央电视台综合频道	7. 0
5	中央台三套	5. 0
6	湖南电视台卫星频道	4. 8
7	中央台八套	4. 6
8	中央台六套	4. 3
9	安徽卫视	3. 4
10	中央电视台少儿频道	2. 7

表 3. 63. 108　2012 年张家口市场（河北省）收视份额排名前十位频道

名次	频道名称	收视份额（%）
1	中央电视台综合频道	15. 6
2	中央台八套	5. 5
3	中央台三套	5. 1
4	北京卫视	4. 8
5	江苏卫视	3. 8
6	湖南电视台卫星频道	3. 3
6	河北电视台农民频道（七套）	3. 3
8	中央电视台新闻频道	3. 2
9	中央电视台少儿频道	3. 1
9	河北电视台二套（经济生活频道）	3. 1

表 3.63.109　2012 年漳州市场（福建省）收视份额排名前十位频道

名次	频道名称	收视份额（%）
1	中央电视台综合频道	9.7
2	漳州电视台新闻综合频道（一套）	5.4
3	江苏卫视	5.0
4	湖南电视台卫星频道	4.7
5	福建省广播影视集团电视剧频道	4.4
6	中央台四套	4.1
7	中央电视台少儿频道	3.5
8	漳州电视台生活文化频道（二套）	3.4
9	福建省广播影视集团综合频道	3.2
10	中央台八套	2.8

表 3.63.110　2012 年湛江市场（广东省）收视份额排名前十位频道

名次	频道名称	收视份额（%）
1	广东电视台珠江频道	12.4
2	南方电视台影视频道	6.7
3	湖南电视台卫星频道	4.5
4	南方电视台经济频道	3.6
5	中央电视台综合频道	3.3
5	广东电视台嘉佳卡通频道	3.3
5	中央台六套	3.3
8	翡翠台（中文）（湛江有线网转播）	2.9
9	南方电视台综艺频道	2.8
9	中央电视台少儿频道	2.8

表 3.63.111　2012 年肇庆市场（广东省）收视份额排名前十位频道

名次	频道名称	收视份额（%）
1	广东电视台珠江频道	19.7
2	翡翠台（中文）（肇庆有线网转播）	6.4
3	南方卫视 TVS—2	5.5
4	南方电视台影视频道	4.1
5	南方电视台少儿频道	4.0
6	广东电视台公共频道	3.9
7	湖南电视台卫星频道	3.6
8	南方电视台综艺频道	3.0
9	南方电视台经济频道	2.9
10	广东电视新闻频道	2.6

表 3. 63. 112　2012 年镇江市场（江苏省）收视份额排名前十位频道

名次	频道名称	收视份额（%）
1	镇江文广民生频道	12. 7
2	江苏卫视	10. 1
3	镇江文广新闻频道	7. 6
4	江苏电视台城市频道	5. 6
5	江苏电视台综艺频道	4. 4
6	中央电视台综合频道	4. 3
6	江苏教育电视台	4. 3
8	江苏电视台影视频道	3. 8
9	中央台三套	2. 7
9	中央台六套	2. 7

表 3. 63. 113　2012 年中山市场（广东省）收视份额排名前十位频道

名次	频道名称	收视份额（%）
1	广东电视台珠江频道	10. 5
2	翡翠台（中文）(中山有线网转播)	10. 3
3	中山电视台公共频道	6. 4
4	广东电视台公共频道	4. 2
5	湖南电视台卫星频道	3. 9
6	中央电视台少儿频道	3. 5
7	广东电视体育频道	3. 0
8	南方卫视 TVS—2	2. 9
8	南方电视台影视频道	2. 9
10	广东电视台嘉佳卡通频道	2. 6

表 3. 63. 114　2012 年舟山市场（浙江省）收视份额排名前十位频道

名次	频道名称	收视份额（%）
1	中央台八套	7. 4
2	湖南电视台卫星频道	6. 6
3	浙江电视台教育科技频道	5. 0
4	中央台六套	4. 5
5	浙江卫视	4. 3
6	舟山电视台经济生活频道	3. 9
7	上海电视台娱乐频道	3. 8
8	安徽卫视	3. 7
8	舟山电视台新闻综合频道	3. 7
10	江苏卫视	3. 3

表 3.63.115　2012 年珠海市场（广东省）收视份额排名前十位频道

名次	频道名称	收视份额（%）
1	广东电视台珠江频道	5.7
2	翡翠台（中文）（珠海有线台转播）	5.2
3	中央电视台综合频道	4.8
4	珠海电视台二套（都市生活频道）	4.1
5	广东电视台公共频道	3.8
6	珠海电视台一套（新闻综合频道）	3.4
6	凤凰卫视中文台	3.4
8	广东电视台嘉佳卡通频道	3.3
9	南方电视台少儿频道	2.9
10	南方电视台经济频道	2.8

表 3.63.116　2012 年株洲市场（湖南省）收视份额排名前十位频道

名次	频道名称	收视份额（%）
1	湖南电视台都市频道	12.8
2	湖南电视台经济频道	8.4
3	湖南电视台卫星频道	8.2
3	湖南电视台电视剧频道	8.2
5	湖南电视台潇湘电影频道	4.7
6	湖南电视台金鹰卡通频道	4.4
7	中央电视台综合频道	4.1
8	中央电视台新闻频道	3.2
9	中央台三套	3.1
10	中央台五套	3.0

表 3.63.117　2012 年淄博市场（山东省）收视份额排名前十位频道

名次	频道名称	收视份额（%）
1	中央电视台综合频道	13.8
2	山东卫视	10.0
3	山东电视齐鲁频道	9.6
4	山东电视生活频道	5.1
5	中央台三套	4.1
6	淄博电视台科教频道	3.9
7	中央电视台少儿频道	3.5
8	中央台八套	3.3
9	山东电视综艺频道	3.1
10	淄博电视台新闻综合频道	2.9

表 3.63.118　2012 年自贡（城区）市场（四川省）收视份额排名前十位频道

名次	频道名称	收视份额（%）
1	湖南电视台卫星频道	10.9
2	中央电视台综合频道	9.5
3	四川卫视	6.9
4	中央电视台少儿频道	6.7
5	安徽卫视	4.6
6	四川电视台公共频道	3.7
7	四川经视频道	3.5
8	江苏卫视	3.3
9	中央台八套	3.1
10	中央台十二套	3.0

表 3.63.119　2012 年资阳市场（四川省）收视份额排名前十位频道

名次	频道名称	收视份额（%）
1	四川卫视	9.9
2	中央电视台少儿频道	7.9
3	江苏卫视	7.5
4	四川电视台公共频道	6.4
5	中央电视台综合频道	6.2
6	湖南电视台卫星频道	6.0
7	四川经视频道	5.2
8	中央台八套	4.6
9	浙江卫视	3.5
9	四川电视台影视文艺频道（五套）	3.5

表 3.63.120　2012 年遵义市场（贵州省）收视份额排名前十位频道

名次	频道名称	收视份额（%）
1	中央电视台综合频道	9.4
2	湖南电视台卫星频道	7.0
3	贵州卫视	6.1
4	中央台八套	4.1
5	中央台三套	3.5
6	中央台六套	3.1
7	江苏卫视	2.9
8	四川卫视	2.8
8	遵义电视台新闻综合频道	2.8
10	中央台五套	2.3

第四部分

Part Four

附 录 Appendix

附　录

CSM 各收视调查网概况

表 4.1　2012 年全国收视调查网样本规模及推及人口

	固定样组规模（户）	推及户数（千户）	推及人口（千人）
全国	8125	424925	1278069
城域	4200	173024	486521
乡域	3925	251901	791548

表 4.2　2012 年全国收视调查网家庭规模结构（%）

	1 人户	2 人户	3 人户	4 人及以上户
全国	6.7	33.0	30.6	29.7
城域	7.7	34.9	34.2	23.2
乡域	6.1	31.8	28.0	34.1

表 4.3　2012 年全国收视调查网家庭收入结构（%）

	0—600 元	601—1200 元	1201—2000 元	2001—2900 元	2901—3800 元	3801—5000 元	5001 元及以上
全国	7.3	10.1	11.6	16.4	15.4	13.5	25.7
城域	4.0	5.5	7.8	13.3	15.2	15.5	38.7
乡域	9.5	13.3	14.2	18.4	15.5	12.2	16.9

表 4.4　2012 年全国收视调查网家庭购买决策者年龄结构（%）

	15—29 岁	30—49 岁	50 岁及以上
全国	11.6	52.4	36.0
城域	12.7	50.2	37.1
乡域	10.8	53.9	35.3

表 4.5　2012 年全国收视调查网性别与年龄结构（%）

	性别		年龄						
	男性	女性	4—14 岁	15—24 岁	25—34 岁	35—44 岁	45—54 岁	55—64 岁	65 岁及以上
全国	50.5	49.5	15.3	15.4	16.1	19.4	14.8	9.7	9.3
城域	50.4	49.6	11.8	16.3	18.1	20.0	15.3	9.3	9.2
乡域	50.5	49.5	17.4	14.9	14.8	19.0	14.6	9.9	9.4

表 4.6　2012 年各省级收视调查网样本规模及推及人口

省份	固定样组规模（户）	推及户数（千户）	推及人口（千人）
安徽省	600	19292	56195
福建省	800	12038	35378
甘肃省	600	6840	24024
广东省	800	31302	100581
广西壮族自治区	600	13706	43809
贵州省	600	9561	31963
海南省	450	2239	8033
河北省	800	21427	68473
黑龙江省	600	12703	37136
河南省	600	26852	87573
湖北省	800	18528	55211
湖南省	800	20620	61990
内蒙古自治区	600	8300	23792
江苏省	800	25192	76075
江西省	600	13560	41951
吉林省	600	8664	26451
辽宁省	800	14735	42242
宁夏回族自治区	600	1844	6027
陕西省	600	11250	35538
山东省	800	32114	90907
山西省	600	10621	34444
四川省	800	26135	76401
新疆维吾尔自治区	600	6428	20714
云南省	600	12869	42993
浙江省	800	18546	52045

表 4.7　2012 年各省级收视调查网家庭规模结构（%）

省份	1 人户	2 人户	3 人户	4 人及以上户
安徽省	7.8	33.1	32.4	26.7
福建省	8.1	33.9	28.0	30.0
甘肃省	3.4	23.0	25.8	47.8
广东省	9.0	29.7	25.5	35.8
广西壮族自治区	5.4	29.6	24.6	40.4
贵州省	6.4	25.2	27.3	41.1
海南省	3.3	23.8	24.8	48.1
河北省	4.0	29.1	30.6	36.3
黑龙江省	4.9	32.5	38.8	23.8
河南省	6.5	26.8	29.5	37.2
湖北省	6.3	33.8	30.2	29.7
湖南省	6.3	32.0	32.5	29.2
内蒙古自治区	4.4	33.8	36.9	24.9
江苏省	6.9	39.7	28.9	24.5
江西省	7.1	30.9	29.2	32.8

续表

省份	1 人户	2 人户	3 人户	4 人及以上户
吉林省	3.4	30.2	37.7	28.7
辽宁省	6.5	33.6	37.4	22.5
宁夏回族自治区	4.2	29.0	30.4	36.4
陕西省	4.6	31.6	29.1	34.7
山东省	5.9	40.3	31.8	22.0
山西省	4.7	26.9	27.4	41.0
四川省	8.9	37.3	27.5	26.3
新疆维吾尔自治区	4.4	27.8	29.5	38.3
云南省	4.8	23.5	28.0	43.7
浙江省	7.7	40.6	29.4	22.3

表 4.8　2012 年各省级收视调查网家庭收入结构（%）

<table>
<tr><th>省份</th><th>0—
600 元</th><th>601—
1200 元</th><th>1201—
2000 元</th><th>2001—
2900 元</th><th>2901—
3800 元</th><th>3801—
5000 元</th><th>5001 元及
以上</th></tr>
<tr><td>安徽省</td><td>8.7</td><td>13.0</td><td>12.7</td><td>19.2</td><td>16.4</td><td>12.3</td><td>17.7</td></tr>
<tr><td>福建省</td><td colspan="2">13.2</td><td>8.3</td><td>10.9</td><td>14.9</td><td>16.6</td><td>36.1</td></tr>
<tr><td>甘肃省</td><td>13.2</td><td>16.1</td><td>13.6</td><td>15.9</td><td>15.9</td><td colspan="2">25.3</td></tr>
<tr><td>广东省</td><td colspan="2">14.0</td><td>11.7</td><td>17.6</td><td>16.1</td><td>13.1</td><td>27.5</td></tr>
<tr><td>广西壮族自治区</td><td>10.3</td><td>17.1</td><td>21.5</td><td>18.7</td><td>14.1</td><td colspan="2">18.3</td></tr>
<tr><td>贵州省</td><td>11.5</td><td>20.7</td><td>20.6</td><td>16.7</td><td>10.2</td><td colspan="2">20.3</td></tr>
<tr><td>海南省</td><td colspan="2">10.5</td><td>13.8</td><td>22.7</td><td>20.4</td><td>12.0</td><td>20.6</td></tr>
<tr><td>河北省</td><td>6.4</td><td>10.8</td><td>9.2</td><td>13.8</td><td>19.8</td><td>15.4</td><td>24.6</td></tr>
<tr><td>黑龙江省</td><td colspan="2">8.4</td><td>8.2</td><td>26.5</td><td>22.2</td><td>14.6</td><td>20.1</td></tr>
<tr><td>河南省</td><td>9.0</td><td>14.2</td><td>14.9</td><td>19.9</td><td>16.3</td><td colspan="2">25.7</td></tr>
<tr><td>湖北省</td><td>7.7</td><td>11.8</td><td>13.5</td><td>16.9</td><td>16.7</td><td>11.7</td><td>21.7</td></tr>
<tr><td>湖南省</td><td colspan="2">13.6</td><td>18.9</td><td>20.8</td><td>18.1</td><td colspan="2">28.6</td></tr>
<tr><td>内蒙古自治区</td><td colspan="2">11.8</td><td>14.7</td><td>15.9</td><td>16.6</td><td>14.6</td><td>26.4</td></tr>
<tr><td>江苏省</td><td colspan="2">12.2</td><td>7.6</td><td>13.4</td><td>11.4</td><td>16.6</td><td>38.8</td></tr>
<tr><td>江西省</td><td>5.8</td><td>12.3</td><td>11.3</td><td>22.4</td><td>13.3</td><td>15.2</td><td>19.7</td></tr>
<tr><td>吉林省</td><td colspan="2">10.6</td><td>13.6</td><td>21.7</td><td>19.7</td><td>15.1</td><td>19.3</td></tr>
<tr><td>辽宁省</td><td colspan="2">10.1</td><td>10.5</td><td>19.8</td><td>19.2</td><td>17.6</td><td>22.8</td></tr>
<tr><td>宁夏回族自治区</td><td colspan="2">11.6</td><td>10.2</td><td>13.5</td><td>19.1</td><td>16.6</td><td>29.0</td></tr>
<tr><td>陕西省</td><td>6.6</td><td>8.5</td><td>12.0</td><td>18.6</td><td>19.3</td><td>13.5</td><td>21.5</td></tr>
<tr><td>山东省</td><td>12.8</td><td>9.1</td><td>13.2</td><td>17.2</td><td>15.6</td><td>12.6</td><td>19.5</td></tr>
<tr><td>山西省</td><td>8.2</td><td>12.7</td><td>10.1</td><td>15.6</td><td>17.4</td><td>14.8</td><td>21.2</td></tr>
<tr><td>四川省</td><td>19.4</td><td>12.1</td><td>14.1</td><td>15.0</td><td>13.6</td><td colspan="2">25.8</td></tr>
<tr><td>新疆维吾尔自治区</td><td>7.4</td><td>11.7</td><td>11.6</td><td>12.0</td><td>12.2</td><td>12.4</td><td>32.7</td></tr>
<tr><td>云南省</td><td>7.5</td><td>15.8</td><td>14.8</td><td>21.3</td><td>12.6</td><td colspan="2">28.0</td></tr>
<tr><td>浙江省</td><td colspan="2">11.0</td><td>3.8</td><td>8.7</td><td>11.1</td><td>18.4</td><td>47.0</td></tr>
</table>

表 4.9 2012 年各省级收视调查网家庭购买决策者年龄结构（%）

省份	15—29 岁	30—49 岁	50 岁及以上
安徽省	11.7	53.3	35.0
福建省	11.8	53.4	34.8
甘肃省	11.5	56.5	32.0
广东省	14.1	50.0	35.9
广西壮族自治区	9.0	51.5	39.5
贵州省	11.2	52.2	36.6
海南省	11.5	56.7	31.8
河北省	13.1	56.8	30.1
黑龙江省	12.3	57.5	30.2
河南省	9.0	58.3	32.7
湖北省	9.8	51.4	38.8
湖南省	11.5	49.3	39.2
内蒙古自治区	9.8	61.5	28.7
江苏省	9.4	49.5	41.1
江西省	4.2	51.1	44.7
吉林省	11.0	57.5	31.5
辽宁省	10.6	53.0	36.4
宁夏回族自治区	14.6	58.1	27.3
陕西省	9.7	48.9	41.4
山东省	12.5	50.9	36.6
山西省	12.0	56.9	31.1
四川省	11.2	50.3	38.5
新疆维吾尔自治区	16.7	54.9	28.4
云南省	16.9	57.0	26.1
浙江省	9.0	51.9	39.1

表 4.10 2012 年各省级收视调查网性别与年龄结构（%）

省份	性别		年龄						
	男性	女性	4—14 岁	15—24 岁	25—34 岁	35—44 岁	45—54 岁	55—64 岁	65 岁及以上
安徽省	49.9	50.1	19.1	13.5	14.6	20.0	12.1	10.5	10.2
福建省	50.0	50.0	14.7	16.9	18.0	18.9	14.3	8.1	9.1
甘肃省	50.3	49.7	19.3	15.2	15.7	20.2	12.2	9.4	8.0
广东省	50.2	49.8	17.9	20.6	17.8	17.3	11.5	7.0	7.9
广西壮族自治区	51.4	48.6	18.7	15.5	15.4	17.9	13.1	9.5	9.9
贵州省	51.2	48.8	23.5	14.0	15.7	17.5	11.7	9.1	8.5
海南省	52.3	47.7	19.0	18.6	17.3	18.6	11.3	6.9	8.3
河北省	50.7	49.3	13.9	18.5	14.7	18.9	15.9	9.7	8.4
黑龙江省	50.5	49.5	11.8	14.0	18.1	21.4	17.0	9.6	8.1
河南省	50.5	49.5	17.2	16.5	14.9	19.4	14.3	9.2	8.5

续表

省份	性别		年龄						
	男性	女性	4—14岁	15—24岁	25—34岁	35—44岁	45—54岁	55—64岁	65岁及以上
湖北省	50.7	49.3	14.8	14.6	13.6	20.7	16.3	10.8	9.2
湖南省	50.4	49.6	14.4	15.2	14.4	19.8	15.2	10.4	10.6
内蒙古自治区	50.6	49.4	14.4	14.6	18.2	20.4	15.3	8.7	8.4
江苏省	49.9	50.1	12.3	14.0	15.2	20.5	16.0	11.1	10.9
江西省	50.5	49.5	19.7	13.2	16.1	18.4	14.5	9.2	8.9
吉林省	50.6	49.4	11.5	15.2	17.0	21.5	17.1	9.6	8.1
辽宁省	49.9	50.1	11.5	12.7	15.8	20.5	19.0	10.2	10.3
宁夏回族自治区	50.3	49.7	18.9	15.1	19.1	19.5	12.3	7.9	7.2
陕西省	50.7	49.3	16.3	15.2	14.6	19.1	16.1	9.7	9.0
山东省	50.0	50.0	12.1	15.1	15.1	20.8	16.3	10.3	10.3
山西省	50.5	49.5	17.6	15.7	16.0	19.0	15.2	8.4	8.1
四川省	50.2	49.8	17.7	11.6	14.4	18.0	14.9	12.2	11.2
新疆维吾尔自治区	50.6	49.4	18.4	17.8	18.8	19.3	10.8	7.9	7.0
云南省	51.3	48.7	18.9	15.3	18.9	19.2	11.5	8.1	8.1
浙江省	50.7	49.3	12.4	14.3	17.3	20.3	15.3	9.6	10.8

表 4.11 2012 年各城市收视调查网样本规模及推及人口

城市	固定样组规模（户）	推及户数（千户）	推及人口（千人）
安庆	100	252	704
安阳	100	270	826
蚌埠	100	242	727
包头	100	666	1714
宝鸡	100	267	799
保定	100	340	1020
北海	100	91	325
北京	500	5398	13006
滨州	100	231	634
常德	100	489	1397
常熟	100	510	1475
常州	200	408	1097
潮州	100	176	576
成都	400	2561	7332
承德	100	215	556
滁州	100	99	298
达州	100	175	396
大理	100	195	623
大连	300	1372	3598
大同	100	397	1153

续表

城市	固定样组规模（户）	推及户数（千户）	推及人口（千人）
丹东	100	229	590
德阳	100	247	623
德州	100	213	645
东莞	200	3235	7474
佛山	200	1400	3936
福州	300	1011	2823
抚顺	100	526	1299
阜阳	100	572	1943
赣州	100	186	602
广元	100	190	455
广州	400	3877	10669
贵阳	200	731	2162
桂林	100	314	855
哈尔滨	300	1663	4641
海口	200	507	1615
邯郸	100	412	1399
杭州	400	2099	5902
合肥	300	1087	3118
河源	100	116	451
菏泽	100	412	1257
衡阳	100	382	1069
呼和浩特	300	708	1911
湖州	100	234	734
淮安	100	196	615
惠州	100	686	2210
吉林	100	612	1701
济南	300	1429	4092
济宁	100	190	552
嘉兴	100	209	589
江门	100	296	933
江阴	100	544	1572
揭阳	100	185	717
金华	100	283	712
锦州	100	332	889
晋城	100	157	456
荆门	100	217	608
荆州	100	374	1120
九江	100	224	611
昆明	300	1153	3117
昆山	100	519	1525
拉萨	100	87	271

续表

城市	固定样组规模（户）	推及户数（千户）	推及人口（千人）
莱芜	100	481	1252
兰州	200	884	2490
廊坊	100	114	424
乐山	100	222	635
丽水	100	170	427
连云港	100	342	1006
临汾	100	279	918
临沂	100	857	2441
柳州	100	444	1327
泸州	100	497	1279
洛阳	100	430	1324
茂名	100	321	1161
眉山	100	324	829
梅州	100	108	368
绵阳	100	309	831
牡丹江	100	344	917
南昌	300	847	2548
南充	100	219	613
南京	400	2612	6975
南宁	200	915	2644
南通	100	379	1093
南阳	100	549	1698
宁波	200	869	2070
攀枝花	100	171	497
平顶山	100	338	984
秦皇岛	100	300	814
青岛	300	1325	3474
清远	100	240	776
衢州	100	168	436
泉州	100	298	846
三亚	100	177	641
厦门	200	1430	3406
汕头	100	1196	5139
汕尾	100	117	483
上海	500	6669	16265
韶关	100	315	952
绍兴	100	332	857
深圳	400	4495	9494
沈阳	300	1925	5270
石家庄	300	909	2637
苏州	200	1379	3940

续表

城市	固定样组规模（户）	推及户数（千户）	推及人口（千人）
遂宁	100	216	634
台州	100	632	1787
太原	300	1120	3241
泰安	100	252	704
泰州	100	287	797
唐山	100	531	1554
天津	400	4035	11348
威海	100	340	858
潍坊	100	646	1930
渭南	100	259	781
温州	200	470	1236
乌鲁木齐	300	1171	3011
无锡	200	1220	3469
芜湖	100	365	993
梧州	100	99	322
武汉	400	3553	9718
西安	300	1433	4299
西宁	200	425	1157
湘潭	100	320	929
襄阳	100	364	1082
徐州	100	620	1800
烟台	200	644	1654
盐城	100	540	1550
扬州	200	443	1337
阳江	100	189	646
宜宾	100	293	797
宜昌	100	295	855
宜春	100	305	971
银川	300	458	1243
营口	100	306	748
永济	100	121	426
玉林	100	263	919
岳阳	100	403	1174
云浮	100	91	296
湛江	100	462	1443
张家港	100	411	1207
张家口	100	361	945
漳州	100	177	510
长春	300	1107	3279
长沙	300	1289	3443
肇庆	100	214	626

续表

城市	固定样组规模（户）	推及户数（千户）	推及人口（千人）
镇江	100	317	869
郑州	300	1381	4058
中山	100	246	722
重庆	500	5506	15337
舟山	100	309	818
珠海	100	269	738
株洲	100	343	998
资阳	100	299	859
淄博	100	1091	2989
自贡	100	325	945
遵义	100	204	620

表 4.12 2012 年各城市收视调查网家庭规模结构（%）

城市	1 人户	2 人户	3 人户	4 人及以上户
安庆	10.2	34.2	33.8	21.8
安阳	4.2	25.3	38.2	32.3
蚌埠	6.9	33.7	35.4	24.0
包头	7.3	39.4	41.7	11.6
宝鸡	3.5	31.4	37.0	28.1
保定	2.9	31.8	38.8	26.5
北海	5.0	20.0	22.4	52.6
北京	10.0	38.4	36.0	15.6
滨州	4.3	38.0	36.6	21.1
常德	5.8	38.3	31.8	24.1
常熟	5.7	39.6	27.7	27.0
常州	6.7	40.8	31.6	20.9
潮州	5.3	27.8	29.8	37.1
成都	8.0	30.3	38.7	23.0
承德	8.0	32.0	41.2	18.8
滁州	4.5	32.8	34.8	27.9
达州	8.4	34.2	38.8	18.6
大理	5.8	21.9	28.1	44.2
大连	6.2	39.7	40.6	13.5
大同	5.5	27.4	43.7	23.4
丹东	9.6	36.7	38.3	15.4
德阳	6.2	31.5	38.7	23.6
德州	2.5	30.9	37.1	29.5
东莞	12.4	51.8	15.2	20.6
佛山	6.6	33.9	25.0	34.5
福州	9.7	33.9	34.2	22.2
抚顺	8.4	31.4	44.1	16.1
阜阳	5.0	22.3	35.1	37.6

续表

城市	1人户	2人户	3人户	4人及以上户
赣州	3.7	26.5	40.1	29.7
广元	6.0	32.9	32.4	28.7
广州	11.5	35.8	30.3	22.4
贵阳	9.7	27.2	34.9	28.2
桂林	10.9	30.9	38.6	19.6
哈尔滨	6.4	32.9	41.6	19.1
海口	3.9	27.4	29.9	38.8
邯郸	4.1	31.9	37.7	26.3
杭州	6.1	36.1	34.4	23.4
合肥	6.7	29.9	40.1	23.3
河源	2.3	17.5	24.2	56.0
菏泽	9.1	27.2	32.6	31.1
衡阳	7.0	35.7	34.5	22.8
呼和浩特	6.2	35.5	43.4	14.9
湖州	5.1	28.4	32.0	34.5
淮安	4.6	28.1	32.6	34.7
惠州	10.5	26.9	25.2	37.4
吉林	5.8	29.1	40.5	24.6
济南	5.5	34.0	35.1	25.4
济宁	7.6	30.6	37.9	23.9
嘉兴	6.6	39.2	22.5	31.7
江门	6.3	25.9	32.0	35.8
江阴	2.3	36.8	31.8	29.1
揭阳	3.3	19.1	17.7	59.9
金华	7.4	42.7	36.4	13.5
锦州	7.6	36.2	38.4	17.8
晋城	6.5	24.6	37.7	31.2
荆门	8.6	34.9	34.9	21.6
荆州	4.9	34.0	35.0	26.1
九江	8.1	28.7	39.6	23.6
昆明	6.9	36.8	34.7	21.6
昆山	7.2	38.5	27.2	27.1
拉萨	9.9	26.8	25.7	37.6
莱芜	5.7	43.8	35.4	15.1
兰州	6.8	35.7	36.0	21.5
廊坊	2.5	33.1	36.9	27.5
乐山	6.9	32.0	34.6	26.5
丽水	11.8	44.4	25.6	18.2
连云港	7.2	29.1	39.8	23.9
临汾	4.8	24.7	29.4	41.1
临沂	4.5	37.9	34.1	23.5
柳州	6.0	28.8	35.5	29.7

续表

城市	1人户	2人户	3人户	4人及以上户
泸州	12.6	36.8	30.3	20.3
洛阳	4.1	27.0	39.6	29.3
茂名	4.4	24.0	24.1	47.5
眉山	9.5	31.4	35.2	23.9
梅州	1.7	24.7	28.1	45.5
绵阳	8.2	39.9	33.7	18.2
牡丹江	4.7	41.6	36.4	17.3
南昌	5.1	31.3	34.9	28.7
南充	9.0	40.5	27.5	23.0
南京	7.4	37.6	37.0	18.0
南宁	6.1	32.6	33.8	27.5
南通	5.1	29.5	42.9	22.5
南阳	6.8	29.8	35.3	28.1
宁波	10.6	46.3	33.7	9.4
攀枝花	8.3	28.9	33.1	29.7
平顶山	5.1	30.2	42.2	22.5
秦皇岛	5.0	38.4	41.0	15.6
青岛	8.7	34.6	42.8	13.9
清远	7.0	26.0	28.4	38.6
衢州	10.0	37.3	32.1	20.6
泉州	6.6	37.6	25.8	30.0
三亚	1.1	19.8	23.7	55.4
厦门	10.5	37.0	29.6	22.9
汕头	2.8	16.6	17.4	63.2
汕尾	1.3	15.7	19.4	63.6
上海	12.6	37.9	35.9	13.6
韶关	6.3	30.6	32.7	30.4
绍兴	7.9	31.0	40.3	20.8
深圳	15.2	48.3	20.9	15.6
沈阳	6.4	37.6	37.9	18.1
石家庄	4.8	32.6	39.0	23.6
苏州	8.7	34.8	31.0	25.5
遂宁	10.4	39.2	26.1	24.3
台州	6.7	32.4	34.1	26.8
太原	3.8	33.7	40.8	21.7
泰安	2.9	37.0	36.8	23.3
泰州	7.9	31.0	29.8	31.3
唐山	4.0	34.9	36.5	24.6
天津	5.7	32.4	43.9	18.0
威海	4.4	44.7	37.5	13.4
潍坊	3.8	30.0	38.4	27.8
渭南	5.8	33.1	32.6	28.5

续表

城市	1人户	2人户	3人户	4人及以上户
温州	7.6	45.0	26.2	21.2
乌鲁木齐	9.8	41.2	35.5	13.5
无锡	5.7	35.8	34.3	24.2
芜湖	5.6	30.3	47.2	16.9
梧州	4.6	28.7	28.4	38.3
武汉	7.3	30.3	35.9	26.5
西安	5.0	30.4	35.2	29.4
西宁	7.3	37.1	36.0	19.6
湘潭	7.9	31.8	35.6	24.7
襄阳	6.6	32.5	33.7	27.2
徐州	8.3	30.2	38.4	23.1
烟台	4.5	43.7	38.8	13.0
盐城	7.2	34.5	33.1	25.2
扬州	3.3	34.5	31.9	30.3
阳江	5.6	24.0	28.4	42.0
宜宾	6.3	39.6	32.8	21.3
宜昌	4.7	34.0	34.8	26.5
宜春	5.3	31.5	29.3	33.9
银川	5.8	39.0	37.8	17.4
营口	5.6	31.7	36.6	26.1
永济	2.0	25.0	27.6	45.4
玉林	3.2	27.3	19.9	49.6
岳阳	6.8	35.6	33.4	24.2
云浮	7.2	27.2	26.1	39.5
湛江	6.0	31.0	34.2	28.8
张家港	4.7	41.2	27.1	27.0
张家口	7.1	41.2	36.1	15.6
漳州	5.9	34.0	30.6	29.5
长春	3.9	29.1	42.8	24.2
长沙	5.1	39.3	38.0	17.6
肇庆	9.5	28.8	34.0	27.7
镇江	4.4	37.1	42.7	15.8
郑州	5.3	30.5	40.0	24.2
中山	17.4	31.1	17.7	33.8
重庆	9.4	37.3	33.3	20.0
舟山	9.9	37.2	34.1	18.8
珠海	6.9	39.8	27.4	25.9
株洲	8.1	27.3	39.5	25.1
资阳	11.0	33.9	28.7	26.4
淄博	5.9	36.2	37.2	20.7
自贡	6.9	32.4	34.5	26.2
遵义	6.4	31.8	29.7	32.1

表 4.13 2012 年各城市收视调查网家庭收入结构（%）

<table>
<tr><th>城市</th><th>0—900 元</th><th>901—1700 元</th><th>1701—2900 元</th><th>2901—4100 元</th><th>4101—5000 元</th><th>5001—7000 元</th><th>7001 元及以上</th></tr>
<tr><td>安庆</td><td>11.5</td><td>14.1</td><td>21.3</td><td>26.5</td><td>7.9</td><td colspan="2">18.7</td></tr>
<tr><td>安阳</td><td>4.7</td><td>21.7</td><td>33.1</td><td>23.3</td><td>8.3</td><td colspan="2">8.9</td></tr>
<tr><td>蚌埠</td><td colspan="2">14.1</td><td>33.3</td><td>28.0</td><td>9.4</td><td colspan="2">15.2</td></tr>
<tr><td>包头</td><td colspan="2">8.5</td><td>15.2</td><td>26.9</td><td>11.9</td><td>19.4</td><td>18.1</td></tr>
<tr><td>宝鸡</td><td colspan="2">12.8</td><td>19.5</td><td>29.3</td><td>14.9</td><td colspan="2">23.5</td></tr>
<tr><td>保定</td><td colspan="2">17.3</td><td>20.8</td><td>26.9</td><td>8.7</td><td colspan="2">26.3</td></tr>
<tr><td>北海</td><td colspan="2">14.6</td><td>18.7</td><td>20.9</td><td>10.4</td><td>16.4</td><td>19.0</td></tr>
<tr><td>北京</td><td colspan="2">2.3</td><td>4.0</td><td>12.7</td><td>5.2</td><td>23.6</td><td>52.2</td></tr>
<tr><td>滨州</td><td>11.1</td><td>11.8</td><td>20.7</td><td>23.3</td><td>8.1</td><td colspan="2">25.0</td></tr>
<tr><td>常德</td><td>5.8</td><td>17.7</td><td>29.0</td><td>24.5</td><td>8.2</td><td colspan="2">14.8</td></tr>
<tr><td>常熟</td><td colspan="2">10.1</td><td>15.9</td><td>24.5</td><td>10.3</td><td>23.8</td><td>15.4</td></tr>
<tr><td>常州</td><td colspan="2">2.6</td><td>6.8</td><td>21.0</td><td>11.3</td><td>26.4</td><td>31.9</td></tr>
<tr><td>潮州</td><td colspan="2">9.9</td><td>21.9</td><td>23.3</td><td>13.7</td><td>16.8</td><td>14.4</td></tr>
<tr><td>成都</td><td colspan="2">6.4</td><td>13.8</td><td>23.1</td><td>10.0</td><td>26.9</td><td>19.8</td></tr>
<tr><td>承德</td><td colspan="2">14.1</td><td>17.4</td><td>31.1</td><td>9.0</td><td colspan="2">28.4</td></tr>
<tr><td>滁州</td><td colspan="2">12.8</td><td>19.9</td><td>28.5</td><td>11.5</td><td colspan="2">27.3</td></tr>
<tr><td>达州</td><td>18.4</td><td>12.3</td><td>19.5</td><td>25.3</td><td>7.9</td><td colspan="2">16.6</td></tr>
<tr><td>大理</td><td>5.5</td><td>25.9</td><td>32.0</td><td>18.5</td><td>5.6</td><td colspan="2">12.5</td></tr>
<tr><td>大连</td><td colspan="2">4.9</td><td>12.9</td><td>21.5</td><td>12.1</td><td>24.3</td><td>24.3</td></tr>
<tr><td>大同</td><td colspan="2">12.8</td><td>21.1</td><td>28.3</td><td>14.5</td><td colspan="2">23.3</td></tr>
<tr><td>丹东</td><td colspan="2">6.5</td><td>12.3</td><td>35.2</td><td>14.9</td><td>20.3</td><td>10.8</td></tr>
<tr><td>德阳</td><td>9.0</td><td>18.6</td><td>23.6</td><td>23.3</td><td>10.2</td><td colspan="2">15.3</td></tr>
<tr><td>德州</td><td colspan="2">10.2</td><td>19.8</td><td>27.6</td><td>14.9</td><td colspan="2">27.5</td></tr>
<tr><td>东莞</td><td colspan="2">13.3</td><td>17.9</td><td>25.1</td><td>10.3</td><td>18.0</td><td>15.4</td></tr>
<tr><td>佛山</td><td colspan="2">4.6</td><td>10.3</td><td>21.5</td><td>9.9</td><td>23.6</td><td>30.1</td></tr>
<tr><td>福州</td><td colspan="2">5.9</td><td>7.5</td><td>20.4</td><td>8.7</td><td>19.9</td><td>37.6</td></tr>
<tr><td>抚顺</td><td colspan="2">20.0</td><td>26.5</td><td>33.1</td><td>6.1</td><td colspan="2">14.3</td></tr>
<tr><td>阜阳</td><td>19.1</td><td>27.4</td><td>22.4</td><td>14.7</td><td>7.0</td><td colspan="2">9.4</td></tr>
<tr><td>赣州</td><td colspan="2">10.5</td><td>22.9</td><td>28.9</td><td>11.3</td><td colspan="2">26.4</td></tr>
<tr><td>广元</td><td colspan="2">18.0</td><td>25.6</td><td>26.2</td><td>6.9</td><td colspan="2">23.3</td></tr>
<tr><td>广州</td><td colspan="2">7.3</td><td>17.4</td><td>24.6</td><td>7.7</td><td>21.7</td><td>21.3</td></tr>
<tr><td>贵阳</td><td colspan="2">8.7</td><td>13.4</td><td>25.6</td><td>10.8</td><td>22.2</td><td>19.3</td></tr>
<tr><td>桂林</td><td colspan="2">15.5</td><td>24.9</td><td>27.4</td><td>9.8</td><td colspan="2">22.4</td></tr>
<tr><td>哈尔滨</td><td colspan="2">9.0</td><td>13.7</td><td>25.2</td><td>14.9</td><td>20.9</td><td>16.3</td></tr>
<tr><td>海口</td><td colspan="2">9.4</td><td>14.2</td><td>20.3</td><td>10.4</td><td>21.0</td><td>24.7</td></tr>
<tr><td>邯郸</td><td colspan="2">18.3</td><td>28.7</td><td>26.4</td><td>7.8</td><td colspan="2">18.8</td></tr>
<tr><td>杭州</td><td colspan="2">4.6</td><td>5.0</td><td>8.8</td><td>6.5</td><td>21.9</td><td>53.2</td></tr>
<tr><td>合肥</td><td colspan="2">6.2</td><td>9.5</td><td>23.6</td><td>11.8</td><td>26.0</td><td>22.9</td></tr>
<tr><td>河源</td><td colspan="2">4.5</td><td>15.4</td><td>25.9</td><td>13.0</td><td>20.9</td><td>20.3</td></tr>
<tr><td>菏泽</td><td>11.0</td><td>16.3</td><td>34.0</td><td>23.7</td><td>6.9</td><td colspan="2">8.1</td></tr>
<tr><td>衡阳</td><td colspan="2">10.4</td><td>18.3</td><td>32.3</td><td>10.1</td><td colspan="2">28.9</td></tr>
<tr><td>呼和浩特</td><td colspan="2">7.8</td><td>9.9</td><td>20.3</td><td>8.6</td><td>26.1</td><td>27.3</td></tr>
<tr><td>湖州</td><td colspan="2">6.0</td><td>11.5</td><td>14.3</td><td>11.4</td><td>20.6</td><td>36.2</td></tr>
<tr><td>淮安</td><td colspan="2">8.5</td><td>13.8</td><td>19.4</td><td>11.9</td><td>21.2</td><td>25.2</td></tr>
<tr><td>惠州</td><td colspan="2">11.2</td><td>17.4</td><td>22.0</td><td>11.6</td><td>17.5</td><td>20.3</td></tr>
<tr><td>吉林</td><td colspan="2">15.8</td><td>17.9</td><td>24.0</td><td>10.6</td><td>17.1</td><td>14.6</td></tr>
</table>

续表

<table>
<tr><th>城市</th><th>0—900元</th><th>901—1700元</th><th>1701—2900元</th><th>2901—4100元</th><th>4101—5000元</th><th>5001—7000元</th><th>7001元及以上</th></tr>
<tr><td>济南</td><td colspan="2">9.2</td><td>15.6</td><td>24.3</td><td>11.3</td><td>21.5</td><td>18.1</td></tr>
<tr><td>济宁</td><td>8.1</td><td>12.4</td><td>22.9</td><td>22.5</td><td>8.9</td><td colspan="2">25.2</td></tr>
<tr><td>嘉兴</td><td colspan="2">3.7</td><td>7.5</td><td>18.2</td><td>7.5</td><td>26.4</td><td>36.7</td></tr>
<tr><td>江门</td><td colspan="2">13.1</td><td>15.9</td><td>23.1</td><td>10.2</td><td>22.0</td><td>15.7</td></tr>
<tr><td>江阴</td><td colspan="2">12.5</td><td>11.5</td><td>20.7</td><td>10.2</td><td>21.9</td><td>23.2</td></tr>
<tr><td>揭阳</td><td colspan="2">12.1</td><td>24.6</td><td>32.4</td><td>10.1</td><td colspan="2">20.8</td></tr>
<tr><td>金华</td><td>10.6</td><td>9.9</td><td>15.2</td><td>28.2</td><td>8.6</td><td colspan="2">27.5</td></tr>
<tr><td>锦州</td><td colspan="2">8.3</td><td>16.7</td><td>32.6</td><td>11.2</td><td>22.5</td><td>8.7</td></tr>
<tr><td>晋城</td><td colspan="2">12.1</td><td>18.2</td><td>27.9</td><td>10.1</td><td>21.6</td><td>10.1</td></tr>
<tr><td>荆门</td><td colspan="2">18.8</td><td>22.0</td><td>27.4</td><td>10.3</td><td colspan="2">21.5</td></tr>
<tr><td>荆州</td><td colspan="2">12.7</td><td>20.9</td><td>29.3</td><td>10.9</td><td colspan="2">26.2</td></tr>
<tr><td>九江</td><td colspan="2">13.2</td><td>24.4</td><td>25.7</td><td>11.9</td><td colspan="2">24.8</td></tr>
<tr><td>昆明</td><td colspan="2">6.7</td><td>12.3</td><td>18.4</td><td>10.3</td><td>22.3</td><td>30.0</td></tr>
<tr><td>昆山</td><td colspan="2">11.0</td><td>11.5</td><td>16.6</td><td>9.2</td><td>22.0</td><td>29.7</td></tr>
<tr><td>拉萨</td><td colspan="2">14.3</td><td>16.0</td><td>21.4</td><td>9.3</td><td>18.5</td><td>20.5</td></tr>
<tr><td>莱芜</td><td>24.2</td><td>20.9</td><td>27.7</td><td>18.0</td><td>3.4</td><td colspan="2">5.8</td></tr>
<tr><td>兰州</td><td colspan="2">10.7</td><td>16.0</td><td>26.7</td><td>11.6</td><td>19.8</td><td>15.2</td></tr>
<tr><td>廊坊</td><td colspan="2">12.4</td><td>19.5</td><td>23.3</td><td>8.4</td><td>18.4</td><td>18.0</td></tr>
<tr><td>乐山</td><td>8.5</td><td>11.5</td><td>22.7</td><td>25.8</td><td>9.4</td><td colspan="2">22.1</td></tr>
<tr><td>丽水</td><td colspan="2">18.7</td><td>15.4</td><td>16.3</td><td>7.9</td><td>17.3</td><td>24.4</td></tr>
<tr><td>连云港</td><td colspan="2">12.0</td><td>15.2</td><td>21.8</td><td>7.9</td><td>19.5</td><td>23.6</td></tr>
<tr><td>临汾</td><td colspan="2">13.9</td><td>21.3</td><td>26.2</td><td>10.7</td><td colspan="2">27.9</td></tr>
<tr><td>临沂</td><td colspan="2">17.4</td><td>22.7</td><td>28.0</td><td>9.6</td><td colspan="2">22.3</td></tr>
<tr><td>柳州</td><td colspan="2">14.7</td><td>24.6</td><td>29.0</td><td>11.9</td><td colspan="2">19.8</td></tr>
<tr><td>泸州</td><td>28.7</td><td>22.7</td><td>18.3</td><td>16.7</td><td>3.0</td><td colspan="2">10.6</td></tr>
<tr><td>洛阳</td><td colspan="2">11.5</td><td>26.4</td><td>29.9</td><td>11.9</td><td colspan="2">20.3</td></tr>
<tr><td>茂名</td><td>10.0</td><td>22.3</td><td>23.8</td><td>22.8</td><td>6.4</td><td colspan="2">14.7</td></tr>
<tr><td>眉山</td><td>10.4</td><td>20.5</td><td>27.7</td><td>20.6</td><td>7.2</td><td colspan="2">13.6</td></tr>
<tr><td>梅州</td><td colspan="2">10.7</td><td>18.9</td><td>32.0</td><td>12.3</td><td colspan="2">26.1</td></tr>
<tr><td>绵阳</td><td colspan="2">10.7</td><td>15.1</td><td>27.6</td><td>16.1</td><td>15.9</td><td>14.6</td></tr>
<tr><td>牡丹江</td><td colspan="2">7.9</td><td>17.7</td><td>34.2</td><td>14.8</td><td colspan="2">25.4</td></tr>
<tr><td>南昌</td><td colspan="2">8.7</td><td>17.3</td><td>22.8</td><td>10.5</td><td>22.2</td><td>18.5</td></tr>
<tr><td>南充</td><td>23.0</td><td>15.4</td><td>17.8</td><td>18.5</td><td>5.7</td><td colspan="2">19.6</td></tr>
<tr><td>南京</td><td colspan="2">5.9</td><td>9.4</td><td>10.1</td><td>13.8</td><td>25.3</td><td>35.5</td></tr>
<tr><td>南宁</td><td>11.1</td><td>13.6</td><td>16.3</td><td>21.2</td><td>7.9</td><td colspan="2">29.9</td></tr>
<tr><td>南通</td><td colspan="2">7.3</td><td>13.7</td><td>25.0</td><td>13.8</td><td>18.6</td><td>21.6</td></tr>
<tr><td>南阳</td><td>12.2</td><td>17.4</td><td>24.3</td><td>22.3</td><td>7.2</td><td colspan="2">16.6</td></tr>
<tr><td>宁波</td><td colspan="2">3.6</td><td>9.0</td><td>14.5</td><td>12.6</td><td>25.3</td><td>35.0</td></tr>
<tr><td>攀枝花</td><td colspan="2">8.2</td><td>17.2</td><td>24.7</td><td>16.7</td><td>22.3</td><td>10.9</td></tr>
<tr><td>平顶山</td><td colspan="2">16.4</td><td>19.9</td><td>34.9</td><td>9.9</td><td colspan="2">18.9</td></tr>
<tr><td>秦皇岛</td><td colspan="2">8.0</td><td>18.9</td><td>28.4</td><td>12.0</td><td>20.8</td><td>11.9</td></tr>
<tr><td>青岛</td><td colspan="2">4.2</td><td>8.8</td><td>18.9</td><td>10.6</td><td>33.0</td><td>24.5</td></tr>
<tr><td>清远</td><td colspan="2">11.2</td><td>11.6</td><td>26.4</td><td>15.9</td><td>23.1</td><td>11.8</td></tr>
<tr><td>衢州</td><td colspan="2">5.3</td><td>13.7</td><td>16.2</td><td>11.4</td><td>28.7</td><td>24.7</td></tr>
<tr><td>泉州</td><td colspan="2">8.4</td><td>13.9</td><td>16.3</td><td>8.4</td><td>24.2</td><td>28.8</td></tr>
<tr><td>三亚</td><td>1.2</td><td>22.8</td><td>26.3</td><td>17.2</td><td>5.7</td><td colspan="2">26.8</td></tr>
</table>

续表

<table>
<tr><th>城市</th><th>0—900 元</th><th>901—1700 元</th><th>1701—2900 元</th><th>2901—4100 元</th><th>4101—5000 元</th><th>5001—7000 元</th><th>7001 元及以上</th></tr>
<tr><td>厦门</td><td colspan="2">6.5</td><td>7.8</td><td>13.8</td><td>9.5</td><td>19.7</td><td>42.7</td></tr>
<tr><td>汕头</td><td colspan="2">9.9</td><td>12.9</td><td>25.5</td><td>14.5</td><td>20.5</td><td>16.7</td></tr>
<tr><td>汕尾</td><td colspan="2">12.3</td><td>25.4</td><td>29.0</td><td>10.9</td><td colspan="2">22.4</td></tr>
<tr><td>上海</td><td colspan="2">2.0</td><td>5.4</td><td>13.0</td><td>12.2</td><td>27.3</td><td>40.1</td></tr>
<tr><td>韶关</td><td>14.9</td><td>15.2</td><td>23.2</td><td>20.6</td><td>6.7</td><td colspan="2">19.4</td></tr>
<tr><td>绍兴</td><td colspan="2">5.7</td><td>8.9</td><td>15.8</td><td>17.0</td><td>26.4</td><td>26.2</td></tr>
<tr><td>深圳</td><td colspan="2">0.5</td><td>5.2</td><td>12.2</td><td>7.5</td><td>22.3</td><td>52.3</td></tr>
<tr><td>沈阳</td><td colspan="2">11.1</td><td>16.7</td><td>25.7</td><td>10.8</td><td>20.0</td><td>15.7</td></tr>
<tr><td>石家庄</td><td colspan="2">7.0</td><td>15.9</td><td>24.2</td><td>9.0</td><td>25.7</td><td>18.2</td></tr>
<tr><td>苏州</td><td colspan="2">3.8</td><td>7.7</td><td>14.3</td><td>10.0</td><td>26.6</td><td>37.6</td></tr>
<tr><td>遂宁</td><td>20.6</td><td>22.2</td><td>23.1</td><td>15.2</td><td>4.4</td><td colspan="2">14.5</td></tr>
<tr><td>台州</td><td colspan="2">9.3</td><td>10.2</td><td>16.8</td><td>13.7</td><td>18.5</td><td>31.5</td></tr>
<tr><td>太原</td><td colspan="2">5.5</td><td>12.5</td><td>23.4</td><td>11.3</td><td>27.0</td><td>20.3</td></tr>
<tr><td>泰安</td><td colspan="2">10.9</td><td>22.9</td><td>23.1</td><td>8.6</td><td>19.0</td><td>15.5</td></tr>
<tr><td>泰州</td><td colspan="2">15.4</td><td>10.6</td><td>19.4</td><td>9.4</td><td>25.2</td><td>20.0</td></tr>
<tr><td>唐山</td><td colspan="2">8.7</td><td>15.8</td><td>27.6</td><td>11.7</td><td>21.8</td><td>14.4</td></tr>
<tr><td>天津</td><td colspan="2">7.6</td><td>11.6</td><td>23.9</td><td>8.8</td><td>24.4</td><td>23.7</td></tr>
<tr><td>威海</td><td>13.0</td><td>10.7</td><td>22.2</td><td>25.9</td><td>9.4</td><td colspan="2">18.8</td></tr>
<tr><td>潍坊</td><td colspan="2">9.3</td><td>11.0</td><td>25.7</td><td>14.2</td><td>23.5</td><td>16.3</td></tr>
<tr><td>渭南</td><td>15.2</td><td>21.8</td><td>25.5</td><td>18.7</td><td>3.5</td><td colspan="2">15.3</td></tr>
<tr><td>温州</td><td colspan="2">3.5</td><td>3.1</td><td>7.7</td><td>5.9</td><td>15.6</td><td>64.2</td></tr>
<tr><td>乌鲁木齐</td><td colspan="2">4.5</td><td>9.2</td><td>18.2</td><td>9.0</td><td>23.6</td><td>35.5</td></tr>
<tr><td>无锡</td><td colspan="2">4.4</td><td>6.9</td><td>12.9</td><td>8.4</td><td>28.1</td><td>39.3</td></tr>
<tr><td>芜湖</td><td colspan="2">8.1</td><td>17.8</td><td>25.1</td><td>14.7</td><td>18.3</td><td>16.0</td></tr>
<tr><td>梧州</td><td>11.5</td><td>21.1</td><td>30.5</td><td>20.1</td><td>4.6</td><td colspan="2">12.2</td></tr>
<tr><td>武汉</td><td colspan="2">9.9</td><td>12.7</td><td>26.6</td><td>12.5</td><td>20.9</td><td>17.4</td></tr>
<tr><td>西安</td><td colspan="2">5.8</td><td>15.5</td><td>25.4</td><td>9.4</td><td>26.6</td><td>17.3</td></tr>
<tr><td>西宁</td><td colspan="2">6.8</td><td>17.6</td><td>23.8</td><td>11.4</td><td>21.6</td><td>18.8</td></tr>
<tr><td>湘潭</td><td colspan="2">13.4</td><td>18.8</td><td>32.5</td><td>9.7</td><td colspan="2">25.6</td></tr>
<tr><td>襄阳</td><td colspan="2">19.9</td><td>28.7</td><td>24.3</td><td>8.4</td><td colspan="2">18.7</td></tr>
<tr><td>徐州</td><td colspan="2">11.1</td><td>19.1</td><td>25.0</td><td>13.0</td><td>17.1</td><td>14.7</td></tr>
<tr><td>烟台</td><td colspan="2">15.2</td><td>17.2</td><td>21.1</td><td>11.1</td><td>20.6</td><td>14.8</td></tr>
<tr><td>盐城</td><td colspan="2">5.6</td><td>9.3</td><td>21.1</td><td>13.8</td><td>22.5</td><td>27.7</td></tr>
<tr><td>扬州</td><td colspan="2">11.5</td><td>14.6</td><td>20.4</td><td>12.2</td><td>22.5</td><td>18.8</td></tr>
<tr><td>阳江</td><td>9.3</td><td>12.7</td><td>21.6</td><td>23.0</td><td>8.1</td><td colspan="2">25.3</td></tr>
<tr><td>宜宾</td><td>11.0</td><td>15.6</td><td>22.4</td><td>24.4</td><td>10.4</td><td colspan="2">16.2</td></tr>
<tr><td>宜昌</td><td colspan="2">8.6</td><td>16.1</td><td>26.8</td><td>10.5</td><td>22.8</td><td>15.2</td></tr>
<tr><td>宜春</td><td>9.0</td><td>32</td><td>29.3</td><td>17.4</td><td>5.1</td><td colspan="2">7.2</td></tr>
<tr><td>银川</td><td colspan="2">6.6</td><td>10.6</td><td>23.6</td><td>13.3</td><td>24.0</td><td>21.9</td></tr>
<tr><td>营口</td><td colspan="2">13.0</td><td>17.0</td><td>24.9</td><td>10.0</td><td>21.3</td><td>13.8</td></tr>
<tr><td>永济</td><td colspan="2">15.7</td><td>20.6</td><td>30.0</td><td>9.0</td><td colspan="2">24.7</td></tr>
<tr><td>玉林</td><td>15.3</td><td>21.6</td><td>31.1</td><td>16.4</td><td>5.3</td><td colspan="2">10.3</td></tr>
<tr><td>岳阳</td><td colspan="2">19.7</td><td>18.6</td><td>28.5</td><td>10.7</td><td colspan="2">22.5</td></tr>
<tr><td>云浮</td><td>8.6</td><td>17.8</td><td>29.0</td><td>22.1</td><td>5.9</td><td colspan="2">16.6</td></tr>
<tr><td>湛江</td><td>7.4</td><td>19.7</td><td>22.5</td><td>21.4</td><td>7.5</td><td colspan="2">21.5</td></tr>
<tr><td>张家港</td><td colspan="2">17.5</td><td>16.5</td><td>20.2</td><td>7.9</td><td>20.9</td><td>17.0</td></tr>
</table>

续表

<table>
<tr><th>城市</th><th>0—900 元</th><th>901—1700 元</th><th>1701—2900 元</th><th>2901—4100 元</th><th>4101—5000 元</th><th>5001—7000 元</th><th>7001 元及以上</th></tr>
<tr><td>张家口</td><td colspan="2">14.6</td><td>29.5</td><td>28.7</td><td>8.8</td><td colspan="2">18.4</td></tr>
<tr><td>漳州</td><td colspan="2">16.4</td><td>21.1</td><td>26.1</td><td>10.6</td><td colspan="2">25.8</td></tr>
<tr><td>长春</td><td colspan="2">4.5</td><td>10.2</td><td>21.3</td><td>13.0</td><td>25.1</td><td>25.9</td></tr>
<tr><td>长沙</td><td colspan="2">6.9</td><td>13.0</td><td>24.4</td><td>11.4</td><td>25.8</td><td>18.5</td></tr>
<tr><td>肇庆</td><td colspan="2">17.2</td><td>20.9</td><td>25.8</td><td>9.2</td><td colspan="2">26.9</td></tr>
<tr><td>镇江</td><td colspan="2">4.1</td><td>12.7</td><td>24.1</td><td>13.8</td><td>23.7</td><td>21.6</td></tr>
<tr><td>郑州</td><td colspan="2">6.9</td><td>14.3</td><td>26.5</td><td>8.8</td><td>22.0</td><td>21.5</td></tr>
<tr><td>中山</td><td colspan="2">7.2</td><td>12.4</td><td>19.9</td><td>9.3</td><td>22.5</td><td>28.7</td></tr>
<tr><td>重庆</td><td>18.6</td><td>15.5</td><td>17.6</td><td>19.0</td><td>6.1</td><td colspan="2">23.2</td></tr>
<tr><td>舟山</td><td colspan="2">3.2</td><td>8.6</td><td>17.9</td><td>9.7</td><td>23.4</td><td>37.2</td></tr>
<tr><td>珠海</td><td colspan="2">4.7</td><td>10.7</td><td>22.3</td><td>8.7</td><td>22.3</td><td>31.3</td></tr>
<tr><td>株洲</td><td colspan="2">9.3</td><td>15.9</td><td>20.5</td><td>12.2</td><td>21.5</td><td>20.6</td></tr>
<tr><td>资阳</td><td>49.0</td><td>14.5</td><td>12.7</td><td>10.0</td><td>3.4</td><td colspan="2">10.4</td></tr>
<tr><td>淄博</td><td colspan="2">18.0</td><td>23.9</td><td>28.5</td><td>10.9</td><td colspan="2">18.7</td></tr>
<tr><td>自贡</td><td>36.4</td><td>13.8</td><td>20.6</td><td>16.1</td><td>5.2</td><td colspan="2">7.9</td></tr>
<tr><td>遵义</td><td>10.9</td><td>14.7</td><td>19.7</td><td>22.6</td><td>6.9</td><td colspan="2">25.2</td></tr>
</table>

表 4.14　2012 年各城市收视调查网家庭购买决策者年龄结构（%）

城市	15—29 岁	30—49 岁	50 岁及以上
安庆	9.4	52.7	37.9
安阳	7.6	52.6	39.8
蚌埠	8.6	51.0	40.4
包头	8.7	53.8	37.5
宝鸡	6.4	51.0	42.6
保定	6.9	49.1	44.0
北海	11.3	48.8	39.9
北京	14.9	42.2	42.9
滨州	13.2	51.9	34.9
常德	6.5	57.3	36.2
常熟	8.5	48.0	43.5
常州	12.1	47.2	40.7
潮州	6.0	50.7	43.3
成都	11.1	45.5	43.4
承德	11.3	51.0	37.7
滁州	7.4	52.5	40.1
达州	11.6	55.9	32.5
大理	8.3	57.4	34.3
大连	11.6	44.7	43.7
大同	14.9	58.6	26.5
丹东	5.7	43.5	50.8
德阳	12.5	52.3	35.2
德州	9.7	58.4	31.9

续表

城市	15—29 岁	30—49 岁	50 岁及以上
东莞	22.1	55.8	22.1
佛山	18.7	59.4	21.9
福州	13.1	40.1	46.8
抚顺	5.8	46.9	47.3
阜阳	13.9	50.9	35.2
赣州	7.1	49.3	43.6
广元	9.5	51.8	38.7
广州	20.8	47.6	31.6
贵阳	9.9	47.9	42.2
桂林	12.2	46.0	41.8
哈尔滨	10.6	49.5	39.9
海口	10.9	54.8	34.3
邯郸	10.2	53.5	36.3
杭州	9.5	48.3	42.2
合肥	20.7	51.9	27.4
河源	4.9	55.5	39.6
菏泽	4.6	56.0	39.4
衡阳	10.3	49.8	39.9
呼和浩特	8.4	53.7	37.9
湖州	8.0	51.6	40.4
淮安	11.2	52.2	36.6
惠州	14.2	59.8	26.0
吉林	6.7	54.2	39.1
济南	14.2	49.5	36.3
济宁	14.7	50.5	34.8
嘉兴	8.7	50.7	40.6
江门	9.8	57.2	33.0
江阴	10.7	50.3	39.0
揭阳	12.8	57.3	29.9
金华	6.1	55.4	38.5
锦州	8.3	56.8	34.9
晋城	10.1	59.7	30.2
荆门	10.2	59.4	30.4
荆州	12.8	52.4	34.8
九江	8.0	55.7	36.3
昆明	10.9	48.9	40.2
昆山	16.7	50.7	32.6
拉萨	19.9	50.9	29.2
莱芜	7.8	54.2	38.0
兰州	9.0	48.1	42.9
廊坊	9.6	53.5	36.9

续表

城市	15—29 岁	30—49 岁	50 岁及以上
乐山	11.0	57.2	31.8
丽水	13.5	50.4	36.1
连云港	10.1	58.6	31.3
临汾	7.4	59.0	33.6
临沂	17.8	53.4	28.8
柳州	8.5	45.8	45.7
泸州	9.9	46.2	43.9
洛阳	7.4	50.4	42.2
茂名	10.8	48.7	40.5
眉山	11.2	51.6	37.2
梅州	4.2	45.8	50.0
绵阳	7.9	52.6	39.5
牡丹江	6.7	48.7	44.6
南昌	6.7	45.1	48.2
南充	7.9	41.2	50.9
南京	8.1	47.4	44.5
南宁	10.1	50.1	39.8
南通	7.1	52.9	40.0
南阳	7.6	51.3	41.1
宁波	19.0	44.3	36.7
攀枝花	10.7	54.3	35.0
平顶山	8.4	59.9	31.7
秦皇岛	11.1	51.4	37.5
青岛	11.9	50.5	37.6
清远	11.9	54.1	34.0
衢州	9.4	50.1	40.5
泉州	15.8	51.4	32.8
三亚	11.8	58.2	30.0
厦门	14.7	52.3	33.0
汕头	8.3	56.5	35.2
汕尾	9.4	63.7	26.9
上海	15.0	37.8	47.2
韶关	8.2	56.5	35.3
绍兴	6.4	47.7	45.9
深圳	38.7	49.4	11.9
沈阳	11.9	46.6	41.5
石家庄	9.0	50.9	40.1
苏州	19.0	42.9	38.1
遂宁	7.2	47.6	45.2
台州	9.3	60.0	30.7
太原	7.6	51.9	40.5

续表

城市	15—29 岁	30—49 岁	50 岁及以上
泰安	8.6	48.0	43.4
泰州	5.7	46.5	47.8
唐山	7.4	43.4	49.2
天津	9.7	47.1	43.2
威海	6.5	55.9	37.6
潍坊	15.8	53.1	31.1
渭南	6.5	48.3	45.2
温州	14.8	50.9	34.3
乌鲁木齐	15.3	53.6	31.1
无锡	9.8	45.7	44.5
芜湖	7.6	57.9	34.5
梧州	8.2	47.2	44.6
武汉	8.3	48.9	42.8
西安	10.3	47.0	42.7
西宁	9.9	49.9	40.2
湘潭	7.8	50.9	41.3
襄阳	9.7	55.8	34.5
徐州	13.8	53.0	33.2
烟台	6.9	51.1	42.0
盐城	6.7	48.0	45.3
扬州	10.8	50.5	38.7
阳江	9.6	51.7	38.7
宜宾	7.2	56.7	36.1
宜昌	12.1	47.5	40.4
宜春	6.4	50.9	42.7
银川	13.2	51.0	35.8
营口	9.1	54.1	36.8
永济	10.4	51.0	38.6
玉林	7.3	53.5	39.2
岳阳	12.0	52.8	35.2
云浮	9.5	57.3	33.2
湛江	10.5	50.1	39.4
张家港	9.0	48.4	42.6
张家口	10.0	45.5	44.5
漳州	5.4	49.4	45.2
长春	11.0	47.9	41.1
长沙	15.8	48.3	35.9
肇庆	8.7	52.1	39.2
镇江	5.0	51.2	43.8
郑州	12.4	54.1	33.5
中山	21.1	55.5	23.4

续表

城市	15—29 岁	30—49 岁	50 岁及以上
重庆	9.7	49.4	40.9
舟山	10.4	51.2	38.4
珠海	17.8	58.8	23.4
株洲	10.8	55.3	33.9
资阳	6.3	53.2	40.5
淄博	7.0	51.6	41.4
自贡	5.6	46.5	47.9
遵义	11.5	53.0	35.5

表 4.15　2012 年各城市收视调查网性别与年龄结构（%）

城市	性别		年龄						
	男性	女性	4—14 岁	15—24 岁	25—34 岁	35—44 岁	45—54 岁	55—64 岁	65 岁及以上
安庆	49.3	50.7	13.0	10.7	16.9	21.9	14.7	12.6	10.2
安阳	49.7	50.3	13.8	14.2	20.6	21.5	14.1	9.3	6.5
蚌埠	51.4	48.6	15.4	11.6	14.3	22.9	14.7	9.8	11.3
包头	50.0	50.0	12.2	11.9	17.8	22.3	14.4	10.2	11.2
宝鸡	50.2	49.8	15.0	14.7	17.5	21.2	14.2	10.1	7.3
保定	49.9	50.1	10.7	12.9	19.6	17.8	15.7	15.0	8.3
北海	50.5	49.5	16.7	19.5	16.8	18.3	11.9	8.1	8.7
北京	50.9	49.1	6.6	17.8	19.9	19.7	17.3	9.1	9.6
滨州	49.3	50.7	11.3	15.8	18.6	17.8	17.5	9.1	9.9
常德	49.9	50.1	11.9	11.9	13.0	21.0	18.8	12.3	11.1
常熟	49.5	50.5	9.3	16.5	20.0	21.6	13.5	10.0	9.1
常州	50.8	49.2	10.0	16.2	20.6	21.1	14.4	10.1	7.6
潮州	49.3	50.7	13.5	15.7	13.5	19.9	16.9	10.8	9.7
成都	49.2	50.8	10.1	14.1	18.5	19.3	15.3	11.4	11.3
承德	48.2	51.8	10.1	12.1	18.3	22.3	17.8	8.9	10.5
滁州	51.0	49.0	13.9	14.3	12.5	26.0	15.6	9.1	8.6
达州	49.8	50.2	15.0	12.2	20.5	23.8	13.4	9.3	5.8
大理	50.2	49.8	15.8	20.1	19.8	18.6	10.5	8.1	7.1
大连	47.1	52.9	8.6	16.2	16.5	19.1	19.1	9.6	10.9
大同	49.9	50.1	14.9	14.6	18.6	20.8	16.2	7.5	7.4
丹东	48.7	51.3	8.3	11.2	15.2	20.5	22.1	10.9	11.8
德阳	49.8	50.2	11.9	11.9	18.6	23.1	15.6	9.1	9.8
德州	49.6	50.4	11.8	15.7	20.4	19.7	13.7	10.4	8.3
东莞	53.6	46.4	6.7	38.6	30.7	15.2	4.3	2.1	2.4
佛山	53.6	46.4	9.6	21.0	25.4	20.3	11.0	7.3	5.4
福州	49.4	50.6	10.9	17.6	19.3	18.3	15.7	9.8	8.4
抚顺	51.4	48.6	9.8	11.8	14.4	22.4	20.6	9.4	11.6

续表

城市	性别		年龄						
	男性	女性	4—14岁	15—24岁	25—34岁	35—44岁	45—54岁	55—64岁	65岁及以上
阜阳	51.6	48.4	17.0	19.0	18.2	19.0	9.7	8.3	8.8
赣州	50.2	49.8	12.9	13.7	16.8	20.6	17.5	9.0	9.5
广元	49.7	50.3	19.8	9.0	16.7	19.0	14.2	12.3	9.0
广州	50.0	50.0	10.6	21.9	21.7	18.5	12.4	7.0	7.9
贵阳	49.9	50.1	14.7	12.3	19.7	20.7	12.4	9.9	10.3
桂林	49.3	50.7	11.3	16.1	20.3	19.0	15.7	9.7	7.9
哈尔滨	49.5	50.5	9.5	12.9	17.0	20.6	18.7	10.9	10.4
海口	51.4	48.6	13.7	20.1	19.8	20.5	11.5	7.3	7.1
邯郸	49.2	50.8	11.7	17.1	18.1	18.1	16.2	11.1	7.7
杭州	50.6	49.4	9.1	16.9	18.0	20.1	16.3	9.2	10.4
合肥	52.1	47.9	12.8	17.1	19.9	21.0	12.0	8.9	8.3
河源	49.5	50.5	18.4	16.6	18.6	19.8	11.2	7.7	7.7
菏泽	49.6	50.4	14.8	16.8	14.0	21.6	15.3	9.6	7.9
衡阳	50.5	49.5	10.7	15.1	17.7	21.4	17.2	9.0	8.9
呼和浩特	51.0	49.0	11.8	16.0	18.6	20.2	14.2	9.2	10.0
湖州	49.8	50.2	12.4	11.8	14.6	21.3	17.2	11.7	11.0
淮安	49.6	50.4	17.4	13.8	16.4	20.3	14.4	8.7	9.0
惠州	51.0	49.0	14.0	25.3	22.2	17.7	9.3	4.9	6.6
吉林	50.1	49.9	11.6	12.0	15.9	23.4	17.2	10.4	9.5
济南	49.4	50.6	10.1	17.2	16.1	19.3	16.9	9.5	10.9
济宁	50.8	49.2	9.6	19.9	17.3	22.3	14.5	8.0	8.4
嘉兴	51.6	48.4	11.9	16.2	18.3	21.9	14.6	9.1	8.0
江门	50.7	49.3	15.0	15.9	18.8	18.7	13.9	9.1	8.6
江阴	51.4	48.6	8.9	13.5	20.2	22.9	14.0	10.9	9.6
揭阳	51.4	48.6	23.3	15.9	15.5	17.7	13.2	7.1	7.3
金华	51.1	48.9	11.2	11.2	18.6	23.6	17.4	9.0	9.0
锦州	49.7	50.3	10.0	12.1	15.3	20.1	21.7	10.4	10.4
晋城	50.1	49.9	14.0	14.8	22.3	22.1	14.6	7.7	4.5
荆门	50.9	49.1	10.7	15.8	17.8	24.6	13.0	8.3	9.8
荆州	50.5	49.5	12.9	10.4	16.5	22.6	17.4	10.8	9.4
九江	51.1	48.9	14.0	12.8	18.7	23.1	14.3	9.0	8.1
昆明	50.6	49.4	11.7	17.2	20.8	19.5	12.5	9.2	9.1
昆山	49.5	50.5	8.8	16.8	19.9	21.6	13.6	10.0	9.3
拉萨	48.7	51.3	17.1	19.4	19.4	17.3	10.8	8.8	7.2
莱芜	50.2	49.8	12.6	13.0	13.2	21.2	18.9	10.5	10.6
兰州	49.5	50.5	12.1	12.7	17.1	20.9	16.1	9.7	11.4
廊坊	50.2	49.8	11.3	14.8	15.4	20.0	17.3	12.0	9.2
乐山	49.6	50.4	13.2	9.4	18.6	22.0	14.4	12.3	10.1

续表

城市	性别		年龄						
	男性	女性	4—14岁	15—24岁	25—34岁	35—44岁	45—54岁	55—64岁	65岁及以上
丽水	51.1	48.9	11.6	17.4	17.8	19.3	13.5	7.8	12.6
连云港	50.3	49.7	12.6	14.7	14.7	23.1	16.6	8.9	9.4
临汾	50.1	49.9	17.0	16.6	16.6	20.2	14.4	8.5	6.7
临沂	49.7	50.3	13.1	19.3	17.4	20.3	13.2	8.5	8.2
柳州	50.5	49.5	10.7	13.8	21.9	19.4	14.6	10.6	9.0
泸州	50.3	49.7	13.9	9.9	15.7	17.9	17.8	12.3	12.5
洛阳	49.5	50.5	12.6	13.3	18.0	20.1	15.9	11.3	8.8
茂名	50.8	49.2	23.7	18.2	13.0	15.9	13.1	7.7	8.4
眉山	50.4	49.6	13.3	10.4	16.8	21.8	14.8	11.9	11.0
梅州	50.6	49.4	14.6	17.9	15.2	18.0	15.2	8.4	10.7
绵阳	50.3	49.7	11.4	12.5	20.5	21.4	16.2	9.9	8.1
牡丹江	49.2	50.8	9.6	11.5	15.6	21.4	18.0	10.4	13.5
南昌	49.9	50.1	14.1	14.1	18.9	17.6	15.4	9.8	10.1
南充	50.0	50.0	18.1	10.9	10.9	16.3	17.4	15.1	11.3
南京	49.4	50.6	9.8	16.0	17.1	20.9	15.8	10.0	10.4
南宁	51.2	48.8	13.3	14.4	19.1	19.4	14.9	10.4	8.5
南通	49.9	50.1	10.2	14.1	15.7	24.1	15.4	10.4	10.1
南阳	50.6	49.4	13.2	14.5	16.8	19.1	15.0	10.3	11.1
宁波	51.0	49.0	9.0	17.0	21.0	21.4	15.2	8.9	7.5
攀枝花	49.9	50.1	12.6	9.8	22.9	18.9	11.8	14.0	10.0
平顶山	51.4	48.6	13.8	12.6	21.1	25.3	13.3	8.1	5.8
秦皇岛	49.6	50.4	11.6	12.5	20.4	21.1	16.2	10.3	7.9
青岛	49.3	50.7	9.7	17.3	16.6	19.7	16.6	8.9	11.2
清远	50.8	49.2	16.4	16.1	17.8	19.7	12.3	8.5	9.2
衢州	51.2	48.8	12.1	8.7	15.7	19.8	16.8	12.0	14.9
泉州	50.3	49.7	11.9	25.0	22.6	16.7	10.0	5.5	8.3
三亚	52.6	47.4	14.8	20.5	21.7	20.7	10.1	7.4	4.8
厦门	51.6	48.4	9.6	22.8	23.0	19.1	12.4	5.8	7.3
汕头	49.9	50.1	19.8	20.9	15.1	15.8	13.9	7.2	7.3
汕尾	50.9	49.1	25.5	19.9	14.4	17.1	11.9	6.2	5.0
上海	51.1	48.9	5.9	17.9	18.3	16.8	19.6	10.9	10.6
韶关	50.1	49.9	16.8	12.4	15.8	21.9	14.1	9.2	9.8
绍兴	48.4	51.6	12.7	12.6	14.0	19.7	17.4	11.8	11.8
深圳	53.8	46.2	6.9	26.1	31.7	21.4	8.6	3.4	1.9
沈阳	49.4	50.6	8.6	13.4	15.5	19.8	20.3	9.7	12.7
石家庄	47.7	52.3	10.4	19.1	16.0	19.3	15.3	9.9	10.0
苏州	48.6	51.4	8.4	16.7	17.4	20.8	16.6	10.3	9.8
遂宁	48.2	51.8	20.9	12.5	11.9	16.3	16.3	12.8	9.3